学报编辑论丛

（第29集）

主编　刘志强

上　册

上海大学出版社
·上海·

内容提要

本书是由华东编协（联盟）组织编辑，关于中国高校学报、学术期刊理论研究与实践经验介绍的汇编，也是系列丛书《学报编辑论丛》的第29集。全书刊载论文122篇，内容包括：学报创新与发展、编辑理论与实践、编辑素质与人才培养、媒体融合与新媒体技术应用、期刊出版工作研究 5 个栏目。本书内容丰富，具有理论研究和实际应用的参考价值，可供各类期刊和图书编辑出版部门及主管部门的编辑工作者和管理人员参考。

图书在版编目(CIP)数据

学报编辑论丛. 2022：上下册 / 刘志强主编. --上海：上海大学出版社，2022.11

ISBN 978-7-5671-4562-7

I.①学… II.①刘… III.①高校学报－编辑工作－文集 IV.①G237.5-53

中国版本图书馆 CIP 数据核字(2022)第 197428 号

责任编辑　王　婧
封面设计　柯国富
技术编辑　金　鑫

学报编辑论丛(2022)
（第 29 集）
刘志强　主编
上海大学出版社出版发行
（上海市上大路 99 号　邮政编码 200444）
(https://www.shupress.cn 发行热线 021-66135112)
出版人　戴骏豪
＊
上海华业装璜印刷厂有限公司印刷　各地新华书店经销
开本 787 mm×1092 mm　1/16　印张 49.5　字数 1188 千
2022 年 11 月第 1 版　2022 年 11 月第 1 次印刷
ISBN 978-7-5671-4562-7/G·3468　定价：150.00 元（上下册）

学报编辑论丛(2022)

（第 29 集）

主　办：华东编协（联盟）

主　编：刘志强

副主编：赵惠祥　李　锋　黄崇亚　王维朗　陈　鹏　吴学军
　　　　徐海丽　张芳英

编　委：曹雅坤　陈　鹏　陈石平　方　岩　高建群　胡宝群
　　　　黄崇亚　黄仲一　贾泽军　李　锋　刘玉姝　鲁　敏
　　　　陆炳新　潘小玲　寿彩丽　孙　涛　王培珍　王勤芳
　　　　王维朗　吴赣英　吴　坚　吴学军　伍传平　夏道家
　　　　徐海丽　徐　敏　许玉清　闫杏丽　姚实林　于　杰
　　　　余　望　张芳英　张秀峰　朱夜明

编　辑：王　婧　段　佳

前 言

2022年，我国广大科技期刊工作者坚持以习近平新时代中国特色社会主义思想为指导，积极响应党和国家号召，在新冠疫情防控和恢复经济发展两大政策指引下，克服困难、努力工作，踔厉奋发迎接党的二十大胜利召开。与此同时，许多科技期刊工作者尤其是青年编辑结合本职工作，积极思考、研究和探索我国科技期刊的创新发展之路，其中有部分研究成果和经验总结即将刊登在《学报编辑论丛（2022）》之中。《学报编辑论丛（2022）》为年刊《学报编辑论丛》的第29集，共精选刊登"学报创新与发展""编辑理论与实践""编辑素质与人才培养""媒体融合与新媒体技术应用""期刊出版工作研究"等方面的论文122篇。

纵观《学报编辑论丛》自1990年第1集至2022年第29集所刊登的论文，可以发现，每一集论丛的内容都与我国当时的科技期刊发展热点息息相关，从中不仅可以看到中国高校自然科学学报30多年来的发展壮大，同时也可以感受到我国科技期刊群体由小变大、由弱变强、由封闭向开放、由国内发展向世界一流迈进的变革与发展。目前，我国科技期刊正在积极贯彻、践行党中央《关于深化改革培育世界一流科技期刊的意见》的精神，努力探索办刊模式的变革、出版质量的提升、传播方式的创新，而本集论丛所刊载的论文也都和这些主题紧密相关。如在"学报创新与发展"栏目中，有涉及办刊模式专业化、国际化、集约化等方面的论文；在"编辑理论与实践"栏目中，有涉及稿件管理、编校规范、三审三校等方面的论文；在"编辑素质与人才培养"栏目中，有涉及职业规划、专业素养、编辑培养等方面的论文；在"媒体融合与新媒体技术应用"栏目中，有涉及公众号建设、融媒体发展、XML编排、精准推送等方面的论文；"期刊出版工作研究"栏目中，有涉及选题策划、引证分析、制度改革、文化自信等方面的论文。

华东编协30多年来一直努力致力于为华东高校自然科学学报编辑乃至全国科

技期刊工作者提供一个专业的、贴近一线编辑的业务研究和经验总结的学习交流平台，这就是已经连续编辑出版了 29 集的《学报编辑论丛》。近年来，随着我国科技期刊的快速发展和"培育一流科技期刊"的兴起，《学报编辑论丛》的影响力也在不断扩大，这不仅体现在投稿量的翻倍增长和作者地域的大幅扩张，同时也体现在退稿率的迅速提高，从而使得近几集刊发的论文质量有进一步的提升，使之更具参考和借鉴价值。

希望《学报编辑论丛（2022）》能一如既往地得到广大科技期刊编辑、学者、专家以及相关工作者的喜爱与支持。

华东编协（联盟）第十届理事会理事长　赵惠祥

2022 年 10 月 8 日

目　次

学报创新与发展

基于专刊组稿的高校学报特色办刊之路探索——以《清华大学学报(自然科学版)》为例
　　……………………………………………………………………………汤　梅，金延秋，陈　禾 (1)
预印本服务平台的比较分析及启示………………………王　霞，蒋　伟，曾桂芳，王维朗，季淑娟 (6)
国内外开放获取论文收取论文处理费情况的调查…………………………………………丁　译 (15)
我国中文体育类核心期刊发展探索——对发文量呈"断崖式"的思考
　　……………………………………………………………………………谭广鑫，吴科锦，郭紫敏 (21)
测绘专业中文期刊面临的机遇和挑战…………………………………………邓国臣，路素军 (28)
国内主要学术期刊评价体系对水产类学术期刊的评价及分析………黄一心，鲍旭腾，梁　澄 (33)
水利类科技期刊编委会建设管理研究……………………………………………康　健，贺　骥 (40)
环境学科中文期刊优质稿源外流情况及应对策略………邵世云，张静蓉，王晓飞，王少霞 (47)
高端交流平台建设背景下学术期刊用户服务创新实践探究…………………………………刘　娴 (51)
"一流期刊"建设背景下老刊新办的模式分析与探讨
　　——以 *Visual Computing for Industry, Biomedicine, and Art* 为例…………宋秀霞 (56)
"十三五"期间山东省科技期刊发展现状与学术影响分析…………………………………朱志鸥 (63)
高校学报主编面临的 5 类困境及纾解策略……………………………………………李二斌 (75)
基于 ISO 质量管理理念的科技期刊质量和服务价值提升策略……………………………咸　洋 (81)
新创办英文科技期刊的审稿专家邀请与维系——以 *Liver Research* 为例………江玉霞 (87)
高校综合性医学期刊现状、作用及发展对策……………接　潇，吴恒璟，巩　倩，李　锋 (93)
科技期刊市场化运营发展思路探析………………………………………………………孔艳妮 (98)
从旅行商问题的视角对高校学术期刊可持续发展的思考
　　……………………………………………………………王东方，赵惠祥，张　弘，刘玉姝 (104)
科技期刊举办学术会议的实践和思考——探索·发展·提升……………师瑞萍，李国亭 (111)
培育一流科技期刊背景下地方科技期刊发展的瓶颈与对策——以湖南省为例
　　………………………………………………………………………………………胡文杰，杨春明 (116)

提升中文科技期刊学术引领作用的探索与实践——以《涂料工业》为例……杜安梅 (122)
理工科院校文科学报特色化发展探究……黄艺聪 (127)
综合性医药卫生类科技期刊的发展现状……惠朝阳,魏学丽,余党会 (134)
学报特色栏目可持续发展的路径选择——以教育部名栏"廉政论坛"为例……罗海丰 (140)
CSCD、CSSCI 双收录期刊学科分析与现象透视……熊皓男 (146)
非"卓越计划"期刊服务科技强国走向高质量发展——以《无机材料学报》为例……徐文娟 (152)

编辑理论与实践

医学期刊中规范使用药品名称浅析……孙 岩,黄静怡,尹 茶,余党会,沈志超 (156)
科技论文图表一体化应用与实践……史亚歌,窦春蕊,郭柏寿 (162)
学术期刊外文参考文献隐性问题例析及防范建议……丁会欣 (170)
生物类科技期刊蛋白质分子质量计量单位使用失范探析……乔子栩 (175)
学术研究论文引言结构及编辑审查要点……李正莉,徐山林,夏 菁 (179)
上海市医学期刊中随机对照试验论文的报告规范性调查……孙晋枫,张崇凡 (183)
让参考文献著录回归原生态——谈参考文献著录语种之我见……张闻林 (191)
中文期刊文章英文标题翻译常见问题分析及应对策略——以中医学相关期刊为例
……张翠红 (201)
英文医学论文中数量的常用表达……魏莎莎,余党会 (210)
物理类论文数理公式常见问题实例解析
……王晓梅,陈文琳,胡长进,徐宽业,郭凤霞,周惠平 (216)
中英文连接号的意义和用法——地学论文中的实例解析……刘 锐 (221)
地学稿件中常见的知识性错误举例与简析……王 运,焦 健 (226)
医学论文中诊断试验研究的几种错用误用案例分析
……韩宏志,官 鑫,陈思含,姜瑾秋,李欣欣 (231)
分子生物学文稿常见专业术语及编排格式问题探析……陈 燕 (237)
中文医学期刊中随机对照试验报告规范的编辑审查……宋培培 (244)
学术论文英文摘要中的动词名词化及使用情况分析……杨亚红 (249)
基于典型案例探讨科技论文的非学术质量因素……杨 燕 (253)
科技期刊制式化编校自查表的设计制作及意义
……魏学丽,尹 茶,孙 岩,商素芳,杨亚红,魏莎莎,余党会,惠朝阳 (260)

病例报告的选题、撰写和编辑技巧
··官　鑫，张诗悦，李欣欣，陈思含，韩宏志，姜瑾秋，丁　筠 (264)
林业英文科技期刊中插图的要求及编辑加工的原则··徐　涛 (270)

编辑素质与人才培养

全媒体时代期刊传统编辑与新媒体编辑业务差异比较——以期刊编辑与微信编辑为例
··陈　旭，周　汐，胡静云 (278)
智能化出版中学术期刊编辑的"学"与"术"··刘　勇，姚树峰，刘小红 (289)
出版系列高级职称评价标准分析及其对期刊编辑职业发展的启示
··尚利娜，牛晓勇，李　红，贺　静 (295)
传统文字编辑转型成为新媒体创作者的探析··宋沈晓悦 (301)
学术期刊繁荣发展背景下责任编辑权利与责任的思考··刘秋凤 (306)
一流科技期刊建设背景下编辑学科素养现状及提升路径··李庆玲 (314)
"编、教、研、管+X"复合型青年编辑培养模式的实践——以《中国医学伦理学》为例
··商　丹，吉鹏程，曹欢欢，张　茜，王明旭 (320)
新形势下科技期刊编辑胜任特征模型的实证研究··董悦颖，李　欣 (326)
基于学习型组织理论的科技期刊青年编辑培养实践··高　申 (335)
上海市医学科技期刊青年编辑现状调查及建议··孙　敏 (340)
新时期医学专业图书编辑素养提升··许　悦，李明翰，崔雪娟，邱佳燕 (348)
融合出版形势下科技期刊编辑的业务能力建设··梁　容，胡清华 (352)
交叉学科类期刊编辑的胜任力分析及培养··李丽妍 (356)
医学期刊学者型编辑职业能力培养浅析··张爱民 (361)
从高校学报编辑的自身发展谈编辑职能的调整与转型··金延秋，汤　梅 (366)
高校学报联合青年学者和学生社团打造全新期刊生态圈
··刘珊珊，王浩然，沈晓峰，郭建顺，张学东 (370)
新时代期刊编辑的使命与担当··罗　翔 (374)

基于专刊组稿的高校学报特色办刊之路探索
——以《清华大学学报(自然科学版)》为例

汤 梅，金延秋，陈 禾

(清华大学出版社期刊中心，北京 100084)

摘要：目前，高校学报面临优质稿源减少、刊物影响力较弱等问题，如何打破高校学报的发展困境，走出特色办刊之路是高校学报亟须解决的首要问题。本文主要介绍《清华大学学报(自然科学版)》近年来在优化稿源质量、专题/专刊组稿实践、服务"双一流"学科建设、创办特色栏目等方面的实践。通过调整办刊方向，《清华大学学报(自然科学版)》逐渐确定了以出版反映我国重大工程项目和清华大学"双一流"学科建设成果的特色发展方向，通过一系列高水平专题/专刊的策划出版，重塑了期刊品牌，提高了期刊影响力，实现了期刊可持续发展，特色办刊初见成效。

关键词：高校学报；专题组稿；"双一流"学科；策划出版；影响力；特色办刊

科技期刊作为科研生态体系的有机组成部分，是科研成果发布的平台和学术交流的载体。为了提升科技期刊的国际竞争能力，2019年8月，中国科协、中宣部、教育部、科技部联合印发《关于深化改革 培育世界一流科技期刊的意见》[1]，成为推动我国科技期刊改革发展的重要纲领，培育世界一流科技期刊已经成为我国科技发展的主要组成部分。清华大学高度重视科技期刊的出版工作，2020年3月制定了"清华大学世界一流科技期刊集群发展计划实施方案"，方案指明力争到2030年清华大学进入世界一流大学前列时，建成具有清华品牌的世界一流科技期刊集群[2]。《清华大学学报(自然科学版)》作为教育部主管、清华大学主办的综合性中文科技期刊，1915年创刊，历史悠久，是我国创办最早且最具代表性的高校学报之一。作为学术交流窗口，她展示了清华大学丰厚的学术积淀；作为学术园地，她培育了清华的一代代学人[3]。清华大学深厚的学术资源为《清华大学学报(自然科学版)》的发展奠定了基础，《清华大学学报(自然科学版)》坚持"立足清华、开放办刊"，既反映清华大学的优秀研究成果，又体现清华大学优势学科的引领作用，集中展示某一领域的校内外高水平论文。《清华大学学报(自然科学版)》发表的大部分论文集中反映了清华大学承担的国家自然科学基金、国家重点研发计划等科研项目的研究成果，清华大学90%以上的中国科学院、中国工程院院士在《清华大学学报(自然科学版)》发表过论文，有的多达40余篇[4]。

面对一本历史悠久的重要期刊，如何在新时代让她继续焕发光彩，保持期刊的持续发展和重塑期刊的品牌影响力？近年来，《清华大学学报(自然科学版)》尝试了一系列改革探索，取得了显著的进步。本文主要梳理《清华大学学报(自然科学版)》在重塑期刊品牌，走特色办刊之路方面的实践经验，以期为其他高校学报的转型提供参考和借鉴。

1 打破发展困境，吸引优质稿源

目前，高校学报普遍存在发展定位不够清晰、办刊特色不够鲜明等现象，由于长期缺乏高质量的稿源，导致其影响力较弱，发展受到一定制约。为了打破发展困境，很多高校学报开始进行了有益的改革和尝试。通过约请稿件获取优质稿源，是高校学报突破困境、谋求发展的主要方式，高质量的稿件对提高期刊内容的学术质量和品牌影响力具有重要作用。采用以专题、专刊、专栏的方式来组织稿件，集中反映某一热点研究领域的科研成果，不仅可以使期刊报道内容具有特色性、时代性和前瞻性，而且可以解决期刊稿源不足问题和实现期刊的可持续发展[5]。专题策划是科技期刊的重要工作，对提高期刊质量、彰显期刊特色以及提升期刊影响力均具有重要意义。2021年6月中共中央宣传部、教育部、科技部印发《关于推动学术期刊繁荣发展的意见》的通知，为学术期刊的发展指明了方向。其中，明确要求期刊要加强编辑策划，围绕重大主题打造重点专栏、组织专题专刊。

近年来，《清华大学学报(自然科学版)》就如何吸引优秀稿源，提高刊物的整体影响力，重塑期刊品牌，进行了一系列的探索和尝试。

统计发现，2010—2018年间期刊自由来稿的数量呈现逐年下降趋势，由高峰期的年来稿总数约800篇减少到约300篇，且出现质量同步下滑。为了增加稿源数量同时提高稿源质量，编辑部采取多项措施，由被动等待作者来稿到主动邀请稿件，由主要专注编辑加工到策划约稿，改变工作方式和工作重点，主动加强与编委专家的联系沟通，通过深入清华大学重点国家实验室、参加清华大学主办的高水平学术会议，为专题策划和约稿专家的选择做好前期储备。从2019年开始，经过编辑部的持续努力，策划和出版了近40期反映我国重大工程项目进展、清华大学"双一流"学科研究成果、热点研究领域等专题或专刊，内容涉及港珠澳大桥、北京大兴国际机场、白鹤滩水电站、新型冠状病毒研究、关键核心技术专栏(俗称"卡脖子"技术)、清华大学110周年校庆、清华大学能源与动力工程系90周年系庆、清华大学水利水电工程系70周年系庆等。由于专题/专刊内容新颖、聚焦热点，出版后迅速得到国内同行的广泛关注。同时，通过专刊或专题的出版也进一步优化了期刊的稿源，使刊物的学术水平和影响力不断提高。

2 特色办刊的途径和方法

2.1 优化编委结构，明确编辑职责

《清华大学学报(自然科学版)》编委会成员均为清华大学教师，在其研究领域中的学术地位和学术影响力首屈一指，但由于部分编委不仅承担繁重的科研日常工作，还担任清华大学重要行政职务，难以在期刊发展方面投入太多精力。鉴于此种情况，2019年在新发展环境要求下，编辑部开始积极改革和创新，成立"特约编委委员会"，聘请活跃于科研一线、热爱期刊工作、精力充沛的中青年科学家担任期刊特约编委，参与期刊发展和建设[6]。特约编委的加入增强了编委会的活力，为期刊发展提供了强有力的支撑，对期刊发展起到了切实的推进作用，保证了期刊的可持续发展，是《清华大学学报(自然科学版)》在目前寻找到的促进期刊发展的重要措施。特约编委的主要职责是选择自己熟悉的科研领域的热点研究方向进行专题/专刊策划，并自己担任或聘请知名学者担任专题/专刊策划的特约编辑[7]。

明确了编委职责后，作为科技期刊编辑的职责或目标就是要密切和长期地跟踪国内外的科技发展动向，根据期刊的定位，协助编委组织反映国内外一流科研成果的高水平稿件，扩大刊物的影响力。首先，需要树立信心。编辑是连接科学家与期刊之间的一座桥梁，有强烈的社会需求，在工作过程中要不断积累经验，勇于实践，不怕挫折，培养灵感，灵感来源于

多年的耕耘与积累，时刻准备着组织一流的稿件。其次，需要转变观念。原来编辑满足于把编辑加工的工作做好，在国家对科技期刊工作提出更高的要求的新形势下，编辑工作的重心要向组织高质量稿件的方向上转移。最后，需要具有强烈的服务意识。编辑的口号是全心全意为科学家服务，要深入到科研一线与科学家打成一片，了解科学家的需求，跟踪科学家的成果。

2.2 重新定位期刊发展方向

期刊的定位是期刊发展的基础，也是期刊组稿的方向。只有把握期刊的精准定位，才能夯实期刊品牌创建基础。期刊主办或主管单位需要加强定位意识，改善科技期刊发展过程中由于定位不准造成的盲目约稿[8]。

作为清华大学在1915年创办的百年老刊，《清华大学学报(自然科学版)》一直以服务于学校的教学和科研为己任，发表的文章大部分为清华大学博士研究生所写，涵盖学科范围众多，这种"大拼盘式"的综合性，难以形成并维持稳定的读者和作者群体，不利于期刊的长期发展[9]。面对专业期刊的强势竞争，在抢夺成果首发权方面处于弱势地位。《清华大学学报(自然科学版)》作为中文综合类科技期刊，发展至今尚未形成期刊的特色栏目和优势学科，缺乏明确的发展定位和方向。为了打造特色期刊，提升刊物在期刊界和学术领域的影响力，经过编辑部的反复论证，明确了以出版反映国家重大工程项目进展和反映清华大学"双一流"学科研究成果为主题的期刊定位，明确指出期刊要选择和跟踪热点研究领域做专题/专刊策划。《清华大学学报(自然科学版)》编辑部根据期刊定位，做了大量创新性工作，围绕国家重大工程项目和清华大学"双一流"学科组织出版了一批高水平的专刊或专题，逐渐形成了期刊的"重大工程项目"特色栏目和清华大学"双一流"学科特色品牌。

2.3 特色品牌的初步形成

2.3.1 跟踪热点策划专题

针对当前社会科技、时事热点进行选题策划，集中反映热点研究领域的学术成果，是一种非常有效的选题策划方式，能够实现撰文科学家、读者和期刊的三方共赢。科技期刊编辑需要具有较强的捕捉新闻热点的敏锐性和较强的执行力，根据热点及时策划约稿方案[5]。日常工作中，编辑较多关注科学网、果壳网、知识分子等科技网站和微信公众号，及时了解国内外最新的热门话题和有趣事件。

2020年，新型冠状病毒肺炎席卷全球，造成大量人群的感染，给人民的生命健康带来严重威胁。当突发公共安全卫生事件成为全民关注的焦点时，特别需要权威的科技期刊从科学的角度对此病毒进行深入解读，让大众明白病毒的作用机理和防范措施，消除大众恐慌、迷茫的情绪，树立正确地对待病毒的观念和养成良好的卫生习惯。因此，《清华大学学报(自然科学版)》编辑部迅速启动约稿机制，发布征稿通知，邀请清华大学从事相关研究的专家团队，对新型冠状病毒进行深入的追踪报道，学术成果以"新型冠状病毒"专栏出版，专栏共发表6篇相关研究方向综述和论文，截至目前被引频次共计37次，篇均被引约6次，数据表明热点研究领域文章的出版提高了刊物整体的关注度和被引频次。

2021年以来，全球能源价格大幅波动震荡，引发世界各国对能源危机的担忧，《清华大学学报(自然科学版)》针对当前能源危机，组织出版"能源动力领域传热与热系统研究"专题，从相变发汗冷却、蒸气冷凝传热强化、太阳能热化学循环等方向解读能源动力领域的最新研究成果。

通过这些反映当下热点事件的专题或专栏的出版,达到了很好的科普和宣传效果,为关注这些热点的人员提供了畅通的信息渠道和解决问题的突破口,产生的社会效益是大众媒体无法获得的,同时借助热点事件的传播,对撰文科学家也起到了很好的宣传效果,进一步提升了其在该领域的学术影响力,扩大了期刊的学术和社会影响力[5]。

2.3.2 反映重大工程项目进展

随着我国经济社会的高速发展,一系列重大工程项目迅速推进。《清华大学学报(自然科学版)》持续跟踪重大工程项目进展,组织出版了一批反映我国重大工程项目的高水平的专刊或专题。

在反映国家重大工程项目系列专刊中,2021年第7期组织出版了"白鹤滩"水电站智能建造专刊,包括19张水电站精美照片和13篇优秀论文。中国三峡集团和清华大学水利工程系联合为专刊撰写了序言,序言中"高峡出平湖,当今世界殊,金沙驰千里,白鹤啸九天"的诗句正是对"白鹤滩"水电站智能建造的概括。同时,2021年7月,适逢中国共产党建党100周年,值此重要时间节点,白鹤滩水电站首批机组将投产发电。智能建造专刊的出版,集中展示了白鹤滩及乌东德300 m级特高拱坝智能建造取得的最新研究进展和成果。其中,专刊中"智能建造闭环控制理论"综述,已经被国内同行广泛参考引用,专刊封面获得首届"方正电子"杯中国期刊设计奖。这些研究成果的出版标志着智能建造技术与管理在促进基础设施工程高质量建设中,尤其是在高海拔地区水电工程建设中发挥了更重要作用,引领了智能建造学科的发展,强化了我国在世界水电关键技术的领先地位[10]。

在反映国家重大工程项目系列专题中,2019—2021年组织出版了"港珠澳大桥"、"北京大兴国际机场"、结合FAST望远镜的"索驱动并联机器人"等专题,邀请这些重大工程项目的参建单位负责人,撰写所负责项目的科研成果,集中反映了我国在工程技术领域的最新建造成果,向世界展示我国的科技实力。截至目前,"港珠澳大桥"专题中"高韧超薄沥青磨耗层在港珠澳大桥珠海人工岛通道上的应用"一文,已被其他刊物引用18次;"北京大兴国际机场"专题中"我国航站楼用能和室内环境质量调研与实测分析",已被引用12次,远超期刊发文的篇均引次,数据表明在反映国家重大工程项目领域,学报发表的论文已经成为行业的重要参考文献。

针对制约我国经济社会发展的"卡脖子"工程项目,2021年组织出版反映"锂离子燃料电池""燃气轮机""航空柱塞泵"等关键技术核心问题的专栏,力争找到解决这些"卡脖子"项目的突破方向。

2.3.3 反映"双一流"学科建设成果

为促进清华大学"双一流"建设,服务国家创新驱动发展战略,2021年11月,清华大学发布"科技创新行动计划2030",将实施"清华大学世界一流科技期刊集群发展计划"列入重点任务清单。在清华大学对科技期刊的政策支持和激励下,《清华大学学报(自然科学版)》编辑部梳理清华大学的"双一流"建设学科,紧密围绕"双一流"建设学科和重点发展学科,按照学科实力布局策划反映"双一流"学科建设成果的专刊/专题,在校内相关院系组织高水平稿件,及时出版反映清华大学"双一流"学科的学术研究成果,以期刊学术成果助推清华大学"双一流"学科发展。同时也进一步提高了《清华大学学报(自然科学版)》的学术水平和影响力,为清华大学世界一流科技期刊集群建设作出应有贡献。

在反映清华大学"双一流"学科建设为主题的专刊中,2021年为庆祝清华大学校庆110周年,《清华大学学报(自然科学版)》编辑部联合核能与新能源技术研究院(简称核研院)和电机工程与应用电子技术系(简称电机系),组织出版了反映核研院和电机系"双一流"学科建设成果的"核能与新能源技术研究院专刊"和"电机工程与应用电子技术系专刊",集中展现了清华大学在核能和电机工程领域的最新研究成果。其间,恰逢核研院成立60周年,核研院特为专刊作序,"核能与新能源技术研究院专刊"集中展示清华大学核研院在技术创新、产业化领域取得的最新重要研究进展,主要包括:主氦风机的研制、基于TRISO颗粒的球形燃料元件生产技术、关键设备的自主创新等,其中自主研发的一体化自然循环低温供热堆技术NHR200GII已卓有成效。根据中国知网检索数据,"核研院60周年"专刊中"能源互联网推动下的氢能发展"一文,在其发表1年多的时间里已被其他刊物引用17次,下载量达到1 355次;"中国核电和其他电力技术环境影响综合评价"一文,截至目前已被其他刊物引用16次,下载次数为1 216次。该数据表明,专刊的出版一定程度上引领了核能与新能源学科的发展,促进了期刊影响力的提升。

2022年,为庆祝清华大学能源与动力工程系90周年系庆和水利水电工程系70周年系庆,《清华大学学报(自然科学版)》编辑部联合能源与动力工程系和水利水电工程系,组织出版了反映能源与动力工程系和水利系"双一流"学科建设成果的"能源与动力工程系90周年专刊"和"水利水电工程系70周年专刊",2个专刊的组稿得到了校内师生的积极响应和大力支持。其中,"能源与动力工程系90周年专刊"精选9篇综述和6篇论文,有代表性地报道展示了清华大学能源与动力工程系在向世界一流学科稳步前进过程中,在把握国家能源结构转型、瞄准"碳达峰碳中和"战略目标中,在基础科学和关键核心技术领域取得的最新研究进展。

3 结束语

经过近4年的探索和实践,《清华大学学报(自然科学版)》逐渐确立了策划出版反映我国重大工程项目和清华大学"双一流"学科建设成果的发展路线,通过专题/专刊的策划出版带动了期刊品牌的发展,打破了原有的发展困境,优化了稿源质量,稳步提升了期刊品牌的影响力,促进了期刊的可持续发展,期刊影响力和品牌重塑已初见成效。

参 考 文 献

[1] 中国科协,中宣部,教育部,科技部.关于深化改革培育世界一流科技期刊的意见[EB/OL].(2019-08-16).[2022-07-05].http://www.gov.cn/xinwen/2019-08/16/content_5421699.htm.
[2] 清华大学.清华大学世界一流科技期刊集群发展计划实施方案[EB/OL].[2020-03-05].http://www.tup.tsinghua.edu.cn/newsCenter/news_5781.html.
[3] 仲伟民.肩负起传承学术、服务社会的重任[N].人民日报,2006-02-10.
[4] 陈禾,王强.研究型高校综合性学报的优势和办刊趋向[J].中国科技期刊研究,2009,20(4):703-705.
[5] 陈宏宇,郝丽芳.中文科技期刊约稿的策略、问题及举措:以《生物工程学报》为例[J].编辑学报,2020,32(1):97-100.
[6] 张学梅,许军舰.创新编委会工作模式,提升期刊国际影响力:Science China Chemistry成立青年工作委员会经验浅析[J].中国科技期刊研究,2016,27(4):444-448.
[7] 陈禾.英文科技期刊专题策划实践探索:以《清华大学学报自然科学版(英文版)》为例[J].科技与出版,2018(10):47-51.
[8] 李春红.高校科技期刊精准约稿策略及优化路径[J].传播与版权,2021(5):14-17.
[9] 杨保华,秦明阳,邓履翔,等."双一流"背景下高校理工类中文综合性期刊的发展定位与策略[J].中国科技期刊研究,2020,31(4):381-387.
[10] 中国三峡集团,清华大学水利水电工程系.匠心弘扬三峡精神,创新引领水电未来:智能建造暨白鹤滩水电站首批机组发电专刊序言[J].清华大学学报(自然科学版),2021,61(7):659-659.

预印本服务平台的比较分析及启示

王 霞[1]，蒋 伟[1]，曾桂芳[2]，王维朗[3]，季淑娟[1]

(1. 北京科技大学期刊中心，北京 100083；2.《北京大学学报(医学版)》编辑部，北京 100191；
3. 重庆大学期刊社，重庆 400044)

摘要：开放科学已成为全球共识，但是作为开放的模式之一的预印本服务在国内对其认知度却较低，为了提高国内对预印本服务的认知认可度，并查找国内预印本服务平台与国际的差距，分析比较了国内外 8 个预印本平台。从创建时间，收录文章学科范围，提供服务内容以及平台的文章体量等方面进行了比较分析。从建立时间看，中国对预印本服务的意识与国际的差距并不大，但是体量、品牌效应和特色化与国际差距较大。预印本虽有被诟病的方面，但是其发展的初衷在于开放共享、平等交流、学术争鸣，是科研成果首发权的重要保障，为应对全球开放科学的大趋势，我们应该建立自己的、具有品牌影响力的预印本平台。同时为避免时间、资金及人力的浪费，以预印本为基础，打破期刊间壁垒，加快稿件的处理、出版。

关键词：预印本；开放共享；科技期刊；预印本平台

2021 年 8 月由中国科学技术协会举办的"第四届科技期刊论坛"以"推动开放科学 共享·共赢·可持续"为主题，拉开了在我国大力发展一流国际期刊背景下对开放科学的深度思考与探讨。预印本服务作为开放科学的一部分得到了学者们的关注。2000 年，朱天慧[1]、张志洁[2]、许淳熙[3]都对预印本的发展及引用等进行了思考与探讨。随着"中国预印本服务系统"的成立[4]，更多的图情研究人员加入到对预印本研究的行列[5-7]。周阳[8]通过调查国内外的预印本在运营管理方式、资金支持、数据内容、存储政策等给出建议。王智琦等[9]重点从活跃国家和机构、作者学术年龄、预印本影响力及作者选择偏好 4 个维度对 arXiv 和 non-arXiv 论文进行了对比分析。从期刊的角度，付江阳等[10]以同行评议为切入点对预印本服务平台进行了研究。预印本服务平台在国外已经发展的比较成熟，Bouton 等[11]从天文学图书管理角度介绍从 20 世纪 70 年代至 90 年代这 20 年预印本的起源及发展，思考电子时代下预印本的问题；Eysenbach[12]探讨了在生物医学领域预印本和电子文献的影响。预印本是开放科学重要的一环，其高效的传播交流速度得到了学者的肯定[13]。在全球开放共享的大趋势下，期刊的开放存取在国内期刊业已经受到一定的重视，但基本局限于英文科技期刊，最主要的原因在于国内还未有知名的相关平台。预印本作为期刊开放的模式之一在国内期刊界和科研人员中受到的关注度普遍不高，更有甚者即使文章对预印本的文献进行了引用却对"预印本"一无所知。预印本作为可以快速交流研究进展的渠道，即可以高效推广分享科研成果，又可以极大地保障科研成果归属

基金项目：中国高校科技期刊研究会专项基金课题(CUJS2021-039)；中央党校基本科研业务费资助项目

权。几乎每次科学理论或者科研技术的重大进展都是由无数小的进步促成。因此及时、快速而又平等的将科研进展进行交流和分享对科技进步起着巨大的作用；另外，为应对全球开放共享的大趋势，应加快我国开放成熟度，预印本服务是其中重要的一环。本文首先对国内外 8 个预印本平台的体量、学科范围、服务内容等进行整理分析，通过学科范围的分析给科研人员及出版从业人员第一时间掌握优秀稿件提供参考，通过国内外预印本服务平台的比较，发现国内预印本服务平台的差距，思考探析预印本服务平台的发展之路。

1 预印本及预印本平台的发展概述

1.1 预印本概述

预印本定义：所谓的"预印本"一般指科研工作者的研究成果还未在正式出版物上发表，而出于交流或征询意见的目的自愿先在同行中传播的手稿。最早是物理学家、天文学家们通过信件往来沟通，对手稿提出意见，后来被越来越多的学科采用，主要用于科研团体之间进行学术交流。

预印本特点：预印本最大特点是高效和开放。预印本保证了学术成果的快速交流和传播，摒弃了传统期刊审稿的复杂过程，预印本可以在数天内完成上线，可以将最新的学术成果以最快的方式进行发布和传播，保证了科研成果的首发优势。另外预印本是开放获取的模式，对全球的科研人员都是免费开放的，可以促进科研成果的共享。

1.2 预印本平台的发展

预印本平台的发展大体可分为两个阶段：

第一个阶段，是 20 世纪 90 年代至 21 世纪初。1991 年创建了 arXiv；1994 年成立了 SSRN；美国能源部建立了电子预印本档案搜索引擎"PrePRINT Network"，通过该搜索引擎可以查到物理、化学、数学、材料科学、生物、环境科学，以及与能源部其他研究有关的领域的电子预印本档案和数据库[14]；Vitek Tracz 于 2002 年创立 F1000 的雏形 Faculty of 1000。国内，2003 年教育部科技发展中心主办中国科技论文在线(CSPO)[15]；2004 年中国科学技术信息研究所与中国科技图书文献中心联合创建"中国预印本服务系统"。

第二个阶段，是 2010 年至今，这 10 年是预印本平台发展的繁荣期，原有的服务平台继续发展壮大，并不断创新：ArXiv 宣布斥资 300 万美元推动平台化建设[16]，SSRN 被爱思唯尔收购，学科范围扩大，于 2018 年正式与《柳叶刀》进行合作；同时这期间也成立了不少新的有重大影响的预印本服务平台，例如 BioRxiv(MedRxiv)、ChemRxiv、ChinaXiv 等，预印本平台进入了大繁荣时期。

2 国内外预印本服务平台分析

2.1 arXiv

arXiv 由物理学家 Ginsparg 于 1991 年创建，运营由 arXiv 领导团队和康奈尔大学的 arXiv 员工维护。目前收录 8 个学科领域近 200 万篇学术文章，学科领域见图 1。

arXiv 2020 的总体情况及每月稿件提交量如图 2~图 3 所示。由图可知 2020 年总的稿件提交量为 180 万篇，截至 2021 年 8 月 8 日总的稿件提交量已超过 190 万篇，下载量约为 11 亿篇。而且在 2020 年全球疫情期间每月平均稿件提交量为 1.6 万篇，2020 年单月最高提交量为 1.7 万篇。

图 1　arXiv 收录学科领域

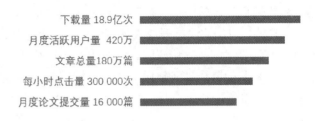

图 2　arXiv 2020 的总体数据情况[17]

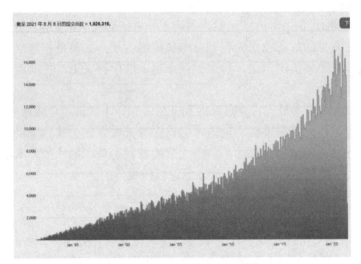

图 3　arXiv 月度稿件提交量[18]

2.2　BioRxiv(MedRxiv)

BioRxiv 创建于 2013 年，用于生命科学领域未发表的预印本。它由非盈利研究和教育机构冷泉港实验室运营。所有稿件都经过了基本筛选，文稿在提交的同时可以给期刊投稿，但是如果已经被期刊接收发表，则不能发布。文稿发布后被期刊接收之前可以自由修改，但是不允许删除。

BioRxiv 接受涵盖生命科学研究各个方面的文章的预印本。物理科学、数学或社会科学方面的文章只有在与生命科学有直接关系的情况下才能发表在生命科学上。MedRxiv 是 BioRxiv 为临床医学稿件提交而成立的预印本平台。截至 2021 年 9 月 4 日共接受 13 万多篇文章。BioRxiv 每年的收录量见表 1。从表 1 可以看出，BioRxiv 的发展非常迅速，尤其在前期以大于 2 的指数成倍增长。

表 1　BioRxiv 的年度收录

2013*	2014	2014	2016	2017	2018	2019	2020	2021**
77	794	1 590	4 171	10 268	19 765	28 279	38 575	29 339

注：*首篇收录时间为 2013 年 11 月 7 日；**统计时间截至 2021 年 9 月 4 日。

2.3　SSRN

SSRN 成立于 1994 年，最初专注于社会科学，现已发展成为同类服务中跨学科最多的服务，代表了整个研究领域的学科，包括应用科学、健康科学、人文科学、生命科学、物理科学和社会科学6大领域。2016年7月,SSRN被爱思唯尔公司收购[19]。SSRN根据下载和引用提供排名,设置了"热点文章"和"顶级作者""顶级机构"。

SSRN为访问传统研究文章之外的各种内容类型提供了空间,包括灰色文献、书评、多媒体文件和数据集。SSRN的电子图书馆提供来自60多个学科的503 172名研究人员的950 733篇研究论文,SSRN数据2021-08-12数据统计如图4所示。

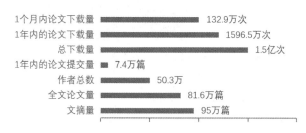

图4　SSRN电子图书馆统计

2.4　F1000

由传奇企业家和出版创新者Vitek Tracz于2002年创立,最初命名为Faculty of 1000,这是供1 000名生物医学研究人员小组作为参考,在这里他们的建议被用来确定值得注意的论文。F1000培养创新文化,以加速知识的传播,并将其交到那些可以塑造未来的人的手中。F1000的董事总经理Rebecca Lawrence在2021年7月29日北京召开的"第四届科技期刊论坛"中强调F1000的理念是精英文化。F1000提供三项独特的服务:Faculty Opinions、Sciwheel以及F1000Research。F1000Research是2012年成立的一个涵盖所有生命科学领域的全球开放获取平台。在获得编辑部基本的科学性以及完整性审核后,未经审稿人审稿的论文会立即被刊发在网站上。随后,来自受邀审稿人的评议意见也会与论文列在一起公开发布(包括评审专家的姓名以及评议报告)。作者可以上传文章的新版本,以回应审稿者的评议。一旦通过了同行评议,论文就会被编入PubMed、Scopus和其他数据库的索引。每篇文章背后的数据也会被发布,并且可以自由下载,以便于审稿者和其他研究人员进行分析。F1000Research刊发各种形式的文章,既包括传统的科研文章、综述、单项发现、案例报告、观察、实验指南、也包括了一些其他科学出版商不可能发表的科研重复、无效结果或者阴性结果,F1000Research文章分为如图5所示的6类。可以看出文章主要集中在自然科学和医疗健康科学。2015年F1000Research发表了它的第1 000篇文章,截至2021年9月4日总文章数为4 407篇。今年F1000在中国签署首笔平台交易,打造全球首个致力于数字孪生技术和协作机器人的开放式出版平台。

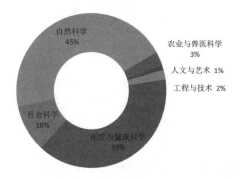

图5　F1000Research文章所属的6类及每类收录文章数量比例

2.5 ChemRxiv

ChemRxiv 是 2016 年上线,由世界 5 大化学学会:美国化学学会(ACS)、中国化学会(CCS)、日本化学会(CSJ)、德国化学会 (GDCh)和皇家化学学会(RSC)共同拥有和管理,是一个免费的提交、分发和存档服务,ChemRxiv 为化学科学相关广泛领域的研究人员提供了在正式同行评审和发表之前与同事分享早期结果并获得改进建议的机会。用于化学和相关领域未发表的预印本的发布。ChemRxiv 在发表之前也会对稿件进行基本筛查。可被分为以下几类:农业和食品化学;分析化学;生物和药物化学;催化;化学教育;化学工程和工业化学;地球、空间和环境化学;能量;无机化学;材料科学;纳米科学;有机化学;有机金属化学;物理化学;高分子科学;理论和计算化学。

截至 2021 年 9 月 5 日共收录文章 9 805 篇,其中近 3 年收录 9 295 篇,占 94.8%。在所有 16 大类中,收录文章超过 2 000 的有 3 类,分别是理论和计算化学(2 796)、有机化学(2 055)、物理化学(2 054)。

2.6 CSPO

CSPO 即中国科技论文在线建立于 2003 年,由中华人民共和国教育部主管,教育部科技发展中心主办,首发论文 10 万余篇,总浏览量 6 000 万次,总下载量 5 000 万次,包括 8 大领域:数理科学;地球资源与环境;生命科学;医药健康;化学化工与材料;工程与技术;信息科学领域;经济管理。从 2003—2021 年每年的首发论文量如图 6 所示。从图 6 可以看出 2009 年首发的论文达到峰值,当年收录文章量达到 11 130 篇,随后未再出现更高的论文量,尤其从 2018 年开始年均收录量均不到 2 000 篇。

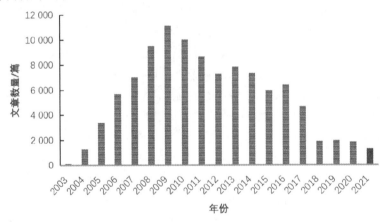

图 6 从 2003—2021 年 CSPO 年度的论文量

2.7 中国预印本服务系统

中国预印本服务系统成立于 2004 年[1],是中国早期的三大预印本服务系统之一[9],由中国科学技术信息研究所与国家科技图书文献中心联合建设的以提供预印本文献资源服务为主要目的实时学术交流系统,是国家科学技术部科技条件基础平台面上项目的研究成果。中国预印本服务系统存取免费,只接受学术性文章,文章一旦被传统期刊收录,可以进行状态修改和标注。文章按学科分为 5 大类,大类下细分二级子类。5 个大类及论文收录情况见表 2,统计时间 2021 年 9 月 7 日。从表中可以看出中国预印本服务系统主要接受的是自然科学类文章,占比为 86.70%,其次为工程与技术科学,占比 6.76%。接受的文章体量为 1.89 万篇。

表2 中国预印本服务系统学科分类及收录文章数量

学科分类	发文量/篇	占比/%
自然科学	16387	86.70
医药科学	308	1.63
人文与社会科学	914	4.84
工程与技术科学	1277	6.76
农业科学	14	0.07
总计	18 900	100

2.8 ChinaXiv

2016年，中国科学院启动"中国科学院科技论文预发布平台(ChinaXiv)"项目，由中国科学院传播局组织实施，中国科学院发展规划局提出具体指导，中国科学院文献情报中心承担建设[20]。截至2021年9月5日该平台的总文量已超过1.5万篇。ChinaXiv合作共建预印本子库：中国心理学预印本平台PsyChinaXiv；中国生物工程预印本出版平台ChinaXiv；岩土力学预印本平台；中国语音乐律预印本平台；中国图情档预印本平台(试用)；贵州省学术预印本平台(试用)。ChinaXiv平台将论文分为30多类，其中收录文章最多的是生物学，已收4 453篇文章，其次为物理学(1 947)，计算机科学(1 432)，医学、药学(1 152)。

3 预印本服务平台比较

对8家预印本平台创建时间、体量、提供的服务及学科范围进行比较，如表3所示。

表3 8家预印本平均比较分析

预印本平台	创建时间	体量/篇	服务	学科范围
arXiv	1991	~200万	初筛	经济，物理，数学，计算机，电气，生物，金融，统计
SSRN	1994	~95万	据下载和引用提供排名，设置了"热点文章"和"顶级作者"，"顶级机构"，除传统文章之外可以提交各种类型内容，包括书评、多媒体文件和数据集等	全学科
BioRxiv	2013	~13万	文章均进行初筛，提交同时可以投稿给期刊，期刊收录前可自由修改但不可删除	生命科学及其交叉学科
ChemRxiv	2016	~1万	进行基本筛查	化学
F1000	2002	~4500	基本审核后发布，随后进行公开评议，通过评议的稿件进入PubMed、Scopus等数据库	生物医学
CSPO	2003	~10万	设立专栏，先公开后评审[5]	数理科学，地球资源与环境；生命科学；医药健康；化学化工与材料；工程与技术；信息科学领域；经济管理
中国预印本服务系统	2004	~2万	只接受学术文章	自然科学；医药科学；人文与社会科学；工程与技术科学；农业科学分学科建立预印本子库
ChinaXiv	2016	~1.5万	ChinaXiv与多家期刊建立优秀稿件双向推送机制	

3.1 体量比较

arXiv 平台创建时间最早，是预印本服务平台的里最成熟也是最有影响力的，随后的预印本平台建设基本是以此为参考的，从体量来看 arXiv 更是以 180 万篇的绝对优势稳居龙头，SSRN 以 80 万+占据第 2，SSRN 与其他平台不同的是对文章进行了类期刊的划分，根据下载引用设置影响力指数。BioXiv 建立之初就是要做生命科学领域的 arXiv，现已收录约 13 万篇的文章。中国科技论文在线(CSPO)已有 10 万篇的论文，是中国预印本平台运行较早也是发展较好的平台。而中国预印本服务系统虽然创建的时间也较早，但是总体量不到 2 万篇。ChemRxiv 和 ChinaXiv 建立时间相同，5 年多时间里，论文总量为 1 万篇左右，而以精英文化为原则的 F1000 体量最小，不到 5 000 篇。

3.2 学科比较

本文比较的 8 个预印本平台，BioXiv 和 ChemRxiv 分别是生命科学和化学领域的预印本平台，具有明显的专业特色。arXiv 从最初的物理学领域扩展至 8 大领域，但是从收录资源来看超过半数的资源还是集中在物理学科，如表 4 所示，然后是数学和计算机学科，分别占总量的 54.69%、20.69%和 16.39%。F1000reserch 则集中于医疗与健康和自然科学学科，如图 5 所示。SSRN 则是以社会科学为主。中国的 3 家预印本平台中中国预印本服务系统是包含社会科学，CSPO 和 ChinaXiv 也主要是自热科学的综合性服务平台。从学科来看，可以将预印本服务平台分为 3 类：第一类是包含自然科学和社会科学的大综合性平台，第二类是自然科学的大综合平台，第三类是专业平台。

表 4 arXiv 学科资源分布

学科	稿件数量/篇
物理学	1 185 394
数学	448 456
计算机	355 257
统计学	78 041
电气工程和系统科学	47 850
定量生物学	35 729
定量金融	11 715
经济学	5 229

3.3 启示

预印本的雏形可以追溯到 17 世纪科学家们以通信的方式进行研究进展分享，其目的在于交流和意见征求，它突破了传统期刊的束缚，为科学家第一时间分享研究成果提供了便利。随着时间的推移，科技的发展，专业的预印本平台应运而生。预印本最为诟病的也恰恰是因为不经同行评议，担心其学术质量甚至科研诚信无法得到有效保障。预印本主要作用是提高学术成果的传播速度，引发学术交流与争鸣，并对学术成果的归属起保障作用，其前提是科研诚信。为了进一步促进学术交流，部分预印本平台采取了公开的同行评议，并就评议内容作者进行公开回复方式，加强了学术讨论与争鸣。科学的一个重要特征是可证伪性，因此科学应该允许百家争鸣，允许不同观点、不同理念的存在，现阶段正确的或者主流的观点可能在不久的将来会被证伪，相反现阶段不被认可的、非主流的观点不久之后可能被证明是正确的。因此传播科学并不等同于传播主流观点，否则地心说将会一直统治人类，作为义务教育阶段的主要内容——经典物理学将会因为相对论的提出而被彻底推翻。证伪的过程也是科学进步的过程，预印本恰恰提供给学者一个学术研究成果快速传播、极度共享、平等交流和学术争鸣的平台。而对于学术不端，科研诚信问题应该从制度机制等方面采取必要的措施。中国社会科学报报道称：美国《公共科学图书馆·生物学》2022 年 2 月 1 日刊发的两篇文章《追踪疫情期间预印本与期刊发表之间的变化》和《预印本与出版物之间的语言变化评估》，对预印本内的文章和最终发表的版本进行比较，发现均未有本质的区别，变动大多为版式、格式及补充材料等，因此研究人员表示这为包括疫情期间所产出的科研成果在内的预印本的可靠性提供了证据支持，同时对因同行评议而投入的大量资金和时间产生了质疑。相反，近几年传统期刊却屡屡发生已刊发文章因学术不端，同行评议违规等行为而大规模撤稿事件。因此对于预印本不能因噎废食，在全球科学共享的驱使下，应加大我国预印本平台的发展。由上文分析可知我国的预印本平台还未形成自己的品牌。在开放科学发展的大趋势下提升我国预印本的发展主要从以下几点进行着手：

加大预印本平台服务的宣传与培训。如同将论文写在祖国大地上一样，开放科学环境下，将新结果新结论首发到国内的预印本平台应该给出官方的引导与倡导。在期刊引用中预印本的占比越来越大，因此在建设一流国际期刊的同时不能忽略预印本服务的发展，同时因其具有极快的传播速度，学术科研成果在第一时间得到展示，是抢占科研成果首发权的一个极佳措施。

着手打造预印本平台的影响力。打造专业领域内影响力极高的预印本服务平台。国内预印本的发展意识并不非常落后，CSPO 和中国预印本服务平台成立于 21 世纪初，虽然比世界早期的预印本平台晚了十几年，但是也保持了对预印本服务发展的警觉性。2016 成立的 ChinaXiv 是在第二次的发展浪潮中建立起来的。但是纵观这 3 大平台，均属于综合性平台，并未树立起某一专业领域内的品牌效应。因此需要打造具有 arXiv 特质的品牌服务平台。

与期刊进行对接。同行评议为期刊提供了质量保证，但是同时也减弱了科研成果传播时效，而且稿件遭遇退稿，作者需将稿件转投不同的期刊，从而造成同一篇稿件反复进行送审工作，如果预印本平台能打通期刊之间的壁垒将会加速稿件的处理，节约时间、资金和人力成本。此外期刊的发展离不开优质的稿源，在预印本平台中优先发掘优质稿件进行租约有可能是提升稿源质量的一个有效方式。此方向将会是笔者下一步的研究方向。

4　结论与展望

2021 年 UNESCO 第 41 届会议通过了《开放科学建议书》，标志着开放科学迈入全球共识的新阶段。2022 年 9 月中国科学院文献情报中心发布"关于促进预印本交流的原则性意见"，"意见""积极鼓励中心主办的学术期刊参与 ChinaXiv 建设""支持高质量预印本论文作为阶段性研究成果纳入学术评价参考"是我国预印本平台为应对全球开放开学做出的积极响应。综合国内国际主要预印本平台的发展过程，文章范围和规模等，可以发现国内的预印本服务仅从体量上就与国际存在量级的差距。在当前开放科学，开放办刊的大环境下，在国家对学术期刊发展的大力推动下，如何更好地发展预印本平台以助力一流期刊、一流刊群的发展，需要进一步思考与探索。

展望：通过政策及各方面的共同努力，打造初自己的预印本平台。在中国 SCI 发文量跃居第一的背景下，国人的科研成果应优先在国内的预印本平台发布，使得中国的科研成果可以快速的发布和共享。另外对于急于寻找优质稿源以提高期刊影响力的出版从业人员，从预印本平台寻找优质稿源是租约稿件的又一重要途径。对于数量庞大的中文期刊来说，这一途径的实施依赖于中国预印本平台的发展。而具有梯队结构的刊群可以尝试发展自己的预印本平台，既能以快速的传播科研成果以吸引高水平的稿件，也可以刊群内资源共享节约成本，缩短出版流程。

参 考 文 献

[1] 朱天慧.电子预印本的现在和未来[J].现代图书情报技术,2000(增刊1):67-68.

[2] 张志洁.电子预印本的特点与检索功能评介[J].图书馆建设,2000(2):29-31.

[3] 许淳熙.关于预印本引用现象的思考[J].信息与开发,2000(1):28-29.

[4] 欢迎使用中国预印本服务系统[J].情报学报,2004(3):306.

[5] 张丽.国内预印本系统比较研究.中国信息导报,2005(12):41-43.

[6] 邱燕燕.国内电子预印本系统的问题和对策[J].情报理论与实践,2006(1):70-73.

[7] 李华军,张敏.电子预印本:未来学术信息交流的新方向[J].贵州民族学院学报:哲学社会科学版,2006(1):156-159.

[8] 周阳.国内外预印本系统调研与启示[J].图书馆界,2021(3):60-68.

[9] 王智琦,陈悦.谁在主导预印本的发展[J].科学学研究,2021(3):393-405.

[10] 付江阳,贺颖.预印本自组织同行评议的通证激励机制研究[J].中国科技期刊研究,2021(1):23-27.

[11] BOUTON E N, STEVENS-RAYBURN S. The preprint perplex in an electronic age [J]. Vistas in Astronomy, 1995, 39:149-154

[12] ETSENBACH G. The impact of preprint servers and electronic publishing on biomedical research [J]. Current Opinion in Immunology, 2000, 12(5): 499-503.

[13] WANG Z Q, CHEN Y, WOLFGANG G. Preprints as accelerator of scholarly communication: an empirical analysis in Mathematics [J]. Journal of Informetrics, 2020, 14:101097.

[14] TRAYLOR T D. The PrePRINT Network: a new dynamic in information access from the U.S. Department of Energy [J]. Journal of Government Information, 2001, 28(3):249-266.

[15] HU C P, ZHANG Y K, CHEN G. Exploring a new model for preprint server: a case study of CSPO [J]. The Journal of Academic Librarianship, 2010, 36(3): 257-262.

[16] 徐诺,苗秀芝,程建霞.预印本"大繁荣"对科技期刊编辑的启示[J].编辑学报,2019,31(3):282-289.

[17] arXiv. 2020 arXiv annual report [EB/OL]. [2021-09-05]. https://static.arxiv.org/static/arxiv.marxdown/0.1/about/reports/2020_arXiv_annual_report.pdf.

[18] arXiv. 2020 arXiv annual report [EB/OL]. [2021-09-05]. https://arxiv.org/stats/monthly_submissions.

[19] 中国社会科学院图书馆.SSRN 数据库[EB/OL].社会研究网[2021-09-05].http://www.lib.cass.org.cn/zy/dzzy/mfxszy/202007/t20200728_5161844.shtml.

[20] 王颖,张智雄,钱力,等.ChinaXiv 预印本服务平台构建[J].数字图书馆论坛,2017(10):20-25.

国内外开放获取论文收取论文处理费情况的调查

丁 译

(上海大学期刊社《应用数学与计算数学学报(英文)》编辑部,上海 200444)

摘要:论文处理费(Article Processing Charges, APC)脱胎于传统的版面费,是开放获取(Open Access, OA)论文的重要组成部分。调查了国际知名出版商 Elsevier、Springer·Nature、Wiley 和国际知名 OA 期刊出版社 PLoS、MDPI 等 APC 的收费标准,结合我国 OA 期刊出版和 OA 平台建设的现状,以期为我国 OA 出版的应对策略和相关政策制订提供参考。

关键词:论文处理费(APC);开放获取(OA);S 计划;APC 框架

2022 年是《布达佩斯开放获取倡议》(Budapest Open Access Initiative, BOAI)发布 20 周年。自 BOAI 推出的 20 年里,开放获取的理论和实践不断发展,大量基于开放获取的新型期刊出版模式和开放获取协议也不断涌现。尤其在近几年,cOAlitionS(S 联盟)和 OA2020(Open Access 2020 Initiative)的共同努力加快了开放出版进程,使其成为主流出版方式,大大促进了科研成果的快速传播,对于提升科研成果的可见度和影响力具有积极意义。

论文处理费(Article Processing Charges, APC)是随着开放获取的蓬勃发展应运而生的。这个概念产生于 2002 年,由当时两个最大的开放获取出版社美国公共科学图书馆(PLoS)和 BioMed Central(BMC)提出,脱胎于传统的版面费。在传统出版模式中,期刊出版机构的收入主要来源于用户的订阅付费,即读者付费模式;OA 期刊则采取作者付费模式,收入主要来源于作者(或相关机构)支付的 APC。APC 一般包括稿件在线处理系统的开发和运行维护、同行评议、语言润色、文字编辑、图表制作、排版、校对、在线预出版、出版后论文推送服务、向国际检索系统推介服务、论文的长期存档等在整个出版过程中发生的各种成本[1]。根据 DOAJ 提供的数据,在 DOAJ 收录的 18 201 种期刊中,每篇论文收取的 APC 可能低至 10 美元,也可能高达 10 000 美元,甚至还有 69.2% (12 592 种)的期刊不收取 APC,毫无规律可循。

时至今日,除了 DOAJ、PLoS、MDPI 等知名 OA 平台和 OA 期刊出版商,Elsevier、Springer·Nature、Wiley 等传统商业出版巨头也积极涉猎其中,采取各种方式参与竞争,如出版大量 OA 期刊、将传统订阅型期刊转型为混合 OA 期刊、与学术联盟签订转换协议等。本文将对国际主要出版商的 APC 情况进行调查,并简单介绍我国 OA 出版的发展现状,以期为我国 OA 出版的应对策略和相关政策制订提供参考。

1 开放获取类型

目前,主要的开放获取类型有:金色开放获取(Gold OA)、绿色开放获取(Green OA)、混

基金项目:2022 年度中国科技期刊卓越行动计划选育高水平办刊人才子项目-青年人才支持项目(2022ZZ060706)

合开放获取(Hybrid OA)、钻石开放获取(Diamond OA)、青铜开放获取(Bronze OA)和黑色开放获取(Black OA)，如表 1 所示。

表 1　主要的开放获取类型

OA 类型	APC	版权	主要特征
金色开放获取	作者支付 APC	作者所有	任何人都可以免费访问论文，通常也可以再利用
绿色开放获取	无需支付 APC	通常为出版商所有	自行存档，将文章储存于知识库或个人网站使其可以被自由访问，一般有禁运期(通常 6~24 个月)
混合开放获取	作者支付 OA 论文 APC	作者所有	传统订阅期刊允许其中的部分文章开放获取出版，其他文章仍需付费阅读
钻石开放获取	无需支付 APC	作者所有	出版商支付出版费用，任何人都可以免费访问论文
青铜开放获取	—	不清晰	论文可以被免费访问，没有清晰的版权约定
黑色开放获取	—	—	现有知识产权体系下的"盗版"网站，通常免费、大规模、易用

金色 OA 是目前使用最为广泛的开放获取类型。金色 OA 通常是作者向期刊或出版商支付 APC，按照相关协议，通常是指知识共享协议(Creative Commons License)，作者持有版权、任何人都可以免费访问论文。

混合 OA 适用于期刊或出版平台，而不是一篇文章。对于传统订阅型期刊，如果允许其部分文章开放获取，则将此期刊称为混合 OA 期刊(Hybrid OA Journal)，其收入来源于读者(或图书馆等机构)的订阅费和 OA 文章作者的 APC，因此通常要面对双重收费的指责。与混合 OA 期刊相对应的，是完全 OA 期刊(Fully OA Journal)，即期刊全部文章均开放获取。S 计划中的转换型期刊(Transformative Journal)，在没有转型前，就是传统订阅期刊；转型完成后，就是完全 OA 期刊；转型期间，也可以称之为混合 OA 期刊。

2　S 计划发布的 APC 框架

长久以来，由于没有统一的收费标准和要求，APC 定价方式复杂，定价机制不透明，严重影响了 OA 期刊的发展。2020 年 5 月，以推动开放获取为目标的 cOAlitionS (S 联盟)通过"S 计划"(Plan S)宣布，自 2022 年 7 月 1 日起，只有那些能够提供符合两个价格服务透明度框架之一所要求的数据的出版商才可以从 S 联盟成员那里获得出版资金。两个获批准的框架为：

(1) 公平开放获取联盟(Fair Open Access Alliance, FOAA)制定的《出版服务和费用明细框架》(Breakdown of Publication Services and Fees)，也被称为 FOAA 框架，其将每篇文章总的 APC 分为 7 个服务板块，分别为期刊运营(期刊投审稿系统、平台研发和运营、技术支持)、出版(初审、排版、润色及存储等)、酬金(科学编辑费及学会费用)、学术交流(传播及市场营销)、常规费用(经营管理、企业成本和税费)、盈余和其他收入、折扣及减免[2]。目前使用该框架的有 Frontiers、MIT 出版社、Copernicus 和 MDPI，且均已在官网中公布了采用 FOAA 框架的 APC 体系。

(2) 由 Information Power 提出的《S 计划的价格和透明度框架》(Plan S Price and Transparency Framework)，由数据收集电子表格(Data Collection Spreadsheet)、实施指南(Implementation Guide)和建议(Recommendations)三部分组成。其中第三部分主要讨论价格信息，并确定了八类服务，出版商要说明所提供的不同服务占总价格的百分比[3]。目前已通过

Hindawi、PLoS、Springer Nature 等机构和出版商进行试点。

尽管 S 计划使局面更为复杂，但是它促使了 OA 局势发生扭转，支持者如是说。两个 APC 框架从本质上来说是一种成本分析框架，基本涵盖了整个出版链，从框架中可以清晰地了解每篇文章的成本支出情况，对于规范 OA 文章的 APC 具有重大意义，为费用的收取提供了依据[4]。

3 国际主要出版商的 APC 调查

许多国际知名的学术出版商，如 Elsevier、Springer·Nature、Wiley，和专业 OA 期刊出版商，如 PLoS、MDPI 都在其官方网站上公布 OA 政策和各期刊的 APC 列表。这里，以各官方网站公布的最新数据为统计源，简单介绍主要出版商收取 APC 的情况(表 2)。

表 2 部分国际知名出版商的期刊出版及 APC 情况

出版商	APC 完全 OA	APC 混合 OA	APC 减免政策
Springer·Nature	625~5 890 美元	1890~11 390 美元	低收入国家作者豁免；低中收入国家作者 50%优惠
Elsevier	200~8 900 美元	190~9 900 美元	对 Research4LifeA 组国家作者豁免，B 组国家作者 50%优惠
Wiley	660~5 300 美元	1 000~6 100 美元	对 Research4Life 名单上 94 个国家作者豁免，34 个国家作者 50%优惠
PLoS	1 805~5 300 美元	—	对 Research4LifeA 组国家作者豁免，部分期刊对 B 组国家作者优惠
MDPI	971~2 600 瑞士法郎	—	作者可申请，不定时发放优惠券

3.1 Springer·Nature 施普林格·自然[5]

目前，Springer·Nature 拥有 580 多种完全 OA 期刊，分属 Nature、Springer 和 BMC 三个附属品牌，混合 OA 期刊超过 2 200 种。Springer·Nature 以推动研究的开放和开放科学的发展，作为其服务科研界的首要目标，并承诺到 2024 年，超过 50%的原创研究将以 OA 形式出版。

由于平台期刊来自世界各地，收费标准也较多，主要有欧元、美元和英镑，完全 OA 期刊 APC 在 625~5 890 美元[6]，混合 OA 期刊 APC 在 1 890~11 390 美元，其中 *Nature* 系列的 APC 最高，均为 11 390 美元[7]。对于来自 2022 年 7 月被世界银行归类为低收入国家的作者，Springer·Nature 的完全 OA 期刊提供 APC 豁免；对于来自中低收入国家的作者，提供 50%的优惠折扣。对于 Springer·Nature 混合 OA 期刊和转换型期刊，不提供 APC 豁免，没有资金在这些期刊上发表 OA 论文的作者可以通过订阅途径发表。

3.2 Elsevier 爱思唯尔

Elsevier 是全球最大的科技与医学文献出版商之一，目前作为世界上增长最快的开放存取出版商之一，Elsevier 的 2 700 种期刊中几乎所有都支持 OA 出版，包括 600 种完全 OA 期刊，160 多种转换型期刊。2021 年 Elsevier 出版了 119 000 篇金色 OA 文章，比 2020 年增长了 46%以上。

Elsevier 公布了其制定 APC 的标准，主要包括：期刊质量；期刊的编辑和技术流程；竞争性考虑；市场条件；与期刊相关的其他收入来源，如广告。收费主要有欧元、美元、英镑和日元，完全 OA 期刊 APC 在 200~8 900 美元，混合 OA 期刊 APC 在 190~9 900 美元[8]。对于来自符合 Research4Life 计划的国家的作者，Elsevier 的金色(完全)OA 期刊自动适用 APC 豁免或折扣：对来自 69 个国家(A 组)的作者完全免除所有 APC，对来自 57 个国家(B 组)的作者给予 50%的折扣。

3.3 Wiley 威利

Wiley 作为全球第三大学术期刊出版商，2021 年收购了开放获取出版业的创新者 Hindawi，使 Wiley 的金色(完全)OA 期刊体量增长了 1 倍，极大提高了 Wiley 作为全球科研领导者的地位。目前，在 WileyOnlineLibrary 网络出版平台上共有期刊 2 773 种，其中完全 OA 期刊约 300 种，APC 范围 660~5 300 美元；混合 OA 期刊约 1 300 种，APC 范围 1 000~6 100 美元[9]。

Wiley 有非常严谨的 APC 减免体系，且收费系统与审稿系统完全独立，编辑不参与和作者关于 APC 的通信。Wiley 的完全 OA 期刊对来自 Research4Life 名单上的 94 个国家的作者提供 APC 自动豁免；对其他的 34 个国家，则提供 50%的 APC 自动折扣。Wiley 目前不为在混合期刊上发表 OA 论文的作者提供豁免或折扣。

3.4 PLoS 美国公共科学图书馆

PLoS 是一家非营利性出版机构，致力于生命科学和医学相关领域纯网络版学术期刊的 OA 出版，是目前国际上致力于 OA 出版最具代表性且已经在学术界取得广泛影响的出版机构之一。从 2003 年开始相继成功创办了 12 种 OA 期刊，全部收取 APC。*PLoS ONE* 每篇收取 1 805 美元；*PLoS Climate*、*PLoS Global Public Health* 和 *PLoS Water* 每篇收取 2 100 美元；*PLoS Neglected Tropical Diseases* 每篇收取 2 495 美元；*PLoS Digital Health* 每篇收取 2 575 美元；*PLoS Computational Biology*、*PLoS Genetics* 和 *PLoS Pathogens* 每篇收取 2 655 美元；*PLoS Sustainability and Transformation* 每篇收取 3 000 美元；*PLoS Medicine*、*PLoS Biology* 每篇收取 5 300 美元。PLoS 的所有期刊，对来自 Research4LifeA 组名单上的国家的作者提供 APC 豁免。*PLoS Biology*、*PLoS Climate*、*PLoS Global Public Health*、*PLoS Medicine*、*PLoS Sustainability and Transformation* 和 *PLoS Water* 则对来自 B 组名单上的国家的作者收取 500 美元的 APC。

3.5 MDPI 多学科数字出版机构

MDPI 由华人科学家林树坤于 1996 年在瑞士巴塞尔创立，经过 20 多年的发展，目前共出版 408 种 OA 期刊，包括 399 种同行评审期刊和 9 种会议期刊，其中 93 种被 SCIE 收录。收取 APC 方面，9 种会议期刊不收取 APC，其他期刊收取 APC 范围为 971~2 600 瑞士法郎。根据 MDPI 官网公布，从 2023 年 1 月 1 日开始，约有 93 本期刊的 APC 均上调了 200 瑞士法郎。值得注意的是，在中科院 2021 年 12 月 31 日发布的《国际期刊预警名单(试行)》中，MDPI 旗下 18 个期刊进入预警名单。

4 APC 收费存在的问题

有研究表明，2016—2020 年间 DOAJ 收录的 OA 期刊上发表的论文数量翻了一倍，而这些期刊的 APC 的总收入翻了两倍，这表明科研人员及其机构支付了更高的价格来发表论文[10]。将 APC 发展成为新的利益增长点，将开放获取从出版模式转变为一种盈利模式，这显然与学术界推崇的免费开放共享的理念背道而驰。

目前，虽然各大 OA 平台的 APC 收取模式已经基本形成一套完整的体系，但是部分期刊 APC 价格过高，存在明显的不合理差异；且定价机制不透明，作者、图书馆、资助者无法知道 APC 涵盖了哪些期刊费用、其定价是基于出版商的生产成本还是基于期刊声望或影响因子收取溢价。另外，APC 带来的利益助长了一批"掠夺性期刊"，以收取版面费盈利为目的，文章质量差、拒稿率低，甚至缴费即可发表，对科研环境造成了恶劣的影响。据保守估计，目前全球掠夺性期刊已超过 15 500 种[11]。

5 我国 OA 期刊收取 APC 的现状的调查

作为学术研究和论文发表的大国之一，在开放获取影响全球学术出版行业格局的进程中，中国也一直在积极参与和进行有关开放获取的尝试与实践。

5.1 OA 出版与 OA 平台发展现状

早在 2004 年 5 月 24 日，中国科学院院长路甬祥、国家自然科学基金委员会主任陈宜瑜在北京分别代表各自机构签署《柏林宣言》，从国家层面积极推动全球科学家共享网络科学资源。2015 年 5 月，中国科学院和国家自然基金委发布了《中国科学院关于公共资助科研项目发表的论文实行开放获取的政策声明》和《国家自然科学基金委员会关于受资助项目科研论文实行开放获取的政策声明》，进一步提升我国相关科研机构对开放获取工作的重视[12]。2017 年 10 月，国家科技图书文献中心(NSTL)正式签署了开放获取 2020 计划(OA2020)倡议的《关于大规模实现学术期刊开放获取的意向书》[13]。2020 年 5 月，中国科学院文献情报中心与英国牛津大学出版社(OUP)达成国内首个开放出版转换协议[14]。

OA 平台建设方面，2005 年 11 月，经教育部批准，由教育部科技发展中心主办的"中国科技论文在线平台"正式上线运行。2010 年 10 月，由中国科学院主管，中国科技出版传媒股份有限公司主办，北京中科期刊出版有限公司承办的"中国科技期刊开放获取平台"(China Open Access Journals, COAJ)正式上线运行。此外，还有"国家科技期刊开放平台""Socolar 开放存取一站式检索服务平台"等。

虽如此，相较于国外出版商和期刊对于开放获取的主动迎战态度，我国期刊在开放获取运动中的表现仍显得较为被动和迟缓，OA 出版和 OA 平台建设的发展水平仍然较低，高质量 OA 期刊数量较少，致使很多作者在 SCI 评价导向的作用下，将论文发表于国外 OA 期刊上，由此导致我国科技论文和科研经费外流现象加剧[15]。

DOAJ 官网数据显示，截至目前，我国被 DOAJ 数据库收录的期刊只有 200 种(包括社科期刊)，不足期刊总数的 3%，远低于印度尼西亚(2 036 种)、英国(1 959 种)和巴西(1 627 种)等国家；较多高水平期刊"借船出海"与国际出版社合作出版，OA 出版比较被动。OA 平台方面，COAJ 收录的科技期刊只有 660 种，国家科技期刊开放平台收录的期刊 1 346 种，占比不足科技期刊总数的 30%。

5.2 国内科技期刊收取 APC 现状

我国被 DOAJ 数据库收录的 200 种期刊中，99 种收取 APC，金额从 7.2~3 850 美元不等(2022-09-11 汇率)，101 种不收取 APC。值得注意的是，这 200 种期刊中，有 89 本的出版机构是科爱(由爱思唯尔和中国科学出版传媒有限公司共同创立)，其中 41 本收取 APC，金额从 700~1 720 美元不等，平均 900 美元；48 本不收取 APC。总体可见，我国 OA 期刊的 APC 费用普遍较低，且远低于国际出版商的平均水平。究其原因主要归为以下几个方面：①标准不兼容。我国尚未建立与国际兼容的 OA 标准，现有 OA 平台没有实行 OA 经营模式，也没有实行 OA 出版流程，更没有实行 OA 集约化发展路径，也就达不到 OA 出版的规模性、时效性和规范性[16]。②数量少。我国科技期刊虽然数量较多，但绝大多数为中文期刊且影响力普遍不高，不能满足权威 OA 数据库对收录期刊的基本要求。此外，我国科技期刊办刊分散，必须借助商业出版平台发展 OA 出版，不能掌握 OA 出版的自主权，局限了自身发展。③未形成 APC 运作模式。我国尚未形成通过收取 APC 来支持 OA 出版的可持续运作模式，大多数期刊的发展主要依托主办单位的拨款，没有足够资金支撑可持续和高质量 OA 出版。④认可度低。我国评价体系对 OA 期刊认可度有待改良，国家层面没有相应的开放获取政策。

6　结束语

开放获取本身不是目的，而是实现研究的公平、高质量、可用性和持续性的手段。我们应该选择符合这一目的的战略来发展我国 OA 出版。①创立中国特色 OA 出版模式。立足国情，建立符合国际规范、适合我国科技期刊管理体制的 OA 发展模式。②建立健全 APC/版面费收费体制。针对不同学科、不同质量的科技期刊给出合理的收费依据和定价规则，建立国内科技期刊价格体系。③加快科技期刊开放获取平台建设，推进期刊集约化发展。由国家组织相关机构或部门，建立 OA 集中出版平台，推进科技期刊数字化、集约化、市场化办刊模式，扶持优秀期刊集团做大做强。④优化科学评价体系，引导我国科研人员最大效益地发表和交流自己的学术成果。

参 考 文 献

[1] What is included in the article processing charges? [EB/OL]. [2022-09-11]. https://www.geoscientific-model-development.net/about/article_processing_charges.html.

[2] The Fair Open Access Breakdown of Publication Services and Fees [EB/OL].[2022-09-11]. https://www.fairopenaccess.org/wp-content/uploads/2019/11/0.4-press-release-nov-2019-Fair-Open-Access-breakdown1.pdf.

[3] cOAlition S announces price transparency requirements [EB/OL]. [2022-09-11]. https://www.coalition-s.org/coalition-s-announces-price-transparency-requirements/.

[4] 郁林羲.获取论文收取论文处理费情况调查与分析[J].产业观察,2021(9): 41-45.

[5] The world's most significant open access portfolio [EB/OL]. [2022-09-11]. https://www.springernature.com/gp/open-research/journals-books/journals.

[6] 2022 Springer Nature fully open access journals [EB/OL]. [2022-09-11]. https://resource-cms.springernature.com/springer-cms/rest/v1/content/19770948/data/v15.

[7] 2022 Springer Nature hybrid journals [EB/OL]. [2022-09-11]. https://resource-cms.springernature.com/springer-cms/rest/v1/content/19770950/data/v14.

[8] Transparent price setting [EB/OL]. [2022-09-11]. https://www.elsevier.com/about/policies/pricing.

[9] Article Publication Charges [EB/OL]. [2022-09-11]. https://authorservices.wiley.com/author-resources/Journal-Authors/open-access/article-publication-charges.html.

[10] CRAWFORD W. Gold Open Access 2015–2020. Articles in Journals (GOA6) [M/OL]. Cites & Insights Books, Livermore, California, 2021 [2022-09-11]. https://waltcrawford.name/goa6.pdf.

[11] ELLIOTT T, DE LA PUENTE T M. Predatory journals and conferences: three drivers [EB/OL]. [2022-09-11]. https://www.nature.com/articles/d41586-022-00704-4.

[12] 两部委牵头推进公共资助科研项目论文开放获取[EB/OL].[2022-09-11].http://scitech.people.com.cn/n/2014/ 0516/c1007-25024469.html.

[13] 国家科技图书文献中心签署OA2020倡议意向书积极参与推进学术成果实现更广泛的开放获取[EB/OL]. [2022-09-11]. http://www.las.cas.cn/xwzx/zhxw/201711/t20171107_4888473.html.

[14] 中国科学院文献情报中心与牛津大学出版社达成国内首个开放出版转换协议[EB/OL].(2020-05-22)[2022-09-11]. http://www.las.cas.cn/xwzx/zhxw/202005/t20200522_5584635.html.

[15] 曾建勋,杨代庆.关于扭转我国科技论文外流局面的政策性思考[J].编辑学报,2020,32(6):600.

[16] 曾建勋,郑昂.我国科技期刊开放获取的机遇与挑战[J].编辑学报,2021,33(4):359-364.

我国中文体育类核心期刊发展探索
——对发文量呈"断崖式"的思考

谭广鑫,吴科锦,郭紫敏

(华南师范大学体育科学学院,广东 广州 510006)

摘要: 采用文献资料法、逻辑分析法、数理统计法,利用中国知网、万方数据等学术平台对我国中文体育类核心期刊发文量呈"断崖式"的原因进行分析;探索我国中文体育类核心期刊发展之路,以期为我国中文体育类核心期刊发展提供借鉴。追求高影响因子、盲目提高论文质量和 SCI 的冲击是中文体育类核心期刊发文量骤减主要原因。以降低"分母"的方式对提高期刊影响因子确实效果显著,却忽略了在追求社会效益的同时应承担的社会责任和义务。走科学化、规范化、责任化是我国中文体育类核心期刊长远发展的必经之路。

关键词: 中文体育类;核心期刊;发文量;社会责任;发展探索

自然科学基金委统计,截至 2020 年 5 月 10 日,国际上发表有关新型冠状肺炎的防控权威杂志一共是 2 150 篇,其中中国就占据 650 篇。6 月 2 号,钟南山院士在习近平总书记召开的一场专家学者座谈会上曾发言道:"要把论文写在地球的大地上。" 期刊是传播思想文化、储存研究成果、沟通信息、交流经验和方法的重要媒介,承载着人类文明的成果,对于人类社会一直承担着严肃的、重大的社会责任[1]。近日,核心期刊发文量急剧下滑的事件引发了各学术圈的热议。据有关机构数据分析显示:2010—2019 年 25 个学科、567 个核心期刊的发文量都呈现下滑的趋势;其中,体育类的核心期刊降幅最大达 43%。体育学核心期刊发文量呈现"断崖式"现象不禁让学者对今后学术的发展感到担心和忧虑。学术核心期刊是学术思想传播的重要载体,它反映出一个国家的学术水平和学术状况。在新时代背景下,体育类核心期刊有着助力健康中国、建设体育强国的重担;体育类核心期刊的健康可持续发展关系到社会主义精神文明的建设。

1 我国中文体育类核心期刊发文量现状

1.1 选取中文体育类核心期刊相关信息

我国现有 16 种中文体育类核心期刊,创刊年份多集中于改革开放初期,得益于国家重新对于教育兴国的重视。从表 1 中可以看出,期刊的创办地主要集中于"北上广"等经济发达地区;期刊的出版频率较低,其中有 10 家属于双月刊,两个月发刊一期;仅有 6 家为月刊,每月发刊一期。

1.2 我国 16 种中文体育类核心期刊发文量情况

运用中国知网对各期刊的检索功能,对 2010—2019 我国 16 种中文体育类核心期刊发文

表1 16种中文体育类核心期刊相关信息

期刊	主办单位	发行地	创刊年	出版频率
体育科学	中国体育科学学会	北京	1981	月刊
上海体育学院学报	上海体育学院	上海	1959	月刊
北京体育大学学报	北京体育大学	北京	1959	月刊
天津体育学院学报	天津体育学院	天津	1981	双月刊
体育学刊	华南理工和华师	广州	1987	双月刊
武汉体育学院学报	武汉体育学院	武汉	1959	月刊
西安体育学院学报	西安体育学院	西安	1984	双月刊
中国体育科技	国家体育总局科学研究所	北京	1959	月刊
体育与科学	江苏体育科学科研所	南京	1980	双月刊
体育文化导刊	国家体育总局体育发展中心	北京	1983	月刊
成都体育学院学报	成都体育学院	成都	1960	双月刊
广州体育学院学报	广州体育学院	广州	1981	双月刊
山东体育学院学报	山东体育学院	山东	1985	双月刊
首都体育学院学报	首都体育学院	北京	1985	双月刊
沈阳体育学院学报	沈阳体育学院	沈阳	1982	双月刊
体育学研究	南京体育学院	南京	1987	双月刊

量进行统计分析。在表2中可以清晰地发现，期刊每年的发文量是逐年递减的，如体育科学、体育学研究、北京体育大学学报、体育学刊等期刊每年发文量下降明显；体育文化导刊、成都体育学院学报、体育学刊、北京体育大学学报部分年份呈现"断崖式"大幅度的下降。从2010年发文量的3 875篇到2019年的2 060篇，减少1 815篇，占2010年总发文量的46.84%，也就说，近10年里，16种中文类核心期刊总发文量下降幅度高达1/2。

表2 2010—2019年16种中文体育类核心期刊发文量统计

刊名	2010	2011	2012	2013	2014	2015	2016	2017	2018	2019
体育科学	170	178	163	154	154	154	146	133	149	108
上海体育学院学报	137	132	131	114	120	115	106	102	112	106
北京体育大学学报	471	463	362	327	297	275	268	264	242	161
天津体育学院学报	150	130	125	121	119	103	96	86	83	89
体育学刊	368	182	204	203	191	168	157	162	154	139
武汉体育学院学报	242	230	232	230	227	205	200	192	184	179
西安体育学院学报	201	175	173	167	153	129	126	115	123	126
中国体育科技	161	147	135	136	129	121	125	112	115	124
体育与科学	142	153	158	168	142	113	103	101	101	92
体育文化导刊	526	532	499	518	665	594	538	527	377	233
成都体育学院学报	300	293	266	258	247	153	143	131	135	119
广州体育学院学报	179	170	174	179	207	205	193	192	184	184
山东体育学院学报	262	242	148	139	147	137	123	129	137	89
首都体育学院学报	141	138	133	132	129	124	124	126	118	110
沈阳体育学院学报	238	250	244	240	183	177	164	152	144	134
体育学研究	187	195	145	138	136	122	130	146	72	67
总发文量	3 875	3 610	3 292	3 224	3 246	2 895	2 742	2 670	2 430	2 060

1.3 中文体育类核心期刊基金文献情况

基金项目是由国家各级政府和部门等拨款资助的科研项目，在其完成过程中所发表的相关论文即基金项目论文[2]。从表3可知，2015—2019年基金论文占期刊论文总发文比例大，且前4年一直呈上升趋势，2019年稍有下降的趋势。由此说明了，我国中文体育类核心期刊在录用论文时，大部分以录用有基金项目的论文为主。通过数据可以看出，随着期刊发文量的减少，基金论文的数量也受到影响逐渐下降，但占比却依然很高，是期刊论文的首选。

表3 2015—2019年16种中文体育类核心期刊基金文献统计

项目	2015	2016	2017	2018	2019
发文量/篇	2 895	2 742	2 670	2 430	2 060
基金论文量/篇	1 859	1 882	1 882	1 822	1 457
年基金率/%	64.21	68.64	70.49	74.98	70.73

2 中文体育类核心期刊发文量呈"断崖式"原因分析

2.1 追逐影响因子，提升期刊竞争力

当前，评价科技核心期刊的主要指标有："即年指标、影响因子、被引半衰期、发文总数、扩散因子等"，其中影响因子是主要的评价指标。影响因子能较客观地反映该期刊论文的质量和影响水平，因其能在一定程度上消除了科技期刊因刊龄、出版周期、篇幅以及发文量等因素所引起的被引用频次的偏差，故已成为一项国际上通用的期刊评价指标及科研成果评价体系[2]。影响因子是指该期刊近2年文献的平均被引用率，即某期刊影响因子=本年度论文被引次数/两年内载文总量。因而为了追求期刊更高的影响因子，期刊负责人会挑选更为热门的研究方向论文，提高论文的被引率；同时，压缩年论文的发文量，降低影响因子的分母。从而，有利于提高期刊的影响因子，提升期刊的竞争力。

表3 2015—2019年16种中文体育类核心期刊复合影响因子统计

期刊名称	2015年	2016年	2017年	2018年	2019年
体育科学	2.10	2.69	3.44	3.85	4.08
上海体育学院学报	1.68	2.00	1.88	2.32	2.36
北京体育大学学报	1.8	1.96	2.34	2.34	2.25
天津体育学院学报	1.20	1.26	1.06	1.13	1.21
体育学刊	1.64	1.87	2.18	1.98	1.89
武汉体育学院学报	1.38	1.76	2.11	2.14	2.35
西安体育学院学报	1.00	1.28	1.46	1.63	1.64
中国体育科技	1.31	1.64	1.84	2.12	1.84
体育与科学	1.59	1.65	1.70	1.85	2.08
体育文化导刊	0.74	0.78	0.87	0.91	1.07
成都体育学院学报	1.05	1.13	1.39	1.62	1.59
广州体育学院学报	0.81	0.90	1.08	1.05	0.97
山东体育学院学报	0.87	0.98	1.32	1.25	1.02
首都体育学院学报	0.93	1.24	1.24	1.47	1.26
沈阳体育学院学报	0.64	0.88	1.08	1.22	1.58
体育学研究	0.87	0.98	1.32	2.59	2.36
总影响因子	19.61	23	26.31	29.44	29.62

通过对表 3 的 2015—2019 年 16 种中文体育类核心期刊复合影响因子进行分析发现，大部分期刊整体都呈现上升的趋势，其中体育科学、体育学研究增长幅度最大；体育与科学、体育文化导刊、首都体育学院学报、沈阳体育学院学报、武汉体育学院学报、西安体育学院学报等期刊复合影响因子都在逐年上升。广州体育学院学院、山东体育学院学报等 9 种期刊存有上下波动的趋势；体育科学五年来都位居第一，且增长幅度最大；各期刊间的复合影响因子差异较大，说明了整体性协调发展不足，各期刊的办刊理念和创新方法差异显著。

2.2 "斩文"以提高中文体育类核心期刊论文质量

中文体育类核心期刊的发文量的不断减少，这就意味着只有更高水平、更高质量的论文才能满足期刊的要求被录用和发表。而高质量稿件是中文体育类核心期刊提高办刊质量，提升竞争力和影响力的核心要素，也是期刊生存之本。同时，具有较大影响力和较高权威性的期刊又会反过来吸引更多的优质稿源，这有利于增强期刊的品牌优势，使期刊在体育期刊领域具备强大的吸引力和引领力[4]。因而，通过压缩发文量来使论文精益求精，以此来提高论文的质量。在载文量减少的情况下体育科研作者的需求却与日俱增。随着招生政策的扩招，研究生的队伍不断的壮大，研究人员的增加使学术观点更具有创新性和多样化角度。发文量的下降，给研究人员增加发表核心期刊的压力，迫使其不断提高论文的质量和水平，来满足期刊的发文要求，从而又从侧面提高了投稿论文的整体水平。因此，又能进一步提高了体育类核心期刊的论文质量。

改革开放以来，在党的领导及综合国力增强的背景下中国体育发生翻天覆地的变化，实现质的飞跃，取得历史性的成就，成为衡量社会文化程度的重要指标[5]，但与其他学科相比，中国体育学科的根基并未扎实，学科发展仍不尽人意。就学科层面而言，虽于 1997 年被设为教育学门类下的学科之一并下设 4 个二级学科，从而向科学、规范的道路迈出关键一步，但随现代社会、科技、文化和体育现状的不断变化，原有学科分类已满足不了体育学科发展的现实需要[6]。目前中文体育类学术论文的产出质量与其他发展较好学科相比仍具有一定差距，体育学术研究存在以偏概全现象，学科分类混乱、发展规制局限、高质量综合性研究较少等问题[7]，鉴于此，"优中选优"是当下期刊录用中文体育类学术论文的显著趋势。

2.3 SCI 对中文体育类核心期刊的冲击

根据斯坦福发布 2019 全球 AI 报告，中国发表 SCI 论文数量首次超欧美，说明我国的论文成果、学术水平取得了很大的进步和发展。究其背后也反映出一个问题，中国人发表国外期刊论文数量位居世界第一，但国内的核心期刊发文量在逐年的递减。那么为什么会产生这种本末倒置的现状呢？众所周知在国内的学术界大家公认的一个事实："SCI 比国内的核心期刊(CSSCI)更为重要且更具影响力"，单位职称的评比、晋升，SCI 起着重要的作用。因而把发表 SCI 与经济利益、学界地位、知名度、学术水平相挂钩，SCI 论文的发表就成为各学科学者争相追逐的目标。这意味着许多更高水平的论文的发表于国外的英文科技期刊，致使国内的中文体育类核心期刊接收到投稿的论文水平下降；期刊只有通过减少发文量，来筛查少量的高水平论文，以此来提高论文的质量、提升期刊的国内影响力。

3 新时代我国中文体育类核心期刊的发展方向

3.1 承担社会责任，加强期刊发展过程中的科学化、规范化

学术期刊的基本责任在于刊发最新的学术成果，反映学术方向。在更高的层次上它还应

图 1 2015—2019 年中国发表的 SCI 论文数量

(数据来源：SCI 数据库，检索时间 2020 年 2 月 4 日)

当通过编辑的主动性、创造性劳动，来预测学术走向，引导学术潮流，激发学术创新[8]。中文体育类核心期刊的发文量降幅最大成为学者热议、抱怨的话题。学术期刊在激烈的市场中为了提高期刊的知名度、竞争力，只能通过压缩发文量来减少"分母"，提高被国际认可的影响因子、增强期刊地位、吸引更多的优秀学者投稿。每期发文量的数量是期刊的自由，下降发文量虽无过，但也不科学，更忽略了期刊应承担的社会责任。学术期刊有着推动科学发展、引导和繁荣文化的重大社会责任，不应盲目为了期刊的效益不断压缩发文量，而且仅仅依靠减少发文量来提高影响因子并不是长远之计，而由此形成的社会诟病对期刊未来发展影响也深远。国外有许多著名期刊，在提高发文量的同时也提高了其影响因子。究其原因不外乎是遵循市场发展规律，预测准确的学术发展方向。那么我国中文体育类核心期刊也应更为全面发展，勇于承担社会责任，加强与国外期刊的交流与合作，学习科学的期刊发展的方法，走科学化、规范化的发展道路。

3.2 合理划分录用学者论文比重，给青年学者留些舞台

前面通过对中文体育类核心期刊近 5 年的发文量基金项目论文占比统计分析，有基金项目的文献占比到 70%以上，而能够拿到基金项目的学者大部分是教师或者博士研究人员。据全国政协委员、中国社会科学院文学研究生研究院刘宁统计：人文社科核心期刊发表博士生作者独立署名的论文，占总发稿量的比例大多数在 4%以下，而硕士生作者独立署名的论文已基本绝迹。由此可见，研究生想要发表一篇文体育类核心期刊有多难。因而近期发生的中文体育类核心期刊发文量逐年下降，引发体育学界多数青年学者的共鸣。前任英国科学协会主席 UCL Frith 教授曾提议："将限制研究人员每年只发表一篇学术论文"。这观点未免有些激进，但从另一个角度思考，也是为给其他的学者，尤其是我们的青年学者留下更大的舞台。青年学者是学术研究的生力军，也是现代学术不断发展繁荣的希望，应该进一步合理划分录用学者论文比重，给青年学者留下更大的舞台。

3.3 优化审稿队伍，改变僵化的评审模式

学术期刊的发展离不开科研工作者研究成果的贡献，也同样离不开编辑的工作；编辑工作贯穿于期刊编校出版的全流程，编辑的能力和综合素质对于期刊的质量有着重要影响[9]。我国中文类体育核心期刊要改变僵化的同行评审模式，就应该扩大同行评审的专家学者队伍，队伍里既要有著名专家教授，又要有青年的研究人员；由于评审队伍的壮大，一稿一人审的弊端也会就此打破。改善同行评审结构单一化的现状，使期刊更具创新性、和活力；同时，有了多学者、多年龄层次构成同行评审的团队进一步优化了审稿的队伍，采用更加科学的一稿多人审议，对论文的审议一定会更加客观、公正。一直被投稿研究人员抱怨的期刊审稿效

率也会大幅提高；对学术的发展方向的准确把握也会更进一步提高。优化审稿队伍，改变原有僵化的评审模式，才能更好地与国际接轨，走上世界大舞台。

3.4 拒绝"以量换质"，探索跨学科研究模式

学术期刊的发展与中国的体育事业密不可分，学术期刊映射出中国体育的发展状况及方向，其质量、数量作为评价相关学科发展高度的指标之一，是体育学科构建中不可或缺的一部分[10]。无论是源于兴致所向，又或者是迫于职称评估、同辈压力等现实因素，向往科研成果发表刊物都是每位科研工作者的内心所向，科研工作者为此产生了"以量换质"的想法，通过增加投稿量提升录用率，在此过程往往容易忽略论文质量，对研究问题尚未深入研究探讨便草草得出结论，若论文存在认知误区极有可能对参考阅读者产生误导，刊登论文期刊的名誉也将会遭受重创。同时期刊身困西方影响因子评价指标、学术评价乱象，为提高竞争力不惜降低发文量提升影响因子来换取外界对期刊所谓的高质量评价[11]。

体育学目前已是一门独立的学科，研究领域涉广，现目标是朝着综合全面的方向发展前进，其复杂性、综合属性决定体育科研创新须走上跨学科发展这一研究模式[12]。体育学科问题普遍具有学科交叉属性，借助母学科及其他领域的研究成果、原则、方法，有助于产生协同效应寻求体育科研创新突破点，整合多学科力量解决疑难困惑，打造体育学科独特优势，缩小与其他学科间的差距[13]。

3.5 加快体育英文科技期刊的建设

2018年11月14日，中央全面深化改革委员会第五次会议审议通过了《关于深化改革 培养世界一流科技期刊的意见》，会议强调，科技期刊传承人类文明，荟萃科学发现，引领科技发展，直接体现国家科技竞争力和文化软实力；要以建设世界一流科技期刊为目标，科学编制重点建设期刊目录，做精做强一批基础和传统优势领域期刊[14]。在2019年我国发表SCI论文的数量居世界第一，达505 395篇，但我国拥有SCI期刊的数量由图2可以看出，数量仅为259种，与英美等国相比差距非常的大，意味着论文的外流和高额版面的外流；其中我国一区SCI期刊数量只有58种，说明我国的英文期刊的质量水平还不高，需要进一步的提高。

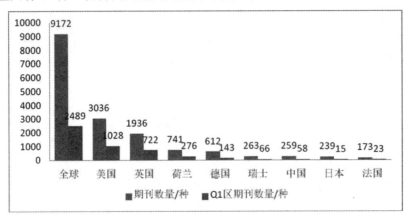

图2 拥有SCI期刊较多的国家/地区

目前，我国国内只有3家英文版体育科技期刊，上海体育学院学报出版的《运动与健康科学》、成都体育学院学报创办的《运动医学与健康科学》、北京体育大学创办的《体育运动与科学》。其中的《运动与健康科学》已被SCI收录，国际影响力在逐步提升，而《运动医学

与健康科学》和《体育运动与科学》两种期刊是 2019 年才开始运行，面对国内庞大的科研市场，英文版体育科技期刊的数量严重不足。应加强国内体育高校和知名学者的交流与合作，加快建设更多的体育英文科技期刊，以满足研究学者的需要，树立中国体育类英文科技期刊品牌，提升国际影响力。

4 结束语

我国体育类核心期刊是展示体育理论研究成果、凝聚体育发展智慧的重要平台[15]。在新时代体育强国建设的背景下，体育类核心期刊应进一步明确时代的使命，提升发展理念，承担社会责任。不能一味追求期刊高影响因子、精益求精的高质量稿件而采取"断崖式"的大幅度减少发文量的方式。应进一步加强国内外优秀体育类核心期刊的交流与合作，科学化引导，规范化发展。

参 考 文 献

[1] 周玉清.学术期刊编辑应增强责任意识[C]//第八届(2010)全国核心期刊与期刊国际化、网络化研讨会论文集.2010:174-178.
[2] 王天军.体育核心期刊基金项目的载文情况分析[J].北京体育大学报,2003,26(2):172-174.
[3] 林政,蒋家淡,刘幼丽.提高科技期刊质量的探讨[C]//福建省科协第五届学术年会"科技期刊为建设海峡西岸经济区服务"分会场论文集.2005:18-23.
[4] 程文广,姚丹.需求导向下中文体育类核心期刊引领力问题探究[C]//第十一届全国体育科学大会论文摘要汇编.2019:3967-3969.
[5] 程志理,闫士展.体育学术期刊发展研究报告(2014—2018):学术热点与演进规律的可视化分析[J].体育与科学,2019,40(6):14-25.
[6] 鲁长芬,杨文轩,罗小兵.对体育学科分类的分析与调整建议[J].体育学刊,2009,16(4):6-10.
[7] 易剑东,熊学敏.当前我国体育学科发展的问题[J].体育学刊,2014,21(1):1-10.
[8] 张焰.论学术期刊的社会责任[J].河南商业高等专科学校学报.2007,20(5):106-107.
[9] 田甜.新时期学术期刊编辑应具备的综合素养[J].新媒体研究,2019(2):120-121.
[10] 李晓宪,邱剑知,李晴慧,等.新中国体育学术(科技)期刊发展研究[J].体育科学,2009,29(5):3-23.
[11] 张耀铭.学术评价存在的问题、成因及其治理[J].清华大学学报(哲学社会科学版),2015,30(6):73-88,190-191.
[12] 黄睿.跨学科视野下我国高校体育科研创新能力研究[D].福州:福建师范大学,2013.
[13] 马卫平,游波,李可兴.体育研究中的跨学科取向:内涵、意义与方法[J].体育科学,2009,29(8):90-96.
[14] 中央审议通过《关于深化改革培育世界一流科技期刊的意见》[EB/OL].(2019-11-14)[2022-06-16].http://xb.hust.edu.cn/article?id=100.
[15] 鲍婷.论新时代我国体育类核心期刊发展理念[J].体育文化导刊,2019(12):44-49.

测绘专业中文期刊面临的机遇和挑战

邓国臣，路素军

(中国测绘科学研究院《测绘科学》编辑部，北京 100036)

摘要：测绘专业中文期刊目前规模小，刊群建设整体较弱，影响力有限。但目前测绘行业进入了跨界融合的快速发展时期，行业作者众多，潜力较大，机遇与挑战并存。测绘期刊工作者应该看到测绘期刊的发展机遇和面临的挑战，借鉴国际一流期刊的出版模式和管理经验，加快信息化和数字化建设，积极争取资金等支持，发力新媒体建设。同时，要主动作为，苦练内功，积极学习利用新媒体技术，抓住机遇，让中文测绘科技期刊更好地传播测绘科学研究成果，促进我国测绘事业的发展。

关键词：测绘专业期刊；机遇；挑战

科技期刊是科学研究链条中不可或缺的重要一环，是建设世界科技强国的基础支撑，既是"龙头"又是"龙尾"[1]。2019年8月，中国科协、中宣部、教育部、科技部联合印发《关于深化改革 培育世界一流科技期刊的意见》(以下简称"意见")[2]。这份"意见"明确了我国科技期刊的发展目标，提出实现一流期刊建设目标的措施和途径，推进数字化、专业化、集团化、国际化进程，构建世界一流的中国科技期刊体系。2020年2月，教育部、科技部印发《关于规范高等学校SCI论文相关指标使用树立正确评价导向的若干意见》的通知[3]，科技部印发《关于破除科技评价中"唯论文"不良导向的若干措施(试行)》的通知[4]。有不少学者对世界一流科技期刊建设政策进行了解读，如张昕等对培育世界一流科技期刊的机遇、挑战与对策研究做了介绍[5]，王继红等[6]解读了培育中国特色世界一流科技期刊的内涵与措施。也有不少学者对提升科技期刊影响力的具体方法策略做了探讨。池营营等[7]从编辑的视角对提升科技期刊影响力途径进行了探索；吴领叶[8]认为特约专稿和精品专刊能切实提升中文科技期刊的学术影响力。李自乐等对《中国光学》初创期持续提升影响力的措施进行了分析，并分享了的办刊策略[9]。郭亿华对地理学精品科技期刊影响力提升策略进行了研究[10]。刘新永等从期刊内部资源融合视角探究了我国专业期刊群的经营管理策略[11]。范军从某刊"新冠"奇文说起，指出办学术期刊应当敬畏学术[12]。建设世界一流科技期刊是推进世界科技强国建设的必然要求，也是时代赋予我们科技期刊工作者的重要历史使命。

已有论文或从宏观角度解读政策，或从某一方向某一角度分析期刊的影响力提升，而针对中文测绘科技期刊的具体发展方向研究的文章却比较少见。

1 中文测绘期刊的现状

1.1 主要数据库收录情况

基于《中国学术期刊影响因子年报》《中文核心期刊要目总览》《中国科技期刊引证报告》《中国科学引文数据库(CSCD)》所发布的测绘类科技期刊相关数据，对测绘行业主要科技期刊指标进行了统计分析[13]。中国学术期刊影响因子年报(2021)来源刊中，中文测绘类期刊 30 种(分类仅供参考，如遥感技术与应用、地理与地理信息科学等未在测绘类)。2019—2020 年度中国科学引文数据库(CSCD)收录来源期刊 1 229 种(核心库 909 种；扩展库 320 种)。其中，中文期刊 1 001 种，中文测绘期刊共 14 种(核心版 10 种，扩展版 4 种)。北大中文核心期刊目录 2017 版(2018 年 12 月)收录期刊共收录 1 983 种，其中包括测绘行业期刊 12 种(测绘学分类 8 种)。中国科技期刊引证报告核心版收录中文测绘期刊 16 种(测绘科学技术分类 13 种)。中文测绘期刊目前没有被美国科学引文索引(SCI)检索的期刊，美国工程索引(EI)收录的有 4 种期刊。

1.2 统计数据分析

中文测绘科技期刊，各刊载文量差别大(平均年发文量186篇，最多816篇，最少73篇)[14]、整体处于发文量小、发行量少(未做准确统计，均值约为千册/期)。当前，中文测绘科技期刊的管理体制、机制及各期刊本身的状况不同。期刊的主管、主办单位以政府、学会和研究机构为主。中国科技期刊引证报告核心版收录的 16 种测绘科技期刊基本可以代表主流中文测绘期刊(表 1)。测绘类期刊出版地区主要在北京(9/16)，其次是武汉(3/16)，地区分布很不平衡。16 个期刊有 13 个主办单位(多个主办单位只选第一统计)，办刊风格和投稿系统各有特色。在测绘类主要期刊的各项指标中，大多数呈现明显的增长向好趋势。总体刊龄不长、发行量较小、国际稿源稀少。虽然总被引频次和影响因子在逐年提高，但期刊之间差距较大，整体影响力有较大提升空间。表 1 为中国科技核心期刊收录的 16 种中文测绘期刊基本信息。

表1 16种"核心"中文测绘期刊概况(按创刊时间排序)

期刊名称	创刊年份	出版周期	主办单位	出版地区
测绘通报	1955	月刊	中国地图出版社	北京
测绘学报	1957	月刊	中国测绘地理信息学会	北京
武汉大学学报：信息科学版	1957	月刊	武汉大学	武汉
测绘科学	1976	月刊	中国测绘科学研究院	北京
海洋测绘	1981	双月	海军海洋测绘研究所	天津
大地测量与地球动力学	1981	双月	地震研究所、中科院测量与地球物理研究所等 6 家单位	武汉
测绘科学技术学报	1984	双月	信息工程大学科研部	郑州
遥感技术与应用	1986	双月	中国科学院遥感联合中心、中国科学院资源环境科学信息中心	兰州
遥感信息	1986	双月	中国测绘科学研究院	北京
国土资源遥感	1989	季刊	中国国土资源航空物探遥感中心	北京
测绘工程	1992	月刊	黑龙江工程学院、中国测绘学会	哈尔滨
地理信息世界	1994	双月	国家基础地理信息中心、中国地理信息产业协会、黑龙江测绘地理信息局	北京
地球信息科学学报	1996	双月	中科院地理科学与资源研究所、中国地理学会	北京
遥感学报	1997	双月	中国科学院遥感与数字地球研究所、中国环境遥感学会	北京
地理空间信息	2003	双月	湖北省测绘行业协会、湖北省测绘地理信息学会	武汉
导航定位学报	2013	双月	中国测绘科学研究院、中国测绘学会、中国卫星导航定位协会	北京

学者将自己的最新科研成果在第一时间选择国外期刊发表，这个局面在测绘期刊尤其严重，如何扭转这一不良局势，将优秀的论文发表在祖国的大地上，将全世界优秀科研成果的作者目光吸引到祖国的大地上，对中文测绘期刊的办刊人来讲是一个长期的任务，更是一个值得思考和进一步落实的事情。

2 机遇与挑战并存

一流期刊的核心是刊载大量一流的论文。所谓世界名刊，其中的重要指标是影响因子高，同时载文量比较大，也就是说"有质有量"。当前高水平论文普遍外流，测绘期刊也不例外，"质"和"量"能做好其中一个已属不易，兼顾两者更是难上加难。在当前形势下，中文测绘期刊怎么办？对于中文测绘期刊的一流建设，需要有科学合理的解决方案[15]。当然，名刊大刊都经历了时间和内容的磨炼而成，中文测绘科技期刊也不例外。所以，中文测绘类期刊建设工作需要长期坚持、持续推进、久久为功。

如何做大做强中文测绘类期刊，使之成为高水平测绘论文发表的首选？

2020年，教育部、科技部印发《关于规范高等学校SCI论文相关指标使用树立正确评价导向的若干意见》(简称《意见》)，破除"SCI至上"，探索建立科学的评价体系，营造高校良好的创新环境，加快提升教育治理体系和治理能力现代化水平，使学术评价回归正确的发展方向。只有不把SCI论文相关指标作为直接判断依据，才有可能把外流的优秀稿件留在国内，理论上对国内期刊建设是非常有利的，但是能否真正成为高水平论文发表阵地的首选，还需要期刊加强自身建设来实现。

(1) 转变发展模式，优化出版平台，释放期刊编辑组稿能力。目前，中文测绘发展存在"小、散"的问题，中文测绘期刊出版单位规模更是以一个期刊为主，个别主办单位会有两种或以上期刊。借鉴国际一流期刊的出版模式和管理经验，加快信息化和数字化建设是当前思考和行动的重点。工欲善其事，必先利其器。随着网络技术的快速发展，期刊集群建设成为当前的发展趋势，规模化经营和集团化运作是促进科学交流和技术传播、提升科技期刊竞争力的主流方式。中文测绘期刊目前基本实现了网上投稿，但大多停留在初级阶段，仅仅是解决了稿件收录和部分的网络办公问题，距全流程的网上处理要求还有很大差距。如果能实现期刊刊群化和工作流程现代化，既能增强期刊的学术影响力，又能释放期刊编辑的组稿能力，期刊才能有质量相对更高、数量更多的测绘论文发表。

(2) 中文测绘期刊当自强。科技部会同财政部研究制订了《关于破除科技评价中"唯论文"不良导向的若干措施(试行)》。还有2019年"中国科技期刊卓越行动计划"等政策导向是让一部分期刊先"强"起来……从政策文件的角度看，带给中文测绘期刊的主要是挑战。按照文件的规定，除了基础类研究，应用研究、技术开发类科技活动一般不以论文作为成果评价依据。不把论文作为申报指南、立项评审、综合绩效评价、随机抽查等的评价依据和考核指标，不得要求在申报书、任务书、年度报告等材料中填报论文发表情况。有论文要求的实行代表作制，不把论文作为主要的评价依据和考核指标。整体上看，测绘行业偏应用和技术开发，按照政策的导向可以预测测绘行业的论文产出数量会大大减少。文件中鼓励发表高质量论文，包括发表在具有国际影响力的国内科技期刊、业界公认的国际顶级或重要科技期刊的论文，以及在国内外顶级学术会议上报告的论文。"高水平论文"发表支出可在国家科技计划专项资金按规定据实列支，其他论文发表支出均不允许列支[16]。当前，测绘行业除了英文刊和两个"卓越"中文刊,剩下的中文测绘期刊要发表高水平论文,其难度是可想而知的。

(3) "把论文写在祖国的大地上"。这个政策机遇,为国内期刊打开了一扇大门,理论上可以让一些原本要"出海"的高水平论文回归,这需要各个期刊充分发挥主观能动性,让回归的"利好"落到自己的期刊上。普通测绘期刊要跳出传统思路,主动发现新的作者群体。当前,互联网+人工智能技术的快速发展,测绘行业迎来新的发展机遇。如国内开设测绘相关专业的高校超过 200 所,测绘相关科技人员数量大幅增长,测绘科技期刊的发展也应与产业和发展需求相适应。测绘行业的学术产出对测绘行业期刊来讲是个源头活水。充分认识到测绘行业的快速发展带来的期刊发展速度不及学术产出速度问题,努力把测绘行业学术产出和自己的期刊发展结合起来,把机遇落实到具体的期刊建设上。

(4) 借力新媒体,测绘期刊争取弯道超车。在 5G 时代,阅读以移动端为主,尤其是新媒体的传播速度快、时效性强,打破了地域化限制,能使热点内容在分秒之间实现全球化传播。这个传播方式相对于传统期刊来讲,在一定程度上把大家放在了同一起跑线,尤其是给了"弱刊小刊"一个同台竞技和弯道超车的机会。目前,由于受编制体制和经费等影响,测绘期刊活跃的微信公众号比例大都不是很高,新媒体建设整体还有很大提升空间。据统计,中国知网收录的 16 种"核心"测绘行业期刊中开通官方微信公众号的目前只有 8 种,真正活跃、坚持推送的不到 5 种。但测绘期刊的新媒体尝试已经在路上,比如有的期刊尝试开通短视频号,有的做了多期的学术直播,有的利用微信公众号结合学术论文推送测绘行业与工作生活相关的科普内容……因此,测绘期刊应该制订新媒体发展计划,实现学术成果的多渠道传播,从而实现弯道超车。

(5) 借助政策东风,拓宽资助来源,实现期刊壮大。政策资助是学术期刊发展的重要动力。近些年,国家相关部门持续释放政策红利。1999 年,国家自然科学基金委设立"国家自然科学基金重点学术期刊专项基金"。2006 年,中国科协在原有资助项目的基础上设立了"中国科协精品科技期刊工程建设项目"。2013 年,中国科协等六部委联合设立了"中国科技期刊国际影响力提升计划",对我国主办的英文科技期刊进行资金等资助。2019 年,为推动我国科技期刊高质量发展,加快建设世界一流科技期刊,中国科协等七部委联合实施中国科技期刊卓越行动计划(2019—2023)。不同层级的期刊资助理论上可促使领军期刊更快地向世界一流期刊迈进,还可以对其他中文期刊起到带动作用。

3 结束语

国际顶级刊物,大多经历了漫长的发展过程。测绘中文期刊在我国科技期刊中数量所占比例不高,国际影响力更是有限。测绘科技期刊的一流建设之路更要做好中长期发展部署。

测绘期刊应该趁着国家致力于科技期刊建设的东风,借鉴国际一流期刊的出版模式和管理经验,加快期刊的信息化和数字化建设,优化出版平台,努力提升人员素质,充分释放和调动编辑的主观能动性,借助新媒体的传播力量,拓宽资助来源,做好期刊发展的各项准备。国家层面资助很难覆盖所有期刊,如中国科技期刊卓越行动计划目前资助 250 种学术期刊(新刊创办除外),中文测绘期刊只有 2 种。所以对期刊发展来讲,要积极拓宽资助来源,可以考虑这几个方面:努力争取主管主办单位的大力支持(如某刊主办单位同意期刊不收版面费);围绕期刊定位举办学术活动,争取外部机构的学术支持(如个别测绘期刊通过与学术支持单位开展学术交流、扩大期刊影响力等);挖掘期刊学术资源,为测绘行业提供知识服务,获得资助(有几个测绘期刊通过协办单位或广告服务和企业互动)。同时,积极做好宣传和交流,让中文测绘科技期刊更好地传承测绘文明,荟萃测绘科学发现,传播测绘科学研究成果,促进我国测绘事业的健康、快速发展。

参 考 文 献

[1] 卢嘉锡.既是龙尾也是龙头:要重视并做好科技期刊工作[J].中国科技期刊研究,1986,1(1):1-2.

[2] 中国科协.四部门联合印发《关于深化改革培育世界一流科技期刊的意见》[EB/OL].(2019-08-19)[2020-03-30].http://www.xinhuanet.com/science/2019-08/19/c_138320888.htm.

[3] 教育部,科技部.《关于规范高等学校 SCI 论文相关指标使用树立正确评价导向的若干意见》的通知[EB/OL].(2020-02-20)[2020-03-30].http://www.moe.gov.cn/srcsite/A16/moe_784/202002/t20200223_423334.html.

[4] 科技部.《关于破除科技评价中"唯论文"不良导向的若干措施(试行)》的通知[EB/OL].(2020-02-17)[2020-03-30].http://www.most.gov.cn/mostinfo/xinxifenlei/fgzc/gfxwj/gfxwj2020/202002/t20200223_151781.htm.

[5] 张昕,王素,刘兴平.培育世界一流科技期刊的机遇、挑战与对策研究[J].科学通报,2020,65(9):771-781.

[6] 王继红,骆振福,李金齐,等.培育中国特色世界一流科技期刊的内涵与措施[J].中国科技期刊研究,2020,31(1):4-9.

[7] 池营营.提升科技期刊影响力途径探索[J].科技传播,2020(5):18-22.

[8] 吴领叶.依靠特约专稿和精品专刊切实提升中文科技期刊学术影响力[J].科技与出版,2018(9):138-141.

[9] 李自乐,李耀彪,张莹,等.《中国光学》初创期持续提升影响力的办刊策略[J].中国科技期刊研究,2018,29(10):96-101.

[10] 郭亿华.地理学精品科技期刊影响力提升策略与启示:以《地理研究》和《地理科学进展》为例[J].中国科技期刊研究,2020,31(1):77-82.

[11] 刘新永,池敏青.从期刊内部资源融合视角探究我国专业期刊群的经营管理策略[J].中国科技期刊研究,2020,31(1):71-76.

[12] 范军.办学术期刊当敬畏学术:从某刊"新冠"奇文说起[EB/OL].(2020-03-03)[2020-04-19].https://mp.weixin.qq.com/s/q7uGaLDD6d1C1bpMYqFJzA.

[13] 邓国臣,程锦,贾娇.我国测绘科技期刊最新影响力分析[J].测绘科学,2016,41(7):121-130.

[14] 肖宏.各类计量指标[Z].2020 年中国学术期刊影响因子年报(自然科学与工程技术),2020:132.

[15] 中国科学技术协会.中国科技期刊发展蓝皮书 2019[M].北京:科学出版社,2019:1-15.

[16] 赵大良.期刊人先别高兴![EB/OL].(2020-02-24)[2020-02-26].https://mp.weixin.qq.com/s/BbhrWCMyoKmWUYVeVJCnGw.

国内主要学术期刊评价体系对水产类学术期刊的评价及分析

黄一心，鲍旭腾，梁　澄

(中国水产科学研究院渔业机械仪器研究所，上海200092)

摘要：深入了解国内不同学术期刊的评价体系及其相互关系对办好所在期刊、提高期刊的学术影响力具有重要意义。本研究主要介绍了中文核心期刊要目总览、中国科学引文数据库(CSCD)、中国科技期刊引证报告(CJCR)和中国学术期刊评价研究报告各主要评价指标及其关键意义，将其对水产类期刊的评价进行了全面的分析和讨论。研究发现：各大评价体系的指标均是采用参考文献计量的定量分析与专家评审的定性分析相结合；各评价体系收录的期刊数量不一，各评价体系水产学科的期刊数量从12~30本不等；同一本杂志在不同评价体系中存在被不同学科归类的情况等。研究认为：相对于刊后的评价指标，应该重视刊前的评价指标，特别是对"红点"指标，应引起关注，期刊可以通过"红点"指标追踪学科前沿动态，发现核心作者群，结合本刊特色，扩大学术影响力；应客观看待各评价指标，如他引指标和基金论文指标，他引指标能说明该论文被关注被参考程度，但不能排除仅仅为了指出有这方面研究而进行这类并没有提供很大参考价值的引用，另外具有基金项目支持相对能产生高质量论文，但由于水产学科由于其本身的行业特点，虽然没有太多高级基金项目支持，但也能获得高水平的科研成果，从而产生高质量的学术论文。本研究成果可以为水产类科技期刊高质量发展提供参考。

关键词：评价体系；水产；期刊

中国科技期刊的创办距今已超过百年，1915年创刊的《科学》杂志至今仍在出版。水产类期刊一般指的是由各水产学会、科研院所、水产管理部门主办的能反映水产学科技术水平的期刊，中国的水产类期刊从20世纪50年代起步，经过几十年的发展，数量已经超过了40多本，并于2016年成立了中国水产学会期刊分会[1]。

在一定水准的期刊上发表一定数量的论文已经成为许多科研院所评价单位、科研人员科技水平和成就的重要标志之一[2]。因此对于期刊来说，能够进入各大主流数据评价体系平台的核心系列或成为来源期刊，甚至排名前列，对增强期刊知名度，提升期刊稿源质量有着重要的意义。

本研究主要对水产类期刊目前国内常用的评价体系进行了研究，以期为期刊的发展提供参考。

通信作者：鲍旭腾，男，助理研究员，E-mail：baoxuteng@fmiri.ac.cn

1 学术期刊评价相关背景

早在20世纪30年代,国外就提出对"核心期刊"的评价,中国直到20世纪80年代末期,对期刊的综合评价仍是一片空白。为帮助图书情报部门在浩瀚的读物中选择优质学术期刊,也为广大读者能尽快地选取高质量的论文,国内很多科研院所都开展了对各类期刊评价体系的研究,形成的包括"中文核心期刊要目总览""中文社会科学引文索引"等一系列成果,而由于水产类期刊绝大部分是科技类期刊,因此对水产类评价体系主要有4类(见表1)。

表1 水产类期刊主要评价体系

序号	参研单位	成果	数据库	简称
1	北京大学等单位	中文核心期刊要目总览	—	北大核心
2	中国科学院文献情报中心	—	中国科学引文数据库(CSCD)	CSCD
3	中国科学技术信息研究所	中国科技期刊引证报告(核心版)	中国科技论文与引文数据库(CSTPCD)	科技核心(科技论文统计源)
4	武汉大学中国科学评价中心等	中国学术期刊评价研究报告	—	武大核心

1.1 中文核心期刊要目总览(北大核心)

《中文核心期刊要目总览》是1990年由北京大学图书馆与北京高校期刊工作研究会共同发起研究并于1992年正式出版的[3],至今已有9版。其中前5版间隔时间为4年,2008年后,间隔时间调整为3年,《中文核心期刊要目总览》评价的范围几乎囊括了中国所有的学科,分属7大编、74个学科类目[4],最新的2020版共收录期刊1 990本。

1.2 中国科学引文数据库(CSCD)

《中国科学引文数据库》是由中国科学院文献情报中心于1989年创建,是中国第一个引文数据库,主要收入数学、物理、化学、天文学、地学、生物学、农林科学、医药卫生、工程技术、环境科学和管理科学等领域出版的中英文期刊,CSCD期刊2年遴选1次。来源期刊一般分为核心库和扩展库,2021—2022年度中国科学引文数据库收录来源期刊1 262种,其中核心库926种[5]。由于入选CSCD库的期刊(包括扩展库)数量比北大核心和科技核心的数量要少,因此也有不少单位给予入选CSCD就视为核心期刊的待遇。

1.3 中国科技期刊引证报告(科技核心)

《中国科技期刊引证报告》由中国科技信息研究所(中信所)研制。早在20世纪80年代末,中信所研究人员就开始对中国科技人员的论文情况进行分析统计,1997年出版了《中国科技期刊引证报告》(CJCR),目前每年度评价1次,分为核心版和扩刊版,入选核心版的科技期刊即被称为科技核心期刊。《2020版中国科技期刊引证报告(核心版)自然科学卷》[6]收录了自然科学与工程领域期刊2 070种,并以这些期刊的论文构成了中国科技论文与引文数据库(CSTPCD)。

1.4 中国学术期刊评价报告(武大核心)

2009年3月,武汉大学中国科学评价研究中心开始研究并出版了《中国学术期刊评价报告(2009—2010):RCCSE权威期刊、核心期刊排行榜与指南》,至今已有6版了。其中2021年3月出版的第6版,收入期刊6 390本。武大核心将收入的期刊主要分为6大类,其中取学科评价指标中排名前 5%为权威期刊(A+)，前 5%~20%(A)和前 20%~30%(A-)为核心期刊，前 30%~60%(B+)为准核心期刊，前 60%~90%(B)为一般期刊，剩余(C)为较差期刊。

2 不同评价系统的评价体系

2.1 评价方式

4 种评价方式均采用是利用文献计量方法，通过结合专家的评判进行评价，具体见表 2。

表 2 各评价体系的评价方式

序号	名称	评价方式
1	北大核心	以选用 48 个统计源的数据进行量化统计为基础，根据学科专家进行定性评价的情况进行调整
2	CSCD	在对中国科学引文数据库的数据进行定量统计的基础上，聘请国内专家进行审定
3	科技核心	单一指标评价和综合指标评价相结合，由专家打分确定权重，进行综合评定
4	武大核心	根据设置权重，将定量评价与专家打分综合

2.2 评价指标与权重

2.2.1 北大核心

"十三五"以来，中文核心期刊要目总览的一级指标没有变化，仅仅删除了他引量的二级指标会议论文，但 2020 版与"十二五"最后一版(2014 版)相比，变化较大，删除了 3 个指标，新增了 5 年影响因子等 7 个指标，具体见表 3。

表 3 2020 版北大核心的权重及指标

一级指标	权重	一级指标	权重
被引量	0.08	论文影响分值	0.05
期刊他引量	0.15	论文被引指数	0.06
博士论文被引量	0.05	互引指数	0.01
影响因子	0.07	Web 下载量	0.02
他引影响因子	0.12	3 年 web 下载率	0.03
5 年影响因子	0.09	国家级基金论文比	0.04
5 年他引影响因子	0.16	省部级基金论文比	0.01
特征因子	0.01	获奖或被重要检索系统收录	0.05

2.2.2 CSCD

中国科学引文数据库在"中国科学引文数据库选刊原则"中仅指出期刊总引用频次、期刊学科引用频次、期刊影响因子和期刊他被引率 4 个指标。但在具体期刊里提供了论文量、基金论文量、论文机构数、参考文献数、篇均参考文献数、自引率、引用半衰期、影响因子、即年指数、总被引频次、自被引率、被引半衰期、H 指数、特征因子和论文影响力分值 15 个指标情况，未列出权重。

2.2.3 科技核心

《中国科技期刊引证报告(核心版)自然科学卷》里面收入的 25 个指标，整个"十三五"几乎没有变化，仅在在 2017 年以后新增了"红点"指标。具体指标见表 4

表 4 2020 版科技核心评价指标

类型	名称
期刊被引用指标	核心总被引频次，核心影响因子，核心即年指标，核心他引率，核心引用刊数，核心开放因子，核心扩散因子，核心权威因子，核心被引半衰期
期刊来源指标	来源文献量，文献选出率，AR 论文量，平均引文数，平均作者数，地区分布数，机构分布数，海外论文比，基金论文比，引用半衰期
学科分类内期刊指标	综合评价总分，学科扩散指标，学科影响指标，红点指数*，核心总被引频次(数值、排名、离均差率)，核心影响因子(数值、排名、离均差率)

2020 版没有给出评价中各个指标的有效性和权重，但综合评价总分是中国科技核心期刊遴选的重要依据之一[8]，而综合评价总分是由 6 项指标在其所在学科中的相对位置，并按照一定的权重系数综合而得，其指标与权重见表 5。

表 5 综合评价指标与权重

指标	权重
总被引频次	0.26
核心影响因子	0.26
核心他引率	0.18
基金论文比	0.10
引文率	0.10
开放因子	0.10

2.2.4 武大核心

武大核心的指标在"十三五"期间总体变化不大，2020 版中仅将原来影响因子拆分成 5 年影响因子和 2 年影响因子，具体见表 6。

表 6 2020 版武大核心评价指标及权重

指标	权重
5 年影响因子	0.16
2 年影响因子	0.20
即年指标	0.12
总被引频次	0.16
Web 即年下载率	0.10
基金论文比	0.10
二次文献转载/国际重要数据库收入	0.10
专家评审(配合量效指标 JMI 和年发文量等观察指标)	0.06

3 四种评价系统的发展趋势分析

从 1992 年首版《中文核心期刊要目总览》正式出版至今已有近 30 年了，从评价体系的发展情况，有如下特点：

(1) 评价指标越来越多。以《中文核心期刊要目总览》为例，由于统计工具落后，第 1 版采用 3 个评价指标：载文量、文摘量、被引量[9]，而到最新的 2020 版仅一级指标就达到 16 个(表 8)。

表 8　指标数量情况变化表

年份	1992	1996	2000	2004	2008	2011	2014	2017	2020
数量	3	6	6	7	9	9	12	16	16

(2) 评价指标越来越细。从评价指标来看，由于评价体系中的指标或多或少存在局限性，因此对一些指标进行了拆分，如武大核心将原来的影响因子(2017—2018 版)拆分成 2 年影响因子和 5 年影响因子。北大在 2017 版开始，在 4 个一级指标中设立 2 级指标。

(3) 评价指标越来越注重综合考虑。与过去采用"绝对指标"不同，现在也在考虑相对的因素，如核心权威因子，就是利用了 PageRank 算法进行统计，根据期刊被引杂志的重要性赋值，此外科技核心的综合评价分也是基于期刊在学科的相对位置来获得的。

4　对水产期刊的评价与统计

在 4 种评价体系中，2020 年共有 15 种期刊入选不同的核心(包括 CSCD 扩刊库)，结果具体见表 7。

表 7　水产期刊的评价结果

项目	科技核心	北大核心	武大核心	CSCD
《大连海洋大学学报》	*(7)	*(8)	*(5)	C
《淡水渔业》	*(10)	*(7)	*(9)	E
《广东海洋大学学报》	*(11)	*(11)	/	/
《海洋渔业》	*(9)	*(4)	/	C
《南方水产科学》	*(3)	*(3)	*(3)	C
《上海海洋大学学报》	*(6)	*(6)	*(7)	C
《水产学报》	*(1)	*(1)	**(1)	C
《水生态学杂志》	*(5)	*(10)	/	<u>C</u>
《渔业科学进展》	*(8)	*(5)	/	C
《渔业现代化》	*(12)	/	/	E
《中国海洋大学学报(自然科学版)》	*(4)	<u>*</u>	*(6)	<u>C</u>
《中国水产科学》	*(2)	*(2)	**(2)	C
《水产科学》	/	*(9)	*(8)	E
《水产学杂志》	/	*(12)	/	/
《海洋与湖沼》	*	*	*(4)	<u>C</u>
总数	12	12	9	10(C)3(E)

注：*为该评价体系核心期刊；**为权威杂志；C 为入选核心库；E 为入选扩刊库；符号有下划线代表未归为水产类；括号内数据为体系内学科排名。

从评价的情况来看，由于采用的学科分类的依据和方法不一，如有采用《中国图书馆分类法》(第 5 版)，有的采用 GB/T 13745—2009《学科分类与代码》，因此不同评价体系或不同时间对水产类杂志的认定不同。

首先，备选数量不同。北大核心认定的有 30 本杂志。武汉核心认定的有 28 种。《中国科技期刊引证报告(核心版)自然科学卷》仅收录了 12 本，但在其扩刊版中归入水产学(C10)的有 21 本，而其中被评为科技核心的《大连海洋大学学报》《广东海洋大学学报》《上海海洋大学学报》《水生态学杂志》《中国海洋大学学报(自然科学版)》未列在水产学科里，因此至少大于

26 本。CSCD 仅有入库的 12 本期刊。

其次，对同一本杂志的学科认定也不同。主要体现在 3 本杂志上：《中国海洋大学学报(自然科学版)》，除水产学科外，还被归类为海洋类、自然科学综合大学学报、综合性期刊里；《海洋与湖沼》还被认定为海洋类；水生态学杂志还被认定为环境科学类、和安全科学类。

第三，入选的方式也不同。科技核心采用多种学科同时录取的方式，如《中国海洋大学学报(自然科学版)》，在水产学、海洋科学、水文学、自然科学综合大学学报 3 类中均列入核心。而中文核心采用了比较方式，如《中国海洋大学学报(自然科学版)》虽然也列入 30 本水产类杂志以内，但最终却作为海洋学核心而收录其中。

第四，学科的认定会进行调整。《海洋与湖沼》一直被认定为海洋学或海洋科学学科里，但在武大核心 2020 版却将其归在水产学科里。

从表 7 可以看出，有 8 本期刊被 4 大评价体系收入为核心或来源期刊。其中，《大连海洋大学学报》《淡水渔业》《南方水产科学》《上海海洋大学学报》《水产学报》《中国水产科学》全部作为水产类期刊被收入，而中国海洋大学学报自然科学版、海洋与湖沼被部分评价体系作为其他类别收入。

从结果来看，4 大评价体系的结果总体一致，水产学报、中国水产科学、南方水产科学始终位列前三，15 本杂志基本上都被 2 种评价体系收入，而且未进入武大核心的杂志基本都为准核心期刊。

5 启迪与探讨

5.1 应加强关注"红点"指标

"红点"指标是科技核心于 2017 年新增的指标，也是科技核心"十三五"期间唯一新增的指标，它指是的关键词与其所在学科排名前 1%的高频关键词重合的论文所占的比例虽然对红点指标对期刊的排名影响不大，如 2020 年《中国海洋大学学报(自然科学版)》为红点指标为 0.29，为最低，但综合排名却排在第四名，而且 4 年来《中国海洋大学学报(自然科学版)》的变化幅度很大，最低为 0.18，最高达到 0.73，但是在科技核心里的排名基本保持在在 4 名，也有人认为不能反映期刊的特色，但实际上，红点指标的作用是用于测度期刊论文与其所在学科研究热点的重合度[10]。其实，即使某一学科专业性再强的期刊，它所获得的稿源也离不开整个学科发展的主要方向。从近 10 年关键词统计来看，有 8 本科技核心排名第一的关键词为"生长"，而在水产类期刊中唯一一本专业刊登渔业装备与工程的《渔业现代化》的关键词中生长排位第 2。因此，编辑部可以通过红点指标的分析，监测学科的发展动态，进而关注重大项目的进展，识别核心研究团队，进而获得优秀的稿源。

5.2 要注重期刊的他引类指标

目前他引类的指标在中文核心和科技核心都有，以最新版的来看，中文核心中他引类的指标包括期刊他引量、他引影响因子、5 年他引影响因子 0.43，几乎接近一半，而在科技核心综合排名中虽然权重只有 18，低于总被引频次和核心影响因子的 26，但由于科技核心采用的是基于期刊在学科的相对位置来计算，且期刊他引影响因子区间小，那么略有变化得出的总分差距就很大，如表 9 是某年 2 本水产核心期刊评分比较表，在 3 个主要指标中，期刊 1 他引率的指标比期刊 2 高了 0.14，但得到的综合评价分却高出一倍，足见他引率在评价中的重要性。

表9 某年某两本水产类期刊综合评价分比较表

项目	核心总被引频次	核心影响因子	核心他引率	综合评价分
期刊1	470	0.389	0.88	28.7
期刊2	490	0.584	0.74	12.1

虽然他引类的指标能够反映一定的学科的传播能力，但他引的更多有利于同质类的期刊，而对于小众或有明显专业特色的期刊，由于专注于学科的某一领域，往往很难被其他期刊引用，因此明显他引率会偏低。同时，很多他引的目的，仅仅是为了说明正在开展的研究，为作者的创新性提供铺垫，未必觉得对论文有重大参考，因此，高被引并不一定等同于高质量[11]，对目前他引较高的权重还值得商榷。

5.3 应客观看待基金论文类指标

"基金论文类"是指期刊所发表的论文中各类基金资助的论文数量或在全部论文中的占比，其中用得最多的是基金论文比。在中文核心、科技核心和武汉核心中，除了引用类的指标外，基金论文类指标，尤其是基金论文比指标一般是权重系数最高的指标之一，中文核心更是将基金论文比进一步划分为国家和省部级，虽然，有研究表明，在我国主导的ESI高被引论文中，基金资助的占到95%左右[12]，但是我们要清醒的认识到受到基金资助论文并不代表的质量一定过高，一方面获得基金的认可只是代表对过去基础的认可，并代表对未来产出的认可，许多论文只是挂着顶级基金的名称。另一方面不同的学科得到顶级基金的资助程度会不同，而即使同一学科，但不同领域获得顶级基金资助力度也会不一样，以水产学为例，水产学科一般还进一步细分为十大领域，其中一些领域如装备，获得顶级基金的资助一般会比较少，而在"十四五"期间，国家提出养殖机械化率达到50%，可能会出现一批创新性较强的机械类研究论文，但这些论文有极大可能是没有得到顶级基金的支持。

应该说几种评价体系，为读者选择优秀期刊以及期刊工作者改进期刊工作提供了有益的参考，但作为期刊工作者应该对评价体系有个正确的认识，在认真学习和研究的基础上，仍应该以期刊特色和论文质量为第一要务，以促进期刊的健康发展。

参 考 文 献

[1] 中国水产学会.中国水产学会期刊分会成立大会暨首届中国水产学会期刊分会委员大会在上海召开[EB/OL].(2016-11-16)[2021-08-30].http://www.csfish.org.cn/article/1574.
[2] 李斌,刘加平,白茂瑞.我国科技期刊的历史发展、社会功能及其评价[J].西安建筑科技大学学报(自然科学版),2003,35(2):131-135.
[3] 蔡蓉华,史复洋.《中文核心期刊要目总览》研究综述[J].大学图书馆学报,2002(5):2-5,13.
[4] 陈建龙,张俊娥,蔡蓉华.中文核心期刊要目总览(2020年版)[M].北京:北京大学出版社,2021.
[5] 中国科学院文献情报中心.中国科学引文数据库[EB/OL].[2021-11-04]. http://sciencechina.cn/index_more1.jsp.
[6] 潘云涛,马峥.2020版中国科技期刊引证报告(核心版)自然科学卷[M].北京:科学技术文献出版社,2020.
[7] 邱均平,胡小洋,何汶,等.中国学术期刊评价报告(第六版):RCCSE权威期刊、核心期刊排行榜与指南[M].北京:科学出版社,2021.
[8] 马峥,张玉华,潘云涛."中国科技期刊综合评价总分"的定义与应用[J].编辑学报,2015,27(6):519-521.
[9] 蔡蓉华,史复洋.《中文核心期刊要目总览》研究综述[J].大学图书馆学报,2002(5):2-5,13.
[10] 马峥,俞征鹿.学术期刊"红点指标"的定义与应用[J].编辑学报,2018,30(1):102-104.
[11] 李子丰,张洪超.论被引次数评价方法的片面性及对策[J].中国科技信息,2017(10):82-83.
[12] 禾雪瑶,马廷灿,岳名亮,等.国家自然科学基金资助论文的高被引率变化研究[J].数据分析与知识发现,2021,5(2):61-69.

水利类科技期刊编委会建设管理研究

康健，贺骥

(水利部发展研究中心水利发展杂志社，北京 100083)

摘要：分析研究如何加强水利类科技期刊编委会的管理，促进编委会在水利类期刊建设中充分发挥作用。通过采样随访、资料查阅、电话咨询等方式，调研了46个水利类科技期刊及其主管单位、主办单位，总结归纳水利类科技期刊编委会在人员组成、换届周期、发挥作用等方面的情况，系统总结了编委会在成员结构、更替机制、制度建设等方面存在的问题。水利类科技期刊编委会应优化成员结构，实行动态管理，完善规章制度，建立激励机制。强化编委会建设对于提高水利类科技期刊的核心竞争力具有不可替代的促进作用，进而推动水利学科的高质量发展。

关键词：水利；编委会；结构优化；动态管理；规章制度；激励机制

新中国成立以来，随着国内水利建设的蓬勃发展，水工建筑、水土保持、防洪减灾、水生态保护等水利各分支领域的科学技术不断取得突破。为顺应水利科技发展与水利工作者们交流学术研究及工作实践成果的需求，覆盖不同分支学科的水利类科技期刊应运而生，并相应成立了期刊编委会。虽然期刊编委会不是国家制度规定必须设立的办刊机构，但由于水利类科技期刊专业性强、学科划分细、研究内容深等特点，须接受以水利科技工作者为主体的学者型队伍对期刊建设的指导，从而促进新理论新技术在期刊平台上的学术传播，带动高水平稿件的被引率和下载量，不断提升科技期刊的学术传媒影响力，有效支撑科技创新前沿研判[1]，并推动水利学科不断取得新进展。

如何通过编委会建设管理来拓展稿源、保障质量、提升学术地位及期刊影响力，进而提高科技期刊的学术组织力与创新引领力，是培育一流科技期刊需要重点考虑的问题。综合其他学科期刊发展情况[2-5]，大部分的科技期刊在创刊之初，均会积极组建高水平的编委团队，为期刊建设进行指引和把关，并作为打出期刊名气、吸引学者阅读的重要手段。具有智库功能的期刊编委会是一流科技期刊建设的重要抓手，对期刊战略规划设计和推进国际化发展进程产生重要影响，有利于树立刊物的学术威信和品牌影响力[6]。因此，编委会建设管理应成为水利类科技期刊运营发展中的重要环节。但不可否认的是，不少期刊在办刊实践过程中，编委会建设管理出现了责任意识弱化、作用发挥形式化、职责与权利异化[7]等现象，"挂名"情况在水利期刊中也比较普遍。这既不利于期刊的专业管理和出版市场运营能力的提升，也不利于期刊出版结构布局的优化。

本文针对以上现象，在不断突出专业化导向办刊、强调基础研究支撑的背景下，就如何充分发挥期刊编委会"智囊团"作用，对期刊建设科学施策，提高水利类科技期刊的学术组织力、人才凝聚力、创新引领力与国际影响力[8]进行调查研究,总结归纳水利类期刊编委会建设管理现状,研究分析水利类科技期刊编委会在成员结构、更替机制、制度建设等方面存在的主要问题,并从调整梯队、动态管理、建规立制等方面提出了相关建议,以期带动水利技术不断向前发展,进而提高水利对经济社会发展的服务能力。

1 水利类科技期刊编委会建设管理现状

1.1 水利类科技期刊调研情况

本研究对46种水利类科技期刊及其主管单位、主办单位进行采样随访、资料查阅和电话咨询,深入调研其编委会建设管理情况。所有调研期刊均为省部级以上单位管理刊物,刊物内容主要为水电、水文、水保等领域具有一定学术水平的技术研究论文、专题综述等,在水科学研究中均具有较高的学术影响力。调研期刊的主管单位包括部委、协会、省厅、国企等,其中,水利部主管期刊37种,中国科学技术协会主管期刊5种,教育部主管期刊3种,省水利厅主管期刊1种,国企主管期刊1种(见图1);调研期刊主办单位主要包括部直属事业单位、高校、科研院所、学术组织等,主要分布在全国12个省(直辖市)。从期刊级别看,调研刊物中SCI期刊2种,EI期刊2种,中文核心期刊23种,中国科技核心期刊25种,普通期刊20种,核心期刊与非核心期刊占比各接近一半。从期刊性质看,调研期刊中学术性期刊23种,综合性期刊21种,技术性期刊3种。从期刊文种看,调研期刊中收录全英语论文的有4种,其余期刊均只收录中文论文。根据中国知网公布的最新数据统计,调研期刊复合影响因子在0.092~6.027之间,综合影响因子在0.077~5.813之间(见图2)。

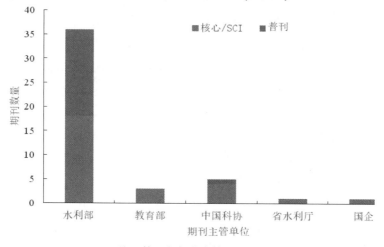

注:核心包括北大核心、科技核心

图1 水利类科技期刊主办单位分布

1.2 人员组成

大部分的水利类科技期刊编委会成员是由期刊主管单位、主办单位、编辑部等共同推举决定。超过一半的调研期刊在组建编委会的过程中,成员的学术水平与行政职务是首要考虑要素,其次是所在单位和履职能力等,通常邀请院士、长江学者等行业知名专家以及行政机构要职人员担任,借助编委专家的影响力开展工作,大部分编委会成员在业内具有较高的学术影响力。所调研的46种水利类科技期刊,编委会成员中院士编委为288人次,具有副部长级以上行政职务的编委为78人次。

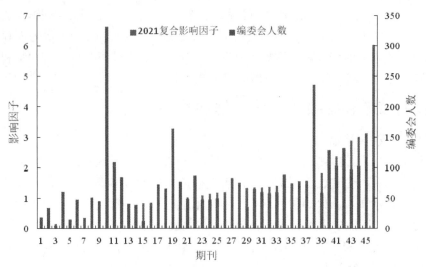

注：期刊 1.小水电；2.治淮；3.水利水电工程设计；4.水电站机电技术；5.水利建设与管理；6.中国水能及电气化；7.东北水利水电；8.海河水利；9.水利水电快报；10.水动力学研究与进展-A辑；11.国际泥沙研究(英文)；12.中国防汛抗旱；13.水利发展研究；14.长江技术经济；15.水资源开发与管理；16.水利信息化；17.中国水利；18.中国水土保持；19.人民珠江；20.水电能源科学；21.中国农村水利水电；22.人民黄河；23.水利技术监督；24.泥沙研究；25.水文；26.人民长江；27.长江科学院院报；28.水利水运工程学报；29.水利水电技术(中英文)；30.节水灌溉；31.中国水利水电科学研究院学报；32.工程地球物理学报；33.水利规划与设计；34.水利水电科技进展；35.水力发电学报；36.水生态学杂志；37.水资源与水工程学报；38.南水北调与水利科技(中英文)；39.水利经济；40.水土保持通报；41.灌溉排水学报；42.岩土工程学报；43.水资源保护；44.水科学进展；45.水利学报；46.国际水土保持研究(英文)

图 2 水利类期刊编委会与影响因子情况

部分高水平的水利类科技期刊倾向于组建高水平国际化编委团队，推动期刊审稿国际化、稿源国际化[9-10]。有18个期刊的编委会具有外籍专家，外籍专家占比约为1.3%~50.5%；其中具有较高学术影响力的水利类科技期刊，外籍专家比例相对较高，如《国际水土保持研究(英文)》(SCI)、《国际泥沙研究(英文)》(SCI)、《水力发电学报》等期刊的外籍编委占比超过2/5，《岩土工程学报》(EI)、《水利水运工程学报》(CSCD)等期刊的海外编委占到1/5左右。调研的水利类科技期刊编委会外籍编委情况如图3所示。

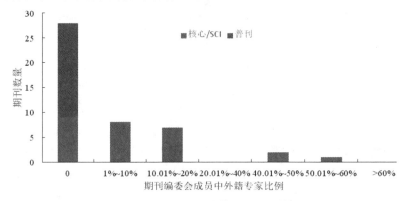

注：核心包括北大核心、科技核心

图 3 调研的水利类科技期刊编委会外籍编委占比情况

为了解水利类科技期刊编委会人员规模情况,对所调研的纸质期刊以及期刊官网有关编委会成员的数据进行整理。经统计,所调研的水利类科技期刊中,编委会人数在 100 人以上的期刊有 9 个,占比 20%,均为核心期刊;70~99 人的期刊有 10 个,占比 22%,其中核心期刊 8 个;40~69 人的期刊有 16 个,占比 35%,其中核心期刊 8 个;10~39 人的期刊有 10 个,占比 22%,其中核心期刊 2 个;10 人以下的期刊仅有 1 个,占比 2%,均为普刊(见图 4)。由图 4 可知,核心期刊的编委会人数普遍较多。大部分水利期刊编委会成员处于 50~60 岁,占比约为 85%,40 岁以下的青年学者的比例较低,占比不到 3%。

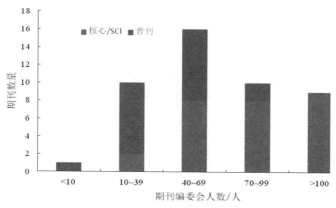

注:核心包括北大核心、科技核心

图 4　调研的水利类期刊编委会人数分布

1.2　换届周期

根据调研,大约 3/5 的水利类科技期刊编委会设有固定任期,一般为每届 4~7 年不等。一些期刊经主办单位或主编批准后会选择不定期地增退编委会成员,但并未有明确的编委增退依据,且"增多退少"。

1.3　发挥作用

编委会是为学术期刊的成长与进步服务的。编委会成员有能力通过自身学术影响,促进所主持或主要参与的重点科研项目研究成果所形成的优质稿源投向所在科技期刊,提升期刊学术质量。部分高水平科技期刊编委的专家甚至能够影响国内科研评价体系导向,从而间接确保行业内期刊稳定而优质的稿源。

另外,编委会成员强大的学术人脉圈有助于打开国际化大门,促进期刊与国际知名机构的交流合作,为期刊争取到更加优质的资源。例如,《国际水土保持研究(英文)》(*International Soil and Water Conservation Research*,ISWCR)的外籍编委,协助促成了期刊与国际知名出版集团 Elsevier 合作,通过 Elsevier 全文数据库 ScienceDirect 提供全球化开放获取(Open Access)的发行模式为期刊论文研究带来更多曝光,进而不断提高期刊学术影响力,在国际学术和出版界树立声誉,并促使该期刊在创刊仅 6 年后即被 Science Citation Index Expanded(SCIE)收录,成为目前国内影响因子最高的水利类科技期刊。

2　水利类科技期刊编委会存在的问题及影响

2.1　编委会成员结构较为单一,形式化较为严重

目前,除了入选中国科技期刊卓越行动计划的期刊,其他大部分水利类科技期刊的编委

会均不同程度地存在成员组人员种类单一的问题，主要体现在两个方面。

一是部分期刊的编委会成员仅集中在本单位。约 1/4 的水利类科技期刊编委会成员基本都由主办单位主要领导兼任，注重主办单位内部人员资历与学科机构的平衡，个别期刊中外单位编委人数甚至占总编委人数不足 1/5，编委会准行政化特征明显。另外，一些期刊在聘请编委时，更多是关注专家的名誉头衔，如两院院士、长江学者等，仅仅把编委当作学术荣誉或期刊学术地位的招牌，忽视了这些编委社会兼职较多、时间与精力有限、参与期刊工作动力不足的问题。事实上这些编委由于行政性事务繁杂，在期刊约稿、组稿、审稿、专题策划、宣传推广、推荐人才等方面的主力作用明显发挥不够，期刊创办多年未有创新举措，编委们实际上仅充当了"学术顾问"的角色，所导致的后果也很明显——科技期刊运行勉力维持，复合影响因子常年不超过 0.2，跨学科影响力弱，有的期刊影响力甚至走不出本单位。

二是大部分编委会缺少外籍编委参与期刊建设。编委国际化对期刊面向国际组稿宣传具有重要作用，有助于扩大期刊影响力。调研发现，超过 3/5 的水利类科技期刊缺乏外籍编委，其中普刊均无外籍编委，核心期刊中缺少外籍编委的期刊比例约为 1/3；除了 2 种 SCI 英文期刊外，其他期刊的外籍编委基本都未曾协助开源国际稿件；即使个别非 SCI 期刊(如《水利水电技术(中英文)》)曾经刊登过少量的全英文稿件(全英文论文占全年总刊文比例不足 3%)，其稿件也非国际来稿，仅仅直接是在中文期刊官方网站"中式投稿"。这导致了水利类科技期刊国际化、多样化的视野不足，国际他引情况不乐观，不利于提高水利科技类期刊的国际影响力，无法形成很好的水利国际化出版与传播平台。

2.2 编委会更替机制不健全，成员流动性不强

合理的更替是编委会应具备的重要机制[11]。尽管所调研的水利类科技期刊编委会大多设置了任期(平均为 5 年左右)，但并没有明确的选拔淘汰标准和更替机制，换届大会流于形式。大部分期刊编委会的换届并未如期举行，所调研的水利类科技期刊中近 8 年内如期进行编委会换届的不足 2/5；进行了换届的期刊编委会，编委会成员往往是"只进不出"，即，只补充新成员，不流动老成员，现有编委连任现象较为普遍，一般仅在编委自己申请退出编委会(党政领导干部不得担任兼任社会团体领导职务，当编委出现以上职位变动时会向期刊编委会申请退出)或编委会成员离世的情况下有所更替，编委终身制的现象较为普遍。而这种终身制导致编委参与期刊建设工作热情边际效应递减，成员数量臃肿也使得期刊很难向上争取足够的经费支持编委会建设。

2.3 编委会制度建设存在不足，功能发挥缺失

目前，水利类科技期刊编辑部大多有相应的《编委会章程》，然而这主要是纲领性文件，对编委的责任和义务只做了宽泛的说明[12]，没有具体的实施细则。责任不明晰、约束力缺失使得编委对期刊审稿、撰稿、组稿以及宣传、运营、发行等主要工作的参与度和支持度不足，与编辑部的联系弱化、关系淡化，有的编委会成员甚至都不记得自己在哪些期刊担任编委，更无从谈起所承担的权利与义务，进而使得编委会功能缺失，逐渐演化成名誉机构。另外，调研的水利类科技期刊普遍反映，由于办刊经费不充裕甚至是不足，无法建立优秀的编委激励机制，只能给予编委颁发聘书、评选优秀编委(无奖金)等精神奖励，或是对编委来稿适当地减免版面费。

3 关于强化水利类科技期刊编委会建设管理的相关建议

3.1 优化编委会成员结构，调整年龄梯队

《关于深化改革 培育世界一流科技期刊的意见》明确，科技期刊建设应"立足国情、面向世界，提升质量、超越一流"，因此，对标世界一流的水利类科技期刊需要借助高水准的编委的科研经历和学术人脉来提高视野站位、提升内容品质、拓展运营渠道，从而强化科技期刊的学术传媒影响力和国际竞争力。科技期刊编委会应积极吸收行业内领军人才，特别是优秀的外籍专家以及交叉学科领军人才(如能源与电力、新型建筑材料等)，以拓宽期刊办刊视野和交流平台。另外，在编委遴选过程中还应充分考虑学科专业覆盖的均衡性、学者地区分布的广泛性，并充分考虑专家学者的专业方向、学术活跃度[13]、地域结构等，坚持学术性、保持稳定性、注重覆盖面。

同时，充分调动青年编委的积极性。一些其他领域的科技期刊编委会在换届时选择增加青年编委席位，或探索直接成立青年编委会，形成编委会专家梯队，取得了不错的效果，水利类科技期刊编委会建设可参考借鉴。36~45岁时科研人才创新能力与科研意愿最强的年龄阶段，也是科研成果产出的高峰时期[14-15]，其内在的学术积累与发展的需求旺盛，自身的学术影响力需要科技期刊的传媒影响力加持，参与办刊的积极性和责任感更易被激发和调动，能够更好地配合期刊编辑部相关工作。此外，青年学者的互联网技术应用能力较强，能够熟练地通过新媒体协助期刊建设，宣传推介期刊优秀稿件，也更有意愿参与期刊策划组稿、参加期刊主办或承办的学术会议[16]，促进提升期刊的社会影响力。

3.2 实行编委会动态管理，加快新陈代谢

取消水利类科技期刊编委终身制的模式，对编委会成员实行每两年或三年一次的定期考评，综合考虑编委的办刊参与度与学术影响力，实行更迭合理、滚动储备的动态管理机制。建议水利类科技期刊主办单位对态度敷衍、责任心弱、参与度零的编委应及时沟通，明确提出期刊在组稿、审稿、宣传等期刊建设方面的实际需求，征求期刊编委对参与期刊建设的意见，对提出难以继续支持期刊工作的编委商议解聘，并从审稿专家库中选取学术活跃度高、有意愿投入期刊建设的学者予以补充聘用，促进编委会组织内部"新陈代谢"，激发编委工作活力。

3.3 完善编委会规章制度，优化职能分配

水利类科技期刊应根据新时代水利高质量发展需求，制定科学合理可行的编委会工作制度，明确编委会成员的职责、任职条件、任期、考核标准、任务分工等具体内容，并通过编委会换届会议进行规章制度的宣传与解读，强调编委的权利和义务。

在制定编委会制度细则时，应注意根据编委的不同特点分配相宜的任务。例如，领导型编委的行政经验相对较多，有能力通过不同渠道帮助筹集办刊经费，促进与其他期刊或组织机构之间的交流合作，可负责期刊的宣传推介与外联工作；学术型编委的学术活跃度相对较高，是科技期刊建设的中流砥柱，可负责制订办刊方针与发展规划，并将最新学术实践成果形成投稿稿件；青年编委对学科专业的新技术新方法比较熟悉，工作效率高，可承担较多的约稿、组稿与审稿任务，并为期刊积极撰稿和投稿。当然，根据编委的意愿能力及其个人的发展需求，其职能也可以发生交叉或转换。通过分析各编委的特长和优势进行职责定位，力争发挥好每位编委的最大作用。

3.4 向上争取有利政策，建立激励机制

科技期刊实行编委会改革建设离不开主管单位与主办单位的支持。然而长期以来，水利类科技期刊一般都处于期刊主办单位的边缘地位，期刊的发展规划不清、经费支持有限使得长期兼职从事期刊工作的编委缺乏参与办刊的动力。因此，水利类科技期刊应积极向主管单位以及主办单位争取有利的扶持政策，建立针对编委的激励机制，如，期刊编辑部优先处理和录用编委成员所带领科研团队的科研成果论文，通过官方网站、微信、微博等途径宣传报道编委成员的最新研究成果，提高编委及科研团队在业内的影响力，等等。

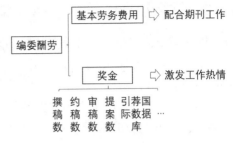

图 5 编委酬劳组成

4 结束语

水利类科技期刊编委会是期刊学术质量的把关者、学术导向的指引者，充分发挥水利类科技期刊编委会"定基调，把方向，促发展"的引领作用，对于提高期刊稿件质量和影响力、推动水利高质量发展具有重要意义。尽管编委会促进了期刊品牌影响力的提高，但不可否认，编委会的一些问题存在已久，对于长远的期刊战略规划设计和推进国际化发展进程未能充分发挥作用，智库功能未得以全面展现。因此，针对编委成员责任意识与发挥作用不足等现象，建议通过动态管理科技期刊编委会，不断调整优化人员结构，积极吸收行业内有影响力且有意愿参与期刊建设的领军人才，建章立制优化职能分配，并争取有利政策以落实编委会建设管理的各项举措，对于培育水利类科技期刊的核心竞争力有着不可替代的促进作用，能够推动水利类科技期刊优质长效发展。

参 考 文 献

[1] 编辑学报编辑部.《关于深化改革培育世界一流科技期刊的意见》内容摘编[J].编辑学报,2020,32(4):360-360.
[2] 杨志华.关于学术期刊国际化的思考[J].中国科技期刊研究,2013,24(1):154-157.
[3] 邢爱敏,郑晓南.基于品牌意识的科技期刊编委会智库功能的挖掘:以《药学进展》为例[J].编辑学报,2019,31(1):59-62.
[4] 冯景,李娜.推动国际化编委会工作的思考[J].中国科技期刊研究,2016,27(6):671-675.
[5] 蔡斐,李世秋,苏磊,李明敏.争优质稿件创一流期刊[J].编辑学报,2019,31(5):486-489.
[6] 宋启凡.多元环境下学术期刊品牌建设的思考[J].科技与出版,2021(7):75-79.
[7] 陈翔.学术期刊编委会履行职责中常见问题分析[J].编辑学报,2007,19(6):453-454.
[8] 中国科协,中宣部,教育部,科技部.关于深化改革培育世界一流科技期刊的意见[Z].北京:中国科协,2019.
[9] 张广萌,张昕.英文科技期刊组约稿优化路径探索:以"中国科技期刊国际影响力提升计划"A 类期刊为例[J].出版广角,2019(5):21-24.
[10] 周菜,毛邦河.中国科技期刊崛起的希望之光(上):浅析中国精品国际化科技期刊的建设与发展之路[J].中国出版,2013(21):35-38.
[11] 闫群,初景利,孔金昕.我国科技学术期刊编委会运行现状与对策建议:基于中国科学院主管主办科技学术期刊问卷调查[J].中国科技期刊研究,2021,32(7):821-831.
[12] 吴学军,王亚秋,彭文彬.优化学术期刊编委会构架[J].科技与出版,2017(9):51-53.
[13] 梁燕.建设世界一流科技期刊路径的思考[J].编辑学报,2019,31(增刊 2):6-8.
[14] 张琪,王艳秀,肖依依,等.青年编委会对科技期刊长效发展的作用:以《含能材料》为例[J].中国科技期刊研究,2019,30(4):400-403.
[15] 黄英娟,孙一依,孟令艳.我国中文 SCI 科技期刊发展策略分析[J].中国科技期刊研究,2020,31(5):605-613.
[16] 赵燕萍.世界一流科技期刊建设背景下中文高校学报提升之路:以 9 种入选"中国科技期刊卓越行动计划"的高校学报为例[J].编辑之友,2020(11):57-62.

环境学科中文期刊优质稿源外流情况及应对策略

邵世云，张静蓉，王晓飞，王少霞

(中国环境科学学会，北京 100082)

摘要： 在统计《中国环境科学》《环境科学》《环境科学学报》《环境科学研究》2001—2020年发文量及7所环境学科领先高校(清华大学、哈尔滨工业大学、同济大学、北京大学、北京师范大学、南京大学、浙江大学)发文量基础上，分析了环境学科优质稿源外流情况。结果表明，近20年来，环境学科4本期刊7所领先高校发文量占总发文量比例下降较大，优质稿源流失严重。各中文期刊应加强期刊编委、审稿人、编辑等办刊队伍建设；建立完善的论文质量把控、内容策划机制；采取多种途径加强与一线科研人员联系；加快发表周期，完善首发、双语出版制度，吸引优质稿源以中文形式发表。

关键词： 中文期刊；环境学科；稿源外流

《2021年中国科技论文统计报告》显示：近年来，中国卓越科技论文总体产出持续增长，发表的高被引论文、热点论文数量保持在世界排名第2位，但高被引论文、热点论文大多发表在影响因子超过30的国际期刊上，表明中国大多数重大科研成果以英文形式发表在学术影响力大的国外期刊[1]。我国主办的科技期刊的国际影响力和学术竞争力显著滞后于科研能力的提升，优质稿源大量流失，中文期刊优质稿源缺乏现象尤为严重，整体学术水平不能反映中国的科技进展[2-5]。从科研人员角度看，由于现有科研评价体系的要求，如毕业考核、职称评审、科研奖励等要求，优先选择将自己的科研成果以英文形式投往国内外被SCI、EI等收录、影响因子高、具有国际影响力的非中文期刊，其科研成果没有促进国内的学术交流。

近20年来，我国的环境污染问题日益引起广泛关注，环境技术突飞猛进，相应的环境学科的论文产出量大幅增加，环境学科中文期刊的总体发文量大增，但学术质量提升并不明显。环境学科因评价导向问题导致大量的优质环境稿件外流情况同样存在[6]。中国的环境问题变迁、环境技术的进步发表在中文期刊上，才能更好地助力生态环境污染防治攻坚战。

《中国环境科学》《环境科学》《环境科学学报》《环境科学研究》均为环境学科的综合性学术期刊，涵盖了环境学科的各个研究领域，影响因子、总被引频次等期刊引证指标均位于学科前列，其优质稿源变化情况基本可以反映环境学科优质论文在中文科技期刊的产出状况变化。作者结合多年的编辑工作实践，统计了这4本期刊2001—2020年的发文情况，分析了其优质稿源的外流状况，讨论了期刊可采取的应对策略，以期为环境学科中文期刊建设提供参考。

1 优质稿源外流情况

登录中国期刊网的中国学术文献网络出版总库 http://epub.cnki.net/grid2008/index

/ZKCALD.htm),时间选择 2001-01-01—2005-12-31、2006-01-01—2010-12-31、2011-01-01—2015-12-31、2016-01-01—2020-12-31 4个时段,文献出版来源分别精确选择《中国环境科学》《环境科学》《环境科学学报》《环境科学研究》,统计发文总量,并剔除增刊文章及其他非可被引文献,包括稿约、征订启事、勘误等。

同时,按照教育部全国第四轮学科评估结果[7],选取"环境科学与工程"学科评估结果 A+及 A 的 7 所高校(清华大学、哈尔滨工业大学、同济大学、北京大学、北京师范大学、南京大学、浙江大学),统计其在 4 本期刊相应时段的发文量,在一定程度上可以反映环境学科优质中文稿源的情况变化。4 本期刊 2001—2020 年发文总量及 7 所高校发文量统计如表 1 所示。

表 1 4 本期刊 2001—2020 年发文总量及 7 所高校发文量(篇)

高校	2001—2005 年	2006—2010 年	2011—2015 年	2016—2020 年
清华大学	369	532	363	295
哈尔滨工业大学	138	286	146	234
同济大学	105	325	199	202
北京大学	212	237	220	171
北京师范大学	96	268	239	238
南京大学	133	217	194	165
浙江大学	291	225	164	136
7 所高校发文量	1 344	2 090	1 525	1 441
发文总量	5 016	9 087	11 195	12 993
比例/%	26.79	23.00	13.62	11.09

由表 1 可见,2001—2020 年 4 本期刊发文总量呈上升趋势,从 2001—2005 年的 5 016 篇增长至 2016—2020 年的 12 993 篇,增长了 2.6 倍。特别是 2006—2010 年间,发文量增长幅度最大,反映了该阶段我国环境污染受到广泛关注,国家对环境领域科研经费的投入加大,相应的科研成果产出量明显增加。但 7 所领先高校的发文量并未成比例增加,从 2001—2005 年的 1 344 篇增长至 2016—2020 年的 1 441 篇,仅增长了 1.1 倍,占发文总量的比例从 2001—2005 年的 26.79%降低至 2016—2020 年的 11.09%,特别是在 2011—2015 年间,下降尤为明显。

经调查统计,4 本期刊发表论文第一作者 80%以上为硕士、博士研究生。各高校对理工科硕士、博士研究生毕业考核大多要求论文需要发表在 SCI 收录的期刊,越是学科评估靠前的 985/211 高校,要求越高。其他非硕士、博士毕业生的作者,也多面临职称评聘、课题评审、学科评估等科研评价体系要求,科研成果需发表在 SCI 收录、具有国际影响力的英文期刊。而环境学科中文期刊均未被 SCI 收录,因此领先高校的作者多选择将自己的科研成果以英文形式发表在国内外被 SCI 收录的非中文期刊上。各种翻译软件的广泛应用也使得写作英文文章的难度降低,造成 7 所领先高校在 4 本主要环境学科中文期刊的发文比例逐年下降,环境学科优质稿源流失严重。

这 20 年间,4 本期刊的影响因子均有较大幅度的增长,从 2001 年的 1.0 左右,上升为 2020 年的 2.0 左右,并未因为发文量的增加而降低,可以排除因期刊质量降低造成的优质稿源外流。因 4 本期刊的影响因子、综合评价指标在学科内排名均位于前列,创刊时间较长(大多为 1981 年左右创刊),7 所领先高校 90%以上的中文文章发表在这 4 本期刊上,可以排除 7 所领先高校的中文稿件发表在其他中文期刊的可能性。

2 改变优质稿源外流策略

优质稿源是科技期刊的生存、发展的基础。中文科技期刊因优质稿源的大量外流，导致整体学术水平不断下降[8-9]，部分中文科技期刊投稿质量、数量均明显下降，不得不减少版面，甚至延长刊期[10-11]。优质稿源外流成为国内各学科领域的中文期刊面临的共同困境。遏制国内科研机构的优质稿源外流，引导中国的科研工作者把优秀论文发表在中文期刊上，是每位期刊编辑的责任和愿望。在无法改变现有科研评价体系的情况下，作为环境学科期刊工作人员，应充分利用中文期刊便于交流的语言优势，争取国内科研人员的重大研究成果以中文形式发表在中文期刊上。

2.1 加强期刊办刊队伍建设

"打铁还需自身硬"，期刊应重视编委会建设。目前，环境学科中文学术期刊编委会大多由领域内资深的、有名望的院士，研究机构行政领导组成，这些资深科研人员有的已经退居科研二线，有的甚至因为年纪偏大而沦为"摆设"，有的忙于行政事务而无暇顾及科研。在发挥编委们学术影响力的同时，为保持编委会的活力，充分发挥编委作用，期刊可考虑组织成立青年编辑委员会，发挥一线青年学者的科研活跃、论文产出量大的优势，吸引一线科研人员的优质稿件。

加强审稿人队伍建设。一支评审水平高、评审速度快的审稿人队伍是期刊吸引优质稿源的有力保障。各期刊可根据具体运营情况评选优秀审稿人：根据审稿学术水平、审稿态度、审稿数量、审稿时效等评选优秀审稿人，并给予一定的资金奖励，在激励审稿人的审稿热情的同时，鼓励、倡议优秀审稿人将自己的研究成果发表在中文期刊上。

加强编辑队伍建设。应建立一支学术水平高、精通编辑出版业务、服务质量好的编辑队伍，努力提高期刊编辑的整体素质。编辑应不断学习，提升自己的专业学术能力，以适应学科的快速发展；编辑还需加强出版业务学习，熟悉国家新的出版规定，掌握数字化出版等新的出版手段；还需具备良好的服务意识，摆脱高高在上的心态，优化投稿流程，为作者提供及时、高效、有温度的投稿服务，吸引作者持续投稿，稳定优质作者群。

2.2 完善论文质量把控、内容策划机制

各中文期刊应规范审校流程，修炼内功。完善严格的"三审三校"稿件质量控制体系，在论文的编发上突出学术创新理念；严格遵守期刊的著作权管理，要求并监督作者遵守科技论文写作与投稿的道德规范，坚决杜绝学术不端行为，促进良好学术风气和学术环境的形成；规范同行评议，规范匿名评审，倡议并监督审稿专家遵守同行评议的伦理道德规范。

增强选题策划与定向、精准约稿，环境学科为综合性学科，按照环境领域的分支学科，除了常设栏目外，应围绕目前的生态环境问题现状、污染防治攻坚战，环境热点、难点问题，学科特点和期刊发展的需要，开展热门主题征稿与向科研机构、科研人员约稿，提升期刊在领域内的影响力，依靠自身能力吸引优质稿源。

2.3 加强与一线科研人员联系

各期刊均旨在吸引最优秀的稿源，这些优质稿源多来自高水平研究团队、研究人员。应建立与各高校、研究院所的一线主要研究团队长效联系机制。一是发挥主编和编委们的作用，倡导主编、编委的研究团队的优秀研究成果以中文形式发表在本刊，切实发挥其学术影响力与号召力，吸引其他原创性的高水平中文稿件；二是加强与领域内主要研究机构、一线高水平专家的联系与交流，熟悉他们的研究内容与研究进展，争取重要研究成果以中文形式发表，

而不是科研成果的"边角料";三是多参加本领域的高端学术会议,全面了解环境学科的研究方向与研究进展,与科研一线人员保持紧密联系,根据一线研究人员对投稿的需求和期望,及时调整编辑的工作内容与工作方式,尽一切努力吸引优秀稿源。

可利用期刊各种基金项目支持,向活跃在科研一线的院士、学术带头人邀约高水平、具有学科引导性的研究成果,稿费以外给予一定的奖励,发挥其学术影响力,鼓励其带头响应把"论文写在祖国大地上"的号召;以作者自荐,编委、审稿人推选等方式评选在理论上和实践上有重大意义的论文为优秀论文,并在期刊网站、微信平台等大力宣传,吸引作者将高水平研究成果以中文形式发表,加强期刊与编委、审稿人、作者的互动交流。

2.4 加快发表周期,完善首发、双语出版制度

中文科技期刊普遍存在发表周期较长的弊端,环境学科大部分期刊的发表周期一般为6~15个月,出版周期普遍偏长。这一方面影响了学术成果发布的时效性,另一方面影响作者对毕业、评职称、课题评审的时间要求。各期刊应在严格遵守三审三校流程的基础上,优化发表流程,缩短发表周期。同时利用知网等平台,进行网络首发,可使论文在通过专家外审后,投稿1~2个月内发表,大大缩短发表周期,在时效性上从国际刊物中争夺优秀稿件。

适当充实、延长英文摘要内容,参考文献中中文文献给出英文翻译,通过EI、CA、ASFA、Scopus、CSCD等国外知名数据库提升期刊在国际上的影响力;通过"精品期刊顶尖论文平台——领跑者5000"平台、中国知网"中文精品科技学术期刊外文版数字出版工程(JTP)"、期刊网站等平台进行优秀论文的双语出版,提升最高端的学术研究成果在国际上的学术影响力,倡导、游说国内一线研究团队将重要研究成果发表在中文科技期刊上。

3 结束语

4本环境学术期刊2001—2020年发文量持续增长,但7所环境学科领先高校发文量增长缓慢,所占比例从2001—2005年的26.79%降低至2016—2020年的11.09%,降低了近一半,优质稿源流失严重。各中文期刊应采取有效措施,遏制优质稿源外流,加强期刊自身办刊队伍建设;建立严格的论文质量把控制度建设,完善的内容策划机制;采取多种有效途径加强与一线科研人员联系;优化审稿、发稿流程,加快发表周期,完善首发、双语出版制度,吸引优质稿源以中文形式发表。

参 考 文 献

[1] 中国科学技术信息研究所.2021年中国科技论文统计报告[R].北京:中国科学技术信息研究所,2021.
[2] 游苏宁,陈浩元,冷怀明.砥砺前行实现科技期刊强国梦[J].编辑学报,2018,30(4):331-336.
[3] 高永辉,徐晖,刘婉宁,等.中医药科技期刊从青年学者中挖掘优质稿源策略探讨[J].科技传播,2022,14(8):16-19,24.
[4] 所静,郑建辉,何静菁,等.中国理工科院校文科学报的发展困境及路径分析[J].科技与出版,2017(5):122-124.
[5] 刘俏亮,田宏志,刘东亮,等.中文科技期刊稿源流失的原因及对策[M]//学报编辑论丛 2019.上海:上海大学出版社,2019:31-35.
[6] 邵世云,王少霞,王晓飞,等.环境学科中文科技期刊发展面临的问题与解决措施[J].学会,2021(5):59-62.
[7] 教育部.全国第四轮学科评估结果公布[EB/OL].[2022-07-15].http://www.cdgdc.edu.cn/xwyyjsjyxx/xkpgjg/.
[8] 夏金玉.国内科技期刊优质稿源不足现状分析[J].中国科技期刊研究,2014,25(4):485-487.
[9] 游苏宁,石朝云.我国科技期刊的内忧与外患[J].编辑学报,2011,23(3):189-193.
[10] 董建军.我国科技期刊优质稿源外流现状分析及应对策略[J].科技情报开发与经济,2015,25(7):136-138.
[11] 周汉香,刘洪华,江勇,等.新常态下冶金专业期刊如何解决稿源危机的问题[J].湖北师范学院学报(自然科学版),2016,36(3):158-161.

高端交流平台建设背景下学术期刊用户服务创新实践探究

刘 娴

(上海图书馆《图书馆杂志》编辑部,上海 200040)

摘要: 运用案例法和分类归纳法探析《图书馆杂志》打造多种学术交流平台、精准服务用户的实践。《图书馆杂志》在引领行业发展,策划优质选题;与时俱进,适时调整栏目;创新发展,探索论文新形态;提质增量,打造出版新模式;多管齐下,构建学术互动社区;技术赋能,打造复合信息平台等方面进行的探索,取得了较好的成效。学术期刊应在建设高端交流平台的背景下,为用户个性化需求提供精准服务,规范学术交流体系,以"办好一流学术期刊"为己任,为学术期刊的高质量创新发展提供借鉴。

关键词: 用户服务; 学术交流; 交流平台; 学术期刊

2020年9月,习近平在科学家座谈会上强调,"要办好一流学术期刊和各类学术平台,加强国内国际学术交流"。2020年10月,《中共中央关于制定国民经济和社会发展第十四个五年规划和二〇三五年远景目标的建议》明确提出我国需要"构建国家科研论文和科技信息高端交流平台"(下文简称"高端交流平台")[1]。2021年5月,《关于推动学术期刊繁荣发展的意见》从7个方面对我国学术期刊出版工作予以全面部署。

党和国家对学术期刊出版的重视达到了全新的高度。出版强则文化强,文化强则国家强。"十四五"时期是出版行业的重要发展时期,学术期刊是出版业的重要组成部分,身处最好的发展时代,学术期刊要抓住打造高端交流平台这一契机,精准服务用户需求,规范学术交流体系,构建良好学术交流生态,推动学术期刊创新发展。

1 学术交流体系

科学研究的本质是学术交流,是一个由科研人员、科研资助者、出版机构、信息机构等构成的关系网络体系。在这个交流体系中,科研人员通过学术文献或现场交流,实现与同行科研人员的知识共享,通过发表科研成果与出版机构互动,通过信息查询获取行为与图书馆、情报所等信息机构建立关联,通过申请项目与科研资助者建立交流渠道。在学术交流体系中,学术期刊等出版机构通过刊发科研成果、举办学术活动与用户建立密切关系,是学术交流体系中的重要一环[2]。

1.1 学术交流平台

学术交流的本质是学术信息的交流,通过学术论文、学术会议、信息平台以及各种各样的新媒体传播来实现。学术交流平台的功能、影响力、传播效果对科研创新具有直接而深刻的影响[3]。

学术论文是科研成果最直接的产出，是学术交流的主体形式。学术会议也是一种十分重要的学术交流模式，是不可替代的直接互动研讨方式。通常，科研人员最新、最重要的研究成果会第一时间在学术会议上交流，然后再加工成学术论文发表于学术期刊或其他载体[3]。新媒体信息平台是学术信息及时、有效传播的重要途径。

1.2 学术交流类型

技术的进步引领期刊业从"出版"向"出品"全面转型，作者和读者转变为用户。作者是期刊论文的核心生产者，他们的投稿意愿与投稿质量是影响期刊发展的先决条件。读者是期刊论文的消费者，他们通过阅读论文得以提高学术水平，很大一部分学术期刊的读者也是潜在的作者，随着学术研究的深入也可以成长为专家群体。新媒体时代，读者与编辑的互动增强，他们对论文的评价迅速而且直观，在某种程度上读者也是知识的生产者和传播者。

用户群体根据学术成长阶段可以分为学生起步阶段、青年学者阶段、资深专家阶段。期刊论文根据结构形态大体可以分为原创研究、综述文章、书评、会议论文、业务案例、数据论文等。用户需求具有共性，也具有个性。不同的用户可能对不同类型的论文感兴趣，同一用户在不同的学术成长阶段、不同的场景下也会研究不同类型的论文。

2 用户精准服务的重要意义

当前学术交流环境下，学术信息交流系统中各主体由静态的单向链演变为以用户为中心的动态交互场。用户参与到信息交流的各个环节，甚至融信息的生产、发布、传播、消费和评价等各种角色于一体。用户除了通过出版机构获取学术信息外，开放的学术环境使得用户可以通过新兴学术网络平台自主进行科研成果的发布、传播和交流，动摇了出版机构在传统学术信息交流系统中的垄断地位，学术信息交流系统中的用户从纯粹的消费者改变为兼具创造性和中介性的消费者[4]。

这些改变使得出版机构和学术社交平台纷纷开发和扩充科研服务，纷纷向"以用户服务为中心"转变。用户是学术期刊服务的重点对象，为用户提供全方位、全流程、全生命周期的精准化服务是学术期刊的目标，维护好用户是期刊生存与发展的根本保障。针对用户的不同需求，创建不同的交流平台，提供定制化和精准化服务，以进一步激发用户对科研的兴趣、推动学术交流活动的普及和发展是出版机构积聚用户资源的重要举措。

3 《图书馆杂志》用户精准服务的实践

图书情报学是图书馆业务学科和情报信息学科相结合的一门学科，图书情报学一直关注信息(数据、文献、情报)、技术、人(用户)三者之间的关系[5]。《图书馆杂志》与《中国图书馆学报》《图书情报工作》《大学图书馆学报》等图书情报界行业期刊是刊发图情专业科研人员学术论文的主要出版机构，是图情研究人员学术交流的重要平台。

《图书馆杂志》是全国中文核心期刊、中国人文社会科学核心期刊、中国优秀图书馆学期刊、CSSCI来源期刊，自1982年创刊以来，在坚持以行业发展为目标，以用户需求为导向，提供精准服务，努力打造高端交流平台，构建良好学术交流生态，促进期刊高质量发展方面进行了不懈努力和探索。

3.1 逆势而上，深耕传统出版优势

传统学术出版平台载体不足、影响力不高的现状造成大量优秀科研成果发表在国外期刊上，导致优质稿源外流。为改变这一困局，促使作者将论文写在祖国大地上，学术期刊只有坚持以内容为根本，深耕传统出版的优势，同时以技术赋能，不断提高期刊学术传播力与公众影响力，更好地服务用户、吸引用户，才能真正占领行业主流位置。

3.1.1 为"学术大咖"特设特别策划，引领行业发展

学术期刊的初心使命是通过学术交流，促进学科建设，引领专业发展。学术期刊的核心竞争力是质量与品位上乘的原创内容。网络投稿系统中作者自由投稿是期刊稿源的基础，但学术期刊要保持在同行期刊中的引领作用，必须要有高质量的专稿、专题、专栏，所以维护好专家资源是学术期刊高质量发展的重要举措。

近年来，《图书馆杂志》围绕行业发展，在作者自发投稿的基础上，围绕学科前沿、热点、重大成果，积极主动向编委和资深专家约稿，精心策划了专家笔谈、专稿、专题、专栏等内容，加强原创成果在国内学术期刊首发力度，以高屋建瓴的理论和实践引领行业发展。

特别策划了吴建中、张久珍等的《信息素养助力图书馆与社会发展》，魏大威、张智雄等的《重大公共安全突发事件中图书馆应急服务》等专家笔谈；柯平的《图书馆未来2035与"十四五"规划编制》，王世伟的《对公共图书馆"传承文明、服务社会"三大功能的再认识》等专稿；《中华人民共和国公共图书馆法》解读、"数字人文与新文科建设"等专题；"新中国图书馆事业70年""红色文献研究"等专栏。

《图书馆杂志》利用自身平台的影响力和号召力，通过向专家学者约稿，策划的这些专家笔谈、专稿、专题、专栏在内容深度上精耕细作，在内容高度上引人入胜，将专业内容做精深、做厚重、做扎实，在行业内建立了良好的口碑，体现了学术交流平台的专业精神[6]。特别策划栏目的部分内容也从最初的编辑部主动约稿发展到专家学者主动投稿，成为《图书馆杂志》的品牌栏目。

3.1.2 为"科研青椒"专设特色栏目，提升杂志活力

资深专家的学术之路基本都是从"科研青椒"起步，因此发现、培养青年学者，储备作者资源，是学术期刊的重要职责。另一方面，内容同质化严重、发展模式单一、发展样态陈旧、发展理念滞后是同类行业期刊面临的普遍问题。为体现期刊个性，提高期刊活力，需要不同学术观点、不同思想流派的交锋碰撞，需要独辟蹊径，办出独有特色。

《图书馆杂志》在做深做强原有理论探索、工作研究、国际交流、新技术应用、文献考论栏目的基础上，为突出上海"海纳百川"的城市特色，发扬图书馆学研究开放与创新的海派风格，从2019年第9期起开设"海派新声"栏目，刊发具有新观点、新视角、新技术、新方法、新理论、新思想的文章，不拘传统，鼓励新知。为了发现、培养优秀青年学者，《图书馆杂志》成为北京大学"全国图书馆学博士生学术论坛"和武汉大学"图情档39青年学者论坛(沙龙)"的长期支持期刊，服务青年学者群体，给优秀的年轻学者更多的展示机会[7]。

3.1.3 为"行业小白"开辟系列专栏，孵化学术新人

随着服务范围的不断扩展，图书馆从业人员学历背景多样化趋势愈发明显，非图书情报专业的从业人员也有学术论文发表的需求。为满足广大基层科研人员的需求，发挥引领行业发展的社会责任，《图书馆杂志》在为图情专业作者提供专深的学术论文、数据论文服务的同时，从2014年开始，增设"悦读·经典"专栏，专栏中的"馆员书评"系列主要选登全国各级各类

图书馆学会评选的优秀书评。"馆员书评"不同于专业书评，对所评的著作要求比较宽泛，对写作深度要求也较低，适合在校学生、初入行业者等进行习作。

如果说学术期刊刊发学术论文服务科研群体是应有之义，分内之事，那么精心策划的"悦读·经典"专栏"馆员书评"系列则是《图书馆杂志》服务不同科研群体不同需求的创意之举。《图书馆杂志》的专业学术论文负责留住用户，"悦读·经典"专栏负责吸引用户。

3.2 因势而谋，探索学术出版新态

随着数据密集型科研范式的到来，期刊学术论文的形态和交流模式发生了深度变革。数据化、计算化的科学研究成为科研活动的常态，学术出版呈现出数据出版、数据论文出版、数据-论文关联出版等多种形态[8]。

《图书馆杂志》于2016年启动数据出版管理平台项目，是社会科学期刊中既有传统论文出版，又有数据出版、数据论文出版、数据-论文关联出版的典型代表。

数据论文指描述数据集，给出数据收集、处理过程、软件工具、文件格式等细节描述。数据论文与传统论文结构不同，不包含传统研究论文中的"结果分析"和"结论"部分，重点对数据的基本概况、生产方法和重要信息进行描述[8]。《图书馆杂志》自2018年起开始刊发数据论文，刊发了复旦大学张计龙、殷沈琴、汪东伟研究团队的系列论文，也吸引了浙江大学、厦门大学等单位作者的投稿[9]。《图书馆杂志》的数据出版管理平台案例经常被学者作为国内学术期刊数据出版的典型代表与国外案例进行对比。

3.3 应谋而动，构建学术互动社区

学术会议是学者就某些专题进行即时交流的重要形式，在新冠肺炎疫情此起彼伏的这些年，召开线上学术会议已成常态。中国图书馆学会、各省市图书馆学会定期召开的年会，其他定期或不定期召开的国内外专题会议等也是图情行业人员进行学术交流的重要平台。

为了支持科研活动和促进学术交流，《图书馆杂志》联合行业学会、科研院所和高校，主办、承办、协办了相当数量的国际、国内学术会议、论坛和竞赛。如"全球化视野·大学图书馆馆长论坛"、上海国际图书馆论坛(SILF)系列会议、"民国时期文献整理与研究国际学术研讨会"、中日国际图书馆学研讨会、"信息素养与可持续发展"主题论坛、"继承百年传统 赓续红色血脉——红色文献整理与研究"学术研讨会、"慧源共享"开放数据创新研究大赛、"图书馆在海派文化推广中的作用与地位"研讨会、"AI在图情——2019年图书馆前沿技术论坛(IT4L)"、"积淀与超越：数字人文与中华文化——2020数字人文年会"、"出版界图书馆界全民阅读年会"系列会议等。

这些精心策划的学术交流会议、论坛和竞赛，是《图书馆杂志》站在科学共同体的角度，努力打造一个完善的、成长潜能强大的学术互动生态社区的积极作为。

3.4 顺势而为，打造复合信息平台

学术期刊的发展依赖前期的内容生产和后期的学术传播。新媒体传播具有传播快、受众广的优势，能把学界的最新思想和前沿成果以最快的速度推送到公众领域。新冠肺炎疫情暴发期间，传统纸刊无法印刷发行，但是相关内容可以通过官网、微信、数据库商平台及时推出，不影响用户阅读使用。

新媒体环境下，"内容+平台"成为现代纸刊的重要特征。"酒香也怕巷子深"，好的内容也要有好的传播。《图书馆杂志》非常重视出版创新和传播创新，采用先进的出版方式，加强全媒体传播，提升及时报道、快速应变、全面传播的能力。2014年启用了玛格泰克科技发展有

限公司开发的网络投审稿系统,便于用户在线投稿、查稿,浏览过刊、编辑部通知等。2014年开通了官方微信公众号,构建虚拟学术社区,加强与用户的即时沟通。2016年启动数据出版管理平台项目,探索数据与数据论文出版新模式。2020年在文章中使用二维码链接图表、音频、视频、双语(中英、中日)论文,以实现学术期刊的增强出版。重点文章在知网进行网络首发,缩短发表周期,满足一流成果的及时发表。

《图书馆杂志》微信公众平台由于开通早、更新及时、原创内容丰富,影响力位列全国图情档公号前列[8]。《图书馆杂志》数据出版管理平台建设研究项目获得2017年上海市新闻出版局新闻出版专项资金立项资助,获2019年上海科学技术情报成果二等奖和2019年华东科学技术情报成果二等奖。

4　结束语

本文在国家建设"高端交流平台"政策背景下,分析了《图书馆杂志》打造多种交流平台、运用多种交流手段在作者精准服务方面的探索与实践。在积极策划,向资深专家组稿,提升内容的原创性与先进性。服务青年学者,培育学术新人。探索学术出版新模式,构建学术互动新社区方面的探索取得了一定的成效,实现了学术性与实践性的统一,新观点与新实践的融合。《图书馆杂志》是推动图情专业学术交流的重要载体和平台,但在打造的现有交流平台中,还有进一步提升的空间:要持续跟踪专家学者的研究动向,加强联系和交流,尽力约到高质量的稿件,对行业发展起到切实的引领作用。在培养青年学者方面,要挖掘有个性、有潜力的青年学者,给他们提供自由宽松的平台。在"悦读·经典"专栏的策划上,要开发可读性强的内容,切实让初学者有所获、有所得。在刊发数据论文的量上要有提升,对标国际出版商的经验,提升影响力。主办或承办更有吸引力的学术会议或主题明确的学术沙龙,打造高质量的学术社区。另外,高端交流平台的建设离不开学术规范体系的建设,在构建良好的学术生态、促进行业良性发展上还要持续发力。

参 考 文 献

[1] 张智雄."国家科研论文和科技信息高端交流平台"专栏按语[J].智库理论与实践,2021,6(1):2.
[2] 刘细文.对国家高端交流平台内涵及其意义的思考[J].智库理论与实践,2021,6(1):3-4.
[3] 初景利.高端交流平台建设需要创新学术交流模式[J].智库理论与实践,2021,6(1):7-9.
[4] 丁敬达,唐思嘉,李长志.开放获取背景下学术信息交流场域用户角色的演变[J].图书馆杂志,2022(6):40-45,73.
[5] 黄水清.图书情报学的新文科建设之途:机遇与忧思[J].图书与情报,2020(6):3-5.
[6] 马伊顾.铸就学术津梁　锻造精品名刊:论新时代学术期刊高质量发展[J].中国编辑,2022(2):51-55.
[7] 刘永红.中国人文社科学术期刊:现状、问题与发展进路[J].出版广角,2021(16):6-9.
[8] 刘娴.数字经济视域下学术期刊增强出版的路径选择与案例分析[J].出版与印刷,2022(1):58-66.
[9] 刘娴.学术期刊科学数据出版实践研究:以《图书馆杂志》数据出版管理平台为例[J].中国科技期刊研究,2022,33(8):1081-1087.

"一流期刊"建设背景下老刊新办的模式分析与探讨
——以 Visual Computing for Industry, Biomedicine, and Art 为例

宋秀霞

(中国图学学会《工医艺的可视计算(英文)》编辑部,北京 100191)

摘要: Visual Computing for Industry, Biomedicine, and Art(VCIBA)更名于 Computer Aided Drafting Design and Manufacturing,后者受稿源、出版模式等限制,发展缓慢。更名后,VCIBA 通过与 Springer 合作,秉持国际化视野办刊理念,坚持特色化办刊之路,陆续被 EI、ESCI 等重要数据库检索,提升了期刊学术质量、内容质量和服务能力。本文分析更名后期刊的变化,分享 VCIBA 实际办刊经验,以期为我国英文期刊发展提供借鉴和经验。

关键词: 期刊更名;专家资源;宣传;精准;影响力

2018 年,中国科协等四部门联合印发了《关于深化改革 培育世界一流科技期刊的意见》,要求培育世界一流科技期刊以助力我国科学技术发展,提升我国文化软实力和文化自信[1],并开始实施"中国科技期刊卓越行动计划"。《中国科技期刊发展蓝皮书(2021)》显示[2],SCI 收录的期刊近 13 000 种,其中中国 213 种;2020 年中国作者发表的 SCI 论文占全球 SCI 论文总数的 25.85%,同期中国 SCI 期刊发表的论文仅占全球 SCI 论文总数的 1.45%。由此可见,我国英文期刊数量少、规模小、国际影响力偏低,难以满足我国科技成果日益增长的国际交流需求[3]。在双一流建设的背景下,中国亟须发展一批高质量的英文学术期刊,以刊载不断增长的学术研究成果,掌握世界学术话语权。

目前期刊获取 CN 号有两种方式:一是直接向国家新闻出版署申请;二是中国科技期刊国际影响力提升计划 D 类新创刊项,创刊成功后给予 CN 号。据统计 2021 年我国共批准了 42 个新创办英文科技期刊 CN 号,其中 41 个为"卓越行动计划"资助的高起点新刊[4]。因此,相较直接创办新刊,适时对已创办的期刊进行更名,赋予老刊新的活力也是期刊发展的新举措。秦洁雯等[5]指出,期刊的创办及更名是期刊发展方向的最直接反映,也是其转型升级创新发展的重要手段。Visual Computing for Industry, Biomedicine, and Art(VCIBA)更名于 Computer Aided Drafting Design and Manufacturing(CADDM),国内统一刊号为 CN 10-1521/TP,是由中国科学技术协会主管,中国图学学会(简称学会)主办的英文学术期刊。VCIBA 作为全球第一本涵盖计算机图形、图像和可视化技术研究和应用等多领域的英文期刊,自创刊起即坚持国际化办刊之路,陆续被 DBLP、PubMed Central、Scopus、EI、ESCI 等重要数据库检索,入选 CCF 计算领域高质量期刊分级目录,进入中科院期刊分区,在可视化计算领域的国际影响力逐渐提高。本文汲取前人优秀的办刊经验,结合 VCIBA 的办刊实际,全面梳理、总结老刊新办的

实践经验，为同行创建英文期刊提供参考。

1 与时俱进，赋予活力

1.1 精准定位，期刊更名

随着智能化计算和多终端显示技术的迅速发展，图学研究由传统工程和设计领域向生物医学乃至人文艺术等领域跨学科、全方位发展[6]。CADDM 创刊于 1991 年，主要聚焦于传统工业制造领域的 CAD 和 CAM 等相关的理论与应用，随着时代和研究的发展，期刊现状出现了无法完全满足学科发展的需求，迫切需要改变载文范围，以满足学科最新发展和实践应用的需求。

优秀的期刊在创刊时需制订前瞻性的顶层设计，帮助期刊确立合理且独特的定位以及正确的发展方向[7]。2017 年，CADDM 更名为 VCIBA，后者立足于图学学科的发展，涵盖工业、生物医学和艺术设计三个领域，覆盖图形、图像和成像的基础理论研究、前沿技术研发以及多领域相结合的技术应用，填补了学科空白，为期刊发展奠定了良好的基础。

1.2 "借船出海"，与 Springer 合作

Springer-Verlag 即施普林格，是世界著名的科技期刊、图书出版公司，已成为自然科学、工程技术和医学领域全球最大的图书和学术期刊出版公司，每年出版近万种新书和 2 900 多种期刊[8]。与 Springer 合作后，VCIBA 采用"编辑部负责内容、Springer 负责运营"的合作模式以及 open access(OA)出版模式。具体合作方式如下：VCIBA 负责和决策期刊的办刊宗旨，承担约稿、稿件审核、同行评审和宣传推广等工作，对文章的内容和质量负责。Springer 负责期刊的运营、宣传和管理，包括：制定全球化的宣传策略、定价策略；承担期刊平台建设，为用户提供基于电子版期刊内容的整合检索，以及期刊平台的运维；提供投审稿系统 Editorial Manager 投审稿系统，生产制作并上线文章，提供项目评估、数据库申请等服务[9]。

创刊 5 年以来，借助 SpringerOpen 平台，VCIBA 采用 OA 出版模式，所刊发文章的下载量由 2019 年的 21 809 次涨至 2021 年的 134 227 次，篇均下载量由 641 次涨至 1 677 次，说明 OA 出版模式能有效提高文章的展示度。

1.3 锁定目标，分步推进

加入重要的国际数据库以提升国际影响力是国际科技期刊发展的宗旨，也是建设世界一流期刊的必由之路[10]。VCIBA 作为工业、医学、艺术三个领域交叉的可视化期刊，加入 DBLP、PubMed Central、Scopus、EI、ESCI、SCI 等数据库是最为重要的发展方向。在创刊时，VCIBA 依据各数据库的要求制定了相应的申报时间轴，力争在 5 年内相继加入上述数据库。

VCIBA 严格同行评审控制稿件质量，采用连续出版模式，达到数据库申请条件后逐步提交申请。自 2019 年开始 VCIBA 陆续被 Scopus、PubMed Central、DBLP、ESCI、EI 收录，同时入选中科院期刊分区表四区及 CCF 计算领域高质量科技期刊分级目录。进入重要数据库后，自由来稿骤增，保证了期刊的良性发展。

2 多头并重，积累专家资源

科技期刊的专家资源包括编委、作者、审者、读者，对于专业性强的学术类期刊，作者、审者、读者具有较高的重合度，其身份可相互转化，且具有非独占性[11]。专家资源是期刊发展的核心力量和主要源泉，也是期刊开展一切工作围绕的中心[12]。CADDM 在组建专家团队

方面所做的工作较少，除编委会成员外，其他专家资源很少。而 VCIBA 借助学会整体资源，从多方面凝聚专家力量，有效推动了期刊良性发展。

2.1 综合考量，选聘主编

国际化是评价英文期刊首要考虑的因素，也是加入国际数据库检索的重要衡量指标。英文期刊的国际化是指编委会、作者群、办刊理念等各方面国际化，其中主编国际化对于期刊的发展，尤其在创刊阶段，起着决定性的作用。李小平[13]指出，主编是英文刊物的精神领袖和掌舵手，除在国内具有学术影响力外，主编还应具有广泛的国际影响力及较强的英文沟通能力，并能分出精力致力于期刊发展。

VCIBA 的主编是北京航空航天大学教授，同时是学会的副理事长、兼任秘书长。主编长期从事信息与生物医学交叉领域的研究工作，已发表高水平 SCI 论文 200 余篇，具有极强的学术能力。主编具有丰富的办刊经验，是多本国际期刊的编委及审稿人，热衷于 VCIBA 的出版工作，在期刊工作中奉献了大量的时间与精力。改刊初期，期刊的刊文范围和期刊名称的确定，编委会的搭建，以及与 Springer 合作协议的签署均由其牵头亲力亲为。

VICBA 的主编具有丰富的办刊经验和广泛的学术影响力，同时兼任学会领导人，后续能有效整合资源助力期刊发展，是 VCIBA 顺利发展的重要因素。

2.2 分领域设置编委会

编委会是学术期刊的核心力量，建设国际化、高水平的编委会是提高英文科技期刊国际影响力的重要途径[14-16]。作为期刊的"守门人"，期刊编委的设置对于期刊发展至关重要。

CADDM 的编委共 25 名，其中海外编委 2 名。其编委人员组成远不能满足一本国际化英文期刊的编委需求。VCIBA 的征稿范围涉及工业、医学及艺术三个领域，客观上要求编委构成既要考虑专家学术层次，还应兼顾各学科之间的分布。通过权衡各学科的比例关系，VCIBA 组建了一支国际化的编委团队：首届编委会成员共 47 名，包含名誉主编 1 名(中国工程院院士)，主编 1 名，副主编 3 名，编委 42 名，均为国内外工业、医学及艺术可视计算领域有重要影响力的专家学者。编委来自 7 个国家，国家分布为美国、英国、西班牙、意大利、日本、新加坡和中国，国际化编委占 45%。

与 CADDM 编委会相比，VCIBA 编委数量增加近 1 倍，覆盖研究领域更广，国际化程度更高，国别、地域和学科分布更合理，充分保证了编委会的可持续发展，这为适应学科交叉与融合、国际化等新形势，以及实现期刊的可持续发展，进而迈向一流英文科技期刊提供了保证。此外，为了有效解决稿源不断增长带来的审稿困难等压力，VCIBA 成立了青年编辑委员会，目前吸纳了 20 余名国内外相关领域青年学者，他们在宣传期刊、审稿及增加文章引用方面贡献了重要力量。

2.3 整合学会学术资源

学会是由全国从事图学及相关学科的专家、学者、科技工作者及单位自愿组成的全国性、学术性、非营利性社会组织，是中国科学技术协会的组成部分，其集中了我国图学界的众多知名专家、学者和科技工作者，是国际几何与图学学会会员单位[17]。在全国各地拥有会员 12 万余人，将科研机构及企业等资源聚集起来，可为期刊提供丰富的专家资源。学会设有 19 个专业委员会和分会，9 个工作委员会，委员会成员均为图学界的专家学者。VCIBA 定期以邮件推送、赠送纸刊及发放宣传页等方式向这些专家学者推介期刊。

举办学术会议也是凝聚专家资源的一种有效方式。学会主办的中国图学大会，与其他亚太国家轮办的国际会议 Asian Forum on Graphic Science，以及承办的 International Conference on Geometry and Graphics，在业界已形成规模及影响。VCIBA 吸纳这三个会议的参会人员成为读者，并逐步择优发展为审稿人或作者。

学会一年一度的"奋发图强"青年人才学术交流活动，立足于为在科学研究、技术发明、图学相关领域成果转化或应用推广等有较大发展潜力的图学青年工作者搭建成长舞台，这群年轻队伍热衷参与期刊发展工作，给期刊注入了新的活力。

VCIBA 通过整合学会的学术资源，可精准宣传期刊，提升期刊影响力，同时促进学会的学术影响力提升。

3 多管齐下，确保稿源

VCIBA 自创刊以来始终坚持办刊宗旨，加强优质稿源内容建设，注重稿件的国际化比例，国际化稿件比例从 2018 年的 44%增加到 2020 年的 75%。稿件的国际化比例也是多数数据库评审的重要标准之一。

3.1 组建高水平专刊

组建专刊是 VCIBA 吸引优质稿源的有力渠道，可吸引国内外优质稿源，拓宽作者队伍及国家分布。例如：专刊"Medical Imaging Modeling"的 Guest Editor 为 IEEE Fellow、纽约州立大学教授，吸引了来自中美两国 17 余所一流高校的专家学者，刊发了 10 篇文章、1 篇社论共 11 篇文章。从上线伊始就获得了较高的下载量及引用，截止投稿前已有 9 篇文章获得引次，最高引次为 36 次。

VCIBA 坚持"高标准、高层次"的原则选择专刊 Guest Editor，其必须具备一流高校的教授职称，在研究领域具有一定的影响力及号召力，并且有意愿为期刊发展付出时间与精力。Guest Editor 的人选设置以 3 个为宜。

3.2 定向邀约稿件

除组建专刊外，通过与专家面对面、邮件等方式约稿也是 VCIBA 稿件来源的重要方式。单篇约稿的方式存在效率低、耗费时间长等问题，需要编辑部投入大量的精力。VCIBA 编辑部安排一个专职编辑负责，同时开发了群发邮件系统，能够批量一对一发送邮件，显著缩短了工作时间，提高了工作效率。通过以上方式，约稿数量占每年来稿数量的 15%左右。

3.3 吸纳自由来稿

创刊 5 年来，VCIBA 的自由来稿逐渐增多，自由来稿率由 2018 年的 6.25%提高至 2021 年的 65%，作者来源、国家分布越来越广泛，这与 VCIBA 的广泛宣传关系密切，也与 VCIBA 逐渐进入国际重要数据库有关。目前，VCIBA 仍存在优质稿件匮乏的问题，这也是很多新创办期刊面临的共性问题[18]。

4 规范流程，按时出版

VCIBA 采用严格的同行评审和规范的出版流程，采用国际上广泛使用的 Editorial Manager 投审稿系统，实现了稿件的全面电子化处理。坚持编辑初审、审稿专家外审、副主编及主编终审的三审流程，稿件处理过程中确保不少于两次 CrossCheck 检查重复率，并采用 JPEGsnoop 等辅助软件对图片进行学术不端检测，严防学术不端行为。非母语国家作者提交的稿件接受后经专业语言人士润色语言方可发表。图 1 为 VCIBA 稿件处理流程，采用单篇上线的模式，免除了稿件等待期，能更快抢占发表先机，同时保证稿件质量，严格规范出版。

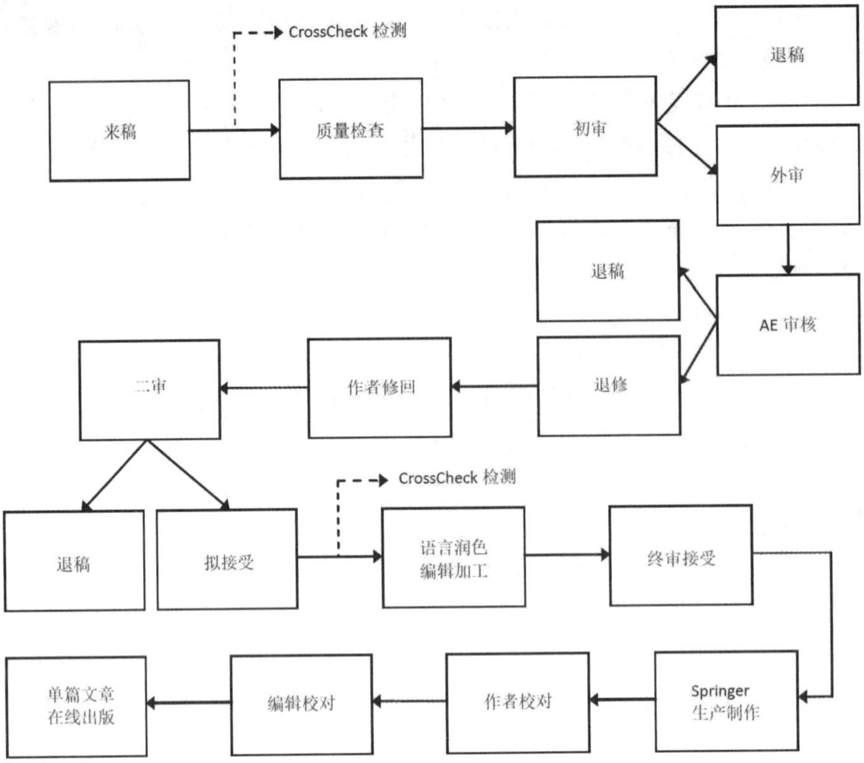

图 1　VCIBA 稿件处理流程

4.1 "广撒网"+"精匹对"送审策略

审稿是期刊论文发表过程中的一个重要环节，其影响期刊论文的质量与刊出速度[19]。近年来，我国学术水平不断提高，学术交流国际化进程加快，对科技期刊的质量和核心竞争力要求越来越高。与此同时，期刊的审稿工作面临越来越大的挑战[20]。随着期刊数量的增多，刊文量增大，如何快速、高效的审稿是众多期刊面临的共性问题。VCIBA 送审采取"广撒网"+"精匹对"的策略。"广撒网"即在 Reviewer Finder、Scopus 等各大数据库，AMiner，以及高校和研究院所公布的教师名录中查找审稿专家；"精匹对"即搜集编委、文章引用的参考文献作者、拒审专家推荐的同行等精准送审。目前，VCIBA 自建了由 3 000 余名同行评议专家组成的审稿库，对稿件做出决定需要 2~4 条有效审稿意见。

4.2 缩短稿件处理周期

VCIBA 重视服务质量和服务意识，审稿周期不断缩短，基本控制在 1 个月内。出版速度也在加快，从稿件接受、校对到出版为 1 个月，并对重要稿件开通绿色通道，以吸引高质量的稿源。Springer 每年年初会将上一年稿件处理周期公布在期刊官网上供作者参考，2021 年 VCIBA 的稿件从投稿至第一次做出决定的时间为 49 天，接受至上线的时间为 34 天，显著短于 2018 年的 65 天及 86 天。

5　构架渠道，广泛推广

传统出版时代及互联网时代初期，科技期刊的宣传与推广往往是刊物的薄弱环节，没有受到足够的重视[21]。随着信息技术的发展，国家对期刊出版的高度重视，借鉴国外出版集团的先进经验，越来越多的中国期刊重视内容的同时加大了期刊宣传的力度。科技期刊的自我宣传与推广不仅能提高知名度，将科技成果进行普及，还有助于增加引用，提高期刊影响力[22]。

CADDM 按照传统出版模式，宣传渠道较窄，仅有纸刊、中国知网及重庆维普数据库等，未能获得较好发展。为了多方位增加期刊的展示度，紧跟发展潮流，VCIBA 宣传途径多样化，显著提高了期刊的展示度和影响力。

5.1 借助 SpringerOpen 平台

Springer 在国际上有较高的影响力和知名度，SpringerOpen 拥有强大的读者群，借助平台的影响力及作者群体，可显著提高期刊的展示度和影响力。同时利用 Springer 的 Emails、Social Media、Banners ads、ToC alerts 及 Google Ads 等渠道定期同步推广期刊及文章。

5.2 创建微信公众号

我国众多科技期刊建立了微信公众号，其已成为期刊进行科研信息传播、提高品牌影响力的重要渠道[23]。为了便于宣传，VCIBA 于 2019 年创建微信公众号，主要刊发内容为新上线文章宣传、专刊征稿及会议信息，目前已有 500 多名相关学者关注，成为期刊宣传的有效途径。

5.3 多渠道精准推送

精准推送是在大数据背景下，依赖互联网强大的记录、传递和共享功能实现目标用户的信息收集，并通过对信息的整合和识别完成用户的行为分析，再瞄准其既往需求和潜在需求进行精准传递的一种方式[24]。互联网思维目前被广泛用于期刊的发展，主要是对作者及读者的深度挖掘。VCIBA 文章宣传的重要方式也是基于大数据，借助第三方精准挖掘适合的读者，将文章以邮件等方式进行推送。使用精准推送以来，邮件的最高点击率达到 60%，平均超过 30%，对于新上线文章起到了良好的宣传效果。

为塑造期刊高水平形象，有针对性地宣传高引用、高下载的文章，VCIBA 推出秒读论文服务，挑选优质文章制作小视频，更生动形象地体现文章亮点，并通过微信公众号、期刊网站、微信群、Facebook、Twitter 等渠道进行推广，全方位提高优质文章的展示度。同时为了提高国内和国际知名度及影响力，2022 年 VCIBA 开始采用"跨平台推送相关文章"服务，进行文章的海内外精准推送，以期吸引优质读者及增加文章的引用。

5.4 鼓励主编、编委及作者宣传

期刊主编及编委利用参加学术会议的机会，对期刊进行广泛宣传，主要方式为发放宣传页、赠送纸刊及学者面对面交流等。另外，主编或编委作为大会的特邀报告人，在报告中留出一定的时间介绍期刊，能起到事半功倍的宣传效果。

此外，VCIBA 鼓励作者通过社交媒体宣传自己的文章。作者的朋友圈、学术圈都是学科相近的专家学者，能形成小同行的学术圈。作者自身的分享类似于给文章做精准推送，也能起到良好的宣传效果。

6 结束语

自改刊以来，VCIBA 不断借鉴国际优秀期刊的先进做法和有益经验，通过凝聚专家资源、加强优质稿源内容建设、扩大宣传途径等一系列措施提升期刊学术质量、内容质量和服务能力，陆续被近 20 个国内外重要数据库检索，并将于 2023 年获得第一个影响因子。CiteScore 从开始的 1.7 升至 3.7，位列 Arts and Humanities 领域 Q1 区，Computer Science (miscellaneous)

领域 Q2 区，Computer Science (Computer Graphics and Computer-Aided Design)领域 Q2 区。

但 VCIBA 仍存在不足之处：期刊知名度有待提升、宣传力度有待加强、栏目特色有待凸显等。后续将对标优秀及一流期刊，在组建高水平专刊、发挥编委凝聚力、提高期刊运营能力等方面持续发力，为深化期刊改革、建设世界一流期刊助力。

参 考 文 献

[1] 《编辑学报》编辑部.《关于深化改革,培育世界一流科技期刊的意见》内容摘编[J].编辑学报,2020,32(4):360.

[2] 中国科协学会服务中心.中国科技期刊发展蓝皮书(2021)[M].北京:科学出版社,2022.

[3] 张晓宇,翟亚丽,朱琳,等.基于 WoS 分析我国创办英文科技期刊的学科需求[J].中国科技期刊研究,2018,29(11):1148-1152.

[4] 任胜利,李响,杨海燕,等.2021 年我国英文科技期刊发展回顾[J].科技与出版,2022(3):73-83.

[5] 秦洁雯,段艳文.从 2015 年度期刊创办和期刊更名看我国期刊发展趋势[J].科技与出版,2016(3):23-25.

[6] 冯丽妃.中国图学英文期刊与施普林格合作[EB/OL].[2021-08-16].http://news.sciencenet.cn/sbhtmlnews/2018/5/335496.shtm.

[7] 紫萱,刘素琴,刘阔,等.我国环境科学领域英文期刊迈向国际:任重而道远:Journal of Environmental Sciences 的国际化发展之路[J].中国科技期刊研究,2021,32(2):254-261.

[8] 中国科学技术协会.典型国际出版机构期刊运营模式研究[M].北京:中国科学技术出版社,2019.

[9] 中国科学技术协会.中国科技期刊发展蓝皮书(2017)[M].北京:科学出版社,2017.

[10] 徐丹,张韵.追求期刊高质量发展,培育世界一流科技期刊:第十七届长三角科技期刊发展论坛评述[J].科技通报,2021,37(3):121-126.

[11] 邢爱敏,郑晓南.打好专家资源牌办好专业性科技期刊:以《药学进展》为例[J].编辑学报,2019,31(2):223-226.

[12] 谢晓红,王淑华,肖骏.依托学科专家办刊助力科技期刊发展:以《地球科学》编辑部为例[J].编辑学报,2020,32(5):570-573.

[13] 李小平.组建高水准英文科技期刊编委会的探索[J].新闻研究导刊,2020,11(20):197-198.

[14] 林松清,佘诗刚.英文科技期刊编委遴选方法与措施:以《岩石力学与岩土工程学报》为例[J].中国科技期刊研究,2015,26(3):257-263.

[15] 程炜.论英文科技学术期刊编委会的组织和职责[J].编辑学报,2011,23(6):521-523.

[16] 张慧,冉强辉,鲍芳,等.国际化编委会在英文科技期刊被 SCI/SSCI 收录中的作用与实践:以《运动与健康科学》为例[J].中国科技期刊研究,2015,26(5):470-474.

[17] 中国图学学会.学会简介[EB/OL].[2021-08-16].http://www.cgn.net.cn/cms/news/100000/0000000031/0000000031.shtml.

[18] 朱蔚,胡升华,周洲,等.2013—2018 年我国新创办科技期刊统计分析[J].中国科技期刊研究,2020,31(5):598-604.

[19] 曹作华.专家审稿工作中的问题与对策[J].编辑学报,2002,14(3):178-179.

[20] 万园.科技期刊如何提高审稿效率而保持竞争力[J].文化创新比较研究,2018,2(4):70-71.

[21] 王晓梅,陈文琳,胡长进,等.科技期刊宣传推广策略与实践:以《大气与环境光学学报》为例[M]//学报编辑论丛 2020.上海:上海大学出版社,2020:749-752.

[22] 李志,方圆.建设世界一流科技期刊背景下我国科技期刊发展策略研究[M]//学报编辑论丛 2020.上海:上海大学出版社,2020:158-161.

[23] 王喜梅.科技期刊微信公众号发展模式探讨[J].新闻研究导刊,2021,12(16):232-234.

[24] 闵甜,孙涛,赖富饶,等.用户画像在科技期刊微信公众号精准推送中的应用[J].中国科技期刊研究,2021,32(12):1549-1555.

"十三五"期间山东省科技期刊发展现状与学术影响分析

朱志鸥

(《山东建筑大学学报》编辑部,山东 济南 250101)

摘要:文章梳理了山东省科技期刊的创刊年代、出版周期、学科分布、作者分布等特点,重点分析了"十三五"期间(2016—2020年)期刊评价指标的变化趋势、国内外重要数据库收录情况,评价了其学术影响力发展情况。近五年,山东省科技期刊办刊质量与学术影响提升明显,但高水平科技期刊数量仍较少。未来应在面向地区重大发展战略、引导优质稿源回流、加快融合出版进程、优化编辑队伍结构等方面持续发力,推动山东省科技期刊高质量发展。

关键词:山东省科技期刊;评价指标;变化趋势;学术影响

科技期刊作为记录和传播科技成果的重要载体,反映了地区科技创新水平,是科技创新体系的重要一环,是汇聚学术资源、促进理论创新的重要力量[1-2]。近年来,为了推动我国科技期刊高质量建设以及繁荣发展,国家相关部委出台了一系列指导性政策,尤其是《关于深化改革 培育世界一流科技期刊的意见》的出台[3],极大地调动了各地科技期刊界争创一流期刊的积极性,科技期刊发展迎来了新的历史机遇。

山东省积极投入一流科技期刊建设的大潮中,相关部门启动了高校期刊高质量发展建设项目。在我国世界一流科技期刊建设取得显著成效的背景下,为推动山东省科技期刊繁荣发展,需要全面准确地了解近年来科技期刊的整体办刊现状和学术影响。一方面,便于与其他省份的期刊进行横向对比,有助于补短板、强弱项、固优势;另一方面,可为决策者有针对性地制定期刊发展政策提供参考,更好地引导本省科技期刊高质量发展。

对我国各类期刊的办刊现状与学术影响的研究已经开展较多,从研究对象范围区分,大致分成四个层次。第一层次是对我国中英文两大类科技期刊发展的分析。总体上,近三年我国中文科技期刊的内容质量有所提升[4],而英文科技期刊发展态势较好,近三年创办的有 CN 号的英文科技期刊达 81 种,目前共有 252 种英文科技期刊被 JCR 收录,其中近 61% 的期刊位于 Q1 和 Q2 区[5]。第二层次根据主办和主管单位将期刊分类研究。中国科协、中国科学院、高等院校是我国科技期刊中最为重要的三股力量,占据主导地位。中国科协旗下的科技期刊在国内影响力、多项期刊评价指标等方面表现明显领先国内科技期刊整体水平,且国际化影响明显提升[6];中国科学院科技期刊更是具备了集约化、集群化基础,拥有多样化传播渠道[7]。而近年来,高校科技期刊的定位、转型与影响力提升策略则是研究热点内容[8-10]。第三层次是

基金项目:山东建筑大学博士基金项目(XNBS1845)

以行政区划为依据，对区域的科技期刊发展态势进行研究。例如对江苏省科技期刊的人才结构、办刊资源、学术影响与发展对策的研究[11-13]。而曾建林[14]则基于"卓越行动计划"实施以来的入选期刊数据和各省市开展一流科技期刊建设的网络调研结果，以浙江省为例，对其一流科技期刊的建设提出了建议。第四层次对某个学科期刊或者某单个期刊的现状及学术影响进行了评价，对其发展提出了建议[15-18]。

科技期刊是一个国家和地区科技竞争力和文化软实力的直接体现。山东省每年产出的科技论文数量一直稳居全国前列[19]，而山东省的科技期刊数量仅排在全国 13 位[20]。目前，对山东省科技期刊办刊现状和学术影响的研究也大多限于单刊[21]，对其整体办刊特征的研究仍鲜有报道。因此，本文将定量分析山东省科技期刊近五年的评价指标变化趋势，以期较为准确地把握其整体办刊现状、发展态势和学术影响，为山东省科技期刊高质量建设提供参考。

1 数据来源

本研究中所指的山东省科技期刊不包括自然科学和人文社科交替出版的期刊。山东省科技期刊的基本信息，包括创刊年份、主办单位、主办地、出版周期等，来自中国知网、万方和期刊官网等网站。期刊评价指标数据来源于中国科学技术信息研究所发布的《中国科技期刊引证报告(扩刊版)》(2017—2021 年)。由于每年收录的期刊数量及期刊归属学科有所变化，在分析各学科期刊评价指标的变化趋势时，为了保持数据一致性，只选择这五年均被收录的科技期刊。根据这一原则共筛选出 96 种科技期刊，整理各学科期刊评价指标数据，并据此分析山东省科技期刊的影响力水平及变化趋势。

2 办刊现状

2.1 基本情况

根据 2021 年版《中国科技期刊引证报告(扩刊版)》统计，收录的山东省中文科技期刊共 110 种，收录的英文期刊 3 种，另有 12 种英文科技期刊未被收录。山东省科技期刊创刊高峰出现在改革开放后，其中 1979 年一年就有 12 种期刊创刊，而有 42 种期刊在 1980—1990 年创办，而 2000 年之后以创办英文刊为主。从出版周期来看，双月刊最多，共 48 种；其次为月刊，有 37 种；季刊 21 种，半月刊 6 种，旬刊 1 种。出版期刊数量排名前两位的城市为济南和青岛，分别有 60、30 种期刊，两城期刊数量之和超过全省科技期刊总数的四分之三。其中，济南市出版的医药卫生类和工程技术类期刊数量较多，分别为 19、18 种；而 10 种海洋科学类期刊的出版地均在青岛，占该市出版的科技期刊总数的三分之一。从主办单位来看，高校主办了 49 种科技期刊，是山东省最主要的办刊力量。其中，山东大学主办了 8 种中文科技期刊，是全省期刊数量最多的高校。

统计时间内，有 4 种期刊更改名称：《泰山医学学报》更名为《山东第一医科大学(山东省医学科学院)学报》，《国外铁道车辆》更名为《智慧轨道交通》，《齐鲁医学杂志》更名为《精准医学杂志》，《青岛大学医学院学报》更名为《青岛大学学报(医学版)》。在文中讨论时，均采用其更改后的期刊名称。

2.2 英文期刊情况

山东省创办的英文科技期刊共有 15 种，其基本信息见表 1。山东大学主办的英文期刊数量最多，共有 8 种，其中 6 种为 2019 年之后新创办期刊；中国海洋大学、山东第一医科大学

(山东省医学科学院)分别主办了两种英文期刊。新创办期刊基本为季刊，只有两种创刊时间较早的海洋科学类期刊为双月刊。山东省英文科技期刊均为高校和科研院所创办，以医学、海洋科学、数学类期刊为主，另外还覆盖材料学、人工智能、微生物学、资源环境等领域，反映了山东省的特色科研领域。

表1 山东省英文科技期刊一览表

序号	期刊名称	主办单位	ISSN	创刊时间	出版周期	出版机构
1	Journal of Oceanology and Limnology 海洋湖沼学报	中国海洋湖沼学会/中国科学院海洋研究所	2096-5508	1982	双月	Springer
2	Journal of Ocean University of China 中国海洋大学学报(英文版)	中国海洋大学	1672-5182	2002	双月	Springer
3	Marine Life Science & Technology 海洋生命科学与技术	中国海洋大学/青岛海洋科学与技术试点国家实验室	2096-6490	2019	季刊	Springer
4	Probability, Uncertainty and Quantitative Risk 概率、不确定性与定量风险	山东大学	2095-9672	2016	季刊	AIMS
5	High-Confidence Computing 高置信计算	山东大学		2021	季刊	Elsevier
6	Engineering Microbiology 工程微生物学	山东大学	2667-3703	2021	季刊	Elsevier
7	Current Urology 当代泌尿外科	山东大学	1661-7649	2007	季刊	Wolters Kluwer
8	Biomimetic Intelligence and Robotics 仿生智能与机器人	山东大学	2667-3797	2019	季刊	Elsevier
9	ChemPhysMater 化学物理材料	山东大学	2772-5715	2021	季刊	KeAi
10	Emergency and Critical Care Medicine 急危重症医学	山东大学	2097-0617	2021	季刊	Wolters Kluwer
11	Pharmaceutical Science Advances 药学科学前沿	山东大学	2773-2169	2022		Elsevier
12	Chinese Journal of Population, Resources and Environment 中国人口·资源与环境	中国可持续发展研究会/山东省可持续发展研究中心/中国21世纪议程管理中心/山东师范大学		2004	季刊	KeAi
13	Precision Radiation Oncology 精确放射肿瘤学	山东肿瘤防治研究院/山东第一医科大学(山东省医学科学院)	2398-7324	2017	季刊	Wiley
14	Inelligent Surgery 智能手术	山东省千佛山医院/山东第一医科大学(山东省医学科学院)	2666-6766	2020		KeAi
15	Mathematical Foundations of Computing 计算数学基础	曲阜师范大学	2577-8838	2018	季刊	AIMS

2.2 发文量

统计的 96 种山东省科技期刊 2016—2020 年的发文量结果见表 2。医药卫生类期刊发文量最多,占所统计期刊总发文量的 40.2%;工程技术类期刊位居次席,占比为 34.3%;农业科学类、地球科学类期刊发文量占比分别为 11.2% 和 6.4%。这 4 个学科期刊的发文量占所统计期刊全部发文量的 92.1%,其他 4 个学科期刊发文量仅占 7.9%。

以学科每年刊均文献量(Q_{ap})为依据,将山东省科技期刊分成四类:$Q_{ap}>300$ 的期刊包括医药卫生类和工程技术类(这两类期刊种数也是最多的,分别为 29 和 26),其中年发文量超过 1 000 的期刊有 4 种,分别为《山东医药》《齐鲁护理杂志》《山东化工》《居业》;$200<Q_{ap}<300$ 的有农业科学类期刊、环境与安全科学类期刊;$100<Q_{ap}<200$ 的期刊有地球科学类、交通运输类、数理科学类;$Q_{ap}<100$ 的为自然科学综合类期刊,这类期刊多为各高校主办学报的自然科学版,刊发的论文涉及学科范围较广,但年发文量普遍较少,其中 7 种自然科学综合类期刊的发文量在 2020 年不足 100 篇,最低的年发文量只有 56 篇。

表 2　2016—2020 年山东省科技期刊发文量统计　　　　　　　　　　单位:篇

年份	学科刊均来源文献量								年总文献量
	医药卫生	工程技术	农业科学	环境与安全	地球科学	交通运输	数理科学	自然科学	
2016	387.4	292.2	235.3	225.0	129.1	122.0	138.5	95.2	25 267
2017	372.5	301.9	228.7	226.5	129.4	115.8	123.0	94.7	24 986
2018	327.4	323.1	241.7	206.5	140.5	123.8	92.0	89.6	24 421
2019	320.0	352.3	233.8	194.5	127.5	124.2	112.0	93.0	24 960
2020	311.7	346.6	216.1	196.0	129.8	125.8	111.0	91.8	24 299
总发文量	49 851	42 539	13 865	2 097	7 875	3 058	1 153	3 495	123 933

2016—2020 年山东省科技期刊各学科刊均载文量的距平值 ΔQ_{ap} 变化如图 1 所示。

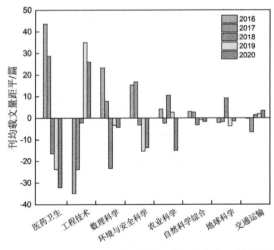

图 1　2016—2020 年山东省科技期刊平均载文量的距平值变化

医药卫生类、数理科学类、环境与安全科学类、自然科学综合类期刊的 ΔQ_{ap} 由正值逐渐变为负值,表明期刊发文量逐渐减少,低于这五年的平均值。而工程技术类和交通运输类期刊 ΔQ_{ap} 逐渐由负值转变为正值,表明期刊的发文量呈增加趋势。对比 2016 年和 2020 年数据,医药卫生类和数理科学类期刊的 Q_{ap} 减少了近 20%，环境与安全科学类期刊的 Q_{ap} 减少了 13%，工程技术类 Q_{ap} 增加了约 19%。地球科学类期刊的 2018 年的发文量明显高于平均值，主要是由于一些期刊与学术会议或科研项目合作，组织了专栏和专辑，增加了载文量。而农业科学类期刊的发文量年际波动较大，2020 年发文量明显减少。

2.3 作者情况

2016—2020 年山东省科技期刊作者情况统计结果见表 3。篇均作者数据逐年增加，作者地区分布数在 2018、2019 年逐年下降，在 2020 年略有回升，5 年平均值为 18.3，覆盖了全国一半以上的省级行政区域。而平均机构数总体上呈下降趋势，5 年减少了 16.4%。

表 3 2016—2020 年山东省科技期刊作者情况统计

年度	篇均作者数	平均地区数	平均机构数
2016	3.6	18.4	153.5
2017	3.7	18.5	133.4
2018	3.8	18.2	137.0
2019	3.9	17.9	131.3
2020	4.0	18.3	128.3
5 年平均	3.8	18.3	136.7

各学科期刊 5 年的篇均作者数、作者地区数、作者机构数的箱形图如图 2(a)~(c)所示。

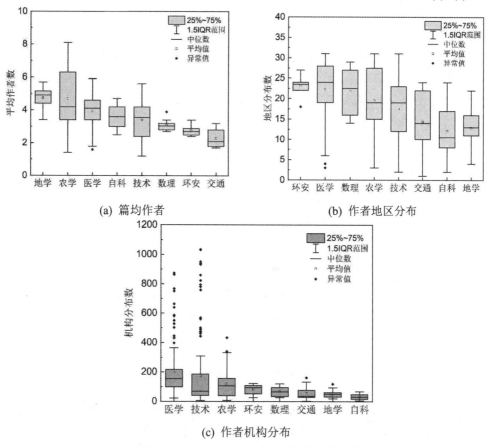

(a) 篇均作者

(b) 作者地区分布

(c) 作者机构分布

图 2 2016—2020 年山东省科技期刊作者情况

图中可见，地球科学类和农业科学类期刊的篇均作者数较多，这两种期刊 5 年平均值均在 4.7 左右。环境与安全科学类、交通运输类期刊篇均作者数较少，5 年平均值低于 3。而所有统计的期刊中，篇均作者数大于 6 的 4 种期刊均为农业科学类，分别为《中国烟草科学》《花生学报》《山东农业科学》《渔业科学进展》。

环境与安全科学类、医药卫生类、数理科学类期刊地区分布数较多，5 年平均值均超过 20；地球科学类、自然科学综合类期刊地区分布数偏少，5 年平均值在 13 左右。而进一步分析单个期刊发现，地区分布数 5 年平均值在 30 左右的期刊共 6 种，分别为《居业》《山东化工》《中国矫形外科杂志》《山东医药》《医学影像杂志》《中国病原生物学杂志》，这些期刊稿件来源地区分布广泛，覆盖了全国绝大部分地区，影响面较广。

作者机构分布数的学科差异显著，工程技术类期刊和的医药卫生类期刊作者机构数较多，其中《山东化工》和《居业》涉及作者机构较多，5 年平均值均超过 800；《山东医药》和《齐鲁护理杂志》作者机构数 5 年平均值超过 650。地球科学类期刊篇均作者数较多，而地区分布数和机构分布数较少，这是由于山东省地球科学类期刊大多数为海洋科学相关领域的专业期刊，学术性较强，从事相关研究的科研人员大多集中在相关的高校或科研院所。而自然科学综合类期刊地区分布数和机构分布数也较少，这是因为此类期刊大多为高校主办的学报自然科学版，其稿件多数来自于各高校内的相关学院。

3 学术影响分析

3.1 影响因子

2016—2020 年山东省科技期刊按学科统计的刊均影响因子变化如图 3 所示。可以看出，环境与安全科学类期刊影响因子最高，其 5 年平均影响因子超过 2.0；其次是医药卫生类，5 年平均影响因子超过 1.0；而交通运输类期刊的影响因子较低，未超过 0.3。

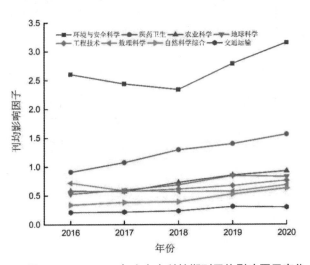

图 3　2016—2020 年山东省科技期刊平均影响因子变化

统计的各学科期刊中，5 年平均影响因子大于 2.0 的期刊共 6 种，分别为《中国人口·资源与环境》《油气地质与采收率》《腹腔镜外科杂志》《中国矫形外科杂志》《中华肿瘤防治杂志》《齐鲁护理杂志》。影响因子在 1.0~2.0 区间的期刊有 18 种，其中医药卫生类 14 种，农业科学类期刊 2 种，工程技术类和地球科学类期刊 1 种。

从变化趋势看，环境与安全科学类、数理科学类的期刊影响因子先下降后升高，而其他学科期刊影响因子总体呈增长趋势。进一步分析单刊的变化，影响因子超过 1.0 的科技期刊数量逐年递增，2016 年仅有 14 种，而 2020 年达到 39 种。而其中医药卫生类期刊增加最多，由 2016 年的 10 种增加到了 2020 年的 24 种，5 年增加了 14 种。影响因子最高的期刊为《中国人口·资源与环境》，2020 年其影响因子高达 5.530，而 5 年平均影响因子为 4.798，在山东省科技期刊中位居首位。进一步分析发现其影响因子在全国 64 种环境科学技术及资源科学技术类期刊中也高居首位。

3.2 总被引频次

2016—2020 年，山东省科技期刊根据学科分类的总被引频次平均值见表 4。各学科期刊的总被引频次差别较大，被引较多的为环境与安全科学类、医药卫生类期刊。根据 2020 年数据，29 种医药卫生类期刊中被引频次超过 3 000 的有 9 种，其中《齐鲁护理杂志》被引频次超过 20 000，是山东省所有科技期刊中被引最多的。而自然科学综合、交通运输类期刊是被引最少的。进一步分析发现，5 年平均的总被引频次超过 3 000 的期刊共 12 种，而医药卫生类期刊有 8 种，是山东省影响力较大的一种期刊。《齐鲁护理杂志》《山东医药》《中国人口·资源与环境》总被引频次平均值分别为 19 153.6、18 272.0、10 599.8，位居前三位；《中国矫形外科杂志》《医学影像学杂志》总被引频次平均值超过 6 000，位居 4、5 位。

表 4 2016—2020 年山东省科技期刊总被引频次统计

年份	学科刊均总被引频次								年度平均值
	环境与安全	医药卫生	农业科学	地球科学	工程技术	数理科学	自然科学	交通运输	
2016 年	5 113.0	3 192.0	1 287.7	1 277.8	971.3	688.0	335.4	312.0	1 713.1
2017 年	5 463.5	3 272.2	1 286.3	1 228.8	1 057.7	650.0	380.9	322.0	1 765.2
2018 年	5 359.5	3 254.7	1 520.3	1 245.6	1 114.8	625.5	320.1	335.2	1 799.7
2019 年	6 158.0	3 393.1	1 531.3	1 276.4	1 200.1	596.0	343.9	330.2	1 887.5
2020 年	6 307.5	3 399.6	1 402.0	1 328.4	1 266.9	622.0	361.4	345.2	1 903.8
5 年平均	5 680.3	3 302.3	1 405.5	1 271.4	1 122.2	636.3	348.34	328.9	1 813.9

年均总被引频次明显增加，2020 年较 2016 年增长了 11%，除数理科学类期刊外，其他学科期刊总被引频次总体上呈增长趋势。其中，环境与安全科学类期刊平均总被引频次增幅超过 23%，是所有学科中增幅最大的一类期刊。这主要是《中国人口·资源与环境》对增幅的贡献较大，其 2020 年的总被引频次达到了 11 763，较 2016 年增长了 2 131。

3.3 引用刊数

引用刊数指期刊已发表的论文被多少种期刊引用，反映了期刊的被使用范围。2016—2020 年，山东省科技期刊平均引用刊数统计结果见表 5。可以看出，各学科引用刊数基本呈先下降后增加的趋势，而不同学科期刊的引用刊数差异显著。环境与安全科学类期刊的引用刊数明显高于其他学科，5 年平均引用刊数达 938；其次为医药卫生类期刊，5 年平均值为 471；农业科学、数理科学、工程技术类、地球科学类期刊的平均引用刊数超过 300；自然科学综合类期刊的平均引用刊数超过 200，而交通运输类期刊的平均引用刊数不足 150。

表 5 2016—2020 年山东省科技期刊引用刊数

年份	平均引用刊数								年度平均值
	环境与安全科学	医药卫生	农业科学	数理科学	工程技术	地球科学	自然科学	交通运输	
2016 年	957.5	467.5	323.3	357.5	305.8	314.2	244.9	148.8	359.3
2017 年	904.0	465.3	316.1	335.0	306.2	308.0	257.4	144.6	356.3
2018 年	895.0	459.4	339.2	316.0	300.2	311.3	224.3	133.0	352.2
2019 年	966.5	482.1	365.4	330.5	328.6	318.4	244.1	136.8	374.6
2020 年	968.5	481.8	352.4	313.0	338.4	314.6	253.4	142.6	375.8
5 年平均	938.3	471.2	339.3	330.4	315.8	313.3	244.8	141.2	363.6

统计的所有期刊中，5 年平均引用刊数超过 1 000 的期刊有两种，分别为《中国人口·资源与环境》《山东医药》，其平均引用刊数分别为 1 640、1 104；5 年平均引用刊数超过 700 的有 4 种，分别为《山东化工》《中华行为医学与脑科学杂志》《中华肿瘤防治杂志》《山东大学学报(医学版)》；5 年平均引用刊数在 600~700 之间的有 6 种，在 500~600 之间的有 8 种，而低于 500 的期刊有 76 种。

3.4 基金论文比

基金论文比是期刊在某一统计年刊发的全部论文中各类基金项目资助的论文所占比例，这是衡量期刊论文学术质量的重要指标。2016—2020 年山东省科技期刊基金论文比统计结果见表 6。各学科期刊的基金论文比差异较大，最高和最低的 5 年平均基金论文比相差近 0.7。数理科学类期刊平均基金论文比最高，5 年平均值达 0.91；地球科学、自然科学综合类期刊的基金论文比平均值也在 0.80 以上；交通运输类期刊基金论文比最低，5 年平均值只有 0.22。

从单刊分析，基金论文比 5 年平均值超过 0.9 的期刊有 13 种。其中地球科学类期刊 5 种，分别为《中国海洋大学学报(自然科学版)》《海洋与湖沼》《海洋地质与第四纪地质》《海洋科学》《海洋科学进展》；自然科学综合类期刊 3 种，分别为《济南大学学报(自然科学版)》《聊城大学学报(自然科学版)》《鲁东大学学报(自然科学版)》；数理科学类、工程技术类期刊各两种，分别为《复杂系统与复杂性科学》《山东大学学报(理学版)》《中国石油大学学报(自然科学版)》《油气地质与采收率》；环境与安全科类期刊 1 种，为《中国人口·资源与环境》。5 年平均基金论文比在 0.8~0.9 之间的期刊有 14 种，0.7~0.8 的期刊 10 种，0.5~0.7 的期刊 18 种，0.1~0.5 的期刊有 32 种；5 年平均基金论文比小于 0.1 的期刊有 9 种。

表 6 2016—2020 年山东省科技期刊平均基金论文比

年份	平均基金论文比								年度平均值
	数理科学	自然科学	地球科学	农业科学	环境与安全科学	工程技术	医药卫生	交通运输	
2016 年	0.83	0.79	0.70	0.49	0.48	0.45	0.31	0.23	0.47
2017 年	0.94	0.83	0.81	0.51	0.49	0.45	0.37	0.21	0.51
2018 年	0.92	0.89	0.82	0.57	0.48	0.47	0.38	0.18	0.53
2019 年	0.94	0.90	0.93	0.71	0.59	0.53	0.45	0.24	0.60
2020 年	0.95	0.90	0.94	0.73	0.57	0.54	0.48	0.23	0.62
5 年平均	0.91	0.86	0.84	0.60	0.52	0.49	0.40	0.22	0.55

总体上，山东省科技期刊基金论文比上升明显，但各学科差异显著。除了交通运输类期刊之外，其他学科期刊基本呈上升趋势，数理科学类期刊在 2018 年略有下降，但总体上呈显著上升趋势。其中，地球科学类和农业科学类期刊的平均基金论文比增长最多，5 年增加了 0.24；其次为医药卫生类期刊，增加了 0.17；数理科学类、自然科学综合类期刊的平均基金论文比分别增加了 0.12、0.11；环境与安全科学、工程技术类期刊增加了 0.09。

3.5 被引半衰期

被引半衰期指某个期刊在统计当年被引用的全部次数中，较新一半是在多长一段时间内发表的，是测度期刊老化速度的一种指标。2016—2020 年山东省科技期刊平均被引半衰期统计结果见表 7。可以看出，地球科学类期刊的被引半衰期最高，5 年平均值达 7.7，说明这类期刊论文的影响时间更长。农业科学类、交通运输类、自然科学综合类期刊，5 年平均被引半衰期均超过 6.0；而只有医药卫生类期刊 5 年平均的被引半衰期在 5.0 以下。

表 7 2016—2020 年山东省科技期刊平均被引半衰期

年份	平均被引半衰期								年度平均值
	地球科学	农业科学	交通运输	自然科学综合	数理科学	工程技术	环境与安全科学	医药卫生	
2016 年	7.2	7.3	6.4	6.6	5.7	5.9	5.3	4.6	5.9
2017 年	7.7	7.0	6.3	6.5	6.0	6.0	5.4	4.4	5.9
2018 年	7.2	7.3	6.4	5.9	5.7	5.6	5.3	4.6	5.7
2019 年	8.3	6.7	7.3	5.9	6.5	5.9	5.3	4.0	5.8
2020 年	7.9	5.8	6.2	4.7	5.7	5.1	5.0	3.8	5.2
5 年平均	7.7	6.8	6.5	5.9	5.9	5.7	5.2	4.3	5.7

从发展趋势看，2016—2020 年山东省科技期刊的被引半衰期总体上呈现下降的趋势，但各学科期刊的被引半衰期变化特征也不尽相同。医药卫生类、农业科学类、自然科学综合类期刊被引半衰期自 2018 年开始持续减少；地球科学类、交通运输类、数理科学类期刊呈震荡变化的发展态势，工程技术类、环境与安全科学类期刊的被引半衰期在前 4 年变化较小，但在 2020 年明显下降。

而各期刊的被引半衰期差异更是显著。《海洋科学进展》《海洋地质与第四纪地质》《海岸工程》《国外铁道车辆》等 4 种期刊的被引半衰期平均值超过 10.0；《海洋与湖沼》《海洋科学》《青岛农业大学学报(自然科学版)》这 3 种期刊的被引半衰期平均值超过 9.0；有 8 种期刊的平均被引半衰期在 8~9 之间，9 种期刊在 7~8 之间，31 种期刊在 5~7 之间，其他 39 种期刊的平均被引半衰期小于 5。

3.6 核心数据库收录情况

中国科技论文与引文数据库(CSTPCD)由中国信息技术研究所研制，每年开展科技期刊论文的统计分析，并出版扩刊版和核心版的期刊引证报告。根据 2021 年版的《中国科技期刊引证报告(核心版)》，入选的山东省科技期刊共 47 种，包括 3 种英文刊，分别为 Journal of Oceanology and Limnology、Journal of Ocean University of China、Chinese Journal of Population, Resources and Environment。除交通运输类期刊外，其他各学科期刊均有入选。其中医药卫生类期刊最多，共 18 种；其次为地球科学类，共 9 种期刊入选；工程技术类期刊有 8 种，农业科学类有 5 种，自然科学综合类期刊有 3 种，数理科学类、环境与安全科学类期刊各有 2 种。

《中文核心期刊要目总览》(2020 年版)由北京大学图书馆主持研究，入选的山东省科技期刊共 28 种。地球科学类期刊 7 种，医药卫生类和工程技术类期刊各 6 种，农业科学类期刊 5 种，其他学科共有 4 种期刊入选。

中国科学引文数据库(CSCD)由中国科学院文献情报中心管理。根据其发布的 2021—2022 年度 CSCD 来源期刊列表，共有 23 种山东省科技期刊入选，其中核心库 17 种，扩展库 6 种。而入选最多的为地球科学类期刊，共 9 种期刊且全部为核心库；其余依次为工程技术类期刊 5 种，医药卫生类期刊 4 种，数理科学类和农业科学类期刊各 2 种，环境与安全科学期刊 1 种；自然科学综合类、交通运输类期刊并未入选。地球科学类期刊入选比例较高，且入选的均为海洋科学研究领域相关的期刊。这说明海洋科学类期刊办刊质量较高、影响力较大。

被 SCIE 收录的山东省英文科技期刊有 3 种，均属海洋科学领域(表 8)。其中 2019 年创刊的 *Marine Life Science & Technology* 在 2021 年底被 SCIE 收录，2022 年获得的第一个影响因子达到 5.0，且 JCR 分区高居 Q1 区。其他两种期刊均处在 Q3 或 Q4 区，在学科内排名并不高。此外，被 EI 收录的山东省科技期刊仅有《中国石油大学学报(自然科学版)》。

表 8　SCIE 收录的山东省英文科技期刊信息

期刊名	主办单位	影响因子	JCR 分区
Journal of Oceanology and Limnology 海洋湖沼学报	中国海洋湖沼学会/中国科学院海洋研究所	1.265	海洋学 Q3/湖沼学 Q4
Journal of Ocean University of China 中国海洋大学学报(英文版)	中国海洋大学	0.913	海洋学 Q4
Marine Life Science & Technology 海洋生命科学与技术	中国海洋大学/青岛海洋科学与技术试点国家实验室	5.000	海洋与淡水生物学 Q1

3.7　获国家级基金资助及奖项情况

2019 年，中国科协、财政部、教育部、科技部、国家新闻出版署、中国科学院、中国工程院组织实施了"中国科技期刊卓越行动计划项目"申报。山东大学主办的 *Biomimetic Intelligence and Robotics*(《仿生智能与机器人》)、*ChemPhysMater*(《化学物理材料》)、*Emergency and Critical Care Medicine*(《急危重症医学》)3 种英文期刊入选了"高起点新刊项目"。

在原国家新闻出版广电总局开展的评选中，《山东大学学报(理学版)》、《中国石油大学学报(自然科学版)》分别于 2015 年、2017 年入选全国"百强报刊"。

4　结论与展望

4.1　主要结论

2016—2020年，山东省科技期刊的变化呈现以下主要特征：

(1) 办刊质量与学术影响稳步提升。除总发文量呈减少趋势，各项指标明显提升。总被引频次呈增长趋势，影响因子大于1.0的期刊数量增加近1.8倍，基金论文比上升明显，引用刊数总体上增加。

(2) 特色领域期刊实力突出。医药卫生类和海洋科学相关领域期刊实力较为突出，尤其是海洋科学类期刊整体学术质量较高，已经形成期刊集群优势，是山东省科技期刊中影响力较大的一类期刊。高校主办的科技期刊的学术影响力较高，有多种期刊在全国处在领先位置。

(3) 高水平科技期刊数量仍较少，整体国际影响力较低。各学科期刊质量差距较大，发展极不均衡。仅有3种英文期刊被SCIE收录，而自2019年以来，山东省已经创办了8种英文期刊，其中3种入选了高起点新刊项目，与其他地区相比，入选期刊数仍较少。

4.2 发展展望

(1) 面向地区重大发展战略，服务地方经济社会发展。近年来，山东省改革开放逐步深入，提出了构建以"八大战略布局"为支撑的整体发展格局。随着"碳达峰、碳中和"以及"黄河流域生态保护和高质量发展"等国家重大战略的实施，山东省迎来了高质量发展的历史机遇。而山东省科技期刊要紧跟发展趋势，了解国家和地区的发展布局，准确把握山东省科技领域服务国家和地方重大发展战略的实施方案和措施。同时，更要主动出击，快速反应，积极对接一线科研人员，组织专栏或专辑，及时报道最新的科研成果，在知识创新、成果传播与转化等方面发挥更加重要的作用，将自身的发展融入到国家和地区发展的时代大潮中。

(2) 利用好政策环境，引导优质稿源回流。近年来，我国相关部门发布了一系列文件，旨在改革科技评价体系，破除"SCI至上"、以影响因子论"英雄"等不良倾向，打造中国的高质量科技期刊。同时，我国科技期刊也迎来了快速发展的新时代。山东省科技期刊应该充分利用好政策环境，勇于革新，同时要修炼好"内功"，走内涵式发展道路，营造利于竞相发展的良好氛围，主动争取高质量稿源，引导优质稿件回流。而山东省高校和科研院所等有资源有能力的单位，应围绕国家和地区重大需求或新兴交叉学科领域，积极创办高起点新刊做精做强，实现跨越式发展。

(3) 加快融合出版进程，提升传播效果。传统媒体和新兴数字媒体融合发展是时代趋势。对于山东省科技期刊，一方面推动期刊内容生产的数字化进程，提供更高效的在线工作平台，为作者、专家及读者等提供更优质的内容服务；另一方面，利用各种新兴媒体平台，构建虚拟学术社区，汇聚科研人员，孵化新刊，同时扩大学术传播范围，提升传播效果。

(4) 重视人才队伍建设，优化人员结构。建设高质量的科技期刊离不开一流的科技期刊编辑人才。鼓励一线科研人才积极参与办刊，吸纳对期刊工作有热情的优秀青年科研人才进入到编委会，切实为期刊的发展进言献策。要细化编辑分工，着重培养既掌握传统编辑技能又具有互联网思维的专业化、高水平的复合型编辑人才，建立并细化编辑人才配套支持体系，实施编辑人才发展项目，充分激发编辑的积极性、创造性，提升其创新能力和专业水平。

参 考 文 献

[1] 任胜利,马峥,严谨,等.机遇前所未有,挑战更加严峻:中国科技期刊"十三五"发展简述[J].科技与出版,2020(9):26-33.
[2] 卓宏勇.中国科技期刊改革开放40周年回顾与展望[J].编辑学报,2018,30(6):553-557.
[3] 中国科协,中宣部,教育部,等.关于深化改革培育世界一流科技期刊的意见[EB/OL].(2019-08-16)[2022-08-15].http://www.cast.org.cn/art/2019/8/16/art_79_100359.html,2019.
[4] 王婧,张芳英,何晓燕,等.着力提升学术引领能力持续推动期刊繁荣发展:2021年我国中文科技期刊发展解析[J].科技与出版,2022,41(3):84-93.
[5] 任胜利,李响,杨海燕,等.2021年我国英文科技期刊发展回顾[J].科技与出版,2022,41(3):73-83.

[6] 马建华,莫京,刘筱敏,等.中国科协科技期刊学术质量及影响力的文献计量分析[J].中国科技期刊研究,2014,25(3):328-334.

[7] 朱琳,刘静,张晓宇,等.中国科学院科技期刊建设现状分析[J].中国科技期刊研究,2020,31(5):491-497.

[8] 刘志强,王婧,张芳英,等.建设中国高校一流科技期刊的发展展望:基于《中国高校科技期刊年度观察报告(2018)》[J].科技与出版,2019(01):13-19.

[9] 段尊雷.高校科技期刊影响力分析及发展策略探讨[J].中国科技期刊研究,2021,32(4):537-544.

[10] 郭伟,李伟.普通高校学报办刊现状调查与分析[J].中国科技期刊研究,2020,31(12):1486-1494.

[11] 苏新宁,杨国立.江苏省科技期刊发展对策研究[J].中国科技期刊研究,2017,28(10):875-879.

[12] 姚吟月,陈锋.江苏省科技期刊人才结构和办刊资源分析[J].中国科技期刊研究,2017,28(10):913-919.

[13] 钱爱兵.江苏省科技期刊学术影响分析[J].中国科技期刊研究,2017,28(10):887-899.

[14] 曾建林.加快推进地方省市区域一流科技期刊建设的思考与建议[J].中国科技期刊研究,2022,33(3):354-360.

[15] 徐丽娜,陈锋,王宏伟,等.中国水利科技期刊发展现状分析[J].西南民族大学学报(人文社科版),2017,38(12):234-240.

[16] 莫弦丰,田亚玲,葛华忠,等."双一流"建设和培育世界一流期刊背景下的农林高校期刊发展现状及启示[J].中国科技期刊研究,2020,31(7):752-757.

[17] 石慧,潘云涛,马峥.我国医科大学学报和一般综合性医学期刊的主要评价指标比较[J].中华医学图书情报杂志,2018,27(6):66-71.

[18] 朱志鹍,耿斐,赵成龙,等.建筑类高校学报期刊评价指标与发展策略分析[J].山东建筑大学学报,2021,36(3):95-102.

[19] 中国科技论文统计与分析课题组.2020 年中国科技论文统计与分析简报[J].中国科技期刊研究,2022,33(1):103-112.

[20] 中国科学技术协会.中国科技期刊发展蓝皮书(2020)[M].北京:科学出版社,2020.

[21] 王丽丽,孟静,张丽荣,等.《山东农业科学》近十年期刊评价指标变化动态及学术影响力分析[J].山东农业科学,2019,51(12):137-143.

高校学报主编面临的 5 类困境及纾解策略

李二斌

(南京农业大学《中国农业教育》编辑部，江苏 南京 210095)

摘要：主编是高校学报的掌舵人和设计师，对期刊的发展影响巨大，文章所讨论的对象是"事实主编"。尽管主编们工作繁忙、头绪繁杂，但也应冷静面对，从中梳理出头绪，将期刊做出特色、做出影响。文章从现实出发，提出主编面临的质量控制困境、稿件比例平衡困境、定位困境、传播困境及人才建设困境 5 个方面，并提出纾解策略，分别是：质量提升策略、平衡稿件比例策略、定位策略、数字化传播策略、人才培养策略。文章认为，高校学报主编所面临 5 类困境，也是做好工作的重要抓手，实施好纾解策略可以带动期刊的高质量、全面、均衡发展。

关键词：事实主编；质量控制；期刊定位；数字传播；职业发展

高校学报主编是期刊的掌舵人和设计师，大到期刊的定位、发展方向、办刊策略等，小到期刊的装帧设计、稿件选择、选题运作等，无不浸透着主编的心血和意志。除去期刊自身条件，我们常会发现，一个品德高尚、业务水平高超的主编，其主编的期刊往往办得有声有色；而一本错误百出、质量平庸的期刊往往反映了主编的不作为和平庸。所以说，主编之于期刊尤为重要。需要注意的是，高校学报主编一般由行政领导担任，其中不少是"挂名主编"，不是"事实主编"，但本文所探讨对象是"事实主编"，比如有部分高校学报所设置的"常务副主编"或者"执行主编"等，他们是高校学报真正的业务负责人。目前有关研究学报主编的论中，有以下几个方面：主编的角色和定位[1]、主编的伦理和贡献意识[2-3]、主编的工作职责和管理能力[4-5]、主编缺位及治理策略[6]，主编的办刊理念和策划意识等[7-8]，比较细致地研究了主编个人角色之于学报发展的重要性。但就现实情况而言，高校学报主编面临的工作局面比学术研究更加复杂，正所谓"人无远虑，必有近虑"，对于高校学报主编来说，日常工作头绪繁多，既要做到宏观把握，也要体现细致入微。就学科而言，高校学报可大致分为哲学社会科学版和自然科学版，有的高校还有法学版、教育版、工程版等，本文只做大致区分。学科不同，面临的困境和纾解的策略就不同。如无特别说明，文中所言的高校学报指的是高校哲学社会科学版学报。本文无意于面面俱到，只就当前高校学报主编们所面临的困境或者关心的主题提出可供实际操作的纾解策略，供主编们借鉴。

基金项目：教育部人文社会科学规划基金项目(21YJAZH038)；南京农业大学中央高校基本科研业务费社科优助项目(SKYZ2022016)

1 高校学报主编面临的 5 类困境

1.1 政治质量、学术质量与编校质量：质量控制困境

我们知道，一篇论文的质量主要由政治质量、学术质量和编校质量三部分组成。但在高校学报刊发的论文中，读者尤为关心学术质量，尤其是科技论文，政治质量、编校质量往往被重视程度不够，这样的想法也常常冲击着高校学报主编、编辑的观念。而且，近年来随着学术国际化、学术评价体系的改变，多数高质量的科技论文流向国外期刊，高校学报的作者层次下降，由此带来论文质量的总体下降，撇开政治质量不论，有的作者处于科研起步阶段，在格式、单位、表格或者参考文献等方面都有欠缺，需要编辑花费大量时间去规范、校对。这样，繁重的编校工作影响了编辑在提高论文学术质量方面的工作，致使论文总体学术质量不高，也影响了刊物的总体水平和质量。另外，学报在高校中位置边缘，人手不足是常态，一个编辑往往要应付的稿件涉及学科多样、数量多，且身兼编辑、校对、编务工作于一身，自然无法面面俱到。所以，尽管有的高校主编严格要求，但效果并不理想，在质量控制方面面临困境。

1.2 内稿 or 外稿：稿件比例平衡困境

学报是由高校主办的期刊，以反映本校科研成果为主，往往以综合性期刊为主。但近年来，高校学报处境困难，在转型发展过程中，逐渐明晰了自身定位，开放办刊成为常态。由此，也带来一个问题，外稿用得多，必然挤占内稿的空间。这样，校内师生必然有意见。而学报的最高权力机构——编委会，往往由本校行政领导、学科带头人组成，他们的意见往往给主编巨大的压力。开放办刊，吸引外部稿源，就要压缩校内稿件空间，实施起来阻力重重，主编们往往压力巨大。另外，如何平衡校内稿源比例，也是一个重要的问题。优势、特色学科与其他学科，主流学科与非主流学科，学科带头人与中青年师生，这几个层次之间，主编们都要慎重处理、稳妥应对，处置不当，往往会激发矛盾。

1.3 专业化、特色化 vs 综合化：定位困境

2015 年 2 月 9 日，教育部和原国家新闻出版广电总局联合印发的《关于进一步加强和改进高校出版工作的意见》中提出："鼓励高校出版走特色之路。要引导中小出版单位根据自身特点，科学合理定位，明确主攻方向，走适合自身发展的'专、精、特、新'发展道路。鼓励高校综合性学报向专业性学术期刊转型。"而且，学界、期刊界对高校学报"全、小、散、弱"的现状批评颇多，高校学报似乎应该走专业化、特色化之路。如果照此发展，高校学报更改刊名，变更为专业性期刊即可，但现实情况并非如此，高校学报本身所具有的功能之一——反映所在单位科研水平和实力的平台和窗口，并没有消失。在这点上，笔者赞成尹玉吉先生的观点，即高校学报是中国特色的产物，其产生和发展有其特定的历史渊源[9]，一味地强调专业化、特色化，并不能实现高校学报转型发展的目标。对于主编而言，则必须在专业化、特色化和综合化之间做出选择，或者说要平衡好两者之间的关系。困难在于，如果主编一味坚持专业化、特色化的办刊定位，那么很有可能在没有实现目标的情况下，失去学报所应具有的功能；而如果主编一味坚持综合化，那么显然与目前的形势不符，即便很好地实现了学报的功能，但没有带动学报的转型发展，办刊质量难以提升。对于高校学报主编来说，如何在既实现学报功能的前提下，又带动期刊的专业化、特色化转型发展？困难重重。

1.4 纸本期刊 vs 数字出版：传播困境

本质上说，高校学报与报纸、电视、互联网一样，都是传播媒介的一种。但数字化、网络化时代的到来，深刻地改变了人们的生活、工作、阅读方式，数字出版、数字阅读成为主流，传统的纸质媒体影响力快速下降。对于高校学报而言，尽管编辑们仍然坚守着传统的版式设计、栏目组合、选题策划，但不可否认的是，数字传播已经完全打乱了传统传播的节奏。一本期刊被切割成一篇篇论文，单篇论文成为传播的元单元。读者们不再订阅高校学报纸刊，不再关心期刊的版式设计、用纸、选题等，只需要在数据库中查阅所需要的论文，下载并阅读，即达到目的。对于高校学报主编而言，一方面要坚守传统的办刊方式，认真地设计版式、精心选择纸张、精心策划选题、精心组织栏目、认真编辑校对，虽然这些工作是必需的，但这些工作往往被数字海洋所淹没，很难被读者发现和认可；另一方面，又不能忽视数字传播的冲击，点击量、下载率往往更能直观、准确地反映期刊的传播效果，数字出版的效率往往更高。所以，平衡纸本期刊和数字出版之间的关系，是高校学报主编面临的难题。

1.5 编辑学者化 vs 编辑职业化：人才建设困境

近年来，我们看到不少高校学报主编是教授、博导，本身就是专家学者，在办好期刊的同时，如何带好队伍，实现编辑的职业价值，也是高校学报主编的工作内容之一。高校学报是学术期刊的一种，专业性强，这就要求编辑们不仅要有一定的文字功底，还需要一定的学术素养，才能做好工作。所以，编辑学者化似乎是一个解决方案。但现实情况是，高校学报编辑岗位非教学科研岗位，岗位要求与科研岗位差别很大，自身没有条件开展科研，也缺乏平台，所以即便有一些编辑想实现学者化目标，也困难重重。另一方面，高校学报编辑岗位没有科研要求，走编辑系列职称，可能与所责编的栏目学科差别较大，如果编辑本人没有提高学术素养的要求，那只会与学术前沿渐行渐远。在学术研究日新月异的今天，可预见的是，如果高校学报编辑只做一些文字编校类工作，不主动开阔视野，积极提高学术素养，就很难完整做好编辑工作。对于高校学报主编而言，如何平衡编辑学者化和编辑职业化两者的关系，面临着现实困境。

2 高校学报主编面临困境的纾解策略

2.1 质量提升策略

需要重视的是，不管在何时何地，质量都是期刊的命脉。其中，政治质量是"高压线"，必须高度重视，一刻都不能放松警惕；学术质量是"生命线"，关乎期刊的内涵与发展，必须要花大力气保障；编校质量是期刊的"脸面"，编校质量高，期刊的颜值高；编校质量低，则颜值低。对于高校学报主编而言，政治质量、学术质量和编校质量是论文的有机组成部分，三者不可或缺，亦不可偏重。政治质量方面，高校学报主编应严格要求，亲自把关，不容许出现一点差错。学术质量上，可以依托品德高尚、科研水平高超的审稿专家和编委，负责具体把握论文的学术质量，并要求编辑配合审稿专家或编委督促作者按要求修改到位，使论文经得起学术界的考验。编校质量上，可通过培训、进修等方式，提高编辑的文字素养，不断提高期刊的编校水平。

2.2 稿件比例平衡策略

本质上说，学术期刊是学术界的"公器"，高校学报是学术期刊的种类之一，所以高校学报理应是"公器"，而非某校的"私器"。如果我们不承认高校学报的"公器"性质，那么将陷入"白马非马论"的困境。不过，也应意识到高校学报的特殊性，即其出身带有浓厚的所在高校的色彩，具有一定的内向性，服务本校科研是其胎记，难以消除，所以也不能轻视内稿。从这个角度上看，高校学报从一出生就存在着某种张力，具体表现就是内稿与外稿、主流学科与非主流学科、学科带头人与中青年师生等几对关系的角力。对于主编们来说，最重要的工作是缓解张力，使其愈来愈宽松，而不是越来越紧张，甚至激发矛盾。缓解这种张力的思路是：以质量作为取舍稿件的主要标准，选稿流程透明化，大家公正、平等竞争。当然，在公平竞争之外，笔者认为校内稿件也应适当"照顾"，但这种"照顾"不是无原则和没有底线的，学报的"照顾"不是阳光和空气，能够惠及每一个学科、每一个院系甚至每一个人。只有在稿件质量达标的前提下才能刊用。全面和长远地看，这种"照顾"只是暂时、局部、非连续性的。

2.3 定位策略

按照有关部门对高校出版工作的定位要求，高校学报特色化、专业化是大势所趋，应该积极作为。需要注意的是，专业化、特色化是有前提条件的，高校学报的办刊历史、办刊条件等都需要统筹考虑。学报依托所在高校创办，所在高校的实力某种程度上就是学报的实力，高校大致可分为科研型、教学科研型和教学型三类，对应的高校学报大致可大致分为三个层次：第一类层次为知名高校学报，办刊历史久、知名度高、办刊资源丰富，占比较少；第二类层次是重点高校学报，有一定的学科支撑、人才资源较为丰富、办刊力量较为雄厚，占比较多；第三类层次为一般高校学报，办刊资源一般，办刊水平和质量也一般，占比最多。对于第一类层次的高校学报，其丰富的办刊资源，使其在专业化、特色化和综合化之间的选择余地较大，主编可围绕学校和学报的发展战略综合做出选择。对于第二类高校而言，如果条件允许的话，应该尽早实现专业化、特色化转型，赢得先机。原因有二：一是，第二类层次高校学报发展的天花板明显，即便再努力，很难超过第一层次的高校学报；二是，自身条件允许，第二类层次高校一般具有某方面的优势、特色学科，完成转型难度不大。对于第三类高校学报而言，既要结合学校的发展战略做出选择，同时也不能忽视自身的功能，主要作为校内师生一个平台，帮助校内师生实现科研的原始积累。同时，可以以栏目或者专题为抓手，塑造特色化、专业化鲜明的小型综合刊，这样的发展路径既可行又可为。近几年来，高校学报在特色化、专业化方面做出了积极的尝试。有一定学科支撑的高校学报，以"固定栏目+专题研究"的模式进行跨学科、综合性研究，聚焦某个主题或者热点问题开展针对性的研究，突破了校内外、不同学科的界限，取得了较好的效果[10]。以往高校学报内向性强，编委都是校内领导、各领域知名专家学者组成；现在不少高校学报的编委都吸纳了来自外单位的知名学者和青年才俊，可以以此为契机，广泛发动，针对特定的主题，由校内外编委联合约稿组稿，并对稿件质量进行把关，这样既能提高学术质量，又能在外部提高影响力。

2.4 数字化发展策略

要以数字化改造传统出版模式，不断提高期刊的数字化水平。数字化、网络化是大势所趋，无法阻挡，高校学报应该认真研究如何运用数字化、网络化技术改造传统出版模式，提高高校学报的工作效率和传播效率。比如，采用数字采编系统，提高稿件处理和编务工作效率，使收稿、审稿、退稿或用稿更加透明、高效；采用校对系统，使编辑校对更有效率，使有限编辑的力量更集中于提高稿件的政治质量和学术质量；采用微信、网页、电邮或数据库优先出版等推送论文，提高传播效率。同时，还应大幅减少纸本印刷数量，一方面可以减少邮寄、分发等编务工作，另一方面也避免了浪费，因为纸本的阅读量已经很小。还需要指出的是，高校学报在互联网时代有所作为的关键在于形成数字化、网络化思维，使期刊在数字海洋中脱颖而出。以微信为例，如果以为数字化、网络化就是发布征稿启事、新闻动态、期刊论文，那这种思维还是停留在纸媒时代，不是真正的数字化思维。按照笔者的理解，期刊人应站在读者角度，并且非常了解读者使用数字媒体的真实需求，进而采取行动，精准推送。从这个角度看，微信推送学术论文，需要对学术论文进行二次加工后才能发布。就微信推送论文而言，篇幅应该大幅删减，重点突出，章节之间应该层次分明，字体应该大小适度，标题应该显眼、方便检索。比如，某评价中心微博推送了李伯重教授论文，题目是《明朝灭亡的真正原因竟然是天太冷》，短时间内点击率达到 18 万次，这是传统媒体无法匹敌的。当然，这种做法有"标题党"之嫌，并不一定可取，但其背后所反映的互联网时代的传播特点，值得期刊人深思。

需要注意的是，学术期刊的传播渠道创新是永恒的主题，随时代发展而发展，随技术的进步而不断优化，在当今时代下，媒体融合是主流，高校学报要做精、做优、做强传播渠道；期刊内容做得好，也要推广宣传好。在这一方面，一些期刊做出了大胆的尝试，并且取得了积极的成效，以《金属加工》为例，通过构建微信矩阵、创办金粉讲堂、推出在线论坛、开展展会直播和企业云直播、设立短视频栏目以及策划制作视频专题片，走出了一条以数字媒体为核心的全媒体转型发展之路[11]。再以中华医学会系列杂志为例，通过开发"中华医学会系列杂志"APP、"医学指南针"APP，建设系列杂志微信，应用多媒体视频技术等，推动了中国医学科技期刊数字出版平台体系的创新与融合发展[12]。在哲学社会科学期刊领域，《中国社会科学》也采取了行动，精心制作推出了作者短视频系列，值得关注和学习。

2.5 人才培养策略

职业发展，关乎人才队伍建设，高校学报主编应该认真考虑。为编辑团队做好职业定位，有几个关键词可以重点关注，分别是岗位、条件、兴趣和前景。第一是岗位，岗位最关键，由用人单位核定，如果是编辑岗，那么职称评定、个人发展就应该围绕编辑的要求来展开，要有相关的论文和课题，才能实现个人发展；如果是科研岗，那么除去基本的编辑业务素质，就应该在科研方面发力，以研促编，协调发展。第二是条件，就是编辑的个人条件，包括个人的学识、积累、学历等，如果条件足够，可以专攻某一领域，成为行家里手；如果条件一般，在做好编辑的同时，积极参加学术会议，跟踪学科前沿，完全可以实现自我的价值。第三是兴趣，兴趣是最好的导师，无论科技期刊，还是社科期刊，无论兴趣是科研，还是编辑，在编辑学者化和编辑职业化之间，只要将两者关系协调好，全面发展即可。第四是前景，每个行业都有自身的发展前景，编辑做好了，照样可以成名成家。主编们可以从这 4 个方面出发，建设好人才队伍。需要注意的是，编辑学者化和编辑专职化两者之间并不矛盾，对于编辑个人而言，在付出足够努力的前提下，跨界发展未尝不可。

3 结束语

办好高校学报，繁荣学术，主编的作用至关重要。在急速发展的社会中，尽管工作头绪繁杂，高校学报主编也应冷静面对，从中梳理出头绪，将期刊做出特色、做出影响。高校学报主编应了解期刊发展规律、数字化时代传播规律、人才培养规律等，从论文质量、稿件平衡、期刊定位、数字化转型以及人才培养等 5 个方面入手，积极开展工作，不断提高论文质量，不断提高和扩大学报在期刊界、学术界的影响力和知名度。同时，吸引优质稿源，服务好校内、校外两个群体。认真研究数字化时代传播特点和规律，积极大胆探索，使学术传播焕发新的生命力。在实现期刊发展的同时，带动编辑的成长。

参 考 文 献

[1] 杨权斌.现代大学学报主编的社会角色与学术责任[J].出版广角,2009,15(11):53-55.

[2] 郑琰燚,张月红,王国栋,等.高校学报主编伦理与学报建设[J].编辑学报,2013,25(1):8-10.

[3] 王金莲.论高校自然科学学报主编的贡献意识[J].编辑学报,2013,25(6):514-517.

[4] 李光宇.试论学报主编的基本任务[J].编辑学刊,1990,7(2):65-68.

[5] 黄晓峰.期刊主编执行力刍议[J].出版广角,2009,15(11):55-56.

[6] 谭本龙,钟昭会.高校学报主编在位缺失与应对策略[J].中国科技期刊研究,2015,26(12):1239-1243.

[7] 王和平.论学报主编办刊理念的更新[J].陕西师范大学学报(哲学社会科学版),2007,36(增刊2):198-200.

[8] 杨丽君.论主编的策划[J].编辑之友,2004,24(3):71-73.

[9] 尹玉吉.论中国大学学报的现状与改革切入点[J].清华大学学报(哲学社会科学版),2011,26(4):128-138,160.

[10] 李凌,宋雪飞,刘浩,等.以特色立刊是期刊高质量发展的有效路径:写在《南京农业大学学报(社会科学版)》创刊20周年之际[J].南京农业大学学报(社会科学版),2021,21(5):175-182.

[11] 栗延文,蒋亚宝,韩景春.科技期刊媒体融合发展的探索与实践:以《金属加工》杂志社为例[J].编辑学报,2022,34(2):131-137.

[12] 刘冰,沈锡宾,李鹏,等.中华医学会系列杂志媒体融合发展实践[J].中国科技期刊研究,2015,26(11):1166-1170.

基于 ISO 质量管理理念的科技期刊质量和服务价值提升策略

咸 洋

(上海材料研究所期刊展览事业部，上海 200437)

摘要：介绍了 ISO 质量管理体系，依据 ISO 9001:2015 新标准要求，结合实际办刊情况，应用 ISO 质量管理理念建立了科技期刊出版质量管理体系，并探索了应用相关条款对科技期刊的出版质量(聚焦内容质量和编校质量)进行全流程控制及不断地提升满足读者需求的能力，助力期刊质量和服务价值的提升。

关键词：ISO 质量管理体系；科技期刊；质量；全流程控制

科技期刊是一个国家科学技术的真实反映，是一个国家科技学术水平的标准影像。从某种意义上讲，科技期刊反映了国家科学技术发展的动态历史[1]。科技期刊作为一个国家科学技术转化为社会生产力传播的重要媒介，其质量的重要性不言而喻。2020 年 5 月 28 日，国家新闻出版署以"国新出发〔2020〕10 号"印发了《报纸期刊质量管理规定》[2]，明确了期刊质量包括四个方面：内容质量、编校质量、出版形式质量和印制质量。影响一种科技期刊上述质量的因素主要为学科发展水平、政策导向、科学道德、品牌影响力、传播效果、出版质量，以及期刊定位和办刊队伍等。

ISO 质量管理是当代前沿的质量管理方法之一。近年来，为使上海材料研究所期刊展览事业部(以下简称"我部")旗下主办的 6 本科技期刊能更好地适应发展要求，满足并超越读者要求，确保期刊内容和服务的高质量，结合实际办刊情况，部门依据 ISO 9001:2015 新标准要求[3]，通过深化质量管理体系建设、夯实质量管理工作基础，创新性地建立了"科技期刊质量管理体系"；通过持续关注读者需求，突出领导作用及编辑全过程参与，在期刊质量管理、刊物品牌建设和社会效益方面取得突出成效。虽已有文献报道了科技期刊社引入 ISO 9000 理念建立质量管理体系[4-6]，但涉及的内容不够深入。鉴于此，本文以我部成功应用 ISO 9001:2015 为例，从更深层次和更具操作意义层面探索了基于 ISO 质量管理理念对科技期刊的出版质量(聚焦内容质量和编校质量)进行全流程控制的具体情况，供同行参考。

1 ISO 质量管理体系与期刊出版的质量管理体系概述

1.1 ISO 质量管理体系的产品分类及期刊的归属

在 ISO 质量管理体系中，产品的定义为过程的结果，其类型包括四大类，分别为硬件、软件、服务和流程性产品。科技期刊由于自身具备的五大商品属性，即商品的知识性、价值的倍增性、使用价值的长期性、知识的公共性、商品化的差异性[7]，其最终目的是为社会的物质文明和精神文明提供服务，故其当归属于科技类服务性产品。

1.2 期刊出版的质量管理体系建立及其过程

我部期刊部建立的以过程为基础的科技期刊出版质量管理体系模式如图 1 所示，图中大圆圈所包含的四个圆圈表示四大过程，圆圈中的四个箭头分别代表四大过程的内在联系，形成闭环则表明运行是不断循环、螺旋式上升的。期刊和服务的实现以及检查、分析和改进的过程顺序和相互作用如图 2 所示。

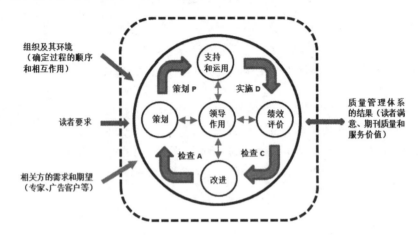

图 1　以过程为基础的科技期刊出版质量管理体系模式

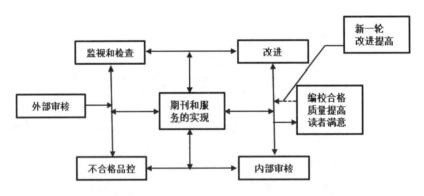

图 2　期刊和服务的实现以及检查、分析和改进的过程顺序和相互作用

2　科技期刊质量和服务价值提升策略

2.1 应用"产品和服务的设计和开发"，提升期刊的内容质量

大数据时代，期刊的生命力在于内容价值，而一种科技期刊的内容质量，即是其学术质量。高质量期刊需要具备以下三个条件：①稿源优质；②专业审稿队伍和编辑队伍水平高；③学术审查制度严格。

ISO 质量管理体系中"8.3 产品和服务的设计和开发"条款[8]明确设计和开发的对象可以是产品(实物的或无形的)、过程或体系。设计和开发过程是产品实现的过程的关键环节，为产品实现其他活动和过程提供依据，是确保达到预期目标的基础。近年来，我部创新性地将该条款成功应用于科技期刊，将期刊每年的"专题报道"栏目作为一个独立的新产品(新服务)进行设计和开发，以提高期刊内容质量、提升影响力。具体如下。

2.1.1 策划专题报道

按照"设计和开发策划"条款，编制《专题报道计划书》，内容主要包括：①选择某个专题报道方向的原因；②专家库中该方向的领军人才(作为专题负责人及综述撰稿人)；③作者读者库中以往在该专题有研究的人员情况梳理(用于约稿)；④专题预计的刊出期次；⑤专题出版后拟采用的推广途径和方式方法；⑥专题工作小组成员及其职责的明确。

2.1.2 输入专题报道

按照"设计和开发输入"条款，根据《专题报道计划书》目标要求，将以下内容作为输入：①专题报道主题选择的可行性分析，包括在该领域专家、稿源的储备等；②上年度《读者调查问卷》中关于读者关心的领域、想看到的研究等收集的信息；③专题稿件的内容要求；④撰写、编辑加工必须执行的出版标准和行业标准等。

2.1.3 控制专题过程

按照"8.3.4 设计和开发的控制"条款，对整个专题策划过程进行控制：①实施评审活动，填写《设计和开发输入评审表》，组织人员对"专题报道计划书"进行评审，以确保上述依据是充分的，与"专题报道"的要求是适宜的、完整的和协调的；②实施验证和确认活动，使最终刊出内容满足计划书要求；③定期召开工作小组会议，针对评审、验证和确认过程中确定的问题采取必要的措施，以确保专题按计划性有序推进；④保留每个环节的成文信息。

2.1.4 输出专题

按照"8.3.5 设计和开发的输出"条款，专题出版后，逐项对照"专题报道计划书"，撰写"专题报道总结报告"，同时输出：①专题出版中发现的新专家、新作者等；②专题的特别推送结果；③过程中记录的问题及解决方案；④整理出的专题出版后收到的反馈意见。

2.2 应用 ISO 质量管理标准化工作方式、统一工具，提升期刊的编校质量

科技期刊的整体编校质量是科技期刊质量水平的一个重要方面，与相关领域科技的发展关系密切[9-11]。ISO 质量管理体系为实现质量管理的系统化、文件化、法制化、规范化奠定了基础。我部创新性地将质量管理中的六要素(人、机、料、环、法、测)应用于期刊编校过程，具体到制订标准化、适应性和系统性的管理制度、作业指导书和流程，并采用统一的测试方法工具进行验证，并做好记录。

2.2.1 系统的受控文件

ISO 9001 质量管理体系中文件控制的目的和作用：①确保文件是充分与适宜的；②确保文件的更改和现行修订状态能够得到识别；③确保在使用处可获得适用文件的有关版本；④确保文件能够保持清晰、易于识别；⑤确保外来文件得到识别，并控制其分发；⑥防止作废文件的非预期使用；⑦向客户提供产品满足要求的证据。受控文件和详细的记录资料，可以确保所有的场所使用的文件和资料都是现行有效的，防止使用过时或作废的文件，造成产品或质量体系要素的不合格。

为了确保编辑加工工作有制可依、有规可守、有序可循，从六要素出发，全覆盖稿件从投稿到发表的全流程制定了相关管理制度、技术文件，见表 1。表中 19 个受控文件分别对应质量管理六要素中的"人(指操作者对质量的认识、技术熟练程度、身体状况等)""机(指机器设备、测量仪器的精度和维护保养状况等)""料(指材料的成分、物理性能和化学性能等)""法(包括生产工艺、设备选择、操作规程等)""环(指测量时采取的方法是否标准、正确)""测(指工作地的温度、湿度、照明和清洁条件等)"。

表 1 期刊出版中涉及的管理文件、技术文件的受控文件清单

序号	受控文件名称	六要素归属	序号	受控文件名称	六要素归属
1	质量分目标	法	11	稿件管理办法	料
2	业务管理条例	法	12	科技期刊稿费、审稿费及校对费发放标准及操作办法	法
3	岗位职责	人	13	期刊、图书库房管理制度	测
4	岗位技能要求	人	14	编辑作业指导书	法
5	人力资源管理办法	人	15	期刊编校质量检验规程	环
6	培训制度	人	16	期刊印刷质量检验规程	环
7	局域网管理条例	机	17	编辑常用法规及标准选编	法
8	期刊质量检验制度	环	18	作者编辑常用标准及规范	法
9	杂志编委会章程	人	19	外来文件(出版标准)	法
10	杂志栏目调整办法	法			

2.2.2 详尽的流程控制

流程是从输入到输出实现客户价值的一系列活动，ISO 质量管理体系中要求流程图设计应系统地考虑全过程以实现客户期望，因此，将过程管理相关要求运用到稿件的编辑流程中，以"三审三校"制度为基本架构，完善编辑修改稿件时存在的失误、纰漏，形成环环相扣、层层递进的立体编审模式，以确保期刊编校质量，实现作者发表文章的期望。

2.2.3 清晰的过程记录

设计合适的质量记录表格，为已经进行过的质量活动留下清晰的记录，是用以证明部门质量体系有效运行的客观证据。这些记录可以提供产品、过程和质量管理体系符合要求及有效性运作的证据，具有可追溯性，可据此采取纠正和预防措施。表 2 为稿件发排和校对流程的工作记录表。由表可知，稿件加工的每个环节的完成时间以及对应操作的责任者都需要明确记录，以便于监督相关责任者按时完成自己的工作。表 3 为稿件处理归档的记录表。由表可知，稿件处理完毕后所有相关的文件都需要详细记载，包括处理过程中相关文件的数量，以及与文件相关的一些信息。这对归档后反查十分有用。

图 2 发排和校对流程工作记录表

杂志		年	卷	期
序号	工序名称	完成日期	责任者	备注
1	编辑加工			
2	电脑排版			
3	一校			
4	一改			
5	二校			
6	二改			
7	三校(常务副主编通读校核)			
8	三改			
9	付印(常务副主编签发)			

图 3 稿件处理归档记录表

杂志		责任编辑	年	卷	期
序号	项目		份数	备注	
1	原稿				
2	审稿单				
3	校样稿				
4	作者清样稿				
5	发排稿				
6	发排和校对流程工作记录				
7	出版刊物质量自查评议记录				
8	杂志修改稿件登记表				
9	杂志打印稿件登记表				
10	刊出稿件一览表				

图 5 对比了我部主办的 6 种刊物在 2017 年与 2019 年两次全市编校质量检查中所取得的结果。由图 3 可见：2019 年三种期刊的差错率低于万分之一(达到了优秀)，同时，合格期刊的差错率也大幅下降，通过建立严格的过程管理控制机制，有效地提高了期刊的编校质量。

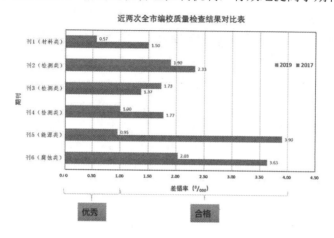

图 3 6 种刊物在 2017 年与 2019 年两次全市编校质量检查中取得的结果对比

2.3 为读者定做满意度调查表

读者的需求和期望是不断变化的，这就促使期刊持续地改进内容质量和出版质量。ISO 质量管理是一种密切关注顾客、流程管理、流程改进和合理利用数据及事实，实现和维持成功的业务管理系统；是一种以数据为基础追求完美的管理方法。对于期刊而言，顾客毋庸置疑一定是期刊的读者。因此，在质量管理体系通用的关注顾客的媒介——《顾客满意度调查表》的基础上，根据期刊自身特点和发展需求，量身定做了《读者满意度调查表》(表 4)。

表 4 读者满意度调查表

刊物定位 (在您认可的方框中打"√")	理论性文章太多已偏离了"技术类"期刊的要求				
	内容简单，要高学术水平				
	定位正确，普及与提高的关系处理较				
刊物水平 (在您认可的方框中打"√")	技术内容	满意	较满意	一般	不太满意
	编辑质量	满意	较满意	一般	不太满意
	装帧质量	满意	较满意	一般	不太满意
	印刷质量	满意	较满意	一般	不太满意
最喜欢的栏目和文章(请写出喜欢的栏目和文章)					
您希望本刊增加哪些栏目和文章					
您希望开辟何内容专题讲座，有何建议与要求					
您能为本刊撰写、推荐或组织哪些方面文章					
您参考过本刊发表的哪篇文章，产生了哪些经济效益，或提高了产品质量(用实例说明)					
本刊广告对您有否帮助，您希望编辑部为贵单位提供哪些服务					

《读者满意度调查表》设计的每一项调查内容都以读者的需求为出发点，内容主要包括办刊质量、栏目设置、专题设置、行业资源等。质量小组每半年对《读者满意度调查表》进行统计和汇总一次，并将结果反馈给编辑部，在实现质量改进的同时，为下年度专题报道的策划、讲座的开辟、栏目的设置的调整等提供有价值的参考意见。不断循环的调查—分析—改进这一系列闭环操作，使期刊的办刊质量螺旋式上升，达到了对期刊出版质量、服务读者、提高期刊可读性等期刊出版工作持续改进的目的。

3 结束语

结合科技期刊实际情况，基于 ISO 质量管理理念建立并实施了科技期刊质量和服务价值提升策略，实现了通过加强组织质量管理的基础建设，推进和加强科技期刊出版全面质量改进工作的目的。实施 ISO 质量管理，可以全面提高期刊的内容、编校、出版形式和印制等质量。严格的全流程控制原则可以有效降低期刊的编校差错率，通过溯源进行问题点识别可以快速找到出版后出现的问题。ISO 质量管理体系的有效运行，将编辑人员和读者从另外一个角度联系了起来，有利于期刊确切地了解和掌握读者想看什么、行业热点是什么和行业发展方向是什么等，有针对性地调整办刊模式、策划期刊栏目、开设专题报道等，提高期刊的可读性和对读者服务的水平，提升期刊的社会影响力。

参 考 文 献

[1] 王红帆.浅议科技期刊如何提高广告经营能力[J].中国传媒科技,2012(2):23.
[2] 贺嫁姿.学术期刊执行推荐性国家标准的影响因素分析:基于计划行为理论[J].中国科技期刊研究,2021,32(5):7.
[3] 国家质量技术监督局.质量管理体系基础和术语:GB/T 19000—2016/ISO 9000:2015[S].北京:中国标准出版社,2016.
[4] 周传敬.科技期刊社引入 ISO 9000 理念建立质量管理体系的探讨[J].中国科技期刊研究,2005,16(3):300-303.
[5] 赵帆,潘鹏.科技期刊导入 ISO 9001 的几点认识与体会[J].今传媒,2015,23(5):111-112.
[6] 李小兰,阎磊.科技期刊刊社实施质量管理体系的体会[C]//陕西省科技期刊编辑学会学术年会.陕西省科技期刊编辑学会学术年会论文集.西安:陕西省科技期刊编辑学会,2006:15-19.
[7] 张爱绒.科技期刊的商品特性决定其市场创新的独特性[J].中国科技期刊研究.2002,13(5):372-374.
[8] 国家质量技术监督局.质量管理体系基础和术语:GB/T 19000—2016/ISO 9000:2015[S].北京:中国标准出版社,2016.
[9] 穆刚.信息技术时代提高科技期刊编校质量的策略[J].重庆文理学院学报(自然科学版),2009,28(5):110-112.
[10] 王刚庆,刘峰.科技期刊编校质量的影响因素及提高途径[J].黄冈师范学院学报,2019,39(6):85-86.
[11] 饶樊莉.关于提高科技期刊的内容质量与编校质量的思考[J].报刊荟萃,2017(9):53,56.

新创办英文科技期刊的审稿专家邀请与维系
——以 *Liver Research* 为例

江玉霞

(中山大学附属第三医院医学情报中心《Liver Research》编辑部,广东 广州 510630)

摘要：英文科技期刊创刊初期困难重重,缺乏国际知名度且未被国际主流检索系统收录,邀请合适的审稿专家常常成为编辑面临的难题。笔者结合自身工作实践,探讨如何合理利用学术资源,精准高效地邀请审稿专家,并通过与审稿专家联系中的细节把握,树立期刊专业形象,行之有效地提高审稿效率和质量,逐步建成一支乐于为期刊服务的审稿专家队伍。

关键词：英文科技期刊；创办新刊；审稿；同行评议；办刊实践；Liver Research；影响力

为提升我国科技期刊的质量和国际化水平,在政府各部门的支持下,在"中国科技期刊国际影响力提升计划D类项目""中国科技期刊卓越行动计划高起点新刊项目"等基金的扶持下,迎来了近年来英文科技期刊创办的新潮[1-3]。要把新创办的英文科技期刊打造成高水平、国际化的刊物,英文科技期刊除了要组建国际化的编委会队伍,树立好新创办期刊的品牌形象,还需要刊发优质稿件,从而提高期刊的可见度和引用率[4]。高水平、高质量的稿件是期刊核心竞争力的主要组成部分,而审稿专家审阅稿件是保证稿件质量的重要环节[5]。对来稿进行同行评议,审稿专家从学术专业角度对稿件质量进行把关,给出建设性的审稿意见,对期刊学术质量的提升至关重要[6]。目前已有文献报道审稿人队伍建设的途径[7-9]、优秀审稿人队伍的培养[10]、审稿人激励[11-12]等,但专门探讨新创办英文科技期刊审稿专家邀请的具体实施策略及要点的论文很少。

《肝脏研究》(Liver Research)由中山大学主办,中山大学附属第三医院承办,自2017年创刊以来,始终坚持高水平办刊,已先后被国际知名数据库DOAJ、Embase、Scopus收录。2021年入选CSCD(2021—2022)来源期刊核心库收录名单。Scopus CiteScore指标逐年增长,2021 CiteScore达到6.3,在全球Gastroenterology(胃肠病学科)149种期刊中排名第30位,在全球Hepatology(肝脏病学科)70种期刊中排名第25位。以上成绩的取得与《肝脏研究》审稿专家队伍强有力的支持密不可分。笔者自2016年便加入杂志的创刊工作,作为一名编辑人员,从实际工作出发,探讨适用于新创办英文科技期刊的行之有效的遴选审稿专家的方法及实施过程中的一些细节问题。

1 创刊初期多渠道挖掘期刊审稿人

新创办期刊没有知名度和影响力,没有现成可用的审稿专家信息库,且由于英文科技期刊的特殊性，要面向国际发展，坚持国际化办刊方向，就要更加注重发展国际化审稿人路线。笔者通过学习借鉴前人的经验，结合英文科技期刊具备的独特优势，总结出以下 5 种途径切实可行提高审稿效率。

1.1 国际化编委会赋能高质量审稿人

多元国际化的编委会队伍构成，意味着多元国际化的审稿专家。《肝脏研究》创刊初期就坚持走国际化道路，建立了由全球肝脏研究领域专家和学者组成的编委会。筹备期间先在院内组建杂志工作团队，包括肝脏外科和肝移植、肝脏内科、肝病基础研究、肝病影像、肝病超声、肝病病理等专业工作组，负责联络邀请各自领域在国际上有影响力的专家学者加入编委会。杂志还聘请了 2 位有办刊热情的美国大学教授担任杂志的执行副主编，他们在国际肝脏研究领域积极活跃、广交学术人脉，通过他们的国外学术资源，引荐了一批高水平的学者加入编委会，其中不乏 Journal of Hepatology、Hepatology 等国际高影响力期刊的编委。紧接着，杂志于 2016 年 12 月在广州成功举办第一届编委会"Liver Research Day"，邀请到 6 位美国编委和 1 位中国香港的编委参会，这进一步提升了期刊在学术圈的知名度，对编委会规模的扩大以及期刊的组稿、约稿、审稿工作产生了深远影响。第一届编委会共 50 人，其中中国学者 17 人(6 人为中国香港和台湾学者)，国外学者 33 人，主要来自美国 28 人以及韩国、加拿大、英国和印度。2019 年 7 月，杂志在昆明召开第二届编委会。编委会队伍动态更新，如有的学者因为一些原因不再从事肝脏研究领域，则会被更换。根据期刊发展需要，由杂志执行副主编引荐，新增了 6 名欧洲编委，来自意大利、爱尔兰、奥地利、西班牙、捷克等国家知名学者。经过调整，最新的编委会成员 54 人，国际编委比例达到 68.5%。经 Scopus 数据库检索，39 人的 H 指数大于 30，其中 18 人的 H 指数大于 50。编委作为审稿人，提供了高质量的审稿意见。即便有时编委因为一些原因无法对某篇稿件进行评审，也会推荐其他专家作为审稿人。

1.2 从高水平国际化稿源中选取审稿人

《肝脏研究》创刊后前几期的稿件主要依靠主编、副主编以及编委的约稿，稿件质量普遍较高，刊登的 70%以上的论文得到美国国立卫生研究院(NIH)等国际知名基金支持。稿件通信作者的学术水平也较高，很多都在海外知名大学任教。这些作者给期刊投过稿件，出于对期刊的认可和支持，以及对期刊的定位、要求有所了解，邀请这些作者作为审稿人，接受审稿的概率会很高。编辑通过对来稿的研究方向进行细分，在此基础上初步归纳整理出稿件通讯作者的研究方向。同时，借助互联网查询，综合作者的研究机构、官方主页个人简介、新近已发表论文的质量，基本上可以准确判定作者的研究方向、学术水平。据此，综合选择符合条件的作者担任审稿专家。

1.3 雄厚的办刊实力助力结识审稿人

主办、承办单位强大的学术平台，也是期刊获取审稿专家的重要途径之一。中山大学附属第三医院作为期刊的承办单位，在肝脏疾病研究方面有着悠久的历史和深厚的学术积淀，专科实力雄厚，是华南地区规模最大的肝脏病医院之一，也是教育部所属重点院校中以转化医学为特色的肝脏疾病研究和诊疗中心。期刊作为医院的学术窗口，各项工作都得到了院领导的大力支持，定期召开期刊发展动员大会。编辑人员要主动出击，积极联络相关学科带头人，通过他们的学术人脉，找到合适的审稿专家。

1.4 海外高层次引进人才充实审稿人队伍

近年来,在海外知名高校、科研机构有正式教学或者科研职位的专家学者陆续通过国家"海外高层次人才引进计划"以及我校的中山大学"百人计划中青年杰出人才"等项目回国任职。这些中青年人才回国的时间不长，精力充沛，且乐于为国内新创办的英文科技期刊服务。编辑部要诚挚邀请这些在本学科领域发表高质量 SCI 论文的优秀中青年学者共谋期刊发展，并请他们加入审稿专家队伍。对于积极参与期刊审稿的学者可以邀请其向期刊投稿，遴选加入筹备的青年编委会。

1.5 上下齐心，借学术会议认识审稿人

学术会议是期刊宣传推广的重要抓手。"酒香也怕巷子深"，新创办的英文期刊通过参加以及举办学术会议、学术沙龙，可迅速提升期刊在专家网络内的知名度。本刊编委在外做学术交流的时候会在幻灯的最后一页为本刊代言，从而让国际国内领域内的专家学者快速了解到本刊。编辑人员在学术会议茶歇时也要主动出击，带着名片向有关讲者、专家宣传期刊。笔者曾在医院主办的"羊城肝移植高峰论坛"，结识了一位美国匹兹堡大学的知名专家，在与其建立了良好的互动后，向其谈及本刊的发展情况，该专家明确表示愿意帮助期刊审稿。当时手头有一篇稿件，正苦于缺少一位审稿人，恰巧稿件的方向与该专家的研究方向接近，随即通过专家名片上的邮箱邀请其审稿。该专家第一时间就接受了审稿邀请，并在短时间内给出了详尽的审稿意见。

通过灵活运用上述多种途径，大大提高了邀请审稿专家的成功率，确保审稿效率的同时，大幅提升了审稿的质量，较为显著地缩短了论文的出版周期。

2 树立期刊专业形象维系审稿专家队伍

新创英文科技期刊的审稿专家资源来之不易，编辑应重视与审稿专家建立长期、稳定的联系，加强沟通交流，建立良好的关系。同时，树立好期刊的专业形象，更能使审稿专家相信，期刊日后会成为业内一本很不错的刊物，也会更加乐于帮助编辑部把好稿件的质量关。

2.1 与国际期刊接轨，提升审稿人评审体验

投审稿平台是新创期刊给审稿人的最初印象。本刊采用国际主流的 Editorial Manager 投审稿系统，方便审稿人登录评审。只要专家接受评审邀请，就可以获取30天免费访问ScienceDirect 和 Scopus 的权限。审稿人提交评审报告后即可在 Reviewer Hub(审稿人中心)下载认可的评审证书。

审稿是个"累活"。国外的一项研究表明稿件初审不过关，稿件量多，缺乏审稿指引等都会导致审稿人负担过重[13]。本刊编辑注重做好以下几点，力求提升专家的审稿体验。

(1) 严把初审关。编辑要把关稿件是否符合送外审的条件，过滤掉质量不佳的稿件，避免此类稿件破坏期刊在审稿人心中的形象，节省有限的外审资源。同时，要引导作者善用图表阐述问题。最近一篇文章初次投来的时候，图片占了 20 多页，编辑部将稿件退回作者，并建议用拼图的方法，将综合反映一个问题的 3~6 个图拼在一张图中。作者退稿后重投，优化了图片的尺寸和布局，通过了初审。

(2) 送审前的细节把握。当初步筛选出与稿件研究方向契合的审稿专家，还需结合作者的信息，将同一机构或曾与任一作者(尤其是第一作者和通信作者)共同署名发表过论文的审稿人剔除，避免潜在利益冲突。把握好送审时间及频率，尽量避开北美、欧洲等国家的圣诞节假期。此外，尽量避免在投审稿系统维护时间之前发送审稿邀请，审稿人处理邀请时可能正好赶上系统维护时间，极有可能因为无法打开网页链接而错过审稿。

(3) 向期刊评审人发送审稿指引和当期文章。作为新创英文期刊，明确论文审查内容和标准，有助于审稿人提交高质量的评审意见。在系统的通用审稿问题如研究价值、研究的新颖性、结构合理性以及图表是否恰当等问题之外，对于不同类型文章，编辑会发送不同的审稿指引。比如，针对实验研究论著，本刊建议审查内容如下：实验设计有无缺陷，对照组设置是否合理，实验方法、数据分析是否正确，是否需要补实验等等，并请审稿人提出具体修改建议。编辑根据返回的 2 份审稿意见的质量，决定是否增选新的审稿人。

(4) 向审稿人开放其他审稿意见。通过与其他审稿意见比照，有可能发现已有知识的不足，扩充完善自己的知识体系，审稿的过程变成了一种学习和提高的过程[14]。编辑部应尽可能选取职业生涯不同阶段的专家审稿。本刊采用的是双盲的同行评议，在 Editorial Manager 投审稿系统上，点击"Reviewer Notification of Revise Decision"以及"Reviewer Notification of Accept Decision"就可以向审稿人发送邮件通知，并附上所有专家的匿名审稿意见。

2.2 提升期刊国内外影响力，吸引留住审稿人

在本刊的编委会上，多位编委表示每周都能收到大量审稿邀请，对于不熟悉的刊物一般都选择无视或拒审。可见，期刊的显示度和知名度是专家是否接受审稿的重要影响因素。《肝脏研究》从以下三个方面吸引关注度，在实践中取得了不错的成效，最终不仅吸引留住了原有的审稿人，还有不少新的国外年轻学者主动发来邮件，申请参与期刊审稿。

(1) 依托国际编委组织热点专刊。《肝脏研究》自创刊以来针对肝脏研究领域的热点课题组织了多期专刊，主题包括脂肪性肝病、自噬与肝病、肠-肝轴与肝病、药物和酒精诱导的肝损伤、肝癌、胆汁酸与代谢性肝病，在学术界迅速引起广泛关注，国际自由投稿量随之显著增加。美国 John Y. L. Chiang 教授关于胆汁酸代谢与肝脏疾病的文章，作为本刊的高被引论文，单篇被引频次已达 114 次。

(2) 做好突发公共事件的信息传播者。新冠肺炎疫情期间，杂志同名微信公众号第一时间推送"新冠肺炎新进展""抗疫日记"等文章，在微信朋友圈和微信群被广泛转发。同时，本刊在肝脏研究领域发表多篇主题论文，in press 模式下文章录用后即可在线发表，以最快的速度向全球传播。去年发表了一篇墨西哥作者的自由来稿，关于肝酶对 SARS-CoV-2 感染的影响，不到一年时间就被引用 7 次。

(3) 增设新栏目"临床指引"，传播中国经验。期刊近年来发表了"成人慢加急性肝衰竭肝移植""劈离式肝移植供体及供肝评估"等专家共识，让国际上更多的学者了解到中国肝移植方面的诊疗经验，提升我国肝移植的话语权，促进国际学术交流与合作。

2.3 建立专家网络，增加审稿人黏度

审稿专家是期刊的宝贵资源，当前国内外医学期刊数量繁多，竞争激烈，新刊要注重建立和维持特有的专家网络。

(1) 参加国际会议，联络国际学术团体。2018 年和 2019 年间，本刊领导连续两年参加美国肝病研究协会年会(AASLD)，赴法国及奥地利参加欧洲肝病学会年会(EASL)，并出席在旧金山举办的首届美国华人肝脏学会(CALS)年会，高效宣传了期刊，结识了很多肝脏研究领域的学者，为组稿约稿工作奠定了基础。每当外籍编委到广州学术交流，编辑部会邀请其参加医院"岭南讲坛"作学术报告，进一步加强合作交流。

(2) 充分发挥编委学术优势。国际编委经常会受邀参加国内举办的大型学术会议，会议间隙便是编辑部面对面拜访的好机会。依靠编委引荐，编辑部通过一次会议便结识了20多位领域内专家，其中多位已发展为本刊的优秀审稿专家。

(3) 疫情期间开展线上交流。通过腾讯会议、ZOOM软件线上举办学术论坛、期刊发展推进会等。今年又成功策划并举办多场学术沙龙，成效显著。

(4) 情感上的交流是做好期刊工作的重要一环。遇到有些国外专家的实验室需要在国内招聘博士后等人员，编辑部利用自身在国内的资源优势协助专家发布信息。疫情期间，编辑部向需要帮助的专家寄送外科口罩等物资。国外审稿专家回国学术交流参会时，编辑也要尽可能提供帮助，比如协助其规划路线、订车票和酒店等。

2.4 精心发展与审稿专家的关系，提升审稿价值认同感

英文期刊编辑日常与国外专家交流主要是通过邮件沟通，要注意表达的语气、方式，做到书写规范、邮件回复及时高效，并展示诚意。在此过程中，编辑展现出的良好专业素养，有助于塑造期刊的良好形象，增强专家对期刊的认可与信任，更易争取到专家的长期支持[15]。编辑要注重和专家学者建立良好的互动关系。比如，在西方国家的重大节日发邮件送去节日问候。定期与编委联系，请编委推荐适宜的且愿意为期刊服务的审稿人。

当稿件派审后，编辑要随时追踪稿件的状态，如果专家迟迟没有接受邀请或提交评审意见，编辑则不能完全依赖系统的自动提醒功能，应从杂志邮箱另外单独写邮件跟进邀请，提高审稿效率[16]。在审稿人提交了审稿意见之后，编辑也应当及时向审稿专家同步所审稿件的进展，尤其在稿件退修以及接收等关键环节。此外，已建立稳定联系的审稿专家有时候也会拒审稿件，比如短期内教学任务过于繁重、在外旅行等。编辑要回信表示予以理解，下次有同类稿件再行邀请。

一项调查研究表明，审稿邀请是对评审专家学术水平和学术道德的肯定，而这种价值认同与荣誉感会随着期刊声誉的提升而增强[17]。编辑部向期刊审稿人定期推送其审阅的已发表文章的引用量和下载量等数据，期刊文章的广泛传播能够激发审稿人的工作热情及参与办刊的集体荣誉感。杂志每期刊出后，亦可将当期目录及电子版的全文进行邮件推送，让专家了解期刊的发文水平和进展。通过推送期刊的国际编委新增及专刊信息，PubMed文章、数据库收录情况，高被引论文频次等数据，让审稿专家看到期刊的进步与成长，增强其对"潜力股"新刊的信心，认可为新创办的英文期刊审稿是一件有意义的事，积极的正反馈使得专家更容易获得审稿价值认同感。

3 结束语

高质量的稿件是期刊核心竞争力的主要组成部分，审稿专家是稿件质量的守护者。新创办英文期刊的编辑人员要善于利用学术资源，多渠道挖掘期刊审稿人。同时，要与审稿专家建立长期联系，提升审稿人评审体验，吸引留住审稿人。最后，在提升期刊显示度和知名度的同时，注重增加审稿人黏度和专家的审稿价值认同感，逐步建成一支高质量、高效率的审稿专家队伍。本文以《肝脏研究》工作实践为例，希望能为我国新创办的英文期刊提供参考。

参 考 文 献

[1] 佘诗刚,马峥,许晓阳.中国科技期刊国际影响力提升计划实施效果与分析[J].中国科技期刊研究,2018,29

[2] 赵勍,李芳.中国科技期刊国际影响力计划2013—2015年D类项目入选期刊的办刊进展[J].编辑学报,2018,30(2):111-115.

[3] 谢暄,蒋晓,何雨莲,等.我国英文科技期刊影响力提升策略思考:写在职称制度改革之际[J].编辑学报,2018,30(2):125-128.

[4] 何满潮,佘诗刚,林松清,等.我国英文科技期刊国际影响力提升的战略与对策[J].编辑学报,2018,30(4):337-343.

[5] 蓝华,于渤.科技学术期刊学术质量影响因素分析[J].编辑学报,2009,21(5):392-393.

[6] 陈嵩,安菲菲,张敏,谭蓉蓉.对完善我国科技期刊同行评议机制的思考[J].编辑学报,2022,34(1):53-57.

[7] 王俊丽,郭焕芳,郑爱莲.英文科技期刊遴选审稿专家的途径与原则:以《中国化学快报》为例[J].中国科技期刊研究,2015,26(4):351-354.

[8] 何玉娟.科技期刊开展同行评议的实施举措和实操技巧:以《中国化学工程学报(英文版)》为例[J].编辑学报,2022,34(1):58-61.

[9] 李丹,苏磊,蔡斐.新形势下科技期刊审稿专家队伍建设[J].编辑学报,2019,31(增刊2):208-210.

[10] 张丹.论英文科技期刊优秀审稿人队伍的培养[J].编辑学报,2019,31(5):582-585.

[11] 陈晓峰,蔡敬羽,刘永坚.科技期刊同行评议中审稿人激励措施研究[J].中国科技期刊研究,2019,30(11):1157-1163.

[12] 于晓梅,张业安,吴坚.新媒体环境下学术期刊审稿人激励机制的优化:基于"审稿人积分制"的思考[J].中国科技期刊研究,2021,32(6):749-756.

[13] SEVERIN A, CHATAWAY J. Overburdening of peer reviewers: a multi-stakeholder perspective on causes and effects[J]. Learned Publishing, 2021, 34(4): 537-546.

[14] RODRÍGUEZ-BRAVO B, NICHOLAS D, HERMAN E, et al. Peer review: the experience and views of early career researchers[J]. Learned Publishing, 2017, 30(4): 269-277.

[15] 邹文娟,安瑞,肖鸣,等.学科编辑助力期刊影响力提升的策略与实践:以Science Bulletin为例[J].中国科技期刊研究,2021,32(12):1571-1577.

[16] BREUNING M, BACKSTROM J, BRANNON J, et al. Reviewer fatigue? Why scholars decline to review their peers' work [J]. PS: Political Science & Politics, 2015, 48(4): 595-600.

[17] DJUPE P A. Peer reviewing in political science: new survey results [J]. PS: Political Science & Politics, 2015, 48(2): 346-352.

高校综合性医学期刊现状、作用及发展对策

接 潇[1]，吴恒璟[2]，巩 倩[1]，李 锋[1]

(1.《同济大学学报(医学版)》编辑部，上海 200092；2.同济大学附属养志康复医院，上海 201619)

摘要： 高校主办的综合性医学期刊是我国科技期刊的重要组成部分。根据高校综合性医学期刊现状和特点，分析其在高校、附属医院、目标用户、重大公共卫生事件中的作用。结合目前发展情况，探讨高校主办的综合性医学期刊在目前国内形势和政策下，需抓住数字化出版时机，提高期刊影响力，发挥其在高校、科研中的作用。

关键词： 高校；综合性医学期刊；"双一流"建设；交叉学科；数字化

医学期刊作为医学学术成果记录的载体，是交流医学学术成果的重要平台，对医学学科建设和医学的发展起到重要作用。根据《中国科技期刊发展蓝皮书(2020)》，截至2019年底，中国科技期刊总量为4 958种，其中医药卫生类共有1 135种，相比2017年数据增加27种[1]。综合性医学期刊是指以报道综合性、交叉性和边缘性学科，以及新兴学科的医学科学研究成果为主，交流和探讨医药卫生科学各专科学者普遍关心的学术问题或重大医学课题，并以一级学科或二级学科命名的学术期刊[2]。根据2020年中国知网影响因子年报，全国医药卫生综合期刊共有212种，其中高校主办的综合性医学期刊有87种，占41%。高校综合性医学期刊与其他综合性医学期刊相比有着自身的特色，笔者根据中国高校主办的综合性医学期刊现况，阐述其作用与定位。

1 高校综合性医学期刊现状

高校医学期刊是依托高等院校创办并运行的医学期刊，作为医学期刊的主要组成部分，在展示高校及其附属医院科研成果和高校人才培养方面起到重要作用，是传播高校及附属医院医学科研成果的重要途径。由于综合性医学期刊缺乏聚焦性，学术论文包含医学的各个专业，相对于针对性较强的专业期刊，使依托高校的综合性医学期刊很难在某一专科有明显学术影响力。近年来，随着外科不同分支的发展，相适应于各个分支的对应期刊应运而生，读者和作者更倾向于把时间投向更具体学科分支对应的专业期刊[3]。因此，大量水平较高的专科研究论文被分流到专科学术期刊，这些都对综合类的期刊构成了竞争，很多综合期刊发行量逐年减少。欧阳卿等[4]对全国省级医学会独立主办的17种综合性医学期刊进行分析，17种综合性医学期刊的复合总被引频次平均值、综合总被引频次均明显低于综合性医药卫生期刊的均值，可见其学术影响力均偏低。

2 高校综合性医学期刊在大学的作用

2015年，国务院印发《统筹推进世界一流大学和一流学科建设总体方案》[5]，加快建成

一流大学和一流学科。高校科技期刊作为建立健全中国特色的学术评价和学术标准体系的一部分，对建立一流大学和一流学科有积极的促进作用。2019 年 8 月，中国科协、中宣部、教育部、科技部联合印发《关于深化改革 培育世界一流科技期刊的意见》[6]，该意见强调我国已成为期刊大国，但缺乏有影响力的世界一流科技期刊，必须进一步深化改革，优化发展环境，加快建设世界一流科技期刊。在医学等基础和优势学科领域，培育优秀期刊，提高国际竞争力，突出前瞻引领布局生物医学等新兴交叉与战略前沿领域，服务国家创新发展的战略需求，生物医学作为国家重点和前沿领域，任务重大，高校的综合性医学期刊在其中有着重要的作用，其对高校的影响体现在多个方面。

2.1 培养目标作者与读者

多数医学研究生的第一篇文章都发表在本校及附属医院主办的医学期刊，这对于高校培养读者与作者有重要的意义，医学院校涵盖各个学科，与综合类期刊对应，可以培养各个方面的潜在作者，以作者所在的《同济大学学报(医学版)》为例，期刊近 10 年文献分布在肿瘤、外科、心血管系统、内分泌、妇产科、泌尿等各个学科，在学科广度这个方面，高校主办的期刊有得天独厚的优势。在此基础上，我们可以培养一部分稳定的作者及读者，这些作者不仅可以在工作后向杂志输送质量有保证的文章，而且随着作者临床及科研能力的增加，可以成为期刊的客座编辑或审稿人，为期刊提供其他方面的助力。如《重庆医科大学学报》从审稿专家、编委和保持良好联系的学者中选择一部分担任客座编辑，编辑部与客座编辑共同参与编辑部选题策划，2015—2019 年《重庆医科大学学报》客座编辑参与约稿的文章数量、总下载量、总被引频次占比总体呈上升趋势，均高于其学报的自然约稿水平[7]。

2.2 高校综合性医学期刊的科普作用

2019 年 7 月，国务院正式发布了《关于实施健康中国行动的意见》[8]，与此同时成立健康中国行动推进委员会，发布《健康中国行动(2019—2030 年)》[9]，把提升健康素养作为增进全民健康的前提。医学学术期刊是传播医学知识和科研成果的重要载体，传统的期刊出版模式中，医学专业性强、出版时间过长，限制了期刊在普通民众中的推广，全媒体时代为医学专业期刊的推广提供了新的途径，专业期刊可以利用网站、微信等多种途径在推送专业期刊的同时附加推送相关科普知识，不仅可以吸引专业领域内读者，还可以吸引关注该领域的普通读者。如《协和医学杂志》通过微信公众号、今日头条、搜狐、一点资讯、知乎等平台进行新媒体方面的运营，以其运营最为成功的今日头条为例，共拥有 14.8 万粉丝，总阅读量为 860.8 万次，阅读量、阅读完成量较高的均为健康科普类和医学学术类结合的文章[10]。

2.3 高校综合性医学期刊在论文写作中的指导作用

高校医学期刊是本校研究生最便捷、直接的学术平台，很多在校研究生将本校期刊作为发表文章的第一选择，这使得高校期刊还可以承担研究生的论文指导工作。栾嘉等[11]对 2009—2011 年在《第三军医大学学报》投稿的作者进行问卷调查发现，医学论文写作课程设置不合理的情况普遍存在，任课教师对研究生论文写作指导不足，医学研究生对于论文写作的基层知识多来源于学位导师和自学。由于大部分在校研究生的论文写作水平不高，初次投稿的文章相对粗糙，逻辑不清晰。有研究显示，高校研究生的中文稿件存在写作欠规范、科学性不够、有学术失信和伦理不当等问题[12]。对于这一类的文章，编辑对于学生在论文写作、逻辑和医学伦理意识等方面都可以给予很多建议[13]。这不仅可以提高编辑在专业方面的认知深度，而且有利于和学生及导师形成良性的互动，形成潜在的作者和读者群。

2.4 参与高校的科研活动

高校科技期刊是高校主办的、以反映本校科研和教学成果为主的学术理论刊物,是开展国内外学术交流的重要园地,是高校科研活动的重要组成部分[14]。但根据研究显示,多数高校科技期刊并未构建与学科体系配套的学术期刊体系[15],且多数科研人员并不了解高校科技期刊服务学科建设的整体情况[16],这都反映出当前中国高校科技期刊存在学术期刊和学科发展不协调等问题。每个学校都有自己的优势学科,而本校科技期刊能够有针对性地组织本校优势学科相关专题稿件,可以有效地巩固优势学科地位,在第一时间发表其最新的研究成果,扩大本专业在领域内的影响,提高学科知名度。随着期刊数字化的发展,本校期刊可以优先展示其科研成果,以最快的速度进行广泛的传播,促进科研成果的高效转化。

2.5 促进交叉学科发展

交叉学科是学科整体化的具体体现,进入数字化时代以来,学科壁垒逐渐被打破,学科界限进一步模糊,学科交叉成为常态,2020 年的全国研究生教育会议决定新增交叉学科作为我国第 14 个学科门类[17]。面对这一情况,学术期刊需要对交叉学科发展的方向有精准的把握,利用自身的平台迎合交叉学科大的发展需求,从而达到学科与期刊协同发展[18]。尤其是本校综合期刊,作为本校科研成果的汇集地,给不同学科的老师搭建了交流的平台,通过在组稿、约稿、审稿不同阶段的把握,进行交叉学科的探索,为培育新兴学科和交叉学科提供平台[19],同时借此契机,提高期刊的社会和经济效益。

3 与所在高校附属医院合作

高校的附属医院相比其他医院有其独特的优势,尤其是综合性大学中学科门类齐全、学术资源丰富、高校人才培养体系健全,为附属医院提供全方位支持[20],高校的学术期刊也应积极参与附属医院活动,寻求合作,以求期刊与医院的共同发展。

3.1 根据附属医院的特色建立特色和热点栏目

高校综合性医学期刊的多数作者为临床工作者,期刊有优势根据临床优势学科进行专题约稿或建立特色和热点栏目,如《中华创伤骨科杂志》探索利用其学科优势,积极与医院建立学术工作坊模式的合作办刊,通过此方式提高期刊学术质量,扩大影响力,医院也扩大了知名度,取得了经济效益,取得了共赢[21]。

3.2 参与附属医院的学术和科研活动

医学的创新体现在医学诊疗方法进步、技术革新等各个方面,这种进步和革新是需要通过不断的交流产生的,高校综合性医学期刊给其附属医院提供了一个交流的平台。如《临床小儿外科杂志》每年都开展专题活动,先后组织儿外科相关疾病的多个专题,从疾病概况到具体医院各专科管理、从诊疗模式到具体手术方式、从现状到远景展望等方面都做了细致深入的报道[22]。同时,期刊编辑可以在参与学术和科研活动的同时丰富自己的专业知识和学术敏感度,在参与活动的同时寻找和所在期刊匹配的目标作者,跟踪热点学科和热门研究方向,扩充知识储备,在未来的审稿、组稿中给予审稿专家和作者补充意见。

4 基于作者和审稿人的高校综合性医学期刊的数字化发展

目前,多数高校综合性医学期刊的编辑是医学专业或出版专业人员,新媒体技术是近年来新兴的产业,很多编辑对其了解和掌握都不够。对于高校期刊来说,多数经费来源为学校,新媒体技术还会增加其人员和资金投入,且专业期刊应用新媒体产出较小,导致很多期刊对新媒体技术的应用都停留于最基本的层面[23]。国际上很多知名期刊因为发展较早,在发展和竞争中确定了以用户为中心的理念,如 Elsevier 出版集团旗下期刊在 1990 年代中期就开始使用提前在线出版(Advance Online Publication,AOP),极大提高了出版速度;或者 *Nature*、*BBRC* 等杂志,都很注重利用数字化的方式提高审稿人的积极性,以提高审稿速度[24]。如果高校综合性医学期刊想要实现与时代同步发展,需要抓住新媒体发展的契机,找到自身与新媒体时代结合的最佳方式,利用高校在国际上的学术影响力提高传播能力[25],做好在高校内固有的作者群和审稿人的期刊宣传工作,实现期刊与高校的共同进步。目前新媒体进入快速发展时期,高校综合性医学期刊应根据自身情况,在保证期刊专业性的同时,加快出版速度,依据其专业扩大其传播面,为用户提供更具有便捷性、高效性的医学知识与信息服务。

5 综合性医学期刊在重大公共卫生事件中的社会责任

科技期刊是人类文明、科技成果的汇集地,在科技发展、学术交流和成果推动方面起到重要的作用。在重大公共卫生事件出现时,科技期刊应利用其在专业知识方面的优越性,第一时间对重大公共卫生事件进行正向和积极的引导。2019 年末,新型冠状病毒肺炎(NCOVID-19)疫情在世界范围内广泛传播,医学期刊积极响应国家新闻出版署发出的"加强出版服务 助力打赢疫情防控阻击战"号召[26],一方面利用其在出版行业的优势快速精准地为临床一线工作者提供学术服务,另一方面积极组织稿件,将对抗疫情的成功经验、科研成果快速发表,达到经验共享的目的[27]。

6 结束语

高校综合性医学期刊是高校、附属医院的学术交流平台,如果能够利用其独特的优势,培养长期的作者和审稿人,利用新媒体模式与作者合作做好科普工作,提高国际影响力,可达到期刊和高校的共同发展。

参 考 文 献

[1] 中国科学技术协会.中国科技期刊发展蓝皮书(2020)[M].北京:科学出版社,2020.

[2] 周红.综合性医学期刊发展思考[J].中国科技信息,2005(19):170-183.

[3] 秦学军,游苏宁,韩静.从《中华外科杂志》看综合性医学期刊的发展[J].中国科技期刊研究,2004,15(2):218-219.

[4] 欧阳卿,郑海农.中国省级医学会独立主办的 17 种综合性医学期刊学术影响力分析[J].中华老年病研究电子杂志,2015(2):40-44.

[5] 国务院印发《统筹推进世界一流大学和一流学科建设总体方案》[EB/OL].(2015-11-05)[2021-11-09]. http://www.gov.cn/xinwen/2015-11/05/content_5005001.htm.

[6] 四部门联合印发《关于深化改革培育世界一流科技期刊的意见》[EB/OL].(2019-08-16)[2021-11-09]. http://www.cast.org.cn/art/2019/8/16/art_79_100359.html.

[7] 冉明会,唐秋姗,唐宗顺,等.提升学术影响力,创建一流期刊:医学综合科技期刊客座编辑精准约稿策略研究[J].中国科技期刊研究,2020,31(12):1454-1461.

[8] 国务院关于实施健康中国行动的意见[EB/OL].(2019-06-24)[2021-11-09].http://www.gov.cn/zhengce/content/2019-07/15/content_5409492.htm.

[9] 健康中国行动推进委员会.健康中国行动(2019—2030年):总体要求、重大行动及主要指标[J].中国循环杂志,2019,34(9):846-858.

[10] 刘洋,李娜,李玉乐,等.医学科技期刊新媒体爆款文章的特征及生成策略:以《协和医学杂志》实践为例[J].中国科技期刊研究,2021,32(6):719-725.

[11] 栾嘉,徐迪雄,李凤学,等.医学期刊编辑指导研究生论文写作的现状调查与需求分析[J].编辑学报,2014,26(2):178-180.

[12] 吴飞盈,季魏红,吴昔昔,等.高校医学期刊编辑提升研究生学术能力的思考与策略[J].温州医科大学学报,2020,50(6):514-517.

[13] 张同学.高校学报编辑视角下导师对研究生论文的指导责任[J].新闻研究导刊,2020,11(2):170-171.

[14] 谢文亮,张宜军,郑添尹.大学学报出版与学科建设协同创新研究[J].沈阳农业大学学报(社会科学版),2016,18(4):441-445.

[15] 朱剑.被遗忘的尴尬角色:"双一流"建设中的高校学术期刊[J].清华大学学报(哲学社会科学版),2020,35(1):1-16.

[16] 张彤,唐慧,丁佐奇,等.中国高校科技期刊服务学科建设的现状与对策:基于全国191所高校科研人员问卷调查[J].中国科技期刊研究,2021,32(3):313-324.

[17] 王峰.交叉学科将成第14个学科门类[J].科学大观园,2020(17):16-19.

[18] 魏志鹏.在学科交叉发展律动中探寻专业学术期刊服务学科的增长点[J].图书情报知识,2020(5):202-204.

[19] 沈亚芳,梁宜,开国银.中医药院校科技期刊助推"双一流"建设研究[J].浙江中医药大学学报,2021,45(9):1042-1046.

[20] 刘丽娟,易聆钰,全立明.浅谈综合性大学附属医院的科研现状与提升举措[J].世界最新医学信息文摘(连续型电子期刊),2016,16(77):22-23.

[21] 聂兰英,余斌.以学术工作坊推进临床医学类期刊与临床科室合作办刊模式探索:以《中华创伤骨科杂志》为例[J].编辑学报,2021,33(5):580-583.

[22] 王可为,王爱莲,谭李红.医学期刊助力医院学科建设的几点思考[J].临床小儿外科杂志,2019,18(4):323-325.

[23] 李晓.医学期刊数字化发展趋势及存在问题研究[J].广东科技,2014(20):206-206,174.

[24] 卢佳华,邓媛.国外科技期刊作者服务体系核心特色及启示[J].湖北科技学院学报,2020,40(6):77-81.

[25] 余溢文,赵惠祥,张弘,等.高校学报国际化探索与实践[M]//学报编辑论丛 2021.上海:上海大学出版社,2021(1):85-88.

[26] 国家新闻出版署.加强出版服务,助力打赢疫情防控阻击战[N].国际出版周报,2020-02-10.

[27] 马智,赵建逸,王巧林,等.医学期刊在突发重大公共卫生事件中的社会责任[C]//第十八届(2020)全国核心期刊与期刊国际化、网络化研讨会论文集.2020:206-208.

科技期刊市场化运营发展思路探析

孔艳妮

(《钢管》杂志社，四川 成都 610300)

摘要：在科技期刊全面实施体制改革以及期刊主办单位拨付出版经费有限和出版成本增加的背景下，科技期刊的市场化运营尤为重要，但我国科技期刊的市场化运营发展举步维艰；因此，笔者总结和分析了我国科技期刊市场化运营发展情况，以期为期刊运营者应对新形势、新变化、新挑战提供新思路。文章介绍了我国科技期刊市场化运营的必要性和重要性，总结了目前六种市场化运营方式，包括成立理事会、收取版面费、刊登广告、增加发行量、开展数字化增值服务和举办行业会议与培训。随着数字化媒体的快速崛起，传统纸质刊物的广告和发行量锐减，仅靠广告和发行收入远远不能满足科技期刊的日常运营。我国科技期刊只有探索出有效的市场化经营方式，才能实现社会效益与经济效益的有机统一，从而保证科技期刊的可持续发展。

关键词：科技期刊；市场化；运营；困境

科技期刊是彰显科技发展进程、展示科技实力的重要载体。由于科技期刊的专业性相对较强，受众面窄，相对其他期刊而言，发行量要小很多。虽然我国目前已成为世界期刊大国，但在期刊经营方面，仍与欧美等发达国家和地区存在巨大差距，我国科技期刊的市场化运营发展举步维艰。因此，探究目前我国科技期刊的市场化运营发展方式，并分析存在的问题，以期寻求长远发展的路径，从而为科技期刊运营者应对新形势、新变化、新挑战提供新思路，实现科技期刊高质量发展。

1 市场运营的必要性及重要性

1.1 必要性

在市场经济条件下，只依靠上级主管部门拨款已无法有效地帮助科技期刊实现高质量经营和发展，开展多渠道业务提高科技期刊的质量和水平已成为我国期刊发展的必要任务。

1.2 重要性

我国大部分科技期刊的办刊经费长期以来主要依靠主办单位拨款，来源渠道非常有限；而且科技期刊相对来说受众面窄、发行量不大，依靠发行费用维持运营可以说是杯水车薪。尤其是转企改制后，随着主办单位拨付经费的减少和成本(印刷成本、人工成本、运输成本等)的增加，以及网络媒体快速发展冲击导致的发行数量急速下滑，科技期刊办刊经费短缺的问题变得日益突出，资金问题的重要性不言而喻。因此，期刊社开拓办刊经费来源是科技期刊提高市场竞争力和办刊质量，甚至存活，不得不考虑的重要问题。

2 市场运营方式

2.1 理事会经费支持

我国出版政策法规对于期刊是否可以成立期刊理事会并未作出明文规定，但《期刊出版管理规定》第三十八条规定："禁止以采编报道相威胁，以要求被报道对象做广告、提供赞助、加入理事会等损害被报道对象利益的行为牟取不正当利益。"因此，李旗纲认为，期刊若按照自愿、平等、双赢的原则组建和发展理事会，是可以的[1]。据调查，美国很多成功的专业期刊都是采用了理事会制度[2]。我国也有一些科技期刊已组建理事会进行市场经营，扩大了办刊经费来源。

利用科技期刊在行业内的公信力、影响力和知名度，行业单位加入期刊理事会并缴纳会费，这为期刊的持续发展提供了相对稳定和持久的经费来源。期刊与期刊理事会是有利益链接的，因为期刊理事单位(企业)需要宣传、需要信息、需要策划、需要服务等资源，而科技期刊缺的是经费但又正好可以提供这类资源[3]。由此，期刊理事单位每年给予期刊一定的经费支持，借助期刊搭建一个融政策指导性、理论研究性、技术实用性、经验交流性和知识趣味性于一体的专业服务新平台[4]，从而享受期刊的全方位服务，比如在刊物上对理事单位进行形象宣传、产品推广，及时提供行业研究和发展趋势动态信息，为有意向合作的企业、科研院所牵线搭桥，为各方提供交流机会，赠阅期刊等[5-6]。例如，《黄金》《工业建筑》都已组建了理事会。这两种刊物组建理事会后，由于理事单位在办刊经费上给予了一定的支持，增强了这两种刊物的经济实力，也使得这两种刊物从市场、管理不同层面把我国黄金行业和工业建筑行业的企事业单位紧紧联系在一起，并在交流科技成果、传递科技信息、促进科技成果转化等方面发挥了不可替代的作用，增强了刊物在市场化运作过程中的竞争力。又如，2012 年《岩石力学与岩土工程学报》(英文版)组建了期刊理事会，共 8 家协办单位，每家协办单位每年出资 5 万元资助学报发展[7]，有效缓解了办刊经费紧张的问题。

总之，组建期刊理事会已成为一些科技期刊筹措办刊经费的途径之一。但据调查，科技期刊理事会在我国作为一个新兴模式，其运营还是存在一些问题。例如，一些期刊将经济效益看得过重，忽视了社会效益，商业化气息过浓，更多地从商业化角度看待论文，致使期刊学术水平走低；在同等条件下优先发表理事单位论文，与理事单位进行"花钱买版面"，违背了公平公正原则，损害了科技期刊的形象和公信力；采编与经营未分开，虽设立了理事会秘书处，但鉴于人员配置不足，秘书处人员往往是由期刊采编人员兼任的，或者采编人员长期参与理事会大量业务，一方面影响了采编工作的正常进行，另一方面也极易出现人情稿，降低了期刊科技含量。此外，还有一些期刊社在理事会运营中单方面追求自身利益，收取的理事会费用与所能提供的服务不匹配，或者很少开展活动，导致理事单位不断流失[1]。因此，我国科技期刊社仍应将社会效益放在首位，处理好社会效益与经济效益的关系，严格执行国家有关政策法规，提高服务质量和水平，建立健全的章程规范运作理事会，以期与企业达到互惠互利、合作共赢的目的。

2.2 版面费收入

有种观点认为，版面费的收取会在一定程度上影响稿件质量。对于一些知名刊物，比如被 EI、SCI 收录的刊物，版面费的收取动辄几千甚至上万，那为什么还有那么多作者投稿呢？并非作者缴纳版面费时"钱包不疼"，其中不排除作者可以报销版面费的情况，但不能报销版面费的作者也宁愿花钱发文在知名刊物上，为什么呢？笔者认为，最重要的还是作者对SCI、EI、知名刊物发文有需求。

目前，科研院所的自身资源受限，内部评价体系专业性和公允性仍待提高，但又为了完成职称评审或绩效考核等工作，科研院所需要寻找一种相对客观的标准对员工的学术成果进行评价，在此背景下，学术期刊在某种程度上成为科研院所评价员工科研成果水平的"第三方评价机构"，"唯论文等级""唯论文数量"成为评价员工的次优选择。笔者了解到，在SCI、EI刊物上发文，有些单位甚至奖励上万元，且在职称评审及年度考核时优先考虑。

2016年5月30日，习近平总书记号召"广大科技工作者要把论文写在祖国的大地上，把科技成果应用在实现现代化的伟大事业中"[8]。目前，大家的唯SCI/EI论观念正在改变和破除。当然，为了提高我国期刊的国际竞争力，我们也进行了一系列的改革，如出版社的市场化办刊、集团办刊等，这些都为我国期刊的发展注入了新动力，但在改革过程中，一些期刊片面追求经济效益，弱化期刊的社会效益，忽视稿件质量，只要作者付了版面费，简单初审后就予以发表，而且期刊每年的载文量飞涨，这虽然快速地提高了期刊社的经济收入，但也不可避免地影响到期刊的质量，对于期刊来说，带来的负面影响更是长远的[9]。

笔者认为，是否收取版面费需根据自身情况来定，以质量为主，寻求一个平衡点，不能为追求经济效益而忽略社会效益，毕竟木桶盛水的多少起决定性作用的是那块最短的木板，而不是最长的那块。另外，在破除"唯论文"背景下，不管是否收取版面费，我们学术期刊都应该坚持自己的初心使命，刊发高质量论文，公平公正地对待每一篇论文；明确自己期刊的特色，打造学术品牌，避免同质化竞争；主动亲近作者群体，融入学术界；坚持稿件评审的公平正义，坚持"三审三校"制度，避免单一审稿人的偏好导致对稿件的判断出现偏差，还可以在外审过程中采用双向匿名评审制度，保证审稿程序的客观公正[10-11]。例如，《钢铁钒钛》虽收取一定的版面费以缓解科技期刊的资金短缺问题，但仍旧坚持"三审三校"制度，坚守"办优质刊物"的初心，刊物质量逐年增加。

2.3 期刊投放广告收入

科技期刊刊登广告已处于困境，具体表现在以下几方面：①科技期刊是典型的平面媒体，刊登的广告也以企业形象展示、企业产品展示为主，但目前广告活动在新技术的推动下有多元的表现形式，除了传统的平面广告、视频广告之外，还具有互动形式、体验性质，可是科技期刊自身传播手段单一，根本无法生动地呈现这类新型广告；②科技期刊的出版周期长(少则半个月，多则半年)，版面有限，刊登信息的容量小，远远不能满足广告的时效性与信息量要求，已不是理想的行业信息获取平台，广告签订量和期刊订阅量呈"双减"态势[12]；③部分科技期刊发布的广告页面创意不够，仅仅是图片和文字的简单排列，视觉审美效果差，吸引力不够，客户对广告的印象不深，宣传效果不好[13]。

科技期刊开展广告经营并非没有可取之处，其还是存在优势的。比如，科技期刊具有连续、定期刊载的功能，且保存性好，能保证广告的连续性，在较长时间段都能保持着宣传效果，反复阅读率较高；科技期刊在学术领域具有权威性，科学、规范地发布广告时广告的可信度较其他媒体平台要高。例如，《钢管》在2000年以前就开展了广告业务，在钢铁行业好的时候(2010年左右)刊登广告60多个版面，2012年受国内经济增速放缓的影响，我国钢铁行业整体下滑，《钢管》杂志的广告业务也受到明显冲击，但目前广告业务仍是《钢管》杂志办刊经费的重要来源之一。

鉴于此，笔者认为，首先科技期刊主管、主办部门要充分认识期刊广告经营活动的重要性，带头并鼓励编辑人员充分参与到广告经营活动中来，制定相应激励机制，在政策和经费允许的基础上给予广告联络员相应激励；其次，在保证广告信息真实性和有效性的基础上，提高自身的美学素养，设计可找专业的广告设计公司，毕竟新颖独特、形象突出、有强烈艺术感染力的广告能给读者带来美的享受；再次，选择信誉好、专业性强的广告代理公司，并与其签订合约，以保证每年征集广告的数量和质量；然后，要注重广告投放后的效果反馈工作，及时为广告客户反馈读者对企业产品的意见、评价，争取企业投放广告后行业能提升对该公司产品的认知度，若有销售量就更好，争取与广告客户进一步合作的机会[13]；最后，很多科技期刊已搭建了新媒体平台，如微信公众号、视频号、抖音、快手，纸刊与这类新媒体平台可形成媒体矩阵，将用户的个性化需求融合进这类新媒体平台，以精准地完成期刊广告业务推广，保证自身广告业务具有较高的前瞻性和时代性，增强广告投放效果[14]。

2.4 期刊发行收入

表 1 和图 1 是近些年我国期刊种类和期刊出版数量，以及我国报刊广告及发行收入，是笔者节选自《2020—2021 年中国传媒产业发展报告》[15]。可以明显看出，与 2014 年相比，虽然 2020 年我国期刊种类增加了 2%，但期刊出版总量却缩减了 35%，说明近年来期刊种类增多了而市场占有率却没有增加。由此可推断，我国科技期刊的订阅量也在大幅下滑，当然发行收入也是大幅下降的，期刊发行收入由 2013 年的高点 200 亿元以上下降至 2020 年的 120 亿元左右(图 1)，广告收入也下降了一半以上。例如，《岩石力学与岩土工程学报》(英文版)的读者征订量在 2014 年时仅为 100 余份[7]，近年来更是日益减少。又如，《钢铁钒钛》则是以赠送为主。

笔者认为，期刊发行已在走下坡路，而且受网络获取信息资源便捷化发展的影响，发行量及发行收入总体下降的趋势不会得到改变，期刊发行收入微薄。

表 1 2014—2020 年我国期刊种类和期刊出版数量

项目	2014	2015	2016	2017	2018	2019	2020
期刊种类/种	9 966	10 014	10 084	10 130	10 139	10 171	—
期刊出版数量/亿册	30.95	28.78	26.97	24.92	22.90	22.00	20.00

图 1 2010—2020 我国报刊广告及发行收入

2.5 数字化增值服务收入

随着信息传播的速度越来越快，新媒体的种类也不断涌现出来，诸如微博、博客、微信公众号、微信视频号等。因此，有学者认为，科技期刊可以提供数字化增值服务。这是一种科技期刊相关的服务，是针对用户的需求，以数字化和网络化为基础，由期刊社组织整理的重组性内容，使用户可以得到更高使用价值[16]。例如，《中国激光》杂志以光学科技期刊资源为核心，目前已形成了包括中英文光学期刊出版平台、微信公众号矩阵、微信群矩阵、微博等新媒体集群化发展，发挥光学资源优势，运营了"中国激光""高功率激光科学与工程""科学文字社""爱光学"4个微信公众号，用户群体10万，订阅人数与头条阅读量位列科技类微信的前20%[17]。

但问题是，若要实现期刊数字化增值服务，就必须对现有的信息进行整理加工和重组，这对科技期刊社自身能力建设提出了更高的要求，而打造的平台是否能引起用户共鸣，离不开期刊社的人才素质和自身经营水平。人才是科技期刊数字化转型升级的重要组成部分。这要求科技期刊人才既有一定的专业理论知识，还要有全面的研究能力和巨量资源开发的能力，能深入挖掘用户的需求，更要有高的组织策划能力，以及良好的社会沟通能力[16]。科技期刊人的知识技能决定着数字化增值服务的输出和推送。

2.6 会议与培训收入

期刊社利用自己的交流枢纽作用，组织一些行业交流会。此外，还可以开办论文写作会，帮助企业提高员工科技论文写作水平。一般情况下，科技论文工作者都受到了高等教育，一般都有写作素养，而大型国企也会系统地对员工进行写作培训，他们对论文写作会的需求不是很高，反观一些民营企业在企业发展前期将重点放在企业效益上，对一些软实力，如科技论文的写作、发表并不重视，随着此类企业进入发展中期，则会注重这方面。例如，《黄金》杂志每两年举办一次全国黄金技术交流会，主办单位为《黄金》杂志社，协办单位由《黄金》杂志社的主办单位长春黄金研究院有限公司、协会、其他单位等组成，支持单位有时可达近20家。参会的企业可以聆听到前沿技术报告，了解行业发展动态和趋势，对企业未来的规划大有裨益，而这种模式也提升了《黄金》期刊的影响力，实现了以刊促会、以会养刊，并取得了一定的经济效益。

3 结束语

除上述几种方式外，科技期刊的办刊经费来源还包括政府基金资助、被数据库收录的版权费等，但获得政府资助的期刊毕竟是少数，而数据库收录的版权费也是相当少的。总体来讲，我国大部分学术期刊的办刊经费来源渠道非常有限，如何利用有限的办刊经费，管理好创收所得，也值得期刊经营者思考。

新媒体时代，对于我们这类体量小的传统科技期刊而言，更应积极转型发展，走融合改革发展之路，提高市场经营能力，首先要保证生存，然后再实现高质量发展。因此，探索有效的市场经营模式，挖掘科技期刊市场经营潜能，开展并制定严格的、有针对性的市场经营策略，才能实现科技期刊的社会效益与经济效益，保证期刊的可持续发展。

参 考 文 献

[1] 李旗纲.我国科技期刊理事会运营模式现状、问题与对策研究[J].中国科技期刊研究,2021,32(1):49-54.

[2] 马兰.美国科技学术期刊运作模式研究[J].编辑学报,2013,25(4):405-408.

[3] 李权林,陈斓.办刊新理念期刊理事会的打造[J].云南大学学报(自然科学版),2011,33(增刊2):43-45.

[4] 邓坤烘.理事会:科技期刊发展的新平台:以《科技创业月刊》理事会为例[J].中国科技期刊研究,2014,25(3):

412-415.

[5] 骆欢欢,李海霞.谈谈中医学期刊的理事会经营模式[J].中国中医药现代远程教育,2013,11(16):151-152.
[6] 黄小茹.科学编辑理事会促进科技期刊出版诚信的政策与措施[J].编辑学报,2009,21(1):92-94.
[7] 林松清,占莉娟,董艳玲.我国科技期刊资金压力问题的一些思考[J].中国科技期刊研究,2014,25(7):918-924.
[8] 央广网.习近平治国理政"100句话"之:把论文写在祖国的大地上[EB/OL].(2013-06-10)[2022-06-02]. http://m.cnr.cn/news/yctt/20160610/t20160610_522366922.html.
[9] 张建军.学术期刊创办初心的异化和成因分析浅论[M]//学报编辑论丛 2021.上海:上海大学出版社,2021: 89-92.
[10] 付一静,孙晓雯.论学术期刊的编辑引导职能[J].中国编辑,2021(4):50-53.
[11] 龚浩川.破除"唯论文"背景下学术期刊面临的挑战与应对[M]//学报编辑论丛 2021.上海:上海大学出版社, 2021:133-136.
[12] 丛珩.新媒体环境下我国广告行业期刊的生存现状与发展路径研究[J].出版发行研究,2017(1):57-60.
[13] 侯世春,陈银娥.论科技期刊开展广告经营的优势与潜能开发[J].编辑学报,2017,29(S2):82-84.
[14] 刘颂华.新媒体时代下的传统广告媒体转型研究[D].厦门:厦门大学,2018.
[15] 2020—2021年中国传媒产业发展报告[EB/OL].(2021-10-19)[2022-06-03].https://www.sohu.com/a/ 495972863_120013493.
[16] 张静.科技期刊接触数字化手段提供增值服务探析[J].编辑学报,2013,25(2):105-108.
[17] 马沂,杨蕾,王晓峰.培育世界一流杂志社的思考与实践:中国激光杂志社10年集群化发展回顾与展望[J]. 中国科技期刊研究,2020,31(10):1210-1216.

从旅行商问题的视角对高校学术期刊可持续发展的思考

王东方[1]，赵惠祥[1]，张　弘[1]，刘玉妹[2]

(1.《同济大学学报(自然科学版)》编辑部，上海 200092；2.《建筑钢结构进展》编辑部，上海 200092)

摘要：将高校学术期刊出版流程优化看成一个多目标旅行商问题。针对高校学术期刊出版流程最优路径选择问题，探寻一条遍历出版流程中的各个环节的最优路径。从高校学术期刊发展背景出发，以期刊界的双一流：一流期刊、一流期刊编辑队伍为目标，使用遗传算法求解多目标旅行商问题。核心思想是随机生成初始化种群：一支可持续发展团结协作的编辑队伍，然后进行训练。训练的过程分为交叉、变异、选择。通过不断生成新种群和稳定适应度寻求策略的过程求得最优解。创新人才培养是双一流背景下期刊建设的基座，多方位入手提升学报影响力，是双一流背景下期刊建设的制胜法宝。为寻求稳定适应度，阐述了一流高校学术期刊的发展瓶颈及其对策。借助旅行商问题梳理了实现高校学术期刊可持续发展的思路。

关键词：旅行商问题；遗传算法；高校学术期刊；可持续发展

1　旅行商问题

旅行商问题(travelling salesman problem, TSP)：给定一系列城市和每对城市之间的距离，求解从起点出发，访问每一座城市(需求点)一次并回到起始城市的最短回路(最小路径成本)。它是组合优化中的一个非线性困难问题，在运筹学和理论计算机科学中非常重要。

旅行商问题是组合数学中一个古老而又困难的问题，至今尚未彻底解决。因此，人们转向寻找近似算法或启发式算法，其中较有成效的是遗传算法。使用遗传算法求解多旅行商问题。核心思想是初始化种群，然后进行训练。训练的过程分为交叉、变异、选择淘汰三个部分。通过不断生成新种群和稳定适应度的过程求得最小路径最优解。遗传算法求解旅行商问题过程如图 1 所示。图中，Random( )为随机函数，P_C 表示交叉率，P_V 表示变异率，N 为迭代次数，N_{max} 为最大迭代次数。当 $N > N_{max}$ 时，迭代结束，这是停止准则。图 1 提供算法的初始化、交叉、变异、选择淘汰的大致框架较为明晰，可以看出算法的实现条件。

2　遗传算法和层次分析法

2.1　遗传算法

遗传算法是根据问题的目标函数构造一个适值函数，对一个由多个解(每个解对应一个染色体)构成的种群进行评估。经过运算、选择、多代繁殖，获得适应值最好的个体作为问题的最优解。该算法是一种全局搜索方法，其主要内容是种群搜索策略和种群中个体之间的信息交换[1]。

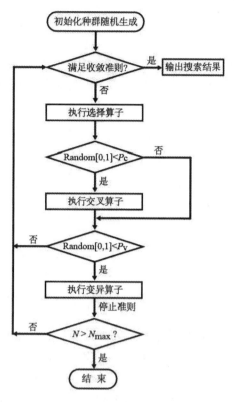

图 1 遗传算法求解旅行商问题过程

遗传运算交叉和变异,是遗传算法的精髓所在。交叉,同时对两个染色体进行操作,组合两者的特性产生新的后代,交叉率 P_C,定义为各代中交叉产生的后代数与种群中的个体数比。变异,是在染色体上自发地产生随机的变化,它提供初始群不具备的基因,还可以找到丢失的基因。变异率 P_V,定义为种群中变异基因数在基因总数中的百分比。它控制着新基因导入种群的比例。

选择策略是从当前种群中选择适应值高的个体以生成交配池的过程。选择的主要目的为了避免基因缺失,提高全局收敛性,从而提高计算效率。

2.2 层次分析法

针对高校学术期刊出版流程优化这一多层次多因素问题,许多因素会影响判断,尤其像省时、方便以及学术影响力等(这些因素无法量化或完全量化)。这些因素同时也是判断方案优劣的准则。本文后续的文章将采用层次分析法结合定性和定量两个方面,找到一个比较合理而折中的评价标准。本文不将展开讨论。

3 高校学术期刊发展背景

2015 年,国务院印发了《统筹推进世界一流大学和一流学科建设总体方案》,"双一流"建设纳入国家战略。2020 年 9 月,习近平总书记在科学家座谈会上的重要讲话中强调:"要办好一流学术期刊和各类学术平台,加强国内国际学术交流。"作为科研成果的主要载体和重要平台的学术期刊,服务高校"双一流"建设是其不可推卸的时代使命[2]。2018 年 11 月 14 日,中央全面深化改革委员会第五次会议召开，会议审议通过了《关于深化改革 培育世界一流科技期刊的意见》。会议强调，科技期刊传承人类文明，荟萃科学发现，引领科技发展，直接体现国家科技竞争力和文化软实力。要以建设世界一流科技期刊为目标，科学编制重点建设期刊目录，做精做强一批基础和传统优势领域期刊[3]。2019 年 9 月，为贯彻落实《关于深化改革 培育世界一流科技期刊的意见》，中国科协等 7 部门联合实施"中国科技期刊卓越行动计划(2019—2023 年)"，进一步推动科技期刊的改革发展。教育部新一轮"双一流"评估将把科技期刊纳入指标体系。

作为体现学科前沿进展和学术成果重要传播载体的高校学术期刊，在学术成果创新，服务学科建设和培养学术人才等方面发挥了重要作用。目前，我国各级、各类高校所办期刊共有 2 500 多种，约占全国期刊总数的 1/4，其中大学学报共 1 700 种左右，约占高校期刊总数的 2/3，平均每所高校有 1.26 种[4]。高校学术期刊不仅体现了高校的科学创新能力，而且集中体现了国家的科学研究的创新能力。"双一流"建设是继"211 工程" "985 工程"之后的又一个国家战略，该战略不仅有利于提升我国高等教育的综合实力和国际竞争力，而且为我国教育强国提供了有力的支持。

4 一流高校学术期刊、一流期刊编辑队伍为目标

高校学术期刊办得好与坏，反映了一所高校科研、教学水平及科技力量的高低。编辑环节是高校学术期刊工作的重心一环，编辑加工是审稿的延续和深化，是期刊出版前对稿件质量进行保护的十分重要的环节。编辑人员是联系作者、审稿专家、读者，以及编委、主编的纽带，是贯彻办刊宗旨的执行者。高校学术期刊的竞争也是编辑人才的竞争，双一流学科背景下对编辑人员的知识结构、业务素养、思维能力、心智能力、道德修养、团队合作等均有较高的要求，特别需要"一专多能"的复合型编辑人才。当今科技、信息瞬息万变，在这种情况下，知识单一编辑人才难免会吊死在一棵树上。另一方面，复合型编辑人才相对于知识单一编辑人才，因知识面更广而能够融会贯通方方面面的信息与知识，而现代的行业大多是跨学科或多领域的。因此，建立一支可持续发展、团结协作的编辑队伍，是建设一流学术期刊的重要部分，也是高校学术期刊可持续发展的根本保障。

4.1 双一流背景下期刊建设

拥有一批国际一流的科技期刊是科技强国的重要标志之一，而我国高影响力期刊在全球占比仍较低。一本获得世界认可的一流期刊往往需要数十年的积累。能够获得世界认可的一流期刊除了优质稿源、专业化、国际化、专利保护等方面外，最重要的是刊发创新性的科学研究成果。这就需要期刊注重创新人才培养。

4.1.1 "双一流"建设背景下期刊创新人才培养

编辑创新人才是期刊单位的核心力量和核心资产。编辑的眼光和水平决定着期刊的品质。一流的高校学术期刊编辑人才培养依托高校一流的科研成果和一流的学术团队，高校编辑人才和高校的学术实力及学术人才相互渗透、相辅相成。可看成是初始化种群：一支可持续发展、又团结协作的编辑队伍，然后进行训练。训练的过程分为交叉——双一流学科建设下学者型编辑，学者型编辑热爱并执着于科学研究，掌握了相关学科领域的知识，并熟悉相关学科领域的最新研究动态以及以后的发展趋势，具有专家学者广博的专业学识和敏锐的判断力，同时也具有相邻学科的延伸知识；变异——"一专多能"的复合型编辑人才，"一

专多能"的复合型编辑人才除具备广博和精深的专业知识外,同时还应具有较宽广的学术视野和较强的社会服务能力,是对应于国际社会公认的一流大学的学术编辑的评价标准。"双一流"建设背景下期刊创新人才培养,是"双一流"背景下期刊建设的核心任务。一流的编辑人才培养是建设世界一流大学期刊的重要基础,没有高质量的编辑人才的培养,建设一流大学期刊就缺乏基础;一流的编辑人才培养也是建设世界一流期刊的重要支撑。我国学术期刊的同质化现象反映出办刊者的创新意识不强,专业分工不突出等深层次的问题。一支专业化的期刊创新人才队伍的培养迫在眉睫。在高校"双一流"建设契机下,高校学术期刊编辑除了要具备与新的出版形态,例如信息化,相适应的技能外,更应提升自身科研水平,培养科研探索精神,促进编辑自身及期刊的可持续发展。

4.1.2 训练的过程选择淘汰

初始化种群为一支可持续发展团结协作的编辑队伍,然后进行训练。训练的过程分为交叉、变异、选择淘汰——对知识结构、业务水平、道德水准、团队精神等均有较高要求,三个部分。经过交叉、变异,知识结构、业务水平、道德水准、团队精神等综合指标不符合要求的编辑实行淘汰制,比如,暂时取消责编资格等,这是一个动态调整的过程,一定时间范围内,允许自我努力与调整,达标后允许其"复活"。再次进入初始化种群的队列。

4.2 双一流背景下期刊高校学术期刊内部环境建设

文献[5]于2003年分析了我国高校学报发展的外部环境(面临新技术革命的到来,"经济全球化"与"教育国际化","信息网络化"与"科技同步化")和内部环境(高校专业人才优势,编辑队伍及刊物状况),探讨了学报国际化的必要性与可能性,提出尝试建立高校学报国际化同行评审的新举措,努力推动学报实现可持续发展和关于我国高校学报国际化对策思考。现今,"经济全球化"与"教育国际化","信息网络化"与"科技同步化"依然是我国高校学报发展的外部环境。教育部新一轮"双一流"评估将把科技期刊纳入指标体系。高校"双一流"学科与高校学术期刊共赢建设[6]迫在眉睫。一流学科建设为高校学报发展提供机遇,而高校学报为一流学科建设提供平台。本刊近年获得两项基金资助:①"中国科技期刊卓越行动计划"(2019—2023年);②上海文教基金"同济大学学报国际影响力提升计划"(2018—2020年)。为提升期刊影响力,基于一流学科建设的学报内部环境发展新对策如下(以本刊为例)。

4.2.1 多方位入手,提升学报影响力

在良好的高校学术期刊生态环境下,注重稿件质量,为缩短文章的发表周期,运用现代技术,完成了XML一体化在线编、校、排平台的推广,使本刊全面实现网络OA出版和优先数字出版,以及PDF和HTML同时发布;出版行业的产业调整和转型升级使得数字化办刊成为期刊发展的大趋势,也是实现与国际接轨的新举措[7]。为提高国际影响力,注重英文题目、英文摘要、关键词,便于检索;为满足读者碎片化的阅读需求,微信推出重点文章。还不忘更新编委队伍,编委的遴选遵循学术优先、学科均匀分布的原则,为避免学术老化和思维固化,每1~2年都对编委成员进行调整,去掉"挂虚名"的编委。编委会的成员包括本国编委和国际编委。

4.2.2 以学科优势创建特色栏目,建立多元化组稿模式,打造学科建设平台

自2021年第6期开始,本刊每期推出至少一个专题介绍和专题栏目,笔者针对同济大学的桥梁工程(一流学科),于2021年第8期、2022年第6期分别推出了组合结构桥梁专题:组合结构桥梁是继混凝土桥梁和钢桥之后的一种新型桥梁,通过在桥梁不同部位合理布置混凝

土和钢材使两种材料的优势得到充分发挥，实现相比于单一材料桥梁具有更好的受力性能和经济性能，成为了21世纪一种极富创新的桥梁结构形式；建筑室内外环境的数值模拟专题：建筑室内外气体污染物的释放与扩散给城市环境质量及居民生命健康带来了危害。对建筑风环境、气体污染物的扩散进行精细化模拟，以及对污染源进行反演，可以为提高城市居民生活健康水平以及制定相应的应急管理措施提供重要的参考信息。

4.2.3 培养新型编辑人才，提高专业化办刊水平

培养新型编辑人才详见4.1.1节。一支可持续发展团结协作的编辑队伍，经过交叉、变异、选择淘汰三个部分。通过不断生成新种群和稳定适应度的过程求得最小路径最优解。合理的流程(路径)至关重要，4.2节即为选择的欲达到高校学术期刊可持续发展的合理的路径。

5 一流高校学术期刊的发展瓶颈

为寻求稳定适应度，下面阐述一流高校学术期刊的发展瓶颈及其对策。

5.1 优质稿源获得难度大

巧妇难为无米之炊。学术论文稿源是科技学术期刊生存的基础，优质稿源对提升学术期刊质量至关重要，刊发大量的优秀论文则是从普通期刊成为优质期刊的必经之路。国内高水平论文的数量仍然不多，很多文章研究成果没有创新性，例如，有的是套用雷同的实验框架，仅仅对实验材料进行更换而已，以致学术期刊编辑只能在科研水平一般的稿件中选登。由于长期缺乏优秀稿源，期刊的质量无法得到有效的提高。编辑人员需要更多地走进专家队伍参与沟通互动，并打造学术交流平台让众多领域的专家学者进行交流。比如，4.2.2所述的以学科优势创建特色栏目，建立多元化组稿模式，打造学科建设平台。

5.2 编辑职业认同感和满意度欠缺

目前我国高校学术期刊编辑的工作范围不仅包括稿件送审、审稿的把关、编辑校对、组稿和约稿等，有的还包括排版。这导致编辑认为工作量太大，认为编辑职业没有发展希望。编辑对自己单位没有足够强的归属感，从而导致对专业领域缺乏或丧失好奇心，也就缺乏深耕和探寻的热情和耐性。一些编辑工作定位不清，个别编辑不专也不精，这影响其他大多数编辑的工作积极性、创造性和满意度。有条件的编辑面对薪金诱惑容易跳槽。从而影响了编辑团队的建设规划，极大地影响了高校学术期刊的可持续发展。

5.3 国际化办刊人才、复合型编辑人才缺乏

学术期刊国际化主要指语种、作者、审稿、编委等国际化；编辑、出版和经营国际化。创办具有国际影响的一流期刊，其中国际化的办刊人才是最重要支撑和最有力的保障。高校学术期刊出版单位应将提高编辑复合型知识和技能、培养国际化办刊人才视为重中之重。目前，中国高校主办的真正具有国际影响的科技期刊还不多见。最重要的原因之一是缺乏既精通英语又有国际化办刊理念的高层次编辑人才，尤其是缺乏这方面的青年编辑人才。学术期刊编辑对学科发展动态的关注、精准捕捉学术前沿、与国际国内专家学者沟通和探讨、为有科学创新但存在语言撰写能力不够的研究成果提出建设性的意见等方面仍较欠缺。期刊国际化认知程度较低，如对国际上一流期刊的发展环境、管理模式、运行机制、经营模式、编辑模式等了解不清晰。另外，新媒体技术运用能力也较低，难于利用其来提升期刊影响力。

复合型编辑人才的核心要素是关注创新意识、专业知识、信息技术和跨界思维四位一体。复合型编辑人才要求具备较高的政策水平、精深的专业素养、较强的选题策划能力、人文综

合基础,信息技术操控和沟通协调能力,以及多媒体图像和文字处理能力等。在编辑职业认同感和满意度欠缺的情况下,复合型编辑人才的培养难上加难。

6 不断生成新种群和稳定适应度(寻求策略)的过程求得最优解

学术影响力是科技期刊生存和发展的根本[8]。文献[8]通过调研我国主办的100种科技期刊在优质稿源建设、高质量审稿、编辑出版、国际传播力建设等方面的具体做法,探讨处于不同发展阶段科技期刊面临的主要困境和提高影响力的策略,得出结论:创刊初期,应从争取优质稿件、提高识别度、组建高水平办刊团队等方面快速提升学术影响力;处于上升期的期刊,应立足中国实际,提高编辑策划与把关能力、提升开放办刊水平等;稳定期,应从加强学术引领能力、服务能力和运营水平等方面提升影响力;转型期应善于利用自身优势,走差异化办刊路线,向"专、精、特、新"发展。本章从内容为王、重构编辑职业认同感和满意度、培养国际化办刊人才、复合型编辑人才等方面加以阐述。

6.1 积极开拓稿源,吸引优质稿源

内容为王,期刊任何的发展阶段都是如此。稿件的质量是期刊的核心竞争力[9]。高校学术期刊若完全靠自由来稿肯定会陷入被动。因此,主动组稿和约稿、开拓稿源才是上策。想要邀约到有学术分量的稿件,一个不懂专业的人是做不到的,也无法从海量的来稿中遴选出优质的稿件。目前高校学术期刊界已经普遍认识到约稿对提升期刊学术水平的重要性,因此在选题策划、组稿约稿等方面都开展了大量的工作。配合"双一流"建设,一流学科建设为高校学术期刊发展提供平台和机遇,高校一流学科所在的科研团队就是学报最好的组稿对象;高校学术期刊配合学科发展,促进学科交叉融合;除依托校一流学科外,可以瞄准基金项目及重大科技项目和中科院重点科研单位和业内大咖;可以发挥编委和主编的作用;还可以面向科研前沿主力。由于目前科技期刊种类繁多,作者的选择余地大,只有期刊影响力大、编辑部服务意识强才能不断地吸引作者。

6.2 重构编辑职业认同感和满意度

编辑职业认同感,是组织归属感,也是员工与组织之间相互连接的纽带,是预测雇员流失率的指示剂[10]。面对编辑职业认同感和满意度欠缺的情况,编辑部要想吸引优秀编辑人才,培养编辑的忠诚度,首要任务是知己知彼。出版单位要了解青年编辑的职业期待,根据自身存在的问题,谋求改进,以实现出版单位和编辑人才的心灵契合,实现出版单位和编辑人才的共同成长[11]。

编辑职业认同感和满意度可看成旅行商问题中的稳定适应度。编辑职业认同感和满意度能够帮助编辑树立正确的思维方式,坚定编辑职业信念,全身心投入编辑工作,充分激发编辑工作的创造力[12]。重构编辑职业认同感和满意度同样适合期刊任何的发展阶段。

6.3 培养国际化办刊人才、复合型编辑人才

"双一流"建设背景下期刊创新人才培养详见4.1.1节。这里补充一个文献[8]没有提及的重要问题就是,国际化办刊人才要懂得,尊重作者版权,促进学术论文的合理使用,这是我国学术期刊数据库实现转型发展的重点。文献[13]从作者维权的角度分析学术期刊数据库存在的版权隐患。对我国学术期刊数据库转型发展的路径进行探索,推进作者、期刊社与数据库商等多主体间的生态体系建设,构建"数字期刊发行联盟",树立期刊社的全文经营主体地位。

7 结束语

旅行商问题助力梳理高校学术期刊可持续发展新思路。在方案的研究中,运用遗传算法进行求解,为有各种不同需求的功能模块和人群提供全面、有效、合理的参考。因此,本文的研究对高校学术期刊出版流程路径的优化、时间的有效利用、期刊影响力的提高有显著的意义。进一步的算法及程序有待续文进一步探讨。另外,需要说明的是,针对高校学术期刊多目标、多层次的选择问题,除了遗传算法外,层次分析法将是后续需要用到的一个有效方法。

参 考 文 献

[1] 张文修,梁怡.遗传算法的数学基础[M].西安:西安交通大学出版社,2001.
[2] 高校学术期刊助力"双一流"建设[Z].中国社会科学网,2021.
[3] 中央深改委审议通过《关于深化改革 培育世界一流科技期刊的意见》、《关于加强和改进出版工作的意见》[EB/OL].[2018-11-15].http://www.sessp.net.
[4] 孙凡.高校学术期刊建设思考[J].重庆文理学院学报(社会科学版),2011,30(6):144-147.
[5] 王东方,陈智,赵惠祥.关于高校学报国际化的思考[M]//学报编辑论丛 2003.上海:上海交通大学出版社,2003:13-16.
[6] 丁红艺,王东方.一流学科建设背景下高校学报的发展对策[M]//学报编辑论丛 2020.上海:上海大学出版社,2020:82-89.
[7] 申玲玲,闫伟华.出版转型背景下高校编辑出版人才培养路径探析[J].中国编辑,2016(1):83-86.
[8] 亢列梅,赵大良,霍振响,等.我国科技期刊学术影响力的提升策略[J].编辑学报,2022(3):267-273.
[9] 杨丹丹,胡心婷.学术期刊对稿源质量的影响研究[J].出版科学,2017,25(3):10-15.
[10] PORER L, CRAMPON W, SMITH F. Organizational commitment and managerial turnovers: a longitudinal study[J]. Organizational Behavior and Human Performance, 1996(15):87-98.
[11] 朱宏琨.国内 IT 人工工作满意度研究[D].大连:大连理工大学,2004.
[12] 湖北省编辑学会学术研究委员会本课题组.我国青年编辑职业认同、工作满意度及组织承诺研究总报告[J].出版科学,2016(4):10.
[13] 曾建勋.我国学术期刊数据库的转型发展路径思考[J].编辑学报,2022(3):262-266.

科技期刊举办学术会议的实践和思考
——探索·发展·提升

师瑞萍,李国亭

(中国科学院山西煤炭化学研究所《燃料化学学报》编辑部,山西 太原 030001)

摘要: 以《燃料化学学报》举办学术会议的实践为例,探析科技期刊创建会议品牌的途径,科技期刊举办学术会议应当做到会议主题热点化、管理精品化、推广媒体化、服务常态化,实现学术会议的连续性。同时探讨了学术会议提升科技期刊学术质量和影响、推动学科进步与建设、助力行业推广与创新的可行路径,为科技期刊引领学术,创建产学研融合平台,服务社会发展提供参考。

关键词: 科技期刊;学术会议;期刊影响力

科技期刊是传播人类文明、汇集科技文化的主要平台,是促进科技人才培养、推动科学进步的有力杠杆,也是国家科技竞争力和文化软实力的重要体现。近年来,国家高度重视国内科技期刊的一流建设,为国内期刊的发展提供了强有力的支持,面对这一难得的历史机遇,科技期刊应当抓住机会突破瓶颈,助力科学技术的发展和社会经济的进步。

学术会议是科学知识交流互动的重要平台,许多科技期刊利用举办学术会议以提高期刊品牌力,不仅促进了科学技术的交流传播,也拓展了期刊稿源。科技期刊通过深耕学术会议以推动期刊发展,利用丰富的会议形式,整合学术资源,扩大会议规模,创立自己的会议品牌,进而征集优质稿件,凝聚编委专家团队,锻炼编辑团队能力,提高期刊的综合实力[1-7]。许多新创办的科技期刊也通过举办学术会议迅速建立专家网络、提升学术质量、扩大学术影响,以此推进新刊高质量发展[8]。近年,疫情频繁出现,举办在线学术会议由于不受场地约束,宣传范围广、成本低、风险小等优势,在短时间内得到快速发展,不仅吸引期刊作者、读者,而且整合了大量新媒体用户,极大提升了科技期刊的受关注度和知名度[9-12]。以上研究报道都表明,科技期刊举办学术会议是提升期刊质量和影响力的一个重要途径。科技期刊有深厚的办刊背景及文化底蕴,稳定的作者读者群体和资深的专家群体,利用这些资源举办学术会议,不仅可以促进学术交流和期刊发展,而且可以推动行业和学科的前行步伐。因此,本文以《燃料化学学报》(以下简称学报)举办学术会议的实践为例,梳理科技期刊从成功举办会议到会议品牌的创建历程,探索学术会议深度融合期刊、学科、行业的有效路径,为推动科技发展和社会进步贡献力量。

《燃料化学学报》(以下简称学报)创刊于1956年,是中国第一燃料科学领域的学术期刊,中国科学院第一任院长郭沫若先生题写了创刊词,期刊的创立和成长反映了中国能源科学领域研究和发展的历程。近年,学报开拓创新,积极探索新的办刊模式,从2012年开始,学报

基金资助: 山西省科技期刊能力提升项目(KJQK2021-06)

多次举办全国能源转化化学与技术研讨会，同中国化学会共同举办能源化学青年论坛。学报经历了首届会议的艰难筹备，又遇到新冠疫情的影响，从零开始，成功为能源领域从业人员创建交流展示平台，提高期刊学术影响力的同时也推进了能源学科和行业的发展。

1　创始与探索——会议的成功举办

科技期刊举办学术会议的成功当以广泛的调研与充分的准备工作为基础，制定详细的会议方案和预算；再以精品化的管理运营为支撑，安排科学的会议日程及事项；最后要及时对会议进行报道与总结，扩大会议的规模，提升科技期刊影响力，促进学科和行业交流。

1.1　明晰会议主题

科技期刊作为学术交流的阵地，理当明确举办学术会议是以促进科技期刊发展为基础，以学术交流为目的，力争为科研和行业工作者提供高端纯净的交流平台。会议主题的选择要服务国家科研战略，聚焦科学研究热点；也要与科技期刊的报道方向相符，为期刊吸引更多优秀成果做基础。学报举办的能源会议，正是以国家开始大力推动能源革命，积极建设能源强国为背景而召开的。能源化学是学报主要的报道方向。综合学报刊文宗旨和发展要求，经过学报编委会商议决定策划全国能源转化化学与技术研讨会，旨在展示我国能源转化领域取得的新进展和新成果，增进广大能源工作者间的交流与合作，推动能源转化学科领域的科技创新，促进行业科研成果的转化。

1.2　选择会议模式

科技期刊举办学术会议的模式主要有以下几种：第一，编辑部负责主办会议；第二，编辑部和期刊主办单位或者依托单位共同主办会议；第三，编辑部与学会或者其他高等院所合办会议。科技期刊编辑部一般都面临人手短缺的现状，日常也要按时完成期刊的出版，因此，编辑部应当尽量依托有科研学术背景的单位或行业机构来组织会议，为会议的成功举办奠定一定的人才基础和设施基础。这种合作模式不仅使编辑部加深与学科专家以及行业学会的沟通交流，也推动依托单位或组织通过会议提高其社会影响力，吸引更多高端人才加入。学报举办的前两届能源会议是学报编辑部与主办单位中国科学院山西煤炭化学研究所共同组织，后期又与厦门大学、西南研究院等单位合作组织了第三届及第四届会议；首届能源化学青年论坛则是依托了中国化学会举办。依托科研、高校以及学会组织举办会议可以提升会议的号召力，各方在会议举办过程中实现共赢，实现期刊、学科和行业的深入融合交流。

1.3　斟酌报告专家

学术会议是科学交流的平台，而学术交流中报告专家的选择则是学术会议高质量以及会议吸引参会人员的关键因素。报告人的选择需要考虑两个方面：第一，具有一定号召力的邀请报告；第二，充分考虑参会人员展示与交流的诉求。学术会议的报告一般分为大会报告、主题报告和口头报告。大会报告应代表学科领域最权威的学术研究水平，可以为科研人员把握学科发展方向，因此，应当尽量邀请院士级别的权威专家作为大会报告主讲人。主题报告可以邀请业内科研突出的青年学者，他们在科研的最前线，熟悉最前沿的科学研究，他们的报告有助于学术研究新理念的交流互动；也可以邀请行业内的优秀企业代表，展示行业进展以及难点，打通科研人员和行业一线间的通道。口头报告则应该给予更多人展示自己研究的机会，在对会议投稿严格审核后尽量增加报告数量。此外，编辑部可以适当倾向于选择期刊的编委、青年编委以及作者等作为报告人，维护期刊编委专家和作者，凝聚期刊的人才队伍建设。

1.4 统筹会议安排

高效的会议组织运筹是会议成功举办的关键，会议的统筹包括日程的科学安排、会场的合理组织、车辆的有序调度、餐饮住宿的细致服务等，这些都是保障会议顺利进行的重要因素。会议日程要根据报告人时间、数量等制定，对临时缺席报告人的突发情况做好提前应对，可以预备多余的报告或根据报告情况适时调整日程；会场组织需要在每天报告开始前核实当天的会议报告安排，同时检查当天的会场设备是否良好，提前了解会场的消防情况；会议的车辆调度要以会前收集专家的详细日程信息为基础，合理利用时间调整车辆安排；会议餐饮住宿的安排则要随时根据代表的数量、会议报告的时间以及参会人员的实时反馈进行适当调整，保证参会人员就餐住宿愉快。在疫情期间还需特别关注当时当地的防疫政策，严格执行防疫要求。合理的会议安排和细致周到的服务保障了会议的顺利进行，也提高了参会人员对会议组织人员以及科技期刊编辑部的关注和印象。

1.5 报道总结会议

时效性是一条价值新闻的基本前提，因此，会议结束后要及时对会议进行宣传报道。编辑部应当提前根据会议的主题、专家报告内容以及日程安排准备会议新闻的初稿，会议结束后及时整理会议照片和会议细节，争取于会议结束当天发送相关报道。此外，还可以邀请其他媒体报道会议，增加会议受众群体。会后的总结可为下一届会议的举办提供更多的经验，因此，编辑部人员需要在会议召开后对会议进行复盘，总结讨论本次会议的亮点以及遗憾，包括会议的组织以及期刊的宣传，为下届会议的举办做更好的准备。

2 延续与发展——会议的可持续性

打造一个学术会议品牌不能只是依靠一场成功的会议，品牌的创建是一个持续的过程，实现会议的延续性，为学科和行业人员提供稳定、可持续性的交流平台，有助于促进科学成果的推广以及转化。

2.1 会议主题热点化

首届会议的成功举办是学术会议品牌创建的基础，而会议的连续性则是打造会议品牌力、提高科技期刊影响力的关键。学术会议的举办是为了科学研究的交流，紧跟研究前沿，掌握国家科学战略，追踪学术热点，为会议的可持续性奠定了基础。会议的核心主题只有一个，每届会议可以围绕核心主题，根据科学研究的热点和科学环境的变化适当调整分会主题，达到学术争鸣的目的。会议主题热点化一方面可以实现对最新学术研究的交流，为期刊吸引热点文章；另一方面，也吸引到更多科研和行业人员关注和参加会议。

2.2 会议管理精品化

会议的管理和服务直接关系到参会人员对会议的直观体验，精品化的会议管理包括便捷的会议投稿和注册、实时的会议通知和交流、科学的会议日程和安排、细致的会议服务和保障等。精品化规范化的会议管理提升代表良好参会体验的同时，还提高了编辑部人员的综合素质，学术期刊的编辑很多时候都忙于案前工作，思维桎梏于仅有的稿件之中，学术会议的举办过程不仅可以提高编辑的思维和组织能力，而且可以调动编辑工作的热情，激发编辑的潜在能力，进而提高其综合实力，在运营期刊中发挥主观能动性。因此，会议的精品化管理在推动学术会议持续举办的同时，也推动了期刊的人才队伍建设和发展。

2.3 会议推广媒体化

会议的媒体推广包括会前发布会议通知、征稿通知，会中在线直播与录制学术报告，会后报道及宣传会议内容。会议官网和公众号,与科技期刊的公众号共同组成学术会议的媒体矩阵,将会议的宣传推广渗透到从会议筹备到结束的每个流程。利用官网和微信公众号以及朋友圈及时发布会议通知和征稿通知,吸引更多代表参会和投稿;会议期间可采用线下和线上相结合的模式,将报告在线直播,同时录制精彩报告,征得报告人同意后在公众号宣传报告视频,为期刊吸引新用户;会后及时报道会议举办情况,在公众号、相关合作媒体平台宣传以扩大会议的影响。将新媒体运用到会议推广中,提高了会议组织效率,扩大了会议规模和影响,为会议的连续性举办提供支持,也极大提升了期刊的影响力。

2.4 会后服务常态化

会议结束后,编辑部应当联系参会人员,及时进行会议专刊约稿,利用会议的热度激发作者对期刊的投稿积极性,吸引新的期刊作者。编辑部还可以利用会议交流群宣传期刊的会议专刊出版情况及优质文章,充分了解作者读者专家的需求和疑问,得到用户对期刊发展与会议的反馈意见。此外,科技期刊举办会议为学科和行业提供了交流沟通的渠道,会议结束后可以根据企业单位提出的问题需求,召开学科专家和企业的对接交流,组织专家团队向企业推介研究成果,同时请专家对企业相关问题进行分析研判。会后服务的常态化不仅可以提升科技期刊的影响力,还可以与科研及企业人员建立更深入的信任情感,加强他们对科技期刊以及会议的品牌认同感,为会议的连续举办提供保障。

3 创新与提升——产学研平台搭建

科技期刊是学术交流的平台,是学科和行业的纽带,科技期刊举办学术会议提高期刊影响的同时,也为学科以及行业搭建了桥梁,通过学术争鸣、行业展示,促进了学科和行业的进步,真正实现期刊、学科、行业的融合发展。

3.1 举办学术会议,提升期刊学术质量和影响

学术会议是科学成果展示交流的平台,科技期刊通过学术会议可以征集优质稿件,集中报道会议相关研究内容,组织高质量专刊专辑,利用会议热度提升专刊专辑关注度,提高期刊的文章质量。稳定连续的会议助力期刊挖掘潜在的作者读者用户,增加期刊老用户的黏性,强化科技期刊的作者读者建设。学术会议还可以促进科技期刊人才队伍建设,会议聚集了学科领域各个方向的专家,通过与专家面对面探讨学科发展和期刊现状,加深专家对期刊的印象,凝聚期刊的专家团队;学术会议的举办也可以提升编辑部人员的统筹能力和综合素质,进而促进期刊健康发展。科技期刊的宣传推广是期刊提升影响力的一个重要途径,编辑部可以通过制作期刊宣传资料、设计期刊展台、宣讲期刊等举措,将期刊元素融入学术会议的各个角落,让更多的用户了解期刊,提高期刊的关注度。打造优秀的会议平台可以扩大期刊的知名度,带来期刊可持续发展需要的优质稿件和人才队伍,提升期刊的学术质量和影响力。

3.2 举办学术会议,推动学科的进步与建设

科技期刊举办学术会议可以推动学科的发展。首先,学术会议助力学科交流传播:科技期刊举办学术会议为学科发展提供学术资源,科技期刊基于审核论文的严谨性,应当坚持学术会议报告研究内容的原创性和创新性,根据实时前沿热点微调会议的主题以展示最新的学科科研成果。其次,学术会议可以加速学科成果的交流和传播:集中的思维碰撞,促进学科方向新思想新理念的产生,进而起到引领学科发展的作用。再次,学术会议可以促进学科的人才培养:学术会议为学科科研人员提供展示科研成果的机会,锻炼科研工作者的表达能力和综合实力;学术会议为科研人员提供交流的平台,学报近期举办的会议通过在报告阶段增

加专家点评环节,加强了学科科研人员之间学术交流的深度;为学科优秀科研人员设立奖项,提高了学科科研人员的积极性以及竞争力,多种举措助力学科科研人员的学术成长,为学科人才的培育添砖加瓦。科技期刊举办学术会议通过促进学术交流的传播以及学科人才的培养,进而推动了学科的进步与建设,为期刊和学科的协同共进提供了可行途径。

3.3 举办学术会议,助力行业的推广与创新

学术会议不仅是学术成果展示的平台,也是呈现行业领域关键技术和产业发展的舞台。产业企业可以利用学术会议的平台,以展商的角色宣传推广产品,包括展台产品展示、企业视频宣传等,在学术会议上传播新技术和新产品,可以提高企业市场的占比,提升产业的发展壮大。科技期刊可以邀请有特色的企业在学术会议上分享企业概况与技术实践,介绍行业一线的发展现状,一方面,让更多的科研人员了解一线的发展与困境,为科学基础研究提供新的思路与实践经验;另一方面,与会专家也能对企业提供专业性的学术指导,推动行业的技术创新,为行业的发展起到一定的促进作用。学术会议的交流平台也将为产业单位的技术人员提供理论学习的机会,提高其理论与实践结合的能力。因此科技期刊举办学术会议通过产业展示与交流、人才培养进而提升了企业的革新能力和综合实力,助力行业的推广和创新。

4 结束语

科技期刊举办学术会议为期刊人、学科科研人、行业生产人提供了一个交流科学研究以及成果实践的平台,期刊是引领学科发展的重要媒介,行业是学科发展的实践载体,学科则是期刊和行业发展的核心基础,三者相辅相成、相互促进。科技期刊作为学术传播的载体,有义务通过举办连续性的学术会议活动,搭建产学研交流平台,为期刊、学科和行业提供相互学习、相互融合、相互发展的机会,真正实现科技期刊服务国家科技战略和社会经济发展的重任。

参 考 文 献

[1] 魏建晶,崔红,薛淮,等.学术会议提升科技期刊影响力的实践与思考:以"地球科学前沿论坛"为例[J].编辑学报,2021,33(4):417-421.
[2] 韩景春,蒋亚宝,曹雪雷.打造精品行业会议提升科技期刊品牌影响力:以金属加工杂志社为例[J].编辑学报,2020,32(3):326-329.
[3] 王丽娜,李娜,陈广仁,等.科技期刊品牌活动与提升品牌影响力:以《科技导报》为例[J].中国科技期刊研究,2018,29(9):946-949.
[4] 陈敏,张玉琳,张昊,等.创立医学期刊会议品牌的实践:以《中华消化外科杂志》为例[J].编辑学报,2012,24(6):594-596.
[5] 宋扉,蒋恺,杨海燕.主办专业学术品牌会议发挥期刊学术引领作用[M]//学报编辑论丛 2021.上海:上海大学出版社,2021:144-149.
[6] 马静,许丹,赵莉花,霍丽涛,等.新媒体助力科技期刊开展学术交流[M]//学报编辑论丛 2021.上海:上海大学出版社,2019:352-355.
[7] 张洪玲.科技期刊以会促发展的实践探究:以"纺织科技新见解学术沙龙"为例[J].今传媒,2021,29(10):69-72.
[8] 杨蒿,黄颖,李天惠,等.举办国际会议,促进新刊发展:以《极端条件下的物质与辐射》举办同名国际会议为例[J].编辑学报,2022,34(2):210-214.
[9] 任锦.科技期刊举办在线学术会议的现状与对策[J].科技与出版,2021(6):89-93.
[10] 张学梅,马振,王贵林,等.举办在线学术会议提升科技期刊品牌影响力[J].中国科技期刊研究,2020,31(11):1276-1280.
[11] 段思怡,李劲,马劲,等.疫情背景下举办医药专业在线学术会议的实践与思考:以《中国药房》杂志为例[J].编辑学报,2020,32(6):677-681.
[12] 李慧,李文军.举办线上学术会议对提升科技期刊影响力探讨[J].新闻研究导刊,2021,12(21):87-89.

培育一流科技期刊背景下地方科技期刊发展的瓶颈与对策
——以湖南省为例

胡文杰,杨春明

(湖南师范大学期刊社,湖南 长沙 410081)

摘要: 2019年8月16日,中国科协、中宣部、教育部、科技部联合印发《关于深化改革 培育世界一流科技期刊的意见》,2020年2月25日,教育部、科技部印发《关于规范高等学校 SCI 论文相关指标使用树立正确评价导向的若干意见》和《关于破除科技评价中"唯论文"不良导向的若干措施(试行)》的通知。在这三大文件出台的背景下,以湖南省科技期刊为例,通过问卷调查、调研访谈与文献研究方法,梳理湖南省科技期刊发展瓶颈并提出应对策略,以期为新形势下地方科技期刊提升品质、创建一流科技期刊提供参考。

关键词: 湖南省科技期刊;质量提升;办刊队伍建设;出版平台;传播机制

近年来,随着我国综合国力进一步提升,国家在教育和科技研发方面投入了大量资金,我国学术论文出现了井喷式增长。与我国科研论文高度繁荣发展的情形形成强烈对比的是,我国一流科技期刊发展缓慢,有国际影响力且受到学界高度认可的知名期刊不多。2019年11月6日,中国科协等7部门联合启动实施"中国科技期刊卓越行动计划",标志着我国科技期刊迎来了新的发展阶段。

1 培育世界一流科技期刊的背景

2020年2月25日,教育部、科技部印发了《关于规范高等学校 SCI 论文相关指标使用树立正确评价导向的若干意见》的通知[1],详细剖析了"唯 SCI"和"唯论文"给我国科研带来的负面影响,明确指出应当建立新的评价标准与评价机制,提高我国国际学术话语权。同时,科技部印发《关于破除科技评价中"唯论文"不良导向的若干措施(试行)》的通知[2],鼓励中国学者发表"三类高质量论文",要求代表作有 1/3 在国内期刊发表,并提出加快实施"中国科技期刊卓越行动计划"。这两个文件为树立正确的科研评价机制与科研价值导向,引导研究者回归科研本身,鼓励广大科研工作者将一流研究成果发表在祖国大地上,助力一流科技期刊建设提供了政策指引。最近,王晴和袁鹤[3]以《国际口腔科学杂志(英文版)》为例,分析了在这两个文件出台背景下创办世界一流科技期刊的路径。

基金资助: 湖南省培育世界一流湘版科技期刊建设项目(湘科计[2021]53 号 2021ZL6004);湖南省科学技术协会学会能力提升项目
通信作者: 杨春明,E-mail:chunmingyang@126.com

然而，目前关于一流期刊建设研究多聚焦于在国内已经具有一定基础与实力的高起点期刊如何跻身世界一流学术期刊[4-9]，对于我国大部分没有入选卓越行动计划普通期刊，尤其是地方高校或者地方学会和协会、企事业单位主办的科技期刊关注较少。最近，杨延麟[10]探讨了地方理工科高校科技期刊在新时代背景下面临的主要困难和重大机遇，提出创新工作机制、打造办刊特色、加强人才培养、推进融合出版的"四轮驱动"发展策略；曾建林[11]揭示了当前我国各省市自治区在推进一流科技期刊建设过程中的现状和问题，指出我国各省市自治区应强化协同，加大投入，结合地方科技特色和优势，积极推进一流科技期刊建设。

对于没有入选卓越行动计划，占全国超90%的科技期刊，如何在这些政策出台背景下，提升刊物内在学术质量，扩大学术影响力，跻身国内甚至世界一流学术期刊行列，对提升我国科技期刊整体实力，助力我国早日实现科技期刊强国具有重要现实意义。这也激发我们在本研究中以湖南省科技期刊为例，依托湖南省科技期刊编辑学会为平台，通过问卷调查和调研访谈方法，梳理湖南省科技期刊的发展瓶颈，提出应对策略，以期为地方科技期刊创办世界一流科技期刊提供参考。

2 湖南省高校科技期刊发展现状

2.1 规模小、集群化发展程度低

根据中共湖南省委宣传部出版管理处的统计，湖南省目前共有131种科技期刊[12]，这131种期刊中，北大核心期刊28种，CSCD核心期刊22种，分别占比21.2%和16.8%。2019年11月6日首批入选"中国科技期刊卓越行动计划"的285种期刊中，湖南省仅中南大学5种期刊入选，占比湖南省期刊科技总数的3.7%，远低于全国科技期刊8.2%的入选比例，也远低于湖南省核心期刊21.2%的比例，说明湖南省科技期刊多而不强。我们统计发现湖南省主办超过(含)4本科技期刊的出版单位有4家，包括中南大学(20本)、湖南师范大学(5本)、长沙理工大学(7本)和湖南省农科院(4本)，然而除了中南大学外，大部分科技期刊均是小作坊经营，集约化程度不高。根据作者的调研，湖南省农科院主办的4本刊物被分割到4个不同的处室；长沙理工大学的7种科技期刊分散在6个学院和机关科研部；湖南师范大学主办的5种科技期刊分散在各学院和期刊社，甚至于在形式上没实现集约化。另外，湖南省有色金属与冶金产业发达，与有色金属和冶金行业相关的科技期刊多达几十种，然而这些期刊均散布在各大高校、科研院所、企事业单位，没有在政府部门或者行业协会统一管理下集约化发展

2.2 缺乏学者编辑

众所周知，一流期刊建设需要有一流的学者型编辑做支撑。一般而言，具有博士学位或高级职称代表经历过严格的学术训练，具有丰富的工作经验。作者借助于湖南省科技期刊编辑学会2019年学术年会的机会，统计了湖南省科技期刊编辑队伍的学历分布情况。湖南省科技期刊编辑队伍中拥有博士学位的编辑仅占17.26%，与世界一流学术期刊几乎全由博士和知名教授办刊相比明显偏低。另外，我们统计到湖南省科技期刊从业人员正高职称占比为21.43%，副高职称人员占比为36.29%，中级职称人员占比为17.43%，中级以下的人员占比为24.86%。尽管湖南省编辑人才队伍中高级职称占比较高，但是根据文献[13]的统计，年龄普遍偏大，60后占比超过40%，拥有博士学位的专家学者型编辑不多。

2.3 缺少优质稿源

我们选取了湖南省28种入选北大中文核心期刊目录的期刊2020年第1期发表的论文，

分析其稿源情况。表1将作者单位分为省内985、211大学和中科院各研究所(N1)，省外985、211大学和中科院各研究所(N2)，省内其他类高校和科研机构(N3)，以及省外其他高校和研究机构(N4)。

表1 湖南省入选北大中文核心期刊2020年第1期稿源分析

刊名	论文总数/篇	N1 数量/篇	N1 占比%	N2 数量/篇	N2 占比%	N3 数量/篇	N3 占比%	N4 数量/篇	N4 占比%
湖南大学学报(自然科学版)	18	8	44.44	0	0	9	50.00	1	5.56
矿冶工程	35	11	31.43	8	22.86	2	5.71	14	40.00
电池	25	0	0	1	4.00	3	12.00	21	84.00
农业现代化研究	17	0	0	1	5.88	11	64.71	5	29.41
杂交水稻	32	1	3.13	7	21.88	1	3.13	23	71.88
中国普通外科杂志	15	2	13.33	0	0	3	20	10	66.67
中国临床心理学杂志	44	5	11.36	0	0	14	31.82	25	56.82
中国有色金属学报	26	7	26.92	1	3.85	8	30.77	10	38.46
湖南农业大学学报(自然科学版)	18	2	11.11	7	38.89	5	27.78	4	22.22
中国当代儿科杂志	16	0	0	0	0	6	37.50	10	62.50
铁道科学与工程学报	32	9	28.13	2	6.25	9	28.13	12	37.50
中南大学学报(自然科学版)	30	6	20.00	3	10.00	12	40.00	9	30.00
中南大学学报(医学版)	16	14	87.50	0	0	0	0	2	12.50
中南林业科技大学学报	20	0	0	3	15.00	0	0	17	85.00
生命科学研究	12	3	25.00	0	0	2	16.67	7	58.33
中国感染控制杂志	16	1	6.25	1	6.25	4	25.00	10	62.50
湖南师范大学自然科学学报	14	3	21.43	1	7.14	1	7.14	9	64.29
茶叶通讯	29	4	13.79	5	17.24	6	20.69	14	48.28
系统工程	17	1	5.88	1	5.88	10	58.82	5	29.42
经济林研究	30	0	0	3	10.00	5	16.67	22	73.33
机车电传动	33	0	0	11	33.33	9	27.27	13	39.39
烧结球团	15	0	0	1	6.67	0	0	14	93.33
食品与机械	42	1	2.38	5	11.90	6	14.29	30	71.43
矿业研究与开发	39	1	2.56	2	5.13	7	17.95	29	74.36
中外公路	56	0	0	8	14.29	5	8.93	43	76.79
湖南科技大学学报(自然科学版)	17	0	0	6	35.29	4	23.53	7	41.18
粉末冶金材料科学与工程	13	6	46.15	0	0	1	7.70	6	46.15
电力科学与技术学报	25	0	0	3	12.00	4	16.00	18	72.00

从表1可以看出，除了《湖南大学学报(自然科学版)》《矿冶工程》《湖南农业大学学报(自然科学版)》《粉末冶金材料科学与工程》和《中南大学学报(医学版)》发表省内和省外985、211大学和中科院各研究所论文(N1+N2)超过40%，分别为44.44%、54.29%、50.00%、46.15%和87.50%，其他期刊发表985、211大学和中科院各研究所论文比例均较低。反观最后一列，即省外一般高校和研究机构发文占比较高，除了《湖南大学学报(自然科学版)》《农业现代化研究》《湖南农业大学学报(自然科学版)》《系统工程》和《中南大学学报(医学版)》外，其他23本期刊均超过30%。部分期刊发表省内双一流高校和一流学科建设高校的论文占比非常低，

《电池》等10种核心期刊2020年第1期没有一篇来自省内985、211大学和中科院各研究的稿源。总体而言，省内高校和科研院所在省内期刊发表论文占比不高，985、211大学和中科院各研究所的稿源更是远低于来自省外一般高校和研究机构的稿源，体现出稿源整体质量不高，并且省内高校对省内科技期刊支持不够。根据作者实地调研，《湖南农业大学学报(自科版)》表示，其70%以上来稿为硕士研究生的稿件，难以保证高水平学术质量；湖南省农科院科研人员撰写的论文都不愿投到本院所主办刊物上。

2.4 出版流程缓慢

通过问卷调查与访谈，湖南省内科技期刊目前多是采用编辑部委托外地印刷厂进行排版，然后编辑部进行编辑校对。通过这种方式完成三审三校的流程导致期刊出版周期过长。根据作者的调研，尽管湖南省内大部分学术期刊加入中国知网的网络首发，但是大部分期刊均是完成三审三校、确定页码以后才实现网络首发，时效性不强，阻碍了一流学术的快速传播。

2.5 缺乏科学评价机制

多年来，在"唯影响因子"与"被引频次"论的期刊评价机制下，学术期刊为了短期内提高自身影响因子使出浑身解数，比如减少论文数量，发动作者和读者帮助引用，甚至出现了"操纵引用""结盟互引"等严重学术不端的行为[17-18]，恶化了学术生态。由于不同学科引用特征差异很大，导致影响因子差别很大。根据中国科学院文献情报中心期刊分区表，数学学科SCI 1区期刊3年平均影响因子阈值为2.342，而化学学科为6.030。然而，很多科技期刊是综合性期刊，尤其是高校学报，几乎各专业都有，简单地采用单一影响因子和被引频次评价，显然并不科学，新的评价体系亟待出台。

也正是由于多年来刊物的评价都是以影响因子论，目前很多期刊都去掉了影响因子较低的基础学科栏目。我们统计湖南省入选北大核心期刊的6本高校学报的栏目设置情况，发现仅有《湖南师范大学自然科学学报》仍然还有数学这一类影响因子低的学科栏目，并且发稿数量呈逐年降低的趋势。这种形势的发展也将会严重阻碍基础学科的研究。

3 湖南省培育一流科技期刊发展对策

3.1 集约化发展

国内上海大学期刊社和浙江大学出版社期刊分社是国内实现期刊集约化发展的先驱。2003年，上海大学成立期刊社，把分散在各学院的学术期刊集中起来，统一管理[14]，实现了集约化发展。2016年，浙江大学出版社期刊中心开始组建新的综合业务服务平台，统一协调期刊宣传、运营、排版、印刷、财务、公共事务等相关工作[15]，进一步实现了集约化发展。根据文献[16]的数据，浙江大学和上海大学初审入围"中国科技期刊卓越行动计划2019—2023"的期刊数量分别达到22种和6种之多，充分说明集约化发展的重要性。尽管学术期刊更多的是看重学术质量与社会效益，无法走市场化道路，但是政府和行业协会、学会依然可以为科技期刊的集约化发展采取许多措施，主要包括以下几方面。

(1) 政府宣传部门可以通过为省内科技期刊搭建共同的开放获取网络平台和通用的采编平台，实现科技期刊出版采编活动的集约化发展。目前大部分科技期刊均通过中国知网进行网络出版，但是读者不能免费获取在中国知网网络出版的论文，只有购买了数据库使用权限才能下载论文，这在某种程度上妨碍了科技论文的传播。而通过共同的网络出版平台可以提高学术论文传播力。其次，针对省内部分期刊稿源和审稿人不足的问题，各编辑部通过使用同一个通用采编平台可以实现不同期刊之间审稿人互用，稿源互相推荐。比如某些高水平期刊，诸如《中南大学学报(自然科学版)》和《湖南大学学报(自然科学版)》等省内龙头期刊，可以将拒稿的论文推荐到省内其他科技期刊。虽然最终是否投稿由作者决定，但是高水平期刊的推荐在某种程度上可以提高其他期刊的知名度，对改善稿源由一定积极作用。根据作者的工作经验，《湖南师范大学自然科学学报》2016年开始与《经济地理》建立合作关系，借助于《经济地理》的优质稿源，由编辑推荐退稿论文到我刊资源与环境栏目，大大改善了我刊稿源状况。

(2) 政府部门通过招标或者组建集编辑、校对、排版和印刷一体的期刊出版外包公司，实现省内学术期刊排版印刷的集约化发展。目前国外大的学术出版商旗下所有期刊对于通过同行评议确定录用的论文，一般都会在一两周以内完成编辑校对、在线发表，而目前湖南省内大部分期刊的现状依然是各自为政、小作坊经营。尽管在目前的体制下学术期刊无法市场化、集约化发展，但是学术期刊出版的某些与学术无关环节，比如编辑、校对、排版和印刷等环节采用市场化方式运行可以提高效率、节约成本，实现全省科技期刊统一的集约化发展。

(3) 行业协会和学会要发挥自身学术优势，加强对自身行业学术期刊的联系，为学术期刊搭建交流平台，多组织学术会议，打造学术共同体。为行业内期刊抱团取暖，实现学术期刊采编、编校、印刷集约化发展创造条件。

3.2 改善人才队伍

在内容为王的背景下，只有建立一批学者型、专家型编辑队伍才能更好地把握所负责栏目的学术前沿与研究热点。一般来说经过严格的学术研究训练，获得博士学位的编辑对于更加敏锐的学术眼光，能够更好地把握学术研究前沿，更好地策划栏目，组稿约稿。事实上国际一流科技期刊的主编和编辑几乎都是相应学术研究领域的活跃研究者，一般都是在知名研究机构取得博士学位并担任教授、活跃在研究一线。纵观国内的一流期刊，同样显现出一种学者型编辑队伍的趋势。省内科技期刊需要进一步加强学者型编辑队伍的建设，加大博士招聘力度，吸引教授和研究员等科研人员加入编辑队伍，推行学者办刊政策。

3.3 提升质量

走内涵式发展道路，内容为王、质量至上。影响力与影响因子是内在质量的外化表现，从某种角度更能代表研究热点，并不完全表征期刊的学术质量。在国家对科研成果评价破除唯SCI和唯高影响因子形势下，相信学术期刊的评价也将会打破影响因子这一单一指标，转而更加注重所刊载论文本身的学术质量。因此，综合类期刊也不一定要盲目跟风，走专业化道路，反而需要更加加强内功修炼，组织遴选出高水平学术论文，做好每一个栏目。

3.4 完善评价机制

人社部门、宣传部门进一步发挥学会、协会和学术团体的力量，遴选省内高水平期刊，促进高质等效作用发挥。遴选一批省内优秀科技期刊，在职称认定、科研项目申请方面同国外SCI期刊或者EI期刊予以同等认定，鼓励省内高校优质学术成果优先发表在省内优秀科技期刊，加大省内高校和科研机构对省内科技期刊的支持。反过来，当省内优秀期刊跻身国内一流科技期刊甚至世界一流科技期刊，也可以更好地向外推广省内的优秀科研成果，实现良性循环。对于入选名单实行动态调整，期满考核，促进其不断提升学术水平。

致谢：感谢湖南师范大学硕士研究生陈庆蓉对问卷数据的分析和整理。

参 考 文 献

[1] 教育部,科技部.教育部科技部印发《关于规范高等学校SCI论文相关指标使用树立正确评价导向的若干意见》的通知[EB/OL].[2020-02-27].http://www.moe.gov.cn/srcsite/A16/moe_784/202002/120200223_423334.html

[2] 科技部.科技部印发《关于破除科技评价中"唯论文"不良导向的若干措施(试行)》的通知[EB/OL].[2020-02-27].http://www.most.gov.cn/mostinfo/xinxifenlei/fgzc/g£swj/gfxwj2020/202002/151781.html

[3] 王晴,袁鹤.新形势下科技期刊发展路径:基于教育部、科技部印发的两文件的思考[J].编辑学报,2020(2):128-131.

[4] 张昕,王素,刘兴平.培育世界一流科技期刊的机遇、挑战与对策研究[J].科学通报,2020,65(9):774.

[5] 任胜利.培育世界一流科技期刊背景下我国学术期刊国际竞争力的提升[J].科学通报,2019,64(33):3394.

[6] 朱邦芬.世界一流科技期刊建设的内涵与目标:在2019年学术期刊未来论坛上的发言[J].编辑学报,2019,31:591-592.

[7] 张薇.创造一流走中国特色科技期刊发展之路[J].中国科技期刊研究,2020,31(1):2-3.

[8] 王继红,骆振福,李金齐,等.培育中国特色世界一流科技期刊的内涵与措施[J].中国科技期刊研究,2020,31(1):4-9.

[9] 刘兴平.建设世界一流科技期刊须出"硬招实招"[N].光明日报,2019-11-07.

[10] 杨延麟.地方理工科高校科技期刊高质量发展策略研究[J].科技与出版,2021(12):22-28.

[11] 曾建林.加快推进地方省市区域一流科技期刊建设的思考与建议[J].中国科技期刊研究,2022,33(3):354-360.

[12] 湖南省新闻出版广电局.关于公布湖南省学术期刊名单的公告[EB/OL].[2017-05-11].http://gbdsj.hunan.gov.cn/xgk/tzgg/201705/t20170511_4219111.html

[13] 刘晓毅.湖南省科技期刊人才队伍建设研究[J].中国科技期刊研究,2019,30(11):1211-1217.

[14] 秦钠.集约化助推科技期刊管理创新与发展:以上海大学期刊社为例[J].中国科技期刊研究,2014,25(6):744-747.

[15] 曾建林,杨嘉檬,张纯洁.找准定位特色发展:高校科技期刊办刊路径思考:基于浙江大学出版社近两年的实践[J].出版与印刷,2018(4):1-4.

[16] 胡小洋.我国学术期刊资助政策实施效果评价研究述评及"卓越计划"评审情况分析[R].成都:中国高校科技期刊研究会2019年学术年会,2019.

提升中文科技期刊学术引领作用的探索与实践
——以《涂料工业》为例

杜安梅

(中海油常州涂料化工研究院有限公司，江苏 常州 213016)

摘要：为了研究提升学术引领能力在加强科技期刊建设中的重要作用以及科技期刊对行业高质量发展的创新引领作用，笔者总结了中文科技期刊在发展过程中所面临的挑战，梳理了涂料行业的中文核心期刊《涂料工业》在应对挑战、提升科技期刊学术引领作用方面的探索与实践。强调科技期刊的定位，确保刊物的质量和学术创新，以及高素质的编辑团队对刊物的发展至关重要。总结了《涂料工业》通过整合资源，研究新媒体与科技期刊的融合发展运营模式，将"优质稿源"外流、"平面广告"业务断崖式下滑等问题对刊物的影响降到最低，并积极探索实践出版服务新模式，助力提升期刊学术引领能力的经验。

关键词：科技期刊；学术引领；定位；办刊理念；融合发展；《涂料工业》

  科技期刊具有记录、传播的功能[1]，是科研人员了解所在行业最新科研动态，和同行分享研究创新成果的宝贵阵地；具有活跃学术氛围、鼓励和引领创新、促进科研成果转化的作用；也是国家创新体系中不可或缺的重要组成部分，对于提升国家文化软实力和科技竞争力具有重要作用。为了促进科技期刊的建设和发展，相关管理部门出台了一系列重要发展政策[2-4]。系列利好政策的出台，极大地推动和规范了科技期刊的发展。

  尽管如此，国内中文科技期刊在近几年的发展过程中还是遇到了前所未有的极大挑战。①科技期刊的主管和主办单位一般为科研院所[5]，很多期刊不是所在单位的核心业务部门，机制体制、个人发展晋升、待遇等因素，导致很难留住高水平的专业人才，这极大影响了科技期刊的创新发展。②优质稿源外流，导致科技期刊发展陷入恶性循环。"SCI热"严重制约了国内科技期刊的高质量发展[6]。③"唯SCI"影响因子让国内的中文科技期刊发展雪上加霜[7]。当前，受国内相关利好政策推动，国内英文期刊的发展方兴未艾，这些英文期刊也抢夺了国内部分优质稿源；而作为优秀英文科技期刊重要评价指标的"高SCI"影响因子带来的各种利好，让很多主管和主办单位对英文期刊的重视程度和各种投入不断增加，导致没被SCI收录即没有SCI影响因子的中文科技期刊发展更加艰难。④平面广告业务断崖式下降给科技期刊带来致命打击。

  《涂料工业》创刊于1959年，作为中文科技期刊的一员，同样经历着上述挑战的严峻考验，近年来在提升科技期刊学术创新引领方面进行了积极探索和实践。60多年来，坚持"内容为王"，不忘"引领行业，创新发展"的初心，同时得益于广大作者、读者、审稿专家和历届编委会的信任与鼎力支持，《涂料工业》不仅保持了学术性、创新性和权威性，还发展成为涂料行业有影响力的全媒体平台。本文梳理了工作中的一些思考和收获，以期为同类科技期刊提供参考。

1 科技期刊的定位与坚持

在新的时代背景下，传统中文科技期刊的生存压力日益增加，面临的发展机遇与挑战并存；科技期刊的定位与发展，例如，如何立足自身的学科特色，聚焦国家战略需求，服务社会经济发展；如何与英文期刊协同发展；如何合理定位报道方向、学科特征、读者和作者群；如何实现与新媒体融合发展；如何用好国家推动期刊发展的利好政策等，是当前科技期刊出版人研究的重点。中文科技期刊需要与"一带一路"倡议、"双一流"建设和"中国制造2025"计划等国家战略之间建立全面系统链接，需要助力"双一流"学科建设，将科技成果应用到生产实践中，并跟踪"一带一路"重大项目，提升我国在国际上的学术话语权[8]。

未来科技期刊应从根本上改变传统的办刊模式，创新办刊理念，期刊的定位和转型要与时俱进，走更加开放灵活的市场化道路，努力成为服务国家科研创新和信息交流的高端专业平台[9]。中文科技期刊是引导我国科研创新的风向标，需要明确定位，发挥创新引领作用，做专、做强，为国家科技创新、行业学术研究、科技人才的培养，彰显中文科技期刊的责任与担当[10]。中文科技期刊需要不断提升内容质量和学术水平，以科研创新成果为中心，以知识服务为途径，不断提升在学术共同体中的学科引领地位；差异化的期刊管理与评价体系，有利于我国中文科技期刊的良性发展。

1.1 《涂料工业》的定位

涂料(俗名油漆)和国民生产建设息息相关，常见的内外墙、家具、汽车、飞机、桥梁(如港珠澳大桥)等都离不开涂料的装饰和保护，正如原化工部部长秦仲达先生为《涂料工业》创刊60周年(2019年)题词所写："热烈祝贺中国涂料工业大发展；人类大发展，涂料绝不可缺无；环境美化，不可离开它；任何工业，无它无法生产；陆军海军空军火箭军和整个国防建设，如无涂料哪能起作用。"

《涂料工业》创刊于向科学进军的20世纪50年代末，历经60年代的困难磨砺，70年代的风雨洗礼，80年代的破土发芽，90年代的茁壮成长，21世纪的融合发展。目前，《涂料工业》是涂料行业的中文核心期刊、中国科学引文数据库(CSCD)来源期刊、中国科技核心期刊、中国核心期刊遴选数据库收录期刊、RCCSE中国学术期刊(A)，入选《世界期刊影响力指数(WJCI)报告》(2020、2021科技版)。在2020年全国石油和化工期刊百强榜遴选活动中，入选行业期刊100强排行榜，同时入选精品期刊40强排行榜和学术期刊50强排行榜；2021年荣获全国石油和化工行业"十三五"优秀期刊奖。

中国涂料产量已经连续12年位居世界第一，已经成为当之无愧的世界涂料产销量第一大国。中国涂料产业的高速增长为《涂料工业》的发展带来了广阔的空间，同时也对涂料技术创新提出了更高要求。作为一本融学术性、知识性、实用性和行业信息于一体的权威期刊，《涂料工业》始终将刊发文章的创新性、技术性、实用性排在第一位，坚持"为我国涂料工业技术创新服务"的定位，为涂料研发生产一线的科技人员提供最前沿的技术信息，引领中国涂料科技创新。

《关于推动学术期刊繁荣发展的意见》中指出，科技期刊要围绕创新型国家和科技强国建设任务，聚焦国家重大战略需求，服务经济社会发展主战场。坚持问题导向，聚焦前沿领域，活跃学术空气，善于发现创新、鼓励创新、引领创新，对重大问题坚持长期跟踪[4]。可见，一直以来，《涂料工业》根植于国土，坚持不断提升学术引领作用和能力，服务经济社会发展和国家科技创新需求的定位，和国家加强出版能力建设中"提升学术引领能力"的要求一致。

1.2 坚持从制度上确保学术创新

《涂料工业》坚持从制度上确保刊物的质量和学术创新。①坚持"同行评议"制度。《涂料工业》2005年开始组建审稿专家队伍，目前已形成一支由中青年技术骨干、来自科研和涂装一线的学科带头人组成的审稿专家队伍；100多位审稿专家认真负责，保证了科技期刊的技术水平、学术质量和在科研诚信建设方面的引导把关作用。②规范编辑出版制度。坚持"三审三校""责任编辑"制度，严把刊物质量关，坚决抵制和纠正学术不端行为。

1.3 坚持高素质编辑团队是实现学术引领的基石

坚持通过多种渠道培养和提升编辑的专业素养。首先，《涂料工业》的在编人员都已取得职业资格证，并且每年完成规定的继续教育学时。其次，涂料技术发展日新月异，知识更新快，为了提高编辑人员的专业水平，采用"请进来，走出去"的办法为编辑人员提供专业知识培训的机会；同时，要求编辑担任《涂料工业》主办的学术会议和专题培训的项目经理，帮助编辑提高综合职业素养，拓展知识面，拓宽视野，与行业专家和科技人员建立紧密的联系，既保证了期刊的严谨性和专业性，也为全媒体平台建设提供了人才保障。

2 创新办刊理念，走全媒体平台建设之路，提升学术引领能力提升

进入21世纪，互联网、移动阅读终端的飞速发展，促使科技期刊编辑的工作模式、读者的阅读习惯迅速转变，《涂料工业》正视媒体转型融合发展的必然方向，充分研究新媒体的出版、运营模式，整合资源，妥善处理"优质稿源"外流、"平面广告"业务断崖式下滑等问题，积极探索了集传统科技期刊、专业会议与培训、展览、信息发布、数字媒体为一体的全媒体平台建设之路，进一步提高了期刊的学术引领能力。

2.1 办刊理念与时俱进

2005年《涂料工业》官网上线，及时发布行业最新技术、市场信息；2020年升级为适应手机阅读的模式。依托官网，2008年启用线上投稿系统，2008年建设了过刊网刊系统，2012年《涂料工业》第一代电子版上线，2019年每篇文章有了自己的身份证号(DOI号)。

2014年，开通了"涂料工业"微信公众号，因起步较早而占有优良的客户资源，但是后来出现了很多竞争对手，我们一方面整合资源，将其作为新媒体战略核心之一，加强投入；另一方面，充分研究和挖掘商业价值，如热点话题互动、微信讲座等，抢占市场制高点，目前关注人数已近10万。依托微信，2015年开展了在线培训业务；2017年推出了在线直播培训；2020年开创了线下会议的在线同步直播，线上线下模式互补，成效显著。

2021年《涂料工业》知识服务板块更完善的APP上线。

《涂料工业》顺应时代发展，创新办刊理念和运营管理模式，利用微信、APP、网站等新媒体渠道，整合资源，建立学术内容的互联网传播策略，加快科技成果的传播速度和精准度，积极探索了数字时代中文科技期刊实现学术引领作用的新渠道。

2.2 聚焦热点与难点引领技术进步

为了确保刊物的技术引领，密切关注国内外涂料技术研发动态，跟踪重大科研课题及国家重点工程，洞悉涂料技术发展趋势，针对行业发展热点及技术趋势，通过专家特约稿和自

投稿相结合的方式，以环保为主线，鼓励创新；紧跟国内外行业发展热点，提炼细分领域发展风向标；跟踪国家重大工程和科技项目，推动涂装技术进步；基本做到篇篇有重点，期期有主题。近几年，国家密集出台了系列环保政策法规，《涂料工业》结合国家政策法规，加强主题策划，加大环保功能涂料的刊发力度，采用专家特约稿的形式，出版了多期环保涂料专辑，如辐射固化涂料专辑、水性涂料专辑、粉末涂料专辑等。

3 延伸服务链，提升科技期刊学术引领渠道

3.1 举办学术会议与专题培训，助力行业高质量发展

20世纪70年代末开始，《涂料工业》1~2年召开1次"涂料工业信息年会"。进入21世纪，涂料专业化分工越来越细，这种会议模式和内容已满足不了涂料行业的发展需求，《涂料工业》充分利用其丰富的客户资源，坚持"有所为，有所不为"，跟踪前沿技术，引领涂料技术发展，努力打造具有自身特色的涂料专业品牌会议。

经过20多年的精耕细作，《涂料工业》期刊平台孵化了包括水性涂料(19届)、防腐涂料(18届)、建筑涂料(8届)等10多项品牌会议及涂料配方设计培训(13届)、NACE培训(5届)、水性涂料培训(3届)等7项主题明确的培训班，并采用以会带展的形式，培育了一批专业展览。这些具专业特色的会议、展览和培训在各自的细分领域具有良好的品牌影响力。同时，《涂料工业》还紧跟行业热点，策划了"水性总动员""水性十年"等系列大型专题活动，其技术水平、行业影响和参与人数等均创行业之最。

3.2 发布行业权威年度信息，助力读者把脉市场

为了反映中国涂料行业上一年的发展状况，满足行业对信息资讯的需求，《涂料工业》从2004年起，搜集整理国家统计局、海关总署、工信部、全国涂料工业信息中心和国内外相关媒体的信息数据，邀请各细分领域的资深专家对涂料行业的产量、经济运行、进出口、产品价格、原材料价格、专利、行业标准等数据进行全方位、多角度的研究分析，出版中国涂料行业的白皮书——《涂料工业》行业年度报告。每年的行业年度报告为客户了解行业发展趋势，把脉市场，决策未来，提供了重要参考，成为诸多企业家、企业高管的案头书。

4 结束语

任何事物在发展过程中都会遇到这样或那样的问题，科技期刊也不例外。我们要紧跟时代步伐，转变思维，分析面临的机遇与挑战，研究整合资源，发挥自身的各种优势，找到问题的解决方案，或尽力将问题带来的负面影响降到最低。当然，科技期刊的定位与发展要符合国家的政策要求，聚焦党和国家重大战略任务需求，服务经济社会发展；也要立足于行业，引领创新、跟踪重大项目、聚焦前沿技术、鼓励创新，有效发挥科技期刊在科研成果创新方面的引领作用。

参 考 文 献

[1] 中国科学技术协会. 中国科技期刊发展蓝皮书(2020)[M].北京:科学出版社,2020.
[2] 新华社.习近平主持召开中央全面深化改革委员会第五次会议[EB/OL].[2018-11-14].http://www.gov.cn/xinwen/2018-11/14/content_5340391.htm.
[3] 四部门联合印发《关于深化改革培育世界一流科技期刊的意见》[EB/OL].[2019-08-16].https://www.cast.

org.cn/art/2019/8/16/art_79_100359.html.

[4] 中共中央宣传部教育部 科技部印发《关于推动学术期刊繁荣发展的意见》的通知[EB/OL].[2021-06-23]. https://www.nppa.gov.cn/nppa/contents/312/76209.shtml.

[5] 闵甜,孙涛,赖富饶,等.碎片化信息传播给科技期刊带来的机遇与挑战[J].传播与版权,2020(4):73-76.

[6] 孔薇.SCI热对我国科技期刊的影响及其科研评价的局限性[J].科技与出版,2005(1):63-65.

[7] 王晓峰.消除唯SCI影响因子对我国科技期刊发展的危害刻不容缓[J].编辑学报,2021,33(5):479-482.

[8] 秦明阳,邓履翔,陈灿华.培育世界一流科技期刊背景下中文科技期刊发展定位与使命[J].中国科技期刊研究,2021,32(3):281-289.

[9] 魏希辉.建设世界一流期刊背景下中文科技期刊的重新定位和转型发展探析[J].传播与版权,2021(7):86-87,90.

[10] 初景利,王译晗.中文科技期刊的定位与作用再认识[J].中国科技期刊研究,2022,33(1):1-7.

理工科院校文科学报特色化发展探究

黄艺聪

(《上海交通大学学报(哲学社会科学版)》编辑部,上海 200030)

摘要:在综合性社科学报中,理工科院校文科学报面临着优质稿源缺失、内容同质化、编辑办刊力量不足等难题,究其原因,这与理工科院校文科长期的弱势地位以及高校学报的历史体制息息相关。然而,随着科技的快速进步、国内外形势的变化、新文科建设的兴起,越来越多的机遇出现在理工科院校文科学报面前。笔者认为,"特色化"是突破困境实现发展的必经之路,而从"学科综合"向"问题综合"办刊模式转变,通过学科交叉、文理交叉来解决现实问题,是理工科院校文科学报的发展方向。学报需确立一个差异化的品牌定位,并以特色栏目的形式呈现出来,同时围绕重大问题与热点问题进行专题策划,通过专家组稿等方式吸引更多优质稿源,从而实现学术影响力与公信力的共赢。

关键词:理工科院校;文科学报;特色化发展;问题综合;品牌定位

高校学报是高校学术思想宣传的前沿阵地,然而,受制于高校学报体制与历史等因素,相比专业型期刊,高校学报普遍有"全、小、散、弱"的特点[1],理工科院校的文科学报这方面尤其突出。目前,多数理工院校的文科学报仍呈现出内向性、同质化特点:通过粗放式的学科拼盘来实现本校的"学科综合",本校作者占比也较多。究其根本,理工科院校的文科发展相对弱势。一方面,学科认同度不够导致学报没有关注的侧重点,在栏目设置上往往逊色于专业期刊;另一方面,学校支持力度不足导致期刊无法实现跨越式发展。然而,许多理工院校也拥有自己的优势文科专业,学报完全可以将其作为长板,走文理结合之路。2021年5月9日,习近平总书记在《给〈文史哲〉编辑部全体编辑人员的回信》中指出,"高品质的学术期刊就是要坚守初心、引领创新"[2]。2021年5月18日,中共中央宣传部、教育部、科技部联合印发的《关于推动学术期刊繁荣发展的意见》,明确要求学术期刊要"提升学术引领能力"[3]。在这一大趋势下,若想实现高质量发展,理工科院校文科学报需先转变办刊理念,走特色化建设之路。

当前,关于理工科院校文科学报的特色化建设已有一些探讨。例如,钱振华、马胜利选取 CSSCI 收录的具有代表性的 24 家理工科院校社科学报,附之于 3 家综合院校的文科学报为参照系,深入研究了中国理工科院校社科学报发展状况[4];所静等分析了目前理工科院校文科学报面临的诸多问题并给出了应对方法[5];杨珊[6]和武丽霞等[7]都针对理工科院校文科学报的

基金项目:上海交通大学期刊中心期刊发展研究基金研究课题(QK-C-2022008);全国高校文科学报研究会编辑学项目(PY2021034)

特色化建设分享了建设性观点；郭纹则论述了普通理工科高校学报(社会科学版)如何通过创办特色栏目打破发展瓶颈脱颖而出[8]。总的来说，有些现状分析与措施建议较为笼统，还有值得完善的部分。为进一步将理工科院校文科学报的特色化路径探索做深做实，本文结合时代与国家的发展需要，分析了学报特色化发展的紧迫性与必要性，提出了较为具体、全面的发展建议。

1 理工科院校文科学报特色化发展的必要性

1.1 理工科综合性文科学报的困境

相比有着深厚文科积淀的综合类院校，理工科院校由于文科起步较晚，长期偏科导致先天文科资源不足、视野受限，有些学校还有"重理轻文"的思想作祟，因此理工科院校的文科学报相比其理工版，投入的人员、经费、学术支撑整体偏弱，投稿者也大多来自本校，在内容上容易呈现内向性、同质化，难以形成一定的市场认知和学术价值。正如张耀铭先生所说："学术期刊，尤其是拼盘式的综合性期刊，'趋同化'现象非常严重。编辑方针趋同，编辑模式趋同，栏目设置趋同，甚至探讨的社会热点问题也趋同。大家一味走'泛综合化'的路子，文学、史学、哲学、经济、法学、社会学、教育学面面俱到。众刊一面，使读者失去了新鲜感和阅读的兴趣。"[9]

这种粗放式的学科综合，将不可避免地使高校学报流向"千刊一面""低水平重复"的局面。显然，国家也意识到了这一点，2003年教育部启动了"名刊工程"，鼓励首次入选的综合性学报向着"专、特、大、强"的目标发展[10]，然而，大多数综合性高校学报的专业化转型之路却困难重重，入选"名刊工程"的学报尽管在内容质量和学术影响力方面取得了一定提升，但在专业化、规模化和体系化方面并无实质性进展。最终，特色化发展道路成为陷入困境的高校学报的唯一选择，办特色栏目成了大势所趋。

需要指出的是，特色化并不能代替专业化，并不能保证综合性学报因此能与专业性期刊相抗衡，这只是基于目前的体制唯一可行的途径。同时，特色化也意味着必须对学科作出取舍，去弱留强。若对特色栏目的定位不当，将加剧"内向性"，这点在第三章将详细论述。

1.2 顺应时代对学术期刊提出的新要求

近年来科技创新的日新月异、新兴学科的快速崛起让学科边界变得日益模糊。"人工智能热"使得科技人文交叉融合的趋势进一步升温，以数字、智能为代表的科技领域与经济、法律、社会、哲学、文学等哲学社会科学领域的交叉学科研究如日中天，与此同时，关于科技伦理、数据隐私等充满忧虑的讨论也被摆上台面。2018年教育部推出"新工科、新医科、新农科、新文科"等建设方针，具有学科交叉属性的新文科建设恰恰为综合性文科学术期刊提供了新的生机，而理工科院校的文科学报在这方面有着天然的学科优势，文理交叉的视野具有巨大的创造性潜能，能开发出新的学术生长空间——学术无人区[11]，在回答时代提出的重大命题的同时，带领人类走入文明的新篇章。

另一方面，国际形势日益严峻。面对日益激烈的国家间竞争，《国家"十四五"时期哲学社会科学发展规划》把学科体系、学术体系和话语体系这"三大体系"建设作为核心任务和主体部分，强调要发展中国理论，繁荣中国学术，在若干优势领域打造具有国际影响的中国学派[12]。习近平总书记也指出："构建中国特色哲学社会科学是一个系统工程，是一项极其繁重的任务，要加强顶层设计，统筹各方面力量协同推进。"[13]中国传统、中国实践、中国问题成为学术话语建构的出发点和落脚点,对学术期刊的"接地气"提出了要求。

1.3 期刊影响力指标对内容提出的要求

目前,国内学术期刊影响力主要由各个机构的期刊影响力评估体系决定,意味着很多体制内问题也会存在于学术评价体系之中。虽然机构评估方式的合理性也在不断优化,但由于排行榜机制的历史积累问题,决定了"强者恒强",期刊之间"马太效应"显著。许多理工科院校的文科学报天然不具有排名优势,想要后来居上需要花费更长的时间。一些普通理工科高校的文科学报由于稿源质量与经费支持的局限性,试图通过减少每期发文数来提高引用率和排名,但效果并不理想。由此可见,提高文章质量是唯一的出路,在这个"内容为王"的时代,高质量内容是期刊赖以生存的唯一保证,它反映了期刊水平的高低、学术公信力的强弱、学术影响力的大小。

至于理工科院校的文科学报如何才能找到一条走出低谷重现辉煌之路?笔者认为,学报需结合高校自身学科优势,进行品牌栏目的建设,并围绕国家重要战略与时代重大命题安排问题导向的选题,面向所有学者征稿,吸引更多优质稿源,是目前实现破局最有希望的路径。

2 理工科院校文科学报特色化发展的品牌定位

特劳特在《定位》一书中对"定位"作了这样的解释:设计一个公司,或一个品牌的形象,使其在客户的心智中占据一个独特的位置[14]。定位的主体应是一个品牌形象,并且最好有且只有一个,否则不利于聚焦。由于客户的心智有限,为了让人更容易记住,通常我们只能选择性植入一个最具代表性的概念。同时,作定位也要考虑竞争对手的定位,才能走差异化发展道路。由此便引发了两个问题:目标读者是谁,竞争对手是谁?他们的价值是什么?唯有确定读者需求,避开竞品在读者心中的强势地位,才能树立自己的品牌定位。

通常来说,学报的读者大多为本校和同类学校的教师、研究者、学生。然而随着数字技术的进步,学报公众号等新媒体平台大大提高了扩宽读者圈层的效率。在这个流量时代,除了传统的市场调研方式外,各平台的数据分析工具也为分析受众画像与文章质量提供了更加便捷的手段。

理工科院校文科学报竞争对手自然是同类院校或某些高校联盟内的兄弟院校,对于表现优异的对手,可以取长补短,向着"人无我有、人有我优、人优我特"的方向探索。学报和公司一样,都需要通过品牌定位来实现差异化发展,这样才能在市场上占有一席之地。新文科兴起后,部分理工科院校文科学报借着东风纷纷将学科交叉作为自己的特色。然而,学科交叉只是一种研究方法,并不是具体的品牌形象,还是需要找到一个与所处大学本身特色与使命有关的独特卖点,才能从综合性学报中脱颖而出,根植于读者心中。

一个清晰而有价值的品牌定位比其他宣传更有用。中国理工院校创办文科学报很大程度上需要体现学科特色,既然文科专业较之理工科专业相对弱势,那么找准文理的结合点便需要以本校科研、教学成果为基础,围绕本校的重点学科,如入选"双一流"的学科、特色专业,再依托理工科的资源优势,推出学科交叉性强、具有独家特色的栏目或专题,结合时代命题与领域内的前沿问题进行构建。尽管理工科院校文科学报无法像有诸多传统优势学科的综合性大学那样发挥文科的学科优势,但理工科院校也有一些其他综合院校很少涉猎的文科专业,而它们在理工科院校却拥有一大批受众,正适合用来突显理工科院校文科学报的特色。如《上海交通大学学报(哲学社会科学版)》树立的品牌定位为"科技人文",本校的科学史与科学文化研究院成立于 2012 年，其前身科学史与科学哲学系为国内首创，对中国科学技术史学科在高等院校的建制化起到了重要的推动和示范作用，《上海交通大学学报(哲学社会科学版)》便充分发挥学术平台支撑作用，坚持走科技人文交叉之路，其"科学文化"栏目入选教育部第三批高校哲学社会科学名栏建设工程。

有时，学报的特色化发展也离不开高校学报的使命。如《清华大学学报(哲学社会科学版)》以清华大学文科复兴为使命，在关注国情研究与重大现实问题的基础之上，同时对交流载体较少的文史哲学科进行倾斜，以期孵化相关领域内的更多基础性研究[15]。

助力学科建设，服务社会实践是学报特色化发展的目标。然而发展有时也需要有所取舍，必要时放弃某些学科，将版面留给其他学科，通过好选题强化这些学科在刊物中的地位，借助特色选题进一步扩大期刊影响力。

3　理工科院校文科学报特色化建设路径

3.1　从"学科综合"到"问题综合"

在上文，我们分析了学报的特色品牌与特色学科密不可分，但如果特色化只是通过栏目的地方特色或主办学校的学科特色来进行强化，便忽略了其公共平台的功能。通常情况下，综合性的高校学报无法保证多个栏目的均衡发展，而特色栏目与普通栏目之间又存在较大差异，所以当谈论某家学报的特色时，只能将着眼点落在了"某几个特色栏目"上[16]，这也就意味着特色栏目的数量需要相对固定，具有一定连续性，并且不宜太多，否则不利于期刊特色化的形成。

事实上，相对固定的栏目相当于框架，它代表了期刊的特色。但框架内的专题，可以每期根据热点问题有所变化，它决定了期刊内容的吸引力。光明日报 2004 年 1 月 8 日发表了孙麾的一篇《从学科综合转向问题综合》，明确提出了综合性学报办刊走向问题导向的必要性。孙麾认为，与其抽象、空洞地谈论"学科综合"与"学科导向"，不如重视具体的问题，也就是通过"问题"实现对学科的综合，把期刊的综合性落到实处[17]。

现实生活中的重大问题总是呈现出综合性，任何重大的理论问题的解决越发不能寄希望于单个学科，而需要依托各种学科资源。这也是迈克尔·吉本斯等人在《知识生产的新模式》一书中提出的"知识生产模式"的概念，有时解决问题的方案正是源于多学科专家之间的交流碰撞[18]。因此，实行跨学科的专题探索是期刊建设与学科发展方向相契合的最优选择[19]。很多学术问题(如科技史、科技伦理等)的探讨，专业期刊其实有一定的局限性，而综合性期刊更有优势，尤其是理工科院校的文科学报，更何况公共领域的问题大多与科技发展分不开关系。

3.2　找准特色化发展方向

综合类社会科学期刊所关注的应是具有普遍性的公共领域问题，其定位乃是"一头连着象牙塔一头连着天下兴亡"。然而，综合性学术期刊目前却处于一种悬浮型学术状态[20]——上无法深入推进艰深学问的积累，下无法回应社会现实的需求。由此，笔者认为可以演变出两个特色化的发展方向：一是抓哲学社会科学基础理论研究的选题；二是抓围绕热点问题进行跨学科研究的选题。

3.2.1　抓哲学社会科学基础理论研究的选题

综合性学报的创新发展可从重要基本理论问题进行切入。随着科学的发展、时代的变迁，新的知识系统亟须建立。理论问题都具有跨学科属性，基本理论问题、基础概念的创新相比跨学科研究现实问题具有更大意义，因为它带来的是革命性的方法论变革与新的方向。在人类历史发展的长河中，每一次重大社会跃进都是理论先行的，理论创新是每一个社会变革的先决条件。今天我们的处境是，中美脱钩导致建立中国学派的呼声越来越高，而当国家面临艰难抉择的时刻，理论准备却十分欠缺，过去的主流意识形态都在各自指导的社会实验中陷入困局，建立与中国发展道路相匹配的中国特色理论体系已成当务之急。《清华大学学报(哲学社会科学版)》就十分重视基础理论研究，为建设更好的学术生态不断努力。

3.2.2 抓围绕热点问题进行跨学科研究的选题

综合性学报的吸引力有赖于热点议题的话题度。通常情况下，研究热点的出现与国家战略方向、政策导向息息相关。所以学报在策划专题时，可以追踪校内外的国家重大课题和有地方特色的重大课题，及时展示其研究成果；关注中央有关精神与重大战略方针的发布，加大研究力度以适应社会实践的需要。为实现特色化发展，理工院校文科学报还可以发挥文理交叉的优势，将热点问题与基础学科结合，站在战略的高度，加强对问题的学理性研究与创新，从而与专业刊物进行差异化区分。在追热点时，将热点话题以问题形式的专题呈现出来，将以问题为中心的跨学科研究作为学报重要的突破口[21]，优先刊登统摄各专业对重大问题进行跨学科综合研究的文章，以核心概念为引导，凭借开阔的理论视角、跨学科的视野深入个案研究，使读者养成定期浏览从而了解并判断热点的习惯。

学报在以问题为导向进行专栏或专题设置时，可以基于同一主题多角度切入，这样不仅研究方法具有跨学科属性，整体也呈现出学科交叉特色，同时，刊登的文章也要"接地气"，体现一定的社会关怀。如《西安交通大学学报(社会科学版)》以入选教育部"名刊名栏建设工程"的"经济与管理研究"为重点栏目，并开设了一系列如"幸福感研究""老龄化研究""共同富裕"等追踪具体社会问题的专题；《华中科技大学学报(社会科学版)》的"哲学之维与思辨之道"栏目则囊括了与各种社会问题交叉的哲学议题。

此外，论文的国际化也对推动刊物发展有着积极意义，与国际学术接轨对于中国学术期刊的"走出去"至关重要。通过开设特色栏目，邀请国外学者共同讨论相关话题，推动学术思想的碰撞、对话和交流。特色栏目作者群体的国际化有助于形成中外学术话语体系的对话，一方面可以有效打破高校学报特色栏目视野相对狭窄、传播力度不足的困境[22]；另一方面也推介了国内学者的学术思想，产生了良好的学术互动效果。

3.3 编辑团队专业化

理工科院校文科学报若想发挥引领学术潮流的作用，高质量稿件必不可少。因此，期刊在走特色化之前，还需要解决如何获得源源不断的优质稿源的问题。

《南京大学学报》原执行主编、编审朱剑在《枘凿之惑：特色化与高校学报的发展》中指出，特色其实是主编特色——学术期刊的特色是其所表现出来的独特的色彩和风格[23]。编辑团队的专业度与眼光，对期刊发展而言具有决定性作用。近年来，越来越多的学报基于背靠大学资源的优势，走上学者办刊之路，通过优化管理体系，由学者担任主编，由专家甚至是学术领军人物组稿、主持栏目，这样一来可以充分发挥专家学者的个人优势，由于他们始终位居学术前沿，且拥有大量学术资源，可以利用自己的影响力来争取优秀稿源，为学报公信力背书。以《上海交通大学学报(哲学社会科学版)》为例，自从尝试学者办刊模式后，学报的影响力有了较大提升，而由专业学者组成主编团队与编委会团队，也大大提升了稿件审核效率与组稿效率。

从知识生产角度看，学术期刊编辑需要有专业化的知识储备才能作出准确的学术判断[24]。近年来由于跨学科的兴起，编辑也要勇于走出自己的"舒适区"，积极关注其他相关领域的学术动态，在更大的范围内网罗、甄选优质稿件；主动出击，面向全社会在网络平台发布征稿启事；积极参加学术会议，及时发现潜力作者与内容。在选题策划上，问题化、专题化、集束化是可行的策划路径。借助各方力量，在广泛征求意见的基础上，使知识在以问题为指向的新框架内实现整合，最终获得对该问题的新认识，形成新选题[25]。最后，编辑部在对稿件评估时，也应以质量为唯一评定标准，同时保持与作者的联系，维护一支优秀稳定的作者队伍，从源头保证优秀稿源的供给，甚至可以通过文章影响力年度评选等激励措施提高作者的积极性与稿件质量。

4 结束语

在学报体制无法实现实质性变革的当下，特色化发展已成为理工科院校文科学报走出低谷的指路明灯，而高质量作为学报发展的目标，决定着学报的学术生命力，代表着高校哲学社会科学的发展水平，对期刊的品牌特色、选题创新与编辑队伍人才培养都提出了要求。学者办刊，专家主持以问题为导向的特色栏目是特色化发展的具体体现，打破了以往学科综合大杂烩的局面。通过树立差异化的品牌意识与问题意识，追踪时代重大命题，充分发挥理工科院校文科学报的学术窗口作用与使命，创办将学术前沿和突出问题结合的特色专栏，完成跨学科的专题探索，有助于理工科院校文科学报实现学术影响力与学术公信力的共赢。

参 考 文 献

[1] 朱剑.高校学报的专业化转型与集约化、数字化发展:以教育部名刊工程建设为中心[J].清华大学学报(哲学社会科学版),2010(5):28-35.

[2] 习近平给《文史哲》编辑部全体编辑人员回信[EB/OL].(2021-05-10)[2022-08-01].http://www.gov.cn/xinwen/2021-05/10/content_5605620.htm.

[3] 中共中央宣传部教育部科技部印发《关于推动学术期刊繁荣发展的意见》的通知(中宣发〔2021〕17 号)[Z].2021.

[4] 钱振华,马胜利.学术公信力:中国 24 家 CSSCI 理工科院校文科学报影响力分析:以北京科技大学学报(社会科学版)为比较视角[J].北京科技大学学报(社会科学版),2013,29(5):52-71.

[5] 所静,郑建辉,何静菁,等.中国理工科院校文科学报的发展困境及路径分析[J].科技与出版,2017(5):122-124.

[6] 杨珊.理工科院校文科学报特色化建设的措施和途径[J].西南交通大学学报(社会科学版),2009(3):73-75.

[7] 武丽霞,闫月勤.论理工科高校文科学报特色化的途径[J].西南交通大学学报(社会科学版),2010(6):103-107.

[8] 郭纹.关于对办好普通理工科高校学报(社会科学版)的若干思考[J].山西能源学院学报,2020(6):83-87.

[9] 张耀铭.中国学术期刊的发展现状与需要解决的问题[J].清华大学学报(哲学社会科学版),2006(2):28-35.

[10] 2004 年推出的《教育部高校哲学社会科学学报名栏建设实施方案》对名栏的定义:能够在某一学科或重大问题研究领域推出一批高质量、高品位、代表中国高校哲学社会科学研究水平、能够产生较大学术影响和社会效益的优秀论文[Z].2004.

[11] 冯毓云.文学理论的跨学科性[J].廊坊师范学院学报(社会科学版),2022(1):20-25.

[12] 国家"十四五"时期哲学社会科学发展规划[EB/OL].(2022-04-27)[2022-07-28].http://www.gov.cn/zhengce/2022-04/27/content_5687532.htm.

[13] 努力使中国特色哲学社会科学真正屹立于世界学术之林[N].人民日报,2022-07-07(4).

[14] 艾·里斯,杰克·特劳特.定位[M].王恩冕,等译.北京:中国财政经济出版社,2002.
[15] 文科沙龙|期刊作为方法:人文社科研究的追求[EB/OL].(2021-11-02)[2022-08-02]. https://mp.weixin.qq.com/s/nvLkyvzD18byBODE9rNo4A.
[16] 朱剑.枘凿之惑:特色化与高校学报的发展[J].云南师范大学学报(哲学社会科学版),2009(5):89-94.
[17] 由《从学科综合转向问题综合》引起的[N].光明日报,2004-01-29(C1).
[18] 迈克尔·吉本斯,卡米耶·利摩日,黑尔佳·诺沃提尼,等.知识生产的新模式[M].陈洪捷,沈文钦,等译.北京:北京大学出版社,2011.
[19] 邱爽.新文科建设与人文社科类综合性期刊的改革倾向[J].科技传播,2020(4):183-184.
[20] "悬浮型"学术是南京大学成伯清教授在《探索与争鸣》编辑部与华东师范大学思勉人文高等研究院共同组织的"人文社科研究如何突破学科藩篱,切中现实问题"圆桌论坛上提出的观点[Z].
[21] 叶祝弟.面向生活世界本身:综合性学术期刊内涵发展探赜[J].澳门理工学报,2020(1):110-121.
[22] 蒋金珅.构建"中国学派"视野下的高校哲学社会科学学报特色栏目建设[M]//学报编辑论丛 2021.上海:上海大学出版社,2021:183-187.
[23] 朱剑.枘凿之惑:特色化与高校学报的发展[J].云南师范大学学报(哲学社会科学版),2009(5):89-94.
[24] 何云峰:要重视学术编辑专业化发展的问题[EB/OL].(2021-11-30)[2022-07-25].https://mp.weixin.qq.com/s/WReCkJQaPGqJvER4JCtVUw.
[25] 叶祝弟.面向生活世界本身:综合性学术期刊内涵发展探赜[J].澳门理工学报,2020(1):110-121.

综合性医药卫生类科技期刊的发展现状

惠朝阳,魏学丽,余党会

(海军军医大学教研保障中心出版社《海军军医大学学报》编辑部,上海 200433)

摘要: 本文通过中国知网数据,系统分析了 2003—2021 年间 31 种综合性医药卫生类科技期刊刊载文献的刊期、载文量、单篇文献版面数等量化信息,以期全面了解该类期刊的现状,为期刊未来发展提供参考。研究发现,19 年间 51.6%的期刊刊期未变,2021 年 31 种期刊的刊期以月刊或半月刊为主,共占 83.9%;19 年间 90.3%的期刊载文量呈下降趋势;31 种期刊的平均单篇文献页数从 2003 年的 2.08 页增加到 2021 年的 5.68 页,19 年间呈直线上升趋势。31 种期刊刊载的基金资助类文献量 2003—2021 年基本呈平稳上升趋势。25 种期刊 2010 年的复合影响因子较 2009 年下降,2010—2020 年逐年升高;复合影响因子与期刊载文量呈负相关($R^2 = 0.918\ 6$),与期刊基金论文比呈正相关($R^2 = 0.920\ 7$),与单篇文献版面数呈正相关($R^2 = 0.890\ 2$)。基于本研究结果,笔者认为期刊载文量持续减少而出版周期长期不变会导致期刊信息总容量减少、研究者发表论文困难等负面问题;而单篇论文篇幅的增加可能与期刊出版者、作者对增强研究内容的深度和广度有关,也可能与盲目减小影响因子分母有关。建议综合性医药卫生类科技期刊在寻求期刊自身特色上下工夫,避免刊登同质化论文,在保证论文质量的前提下合理有效利用版面,提高期刊总信息量。

关键词: 综合性医药卫生;科技期刊;载文量;影响因子;文献版面数;基金论文比;相关性

2019 年,《关于深化改革 培养世界一流科技期刊的意见》提出,应突出专业化导向,做精做强综合类学术期刊,带动学科和行业发展[1]。2021 年,《关于推动学术期刊繁荣发展的意见》指出,综合性学报应着力解决内容同质化问题,合理调整办刊定位,向专业化期刊转型,办好特色专栏[2]。上述文件精神,对综合性医药卫生类科技期刊既是机遇,更是挑战。相较于自然科学类学报,综合性医药卫生类期刊有其专业化特色;相较于细分类医学专业期刊,综合性医药卫生类期刊具有知名度高、综合性强、传播面广、多学科作者等优势。

分化与综合是学科发展的基本形式。学科分化得越细,研究范围相对就越窄,研究方法趋向于专门化,对事物的认识往往更加深入。学科综合则是从更高层面审视新的研究成果之间的关系与联系,全面而系统地认识事物。由此看来,综合性期刊和专业性期刊的关系是相辅相成、协同发展的。为了更好地总结、探索医药卫生类综合性期刊的建设发展经验,本研

通信作者:余党会,E-mail:medyudanghui@163.com

究以31种综合性医药卫生类科技期刊为研究对象，调查2003—2021年该类期刊的载文量、刊期、影响因子等量化信息，并结合《海军军医大学学报》(原《第二军医大学学报》)实际办刊经验，以期为提升综合类期刊独立办刊能力，以及与专业化期刊的协同办刊能力提供参考。

1 资料与方法

1.1 研究对象

以《中文核心期刊要目总览(2020版)》收录的31种综合性医药卫生类科技期刊为研究对象，分析该类期刊2003—2021年的载文量、文献版面数及复合影响因子的变化趋势。

1.2 资料收集与指标定义

通过中国知网(CNKI)收集2003—2021年间31种期刊的年载文量、年基金论文量、文献页码、复合影响因子、刊期等信息。资料收集时间为2022年4月24日—6月11日。本研究中各期刊年度总文献量的统计不包含资讯类文献，如致谢、稿约、启事、勘误等。本研究中载文量含增刊发表文献数量。文献版面数＝年载文量/年期刊正文文献总页码。复合影响因子指某期刊前两年发表的可被引文献在统计年被复合统计源引用总次数与该期刊在前两年内发表的可被引文献总量之比。复合统计源由期刊统计源、博硕士学位论文统计源、会议论文统计源构成。

1.3 统计学处理

采用Excel 2019进行数据收集整理，复合影响因子、载文量、文献版面数、基金论文比及刊期之间的关系采用线性相关分析。

2 结果

2.1 期刊基本信息

《中文核心期刊要目总览(2020年)》收录的31种综合性医药卫生类科技期刊创刊时间(1915—1998年)均≥24年，分布于全国17个城市，开本均为大16开。2003—2021年31种期刊中有16种(51.6%)期刊刊期未变，12种(38.7%)期刊刊期变更1次，3种(9.7%)期刊刊期变更2次及以上，还可以发现2011年及之前的刊期变更均是扩大刊期，而2011年之后刊期变更主要是减少刊期(表1)。2011年之后，93.5%(29/31)的期刊刊期未发生变化。19年间，31种期刊中有9种期刊办过增刊，共发增刊36期。2021年，31种期刊中周刊1种、旬刊1种、半月刊3种、月刊15种、双月刊11种。

2.2 载文量及基金资助文献量变化趋势

31种期刊2003—2021年的年载文量分布见图1。由图1可见，除《中南大学学报(医学版)》、《浙江大学学报(医学版)》及《安徽医科大学学报》3刊外，其余28种期刊的年载文量高峰均在2003—2010年间。分析《中南大学学报(医学版)》、《浙江大学学报(医学版)》及《安徽医科大学学报》发现，《安徽医科大学学报》与大多数期刊载文量的变化趋势不同，该刊2011的载文量开始大幅上升(2011年刊期由双月刊改为月刊)，在2014年达最高值，随后平稳小幅下降。《中南大学学报(医学版)》2003—2007年为双月刊，平均年载文量为217.2篇；2008—2021年为月刊，平均年载文量为231.6篇，该刊在改变刊期后载文量并未大幅增加。《浙江大学学报(医学版)》2003—2021年均为双月刊，2016年的载文量最低(108篇)，2020年载文最高(164篇)。

表 1 2003—2021 年 15 种综合性医药卫生类科技期刊刊期变化情况

刊名	刊期变化
四川大学学报(医学版)	2004 年由季刊改为双月刊
上海交通大学学报(医学版)	2004 年由双月刊改为月刊
中国全科医学	2004 年由月刊改为半月刊，2010 年由半月刊改为旬刊，2013 年由旬刊改为周刊，2014 年由周刊改为旬刊
中华医学杂志	2005 年由半月刊改为周刊
首都医科大学学报	2005 年由季刊改为双月刊
解放军医学院学报	2005 年由季刊改为双月刊，2010 年由双月刊改为月刊
南京医科大学学报(自然科学版)	2005 年由双月刊改为月刊
山东大学学报(医学版)	2005 年由双月刊改为月刊
实用医学杂志	2005 年由月刊改为半月刊
中国比较医学杂志	2006 年由双月刊改为月刊
重庆医科大学学报	2007 年由双月刊改为月刊
中南大学学报(医学版)	2008 年由双月刊改为月刊
中国医科大学学报	2009 年由双月刊改为月刊
中国现代医学杂志	2011 年由半月刊改为旬刊，2016 年由旬刊改为半月刊
安徽医科大学学报	2011 年由双月刊改为月刊

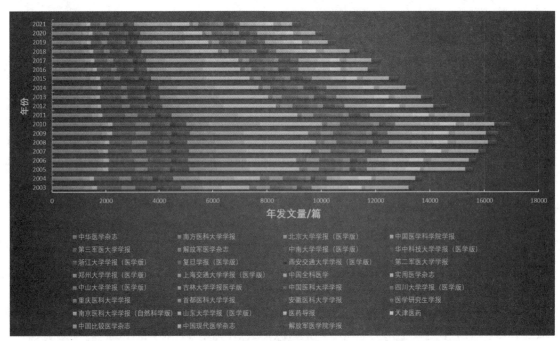

图 1 2003—2011 年 31 种综合性医药卫生类科技期刊的载文量分布

将 31 种综合性医药卫生类科技期刊作为整体，分析该类期刊 2003—2021 年的变化趋势发现，该类期刊 19 年间的载文量呈先升高后降低的趋势，2003—2010 年逐年升高，2010—2021 年逐年降低，从 2010 年的 16 955 篇下降至 2021 年的 9 193 篇。该类期刊 2003—2021 年刊载的基金资助类文献量基本呈平稳上升趋势。见图 2。

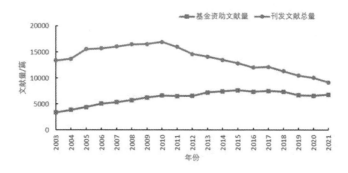

图 2 2003—2021 年综合性医药卫生类科技期刊载文量及基金资助文献量变化趋势

本研究调查时间跨度达 19 年，考虑期刊刊期变化可能会影响年载文量，经分析显示 31 种期刊的平均刊期范围为 9~14 期，平均每期载文量从 2003 年的 46 篇下降到 2021 年的 24 篇，有明显的逐年下降的趋势。见图 3。

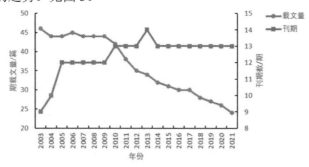

图 3 31 种综合性医药卫生类科技期刊年平均刊期数及平均每期载文量

2.3 刊载文献的版面数变化趋势

收集每种期刊每年刊发文献的总页数，以总页数除以每年载文量计算单篇文献的平均版面数。结果显示，31 种期刊单篇文献的平均版面数在 2003—2021 年均呈上升趋势，2021 年较 2003 年单篇文献的版面数增幅达 46.2%~317.9%。由图 4 可见，该类期刊单篇文献的版面数从 2003 年的 2.08 页增加到 2021 年的 5.68 页，呈直线上升趋势。

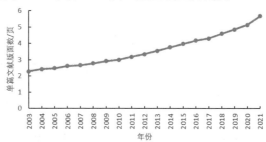

图 4 2003—2021 年 31 种综合性医药卫生类科技期刊的平均单篇文献版面数变化趋势

2.4 复合影响因子变化趋势

共收集到 25 种综合性医药卫生类科技期刊 2009—2020 年的复合影响因子，这 25 种期刊 12 年间的复合影响因子变化趋势见图 5。2010 年期刊复合影响因子(0.631 4)较 2009 年(0.706 56)下降，之后升高至 2020 年的 1.139 85。

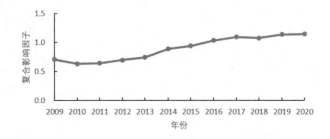

图 5　2009—2020 年 25 种综合性医药卫生类科技期刊复合影响因子变化趋势

2.5　相关性分析

分析显示，复合影响因子与单篇文献版面数呈正相关（$R^2=0.890\ 2$），与基金论文比呈正相关（$R^2=0.920\ 7$），与年平均载文量呈负相关（$R^2=0.918\ 6$），与刊期总数无相关性。年平均载文量与单篇文献版面数呈负相关（$R^2=0.97$），而与平均刊期数无相关性。见图 6。

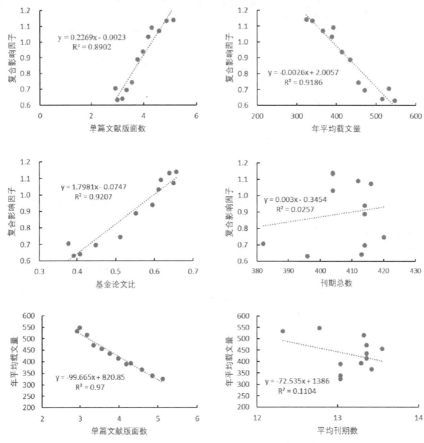

图 6　复合影响因子、单篇文献版面数、年平均载文量、基金论文比及刊期数之间的关系

3　讨论和措施

本研究结果显示，综合性医药卫生类科技期刊 2003—2010 年载文量逐年升高，2011—2021 年的载文量持续下降，这与其他学科期刊的载文量变化趋势相同[3-5]。出现上述变化的原因可能是《中文核心期刊要目总览》在 2004 年取消了载文量指标，并在 2008 年之后的版本中增加了基金论文比和论文被引指数。特别是论文被引指数，而不只是论文被引总量，推动各大

期刊把影响因子作为评价和提高期刊影响力的核心指标。如何把控期刊载文量与影响因子的关系是期刊人关心的问题，有研究者认为小规模(106~300 篇)与大规模(700~1070 篇)期刊影响因子随载文量的增加而增大，中等规模(300~700 篇)期刊影响因子随载文量的增大而减小[6]。但段子冯[7]对 3 种海洋学类期刊的研究结果显示，影响因子与期刊载文量没有相关性。本研究对 25 种刊物复合影响因子的统计数据表明，复合影响因子与年载文量呈负相关关系，间接表明减少载文量有利于提高复合影响因子。我们也应看到，载文量的减少会带来期刊信息总容量减少、研究者发表论文困难等负面问题。期刊载文量应根据期刊的实际收稿量及稿件录用率情况合理把控，筛选高质量(高被引)学术论文并即时出版是提高影响力最主要手段。

本研究结果显示，31 种综合性医药卫生类科技期刊单篇文献的版面数从 2003 年的 2.08 页增加到 2021 年的 5.68 页。单篇文献的篇幅显著增长，一方面反映了医学论文特别是医学论著已经广泛采用了国外的"四段式"(IMRAD)写法，另一方面则反映了期刊出版者以及作者对增强研究内容深度和广度的共同追求。本研究对复合影响因子与单篇文献版面数的统计结果表明，两者呈正相关关系。梁碧芬[8]对国内外社会科学、自然科学期刊论文篇幅与质量关系的统计研究表明，论文篇幅的长度同期刊的质量(影响因子)呈正相关关系。当然，对于部分期刊存在的综述文献偏多偏长、图片表格明显偏多、参考文献"注水"、满版率明显偏低[9]等问题，这些问题只会拉低论文整体质量，并不一定能起到增加论文篇幅从而增加论文被引量或是通过增加论文篇幅以减少载文量从而提高影响因子的作用。但王志娟[10]对 2016—2018 年度评选的中华医学百篇优秀论文的研究表明，论文的被引频次和篇幅无相关关系，不应"唯引用""唯下载"判断论文价值。

近 10 年来，《海军军医大学学报》编辑部在向同行学习借鉴的基础上，对提升学报影响力，提高论文质量方面做了一些有益的探索，主要有以下几个方面：一是注重同本校专业类期刊(如护理、药学、管理)的协同发展，避免刊登同质化论文。二是紧盯国家重大战略需求(如埃博拉病毒、新冠肺炎)和前沿热点(如纳米医药、机器人辅助技术)进行专题策划和组稿。三是抓紧抓牢本校中青年专家，倾力打造中青年学者论坛，维护、巩固和发展核心作者群体。四是在严格保证论文质量的基础上，合理压缩论文篇幅，适当增加载文量，提高期刊总信息量。

参 考 文 献

[1] 中国科协调宣部,学会学术部.四部门联合印发《关于深化改革培育世界一流科技期刊的意见》[EB/OL].(2019-08-16)[2022-09-24].https://www.cast.org.cn/art/2019/8/16/art_79_100359.html.
[2] 中共中央宣传部教育部科技部.关于推动学术期刊繁荣发展的意见[EB/OL].(2021-06-23)[2022-09-24].https://www.nppa.gov.cn/nppa/contents/312/76209.shtml.
[3] 崔建勋.合理设置期刊出版周期与载文量的理性思考[J].中国科技期刊研究,2020,31(7):821-827.
[4] 冉嘉睿,俞立平,琚春华,等.人文社科 TOP 期刊载文量对影响力关系研究[J/OL].情报杂志:1-9[2022-06-12].http://kns.cnki.net/kcms/detail/61.1167.G3.20220419.1637.006.html.
[5] 范君.8 种 CSSCI(2021—2022)收录出版类期刊近 5 年发文趋势及特征分析:基于万方数据平台检索结果[J].池州学院学报,2021,35(5):100-102.
[6] 刘晨霞,张昕,魏秀菊,等.论期刊载文量增长的"中等规模陷阱"假说[J].科技与出版,2019(12):104-109.
[7] 段子冰.期刊载文量对评价指标的影响分析:以海洋类几种期刊为例[M]//学报编辑论丛2017.上海:上海大学出版社,2017:431-435.
[8] 梁碧芬.基于统计的期刊论文篇幅与质量的关系再论证:兼谈期刊发文量与影响力[J].广西教育学院学报,2017(3):44-55.
[9] 李庚,杜承宸.科技期刊论文篇幅和版面控制方法及相关思考和建议[M]//学报编辑论丛 2021.上海:上海大学出版社,2021:243-248.
[10] 王志娟.中华医学百篇优秀论文特征分析及启示[J].中国科技期刊研究,2019,30(7):782-788.

学报特色栏目可持续发展的路径选择
——以教育部名栏"廉政论坛"为例

罗海丰

(广州大学期刊中心，广东 广州 510006)

摘要：学报是展现高校教学成果的重要窗口，特色栏目是学报办刊取向和特色的体现，是学报保持竞争力和提高社会影响力的关键所在，对学报自身的生存及可持续发展也具有重要意义。文章以《广州大学学报(社会科学版)》教育部名栏"廉政论坛"为例，探讨学报特色栏目设置及栏目实现可持续发展的路径，旨在为学报特色栏目的可持续发展提供参考与借鉴。

关键词：学报；特色栏目；廉政论坛

学报是展现高校教学成果的重要窗口，"在及时反映高等学校教学科研成果，促进学科建设和学术人才的成长，繁荣发展我国哲学社会科学事业和推动社会主义物质文明、政治文明和精神文明建设中发挥了重要作用"[1]。2015年2月，教育部和国家新闻出版广电总局联合发文，要求"高校要充分发挥学报在人才培养、科学研究、社会服务和文化传承创新中的重要作用"[2]。但在目前学术期刊种类众多、整体质量明显提升的发展背景下，学报如何形成自己的品牌和特色？"创办特色栏目和名牌栏目，走内涵式发展之路"[3]，无疑是一个正确的选择。特色栏目是学报办刊取向和特色的体现，特色栏目的设立有助于深化学术研究和学术人才培养，是学报保持持续竞争优势和提高社会影响力的重要举措，对学报自身的生存及可持续发展也具有重要意义。

《广州大学学报(社会科学版)》于2006年2月创办的"廉政论坛"栏目，就是基于"创办特色栏目和名牌栏目，走内涵式发展之路"这一思路所创办的特色栏目。该栏目于2012年入选教育部第二批高校哲学社会科学名栏建设工程，2016年荣获教育部首届"名栏建设成就奖"等奖项。2004年教育部颁布了《教育部高校哲学社会科学学报名栏建设实施方案》，开始启动教育部哲学社会科学名栏建设工程，名栏建设工程是教育部继实施名刊建设工程后，为繁荣哲学社会科学，加强高校哲学社会科学所采取的又一重大举措，其总体目标是在教育部哲学社会科学名刊工程建设的基础上，通过政府有关主管部门和学报所在高校的支持，建设代表我国高校学术水平、在国内外学术界享有较高学术声誉、为解决改革开放和社会主义现代化建设中的重大理论和现实问题、为文化的积累和传承、为学科建设发挥重要作用的学报品牌栏目。目前计有3批共65个栏目入选。65家名栏所在刊物有8家(12%)进入教育部名刊,有16家(25%)入选国家社科基金项目资助期刊，有7家(11%)入选全国百强社科期刊，显示出名栏工程提升

基金项目：广东省高校学报研究会编辑学研究课题(20180102)

期刊整体水平的积极推动作用，对于提升高校哲学社会科学学报的学术水平，打造特色品牌，加强学术规范，发挥示范作用，带动学报整体质量的提高具有重要意义。

对于学报特色栏目建设问题，学者们从不同视角进行了研究。有的研究通过从总体上分析高校学报栏目设置的现状来提出特色栏目建设策略[3]；有的研究通过分析创办特色栏目的条件及实践来探讨如何用特色栏目来凸显高校学报的鲜明特征[4]；有的研究探讨学术期刊利用异质性资源创建特色栏目的必要性及其实现路径[5]；有的研究从栏目策划视角探讨特色栏目的设置和优化思路[6-7]；有的研究从地域文化视角对特色专栏的建构问题进行讨论[8-9]。但是总体上来说，从"创办特色栏目和名牌栏目，走内涵式发展之路"这一角度研究特色栏目的文章还不多，特别是从教育部名栏这一视角探讨特色栏目可持续发展的文章就更少了。本文拟以《广州大学学报(社会科学版)》教育部名栏"廉政论坛"为例，探讨学报特色栏目的设置与可持续发展的路径选择，旨在为学报特色栏目的可持续发展提供参考与借鉴。

1 特色栏目设置：适应学报发展需求，突出特色优势，着眼于责任感和原创性

学报在进行特色栏目设置时，要考虑诸多方面的因素，但充分挖掘校内学术资源、依托学校的学科特色优势，无疑是特色栏目设置的重要依据。除此之外，特色栏目创办的时机、背景以及选题视角等因素也在很大程度上决定了特色栏目的成功与否。"廉政论坛"栏目的设置，主要是基于以下几方面的考量。

首先，"廉政论坛"栏目的设置是基于学术期刊发展背景下，教育部对学报所提出的发展要求。教育部于 2002 年颁布《关于加强和改进高校社科学报工作的意见》，强调综合性学报要提升办刊水平，必须走特色化办刊之路。2004 年教育部颁布了《教育部高校哲学社会科学学报名栏建设实施方案》，开始启动名栏建设工程，强调学报要办出具有鲜明特色的栏目。正是在此背景下，《广州大学学报(社会科学版)》响应教育部哲学社会科学"名刊""名栏"工程建设号召，积极开展特色栏目建设，并于 2006 年 2 月创办"廉政论坛"这一学报的特色栏目。

其次，"廉政论坛"栏目的设置是基于学报的社会责任感。独树一帜的栏目设置是构建学报特色的根本，地方综合性大学学报要有勇气突破地域界限开展学术研究，成为社会大问题研究的领军期刊。在经济高速发展过程中，党和政府对反腐倡廉问题十分重视，反腐倡廉不仅仅是一个单纯的政治命题，更是一个社会各个领域所共同关注的普遍问题和共同责任。改革开放前沿的广东，在社会经济发展过程中所面临的反腐倡廉理论与实践问题及其防治途径对全国而言具有明显的示范效应，可以提供可资借鉴的典型经验和创新启示。正是基于强烈的社会责任感，《广州大学学报(社会科学版)》倾力创办了"廉政论坛"这一特色栏目，聚焦反腐倡廉的重大理论和现实问题，积极开展反腐倡廉理论与实践研究，这无疑具有重要的理论研究价值和社会应用价值，具有良好的可持续的学术发展前景。

再次，"廉政论坛"栏目设置的着眼点在于独特性和原创性。作为全国学报界具有唯一性和突破性的重点栏目，其创办的初衷，在于坚持高起点、高标准、高质量、高效率的路径选择，倾力打造学报特色品牌栏目。为了进一步凸显特色栏目的理论价值和社会价值，"廉政论坛"栏目聚焦党风廉政建设和反腐败重大理论和现实问题，相继围绕党风廉政建设和反腐败的制度、道路、理论、模式进行选题策划，目的在于增强廉政研究的学术前沿性和原创性，加强中国特色纪检监察学科体系、学术体系和话语体系建设。

最后,"廉政论坛"栏目设置依托于本学校的特色优势。特色栏目要实现可持续发展,一个重要的因素是落地于本学校的学科特色优势。借助广州大学廉政学科建设基础和特色优势,其所依托特色学科平台——广州廉政建设研究中心(广州大学廉政研究中心)是广东省最早(国内最早之一)成立的高校专门廉政研究机构,先后被遴选为中央纪委监察部确定的全国高校四家廉政理论研究联系点之一(其他三家分别在北京大学、清华大学和西安交通大学)、教育部高校廉政研究机构联席会议首批成员单位、广东省纪委反腐倡廉理论教育基地、广州市人文社会科学重点研究基地和广州市纪委监委廉政文化基地。"廉政论坛"坚持走与廉政研究机构共同打造之路,寻找与其学科优势相结合的有效途径,形成强大的研究合力,实现互利双赢,这也正是"廉政论坛"栏目可持续发展之源源不断的动力和优势所在。

2 特色栏目发展路径:坚持可持续发展,在"创新"二字上做文章

"廉政论坛"创办迄今已经有 16 年,是全国创办最早、办栏时间最长、最有分量、影响最大、学报界唯一的廉政理论与实践研究栏目。16 年来"廉政论坛"栏目从未中断,已经开栏 139 期,共发表 300 篇学术论文,被《新华文摘》《中国社会科学文摘》《高等学校文科学术文摘》《人大复印报刊资料》等全国有影响的重点学术文摘以及中共广州市纪委监委内部资政刊物《广州纪检监察研究》全文转载或观点摘编 91 次。其中《人大复印报刊资料》全文转载 58 篇(2016 年人大复印报刊资料《中国共产党》从 101 种期刊上转载 248 篇文章,廉政论坛栏目被转载 8 篇,排名第 2 位),《新华文摘》《中国社会科学文摘》《高等学校文科学术文摘》等详摘及观点摘编 21 次,《广州纪检监察研究》转载 12 次。栏目文章被 CSSCI 来源期刊引用 140 次,近 50%的文章(147 篇)为各类基金项目。栏目因其导向正确和理论研究的前沿性受到学界的广泛认同,因其理论与实践的有机结合、紧盯反腐热点难点问题而引起学界和实际工作部门的共同关注。随着栏目影响越来越大,在国内廉政学者群中具有了较高的知名度和美誉度,成为了全国高校廉政理论研究机构重要的学术交流平台。2012 年本栏目入选教育部第二批高校哲学社会科学名栏建设工程,2016 年荣获首届"名栏建设成就奖",2019 年入选"全国高校社科期刊特色栏目",在廉政理论界和实务界具有广泛和深远的影响力。

"廉政论坛"栏目入选教育部名栏后良好的社会反响,带动了学报整体质量的稳步提升,在"廉政论坛"栏目的带动下,《广州大学学报(社会科学版)》先后三次入选 CSSCI 扩展版来源期刊[(2021—2022)、(2014—2016)和(2012—2013)]、教育部名栏建设期刊、RCCSE 中国学术核心期刊、"中国人文社会科学综合评价 AMI"扩展期刊,被评为第四届和第五届"全国高校百强社科期刊"、第六届"全国高校社科精品期刊"、第四届"全国地方高校名刊"、第五届广东省优秀期刊、人大复印报刊资料重要来源期刊。作为学报特色栏目的"廉政论坛",其在发展过程中,主要有以下几方面的路径选择。

2.1 坚持正确的办栏方向,始终以廉政理论建设与实践探索为己任,注重文章的前沿性、前瞻性和现实指导意义

"廉政论坛"栏目始终坚持正确的政治方向和办刊宗旨,坚持马克思主义和习近平中国特色社会主义思想指导,以发展中国理论、繁荣中国学术为己任,推进党风廉政建设和反腐败的系统性、专业性、原创性和预见性研究,推动中国特色权力制约监督道路的理论与实践探索,发掘和培育廉政研究学术人才,加强中国特色纪检监察学科体系、学术体系和话语体系建设,服务全面从严治党和国家治理现代化。栏目在建设过程中,注意服务学科建设发展大局,服

务期刊核心竞争力打造的方向，服务栏目打造顶尖水平的标准，服务办刊资源集聚和力量整合的要求。在选题上关注党风廉政建设及反腐败理论与实践领域的重要问题和关键问题，立足廉政理论前沿，紧盯反腐热点问题，兼具学术价值和现实操作性，注重文章的前沿性、前瞻性和现实指导意义，致力于发挥栏目在廉政理论与实践研究方面的引领和示范作用。力求保持全国领先特色，坚持守正创新，团结廉政研究学者，培育廉政研究学术新人，不断提升栏目的学术影响力和社会影响力。

2.2 主编、主持人、责任编辑三重把关，学报编辑部与廉政研究中心加强合作、互利双赢

文章质量是栏目实现可持续发展的生命线，必须严格遵守主编、主持人、责任编辑三重把关原则，力促文章质量的全面提升。而文章本身质量的提高以及栏目在专业领域中知名度的提升，将为扩大栏目影响力奠定良好的基础。"廉政论坛"既是《广州大学学报(社会科学版)》打造的一个特色栏目，也是广州大学廉政研究中心科研成果的展示平台，更是学报与中心对外开展学术交流的重要窗口，学报编辑部和主持人及其研究中心是围绕"廉政论坛"建设的共同体，主持人撰写"主持人语"，并积极约稿，严格把关；主编和责任编辑选题策划，认真修改、编辑校对，责任编辑主动撰写各种篇幅的文摘，积极向有影响的文摘刊物推荐，努力扩大文章的影响力。在这个过程中，学报快速成长，学校廉政研究中心(广州廉政建设研究中心)更是成为省市两级纪委的研究基地。各方保持良性互动，形成互利双赢的良好局面。

2.3 创新学报的办刊理念，强化栏目的质量意识和品牌意识

学报作为学术期刊，必须始终坚持正确的舆论导向，坚持学术价值与社会应用价值并重的办刊理念，为我国哲学社会科学事业的繁荣做出自己应有的贡献。学报的特色栏目建设要强调质量意识和品牌意识，坚持可持续发展。尤其是"廉政论坛"这种现实性强又较为敏感的栏目，一定要把握好政治导向，切实把好政治关和质量关，强化栏目的质量意识和品牌意识，推动栏目的可持续发展进程。因此，在"廉政论坛"栏目建设实践中必须努力彰显自身的鲜明特色和明显的学科优势，力求在廉政研究领域推出具有重要学术影响和社会效益的优秀论文，既能扩大学术影响力，又能学以致用，为中国特色廉政理论建设添砖加瓦。自栏目创办以来，坚持将每年出版后的栏目文章汇编成册，栏目论文相继结集出版 10 本(社会科学文献出版社出版：《廉洁生态论》《廉政建设论》《反腐倡廉论》《权力监督论》《反腐路径论》《腐败防治论》《制度反腐论》《廉能政治论》《精准反腐论》《反腐创新论》)，使研究成果得以在更高层次和更大范围内传播。这些有一定规模的汇编成册的廉政理论研究成果，已成为全国关注廉政理论研究的理论工作者和纪检监察系统实际工作者颇受欢迎的学习资料。

2.4 强化廉政研究队伍实体建设，加大资源整合力度，拓展作者团队

有一定实力的研究实体支撑，是"廉政论坛"栏目的一大特色，坚持与廉政研究机构共同打造之路，努力寻找与其学科优势相结合的有效途径，形成强大的研究合力，实现互利双赢，是"廉政论坛"栏目可持续发展之源源不断的动力所在。为此，更应积极提高栏目策划水平，通过多种形式，在更广大的学术场域中整合学术资源，加强与全国高校廉政理论研究机构、科研院所以及各级纪检监察部门理论工作者的联系，为"廉政论坛"栏目建设一支长期合作的高素质的作者群和广泛的读者群，进一步扩大栏目和学报的知名度和美誉度，努力把"廉政论坛"栏目办成反映全国廉政理论研究成果的权威窗口。

2.5 创新学报管理机制，为栏目建设提供制度保障

第一，加强对"廉政论坛"栏目的领导，建立科学有效的学报编辑部管理制度。广州大学和

学报编辑部切实加强对名栏建设的领导与管理工作，学校按照教育部的要求落实了名栏建设配套经费。编辑部也建立起有效的管理机制，搭建起促进"廉政论坛"栏目良好运行的学术平台，为"廉政论坛"栏目的发展尽可能提供全方位服务。

第二，建立奖励制度，实行优稿优酬。在稿酬制度方面，加大向"廉政论坛"栏目文章的倾斜力度，对发表在"廉政论坛"专栏上的高质量文章实行优稿优酬。对于特别优秀又有较强现实针对性的高质量文章，以及最新的廉政理论研究观点，积极向上级相关部门及平台推荐、反映，努力突出栏目的理论价值和现实意义。

第三，建立学术交流制度，加强横向联系，加大学术交流力度。为了不断拓宽学术视野，引领廉政问题的研究向纵深发展，学报及其栏目主持人不定期组织、参与各种类型、各种层次的学术研讨会。例如，"廉政论坛"栏目和广州大学廉政中心、广州市纪委监委合作，每年举办全国"羊城廉政智库建设论坛"，已经连续举办4届，每届吸引廉政研究理论界和实务界专家100多人参会，已经成为国内廉政研究的重要交流平台。再如，"廉政论坛"栏目还根据重大现实问题召开专题学术研讨会，在2020年主办教育部名栏"廉政论坛"栏目建设研讨会，在2021年主办"全过程民主视域下的权力监督"专题研讨会，推动了廉政理论的研讨与交流，团结了研究学者。通过学术研讨，优化选题，不仅使廉政问题的研究水平得到提升，也进一步增强了与专家学者的广泛联系，扩大了"廉政论坛"栏目的社会影响力和知名度[10]。

第四，加强学报编辑队伍建设，提高编辑质量。编辑队伍建设是"廉政论坛"栏目发展的基础与关键，为此，我们致力于建设一流的学报编辑队伍，明确定位，积极培训，进一步调动和激发编辑人员的主动性和积极性，大力强化编辑人员的问题意识和策划意识，使其能胜任"学术把关人"的责任，提高"廉政论坛"栏目的学术质量与编辑质量。

3　结束语

目前，我国反腐倡廉面临的形势依然很严峻，反腐倡廉工作的蓬勃健康发展急需科学理论的指导，"廉政论坛"栏目肩负的时代使命任重而道远。"廉政论坛"栏目作为学报的特色栏目，应当继续引领各界对廉政建设理论与实践问题的关注与思考，力求在廉政研究领域推出一批高质量、高品位的优秀论文，使"廉政论坛"这一独具特色的品牌栏目成为反映国内外廉政建设理论与实践的代表性窗口，实现可持续发展，并进一步带动学报综合实力的提升和影响力的扩大。

从"廉政论坛"栏目的设置及其可持续发展路径选择上，我们可以看出特色栏目对于学报发展的重要意义所在，打造特色品牌栏目，可以有效发挥引领示范作用，以点带面，拓展学报的发展空间，带动学报整体质量的提升。"廉政论坛"这一特色栏目在助推《广州大学学报(社会科学版)》的发展与建设过程中，有一些共性的、可迁移性的经验值得我们去总结，这对于通过建设特色栏目，有效推动学报的发展具有一定的借鉴意义。因此，学报要"创办特色栏目和名牌栏目，走内涵式发展之路"，可以考虑做好以下几方面的工作：一是特色栏目的设置，要立足于学校学科发展的特色优势，依托校内外学术研究实体，打造学报特色栏目共同体，实现多方共赢；二是要坚持正确的办栏方向，坚持以内容为王，注重文章的学术质量，强化栏目的质量意识和品牌意识，为特色栏目提供可持续发展的根基和动力；三是要建立学术交流制度，通过组织、参与各种类型、各种层次的学术研讨会等形式，不断加强横向联系，拓宽学术边界，提高栏目的影响力；四是要强化特色栏目的研究队伍建设，建设一支长期合作的高素质的作者团队,进一步扩大特色栏目和学报的知名度和美誉度;五是要创新学报的管理机制,为特色栏目建设提供制度保障和编辑团队保障,不断提高特色栏目的学术质量与编辑质量,有效带动学报学术质量的提升与发展。事实上,特色栏目和学报的发展是相辅相成的,特色栏目带动学报的发展,学报的发展又反过来为特色栏目建设提供更好的平台,双方保持良性互动,形成互利双赢的良好循环,共同促进学报学术质量的提升。

参 考 文 献

[1] 教育部关于加强和改进高等学校哲学社会科学学报工作的意见[Z].教社政[2002]10号.
[2] 教育部,国家新闻出版广电总局.关于进一步加强和改进高校出版工作的意见[Z].教社科[2015]1号.
[3] 牛晓霞.彰显特色谋发展:高校学报特色栏目设置再探讨[J].传播与版权,2019(8):21-24.
[4] 李克永.用特色栏目打造高校学报的鲜明个性:以《西安科技大学学报》为例[J].编辑学报,2019,31(2):220-222.
[5] 余志虎.基于资源优势的学术期刊特色栏目建设[J].中国科技期刊研究,2015,26(6):572-577.
[6] 张广萌,韩婧,苏磊.打造特色栏目塑造期刊品牌:以《科技与出版》的《资格考试服务》栏目策划为例[J].编辑学报,2018,30(4):412-415.
[7] 张建军,任延刚.学术期刊栏目的策划、成效与建议:以《中国实用内科杂志》为例[J].中国科技期刊研究,2017,28(1):80-83.
[8] 詹丽.高等学校学报地域文化特色的建构与反思:以《沈阳师范大学学报(社会科学版)》特色栏目为例[J].沈阳农业大学学报(社会科学版),2017,19(1):29-32.
[9] 石娟.从"学科"到"问题":地方高校学报地域文化特色栏目建设探讨:以《苏州教育学院学报》"吴文化研究"为中心[J].苏州教育学院学报,2015,32(5):76-78.
[10] 罗海丰.学术期刊的质量控制及其实现路径[J].广州大学学报(社会科学版),2014(4):70-74.

CSCD、CSSCI 双收录期刊学科分析与现象透视

熊皓男

(北京师范大学法学院,北京 100875)

摘要：双收录期刊是指 39 种同时被 CSCD 与 CSSCI 两大数据库收录的期刊。"双收录现象"产生的主要原因是学科交叉，具体包括研究对象的属性交叉、研究方法的迁移借鉴两种情形。双收录期刊有助于促进交叉学科发展、扩大期刊品牌影响。有条件的学术期刊应有意识地刊登交叉学科研究成果，争取成为双收录期刊的机会。

关键词：核心期刊；交叉学科；影响因子；学科发展；期刊建设

1 研究对象与研究意义

《中国科学引文数据库》《中文社会科学引文索引》是我国两大权威引文数据库，发挥科研考核与学术评价的标准作用。其中，《中国科学引文数据库》(Chinese Science Citation Database, CSCD)由中国科学院文献情报中心于 1989 年创建，收录我国自然科学领域的中英文科技期刊。《中文社会科学引文索引》(Chinese Social Sciences Citation Index, CSSCI)由南京大学中国社会科学研究评价中心开发研制，首次发行于 2000 年 5 月，用以检索中文人文社会科学领域的论文收录和被引用情况。CSCD 与 CSSCI 均为两年更新一次。学术期刊按刊载内容可分为综合性期刊与专业性期刊。前者包括高等学校学报、综合社科期刊等[1]。后者为专门刊发特定学科研究成果的期刊。专业性期刊有学科门类的区别，并分属不同的科学部类，通常情况下不会重叠。但经 Python 爬梳发现，有 39 种期刊同时被两大数据库收录[2]。"双收录现象"产生的主要原因是学科交叉。对该现象的分析，有助于深入理解双收录期刊对学科发展、期刊建设的作用。

1.1 研究对象

双收录期刊样本以《中国科学引文数据库(CSCD)来源期刊目录(2021—2022 年度)》《中文社会科学引文索引(CSSCI)来源期刊(含扩展版)目录(2021—2022)》为准，按期刊名称拼音升序排列。39 种双收录期刊及所属学科[3]如表 1。

---

[1] 综合性与专业性的界限是相对的，但高等学校学报与综合社科期刊只有科学部类的区分，是通常意义上的综合性期刊。

[2] 高校学报自然科学版与社会科学版分别被 CSCD 与 CSSCI 收录的情况不属于此种情况。例如，《北京师范大学学报(自然科学版)》与《北京师范大学学报(社会科学版)》分别被 CSCD 与 CSSCI 收录，但两者有各自的刊号，是两种不同期刊。

[3] 除了《管理科学学报》《科学学研究》《科学学与科学技术管理》《中国科学基金》《科研管理》《运筹与管理》《中国管理科学》以外，精确到一级学科。

表 1　双收录期刊及所属学科

期刊名称	一级学科	学科门类	科学部类
《城市发展研究》	城乡规划学	工学	自然科学
《城市规划》	城乡规划学	工学	自然科学
《城市规划学刊》	城乡规划学	工学	自然科学
《地理科学》	地理学	理学	自然科学
《地理科学进展》	地理学	理学	自然科学
《地理学报》	地理学	理学	自然科学
《地理研究》	地理学	理学	自然科学
《地域研究与开发》	应用经济学	经济学	社会科学
《干旱区资源与环境》	环境科学与工程	工学	自然科学
《管理工程学报》	管理科学与工程	管理学	社会科学
《管理科学学报》	管理学	管理学	社会科学
《国际城市规划》	城乡规划学	工学	自然科学
《经济地理》	地理学	理学	自然科学
《科学学研究》	管理学	管理学	社会科学
《科学学与科学技术管理》	管理学	管理学	社会科学
《科研管理》	管理学	管理学	社会科学
《情报学报》	图书情报与档案管理	管理学	社会科学
《人类学学报》	生物学	理学	自然科学
《数据分析与知识发现》	图书情报与档案管理	管理学	社会科学
《数量经济技术经济研究》	应用经济学	经济学	社会科学
《系统工程理论与实践》	系统科学	理学	自然科学
《系统管理学报》	系统科学	理学	自然科学
《心理科学》	心理学	教育学	社会科学
《心理科学进展》	心理学	教育学	社会科学
《心理学报》	心理学	教育学	社会科学
《运筹与管理》	管理学	管理学	社会科学
《长江流域资源与环境》	环境科学与工程	工学	自然科学
《中国管理科学》	管理学	管理学	社会科学
《中国科技史杂志》	科学技术史	理学	自然科学
《中国科学基金》	管理学	管理学	社会科学
《中国科学院院刊》	应用经济学	经济学	社会科学
《中国临床心理学杂志》	心理学	教育学	社会科学
《中国农业资源与区划》	农业资源与环境	农学	自然科学
《中国人口·资源与环境》	农业资源与环境	农学	自然科学
《中国软科学》	管理科学与工程	管理学	社会科学
《中国土地科学》	应用经济学	经济学	社会科学
《资源科学》	农业资源与环境	农学	自然科学
《自然科学史研究》	科学技术史	理学	自然科学
《自然资源学报》	农业资源与环境	农学	自然科学

双收录期刊的学科分类参考《学科分类与代码国家标准》(GB/T 13745—2009)与国务院学位委员会、教育部《研究生教育学科专业目录(2022)》。期刊的学科界分是学术研究的内在需要[1]，也是分析双收录期刊的前提，但特定期刊可能包含不同一级学科的研究内容。表 1 的分类综合考量其主办单位、栏目设置及研究性质。比如，虽然人类学研究有文化、考古、生物和语言四分支[2]，但《人类学学报》由中国科学院古脊椎动物与古人类研究所主办，主要刊登

与人类起源及演化相关的研究，表 1 将其编列在生物学项下。又如，《地域研究与开发》刊载包括区域开发、农业农村、环境生态等方向的学术成果，但以区域经济学为主，表 1 将其概括为经济学门类。再如，《科学学研究》《科研管理》等期刊的研究内容属于科学研究管理的范畴，表 1 参照 CSSCI 的学科分类将其归纳为管理学。

同时，有 4 种一级学科在国标学科分类与教育部学科目录中所属不同的学科门类。环境科学与工程可归于工学、理学、农学。管理科学与工程可归于管理学、工学。心理学可归于教育学、理学。科学技术史可分专业归于理学、工学、农学、医学。表 1 将其安排在学科门类首选项中，目的是使期刊学科分布相对集中，便于说明问题。并且，即使样本期刊均为专业性期刊，统计时由于其研究方向与国标学科分类、教育部学科目录粒度不同，导致学科归属有一定的相对性。前述原因导致特定期刊的学科门类划分有并存的多种可能。此外，CSCD 收录中英文期刊，CSSCI 仅收录中文期刊，纯英文期刊不能入选 CSSCI[4]，也便无法被同时收录，这是影响双收录的学科外因素。

1.2 研究意义

早在 19 世纪 80 年代，革命导师恩格斯便颇有预见性地提出："在分子科学和原子科学的接触点上，双方都宣称无能为力，但是恰恰在这里可望取得最大的成果。[3]"这一论断为科技创新指明了方向。不同学科间理论与方法的交叉融合将产生重大的科学进步。正如习近平总书记所指出的："科技创新活动不断突破地域、组织、技术的界限，演化为创新体系的竞争，创新战略竞争在综合国力竞争中的地位日益重要[4]。"双收录期刊是刊发交叉学科研究成果的主要场域。双收录期刊的特征查考将从宏观、中观与微观三个维度展开。宏观视角下，可通过双收录期刊的学科分布，得出两种交叉学科形成的原因。中观视角下，以特定学科双收录期刊为线索，可说明双收录期刊在影响力方面的特殊性。微观视角下，以特定双收录期刊为研究对象，通过呈现其发文的具体情况，分析期刊双收录的可能途径。

2 双收录期刊特征分析

2.1 双收录期刊学科分布

宏观维度研究双收录期刊的学科分布，并从交叉学科的视角分析双收录期刊的特征。双收录期刊所属一级学科整体上分为两类，其学科分布如表 2。

2.1.1 科学部类的语义模糊

依照《〈中文社会科学引文索引(CSSCI)〉来源期刊(集刊)遴选实施方案(试行)》的规定，属自然科学类期刊(集刊)不列为遴选范围——仅登载处于自然科学语义核心地带研究内容的期刊无法入选 CSSCI，如 CSCD 来源期刊《振动与冲击》《机械设计与研究》。然而，语义本身具有模糊性，自然科学与社会科学这对范畴也不例外。并且，此种语义上的不确定性受到禁止精确化的限制，即必须维持其不确定性以确保语义的特征和功能[5]。这意味着，科学部类之间界线可通过精细化的分类减少模糊性[5]，但难以彻底消除。

回到双收录期刊所属学科上，无法判断"地理学是自然科学(社会科学)"这一命题真假的原因在于地理学落入了自然科学(社会科学)语义的纯粹模糊(pure vagueness)地带。换言之，与

---

[4] 同时刊登中英文科研成果的《科技与法律(中英文)》系 CSSCI 扩展版来源期刊。
[5] 例如，哲学科学、数学科学、系统科学、自然科学、社会科学、思维科学、交叉科学的七分法科学部类结构。参见王续琨.科学学科学引论[M].北京:人民出版社,2017:201-202.

表 2 双收录期刊学科分布

学科	数量	比重/%
管理学	7	17.95
地理学	5	12.82
城乡规划学	4	10.26
应用经济学	4	10.26
心理学	4	10.26
农业资源与环境	4	10.26
环境科学与工程	2	5.13
管理科学与工程	2	5.13
图书情报与档案管理	2	5.13
系统科学	2	5.13
科学技术史	2	5.13
生物学	1	2.56

其将城乡规划学、心理学、农业资源与环境等学科概括为交叉学科，不如理解为学科之间呈现出的固有暗区、学科分类的折叠之处。语言哲学先驱维特根斯坦提出的"家族相似理论"认为，范畴的成员仅因一系列相似性关联起来，单个成员并不具有范畴的所有特征[6]。按此观点，这些学科处于由相似性构成的复杂网络，以不同的方式分享着亲缘关系。所以，上述交叉学科的存在有逻辑上的必然性。

2.1.2 学科交叉的方法融合

严格来说，交叉学科与学科交叉有所不同。学科交叉强调不同学科间的协同性，但各学科依然相互独立。交叉学科则具备独立学科的各种特征，是学科交叉的结果[7]。交叉学科是学科属性与研究对象上的融合，而学科交叉主要表现为研究方法的迁移与借鉴。在社会科学领域，管理学研究对数学建模、数据分析等方法的运用较为频繁。例如，《管理科学学报》《情报学报》等双收录期刊普遍采用了案例、计量、实验、数据等实证方法。在实证主义哲学思想的影响下，科学研究的目标聚焦在探索变量间稳定的因果关系，并以此解释外部世界[8]，"实证"二字甚至一度成为科学的代名词。运用数学方法从事社会科学研究的先例，发端于法学家格劳秀斯[9]。在管理学领域，定量分析的研究方法也由来已久。实证方法的运用使其产生自然科学般客观、中立的特征，进而作为社会科学研究被 CSCD 来源期刊目录收录。当然，以定量与定性研究的"流行程度"来区分自然科学与社会科学，只能是次要的、派生的[10]。因此，在研究对象确定的前提下，无论管理学研究采取实证方法多么复杂，带来多少"硬科学"的意味，也不会改变其社会科学的属性。

2.2 双收录期刊影响因子

中观维度选取特定学科，分析双收录期刊与该学科"单收录期刊"[6]之间复合影响因子的差异性。地理学是 39 种双收录期刊中一级学科最集中(5 种)的专业。以地理学为例，双收录期刊的复合影响因子显著高于单收录期刊。地理学期刊收录情况与影响因子如表 3。

以上 18 种地理学期刊的平均影响因子为 3.729，恰好介于双收录期刊影响因子的最低值与单收录期刊影响因子最高值之间。双收录期刊影响因子较高的原因在于稿件的多样性可增加期刊的信息量，进而提高影响因子[11]。并且，交叉研究可获得多个领域研究人员的关注，也就更容易被引用。

---

[6] "单收录期刊"是指单独被 CSCD 或 CSSCI 收录的期刊。

表 3 地理学期刊收录情况与影响因子

期刊名称	收录情况	影响因子
《地理学报》	双收录	10.144
《地理研究》	双收录	7.472
《经济地理》	双收录	6.428
《地理科学进展》	双收录	6.046
《地理科学》	双收录	5.987
《人文地理》	CSSCI	3.716
《湖泊科学》	CSCD	3.498
《干旱区地理》	CSCD	2.675
《世界地理研究》	CSSCI	2.659
《中国沙漠》	CSCD	2.644
《湿地科学》	CSCD	2.600
《地理与地理信息科学》	CSCD	2.597
《热带地理》	CSCD	2.346
《地球科学进展》	CSCD	2.322
《冰川冻土》	CSCD	2.007
《山地学报》	CSCD	1.816
《中国岩溶》	CSCD	1.459
《中国历史地理论丛》	CSSCI	0.712

2.3 双收录期刊刊文情况

《中国科学院院刊》是双收录期刊中最具综合性的一种[7]，其以国家重大科技进展与战略方向为线索，选题横跨自然科学与社会科学领域。《中国科学院院刊》2015 年首次入选 CSCD 来源期刊目录(核心库)，2019 年首次入选 CSSCI 扩展版来源期刊目录，成为双收录期刊。2021 年首次入选 CSSCI 来源期刊目录。以《中国科学院院刊》2015 年后刊文情况为例，可窥见双收录期刊的发文特点[8]。

截至 2022 年 9 月 13 日，《中国科学院院刊》共发文 1 606 篇[9]。按中国图书馆图书分类法，其发文数量前十的研究方向为 G322 中国科学研究事业、F323.8 农业收入与分配、C932 咨询学、F49 信息产业经济、F127 地方经济、X321 区域环境规划与管理、F124.3 技术发展与革新、F125 对外经济关系、F124 经济建设和发展、F323.3 农业技术改造、农业技术经济。数量分别为 191、45、38、35、31、30、29、27、25、25 篇。其中，"中国科学研究事业"主要论述自然科学领域的科技进展，而应用经济学是《中国科学院院刊》在社会科学领域主要的选题方向，其各年份的发文数量与发文占比如表 4。

表 4 应用经济学发文数量与发文占比

	2015	2016	2017	2018	2019	2020	2021	2022
数量	11	19	23	6	12	74	45	17
占比/%	7.80	8.23	10.55	2.80	5.45	33.79	20.27	12.06

在入选 CSSCI 扩展版来源期刊目录之后，《中国科学院院刊》应用经济学发文量达到峰值，占全年 219 篇的 33.79%，并在翌年入选 CSSCI 来源期刊目录。可见，频频出版社会科学研究成果是其入选的原因。

---

[7] 自然科学领域的综合性期刊在核心期刊中并不多见，除了高校学报自然科学版以外，大多数自然科学期刊系专业性期刊。
[8] 此处使用的引文分析工具为 AIreview。
[9] 其中包括 2016 年第 S1 期的 34 篇增刊文章。

3 双收录期刊研究启示

3.1 学科发展

超出学科边界的科研成果面临着不被认可的风险[12]。质言之，交叉学科研究发表难度较高。而学术期刊是科研进展记录、存储、交流的主要载体[13]，报道最新学术成果是其基本任务。双收录期刊在促进交叉学科发展方面有着独特优势[14]，应承担起促进交叉学科领域学术交流的重任，引导自然科学与社会科学的良性互动。

《新文科建设宣言》提出"打破学科专业壁垒，推动文科专业之间深度融通、文科与理工农医交叉融合"的发展规划[10]。对于学科发展而言，"深度融通""交叉融合"的关键在于走出既有的研究框架与路径依赖，运用新理论、新方法发现并解决新领域的新问题。科技创新需要吸收旧事物中有益的、积极的东西。否定既表现在对旧事物的扬弃，又表现在对自身有限性的超越。学科建设应充分认识到自身的有限性，借鉴其他学科先进的研究范式。同时，自然科学应始终沿着增进人类福祉的道路前进，学术共同体应树立国家安全、公共安全的"底线意识"。特别是人工智能与生物医学领域的研究，诸如"电车难题"的两难抉择在自动驾驶等场合变得更为棘手，基因编辑的脱靶效应、胚胎克隆的伦理风险也给人类敲响警钟。人文社会科学应负担起把握科技伦理的重任[15]，护持科学技术的健康发展。

3.2 期刊建设

适当增加交叉学科的研究有益于获得本专业之外研究者的关注。例如，CSCD核心库来源期刊《运筹学学报》、CSSCI扩展版来源期刊《科学与社会》等期刊本身就具有登载交叉学科研究的条件，可分别向社会科学、自然科学研究倾斜，以提高其影响力。如果研究对象是知识体系的殊相，研究方法即是所有知识体系的共相。社会科学期刊可通过借鉴自然科学的研究方法实现学科交叉，自然科学期刊则可通过扩展研究视域来完成。

参 考 文 献

[1] 仲伟民,温方方.目前社科期刊面对的十个矛盾与难题[J].首都师范大学学报(社会科学版),2022(2):2.
[2] 科塔克.人类学:人类多样性的探索[M].12版.黄剑波,方静文,译.北京:中国人民大学出版社,2012:7.
[3] 恩格斯.自然辩证法[M].中共中央马克思恩格斯列宁斯大林著作编译局,编译.北京:人民出版社,2018:282.
[4] 中共中央文献研究室.习近平关于科技创新论述摘编[M].北京:中央文献出版社,2016:81.
[5] 平克尔.逻辑与词汇:不确定语义学[M].郭曙纶,李学宁,译.北京:世界图书出版有限公司北京分公司,2017:90.
[6] 维特根斯坦.哲学研究[M].楼巍,译.上海:上海人民出版社,2019:42-44.
[7] 李立国,赵阔.从学科交叉到交叉学科:"四新"建设的知识逻辑与实践路径[J].厦门大学学报(哲学社会科学版),2022,72(3):108.
[8] 陈晓萍,沈伟.组织与管理研究的实证方法[M].3版.北京:北京大学出版社,2018:109.
[9] 科恩.自然科学与社会科学的互动[M].张卜天,译.北京:商务印书馆,2016:139-147.
[10] 罗力群.对自然科学和社会科学的比较:研究对象、逻辑推理和理论发展[J].社会科学论坛,2021(5):175.
[11] 丁筠,何达,李桃,等.提高学术期刊影响因子的策略分析[J].情报科学,2012,30(9):1410-1411.
[12] 朱小平,张家军.论我国交叉学科建设的规训隐忧及消解路径[J].高校教育管理,2022,16(5):56.
[13] 吴彬,贾建敏,丁敏娇,等.学科交叉背景下的科技期刊建设[J].编辑学报,2015,27(1):64.
[14] 鲍芳,吴坚.国际"双S"期刊跨学科发展特点与思考:以641种SCI和SSCI双收录期刊为例[J].中国科技期刊研究,2019,30(9):1012.
[15] 缪昀轩.从知识权力视角看交叉学科的诞生:以物理化学学科为例[J].自然辩证法研究,2022,38(2):127.

---

10 《新文科建设工作会在山东大学召开》，载中华人民共和国教育部网站，http://www.moe.gov.cn/jyb_xwfb/gzdt_gzdt/s5987/202011/t20201103_498067.html。

非"卓越计划"期刊服务科技强国走向高质量发展
——以《无机材料学报》为例

徐文娟

(中国科学院上海硅酸盐研究所期刊编辑部,上海 201899)

摘要:世界一流科技期刊的培育关系到所有科技期刊。以非"卓越计划"期刊《无机材料学报》为例,近年来该刊围绕期刊发展存在的问题,在服务科技强国的过程中探索出走向高质量发展之路。即面对办刊困境,坚守办刊的初心和使命,以期刊质量为王,通过编委回归学术,形成"责任编委+学科编辑"协同办刊的模式,不断提升审稿质量;依托编委和领域专家,积极策划专辑,服务科技强国战略;加强编辑内功,确保记录的科技成果真实、规范和完整,并利用各种宣传手段加强对优秀科研成果的宣传力度,从而使刊物的学术影响力得到持续提升。由此可以看出,非"卓越计划"期刊只要坚守办刊初心和使命,找准并努力解决期刊发展中存在的问题,也可以走上高质量发展的道路。

关键词:卓越计划;办刊的初心;提升期刊质量;服务科技强国;高质量发展

近些年来,国家出台了一系列推动我国科技期刊高质量发展的文件。为了落实党和国家的相关任务和要求,科技出版界就如何培育世界一流科技期刊进行了深入的探讨与实践[1-2],国内相关英文期刊取得了实质性的飞速发展[3-5]。2019年,我国组织实施了"科技期刊卓越行动计划"(以下简称"卓越计划"),对有望进军世界一流的科技期刊进行分领域、分层次、分类别地精准扶持和重点建设,旨在推动我国科技期刊高质量发展,服务科技强国建设。但是"卓越计划"期刊只占国内科技期刊总量不到6%,中文科技期刊占比则更少,仅有2%。这就引起了广大非"卓越计划"期刊的困惑,特别是占科技期刊数量主体的中文科技期刊的困惑与思考。出版界围绕中文科技期刊(主体是非"卓越计划"期刊)的独特使命及其与科技发展的关系展开了热烈讨论[6-10]。朱邦芬院士则明确指出培育世界一流科技期刊不是少数期刊的工作,而是整个科技期刊界的大事[11-12]。笔者结合自身办刊实践,探索非"卓越计划"期刊如何在服务科技强国战略的过程中不断走上高质量发展之路。

1 面对办刊困境,坚守初心和使命

《无机材料学报》(以下简称"我刊")主要报道无机材料学科的最新研究成果,这个学科是我国的优势学科,SCI发文量已经跃居世界第一,中国发文量占世界发文量的比例从24.6%(2017年)提升到32.3%(2021年),但是中文发文比却从2.7%(2017年)下降到1.6%(2021年)(Web of Science平台2022-09-05检索数据),可见非"卓越计划"期刊的优质稿源在持续流失。面对这样办刊困境,办刊人员难免产生困惑,甚至有"躺平"的想法。然而早在1990年,卢嘉锡先生就明确指出"科技期刊是科研活动的龙头和龙尾",真实、规范、完整地纪录和传播先进科技成果是科技期刊的办刊初心,大力推动科技创新和进步是其肩负的历史使命[12]。中文科技期刊作为学术成果的重要载体,专注于向中国人传播最新科学进展是其独特的使命[13]。为了坚守办刊初心和使命,我刊多次进行自查和自检,找出了存在的主要问题:编委专家没有实质性参与办刊;围绕科技强国发展战略的选题策划不足;对于优秀科研成果的宣传力度有待提高。围绕存在的主要问题,经过与各方专家反复分析讨论,我刊以服务科技强国战略为宗旨,专注于向国内传播材料科学领域的最新进展。

2 期刊质量为王,服务科技发展

科技期刊服务科技发展的关键在于不断提高期刊质量。朱邦芬院士指出期刊质量包括内容质量、编校质量和传播质量三个方面,其中内容质量尤为重要,是期刊的生命[12]。我刊针对办刊存在的主要问题,以提升期刊质量为抓手,努力为科技发展做好服务。

2.1 编委学术回归,提升审稿质量

编委专家不实质性参与办刊对于中文期刊来说有一定渊源。很多中文科技期刊的编委阵容都"异常强大",聘请了很多业内功成名就的"大咖",以此来提高期刊的学术威望,但又仅仅满足于"名人效应",办刊主体仍然是编辑部,"小而弱"的办刊状况对于非"卓越计划"期刊尤为显著。刘忠范院士指出,中文科技期刊应该聘用真正发挥作用的编委,让"编委"称号回归学术本身[13]。我刊 2017 年前的编委阵容也非常豪华,以资深研究员为主体(包括 10 余名院士),他们学术造诣很高,但都非常繁忙,且大多数还是学术团队的负责人,已不从事科研一线工作。而与此同时,国内材料学科的研究飞速发展,相关 SCI 发文量已经跃居到世界第二。为了及时有效地向国内传播材料科学的最新进展,期刊必须掌握最新的研究动态,这就需要掌握第一手资料的科学家真正拿出时间投入到办刊实践中。为此,在主办单位的支持下,2018 年我刊对编委会的人员构成进行了大刀阔斧的改革,将所有资深教授和院士全部聘为顾问编委(包括主办单位的资深学者),邀请了大批年富力强并且对期刊非常有感情的优秀年轻学者担任编委,并从其中遴选出对期刊工作热情的编委担任不同领域的责任编委,负责来稿的初审、外审专家遴选、审稿意见判断以及稿件终审,真正让编委参与到办刊实践中。由于责任编委一直活跃在科研一线,对学术研究方向的掌控力明显优于专职编辑,这就在无形中提高了同行评议的质量,同时扩大了期刊的学术影响范围。在充分调动编委办刊积极性的同时,我刊还对专职编辑进行不同学科分工,每个编辑负责与相关领域的责任编委进行对接,形成"责任编委+学科编辑"协同办刊的模式,既提高了编辑与编委的办刊协同效应,又促进了编辑对分管领域研究进展的深入了解,使学科编辑对不符合期刊质量要求的稿件可以及时提出明确的退稿意见或者修改建议,编辑初筛退稿率或退修率达到 50%以上。这既提高了责任编委初审稿件的质量,又提高了稿件的处理时效,在作者群体里赢得了良好口碑。稿件终审阶段,责任编委通过对审稿意见的判断,可以对稿件进一步筛选。"责任编委+学科编辑"协同办刊的模式使我刊近几年刊发论文的质量得到显著提升。

2.2 积极策划专辑,服务科技强国

响应习近平总书记"把论文写在祖国的大地上"的号召绝不是喊一两句口号可以解决的,办刊人必须消除几个认识误区:与科技期刊关系不大、把论文发表在祖国的期刊上、建设世界一流科技期刊就是对标国际[14],脚踏实地围绕科技强国战略进行选题策划,提高科技服务水

平。"十三五"期间，我刊重点关注相关领域科技创新成果，报道重点侧重于带动战略性新兴产业增长点材料和满足我国重大工程与国防建设材料的研究成果[15]，涉及"卡脖子"的关键材料(如高性能碳纤维及其复合材料、光刻机用碳化硅材料、新型功能与智能材料、稀土新材料、ITO 靶材等)、能源与生态材料(如先进能源材料、环境降解材料等)以及材料研究新范式的探索(如材料智能化研究等)。为了更好地服务科技强国战略的需求，同时提高刊发论文的学术质量，我刊依托编委，邀请领域专家担任特邀编辑，积极策划学术专辑。由特邀编辑负责专辑的组稿、审稿、学术质量把关等，出版了系列学术专辑。①发光材料作为战略性先进电子材料，拥有巨大的应用市场，受到广泛关注，2016 年我刊策划出版了"发光材料专辑"。②世界范围的化石能源短缺，环境污染日益严重，高性能热电材料和高效热电发电技术的开发受到工业界的广泛关注和重视，为了更好地推动相关领域的发展，2019 年我刊策划出版了《热电材料专辑》。③MAX 相材料的合成引起了纳米材料领域的极大兴趣，在高温润滑、事故容错核材料、能源材料等领域受到广泛关注，2020 年我刊又策划出版了"二维材料专辑"。④加快生态文明建设关系人民福祉，关乎民族未来，为了服务此战略发展，2020 年我刊又携手相关领域专家策划出版了"无机环境材料专辑"，重点报道无机环境材料在去除环境污染物方面的研究成果。⑤为了弘扬老科学家精神，并体现科技期刊的文化担当，2018、2022 年我刊分别策划出版了"严东生先生百年诞辰学术专辑""纪念郭景坤先生学术专辑"。"十三五"期间发表的相关论文得到国内的广泛关注，发表的《水系锌离子电池的研究进展》论文被下载 6 400 多次，被引 72 次；《新型二维材料 MXene 的研究进展》论文被下载 4 800 多次，被引 55 次；"热电发电器件与应用技术：现状、挑战与展望"论文被下载 1 800 多次，被引 55 次(中国知网 2022-08-10 检索数据)，达到了精准约稿、服务科技强国战略的效果。

2021 年是"十四五"开局之年，我国提出了"碳达峰、碳中和"的发展目标，同时在复杂的国际形势下，"中国制造 2025"[16]和很多"卡脖子"项目已经进入了攻坚克难的阶段，我刊又依托编委和领域专家，重点关注与材料领域相关重点研发的研究成果，出版了"高熵陶瓷材料专辑""CO_2 绿色转化专栏"以及"无机材料增材制造专辑"，推动科学家真正地把论文写在祖国大地上。

2.3 加强编辑内功，提升传播质量

科技期刊的办刊初心是纪录和传播先进的科技成果。为此，我刊在记录先进科技成果的过程中，以实事求是的科学态度和严谨的工作作风，将"工匠精神"[17]融入出版工作的每一个环节和每一个细节，反复推敲每一句话、每一个字、每一个标点符号，不放过一处语病，对于概念、术语以及注释、引文、参考文献等，都仔细进行斟酌核对，严格把好每一道工序，以确保记录的科技成果真实、规范和完整。并通过拟定"通用修改意见"[18]和"作者校对指南"不断提高作者的科技写作水平。

在加强专辑策划和编辑内功的同时，我刊针对优秀科研成果宣传力度不足的问题，积极改善宣传策略和手段。为了推广重要学术专辑的研究成果，我刊充分利用数字融合技术在专辑的约稿、预出版和正式出版等不同出版阶段开展宣传。①通过对专辑的约稿宣传为出版主题的传播预热，吸引更多的学者关注专辑的出版。②通过我刊网络平台的"录用即上网"和中国知网的"网络预发表"大幅缩短论文的实际发表周期，确保重要科技成果的首发权，并携同作者通过微信公众号和各种学术微信群对待刊论文进行宣传推广，提高宣传的时效。不少刚录用论文的阅读次数就达到了上千次，大大超越了传统订阅模式的传播效果。③当学术专辑正式

上线后,我刊又通过邮件和学术微信群定向推送给不同的学术团体,提高学者对专辑优秀科技成果的关注。除了利用数字传播手段,我刊还积极参加各种专业学术会议,设计会议主题宣传页,利用传统宣传手段,面对面地推广专辑发表的学术成果。与此同时,我刊还将自由来稿中重要学术成果汇编成虚拟专题,利用网络手段和专业学术会议进行宣传推广。上述诸多传播手段极大提升了刊出的服务于科技强国战略学术成果的传播范围和传播质量。

3 结束语

通过这些年的努力,我刊走上了高质量发展的道路:连续被评为"中国国际影响力优秀学术期刊"(2017—2021年);2021年入选"材料科学-综合类分级目录"T1区期刊(即已经接近或具备国际顶级水平的期刊);2022年入选"无机非金属材料学科综合类期刊"T1区期刊。作为为数极少的SCI中文收录期刊,国际学术影响力指数逐年提高,SCI影响因子由0.444(2016年)提高到1.292(2021年);总被引频次由903次(2016年)增加到1 490次(2021年)。由此看出,非"卓越计划"期刊在世界一流科技期刊的建设中一样可以有所作为。办刊人员只要坚守办刊的初心和使命,找准并努力解决期刊发展存在的问题,就能走上高质量发展的道路。

参 考 文 献

[1] 张昕,王素,刘兴平.培育世界一流科技期刊的机遇、挑战与对策研究[J].科学通报,2020,65(9):771-779.
[2] 王继红,骆振福,李金齐,等.培育中国特色世界一流科技期刊的内涵与措施[J].中国科技期刊研究,2020,31(1):4-9.
[3] 郭宸孜,白雨虹,崔铁军.超越论文,服务科研:《Light: Science & Applications》培育我国旗舰科技期刊的探索[J].编辑学报,2019,31(1):1-6.
[4] 杨保华,郑羽彤."卓越行动计划"入选英文期刊的特征数据分析[J].中国科技期刊研究,2020,31(12):1528-1534.
[5] 王雅娇,田杰,刘伟霄,等.入选"中国科技期刊卓越行动计划"的新创刊英文期刊调查分析及启示[J].中国科技期刊研究,2020,31(10):614-621.
[6] 杨婷,曹作华,姜小鹰.中文期刊卓越发展道路上的思考:以《中华护理杂志》为例[J].传媒论坛,2021,4(2):3-4,7.
[7] 刘冰,姜永茂.奋力推进中文科技期刊建设的思考[J].编辑学报,2019,31(2):119-123.
[8] 黄延红,严谨,彭斌,等.我国科技期刊改革实践与思考:以《中国科学》系列和《科学通报》期刊为例[J].编辑学报,2019,12(6):638-641.
[9] 张品纯.牢记办刊初心使命 办好中文科技期刊[J].编辑学报,2020,32(6):595-599.
[10] 刘碧颖,贾峰,武晓耕.建设世界一流科技期刊背景下普通期刊的价值与发展建议[J].中国科技期刊研究,2020,31(4):375-380.
[11] 朱邦芬.世界一流科技期刊建设的内涵和目标[J].编辑学报,2019,31(6):591-592.
[12] 朱邦芬.建设世界一流期刊不仅是少数期刊的工作[N].文汇报,2021-02-21(8).
[13] 刘忠范.中文科技期刊的独特使命:谈中文科技期刊的发展[J].科技导报,2017,35(21):1.
[14] 刘天星,张晓义.如何理解科技期刊"把论文写在祖国的大地上":对几种认识误区的辨析[J].中国科技期刊研究,2020,31(10):1244-1248.
[15] 《"十三五"材料领域科技创新专项规划》解读[EB/OL][2021-03-01].http://www.most.gov.cn/kjbgz/201705/t20170512_132753.htm.
[16] 国务院关于印发《中国制造2025》的通知(国发〔2015〕28号)[EB/OL](2015--5-08)[2022-02-08].http://www.gov.cn/zhengce/content/2015-05/19/content_9784.htm.
[17] 陈明伟.践行工匠精神 助力科技强国:科技强国背景下科技出版的时代使命[J].科技传播,2020(6):46-47,50.
[18] 翟万银.基于通用修改意见提升青年作者的科技写作水平[J].编辑学报,2019,31(4):464-467.

医学期刊中规范使用药品名称浅析

孙 岩[1]，黄静怡[2]，尹 荼[1]，余党会[1]，沈志超[2]

(1.海军军医大学教研保障中心出版社《海军军医大学学报》编辑部，上海 200433；
2.中国免疫学会，医学免疫学国家重点实验室，《中国肿瘤生物治疗杂志》编辑部，上海 200433)

摘要：药品名称(简称"药名")的规范统一，事关治病救人和人民生命健康的保障，涉及医药学科技信息的精准传播和交流，更是医学期刊标准化和规范化质量建设的一个重要内容。国家药品管理部门已制定了有关药品分类与命名、药品使用和药名书写的一整套法令和法规，为各类专业人员正确使用药名提供了相应准则。但目前医学期刊中尚存在着不少药名的混用和错用、药名书写差错和药名缩写不当等问题，应引起同仁们重视。建议医学期刊提高正确使用药名的规范意识，加强对药名编校的质控力度，同时可把药品及药名的使用规范列为业务培训和学习的一项重要内容。

关键词：医学期刊；药品名称；标准；规范；编校质量

药品是指用于预防、治疗、诊断人的疾病，有目的地调节人的生理功能并规定有适应证或功能主治、用法和用量的物质，包括中药、化学药和生物制品等[1]。药品的研发、生产和临床使用是医学事业建设和发展的重要内容，而药品名称(简称"药名")的规范和统一是开展医药学工作必备的前提条件。然而在现实中，一药多名和一药多型现象比比皆是。例如常用的解热镇痛药"对乙酰氨基酚"，它另有"泰诺""百服宁""扑热息痛""退热净"等十余个其他名称，而且该药还有片剂、胶囊剂、颗粒型、泡腾剂、肛栓剂和注射剂等十余种剂型[2]。面对琳琅满目的多个药名及其不同剂型，普通人根本无法正确识别和选用，即使医务人员，因药名差错而引发的医疗事故也时有发生[3]。

药名是医学期刊及其他各种文献资料中的重要信息条目，药名的正确使用是精准记录、储存、传播和交流医学信息的重要前提，也是保障期刊编校质量最基本的要求之一。本文根据国家有关药品与药名管理政策的精神，系统介绍药品及药名的使用规范，分析医学期刊中常见的药名使用差错，提出加强规范使用药名的建议，以供同仁参考。

1 药名的规范

1.1 药名种类

药名主要有通用名、商品名和化学名三种。通用名是指同一种成分或同一配方组成的药品在全球通用(英文)/中国通用(中文)的名称。国际非专利药名(International Nonproprietary

---

基金项目：中国科协精品科技期刊工程项目资助课题
通信作者：沈志超，E-mail: shen_smmu@163.com；余党会，E-mail: medyudanghui@163.com

Names for Pharmaceutical Substances，INN)是药品的国际通用名，由世界卫生组织下属的药品标准专家委员会审定命名，全球所有新药药名都由该委员会审核批准后才可成为国际通用名。中国药品通用名称(Chinese Approved Drug Names, CADN)是列入国家药品标准的法定药名，有时称为药典名，由国家药典委员会根据其制定的《中国药品通用名称命名原则》命名并组织专家讨论审定，经国家药品监督管理局[2018年前为"国家食品药品监督管理(总)局"]批准，其遵循"一药一名"原则，故药品通用名具有唯一性和强制性[4-5]。

商品名是企业为自己生产的药品所制定的具有商品属性的特定名称，也需要国家药品监督管理局批准[5]。同一通用名的药品在不同生产厂家有各自的商品名，例如，抗生素"头孢呋辛"就有"力复乐"(意大利礼来药厂)、"西力欣"(英国葛兰素史克药厂)、"明可欣"(意大利依赛特大药厂)、"新福欣"(广州天心药业)、"伏乐欣"(苏州中化药品工业有限公司)、"达力新"(深圳市制药厂)等多个商品名。

化学名是根据药品成分化学结构确定的名称，如"对乙酰氨基酚"的化学名为"N-(4-羟基苯基)乙酰胺"，"苯丙醇"的化学名为"3-苯基丙醇"。

此外，许多药品还有曾用名，包括俗称、别称、习称等，如"心得安"是"普奈洛尔"的曾用名，"扑热息痛"是"对乙酰氨基酚"的曾用名，"安定"为"地西泮"的曾用名。

1.2 药名的使用规范

根据国家有关药品命名和药名管理的政策和相关规定[4,6-8]，药名的使用规范主要包括以下内容：①凡上市流通的药品必须使用通用名。该规定涉及范围包括医院、药(房)店、生产场所、市场和流用渠道等工作性场合，处方、病案、药品说明书、药品包装、标签和药品广告等工作性文件资料，学术专著、期刊、学位论文、科技报告等各种出版物。②限制性使用商品名。商品名只可用于新化学药、新生物制剂和具有新化合物的专利药，不可用于原料药、仿制药和中药。③药品广告中，药品通用名和商品名同时出现时，商品名不得与通用名同行书写，并且通用名字体和颜色更为突出和显著，通用名字号面积应是商品名的2倍以上。药品说明书、药品包装及标签等也必须遵守此规定。

1.3 药名的书写规范

1.3.1 化学药品和生物药品通用名的英文书写

在近代西方医学产生后的很长时期里，特别是1895年后，拉丁语成为全球医药学界的通用语，所以药名一概以拉丁文书写。至20世纪上半叶开始，英语逐步成为世界通用文字，医药学界选定英文为其国际通用语，所以药名、解剖名称和绝大多数病症名称等均改用英文书写[9]。

化学药和生物药品通用名的英文，除句首外，文字中(包括括号中注释)的英文通用名首字母应小写，在图与表、药品说明书、广告中当英文通用名作为标题或项目名称而单独书写时首字母应大写。药品的英文商品名在任何场合下首字母均大写[10]。

1.3.2 中药通用名的书写

中药只有通用名而无商品名，中药包括中药材和中成药两类。中药材系指用于中药饮片、中药提取物和中成药原料的植物、动物、矿物药，其通用名用中文(附汉语拼音)和拉丁文书写。拉丁文药名的书写必须遵循"林奈双名法"规则，即写出"属名(斜体、首字母大写)+种名(斜体、首字母小写)"，如青蒿的拉丁文名称为 *Artemisia carvifolia*(可缩写为 *A. carvifolia*，或 *AC*)，人参的拉丁名为 *Panax ginseng*(可缩写为 *P. ginseng*，或 *PG*)[4,9]。

中成药系指以中药材、中药饮片或中药提取物及其他药品经适宜的方法制成的各类制剂，包括单味成药和复方成药。单味成药药名用中文和拉丁文书写。复方成药药名用中文和汉语拼音书写(首字母小写)，如六味地黄丸的汉语拼音写作"liuwei dihuang wan"[4,11]。

2 医学期刊药名使用不规范的问题

医学期刊应严格遵循国家有关规定，规范使用药名，为药名的规范使用发挥导向作用。许多医学期刊在稿约中都规定了论文中应使用药品通用名，确实需使用商品名时应先写出其通用名。尽管如此，期刊中依然存在诸多药名使用不规范的问题。

2.1 通用名和商品名混用

文献中将药品的通用名、商品名、化学名混用，或者使用曾用名的现象时有发生。例如，有一篇文献中提到"表皮葡萄球菌对头孢拉定、罗氏芬、氧哌嗪、西力欣、复达欣、环丙沙星的耐药率分别为 5.13%、10.26%、17.95%、20.51%、23.08%和 33.33%"[12]。其中"罗氏芬""西力欣""复达欣"均为商品名，应改为通用名，即"头孢曲松钠""头孢呋辛""头孢他啶"。"氧哌嗪"推测可能为"氧哌嗪青霉素"的不当缩写，其中文通用名为"哌拉西林"。再如以生产企业的产品编号命名的药品"FK506"，其通用名为"他克莫司"，但目前"FK506"的使用仍然非常多。在中国知网中(截至 2022-08-02，以下检索均同此)通过篇名、关键词和摘要(篇关摘)检索可得到 9 749 条结果，而使用"他克莫司"检索只得到 7 607 条结果，不规范药名的使用频次竟然高于通用名。对于近年上市的新药，有的论文中甚至直接使用药品的英文商品名，如"帕博利珠单抗"直接使用英文商品名"Keytruda"，这样的不规范用法不在少数。

2.2 药名书写的错误

由于药品种类繁多、用字较为复杂，记忆药名存在一定的困难，所以常出现药名书写的错误。一类是同音字引起的错误，如消化系统用药"美沙拉秦"常被误写为"美沙拉嗪"。在中国知网中通过篇关摘检索"美沙拉秦"可得到 571 条结果，而"美沙拉嗪"检索却可得到 4 213 条结果，错误写法的频次远远高于正确写法。究其原因，可能与人们认知中"嗪"常出现于药品化学名有关。嗪是一类有机化合物的总称，其结构主要是含两个杂原子的六元单杂环，例如哒嗪、吡嗪、嘧啶的二嗪，以及含五元或六元稠杂环的吩嗪和吩噻嗪。而"美沙拉秦"是"5-氨基水杨酸"的通用名，其结构中的苯环仅由碳原子构成，并不含杂原子，不是"嗪"，"秦"只是其国际通用名"mesalazine"词尾"-zine"的音译。

另一类是形近字引起的错误。如咪唑类抗甲状腺药品"甲巯咪唑"常被误写为"甲疏咪唑"或"甲硫咪唑"，在中国知网中通过篇关摘检索"甲疏咪唑"可得到 63 条结果，以"甲硫咪唑"检索可得到 543 条结果，再以正确药名"甲巯咪唑"检索可得到 2 476 条结果。虽然使用正确药名的占大多数，但使用错误药名仍占总频次的 19.66%，其中不乏一篇文章中同时出现两种或三种写法的情况。

2.3 不当缩写或扩写

缩写词是由较长的词语缩短省略而成的词语。对于非公知公认的缩写词首次出现时应先写出全称，并在紧跟其后的括号中注明缩写词，其后再次出现该词时可直接使用缩写词。有的作者为了方便，直接将"氨苄西林"简写为"氨苄"，违反了缩写词的规范，而且还有违于"5 个字以上的词才需要使用缩写词"的约定性规则[13]。纳武利尤单抗(nivolumab)是 2019 年上市的新药，但直到 2022 年出版的期刊上，仍有不少直接将其简写为"纳武单抗"。

有的作者反其道而行之，将《中国药品通用名称命名原则》[4]中已确认可直接使用于词尾的缩写词"单抗"(-mab)盲目地扩写为"单克隆抗体"，例如将"乌司奴单抗"改为"乌司奴单克隆抗体"，将"维得利珠单抗"改为"维得利珠单克隆抗体"等。类似问题还有将"注射用人白介素-2"改为"注射用人白细胞介素-2"，将"三碘甲腺原氨酸"改为"三碘甲状腺原氨酸"等。

2.4 英文药名首字母大小写不当

以抗肿瘤靶向药"伊马替尼"(imatinib)为例，在中国知网中检索到 2017-01-01 至 2022-08-08 发表的篇名中含有"伊马替尼"的论文共 74 篇，排除学位论文和无法获取全文等情况的论文 28 篇，共 46 篇论文纳入分析。46 篇论文全文中共有 17 篇(36.96%)存在英文首字母大小写不当的问题；在这 17 篇论文中，"imatinib"共出现 224 次，其中有 43 处(19.20%)存在首字母大小写不当的情况。这些书写差错在题名、正文、插图、表格和参考文献中均可见到。

"伊马替尼"原研药的商品名为"格列卫"(Glivec)，在美国其商品名为"Gleevec"。采用同样的方法检索到篇名中含有"格列卫"的论文共 11 篇，排除学位论文、报纸文章等 4 篇，共 7 篇论文纳入分析。7 篇论文中有 5 篇(71.43%)存在 Glivec/Gleevec 首字母大小写不当的问题；一共有 22 处出现 Glivec/Gleevec，其中 7 处(31.82%)将其首字母小写。由此可见，英文药名首字母大小写不当问题较为多见，值得重视。

2.5 药品通用名与名词委审定"正名"不一致

本节内容虽然不涉及论文作者和期刊编辑的差错问题，而是与药名或名词术语的审定管理部门有关[前者是国家药品监督管理局和国家药典委员会，后者是全国科学技术名词审定委员会(简称"名词委")]，但是当碰到药品通用名和名词委审定正名不一致的情况时，往往令人产生认知上的困惑和使用上的无所适从。例如，国家药品监督管理局审定的治疗类风湿关节炎等免疫性疾病的新药"英夫利西单抗"(infliximab)，名词委审定正名却是"英夫利昔单抗"(器官移植学)，"西"与"昔"的一字之差，让使用者无所适从。这可能是由于单克隆抗体类药品通用名中反映其来源的亚词干"xi"一般对应汉字"昔"[14]，因而"英夫利西单抗"中的"西"被误用为"昔"。此外，药品通用名"多柔比星"经名词委审定的正名却成"阿霉素"(微生物学)，"西罗莫司"经名词委审定的正名变为"雷帕霉素"(免疫学、微生物学)等，究其原因可能与某些学科仍然习惯使用一些药品的曾用名有关。

对于此类问题，笔者有以下看法：①药名不同于普通名词术语，已上市新药的药名是由国家药典委员会审定、国家药品监督管理局批准的，一旦确定为国家法定药名，则具有唯一性和强制性。名词委在其后对此药名进行审定时，应该维护国家法定药名的权威性。②使用者一旦发现两部门审定名称不一致，即可向国家药典委员会、国家药品监督管理局和名词委反映，由该三个管理部门协商解决。③在管理部门协商结果公布前，应根据名词委科学名词审定原则中的"协调性"原则，遵循"副科尊重主科"的精神[15]，以使用药学主科确认的药品通用名为妥。

3 医学期刊加强药名规范使用的建议

医学期刊中关于药名的使用存在不规范甚至错误的现象，可能与药品的曾用名或商品名已被广泛认知和习惯使用有关，而期刊编辑对药名使用的规范化不够重视、相关知识缺乏也是重要因素。要规范药品名称的使用，建议从以下几方面入手。

3.1 提高正确使用药名的规范意识

药名的规范使用是期刊标准化、规范化建设的内容之一。贯彻药品通用名命名、使用和书写的规范，可以避免药名混乱、药名错写及药品错用等弊端，有利于药品的规范化管理，保证了药品信息传播和交流的精准性，具有重要的现实意义。医学期刊应重视药名的规范使用，编辑应认识到规范使用药名的重要性，形成强烈的规范意识。只有在思想观念上重视了，才能将其落实到编校工作中。

规范意识的培养包含两个层面。首先，编辑应培养自身的规范意识，建立起遵守药名使用规范的愿望和规范使用药名的习惯，将规范使用药名培养成一种内在素质。科技期刊要坚持原则，必须使用药品通用名，不能因为作者习惯或要求使用曾用名或商品名而给予通融。其次，编辑也应培养作者的规范意识。在向作者约稿、请作者修稿和校对时，均应向其说明规范使用药名的重要性并加以指导，使作者规范使用药名、提高论文写作质量，从而降低期刊差错率，促进期刊的规范化建设。

3.2 药名规范应纳为期刊编校管理质控项目

医学期刊应把药名规范列为编校质量管理和质量控制的项目之一。药名属于名词术语，根据《报纸期刊质量管理规定》[16]中期刊编校差错率计算方法，名词术语使用不规范和书写错误至少计 0.5 个差错。因此，药名规范化使用对于提高期刊的编校质量至关重要。

期刊应在论文发表环节上筑牢防火墙，把好药名使用规范这道关。例如，在稿约中明确提出规范使用药品通用名的要求，在稿件外审时专门提醒专家注意科技术语和药名规范使用的问题，在三审三校环节中建立药名规范专项审校制度专门对药名进行核对。通过层层把关，提高药名使用的规范性。

3.3 加强药名规范的学习

编辑要熟悉和掌握药品通用名的命名规则和使用规范，提高对不规范药名的敏感性和甄别能力，这就需要加强对相关知识的学习。建议有关管理部门将药名使用规范纳入编辑业务培训内容。编辑应经常参加培训，注意自学和积累，并善于利用《中华人民共和国药典》《中国药品通用名称》《新编药物学》等工具书或通过国家药品监督管理局网站上的"药品查询"途径进行查证，提高专业素养和业务能力。

随着生物医药科技的迅猛发展，新的药品不断出现，药品的命名原则也会增加新的内容，如原国家食品药品监督管理总局 2017 年发布了《中成药通用名称命名技术指导原则》，国家药典委员会目前正在组织修订生物制品、化学药品的通用名称命名指南和原则等。期刊编辑不能故步自封，要随时关注新药的研发和审批情况，关注管理部门发布的规范和标准，及时更新知识，跟上科技发展的脚步。

4 结束语

总之，药名的规范使用是提高医学期刊编校质量的重要一环。目前医学期刊中药名使用仍存在不少不规范甚至错误的现象，医学期刊应重视这一现实问题，把药名使用规范列入业务培训课程。编辑同仁们应加强学习，不断提高自身业务素质和工作能力，加强对药名规范使用的编校，全力促进医学期刊标准化和规范化水平的提高。

参 考 文 献

[1] 中华人民共和国药品管理法[EB/OL].(2019-08-27)[2022-06-04].https://www.nmpa.gov.cn/xxgk/fgwj/flxzhfg/20190827083801685.html.

[2] 陈新谦,金有豫,汤光.新编药物学[M].18版.北京:人民卫生出版社,2018:232-233.

[3] 刘亚贤.规范药名使用与安全用药[J].黑龙江医药,2008,21(3):72-73.

[4] 国家药典委员会.中国药品通用名称命名原则[EB/OL].(2006-09-21)[2022-06-04]. https://www.chp.org.cn/gjyjw/xwjx/2125.jhtml.

[5] 王平.中国药品的命名及其管理[J].中国药品标准,2014,15(2):83-84,98.

[6] 国家食品药品监督管理局.关于进一步规范药品名称管理的通知[EB/OL].(2006-03-15)[2022-06-04]. https://www.nmpa.gov.cn/xxgk/fgwj/gzwj/gzwjyp/20060315010101665.html.

[7] 国家食品药品监督管理局.药品说明书和标签管理规定[EB/OL].(2006-03-15)[2022-06-04]. https://www.nmpa.gov.cn/xxgk/fgwj/bmgzh/20060315010101975.html.

[8] 国家食品药品监督管理局.关于在药品广告中规范使用药品名称的通知[EB/OL].(2006-03-15)[2022-06-04].https://www.nmpa.gov.cn/xxgk/fgwj/gzwj/gzwjyp/20060523010101310.html.

[9] 刘星星.医学期刊中部分拉丁语的规范编排[J].编辑学报,2013,25(6):537-539.

[10] 国际科学编辑委员会体例手册分会.科技文体与规范:作者、编者及出版者手册[M].中国科学技术期刊编辑学会,译.北京:科学出版社,2020:287-295.

[11] 朱建平.中成药通用名称命名之商榷[J].中国科技术语,2017,19(3):26-31.

[12] 胡伟群,陈秀芬,黄金樵,等.鼻咽癌患者鼻咽部菌群分布及耐药性分析[J].中国病原生物学杂志,2022,17(2):233-234.

[13] 吴倩,郭铁成.在医学期刊中正确使用英语缩略词语[J].中国科技期刊研究,2011,22(6):977-979.

[14] 侯英伟,于广利.对我国单克隆抗体类药物通用名称命名的建议[J].中国药品标准,2014,15(5):323-332.

[15] 全国科学技术名词审定委员会.科学技术名词审定原则及方法[EB/OL].[2022-06-10]. http://www.cnterm.cn/sdgb/sdyzjff/index_25470.html.

[16] 国家新闻出版署.国家新闻出版署关于印发《报纸期刊质量管理规定》的通知[EB/OL].(2020-06-18)[2022-06-10].https://www.nppa.gov.cn/nppa/contents/772/76544.shtml.

科技论文图表一体化应用与实践

史亚歌[1]，窦春蕊[2]，郭柏寿[1]

(1.西北农林科技大学《西北农业学报》编辑部，陕西 杨凌 712100；
2.西北农林科技大学《西北农林科技大学学报(自然科学版)》编辑部，陕西 杨凌 712100)

摘要：通过近年来的编辑实践总结及对国内外科技期刊中图与表的表现形式研究分析，发现图表一体化在科技论文中也有一定的应用。这种表现形式大致可分为表含图和图含表两种类型，结合不同例证分别对其作进一步归类分析。在此基础上，进一步探讨了图表一体化形式的科学性及对此进行编辑加工的要点。

关键词：科技论文；图表一体化；应用与实践

从表达形式上看，科技论文一般包含文字、图、表、公式和符号等要素。为了规范科技论文的表达，国家有关部门和机构制定了"科学技术报告、学位论文和学术论文的编写格式"[1]、"出版物汉字使用管理规定"[2]、"期刊编排格式"[3]等规范标准，对论文的文字表述、图、表、公式与符号的使用提出了明确要求，广大作者和期刊编辑对此已了然于心，毋庸多言。

围绕上述规范与标准，对科技期刊图表进行研究的文献报道颇多。例如，浩元先生[4]指出了坐标曲线图的坐标原点、标目和标值的规范标注；尹茶[5]提出了科技期刊图稿编辑加工时应注意一些问题；赵贤瑶[6]分析了科技期刊图表质量问题；官鑫等[7]剖析了科技论文中直方图和条形图的错用案例；韦轶等[8]论述了科技论文中插图后期处理的3类情况及技巧；刘改换等[9]研究了判别三线表编排规范与否的方法；葛赵青等[10]对于三线表提出不同的争鸣性观点；刘祥娥等[11]列举了科技期刊三线表使用中的常见问题；秦和平等[12]对两种特殊的科技期刊表格处理技术作了探究；张福颖等[13]归纳了图表编辑加工的8种情形。凡此种种，不再一一陈述。

然而，笔者在近年的编辑实践中，发现图表一体化也有少量的应用和实践，即图中有表或表中有图图表混合一体表现形式。通过文献检索，截至目前图表一体化现象尚未见报道，因此，笔者拟对此进行分析与探讨，以期起到抛砖引玉之作用。

1 图表一体化现象概述

图是将研究对象属性直观、形象地"可视化"表达出来的一种表现形式，表格则是通过列举大量数据或资料来呈现其属性特征。两者在科技论文中被大量采用，已成为成熟的论文要素；同时，随着科学研究的不断发展，论文的内涵与形式也在悄然地发生变化。比如，在论文评审及编辑加工中，笔者发现的图表一体化现象就很有代表性，具体情况见图1。

经归纳分析，图表一体化可分为两种情况，一种以表为主，表中包含图，如图1 左侧[14]

通信作者：窦春蕊，E-mail: dchr1358@163.com

所示(来自国外的一个核心期刊),以表含图称之[15];另一种以图为主,图中包括表,如图1右侧[16]所示(来自国内的一个核心期刊),以无线表和柱状图一道构成图,称之为图含表。

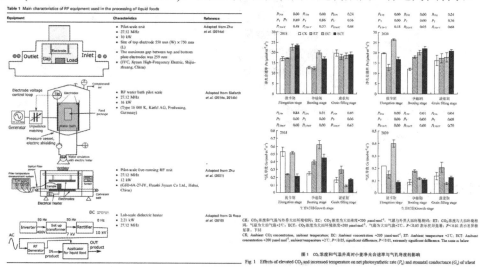

图1　图表一体化现象示例

2　表含图分类与例证

一般而言,表(本文特指三线表,下同)有5个要素,分别为表号、表题、表头、表身和表注[17],前4个是必备要素,至于表注则视需要而定。

对于表含图形式而言,其各要素与一般表格相同,差别仅表现在表身:传统意义的表,其表身无非由数据、分子式、方程式、表述特征的文字等构成;表含图的表身要么全部由图片构成,要么部分由图片构成。

2.1　表身全部由图片构成的表含图例证

图2可见,这种表含图表现形式中,只有表号、表题和表头与常规表格相同,相异之处在表身:左侧的表身为不同的病害照片[18],右侧的双栏表表身则为条形码和二维码的图片[19]。

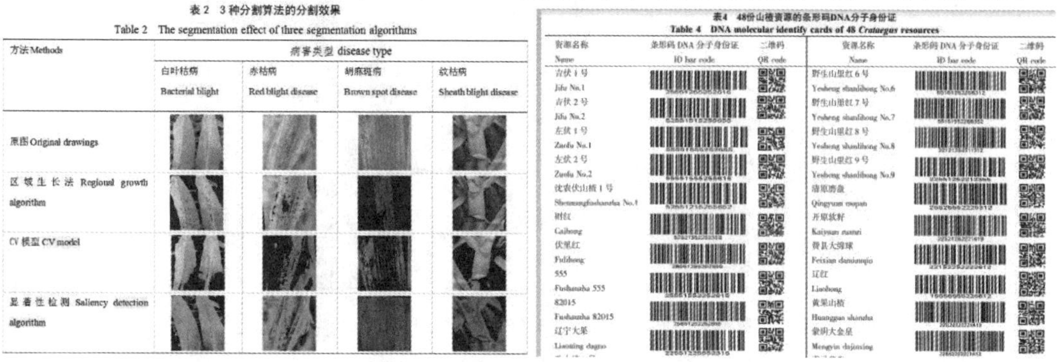

图2　表身全为图片的例证截图

2.2　表身的一部分为图片的表含图例证

图3为第2种形式表含图示例,左侧的表身中,除了品种审定编号、栽培亚种和品种类别这些表述特征的文字与符号外,还有表示品种身份证的条形码和二维码图片[20];右侧表身中,除了蛋白质α-螺旋、β-折叠和无规则卷曲的数据外,还有蛋白质二级结构原件分布图[21]。

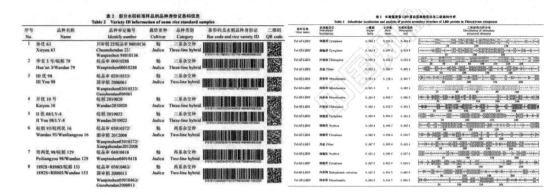

图3 表身仅部分为图片的例证截图

3 图含表分类与例证

对科技论文来说，一个完整的图所包含的基本元素有图序、图题、标目、标值、图形、图注、图例等[22]。标目和标值多出现在构成曲线图、折线图或柱形图的平面坐标及空间坐标系。其他不需要坐标系来辅助说明的图形，如照片图形、结构图形、模拟图形等多不需要标目和标值。

分析研究图含表这种现象可知，一般科技论文构图所具备的元素，它也基本具备，起码图序、图题、图形等是必不可少的，只不过它把表格的元素也作为图形的一部分，而呈现出来。经对所搜集案例的归纳总结，大致分为两类情况：一类是入图的残表与图融为一起，共同完整呈现研究结果；另一类是入图的残表虽被作为图形的一部分，但尚有相对的独立性。

3.1 以残表入图共同完整呈现研究结果的图含表例证

图4的下方是一个残表，含有竖向栏目和横向栏目呈三角形排列的数据表身，与其上方的图构成完整的图形[23]。

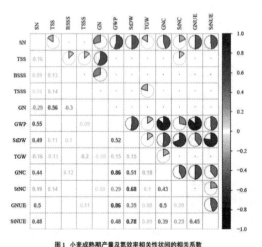

图4 残表入图共同完整呈现研究结果的例证截图

3.2 以残表入图尚且具备相对独立性的图含表例证

由图5[24]可见，这类图含表分辨起来比较明显和容易，虽以残表入图，然而三线表的三条线尚存，以此将曲线图分割开来，使残表具相对独立性，尽管这样，但残表已经和下面的曲线图一道构成图5所示的平面坐标图的图形部分。

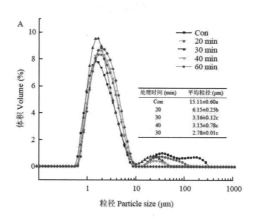

图5　残表入图尚有相对独立性的例证截图

4　图表一体化形式的优越性及局限性

图和表均为科技论文内容的一种表现形式，图表独自使用均能不同方面反映研究对象相关属性的内在规律，但某些研究成果单纯的图或表展示又稍显不足，图表共同表现又显重复累赘；图表一体化形式可弥补两者之不足，两者综合使用在一定的情况下可更为全面、直观的展示研究对象。图表一体化是在图表形式上的进一步整合应用，其使用具有自身的优点，同时在图表规范化和版式编排方面也存在部分不足，笔者总结如下(见表1)。

表1　图表一体化的优缺点

类型		优点	缺点
表含图	表身全部由图片构成	表的形式，图的内容，图为核心；图片可为研究对象实际或微观影像，不要求画面的完整性，也可包括流程图、示意图等；图片内容形象、直观、简洁、易读，表的形式则能多图片编排处理，最终达到美化、节省版面的效果	图表内容较为简单，仅适用研究对象为外在图片形式内容的展示，实际使用局限性较大
	表身部分为图片	以表为主体，部分对象为图片；表的内容系统、全面，附加图片简洁直观；图表一体化使用，条理化强，逻辑严谨，便于阅读、比较和分析	表身内容多样，各栏目可能有文字、公式、符号、附加图片；排版起来不方便，易使部分栏目太空旷
图含表	残表入图共同完整呈现研究结果	图表结合，整体性较好；两者结合共同呈现研究结果，可活跃、美化、节省版面	残表为图中元素，缺乏完整性；编辑加工规范化要求方面可能会存在部分不足
	以残表入图尚且具备相对独立性	图为主体，表为辅助；图主体反映研究对象变化趋势，表辅助说明研究对象的不同处理、具体数据等情况；增强可读性，节约版面	较为简单的图表直接组合，表的要素有部分缺失，降低了阅读效率和阅读效果

随着科学技术的不断发展，人工智能技术与图像处理技术的高度融合，使许多研究结果可视化成为可能，科技论文的内涵和形式随之也发生了一定的变化。图表一体化的表现形式和所表达的内容符合科学研究的客观实际，能准确、清晰地反映出研究对象的本质和内在规律，与传统意义的图与表相比较，使论文在表达上更加简洁直观、逻辑严谨、对比鲜明，进一步增强了论文的说服力。所以，图表一体化综合图和表展现形式优点，具有一定的优越性，应该在科技论文写作中被进一步借鉴与应用，同时作为科技期刊的编辑，对图表一体化形式的编辑加工亦应给予关注。

在实际应用中，并不是所有的图和表都可采用图表一体化形式，若确定采用表格这种表达形式，且研究对象的信息特性和属性采用图片，如照片、化合物分子结构式、示意图等，若图形大小与表格相匹配，可采用表含图这种表达；如果图形过大或复杂，在表内排列有困难，或造成表内某一栏太空旷时，则可从表内删去，采用表注方式弥补。至于图含表，实际应用中均为较小的残表共同表达研究对象属性的数据变化或辅助说明研究对象的不同处理数据等情况；对于较大的表格，则在图表编排上不易实现，同时较大的表格也会影响图主体的表现效果；所以，如果表格过大，则宜考虑采用单独图表形式，或进行图表取舍，选择最佳方式进行表达。

5 图表一体化编辑的规范性思考及校对实例

图表一体化作为一种复合表达方式，有主次之分；主的图表一般要求形式、内容完整，全面、系统反映其表达内容；次的图表形式、内容可能部分缺失，仅辅助表达或叠加表达图表内容。因此，图表一体化具自身特点，其图表要素不能全部按照完整的图或表的规范去要求它。有关图表一体化的规范化编辑，作者做以下几点思考性总结，以供读者进一步探讨。

首先，在进行图表一体化编辑加工时，要对图表一体化必要性做初步的判断。不论表含图还是图含表，表的元素与图的元素是否统一、协调，是否缺一就会影响表达的完整性，是否兼顾节约版面要求；图表结合是否相互强化、相互补充。只有图表表达完整、统一、协调、相互补充，图表一体化才有应用价值。

其次，当图表一体化时，要着重规范图表构成要素是否符合要求。当确定是表含图时，表需完整，其所有要素必须严格按 CY/T 170—2019《学术出版规范表格》规范编辑；图的图序与图题等则可去舍，图片仅作为表的内容来对待。当确定是图含表时，图的要素则需完整，严格按 CY/T 171—2019《学术出版规范插图》规范；表元素上一定不能出现表号，但必须有表题[25]，表头栏目、量和单位、数值修约、数据形式等则仍需严格表的规范来要求。

最后，是图表展现的简洁、美观要求。图元素和表元素线条的粗细、线条的类型、数据和文字的形式(包括字号大小与字体等)、印刷方式(若图元素为彩色，表含图时就要考虑彩印)等均需协调处理，以达到图表整体美观、简洁、协调。

为了进一步说明图表一体化编辑加工要点，笔者提供以下 2 个图表一体化文献的校对示例，以供读者借鉴、参考。

图 6a[26]反映田间配置[两因素随机区组设计，因素 1 均为田间配置，常规配置(CFC)和和减穴稳苗配置(RHSB)2 个处理。因素 2 有所不同，2016 年为品种，F 优 498 和宜香优 2115，2 个处理，基本苗均为 $42\times10^4/hm^2$(LB)；2017 年品种为宜香优 2115，为不同基本苗 $63\times10^4/hm^2$(HB) 和 $42\times10^4/hm^2$(LB)2 个处理]对不同时期[2016 年分蘖期(TS)、拔节期(JS)、孕穗期(BS)和齐穗期

(HS);2017 年为齐穗期和齐穗后 20d(20d AHS)]植株收敛指数的影响。图 6a 以表的形式给出了 2016 年品种主效和 2017 年基本苗主效的 ANOVA 结果。但是图 6a 中的表设计有误,表中的 ANOVA 为 F 值, F 值指的是表身中数据,但是将 ANOVA 置于左侧竖向栏目的表头,是错误的,图中柱状图中的标准差的标注是否有误(有正没负)。修改为规范的设计格式为图 6b。

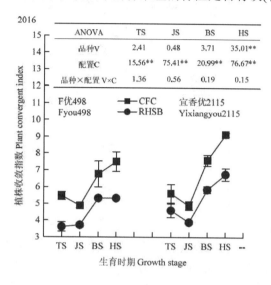
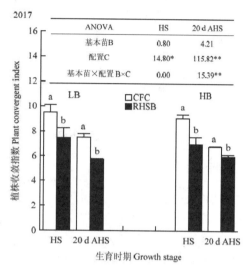

图6a　已发表文章原图

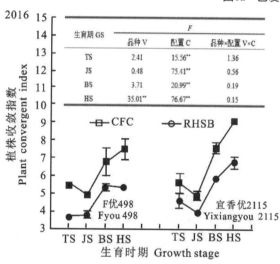
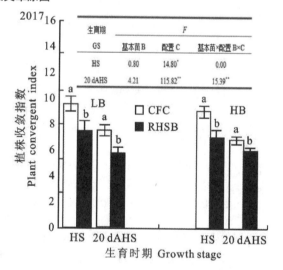

图6b　修正后图

图 7a[27]为 YYRIL 和 YRRIL(以谷子优质品种豫谷 18 为共同父本,分别于黄软谷和红酒谷杂交,构建 2 个分别包含 250 个家系的重组自交系 F_7 群体)在 2 个环境(陕西榆林和河南安阳)下的株高(PH)、穗长(PL)、穗下节间长(PIL)、穗码数(SN)、穗粒重(GW)5 个性状间相关性。各性状的相关系数可以采用完整的表格(用数据)也可以采用图的表达。图 7a 是将呈三角形排列的数据表身放置于平面坐标系中,构成一幅平面坐标图。表是图中的元素。即可以给出相关系数的精确数据,而且以不同的颜色给出相关性的大小。但是图 7a 是以表为构成图的要素,不应将 PL 等置于表身中,应该置于竖向栏目中。修改后为图 7b。

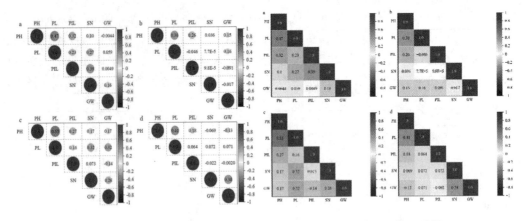

图7a　已发表文章原图　　　　　图7b　修正后图

6　结束语

科技论文是科学研究的一部分，是为科学研究成果的传播与交流服务的，科学研究的不断发展一定会影响科技论文的表现形式。图表一体化综合图和表表现形式各自优点，具有更为全面、直观的表达效果。结合研究数据各自特点及相关性，科研工作者在论文写作中可根据工作需要进一步加强图表一体化这一表现形式的应用与实践；科技期刊的编辑也要对此有足够的认识，在编辑实践中，要结合日常图表编辑规范，不断提高这种复合型表现形式的编校能力。

参　考　文　献

[1]　《科技写作与编辑指南》编委会.科技写作与编辑指南[M].北京:地震出版社,2010:543-554.
[2]　出版物汉字使用管理规定[S]北京:国家新闻出版署,国家语言文字工作委员会,1992.
[3]　期刊编排格式:GB/T 3179—2009[S]. 北京:中华人民共和国国家质量监督检验检疫总局,中国国家标准化管理委员会,2009.
[4]　浩元.规范标注坐标曲线图的坐标原点、标目和标值[J].编辑学报,2019,31(6):641.
[5]　尹茶.科技期刊图稿编辑加工时应注意的几个问题[J].中国科技期刊研究,2007, 18(1):173 -175.
[6]　赵贤瑶.编辑整合规范视角的优秀科技期刊图表质量问题[J].大众科技,2009(10):221-223.
[7]　官鑫,韩宏志,姜瑾秋,等.科技论文中直方图和条形图的错用案例[J].编辑学报,2019,31(3):274-276.
[8]　韦轶,刘韬,海治.科技论文中插图后期处理的3类情况及技巧[J].编辑学报,2019,31(3):277-278.
[9]　刘改换,刘笑达,牛晓勇,等.判别三线表编排规范与否的方法研究[J].中国科技期刊研究,2013,24(4):803-807.
[10]　葛赵青,杜秀杰,王焕雪,等.关于三线表的争鸣[J].中国科技期刊研究,2010,21(2):226-229.
[11]　刘祥娥,林琳.科技期刊三线表使用中的常见问题分析[J].中国科技期刊研究,2007,18(5):900-902.
[12]　秦和平,周佩琴,邢宝妹.两种特殊的科技期刊表格技术处理方法[J].中国科技期刊研究,2006,17(1):142-144.
[13]　张福颖,倪东鸿.科技论文中图表编辑加工的8类情形[J]编辑学报,2019,31(4):391-394.
[14]　SOTO-REYES N, SOSA-MORALES M E, LOPEZ-MALO A, et al. Advances in radio frequency pasteurisation equipment for liquid foods: a review[J]. International Journal of Food Science and Technology, 2022, 57(6):3207-3222.
[15]　陈浩元.科技书刊标准化18讲[M].北京:北京师范大学出版社,1998.
[16]　宗毓铮,张函青,李萍,等.大气CO_2与温度升高对北方冬小麦旗叶光合特性、碳氮代谢及产量的影响[J].中

国农业科学,2021,54(23):4984-4995.
[17] 学术出版规范表格:CY/T 170—2019[S].北京:国家新闻出版署,2019.
[18] 万颖,杨红云,王映龙,等.基于图像分割与卷积神经网络的水稻病害识别[J].西北农业学报,2022,31(2): 246-256.
[19] 张枭,杜潇,孙馨宇,等.利用 SSR 标记构建部分山楂资源的基因身份证 [J].沈阳农业大学学报,2021,52(2): 153-159.
[20] 陆徐忠,倪金龙,李莉,等.利用 SSR 分子指纹和商品信息构建水稻品种身份证[J].作物学报,2014,40(5): 823-829.
[21] 王新华,许娜丽,姚明明,等.长穗偃麦草 LBD 基因家族的鉴定与进化分析[J].西北农业学报,2022,31(2): 202-216.
[22] 学术出版规范插图:CY/T 171—2019[S].北京:国家新闻出版署,2019.
[23] 张鹏霞,周秀文,梁雪,等.小麦产量及氮效率相关性状的全基因组关联分析[J].植物营养与肥料学报,2021, 27(6):991-1003.
[24] 李朝蕊,韩馨蕊,范鑫,等.超声对豌豆分离蛋白结构及乳化性能的调控效应[J].中国农业科学,2021,54(22): 4894-4905.
[25] 陈浩元,王媛媛.科技学术期刊使用《学术出版规范表格》的要点提示[J].编辑学报,2019,31(4):386-390.
[26] 陶有凤,蒲石林,周伟,等.西南弱光地区机插杂交籼稻"减穴稳苗"栽培的群体冠层质量特性[J].中国农业科学,2021,54(23):4969-4983.
[27] 郭淑青,宋慧,杨清华,等.谷子株高及穗部性状主基因+多基因混合遗传模型分析[J].中国农业科学,2021,54 (24):5177-5193.

学术期刊外文参考文献隐性问题例析及防范建议

丁会欣

(上海体育学院期刊中心，上海 200438)

摘要：外文参考文献是学术论文的重要组成部分，是判断论文质量的重要指标，其引用恰当与否关乎信息源作用的发挥及期刊学术影响力的提升。本文以英语参考文献为例，分析在外文参考文献引用中存在的政治性问题和翻译问题，针对此类隐性问题提出作者加强文献甄别与自查、编辑加强文献审校与复核、期刊单位加强制度建设与管理、期刊主管单位加强专项检查与培训等防范建议。

关键词：外文参考文献；政治性问题；引文翻译；防范措施

学术论文中的参考文献具有重要的信息功能和情报价值[1]，是编辑主体对稿件进行学术鉴审的参考依据之一[2]，也是影响期刊论文质量的重要因素。其中，外文文献的引用在一定程度上反映了作者尤其是科技论文作者研究视野的国际化程度和学术水平，对提升研究质量具有显著贡献。恰当、有效、正确的引用是外文文献发挥信息源作用的保障，不仅可以提升论文的质量，还可以提升学术期刊的影响力[3]。

但是，目前国内学术期刊的外文文献引用尚存在不少问题，以判断的难易程度可将其分为显性问题和隐性问题两类。显性问题如外文文献引文率低、引用语种单一、引用文献老旧等[4]，以及外国人名和姓混淆、单词拼写错误、文献信息缺项[5-6]等著录格式规范差错。显性问题可通过审稿、编校及利用网络工具[7]和文献校对软件等发现并解决。隐性问题指潜藏在规范的著录格式之下的问题，如政治性问题和翻译问题，这类问题较难发现且易对期刊的学术声誉造成负面影响，需引起重视。本文以英语文献为例，对学术期刊外文参考文献的隐性问题进行探讨，并提出针对性的防范建议。

1 外文参考文献中的政治性问题

期刊发挥学术引领和舆论导向功能的前提是把好价值观、思想观、政治观，这关乎学术期刊的社会责任与立刊之本，对此无论是期刊管理者还是编辑主体都有明确和敏锐的"红线"意识。但由于非母语语言的"陌生感"以及编校稿件时的精力分配等现实原因，对外文参考文献的政治敏感度会有无意识的"降低"现象，即在"无意识"的情况下忽略其隐含的政治性问题。外文参考文献中隐性的政治性差错体现在文献标题、文献引用、文献作者等方面。为便于论述，下文在以英语文献中涉及国家主权和领土完整的内容为例进行分析时按照标题、正文、作者三部分展开。但需要说明的是，三者并非完全割裂，政治性问题在三部分中交织存在。

1.1 文献标题中的政治性问题

在文献标题中将香港(Hong Kong)、台湾(Taiwan)、澳门(Macao)、西藏(Tibet)与中国(China)或其他国家(country)并列,在未提及台湾的语境下称中国为大陆或中国大陆,在未提及香港的语境下称中国为内地或中国内地等均为政治性差错,如 *Exchange and interest rate channels during a deflationary era: evidence from Japan, Hong Kong and China*[8]在标题中将香港与中国、日本并列。其他政治性问题如将回归前的香港称为英国的前殖民地(ex-colony),用北京(Beijing)和台北(Taipei)来表述大陆和台湾的官方,称台湾问题为 Taiwan issue(应称 Taiwan question),将西藏地方和祖国的关系称为藏中(Tibet-China)关系等。此外,应注意不能称中国大陆为 Mainland China,因为 Mainland China 既是地理概念,也是政治概念[9],如 *An overview of sport philosophy in Chinese-speaking (Taiwan & Mainland China)*[10]将中国大陆称为 Mainland China,且将 Taiwan 与其并列。作为中国特别行政区的香港、澳门以及作为中国省级行政区的台湾和西藏是祖国领土不可分割的一部分,将其与中国或其他国家并列,严重违反"一个中国"原则,属于典型的政治性错误,对此类文献应该予以剔除。

1.2 文献引用的政治性问题

文献引用的常见政治性问题包括对所引的参考文献进行归纳和论述时将香港、台湾、澳门学者的研究纳入国外研究的范畴或将其与中国学者并列,在引用国外文献中的数据时将香港、台湾、澳门的数据排除在中国以外,或将香港、台湾、澳门的数据按照国家来统计,将香港、台湾、澳门的数据或情况与中国并列或作比较,等等。在直接引用外文文献原文时,应对原文献中的语句多加鉴别,如 Grey Garrard 的 *Ecocriticism*(Routledge,2012)中称 ASLE 为"a professional association that started in America but now has branches in Korea, Canada, India, Japan, Taiwan, Australia, New Zealand, Europe and the British Isles",将台湾与韩国、加拿大、印度等国家并列,如不加处理或者说明直接作为引文使用就出现了政治性差错。此外,在引用外文文献中的地图时应特别注意国界线、重要岛屿等问题,并根据《地图管理条例》的规定向相关部门送审。

1.3 文献作者的政治立场问题

相较于文献标题和正文引用中的政治性问题,文献作者的政治立场问题更加隐蔽,仅从文字层面或者引用规范方面无法做出准确判断,需要作者和编辑有相关信息和知识的储备。有的国外学者因政治立场问题对中国抱有偏见,存在丑华、反华倾向和行为,极端的甚至鼓吹"港独""台独""藏独",扭曲历史。以西藏问题为例,英国人黎吉生(Hugh Edward Richardson)及其与他人合著的《西藏文化简史》(*A Cultural History of Tibet*)、美藉荷兰人范普拉赫(Michael Walt van Praag)及其著作《西藏的地位》(*The Status of Tibet: History, Rights, and Prospects in International Law*)等便是具有"反华""藏独"倾向的典型代表,论文中不能将其作为正面材料引用或支撑相关论述。作者和编辑在校对外文参考文献时,应对此类学者进行身份复核。

2 外文参考文献引文的翻译问题

因中文学术期刊的语言要求,作者在引用外文参考文献原文时需将其译为中文,这便涉及语言转换的问题,即目标文本(target text)与原文(original text)或源文(source text)的适配性和准确性问题。外文参考文献引文的翻译问题有时是和政治问题共生的,如将 South Korea 错译为南朝鲜、南韩等,此处不再赘述。外文参考文献引文的翻译问题不仅包括语言文字本身的语病和差错，还包括因翻译不准确或者错译导致的知识性、事实性差错。此外，在论文中过度引用外文文献或者抄袭他人的译文还牵涉有违科学研究规范的学术不端行为。

2.1 译文引用不当

在对外文参考文献的引文进行翻译时，可以自译也可以转引他人的译文。有些外文文献尤其是比较经典的文献已有其他研究者或者专业权威人士较成熟且经过时间、读者检验的中文译文，可以借鉴或转引，但应注明原译者和译文的出处，避免混淆他译和自译。对于反映学术前沿的新文献，作者和编辑如有语言条件，应将译文与原文进行比对，如作者不加甄别、不核对原文直接套用他人的引文，而编辑环节又没有进一步核实把关易"以讹传讹"。"用译文引文替代原文引文的讨论往往是危险的，而用准译文引文替代原文引文或源文引文则随时都有可能走向歧义、误解甚至曲解的陷阱。"[11]除了不规范引用或抄袭他人译文外，在论文中较大篇幅地翻译外文文献而不标注原文出处或仅将部分表述注明出处，混淆引用和原创，也属于抄袭和学术不端。这类问题因受文献数据库尚未收录或收录不全以及语言差异等客观限制，无法通过查重等技术手段发现，导致作者钻"语言差"和"时间差"的空子。

2.2 引文翻译不准确

在对外文文献的原文进行翻译时存在误译、漏译和错译等现象。较常见的一类是国外的机构、单位、文件等名称错译，如将 Public Health England(英格兰公共健康局)译为英格兰公共健康项目，将 North American Court of Arbitration for Sport(北美体育仲裁院)译为北美国际体育仲裁院等。还有一类是在总结外文文献的观点时因理解偏差或者译文不准确导致语义模糊、产生歧义甚至错误。例如："任何睾丸激素水平高于正常女性的运动员都必须被法律承认为女性或阴阳人，并降低她的睾丸激素以便进行竞争，这迫使男性运动员接受基因检测以验证其身份，较多运动员对此发起挑战认为存在歧视。"这句话是作者对一篇英文文献相关内容的翻译和总结。翻译部分的原文为"The regulations require any female athlete with testosterone levels higher than permitted, to be legally recognized as female or intersex and to reduce her testosterone level in order to compete."[12]可以看出，原文意思为"任何睾丸激素水平高于正常女性的运动员，其女性或双性人的身份须得到法律的承认且要降低睾丸激素水平才能参加比赛"，而作者的翻译模糊了文献原意且产生了信息错误，将原文中"女性(female)运动员不得不接受基因检测以验证其身份"翻译成了男性运动员。此外，原文献中仅列举了 Dutee Chand 和 Caster Semenya"抗争"的例子，未明确表达"较多运动员对此发起挑战认为存在歧视"，作者的总结有过度阐释的嫌疑。

2.3 引文译文不统一

在直接引用外文文献并将其翻译成中文的过程中应注意译文的统一，即同一术语或名称等在正文、图表、注释等位置出现时译名应一致，避免因译名不统一造成理解困难或者偏差。另外，还应注意在引用外文文献的图表、数据时应保证其准确性，避免因翻译成中文时重新绘制画图表造成疏漏或错误。例如，作者在引用一篇英文文献时，正文中称"Morgand 的体验空间模型的目标是通过人与场所、人与人的互动，实现 Csikszentmihalyi 所述的畅爽(flow)体验"，但在图中却将"flow"译为"高峰体验"，正文表述与图中内容无法准确对应，影响读者对于"flow"这一术语的理解，甚至仅从译文无法判断"畅爽"与"高峰体验"是同一个概念。此外，原文献中的图为六边形，作者在重新绘图时将其绘制成了五边形，从而产生事实性差错。如不比照原文，仅做文字编校检查，这类错误很容易被遗漏。

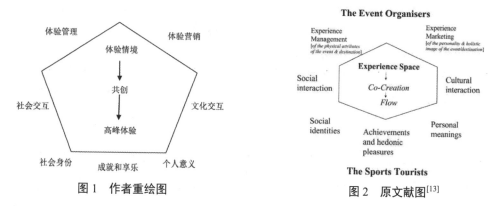

图1 作者重绘图　　　　　图2 原文献图[13]

3 外文参考文献隐性问题的防范建议

外文参考文献的隐性问题较难通过文献校对软件或查重软件等技术手段解决，也较难通过印前的文字差错检查等质检手段发现。但此类问题一旦发生，无论是政治性错误还是翻译原因造成的事实和内容错误，都有损学术期刊和作者的声誉，且不利于科学知识和先进文化的传播与传承，甚至政治性问题还会影响学术期刊的生存与发展乃至国家的安全与稳定。因此，须在出版的各环节形成正确的认识并提高防范意识。

3.1 作者：加强文献甄别与自查

作者是稿件的首要责任者，对自己所引用和参考的外文文献内容理应有较好的把握，对自己何种程度上吸收和借鉴了国外的研究成果也最清楚。避免外文参考文献隐性错误的发生应首先从作者端入手。一方面，作者在写作时应提高防范意识，对所引的外文文献进行自查，甄别并剔除有政治性错误的文献，必要时采用注释等方式加以说明或补充；对直接引用需要翻译的文献进行原文比对，不宜过度依赖网络上的翻译软件，避免因翻译错误造成知识性和事实性差错。另一方面，期刊单位在向作者约稿、发送录用通知、自校通知等环节应对作者明确提出针对外文参考文献隐性问题的自查要求，在一定程度上将问题控制在源头阶段解决，减少定稿或者排版后再做调整导致的资源浪费。

3.2 编辑：加强文献审校与复核

编辑是审校稿件的主体，也是出版环节的主要责任者。在审校稿件时，编辑应对参考文献的重要性及外文参考文献的隐性问题有正确的认识，相对均衡地分配自己投入在正文与参考文献上的审校精力。有外文语言基础的编辑应对参考文献引文的原文进行抽审，因出版周期紧张等客观原因无法逐篇核对，可依据重要性对稿件中主要引用的外文文献进行原文复核比对；没有外文语言基础或者基础比较薄弱的编辑可借助交叉审稿、送外审等途径，实现对外文文献隐性问题的有效处理。此外，编辑在关注学术和科研动态的同时还应适当关注时政，并加强政策类文件的学习，提高自觉自知意识和敏感性。

3.3 期刊单位：加强制度建设与管理

期刊单位应加强稿件外审和"三审三校"等制度的建设与管理。在稿件送外审专家审稿时，应提高送审的准确性和针对性，做到精准送审。对于外文参考文献较多的稿件，在送外审时除了考虑专家的研究方向和学术声誉外，还应考虑其是否具备国际学术视野，提请专家对外文文献部分的质量进行判断。在编辑部内部，严格落实"三审三校"制度，且在稿件分配时充分考虑编辑的学科背景和语言基础。此外，通过完善印前质量检查的奖惩制度和档案留存制度，形成可追溯、有留痕的流程管理，以此提高编辑的责任意识。

3.4 期刊主管单位：加强专项检查与培训

期刊主管单位应切实履行对期刊的检查、监督和指导职责，通过专项检查督促期刊做好相关工作。如在对期刊进行滥发论文专项检查时，加强对期刊"三审三校"制度执行情况的检查，从制度和流程建设方面提出保障性要求；在对期刊进行编校质量检查时，将外文文献引用较多的科技期刊分配给有相应资质和条件的审读专家，提高质量检查的有效性。加强对期刊编辑资质的审核和培训，尤其在各级培训工作中有针对性地策划组织相关的讲座和课程，通过政策性解读、经验分享、案例分析等手段提高编辑的知识储备和思想意识。

4 结束语

随着国际学术交流的加强以及国外学术资源数据库的引进与开放，阅读和参考外文文献已成为科研工作者的常态，在一些特定学科领域的学术论文中外文参考文献占了相当大的比重。外文参考文献的引用与吸收在一定程度上体现了作者的研究起点与学理支撑，是评价科研成果的一个参照系[14]。作者、编辑、期刊单位及主管单位应高度重视外文参考文献的引用，并从出版的各个环节加强防范意识，以此确保论文的学术价值，进而推动学术期刊的高质量发展。

参 考 文 献

[1] 高鲁山,郑进保,陈浩元,等.论科技期刊论文的参考文献[J].编辑学报,1992,4(3):166-170.

[2] 沈志宏.参考文献与编辑的学术鉴审[J].编辑学报,1989(4):199-201.

[3] 俞立平,张再杰.外文参考文献与学术期刊影响力的关系[J].图书馆论坛,2020,40(1):111-116.

[4] 李中乾.外文引文水平对国内学术论文的影响及学科差异比较[D].南京:南京农业大学,2020:2.

[5] 周园.著录外文参考文献值得注意的几个问题[J].中国科技期刊研究,2008,19(3):488-489.

[6] 鞠衍清.外文参考文献著者姓名著录中的问题[J].编辑学报,2009,21(5):414-415.

[7] 陈爱萍,余溢文,赵惠祥,等.提高参考文献中外国人名著录准确性的途径[J].编辑学报,2012(5):441-442.

[8] MEHROTRA A N. Exchange and interest rate channels during a deflationary era: evidence from Japan, Hong Kong and China[J]. SSRN Electronic Journal, 2007, 35(1):188-210.

[9] 王平兴.汉英翻译中的政治考量[J].中国翻译,2014(5):97-101.

[10] HSU L H L. An overview of sport philosophy in Chinese-speaking regions (Taiwan & Mainland China)[J]. Journal of the Philosophy of Sport, 2010, 37(2):237-252.

[11] 张锦文.试论引文之别对学术研究的影响:从原文、源文、译文或准译文说起[J].广东外语外贸大学学报,2007(3):27.

[12] PATEL S, VARLEY I. Exploring the regulation of genetic testing in sport[J]. Entertainment and Sports Law Journal, 2019, 17(5):1-13.

[13] MORGAN M. 'We're not the barmy army！': reflections on the sports tourist experience [J]. International Journal of Tourism Research, 2007, 9(5):361-372.

[14] 胡虹.学术论文"文后参考文献"的作用探究[J].四川理工学院学报(社会科学版),2009,24(3):130-133.

生物类科技期刊蛋白质分子质量计量单位使用失范探析

乔子栩

(《内蒙古师范大学学报(自然科学汉文版)》编辑部，内蒙古 呼和浩特 010022)

摘要：探析蛋白质分子质量计量单位的国家标准和国际标准在生物类科技期刊中的应用普及情况。以 2020 年《中国学术期刊影响因子年报(自然科学与工程技术)》生物学分类中处于 Q1 分区的中文期刊为研究对象，调查蛋白质分子质量计量单位的使用情况。部分期刊对蛋白质分子质量计量单位的使用并不规范，主要存在以下问题：表述为"相对分子质量"却使用原子质量的单位；计量单位和数字不吻合；将"u"误写成"U"；混淆"相对分子质量"和"分子质量"。根据量的含义确定单位，如果量为"相对分子质量"，则应表述为"相对分子质量为 XX"，单位为一；如果量为"分子质量"，则应表述为"分子质量"，使用原子质量的单位，即原子质量单位"u""ku"和道尔顿"Da""kDa"。

关键词：蛋白质；计量单位；相对分子质量；分子质量；生物类科技期刊

21 世纪是生命科学的世纪，目前生命科学研究进展突飞猛进。在《中国学术期刊影响因子年报(自然科学与工程技术)》中，分类在"生物学"中的期刊有 94 种，还有很多综合类的期刊都会涉及生物学相关内容的研究。蛋白质是生物学领域的一个重要研究内容，分子质量在研究中广泛使用，而关于蛋白质分子质量计量单位的研究却少之又少。早期的研究认为蛋白质质量单位使用"Da"是不合法的[1]，但是新规范出版之后就很少有作者研究蛋白质分子质量单位的使用问题。鉴于此，本文以国内生物学领域影响力较大的中文核心期刊为研究对象，调查生物类科技期刊蛋白质分子质量计量单位的使用情况，找出存在的问题，根据相关标准提出建议，以期为作者和编辑同行提供参考。

1 相关标准中的规定

1984 年 1 月 20 日国务院颁布的《中华人民共和国法定计量单位》规定，原子质量单位为 u；《有关量、单位和符号的一般原则》的表 5、《物理化学和分子物理学的量和单位》的项号 8-31 中也指出，原子质量单位为 u[2-3]。ISO 80000-1:2009 的表 6"可与 SI 单位并用的非 SI 单位"中，质量单位列出了道尔顿 Da，在注释中指出：道尔顿曾经被称为"原子质量单位，符号为 u"[4]。在 ISO 80000-10:2019 的表 1 中，列出了原子质量的 3 个单位，分别为 kg、u 和 Da，并在附注中指出：1 Da=1 u[5]。此外，陈浩元先生在关于非 SI 单位中也指明："目前我国 u 和 Da 应均

基金项目：内蒙古师范大学高层次人才科研启动经费项目(2019YJRC017)

可使用,但全刊和全书要做到统一。"[6]79 由此可见,科技论文写作中蛋白质分子质量单位可以使用u,也可以使用Da,但是要做到统一。

关于"分子量"和"相对分子质量"的表述,ISO 80000-9:2019的表1关于相对原子质量的附注中指出:不宜使用传统名称"分子量"和"原子量"[7]。陈浩元先生也指出,"相对原子质量"和"相对分子质量"是推荐的量名称,而"原子量"和"分子量"是以后会修订的量名称,并说明"在新版图书和期刊发表的文章中,不宜使用旧名称"[6]84。可见,在科技期刊中,如需要使用分子的相对质量,使用"相对分子质量"是更为规范的。

2 生物类科技期刊中存在的问题及探讨

2.1 调查对象及研究方法

以 2020 年《中国学术期刊影响因子年报(自然科学与工程技术)》生物学分类中处于 Q1 分区的中文期刊为研究对象。

生物学 Q1 分区的期刊共 23 种,其中中文期刊 18 种。调查 18 种中文期刊在 2020 年 1 月 1 日至 2021 年 5 月 1 日发表与蛋白质有关的文献,统计其蛋白质分子质量的计量单位。分析生物类科技期刊对蛋白质分子质量计量单位的表述中存在的问题,根据相关标准提出准确且规范的对策及建议。

2.2 存在的问题

在调查的 18 种中文期刊中,有包括《西北植物学报》《植物学报》《植物生理学报》《微生物学通报》《应用与环境生物学报》《菌物研究》等 12 种期刊的文献内容涉及蛋白质分子质量,期刊涵盖植物学、动物学、微生物学、遗传学、水生生物学等多个生物学下属二级学科,研究领域较为全面。从上述 12 种期刊中筛选出 190 篇文献涉及蛋白质分子质量,统计其表述方式及单位使用情况。结果显示,生物学科技期刊中对蛋白质分子质量的描述及计量单位并不统一(见图 1)。在所调查的文献中,57.37%表述为"分子量",单位是"Da"或"kDa";16.84%表述为"相对分子质量",单位是"Da"或"kDa";15.26%表述为"分子质量",单位为"kDa";8.95%表述为"相对分子质量"或"相对分子量",单位为一;1.05%表述为"分子质量",单位为"ku"。分析发现,蛋白质分子质量计量单位及表述方式主要存在如下问题。

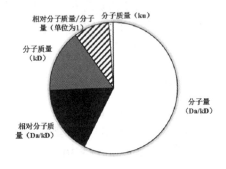

图 1 12 种期刊中蛋白质分子质量的描述及计量单位

(1) 相对分子质量不应使用原子质量的单位。在所调查的文献中,有 16.84%的文献表述为"相对分子质量为 XX Da"或"相对分子质量为 XX kDa",如文献[8-13]。相对分子质量是量纲一的量,其单位为一、符号为 1。所以表述为"相对分子质量为 XX Da"是不正确的,量纲一的量不应该使用原子质量的单位(道尔顿"Da""kDa")。分析中发现,这类表述问题并不是偶然现象,也不仅仅在一两种期刊中出现,而是普遍存在的。在所调查的 12 种期刊中,就有 6 种期刊存在这种不正确的表述方式。

(2) 计量单位和数值不吻合。本次调查中发现,很多文献混淆了 Da 和 kDa 的概念。根据中华人民共和国国家标准中《国际单位制及其应用》,k 在 SI 词头中表示"千"[14],有些文献使用的单位是 kDa,数值却大至几万[15-18]。如文献[16]的表 2 中所列举的第一个蛋白质,只含有 430 个氨基酸,蛋白质的分子质量却有 48505.03 kDa,这是不合乎常理的,显然作者是把 Da 和 kDa 混淆了。此外,还有文献使用的单位是 Da,数值却只有几百。如文献[19]中,蛋白质含有 1 877 个氨基酸,分子质量却只有 205.45 Da,也是不符合事实的。这里作者是混淆了 kDa 和 Da,应该是 205.45 kDa。

(3) 将"u"写成"U"。《中华人民共和国法定计量单位》中所规定的原子质量单位 u 是小写 u,一些作者将其误写成了大写 U。文献[20]中,作者在文中表述为"分子量为 50 kU 处",在图 10 中箭头指示的标注也是 kU。文献[21]全文使用的蛋白质分子质量的计量单位都是 kU。这些文献对于原子质量单位 u 的使用写法并不规范。

(4) 混淆"相对分子质量"和"分子质量"。调查中发现,很多作者混淆了"相对分子质量"和"分子质量"的概念。相对分子质量是量纲一的量,其单位为一;而分子质量是质量,应使用原子质量的单位,即原子质量单位"u""ku"或道尔顿"Da""kDa"。文献[22]中,作者在摘要中表述为"分子质量为 74.78 kD",而在正文中却表述为"相对分子质量为 74.78 kD"(此处表述方式不正确,单位应为一)。文献[23]在摘要中表述为"分子质量为 67.26 kDa",而在正文中存在"相对分子质量约为 67.26 kDa"(此处表述方式不正确,单位应为一)和"分子质量(约为 112 kDa)"两种表述方式。说明作者对于"分子质量"和"相对分子质量"的概念并不明确。

3 结论与建议

目前关于蛋白质分子质量单位使用较为混乱。实际出版工作中应根据量的含义确定单位,如果量为"相对分子质量",则应表述为"相对分子质量为 XX",单位为一;如果量为"分子质量",则应表述为"分子质量",使用原子质量的单位,即原子质量单位"u""ku"和道尔顿"Da""kDa",但使用时需要注意数值与单位的统一以及全文使用的统一。

蛋白质分子质量计量单位的规范使用问题相对于文章整体而言可能微不足道,并没有引起学者和编辑的足够重视。但是作为学术论文,文章应从各方面展现其专业性、科学性和严谨性。编辑在处理相关问题时,应注意重视蛋白质分子质量单位使用的规范性,使用符合国家标准的表达方式,避免出现量和单位不统一、计量单位和数值不吻合或混淆概念的情况。作者在撰写文章时也应有意识地加强规范化意识,明确相关概念,正确使用国家标准单位,提高论文的科学性和严谨性,避免由于概念不清等原因导致科学论文"不科学"。

除此之外,编辑在日常工作中也应注意知识的更新,关注最新的规范标准,阅读近期的编辑学论文。在 ISO 80000-1:2009 发行之前,原子质量的单位为 u,也有研究编辑学的学者提出蛋白质质量单位使用"Da"是不合法的[1]。国际标准更新之后,编辑如果没有及时学习和掌握,后续编辑工作中也会因为知识太陈旧出现相关问题。年长的编辑在工作中应摒弃墨守成规的思维方式,及时更新编校知识。青年编辑在工作中应勤于思考,不能完全依靠老编辑的"传帮带",应充分利用各种途径提升工作能力。新老编辑可以相互学习,共同进步,提升编校能力,

4 结束语

调查发现，部分生物类科技期刊中蛋白质分子质量计量单位存在不规范的问题。作者和编辑应充分重视国家法定计量单位的使用和推广。作者在文章写作时应规范表述相关名词，正确使用法定单位；编辑在稿件编校中应充分重视量和单位相关问题，严格遵守国家规范标准，并注意单篇稿件以及全刊对量和单位的统一。通过作者和编辑共同努力，提升科技期刊的科学性和严谨性，为建设世界一流科技期刊奠定扎实基础。

参 考 文 献

[1] 陈冠初.生命科学类期刊量和单位的标准化[J].编辑学报,2002,14(2):16.
[2] 有关量、单位和符号的一般原则:GB 3101—93[S].北京:中国标准出版社,1993.
[3] 物理化学和分子物理学的量和单位:GB 3102.8—1993[S].北京:中国标准出版社,1993.
[4] Quantities and units Part 1: General: ISO 80000-1: 2009 [S]. Geneva, Switzerland: ISO, 2009:22.
[5] Quantities and units Part 10: Atomic and nuclear physics: ISO 80000-10: 2019 [S]. Geneva, Switzerland: ISO, 2019:3.
[6] 中国新闻出版研究院.编辑常用标准规范解说[M].北京:中国标准出版社,2021:79,84.
[7] Quantities and units Part 9: Physical chemistry and molecular physics: ISO 80000-9: 2019 [S]. Geneva, Switzerland: ISO, 2019:3.
[8] 刘敏,名川信吾.森林草莓 *FvZF-HD7* 基因的鉴定及表达分析[J].西北植物学报,2020,40(1):19-27.
[9] 杨进,周俊琴,卢梦琪,等.油茶 *ABI5* 基因的克隆及其表达分析[J].植物生理学报,2020,56(7):1583-1592.
[10] 李浩然,祁晶晶,王宇,等.滑液支原体 NADH 氧化酶的酶学活性及亚细胞定位研究[J].微生物学通报,2020,47(3):801-812.
[11] 童金蓉,张昭寰,黄振华,等.副溶血性弧菌脂蛋白定位系统转运蛋白结构与功能的生物信息学分析[J].微生物学报,2020,60(10):2242-2252.
[12] 刘芳,孟建玉,杨昌利,等.亚洲玉米螟卵黄原蛋白基因的克隆、表达谱及对 UV-A 胁迫的响应[J].昆虫学报,2020,63(3):255-265.
[13] 王静安,李耀国,赵鑫,等.赤眼鳟 *Mx1* 基因的 cDNA 克隆及表达特性[J].水生生物学报,2020,44(4):756-763.
[14] 国际单位制及其应用:GB 3100—93[S].北京:中国标准出版社,1994.
[15] 杨雅焯,李辉,林士佳,等.茶树 *CsGME1* 基因的克隆与逆境胁迫响应分析[J].西北植物学报,2020,40(2):232-239.
[16] 王丹怡,韩玲娟,张毅,等.多胺对盐胁迫下黄瓜 *SOS2* 基因家族表达的影响[J].西北植物学报,2020,40(11):1855-1865.
[17] 左泽远,刘琬琳,许杰.拟南芥花药绒毡层细胞中具有基因簇特征的基因进化和功能分析[J].植物学报,2020,55(2):147-162.
[18] 王星斗,黄娟娟,樊艳.杨树 ERF 转录因子 RAP2L15 基因 RNAi 植物表达载体的构建及遗传转化[J].植物生理学报,2020,56(12):2705-2715.
[19] 陈美榕,张梦薇,刘舒雯,等.黑曲霉中生物合成赭曲霉毒素 A 的非核糖体肽合成酶基因的鉴定[J].菌物学报,2020,39(3):556-565.
[20] 王丹丹,鲍佳乐,张雨婷.朝鲜淫羊藿 *EkCDPK* 基因的克隆及表达分析[J].西北植物学报,2020,40(6):918-926.
[21] 徐子娴,朱云臣,李珊,等.冬虫夏草菌 NADPH-细胞色素 P450 还原酶基因的生物信息学分析[J].菌物学报,2021,19(1):54-62.
[22] 陈懿瑶,王丽平,谌琴琴,等.马铃薯萜类合酶基因 *StHcS* 的功能鉴定[J].西北植物学报,2020,40(7):1097-1104.
[23] 迟田钰,盖树鹏,刘春英,等.牡丹 *PsGAI* 基因的生物信息学及原核表达分析[J].植物生理学报,2021,57(1):121-128.

学术研究论文引言结构及编辑审查要点

李正莉，徐山林，夏 菁

(火箭军工程大学教研保障中心，陕西 西安 710025)

摘要：为了提高学术期刊编辑审查引言的准确性和效率，提出了一种按模块化审查研究论文引言的方法。将引言的内容划分为 3 个模块，分析各模块的功能和模块之间的逻辑关系，强调编辑需要在读者立场进行审查的重要性及审查重点。分析表明：审查的关键是编辑应站在读者的立场查找问题；审查模块之间是否具有环环相扣的逻辑关系；能否消除读者的疑惑并提高阅读兴趣。

关键词：学术期刊；学术研究论文；引言；编辑审查

引言是学术研究论文必要的组成部分之一，主要说明论文研究的背景，对读者理解研究成果的意义有重要作用，也为编辑初审和退修提供了大量信息，在学术写作和学术期刊出版领域都受到关注[1]。由于大部分学术期刊编辑所要审查的论文涉及很多专业，要提高审稿能力就必须掌握一定的审稿方法。研究学术论文引言的文献很多，但大多是从作者的角度出发。从期刊编辑角度研究引言的文献中：李小玲[2]研究了学术论文中引言与讨论的关系，边书京[1]和丁春等[3]列举了学术论文引言的常见问题，李胜[4]讨论了科技论文引言的编修技巧，陈翔[5]研究了对象化思维方式在引言编辑中的运用，但以上文献均未分析编辑的审查方法。王小唯等[6]将学术论文引言的结构分为 2 个层次及 5 个要素，但这些要素往往是互相穿插交错的，很难清晰地彼此分离。本文从学术期刊编辑审稿的角度，将学术研究论文引言的内容进行模块化划分，主要分析编辑从外行和读者的角度审查引言的方法，以提高审查的科学性和准确性。

1 编辑以读者立场审查引言

表面上看，编辑日常工作中与作者打交道的时间较多，与读者的交往较少；实际上，编辑只有保持读者立场，处处为读者考虑，才是真正对期刊负责。学术期刊的宗旨是传播学术成果，编辑只有站在读者的立场上进行审稿和编辑加工，才能赢得读者的良好评价，不断增强期刊的影响力。如果把作者的研究成果比喻为一件产品的话，作者是产品的制造者，论文相当于这个产品的广告，读者是潜在的客户或消费者(对论文进行下载或引用)，编辑部则起到类似代理商或销售商的作用。广告质量会影响该产品的销售量以及代理商的业绩和口碑，因此满足读者的需要才能使期刊更好地发展。这就要求编辑审稿时应当设身处地地考虑读者的需要，不断提醒自己：读者为什么要花时间阅读这篇论文？他们能否从中学到什么？编辑不仅要准确判断论文质量，更要以批判的眼光在论文中找问题，这也是后续退修时帮助作者对论文进一步完善的基础。

2 学术研究论文引言的模块化结构

学术研究论文在内容上具有较强的科学性和创新性，在写作形式上具有较强的规范性。相应地，学术论文的引言也具有这些特点，形成了约定俗成的结构形式[6]。本文将引言的内容和结构概括为 3 个模块：①研究课题的意义和范围。主要说明所研究课题的必要性和重要性，限定研究领域的范围，表明研究目的。②研究现状分析。主要说明作者确定该课题的依据，内容以评述该课题的相关研究现状为基础，重点是评述前人研究中解决的问题和不足，分析可用于解决该不足的主要方法以及论文采用所选方法的理由。③该课题的研究方法和研究内容。主要说明作者的意图、所用方法及预期结果。

以上 3 个模块的内容具有层层递进的关联性，可以一步一步地解答读者的疑惑，引导读者继续阅读。读者阅读学术论文带有一定目的(比如获得所需信息或学习某种方法)，会不断进行思考和质疑，以确定是否有必要精读。通常，读者产生的第一个疑问是：有必要研究这个问题吗？答案当然是肯定的。第①模块就回答这个问题，否则写作这篇论文就没有意义。接着，读者必然进一步产生疑问：既然是这么重要的课题，就没有其他人注意到并开展相关研究吗？答案也是肯定的，进而产生另一个问题：既然已经有这么多研究了，作者的研究还有必要吗？第②模块主要回答这两个问题。学术研究具有很强的继承性，要以前人的研究为基础，从中找出不足和值得进一步研究的问题，并找到能解决问题的更佳方法。基于第②模块的研究现状评述，就可以自然过渡到第③模块，即引入作者的研究内容。可见，第①模块是大背景，第②模块是第③模块的基础，第③模块是第②模块的落脚点。

按模块化审查的关键不仅是审查引言是否具有模块化的形式，更重要的是站在读者的立场上审查模块之间是否具有环环相扣的逻辑关系，能否消除读者的疑惑。

3 学术期刊编辑审查引言的要点

3.1 满足学术论文基本要求

主要包括文字表达应通顺、准确、简明，内容精炼，不拖泥带水，论述严谨，结构完整且层次之间逻辑关系合理，量、单位、术语等符合相关标准。

3.2 按模块审查内容

按照上文 3 个模块审查引言的内容和结构，是否阐明了确定选题及所用方法的理由。审查的重点是模块是否齐全，说理和论证是否合理且严谨，能否解答读者疑惑，能否让不熟悉该专业的一般读者认可作者的论证过程，并达到提升读者阅读兴趣的目的。

引言必须把确定选题的理由讲清楚，具体写法并不固定。比如某论文对遗传算法提出一种新的改进方法，第②模块可采用两种写法：一是按各种改进算法所提出的时间顺序来写，以体现各改进算法的发展过程；二是按改进算法所用方法的类型，分门别类来写，有助于清晰地表明不同改进思路的区别与联系。

3.3 审查与其他内容的关联性和一致性

引言的内容必须与论文其他部分相互照应。主要包括：与论文标题一致，以标题为中心展开论述；与摘要一致；与试验、结果讨论和结论一致。比如，如果引言中指出了其他文献存在某问题及作者的改进思路，则在试验和结果中应当证明作者所用方法确实可以解决该问题，达到了改进目的。

3.4 审查文献

主要是审查文献的权威性、相关性与时效性，因为所引用文献可以体现作者对该领域研究现状的了解程度。比如，对于大部分理工科论文，所引文献中应当有一定量的外文文献和近几年发表的新文献。当然，新文献少不一定说明论文的先进性较差，还可以有很多其他原因，如该领域进展较慢、关注的人少、研究价值不高、研究难度大等。不管什么原因，只要作者能把开展研究的意义和依据讲清楚，就有利于体现先进性，否则容易使读者产生质疑。

3.5 审查字里行间的信息

引言还提供了很多文字之外的信息，可以帮助读者和编辑判断论文的学术价值。比如：文字表达可以反映作者对学术写作规范的了解程度、写作水平和写作态度；从所引用文献可以看出作者对研究现状的了解程度、检索和归纳文献的能力、研究内容的先进性和创新性；从对研究现状的评述可以判断作者发现及解决问题的能力；从上下文的衔接和过渡可以看出作者的逻辑思维能力。将这些信息与审稿专家意见相结合，以及与作者进一步交流，可以帮助编辑更准确地判断论文学术价值。

4 编辑应重点关注的常见问题

4.1 中心不明确

引言应当开门见山地点明论文主题，在能描述清楚的情况下力求简练，以突出重点。中心不明确的常见表现有：对选题意义的描述过于详细，拖泥带水，三纸无驴；在分析研究现状时，所选文献涉及的专业领域过于宽泛，重点不够突出；现状分析中对文献内容的评述涉及多个与论文主题无关的方面，缺乏针对性。

比如，某论文对遗传算法提出一种新的改进方法，以提高算法精度，则在研究现状分析中，以主题为中心的做法应当是：只需要回顾提高算法精度方面的文献即可，不必提及关于算法其他性能改进(如提高算法速度、降低内存占用等)的文献；只需要指出各文献中关于精度方面的性能特点或不足即可，其他与精度无关的性能不必考虑。

4.2 罗列文献，没有分析和评述

有的引言在研究现状分析部分，只是平铺直叙地对一些文献的研究内容进行列举，而没有对文献研究工作进行分析评价，使读者无法看出这些研究的价值与问题，无法理解作者列举这些文献的目的，也很难明白在已经有众多同类型文献的情况下作者还要继续开展研究的理由。这样的写法不仅使这些文献成为无效信息，还会加重读者的疑惑，进而影响他们对论文学术价值的评价。

4.3 对研究现状的评述不够全面

由于有些论文的研究内容不止一项，研究现状中需要评述的内容可能包括多个方面，必须全面考虑，不能顾此失彼，才能把各模块之间的逻辑关系理顺，把研究背景讲明白。例如，某论文的标题是《Cu-Ni 合金催化剂制备及其在合成气制低碳醇中的应用》，读者看到这个标题至少会产生两个疑问：为什么选择这种催化剂，为什么选择文中的催化剂制备方法。引言中必须把这两个问题都讲清楚才能让读者认可作者的研究思路。

5 结束语

审稿是学术期刊编辑的一项重要工作和必备技能，编辑要进行专门的编辑技能训练，掌

握一定的审稿方法,才能提高审稿的科学性和准确性,保证期刊质量。

参 考 文 献

[1] 边书京,张志钰,陆文昌,等.学术论文引言失当问题不容忽视[J].长江大学学报(自然科学版),2017,14(22):81-84.
[2] 李小玲.学术论文引言与讨论的核心内容及其对应关系[J].热带地理,2014,34(1):130-132.
[3] 丁春,万甜.学术论文引言的编辑初审要点[J].编辑学报,2009,21(2):123-124.
[4] 李胜.科技期刊论文"引言"的编修[J].编辑学报,2015,27(6):550-551.
[5] 陈翔.运用对象化思维方式编辑科技论文的引言[J].编辑学报,2004,16(4):260-261.
[6] 王小唯,吕雪梅,杨波,等.学术论文引言的结构模型化研究[J].编辑学报,2003,15(4):247-248.

上海市医学期刊中随机对照试验论文的报告规范性调查

孙晋枫,张崇凡

(复旦大学附属儿科医院《中国循证儿科杂志》编辑部,上海 201102)

摘要: 医学论文报告规范与否,不仅直接影响其对临床决策的参考价值,也影响二次研究从中提取研究要素以及评估论文的偏倚风险。通常认为,随机对照试验(randomized controlled trial, RCT)是评估医学干预效果的最佳研究设计类型,而CONSORT(Consolidated Standards of Reporting Trials) 2010 是目前国际上公认的针对RCT 的报告规范。本文以上海市公开发行的中文医学期刊上发表的 RCT 论文为研究对象,对照 CONSORT2010 的各条目进行评价。结果显示,多数论文的报告规范程度堪忧,对 RCT 基本要素的报告程度不足。因此,国内医学期刊编辑亟待加强对临床试验报告规范的重视程度,建议从期刊工作的多环节进行改进。

关键词: 医学期刊;论文;随机对照试验;规范程度;现况调查

医学期刊不仅对筛选和规范报告高质量临床研究证据起着重要的把控作用,也对临床研究质量的提高起着重要的导向作用[1]。发表在医学期刊上的临床研究论文,其是否得到规范报告十分重要。如报告不规范,一方面,导致读者难以获取足够的信息来判断该研究的局限性和外推性,削弱了其对临床决策的参考价值。另一方面,不利于二次研究(如系统评价)从中提取研究要素以及对论文偏倚风险做出评估,阻碍了论文的传播和应有的学术价值的实现。

随机对照试验(randomized controlled trial, RCT)通常被认为是评估干预效果的最好的研究设计类型。在牛津大学 EBM 中心关于文献类型的新五级标准中,高质量的 RCT 级别为 1b。然而,2009 年 Wu 等对中国发表的 2 235 项 RCT 报告的调查显示,仅 207 项研究为可信的 RCT[2]。早在 1996 年,国际上一个由临床流行病学专家、统计学家、临床专业人员和医学杂志编辑组成的团队即制定并发布了 CONSORT (Consolidated Standards of Reporting Trials),以提高 RCT 的报告质量。2010 年进一步将其修订为 CONSORT2010[3]。本研究拟通过横断面对照 CONSORT2010,了解目前上海市临床医学期刊发表的 RCT 论文的报告规范程度。

1 研究对象和方法

1.1 期刊的筛选标准及流程

1.1.1 期刊的纳入标准

①上海市公开发行的合法的中文语种医学期刊(以上海市新闻出版局官方网站公布的期刊

基金项目: 上海市科技期刊学会"海上青编腾飞"项目(2020C09)
通信作者: 张崇凡,E-mail: chongfan_zhang@fudan.edu.cn

目录为准);②根据上海市医学科学技术情报研究所 2018 年修订的《医学学科专业分类及代码》,一级学科中的临床医学。

1.1.2 期刊的排除标准

临床医学下的二级学科及下属学科为外科、口腔医学等(鉴于目前在这些学科相关的期刊上发表的论文多以经验总结或经验交流为主,故不纳入本研究)。

1.1.3 期刊的筛选方法

由本文第一作者对照上海市新闻出版局官方网站公布的期刊目录,根据期刊名称筛选满足本研究设定标准的期刊。如无法根据期刊名称做出判断,则登陆期刊的官方网站,结合期刊介绍和所刊发的文章类型进行判断。

1.2 论文的筛选标准及流程

1.2.1 论文的纳入标准

①纳入本研究的各期刊 2020 年印刷发行的正刊刊登的医学论文。②研究类型为 RCT,论文在题名、摘要或正文中描述研究对象为"随机分配入组",且为干预性研究。③按发表的先后顺序,每刊各提取符合本研究标准的前 2 篇论文。如全年发表的各期中,RCT 论文的总数<2 篇,则按实际数量纳入。

1.2.2 论文的排除标准

①文章类型为综述、述评、经验总结(交流)、短篇论著等;②研究内容为医学基础学科研究;③研究方法部分,描述为"回顾性研究"。

1.2.3 论文的筛选方法

由本文第一作者通过人工查阅的方式筛选论文。对于免费开放获取全文的期刊,从其官方网站获取该期刊 2020 年刊发的稿件信息(包括题目、摘要和全文等);如期刊未开放免费获取,则从中国知网和万方数据库等在线数据库中获取相关信息。每个入选期刊,均从 2020 年第 1 期刊发的第 1 篇稿件起,逐期、逐篇筛选。首先,阅读文题和摘要。对于可能满足本文筛选标准的稿件,进一步下载全文,阅读全文进行筛选。

1.3 论文报告规范性的评价

阅读纳入论文的全文,对照 CONSORT2010,进行规范性评价。CONSORT2010[3-4]针对文题和摘要、引言、方法、结果、讨论,共设有 25 个条目。部分条目下设子条目,以"a、b、…"表示。为了使评价更为完整,本文作者对 CONSORT2010 条目或子条目进行了一些补充。基于多篇文献不符合条目 1a"文题能识别是随机临床试验",故在方法部分的条目 3a 中增加 1 项"描述为随机临床试验";由于 CONSORT 的工作组极力推荐使用受试者流程图,故条目 13a 增加子项"使用受试者流程图";为了与回顾性研究区分,条目 14a 增加子项"结果部分交代招募期";条目 25 后增加条目"伦理审批情况,提供伦理审批号"。同时,为了使结果便于统计和分析,对 CONSORT2010 原版部分条目的内容进行拆分,最终共 59 个条目或子条目纳入本文分析,详情见表 1。

2 研究数据

2.1 文献筛选情况

从上海市新闻出版局官方网站公布的 629 种期刊中,共筛选出 24 种符合本研究要求的临床医学期刊。进一步从这 24 种期刊 2020 年正式公开发表的稿件中筛选到 41 篇 RCT 论文,其中《复旦学报(医学版)》《肝脏》《国际消化病杂志》《检验医学》《老年医学与保健》《上海交通大学学报(医学版)》《上海医学》《上海医药》《上海中医药杂志》《神经病学与神经康复杂志》《世界临床药物》《同济大学学报(医学版)》《胃肠病学》《中国癌症杂志》《中国临床神经科学》《中国男科学杂志》和《中国新药与临床杂志》各2篇，《国际心血管病杂志》《内科理论与实践》《中国感染与化疗杂志》《中国临床医学》《中华内分泌代谢杂志》《中华消化杂志》和《中国循证儿科杂志》各1篇。

2.2 论文报告规范性评价

评价结果见表1。

表1 随机对照试验论文对照CONSORT2010[3-4]的报告规范性评价

条目	内容	论文数量	百分比/%
1a	文题能识别是随机临床试验	6	14.6
1b	结构式摘要，包括试验设计、方法、结果、结论几个部分	41	100.0
2a	科学背景和对试验理由的解释	39	95.1
2b	具体目的或假设	37	90.2
3a-1[1)]	描述为随机临床试验	8	19.5
3a-2	描述试验设计(诸如平行设计、析因设计)	3	7.3
3a-3	受试者分配入各组的比例	4	9.8
3b	试验开始后对试验方法所作的重要改变(如合格受试者的挑选标准)，并说明原因	0	0.0
4a	受试者合格标准	38	92.7
4b	资料收集的场所和地点	36	87.8
5	详细描述各组干预措施的细节以使他人能够重复，包括它们实际上是在何时、如何实施的	37	90.2
6a-1	是否区分主要和次要结局指标	6	14.6
6a-2	是否全部列出	37	90.2
6a-3	是否完整地定义	21	51.2
6a-4	是否事先确定观察时间点	30	73.2
6a-5	非药物干预措施：由谁测评结局指标(是否需要特殊的技能才能做测评)	7[2)]	35.0
6b	试验开始后对结局指标是否有任何更改，并说明原因	0	0.0
7a	如何确定样本量	2	4.9
7b	必要时，解释中期分析和试验中止原则	2	4.9
8a	产生随机分配序列的方法	31	75.6
8b-1	随机方法的类型：是否说明为简单随机或限制性随机	5	12.2
8b-2	限制性随机：关于区组或分层的说明	4	9.8
9	用于执行随机分配序列的机制(例如按序编码的封藏法)，描述干预措施分配，之前为隐藏序列号所采取的步骤	3	7.3
10	谁产生随机分配序列，谁招募受试者，谁给受试者分配干预措施	4	9.8
11a	是否提及盲法情况	4	9.8
11b	如有必要，描述干预措施的相似之处	2	4.9

续表

条目	内容	论文数量	百分比/%
12a	用于比较各组主要和次要结局指标的统计学方法	41	100.0
12b	附加分析的方法，诸如亚组分析和校正分析	0	0.0
13a-1[1)]	受试者流程图	2	4.9
13a-2	已评价的招募对象人数，包括不符合纳入标准的人数或符合纳入标准但拒绝参加试验的人数	1	2.4
13a-3	随机分配到各组的受试者例数，接受已分配治疗的例数，以及纳入主要结局分析的例数	12	29.3
13b	随机分组后，各组脱落和被剔除的例数，并说明原因(报告是否有偏离计划的情况及原因)	11	26.8
14a-1	招募期的长短或具体日期	34	82.9
14a-2[1)]	结果部分交代招募期	2	4.9
14a-3	随访时间的长短或具体日期	3	7.3
14b	为什么试验中断或停止	2	4.9
15-1	列出每一组受试者的基线数据，包括人口学资料和临床特征	36	87.8
15-2	采用表格列出基线数据	24	58.5
15-3	连续变量在报告均数的同时，还要报告数据的变异度	40	97.6
16-1	各组纳入每一种分析的受试者数目(表格中表头标注每组例数)	34	82.9
16-2	是否按最初的分组分析(说明是否采用"意向性治疗分析""符合方案分析"等)	3	7.3
17a-1	报告研究设计中所有预先设定好的主要和次要终点结局指标的结果	38	92.7
17a-2	报告组间差异(效应值)及其可信区间	0	0.0
17a-3	统计检验值	17	41.5
17a-4	P值是否精确	21	51.2
17b	对于二分类结局，建议同时提供相对效应值和绝对效应值	20	48.8
18	所做的其他分析的结果，包括亚组分析和校正分析，指出哪些是预先设定的分析，哪些是新尝试的分析	0	0.0
19-1	安全性指标	21	51.2
19-2	是否报告其他不良反应和意外效应情况	12	29.3
19-3	严重不良事件信息	6	14.6
19-4	因不良事件而退出的信息	4	9.8
20	试验的局限性，报告潜在偏倚和不精确的原因，以及出现多种分析结果的原因(如果有这种情况的话)	10	24.4
21	试验结果被推广的可能性(外部可靠性、实用性)	7	17.1
22	与结果相对应的解释，权衡试验结果的利弊，并且考虑其他相关证据	37	90.2
23	临床试验注册号和注册机构名称	3	7.3
24	如果有的话，在哪里可以获取完整的试验方案	0	0.0
25	资助和其他支持(如提供药品)的来源，提供资助者所起的作用	0	0.0
z1-1[1)]	伦理审批情况	21	51.2
z1-2[1)]	伦理审批号	8	19.5

注：1)为本文作者增加的条目。2)条目6a-5中，20篇文章涉及非药物干预措施。

2.2.1 方法学部分

在试验设计方面，41 篇论文中，描述试验设计、受试者分配入各组的比例、样本量的计算(估算)方法、试验中止的原则或条件者占比均不足 10%。在随机和分配隐藏方面，大多数论文描述产生随机分配序列的方法为"随机数字表"，但仅 3 篇(7.3%)描述了执行随机分配序列的机制或分配隐藏的情况；仅 4 篇(9.8%)对产生随机分配序列、招募受试者、给受试者分配干预措施的人员进行了描述。仅 4 篇(9.8%)提及盲法，且其中 1 篇未说明对谁设盲，仅 2 篇描述了盲法是如何实施的。在结局指标方面，仅 6 篇(14.6%)对主要和次要结局指标做出区分；约半数未对各项结局指标做出明确定义；26.8%的论文未明确描述结局指标的观察时间点；无论文提及"试验开始后对结局指标是否有任何更改"。

2.2.2 结果部分

受试者招募及资料分析方面，仅 2 篇(4.9%)提供了受试者流程图，仅 1 篇(2.4%)明确描述了"已评价的招募对象人数"以及"不符合纳入标准的人数"等情况；11 篇(26.8%)描述了脱落和剔除分析的情况；82.9%的论文描述了招募期的具体日期，但大多是在方法部分描述的，与病例对照研究的描述方式相似；仅 3 篇描述了受试者的随访时间；仅 2 篇提及试验中有中断或停止试验的相关情况。结局分析方面，仅 3 篇(7.3%)描述是否按最初的分组分析。统计学方面，约半数描述了统计分析的检验值，提供了 P 值的精确数值(而非仅标注为"$P<0.05$"等)；约半数的论文，对于二分类结局，仅提供了相对效应值和绝对效应值其中一种，或为"n"，或为"%"；无论文描述亚组分析或校正分析的情况。安全性指标方面，48.8%的论文未设定安全性指标，仅 4 篇(9.8%)报告了因不良事件而退出的信息。

大部分论文列出了每组受试者的基线资料，对连续变量的均数和变异度进行同时报告，且报告了研究设计中所有预先设定好的主要和次要终点结局指标的结果。

2.2.3 讨论部分

仅 24.4%论文分析了试验的局限性或潜在的偏倚(需要说明的是，在部分论文的讨论中提及"本研究样本量小，有待扩大样本量进行进一步研究"等，但鉴于在这些论文的方法学部分并无样本量估算的相关描述，故不认为其客观地分析了试验局限性)。仅 17.1%的论文在讨论部分提及试验结果被推广的可能性。

2.2.4 其他

仅 3 篇(7.3%)论文描述了临床试验注册情况，无论文提及何处可以获取完整的试验方案。无论文提及是否有资助和利益冲突情况。约半数的论文提及伦理审批情况，但大多未提供伦理审批号。

3 研究结论与对策

本文依据 CONSORT2010 对上海市 24 种医学期刊发表的 41 篇 RCT 论文进行报告规范性的评价。结果显示，与 Wu 等[2]在 2009 年的调查比较，目前国内期刊 RCT 报告的规范性状况并无太大改观。所谓"RCT"的论文，大多数可能并非真正按照 RCT 的方案设计，却打着"RCT"的旗号发表。主要体现在，大多数研究未描述临床试验注册情况以及试验方案的获取方式，未描述试验设计以及分配隐藏和盲法的实施情况，未提供受试者流程图或未描述受试对象的招募、筛选、脱落、剔除情况，未说明结局分析是否按最初的分组进行，未分析试验的局限性、潜在偏倚和外推性。由此反映出论文作者在临床流行病学方面的知识欠缺，对临床试验设计的理解和掌握程度严重不足，对临床研究的报告规范的了解和实践缺乏。同时，也反映出国内医学期刊主编和编辑对临床流行病学领域关注不够，对于临床研究报告规范的了解或重视不足，对临床研究论文科学性和规范性方面的把关欠缺。

2020年9月，习近平总书记在科学家座谈会上发表重要讲话，指出要办好一流学术期刊和各类学术平台，加强国内国际学术交流[5]。建设世界一流科技期刊已成为当前中国科技期刊界的重大使命。基于建设世界一流的临床医学期刊的目的，笔者急切呼吁，国内临床医学期刊提高对临床研究报告规范的重视程度，并建议从以下环节进行综合改进。

3.1 提高临床医学期刊编辑的专业素养

医学期刊质量的提升，离不开高素质的医学期刊编辑，他们是稿件的第一读者以及把关人[6-7]。建议医学期刊编辑在官方网站(http://www.consort-statement.org)下载 CONSORT2010 的原版进行学习，并结合网站上的解读文件加深对相关条目的理解。该网站还有针对群组试验、非劣效和等效试验、中草药和针灸试验的扩展版等，可根据实际需要选择性学习和了解。CONSORT2010 中文版由周庆辉翻译完成，发表于《中西医结合学报》[4]。对英文原版理解有困难的，可以选择中文版学习。《中国循证儿科杂志》曾邀请北京大学循证医学中心詹思延教授进行 CONSORT 规范的解读，也可作为学习参考以加深对相关条目的理解[8]。

需要注意的是，对 CONSORT2010 的理解，务必基于对 RCT 本身的设计要素、实施流程和细节了解的基础之上。因此，临床医学编辑首先应掌握基本的临床流行病学专业知识。而对 CONSORT2010 的掌握，则是通过在大量具体的实际案例中不断进行实践而逐步实现的。一方面，可以阅读已发表在国际一流临床医学期刊上的 RCT 报告，进行批判性地分析和学习；另一方面，应落实在自身期刊编辑实践的点点滴滴中，对照 CONSORT2010 审读和编辑稿件，判断稿件的真实性、学术价值、局限性和论文报告的规范程度。

3.2 将 CONSORT2010 纳入稿约或撰稿要求

稿约作为投稿者获取期刊投稿信息的门面担当，是公开、规范地明示稿件录用标准、编辑部工作流程等的窗口，也是连接作者与编辑人员的桥梁[9]。调查显示，医学科技期刊的投稿者中，91.14%在投稿前会主动查阅期刊稿约[9]。稿约的质量是反映期刊质量的一个重要指标，提高稿约水平、丰富稿约内容，对期刊的品牌提升有很大的作用[10]。

CONSORT 发布以后，国际上一流的医学期刊 *Lancet*[11]、*JAMA*[12] 和 *Ann Intern Med*[13] 等很快将其纳入稿约，明确要求作者按照此规范进行 RCT 的报告，以此提升 RCT 论文报告的科学性、严谨性和完整性。其后，国际上众多英文和其他语种的医学期刊纷纷将 CONSORT 报告规范纳入稿约中。系统综述表明，使用 CONSORT 等规范明显提高了临床研究的报告质量[14]。然而，在国内，尽管《中国循证医学杂志》[15]和《中国循证儿科杂志》[16]等医学期刊较早地将 CONSORT 明确写入稿约并进行了推广工作，但至今仍仅少数临床医学期刊响应，这归根结底是由于国内临床医学期刊编辑对国际临床研究报告规范的不了解或不重视。

3.3 邀请临床流行病学专家及其他相关领域的专家进行同行评议

对于医学期刊而言，除了执行三级审稿责任制度，即初审、复审和终审外，同行评议(或称专家外审)必不可少。同行评议是医学期刊编辑对稿件做出取舍决定的基础，其对于遴选论文、提高学术质量至关重要[17]。近年来，随着科学的飞速发展，跨学科、学科交叉、学科渗透的现象越来越普遍，在医学领域尤为如此。一项高质量的临床研究的设计、执行和完成，通常需要临床专家、临床流行病学、医学统计学专家通力合作。与之相应地，当临床医学研究成果以论文的形式投稿到期刊社时，同时邀请以上多领域、多学科的专家对其进行同行评议也是非常必要的。不仅需要邀请临床专业领域对论文相关研究方向熟悉的专家，从研究的创新性、先进性角度进行评审；也需要邀请临床流行病学和循证医学专家，从临床试验设计、执行的科学性、合理性、严谨性、局限性以及临床研究报告的规范性和完整性等角度进行评审；还需要邀请医学统计学专家，在研究数据分析的流程和方法方面进行把关；此外，根据具体情况，可能还需要邀请医学伦理学、医学经济学等方面的专家进行评审。然而，目前大多数国内临床医学期刊仅重视临床专业学科方面的同行评议，而忽视了其他方面的评审。这也是目前许多并不是真正意义上的 RCT 论文堂而皇之地打着"RCT"的旗号发表的症结所在。

3.4 编辑加工环节，指导和帮助作者规范、完善 RCT 论文的报告

编辑是连接作者和读者的桥梁。编辑工作是医学期刊出版的中心环节。一项临床研究成果最终以什么样的形式和面貌呈现给读者，很大程度上依赖编辑对稿件修改的要求。一篇临床研究论文，如果对研究方法和细节描述不够，则后续的研究者便难以获取足够的信息去重复该研究；如果对研究要素的报告不完整，则影响读者从中提取所需的要素进行系统评价等二次研究；如果对临床研究实施过程中质量控制方面的措施报告不足，则影响读者对研究的偏倚风险和研究结论的可推广性做出评估。以上情况势必使得该项临床研究最终实现的学术价值或社会价值大打折扣。因此，当同行评议认可发表的 RCT 稿件进入编辑加工阶段时，医学编辑必须在自己充分理解 CONSORT2010 各条目的前提下，对照每个条目的要素仔细审读稿件全文。针对稿件中作者未报告或未充分报告的条目，与作者进行积极沟通，在遵循实际研究过程和研究数据的基础上，帮助和指导作者如实、科学、准确地对稿件中的相关要素进行补充和完善，力求以最佳的表现形式体现研究的学术和社会价值。

3.5 积极开展读者和作者培训

科技期刊的传统功能是实现科技论文的传播与共享，然而，随着科技发展的日新月异，科技期刊仅靠传统服务已难以满足用户新的学术交流需求，科研用户迫切的知识化需求推动科技期刊由面向研究结果的出版系统逐步转型为面向知识生产过程和专业活动服务机构[18]。科技期刊编辑除了传播科技信息及科技成果，也肩负着培养作者的社会使命[19]。因此，建议医学期刊采用多种丰富的方式积极开展读者和作者培训，以提高稿源水准，提升期刊质量。比如，通过线下培训班，邀请临床流行病学专家、循证医学专家、统计学专家或其他相关领域专家，对期刊的作者人群、目标读者人群进行临床试验设计、实施、质量控制方面的培训，以及 CONSORT2010 等临床试验报告规范的培训。也可在期刊中开设专栏，邀请以上领域专家针对期刊的学术专长领域进行 CONSORT2010 扩展版的规范解读或实例分析。

4 结束语

在国内临床医学期刊中推广 CONSORT2010 等临床研究国际报告规范迫在眉睫，势在必行，这对提高国内临床医学论文的学术质量意义深远。笔者希冀，通过临床医学专业人员、临床医学期刊的审稿人员和临床医学期刊的共同重视和努力，能够尽早实现以下目标。首先，坚决杜绝任何非 RCT 研究在国内临床医学期刊上以"RCT"的名义或形式发表。其次，国内的 RCT 论文能得以科学、规范的形式报告，作者和医学编辑通力合作，严格按照试验设计和实施的实际情况，准确、完备地报告试验设计、试验结果及数据分析情况，以此保证报告的科学性、严谨性、完整性和可重复性，为临床医学研究人员提供高质量的论文作为后续研究的

参考。最终，促进国内 RCT 的发展和质量提升，推动中国临床医学研究事业的蓬勃发展。

参 考 文 献

[1] 刘雪梅,杜亮,蔡羽嘉,等.提升医学编辑素质,提高临床研究质量[J].中国循证医学杂志,2005,5(7):576-578.

[2] WU T, LI Y, BIAN Z, et al. Trials biomed central methodology randomized trials published in some Chinese journals: how many are randomized?[J]. Trials, 2009, 10:46.

[3] SCHULZ K F, ALTMAN D G, MOHER D. CONSORT2010 Statement: updated guidelines for reporting parallel group randomised trials[J]. BMJ, 2010, 9(8):672-677.

[4] KENNETH F S, DOUGLAS G A, DAVID M,等. CONSORT2010 声明:报告平行对照随机临床试验指南的更新[J]. 中西医结合学报, 2010,8(8):701-741.

[5] 习近平.在科学家座谈会上的讲话[EB/OL].(2020-09-11)[2022-06-18].http://www.xinhuanet.com/2020-09/11/ c_1126483997.html.

[6] 况荣华.浅议医学期刊编辑应具备的职业素质[M]//学报编辑论丛 2012.上海:上海大学出版社,2012: 170-173.

[7] 万晓梅,汪挺,王静,等.论如何提升中文临床医学期刊编辑工作质量[J].科技传播,2021,13(24):57-63.

[8] 詹思延.第二讲:如何报告随机对照试验:国际报告规范 CONSORT 及其扩展版解读[J].中国循证儿科杂志, 2010,5(2):146-150.

[9] 单政,赵瑞芹.我国部分医学科技期刊稿约现状及投稿者需求分析[J].中国科技期刊研究,2021,32(5): 693-698.

[10] 何小军,沈惠云,邵菊芳,等.科技期刊应优化稿约[J].编辑学报,2007,19(4):279-280.

[11] Editorial Board of Lancet. Information for authors[EB/OL].(2022-06-18)[2022-06-18]. https://www.thelancet.com/ pb-assets/Lancet/authors/tl-info-for-authors.pdf.

[12] Editorial Board of JAMA. Instructions for authors[EB/OL].(2022-06-18)[2022-06-18]. https://jamanetwork.com/ journals/jama/pages/instructions-for-authors.

[13] Editorial Board of Annals of Internal Medicine. Information for authors[EB/OL].(2022-04-19)[2022-06-18]. https://www.acpjournals.org/pb-assets/pdf/AnnalsAuthorInfo-1650397588847.pdf.

[14] GABOURY I, PLINT A C, SCHULZ K , et al. Does the CONSORT checklist improve the quality of reports of randomised controlled trials? A systematic review[J]. Med J Aust, 2006, 185(5):263-267.

[15] 中国循证医学杂志.中国循证医学杂志稿约[EB/OL].(2022-06-18)[2022-06-18]. http://www.cjebm.com/ news/zgxzyxzz/tougaozhinan.html.

[16] 中国循证儿科杂志.《中国循证儿科杂志》稿约[J].中国循证儿科杂志,2021,16(2):169-171.

[17] BORNMANN L, DANIEL H D. The usefulness of peer review for selecting manuscripts for publication: A utility analysis taking as an example a high-impact journal[J]. PLoS One, 2010, 5(6):e11344.

[18] 刘岭.学术交流需求变化环境下的科技期刊服务趋势及策略[J].中国科技期刊研究,2015,26(3):252-256.

[19] 陈锐锋.科技期刊编辑走出编辑部对作者进行常态化培训之我见[J].编辑学报,2018,30(3):275-277.

让参考文献著录回归原生态
——谈参考文献著录语种之我见

张闻林

(中国石油西南油气田公司勘探开发研究院《天然气勘探与开发》编辑部,四川 成都 610041)

摘要:综观目前期刊出版行业,对于参考文献的著录语种国家标准有相应的规定,但是在语种著录上面依然纷繁复杂。主要著录方式有:只有原文献语种的著录方式;中英文对照的著录方式;其他。通过理论探讨,并对相关分类统计以及编辑工作中所遇到的各种案例情况,分析其理论及其实际应用中的各种优劣和利弊。基于国家标准的精神实质和参考文献著录的初衷、参考文献翻译中容易出现的质量问题,以及参考文献须参考全文的要求和机械的中英文对照的著录方式中存在著作权法律问题进行分析讨论,最终得出结果:文后的参考文献著录应以文献的原始信息原语种为准;参考文献的著录应该按照实际情况著录作者阅读、参考的文本语种进行著录,没有全文的语种不适宜作为参考文献著录在后;无效和虚假的著录信息应该禁止,涉及著作权的问题应该得到解决;如果作者确实参考了同一篇文章的不同语种的内容,则应另外加序号作为另一篇参考文献进行著录;参考文献语种著录是一个反映国家文化和科技水平及国际影响力的动态问题,要想实现以中文为主的语种著录,任重道远。

关键词:参考文献著录方式;著录语种;中英文对照;国家标准;原始语种

首先需要说明的是,本文所指的参考文献著录,不是指通常大家理解的按照责任人、参考文献题目、参考文献的类别等著录格式。此类著录格式,或类似于参考文献著录格式内容之一的责任者姓名拼音规则,在"信息与文献 参考文献著录规则:GB/T 7714—2015"[1]、"中国人名汉语拼音字母拼写规则:GB/T 28039—2011"[2]中,对此有详细的规定。参照该两项国家标准执行,鲜有行业内编辑人士会出现这一类相关的低级错误。因此,本文对此不作涉及。本文的内容主要是针对各期刊自己执行的参考文献的著录语种:①只有原文献语言的著录方式;②中英文对照的著录方式;③其他语种加上翻译成中文的双语种[1]8;④其他语种翻译成中文的专著,由中文和英文(如果原文献中没有英文信息源则由作者或编辑部自行翻译成英文)的双语种著录方式。对其进行详细分析,总结其优劣,提出自己的思考意见供同行执行标准时参考。

1 参考文献著录语种

纵观我国的期刊在早期的著录方式是单独的原文献语种居多,没有自行翻译成其他语种:中文仅有中文,没有翻译成英文;英文参考文献仅有英文,也没有翻译成中文。笔者称之为"原生态"著录方式。随着后来期刊的发展,似乎大家觉得要有英文参考文献才显得更为"高大上",

至少认为这样操作对于期刊是一个"锦上添花"的举措。但事实果真如此吗？对此似乎出现了不同的意见，认为这是多此一举、"画蛇添足"。那么，这样操作到底是"锦上添花"还是"画蛇添足"呢？对随之而来的其他问题思考甚少。

目前，期刊的参考文献著录方式多种多样，其中主要的语种著录方式不外乎上述几种著录方式。其余著录语种无非是其他语种的参考文献，多数会保留原语种文献。是否翻译成英文或中文，则视各期刊自己情况而定。此类情况笔者所见相对较少[1]8。参考文献著录语种在"信息与文献 参考文献著录规则：GB/T7714—2015"[1]17中规定："参考文献的著录信息源是被著录的信息资源本身。专著、论文集、学位论文、报告、专利文献等可依据题名页、版权页、封面等主要信息源著录各个著录项目。必要时，可采用双语著录。用双语著录参考文献时，首先应用信息资源的原语种著录，然后用其他语种著录。"何为"必要时"？自然各个编辑部杂志社的主编会有自己的理解和考量。

1.1 各期刊著录方式情况

就笔者工作中所接触到的期刊，以上述前两种情况最为普遍。本来笔者头脑中自以为中英文对照的双语种著录方式占比更多一些，毕竟，这是当前大家公认为"高大上"的操作方式。然而，通过《中国学术期刊影响因子年报(自然科学与工程技术)》[3]数据统计发现并非如此(见表1)。该年报在"期刊影响力指数及影响因子"表中[3]1-120，通过将期刊的影响力指数CI值、复合总被引、复合类的影响因子、复合类的影响因子排序、复合类的他引影响因子、复合类的5年影响因子、复合类的即年指标和期刊综合总被引、期刊综合类的影响因子、期刊综合类的他引影响因子、期刊综合类的5年影响因子、期刊综合类的即年指标等综合指标对期刊进行排序分区[3]16-18,74-76，综合以上数据对知网收录的自然科学与工程技术类的学术期刊进行分区，依次分为Q1、Q2、Q3和Q4。笔者所编辑加工文章涉及的行业主要为P5地质类和TE石油天然气工程类。为此，将这2大类的近200种期刊逐一检查核实其参考文献语种情况。统计总结出以下数据结果(见表1)。

表1 TE和P5类期刊参考文献单语种著录统计表　　　　%

期刊分区	TE石油天然气工程类	P5地质类
Q1区	16	56.0
Q2区	56	38.5
Q3区	72	50.0
Q4区	100	87.5
总计	63.3	58.3
重复者	29.4	

TE石油天然气工程类期刊：Q1区，有4种期刊为单语种著录，仅占16%；Q2区14种，占比56%；Q3区21种，占比72%，其中3种期刊为英文期刊，不计算在内；Q4区18种则全部为单语种著录，其中《石油知识》文末无参考文献著录，未统计在内。期刊总数90种，其中单语种著录57种，比率约为63.3%。总体呈现出质量越高的期刊，双语种著录参考文献的数量越多、比率越大的趋势。

P5地质类期刊：Q1区，有14种期刊为单语种著录，占总期刊数的56%；Q2区10种，占比38.5%；Q3区11种，占比50%，其中2种期刊为英文期刊，未计算在内；Q4区单语种著录 21 种期刊，占比 87.5%。其中有 4 种期刊为英文刊，未计算在内。期刊总数 103 种，7 种英文期刊除外总数为 96 种，其中单语种著录 56 种，比率约为 58.3%。质量最高的 Q1 区的期刊大多数都是继续使用单语种的参考文献著录。和上述的 TE 石油天然气工程类期刊呈现出不同的趋势。

在这 2 大类的期刊中(见表 1)，Q1 区本应该最能说明各编辑部、杂志社对此问题的认识态度和执行情况。然而，结果出人意料，是分歧最大的：TE 石油天然气工程类的期刊，单语种著录期刊数仅占 16%，而 P5 地质类的期刊，单语种著录期刊数则超过了一半——56%。

TE 石油天然气工程类期刊，从 Q1 区到 Q4 区的期刊，原始单语种参考文献著录方式的比率逐次递增。P5 地质类期刊，则没有这种规律：除了 Q4 区期刊单语种参考文献著录占比最大，其次就是 Q1 区期刊，单语种参考文献著录占比达到了 56%。如果说 Q4 区的期刊主编们是没有认识到英文著录的重要性，或者是因为缺乏财力、物力、人力来从事这项工作，那么 Q1 区的期刊主编们对此执行过程中的分歧，则说明在认识根源上就存在分歧。其中有《石油勘探与开发》等 17 种期刊在上述 2 类期刊目录中都有名录。这 17 种期刊当中，仅有 5 种期刊为单语种著录，占重复期刊数的 29.4%。说明一点，越是想极力扩大影响力的期刊越愿意在多语种著录参考文献下工夫。笔者不知道这种分类的流程是怎么操作的。发现一个有趣的现象，比如《石油勘探与开发》既是 P5 地质类，也是 TE 石油天然气工程类，但是几乎相同名称的《天然气勘探与开发》则仅在 TE 石油天然气工程类，而从未出现在 P5 地质类当中。而《天然气工业》2019 年在 2 类期刊目录均有，但 2021 年则仅在 TE 石油天然气工程类，而未出现在 P5 地质类当中。总体上这 2 大类期刊单语种的参考文献著录方式比率都超过了一半。这一点出乎笔者写作前的预料。

一个有趣的现象是，笔者对编辑出版行业的几个 CSSCI 期刊《编辑学报》《编辑学刊》《中国编辑》《编辑之友》《现代出版》《出版科学》《科技与出版》《中国科技期刊研究》等统计发现：无一例外，全部都是原始语种的著录，并没有一家在执行双语种著录方式。

1.2 "锦上添花"还是"画蛇添足"？

那么，中英文对照式的参考文献著录样式，到底是"锦上添花"还是"画蛇添足"？下面我们来具体分析。

"锦上添花"说。通过分析认为主要基于以下几点：①便于国际交流。如果期刊发表的文章是目前流行的操作方式：标题名、摘要和关键词都会要求作者有英文翻译并在出刊时发表。这样在检索工具中可以通过英文搜索出来，有利于扩大文章的影响力和知名度。②同时也有利于扩大期刊本身的影响力和知名度。③格式规范整齐。在参考文献的著录中，不仅有中文，凡是有中文的参考文献，下面在同一条著录中，均有相应的英文著录，其格式和信息内容与中文完全相同。这样看起来整齐划一。④某些"双语种"著录，是数据库要求(如 EI)，所以这个时候，编辑部或杂志社认为，这是"必要"的，而且认为是提升期刊质量和影响力、知名度的一种很好的举措。

"画蛇添足"说。对"锦上添花"说持有异议者认为：①参考文献的著录，就应该严格按照参考文献信息源的原始语种进行著录和标注，不可将中文的参考文献由参考文献的作者或编辑部自行翻译成英文进行重复著录，这本身有悖于著作权规定，这些翻译普遍没有得到原著者的授权，也无法保证翻译是原著者的真实意思表达。自行翻译的英文著录内容甚至成为了成语中"蛇足"：本来实际上没有的东西，硬性添加上去的多余的附件。"做多余的事""自以为做得好，结果坏了事"(见"画蛇添足"的成语释义)。②提升文章和期刊影响力的是文章本身，便于国际交流的也仅是期刊刊载的文章内容，并不包括作者参考阅读过的参考文献的内容——参考文献的数量和质量只是反映该文章质量的一个方面。何况还是一条实际并不存在的英文参考文献。翻译成英文的关键词，主要目的和中文关键词一样，便于读者检索相关专业和技术等，中文摘要翻译成英文，其目的和中文摘要一样，主要是提供给读者快速决定是否有必要进一步阅读全文的一个手段。既然没有全文，翻译出来的英文也无法作为参考文献进行著录。所以，参考内容必然是文章的内容全文中的相关论点和依据，而不仅仅是参考了文献的题名、摘要和关键词，这是毫无疑问的。而目前的论文普遍的是翻译成英文的仅仅是文献的题名、摘要和关键词。何况有的参考文献本身，尤其是早前的期刊和专著，连著作或论文的题目都没有翻译成英文，更不要说摘要、关键词了。以至于为了中英文对照的著录格式要求，编辑部强行要求作者将参考文献的中文标题名自行翻译成英文。③整齐规范说更不成立。中文翻译成了英文，但是英文参考文献并没有翻译成中文著录。所以无法做到完全的整齐划一。何况，对于中英文之外的其他语种的参考文献，除了原语种外，到底是翻译成中文呢还是翻译成英文更合适？标准中的示例是翻译成相应的中文。而双语著录中的常规操作则是将中文翻译成英文——其目的似乎是引导读者去参照相应的英文文献(虽然那篇英文文献实际上并不存在)。毫无疑问，对于 EI 要求的当然是翻译成英文。而英文原语种的参考文献，并没有相应地翻译成中文文献。中文的参考文献需要翻译成英文，为什么其他语种的参考文献需要翻译成中文而不是英文呢？其目的又是什么呢？如果翻译成中文，著录的那一篇中文参考文献也是实际上并不存在。④更何况这样的著录方式甚至涉嫌语言歧视：为什么英文参考文献可以独立出现，不用翻译成中文？而中文的参考文献内容却必须翻译成英文呢？似乎英文读者更受重视，而中文读者就没有考虑对于英文参考文献的阅读体验和内容吸收了？请记住，作为中文版本的期刊，照理说应该把所有外国语言全部翻译成中文才对——标准中的示例对于除了英文之外的第三方语种即是如此考虑的。⑤其他语种的参考文献必须翻译成中文反而又没有翻译成英文呢？其他语种的参考文献到底该翻译成英语呢还是翻译成中文更合适？还是需要中英文都翻译？成为三种语言的著录方式？似乎顺此逻辑有点推论不下去了。⑥作者自行翻译的文字会不会出现"小心地滑"——carefully sliding 这样的"洋浜腔"英语？出现了前面所说的增加了期刊审读时的出错风险，从而在实际工作中"得不偿失"？⑦如果为了第三方语种的审核再花钱聘请专业人员，或让专业咨询公司审核，无形中又增加了期刊编辑部本就捉襟见肘的经费和时间、人员及精力，也可算是得不偿失。

2 案例及讨论

2.1 英文参考文献常常查阅无效

我们是不是常常遇到这样尴尬的事情：参考文献核对专业公司，对于自行翻译的英文参考文献批示："查阅所有网上资料，未找到对应的英文翻译，请联系作者确认"？然后编辑部或杂志社的编辑们一概视而不见，依然保留。因为编辑部知道网上查不到英文信息，那是因为根本就不存在这条英文参考文献，是编辑部自己要求作者硬性添加上去的。无非是为了按照自己的中英文对照的格式进行的操作而已。如果参考文献误导了读者以至于让读者们去花费时间查找该英文文献，实在是浪费读者的时间。如果并没有误导，没有任何读者去查找该英文文献，那就证明该条英文文献实在是没有存在的价值和意义。也就是说，这类英文参考文献存在的唯一和最大价值和意义就是不存在为最佳。但，那就无疑是在浪费作者翻译英文的时间和专业咨询公司的核对工作和时间。另外延伸出来的一个问题是期刊年检核验时，如前文所述的情况，审读专家如果发现英文翻译中的错误，则更是对本就严格的万分之二的差错率的肆意浪费。那就真的是弄巧成拙，得不偿失。

2.2 实际仅参考中文的文献该如何标注？

笔者遇到过这样的例子：俄文版的专著翻译成中文参考文献，作者返回的责任人用的是俄语姓名，而参考文献的题目则是英文[4]20。这又从何说起呢？因为作者参考的是翻译成中文的参考文献，也知道作者是俄国人，所以就将作者名字按照俄文书写上了，同时按照编辑部要求参考文献著录中英文对照的格式，把题目自行翻译成英文(新中国成立后相当长一段时间因为没有版权意识，翻译的专著版权页没有相应的英文或俄文题目等原文相关内容)。作者既没有参考过俄文原版书籍，也没有见到过英文版本——甚至连有没有英文翻译版都不知道。这样的英文参考文献存在的实际意义何在？

2.3 翻译参考文献易错案例

还有这样的一个案例：参考文献著录的作者中有一位署名作者，姓名"罗省贤"，责任编辑想当然地以为，有文化的父母必然不会给自己的孩子起名为"省——Sheng"，必须是"省——Xing"!逻辑上真是有文化。但你不能让没文化的人绝后呀！可是，有句俗语："小说必须讲究逻辑，现实则未必"，不然从逻辑上推理，80%的车祸都不该发生。现实有时候真还不讲究所谓的逻辑：这位理工大学的教授就是"罗省(Sheng)贤"！编辑人员切忌去过多评价别人是否"有文化"、是否"应该有文化"，而"应该"实事求是地去著录。而如果，在参考文献著录方式上没有英文对照，也就可以避免这一错误的出现。当然，归根到底，编辑还是应该有正确的编辑思维，认真而求实，千万不要想当然，才是真正杜绝错误出现的源头。"求真求实"，才是编辑人员应有的业务素养，而不是处处想着卖弄精明。期刊更不是编辑"抖机灵"的地方。

2.4 单位名称的英语翻译

如同上述的"罗省贤"的拼音一样，对于"中海油湛江分公司"是否该用"CNOOC Zhanjiang Branch"？"中海油上海分公司"是否该用"CNOOC Shanghai Branch"？有人认为"branch 相当于分支、机构、部门，做公司解释时也只是指小公司""局级单位应该用 company"。殊不知"CNOOC"里已经包括 company 了！实际上，中海石油(中国)有限公司海南分公司的官方英文名称为"CNOOC China Limited, Hainan Branch"，而中海石油(中国)有限公司上海分公司的官方英文名称为"CNOOC China Limited-Shanghai"，两者并不统一。作为编辑，我们有权力统一为期刊自己的风格吗？

这本来与其说是参考文献著录方式的问题，不如说是英语翻译的素质问题。但目前行业界确实存在这方面的差错。期刊杂志社应该把编辑的精力放在检查这些错误的翻译上面，还是应该放在中文的错误勘察上面显然是不言自明的选择。

2.5 编辑不可越俎代庖

又如"中海油能源发展股份有限公司工程技术分公司"单位官方英文名称为"CNOOC Ener Tech-Drilling & Production Co."。英文翻译按照中文名称翻译成了"Drilling & Production Company, CNOOC Energy Technology & Services Limited"[5]92。看似没有什么问题，实际拿到这个地址是找不到相关单位的。这就像上面例子一样，类似帮别人家的孩子起名字——费力不讨好。编辑也没有被授予这个权力。这实在又是工商注册权的问题而不是翻译的问题了。

关键在于，正如上面的"罗省贤"是"Sheng"还是"Xing"？正确的答案需要本人确认，而不是闭门研究分析出来即可得到正确答案。实际上是，从法理来讲，杂志社或编辑部并没有被授予权力给无论是别人家的孩子还是别人家的公司改名字。街上随处可见的店铺名称，其中有一个全国连锁的"Jiang Chipao 江旗袍"，一看就不是以当前执行的汉语拼音标准标注的，毫无疑问，这是别人的注册商标，营业执照上的名称。该如何翻译，无需多言。

再举个例子："大劫难"的电影，假如需要英文对应的翻译名称，如何翻译？想必大家不会想到，原电影的英文名称叫做"Taste of Spring"。但这才是原著者的真正意思表达！这类现象无论是影视界还是图书出版界并不少见。甚至其他行业也一样。包括公司的名称，中英文并不一定完全一一对应。又比如"高新区"的"区"用"District"还是用"Zone"？这就好比张三的英文名字很可能叫作"约翰(John)"而不是"three(third)"或"San"一样。

总而言之，无论作者是"狗剩"还是"雅芝"，编辑都没有权力为别人选择姓名。好比如《围城》一位人物褚慎明对方鸿渐说，他到了罗素的家里，回答了几个只有他自己才能回答的问题。其中就包括："他叫什么名字？""要咖啡还是茶？""是否需要加糖？"等。

可见，伟大如罗素这样的哲学家，未经本人同意，也是没有权力为一个普通人改名字的。这是需要由本人或父母，或该公司的法人代表自己来确定的。编辑不能越俎代庖。更无权肆意翻译。

既没有解决得到原作者授权的法律问题，更无法保证能够完全表达原作者的意思(比如诸多的作者或编辑自行翻译中文参考文献的题目等)。这也是笔者不赞成将中文参考文献强行翻译成英文的另一个原因。

3 参考文献著录的初衷

对于上述争论和分歧，似乎是"公说公有理、婆说婆有理"。那以什么标准来衡量对错是非呢？或者说有没有一个大家公认的衡量标准呢？这就得回归到参考文献著录的初衷上来了。

3.1 参考文献著录的初衷

期刊要求作者将参考文献著录的初衷是什么？一是杜绝学术不端。对于引用别人已发表文章中的观点、数据等，要实事求是予以说明，最简单而明确的方式就是参考文献著录。二是实事求是。既然是要求实事求是，那么作者的参考文献必须是著录作者本人阅读、参考过的文献内容。其目的是三"便于检索，以达到信息共享资源和推动科学进步的作用。"[6]167，著录参考文献的原始信息语种才"能起到索引作用"[7]204。

对于中文参考文献，期刊一律要求作者将中文参考文献的相关内容自行翻译成英文。也就是说，多数参考内容并没有以英文方式出现，而且编辑也知道作者并没有阅读过两种语言的相同内容的文章。因此会造成参考文献核对时，如上述情况那样，会提出："网上没查到相对应的英文参考文献"的结论。尤其是早期的一些参考文献，本身就没有翻译成英文，作者自行翻译的英文题目是否符合中文作者原意更是不得而知也没有得到原著者的授权——不知道这一点在法律上会不会引起纠纷？。举一个简单的例子,前述的中文名称叫做"大劫难"的电影，假如需要英文对应的翻译名称，如何翻译？想必大家不会想到，原电影的英文名称叫做"Taste of Spring"。这种中英文不字字相对应的比比皆是。想必就算是天才的翻译家也难把英文名字翻译成原著者的文本吧。更何况是普通的中文科技论文写作者。

英文审校虽然可以杜绝那种"小心地滑"这样的错误，但是绝对无法真正杜绝误解原作者的意图或其他的错误翻译。结论是，实事求是地讲，作者并没有参考英文内容——因为就没有该英文文献。但同时会产生一个副作用：更容易出错。不仅是多出一项内容，造成出错机会，由上述分析，作者自行翻译仅有中文的文献，出错概率更大——因为没有原作者的授意。所以达不到"锦上添花"的效果。实际是产生了"画蛇添足"的结果。

如前所述，如果参考文献误导了读者以至于去查找该英文文献，实在是浪费读者的时间。如果并没有误导，因为大家心里都知道这些英文著录完全没必要去认真对待，没有任何读者去查找该英文文献，那就是在浪费作者翻译英文的时间和核对公司的核对时间和工作。徒增编辑的工作量而无益。还有就是期刊年检核验时，审读专家发现错误，也是无谓地增加错误的概率，则更是对在本就不足的万分之二的合格率的无谓地浪费。实在是"弄巧成拙""得不偿失"。即使没有被扣分，至少也算是毫无必要，"多此一举"。

3.2 如何理解"必要时"

如果按照标准中所说"必要时"，可以双语，那么对于中文版的专著、期刊文章，本身就没有英语的翻译——尤其是早期翻译的外文文献专著等普遍缺乏原始语种的信息。为了避免自行翻译的错误、歧义等，那么去强行要求作者或编辑部自行翻译成英文或其他语种，可以说是完全没有"必要"，甚至是一种无效的、虚假的信息。所著录的信息源应该严格按照原著中的文本内容进行著录。

对于前文所述第④种情况，讨论起来则要复杂得多。因为这不是一个本文写作初衷时所考虑的仅仅从忠实于国家标准的相关规定和忠实于原文的题名意思表达这么简单。正如前文所述，这是数据库的要求(比如 EI 等数据库)，所以为了达到该数据库的要求，必然这时双语种的著录方式就成为了"必要"。正如普通作者向不同期刊投稿，必须得按照该编辑部或杂志社的正文模板进行编辑排版。事实上，这种著录方式，除了满足数据库方的要求外，并没有改变没有被授权的翻译权和信息的无效性和虚假性的结果。

这让笔者想起，中国甚至世界上诸多的旅游风景名胜区的语种标注(比如风景区的名称、请勿乱丢垃圾等提示性标注)：除了本地语种标注，最多的当数英语标注。毫无疑问，这是目前英语流行占主导地位的形势所决定的。这一点正如目前的科技期刊论文双语种时本语种和英语语种著录方式为主同样道理。在中国，风景名胜区的标注，除了上述 2 种语种之外，很多地方还有日语，似乎也无足为奇，大概源自于改革开放以后，除了欧美西方国家之外，最早最多的境外旅游者当属日本人为多，所以为了照顾这一部分人员，风景名胜区的标注增加了日语版本。现在则出现了一个特别的现象：除了这三种语言之外，很多的风景名胜区的标注，增加了韩语标注。据说，这是因为韩国人具有强烈的民族自尊心所驱使，对各国提出要求，增加韩语标识所致。

对于这种现象，同样的情况也发生在中文和英文翻译上面。一是中国人姓名和地名的翻译；二是出版行业的国家标准的制定关于姓名拼音的顺序规定。笔者认为，这是民族意识的觉醒的体现。当然更是文化交流、融合的一种体现。

早期的中国姓氏翻译成英文，主要是按照汉语拼音同时参照了英美人士的英文发音习惯。比如至今唯一获得网球公开年代以来的大满贯的华裔张德培，其姓名的姓氏拼音，由于英语中没有"ZH"组合，英语人士无法发出这个音，更无法发出汉语拼音中的"zh"，因此，其姓拼为"Chang"。现在很多中国台湾籍人士的英语姓名，依然沿用这样的拼写法。但是，在中华人民共和国的出版标准中已经完全废弃了这种拼音翻译法则。同样的例子是，中国著名的文学家、思想家鲁迅，早期的英文翻译笔名"迅"，同样的原因，"Xun"是英文人士无法发出这个字母组合音来，"X"对于他们只能发出国际音标的"ks"，所以，为了方便与他们交流，鲁迅的名字翻译为"hsun"或者"hsen"。而现在中国出版行业的国家标准不再按照此前的思路对这些中国人的姓名进行类似的翻译，而是统一要求按照中国的汉语拼音规则进行翻译。因此，目前的国家标准的相关规定，"张"毫无疑问翻译为"ZHANG"，而鲁迅的英文翻译，则根据拼音翻译为"LU Xun"或"LU X"，也没有再按照英语的习惯将姓放在后，将名放在前。而是要求按照中国人的习惯进行翻译。笔者当年初学英语时，中国的首都北京翻译成"Peking"，现在说出来大概不少人不知所云。现在也一样按照国家标准统一翻译成了汉语拼音"Beijing"。

按照谁的文化习惯进行翻译？这其实在深层次来讲，是一个文化交流融合，也是文化的相互沟通的过程。毫无疑问，有些是英语文化融入了中国文化，成为了中国人的习惯，有些则相反。实际上是一种相互的融合和博弈。现在的中文"很久不见"，从原来的不符合英语语法规则的中式英语的典型，也完全被英语接纳了。因此，对于某些数据库的要求，也是一种动态的"必要"。正是体现了当今科学技术的发展占主导地位的语种，拥有业内的话语权，具有制定规则的优势。同时也节省了他们的语言成本，相应地增加了中文期刊的语言成本。

正如经济学界的一句俗语：经济学无法教会你如何挣钱，但它能解释世间的一切行为动机。

4 多语种参考文献分析

4.1 多语种情况

实际工作中，多语种参考文献的出现并非没有。比如对于各国世界名著的文学翻译。尤其是原文是小语种，而翻译家对该语种并不十分精熟，无法进行原语种的直接翻译，必须从流行的英语、法语甚至德语、俄语等更为流行的、更为翻译家所熟练掌握的语种中进行翻译，而翻译专家往往不仅仅掌握一门外语，可能熟练掌握几种语言。或者即使翻译者对原著的原语种很熟练，但为了吸取世界各国各种翻译版本的精华，参考其文学理解和翻译技巧，作者可以从已经有其他语种翻译的市面上已有的多语种翻译稿进行参考。这可为自己的翻译工作带来更多便利，这时就可以参考多语种的翻译。这样也同样可以不仅是原著，同样可以将其他翻译得很好的译著拿出来进行对照参考，为自己的翻译工作减少错误或者是给自己更多理解原著提供参考的渠道和借鉴。这样，可以将同一本著作的不同语种的版本拿出来参考的情况，则完全应该作为不同的参考文献进行著录。

而在科技期刊文章中，也可能存在这样的情况：将优秀的科技论文翻译出来供本国科技工作者参考，当然必须是获得著作版权并且可以公开查阅的期刊当中出版。然而，这样就存在一个问题，虽然有多种语言的版本出版，作者应该只录著自己真正参考过的语种的文献，才是符合参考文献著录的精神要求。如上所述，如果作者参考过的多语种的参考文献，实际上已经是另外一个参考文献了，则必须单独增加序号进行录著——这个大概才是真正的"必要时"。即便为了区分这种真正地参考了多语种文献，也应该取消目前这种双语种著录方式。

笔者查到的一个案例[8]84。在参考文献中著录为：Gerard Buisson, Marc Leblanc, 周少平. 阿拉伯、马里、摩洛哥上元古界蛇绿岩建造地幔橄榄岩中的金[J]. 黄金科技动态, 1989, 6:10-13. 该期刊为单语种参考文献著录方式。如果为双语种著录方式，对于第一、第二署名作者，是不是应该翻译成中文呢？为了查实该文献，笔者进一步求证发现，实际上，该文献是周少平

摘译自 *Economic Geology* Vol, 82, 1987[9]13（原文的 *Economic Geolgy* 显然应是印刷拼写错误。）。按照当前的著录格式要求，实际著录应该为：Gerard Buisson, Marc Leblanc. 阿拉伯、马里、摩洛哥上元古界蛇绿岩建造地幔橄榄岩中的金[J]. 周少平，摘译. 黄金科技动态，1989, 6:10-13.)[9]。

就本文的讨论主题，问题在于：如果原署名作者中存在非中国籍人士，而自己又没有中文名字，文章署名为英文或其他语种姓氏，是否应该翻译成中文进行著录？按照目前的标准，似乎显然是应该翻译成中文后再著录？笔者认为，参考文献著录中必须遵循一个规则："原生态"。如果是英文论文翻译成中文，文中的题目、署名等均应和原文一起翻译。但是如果论文本身是中文，而其中的署名是或者有英文语种的署名，则应尊重原文：照单收取，不必强行翻译成中文。否则，读者按照翻译后的署名检索，会发现并无此作者的文章，相反该文章是另一位署名作者。这就违背了参考文献著录的初衷了。无形中形成了一条无效的、虚假的信息。

4.2 数据库要求的情况

为了国际交流，目前普遍采用的标题名、摘要和关键词翻译成英语。毫无疑问，这是作者自己的文章的英文翻译，完全是作者自己的意思表达。但这不是另一篇文章，而是同一篇文章的标题名、摘要和关键词的英文翻译。然而，我们知道，摘要和关键词的目的是为了给读者阅读全文前了解整篇文章的内容，尽量在短时间内决定是否需要阅读、参考全文。而整篇文章的实质内容或者说可能被引用的内容鲜有仅仅出现在摘要中。也是不适合作为参考文献的英文著录出现的。知网上的摘要页，所录"相似文献""相关作者文献""相关机构文献"全部都是单语种。并未出现对应的英文内容。所检查的编辑出版类期刊(见前文所述)也未见双语种著录形式。宁可认为这种翻译行为是该篇中文文章的自我宣传和推广行为，而不是为了双语种参考文献的语种著录，虽然在实际上起到了相类似的作用。

而对于某些数据库(如 EI 等)要求的双语种参考文献著录，正如诺贝尔文学奖，当然要求原著翻译成流行的语种或他们的审读专家熟悉的语种，也是情有可原的。审读评委当然需要自己熟悉的语言进行评价作品，而数据库则完全可以收录非英文参考文献的文章。但是为了追求更高级别的数据库收录进而宣传期刊，而按照其要求进行双语种著录也无可厚非。这应该由各期刊编辑部杂志社的主编来决定。但这并不能否定双语种中的英语参考文献著录的无效性，甚至虚假性的实质——英文对照的参考文献并没有额外地增加序号实际上就是在纠正这一易引起误解的补救措施。无论是 EI 还是诺贝尔奖评选委员会，本来应该由他们为了了解世界科技情报或国际科技理论水平的现状，雇请熟悉中文的员工。但现在的双语种著录做法，其结果是把翻译成本转嫁给中文期刊。从而掩盖了这种存在问题的参考文献著录方式本身存在的问题，并无形中造成似乎这是完全正确的没有瑕疵的著录方式的错觉。

对于文章质量高，主要交流渠道已经位于国际交流水平的期刊杂志社，还有一种办法是另外申请一个英文期刊刊号，便于国际交流。身边不乏这样的大学学报中心和杂志社。而对于位处科技核心期刊和中文核心期刊之外的编辑部来讲，难道不是应该把有限的资源和成本放在提高自身文章质量的选择、编辑加工，减少错误(包括英文翻译和著录上的错误及误解)的工作上来吗？也就是说即使"必要"，双语种著录方式也应该是少量的、非主流的、特殊的情况存在。

这实际上是一种动态的要求，什么时候他们为了了解中国的科学技术的发展，自己主动聘用中文翻译或自己主动学习、掌握中文,正如当今世界上的经济贸易界,中文之风盛行一样,那就说明中国的科技发展可以更加自信。所谓订规则的重要性也就在于此。因此,中文语种著录任重道远,还有很长的路要走。而另一方面,各期刊主编,是否知道自己的参考文献语种著录的目的是什么?是有明确的目标?就好比知道自己投稿的具体期刊的正文模板要求而进行排版?还是盲目地跟风?白白地把精力和人员、时间成本放到了目前根本无"必要"的语种著录上来呢?恐怕不少的主编并不清楚。比如上述的 Q2、Q3 区的诸多期刊,甚至连科技核心和中文核心都没有进入,离 EI 等更高国际交流的要求相差甚远。更不用说 Q4 区的期刊了。不如把有限的资源成本放在目力可及的更现实的目标上来。而对于已经进入 EI 等国际交流的期刊,如何避免没有英文翻译的参考文献在自行翻译过程中的翻译误解和原作者授权问题,则是当前需要解决的一个问题,因为这牵涉了著作权的法律问题。

5 结论

综上所述,可以得出纯粹为了英文参考文献出现的著录语种,到底是"锦上添花"还是"画蛇添足",相信广大同行已经一目了然,有了自己的判断和选择。总结以上论述可以得出下面几点结论:①论文后的参考文献著录语种应以原文献的信息源语种为准。②参考文献的著录应该按照实际情况著录作者真实阅读、参考过的信息源的原始语种。论文标题名、摘要和关键词有英文的而没有全文的语种也不适宜作为参考文献著录在文后。自行翻译的题目等信息由于著作权原因更是不适合作为参考文献著录在文后。③如果作者确实参考了同一篇文章的不同语种的内容,则应另外加序号作为另一篇参考文献进行著录,而不能放在同一个序号下面著录。④无效和虚假的参考文献著录信息应该禁止。如何避免没有英文翻译的参考文献在自行翻译过程中的翻译误解和原作者授权问题,则是当前需要解决的一个法律侵权问题。⑤对于需要进入诸如 EI 等数据库的期刊而言,按照数据库要求进行著录无可厚非。然而对于近期目标并非 EI 或 SCI 主要用于国际交流的期刊应该把主要资源和成本放在文章的质量上。

参 考 文 献

[1] 信息与文献 参考文献著录规则:GB/T 7714—2015 [S].北京:中国标准出版社,2015.
[2] 厉兵,史定国,苏培成,等.中国人名汉语拼音字母拼写规则:GB/T 28039—2011[S].北京:中国标准出版社,2011.
[3] 肖宏.中国学术期刊影响因子年报(自然科学与工程技术)[J/OL].中国科学文献计量评价研究中心,清华大学图书馆[2020-12-16].https://eval.cnki.net/News/ItemList?Type=5&Sec_Type=51.
[4] 徐诗雨,林怡,贾松,等.高陡构造背景下油气层有效厚度的确定[J].天然气勘探与开发,2022,45(1):15-21.
[5] 许胜利,张雨,李辉,等.多参数下低渗-致密砂岩储层含气饱和度定量预测[J].天然气勘探与开发,2022,45(2):92-98.
[6] 高鲁山,郑进保,陈浩元,等.论科技期刊论文的参考文献[J].编辑学报,1992(3):166-170
[7] 陈浩元.科技书刊标准化 18 讲[M].北京:北京师范大学出版社,1998.
[8] 陈冲,陈开旭,严永祥,等.利比里亚全矿成矿地质背景与资源潜力[J].地质通报,2022,41(1):72-84.
[9] BUISSON G, LEBLANC M. 阿拉伯、马里、摩洛哥上元古界蛇绿岩建造地幔橄榄岩中的金[J].周少平,摘译.黄金科技动态,1989, 6:10-13.

中文期刊文章英文标题翻译常见问题分析及应对策略
——以中医学相关期刊为例

张翠红

(《针灸推拿医学》(英文版)编辑部，上海 200030)

摘要：对工作中发现的中医学相关期刊文章的英文标题常见问题进行总结、分析及归纳，针对发现的共性问题提出了应对策略，以期为中医学相关中文期刊文章的英文标题翻译提供借鉴和参考，从而提高中医学相关期刊文章的英文标题翻译水平，促进中医学的国际交流与传播，扩大期刊的国际影响力。

关键词：期刊；编辑；中医学；英文标题；翻译；编校质量

标题是文章主旨内容的高度凝练和概括，是文章的灵魂。文章标题就像敲门砖一样，吸引人的标题能让读者一眼就能看出文章讨论的基本问题，让读者有阅读全文的欲望。因此，标题是一篇论文的重要组成部分。

中医学是中国的原创医学，是中华民族的瑰宝。历史上，中医学为中华民族的繁衍生息和健康做出了不可磨灭的贡献；至今，中医学在现实生活中仍是我们解除病痛的重要选择；当前，新冠病毒在全球肆虐，中医学在抗击新冠疫情中的作用有目共睹！因此，传播中医学知识，促进中医学的学术发展与交流，满足世界人民对中医学的热爱，已成为中医药期刊义不容辞的责任。为了促进中医学的国际传播，扩大期刊的国际影响力，越来越多的中医学中文期刊刊发的文章都会附加英文标题和摘要。因此，文章标题的英文翻译显得越来越重要。因为翻译是架起不同文化、不同语言之间的桥梁，英文标题则是架起作者与世界各地的读者之间的沟通桥梁[1]。如何在"信、达、雅"原则的指导下将作者精心提炼的中文标题用地道英语准确、恰当、优美地表达出来是英文标题肩负的使命。

本人担任责任编辑的 *Journal of Acupuncture and Tuina Science* (《针灸推拿医学》英文版)为一本全英文中医学类期刊。在编校加工稿件参考文献时，经常发现一些期刊文章的英文标题存在问题，在一定程度上影响了对文章标题的理解，从而也降低了文章的国际传播能力[2-3]。为此，对中医学相关文章英文标题中的常见问题进行了总结、分析，并针对发现的共性问题提出了几点建议，以期为期刊文章的英文标题翻译提供借鉴和参考。

1 中医类文章英文标题常见问题

作为中文期刊文章的附加内容，英文标题应该是准确无误地反映中文标题，不宜疏漏。

基金项目：上海市进一步加快中医药传承创新发展三年行动计划(2021—2023 年)：世界一流中医药学术传播平台建设项目[编号：ZY(2021-2023)-0402]

因此，本文所提出的英文标题常见问题均是对照文章中文标题而言。

1.1　内容增减

清末新兴启蒙思想家严复先生在他的《天演论》中的“译例言”讲到：“译事三难：信、达、雅”。他把“信”放在第一位，体现了“信”在翻译工作中的重要性。所谓“信”就是忠实于原作的思想，把原文所表达的意思准确地用另一种语言重新表达出来。所以，忠于原文是翻译工作最重要，也是最基本的原则。文章英文标题的内容多于或少于中文标题，即英文标题出现了“内容增减”。这属于翻译中的失“信”，是一种特别常见的问题[4-8]。

例：中文标题为“三伏铺灸治疗腰椎退行性骨关节炎病 110 例临床观察”，原英文标题为“Clinical observation on treating 110 cases of lumbar degenerative joint disease by TCM moxibustion”[9]。对照中文标题，发现英文标题缺少“三伏铺灸”，但多出了“TCM”(图 1)。因此建议英文标题改为“Clinical observation on treating 110 cases of lumbar degenerative joint disease by spreading moxibustion in the dog days”。

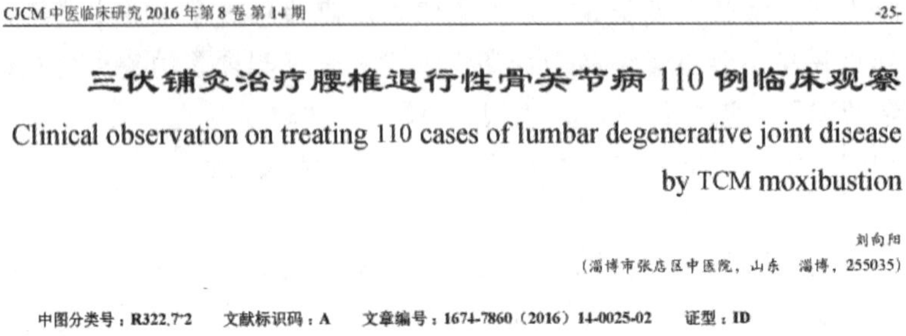
CJCM 中医临床研究 2016 年第 8 卷 第 14 期　　-25-

三伏铺灸治疗腰椎退行性骨关节病 110 例临床观察

Clinical observation on treating 110 cases of lumbar degenerative joint disease by TCM moxibustion

刘向阳

(淄博市张店区中医院，山东　淄博，255035)

中图分类号：R322.7'2　文献标识码：A　文章编号：1674-7860（2016）14-0025-02　证型：ID

图 1　英文标题“内容增减”

1.2　拼写错误或缺少空格

英文标题中的单词出现漏掉或增加字母的情况，或相邻两个单词间缺少空格的情况在文章英文标题中也经常出现，从而影响读者对标题原意的理解，甚至导致标题原意被误解或无法被理解[10-11]。

例 1　中文标题为“严隽陶‘从筋论治’膝骨关节炎推拿学术经验探要”，原英文标题为“Professor Yan Jun-tao’s academic experience of Tuina on treating keen osteoarthritis based on theory of Jinjing”[12]。对照中文标题，发现中文标题中的“膝”应译为“knee”，而原英文标题错写为“keen”；中文标题中的“筋”，可用拼音“Jin”，因为中医学的“筋”不完全等同于现代解剖学的“筋”，当然为了与国际接轨，便于母语非汉语的作者理解，也可译为“tendon”，而原英文标题错写为“Jinjing”，疑为“经筋”拼音“Jingjin”的拼写错误(图 2)。

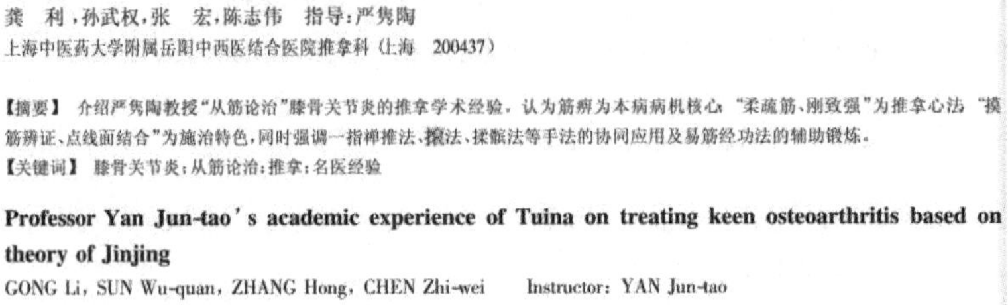
DOI:10.16305/j.1007-1334.2016.04.001

严隽陶“从筋论治”膝骨关节炎推拿学术经验探要

龚　利，孙武权，张　宏，陈志伟　指导：严隽陶

上海中医药大学附属岳阳中西医结合医院推拿科（上海　200437）

【摘要】 介绍严隽陶教授“从筋论治”膝骨关节炎的推拿学术经验，认为筋痹为本病病机核心，“柔疏筋、刚致强”为推拿心法，“摸筋辨证、点线面结合”为施治特色，同时强调一指禅推法、㨰法、揉髌法等手法的协同应用及易筋经功法的辅助锻炼。

【关键词】 膝骨关节炎；从筋论治；推拿；名医经验

Professor Yan Jun-tao’s academic experience of Tuina on treating keen osteoarthritis based on theory of Jinjing

GONG Li，SUN Wu-quan，ZHANG Hong，CHEN Zhi-wei　Instructor：YAN Jun-tao

图 2　英文标题单词拼写错误

例 2　中文标题为“神经节苷脂联合回味牵正散治疗面神经炎的临床研究”，原英文标题为“Curative Effect of Gangliosides and Jiaweiqianzhengsanon Facial Neuritis: A Clinical Observation”[13]。对照中文标题，发现英文标题中“Jiaweiqianzhengsanon”应为“Jiaweiqianzhengsan on”，即 Jiaweiqianzhengsan 与 on 之间缺少了空格(图 3)。

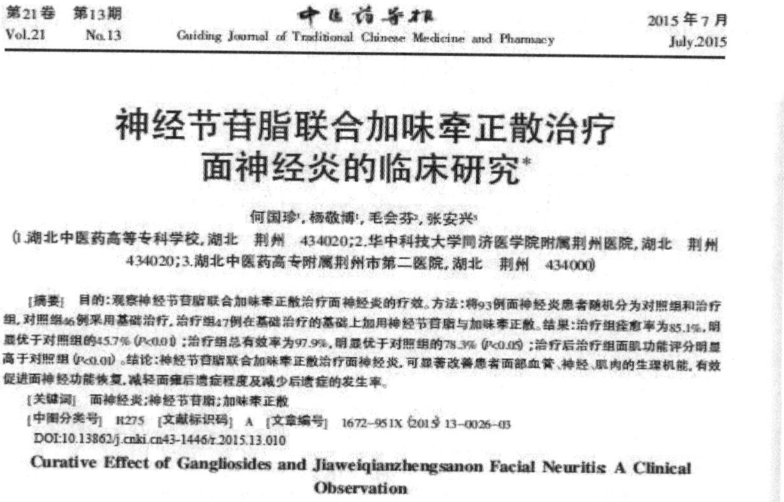
第21卷　第13期　中医药导报　2015年7月
Vol.21　No.13　Guiding Journal of Traditional Chinese Medicine and Pharmacy　July.2015

神经节苷脂联合加味牵正散治疗面神经炎的临床研究*

何国珍1，杨敬博1，毛会芬2，张安兴3
(1.湖北中医药高等专科学校，湖北　荆州　434020；2.华中科技大学同济医学院附属荆州医院，湖北　荆州　434020；3.湖北中医药高专附属荆州市第二医院，湖北　荆州　434000)

[摘要]　目的：观察神经节苷脂联合加味牵正散治疗面神经炎的疗效。方法：将93例面神经炎患者随机分为对照组和治疗组，对照组46例采用基础治疗，治疗组47例在基础治疗的基础上加用神经节苷脂与加味牵正散。结果：治疗组痊愈率为85.1%，明显优于对照组的45.7% ($P<0.01$)；治疗组总有效率为97.9%，明显优于对照组的78.3% ($P<0.05$)；治疗后治疗组面肌功能评分明显高于对照组 ($P<0.01$)。结论：神经节苷脂联合加味牵正散治疗面神经炎，可显著改善患者面部血管、神经、肌肉的生理机能，有效促进面神经功能恢复，减轻面瘫后遗症程度及减少后遗症的发生率。
[关键词]　面神经炎；神经节苷脂；加味牵正散
[中图分类号]　R275　[文献标识码]　A　[文章编号]　1672-951X(2015)13-0026-03
DOI:10.13862/j.cnki.cn43-1446/r.2015.13.010

Curative Effect of Gangliosides and Jiaweiqianzhengsanon Facial Neuritis: A Clinical Observation

图 3　英文标题中单词间缺少空格

1.3　用词不当

中医学作为一门特定的学科，有其特定的专业术语。因此，在进行相关专业内容翻译时一定要用专业术语。只有这样，才可以将相关中文信息准确、优雅地用英语呈现出来，达到翻译的“达”和“雅”。但很多文章的英文标题却做不到这一点。

例 3　中文标题为“黄石玺毫火针为主治疗关节痹痛临床举隅”，原英文标题为“HUANG Shi-xi’s clinical experience in treating bi syndrome by mainly using milli-fire needle”[14]。对照中文标题，毫火针翻译为“milli-fire”不妥，因为这里的“毫”的意思是细，不是计量中的“毫”(图 4)。中医学中的“毫针”有其固定的术语——filiform needle，这里的毫火针是指将毫针加热后进行火针操作，所以，“毫火针”应翻译为“filiform-fire needle”。同时，建议直接用拼音的“bi”首字母大写，以突出其非英文单词，而为汉语拼音的特征。

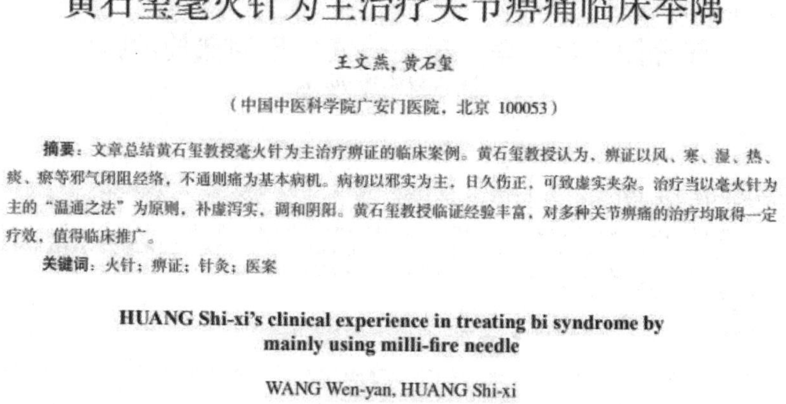
黄石玺毫火针为主治疗关节痹痛临床举隅

王文燕，黄石玺
（中国中医科学院广安门医院，北京 100053）

摘要：文章总结黄石玺教授毫火针为主治疗痹证的临床案例。黄石玺教授认为，痹证以风、寒、湿、热、痰、瘀等邪气闭阻经络，不通则痛为基本病机。病初以邪实为主，日久伤正，可致虚实夹杂。治疗当以毫火针为主的“温通之法”为原则，补虚泻实，调和阴阳。黄石玺教授临证经验丰富，对多种关节痹痛的治疗均取得一定疗效，值得临床推广。
关键词：火针；痹证；针灸；医案

HUANG Shi-xi’s clinical experience in treating bi syndrome by mainly using milli-fire needle

WANG Wen-yan, HUANG Shi-xi

图 4　英文标题用词不当

1.4　中英文不对应

英文标题中出现拼写错误或缺少空格等问题虽然会影响对原意的理解，但通过上下文、医学常识等有时还可以推测出其要表达的真实含义。但如果是中英文标题完全不对应，可想而知，读者肯定无法理解其真实含义。这一错误在期刊中也时有发生[14-17]。

例 4　中文标题为“小檗碱对血管性痴呆大鼠海马 IL-1β、IL-8、TNF-α 表达水平的影响”，原英文标题为“Inflammatory damage mechanism of vascular dementia rats and the protection of berberine”[18]。对照中文标题，发现英文标题中的信息与中文标题根本不对应(图 5)。

·16·　　Stroke and Nervous Diseases, Feb 2013, Vol. 20, No

小檗碱对血管性痴呆大鼠海马 IL-1β、IL-8、TNF-α 表达水平的影响

钟　萍　吴丹红　孙京华

【摘要】 **目的**　观察小檗碱对血管性痴呆大鼠炎性细胞因子 TNF-α、IL-1β、IL-8 表达水平的影响，探讨血管性痴呆炎症损伤机制及小檗碱对血管性痴呆大鼠脑保护作用机制。**方法**　采用 2-血管阻断方法制作血管性痴呆模型。随机分为正常组、假手术组、模型组、小檗碱治疗组（低、中、高剂量治疗组）。Morris 水迷宫实验检测大鼠的空间学习以及记忆能力；ELISA 法检测大鼠海马区 TNF-α、IL-1β、IL-8 表达水平。**结果**　与正常组比较，模型组、治疗组海马区 TNF-α、IL-1β、IL-8 表达水平明显升高（$P<0.05$）。与模型组比较，治疗组的行为学症状较模型组明显改善，治疗组海马区 TNF-α、IL-1β、IL-8 表达水平明显下降（$P<0.05$），并存在剂量依赖现象。**结论**　炎症反应在血管性痴呆的发生中起到重要的作用，小檗碱抑制炎性的表达存在剂量依赖现象。小檗碱能改善血管性痴呆大鼠的行为学症状，小檗碱可能是通过降低炎性因子（如 TNF-α、IL-1β、IL-8 等）来抑制炎症反应的途径而发挥脑保护作用，使血管性痴呆症状得到改善。

【关键词】 血管性痴呆　小檗碱　炎症　白细胞介素-1β　白细胞介素-8　肿瘤坏死因子

【中图分类号】 R743.9　【文献标识码】 A　【文章编号】 1007-0478(2013)01-0016-04

【DOI】 10.3969/j.issn.1007-0478.2013.01.004

Inflammatory damage mechanism of vascular dementia rats and the protection of berberine *Zhong Ping**,

图 5　中英文标题不对应

1.5　特定术语误译

中医学作为中国的原创医学，很多特定术语无法用现代医学的名词替代，有些术语的读音也是特定的，如穴位、中药、方剂、古籍等的名称。因此，这些术语在进行英文翻译的时候往往直接用拼音。为此，国家也出台了相应的标准。但是，有少数期刊文章在进行中文标题英译时，由于翻译及编校人员缺少中医学专业知识，导致英文标题翻译不符合国家标准[19]。

例 5　中文标题为“转移因子足三里注射治疗复发性阿弗他溃疡的临床疗效观察”，原英文标题为“Observation of clinical curative effects of recurrent aphthous ulcer with transfer factor to inject Foot Three Li”[20]。对照中文标题，发现英文标题将“足三里”意译成了 Foot Three Li。这种翻译不符合国家标准(图 6)。

转移因子足三里注射治疗复发性阿弗他溃疡的临床疗效观察

毛任繁

（新疆伊犁察布查尔县人民医院 口腔科，新疆 伊犁 835000）

摘要：目的　评价转移因子足三里穴位注射治疗口腔复发性阿弗他溃疡的临床疗效。**方法**　50 例轻型复发性阿弗他溃疡患者随机分成对照组和治疗组，对照组采用口服常规药物，局部贴敷洗必泰口腔溃疡膜，治疗组采用局部贴敷洗必泰口腔溃疡膜，转移因子足三里穴位注射。观察两组药物治疗轻型复发性阿弗他溃疡 7 天及两个疗程结束后 3 个月、3～6 个月、6～12 个月、12 个月以上的短期疗效和长期疗效。结果 治疗组有效率（92%），明显高于对照组（24%）（$P<0.01$）。治疗后一年疗效总间歇时间延长。**结论**　转移因子足三里穴位注射能有效延长口腔复发性阿弗他溃疡发作间歇期，减少复发率，提高治愈率，值得临床推广。

关键词：转移因子；足三里；复发性阿弗他溃疡

中图分类号：R781　**文献标识码：A**　DOI：10.3969/j.issn.1671-3141.2014.01.016

Observation of clinical curative effects of recurrent aphthous ulcer with transfer factor to inject Foot Three Li

图 6　特定中医术语意译

例 6　中文标题为“艾灸肾俞穴对男子散打运动员血清睾酮和免疫球蛋白的影响”，原英文标题为“Effects of Moxibustion Treatment upon Shenyu Point on Male Sanda Athletes’ Testosterone and Immunoglobulin”[21]。中文标题中的“肾俞”是特定的穴位名称，其中的“俞”应读为“shu”，其规范的英译应为“Shenshu” (图 7)。

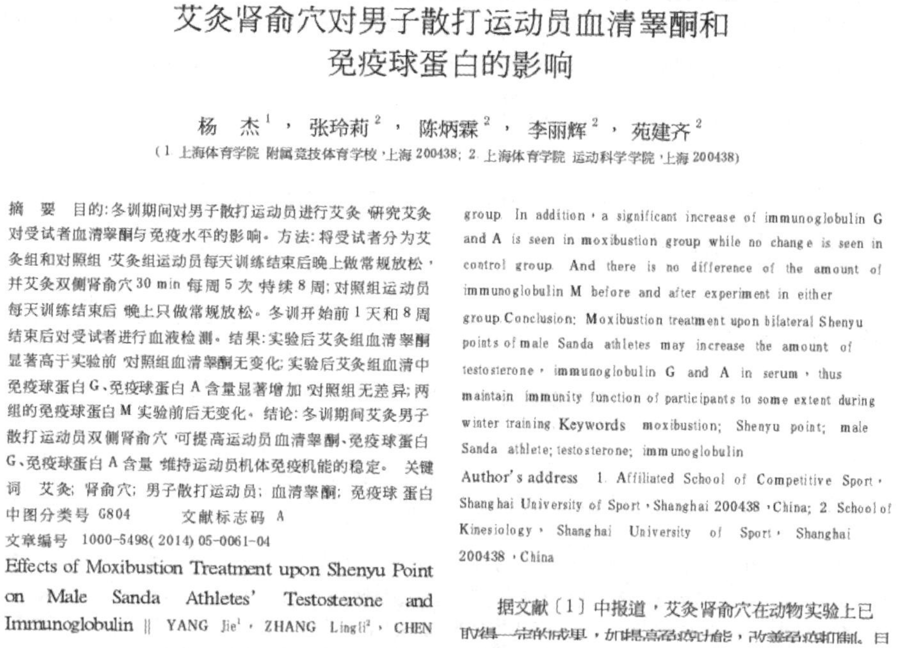

艾灸肾俞穴对男子散打运动员血清睾酮和
免疫球蛋白的影响

杨　杰[1]，张玲莉[2]，陈炳霖[2]，李丽辉[2]，苑建齐[2]
(1. 上海体育学院 附属竞技体育学校，上海 200438；2. 上海体育学院 运动科学学院，上海 200438)

摘　要　目的：冬训期间对男子散打运动员进行艾灸，研究艾灸对受试者血清睾酮与免疫水平的影响。方法：将受试者分为艾灸组和对照组，艾灸组运动员每天训练结束后晚上做常规放松，并艾灸双侧肾俞穴 30 min，每周 5 次，持续 8 周；对照组运动员每天训练结束后，晚上只做常规放松。冬训开始前 1 天和 8 周结束后对受试者进行血液检测。结果：实验后艾灸组血清睾酮显著高于实验前，对照组血清睾酮无变化；实验后艾灸组血清中免疫球蛋白 G、免疫球蛋白 A 含量显著增加，对照组无差异；两组的免疫球蛋白 M 实验前后无变化。结论：冬训期间艾灸男子散打运动员双侧肾俞穴，可提高运动员血清睾酮、免疫球蛋白 G、免疫球蛋白 A 含量，维持运动员机体免疫机能的稳定。关键词　艾灸；肾俞穴；男子散打运动员；血清睾酮；免疫球蛋白
中图分类号　G804　　文献标志码　A
文章编号　1000-5498(2014)05-0061-04

Effects of Moxibustion Treatment upon Shenyu Point on Male Sanda Athletes’ Testosterone and Immunoglobulin ‖ YANG Jie[1], ZHANG Lingli[2], CHEN

group. In addition, a significant increase of immunoglobulin G and A is seen in moxibustion group while no change is seen in control group. And there is no difference of the amount of immunoglobulin M before and after experiment in either group. Conclusion: Moxibustion treatment upon bilateral Shenyu points of male Sanda athletes may increase the amount of testosterone, immunoglobulin G and A in serum, thus maintain immunity function of participants to some extent during winter training. Keywords　moxibustion; Shenyu point; male Sanda athlete; testosterone; immunoglobulin
Author’s address　1. Affiliated School of Competitive Sport, Shanghai University of Sport, Shanghai 200438, China; 2. School of Kinesiology, Shanghai University of Sport, Shanghai 200438, China

据文献〔1〕中报道，艾灸肾俞穴在动物实验上已
取得一定的成果，如提高免疫功能，改善免疫抑制。目

图 7　穴位名称拼音错误

1.6　中式英语

有些文章的英文标题可能是由不懂医学的翻译人员或电脑软件翻译，后期又缺少专业人员校对，于是部分英文标题中就出现了一些所谓的“中式英语”。

例 8　中文标题为“动伸推拿法治疗落枕”，原英文标题为“Clinical observation on the treatment of falling pillow with moving-extension massage”[22]。对照中文标题，英文标题将“落枕”这一特定病名翻译成了“falling pillow”，就成了所谓的“中式英语”(图 8)。落枕的正确英译应该是“stiff neck”

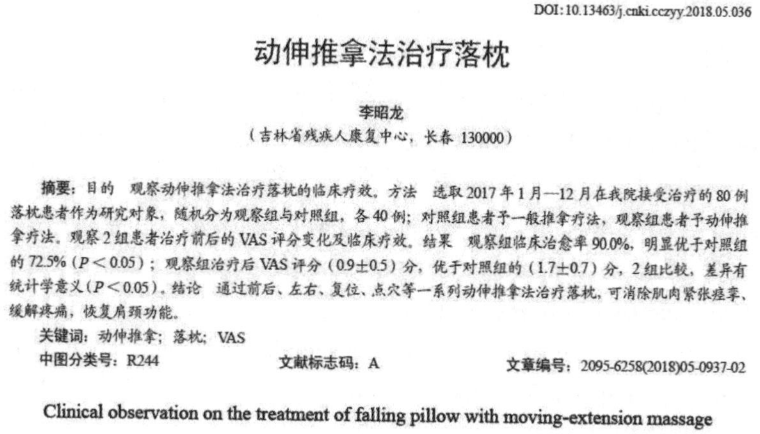

DOI:10.13463/j.cnki.cczyy.2018.05.036

动伸推拿法治疗落枕

李昭龙
(吉林省残疾人康复中心，长春 130000)

摘要：目的　观察动伸推拿法治疗落枕的临床疗效。方法　选取 2017 年 1 月—12 月在我院接受治疗的 80 例落枕患者作为研究对象，随机分为观察组与对照组，各 40 例；对照组患者予一般推拿疗法，观察组患者予动伸推拿疗法。观察 2 组患者治疗前后的 VAS 评分变化及临床疗效。结果　观察组临床治愈率 90.0%，明显优于对照组的 72.5% ($P<0.05$)；观察组治疗后 VAS 评分 (0.9±0.5) 分，优于对照组的 (1.7±0.7) 分，2 组比较，差异有统计学意义 ($P<0.05$)。结论　通过前后、左右、复位、点穴等一系列动伸推拿法治疗落枕，可消除肌肉紧张痉挛、缓解疼痛，恢复肩颈功能。
关键词：动伸推拿；落枕；VAS
中图分类号：R244　　文献标志码：A　　文章编号：2095-6258(2018)05-0937-02

Clinical observation on the treatment of falling pillow with moving-extension massage

图 8　英文标题中的中式英语

1.7 句子成分混乱

有些文章的英文标题未经语言专业人员润色，或者虽经语言专业人员润色，但语言专家缺乏医学专业知识，导致英文标题的句子成分混乱，影响对原意的理解[23]。

例 9　中文标题为“郑氏推拿手法配合中药外敷治疗儿童髋关节一过性滑膜炎临床研究”，原英文标题为“Clinical study of transient synovitis-Zheng’s massage manipulation combined with external application of traditional Chinese medicine in the treatment of children’s hip joint”[24]。此英文标题将 transient synovitis 与 hip joint 割裂，可能是不明白治疗的对象是发生在髋关节的一过性滑膜炎(图 9)。因此，建议英文标题改为：Clinical study of Zheng’s massage manipulation combined with external application of traditional Chinese medicine in the treatment of transient synovitis in children’s hip joint。

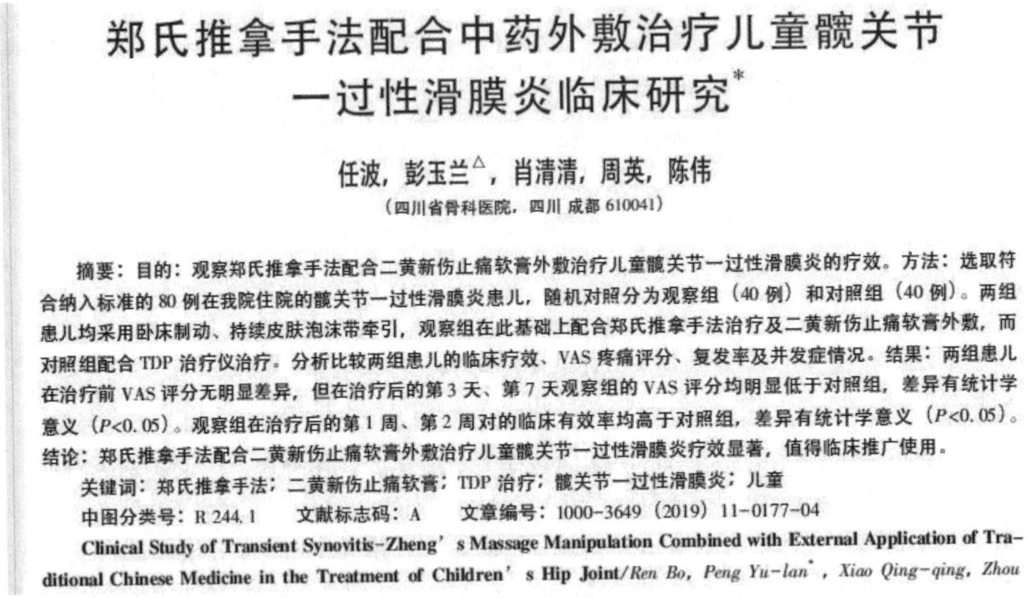

郑氏推拿手法配合中药外敷治疗儿童髋关节一过性滑膜炎临床研究*

任波，彭玉兰△，肖清清，周英，陈伟

（四川省骨科医院，四川 成都 610041）

摘要：目的：观察郑氏推拿手法配合二黄新伤止痛软膏外敷治疗儿童髋关节一过性滑膜炎的疗效。方法：选取符合纳入标准的 80 例在我院住院的髋关节一过性滑膜炎患儿，随机对照分为观察组（40 例）和对照组（40 例）。两组患儿均采用卧床制动、持续皮肤泡沫带牵引，观察组在此基础上配合郑氏推拿手法治疗及二黄新伤止痛软膏外敷，而对照组配合 TDP 治疗仪治疗。分析比较两组患儿的临床疗效、VAS 疼痛评分、复发率及并发症情况。结果：两组患儿在治疗前 VAS 评分无明显差异，但在治疗后的第 3 天、第 7 天观察组的 VAS 评分均明显低于对照组，差异有统计学意义（$P<0.05$）。观察组在治疗后的第 1 周、第 2 周对的临床有效率均高于对照组，差异有统计学意义（$P<0.05$）。结论：郑氏推拿手法配合二黄新伤止痛软膏外敷治疗儿童髋关节一过性滑膜炎疗效显著，值得临床推广使用。

关键词：郑氏推拿手法；二黄新伤止痛软膏；TDP 治疗；髋关节一过性滑膜炎；儿童

中图分类号：R 244.1　　文献标志码：A　　文章编号：1000-3649（2019）11-0177-04

Clinical Study of Transient Synovitis-Zheng’s Massage Manipulation Combined with External Application of Traditional Chinese Medicine in the Treatment of Children’s Hip Joint/*Ren Bo, Peng Yu-lan*, Xiao Qing-qing, Zhou*

图 9　英文标题句子成分混乱

1.8 多种问题并存

在个别文章的英文标题中存在不止上述所说的一种情况，这种英文标题严重影响读者对中文标题原意的理解[25]。

例 10　中文标题为“关中李氏骨伤流派关节理筋手法治疗足底筋膜炎的临床研究”，原英文标题为“Clinical Research of Therapeutic Effects of Li’s Bone Injury Genus Joint Physiotherapy of Guanzhong on Plantar Fasciitis”[26]。此英文标题中有多种问题(图 10)。一是多了 Therapeutic Effects；二是“骨伤”，不是 bone injury，应为 orthopaedics；三是“关节理筋手法”，翻译成 joint physiotherapy 不恰当，应改为 articular tendon-regulating manipulation；四是“流派”一般用 school，而非 genus；另外，Guanzhong 作为特定的区域名称，建议后面加 area in China。因此，建议英文标题改为：Clinical research of articular tendon-regulating manipulation of Li’s orthopaedics school in Guanzhong area in China for plantar fasciitis。

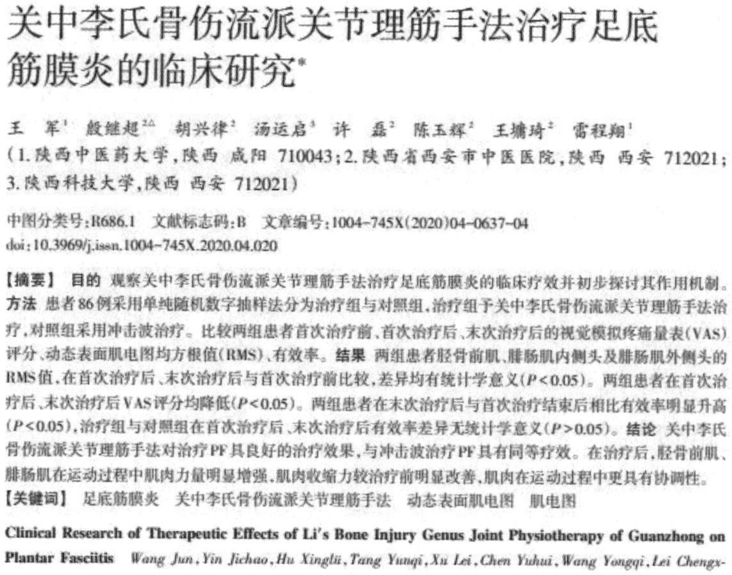

关中李氏骨伤流派关节理筋手法治疗足底
筋膜炎的临床研究*

王 军¹ 殷继超²△ 胡兴律² 汤运启¹ 许 磊¹ 陈玉辉² 王墉琦² 雷程翔³
（1.陕西中医药大学，陕西 咸阳 710043；2.陕西省西安市中医医院，陕西 西安 712021；
3.陕西科技大学，陕西 西安 712021）

中图分类号：R686.1 文献标志码：B 文章编号：1004-745X(2020)04-0637-04
doi:10.3969/j.issn.1004-745X.2020.04.020

【摘要】 目的 观察关中李氏骨伤流派关节理筋手法治疗足底筋膜炎的临床疗效并初步探讨其作用机制。方法 患者86例采用单纯随机数字抽样法分为治疗组与对照组，治疗组予关中李氏骨伤流派关节理筋手法治疗，对照组采用冲击波治疗。比较两组患者首次治疗前、首次治疗后、末次治疗后的视觉模拟疼痛量表（VAS）评分、动态表面肌电图均方根值（RMS）、有效率。结果 两组患者胫骨前肌、腓肠肌内侧头及腓肠肌外侧头的RMS值，在首次治疗后、末次治疗后与首次治疗前比较，差异均有统计学意义（P<0.05）。两组患者在首次治疗后、末次治疗后VAS评分均降低（P<0.05）。两组患者在末次治疗后与首次治疗结束后相比有效率明显升高（P<0.05），治疗组与对照组在首次治疗后、末次治疗后有效率差异无统计学意义（P>0.05）。结论 关中李氏骨伤流派关节理筋手法对治疗PF具良好的治疗效果，与冲击波治疗PF具有同等疗效。在治疗后，胫骨前肌、腓肠肌的运动过程中肌肉力量明显增强、肌肉收缩力较治疗前明显改善，肌肉在运动过程中更具有协调性。
【关键词】 足底筋膜炎 关中李氏骨伤流派关节理筋手法 动态表面肌电图 肌电图

Clinical Research of Therapeutic Effects of Li's Bone Injury Genus Joint Physiotherapy of Guanzhong on Plantar Fasciitis *Wang Jun, Yin Jichao, Hu Xinglü, Tang Yunqi, Xu Lei, Chen Yuhui, Wang Yongqi, Lei Chengx-*

图10 英文标题中多种问题并存

2 应对策略

由上述内容可以看出，一些中医学相关期刊刊载的部分中文文章的英文标题存在一些问题。由此导致英文标题不仅不能促进学术的国际交流，甚至还影响对文章原意的理解，降低读者对期刊评价，从而降低对期刊的关注度。因此，如何进一步提高中医学相关期刊中文文章英文标题的翻译及编校水平，使其"信、达、雅"地表达中文标题的含义，以促进中医学的国际传播有重要意义。为此，本人结合自己的实际工作提出以下几条建议。

2.1 增强编校人员的责任心

质量是期刊的生命。期刊文章的质量虽然主要取决于作者，但也与编校质量密切相关；而编校质量的高低与编校人员的责任心也有很大关系。如果编校人员责任心再强一点，工作再认真一点、细致一点，就可以发现一些单词拼写错误或缺少空格等低级问题，减少英文标题的翻译错误。

2.2 提升编辑人员的英文水平

期刊编辑校对是一项综合性系统工作，要求编辑人员要一专多能，不仅要具备相关专业知识，还要具备出版知识和一定的英文水平。因此，编辑人员要注重学习，多渠道提高自己的英文水平，如阅读相关专业的原版英文文献、看英文原版电影、参加英语培训等，定期整理本专业科技论文英文标题的常用句型和表达方式。同时，编辑人员要重视工作的积累，将常用专业术语的英文翻译整理为相应的文档，以便校对时对照，如本人在工作中就将中药名称、中医学古籍名称、推拿手法等常用术语分别建立了相应的文档，并不断补充新内容，同时，还下载了世界卫生组织颁布的《世界卫生组织中医学国际标准术语》（*WHO International Standard Terminologies on Traditional Chinese Medicine*）及中国国家标准文件，如《腧穴名称与定位》等标准的电子版，以便进行文章英文内容编辑校对及印前统稿时参考。编辑人员的英文水平提高了，对英文标题等内容的审改、校对能力就提高了，从而可以更容易发现英文标题中的单词拼写、语法、句子结构等问题。

2.3 学会借助信息工具

人为校对难免会有遗漏风险，而母语为汉语的编辑人员校对英文内容难免有时力不从心。因此，编辑人员应学会借助信息工具提高对英文内容的校改能力。如微软 Word 软件的校对功能和拼写检查功能，就可以发现很多拼写错误。同时，还有很多英文校对软件，如 Ginger、Grammarly、Stylewriter 等，也是英文校对的好帮手。此外，还可以利用"术语在线"、谷歌学术搜索、有道词典等在线工具帮助专业术语的翻译和校对。另外，通过一些在线的数据库和语料库，可以方便地获取某个词项或句式出现的频率、语境及搭配，有效帮助编辑人员进行英文标题的校对，如本人经常使用 MeSH Browser、PubMed、英国国家语料库(BNC)等进行在线检索，以为编辑校对包括文章英文标题在内的英文内容提供参考。

2.4 加强对中文期刊英文内容的审读

期刊审读是对已出版的期刊从政治、学术、编辑出版、经营等方面进行严肃认真的检查，并得出实事求是的结论，是全面检查期刊综合质量，不断改进工作，进一步提高编辑出版水平的必要措施。期刊审读工作对提高期刊编校质量有多方面帮助，如发现编校问题，提高编辑素养等。因此，为提高中文期刊英文内容编校质量，建议中文期刊的审读工作加强对英文内容的审查力度，及时发现包括英文标题在内的英文内容中的错误，督促出版单位及时改正，从而促进中文期刊出版单位提高对英文内容的重视程度，不断提高英文标题的翻译水平，使其更加专业化、规范化，从而更好发挥其促进国际学术交流的作用。

2.5 聘请外籍编委承担英文编校工作

为了提高中文期刊文章中包括英文标题在内的英文内容编校质量，建议期刊编辑部聘请外籍专家担任期刊编委，由外籍编委承担英文内容的审校工作。因为他们不但具有丰富的专业知识，而且有以英语为母语的语言条件和语言环境。他们的审校可降低甚至避免用词错误、句子错误、表达错误、中式英语、冠词误用、时态语法等问题，从而使英文标题更准确、更规范，也更符合英文的表达习惯。

3 结束语

编辑工作是一项艰巨、复杂的系统工程，常常超出一个人的知识结构、智力范围和专业范围，因而提高期刊的整体质量绝非一朝一夕的事。同理，提高中文文章英文标题的翻译水平也是一项系统工作，这项工作需要编校人员具有高度的责任心、高素质的专业水平、与时俱进的学习能力和较高的英文水平。

为了做好中医学相关中文期刊文章英文标题的编校工作，编辑人员应掌握好以下原则：首先是一定做好中文标题的编辑加工，保证中文标题尽量简短，重点突出。只有这样，对照中文标题翻译的英文标题才可以简洁明了，重点突出；其次是需要注意修辞方法和表达方式，重点部分的内容尽可能放在前面，多使用名词、名词短语、动名词来表达；另外，英文标题的格式也要规范，注意实词、虚词首字母的大小写，注意固定词组及介词搭配；最后就是一定要遵循英语表达习惯，避免使用中式英语表达。

总之，英文标题不是可有可无的中文文章的点缀，而是发挥对外学术交流和传播作用的重要方式。因此，作为中医学相关中文期刊的编辑，应尽量多接触英语国家的同行，反复对比经过外籍编委校改前后的内容；应多看本专业的英文核心期刊，尤其是英语国家出版的本专业期刊，以不断提高个人的编辑素养和能力，尤其是英文水平；应在做好中文内容日常编校工作的同时，着重做好文章对外宣传的英文标题的编校工作，让读者通过英文标题这个窗口抓住文章的主旨，用准确、流畅、地道的语言吸引国外读者的注意力，激发读者的阅读兴趣，从而扩大期刊的国际影响力，促进中医学的国际传播与学术交流。

参 考 文 献

[1] 贺琛琛,陆遐.英文标题翻译策略探究[J].昌吉学院学报,2022(1):67-72.
[2] 温荣.科技文献英文标题常见问题及翻译措施[J].海外英语,2020(7):144-145.
[3] 段平,顾维萍.医学论文标题与摘要汉译英常见错误分析[J].中国翻译,2002,23(4):47-48,55.
[4] 韦永鲜,时宗泽,农惠玲,等.隔姜铺灸联合八段锦气功治疗腰椎间盘突出症疗效研究[J].湖北中医药大学学报,2020,22(3):93-95.
[5] 陈丽,梁凤霞,陈瑞,等."标本配穴"针灸结合甲钴胺治疗糖尿病周围神经病变的临床对照研究[J].中国中西医结合消化杂志,2014,22(4):178-181.
[6] 卢悦,张平平,王东强,等.急性肺损伤中医病因病机的探讨[J].中国中医急症,2020,29(2):280-282.
[7] 苏文华,阎文静,钟明华,等.神经肌肉电刺激对脑卒中后吞咽障碍患者吞咽功能及其表面肌电图的影响[J].中华物理医学与康复杂志,2015,37(3):183-186.
[8] 王玲姝,李冠男,李静.穴位埋线联合揿针耳穴贴压治疗心脾两虚型失眠症及对生活质量影响[J].辽宁中医药大学学报 2020,22(4):1-4.
[9] 刘向阳.三伏铺灸治疗腰椎退行性骨关节炎病110例临床观察[J].中医临床研究,2016,8(14):25-26.
[10] 王丽莎,全学模,王荞,等.彩色多普勒超声评价小儿髋关节一过性滑膜炎[J].中国医学影像技术,2010,26(1):135-137.
[11] 于冰,王聪,张永臣.《针灸大成》妇科病治疗规律浅析[J].成都中医药大学学报,2016,39(1):101-103.
[12] 龚利,孙武权,张宏,等.严隽陶"从筋论治"膝骨关节炎推拿学术经验探要[J].上海中医药杂志,2016,50(4):1-3,33.
[13] 何国珍,杨敬博,毛会芬,等.神经节苷脂联合回味牵正散治疗面神经炎的临床研究[J].中医药导报,2015,21(13):26-28.
[14] 王文燕,黄石玺.毫火针为主治疗关节痹痛临床举隅[J].中华中医药杂志,2018,33(8):3448-3450.
[15] 严鸿丽,焦琳,熊俊,等.针刺治疗功能性消化不良随机对照试验腧穴谱研究[J].江西中医药大学学报,2017,29(1):64-66.
[16] 覃亮,张选平,杨信才,等.深刺廉泉与翳风穴对脑卒中后吞咽障碍的影响[J].针刺研究,2019,44(2):144-147.
[17] 董珍英,张保球,郭锡全.针刺结合隔牵正散灸下关、牵正穴治疗周围性面瘫临床观察[J].针刺研究,2019,44(2):131-135.
[18] 钟萍,吴丹红,孙京华.小檗碱对血管性痴呆大鼠海马 IL-1β、IL-8、TNF-α 表达水平的影响[J].卒中与神经疾病,2013,20(1):16-19.
[19] 邵雪芳,蔡荣林,曹奕,等.电针预处理不同原络配穴对急性心肌缺血再灌注操作大鼠心肌组织 TNF-α、COX-2、ICAM-1 蛋白表达的影响[J].安徽中医药大学学报,2019,38(3):37-43.
[20] 毛任繁.转移因子足三里注射治疗复发性阿弗他溃疡的临床疗效观察[J].世界最新医学信息文摘(电子版),2014,14(1):29-30,26.
[21] 杨杰,张玲莉,陈炳霖,等.艾灸肾俞穴对男子散打运动员血清睾酮和免疫球蛋白的影响[J].上海体育学院学报,2014,38(5):61-64,78.
[22] 李昭龙.动伸推拿法治疗落枕[J].长春中医药大学学报,2018,34(5):937-9
[23] 刘培凤,凌江红.从疏肝论治功能性消化不良的研究进展[J].辽宁中医杂志,2015,42(8):1584-1586.
[24] 任波,彭玉兰,肖清清,等.郑氏推拿手法配合中药外敷治疗儿童髋关节一过性滑膜炎临床研究[J].四川中医,2019,37(11):177-180.
[25] 庄晟坚,龚杰,周杰,等.不同电针刺激参数对镇痛效应的实验研究进展[J].浙江中医药大学学报,2015,39(12):913-917.
[26] 王军,殷继超,胡兴律,等.关中李氏骨伤流派关节理筋手法治疗足底筋膜炎的临床研究[J].中国中医急症,2020,29(4):637-640.

英文医学论文中数量的常用表达

魏莎莎,余党会

(海军军医大学教研保障中心出版社《海军军医大学学报》编辑部,上海 200433)

摘要:英文医学论文中数量的表达形式多样,包括单纯数量、序数、数量范围、比例和率、数量的变化(倍数)及特殊数量(均值、极值、其他形容词)等几种主要的数量表达形式。作者应准确地运用数量的表达形式,以便编辑能够快捷地翻译和传播,读者能精准地理解。

关键词:医学英语;写作;数量;表达

古希腊毕达哥拉斯学派认为"万物皆数"。可见从古至今数量与人类发展都密切相关。英文医学论文因经常需要提及各类实验统计数据等,其写作相对于普通写作和其他科技论文写作来说有许多特殊之处。掌握正确规范的数量表达形式,对英文医学论文的科学性和规范性意义重大[1]。不仅如此,准确的数量表达对医学论文的出版和传播也至关重要[2]。笔者总结了英文医学论文中常用的几种数量表达形式。

1 数量的表达

医学论文中各种数量的表达使用较多,几乎每篇文章都会涉及一种或多种数量的表达。数量的准确表达对医学论文来说至关重要,容不得半点差错。Robert Day 博士[3]认为,在英文医学论文中 0 到 10 之间的整数宜用英语全拼,其余的应当采用阿拉伯数字。但在实际写作中,即使是 0 到 10 之间的整数也被阿拉伯数字所代替,这一点已为国际上大多数期刊所认可,如:In COX-1 indirect pathways, women experienced the same or more platelet inhibition than men in 8 of the 9 assays yet retained modestly greater platelet reactivity after aspirin therapy. (摘自四大医学期刊之一的《美国医学会杂志》*The Journal of the American Medical Association* [*JAMA*])。

需要注意的是,一般情况下应尽量避免将阿拉伯数字直接放于句首,遇到这类情况,可通过在句首的数字前加修饰词来避免,如:(A total of 或 Totally) 280 patients were enrolled;若无法避免,则采用英文全拼,如:Seventy-five patients (68.2%) who screened positive for bipolar disorder had a current major depressive episode or an anxiety or substance use disorder. (摘自 *JAMA*)。

一般数量的出现形式有单纯数量、序数、数量范围、比例和率、数量的变化(倍数)及特殊数量(均值、极值、其他形容词)的表达等,以下将分别举例说明。

通信作者:余党会, E-mail: medyudanghui@163.com

1.1 单纯数量

单纯数量的表达有下面几种情况：

A：Urinary retention was noted in 5 patients (8.3%).

B：Tendons were harvested from euthanatized horses 1, 2, 4, 8, or 24 weeks following injury.

C：Ten of 19 eyes (53%) had a posterior vitreous detachment, 或者 Out of (Among) the 100 patients, 10 (10%) showed hallux extension uni or bilateral, 或者 Ten (10%) out of the 100 patients showed hallux extension uni or bilateral.

D：The mean Knee Society knee scores, functional scores, and Tegner scores, available for 9 of these 10 knees, were 80, 97, and 4.2, respectively.

此外，要注意多位数、小数、分数的书写和表达。

1.2 序数

序数词是用来表示顺序的词，英语中的序数词在构成上由其相应的基数词变化而来，要注意拼写比较特殊的序数词：first, second, third, fifth, eighth, ninth, twelfth，其余的在相应的基数词后加"th"即可。

A：Blood samples were obtained following the <u>first</u> and <u>fifth</u> doses.

B：More than <u>two fifths</u> of children are exposed to passive smoking which is associated with increased prevalence of chronic cough, wheezing, running nose and sneezing without cold.

C：The <u>youngest one-third</u> of pupils had significantly lower average school grades than the middle one-third and <u>oldest one-third</u> of their classmates.

D：Conversations were recorded, transcribed by <u>a third</u> party, and coded by 2 independent assessors using standard grounded theory methods.

E：Primary hepatocellular carcinoma is one of the most common malignancies and has <u>the fourth highest</u> mortality rate worldwide.

F：Today is July <u>25th</u>, 2022.

1.3 数量的范围

A：A greater number of case reports were received for children aged <u>1-9 years</u> and for adults aged <u>30-39 years</u> compared with other age groups.

B：The respondents scored their ability (<u>range, 1-5</u>).

C：The overall structure of IFN-tau is maintained across <u>a pH range of 2-8</u>.

D：The distance from the orbital rim to each MNJ in the 6 extraocular muscles <u>ranged from 24.4 to 33.6 mm</u> and the width of each MNJ <u>ranged from 5.0 to 8.5 mm</u>.

E：In pregnant sheep, galectin-15 mRNA expression appeared in the epithelia <u>between days 10 and 12</u> and increased <u>between days 12 and 16</u>.

1.4 比例和率

在英文医学论文中，表示比例、率等概念的词有：rate, ratio, proportion, incidence, prevalence 等。

A：The 1- and 2-year survival <u>rates</u> were 92% and 87%, respectively.

B：The <u>ratio</u> of male to female patients decreased from 1.7:1 to 1.3:1.

C：The median <u>proportion</u> of normally shaped spermatozoa was 15%, and the <u>proportion</u> of motile spermatozoa was 21%.

D: The incidences adverse events were similar in the simeprevir and placebo groups at 12 weeks (246 [96%] vs 130 [97%]).

E: The prevalence of depression was 15.5% in women with urinary incontinence and only 9.2% in women without urinary incontinence.

F: Over three-quarters of all participants reported at least one type of victim experience.

G: The products were diluted 1:100 and 1:1 000 for testing.

1.5 数量的变化(倍数)

涉及具体变化量的表达时常用词有：increase, decrease, raise, rise, drop, lower, reduce, decline, up-regulate, down-regulate, elevate, double 等。下面以 increase 为例进行说明。

A: increased x times (folds)，增加了 x 倍。

The median survival time increased 2-3 times relative to untreated controls.

B: increased by a factor of x，增加了 x 倍。

Our results suggest that the prevalence of T1D is increased by a factor of 4 in young adults with IGE.

C: increased by x times (folds)，增加了 x 倍。

Among teens, the prevalence has increased by 2-3 times in recent decades.

D: increased to x times (folds)，增加到 x 倍。

ApoE levels in the experimental mice increased to 4 times the apoE levels of normal mice.

E: increased by x，增加了 x。

The maximum jump height increased by 8 cm in group A.

F: increased x，增加了 x.

The most proximal descending thoracic aneurysm increased 2 cm in 2 weeks.

G: increased to x，增加到 x。

The specific activity of AtsPLA2-alpha continuously increased as the Ca^{2+} concentration was increased to 10 mM.

H: increased from y to x，从 y 增加到 x。

One of the suspected metastases in the left lung increased from 1 cm to 2 cm.

1.6 特殊数量(均值、极值、其他形容词)表达

在英文医学论文中，有时需要在数量前面加上一定的修饰词来表示特定意义的量值，有时候甚至不需要数字，只需要用文字来说明数值。

A: Mean (Average)，表示"均数"，如，

The mean age at operation was 29 (12-46) years.

B: Median，表示"中位数"，如：

All patients were women and had a median age of 62 years.

C: Many (much, a lot of, a great deal of, a great number of, a large quantity of, a great amount of, more)，表示"多"，如：

This neurodegenerative syndrome shares pathobiological features with frontotemporal dementia and, indeed, many patients show features of both diseases.

D：Few (little, less)，表示"少"，如：

There are <u>few</u> data directly comparing the effects of physical activity and body weight on cardiovascular biomarkers.

E：A few (a little)，表示"一些"或"少许"，如：

Only <u>a few</u> articles have described the complications of parotid gland surgery and their management.

F：Maximal value (maximum, peak, the highest level, peaked)，表示"最大值"，如：

Their plasma levels decline to less than 20% of their <u>maximal value</u> during aging.

G：Minimal value (minimum, the lowest level)，表示"最小值"，如：

Following i.v. bolus, CV ranges between a <u>minimal value</u> of 0.307 (1-ln2) and infinity.

H：Most (majority)，表示"大部分"，如：

<u>Most</u> patients had recurrent headache after treatment.

I：Totally (a total of, altogether, whole)，表示"全部"，如：

<u>Totally</u>, 136 species from 51 families were documented from which 120 species used as medicinal and 84 species mentioned by 3 or more informants.

J：Sufficient (adequate, enough)，表示"足够"，如：

We tested whether a single injection of OT (i.v.) is <u>sufficient</u> to initiate the PRL secretion pattern of OVX/CS rats.

K：Over (above, more than)，表示"多于"或"大于"，如：

Nine patients had a residual urine volume <u>over</u> 200 mL.

L：Under (below, less than)，表示"少于"或"小于"，如：

MR images showed milder osteonecrosis in patients who were <u>under</u> 10 years old at the time of primary diagnosis.

M：About (approximately, some, nearly, more or less, around)，表示"大约"，如：

Eligible patients had tumors of <u>about</u> 5 cm were poor surgical candidates or otherwise warranted nephron sparing treatment.

N：None (nil, null, zero)，表示"无"或"零"，如：

<u>None</u> of the patient in this cohort was eligible for surgical treatment.

O：Dozen，表示"十二"，如：

More than a <u>dozen</u> studies on the effectiveness of the 0.08 blood alcohol concentration (BAC) laws have been published.

P：Quarter，表示"四分之一"，如：

Almost a <u>quarter</u> of the patients presenting an ADR were prescribed drugs considered inappropriate for the elderly.

Q：Score，表示"二十"，如：

Three <u>scores</u> of patients were included in this study.

R：Double，表示"增至二倍"，如：

Between 1979 and 1999, the number of physicians <u>doubled</u> in the sample states.

S：Triple，表示"增至三倍"，如：

The incidence of obesity has more than tripled for children 6 to 11 years of age.

T：Quadruple，表示"增至四倍"，如：

The mean capillary flow velocity of all patients more than quadrupled after treatment.

U：Quintuple，表示"增至五倍"，如：

In the past 11 years, the cumulative number of AIDS cases in adults quintupled.

2 常见的数量表达错误

数量表达方面的错误是英文医学论文中常见的语法错误之一。这里列举了一些我们在日常工作中遇到的一些常见的数字表达错误，希望有所帮助。

2.1 句首用阿拉伯数字

错误：12 studies involving 616 patients were included.

正确：A total of 12 studies involving 616 patients were included.

2.2 序数词拼写错误

错误：ICOS expression in the allograft and allograft with tacrolimus ceased group gradually increased on the 3th, 5th and 7th day.

正确：ICOS expression in the allograft and allograft with tacrolimus ceased group gradually increased on the 3rd, 5th and 7th day.

2.3 两组数字连用时都用阿拉伯数字

两组数字连续出现时，其中一个用英文，另一个用阿拉伯数字。

错误：The patients were randomly assigned to a cross-over protocol with 2 4-week periods.

正确：The patients were randomly assigned to a cross-over protocol with two 4-week periods.

2.4 数量变化的表达错误

有些作者撰写英文医学论文时习惯先用中文写完后再翻译成英文。这种情况就需要特别注意，否则差之毫厘，谬以千里。

同样以 increase 为例，作者想表达"……增加了 20%"。

错误：…increase to 20%.

正确：…increase by 20%.

2.5 几个特殊率的错误表达

2.5.1 发病率(incidence)和患病率(prevalence)

发病率(incidence)是指某地区某时期(一般为 1 年)人群中新发某疾病的频率，用于描述某种疾病危险性大小。患病率(prevalence)是指某地区某时点(或时期)人群中某疾病新旧病例数所占比例，用于描述某一时点(或时期)某种病例存在的多少。如不注意，常见各种误用。

错误：The overall incidence of chronic kidney disease was 10.8% (10.2-11.3); therefore the number of patients with chronic kidney disease in China is estimated to be about 119.5 million (112.9-125.0 million).

正确：The overall prevalence of chronic kidney disease was 10.8% (10.2-11.3); therefore the number of patients with chronic kidney disease in China is estimated to be about 119.5 million (112.9-125.0 million).

2.5.2 死亡率(mortality)和病死率(fatality)

死亡率(mortality)是指在某时期内因某病死亡人数占总人口数的比例，用于描述某时期死于某病的频率。病死率(fatality)是指在某时期内因某病死亡人数占同期患某病人数的比例，用于描述某种特定疾病的严重程度。可见两者分母不同，从中文解释上看，差异很明显，但翻译过程中却很容易出错。

错误：The disease can cause severe morbidity and, since 2005, <u>mortality</u>.

正确：The disease can cause severe morbidity and, since 2005, <u>fatality</u>.

3　结束语

数量相关的表达本身存在不少难点，再加之医学论文本身的特殊性，让英文医学论文数量表达的研究更具必要性。医学英语因涉及医学领域，其英文语体具有自身的特点，数字的使用及数量的增减表述都是医学英语的重要组成部分，因而准确掌握好各种数量、增减表达的翻译技巧非常关键[4]。

掌握以上各类数量的表达形式不仅是作者准确撰写英文医学论文的前提，也是医学编辑更准确地理解和传播医学最新成果的重要保障。编辑不仅需要通过不断学习、不断扩展自己的专业学科知识[5]，也需要不断提升自己对语言(中、英文)的精准表达和理解能力，从而保证学术出版和传播的准确性。

参 考 文 献

[1] 王征爱,许瑾,宋建武.英文医学科技论文中数词的用法及数字的写法[J].第一军医大学学报,2003(4):395-396.

[2] 叶济蓉.英文摘要中数量的表达形式[M]//学报编辑论丛.2000:130-132.

[3] DAY R A. How to write and publish a scientific paper[J]. Cambridge: Cambridge University Press, 1988.

[4] 俞晓静.科技文章数字、数量增减的英汉译法探讨[D].上海:复旦大学,2012.

[5] 魏莎莎,余党会,张彤.从编辑角度浅谈医学英文学术论文翻译要点及策略[J].编辑学报,2019,31(增刊 2):63-65.

物理类论文数理公式常见问题实例解析

王晓梅，陈文琳，胡长进，徐宽业，郭凤霞，周惠平

(中国科学院合肥物质科学研究院文献情报与期刊中心，安徽 合肥 230031)

摘要：通过剖析在编辑过程中遇到的 5 个较为典型的实例，结合笔者多年来的工作实践，分析了物理类论文数理公式表达中普遍存在的问题，针对一义多符(或一符多义)、公式引用、物理量符号的应用、公式编排格式等方面出现的问题提出了相应的解决方案。实践表明，要想做好物理类论文数理公式的编辑工作，科技期刊编辑必须从学术素养和职业素养两方面提升自己，引导作者准确表达数理公式，并在此基础上对其进行规范化的编辑加工。

关键词：物理类论文；数理公式；实例解析；学术素养；职业素养；规范化

数理公式是物理类论文的重要组成部分，广泛用于物理性质的解释、技术思想的表达、模型的建立、命题的证明、过程的推演、数据的计算等方面。然而，在物理类论文中，公式出错或表达不规范的现象很常见，如物理量符号错误、计算推导错误、正斜体使用不规范、括号使用不规范等等，如果不做修改将直接影响到论文的学术质量和编排质量，这给编辑带来了极大的挑战。

针对上述问题，已有许多文献对数理公式的表达进行了研究，不过大多数文献仅限于从编排的角度来讨论[1-12]。其中：文献[1-8]主要探讨了科技期刊中数理公式的编排规范及符号的表达；文献[9-10]探讨了居中排数学公式的引出和公式后按需使用标点符号的问题；文献[11]探讨了数学公式的转行问题；文献[12]通过各种公式的对比发现公式中的错误，总结出一套审核公式的有效方法。本文结合笔者多年来的工作实践，从科学性、规范性等方面实例探讨了物理类论文中公式常出现的问题，并提出了相应对策，以期为物理类论文公式的编辑工作提供一定的借鉴。

1 一义多符(或一符多义)问题

例 1 同时考虑离焦与相位调制因子的广义光瞳函数可表示为

$$P_1(x_1,y_1) = \text{circ}\left(\frac{\sqrt{x_1^2+y_1^2}}{d_1/2}\right) \times \exp\left\{\text{i}\left[kW_{20}\left(x_1^2+y_1^2\right)+\alpha\left(x_1^3+y_1^3\right)\right]\right\} \tag{1}$$

式中：d_1 为光瞳尺寸；k 为波数；α 为立方相位板调制系数；W_{20} 为像面离焦波像差(单位为 λ)，可表示为

$$W_{20} = \frac{D^2}{8}\left(\frac{1}{f}-\frac{1}{d_0}-\frac{1}{d_i}\right) \tag{2}$$

式中：D 为光瞳尺寸；f 为透镜焦距；d_0 为物距；d_i 为像距。

对例 1 上下文进行比较，可以发现公式中隐藏的错误：同一变量"光瞳尺寸"在式(1)中用 d_1 表示，而在式(2)中用 D 表示。通读全文后发现，其他出现此变量的地方均采用了字母 D。经与作者核实，式(1)中 d_1 应修改为 D。

物理类论文中数理公式较多，涉及的变量、参数也多，有时论文前后会多次用到同一个变量，如果不注意分析比较往往很难发现其中的错误。这种情况下编辑必须通读全文，运用比较法进行核查：多处出现的同一变量是否表示同一含义，是否有"一符多义"或"一义多符"的情况[12]。上文的例 1 便是典型的"一义多符"情况。

2 公式引用问题

例 2 该方案中采用量子傅里叶变换方法进行多方安全求和，未知态$|x\rangle$、$|y\rangle$ 的量子傅里叶变换定义可表示为

$$|x\rangle \rightarrow \frac{1}{N} \sum_{y=0}^{N-1} e^{2\pi i \frac{x}{N} y} |y\rangle \tag{3}$$

$$|y\rangle \rightarrow \frac{1}{\sqrt{N}} \sum_{x=0}^{N-1} e^{-2\pi i \frac{y}{N} x} |x\rangle \tag{4}$$

显然，例 2 中的两个公式具有相似性。笔者看到这两个公式时很快就产生了疑问，为什么求和函数前的系数一个是 $1/N$，另一个是 $1/\sqrt{N}$？公式的来源是什么？就此问题与作者进行了及时沟通，作者答复："公式来源于一篇英文文献，在引用时的确出现了笔误，式(3)中求和函数前的系数也应为 $1/\sqrt{N}$。"最终要求作者在相应位置增引了对应文献，并对公式加以修正，及时纠正了该论文对文献的漏引及引用时的笔误问题。

一般来说，如果公式是作者的研究成果，应对其合理性进行证明；如果是直接来源于文献或由文献中的公式推导而来，必须以引用相应参考文献的形式对公式的来源进行说明。另外，由于物理类论文中数理公式及符号错综复杂，引用及推导过程中很容易出现漏项、数学符号出错、物理量大小写出错等各种问题。作为科技信息传播中的把关者，编辑应尽可能地对数理公式的科学性进行把关。如果对作者所引用或推导的公式有疑问，应及时查阅相应参考文献，并及时提醒作者进行核查。

3 物理量符号的正确应用

例3 以气象参数为函数的折射率垂直梯度为

$$\frac{dn}{dz} = 10^{-6}\left(77.46 + \frac{0.459}{\lambda^2}\right)\left(\frac{1}{T}\frac{dP}{dz} - \frac{P}{T^2}\frac{dT}{dz}\right) \tag{5}$$

式中：波长 λ 的单位为 μm；气压 P 的单位为 hPa；气温 T 的单位为 K。

例 4 采用平均绝对误差(MAE)、平均相对误差(MRE)及均方根误差(RMSE)评价模型的预测精度，可分别表示为

$$MAE = \frac{1}{n}\sum_{i=1}^{n}|y_i - f(x_i)| \tag{6}$$

$$MRE = \frac{1}{n}\sum_{i=1}^{n}\left(|y_i - f(x_i)|/y_i\right) \tag{7}$$

$$RMSE = \sqrt{\frac{1}{n}\sum_{i=1}^{n}(y_i - f(x_i))^2} \qquad (8)$$

表面上看，例 3 没有什么问题，但其出现在物理类论文中却很容易引起误解。因为在公认的常用物理类符号中压强的符号是斜体小写字母 p，而斜体大写字母 P 用于表示电功率。在物理类论文中，常出现物理量符号大小写乱用的现象，很容易引起各种误解或歧义，影响阅读。GB 3100—3102 中的常用物理量符号[13]是公认的，但若不规范书写很容易误导读者，即使有时作者会在前文中有所说明，也会给读者的阅读带来一定的困扰[14]。表 1 列出了常见易混淆的物理量符号，供大家参考。

表 1 常见易混淆物理量符号

物理量名称	物理量符号
压强	p
电功率	P
频率	f
力	F
速度	v
体积	V
时间	t
温度	T
半径	r
相关系数	R

例 4 的问题是使用物理量名称的缩写词 MAE、MRE 及 RMSE 代替物理量符号来书写公式。GB/T 1.1—2009《标准化工作导则 第 1 部分：标准的结构和编写》明确指出："公式不应使用量的名称或描述性的术语表示。量的名称或多字母缩略术语，不论正体或斜体，亦不论是否含有下标，均不应用来代替量的符号。"因此，例 4 公式中的 MAE、MRE、$RMSE$ 应分别替换为相应的物理量符号-单字母变量 E_{MA}、E_{MR}、E_{RMS}。

由以上分析可见，作为专业编辑，必须熟悉各种物理量的符号及相关规范，在处理稿件时遇到不规范的书写能产生怀疑，并通过与作者沟通或查找专业书籍等方式进行查证，从而在数理公式中正确、规范地应用物理量符号。

4 公式编排格式问题

例 5 设均匀缩放尺度为 m，$u = mx_1$、$v = my_1$，则复振幅缩小 m 倍后的菲涅尔衍射场可表示为

$$I_1(x,y) = \frac{ie^{ikz}}{\lambda z m^2}\exp\left(\frac{ik(x^2+y^2)}{2z}\right)\iint O(u,v)90° \exp\left(\frac{ik(u^2+v^2)}{2z}\right)\exp\left(-\frac{ik(x/mu+y/mv)}{2z}\right)dudv \qquad (9)$$

例 5 中主要有以下问题：①以 e 为底数的指数函数表达形式不统一。在物理类论文中，通常要求以 e 为底数且带有复杂上角标的指数函数写成 exp 形式，而简单的指数函数可以直接写

为 e^x 形式，但是在同一个公式中应统一其表达形式，因此式(9)中 e^{ikz} 应修改为 $\exp(ikz)$；②微分算子 d、常数 e 和虚数单位 i 正斜体使用不当，均应采用正体。数理公式中数学符号正斜体使用不当常会引起混乱，如式(9)微积分方程中的 d 表示"微小"的意思，应用正体书写，而斜体的 d 在常用物理量符号中代表直径或距离，在物理类论文中微积分和距离经常会出现在同一个公式中，如果不按规范正确书写，很容易引起误解。关于数学符号的使用，应遵循强制性国家标准 GB 3102.11—1993《物理科学和技术中使用的数学符号》[15]。③括号使用不当。如果一个公式中存在多个层次的括号，最好采用分级括号，即最里面的括号应为圆括号( )，其次是中括号[ ]，最外面采用花括号{ }。但也有特例，如[x]表示实数 x 的整数部分。④转行不当。较长的公式转行时，尽量在运算符号及关系符号等处转行，且多项相乘的公式转行时，行尾需添加表示乘法运算的"·"或"×"；在 Σ、Π、lim、∫ 等运算符号或 ln、sin、tan、arcos 等函数符号前面转行；另外，在物理类论文中常见的向量、矩阵和行列式不能转行，必要时可用字符代替元素对其进行简化，再对字符进行说明。综上所述，式(9)的规范编排格式应为

$$I_1(x,y) = \frac{i\exp(ikz)}{\lambda z m^2} \exp\left[\frac{ik(x^2+y^2)}{2z}\right] \times$$

$$\iint O(u,v) \exp\left[\frac{ik(u^2+v^2)}{2z}\right] \exp\left[-\frac{ik(x/mu+y/mv)}{2z}\right] du dv.$$

物理类论文中常出现较多复杂的数理公式。为了消除读者对公式的恐惧感，编辑必须在数理公式的编排格式上把关，严格执行要求性条款，优先采用推荐性条款[16]，以确保数理公式编排格式的规范化。

5 结束语

数理公式正确与否直接关系到物理类论文的科学性和有效性，规范与否直接关系到论文的可读性。数理公式只有同时具有科学性和规范性，才能准确反映其物理意义，避免读者产生歧义。要想真正做好数理公式的编辑工作，编辑必须具备比较强的学科专业知识和科研鉴别能力，鉴于此，编辑必须加强学习，丰富物理学专业知识并具备敏锐的洞察力，从而才能发现数理公式中出现的差错并提出质疑，最终引导作者予以修改；同时还要不断强化标准化意识，认真学习相关国家标准，并把相关条款应用到对数理公式的规范化编辑实践中。

参 考 文 献

[1] 田美娥.科技期刊中数理公式编排规范探讨[J].中国科技期刊研究,2000,11(2):119
[2] 沈凤英.科技期刊中数理公式的编排规范探析[J].南通职业大学学报,2011,25(3):60
[3] 谢文亮,张宜军.科技期刊中数学公式的规范表达[J].编辑学报,2013,25(3):240
[4] 赵慧霞.高校学报数学公式编排探讨[J].甘肃联合大学学报(自然科学版),2009,23(6):100
[5] 刘春林.数学符号与数学公式中某些编排规范的反思[J].中国科技期刊研究,2005,16(5):756
[6] 唐燕玉.关于数学符号和数学式编排规范的思考[J].安庆师范学院学报(自然科学版),2005,11(3):60
[7] 石幸利.科技期刊中图表及公式的编排规范[J].重庆科技学院学报(自然科学版),2013,15(3):174
[8] 李志明,曹娜.高阶偏导数符号的写法[J].编辑学报,2012,24(2):140
[9] 李燕,胡筱敏,陈靖,等.关于科技期刊居中数理公式按需规范使用点号的建议[J].编辑学报,2017,29(增刊 1):S52

[10] 明经平.居中排数学公式的引出和公式后标点符号处理[J].中国科技期刊研究,2007,18(1):163

[11] 乔春秀.科技期刊数学公式转行标准化问题探讨[J].中国科技期刊研究,2005,16(6):924

[12] 骆瑾,王昕,王有登.数学公式审读的比较分析方法[J].编辑学报,2012,24(2):138

[13] 新闻出版总署科技发展司,新闻出版总署图书出版管理司,中国标准出版社.作者编辑常用标准及规范[S].3版.北京:中国标准出版社,2013:323

[14] 李仁红,许平,李芬,等.物理类期刊中符号书写规范举例浅析[J].编辑学报,2015,27(增刊1):S30

[15] 物理科学和技术中使用的数学符号:GB 3102—1993[S]//量和单位:GB 3100~3102—1993.北京:中国标准出版社,1994:307

[16] 陈浩元.科技期刊编辑应知的编校标准化的若干问题[Z].中国科技期刊编辑学会.第24期全国科技期刊编辑业务培训班,2018.

中英文连接号的意义和用法
——地学论文中的实例解析

刘 锐

(青岛海洋地质研究所《海洋地质前沿》编辑部，山东 青岛 266071)

摘要：基于国家标准和相关资料，分析并对比了中文和英文连接号的意义和用法。一般地，一字线表示时间和空间的范围；波浪线表示数值范围；短横线表示复合；英文长线表示范围或对比，短线表示复合。通过地学论文中的实例，发现中英文连接号非常容易被混淆和错用。为了减少这些混淆和错用，在使用过程中，应明确连接号前后两部分包括文字、数字、字母、单词、词组等之间的关系，明白连接号代表的意义。

关键词：连接号；国家标准；复合词；地学论文

标点符号分为标号和点号，是辅助文字记录语言的符号，是书面语的有机组成部分，虽然微小却极为重要。连接号是一类重要的标号，标示某些相关联成分之间的连接，在科技论文中，连接号的作用更凸显着科学上的意义，例如范围阐释、词汇复合、数据比对、关系递进等。连接号在中英文里有着不尽相同又类似的用法。编辑同仁们对连接号的编排问题有诸多论述[1-4]，但检索的文献中，以旧国家标准[5]为基础的居多。2011年以后，虽然新国家标准[6]颁布，也在包括生物[7]、医药[8]、化工[9]等多行业科技期刊中有所体现，但在实际应用中，编辑和作者仍旧存在混淆不清的误用、乱用。在此，依据现行国家标准，通过地学论文中的实例，对中文连接号和英文连接号的意义和用法做出解析。

1 国家标准中关于中文连接号的相关规定

现行国家标准GB/T 15834—2011《标点符号用法》[6]于2012年6月1日开始实施，规定连接号有3种形式：短横线"-"、一字线"—"和波浪线"～"，它们在行文中的宽度如图1所示。简单来说，短横线的作用为联结相关的几部分，分情况不读或者读"杠"，用在复合词、复合结构、联合短语的连接时，内在有"和"之意[10]；一字线表示时间、空间的范围，可读为"到"或"至"；波浪线表示数值的范围，也可读为"到"或"至"。

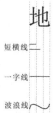

图1 中文连接号的宽度对比

相较之前的标准(GB/T 15834—1995)[5]，现行国家标准做出了简化处理：①去掉了占两个字位置的长线"——"，功能被破折号所取代；②半字线变更为短横线，占位宽度不再限定为"半字"，可以为1/3~1/2中文字的宽度。

2 英文连接号的意义和用法

英文里有4种连接号，它们在行文中占据宽度如图2所示。

图2 英文连接号的宽度对比

(1) Hyphen"-"，用于合成词，例如best-selling book、full-time student、up-to-date information。

(2) En dash"–"，宽度等同小写字母"n"，有2种意义，一是表示数字、日期、时间等连续范围，可用"to"代替，意义是"from … to …"或者"between … and …"；二是表示对比数值或相关的事物，例如"the ratio of hydrochloric acid and pure water is 1–3"，numerator–denominator relationship，用法与冒号或者斜线类似。

(3) Em dash"—"，宽度等同小写字母"m"，中文将之吸纳并演化为破折号。有3种意义：一是表示语气转折或者说话未结束，这种用法跟中文里的破折号是一致的，如"I have no idea, you may—"；二是插入、注释，这种用法与括号是一致的，如"We have a mechanism—plate tectonics—that would allow for continuous recycling of some of the gases"；三是用以引导对话或者标注从句。

(4) 减号Minus是用于运算的特殊连接号，宽度介于Hyphen和En dash之间。

3 中文连接号和英文连接号的对比

从功能和意义上讲，中文里的连接号和英文里的连接号具有一定的对应关系(见表1)。

需要注意的是，中文和英文有各自独立的标点符号体系，即使意义一致，也不能混用。很多作者在论文中可以区分中英文的双引号、单引号、逗号、句点等符号，因为它们在输入法或者排版印刷中有着明显的区别；但是特别容易忽略连接号的甄别，因为中文的一字线、短横线与英文的长线、短线在形式上极为相似。

4 错用中英文连接号的实例分析

在科技期刊编辑的工作实践中，中英文连接号错用的情况屡见不鲜。具体到地学论文里，错用原因有着与其他学科相似的共性问题，也有本专业的个性化问题，需要具体分析。

4.1 第1类错误：一字线和波浪线的混用

示例1 仅2003~2015年期间，湛江湾纳潮面积就减小了3.2%。

表1 中文连接号和英文连接号的对比

中文连接号			英文连接号			意义
名称	用法	示例	名称	用法	示例	
短横线 -	化合物成分连接	2-(4-异丁基苯基)丙酸	Hy-phen -	化合物书写	1,3-Dimethylacetone	复合
	机器型号	歼-10		机器型号	CPU-Zx64	
	阿拉伯数字的连用分隔	表2-8 xx 小区 2-1-1704 021-88661234 2021-08-05		数字或字母的连用分隔	My name is Mary, that's m-a-r-y. +86-800-820-3333	
	两个及以上词汇的结合	吐鲁番-哈密盆地 盎格鲁-撒克逊人		两个及以上词汇的结合	man-made protein labor-saving machine air-to-surface missile space-earth integration network high-speed milling	
	双姓或双名	让-雅克•卢梭		双姓或双名	Jean-Jacques Rousseau	
一字线 —	时间范围	鲁迅(1881—1936) 1921—2021 百年风云	En dash –	时间范围	Issac Newton (1643–1727)	递进
				空间范围	Paris–Berlin Express	
				数值范围	Chapters 1–8	
	空间范围	上海—广州特快直达 黑河—腾冲		数值对比	Brazil beat Argentina 4–2 The area ratio is 1–5	
波浪线 ~	阿拉伯数字或汉字数字的数值范围	20~30 g 土样 100~200 mL 盐酸 第二~七课 第九~十一届全运会		关系对比	mother–son relationship centripetal–centrifugal forces	
				复合的更高层次	the post–World-War-II years Ce-Ce*–ΣREE	

解析：2003 年到 2015 年不是数值范围，而是时间的范围。~应改为—，"2003—2015 年"。

示例 2　北大西洋中纬度海域(40°~55°N)是亚极地水团和暖水团的汇集地。

解析：北纬 40°到北纬 55°不是数值范围，而是空间的范围。~应改为—，"40°—55°N"。

示例 3　次生流体包裹体均一温度范围为 103.3—296.4 ℃，平均为 155.6 ℃。

解析：两个表端点温度的数字之间是数值范围，没有时间和空间范围的意义。—应改为~，"103.3~296.4 ℃"。

4.2　第 2 类错误：一字线和短横线的混用

示例 4　潮—河联控沉积体系受到生物扰动较多。

解析：这里是"海潮"与"内河"结合成一个复合专有名词，而不是从"潮"到"河"的意思，所以不能用表示递进关系的一字线，而应该用表示复合关系的短横线。—应改为-，"潮-河"。

示例 5　北部缓坡带发育河流—三角洲相沉积，可作为局部有效盖层。

解析：同上例，"河流"和"三角洲"组成复合词，来修饰"相"这个中心词。—应改为-，"河流-三角洲相"。

示例 6 三水盆地—珠江口盆地—南海海盆岩浆活动的时空分布与其生成演化机制相关。

解析：这里很容易被误解为空间递进的 3 个盆地，于是用了一字线，但是深究文意，3 个盆地表明了同一期岩浆活动的发生地点，3 个名词结合成 1 个词，修饰中心词"岩浆活动"，因此，应该用短横线表复合。—应改为-，"三水盆地-珠江口盆地-南海海盆"。

示例 7 自形-半自形白云石通常作为孔洞或裂缝的充填物，多以泥晶为主。

解析：白云石是碳酸盐矿物，自然生成有从"自形"到"半自形"的过渡之意，因此选用一字线。-应改为—，"自形—半自形"。

示例 8 在古新世-早始新世，这种四足爬行类古生物数量衰减直至灭绝。

解析：地史中，生物的灭绝时限短则百万年，长达数亿年，绝非朝夕之间，这里表示从古新世到早始新世的地质年代时间范围。-应改为—，"古新世—早始新世"。

示例 9 杨家庄组主要连续分布于老虎嘴-南辛庄-唐泉-背来石一线。

解析：地层分布强调连续性、延展性，有地理空间的递进意义。-应改为—，"老虎嘴—南辛庄—唐泉—背来石"。

示例 10 断层走向为北东—南西向；断层倾向为北东-南东。

解析：走向和倾向是对地层最基本、最重要的空间描述参数。通过断层的空间产状示意图(见图 3)，可以更好地理解"走向的复合"和"倾向的范围"。此处两个连接号的用法相反了：走向中把"北东"和"南西"看作一个"方向对"，应改为"北东-南西"，复合才能统一；倾向指的是两个方向的起止，所以应为"北东—南东"[11]。

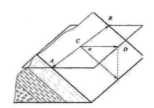

AB 为走向("A"和"B"方向对)；CD 为倾向(倾角 α 的变化范围)

图 3 断层的走向和倾向示意图

4.3 第 3 类错误：英文论述中的连接号误用

示例 11 The 500~600 active volcanoes of the world are not randomly distributed, but show a definite pattern that correlates strongly.

解析：英文的波浪线不是用来表示数值范围的，应改为"500–600"或者"500 to 600"的表达方式。

示例 12 δ^{18}O-δD-carbonatite

解析：高级复合词中需要通过不同的连接号来区分层次，表示词汇的"亲疏"关系。第 1 个 Hyphen"-"表示氧同位素和氢同位素相关联，第 2 个 Hyphen"-"应改为 En dash"–"，连接前面的复合部分与后面的矿物种类(碳酸盐岩)，正确写法是 δ_{18}O-δD–carbonatite。

示例 13 ΣREE-Ce-Ce*

解析：同上例，先分析高级复合词中各个部分的关联。第 2 个 Hyphen"-"表示 Ce 和 Ce*

的元素关系，密切相关；而第 1 个 Hyphen"-"应改为 En dash"–"，连接 ΣREE 变量与后面的复合部分，正确写法是"ΣREE–Ce-Ce*"。

综合分析以上地学论文中的多个实例，笔者认为造成中英文连接号错用的原因主要有两点：一是对连接号的意义本身认识不清；二是对需要连接起来的部分之间的关系认识不清。前者容易改正，后者才是真正的难点。

5 结束语

科技论文的写作不同于一般的文学作品，连接号并不表达句读和情感，更多地承载着科学意义。首先，要了解上下文的意思，明确连接号前后两部分包括文字、数字、字母、单词、词组等之间的内在联系，厘清对比、递进、复合的逻辑关系，厘清时间延续、空间展布或数值范围；其次，要从根本上明确连接号本身的意义和用法。结合学科属性，具体问题具体分析，才能选用正确的连接号，从而正确呈现学术观点。与此同时，还要注意，中文和英文有各自独立的标点符号体系，即使意义一致，也不能混用。标点符号的价值不亚于文字，准确地应用标点符号是贯彻学术出版标准化的重要方面，需要著者、编辑、出版人的共同努力。

参 考 文 献

[1] 蒋亚儒,田美娥,郭彩云.学术期刊中连接号使用的规范问题[J].陕西理工学院学报(社会科学版),2008(3):92-94.
[2] 饶帮华.谈连接号的正确使用[J].科技与出版,2008,27(6):29-30.
[3] 周园.应当引起重视的标点符号"连接号"[J].中国出版,2009(2):62-63.
[4] 贾亚洲.几种连接号的遴选与编排技巧[J].编辑学报,2010,22(3):227-228.
[5] 中华人民共和国国家质量监督检验检疫总局,中国国家标准化管理委员会.标点符号用法:GB/T 15834—1995 [S].北京:中国标准出版社,1995.
[6] 中华人民共和国国家质量监督检验检疫总局,中国国家标准化管理委员会.标点符号用法:GB/T15834—2011 [S].北京:中国标准出版社,2011.
[7] 韩学凤.生物文稿中连接号的使用及调查浅析[J].传播与版权,2019(6):42-43,48.
[8] 王懿,刘湘,刘黎明.连接号在《中国妇幼健康研究》期刊中的应用建议[J].中国妇幼健康研究,2017(8):1027-1029.
[9] 陈小平.化学化工论文中连接号的使用探讨[J].武汉船舶职业技术学院学报,2012(6):133-135.
[10] 刘双庆.出版物连接号使用问题新探[J].传播与版权,2020(6):58-61.
[11] 李学军.科技论文中连接号使用问题讨论与建议[J].编辑学报,2013,25(3):257-258.

地学稿件中常见的知识性错误举例与简析

王 运,焦 健

(中国科技出版传媒股份有限公司,北京 100717)

摘要:图书承担着传播正确知识的重任,书中出现知识性错误会造成谬误传播、误导读者的恶劣影响。结合编辑工作经验,总结地学稿件中存在的一些常见的知识性错误,包括事实性错误、知识陈旧过时、专业知识错误,并给出了具体的修改方法。希望通过此文引起编辑同行对知识性错误的重视,修改稿件中隐藏的问题,提高地学稿件的质量。

关键词:知识性错误;地学稿件;编辑;图书质量

知识性错误是指由于作者记忆错误、笔误、知识面狭窄、文字表达不当等而产生的内容上的差错。这类错误会导致读者对知识的错误记忆、理解,严重影响图书质量,因此需要编辑重点关注、多加防范。相对于显性的文字性错误、技术性错误或逻辑性错误,知识性错误十分隐蔽,需要仔细揣摩才能甄别出来[1]。笔者多年从事地学图书的编校工作,对工作中积累的常见知识性错误进行了分类,并结合实例提出修改建议,希望能对同行发现和解决知识性错误起到一定参考作用。

1 事实性错误

"事实"即"事情的真实情况"[2],也就是事情的真相。作者在写作时如果记忆模糊、思路不连贯、引用资料未核实,就会出现文字叙述与事情的真实情况不符的"事实性错误"。这类错误常见的有时间、地点、人物、事件与真实情况不符合,机构名、文本名、项目名等专名与事实不符合,文中的数据、引文出错等。事实性错误非常隐蔽,如果编辑知识面不够广或者责任心不够,致使此类差错遗留在书稿中,就会造成谬种流传而误人子弟。

例1 1978年3月8日,全国科技大会在北京召开。

【简析】时间有误,应为1978年3月18日。会议名称写错,"全国科技大会"应改为"全国科学大会"。

例2 何治亮. 塔里木盆地多旋回盆地与复式油气系统[M]. 北京:中国地质大学出版社,2000.

【简析】地质出版社在北京,位于中国地质大学(北京)校园里面;中国地质大学出版社在武汉,位于中国地质大学(武汉)校园里面。核查发现该书实际是由中国地质大学出版社于2001年出版。此文献应改为:何治亮. 塔里木盆地多旋回盆地与复式油气系统[M]. 武汉:中国地质大学出版社,2001.

例3 本书的出版得到了环保部公益性项目、中国科学院"大气灰霾"项目及国家自然科学基金面上项目等项目的支持。

【简析】第一个项目与实际信息不一致,"环保部公益性项目"的官方说法是"环境保护部例4　黄河自西向东依次流经青海、四川、甘肃、内蒙古、宁夏、山西、陕西、河南和山东九省。

【简析】黄河先流过宁夏、内蒙古，再流过陕西、山西。例子中"内蒙古、宁夏"应改为"宁夏、内蒙古"，"山西、陕西"应改为"陕西、山西"，"九省"应改为"九省区"。

例5　盐湖是主要的自然高盐环境，如青海湖(中国)、死海(黎巴嫩)、大盐湖(美国)和里海(俄罗斯)。

【简析】死海、里海的属国错。"黎巴嫩"改为"以色列、巴勒斯坦、约旦交界"；"俄罗斯"改为"亚欧交界"。

例6　本书反映了国家重大基础研究计划(973计划)项目"南海天然气水合物富集规律与开采"的重要研究成果。

【简析】973计划全称为"国家重点基础研究发展计划"，不是"国家重大基础研究计划"；项目名不准确，漏了"基础研究"二字。全句改为：本书反映了国家重点基础研究发展计划(973计划)项目"南海天然气水合物富集规律与开采基础研究"的重要研究成果。

例7　表题为"印度地区的地震"，表格中发震地点一列却有尼泊尔、克什米尔。

【简析】表题"印度地区"与内容"尼泊尔""克什米尔"不符。应将表题的"印度地区"改为"印度及邻近地区"。

例8　"geochemistry(地球化学)"一词是德国化学家C. F. 许拜恩(Christian Friedrich Schönbein)于1838年首次提出的。V. M. 戈德施米特(Victor Moritz Goldschmidt)被认为是地球化学之父。

【简析】国籍、人名不准确。根据中国对外翻译出版公司出版的《世界人名翻译大辞典》[3]及地球化学专业内约定俗成，Schönbein应翻译为"舍恩拜因"，Goldschmidt应翻译为"戈尔德施密特"。C. F. 舍恩拜因出生于德国，后入瑞士籍，应称其为"德国-瑞士化学家"。

2　知识陈旧过时

地学图书需要与时俱进，使用反映地学发展的最新资料，向读者传递尽可能准确、全面的最新信息。有的作者多年积累了大量的资料，但是随着时间的流逝，有的资料已经过时，作者未注意到这种变化而在写作中直接使用了过时的资料，就会产生知识性错误。编辑在稿件中若发现陈旧过时的内容，要妥善修正。

例1　珠穆朗玛峰是喜马拉雅山脉的主峰，海拔8 844.43米，是世界第一高峰。

【简析】这是2021年2月某图书三校样中介绍珠穆朗玛峰的一句话。其中的"海拔8 844.43米"是陈旧的数据。2020年12月8日，国家主席习近平同尼泊尔总统班达里互致信函，共同宣布珠穆朗玛峰最新高程——8 848.86米。因此，需要把"8 844.43米"改为"8 848.86米"。

例2　中国是世界上用水量最大的国家。仅2002年，全国淡水取用量达5 497亿立方米，大约占世界年取用量的13%。

【简析】这段话来自一部2020年的专著原稿。作者为了说明我国用水量大，给出的数据是2002年的。这个数据显然过于陈旧了，不足以让读者信服。经过与作者沟通，作者重新提供了2018年的数据。

例3　谨此向一直支持我们工作的教育部、住房和城乡建设部、国土资源部、环境保护部、中国科学院等部门深表谢意。

【简析】这是某书中前言的致谢部分。前言结尾落款日期是 2021 年 3 月。2018 年 3 月组建了自然资源部、生态环境部，国土资源部、环境保护部已不存在，因此"国土资源部"应改为"自然资源部"，"环境保护部"应改为"生态环境部"。

例 4　南流江流域沿断裂发育中新生代断陷盆地，沉积侏罗—老第三纪红色陆相地层。下游合浦境内地层自老而新有：志留系、泥盆系、石炭系、老第三系、新第三系及第四系。

【简析】第三纪原为新生代的第一个"纪"，旧时分为老第三纪、新第三纪。新制订的地质年代表将老第三纪改称古近纪，新第三纪改称新近纪，"第三纪"已不再使用[4]。因此需要将例子中的"老第三纪"改为"古近纪"。原全国自然科学名词审定委员会(现全国科学技术名词审定委员会)公布的《地质学名词》[5]已将古近系、新近系作为规范用词，老第三系、新第三系作为这两个术语的"曾称"。因此"老第三系、新第三系"应改为"古近系、新近系"。

例 5　普光气田位于四川省宣汉-达县地区，是目前四川盆地发现的埋藏最深、规模最大、丰度最高的气田，也是目前我国海相地层中发现的最大气田。

【简析】这是 2016 年某专著一校样对普光气田的一段描述，使用了过时的旧地名。2013 年经国务院批准，达县被撤销。此外，继发现超深的普光气田之后，中国石化 2011 年又发现了元坝气田，比普光气田埋藏还深，因此例子中的"埋藏最深"错误。整句可改为：普光气田位于四川省达州市宣汉县普光镇，是目前四川盆地发现的规模最大、丰度最高的气田，也是目前我国海相地层中发现的最大气田。

例 6　应用雷达和激光技术测得的地球与太阳的距离为 149 597 892 千米。

【简析】国际天文学联合会大会于 2012 年修订了日地距离，因此图书中应使用修订后的数据：149 597 870 700 米。

例 7　本煤矿范围历史上无破坏性地震记录，按照《中国地震动参数区划图》(GB 18306—2001)，本区地震动峰值加速度为 $0.05g$。

【简析】图书中应使用最新的标准。《中国地震动参数区划图》(GB 18306—2001)已作废，2016 年 6 月 1 日起实施《中国地震动参数区划图》(GB 18306—2015)。经过核实，研究区的地震动峰值加速度在标准更新前后没有变化，因此可以直接将"GB 18306—2001"改为"GB 18306—2015"。

例 8　2021 年某专著的关中平原第四系地下水水源地分布图中有耀县地名，并将铜川市标注在了王益区。

【简析】耀县已于 2002 年 6 月被撤销，"耀县"应改为"耀州区"。2003 年 9 月 30 日，国务院批准铜川市人民政府驻地由王益区红旗街迁至耀州区正阳路，因此铜川市需要标注在耀州区。

3　专业知识错误

地学稿件中涉及较多的专业知识，有的作者由于对某些专业知识的理解不到位、概念不明确或者记忆模糊等，在写作中容易出现对专业知识的错误表述。出现这种现象，可能与作者阅读的文献偏少、缺乏深入研究、成稿后未认真修改又没有请专家审阅有关。发现这类错误的难度很大。地学编辑应掌握地学的基本理论和系统知识，通过多阅读地学文献扩大知识面，对把握不了的专业问题要积极查阅相关文献，从而消灭专业知识错误。

例 1　中国东部一系列北东向的盆地，如松辽盆地、环渤海湾盆地、四川盆地等与前面所述的大兴安岭、太行山、秦岭和华南系列山脉，相间排列组成了北东向构造地质地貌单元。

【简析】地理位置错误。四川盆地位于中国西南部，非中国东部。应删去"、四川盆地"。

例2　矿田内次级褶皱构造和花岗岩株控制着矿段或矿床的产出，古生代到早古生代沉积形成的以碳酸岩为主的地层是重要的赋矿场所。含矿地层由一套滨海相的碎屑岩、碳酸岩及黏土岩等沉积岩组成。

【简析】碳酸盐、碳酸盐岩、碳酸岩仅一字之差，概念却完全不同，需要小心区分。碳酸盐是一种盐类化合物；碳酸盐岩是主要由碳酸盐矿物组成的沉积岩；碳酸岩是主要由碳酸盐矿物组成的火成岩。例子中"沉积形成的""沉积岩"说明不可能是火成岩，因此两处"碳酸岩"是错误的，应该改为"碳酸盐岩"。

例3　地质年代表：依照时代早晚顺序表示地史时期相对地质年代的表格，是区分地球历史各个时期的非固定间距的时间标尺。根据生物演化的巨型阶段，将地球历史划分为隐生宙、太古宙、元古宙和显生宙。

【简析】旧的划分方案是将地球历史划分为两个宙，即根据宏体动物化石出现的情况，将整个地质时期分为动物化石稀少的隐生宙及动物化石大量出现的显生宙。随着对早期地质历史记录，尤其是对早期生物化石的认识和揭示，隐生宙被分解为冥古宙、太古宙和元古宙[6]。因此地球历史应划分为冥古宙、太古宙、元古宙和显生宙。

例4　大西洋地区是世界上台风活动最频繁的地区。

【简析】混淆了飓风和台风的概念，误将飓风说为台风了。飓风：发生在热带或副热带东太平洋和大西洋上中心附近风力达12级或以上的热带气旋[7]。台风：中心附近最大风力达12级或以上，发生在西北太平洋和南海的热带气旋[7]。因此，大西洋地区只有飓风而没有台风。

例5　华北克拉通自早元古代末至晚元古代，经历了多期裂谷事件，但是这期间没有块体拼合构造事件的记录，没有造山带型矿床。

【简析】早元古代、晚元古代的说法已经废弃。国际地层委员会2017年5月公布的国际年代地层表中将元古宙三分为古元古代、中元古代、新元古代，因此宜将"早元古代末至晚元古代"改为"古元古代末至新元古代"。

例6　在与地学有关的环境问题中，酸雨、臭氧空洞、温室效应、全球气候变暖、水和土壤的污染等都可以通过地球化学手段得到解决。

【简析】言过其实，夸大了地球化学手段的作用。地球化学手段虽然可以解决很多环境问题，但无法解决上述所有环境问题。宜将"都"改为"大部分"。

例7　秦巴山脉是我国南方和北方地理分界线、长江和黄河两大流域分水岭、北温带和亚热带分界线、湿润与半湿润气候地区分界线，是南方和北方中央气候调节器。

【简析】北温带和亚热带是按不同标准划分的，不可并列。以获得太阳光热的多少、是否有太阳光直射、是否有极昼和极夜现象将地球表面划分为热带、北温带、南温带、北寒带和南寒带；根据各地≥10℃积温，将我国分为寒温带、中温带、暖温带、亚热带、热带、青藏高原气候区。因此需要将"北温带"改为"暖温带"。

例8　我国疆域辽阔，地形复杂多样，地跨热带、温带和寒带，夏季最热的地方是吐鲁番，冬季最冷的地方是漠河，形成了不同尺度范围的气候地带，即使属于同一气候带，也会发生不同的气候变化情况。

【简析】与中国政府网"国情"下面"气候"页面对我国温度带的描述不一致。原文为：从温度带划分看，有热带、亚热带、暖温带、中温带、寒温带和青藏高原气候区。因此需将"地跨热带、温带和寒带"改为"地跨热带、亚热带、暖温带、中温带、寒温带和青藏高原气候区"。

4 减少知识性错误的几点建议

以上总结了地学稿件中一些常见的知识性错误，事实上由于地学稿件涉及的内容非常庞杂，知识性错误类型远不止上述罗列的这三类，不再一一赘述。上面列举的知识性错误均来源于编校中的书稿，有些错误还是在地学教材的付印样质检时发现的，可见问题的严重性。当前有很多地学编辑对知识性错误是很难发现的，其原因有三：一是轻信作者，认为作者学术水平高稿件质量就好；二是知识面不够广，对知识性错误不够敏感；三是工作态度不认真，不仔细核对引文等。关于减少地学书稿中的知识性错误，有以下几点建议：

(1) 编辑应以高度的责任心和"怀疑一切"的态度对待书稿，这既是对读者负责，也是对作者负责。不能因为作者的职称高、头衔大就放松对书稿的审查，要知道"智者千虑，必有一失"，即使是院士，写作过程中也会有疏漏。编辑要逐字逐句地对书稿内容进行全面、细致的审查，对书稿中存在的自己把握不准的内容要持怀疑、谨慎的态度，运用权威的工具书或资料进行多方查证。切不可想当然，因为稍有松懈就会遗漏知识性错误。

(2) 编辑应加强各方面知识的学习，成为专家（"专"）和杂家（"博"）。一方面，地学编辑应该是专家。地学编辑虽然都具有一定的专业学科基础，但书稿中涉及的专业知识是广泛的，而且还在不断更新，这就需要编辑不断地努力学习专业知识。编辑只有做到了"专"，图书的内容才有保障。另一方面，现代科学是各种学科纵横交错的，地学书稿中还涉及其他学科的知识，这就要求编辑知识面越宽越好，即"博"。编辑应时时刻刻以强烈的求知欲学习，不断扩展知识面，才能让自己成为杂家。只有这样编辑才能对书稿内容进行有效鉴别，才有发现更多错误的可能，从多个维度把好图书质量关。

(3) 编辑要有严谨、认真、求实的态度，要养成勤于查证的习惯。除了用实体书进行查证外，编辑还要熟练掌握用网络检索信息的技巧。如可以用读秀知识库进行知识点检索，可以用百度学术查找文献，还可以通过中国知网、维普、万方、豆丁网、道客巴巴等网站下载论文。查证工作非常枯燥和繁重，但编辑必须去做。

5 结束语

质量是图书的生命，是出版社立社之本，是赖以生存的基础，是可持续发展的保证。作为一名地学图书编辑，笔者深感稿件中知识性错误不仅严重影响图书质量，损害出版社形象，而且会以讹传讹，损害读者的合法权益。地学编辑需要具有为书稿把好质量关的使命感、责任感，博览群书，敢于质疑，勤于查证，才能最大可能地避免知识性错误，为广大读者提供健康安全的"精神食粮"。

参 考 文 献

[1] 刘莹.审读书稿过程中要甄别知识性错误[J].出版广角,2016(275):52-54.
[2] 中国社会科学院语言研究所词典编辑室.现代汉语词典[M].7版.北京:商务印书馆,2016.
[3] 新华通讯社译名室.世界人名翻译大辞典(修订版)[M].北京:中国对外翻译出版公司,2007.
[4] 全国科学技术名词审定委员会.地理学名词[M].2版.北京:科学出版社,2007.
[5] 地质学名词审定委员会.地质学名词[M].北京:科学出版社,1994.
[6] 孙鸿烈.地学大辞典[M].北京:科学出版社,2017.
[7] 全国科学技术名词审定委员会.海洋科技名词[M].2版.北京:科学出版社,2007.

医学论文中诊断试验研究的几种错用误用案例分析

韩宏志，官 鑫，陈思含，姜瑾秋，李欣欣

(吉林大学学报(医学版)编辑部，吉林 长春 130021)

摘要： 针对医学论文中诊断试验研究存在的试验设计、统计学分析和结果报告等方面使用不规范的问题，查阅统计学书籍和相关期刊的典型文章，结合国外期刊、中华医学会系列期刊和中国高校医学期刊的相关指南和清单，举例说明研究对象的选取、样本量的估算、组间均衡性、联合试验、似然比、诊断试验界值、连续性资料受试者工作特征(ROC)曲线下面积(AUC)的比较、诊断试验评价中常见的偏倚和诊断试验的临床试验注册等方面存在的问题，并提出相应的解决方法，为该类型文章整体质量的提高奠定基础，为医学期刊编辑处理该类稿件提供参考依据。

关键词： 医学论文；诊断试验；试验设计；统计学分析；误用

诊断试验是生物医学研究中较为常用且较为复杂的研究方法。在金标准的选择、样本含量估算、最佳诊断界值的选择、诊断试验的真实性评价(灵敏度、特异度、总符合率、约登指数和似然比)、诊断试验的可靠性评价(一致性评价、组间变异系数、Bland-Altman 图和 Kappa 系数)和诊断试验实用性评价(阳性预测值、阴性预测值和经济性评价)等知识点具有很强的专业性，通常研究者很难在短时间内熟练正确掌握，导致已发表的诊断试验研究论文总体质量不高。目前，研究者参考英文医学期刊普遍使用的《诊断试验研究报告标准》(Standards for Reporting Diagnostic Accuracy Studies，STARD)、中华医学会系列杂志诊断准确性研究建议使用的《STARD 2015 对照检查清单》和中国高校科技期刊研究会医学期刊专业委员会推荐使用的《中国高校医学期刊论文统计报告推荐清单(2021 版)》对该类研究进行规范，但由于这几种清单条目多，内容细，专业性较强，对于不具备统计学基础的研究者而言，熟练掌握并正确应用较困难，医学期刊编辑处理该种类型稿件也较为吃力，因此现已正式发表的该类文章仍存在诸多问题。现就医学编辑在日常审稿过程常见的几种诊断试验应用错误进行辨析，旨在提高医学期刊中诊断试验研究试验设计、统计学分析和结果报告的科学性、准确性和规范性。

1 研究对象的选取

某项研究[1]探讨血清淀粉样蛋白 A (Serum amyloid A protein，SAA)、白细胞介素 6 (Interleukin-6，IL-6)和肿瘤坏死因子 α(Tumor necrosis factor-α，TNF-α)水平检测对特发性间质

基金项目：中国高校科技期刊研究会 2021 年医学期刊专项基金 (CUJS-YX-2021-1-2，CUJS-YX-2021-2-3，CUJS-YX-2021-3-8)

通信作者：李欣欣，编审，E-mail：xxli@jlu.edu.cn

性肺炎(idiopathic interstitial pneumonia，IIP)的诊断价值，研究者选取124例IIP患者作为IIP组，选取同期该院130名健康体检者作为对照组进行诊断试验，这是一种不规范的对照组选取，采用上述3种实验室指标诊断IIP的类似研究已有相关文献报道，因此该研究不属于诊断试验准确性评价的早期探索阶段，不宜选用正常人(健康志愿者)作为对照组，病例组也不能仅选取典型病例，也应选取不同严重程度(轻、中和重)、不同病程阶段(早、中和晚)、不同症状和体征(典型和不典型)及有无并发症的患者；另外健康体检者与IIP患者在临床症状和体征上存在很大区别，不需要应用实验室指标进行鉴别诊断。诊断试验研究对象选取时对照组应选择那种在症状和体征上与疾病组高度相似，在临床工作中极易与待诊断疾病混淆的人群，以考核待诊断试验的适用范围和鉴别诊断能力。选取健康体检者作为对照组所进行的诊断试验，会过高评估待诊断试验的诊断效率。医学期刊编辑在处理该种类型稿件时，应注意诊断试验研究对象选取的合理性和代表性，把好研究对象选取质量关。

2 样本量的估算

某项研究[2]探讨免疫荧光原位杂交(fluorescence in situ hybridization, FISH)技术检测脑脊液中循环肿瘤细胞对于肺癌脑膜转移的诊断价值，研究者选择16例肺癌脑膜转移患者作为病例组，8例脑部非肿瘤疾病患者作为对照组，初步判断该研究所选用的样本量过少，可导致诊断指标预测结果的不稳定，无法满足统计的准确性和可靠性，进而影响对诊断结果的评价。诊断试验样本含量估算与显著性水平(α)、预计该方法诊断患者的灵敏度及灵敏度的容许误差和预计该方法诊断非患者的特异度及特异度的容许误差有关。诊断试验应在研究设计阶段进行病例组和对照组样本含量的估算，并给出样本含量估算的计算公式或软件名称(版本号)等相关信息，其中病例组样本含量由灵敏度估计，对照组样本含量由特异度估计，在诊断试验设计时要基于灵敏度进行病例组样本含量估计和基于特异度进行对照组样本含量估计，之后选取两者的最大值。因此医学期刊编辑在审稿过程中要注意诊断试验研究样本量，对于病例组和对照组样本含量小于30例的诊断试验，建议作者重新采用PASS软件或Power and Sample Size网站进行样本含量估算，样本含量相应增加后进行重新试验，以保证诊断试验的真实性和可靠性。

3 组间均衡性

某研究者[3]应用受试者工作特征(receiver operating characteristic，ROC)曲线评价基质金属蛋白酶9(matrix metalloproteinase-9，MMP-9)对ST段抬高型心肌梗死(St-segment elevation myocardial infarction，STEMI)的诊断价值，研究者选取某医院心脏中心重症监护室55例年满18周岁初次诊断为STEMI汉族患者作为STEMI组，选取同期于该中心普通病房住院诊疗年满18周岁的50例有非典型胸痛表现(冠状动脉造影提示左右冠状动脉未见异常)的汉族患者作为对照组，但2组研究对象主要人口学特征[性别构成、年龄分布、吸烟率和体质量指数(body mass index，BMI)]和主要临床特征[白细胞计数、单核细胞计数和血肌酐(serum creatinine，Scr)]等基数资料比较差异均有统计学意义($P<0.05$或$P<0.01$)，由于研究对象年龄分布和性别构成等人口学特征与疾病严重程度或并发症发生情况可能存在相关关系而影响诊断试验的准确性，因此医学期刊编辑应正确读取诊断试验研究对象的一般人口学特征和疾病严重程度等基线资料，判断其是否具有可比性。

4 联合试验

在某些诊断试验研究进行了多指标的联合诊断评价，但未明确指出联合诊断试验的方法(并联试验或串联试验)，并且在结果中还存在错误，如某研究者[4]研究支气管肺泡灌洗液(bronchoalveolar lavage fluid，BALF)-半乳甘露聚糖(galactomannan，GM)试验联合血清GM侵袭性肺曲霉病(invasive pulmonary aspergillosis，IPA)的诊断价值，其中BALF-GM试验阳性的灵敏度为84.6%，特异度为62.5%，血清GM试验阳性的灵敏度为76.5%，特异度为56.5%，而BALF-GM试验与血清GM试验均为阳性(串联试验)的灵敏度(95.3%)与特异度(87.0%)均较单独应用时升高，存在计算错误。在联合试验中不可能出现灵敏度与特异度同时升高的情况。而另一位研究者[5]采用血清中前列腺特异抗原(prostate specific antigen，PSA)[总PSA(tPSA)和游离PSA(free PSA, fPSA)]、细胞角蛋白19片段抗原21-1(cytokeratin 19 fragment antigen 21-1，CYFRA21-1)单独和联合检测评价对乳腺癌的诊断价值，文中未叙述联合试验的具体方法，直接得出tPSA+fPSA+CYFRA21-1联合检测的灵敏度和特异度均高于tPSA、fPSA和CYFRA21-1单独检测，也是存在计算错误。灵敏度和特异度这2个指标可以综合反映待评价诊断方法诊断能力的优劣。不同的诊断试验临界值具有不同的灵敏度和特异度，灵敏度升高，特异度下降；特异度升高，灵敏度下降。在并联试验时，2种诊断方法联合诊断的灵敏度高于单独任一种诊断方法，但联合试验的特异度低于任一种诊断方法；在串联试验时，2种诊断方法联合诊断的特异度高于单独一种诊断方法，但灵敏度低于任意一种诊断方法。因此在联合试验时，不会出现联合试验的诊断灵敏度和特异度均高于任意一种诊断方法的情况。这是一种较为普遍的诊断试验错用误用的形式，应引起医学期刊编辑的足够重视，此类错误源于研究者主观倾向于所研究诊断方法的联合试验应优于单独一种和对诊断试验统计学基础知识掌握不准确。

5 似然比

某项研究[6]采用GEvivid7 pro彩超行经胸超声心动图(TTE,3S探头)和经食道超声心动图(TEE,6T探头)探讨2种检测方法在感染性心内膜换瓣术前的诊断价值，该研究存在诸多不足之处，主要表现在：①在"1.2"方法中叙述了采用2种方法检查，但未叙述是由同一位医生还是不同医生操作，2种方法是存在先后顺序检查还是遵循盲法，诊断试验应遵循随机化原则，在该研究中体现在不同医生判断诊断试验结果时应采用随机化顺序；②在"1.3"统计分析中叙述了采用联合检验(并联和串联)的计算公式，但结果部分未进行相关计算；③在结果部分给出了2种检查方法的阳性似然比和阴性似然比，但似然比的数值为0.5~1.0，表明2种方法对该疾病的诊断价值不大，因此该研究所得出的2种检查方法对感染性心内膜炎换瓣术前具有重要的临床诊断价值的结论不准确。似然比是评价诊断试验真实性的重要指标，其不受受检人群患病率的影响，当似然比大于1时，表示应用该诊断试验对疾病的诊断概率增加，当似然比小于1时，表明该诊断试验对疾病的诊断价值小；当似然比为1~2或0.5~1时，表示该种诊断试验对疾病的诊断作用不大[7]。医学期刊编辑可以基于似然比的数值判断作者对诊断试验结论的准确性。对于评价2种方法对同一种疾病的诊断价值，建议采用Kappa一致性检验。

6 诊断试验界值

某研究者[8]应用 ROC 曲线评价甲胎蛋白(alpha-fetoprotein,AFP)、α-L-岩藻糖苷酶(α-L-fucosidase, AFU)、CA199 和 γ 谷氨酰转移酶(glutamyltransferase, GGT)单独或联合检测对原发性肝癌(primary hepatic carcinoma, PHC)的诊断价值，以 AFP、AFU、CA199 和 GGT 正常参考值上限作为诊断 PHC 的临界点。医学参考值范围(reference range)指包括绝大多数正常人的某指标观测值的波动范围[9]，当医学参考值范围建立后要评价是否可以用于医学实践一般需重新观测一部分健康者和患者用原观测方法(金标准)与参考值范围进行评价[10]。医学参考值范围的上限和下限不能作为诊断某种疾病的界值。该研究未充分考虑上述 4 种诊断标志物在健康人群、疾病人群以及与疾病人群相似人群中的分布情况，也未权衡误诊和漏诊所带来的影响，因此在试验设计上不够科学严谨。诊断试验是用于临床医生判断患者是否患病，需要设定试验结果的正常与异常的界值，也称为截断点，以此值为界将研究对象经待评价诊断标准的检测结果分为阳性与阴性，并且诊断试验的结果通常在患者与无病者之间存在重叠和交叉，因此确定截断点是诊断试验的关键性步骤。诊断试验临界点的确立方法主要包括正态分布法、百分位数法、ROC 曲线法、最大约登指数和临床确定法。医学期刊编辑审理该类型稿件时，应建议作者选择合理的方法确定最佳临界值。

7 连续性资料 ROC 曲线下面积(area under curve, AUC)的比较

描述诊断试验检出结果时，灵敏度和特异度必须与相应的决策阈值一起给出，在描述 AUC 结果时，应报道 AUC 及 95%置信区间(95%CI)，AUC 与 0.5 比较差异是否有统计学意义。某研究[11]探讨血清肺腺癌转移相关转录因子 1 (metastasis-associated lung adenocarcinoma transcript-1, MALAT-1)联合 PSA 检测对前列腺癌的诊断价值，该文章在研究设计与统计学分析中出现如下错误：①在文中未体现出 AUC 与 0.5 比较差异是否有统计学意义；②研究中的联合检验未说明是并联试验还是串联试验，但在原文的表 2 中灵敏度介于单独应用 MALAT-1 或 PSA 检验，而特异度高于单独应用 MALAT-1 和 PSA 检验，不符合串联试验和并联试验中灵敏度与特异度变化的规律；③表 1(原文中表 2)和图 1(原文中图 3A)中及结果部分均说明联合试验(MALAT-1 和 PSA 检验)诊断前列腺癌的 AUC(0.865)高于单独使用 MALAT-1(0.759)和 PSA(0.800),但图 1A 显示 3 条 ROC 曲线存在交叉，因此不能按照曲线离机会对角线最远判断哪条曲线 AUC 最大，SPSS 软件无比较 AUC 大小的功能，通常应用 MedCalc 软件进行 AUC 大小的比较，另外研究者还可以采用 AUC 95%CI 进行判断，MALAT-1+PSA 的 95%CI(0.782~0.925)包含 PSA 的 AUC 值(0.800)，因此 $P>0.05$，不能说明 MALAT-1+PSA 与 PSA 的诊断能力有差别。

表 1　MALAT-1 和 PSA 对前列腺癌的诊断效能

指标	曲线下面积	95%置信区间	敏感性/%	特异性/%
MALAT-1	0.759	0.663~0.839	68.3	80.2
PSA	0.800	0.708~0.873	81.7	70.3
MALAT-1+PSA	0.865	0.782~0.925	78.7	95.7

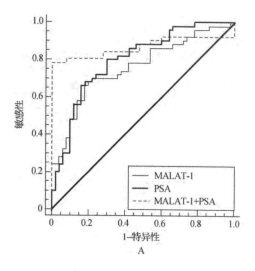 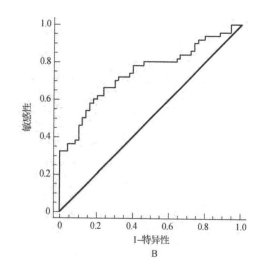

(A) MALAT-1 和 PSA 诊断前列腺癌的 ROC　　　(B) MALAT-1 诊断 PSA 阴性(≤4 ng·mL^{-1})前列腺癌的 ROC

图 1　MALAT-1 和 PSA 诊断前列腺癌的 ROC

8　诊断试验评价中常见的偏倚

某研究[12]评估乳腺影像学报告及数据系统(Breast Imaging Reporting and Data System, BI-RADS)诊断标准与超声弹性成像(ultrasonic elastography, UE)改良 5 分法判断乳腺导管内肿物良恶性的价值，首先采用常规超声发现病灶，对其进行 BI-RADS 评分，在此基础上进入 UE 模式，获得实时弹性成像图像后再进行评分，因这 2 种诊断方法均属于主观，后一种诊断试验结果的判读受第一种诊断试验结果的影响，相当于增加了临床资料作为确立诊断的临床依据，未能做到所研究 2 种诊断方法的独立，也未遵循诊断试验结果判定过程中的盲法，诊断试验的观察者应在不知金标准诊断结果的情况下，应用被评价的诊断方法检查患者或测定患者标本，即盲法判断试验结果，避免观察者造成的偏倚。该诊断试验的偏倚属于评价者临床解读偏倚，这种偏倚增加了试验的灵敏度，降低了试验的特异度。在诊断试验研究中，对于较主观的资料判读常受到临床资料，如年龄、性别、症状、体征、实验室和影像资料的影响，提高判断的准确性，这种情况在临床实践过程是可的，但在诊断试验研究中容易产生偏倚，这种偏倚增加了灵敏度，但对特异度的影响较小。

9　诊断试验的临床试验注册

中国临床试验注册中心规定所有在人体中和采用取自人体的标本进行的研究，包括各种诊断技术、试剂、设备的诊断性试验，均需进行临床试验注册。在中国临床试验注册中心以诊断试验为研究类型注册的试验有 3 400 项，占全部注册项目的 5.55% (2022 年 8 月 30 日)。而现已经发表的诊断试验文章仅有极少的一部分进行了临床试验注册。多数国际期刊要求所有前瞻性临床研究均应设计方案并进行临床试验注册，投稿时要提交方案注册号，诊断准确性临床研究类型文章投稿需要从杂志中下载 STARD 报告规范声明(http://www.stard-statement.org/)模板并上传。中华医学会系列杂志要求诊断试验参照《STARD 2015 对照检查清单》进行报告撰写，进行临床试验注册，并在投稿时提供诊断试验研究注册号和注册名称。《中国高校医学期刊论文统计报告推荐清单(2021版)》对诊断试验评价方面的研究论文在试验设计、质量控制和统计学分析等诸多方面提出了很多建设性意见,但对于诊断试验研究是否进行临床试验注册未给予明确规定。本文作者建议,对于前瞻性的诊断试验研究,应进行临床试验注册,并上传共享完整研究方案。

10 结束语

诊断试验属于医学统计学中比较复杂的统计学方法,医学期刊编辑在处理该种类型稿件时会感觉困难,建议应加强该种类型统计学方法的学习,掌握诊断试验的基本原则和应用条件,参照现有相关的诊断试验声明进行报告的撰写,希望本篇文章能为医学编辑处理该类稿件提供帮助和指导。

参 考 文 献

[1] 温晓峥,何流,苏惠婷.血清SAA、IL-6和TNF-α水平在特发性间质性肺炎中的价值分析[J].国际检验医学杂志,2019,40(12):1471-1474.

[2] 马春华,姜镕,吕远,等.免疫FISH技术检测脑脊液中循环肿瘤细胞在肺癌脑膜转移诊断中的应用[J].中国肿瘤临床,2015,42(13):653-657.

[3] 门莉,杨毅宁,马依彤,等.基质金属蛋白酶9对ST段抬高型心肌梗死的诊断价值研究[J].中国全科医学,2014,17(18):2073-2078.

[4] 刘利华,李建美,董海新,等.支气管肺泡灌洗液GM试验联合血清GM试验对侵袭性肺曲霉病的诊断价值[J].中华危重病急救医学,2019(3):331-335.

[5] 李林,熊有毅,秦威,等.患者血清前列腺特异抗原、细胞角蛋白19片段抗原21-1联合检测乳腺癌的临床研究[J].中华实验外科杂志,2017,34(8):1388-1390.

[6] 周余旺,朱海宏.超声在感染性心内膜炎换瓣术前的诊断价值[J].中华医院感染学杂志,2013,23(10):2360-2361,2397.

[7] 刘民,胡志斌.医学科研方法学[M].北京:人民卫生出版社,2020:156-167.

[8] 袁明生.应用受试者工作特征曲线评价甲胎蛋白、α-L-岩藻糖苷酶、CA199及γ谷氨酰转移酶检测对原发性肝癌的诊断价值[J].中国全科医学,2011,14(21):2372-2374.

[9] 方积乾.生物医学研究的统计学方法[M].北京:高等教育出版社,2018:29-30.

[10] 陈彬,李丽萍,李克.第十一讲:如何确定参考值的范围[J].中华预防医学杂志,2002,36(5):68-70.

[11] 吕志文.MALAT-1联合PSA检测对前列腺癌的诊断价值[J].现代医学,2018,46(5):487-492.

[12] 赵新保,欧冰,肖晓云,等.BI-RADS诊断标准与超声弹性成像对乳腺导管内肿瘤的诊断价值[J].中国超声医学杂志,2012,28(11):981-984.

分子生物学文稿常见专业术语及编排格式问题探析

陈 燕

(《南方农业学报》编辑部,广西 南宁 530007)

摘要:文章对分子生物学文稿中常见的专业术语及编排问题进行总结及探析。分析发现含义相近的专业术语存在本质区别,使用时应认真辨析;基因字母符号用斜体表示,其编码蛋白符号用正体表示,且对某物种某基因使用"物种拉丁名属名和种加词的第一个字母+基因名称(缩写)"的命名方法,基因符号字母大小写应根据具体物种而定;引物序列应标明其方向和酶切位点;PCR反应体系应写明各成分的浓度(或质量浓度);PCR扩增程序参数信息要完整;工具酶的正斜体和大小写编排格式应遵循其命名方法;微生物学名应遵循物种命名原则规范表达;系统发育进化树中应注明基因(或蛋白)编号(ID),为分子生物学文稿的撰写及编排提供参考。

关键词:分子生物学文稿;专业术语;编排格式

自沃森和克里克提出 DNA 分子的双螺旋结构模型以来,人类逐渐意识到这支强大的"分子部队"在各种生物体中的强大指挥能力。人类根据"分子部队"的作战策略和规律建立了许多强大的生物技术,如基因工程、细胞工程、酶工程等,这些技术赋予人类改造生命,甚至创造生命的能力。近十几年来在我国高度重视生物技术发展,并从政策、环境方面采取了多项有效措施来推动生物技术及其产业的发展。随着现代生物技术快速发展,分子生物学研究已然成为前沿和热点,已在医疗、农业、食品加工等多个领域占据举世瞩目的地位,发表的相关论文如雨后春笋般席卷各大科技期刊杂志。笔者在编校过程中发现此类稿件常存在意思相近的专业术语误用的现象,如同源性、相似性、一致性3个术语常在描述基因(或蛋白)序列结果时出现混用;转化、转导、转染 3 个术语在描述基因导入受体细胞时出现误用。此外,分子生物学稿件还存在基因符号和工具酶正斜体且大小写不规范、引物序列方向和酶切位点未标出、PCR 反应体系和扩增程序信息不全、微生物学名未遵循物种命名原则规范表达;系统发育进化树缺少基因(或蛋白)编号(ID)信息等编排问题。经调查发现,这些问题广泛存在于生物学、农学、医学等科技期刊中,不利于研究成果的推广及学术交流。虽然部分问题已有相关研究报道,但近年来上述问题仍屡见不鲜。因此,文章对上述分子生物学文稿中的常见问题进行综述,并提出建议,以期为分子生物学文稿的撰写及编排提供参考。

基金项目:广西农业科学院基本科研业务专项(桂农科 2020YM85);广西农业科学院基本科研业务专项(桂农科 2021YT082)

1 易混淆的专业术语辨析

1.1 同源性、相似性和一致性

目前，分子生物学研究中常通过基因核苷酸序列或蛋白氨基酸序列比对衡量分子之间的相似性程度和同源的可能性，从而进行物种亲缘关系分析，主要使用同源性(Homology)、相似性(Similarity)和一致性(Identity)反映序列比对结果。三者表达意思相近，但用法存在本质区别。虽然宋亚珍等[1]于2008年对这3个词进行了辨析，但近年刊发的文献仍存在误用现象，尤其是对相似性和一致性的使用仍存在误区，因此笔者通过查阅近年分子生物学相关书籍，结合全国科学技术名词审定委员的术语在线，从理论和实例角度进行补充和完善。

首先，分析同源性与相似性、一致性的区别和联系。同源性是定性的推断(表示序列是否同源)，没有程度之分，要么为同源的，要么为非同源性的，而一致性和相似性则是数量的推断(表示序列相关程度)，均属于同源性的量化指标，不用考虑比对序列的起源[2]。如果两个序列的一致性和相似性较低，可初步推测两者是非同源的，但存在不确定性。即使两个序列核苷酸(或氨基酸)的一致性较低，两者也可能是同源的，例如球蛋白家族成员都是同源的，但部分成员如人类的β球蛋白和脑红蛋白在进化过程中发生了很大分化，两者的氨基酸序列相似性仅为22%，但它们仍是同源序列[2]。间接说明不能仅凭一致性和相似性的高低，判断序列是否同源，而且即使两个序列为同源序列也不代表两者具有相同的功能。由于同源性没有程度之分，故同源性不能用具体数据来表示，如"番茄SlGT-33基因与黄瓜CsGT-33基因的核苷酸序列同源性为50%"，为错误表述，也不可表述为"这些序列高度同源"。综上所述，判定两条序列为"同源基因(或蛋白)"，或者"有同源性"等结论，必须在共同祖先或共同始祖分子的前提下，不能仅凭一致性和相似性来判定，而同源性也不能判定序列的功能是否相同。

其次，分析相似性和一致性的区别和联系。研究者仅凭肉眼——对应比对两条系列的核苷酸(或氨基酸)是不切实际的，且匹配成功率也会不高，必须借助计算机来完成比对，而且允许比对中有空位出现以表示序列中出现删除和插入，即通过调整两条序列的排列方式已达到最大程度一致性的过程[2]，那么匹配成功率可能会大幅上涨。例如，对2个蛋白的200个氨基酸残基进行比对，结果发现有40个氨基酸残基匹配，即氨基酸残基相同，那么可以得出这两个蛋白的一致性为20%。因此，一致性是指相同氨基酸(或核苷酸)总数占比对序列的氨基酸(或核苷酸)总数的百分比，用于表示两条氨基酸(或核苷酸)序列发生变化的程度或简单一致程度，不考虑比对序列的起源和功能。序列比对的结果另一种计算方式是统计相同氨基酸和相似氨基酸总数占比对序列的氨基酸总数的百分比表示，称为相似性[2-3]。相似氨基酸是指分子结构和氨基酸相似，如天冬氨酸和谷氨酸均属于酸性氨基酸；丝氨酸和苏氨酸均属于羟基化氨基酸；色氨酸、酪氨酸、苯丙氨酸等均属于疏水氨基酸[2]。例如，对2个蛋白的200个氨基酸残基进行比对，结果发现有40个氨基酸残基相同，有60个氨基酸相似，那么可得出这两个蛋白的相似性为50%。该数值反映比对序列间生物学功能或特点的趋同程度，可不考虑序列的具体起源，一般来说序列相似性越高，说明序列的生物学功能或结构特点越相似[4]。综上所述，一致性和相似性均用具体百分数表示，不用考虑比对序列的起源，可间接衡量物种间的同一关系，但计算公式不一样，如果把每个氨基酸(或核苷酸)当做1个字符，计算公式表示如下：

$$一致性(\%) = (相同字符的个数 \div 比对字符总数) \times 100$$

$$相似性(\%) = (相同及相似字符的个数 \div 比对字符总数) \times 100$$

1.2 转化、转导和转染

转化(Transformation)、转导(Transduction)和转染(Transfection)是分子生物学试验常用的专业术语。笔者在编校对过程中发现这3个词错误使用频率较高。①转化：是指外源遗传物质(如质粒DNA等)进入细菌，引起细菌遗传变化的现象，但外源DNA并不整合到宿主基因组上；用病毒、化学致癌物或X射线诱发培养的细胞发生遗传变异的现象，使细胞丧失接触抑制等特性[4-5]，而在基因工程中是将携带目的基因的质粒或病毒载体导入感受态宿主细胞的一种重要手段，常用于DNA重组[6-7]。②转导：是指借助病毒、噬菌体或其他方法将外源DNA导入细胞并整合到宿主基因组上的方法，使其遗传组成发生相应的变化[2]。在基因工程中常通过病毒或病毒载体转导外源基因[6-7]。③转染：起初指外源基因通过病毒或噬菌体感染细胞或个体的过程，现在常泛指外源DNA(包括裸DNA)进入真核细胞或个体导致遗传改变的过程[7-8]，转染的主要方法有电转、瞬时转染、稳转、磷酸钙转染等[6-7]。综上所述，三者的区别在于转化是向原核细胞中导入外源DNA，但不整合到宿主上；转导是通过病毒、噬菌体或其他方法将外源DNA导入真核/原核细胞并整合到宿主基因组；转染是主动或被动向真核细胞中导入外源DNA。三者存在本质不同，不可混用。

2 编排规范探析

2.1 基因符号用斜体且大小写应根据具体物种而定

目前学术界对表示某基因的字母符号用斜体，其表达产物(即编码的蛋白)符号用正体表示是比较认可的[9]。如玉木耳(*Auricularia cornea*)漆酶基因符号为*Aclac*，其编码的蛋白符号为AcLAC[10]。其中*Ac*为玉木耳拉丁名的英文缩写(即取属名和种加词的第一个字母)，*lac*则表示漆酶基因(*Laccase*)的缩写。同理，朱红密孔菌(*Pycnoporus cinnabarinus*)漆酶基因表示为*Pclac*。因此，学术界为了区分同一物种相同基因，常使用"物种拉丁名属名和种加词的第一个字母+酶基因名称(缩写)"的命名方法，如黄独赤霉素受体基因表示为*DbGID1*。但目前对字母后的阿拉伯数字和罗马数字编排成正体还斜体尚存争议，也没有国家标准和行业标准可以遵循，造成目前国内期刊中基因符号编排格式不统一[11]。但国内外具有较大影响力的科技期刊中，大部分期刊将基因符号的所有组成部分用斜体表示。《TIG遗传命名指南》[12-13]规定不同物种基因符号字母的大小写应根据具体物种而定，并不是统一的，如微生物中的细菌和真菌基因用小写字母表示；植物物种不同，基因符号字母的大小写也不同。因此，判断基因符号大小写时，首先分析此基因的物种来源，然后查阅《TIG遗传命名指南》判断基因符号中字母大小写。此外，很多期刊中基因还存在重组载体(质粒)中基因符号用正体的现象。如"将重组表达载体pET28a-Aclac转化大肠杆菌BL21(DE3)感受态细胞"，pET28a-Aclac应改为pET28a-*Aclac*。

2.2 引物序列应标明其方向和酶切位点

引物是人工合成的两条寡核苷酸序列，其功能是作为核苷酸聚合作用的起始点，DNA聚合酶可由其3′端开始合成新的核酸链[14]。引物设计是PCR扩增成功与否的关键。在设计引物时，如果克隆的序列只用于序列分析，可不设计酶切位点，但如果PCR产物连接至载体，则须在5′端添加酶切位点[3,6-7,14-17]。因此，撰写论文时应标明正反引物的方向和限制性酶切位点，如克隆*ARF21*基因的引物可表示为F: 5'-GAATTCGAGCAGGGTGCTCCTGAG-3'(下划线为*Eco*R I 酶切位点);R: 5'-GCGGCCGCCAGCTGGGCCAGCTTCCG-3'(下划线为*Not* I 酶切位点)。但目前很多已刊发的文献中未标明引物方向或酶切位点，仅表示为 F:

GAATTCGAGCAGGGTGCTCCTGAG；R：GCGGCCGCCAGCTGGGCCAGCTTCCG。这样不能为读者提供更多参考信息，大大降低了参考价值，因此撰写论文时应标注引物方向及酶切位点。

2.3 PCR反应体系中应写明各组分浓度(或质量浓度)

PCR反应体系主要由缓冲液、脱氧核糖核苷三磷酸(dNTPs)、DNA聚合酶、引物和模板等构成。各成分的加入量直接影响试验的成败。如DNA模板和DNA聚合酶加入量过高，均会引起非特异性扩增，加入量过少则造成特异性产物较少，不易被检测出；dNTPs加入量过高，则会与Mg^{2+}结合，降低Mg^{2+}的浓度，加入量过少则造成特异性产物较少；Mg^{2+}浓度过高，反应特异性降低，易出现非特异扩增，浓度过低，会降低DNA聚合酶的活性，使反应产物减少[18-19]。笔者在送稿件进行同行专家评审时，经常收到审稿专家提出PCR反应体系和扩增程序信息不全的反馈意见。笔者调查发现该问题也同样出现在很多科技期刊中。其中，反应体系的主要问题是未写清楚成分的浓度(或质量浓度)，如50.0 μL反应体系包括10×KOD Neo Buffer 5.0 μL，$MgSO_4$ 3.0 μL，dNTPs 2.0 μL，正、反向引物各1.5 μL，cDNA模板2.0 μL，KOD-PLUS-Neo 1.0 μL，ddH_2O补足至50.0 μL。对于读者来说，这样写基本没有参考价值，无法推算出各成分在反应体系中的具体含量。编辑审稿时应提醒作者提供各成分的初始浓度(或初始质量浓度)，如50.0 μL反应体系：10×KOD Neo Buffer 5.0 μL，25 mmoL/L的$MgSO_4$ 3.0 μL，2 mmoL/L dNTPs 2.0 μL，10 μmoL/L的正、反向引物各1.5 μL，100 ng/μL的cDNA模板2.0 μL，1.0 U/μL的KOD-PLUS-Neo 1.0 μL，ddH_2O补足至50.0 μL[19]。也可直接标明各成分的终浓度(或终质量浓度)，如50.0 μL反应体系包括10×KOD Neo Buffer 5.0 μL，$MgSO_4$终浓度15 mmoL/L，dNTPs终浓度0.08 mmoL/L，正、反向引物终浓度0.3 μmoL/L，cDNA终质量浓度4 ng/μL，KOD-PLUS-Neo终浓度0.02 U/μL，ddH_2O补足至50.0 μL。但目前大多数期刊主要采用标明各成分的初始浓度(或初始质量浓度)和体积的方法，其原因是各成分的终浓度(或终质量浓度)需要换算，比较麻烦，直接标明各成分的初始浓度(或初始质量浓度)和体积更方便，不容易出错。

2.4 PCR扩增程序参数信息要完整

PCR扩增程序涉及预变性、变性、退火和延伸的温度和时间等参数，其表述方式在各期刊存在异同，主要依靠标点符号和文字进行表述，如普通PCR扩增程序表示为：98 ℃预变性5 min；98 ℃变性30 s，60 ℃退火30 s，72 ℃延伸60 s，进行36个循环；72 ℃延伸2 min，还有部分文献采用列表或绘图的方式表示。上述这些方式均可清楚反映PCR扩增程序。但还有部分文稿中仅提供了退火温度，其原因是认为退火温度是PCR扩增是否成功的关键因素，其他因素不重要，可写可不写。但事实并非如此，PCR扩增程序的各项参数设置与具体试验对象息息相关，不是一成不变的。如变性时间一般为30 s，如果模板GC含量较高，或用细胞为模板时，变性时间应适当延长；延伸时间由扩增目的片段的长度决定，目的片段越长，延伸时间也越长；循环次数则主要取决于模板的起始数量(即初始质量)[3,6-7,19]，由于试验对象、人为试验操作或试剂等因素的差异均会造成获得模板的初始质量浓度不一致，添加的体积要根据模板的初始质量而定。因此，编辑审稿时应尽量让作者补充这些参数信息，以便提供给读者更多参考信息，毕竟科技论文的发表不仅是为了传播科技成果，还要为读者今后的深入研究提供参考。

2.5 工具酶正斜体和大小写应遵循其命名方法

工具酶是分子生物学研究不可缺少的工具,其中,使用频率最高的是 DNA 聚合酶、DNA 连接酶和限制性内切酶。虽然张志钰[21]、王连芬等[22]、贺窑青[23]已进行研究报道,但笔者查阅的近期刊发现仍存在这些工具酶中外文字符的编排格式混乱的问题,其原因可能是部分编辑对专业领域的编排规范和标准关注较少,但相比 2010 年前有了明显改善,尤其是 DNA 聚合酶和 DNA 连接酶,大多数期刊对两者的表述形式和编排格式作了规范统一。常用的 DNA 聚合酶包括 *Taq* DNA 聚合酶、*Tth* DNA 聚合酶、*Pfu* DNA 聚合酶等[23]。常用的 DNA 连接酶包括 T4 DNA 连接酶、T7 DNA 连接酶等。部分期刊将 DNA 聚合酶和 DNA 连接酶编排格式统一用正体或斜体,造成该问题的主要原因是编辑不了解 DNA 聚合酶和 DNA 连接酶的命名方法。

相比之下,限制性内切酶的编排格式问题较严重,主要有以下 3 种编排形式:①字母和罗马数字用斜体,如 *BamH I*、*Hind III*;②4 个字母用斜体,罗马数字用正体,如 *BamH* I、*Hind* III;③前 3 个字母用斜体,第 4 个字母和罗马数字用正体,如 *Bam*H I、*Hin*d III。由于限制性内切酶的命名是根据细菌种类和发现的顺序而定,如 *Bam*H I 是从解淀粉芽孢杆菌(*Bacills amyloliquefaciens*)H 株首次发现的限制性内切酶(GB/T 35539—2017),故 B 代表 *Bacills*(属名);*am* 代表 *amyloliquefaciens*(种加词),H 代表 H 株系;I 为首先发现(在此类细菌中发现的顺序)[12,24]。物种拉丁名(又称学名)由属名和种加词(种小名)两个部分构成,属名由拉丁语法化的名词形成,首字母须大写;种加词是拉丁文中的形容词,首字母不大写,常以斜体表示,故表明第③编排格式为正确,即物种拉丁名缩写用斜体,其余用正体[11-12]。

2.6 微生物学名应遵循物种命名原则规范表达

在基因工程研究中,微生物既可以作为基因的供体(即提供功能基因),也可以作为基因的受体(即可扩增或表达功能基因)。因此,分子生物学研究中常涉及微生物学名(又称拉丁学名)的表述和编排问题。根据国际物种的命名原则[25],每一种微生物都有一个专门的学名,微生物的学名同其他植物、动物等物种一样主要采用林奈的二命名法,由两个拉丁化名词所组成,即"属名+种名",用斜体表示,如酿酒酵母的学名为 *Saccharomyces cerevisiae*;大肠杆菌(又名大肠埃希菌、大肠埃希氏菌)的学名为 *Escherichia coli*;枯草芽孢杆菌的学名为 *Bacillus subtilis*。当物种出现亚种、变种时,采用三命名法,即"属名+种名+subsp. (var.)+亚种(变种)名",其中,"subsp." "var."用正体,亚种和变种名用斜体表示,如酿酒酵母椭圆变种的学名 *Saccharomyces cerevisiae* var. *ellipsoides*;脆弱拟杆菌卵形亚种的学名为 *Bacteroides fragilis* subsp. *ovatus*。菌株为亚种以下的分类名词,其学名则为"属名+种名+菌株名称",菌株名称不用斜体[26],如 *Escherichia coli* K12。由于大肠杆菌可实现目的基因扩增,保证外源基因稳定于细胞受体内,因此,常被作为分子克隆的宿主(即受体),常用的菌株为 DH5α、BL21(DE3)、JM109、TOP1 和 HB101 菌株。其中,DH5α 菌株是一种能摄入外源 DNA 的受容菌,对外源 DNA 缺乏免疫,是基因工程中重要原核细胞表达系统。但较多科技期刊中常把大肠杆菌 DH5α 感受态细胞误写成"大肠杆菌 DH5a 感受态细胞",即 α 误写成 a。此外,为了避免表述累赘,当前后两个或更多的微生物学名连排在一起时,若它们的属名相同,首个属名用全称,则后面的一个或几个署名可缩写成一个、两个或者三个字母,其后面加上一个点[26],例如 *Bacillus*(芽孢杆菌属)可缩写成"*B.*"或者"*Bac*",曲霉属(*Aspergillus*)可缩写成"*A.*"或者"*Asp.*",文中后续出现可直接用缩写形式。但目前仍有科技期刊中首次出现拉丁学名就简写,导致读者无法准确判断属名,或者二次或多次出现仍用全称的现象,导致文章显得很累赘。

2.7 系统发育进化树中应注明基因(或蛋白)编号(ID)

系统发育学主要是研究物种的形成或进化历史,以及物种之间的进化关系。物种进化的最根本原因在于生物分子(包括 DNA、RNA 和蛋白质)的进化,体现在生物分子序列上的核苷酸或氨基酸残基的变异,逐渐从一条序列变异成另一条序列,导致分子结构和功能发生明显改变[27]。虽然随着越来越多的物种的全基因组序列被测序,但生物分子的结构复杂,目前人们对其分子结构和功能信息不够全面和充分,因此利用分子结构和功能信息研究物种进化关系不是主要方法。目前用于系统发育分析的信息主要是生物分子的序列,尤其是基因核苷酸序列信息或蛋白氨基酸序列信息使用更普遍。目前主要采用多条序列比对的方法,再根据比对结果构建系统发育进化树(也称系统发育树),以此分析基因(或蛋白)功能及系统发育关系[28]。由于相似的序列可能起源于一个共同的祖先序列,它们很可能有相似的空间结构和生物学功能,因此对于一个已知序列但未知结构和功能的蛋白质,如果与其序列相似的某些蛋白质的机构和功能已知,则可以推测这个未知结构和功能的蛋白质的结构和功能。值得注意的是,物种基因组中存在的许多来源于同一个祖先且结构和功能相似或相关的一组基因,编码相似的蛋白质产物[3]。选取不同的同源基因(或蛋白)所得出的系统发育分析结果也不同[2],而不同基因(或蛋白)在数据库中的编号(ID)不同。因此,系统发育进化树中应该标明基因(或蛋白)ID,或者在系统发育进化树图下面注释 ID。但目前很多期刊刊发的文献中系统发育进化树只标明物种拉丁名,未标明基因(或蛋白)ID,致使文章缺乏严谨性。

3 结束语

由于我国生物技术发展起步较晚,缺乏相关国家标准和行业标准,是出现上述问题的原因之一。但目前较多书籍和文献可供分子生物学文稿的写作提供参考,如该研究领域口碑较高、认可度较高的参考书籍如《分子克隆实验指南》《TIG 遗传命名指南》《生物信息学与功能基因组学》等,以及相关高等教科书如《现代分子生物学》等。此外,出现上述问题还与编辑自身息息相关:①编辑缺乏分子生物学相关专业知识背景,造成稿件有问题看不出,或发现问题不知道如何改,甚至无法和作者进行有效沟通的局面;②编辑标准化规范化意识不强,缺乏分子生物学稿件的编辑规范;③编辑自身只注重文字、标点等常规编校规范,而忽略分子生物学文稿的专业规范。作者自身也有较大责任:①作者平日更专注理论和试验研究,对论文写作规范知之甚少;②作者思想上依赖编辑,认为后续工作应有编辑负责完成,编辑会做好后续编校工作;③作者没有严谨的科研态度,认为论文能发表即可,不在乎文章的质量,未对编辑的加工修改内容进行认真斟酌,而是盲目认同。

针对上述问题,笔者提出如下建议:①对于分子生物学稿件较多的科技期刊,为保证编校质量,编辑部应尽量招录与分子生物学相关专业的贤人志士,确保编辑人员具备相关专业知识背景;②除做好本职工作外,编辑还要认真阅览与分子生物学论文编辑规范相关的文献,在工作中要认真执行有关科技书刊出版的标准和规范,对于把握不准的用语,应多查阅全国科学技术名词审定委员会公布的相关专业名词书籍;③编辑在工作中要有求真务实的精神,对把握不准的学术问题要及时应及时向相关研究领域的权威人士求证,寻求规范化的写作和编排方法。

参 考 文 献

[1] 宋亚珍,南红梅,刘枫,等.同源性、一致性和相似性的辨析[J].中国科技术语,2011(2):48-50.
[2] 乔纳森·佩夫斯纳.生物信息学与功能基因组学[M].田卫东,赵兴明,译.北京:化学工业出版社,2015:58-205.
[3] 第二届生物物理学名词审定委员会.生物物理学名词(第二版)[M].北京:科学出版社,2018.
[4] 赵亚力,马学斌,韩为东.分子生物学基本实验技术[M].北京:清华大学出版社,2006:141-234.
[5] 医学名词审定委员会,医学遗传学名词审定分委员会.医学遗传学名词[M].北京:科学出版社,2021.
[6] 黄立华,王亚琴,梁山,等.分子生物学实验技术:基础与拓展[M].北京:科学出版社,2017:85-106,115-117.
[7] 萨姆布鲁克,拉塞尔.分子克隆实验指南(第三版)[M].黄培堂,译.北京:科学出版社,2002:1796-1819.
[8] 第二届植物学名词审定委员会.《植物学名词》[M].2版.北京:科学出版社,2019.
[9] 张翠英.基因及蛋白质符号的规范编排[J].编辑学报,2004,16(4):262-263.
[10] 苏文英,谭一罗,刘晓梅,等.玉木耳漆酶基因 $Aclac$ 的克隆及原核表达[J].南方农业学报,2021,52(8):2158-2164.
[11] 原丽欣.分子生物学领域几种常见名词符号的规范编排[J].中国科技期刊研究,2011,22(6):962-965.
[12] 《遗传学进展》编辑部.TIG 遗传命名指南[M].王金发,陈中健,杨琳,等译.北京:科学出版社,2002:1-75.
[13] 张冰.科技期刊中基因及蛋白质的规范表达[M]//学报编辑论丛 2007.上海:上海交通大学出版社,2007:81.
[14] 朱玉贤,李毅,郑晓峰,等.现代分子生物学[M].4版.北京:高等教育出版社,2018:29-31.
[15] 马慧娟,牛鹏飞,高宏,等.基于 DNAstar 软件论述 PCR 引物设计的方法研究[J].软件,2021,42(7):156-158.
[16] 尤超,赵大球,梁乘榜,等.PCR 引物设计方法综述[J].现代农业科技,2011(17):48-51.
[17] 张新宇,高燕宁.PCR 引物设计及软件使用技巧[J].生物信息学,2004,(4):15-18.
[18] 纪朋艳.PCR 反应体系的设计及优化[J].中国教育技术装备,2016(2):160-161.
[19] 吴丰春,魏泓.小鼠 RAPD-PCR 反应体系及扩增程序的筛选[J].第三军医大学学报,1999,21(1):19-21.
[20] 郭晓凤,王超杰,张莉莉,等.小麦 $TaARF20$ 基因克隆及表达分析[J].南方农业学报,2021,52(9):2350-2357.
[21] 张志钰.分子生物学领域常用限制性内切酶和 DNA 聚合酶外文字符的规范编排[J].编辑学报,2008,20(6):493.
[22] 王连芬,张立方,孙勇.Taq 酶正斜体编排问题的探讨[J].中国科技期刊研究,2011,22(2):291.
[23] 贺窑青.规范基因工程文稿常见符号的编排[J].编辑学报,2021,33(4):396-396.
[24] 丁逸之.遗传工程词典[M].长沙:湖南科学技术出版社,1999:299-309.
[25] LAPAGE S P, SNEATH P H A, LESSEL E F.国际细菌命名法规[M].陶天申,陈文新,骆传好,译.北京:科学出版社,1989.
[26] 周德庆.微生物学教程[M].3版.北京:高等教育出版社,2018:326-331.
[27] 杨洁.浅谈系统发育分析方法[J].中国科技信息,2010(24):31,40.
[28] 张树波,赖剑煌.分子系统发育分析的生物信息学方法[J].计算机科学,2010,37(8):47-51.

中文医学期刊中随机对照试验报告规范的编辑审查

宋培培

(上海市生物医药技术研究院《中华生殖与避孕杂志》编辑部,上海 200237)

摘要:目的 对照CONSORT声明,聚焦中文医学期刊随机对照试验报告中存在的常见问题,总结编辑审查要点。方法 通过文献调查法,比较优秀中文医学期刊与国际一流医学期刊在应用CONSORT声明的报告执行情况。结果 中文医学期刊中随机对照试验报告存在4种主要问题:CONSORT规范及其扩展版的使用不标准;方法学的介绍不够充分;主要结果的报告不够全面;试验局限性的剖析不够准确。结论 编辑应基于CONSORT声明及其扩展版做好形式审查,更新统计学知识规范方法学报告内容,引导作者完善结果的报告并对临床试验结果进行正确解读。

关键词:中文;医学期刊;随机对照试验(RCT);CONSORT声明;编辑

随机对照试验(randomized controlled tiral,RCT)是临床研究中评估干预效果的最佳研究,对临床治疗和医疗保健干预具有更重要和更直接的影响,因此其报告内容必须具备完整性、科学性和透明性。临床试验报告的统一标准(Consolidate Standards of Reporting Trials,CONSORT)声明及其扩展版是目前较为公认的RCT研究报告规范。但是,CONSORT声明在中文医学期刊未获得广泛采纳[1],中文RCT论文的报告质量距离CONSORT声明要求仍有较大的差距[2-3]。中文医学期刊作为记载、传播我国医学临床研究科技信息的主要载体,肩负着为我国各类医疗卫生决策提供证据的重任。因此,提高中文医学期刊RCT报告质量,是中文医学期刊编辑亟须关注的问题。

但是,中文医学期刊编辑对CONSORT声明的知晓率和掌握程度较低[4-5],现有研究多集中在中文RCT的报告执行的评价[6-7],却鲜有研究从编辑角度,总结中文RCT研究报告中编辑审查要点。为此,本研究通过文献调查法对比中英文期刊中RCT报告异同,结合笔者在工作和学习中的体会,浅谈编辑借鉴CONSORT声明对中文医学期刊RCT报告的审查要点,以期为有助于提高中文RCT的报告质量。

1 文献调查

1.1 中文随机对照试验研究文献来源

在中文医学期刊全文数据库中,检索RCT研究报告。中文文献纳入标准:①28种入选2020年第5届中国精品科技期刊的中华医学会中华系列杂志;②文献类型为随机对照试验原始研

基金项目:上海市科技期刊学会青年编辑"腾飞"项目(2020C8)

究；③发表年份为2019年。在中文医学期刊全文数据库中，运用检索式为(((标题=随机对照) OR 关键词=随机对照*) OR 摘要=随机对照) AND 刊名= * AND 出版日期= [2019-01-01 TO 2019-12-31]。排除标准：①随机对照试验的meta分析；②翻译文献；病例对照研究；诊断性试验；通过标准数据库采集临床数据。共检索到22条中文文献。

1.2 外文随机对照试验研究文献来源

以NEJM杂志为范本，按照中文文献和英文文献1∶3比例收集英文文献。文献检索策略：在"All the words"检索项录入"random"，在"Search within"检索项选择"Full text"，在"Article category"检索项选择"Research"，在"Date"检索项选择"Jan 2019"至"Dec 2019"。排除标准：未提供有关试验设计信息和研究结果的论文。共检索到180篇文献。按照Most cited排序，选择66篇文献。

1.3 依据CONSORT清单分析中英文献报告情况

CONSORT清单共25项条目，若该条目的相关信息大部分或完整呈现定义为"报告"，按照报告率<10%、≥10%且<50%、≥50%且<100%和100%，中英文RCT文献执行CONSORT清单各条目的报告情况如表1所示。

表1 中英文RCT文献CONSORT清单各条目报告情况[n(%)]

报告率	中文文献	英文文献
<10%	3b、7a、8b、10、11b、24	14b
≥10%且<50%	3a、4a、6a、6b、9、11a、13a、13b、14b、23、	1a、3b、6b、7b、8b、9、10、11b、17b
≥50%且<100%	1a、7b、8a、12a、12b、14a、15、17a、17b、18、19、21、25	3a、4a、4b、5、7a、8a、11a、12a、12b、13a、13b、14a、15、18、19、20、24
100%	1b、2a、2b、4b、16、22	1b、2a、2b、6、16、17a、21、22、23、25

注：数字字母示CONSORT清单的条目序号。

2 中文医学期刊随机对照试验报告中存在的主要问题

2.1 未参照合适的CONSORT研究报告规范

CONSORT声明及其扩展版针对特殊研究设计、特殊研究领域及特殊结局限定了报告规范的适用范围。RCT报告需根据设计类型和研究领域选择合适的报告规范予以参考。本次调查中文文献中有1篇整群随机对照试验、1篇非劣效性随机对照试验均未完全借鉴相应的报告规范进行报告。整群对照试验中同一群内个体往往具有一定的相关性(非独立性)，如果使用个体随机化的方法分析整群随机化试验将夸大干预效应，出现假阳性的结果。而非劣效性试验的目的是确定一种新的干预是否不劣于阳性药物或者非药物的标准治疗，需要预先指定一个非劣效性差值(Δ)。对于非劣效性试验报告，规范要求需明确非劣效性试验做出合理的假设，需详细说明非劣效性试验的受试者、干预措施、结局指标时是否与确立参照处理优效性的试验中用到的相似或相同，且需要明确采取与传统优效性试验(显著性检验)不同的统计学方法。如果未正确报告此类试验，研究结果将会错误估计疗效，误导读者。因此，如RCT论文未参照合适的CONSORT研究报告规范，可能导致研究内容信息披露不完整或存在偏差。

2.2 方法学的介绍不够充分

科研报告的完整性和透明性，是影响研究被转化和利用的重要因素。RCT研究的评价需要从统计方法学和临床医学两方面入手。因此，充分的、完整的方法学介绍，将有助于读者判断一项RCT研究结论在指导临床医生面对个性化患者时应用的可靠性。中英文文献报告率均不足50%的条目有3b(试验开始后方法上的重要改变及原因)、条目6b(试验开始后结局的改变及原因)、条目8b(随机化类型；任何限定情况，如区组和区组大小)、条目9(分配隐藏)、条目10(谁产生分配序列，谁纳入研究对象，谁分配研究对象)、条目11b(组间干预的相似性)。可见，在试验开始后是否有方法学和结局的改变，随机化的方法上，中英文文献在正文中的报告率均较低。中文文献报告率不足50%，但是英文文献报告率较高的条目有条目3a(随机化类型)、条目6a(明确定义主要和次要结局，包括何时、如何评价)、条目7a(样本量如何确定)。

2.3 主要结果的报告不够全面

结果部分，本研究中中文RCT文献报告率不超过50%的，但是英文文献报告率较高的条目有13a(各组接受随机分配、接受干预和进入主要结局分析的研究对象数量)、13b(各组随机化之后发生的失访、排除，以及原因)。本研究中文文献的报告中虽然都描述了各组研究对象纳入结果，但是却没有一篇使用流程图介绍入组过程。另外，在结果统计时，在中文文献结果部分，均未能充分重视意向性治疗(intention-to-treat，ITT)分析，全部都是按照符合方案(per protocol，PP)分析。而英文文献都是用ITT分析。所有入选的受试者应该包括在原随机分配的组别中进行分析，如果某些研究对象因脱落或退出未能完成研究，PP分析会导致偏倚的产生，因此，CONSORT声明是推荐使用ITT分析，而目前ITT分析在RCT中文文献应用尚不普遍。

对结局的描述不仅要描述发生/未发生事件的研究对象数量和分母，或结局指标的均值和标准差，还要描述组间比较的情况即效应大小及其置信区间。效应指标及其置信区间应与P值一起描述，但是目前这个要求在RCT中文文献中并未普遍执行，在英文文献中普遍得到执行。

2.4 试验局限性的剖析不够准确

CONSORT清单要求讨论中对该研究的不足、存在问题、试验过程中可能产生的偏倚、报告结果可能潜在的误差和导致原因等方面进行客观阐述。中英文文献均有一半及以上的比例报告了条目20(试验局限性；关注偏倚的来源、不精确度；多重比较问题)。但是，依然可以反映出，作者对原始研究局限性的讨论在报告中常常忽略；另外，在中文文献中常常将"样本量较小"作为试验的局限性。而中文文献中是缺少样本量的估算报告的，因此这个局限性的描述缺乏说服力。

3 中文医学期刊随机对照试验编辑审查建议

3.1 基于CONSORT声明及其扩展版做好形式审查

要想依据CONSORT声明准确、充分地报告RCT，首先是寻找到对应的CONSORT声明及扩展版的报告规范。目前，CONSORT声明扩展版有17份(详情可查阅http://www.consort-statement.org/extensions)。编辑部在初审阶段就可以要求作者对缺失条目予以补充，一方面避免试验中确实已经实施的步骤而在报告中遗漏的现象，另一方面也可对未能补充的条目阐明原因，以便在同行评议阶段审稿专家对该试验研究质量进行偏倚评估。在此，笔者呼吁国内期刊重视临床试验的注册并在官网提供查看完整研究方案的路径。编辑在审查时引导作者提高对试验注册的重视，可推动注册的具体实施。应重视对RCT报告声明伦理学的审查，对研究实施过程中是否符合《赫尔辛基宣言》进行审查。

3.2 更新统计学知识规范方法学报告内容

编辑要继续重视RCT研究报告中对随机序列产生的类型、样本量的估算方法、对期中分析的解释和试验终止标准、分配隐藏机制、盲法中的目标人群和实施的报告率。另外，本研究还发现，尽管所有的中文RCT研究均报告了观察指标及其定义，但是未明确定义主要结局指标和次要结局指标。明确定义主要结局是十分必要的，它常用于计算样本量，注意此部分的报告，可以与样本量的报告相呼应，提高样本量的报告率。样本量的确定是RCT研究设计的重要环节。编辑审查工作中，要重视RCT研究报告中详细描述样本量的估算要素，包括：①各组结局指标的估计值或比较组间具有重要临床意义的目标差异，以及对照组结局指标的估计值。②表示Ⅰ类错误水平的α。③统计学把握度$1-\beta$或表示Ⅱ类错误的β。④对于连续变量，测量值的标准差。

3.3 引导作者完善结果的报告

CONSORT清单提供了研究对象的纳入流程图，在没有失访或排除的情况下，文章可以通过文字描述研究对象的流动过程，但是对于研究对象存在未接受所分配的干预、出现失访、因依从性差从分析中被排除的情况时，编辑应该建议作者使用流程图报告患者的纳入情况。

在正规的随机试验中观察到的差异按定义来说都是因机遇产生的，即使差异存在统计学意义，也是由于机会所导致的[8]。在基线特征比较时，中文医学期刊编辑应引导作者正确认识P值的意义，在进行基线特征的假设检验不仅是不必要的，而且还可能是有害的，如果根据基线的统计学显著性检验来考虑组间的可比性，则会导致研究者或者读者忽略具有临床意义的差异对干预效果带来的影响。因此，在实际报告中，连续变量可以通过均数和标准差(正态分布)或中位数与范围(偏态分布)，分类变量可以通过各类数量和比例来判断组间相似性。

ITT分析原则在中文RCT论文对结局的报告中未得到广泛的应用。中文医学期刊编辑应引导作者充分重视ITT分析，因为ITT分析可避免由于研究对象非随机因素退出研究而造成的偏倚。而ITT原则主要是要求分配到任一处理组的受试者都应当作该组成员被随访、评估和分析。

CONSORT清单要求结果应报告每个主要和次要结局的结果、效应值和精度(如95%置信区间)，二分类变量要同时报告绝对效应和相对效应。在中文RCT报告中较少提及效应值及其置信区间。对于连续性变量来说，效应值通常是均差，对于二分类变量来说，效应指标可能是相对危险度、比值比或率差，对于生存资料而言，效应值是危险比或中位生存时间差。临床试验的结果的判断应从单纯关注差异的统计学意义($P<0.05$)，扩展到同时关注结果的临床意义和临床效应量的大小[9]。因此，中文医学期刊编辑应引导作者充分报告结果的效应值和其置信区间。

3.4 引导作者正确解读临床试验结果

CONSORT清单要求在讨论部分，应结合试验的研究假设、试验的结果、试验的优势与不足对结果进行合理解释。编辑在审查中，应提醒作者对研究的局限性进行说明，并注重审视以下几个方面：一是注意从方法学的角度对研究的缺陷进行评价，但要避免出现文中未报告样本量的计算方法，却在讨论中认定由于样本量较小的情况。二是注意区分统计学上的差异和临床意义的差异。中文RCT报告中，经常遇到作者将一个统计学上不存在显著性的差异，解释为干预效果一样。但是，统计学意义并不完全等于临床意义，因此编辑在审查时应注意避免此类错误。在评价结果的临床意义时，对于某一事件发生率较低的群体中，应特别考虑到是否是由于研究样本量大从而达到了统计学上的显著差异，但其绝对获益很小，临床干预意义并不大；或者应考虑到干预措施在卫生经济学上的合理性，或者实施的可行性和可推广性，是否是最优选择。三是注意谨慎解释亚组分析结果。中文RCT报告常存在对亚组分析结果的误读。编辑在审查时，应提醒作者亚组分析的结果在统计学上有显著性，通常可能仅仅由于机会造成的，多重性分析可以增大假阳性的概率。当亚组分析在满足下列条件时，包括：①亚组分析纳入统计学设计；②亚组检验假说数量少；③亚组差异通过研究内而不是不同研究得出；④亚组间差异大；⑤有不同研究亚组分析结果或外部证据的支持；⑥亚组分析结果符合医学逻辑，才可提高亚组分析的可靠性[10]。

4 结束语

科技期刊编辑既是科研工作成果的把关人，也是指引者。作为临床试验研究领域第一个重要的报告规范，中文医学编辑不仅应充分认识到CONSORT声明的价值，更应根据清单熟练掌握编辑审查的要点，积极向读者和作者宣教，以增加中文RCT研究报告的规范性和效力，提高中文RCT研究报告的刊登质量。综上，建议对于中文RCT报告，应首先逐一对比CONSORT声明中的发表条目，其次进行相应的编辑审查，然后再送外审专家进行同行评议。尽管目前中文RCT研究报告质量距离国际标准还有较大差距，只要国内医学期刊编辑能有效使用CONSORT声明进行规范化要求，在编辑工作中严格履行审查职责，引导临床科研工作者提高对中文RCT研究报告规范性和效力的重视，将有助于提升我国中文RCT研究报告的整体质量。

参 考 文 献

[1] 王莹,鲁春丽,曹卉娟,等.以CONSORT声明和电话访谈为工具的中药制剂治疗糖尿病足溃疡RCTs的报告质量评价[J].北京中医药,2019,38(5):496-501.

[2] 陈超,张夏菲,刘炜宏,等.针灸治疗2型糖尿病的随机对照试验报告质量评价[J].中华中医药杂志,2020,35(7):3701-3707.

[3] 曾倩,王林嘉,谢玉洁,等.采用CONSORT和STRICTA评价针刺治疗非特异性下腰痛随机对照试验报告质量[J].中华中医药杂志,2020,35(4):2018-2022.

[4] 栾嘉,邓强庭,黄超,等.我国医学期刊临床研究论文质量控制策略[J].中国科技期刊研究,2019,30(12):1281-1288.

[5] 李娜,李洁,孙菲,等.我国医学期刊编辑对医学研究报告规范的认知度[J].中国科技期刊研究,2019,30(4):358-363.

[6] 赵宏杰,张俊华,郭利平,等.我国高影响因子中文医学期刊发表随机对照试验注册、伦理、知情同意报告现状及质量评价分析[J].中国循证医学杂志,2018,18(7):735-739.

[7] 时春虎.护理类系统评价及随机对照试验质量研究[D].兰州:兰州大学,2015.

[8] ALTMAN D G, DORE C J. Randomisation and base line comparisons inclinical trials[J]. Lancet, 1990, 335(8682):149-153.

[9] 杨丽虹,刘少南,吴大嵘,等.最小临床意义差值的概念及其估算方法[J].中国循证医学杂志,2020,20(11):111-118.

[10] 陈俊,贺立群,杨清,等.临床研究解读的常见误区[J].中华内科杂志,2019,58(3):170-172.

学术论文英文摘要中的动词名词化及使用情况分析

杨亚红

(海军军医大学教研保障中心《海军军医大学学报》编辑部,上海 200433)

摘要: 学术论文英文摘要在全球化学术成果传播过程中发挥着非常重要的作用,但摘要的篇幅有限,在写作时应突出重点,所以动词名词化的使用在英文摘要的写作中占据着较大的比例。本文概述了我国学术论文英文摘要中动词名词化的概念、功能特征和构成形式,讨论了其在学术论文英文摘要中的使用情况及问题,并分析了出现这些问题的原因,以期指导学术论文英文摘要的写作,促进学术成果全球化和期刊国际化。

关键词: 英文摘要;名词化、动词;学术论文;科技论文

学术论文是某一学术课题做出的新的实验性、理论性或预测性的科学研究成果或创新见解的科学记录,或者是某种已知原理应用于实际后取得新进展的科学总结。学术论文主要被用于学术会议上的交流、讨论,或者在学术刊物上进行发表,以供同行进一步探讨、商榷的书面文件。因此,学术论文要求书写规范、文体庄重、行文简练、重点突出。

摘要是简明、确切地记述学术论文重要内容、最具情报价值信息的一篇短文。摘要拥有与论文同等量的主要信息,即读者不阅读全文从摘要可获得必要的信息;读者检索到论文题名后是否会阅读全文,也主要是通过阅读摘要来判断的[1-2]。因此,摘要是学术论文的最重要组成成分,决定着论文的质量及读者是否进一步下载阅读正文的意愿。

由于期刊国际化,科研工作者对学术全球化的认识不断加深,我国学术论文在国际交流中的地位也越来越不必或缺,因此英文摘要就必不可少。英文摘要是中文期刊目前面向国际的最重要渠道[1],所以对英文摘要的编校更应该严谨、准确。但是摘要部分的篇幅有限,所以摘要内容和结构应规范简洁、重点突出,学术论文中也经常使用前置性陈述,即将句子中的主要信息前置,作为主语传递主要信息[3]。因此,名词化具有正式、客观、简洁的特点,在学术论文英文摘要中被广泛应用,尤其是动词名词化更为多见[4]。

1 动词名词化构成方式的研究现状

动词名词化(nominalization),顾名思义,即把句子中的动词转换为名词的语法过程,如将"discover"转换为"discovery"等。目前有关动词名词化构成方式的研究相对较多,但是报道观点并不一致,较常见的是在形态变化方面将动词名词化结构分为3种形式[5]:

(1) 由动词加-ing 构成的动名词。动名词在句子中充当名词的角色,但实际具有更多的动

词特征，表达动词的含义、凸显其过程性，即时间性，后面直接跟宾语等。例如，"Improved methods of manipulating and analyzing gene function have provided a better understanding of how genes work during organ development and disease."中的"manipulating"和"analyzing"后接"gene function"这一宾语，主要表达动词的含义。

(2) 如果动名词有更多的名词特征，并且可被形容词、定冠词等修饰，或具有复数形式，或可以后接 of 加逻辑宾语，这一类名词化结构被称为名词化动名词。名词化动名词更多地表现出名词特征，在一程度上弱化了其含义中的过程性。例如，"The genetic evidence findings of this experiment indicates that lymphocytes are related to body weight regulation."中的"findings"侧重表达研究发现的结果，并非强调发现的过程。

(3) 用-ing 以外的派生后缀或零词缀构成的名词化形式，称为派生名词。与前面两种名词化结构相比，派生名词完全名词化，作为句子中的一个整体概念表达名词的含义，没有时间性。例如，"We illustrate how the determination of single-cell genome structure provides a new approach for investigating biological processes."中的 determination 仅表达"测定"这一名词概念。

2　动词名词化的功能特征

在学术论文中，动词名词化的使用有着独特的功能特征：

(1) 名词化有助于实现语句之间的顺利过渡。如果在名词化后的名词之前或之后给予一定的修饰，可以使句子表达的信息更加丰富、饱满，并且在有限的篇幅内整合了更多的需要表达的信息[6]。此外，由于中、西语言思维的差异，英文常用前置性陈述突出作者更想要表达的信息[7]。例如，"He failed, and this made him lose his fortune and fame. This became the turning point of his life."翻译为"他失败了，这使他失去了财产和名誉。成了他人生的转折点。"如果将这两个并列的句子进行整合，并且进行名词化转换，然后在 failure 前面加上修饰成分形容词 severe，句子变成"His severe failure, which lost him a good fortune and his fame, became the turning point of his life."一个主谓宾结构，语意表达更简洁清楚，且句子整体也更为饱满；此外，后置的定语从句，让原句中一些相关但与事件主线发展无关的信息，变成相辅助的信息，从而使句子中心更明确、更突出。正因为动词名词化的这一功能特征，以及学术论文中句子表达的环境及目的，作者也常使用动词名词化使句子甚至整个英文摘要部分的重点突出，从而让读者一目了然。

(2) 非人称性。名词化过程是语言形式化的过程之一，名词化的使用使谓语动词或形容词表达的内容具有非人称性和事实性，隐藏了动词表达的主观语气、情态和主观评价，使语句表达的观点更加客观[8]。在学术论文写作过程中，科研人员更关心事物的客观现象、事实和特点，尤其是抽象化的逻辑思维，所以为了客观地表达事物的本质，常常使用被动语态，如"将转运 RNA 片段转染至细胞"的英文常使用"The transfer RNA fragments were transfected into the cells"，而非"We transfected the transfer RNA fragments into the cells"。但是，如果主语的修饰成分特别多使主语过长过大时，使用被动语态显得头重脚轻，此时应该根据实际情况合理使用主动语态或使用名词化结构以优化句子结构。例如，"Partially processed transfer RNA fragments related neuronal development and neurodegeneration were transfected into the cells, which exacerbated an oxidative stress-induced reduction in cell survival."句子主语很长，有还定语从句结构，句子结构复杂且不易理解，而通过名词化结构优化句子变成"Transfection of a partially

processed transfer RNA fragment associated with neuronal development and neurodegeneration into cells exacerbated the oxidative stress-induced decline in cell survival."一个较平衡的主谓宾结构，只有明确主、谓、宾语成分即可理解该句的含义。

(3) 非时间性。认知语言学的创始人 Langacker 将认知理论引入到名词化研究，认为动词强调时间概念，表达一个随时间变化的动态过程，动词的使用使动态过程中的时间概念被单独地凸显出来。然而，名词不强调时间概念，即名词的非时间性。动词名词化隐藏了动词表达概念中的时间部分，使句子中的各实体部分作为一个事物整体被一起呈现，从而使句子呈非时间性、静态性[9]。仍以"His severe failure, which lost him a good fortune and his fame, became the turning point of his life."这个句子为例，"became"是为了强调这次失败成为了一个转折点；相对应的，名词化后的"failure"省略了"fail"的过程，表达的不是失败这个过程，而是失败后的这个状态"failure"，失败的这个状态"failure"作为一个起因或原因导致了后续结果。因此，在英文摘要写作过程中，如果是表达一个起因或一个结果的状态或事件，可以把原来表达动作的谓语动词名词化，以弱化原来的动作和变化性、强调其状态。

3 学术论文中动词名词化的使用情况

动词名词化是一种普遍语法现象，尤其是对英语本族语者而言，几乎所有词类在特定的情况下都可以名词化。但在我国，关于对动词名词化及其在学术论文中使用情况的研究较少，并且目前研究多停留在表面现象，很少涉及动词名词化使用的动因。有研究者认为，现阶段我国对科技论文英文摘要中名词化使用的研究远远不及国际水平，需要加大研究力度以提高其使用频率[10]。根据我国文化差异比较了医学、数学、计算机和农学领域科技论文中名词化使用频率和使用位置，结果发现，虽然医学领域中名词化的使用位置比数学、计算机和农学领域的中国学者更接近于英语本族语者，但仍远远不及英语本族语者；而且这些领域中中国学者使用名词化的频率均明显低于英语本族语者。他们针对这一结果，对相关领域的学者进行访谈，发现缺乏对名词化的深入研究是造成我国名词化使用频率和使用位置与英文本族语者之间差异的主要原因之一[10]。

也有学者对我国学术论文英文摘要中名词化现象的使用情况进行分析，他们发现学术论文英文摘要中名词化现象的使用频率非常高，甚至存在着名词化过滥的现象，这种现象基本几乎完全脱离了目前的国际惯例要求的合理使用名词化结构以达到语言清晰的初衷。国内学者池丽霞对-ion 后缀等名词化结构及其他变体的名词进行检索研究，发现中国学者对名词化的使用频率是 33.7%，远远高于以英语为母语学者的 19%，从客观数据上反映了我国学者在学术论文写作时存在过度使用名词化结构的现象[11]。

此外，我国学术论文中也存在大量名词化结构使用不恰当的现象[12]。例如，"The detection of flavivirus envelope protein expression level in tick-borne encephalitis virus (TBEV)-infected A549 cells was carried out by immunofluorescence technique."一句忽视动词的实际含义，不恰当地用动词名词化结构作为主语来表达句子的行为、动作，句子不仅繁杂、沉闷，而且使动作显得苍白无力，重点不突出。该句在英文编校时改为了"The expression of flavivirus envelope protein in tick-borne encephalitis virus (TBEV)-infected A549 cells was detected by immunofluorescence technique."，这样不仅句子简洁易懂，还突出了实验检测过程。

4 结束语

目前我国学术论文中名词化的使用情况不容乐观,而且对名词化的使用情况、构成形式等的研究较少,造成我国学术论文中名词化滥用的原因也不十分明确。可能原因是我国科研水平发现速度快,但现阶段学者尚对当前国际学术论文的写作规范缺乏系统的了解,而且汉语与英语在结构、起源、语法等方面差异较大,学者在学术论文写作过程中容易片面理解动词名词化的概念,在使用名词化结构时也易受到汉语思维模式的影响,从而使整个句子僵硬呆板、缺乏生机。因此,完成学术论文写作时,应合理使用名词化以达到行文简练、重点突出的效果,避免过度滥用或误用名词化。

参 考 文 献

[1] 桑麦兰.经济期刊英文摘要的概念意义对比研究[D].南昌:江西财经大学,2015.
[2] 何洪英,朱琳,张曼夏,等.中文科技论文的英文内容写作进阶[M]//学报编辑论丛 2021.上海:上海大学出版社,2021:196-201.
[3] 李玉玲.学术期刊论文摘要中的名词化及其元功能研究[D].长春:吉林大学,2016.
[4] 郑蔚,宁静,吴辛茹,等.基于语料库的科技语篇动词名词化使用特点的对比研究[J].英语广场:学术研究,2017(6):40-43.
[5] 刘蕾.英语动词名词化时体的认知分析[J].长春师范大学学报,2004(8):116-119.
[6] 傅运春.科技英语作品中动词名词化的语用翻译[J].湖南科技学院学报,2008(10):195-198.
[7] 姚长红.试析中西方思维差异对翻译的影响[J].英语广场:学术研究,2016(1):23-24.
[8] 张妍,陈建生.动词名词化的非时间性[J].文史博览:理论,2016(2):67-68.
[9] LANGACKERR W. Foundations of cognitive grammar, vol.2: descriptive application [M]. Stanford: Stanford University Press.1991.
[10] 吴辉.对科技论文摘要中英语动词名词化的对比研究:一项基于语料库的研究[D].上海:上海交通大学,2007.
[11] 池丽霞.语言学论文英文摘要名词化特征研究[J].科技视界,2016(10):68-68.
[12] 范晓晖.医学论文英译的名词化问题[J].上海翻译,2005(4):36-39.

基于典型案例探讨科技论文的非学术质量因素

杨 燕

(上海大学期刊社《应用数学和力学(英文版)》编辑部,上海 200444)

摘要:文章针对科技论文写作普遍存在重"好灵魂"轻"好模样"的现象,剖析其原因和亟须重视的必要性,基于编辑视角和典型案例对常见的非学术质量问题进行分析,提出编辑眼中"好模样"文章应具备三个维度特征:语言精准恰当、图表规范科学、公式准确规范。科技期刊编辑应担起普及标准化和规范化的重任,帮助作者掌握写作规范、提高写作水平,从源头上提高稿件的编校质量,加快内容传播。

关键词:非学术质量因素;标准化和规范化;语法;图表;公式

期刊应以内容为根,质量为本。国家新闻出版署印发的《报纸期刊质量管理规定》[1]对期刊审读提出了更高的要求,编校差错率合格线提升为万分之二,这意味着编辑的编校水平将面临新的挑战和考验,要求编辑部初审严格检查来稿的语言和格式。然而,当前学术竞争日益激烈,从毕业到教职的考评都越来越追求"硬"标准,这个"硬"标准就是学术发表的质和量。学者们把工作重心集中在学术内容创新的挖掘和构思上,自然就忽视了语言和格式的精雕细琢。此外,很多学者没有系统地接受有关编辑出版的国家标准和规范的学习培训,对期刊文章出版后的审读工作也知之甚少,这就导致缺少标准化和规范化知识的作者在写作时往往只关注到论文的学术内容[2]。

如果说文章的创新性和研究内容是文章的"好灵魂",那么文章的语言表达和外在形式就是文章的"好模样"。前者已基本形成共识,而后者还未引起编辑和学者的足够重视。"好模样"文章应是一篇语言准确、格式规范的文章。然而,因目前学术界普遍存在重"好灵魂"轻"好模样"的现象,编辑在收稿和校对时发现有大量文章存在诸多问题,比如题名不够简洁明了、摘要内容不够完整、关键词选用不妥当、正文层次不清晰、文字表达基本错误频出,以及参考文献引用不规范[3],很多具有鲜明创新性和较高学术价值成果的文章因缺失"好模样"而不能及时发表。因此,一篇高质量的科技论文必须有"好灵魂"和"好模样"。

科技论文质量除了主要取决于论文的学术水平外,还与论文写作的规范化有关[2],规范化问题主要集中在投稿准备和录用后的格式修改这两个阶段。因此,美国农学会、美国土壤学会、美国作物学会的期刊网站特别提供了针对投稿前和录用后文章格式检查的指导文件[4]。近些年来,国内已有编辑关注到提高作者论文写作水平和规范化的重要性。郑可为等[2]从论文发表和传播的角度引导作者掌握写作要点,遵循期刊论文写作规范。翟万银[5]通过拟定专业、高效的修改意见来帮助青年作者提升论文写作水平,同时提高编辑效率。杜秀杰和赵大良[6]从学

基金项目:中国科技期刊卓越行动计划重点期刊

术语言定义、表达的误区、表达特征等方面入手，对学术语言表达进行梳理和分析。刘曙光[7]提出学术期刊编辑视角的论文写作问题。郭盛楠等[8]指出科技期刊编辑应承担起指导研究生论文写作与发表的任务，点对点帮助作者进行论文指导以提高写作水平。随着国家科技创新综合实力的增强和不断涌现的优秀科研成果，科技期刊的内容传播日益重要。目前，已有大多数作者能关注到题名、摘要和关键词的重要性，以及规范引用参考文献。然而，正文语言表达的精准性以及图表和公式的规范性还未引起足够重视，同时，鲜有文献结合典型案例探讨科技论文的非学术质量因素，包括语言、图表和公式等方面的要求和规范。这些非学术质量因素不仅会影响论文的录用，还影响成果的传播。

本文以案例为支撑，基于笔者编辑加工稿件和与作者互动的经验以及指导研究生论文写作和开办讲座的经历，发现缺失"好模样"的科技论文主要问题出现在语言、图表和公式这三方面，分析学者忽视论文"好模样"的原因及重视非学术质量因素的必要性，并结合典型案例提出一篇"好模样"的文章应具备三个维度特征：语言精准恰当、图表规范科学、公式准确规范。最后，给出编辑助力作者打造"好模样"论文的对策及建议，以提升稿件编校效率和质量，并提高作者的写作水平。

1 轻"好模样"的原因及重视的必要性

学者重"好灵魂"轻"好模样"，与评审专家重内容创新轻表现形式不无关系。学者既是作者又是评审专家。写作的理念与评审的原则密切相关，相互影响。作者的视角重心落在文章的评审和发表，很少关注到论文发表后的传播效果。毫无疑问，一篇格式错乱、表达欠规范、错误随处可见的文章无法让评审专家信服，更别提学术传播效果。另外，绝大多数作者虽精通自己的研究领域，但对写作规范、写作表达等提升论文"模样"的编校知识不甚了解，甚至对有悖于行业习惯的编辑规范产生抵触情绪[9]。有些作者会对编辑基于编校规范提出的修改建议不予理会，而不是尝试着与编辑沟通，找到解决方案，创造既符合行业习惯又满足编辑规范的双赢局面。学者忽视论文"好模样"还有一个重要原因是受不科学的"国际惯例"的影响。很多国外期刊不受出版物内容质量、编校质量等检查约束。因此，文章即使经过校对出版，公式正斜体、黑白体、图表上量和单位的表达等还是采纳作者的写法，并未经过标准化、规范化的处理。学者深受影响，认为论文是不必看重这些细枝末节，只要创新性够，可以发表就行，但论文的表达方式会影响到其被引用的可能性[10]。因此，从论文发表和传播的角度来说，标准化、规范化的实施是非常有必要的。

重视非学术质量因素，打造论文的"好模样"，于作者而言是大有裨益的。其一是可以顺利通过编辑初审。编辑初审"审什么"，其实就是"审模样"。这要求文章符合目标刊物行文规范，基本要素齐全，图、表、公式精准，文献新而足[11]。如果公式表达规范化，就更能让编辑产生一见如故的感觉。其二是加快内容传播，提高学术影响力。一篇具备"好模样"的文章能让读者产生读下去的兴趣，从中发现参考价值，而不会因为一些非学术质量因素产生错误的解读，失去对文章的价值认同。其三是帮助作者养成良好的写作习惯，提高学术论文写作质量，掌握论文写作规范，从而提高投稿"命中率"[7,12]。

重视非学术质量因素，打造论文的"好模样"，这对期刊编辑的办刊工作也是极其有利的。一方面，具备"好模样"的文章会大幅提高编校效率和质量，使得编辑能腾出更多时间去策划专辑、宣传推广。另一方面，具备"好模样"的文章在录用后的格式编排、加工时间会大大缩短，可以提早与读者见面，增加内容传播的时效性。

2 "好模样"文章的维度特征和典型案例

2.1 语言精准恰当

科技论文语言文字要准确、简明地表达研究成果和传播与储存科学技术信息，同时，正式出版的论文语言要起到示范引领的作用。中文稿件的语言表达问题主要包括用词不当、成分残缺、搭配不当、语序颠倒、结构混乱，以及详略失当等问题，《科技书刊标准化18讲》[13]有详细的语病分析与修改，此文就不再赘述。英文是国际通用语言，我国学者近些年撰写的英文稿件数量呈井喷式增长，且不少中文期刊明确要求作者提供英文摘要以更好地传播科技成果。本文以审读、编辑英文科技稿件遇到的问题为实例，指出科技论文英文表达常见的主谓不一致、冠词缺失、用词错误、拼写错误等问题，以期达到抛砖引玉之效果。

(1) 主谓不一致。主谓一致性是英文表达最重要的原则之一。但科技论文英文表达主谓不一致的问题实属不少，这类低级错误会严重影响文章的质量，影响评审专家对文章的"好感度"。下文将结合典型错误案例进行分析：

例 1 The stability of the zero and non-zero solutions are analyzed in this section. 修改为 The stability of the zero and non-zero solutions is analyzed in this section.

例 2 For the frequency components, the data is clearly divided into three parts. 修改为 For the frequency components, the data are clearly divided into three parts.

例 3 The dynamic characteristics of the slightly curved fluid-conveying pipe in the supercritical regime is more complicated. 修改为 The dynamic characteristics of the slightly curved fluid-conveying pipe in the supercritical regime are more complicated.

例 1 虽然陈述了零解和非零解这两者的稳定性，但稳定性是抽象名词，也就是说真正的主语中心语是 stability，谓语应与其一致。例 2 中，data 不是常见的复数形式，但英文中确实存在一类不规则的复数形式，比如科技文章中出现频率较高的 datum-data, spectrum-spectra, medium-media, nucleus-nuclei, criterion-criteria, matrix-matrices, phenomenon-phenomena, analysis-analyses, hypothesis-hypotheses(前者为单数，后者为复数)。例 3 中，characteristics 单词的构成形式特别像 physics、mechanics、electronics 等学科名词(单数)，但事实上，characteristics 是复数，含义为特征。可见，为达到主谓一致的原则，避免语法错误，编辑和作者需仔细斟酌推敲很多细节。

(2) 冠词缺失。汉语无冠词、多量词，英文有冠词、少量词，这是英语与汉语在词类系统上的典型差异。很多国内作者及母语为非英语的国外作者易在冠词使用方面出错。英语中冠词分为不定冠词 a 和 an 以及定冠词 the。一般而言，不定冠词表示泛指，用于单数可数名词；定冠词则表示特指。编辑和作者可使用图 1 的思维导图来判断冠词的用法。

(3) 常见的用词错误。根据修改润色英文表达的经验，本文将常见的用词错误总结如下，以引起编辑和作者的重视。

例 4 The relationship will evolve into linear gradually. 修改为 The relationship will evolve into linearity gradually.

例 5 Whether 2 Hz—4 Hz SWD can be abated is depended on the size relationship. 修改为 Whether 2 Hz—4 Hz SWD can be abated depends on the size relationship.

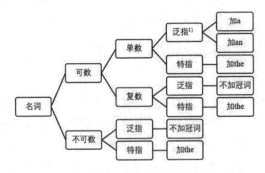

注：使用 a 还是 an 是以其后的单词的发音来决定的，而不是字母，比如 an FG layer, a unique model.

图 1　冠词使用的思维导图

例 6　s_0 <u>equals to</u> the difference. 修改为 s_0 <u>equals</u> the difference. 或 s_0 <u>is equal to</u> the difference.

例 7　The combined effect of *a* and *b* has <u>few</u> been reported. 修改为 The combined effect of *a* and *b* has <u>rarely</u> been reported.

以上四例均是词性误用。例 4 中，linear 是形容词，误作名词。例 5 中，dependent 可作形容词，固定搭配是 be dependent on；depend 是动词，固定搭配是 depend on。例 6 中，equal 既可作形容词又可作动词，作形容词时，固定搭配是 be equal to+名词；作动词时，固定搭配是 equal+名词。例 7 中，few 可作代词和形容词，唯独不能作为副词使用，而 been 前面的成分应是副词，故应改为 rarely。

例 8　Since then, the investigation on the super-critical region develops. 修改为 Since then, the investigation on the super-critical region has developed.

例 9　English is called as a universal language. 修改为：English is called a universal language.

例 8 和例 9 均是典型的搭配错误。例 8 中，since then 一般与完成时态搭配使用，类似用法的副词还有 already, just, yet, ever, never。例 9 中，固定搭配是 be called 后加名词，或 be named as 后加名词。

需要强调的是，英文表达中 such as 或 for example 与 and so on 不能一起搭配使用。当然，such as 或 for example 与 etc. 也不能一起搭配使用，因为 such as 和 for example 都表示列举部分。另外，and etc. 是错误的用法，etc. 是拉丁语 et cetera 的缩略词，et 就是"and"的意思，如果 etc. 前面再加上 and 就是累赘重复的病句。

(4) 常见的拼写错误。英文中有很多"形似"而"神不似"的单词，作者在输入这类单词时很容易张冠李戴，编辑和作者在检查文章时要特别留心此类错误。

例 10　The dynamical bifurcation analysis <u>conforms</u> that… 修改为 The dynamical bifurcation analysis <u>confirms</u> that…

例 10 中，conform 是"遵守，相一致"等意思，而根据句意，例 10 应该是表达"此动态分岔分析证实……"，故应使用 confirm。科技文章中常见的"形似"而"神不似"的英文单词还有 mode-model，form-from，principal-principle，later-latter，beam-been，confirm-conform，metal-mental，through-thorough，three-there，two-to，steel-steal，affect-effect，adapt-adopt，angle-angel，expect-respect-aspect-inspect-suspect，expand-expend。

另外，由人名命名的专有名词，例如 Poisson's ratio，稿件中时常出现人名拼写错误，或者正文中的学者名与参考文献中的不一致，或把名当成姓来处理。此类错误应引起编辑和作者的重视。

2.2 图表规范科学

图表要兼顾规范性、科学性和简约性。

(1) 规范性。第一，图片中要明显能区分出图例，黑白印刷时尽量也要兼顾到这一点。第二，图中的量符号要用斜体，单位用正体并标注正确，不少作者把 kPa 中的 k 写成 K。差之毫厘，谬以千里，K 是热力学开尔文的单位，而 k 是千的意思。不少作者还把 Pa 写成 pa 或 PA，需要引起注意的还有 eV、Hz、dB 等单位。第三，图中的值与单位两者之间应略空。第四，图中横纵坐标的标目格式推荐写成量符号/单位的形式。

(2) 科学性。第一，图题要与图对应。笔者曾校过一篇文章，图中变化的物理量是管道长度，但图题中写的是厚度。第二，图表的表达与正文中文字表述不一致。例如，图表是呈下降的趋势，但正文中表述与之相反。这种情况常见于文中图较多，需要分析的量较多，作者出现笔误所致。此种错误一多，会引起读者无法信服该文章的结论，导致该文学术内容的传播受阻。

(3) 简约性。图表的版面简约性指的是在图表清晰醒目的基础上版面的简约、直观和美观，其中美观包括图表本身的美观和版面布局的美观[14]。图 2 违反了版面简约性，四张表的竖向项目都是相同的，只有横向项目在变，但一个横向项目就只对应一张表，一来显得表格略显单薄；二来非常占版面。利用横表分段，可将四张表转为一张表，如图 3 所示。

Table 1 The length of D_1 under different α

ε	α		
	1.01	1.5	1.99
−2.15	[−1.552, 1.711]	[−1.552, −0.629]	[−1.552, −0.570]

Table 2 The length of D_1 under different β

ε	β		
	−1	−0.5	0
−2.15	[−1.552, −0.629]	[−1.552, −0.691]	[−1.552, −0.753]

Table 3 The length of D_1 under different d

ε	d		
	0.1	0.4	0.7
−2.15	[−1.552, −0.629]	[−1.552, −0.549]	[−1.552, −0.469]

Table 4 The length of D_1 under different σ

ε	σ		
	0.2	0.5	0.8
−2.15	[−1.552, −1.001]	[−1.552, −0.792]	[−1.552, −0.629]

图 2 违反版面简约性的四张表

Table 1 The ranges of D_1 under different α, β, d, and σ

ε	α			β		
	1.01	1.5	1.99	−1	−0.5	0
−2.15	[−1.552, 1.711]	[−1.552, −0.629]	[−1.552, −0.570]	[−1.552, −0.629]	[−1.552, −0.691]	[−1.552, −0.753]

ε	d			σ		
	0.1	0.4	0.7	0.2	0.5	0.8
−2.15	[−1.552, −0.629]	[−1.552, −0.549]	[−1.552, −0.469]	[−1.552, −1.001]	[−1.552, −0.792]	[−1.552, −0.629]

图 3 利用横表分段将四张表组合成一张表

2.3 公式准确规范

科技期刊很多模型、定理或方法的阐述都需要结合数学公式来进行表达描述。数学公式的规范性对科技期刊文章的传播有着极大的影响，原因是其表达方式如果不规范会导致读者对公式产生困惑。另外，公式的准确性也极大程度影响读者对文章的理解和还原。笔者结合编校工作经验，罗列了七点典型的有违规范性和准确性的公式表达。

(1) 符号正斜体误用。国标文件和《科技书刊标准化18讲》[13]规定：特殊定义的函数(比如 sin、exp、log)、数学常数(比如自然常数 e、虚数 i)和数学符号(比如 d、div、grad、Re、T)以及表达特定含义的下标(比如 y_{max})和化学元素符号应写成正体。

(2) 同一个量的符号在文中表达不一致。常见的错误如下：同一个变量符号在同一篇文章出现大小写混用；对于带有下标的量符号，下标的写法全文不一致，常见的是正斜体写法不一致。

(3) 使用相同的量符号表达不同的含义，属量符号的重复使用。笔者曾校过一篇文章，d 在第二节定义为高斯噪声的强度，但在第四节又再一次定义为其他含义。基础研究类文章公式较多，全篇需使用的量符号更是不少，作者很容易写到后半部分就忘记文章前半部分已定义过的量符号。如果写作时遇到要定义的量较多，建议作者使用量术语表来辅助。

(4) 数学含义不明。log 函数缺失底数，以及对于诸如 $a/(bc)$ 或 $\sin(wt)$ 等形式，作者经常丢失括号，导致数学含义模糊，易使读者产生理解上的困惑。编辑校对时应特别留意。

(5) 公式出错、符号书写不一致。同一个量在公式和文本中的书写不一致，常见于一些"形似神不似"的数学变量，如 $v\text{-}\upsilon\text{-}\nu\text{-}\mu$、$\phi\text{-}\varphi$、$w\text{-}\omega$、$\epsilon\text{-}\varepsilon$、$a\text{-}\alpha$、$x\text{-}\chi$、$k\text{-}\kappa$。另外，如下的错误也颇具警示意义：示意图中取值范围包含 -1 和 1 的是 z，但在文中却被写成 x；三重积分符号却只有一个微分 dx；等号左边是标量，右边是矢量，等式不成立；端点处的值重复定义。

(6) 误将多个并列的字母构成一个量符号。例如，将临界高温(critical high temperature)的量符号写成 CHT，这容易让读者误以为是 C、H、T 这三个量相乘，应将 CHT 改为 $T_{c,h}$[13]。

(7) 公式括号层级较乱。例如，用了中括号后外面一层又用小括号。推荐如下两种写法：i)前三层分别用小、中、大括号，超过三层的部分都用大括号；ii)全部用小括号。

3 充分发挥科技期刊编辑在"好模样"论文打造中的作用

3.1 普及标准化和规范化

科技期刊的标准化规范化是期刊质量的重要体现。文章质量需要作者和编辑共同来保障。但事实上，很多作者都没有经过写作标准化和规范化的训练。科技期刊编辑应在高校和研究机构开展学术论文标准化和规范化的讲座或培训，尤其要在研究生群体中进行普及。编辑部在投稿须知或模板中明确图表和公式表达时应注意的要点，以引起作者的关注和重视。

编辑在给作者返回校样稿时，可以对文中多处出现的同一错误或不规范处作批注，给出编校文件中的相关规定，并附上案例，不仅可使学者对编辑的职业价值产生认同感，还可助力青年学者了解编校规范，养成良好的写作习惯。编辑也可尝试采用面对面交流、微信公众号发文、微视频、微课等灵活多样的方式在学术群体中开展论文修改指导。此外，拟定通用高效的修改意见也不失为一种好办法[5]。

3.2 协助作者掌握写作技巧

科技期刊编辑作为期刊审读质量的守护人，应基于科技论文中常见的错误表达，不断总结写作技巧和紧跟学术研究前沿。基于笔者的总结，列出如下三点通用写作技巧。第一，选用词义准确且简单的常用词，尽量不用生僻词和复杂词，力求简练易懂。第二，谨慎使用带有情绪、非常夸张的词汇，力求客观科学。第三，尽量不使用长句表达，这主要基于如下两个原因：i)写长句容易产生语法错误；ii)长句不如短句来得简洁，易理解。英文论文的撰写还需注意以下三点。其一，尽量不写语法复杂的句型，牢记科技文章在表达上只要逻辑清晰、条理分明、简练易懂即可。其二，抓住句子中心语来检查谓语可有效避免主谓不一致。其三，优先使用动词，而不是抽象名词。另外，编辑应和语言学学者或专业的润色专家密切合作，依托现代科技，编纂学术英语参考资料和词典，创建学术语言和摘要写作资源库，提高作者的英文写作水平。

3.3 制定出版与格式手册

美国农学会、美国土壤学会、美国作物学会旗下的期刊网站都有可供下载的出版与格式手册[14]，投稿网站有文章格式检查的指导文件(针对投稿前和录用后的文章格式)、投稿模板等，内容非常细致。保护生物学学会旗下的期刊在其官网主页和投稿页面都有指导作者写作的文件[15]。虽然国内期刊要接受严格的期刊审读检查，但据笔者调研，鲜有期刊编辑部会面向作者制定详细的出版与格式手册。国内编辑可参考国际同行做法，结合出版期刊的学科内容，包括高频学科术语、易出错的句型、常用的量和单位等，制定出版与格式手册。

4 结束语

本文提出科技论文的"好灵魂"和"好模样"同等重要。采取典型案例研究法剖析科技论文常见的非学术质量问题，并基于编辑视角提出"好模样"文章的三个维度特征：语言精准恰当、图表规范科学、公式准确规范。总结科技论文具有代表性的英文表达错误，辅以典型案例加以说明，并提炼公式和图表表达时应注意的要点，以期达到举一反三、触类旁通的效果。

参 考 文 献

[1] 中国政府网.新闻出版署关于印发《报纸期刊质量管理规定》的通知[EB/OL].[2022-08-18].http://www.gov.cn/gongbao/content/2020/content_5551815.htm.
[2] 郑可为,徐若冰,王亚秋.科技论文规范化中编辑的引导作用[J].编辑学报,2013,25(3):302-303.
[3] 李欣.科技论文写作的标准化与规范化编辑实践[J].云南师范大学学报(自然科学版),2014,34(增刊 1):158-161.
[4] American Society of Agronomy. Author resources [EB/OL]. [2022-09-14]. https://www.agronomy.org/publications/journals/author-resources.
[5] 翟万银.基于通用修改意见提升青年作者的科技写作水平[J].编辑学报,2019,31(4):464-467.
[6] 杜秀杰,赵大良.学术论文语言表达范式分析[J].编辑学报,2018,30(3):260-263.
[7] 刘曙光.学术期刊编辑视角中的论文写作[J].山东理工大学学报(社会科学版),2009,25(1):88-91.
[8] 郭盛楠,韩焱晶,刘婉宁,等.充分发挥科技期刊编辑在研究生培养中的指导作用[J].科技与出版,2020(6):100-103.
[9] 彭传静.冲突视角下科技论文作者与编辑在编校过程中的关系研究[J].传播与版权,2019,77(10):50-52.
[10] 荆树蓉,赵大良,葛赵青,等.提升科技论文学术影响力的编修技巧[J].编辑学报,2015,27(1):30-34.
[11] 李艳妮,杨蕾.编辑视角下提升投稿命中率的三个关键点[M]//学报编辑论丛 2018.上海:上海大学出版社,2018:197-199.
[12] 吴晓红.从编辑视角分析影响稿件录用的非质量因素[M]//学报编辑论丛 2014.上海:上海大学出版社,2014:65-68.
[13] 陈浩元.科技书刊标准化 18 讲[M].北京:北京师范大学出版社,1998.
[14] 陈先军.科技期刊论文的图表审读处理方法探讨[J].编辑学报,2018,30(3):266-268.
[15] American Society of Agronomy. Publications handbook and style manual [EB/OL]. [2022-08-18]. https://www.agronomy.org/publications/journals/author-resources/style-manual.
[16] Conservation Biology. Style guide for authors [EB/OL]. [2022-08-18]. https://conbio.onlinelibrary.wiley.com/pb-assets/hub-assets/conbio/Author-Style-Guidemar21-1633095259077.pdf.

科技期刊制式化编校自查表的设计制作及意义

魏学丽,尹茶,孙岩,商素芳,杨亚红,魏莎莎,余党会,惠朝阳

(海军军医大学教研保障中心出版社《海军军医大学学报》编辑部,上海 200433)

摘要: 编校质量是期刊出版工作的生命线,《海军军医大学学报》(原《第二军医大学学报》,以下简称《学报》)编辑部在实践过程中发现,利用期刊制式化编校自查表能有效提高期刊编校质量。本文分享《学报》编辑部总结编制的制式化编校自查表,并以印前专项审核表为例,介绍该表的设计理念与使用原则。基于印前专项审核表的成功实践,进一步提出编制个性化期刊标准执行自查表的初步设想,分析了编制期刊标准执行自查表的必要性和可行性。此外,还总结了编制制式化编校自查表的 5 方面作用。

关键词: 科技期刊;标准规范制式表;印前审核表;期刊标准执行自查表

编校质量是期刊出版工作的生命线。期刊的质量主要表现在内容和形式两个方面,而期刊内容质量又涉及选题、论文质量、编校质量等多个方面,对编辑而言提高期刊规范化编校水平是相对容易控制(提高)的一个方面,也即需要认真执行国家层面及行业层面的各类法律、法规和标准规范。但做好期刊的规范化编校也非易事。2021 年上海市期刊编校质量检查情况通报显示,抽查的 347 种科技期刊中有 11.2%的期刊编校质量不合格[1]。2005 年对部分科普类期刊的编校质量抽查发现有 48%(31/64)的期刊不合格,对此张泽青[2]认为是出版者重视知识含量、技术含量而忽视了加工质量与校对质量,不遵守有关法规规定导致的。张小飞等[3]梳理总结了科技期刊现行标准规范执行情况,认为我国已形成了比较完善的出版行业标准体系,但部分已发布的标准存在内容规定和示例不一致的现象,甚至存在不同标准间相互矛盾的情况。

科技期刊出版环节多,与编辑出版相关的标准规范不仅数量多,而且细节多。另外,因个体思维和理解力的差异,编辑人员在编辑加工稿件或执行相关标准时的执行程度及参照标准也存在差异。因此,在编辑加工稿件时对稿件处理程度就各有不同。但科技期刊规范要求,期刊的格式、术语等要力求统一。毕丽等[4]提出的期刊质量管理体系能很好地在出版流程上管控期刊质量,但在具体工作环节上的质量控制还有待完善。如何有效、恰当执行期刊标准,又能融合不同编辑的思维差异,将期刊质量管理体系中的规定编制成期刊个性化、统一性、简明性且可重复利用的形式,是笔者一直思索的问题。

表格又称为表,其比文字叙述形式更简明、易懂,即是一种可视化交流模式,又是一种组织整理信息的手段。鉴于表格和期刊编辑工作的特点,《海军军医大学学报》(原《第二军医大学学报》,以下简称为《学报》)编辑部利用表格把期刊出版环节中的一些细节规范和标准进

通信作者: 惠朝阳, E-mail: xzy2082@qq.com

行了统一化。经过实践发现，这些标准规范化制式表格对期刊编校质量的稳定和提高有促进作用，现分享如下，希望能给同行带来一些启发。

1　《学报》出版流程中的制式表介绍

在期刊出版过程中需要与作者、审稿人进行沟通，制式表格就发挥了很好的作用。制式表的内容明确，而且统一的制式表还有利于期刊管理的规范，设计好后可长期使用。含《学报》在内的大多数期刊网站中都有“相关下载”或“下载中心”等相关栏目，主要是提供期刊出版过程中经常用到的模板或制式表。其中的制式表如“稿件审稿单”“投稿稿件格式模板”“作者自校清样表单”[5]等架起了编者与作者、审稿人之间的基础沟通桥梁。除上述常用的制式表外，《学报》编辑部还总结编制了一些用于把控期刊编校质量的内部制式图表规范，如审稿流程图及审稿规范[6]、基金项目中英文表达规范[7]、印前专项审核表、期刊标准执行自查表(正在组织编制中)等。这些制式表的使用给《学报》质量的稳定和提高起到了很大的促进作用。下面简要介绍《学报》的印前专项审核表及期刊标准执行自查表。

1.1　印前专项审核表

1.1.1　编制印前专项审核表的理念

印前专项审核即送厂印刷前最后一次对主要项目的专门校核，是在完成三审三校一通读的基础上的最后把关环节。此时稿件已齐、清、定，因此印前专项审核表核查重点是期刊的构成要素及论文体例，如四封的项目要素及论文页眉地脚、图表排放等。《学报》印前专项审核表分为两大部分，一部分是简化版审核表，包括 6 个分表(表 1 四封和目录；表 2 页眉和首页地脚；表 3 文章首页、中英文摘要；表 4 正文；表 5 图与表；表 6 参考文献)，仅罗列主要核对项目和易错点/特殊点(图 1)，目的是给核对编辑起提示作用。另一部分是细化版审核表，具体到不同栏目的字体、字号、行间距等，供编辑在必要时使用，同时该表也是给印刷厂用于排版的格式表。

《海军军医大学学报》印前专项审核表（2）

页眉	
1	首页页眉格式正确，对齐，年卷期正确，月份正确
2	奇数页期数正确，作者和题名与正文一致，注意作者只有一位时姓名后不需加“等”，超过时加“等”
3	偶数页年卷期正确
特殊情况	接排的文章需特别注意核对首页及奇数页页眉

首页地脚	
1	收稿日期、接受日期合理（接受日期不能早于收稿日期，不能晚于出版日期；与 DOI 号中年份匹配）
2	作者简介、通信作者项内容齐全且与文中一致
3	共同第一作者、共同通信作者标注正确（英文用复数），信息齐全，所列信息与作者姓名一致
4	基金项目及编号齐全，写法规范统一，中、英文一致

(a) 对页眉、地脚印前审核项目提示

《海军军医大学学报》印前专项审核表（5）

图	
1	中英文标题格式正确（图，Fig），与栏目要求一致
2	编号连续，先引用后出现，内容与正文一致
3	分图编号（A、B、C…）需有注解
4	统计图需标识样本量（n）和数据表示方法[$x\pm s$, n(%)]
5	统计图横、纵坐标归 0，是否需断开，刻度均匀、与数字对齐，横纵标目、量和单位正确
6	电泳图需注明条带大小和各泳道代表的内容
7	显微照片需标放大倍数
8	注解不得转栏或转页
9	注解先后顺序：分图题、上下标注释、缩写词全称，后加点号
10	大小不能超出版心
11	注明是否需要做彩版

(b) 对图的印前审核要点提示

图 1　《海军军医大学学报》印前专项审核表示例

1.1.2　印前专项审核表的使用原则

编辑校对工作千头万绪，如果眉毛胡子一把抓就很容易出现漏网之鱼。编辑部可根据人员数量分配审核表，对照印前专项审核表进行专项审核时，宜一次只针对一项内容(如只针对页眉、只针对首页地脚)，根据审核表的提示快速查对。如果编辑部人员有限，可以采取一位编辑同时负责多表，但应坚持每一遍审核只针对一项内容的原则。《学报》编辑部的实践证明，

1~2个小时即可完成1个审核表的核对，专项审核表使用后《学报》的小差错发生率明显降低。

1.2 编制期刊标准执行自查表的设想

1.2.1 编制期刊标准执行自查表的必要性

根据期刊业务范围梳理出相关的国家标准和行业规范，并组织编辑学习是保障并提高期刊质量的基本要求。笔者于2022年7月4日在中国标准服务网(https://www.cssn.net.cn/cssn/index)上以标准组织"新闻出版"、标准状态"现行"、发布年代"全部"为检索条件，共检出296条行业标准。同时间以标准组织"国家标准"，国际标准分类"01综合、术语学、标准化、文献"，中国标准分类(CCS)"A综合"，发布年代"全部"，标准状态"现行"为检索条件，共检出508条国家标准，再按CCS分类名"编辑、出版""量和单位"为条件筛选出国家标准37条。

这么多标准如不梳理难免会有遗漏，让编辑对所有标准都能熟记并使用也存在一定的困难，因此进行梳理归类甚至编制成表格作为核对工具表是比较理想的方法。另外这么多的标准如何整理分类，以及在相关标准存在矛盾冲突时如何执行也是需要考虑的问题。因此，以期刊为单位根据期刊的业务范围梳理相关标准并编制期刊标准执行自查表很有必要。

1.2.2 编制期刊标准执行自查表的可行性

《学报》编辑部有每周1小时业务学习的惯例，可利用此时间梳理回顾医学科技学术期刊相关的规定及标准。对标准的整理分类可以参考赵惠祥[8]老师2018年介绍的分类方法，把科技期刊的编校标准与规范大致分为"期刊形式标准与规范""论文格式标准与规范"两大类。"期刊形式标准与规范"针对的是期刊封面、版权页、目次页及页码等方面的编排规定，涉及的相关标准及规范主要有9项；"论文格式标准与规范"针对的是刊载论文的信息项、正文、参考文献等方面的表达与编排规定，涉及的标准及规范有38项。可先回顾梳理这47项标准，再从中国标准服务网中筛选相关标准(特别是近4年更新的标准)及标准中参考的标准。还可参考《作者编辑常用标准及规范(第4版)》《编辑常用标准规范解说》等相关书籍中介绍的标准进行全面的梳理归类。将归类后的标准按类别进行学习后先分配编辑编制格式化单项标准简表，简表内容可以包括标准规范的项目、具体要求(按条列出)、示例、标准名称等。然后，汇总该类别所有单项标准简表，经编辑集体讨论后编制成该类别标准的自查表。最后，形成期刊特色的标准执行自查表。

2 编制期刊制度化编校自查表的作用

2.1 有利于提高编辑工作效率

制式表是将繁杂的标准及规范性文件进行梳理、精练、融合后的结果，在这些制式表的形成过程中，编辑人员又进一步熟悉了其内容，在后期工作中也是很好的查阅工具。制式表是编辑工作的执行标准，解决了编辑因个体思维及理解力差异而产生的执行标准不同或执行程度不同的问题，这也减少了期责任编辑在统稿时的工作量。制式表还能解除各标准间有矛盾冲突时对执行标准产生困惑的问题。这都对提高编辑工作的效率有利。

2.2 有利于培养新人快速熟悉工作

表格的特点使制式表的内容清晰简洁、要求明确、版式醒目，有利于新入职编辑快速熟悉期刊工作的主要内容和期刊的主要执行标准，为进一步深入学习打下基础。有了制式表作为期刊编校的执行标准，有利于老编辑对新编辑的带教，能促进新人快速熟悉工作。

2.3 有利于提高期刊编校质量

表格形式可以达到突出重点，兼顾全面化、规范化和统一化的目的，编校自查表作为期刊内部的执行标准，编辑在加工稿件的过程中按该表统一行事，对期刊编校质量的稳定和提高有促进作用。期刊标准执行自查表是对相关标准内容的执行，结合印前专项审核表对标准具体承载项目的核查，双方面保证了期刊的编校质量。

2.4 有利于全面掌握期刊标准

面对数量较多的期刊标准，只有系统梳理并逐步积累才能全面完善掌握，才能了解其前世今生并及时掌握其未来。面对琐碎而繁杂的细节要求，只有系统归类，专项核对才能将疏漏降到最低。制式表是期刊编辑部全体编辑集思广益、查漏补缺的前提下共同制作或分工协作完成，对于不同方面的标准有专人负责了解、解读，不仅有利于及时掌握最新状况，还能促进编辑的成长，而编辑的成长又是对期刊质量的保障。

2.5 有利于培养编辑的小专长

能力是一种习惯积累，分工明确的编辑定项任务能给人定向的目标，定项目标的达成就需要不断积累和钻研，日积月累，每位编辑都会在一定方向上有所长、有所精。而学有所长、技有所精的编辑人员不仅保障了期刊的质量，从行业角度来讲，也是期刊出版行业的财富。

3 结束语

提高期刊质量除本文所提及的相关标准规范外还与很多其他方面有关，如语言文字方面的规范、专业术语的规范等等。如何有效把控与期刊质量相关的方方面面，并对其进行定量、定标把控设计，形成有利于期刊编校质量提升的工具还值得进一步深入研究、总结。

参 考 文 献

[1] 上海市新闻出版局.上海市新闻出版局关于 2021 年本市期刊编校质量检查情况的通报[EB/OL].(2022-01-14)[2022-06-21].https://cbj.sh.gov.cn/html/jqgkxx/2022/01/14/9020f8a4-7a6a-40ef-98dc-306901df75e5.shtml.

[2] 张泽青.科普期刊要加强对出版质量的把关[J].中国科技期刊研究,2006,17(2):195-197.

[3] 张小飞,杨卫红,魏希辉,等.科技期刊现行标准规范执行情况及建议[J].传播与版权,2021(7):11-13,17.

[4] 毕丽,宣艳艳,李菲菲,等.参照ISO 9001条款构建期刊质量管理体系提升编校质量思考[J].传播与版权,2016(12):50-52. DOI:10.16852/j.cnki.45-1390/g2.2016.12.020.

[5] 商素芳,曾奇峰,杨亚红,等.医学科技论文作者自校清样表单的设计与应用:以《第二军医大学学报》为例[M]//学报编辑论丛 2018.上海:上海大学出版社,2018:239-247.

[6] 孙岩.科技期刊审稿工作中常见问题探析[M]//学报编辑论丛 2020.上海:上海大学出版社,2020:241-245.

[7] 杨亚红,尹茶,余党会,等.中文医学期刊中项目基金著录时的中英文表达[M]//学报编辑论丛 2016.上海:上海大学出版社,2016:136-140.

[8] 赵惠祥.科技期刊编校质量检查的标准和规范[Z/OL].[2018-10-18](2022-07-04). https://mp.weixin.qq.com/s/ LeDYHwvBHFbuL0YuIi0owA.

病例报告的选题、撰写和编辑技巧

官　鑫[1]，张诗悦[2]，李欣欣[1]，陈思含[1]，韩宏志[1]，姜瑾秋[1]，丁　筠[3]

(1.吉林大学学报(医学版)编辑部，吉林　长春130021；2.吉林大学图书馆，吉林　长春130012；
3.吉林大学仿生工程学报编辑部，吉林　长春130022)

摘要：病例报告是一种重要的医学论文体裁，具有实际指导临床诊治的重要意义。病例报告的选题和撰写对于病例报告的质量有重要影响，现以《吉林大学学报(医学版)》近三年发表的病例报告为依据，总结和分析病例报告的选题、撰写和编辑技巧，为该类文章的编校提供参考。

关键词：病例报告；选题；撰写；临床研究；编辑

病例报告是有关单个病例或者10例以下病例的详尽临床报告，是对罕见病、少见病进行临床研究的主要形式。病例报告至今仍是研究临床医学重要方法之一，也是医学论文的重要体裁之一；多种医学期刊，如《新英格兰医学杂志》等均有病例报告栏目。人类新发生的疾病或临床事件的首例报告在医学领域具有重要参考价值[1]。

1　本刊近三年(2019年1月—2022年7月)病例报告概况

《吉林大学学报(医学版)》近三年共发表病例报告文章80篇，其中64篇报告的病例数为1例(80.0%)，15篇报告的病例数大于1例(20.0%)，所占版面数多为4~5版，作者单位全部为医院的临床科室，所有病例报告均具有相关基金资助，病例报告中所附的图片绝大部分为病理图片(如免疫组织化学图片)、患者患处实景图、X射线和CT照片，上述图片占图片总数的98.0%。与论著类研究文章不同，23.75%的病例报告引用的参考文献中包含书籍，81.25%的病例报告在6个月~1年内刊用。现根据上述病例报告的概况总结、分析病例报告的选题、撰写和编辑技巧。

2　病例报告的优缺点

2.1　病例报告对临床科研的指导作用

病例报告可以及时、详细地记录患者的临床表现、发病机制和诊断治疗等方面的第一手临床资料。许多疾病的首次认识都是通过病例报告的形式，如艾滋病和军团病的首次报告都

基金项目：中国高校科技期刊研究会医学期刊专项基金支持项目(CUJS-YX-2021-3-8)；中国高校科技期刊研究会医学期刊专项基金支持项目(CUJS-YX-2021-1-2)；中国高校科技期刊研究会医学期刊专项基金支持项目(CUJS-YX-2021-2-3)；中国高校科技期刊研究会"一流高校科技期刊建设"专项基金课题(CUJS2021-050)
通信作者：李欣欣，E-mail: 1603716001@qq.com

是以病例报告的形式呈现。也正是由于病例报告能详细描述疾病的临床经过和治疗经过,因此有时可以阐明实验室中尚不能证实的发病机制。作者可以在工作过程中直接接触大量的临床病例并随时记录病史,因此整理其中具有报告价值的少见病和多发病比较方便并且所需时间较短,且可以从资料的整理工作中总结、分析和提炼临床研究假设,因此病例报告是作者应用的主要临床研究方法及良好的写作素材。

2.2 病例报告的局限性

由于病例报告的研究对象是高度选择的,因此容易发生偏倚。病例报告不能估计疾病或临床事件的发生频数,也不能估计机遇的作用,因此有时报告两个罕见临床事件同时存在被认为有生物学意义,而实际上通常是机遇所致,因此对病例报告的结论要有正确的评价[2]。病例报告大多属于描述性研究,基于临床病例本身的治疗转归进行叙述,因此研究设计不够严密,也无规范的对照设计,对于临床假设的论证强度较低。病例报告是对临床诊治经验的总结性研究,可用于提出科研假设,但通常无法验证科研假设。

3 病例报告的选题

一篇好的病例报告要选好选题的切入点。病例报告选题应该满足三个基本需求点,即创新性、实用性和科学性[3]。可以形成病例报告类的病例具有如下特征:①人群中首次发现的新病例,如非典、艾滋病或新型冠状病毒感染等;②具有特殊表现的已知疾病的病例,如具有特殊的临床症状、体征、影像学表现和实验室检查结果等;③两种或两种以上少见病并发于同一患者,或某种综合征与某种少见症状并存于某一患者;④患者出现常规临床经验之处的临床转归;⑤有些患者的临床资料(临床表现、影像学检查及实验检查等)超出了的医生或现有医学知识范围,不能对其进行归类;或已知的治疗方法未达到预期的效果。具有以上特征的病例可能就是罕见病例。病例报告的选题方式多样:可以采用从学科空白中寻找选题、从行业应用中挖掘选题、从国外研究中探寻选题、分类法寻找选题等方式。

3.1 从学科空白中寻觅选题

医学科学研究领域宽泛,目前还存在很多未知的空白和尚未解决的难题,因此从这个角度寻觅选题有很大的可研究范围。①新学科理论建构。新建一个学科的理论,角度新颖,多由行业的专家来完成。②新事物导致新理论出现。如新的术式或者药物的应用对该领域的治疗产生了颠覆性的改变,或者用目前已有的方法,在前人研究的基础上补充了新内容、新观点,发现了新规律;对观察方法和统计方法的改进,或在推理、逻辑思维、演绎和归纳等方法的改进,都适合构思一篇新的病例报告。③跨学科研究。"跨学科"一词最早在20世纪20年代美国纽约出现,其最初含义大致相当于"合作研究"。20世纪90年代以后,有学者开始用"跨学科"一词代替"交叉科学"[4]。跨学科研究是近来科学方法讨论的热点之一。跨学科的目的主要在于通过超越以往分门别类的研究方式,实现对问题的整合性研究。目前国际上比较有前景的新兴学科大多具有跨学科的性质。医学学科的跨学科交叉研究范围比较广,如交叉生命科学、社会学、医学哲学、仿生科学、生物医学信号与图像智能分析、等离子体医学等,可研究的范围较广,可以从中探索选题。

3.2 从行业应用中挖掘选题

根据人们认识事物的规律,从现象到本质的全流程均可以进行选题的挖掘。从行业的现象入手,定位典型案例,再从中找到解决事物的新方法和新技术,成为写作的主题。作者可以在平时的工作中多留心积累使用的新方法和新技术，将好的工作方式积累下来，反复验证，多次成功之后进行总结、归纳和报道。

3.3 从国外的研究中探寻选题

多渠道关注国外传媒、编辑出版的研究成果的介绍与评价；关注国外著名医学期刊相关领域的研究方向及进展、思考最近研究的热点难点，检索相关文献，结合自身研究，拟定具有自身特点的方向和论题，借鉴其主题和行文结构，从中汲取灵感[5]。

3.4 分类法寻找选题

在进行选题研究前，先确定研究领域，思考本领域的研究重点，从中挑选一个细小的研究点进行深入研究，可"小题大做"，亦可"小题细作"。深挖小细节，从中提取大的价值。

4 病例报告的撰写要素

4.1 本刊病例报告的撰写要素

大部分中文期刊的病例报告应至少包含病例报告和讨论两个部分。不同的期刊因受其办刊宗旨、作者定位、读者层次等因素的影响，对病例报告的要求亦不同，本刊对于病例报告要求包含以下要素：①中文题名、作者姓名、作者单位名称；②中文摘要；③中文关键词；④英文题名；⑤英文作者姓名、英文单位名称；⑥英文摘要正文；⑦英文关键词；⑧前言(引言)；⑨临床资料；⑩讨论和参考文献。

临床病例报告部分中应该重点介绍诊断患者的病史，包括主诉、现病史、既往史和家族史；相关的实验室检查，如心、肝、肾功能、血糖、血脂和各种酶类辅助检查，如B超、CT、核磁共振等；特殊检查，如内窥镜、动静脉血管造影；病理检查包括活检病理和免疫组织化学染色检查等。切忌将原始病历照搬，避免使用各种非客观性、各种怀疑或推测性语句。病例报告不仅应报道少见、罕见病例，且要结合文献复习，因此讨论内容要与病例资料紧密关联，总结病例的特点，且结合国内外目前已发表的相关文献报道，分析已报道病例的特点，突出该报道病例的不同之处，说明病例的罕见性和特殊性，阐明作者的观点和治疗方式的新颖之处，简洁全面并具有逻辑性的讨论内容是病例报告撰写的核心要素之一。

4.2 国外期刊病例报告的撰写要素

随着对病例报告出版机会的需求不断增加，到2015年年中，专注于病例报告的同行评议期刊数量已经超过160种，由78家出版商出版。针对病例报告的规范写作和发表，2011—2013年，部分国际医学小组制定了具有针对性的病例报告写作指南，而由CARE("CARE"是一个英文缩略语，由"case"的前2个字母以及"report"的前2个字母所组成)小组制定的CARE指南就是其中之一，CARE小组通过评估需求、文献回顾和专家访谈以起草病例报告的清单项目，并在密歇根大学的会议上起草了基于共识的病例报告指南，于2013年公开发表。该指南成为国际病例报告文章写作的重要指南，国内的黄文华等[6]翻译并整理了CARE的清单项目见图1。

本文作者查阅了国际著名医学期刊BMJ Case Reports对于病例报告的撰写要求。BMJ Case Reports创刊于2008年，只发表病例报告，是发表病例报告期刊中的"王牌期刊"，其对于病例报告的要求有：提供重要的临床经验或教训；能够揭示某种疾病或某个不良反应可能的发病机制；可以从错误中吸取教训，获得学习的机会；常见疾病或损伤的罕见临床表现；能够揭露虚假传闻；罕见病；新的疾病；新的诊断方法；新的治疗手段；异常的疾病；意想不到的结果(阳性或阴性)，包括药物不良反应；全球健康话题。

主题	项目编号	清单项目描述
文题	1	词语"病例报告"应与本报告中最受关注的内容同时列于文题中
关键词	2	4~7个关键词——包括关键词"病例报告"
摘要	3a	背景:本病例报告为已有的医学文献增添了什么新的内容?
	3b	病例小结:主诉、诊断、干预、结局
	3c	结论:从本病例中主要"获取"了什么经验?
引言	4	当前的医疗标准以及本病例的贡献——列出参考文献(1~2段文字)
时间表	5	将本病例报告中的信息按时间轴列成表或图
患者信息	6a	对病例的人口统计学信息以及其他患者和当事人的信息予以隐私保护
	6b	主诉——促使患者本次就诊的主要症状
	6c	相关既往史,包括既往的干预措施和结局
体格检查	7	相关的体检发现
诊断评估	8a	评估内容,包括调查、实验室检查、影像学检查等
	8b	诊断推理,包括考虑到的其他诊断以及存在的困难
	8c	考虑提供与评估、诊断和干预相关的图或表
	8d	提供预后特征(如适用)
干预	9a	干预类型,例如推荐的生活方式、治疗、药物疗法、手术等
	9b	干预管理,例如剂量、强度、持续时间
	9c	记录干预的变化,以及相应的解释说明
	9d	其他同时实施的干预
随访和结局	10a	临床医师的评估(如合适的话,增加患者或当事人对结局的评价)
	10b	重要的随访诊断评估结果
	10c	对干预依从性和耐受性进行评估,包括不良反应
讨论	11a	对作者在处理本病例时的优势和局限性进行讨论
	11b	详细指出如何将本病例报告告知临床实践或临床实践指南(clinical practice guideline, CPG)
	11c	基于本病例报告,如何提出一个可检验的假设?
	11d	结论及其理论依据
患者观点	12	患者或当事人对此次医疗过程的评价(如适用)
知情同意书	13	绝大多数期刊要求提供病例报告中的患者的知情同意书
其他信息	14	致谢部分;竞争性利益;如有需要,提供伦理审查委员会的证明

注:2016 CARE 信息清单更新版(英文版)请浏览 http://www.care-statement.org/downloads/CAREchecklist-Eng-20160131.pdf

图 1 CARE 指南的清单项目描述

BMJ Case Reports 目前提供 2 种病例报告写作模板:一种适用于完整病例,需要涵盖文题(不强制要求作者在文题中加入病例报告一词)、研究背景(作者选择该病例的原因及其有趣之处)、患者病例概况(包含临床表现、病史、实验室检查及其指标、对临床表现进行解读、针对表现解析其对临床决策的影响、如何进行诊断和鉴别诊断)、治疗方法(包含药物治疗和非药物治疗)、患者的结局和随访结果、讨论(针对本病例进行总结、强调病例的价值点和治疗的经验教训)、学习要点(列出 3~5 个针对本病例的学习要点)、参考文献、患者对诊疗体验的评价(非必要项目);另一种模板适用于图片报告,包含非常简单文字叙述辅以 1 或者 2 张典型图片。

5 病例报告的常见问题和编辑加工对策

本文作者在实际工作中对病理报告来稿的问题总结如下,并提出相应的编辑加工对策。

5.1 缺乏创新性、先进性或合理性

大部分病例报告来稿被退稿的原因即是缺乏创新性、先进性或合理性。如来稿题目为"1

例非霍奇金淋巴瘤合并人类冠状病毒 HKU1 肺炎报告及文献复习"，近年来有关非霍奇金淋巴瘤的文献报道较多，关于人类冠状病毒 HKU1 肺炎患者的报道也较多，治疗方式常规，对于读者已无新意和指导意义，且文字复制比为 31.3%，故而编辑进行论文查新后作退稿处理。又如来稿题目为"肺良性转移性平滑肌瘤 1 例报告及文献复习"，文章第一作者的单位确为某某医院核医学科，并且无署名为呼吸内科单位的作者，不合常规，故作退稿处理。

5.2 缺乏科学性

来稿题目为"胰管结石患者行胰十二指肠切除术 1 例报告并文献复习"，作者对该患者采用了胰十二指肠切除术式，但目前对于胰管结石患者的治疗方式应为取石后行胰管空肠 Roux-en-Y 吻合术，因该术式的术后并发症很少，对患者的创伤性更小，因此对于该文判定为缺乏科学性，作退稿处理。又如来稿题目为"伴发 ESES 现象演变的 Jeavons 综合征 1 例报告并文献复习"，该文回顾性分析 1 例儿童 Jeavons 综合征患儿的临床表现、脑电图特点及治疗效果等临床资料。作者认为该患儿临床表现为眼睑肌阵挛伴或不伴失神发作。视频脑电图(VEEG)监测发作期脑电图，为广泛性棘慢波、多棘慢波、慢波阵发或后头部为主广泛性多棘波、多棘慢波阵发，具有合眼敏感；采用左乙拉西坦、丙戊酸钠联合拉莫三嗪治疗，能够有效控制发作。从而得出结论为 Jeavons 综合征(JS)是一种特发性全面性癫痫综合征，其出现 ESES 现象至今国内外未见报道，该病例中 ESES 出现时间尚短，目前无认知、言语损伤。但编辑经过文献检索可见：有关儿童 Jeavons 综合征目前已有相关报道，且结合专家意见"儿童 Jeavons 综合征患者的 ESES 现象只是视频脑电图的一种表现，不能作为 Jeavons 综合征的一种特殊表现，故其结论并不确切，缺乏科学性"，作退稿处理。因此编辑遇到文中描述为"国内外未见报道"相关字样时，一定要谨慎审阅，如果作者认为是国内外的首例报道，应要求作者提供查新报告的证据且编辑应自行核实。

5.3 图片处理不当

来稿"口腔颌面部狗咬伤的一期缝合与延期缝合的疗效对比"文中的图片未经过合适的处理，未遮挡患者的眼睛等隐私部位，经过与作者沟通，对图片进行了适当裁剪，修饰掉了患者的隐私部位，在保证图片效果的同时，也保护了患者的隐私。

5.4 其他常见情况

病例报告中还经常会出现遗漏了重要的临床资料、缺乏相关病史、缺乏诊断与鉴别诊断的手段、患者的症状描述混乱或者前后不一、病例图片清晰度不够、与诊断疾病无关的查体项目罗列过多、实验室检查指标不全面、书籍类参考文献的引用不规范等问题。这需要编辑在工作中以专业、耐心的态度对待每篇病例报告，逐条核对每项内容，规范每项内容的陈述。书籍的文献著录的错误率通常比期刊文献高，编辑在处理时更应仔细对待。三审通过的稿件内容也可能存在问题，不可大意，对存疑之处应积极请教相关专家和主编，做好学术期刊的"守门人"。

6 病例报告出现差错的原因分析及对策

病例报告出现差错的主因在于作者对于学科的最新动态掌握不足、撰写论文的能力不足、临床诊治经验不足等，这都会使病例报告的呈现不完美。当然，通信作者和审稿专家的把关作用也至关重要。因此建议医学院校应加强对于论文撰写能力的培养以及医学伦理学专业的教育，提高医学生的专业技能和写作技能，鼓励其勤写多练，不断积累，逐渐提高自己的撰稿能力[7]。

综上所述，病例报告在医学科学研究中有着不可忽视的作用，作者可以在日常工作中善于发现少见、罕见病例，注意积累素材，从中提炼具有临床指导意义的病例报告选题，科学地进行总结并加以报道。由于病例报告可以对患者医治提供重要的参考价值，因此其编辑加工尤为重要，审稿阶段应该严格把握病例报告的创新性、实用性和科学性，编辑加工阶段更应审慎核对文中的各项内容[8]，同时应尊重作者的学术观点和劳动，不随意删改原稿，应经作者校对定稿后给予发表。期刊编辑应重视病例报告的编辑加工，这对提高期刊质量、培养优质作者、扩大作者群、增加期刊的可读性均具有重要意义。

参 考 文 献

[1] 徐海娟.从编辑角度谈临床医学论文撰写与投稿[J].武汉商学院学报,2017,31(6):88-90.
[2] 赵萌.如何撰写医学文章?认真遵守文章写作指南是成功的必由之路!(2)[J].中国组织工程研究,2018,22(31):4918.
[3] 张明溪.医学论文选题方法与技巧[J].承德医学院学报,2021,38(1):81-82.
[4] 王海军. 确定论文选题的思路与禁忌[N].民主与法制时报,2021-08-05.
[5] 李鹏,倪婧,刘红霞,等.主题科学传播的选题与渠道分析:以 COVID-19 疫情情境下我国医学论文传播为例[J].编辑学报,2020,32(6):663-668.
[6] 黄文华.国际临床病例报告撰写要求的最新进展:2016 年 CARE 清单及国际著名医学期刊病例报告投稿要求[J].肿瘤,2016,36(12):1402-1406.
[7] 张惠文,邹强,张拥军.罕见病病例报告写作规范专家共识[J].临床儿科杂志,2022,40(3):229-234.
[8] 杨克魁,姚亚楠,彭苗.文献计量指标在科技期刊全程影响力评价中的应用方法及价值:以《中华肾脏病杂志》为例[J].传播与版权,2022(2):10-14.

林业英文科技期刊中插图的要求及编辑加工的原则

徐 涛

(东北林业大学《林业研究(英文版)》编辑部，黑龙江 哈尔滨 150040)

摘要：英文科技期刊对插图的规范要求有一定共性，其中很多细节容易被忽视。本文以《林业研究(英文版)》为例，总结了9点基本要求。针对林业类稿件错误较为集中的"数据信息图"和"地图"，分别归纳出5方面细节问题。并结合编辑工作经验，以几个编校前后案例图作对比，提出了解决这些问题的编辑加工的原则和对策，以期提高林业类科技期刊插图的投稿水平和整体出版质量。

关键词：英文科技期刊；林业类；插图；编辑；规范

插图是科技论文中表达结果的重要手段，它能够直观地向读者展示研究对象的分布、形态及变化规律等，补充了文字叙述的不足，使研究内容表达得更合理、更完善，突显论文的研究价值，体现论文的专业性。越来越多的研究者认识到高质量插图对于英文科技论文发表的重要性。完美的插图不仅是作者严谨学术态度的表现，也是编辑高水平加工能力的体现。因此包括《林业研究(英文版)》(Journal of Forestry Research，JFR)在内的很多国内外自然科学学术网站、期刊出版网络平台或微信平台都展示配题图片，反映文章内容或创新点。可见插图质量从一个侧面反映了期刊的整体水平，影响了读者对期刊的评价。笔者针对林业类SCI稿件插图中的一些共性问题进行归纳，并结合JFR编校中积累的相关经验进行具体分析，提出林业英文科技期刊中对插图的一般要求及编辑加工的原则，以期在插图的表达上给作者提供指导、对编辑有所帮助。

1 林业英文科技期刊插图的主要类型

科技期刊中插图根据角度的不同有多种划分。按照表达功能和印制工艺，可大致分为线条图、照片图两种类型[1-2]。林业科技期刊中的插图具有很强的专业性，其种类繁多，除了涉及地理、社会、经济等基本要素外，还要运用科学的、艺术的手法表示清楚，使其主次分明、清晰美观。根据CY/T 171－2019行业标准从表现方式(制作方式)、内容、与正文文字的位置关系、所占的版面和颜色五个角度进行了多种划分[3]。林业学科数据具有"海量"的特点，数据类型包括森林资源调查、经济、社会等各个方面，最主要的插图类型是数据信息图和地图，此外还包括照片图、流程图、示意图等类型。

2 以JFR为例介绍林业英文科技期刊论文插图的一般要求

与我国相关国家标准(如GB/T 7713—1987)[4]、行业标准[3]、规范[1]和文献[5-7]中科技期刊插图的要求相比，英文科技期刊[8-10]与中文科技期刊对插图的普遍要求是一致的，都要求做到"四性"：科学性、自明性、简明性和艺术性[2-3]。

科技论文插图应当真实反映科学事实，每一细节都应真实、科学。不能运用夸张、虚构的手段使之脱离实际，更不能不经实验随意臆造和编造插图。因此编辑加工时应重视插图表达内容的科学性。

同文字相比，插图具有很强的直观性、自明性，读者不用读正文或表格就能理解插图所表达的内容，一目了然作者所表达的学术观点或实验结果，达到事半功倍的效果。

插图应尽量简明扼要，不宜占幅太大，准确表达文章的核心内容。应当删繁就简、去粗取精，不必要的边框、辅助线、底纹等都应去除。一篇论文中插图的数量尽量控制在 6 个以内，整合相互间有比较或有参照意义的几张图，舍弃与文字或表格表达重复的插图。

插图应具有一定的艺术性，看上去布局美观、赏心悦目，激发读者阅读兴趣、增加阅读乐趣，不仅帮助读者理解论文的科学内容、减少视觉和思维疲劳，还能启迪读者丰富的想象。

虽然不同期刊对论文的具体要求不尽相同，但是基本要求往往普遍相同[1-2,8-11]。以 JFR 为例，根据现有规范[1,3,8]和文献[4,7]总结英文科技期刊对插图的 9 方面具体要求：

(1) 图序：必须根据在文本中的顺序用阿拉伯数字对插图编号；

(2) 尺寸规范：规定半幅≤8 cm，全幅≤16 cm。插图左右留白须适度，尽量少留白，高度一般不超过 24 cm；

(3) 图例和文字要求：图例应该简洁明了，插图中文字使用 8 磅，标值可以略小(6 磅或 7 磅)，字体一律用 Times New Roman；

(4) 文件的格式：jpg、tif、png、excel(要求提供原始数据图，以便编辑)；除"位图"以外所有的插图格式应当为"矢量图"，放大后不会失真；

(5) 分辨率要求：如果不能制成矢量图，分辨率必须具有出版质量(彩图≥300 dpi；线条图≥1 000 dpi；灰度图≥600 dpi；组合图≥500 dpi)；

(6) 复合图的要求：如果一幅复合图是由几幅线条图或照片组成，应该以最小的间隔排列在一起(无边框)分布；

(7) 线条：同篇文稿插图中的线条(描边)粗细须统一(0.25~1 pt)；

(8) 文件大小：每张插图尽量不超过 10 MB，推荐选择 LZW 无损压缩模式保存；

(9) 颜色模式：RGB、CMYK(一般要求彩图用 RGB 模式，黑白图片使用 CMYK 色彩)。

很多作者对这些要求不清楚，即使论文得以接受，但是插图质量却不过关，造成编辑后续加工处理困难。

一些英文期刊网站(例如：http://www.ieee.org/publications_standards/publications/authors/authors_journals.htm，http://journalofanimalscience.org/site/misc/ifora.xhtml)设置了"图片检查程序"(Graphics Checker)可以对批量上传的图像(最多 10 幅/次)文件进行分析(比较源数据、文件大小、文件类型、文件命名、解析参数和颜色格式)，出具每个图像分析的详细报告，指出发现的错误、进而发出修订提示。这样规范了投稿的插图要求、保证质量的同时提高了水平，也降低了后续的编辑难度。

3 林业英文科技期刊插图编辑加工的原则与常见问题

国家标准中已经明确对插图的编辑应采用"二性一优化"的原则进行规范化要求[12]。"二性"

是必要性与科学性,即审查插图是否不可或缺、真实可靠,与前面我们提到的插图的"科学性、自明性、简明性"相一致;"一优化"是按照"四性"的标准对插图进行整合优化的编辑加工[13]。

对林业类稿件,其研究内容和研究方法有一定的相似性,因此插图中存在许多共性的问题,如插图的规范性、分辨率等。除此以外,在一些细节问题上作者和编辑也常常会出现错误。笔者以JFR编辑工作中遇到的插图出现问题最多的"数据信息图"和"地图"为例进行说明,以期对作者和编辑有所帮助。

3.1 数据信息图

林业数据信息图主要用以描述数据的信息和趋势,包括点线图、柱状图、饼状图等[14],是"一种数据的可视化表达",其中蕴含着丰富的信息,往往具有"一图胜千言"之效,因此需要对图中所含的数据之间的关系深入考察分析,并据此进行推断及预测。数据图一般由数据处理软件生成,如Excel、Origin、Graphpad、Sigmaplot、SPSS等。投稿时一般都要求:原始数据必须完整、准确;分析仪器记录的数据最好导出为Excel格式,以便统计软件识别和处理;将图表转化成PDF格式,必要时可通过AI对PDF格式图表进行编辑;所有原始数据和图表,皆应长期保存,尽量不使用图片形式保存结果,以免后续不好修改。

数据信息图主要组成部分(见图1)的规范要求在中英文科技期刊中也是基本一致的[14]。每一个组成部分都是构成数据图重要信息不可或缺的一部分,如果缺失插图也是不完整的。

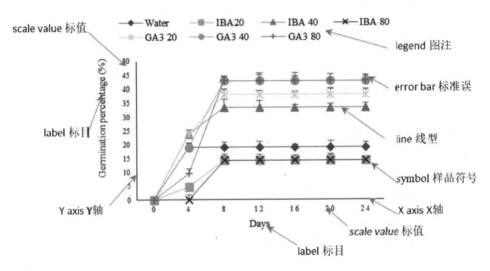

图1 数据图的基本构成

此外,根据本人多年的编辑经验总结的数据图中容易被作者和编辑忽视的几点细节:

(1) 标目与坐标轴平行、居中,在坐标轴与标值外侧;标目单位一般建议采用负指数表示,如 kg m^{-3}。

(2) 字体不一致,图像不清晰、色彩搭配不协调。

如图2所示,原图(a)是作者将柱形图随意粘贴的"图片"格式的图,不仅标目和图注中的英文字体不一致,图文也很不清晰,很难修改。因此,我们要求作者提供Excel格式的图,在Excel软件中复制Excel图,然后采用"选择性粘贴"到Word文件中,使之成为可编辑的Excel图(b),文字可以方便修改、图像更加清晰、色彩也可以进行协调搭配。

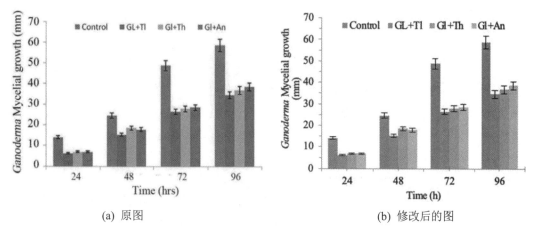

(a) 原图　　　　　　　　　　　(b) 修改后的图

图 2　用长臂灵芝(Tl)、哈氏灵芝(Th)和尼杜兰灵芝(An)进行 24~96 小时的双重培养试验

(3) 线型粗细不符合标准。

如图 3(a)所示,虽然作者也采用的是 Excel 图,但是曲线过粗,与轴线粗度相差太大,不美观。图 3(b)修改后将曲线与轴线粗度变得一致,曲线更清晰、美观。

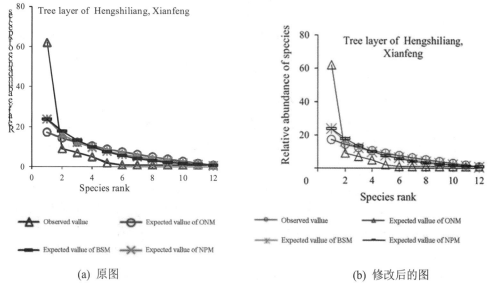

(a) 原图　　　　　　　　　　　(b) 修改后的图

图 3　纤毛虫不同层次群落的生态位分布模拟曲线

(4) 如果图注中出现公式,公式中的矢量值应斜体(这一点经常被作者所忽视);

(5) x 轴上的 0 应该放置在 x 轴和 y 轴的交点;同样,x 轴上的值应该与轴上的 0 点成比例间隔,如果标值不是成比例的连续数值,不能采取传统的连续刻度的方法给定坐标轴刻度,建议使用双斜杠(即"//")符号表示缺失的数值,以此中断坐标轴刻度值。

如图 4(a)所示,除了前面我们提到的标目单位建议用负指数表示;字体不是 Times New Roman;线条过粗外,x 轴上的 0 没有与 y 轴的 0 相交、x 轴标值由于是不成比例的连续数值也没有用"//"符号中断。以上错误在(b)图中都得到了一一修改。

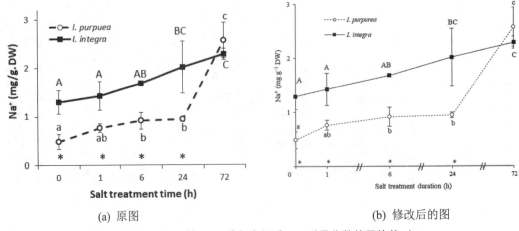

(a) 原图　　　　　　　　　　　　(b) 修改后的图

图 4　不同盐处理时间下两种冬青根系 Na+质量分数的平均值(±SD)

3.2　地图

地图是地理空间信息的载体，直观、形象地表示着自然和社会经济要素的空间分布规律以及地学研究成果[15]，是林业科技期刊中出现频率最高、涉及专业领域最广的插图类型。林木遗传育种、林学、森林生态、森林防火、森林遥感、森林资源保护、森林工程等凡是涉及研究对象的地理分布的研究一般都会涉及地图。地图直观反映国家的领土领海范围，体现国家的政治主张，具有严肃的政治性、严密的科学性和严格的法定性[15-16]。地图正确与否事关国家安全、国家主权、民族尊严和根本利益，应当引起高度重视[17]。自 2016 年新版《地图管理条例》[18]和 2017 年国土资源部修订的《地图审核管理规定》[19]正式实施以来，我国不断加大对地图规范化使用的重视力度。

根据经验，地图中常会涉及以下五方面的细节问题：

(1) 边界与政治敏感问题：尤其中国与接壤国家的边界划分、领土有争议地区、重要岛屿等。建议作者从国家测绘地理信息局标准地图服务网站(http://bzdt.nasg.gov.cn)获取正确地图底图。

(2) 涉密问题：有一些地图数据涉及国家、国防机密，或是含有关系到国家安全和社会稳定的信息，对这些数据必须进行安全保护处理。如，有一些涉密的遥感地图应报送国家测绘地理信息局审查，并进行保密技术处理。

(3) 行政区域名的缩写：根据 2002 年发布的《中华人民共和国信息产业部关于中国互联网络域名体系的公告》[20]，设置"行政区域名"34 个，其中有部分和其英文名并不对应，很容易出现错误。

如图 5(a)所示，对照 2002 年发布的《公告》图中涉及的 7 个"行政区域名"，其中错了 4 个，图 5(b)进行了修正：HA: Henan(河南), NM: Inner Mongolia (内蒙古自治区，不能用汉语拼音表示省级行政区域), SX: Shanxi(山西), SN: Shannxi(陕西)。此外，类似的常见错误还会出现在以下省级行政区：HE: Hebei(河北), HB: Hubei(湖北), HN: Hunan(湖南), HL: Heilongjiang(黑龙江), XJ: Xinjiang(新疆维吾尔自治区), MO: Macao(澳门特别行政区)。

(4) 图例和比例尺的问题：图例是地图的一部分，用以说明约定图标、图标识别和定量符号的含义(如虚线标示国家边界、橙色标示温度较高、点画标示森林等)。地图上的每个惯用图标和符号均需标注在图例中。图例常置于地区的边缘，勿遮挡图的重要信息。图的比例尺是

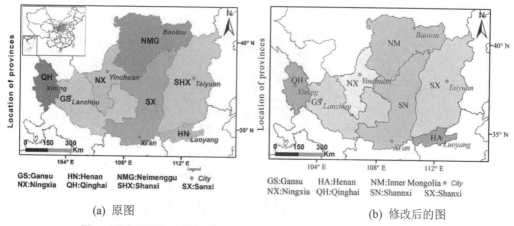

(a) 原图　　　　　　　　　　　(b) 修改后的图

图 5　研究区域各省黄土高原地理位置图(由国家测绘地理信息局提供)

指图与实际地理距离之间的比值。分为数字式比例尺(采用比值,如 1:50 或单位转换形式,如 1 cm =750 km 均可)、线段式比例尺和文字式比例尺 3 种类型。比例尺相关信息通常紧跟在投影信息之后,位于地图的下方。经常出现的问题就是图例或比例尺的缺失、不一致和书写不规范。

(5) 经纬度问题:地图上标注的位置通常由经纬线形成一个坐标系,按字母或数字的横向和纵向组成相交的网格图,以及地图边上标出数值刻度等。坐标系的相关信息必须清晰,且与信息源一致。

如图 6(a)所示,巴西(A)、米娜吉拉斯州(B)和马里亚纳市(C)的地图边上标出的经纬度数值出现了负值,并且次生林(D)地图边上标出的经纬度数值出现了 7 位数,也没有度(°)、分(′)、秒(″)的区分,显然是不正确的。图 6(b)按照地图的制图规范进行了修改,经纬度的书写符合了国际标准、达到了出版要求。

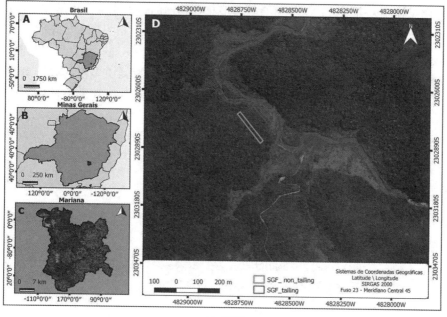

(a) 原图

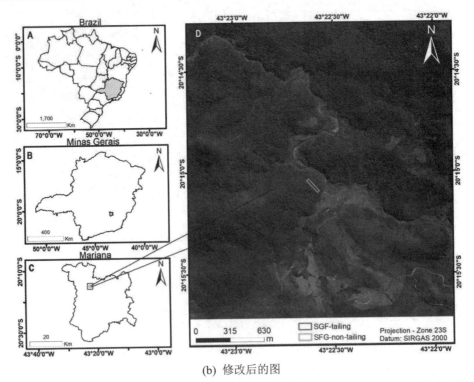

(b) 修改后的图

图6 研究区域的次生林(D)位于巴西(A)、米娜吉拉斯州(B)、马里亚纳市(C)。受矿区尾矿影响的次生林研究地点用红色标出，无尾矿的次生林用绿色标出。(此图由巴西作者 Pedro Manuel Villa[21]提供)

遥感地图是将遥感和计算机技术引入地图而形成电子地图的新的表达方式，它增强了地图的表现力，且扩大了使用范围[22]。林业是遥感技术应用最早的行业领域，它已成为资源监测调查、采伐设计、灾害评估、工程核查等诸多林业管理的技术支撑，也是林业实现自动化、智能化和动态化精准监测的重要保障[23]。遥感地图的操作由专业图像人员完成，技术问题主要集中在获取高分辨率的遥感影像及高精度的数据源。目前遥感地图的发展尚处于初级阶段，除了在算法和模型上改进以外，还聚焦于监测目标对象、传感器类型及其分辨率的确定和优化[23]。其中，监测对象除了具有"时相性"，即要选择林木生长最旺盛的时期监测，还应尽量对目标精确定位。

涉及地图有时还常会用到"照片图"和"定位图"，它们都是地图功能的进一步演化和衍生，起到了形象、直观、一目了然的作用。这里就不再详述。

4 结束语

科技期刊中插图的规范化是提升中国科技期刊国际化水平的必然要求。林业类 SCI 科技论文中，插图类型多样、对细节要求高、普遍存在一些问题。笔者在结合多年 JFR 编校实践基础上，总结了林业类英文科技期刊插图的普遍要求及编辑加工的原则。针对出现问题最多的"数据信息图"和"地图"这两类插图进行说明，并举例分析，以期对英文林业科技论文的作者和编辑同行有所帮助。

参 考 文 献

[1] 科技论文中插图的规范化[J].现代消化及介入诊疗,2014(6):363.
[2] 张晓曼,武晓芳,宗云婷,等.地学类期刊插图编辑加工原则及技巧[M]//学报编辑论丛 2019.上海:上海大学出版社,2019:123-128.
[3] 学术出版规范插图:CY/T 171—2019[S].北京:国家新闻出版署,2019:3.
[4] 科学技术报告、学位论文和学术论文的编写格式:GB/T 7713—1987[S].北京:中国标准出版社,1987.
[5] 中国科学技术期刊编辑学会.科学技术期刊编辑教程[M].北京:人民军医出版社,2007.
[6] 陈浩元.科技书刊标准化18讲[M].北京:北京师范大学出版社,1998:117.
[7] 梁福军.科技论文规范写作与编辑[M].2版.北京:清华大学出版社,2014.
[8] Instructions for Authors. Journal of Forestry Research [EB/OL]. [2022-07-15]. https://www.springer.com/journal/11676/submission-guidelines/ Download pdf.
[9] Guidelines for Authors. Frontiers of Agricultural Science and Engineering [EB/OL]. https://journal.hep.com.cn/fase/EN/column/column215.shtml.
[10] Guide for Authors. Acta Biomaterialia [EB/OL]. [2022-07-15]. http://www.elsevier.com/journals/acta-biomaterialia/1742-7061?generatepdf=true.
[11] 董彩华,黄毅,肖唐华.科技期刊插图高效编辑加工整体解决方案[J].湖北师范大学学报(自然科学版),2018,38(3):186-192.
[12] 陈雯兰.论科技论文插图的规范化与编辑角色[J].编辑学报,2015,27(5):441-442.
[13] 刘钊.医药学科技论文插图的优化编排技巧[J].湖北师范大学学报(自然科学版),2018,38(3):202-207.
[14] 关小红,樊鹏,孙远奎,等.科技论文中图标的规范表达[J].教育教学论坛,2020,24:85-95.
[15] 罗玲.科技期刊地图质量控制与规范化建设长效机制构建[J].中国科技期刊研究,2019,30(3):236-241.
[16] 张小霞,赵晖.编制出版中国地图必须遵循的九项原则[J].中国编辑,2011(4):34-42.
[17] 罗玲,宋晓林,张世奎.科技期刊中国地图绘制的常见问题与处理对策[J].编辑学报,2015,27(5):437-440.
[18] 地图管理条例.中华人民共和国国务院令第664号[J].中华人民共和国公安部公报,2016(1):40.
[19] 地图审核管理规定.中华人民共和国国土资源部令第77号[J].中华人民共和国公安部公报,2018(7):24.
[20] 中华人民共和国信息产业部关于中国互联网络域名体系的公告[J].电子知识产权,2003(1):22.
[21] VILLA P M, MARTINS S V, PILOCELLI A, et al. Attributes of stand-age-dependent forest determine technosol fertility of Atlantic forest re-growing on mining tailings in Mariana, Brazil[J]. Journal of Forestry Research, 2021, 33:103-116.
[22] 周万村.遥感、地图、地理信息系统一体化应用[J].山地研究,1996,14(2):129-134.
[23] 武红敢,王成波.刍议服务于深度学习研究的林业遥感数据集建设[J].世界林业研究,2021,34(3):58-62.

全媒体时代期刊传统编辑与新媒体编辑业务差异比较
——以期刊编辑与微信编辑为例

陈 旭[1]，周 汐[2]，胡静云[3]

(1.云南省林业调查规划院《林业调查规划》编辑部，云南 昆明 650051；中华全国供销合作总社昆明食用菌研究所《中国食用菌》编辑部，云南 昆明 650223；3.广西元喜大数据科技有限公司，广西 南宁 530000)

摘要：智能手机和移动互联网的迅速普及，对信息传播带来了深远且巨大的影响。新媒体迅速发展，传统媒体开启变革，全媒体时代来临。作为媒体发言人的编辑职业，无论是传统编辑还是新媒体编辑，都各有其优缺点，无法替代。本文主要讲述以期刊编辑为例的传统媒体与以微信编辑为例的新媒体之间的异同，多角度分析得出其优缺点，结合当前实际，为传统编辑与新媒体编辑如何共同进步提供建议，对两者未来的发展方向提供思考。

关键词：传统编辑；新媒体编辑；期刊编辑；微信编辑；编辑实操

据中国互联网络信息中心(CNNIC)发布的第 49 次《中国互联网络发展状况统计报告》得知，截至 2021 年 12 月，我国网民规模达 10.32 亿人，手机网民规模达 10.29 亿网民，使用手机上网的比例达 99.7%[1]。而在《2018 年新媒体趋势报告》中，手机继续保持着资讯终端的绝对领先优势，其他渠道渗透率中，电视占比 32.8%，广播电台占比 10.9%，报纸杂志占比 9.6%[2]。智能手机和移动互联网的迅速普及，对信息传播带来了深远且巨大的影响，新媒体迅速发展，传统媒体开启变革，全媒体时代来临。作为媒体发言人的编辑职业，也发生了改变，分裂出传统期刊编辑与新兴媒体编辑(以下简称传统编辑与新媒体编辑)。无论是传统编辑还是新媒体编辑，他们都有其存在的必要性，也各有其优缺点，不可或缺。传统编辑与新媒体编辑虽有差别，但也不是泾渭分明的状态。在当前的变革形势下，应该在保留传统编辑与新媒体编辑两者特有优点的同时，寻求突破点，共同进步。

传统编辑，指图书、报纸、期刊等以纸介质为载体进行精神文化生产活动的编辑。新媒体编辑，指微博、微信公众号、客户端等依靠互联网技术或社交平台为载体进行精神文化生产活动的编辑。出于比较的便利及笔者经历，除特殊说明外，本文的传统编辑主要以期刊编辑为例，新媒体编辑(由于各企事业单位的岗位职责不同，会有"新媒体编辑"与"新媒体运营"的措辞之分，实际上可统称为"新媒体编辑")则以微信公众号编辑为例。之所以这样选择，是因为两者作为其中一方的代表，存在一定共性：工作内容非常接近，期刊的稿子从诞生到出版与微信公众号的图文从诞生到推送在工作内容上是大体相当、细节各有出入的；在《2018 年新媒体趋势报告》"社交产品看资讯"的渠道排名中，前四位微信占了三位，其中微信订阅号占比 64.9%，朋友圈占比 50.3%，微信群占比 36.0%[2]，足以说明如今微信公众号作为一个汲取信息的载体，受众较广，作为新媒体的代表拥有一定的说服力；两者的特点都很接近，即报道及时(微信公众号最快可当天推送，期刊可在印刷前改版)、内容广泛(两者的选题都非常广泛)、连续性(期刊有半月刊、月刊、季刊等，成熟的微信公众号都有较为固定的时间与频率、篇数)。

知己知彼，方能百战百胜，传统编辑与新媒体编辑亦如此。笔者将在比较两者具体事务的异同后，分析两者目前之间存在的优势与不足，并提出相关建议以供参考。

1　工作内容的改变

据《出版专业基础·初级》(2015版)，编辑工作分为信息采集、选题策划、组稿、审稿、签订出版合同、编辑加工整理、整体设计、审定发稿、校样处理、样品检查、出版物宣传、反馈信息收集等12个环节(有些环节或先后顺序不同，或与其他环节交织在一起，仅供参考)[3]。以此为基础，笔者认为，传统期刊编辑与新媒体微信公众号编辑(以下简称期刊编辑与微信编辑)在工作内容上的异同是大体相当的，但部分环节的改变导致了结果的差异性。

1.1　选题策划环节的不同导致结果的差异

在信息采集环节，期刊编辑与微信编辑的并无本质区别。传统媒体与新媒体信息采集分为一般信息与专业信息，获取渠道有市场调研、大众传媒、文献检索、人际交往等，无论是期刊编辑还是微信编辑，信息渠道的获取都是多种多样的，但个体之间差异较大。不同类型的期刊及微信公众号、相同的期刊及其微信公众号，其信息渠道都既有不同也有相同，主要体现在文末的"参考文献"或"资料来源"上，稍加关注即可发现，此处不过多赘述。

在选题策划环节中，期刊编辑与微信编辑差异巨大，主要是周期不同及人员构成不同。人员构成主要体现在人员岗位说明上，微信编辑一般在文末，期刊编辑一般在目次页或版权页，在本文的"编辑加工整理"环节详述。期刊一般分为半月刊、月刊、季刊等，因此选题策划的周期多以月、半月、季度为单位，很固定。微信公众号的更新主要以主体设定为主，每日更新、隔日更新、工作日更新皆有，因此相对应的选题策划周期就随之而改变。

1.1.1　步骤不同：审批与自由

一般而言，期刊的选题策划原则上要求全体编辑人员参与，基本步骤有信息梳理、选题设计、选题论证、选题优化等。期刊编辑设计的选题必须经过集体论证方可执行，其中选题论证中需要三级审批，建档备案。在具体实施中，各出版社略有不同，大体相当。而微信公众号的选题策划步骤个体差异较大，自由度较高。即官方媒体号、企业号、个人号皆有不同的步骤，并不明确与统一。官方媒体号如"央视新闻"(微信号：cctvnewscenter)、"广西师大出版社"(微信号：bbtpressbook)，选题策划步骤大体与期刊编辑相当；企业号如"新氧"(微信号soyoung111)、"135编辑器"(微信号 editor135)，选题策划由主管领导审批通过即可；个人号则非常自由，步骤可有可无，并无定论。

1.1.2　范围不同：固定与灵活

期刊编辑有非常具体的选题策划范围，是经过出版行政主管部门审批、较为固定的，分为宏观、中观、微观三个层次。其中宏观层次的策划，是对一种期刊的总体策划，设计期刊的性质、宗旨、编辑目的、编辑方针、内容定位、读者定位、出版周期等，决定一种期刊的总体面貌和办刊宗旨[4]。宏观层次统领中观层次(栏目设计、专题策划、作品组配)与微观层次(具体实施)。微信编辑则不同，它的选题策划范围是不固定的，涵盖多种领域，灵活多变，只要相关平台及法律允许，其宏观层次也可随时变更，无需经过出版行政主管部门审批。选题范围的不同会导致读者群的不同，由于期刊选题的固定性，导致其读者群是相对稳定的；微信公众号选题的灵活多变，导致其读者群是灵活但不稳定的。

如《博物》杂志，期刊内容主要以衣食住行、花草虫鱼、建筑文明、生活百科等科普题材为主，但其微信公众号"博物"(微信号 bowuzazhi)既有期刊部分内容(如《务必收藏！博物课堂秋冬线下活动课表汇总》)，又会根据时事热点推送相关图文(如《关于冠状病毒，看这一篇就够了》)，并不仅仅表现期刊主旨。

1.2 需兼顾灵活性与稳定性的平衡

微信公众号在选题策划上的灵活性是期刊不能比的，但期刊也拥有微信公众号无可比拟的稳定性，因此，在保有各自特性的基础上，应该兼顾灵活性与稳定性的平衡。于微信公众号而言，虽然应该追求热点与流量，但应学习期刊的固定栏目，寻求自身的定位与范围内的读者群，在选题时应该把握"新粉"与"旧粉"之间的平衡，固定栏目时可在标题上注明栏目名称，以示区别。于期刊编辑而言，留存定量的灵活栏目，追求时事与热点，争取新读者与老读者，并且灵活运用新媒体平台扩宽选题策划、组稿的范围与渠道。

比如微信平台，若是个人约稿，期刊编辑可在公众号后台联系作者；若是社会征稿，除发布征稿启事的微信图文外，可在自定义菜单栏、后台关键词回复、自动关注回复、运营者(小编)微信朋友圈等方式进行社会征稿。期刊类微信公众号一般使用"投稿""联系我们"字眼，新闻类微信公众号一般使用"爆料"字眼。如微信公众号"广西师大出版社"2018 年 1 月 31 日发布了《征稿启事｜"诗意环江"全国诗歌大赛开始征稿啦！》(https://mp.weixin.qq.com/s/LsPKqlPda7pvxeWDrUdMWA)一文；其官方微信运营者(小编)师太君(微信号 bbtstar)，于 2018 年 12 月 26 日发布朋友圈征稿启事。

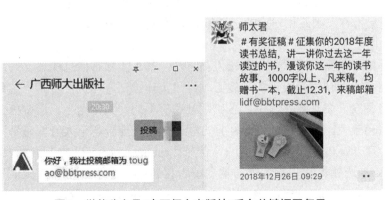

图 1 微信公众号"广西师大出版社"后台关键词回复及微信小编"师太君"发布的朋友圈征稿启事

图 2 公众号"中华书局1019"的自定义菜单栏

1.3 审稿制度的有无导致结果的差异

在审稿这一环节上，期刊编辑与微信编辑存在着显著差异，主要体现在审稿制度上。期刊编辑实行"三级审稿制度"，简称"三审制"，由初审、复审、终审三个审级组成[4]，有明确的责任，保证了期刊稿件总体的高质量。就目前而言，微信编辑既没有国家规定的统一的审稿制度，也没有获得对应资质的执行人员，仅依靠该微信公众号的运营者或主管领导把关稿件，因此稿件内容质量与形式质量都参差不齐，错漏乱象严重。虽然微信公众号后台有相关的法律法规进行审核，但多注重于字眼及题材方面的审核，一些政治性、思想性、科学性、知识性上的错误依然难以避免。校对制度同理。

1.4 需逐步实行"审稿制度"与"责任制度"

"审稿制度"是期刊编辑的优点，在保证稿件质量方面有着重要的作用，是第一道"把关口"，故在此环节上，应该做出改变的是微信编辑等新媒体编辑。微信编辑职业发展迅速，但是目前还未有较为完善的监管制度，想要减少目前"谣言""标题党""颠倒黑白"等现象发生，净化新媒体舆论环境，需逐步实行"审稿制度"与"责任制度"，并且应国家与个人共同推进。"审稿制度"未必需要全盘复制传统制度，而应在适应微信编辑的职业特性上加以改良；"责任制度"也应如此，对于传播范围广、影响较大的信息，相关的编辑及其领导需要承担一定的责任。制度是规范执行的基础，是一个行业健康发展的基石，没有制度，仅靠"约定俗成"或"个人习惯"，很难形成较好的行业规则，促进行业发展。

1.5 编辑加工整理环节带来根本性的改变

如果说以上环节期刊编辑与微信编辑还有不少的相似之处的话，那么从编辑加工环节开始，期刊编辑与微信编辑便有了完全不同的发展方向。

1.5.1 微信编辑"编写合一"现象显著

值得注意的是，在编辑加工整理环节，微信编辑"编写合一"现象显著，即微信编辑既是"编辑"又是"作者"，与期刊编辑存在较大的差异，具体体现在文章的岗位说明上。一般而言，期刊编辑会在文头或文末写明"责任编辑、作者、图片编辑、版式编辑"等信息，编辑的"编"身份明显。而微信编辑岗位说明内容并不统一，注明"责编、作者"的、注明注稿件来源的、仅注明作者的、仅注明微信编辑人员等。说明位置也多变，文头、作者栏、文末皆可。总的来说，微信编辑的文章岗位说明上，传统意义上的作者身份减弱，"编""写"双重身份明显。

在微信公众号中，如无特殊标明(作者栏、文章来源、资料来源、图片来源)，整篇图文的作者默认为该公众号的"小编"，即微信编辑。随着微信公众号的发展，微信编辑中"写"所占比例增大，从各大招聘网站对于"微信编辑"这一职位的要求中即可得知，如要求具备一定的原创能力。当然，期刊编辑中也有编辑可独立撰稿，但为了文章的质量，一般不安排其作为其撰写文章的责编，在同一文章出现"编写合一"现象较少。

图 3 "央视新闻"公众号注明来源、编辑　　图 4 "中国出版史"公众号仅注明作者

1.5.2 操作软件功能较为不同

在编辑的加工整理上，期刊编辑与微信编辑的操作方式非常不同，主要是因为操作软件

的不同。目前期刊编辑中广泛应用的是方正书版、方正飞腾、方正飞翔、InDesign、QuarkXPress等专业客户端型软件。微信编辑中广泛应用的是微信编辑器(公众号后台自带编辑器)、135编辑器(https://www.135editor.com/)、秀米(https://xiumi.us/#/)、i 排版(http://ipaiban.com/)、小蚂蚁(http://www.xmyeditor.com/)等网页端软件。两者各有优缺点，前者专业性强，后者普适性强，适合不同场合。不过就"可操作性"来说，网页端软件的"可操作性"更强，因为它相对于专业软件来说，方便且易上手。

1.5.3 编辑与整体设计融合成新模式

期刊编辑"编辑加工整理"的工作内容主要是正文、辅文、技术加工整理等，重点是在微观上具体检查原稿、对其加以匡正、修饰和润色。在此环节之后，期刊编辑还有微信编辑没有的三个环节，即"整体设计""审定发稿""校样处理"。与之相反的是，在"编辑加工整理"环节中，微信编辑就已经融合了"整体设计"中的"内文版式设计"，形成了新的"编辑加工整理"模式全面型编辑。

微信编辑除了要修饰文字外，还要设计文字、符号、线条、底纹、间空、插图、表格等各种成分的表现形式，而这部分在传统编校中一般由设计人员完成。当然，由于载体不同(纸质与网页)，两者的设计方向也有所不同，具体细节有不少出入，难度很难对比。通俗地说，微信编辑在"编辑加工整理"完成后，就代表已做成一篇可出版发行的图文。要成为一名优秀的微信编辑，需要学会设计封面、内文编辑排版、插图处理、背景设置等。且由于公众号的功能越来越强大，相对应地，微信编辑可发挥的余地也越大。如注重视频交互的微信编辑需要学会剪辑视频，注重活动的微信编辑需要学会活动策划等。对于期刊编辑来说，"整体设计"也要参与，但并不是直接执行人员，而是作为指导人员、辅助人员，地位不同，所承担的具体工作也不同。

1.6 与时俱进，开拓传统编辑新方向

期刊编辑工作环节尽可能地完成线上模式转换，线上+线下结合，求快也求精。5G 时代的到来，可能会给传统出版行业带来更大的改变。有学者猜测，在 5G 时代，传统媒体或新媒体公司目前采用自采、自编、自导等方式完成信息的采编播等程序也许会被打破，更多的媒体工作人员、媒体资源、具有知识产权的信息内容均实现网络虚拟共享，将有更多的自由职业者成为媒体平台内容的制造商，媒体本身的独立属性将会相应下降[5]。微信编辑的工作环节比期刊编辑简便，虽然有载体及市场的原因，但也是基于网络发展的优势。期刊编辑也应该利用这份优势，将自身的环节尽可能简便，在保证质量的同时也提高工作效率。

期刊编辑出于自身的特点，很难完全复制微信编辑的"编写合一"模式，但可以此为借鉴，编校能力和学术能力一起抓，争取加大编写比例，向多面发展。当前出版编辑者更加侧重事功"编校"，在专业学术研究与作品原创上呈现弱化趋势。出版编辑者"编校与创作一体"在未来将要求更高[6]。如果 5G 时代的猜测成为现实，那么编辑不仅仅是"为他人做嫁衣"，更应为"自己做嫁衣"，才能在全民数据、全民舆论、全民媒体环境下，不被压缩生存圈，实现自我价值。微信编辑虽还存在不少问题(如版权问题)，但"编""写"双重身份已形成一定模式，且与"整体设计"融合的新模式具有全新的活力，对于期刊编辑向多面化发展是有参考性的。这个时代需要"专才"，也需要"全才"，但是"全才"并不易做到，可逐渐尝试"多才"。近年来，编辑的转型方向也成了不少从业人员的研究方向，创新以及多面、全面成为很多人认可的出路。如王勇安认为需重新进行角色定位，努力成为原创内容生产者、多中心媒介内容生产的组织者和社

会阅读的引领者[7]；宣海林提出了行业期刊编辑地位的再定位观点：编辑功能定位的全面化、编辑职业能力的全面化、实现用户思维、编辑功能的智能化、编辑思维的与时俱进等[8]。

1.7 校对与预览环节的完善与薄弱

在校对方面，期刊需坚持"责任校对制度"与"三校一读制度"，严格执行一校、二校、三校等工作，以保证书刊质量，而期刊编辑主要负责"校样处理"与"样品检查"工作。校对是把关作品的最后一道防线，期刊的校对工作是很完善的。微信公众号虽没有实体，但也与期刊对应的校对工作——预览。在微信公众号后台完成稿子的编辑并保存后，下一步就是"预览"。预览，即提前浏览图文在手机、电脑上模拟呈现的效果，由公众号后台发送到个人微信号中，是临时网页链接的形式。预览链接有时效性，有效期 12 小时(从预览链接生成时算起)，失效后需重新再发送一次预览链接。微信编辑或微信校对(如有)可以在预览链接上进行校对或修改工作。需要注意的是，相当于一部分微信公众号的"校对"并没有对应的岗位与对应的人员，因此校对工作相对薄弱，再加上市场的需求不同，微信校对工作经常由微信编辑担任，导致微信公众号的图文质量与期刊的图文质量存在较大的差距。

1.8 发行宣传成本的高低与回馈信息收集的重合

微信公众号的图文推送则相当于期刊的发行，转发则相当于期刊的宣传。显而易见，微信公众号的发行成本非常低，只要有网络、手机或电脑即可完成，一步到位，无需像期刊一样考虑发行渠道、程序、形式等内容。宣传成本则难以确定哪一方的成本更高，毕竟需要达到的效果不同，但两者宣传的本质是一样，形式也有较多相似之处。如公众号为了扩大影响(阅读量、增加粉丝)，会利用奖品等其他优惠条件促使读者点赞转发，期刊为了增加销量，也会进行促销、赠送小礼品等方式；为了更具吸引力，转发语也会搭配相同的宣传文案，作用类似期刊的导语(编者按)。无论是期刊编辑还是微信编辑，在发行与宣传的环节中，编辑都处于辅助地位。

在移动互联网发展之前，期刊编辑的回馈信息收集一般通过邮件、电话、信件、问卷调查等形式，存在一定滞后性。而微信公众号寄托于即时通讯微信，同样具有即时通讯的特性，即快速、及时，因此其"回馈信息收集"存在即时性，形式有后台留言、文末留言、编辑微信号私聊、文章投票、问卷调查等，比较重要的信息也多采取邮件的形式。随着时代的发展，期刊编辑的信息收集方式也有了新的变化，社交平台、电商平台的读者反馈越来越多。总的来说，期刊编辑和微信编辑回馈信息收集方式的重合度是较高的。因此笔者认为，在这方面，两者保持其现状即可。

2 个人素质的改变

如果将编辑的工作内容比作硬件，那么基本素质就是软件，两者相辅相成，缺一不可。编辑工作的好坏与编辑人员的素质密切相关，编辑人员需要具备的基本素质包括政治素质、思想素质、文化素质、职业素质。前三者较难量化去比较，但职业素质，能明显看出差异性。

2.1 职业素质的不同导致结果的不同

2.1.1 职业追求

期刊编辑的职业追求与微信编辑的职业追求存在明显的差异，期刊编辑是文化追求，微信编辑是数据追求。期刊编辑属于传统编辑，肩负着推动文化发展、建设社会主义精神文明的责任。要成为无愧于时代的新型编辑，需承担 3 种责任：文化责任，要把文化传承下去，把当代的文化记录下来，留给后人；社会责任，要对一个时代信息传播的后果和推广的内容进行思考和处理；历史责任，要把今天广大人民群众所从事的伟大社会实践所形成的历史真实记录下来[9]。

微信编辑作为新媒体编辑，职业追求虽也有传统编辑的痕迹，但就目前市场要求而言，以指标论胜负，目的性很强，流量(点击量)为王。微信编辑有一个关键量化的指标，即 Key Performance Indicators，简称 KPI，一般为阅读量、点击量、播放量、粉丝数等，指标的高低直接与薪酬挂钩。为了追求点击量，新媒体编辑会做出较多与传统编辑"不相符"、缺少社会责任的举动，如将一份稿件分成几段多次推送，或故意用引人争议的内容吸引更多关注等。传统编辑与新媒体编辑的"责任感"有很大不同，传统编辑自从踏入这个行业，就要时刻遵循我国出版工作的指导思想、方针原则和主要任务，以此为基础开展工作。而新媒体编辑工作的指导思想、方针原则和主要任务，都会因为其背后的主体不同而不同，开展的工作也就截然不同。

2.1.2 职业敏感

无论是期刊编辑还是微信编辑，都具备职业敏感这一特质，这是"编辑"的共性，没有这个共性是无法胜任任何一项编辑工作的。但微信编辑作为新媒体行业，需反应及时。只要出现新的热点、大新闻，微信编辑反应都很迅速，及时推出稿件，抢占舆论重地。值得注意的是，同为微信编辑，有传统媒体经验的微信编辑，更具备职业敏感优势，不少微信头部公众号的创始人，都有传统媒体编辑经验，包括但不限于期刊编辑。

如"黎贝卡的异想世界"(微信号 Miss_shopping_li)运营者方夷敏曾就职于《南方都市报》，是首席记者；"深夜发媸"(微信号 shenyefachi)徐妍曾在南方某报社新媒体部门任职；"新世相"(微信：thefair2)创始人之一张伟是中青报《冰点周刊》特稿记者，曾任职《博客天下》《智族 GQ》的副主编；"咪蒙"(现已注销)原名马凌，曾在《南方都市报》副刊工作；"一条"(微信号 yitiaotv)创始人徐沪生，曾在《外滩画报》做总编辑；"六神磊磊读金庸"(微信号 dujinyong6)创始人王晓磊，曾任新华社重庆分社政法口记者；"毒舌电影"(微信号 dushetv，现更名"Sir 电影")创始人何君，曾任某门户网站娱乐版编辑。这也从另一个角度证明新媒体编辑与传统编辑的关系，两者是可以在某种程度上进行转换，可以吸取对方的某种特性化为自身的优点，并非泾渭分明。

2.1.3 职业作风

评价一位期刊编辑的优劣，一般以职称、著述、资历、差错率为基准；评价一位微信编辑的优劣，一般以阅读量、粉丝数、传播度为基准。两者评价基准的不同，导致了不同的职业作风。期刊编辑的常规工作是"咬文嚼字""字斟句酌"，职业作风是一种一丝不苟的求真求是作风，慎重严谨；虽然也注重传播度，但出于责任，不会为了传播度而牺牲文章的质量。微信编辑发布图文的目的是传播，是一种以结果为导向的功利作风，甚至会为达目的不择手段。部分微信编辑有时为了传播度，不惜牺牲文章的质量与正确的立场、真实的事件，因此常出现"标题党""图文不符"甚至"内容违规""捏造事实"等现象。长此以往，这种功利性作风会对整个新媒体编辑行业造成不可估量的后果，也是对社会极度不负责的做法，非常不提倡。

2.2 加强微信编辑职业素养的培养，填补培养机制的空白

据报道，不少高校已经开设了有关新媒体的专业或研究方向，如中国传媒大学、广西师范大学、佳木斯大学等学校都开设了网络与新媒体专业，该专业文理兼收，毕业授予文学学

士学位。高校人才的培养已经有所成就，官方关注与研究也在逐渐完善。由党政军团研学等多领域的专家学者组成的理论研究、交流机构——国家意识形态中心新媒体研究院于2015年11月7日成立，以便加强对网络意识形态工作的理论研究、新媒体的探索运用和网络意见领袖的团结、引导工作，维护网络意识形态安全。但普适性的面向社会新媒体编辑素养培养的机制还是存在空白。已经从事新媒体编辑行业的从业人员，缺乏一个有力、正规、合法的渠道来提升自己，获取一定的资格。

在2015年2—3月一项专门针对国内新媒体人员的职业发展与管理问题的调查中发现，超八成受访人员认为新媒体编辑(记者)需要进行统一的职业培训和考试[10]。这证明，针对新媒体职业的职业培训和考试是存在一定的社会基础和需求的。这个培养机制的具体形式还未成型，但是笔者认为可以从继续教育、资格考试、资质考核等方向去考虑，尽力培养出更具备职业素质与专业素质的新媒体编辑。

3 社会环境的改变

造成期刊编辑与微信编辑存在较大差异，还有一个不能忽视的原因就是社会环境的改变。

3.1 入职门槛与市场需求导致结果不同

3.1.1 入职门槛的高与低

传统编辑的入职门槛比新媒体编辑高。首先是专业要求高，实行"职业准入"制度。期刊编辑的专业要求以"编辑出版专业""中文专业"或期刊相关专业为主，专业性很强，并且在到岗后都需要进行国家统一举办的职业资格考试和继续教育培训，实行"职业准入"制度。从2001年8月1日起，国家对出版专业技术人员实行职业资格制度，纳入全国专业技术人员职业资格制度的统一规划。每年的出版专业技术人员职业资格考试(简称出版专业职业资格考试)大概在10月份举行。其次是学历要求高，逐渐发展为以硕士学历为主，具体体现招聘要求上。国家对于出版人才的培养经过多年的发展，在渡过了成长阶段(1949—1965)、凋零阶段(1966—1976)、恢复阶段(1977—1991)、调整阶段(1992—2002)及深化发展阶段(2012年至今)后，出版人才队伍有了质的飞跃，从业人员整体学历明显上升，硕士学历成为大多数国有新闻出版单位招聘的门槛[11]。专业性强、学历高是期刊编辑的特点，也是传统编辑行业的特点。

据腾讯微信、中国信通院、数字中国研究中心共同发布的《微信就业影响力报告》指出，2018年微信总就业机会达2 235万个，其中直接就业机会达527万个，同比增长10%[12]。而2018年微信公众号账号数量超2 000万，可推断出其背后所需的微信编辑数量是很庞大的。由于市场发展快且需求大，因此对于微信编辑的职业要求并不限制，也很难限制。但主体间差异较大，官方媒体号要求较高，企业号次之，个人号良莠不齐。这导致市场上微信编辑岗位对于专业的要求并不是那么看重，"网络与新媒体""市场营销""新闻传媒""工商管理""编辑出版""不限专业"皆有；学历要求较为广泛，中专、大专、本科皆可。据调查，2016年我国自媒体人群体主要由本科生组成，本科生所占比例达57.5%，硕士及以上达到15.5%，专科达到17.2%，高中及以下学历占9.8%[13]。也就是说，微信编辑不像期刊编辑实行"职业准入"制度，到岗后也不会进行统一的职业资格培训和考试，难以保证职业素质，这也导致了新媒体编辑稿件成品良莠不齐的现象。

3.1.2 市场需求的小与大

据目前的情况来看，期刊编辑的市场需求要远小于微信编辑的市场需求，主要体现在从业人数与岗位需求量上。期刊编辑属于传统新闻出版行业中的期刊出版业，以国有企业、集体企业为主，从业人数少，岗位需求量小。微信编辑属于新媒体(自媒体)行业，涵盖各行各业，性质复杂，以民营企业为主，国有企业、事业单位较少，从业人数多，岗位需求量大。

关于从业人数。近年来，期刊出版业从(就)业人数处于持续下降趋势。据国家新闻署发布的历年新闻出版产业分析报告可以看出，2016 年，全国新闻出版业直接就业人数为 453.9 万人，其中期刊出版业为 10.3 万人[14]；2017 年，全国新闻出版业直接就业人数为 405.9 万人，其中期刊出版业为 10.1 万人[14]；2018 年，全国新闻出版业就业人数为 390.3 万人，其中期刊出版业为 9.5 万人[16]；2019 年，全国新闻出版业就业人数为 362.4 万人，其中期刊出版业为 9.3 万人[17]；2020 年，全国新闻出版业就业人数为 320.9 万人，其中期刊出版业就业人数为 6.3 万人[18]。

与之相反，新(自)媒体行业属于蓬勃发展态势，从业人数逐年上升。据 iiMedia Research(艾媒咨询)《2017 年中国自媒体从业人员生存状况调查报告》显示，2014 年，中国自媒体人数量为 146 万人；2015 年，中国自媒体人数量为 200 万人；2016 年，中国自媒体人数量为 240 万人。2016 年各大自媒体平台中，微信公众号市场份额占比遥遥领先，为 63.4%，微博占比为 19.3%[13]。换句话说，2016 年微信公众号的自媒体从业人员约有 152 万人。据克劳锐(topklout)《2018 年自媒体行业白皮书》统计，2017 年，自媒体从业人数达 300 万人[20]。据中研普华《2020—2025 年中国自媒体行业市场调查与发展前景分析报告》显示，2021 年，我国全职从事自媒体的人数达到了 370 万人，而兼职人数则超过了 600 万人，一共有 970 万人在从事自媒体行业[19]。虽然数据因统计机构不同可能存在一定差异，但仍可从不断攀升的数据中看出端倪。

关于岗位需求量。前文已提到，期刊编辑"职业准入"制度要求从业人员需参加出版专业职业资格考试，故可从职业资格考试的人数大概得知岗位需求量。第一次出版专业职业资格开启于 2002 年。据全国出版专业职业资格考试办公室统计，截至 2018 年底，全国共有 208 971 人次参加了出版专业职业资格考试，78 007 人次考试合格；据国家出版管理部门统计，截至 2018 年底，全国累积通过登记注册的出版专业技术人员 7 300 余人，其中，责任编辑注册 68 000 余人，资格登记 4 000 余人[11]。而 2012 年考试报考人数为 20 693 人[21]。

由于新媒体行业没有统一的考试，岗位需求则以相关专业的就业数据为参考。虽说新媒体行业专业要求限制不强，但仍有部分专业与新媒体行业联系较深，比如传播学、数字传媒艺术、编导、网络与新媒体专业等。其中 2012 年开设的"网络与新媒体"专业则是教育部针对互联网发展而增设的专业，可谓是与新媒体联系最密切的专业之一。经调研，宏观层面上国内已有 327 所高校开设网络与新媒体专业；通过对网络与新媒体专业人才就业岗位重复性较大的几个专业的就业数据进行横向比较，传播学专业在 2020 年的岗位需求量约为 52 万个，数字传媒艺术专业约为 1 万个，编导专业约为 33 万个，网络与新媒体专业约为 87 万个[22]。

显而易见，无论是从从业人数还是岗位需求量来看，都可得知期刊编辑的市场需求要远小于新媒体编辑。而根据前文提及的微信公众号账户数量、市场份额在各大自(新)媒体平台的占比，可以推测出微信编辑市场需求在新媒体编辑的占比也不会低。综上所述，期刊编辑的市场需求要小于微信编辑。

图 5 《中国国家地理》的招聘要求

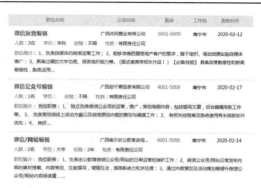

图 6 广西人才网搜"微信编辑"(2020-02-17)

3.2 以发展、包容的眼光看待微信编辑

中国的"编辑"是不断发展的,从古代编辑出版到现代编辑出版,从传统编辑到新媒体编辑,随着社会的发展水平、科技水平的改变而改变。古代编辑出版转变成现代编辑出版用了 2 000 多年,现代编辑出版从萌芽到成熟用了 70 年,而从传统编辑到新编辑才用了 10 多年。给新媒体编辑以发展成长的时间还很短,因此存在不完善的部分无可厚非,应以发展、包容的眼光去看待一个微信编辑,不应以旧事物的眼光和规则去束缚其发展。虽然目前微信编辑入职门槛低、学历水平偏低、职业素质良莠不齐,但这是受市场发展影响和自身条件制约的,与整个社会环境有关,只要国家对该职业增加关注、完善相关制度和培养机制,随着时间的发展,微信编辑未必不能像传统编辑一样达成质的飞跃。当然,个人的努力也不可忽视,各大单位及其负责人也应尽自己的力量去推动这件事的发展。

4 结束语

总的来说,从工作内容上看,两者大体的内容是相当的,但细节侧重各有不同:期刊编辑工作环节更有序严谨,微信编辑工作环节更融合灵活;期刊编辑流程耗时长,微信编辑耗时较少;期刊编辑读者群相对统一,微信编辑读者群具有不稳定性。从职业素质上看,期刊编辑对职业素质的要求更高,微信编辑则总体偏低:期刊编辑更注重文化传承,微信编辑更注重传播效果;同为微信编辑,具有传统媒体经验的微信编辑更具备职业敏感优势;期刊编辑求是,微信编辑求果。从社会环境来看,期刊编辑入职门槛较高,微信编辑入职门槛较低;期刊编辑的市场需求较小,微信编辑的市场需求较大。

时代发展带来机遇的同时也带来危机,受数字化阅读的冲击和纸价大幅上涨等因素的叠加影响,2016—2020 年全国期刊出版总印数和营业收入均呈现总体下降趋势。如何在整体市场低迷的情况下谋发展,其实是很多从业人员都需要考虑的问题。时代的洪流裹挟着所有人在前进,如果不改变,留给你的就是沉没。依笔者看,期刊编辑作为整个出版工作的重要组成部分,不会消失,但并不代表着不需要改变。虽然两者之间存在一定差异,但微信编辑作为脱胎于传统编辑的新媒体编辑,其内在和本质应是一脉相承的,都应为了社会主义精神文明建设而奋斗,不应完全割裂开。作为传统编辑的期刊编辑与作为新媒体编辑的微信编辑各有优势,应该取长补短,互相进步。其他的传统编辑与新媒体编辑也应该从这个方向寻求相应的改变,毕竟在这个快速发展的时代,数字经济蓬勃发展,为了不被淘汰,只有与时俱进,开拓属于自己职业的新方向。

参 考 文 献

[1] 中国互联网络信息中心.CNNIC 发布第 49 次《中国互联网发展状况统计报告》[EB/OL].(2022-02-25) [2022-08-15]. http://cnnic.cn/gywm/xwzx/rdxw/20172017_7086/202202/t20220225_71724.htm.

[2] 腾讯科技.七大趋势+49 组数据:2018 新媒体趋势报告|企鹅智库[EB/OL].(2019-03-01)[2022-08-15]. https://tech.qq.com/a/ 20190301/008800.htm#p=36.

[3] 国家新闻出版广电总局出版专业资格考试办公室.出版专业基础·初级(2015 版)[M].北京:崇文书局,2015:38-42.

[4] 国家新闻出版广电总局出版专业资格考试办公室.出版专业实务·初级[M].北京:崇文书局,2015:87-88.

[5] 戴程.5G 引领媒体商业模式创新[J].中国出版,2019(16):36-39.

[6] 杨瑞勇.关于未来出版发展趋势的几点思考[J].中国出版,2019(19):24-26.

[7] 王勇安,郑珂.媒介内容生产方式变革与编辑职业的前途[J].编辑之友,2017(7):64-68.

[8] 宣海林.媒体融合时代行业期刊编辑思维的再定位[J].出版科学,2018(3):1-7.

[9] 柳斌杰.做无愧于时代的新型编辑[J].中国编辑,2008(3):4-6.

[10] 陆高峰.加强新媒体从业人员职业资格管理的问题与建议[J].西部学刊,2017(1):51-54.

[11] 范军.新中国新闻出版业 70 年[M].北京:中国书籍出版社,2019.

[12] 腾讯网科技.《微信就业影响力报告》:2018 年带动 2 235 万个就业机会[EB/OL].(2019-03-04) [2022-08-15].https://tech. qq.com/a/20190304/009516.htm.

[13] 艾媒报告.2017 年中国自媒体从业人员生存状况调查报告[EB/OL].(2017-02-14) [2022-08-15]. https://www.iimedia.cn/c400/48685.html.

[14] 国家新闻出版广电总局规划发展司.2016 年新闻出版产业分析报告[J].中国期刊年鉴,2017(1):525-539.

[15] 国家新闻出版署.2017 年新闻出版产业分析报告:新闻出版产业规模效益稳步提升[EB/OL].(2018-08-03) [2022-08-15].https://www.chinaxwcb.com/info/124321.

[16] 国家新闻出版署.2018 年新闻出版产业分析报告(摘要版)[N].中国新闻出版广电报,2019-08-28(005).

[17] 中国新闻出版广电网.2019 年新闻出版产业分析报告[EB/OL].(2020-11-04) [2022-08-15]. https://www.chinaxwcb.com/info/567231.

[18] 国家新闻出版署.2020 年新闻出版产业分析报告[EB/OL].(2021-12-16) [2022-08-15].https://www.nppa.gov.cn/nppa/channels/764.shtml.

[19] 克劳锐(topklout).2018 年自媒体行业白皮书[EB/OL].[2022-08-25]. https://www.topklout.com/ #/home.

[20] 中研网.我国自媒体现状及未来发展趋势解析[EB/OL].[2022-08-22].https://www.chinairn.com/scfx/20220822/115103344.shtml.

[21] 中国人事考试网.全国出版专业职业资格考试举行报考人数逾 2 万[EB/OL].(2013-12-19) [2022-08-22]. http://cpc.people.com.cn/n/2013/1219/c360340-23886076.html.

[22] 张浚晴,张楠.网络与新媒体人才就业的问题与对策:基于供给侧改革视域下的研究[J].互联网周刊,2022(15):63-65.

智能化出版中学术期刊编辑的"学"与"术"

刘 勇[1]，姚树峰[1]，刘小红[2]

(1.空军工程大学学报编辑部，陕西 西安 710051；2.新华社解放军分社，北京 100803)

摘要：为了应对智能化出版时代的来临，从编辑的角色转换、编辑要超前学好什么知识、要主动练好什么能力等方面进行了探讨。提出挖掘机器的"算"和提高编辑的"智"是编辑工作模式的最佳组合；提升对智能化的认知力、智能化出版手段的运用力、参与智能化建设的创造力是学术期刊编辑要主动学习的方面；练好组稿"智能策划术"、审稿的"智能分析术"、编排的"智能辨析术"、传播的"智能推广术"是学术期刊编辑应该提高的能力。学术期刊编辑要努力成为推动期刊出版向智能化转型的复合型技术人才，把控好人工智能技术在学术期刊编辑出版中的应用方向、应用内容、应用程度。

关键词：智能化出版；学术期刊；编辑

2020年6月30日，中央全面深化改革委员会第十四次会议审议通过了《关于加快推进媒体深度融合发展的指导意见》，提出要加强人工智能等新技术在新闻传播领域的前瞻性研究和应用，推动媒体融合向纵深发展。早在2016年，*The Drum* 与 IBM 沃森系统合作，就基于人工智能创造完成了一期完整的杂志[1]。人工智能技术的深度运用将有助于提升工作效率，有效防范学术不端行为，丰富论文内容和展现形式，更好地发挥期刊传播平台作用。但是，人工智能技术在学术期刊编辑出版领域的推广应用进度缓慢，一方面是由于需要人工智能技术与学术期刊编辑出版规律深度融合，另一方面则是缺少推动期刊出版向智能化转型的复合型技术人才。编辑作为期刊质量的把关人，应加强对人工智能的学习和认识，并与编辑实践相结合，提出学术期刊编辑出版的智能化建设需求，加强与人工智能专门技术人才的沟通配合，推动编辑出版智能化应用走深走实；同时，善于运用智能化思想和手段，提升编辑工作效率，使期刊智能化出版模式更加灵活，传播样式更丰富，达到更真实、直观、形象地展现学术观点，更高效地传播学术思想的目标。

1 智能化出版中学术期刊编辑的角色认识

人工智能技术在编辑出版领域的应用，一方面有利于提高工作效率，另一方面也给编辑职业带来了发展危机，出版智能化发展能否完全取代编辑人员，人工智能技术主要应用在哪些方面？编辑人员和智能机器在编辑出版活动中各扮演什么角色？这些都是研究智能化出版

基金项目：全国理工农医院校社科学报联络中心资助(LGNY18B8)
通信作者：姚树峰，E-mail: 313164799@qq.com

必须面临的问题，需要深入分析探讨。

1.1 学术期刊编辑始终坚持把重点放在内容的创新上

人区别于其他动物及人区别于机器的本质在于人具有"思维创造能力"，技术和算法终究还是人改变世界的工具，人的思考能力、价值的塑造能力、知识的创新能力才是社会发展的不竭动力。人工智能技术在数据收集、自动排版、编校等方面有一定的优势，但在学术内容创新方面的判断与人的判断相比还有较大差距，如稿件的选题策划、评审录用等环节中编辑仍然发挥重要作用。学术期刊的编辑在工作中往往承担"编"与"校"的两种工作，"校"主要识别并纠正字词错误、格式错误、知识错误等问题，是一种有规律的重复性的工作，容易被智能取代。目前智能校对软件能够做到基于错词库的校对、基于规则匹配及相似性算法的校对、基于自然语言技术进行语义层的校对。能够识别字词错误、章节序号、图表公式序号、名词术语不规范、历史纪年检查、敏感词检查、古今地名检查、中外译名检查、语义重复、全半角不一致等基础错误。因此，学术期刊编辑应把宝贵的时间和精力聚焦在学术水平、知识、可读性等高级问题上。随着智能校对技术的不断成熟、完善，学术期刊编辑要从大量低价值、重复性工作中解放出来，把这些工作逐渐交给计算机去做，推动学术期刊编辑从简单重复劳动向智慧劳动转变。

1.2 充分发挥学术期刊编辑人员的"智"和智能机器的"算"

近年来，人工智能领域的研究应用在指纹、人脸、语音、图像识别以及机器学习、自动规划、智能搜索等方面发展较快[2]。人工智能技术应用于出版领域的目的在于充分发挥机器"算"的优势，通过算法设计使机器具备"类人类思考"的智能，辅助或部分替代编辑人员工作，使编辑人员可以从一些事务性的工作中解放出来，把编辑人员有限的精力投入到创造性的工作中去。例如，通过人工智能语义建模，从海量学术数据中搜索、分析、提炼有价值的信息供编辑人员参考；设计智能校对软件，对论文格式、文字、语法等进行自动化校对，以减少编辑承担繁琐的工作，既能节约人力成本，也可提升编辑出版效率。智能化编辑出版模式的发展，其本质是利用人工智能技术对编辑出版活动进行任务分解，能由机器承担的任务尽量采用人工智能技术研发替代机器，同时，也充分调动编辑人员的主观能动性，使编辑人员充分发挥人类的智慧，依托机器的"算"做好辅助工作，实现编辑人员的"智"与机器的"算"完美结合。

1.3 人机的高效结合是学术期刊编辑工作模式的最佳组合

在智能化出版领域具体发展中，人工智能技术与编辑出版的融合是智能化出版领域的研究热点。例如，美国泰德(TED)出品的话题分析工具彩虹人工智能(iRisAI)，可通过机器学习检索主题高度相关的信息和论文，精准推荐给用户[3]。"2017腾讯媒体+峰会"现场，腾讯推出的自动化新闻写作机器人Dreamwriter平均单篇成文速度仅为0.5秒，一眨眼的工夫就写了14篇稿件[4]。但是，在人工智能作家"小冰"创作的139首诗集《阳光失了玻璃窗》中，"小冰"学习了500多位中国诗人的作品后，经过1万次迭代，创作了70 928首诗歌，经编辑审核判断，最终只选取139首。从7万多首压减到139首，正是体现了编辑对出版内容选择的智慧价值[5]。可见，虽然智能机器显示出了超出人类工作效率极限的能力，但人仍是出版工作的主导者。人工智能化编辑创作需要分析提取海量的知识数据，会导致学术不端问题隐患发生；其智能分析用户并自主推送信息也给用户带来了困扰，在编辑出版工作中运用人工智能应从正、反两个角度进行分析，在提升工作效率的同时要避免造成问题隐患。因此，学术期刊编辑要注重从理念、知识、技能等方面加强对人工智能技术的理解和认识，选题策划、内容审查、付印传播的决策权必须由人主导。人脑与人工智能各取所长、分工协作、高效结合，提升编辑出版的效率和质量是人工智能技术在智能出版中的核心价值体现。

2 智能化出版中学术期刊编辑要注重"学"

对于学术期刊编辑来讲，学术素养不仅体现在对期刊专业领域知识的认识和理解上，也体现在对新技术的认识和新手段的掌握运用上，要通过"学"提升对智能化的认知力、创造力、运用力。

2.1 提升编辑对出版智能化的认知力

在编辑出版领域，人工智能应用体现在人工智能软件自主撰写新闻稿、诗歌撰写、智能审稿、智能编校、智能出版、智能推送等方面，目前，Elsevier 开发了一套名为"Evise"的自动化工具来帮助编辑人员进行同行评审，南京善锋软件技术股份有限公司开发的《参考文献在线辅助编校系统》等已经在国内的一些期刊开始使用，取得了良好的效果。人工智能技术将对出版领域产生深刻影响和变革，学术期刊的编辑、出版、发行将面临人工智能快速发展和应用带来的挑战。学术期刊编辑要主动学习、主动应对，在保持强烈的求知欲和学习热情的同时，加强对人工智能技术内涵和本质的研究认识，特别是人工智能技术在编辑出版工作中的转化应用研究，编辑不一定要具备智能软件的开发设计能力，但应该熟知智能软件的架构和功用，不仅要知其然、更要知其所以然。既要思考人工智能技术与出版业的融合趋势，也要做好人工智能知识的储备和编辑出版智能化变革思想的准备，更要时刻思考如何在编辑出版中运用人工智能技术。

2.2 提升编辑参与智能化建设的创造力

出版智能化发展中，必须坚持"适合自己的才是最好的"，人工智能技术在编辑出版活动中那些领域可以应用，赋予什么任务、应用到什么程度需要编辑出版人员认真思考。编辑作为出版活动的主体人员，其编辑活动贯穿出版始终，人工智能技术应用的目的就是把编辑从繁琐复杂的事务性工作中解放出来，提升编辑出版效率。因此，编辑要加强学习，不断提升谋划期刊智能化建设的创造力，积极参与本单位出版智能化建设工作，一方面加强对人工智能技术发展情况的研究认知，另一方面结合编辑出版规律，加强人工智能技术在编辑出版流程和具体业务工作中的应用研究，充分发挥创造力，提出期刊智能化建设需求，明确建设功能和指标要求，实现"建用一体"，使编辑的创造性思维融入到期刊出版智能化建设方案之中，融入智能算法、智能软件、智能机器的研发之中。

2.3 提升编辑智能化出版手段的运用力

编辑出版智能化过程中，研发的智能算法、智能软件、智能机器是出版手段智能化的具体体现，例如大数据组稿、智能化审稿、自动化排版、智能化编校、智能化印刷、智能化传播等，这些都是出版的主要智能化手段。编辑开展业务工作，首先要加强对这些智能化手段的学习和认识，要熟练运用提升工作效率。其次，对于学术期刊编辑来讲，对出版内容学术质量的把控是重中之重，编辑要不断学习，熟练掌握智能化出版手段的使用方法、原则、要求，要活学活用，通过学以致用不断提升编辑对智能化出版手段的掌控力和运用力，真正使智能化出版手段成为编辑的帮手。再次，学术期刊出版模式在不断发展，智能化出版手段也需要不断改进，需要编辑在出版实践中发掘新需求、找出现有智能化出版手段的缺点和不足，并提出改进需求方案。

3 智能化出版工作中学术期刊编辑要练好编辑的"术"

编辑出版的智能化是人工智能技术发展应用的必然趋势，虽然出版模式变了，但编辑出版活动的本质没有发生变化，学术期刊出版目的仍然是传播前沿的科学知识。作为学术期刊编辑，要坚持"内容为王"的办刊理念，用好智能化编辑手段，掌握新技术、练好新技能，在确保出版质量的前提下不断提升编辑出版效率，促进期刊跨越式发展。

3.1 组稿工作中要练好"智能策划术"

学术期刊编辑要积极开展论文选题策划工作，主动向科研人员约稿，争取科研新发现、新成果在自己期刊上首发出版，这不仅传播了前沿科技知识，也提升了期刊的学术影响力。首先，学术期刊编辑要善于运用人工智能语义建模、语义搜索引擎知识图谱等信息搜索、分析手段，对海量的网络信息数据进行检索分析[6]，使编辑脱离繁琐的数据收集工作，重点对基于智能算法分析生成的结果进行识别、判断，拟定期刊刊发的热点方向和问题。其次，学术期刊编辑要善于借助人工智能技术进行文献数据研究分析，策划热点选题，适时举办或参与学术会议，组织线上或线下的学术讲座，搭建一个良好的科研人员互动交流平台，建立专家、作者、读者和编辑人员高效交流的渠道。再次，要善于运用人工智能技术做好研究进展跟踪工作，进行定向的组稿，从选题立项开始就要紧盯科研团队的研究进展情况，视情给予相关文献信息资源和专家资源的服务与保障支持，利用微信公众号、微视频等手段进行研究进展报道，并在获悉科研项目取得进展后第一时间启动约稿工作[7]。此外，组稿策划工作中也要注重对智能策划效果的研究分析，既是对编辑工作的总结，也是对智能化出版手段的实践检验。

3.2 审稿工作中要练好"智能分析术"

首先，应充分掌握利用人工智能检测手段进行学术不端检测的能力，切实发挥抄袭筛查作用。学术期刊专业术语、图、表较多，传统的学术不端检测软件多为采用逐字逐句的方式审查文本内容，文中的公式、图、表无法查重对比，期刊编辑也很难判断公式、图表的真实性及是否存在抄袭行为。引入人工智能技术后，可以通过深度智能识别功能对论文内容进行全面的对比审查，可对公式推导、逻辑推理、数据篡改、图片挪用，甚至洗稿式论文抄袭等情况进行精确的查询、对比、分析，避免有学术不端行为的稿件进入评审流程，对编辑人员和审稿专家精力造成浪费。其次，要善于运用人工智能技术对稿件内容进行精确的分析，匹配适合的审稿专家。同行评议专家在论文评审中发挥着重要的内容把关作用，专家的学科领域、学术知识水平与稿件内容越匹配，越有利于防止出现评审专家不匹配导致优质科研论文流失或学术价值较低论文被录用发表等情况发生，期刊编辑既要运用人工智能技术，也要发挥自身主观能动性，提升利用人工智能技术遴选同行评议专家的分析判断能力[8]。最后，要善于运用人工智能技术提升稿件自主送审效率，特别对综合性学术期刊来讲，学科覆盖面宽、交叉程度高、研究方向多，学术期刊编辑在审稿阶段要善于运用人工智能技术对来稿的题目、摘要、关键词、内容信息进行自动审核分析，根据审稿专家数据库中审稿人研究领域、审稿效率、审稿任务等自主匹配审稿专家，自动给稿件去盲并发送给审稿专家评阅，编辑可实时监控审稿进度并适时人工干预[9]。智能分析手段无疑对提高审稿工作效率有助力作用，但核心还要发挥编辑人员的主观能动性，既要提升对智能手段的应用能力，也要注重发现智能分析手段存在的问题，及时干预纠正，逐步改进完善。

3.3 编排工作中要用好"智能辨析术"

在排版和编辑加工阶段，人工智能技术的引入有助于大幅减少人工成本，提升编排效率。首先，根据学术期刊对论文标题、摘要、关键词、正文字型字号、图(表)题、图表字号线号、参考文献等的具体要求，基于智能算法和软件研发，实现对作者稿件的自动化排版，自主识别稿件文字、图、表、公式等，并按照设定格式规范自动生成排版文件。其次，学术期刊对参考文献格式都有具体要求，引入人工智能技术可通过自主联网，对参考文献的来源、出版年、卷、期、起止页进行对比，自动修正文献的一致性和著录格式[6]，供编辑人员审核。目前，自动编校系统已经研发并在逐步试用完善，其中，北京大学计算机科学技术研究所的"自然语言处理""深度学习""知识图谱"等技术已达到领先水平[10]。最后，要充分发挥编辑人员的智慧，虽然人工智能技术的引入节省了大量的人力资源和宝贵时间，简单、重复性的劳动被智能机器取代，但人工智能不是全能，对于一些俚语、谚语、成语的使用和翻译，智能机器出错几率较大，仍需要人工进行核对。在机器写作中，因为机器无法植入情感会使创作的行文缺乏人文气息。目前，人工智能技术还不够成熟，在应用中存在选题功利化、审稿模式化、推送单一化、侵权隐蔽化等现实问题[5]，需要编辑人员运用专业知识和积累的经验进行判断，避免出版事故发生，造成无法挽回的影响和损失，显然智能机器不具有承担出版伦理的能力。所以，人工智能技术把编辑从繁琐的工作中解放出来，编辑更应该提升知识水平，与智能化相匹配，提高发现问题、解决问题的辨析力。

3.4 传播工作中要练好"智能推广术"

学术期刊出版后，其传播的范围、精确度、时效性对提升期刊的学术影响力有很大的作用，把人工智能引入学术期刊的发行传播阶段，首先，编辑要利用文献数据库平台、科学研究交流平台、微信社交平台等户用信息，采用数据挖掘技术对用户信息进行大数据分析，了解信息需求，定向精准推送文献信息，尽可能在较短时间内完成期刊文献信息的全面精准推送，并实时发现潜在用户做到及时精准推送。其次，编辑要运用人工智能技术将文献的推送阅读、引用情况及时向作者反馈，使作者了解自己成果的学术影响；为作者做好信息服务工作，可将其他和作者研究领域相关的最新文献信息精准推送给作者。最后，编辑要基于人工智能技术的大数据分析，深入了解学术期刊历史刊发论文的影响力、期刊评价数据指标等情况，及时评估风险危机，并调整出版选题策划方向，使期刊稳重有进，不断提升办刊质量和水平。在智能推广工作中，单向的自主推送会给信息用户带来一定的困扰，推送的信息可能不是用户想要的，需要做好信息推送效果的评估工作。运用人工智能技术通过信息关联收集用户信息，做好推送信息的反向采集分析工作，通过调整改进推送功能，实现智能推送信息与用户需求之间的高度匹配。

人工智能技术是把"双刃剑"，既有把人类从繁琐性、事务性工作中解放出来的有利一面，也有一旦应用不当、造成巨大危害损失的负面隐患，需要人来严格把控、慎重选择。在学术期刊智能化的发展运用中，编辑人员既是编辑出版智能化手段的应用者，也是编辑出版智能化建设的参与者，要强化编辑参与出版智能化建设的使命意识、责任意识、担当意识。编辑人员既要注重加强对人工智能技术在编辑出版实践中的应用研究，也要通过对人工智能技术的学习，不断提升对编辑出版智能化改造的指标构建能力，与人工智能技术专业人才的需求对接能力和协作能力，使自己成为推动期刊出版向智能化转型的复合型技术人才，把控好人工智能技术在学术期刊编辑出版中的应用方向、应用内容、应用程度。通过"自主学习、思考方案、参与建设、灵活运用"提升智能化出版中学术期刊编辑的综合素养和能力。

参 考 文 献

[1] 电子产品世界网.IBM 人工智能沃森编了一期杂志[EB/OL].(2016-06-22)[2021-10-28]. http://www.eepw.com.cn/article/201606/293044.htm.
[2] 昭鸣.2017 人工智能未来企业[J].互联网周刊,2017(17):46-49.
[3] 李媛.人工智能时代的学术期刊数字化传播[J].中国学术期刊研究,2019,30(11):1183-1189.
[4] 人民网.人工智能时代内容出版产业的机遇与挑战[EB/OL].(2019-06-25)[2020-08-12]. http://media.people.com.cn/n1/2019/0625/c14677-31187004.html.
[5] 张炯.人工智能时代的出版伦理博弈及编辑伦理价值观[J].中国编辑,2019(1):24-28.
[6] 张以芳,张宁.全媒体时代人工智能对医学类学术期刊编辑出版业的影响及应对策略[J].中国传媒科技,2020(9):11-15.
[7] 高一帆,王霞.人工智能时代科技期刊编辑工作的转变与创新[J].科技与传播,2019(19):1-3.
[8] 张彤,唐慧,胡小洋,等.人工智能辅助学术期刊同行评议的功能需求分析[J].编辑学报,2021,33(5):523-528.
[9] 张勇,王春燕,王希营.人工智能与学术期刊编辑出版的未来[J].中国编辑,2019(2):64-68.
[10] 于溪.基于人工智能视角下编辑出版的新模式研究[J].中国传媒科技,2020,3(3):74-76.

出版系列高级职称评价标准分析及其对期刊编辑职业发展的启示

尚利娜[1]，牛晓勇[1]，李　红[2]，贺　静[1]

(1.太原理工大学《煤炭转化》编辑部，山西　太原　030024；
2.太原理工大学学报(社会科学版)，山西　太原　030024)

摘要：近年来，国家大力推进职称制度改革，其中职称评价标准的完善至关重要。作为推动期刊健康繁荣发展的重要力量，编辑的职业发展离不开职称评价标准发挥的激励与指导作用。2021年，国家新闻出版署发布了《国家新闻出版署关于开展2021年度新闻出版单位高级职称评审工作的通知》(以下简称2021年《通知》)，该通知在申报资格条件上与2020年相应通知相比有较大改动。为此，笔者从期刊编辑视角，归纳2020我国28个地区发布的出版系列高级专业技术资格评审标准中的基本条件、研究成果和业绩成果，并与2021年《通知》中的申报资格条件进行比较，旨在分析出版系列高级职称评价标准的发展变化，为评审标准的完善提供参考以及为期刊编辑职业发展提供启示。笔者认为应根据2021年《通知》精神调整和优化评审标准，把好期刊编辑职业发展的航向标。职称评价标准启示期刊编辑应注重从提升素养、增进学识、提高技能、强化意识四方面促进自身职业的发展。

关键词：期刊编辑；出版系列；职称评价；职业发展

职称制度是专业技术人才评价和管理的基本制度。近年来，国家大力推进职称制度改革，并相继出台了一系列相关政策。其中，完善职称评价标准是职称制度改革中的一项重要内容。2014年，《国务院关于深化职称制度改革试点的指导意见》发布，在完善职称评价标准方面提出将完成基本工作量作为必要条件、分层分类调整完善论文条件、鼓励技术创新及成果转化、引导专业技术人才服务基层[1]。2016年11月，中共中央办公厅、国务院办公厅发布了《关于深化职称制度改革的意见》，指出完善职称评价标准要坚持德才兼备、以德为先，要科学分类评价专业技术人才能力素质，突出评价专业技术人才的业绩水平和实际贡献[2]。对于出版系列，2021年2月，人力资源社会保障部和国家新闻出版署发布《关于深化出版专业技术人员职称制度改革的指导意见》，指出完善评价标准要坚持德才兼备、以德为先，注重评价能力和业绩，实行国家标准、地区标准和单位标准相结合[3]；并在其中附有出版专业技术人员职称评价基本标准。2021年7月，国家新闻出版署发布了《国家新闻出版署关于开展2021年度新闻出版单位高级职称评审工作的通知》[4](以下简称2021年《通知》)，笔者发现该通知在申报资格条件上有较大的改动，为各地区职称评审标准的制定提供了更加明确的指导方向。

期刊编辑是推动期刊健康繁荣发展的重要力量以及出版专业技术人才队伍的重要组成部分，完善的职称评审制度不仅能够激励其职业发展，促进其学术技术水平的提高，而且在加强期刊编辑人才队伍建设及提升期刊影响力等方面具有重要意义。在此背景下，鉴于 2021 年《通知》中的申报资格条件与 2020 年相应通知中的申报资格条件相比有较大改动，且 2020 年各地区已经根据自身情况出台了出版系列高级专业技术资格评审标准并予以实施，为此，笔者以 2020 年我国 28 个地区(除青海、宁夏和西藏)发布的出版系列高级专业技术资格评审标准以及 2021 年《通知》作为数据来源，从期刊编辑这一视角进行比较，以期分析期刊出版系列高级职称评价标准的发展变化，从而为期刊编辑的职业发展提供启示，促进编辑人才作用的发挥。

1 基于学术期刊编辑视角对职称评价标准的思考

1.1 基本条件

2021 年《通知》中明确指出申报者应"遵守中华人民共和国宪法和法律法规，坚持中国共产党的领导，拥护党的基本理论、基本路线、基本方略，忠于党的新闻出版事业。坚持党性原则，坚持马克思主义新闻出版观，坚持以人民为中心的工作导向，认真履行职责使命。具备良好的思想政治素质和职业道德、敬业精神，作风端正。热爱新闻出版工作，具备相应的新闻出版专业知识和业务技能，按规定参加继续教育"[4]，这对申报者的思想政治素质、职业道德和继续教育(统称为基本条件)提出了统领性的要求。为此，笔者结合此通知，在归纳分析 2020 年各地区职称评审文件(以下简称 2020 年各地区文件)中基本条件的基础上进行如下探讨。

在思想政治素质方面，总体来看，2020 年各地区文件中对申报者的思想政治素质的要求为：编校的出版物出现过方向性、政治性错误，受到新闻出版行政管理部门通报批评及其他形式的处分和处理者不得申报职称。此外，个别地区将考察范围扩大到申报者发布的新媒体内容的政治质量上。思想政治素质是职称考核的首要条件，作为出版工作者，申报者的思想政治素质必须过硬。除了编校的出版物外，在出版与新媒体深度融合的大背景下，利用"两微一端"等新媒体制作发布内容已成为期刊提升影响力和传播力的主要途径之一，新媒体内容的政治质量同样不容忽视。因此，在职称评价标准的制定上，应结合 2021 年《通知》精神和以往职称评审指标，注重从线下到线上全方位考核申报者的思想政治素质。

编辑职业道德是编辑必须遵循的行为规范及道德品质[5]。2020 年各地区文件中对申报者在职称有关考试或申报过程中有作弊、作假行为，以及存在学术造假、学术不端行为等的情况均做出了从"一票否决"到延迟申报的惩罚规定。例如，甘肃省规定"对经查实的申报造假、弄虚作假、暗箱操作、学术不端(抄袭、剽窃、侵吞他人学术成果，伪造、篡改数据文献，或者捏造事实)、无实质贡献的虚假挂名等行为，除'一票否决'、撤销职称外，根据或参照《中国共产党纪律处分条例》和《事业单位工作人员处分暂行规定》给予相应处分"。因此，在制定地方评审文件时应更加细致化严格化 2021 年《通知》中"不得申报人员"条例下"在职称有关考试或申报过程中有作弊、作假行为的人员"的规定，对达不到职业道德要求的申报者，除给予其"一票否决"外，还应根据有关政策给予相应的处分。

继续教育是培养造就高素质专业化人才队伍的重要途径和手段。大多数地区在 2020 年评审文件中根据 2010 年《出版专业技术人员继续教育暂行规定》，要求"出版专业技术人员每年接受继续教育时间累积不少于 72 学时"。自 2021 年 1 月 1 日起，国家新闻出版署、人力资源社会保障部印发的《出版专业技术人员继续教育规定》施行，明确了出版专业技术人员继续教育内容包括公需科目和专业科目,"出版专业技术人员每年参加继续教育累计不少于 90 学时,其中专业科目不少于总学时的三分之二。"[6]。出版专业技术人员继续教育学时的增加,体现了国家对于出版人才专业化能力培养和教育培训工作的重视,各地方出版局应根据继续教育内容形式要求合理认定折算学时,制定相关评价指标。

另外,2021 年《通知》中对外语和计算机水平没有做出要求。笔者认为,申报高级职称者须具备一定的学历资历,且任职内年度考核或任期考核达到合格(称职)以上等次,证明其能够达到胜任工作的外语和计算机水平,在职称评审过程中可以不考核申报者的外语和计算机水平。

1.2 研究成果

由于 2020 年大多数地区将"论文论著"作为独立的申报资格条件,因此,笔者首先对研究成果中的论文论著条件进行分析。梳理 2020 年各地区文件中的论文论著条件,笔者发现,其在各地区间存在较大差异。一方面,从规定发表的论文论著性质来看,约一半的地区规定发表出版专业论文论著,其余地区规定发表出版专业或相关专业论文论著(与所编刊物学科方向一致的论文论著)。另一方面,从规定发表的论文数量、级别及论著字数来看,规定发表出版专业论文的数量至少为 1 篇,规定发表出版专业或相关专业论文数量最多为 4 篇以上,且对发表论文级别的要求也相差较大;而对于论著,从没有字数要求到最多要求字数在 15 万字。可见,在以往职称评审条件中,一是将论文论著条件作为单独条件列出,过于凸显论文论著条件的重要性;二是论文论著类型和数量的规定在各地区间差别较大;三是评审条件中没有强调申报者具有代表性的论文论著成果的重要性,导致无法真正体现申报者的学术水平,有些地区只要论文数量达到要求即可。因此,以往的职称评审条件难免会给期刊编辑人员带来困惑和误导,比如,在学术研究上,存在将研究重心侧重于出版专业还是相关专业的困惑,或存在只要论文数量够就可以评职称的心态;在出版工作上,存在将工作重心放在撰写论文上而轻视业务工作的现象等,从而不利于期刊编辑的职业规划和长远发展。而 2021 年《通知》中将论文论著条件列于"研究成果"标题下,同时指出从 2022 年起,提供的研究成果须为申报专业内容,这从宏观层面上避免了过于强调论文论著的重要性,规范了发表论文论著的类型。同时由于各地区出版水平和出版系列从业人数存在差异,各地区在职称评价标准的制定中应因地制宜合理设定论文论著数量,并体现具有代表性成果的论文论著的价值。

除了论文论著外,2021 年《通知》中明确了研究成果还涵盖行业标准、专利成果、研究课题和调研报告。研究成果的多面性有助于从理论到实践全面考核申报者的学术能力。笔者整理发现,这些成果在 2020 年各地方文件中以业绩条件列出,主要指标包括参与国家级出版项目、省部级以上政府部门或行业协会组织的出版专业或相关专业科研课题的数量,承担的项目是否入选国家新闻出版广电总局改革发展项目库或受到中央、自治区文化产业发展专项资金资助等;作为第一完成人,撰写的应用对策研究报告、建言献策报告、调研报告或政策建议等智库研究成果,被国家部委办采纳或国家部委办领导书面批示肯定等。结合 2021 年《通知》,笔者认为各地方出版局在制定评审指标时,应注重从研究成果而非业绩成果的角度合理设置行业标准、专利成果、研究课题和调研报告等方面的考核指标,切勿重成绩而轻实践贡献。

1.3 业绩成果

2021 年《通知》指出,申报高级职称须提供反映或代表申报人任现职以来最高水平的业绩成果。其中，出版系列须提供选题策划报告、审稿校对意见、设计制作方案、项目代表性成果等。这反映出在今后的职称评审中将注重对于策划能力、评审能力、编校能力和项目创新能力等的考察。整理发现，在2020年各地区文件的业绩条件和能力条件中体现出了对上述成果的评审要求。以申报副编审职称为例，策划能力考核指标包括能参与期刊选题、出版计划以及重点栏目、特色栏目或常设栏目的策划和组织；评审能力考核指标包括应具备解决审稿或编辑中疑难问题的能力，能对出版物进行复审或终审及担任责任编辑，或能够对重点出版项目进行评审；编校能力考核指标包括须完成规定的工作量，并能够提出改进编辑出版工作的有参考价值的建议和方案等；项目创新能力考核指标包括参与过传统媒体与新兴媒体融合发展工作，承担国家重点数字出版项目工作等。

另外，2020年大多数地区将期刊获奖情况和期刊影响力纳入业绩条件，包括期刊获得的出版奖及科技奖的奖项级别和奖项数量；编发稿件的最高被引频次、期刊被国际重要检索系统收录情况，以及被高影响因子的期刊方阵或核心期刊、其他报刊选载或评介、摘录数量等指标。个别地区还规定了其他业绩条件和能力条件，如指导和培养年轻编辑的人数，编辑或担任责任编辑的期刊是否与境外开展版权合作，担任期刊的主编(执行主编)、副主编或编辑部主任、重要栏目的责任编辑(主持人)，参与过国家出版专业技术人员职业资格考试的命题和评卷工作等。

目前来看，以往各地区职称评审文件中考核能力和业绩的指标虽然种类较多，但有的指标无法量化，有的指标如编校任务定量过高或过低，从而使得评审指标难以发挥有效的作用。2021年《通知》对业绩成果的范围给予了导向性的规定，各地方新闻出版局应结合期刊的出版业务，着重强调对申报者策划业绩、评审业绩和编校业绩的考核，建立可以量化适于评审的指标体系。

2 职称评价标准是启示期刊编辑职业发展的"航向标"

2.1 提升素养，加强学习，筑牢期刊编辑职业发展的根基

职称评价标准中的基本条件为期刊编辑如何提升自身素养提供了重要的启示。首先，作为以纸媒和新媒体平台为载体进行学术传播的主力军，期刊编辑发布的内容具有重要的导向作用，因此，期刊编辑必须坚定政治方向，牢固树立底线思维。一方面，期刊编辑应力求站在传播我国优秀传统文化、服务国家重大战略需求的高度，以全球化的视野传播宣扬先进文化和科技成果，打造高水平的学术期刊，从而涵养读者的精神生活，增强文化自信；另一方面，期刊编辑需实现出版业务开展与思想政治理论学习的有机融合，丰富自身思想政治理论知识，以强烈的政治觉悟去开展出版工作，从而筑牢自身职业发展的根基。

其次，作为学术成果的把关人以及从事出版研究的学术人员，期刊编辑必须提升自身的道德品质和职业素养，秉持良好的学术声誉和学术诚信，并以身作则恪守职业规范与出版伦理，认真履行出版的责任与使命。职业道德是期刊编辑职业发展路程中需持久坚持的规范准则，加强职业道德修养应成为期刊编辑必修的课程。2018年5月，习近平总书记在北京大学师生座谈会上指出"我们的用人标准为什么是德才兼备、以德为先，因为德是首要，是方向，一个人只有明大德、守公德、严私德，其才方能用得其所。"[7]此外，近年来国家相继发布了《高等学校预防与处理学术不端行为办法》《关于进一步加强科研诚信建设的若干意见》等文件；2021年6月，国家卫生健康委员会等20部门联合印发了《科研诚信案件调查处理规则(试

行)》，指出对失信行为严重者，所在单位依法依规给予取消 5 年以上直至永久取消其晋升职务职称等资格[8]。在此背景下，期刊编辑应高度注重自身德育建设，遵守科研诚信，抵制学术不端，避免出现道德失范行为而使其成为自身职业发展的拦路虎。

再次，期刊编辑应积极参加继续教育学习。随着出版与互联网的深度融合以及出版市场的竞争加剧，期刊编辑的知识结构、出版能力、创新意识必须与时俱进，同时，期刊编辑在职业生涯中也会遇到不同程度的发展瓶颈，这些都需要期刊编辑按规定完成继续教育。在继续教育过程中，期刊编辑应多与同行进行交流，学习先进的出版经验，广师求益，革故鼎新，激发期刊策划、组织的灵感。

2.2 累积学识，提高技能，搭建期刊编辑职业发展的阶梯

2021 年《通知》指出申报者须提供反映或代表其任职以来的最高水平的研究成果，突出强调了最高水平的研究成果，这意味着对期刊编辑的职业化专业化要求越来越高。期刊编辑不仅需要掌握出版专业理论知识，而且随着刊载论文学术水平的提升、论文评审难度的加大，对选题策划创新性的竞争，以及对国家优秀传统文化的弘扬和重大战略需求的回应，越是优秀的期刊越需要编辑具备更专业的学科知识、更精准的学科洞察力和更深厚的人文科学素养。因此，期刊编辑一方面应关注学术动态、积极参加学术会议，提升学科知识；另一方面，应将学科知识与编辑出版学、传播学等理论结合起来。例如，在论文评审及选题策划等方面更加体现期刊编辑对学科知识的运用，而在编辑校对及学术传播方面则体现期刊编辑出版理论知识的运用。只有发挥学科知识和出版知识双重优势，才能集思广益，取得高水平有代表性的论文论著、行业标准、专利成果、研究课题、调研报告等研究成果。

从职称评审标准中的业绩成果来看，策划能力、评审能力、编校能力和项目创新能力是期刊编辑职称评审考核的主要能力。首先，期刊编辑应做好策划工作、评审工作和编校工作之间的平衡。在三种能力中，策划能力决定了期刊的学术高度，评审能力决定了期刊的学术价值，编校能力保障了期刊的出版质量；同时三者又相辅相成，互相促进。而在实际工作中，重编校轻策划、评审依赖专家的情况较为多见，因此，期刊编辑应注重改变这种状态，合理做好自身的职业规划。其次，数字出版时代来临，在海量信息的大浪潮下，期刊编辑一要打好编校基本功，认真锤炼编校技能；二要提升评审能力，不过于依赖审稿专家，做到在初审环节能对论文的创新性、研究方法的可行性、研究结果的合理性以及讨论分析的深度等作出合理判断，在终审环节能对稿件的学术质量最终把关；三要努力学习新媒体传播技术和选题策划方法，积极跟踪学科动态，紧抓学科热点，策划适应全媒体时代的出版内容。此外，在项目创新能力上，期刊编辑应从解决工作中的热点、难点问题出发，结合自身的兴趣和优势，确定合理的研究选题，撰写项目申请书，积极申请各类出版相关基金项目，从而以目标为导向，以项目实施为手段，提高自身发现问题、分析问题和解决问题的能力，进而在职业发展中登上更高的阶梯。

2.3 创新理念，强化意识，扩宽期刊编辑职业发展空间

从 2020 年各地区文件中的业绩指标和能力指标来看，期刊编辑还应创新出版理念，强化品牌意识、传播意识和服务意识。创新是期刊发展不竭的动力，期刊编辑需树立创新开放的理念，注重利用信息化技术优化出版流程，改革管理机制和出版模式。品牌是期刊被广大学者认可的标志，期刊编辑应注重在期刊现有出版优势和特色风格的基础上，加强与编委、专家学者的沟通交流，广泛听取他们对期刊发展提出的意见，通过邀请知名学者、学科带头人

等专业人士担任客座编辑、学科编辑，参加或举办学术会议，运作专题化、特色化、品牌化项目等多种方式打造专刊专栏专题，塑造良好的期刊品牌形象。此外，期刊编辑应提升传播意识和服务意识，多渠道提高期刊的传播力和影响力，增加期刊被国内外重要检索系统收录的数量，并且通过建立读者群和作者群、优化微信公众号发送消息、实施精准推送等方式为读者和作者提供良好的阅读体验和投稿体验。期刊编辑只有创新理念，强化意识，才能拓宽自身职业发展的空间。

3 结束语

随着传统出版与新兴出版的发展，出版业的生态环境发生了前所未有的变化，加之受到各种期刊评价体系的影响，期刊的发展在面临机遇的同时也面临巨大的挑战。这不仅对编辑自身的职业素养和能力提出了更高的要求和标准，而且考验着编辑职业的可持续发展。而完善的职称评价标准可作为编辑职业发展的航向标和夯实编辑职业可持续发展的压舱石，只有发挥其有效作用，凝聚起每一位编辑的力量，才能打造一支素质型、学习型、能力型和服务型的优秀编辑队伍。2021年出台的《通知》，在宏观层面对职称评价标准进行了修订，不仅为各地区制定科学合理的职称评价标准提供了指导，同时也可成为期刊编辑职业发展的指南。期刊编辑应注重从提升素养、累积学识、提高技能、强化意识四方面促进自身职业的发展，从而在未来的职业道路上劈波斩浪，行稳致远。

参 考 文 献

[1] 国务院关于深化职称制度改革试点的指导意见[EB/OL].(2016-11-02)[2021-03-02]. https://www.51test.net/show/7803797.html.

[2] 中共中央办公厅 国务院办公厅印发《关于深化职称制度改革的意见[EB/OL]. (2017-01-08)[2021-03-02]. http://www.gov.cn/xinwen/2017-01/08/content_5157911.htm#1.

[3] 人力资源社会保障部 国家新闻出版署关于深化出版专业技术人员职称制度改革的指导意见[EB/OL]. (2021-01-28)[2021-03-02].http://www.gov.cn/zhengce/zhengceku/2021/02/24/content_5588656.htm.

[4] 国家新闻出版署.国家新闻出版署关于开展 2021 年度新闻出版单位高级职称评审工作的通知[EB/OL]. (2021-07-16)[2021-10-25]. http://www.nppa.gov.cn/nppa/contents/279/76462.Shtml.

[5] 何文义,曹渝.科技期刊编辑的责任伦理研究[J].出版科学,2015,23(3):38-41.

[6] 《出版专业技术人员继续教育规定》政策解读[EB/OL]. (2020-09-29)[2021-04-18]. http://www.mohrss.gov.cn/xxgk2020/fdzdgknr/zcjd/zcjdwz/202009/t20200929_391932.html.

[7] 习近平在北京大学师生座谈会上的讲话(全文)[EB/OL]. (2021-03-16)[2021-05-25]. http://edu.people.com.cn/n/014/0505/c1053-24973276.html.

[8] 国家卫健委等20部门关于论文"造假"的最新处罚规定来啦！[EB/OL].(2021-06-07) [2021-06-25]. https://xw.qq.com/cmsid/20210607A0BJRX00?f=new.

传统文字编辑转型成为新媒体创作者的探析

宋沈晓悦

(上海建工集团股份有限公司,上海 200080)

摘要: 网络信息技术的快速发展,使得新媒体传播成为主要宣传模式,同时也对传统媒体行业以及传统文字编辑造成了严重的冲击。在这个人人都是"媒体人"的时代,文字编辑必须进行角色转变,积极融入到新媒体传播环境中去,借助新媒体文字编辑工具,使创作内容更加丰富,以此来满足受众的阅读心理。基于此,本文在对新媒体时代文字编辑转型必要性进行阐述的基础上,对新媒体时代文字编辑面临的挑战进行分析,并提出了传统文字编辑向新媒体创作者转型的策略,希望以此为文字编辑转型提供一点参考。

关键词: 新媒体;文字编辑;转型

互联网快速发展,已经进入了 Web 3.0 时代,以智能手机为主的移动终端成为新媒体传播方式,成为受众获取信息的主要渠道。人们已经习惯利用手机获取信息,它带给人们的信息是更加多元化的,同时具有很强的即时性、互动性,给予受众更多的表达空间。在新媒体时代,编辑行业也发生了巨大的变革,对于文字编辑工作提出了新的要求,文字编辑如何顺应新媒体时代发展进行转型,成为当前非常值得研究的课题。姚力丹[1]提出适应新媒体时代,文字编辑要从"专业选手"转型为"全能选手",将"内容为王"的专业优长发挥出来。王文杰[2]提出文字编辑在进行新媒体转型时,需要注重信息鉴别力、舆论引导力、新闻判断力、新闻创新力、政治敏锐力的提升。本文在总结新媒体时代文字编辑转型必要性的基础上,提出新媒体时代文字编辑面临的挑战,进而探索如何成为一名新媒体创作者。

1 概念界定

1.1 文字编辑

新闻界对于编辑的定义主要包括以下两种:一是在《新闻学简明词典》中定义为报刊、图书出版过程中,有关组织、审读、编选、加工稿件,以及制作标题、设计版面等专业性工作;二是在《广播电视简明词典》中定义为广播电台、电视台从事组织、选编、加工节目、文字稿件和音像素材以及编制节目等工作的专业人员。基于上述两个定义,文字编辑即为贯穿于大众传播活动中,进行文字编辑相关工作的专业人员。

1.2 新媒体创作者

新媒体创作者就是利用新媒体平台进行创作或者分享生活内容或是新闻热点的每个个体,随着媒体平台的兴起,每个人都可以通过媒体平台比如抖音、百家号、微博等途径发布或是分享觉得有趣的事，创作人通过文章创作中的优质的内容来吸引读者，产生流量，这些个体都可以称作新媒体创作者。

2 新媒体时代文字编辑转型必要性

2.1 外部原因

顺应新媒体时代发展形势，传统文字编辑需要进行转型，主要依托以下外部环境。

一是国家政策的扶持。在2012年，国家广电总局启动了数字化转型升级项目，并给予重点扶持，直接推动了编辑行业的转型升级；在2019年，习近平总书记强调要重点关注媒体融合，着重主流舆论发展，确保传统媒体健康发展。在2020年，国家文化总局提出实行数字化文化产业战略，促进数字文化产业发展。国家政策的支持，促进了编辑出版行业的转型，编辑出版网络化、数字化也成为大势所趋。

二是信息获取方式的改变。互联网的应用促进人们信息获取方式发生了转变，人们获取信息的路径也更加多样化。对于文字编辑来说，可以通过新媒体平台进行信息的传播，在传播速度与覆盖面方面都更宽，受众也能够更加便捷地获取信息。

三是受众阅读方式的改变。社会节奏的加快，使得人们更加习惯碎片化阅读方式，很多受众都会通过新媒体手段进行碎片化阅读。对于新媒体时代的文字编辑来说，需要适应受众的需求，进行自我革新。

2.2 内部原因

在新媒体时代，编辑行业需要进行转型，同样存在多种内在原因。

一是传统出版行业存在发展困境。大部分的编辑都工作于传统出版行业，而数字出版业的发展给传统出版行业造成了严重的冲击。传统出版方式传播途径单一，无论是传播速度还是传播效率都无法与数字出版业相比。目前，数字出版业已经成为主流产业，其具有的方便阅读、成本低的特点，使其深受受众喜爱。传统出版行业的凋零迫使文字编辑进行转型。

二是新媒体时代编辑门槛降低。传统文字编辑大多具有很强的文字功底、语言组织能力等。而新媒体时代"人人都是媒体人"，一些没有很强文字功能的人同样能够成为编辑，甚至因为在剪辑、配图等其他方面的优势，成为更优秀的编辑，这对文字编辑来说，更需要进行转型来适应新媒体时代发展。

3 新媒体时代文字编辑面临的挑战

3.1 文字编辑工具应用能力不够

一直以来，文字编辑都是利用纸和笔进行文字编写，而在新媒体时代，只需要利用计算机就可以进行文档的写作，同时还可以利用计算机进行图片、视频、音频的插入，这样可以使单一的文字变得更加充实，也能够更好地吸引受众的注意力。所以对于新媒体文字编辑来说，掌握基本的计算机文字编辑能力是非常重要的。但是新媒体创作软件发展非常快，很多文字编辑人员都未能熟练掌握文字编辑工具。

3.2 创作题材比较传统

在传统媒体时代，文字编辑在创作题材的选择上，要特别注意大众的影响力。而在新媒体时代，信息传播的速度非常快，而且受众的思想更加多元化，受众对于信息的兴趣也更加多元化,有很强的猎奇心理。但是很多文字编辑在创作题材的选择上,仍然是比较传统的,未能起到吸引受众的目的。

3.3 网络语言使用缺乏技巧

在新媒体时代有很多网络流行语,这种凸显社会发展变化的流行语,是社会现象的浓缩,同时应用网络传播特点,使得网络流行语成为社会现象和语言领域发展的最直接体现。网络流行语可以是来自一部电视剧、一个节目,也可以是来自一组图、一段视频,它的出现被赋予了特别的含义,同时在人们的日常生活中得到广泛传播,最终形成沟通用语。传统文字编辑在网络流行语的使用方面,存在接受度比较低的问题,而且因为缺失专业的新媒体写作训练,未能巧妙地应用网络语言,存在语言表达方传统、枯燥、单调的问题,无法吸引观众的眼球。

4 传统文字编辑向新媒体创作者转型的策略

4.1 入驻新媒体平台,做"平台创作者"

现如今,新媒体创作平台处于"百家争鸣"的态势,很多新媒体平台都非常支持优秀创作者的入驻,这对于有很强文字功底的编辑来说,是非常好的机会,可以选择合适的新媒体平台进行入驻,以此来获得收益,成为新媒体编辑。如百家号推出的百亿流量扶持,新人入驻并发表文章、视频之后,可以获得流量包,也就获得了更多"吸粉"的机会;同时还启动了"匠心计划""百家号百家榜",以此来扶持有优秀创作能力的作者。头条号是流量非常大的一个平台,也非常适合优秀创作者的入驻,在开通原创收益以后,文章阅读收益非常可观。文字编辑还可以选择入驻公众号,这是比较私域的创作平台,需要更强的创作能力,也更加适合编辑转型需求,公众号的付费功能、打赏收入、广告收益都非常可观。新媒体创作平台非常多,也都有自己的特点,编辑可以根据自己的优势选择合适的平台。

4.2 选择合适题材,做"专题创作者"

对于新媒体平台的文字编辑来说,选择合适的题材非常重要,创作内容的垂直度直接影响到粉丝黏性,因此对于文字编辑来说,要以用户为中心,进行精准的内容推送。文字编辑在进行题材选择时,可以根据社会实事热点话题、情感心理分析、娱乐影视、知识科普等具体的板块进行题材选择。在选定某种创作题材后,新媒体平台会根据所属的模块推送给用户。文字编辑在创作内容上,要注意内容的垂直度,垂直度越高,越能够吸引忠实粉丝,越能够获得更多有效的推送,这对于成功入驻此模块是非常重要的,这也是成功打造"人设"的过程,有利于被粉丝熟知和认可。

4.3 创作权威资讯,做"真实创作者"

在网络信息充盈的时代,一些创作者为了吸引受众目光,制造噱头,选择报道一些虚假信息,甚至用一些"名不副实"的标题来吸引受众注意,这种方式获得的只是短暂的高流量,却不利于长远的发展。因此对于文字编辑来说,在创作过程中,要注重权威资讯的保障,确保创作内容的真实性。这样能够提高自身的公信力,使其更受用户信赖。文字编辑也可以开设具体的专栏,对一些重要消息、实事热点信息等进行分类,这样不仅方便用户进行查阅,同时也形成来自己的专属内容风格,使得自己的创作板块更加标准化。

4.4 强化创作内容,做"优质创作者"

想要在新媒体平台获得一席之地,创作内容的"优质"是非常重要的,因此对于传统文字编辑来说，要强化创作内容。在创作板块的设计上，要做到节奏合理，脉络清晰，符合大众审美，使用户获得更好的阅读体验。在排版方面，要有清晰的段落，一般情况下，每段文字保持在50~100字之间，分段之间或者与图片的分割之间要有空行，这样能够构建更加明显的板块效应，符合用户"短、平、快"的阅读心理。在版式方面，要做到简洁大方，尽量不要使用过于花哨的背景图案，这样会分散用户的专注力，不利于用户的深入阅读。在色调的搭配上，可以有自己的特点，形成自己的特色，这样能够方便被读者记住。

4.5 注重创意表达，做"个性创作者"

在文字创作过程中，利用合适的表达方式非常重要，这也是文字编辑的强项，在利用新媒体平台过程中，要将文字编辑在文字表达方面的优势发挥出来，同时要做到更好，要做到有"个性"。在发表一些主流言论时，要注意保持明确的政治立场，要能够发挥出创作内容的宏观性和方向性，要能够充满正能量，这能够引导受众去关注重要议题。在新媒体环境中发出正能量的声音、传播正能量的形象。比如在创作的文章开头或者结尾可以表明明确的立场，如"对于损害公民利益的行为，要坚决杜绝""少年，未来可期！""大国工匠精神，值得点赞！"等，这些积极的、具有正面色彩的文字进行创作内容的升华，有利于社会正能量的传播。同时也可以用"过马路低头玩手机等于玩命！"等强烈的言语来批评一些负面行为。这种引导性的话语，并不是非常刻板严肃的，而是个性化的表达方式，是"很走心"地进行正能量的传播以及负面现象的批判，不仅能够增强受众的认同感，同时也能让其感到亲切，增强对话题的认同性。

4.6 创新互动方式，做"亲切创作者"

新媒体时代的传播方式是一种全新的话语体系，具有很强的互动性，也更加注重互动内容的个性化与趣味化。在文字编辑进行转型的过程中，也要特别注意创新互动方式，刺激受众与之互动的欲望，这要才能吸引受众。传统文字编辑的叙事方式一直是非常严肃的，甚至是枯燥乏味的，可以说是"高高在上的不接地气"，这并不适合新媒体时代的要求，目前受众对于信息的要求更加平民化，活泼幽默的表达方式能够让文字编辑更加接地气。在这个过程中，文字编辑可以注意做到以下几点。

一是创作标题要能够以口语化的方式来表达。可以将一些硬题材的稿件进行语言软化处理，如好友分享的语气一般，拉近与读者之间的距离，体现文字内容的亲和力。同时在标题的处理上，可以善用感叹号、问号等具有更加强烈语气表达方式的标点符号，这样在表达文字创作态度的同时，也能够给读者更加充满活力的感觉。

二是善用网络流行语。对于新媒体时代的文字编辑来说，掌握这些流行语是非常必要的，将其加入到自己的文章当中，不仅显得接地气，也能够更体现自己的与时俱进。如"洪荒之力""真香"等，这些词语不仅是一句网络调侃，更代表着一种社会现象；如"童鞋"(同学)、"打酱油"等，创造了更加活跃的交际环境；如"yyds(永远的神)"不仅可以用来赞美人物，还能够赞美国家，美好的事物等，这些网络流行语的使用能够更加引人入胜。

三是注意穿插图片、视频。作为网络文字编辑来说，不仅要在文章内容上下工夫，更要做好整个文字创作的布局，也就是要合理地进行配图、搭配视频等，将图片或者视频放置于合适的位置，而且要做到数量适中，不会因加载困难而造成阅读疲劳，这样不仅能够方便引出文章的重点，也能够方便读者进行阅读。

5 结束语

新媒体时代的到来,使得传统媒体受到严重冲击,越来越多的受众更加接受并习惯新媒体的传播方式于传播内容。新媒体时代在信息的传播上,也对文字语言表达方式进行来创新,因此作为传统文字编辑来说,要适应新媒体时代的发展要求,充分利用新媒体平台的优势,将自身在文字编辑方面的特长发挥出来,并积极地进行新媒体文字编辑知识的更新,从而实现向全能的新媒体创作者的转变。

参 考 文 献

[1] 姚力丹.新媒体编辑的角色转变和使命坚守[J].传媒论坛,2022,5(4):11-13.

[2] 王文杰.浅谈新媒体编辑的角色定位和能力提升[N].山西经济日报,2021-10-01(004). DOI:10.28755/n.cnki.nsxjj.2021.002384.

[3] 潘国庆.从网络受众思维浅谈新媒体编辑的角色转型[J].新闻传播,2021(17):89-90.

[4] 李琼.新媒体时代编辑出版转型路径探寻[J].传媒论坛,2021,4(14):31-32.

[5] 张佳蕊.新媒体编辑必备素养及角色转变路径初探:以奋斗新媒体编辑工作实践为实例[J].新闻研究导刊,2020,11(17):10-11.

[6] 崔海宁.媒体融合背景下新媒体编辑再定位[J].中国传媒科技,2019(12):40-42. DOI:10.19483/j.cnki.11-4653/n.2019.12.009.

学术期刊繁荣发展背景下责任编辑权利与责任的思考

刘秋凤

(《渔业研究》编辑部,福建 厦门 361013)

摘要:为厘清责任编辑的"责""权"范围,结合自身工作经历及体会,简要介绍了责任编辑工作中常用的或缺失的包括初审、编辑加工、决定刊用稿件、责任编辑身份的自我认同、继续教育等权利;论述了责任编辑应当履行的政治、道德、法律、学术质量、知识积累与文化传播、经济等责任;提出责任编辑权利得到主张、责任受到监督的措施建议:及时公布责任编辑人员名单;进一步落实责任编辑注册登记管理,加强责任编辑证有效性检查;重新修订《期刊出版形式规范》《期刊编排格式》;明确责任编辑证的使用范围;建立读者监督检查制度;健全新闻出版法律法规体系,以期为推动学术期刊繁荣发展提供参考。

关键词:期刊;责任编辑;权利;责任;措施建议

《关于推动学术期刊繁荣发展的意见》(中宣发〔2021〕17号)指出"学术期刊是开展学术研究交流的重要平台,是传播思想文化的重要阵地,是促进理论创新和科技进步的重要力量。加强学术期刊建设,对于提升国家科技竞争力和文化软实力,构筑中国精神、中国价值、中国力量具有重要作用。"根据国家新闻出版署2020年10月发布的《2019年新闻出版产业分析报告》[1],全国共有期刊10 171种,其中自然科学、技术类期刊5 062种(占49.77%);《2021中国学术期刊影响因子年报(自科版)》[2]收入评价6 099种学术期刊,其中有自然科学与工程技术3 966种(分别占学术期刊种数的65%和全国同类期刊总种数的78%左右)。由此可见,自然科学、技术类学术期刊(以下简称"学术期刊")规模不小。要办好这类期刊,就需要有优秀的编辑队伍,而队伍中最活跃的细胞是责任编辑,其是期刊工作的基础,也是期刊工作的重要组成部分。但责任编辑是什么?做什么?

《出版专业技术人员职业资格管理规定》(中华人民共和国新闻出版总署令第37号)规定"责任编辑是指在出版单位为保证出版物的质量符合出版要求,专门负责对拟出版的作品内容进行全面审核和加工整理并在出版物上署名的编辑人员";《新闻出版署关于严格执行期刊"三审制"和"三校一读"制度保证出版质量的通知》(新闻出版署01年 新出报刊〔2001〕142号)也指出"责任编辑需进行稿件的初审、编辑和付印样的通读等工作。责编人员对稿件的内容、体例、语言、文字进行编辑加工,防止和消除各种技术性差错或原则性错误,并负责对版式设计、排版、校对、印刷等各个出版环节进行监督,以保证期刊出版质量"。由此可见,责任编辑的工作贯穿于整个期刊出版流程,具有重要作用。这也就给了责任编辑可以从中获益的权利,导致有些期刊出现出租出卖期刊刊号版面、与"论文中介"合作、"一号多刊"、"一号多版"等违规行为。因此,在《关于开展期刊滥发论文问题专项检查的通知》(中宣局室发函〔2021〕40368号)中,检查内容就重点提到要检查"年发表论文数量与期刊编辑数量、把关能力是否匹配;期刊出版单位(含期刊编辑部)负责人和各级审校人员是否符合有关资质要求;期刊负责人及采编人员的劳动人事关系是否均在期刊出版单位或其上级单位。"这份通知检查,除了打击上述违规行为,还提出了责任编辑证是否挂靠的问题,说明了责任编辑证在期刊工作中的重要性。

在出版实践中,责任编辑既不是一种职称,也没有薪资奖酬上的特别待遇。"责任编辑"到底拥有哪些权利?又要履行什么样的责任?而管理者又该如何让责任编辑的权利得到主张?责任受到监督呢?

1 责任编辑权利的理解

长期以来,学术期刊的出版被视为一种公益行为,学术期刊编辑工作被视为一种中介行为、加工行为、职务行为,故学术期刊对责任编辑权利的保护始终处于模糊状态[3],有些责任编辑甚至对权利的概念也茫然不解,权利意识极其淡薄。责任编辑权利的缺失,一方面影响了责任编辑工作的积极性和主观能动性的发挥,另一方面也影响了责任编辑、作者和读者三者之间编辑活动主体关系的处理。因此,在学术期刊繁荣发展的背景下,有必要重申责任编辑享有的权利,这不仅是来自责任编辑主体研究的新视角,同时也是编辑学研究必不可少的重要内容。通常认为,编辑权利是指编辑的职业权利,即编辑按照编辑活动规律开展编辑工作所获得的权利[4],涉及编辑活动范畴中的各个环节,包括编辑策划、约稿、编辑选择、修改加工、检查核对、编辑指导与质询、编辑否定建议等[5]。以下主要结合自身的工作经历和体会,对工作中常用的或缺失的权利作一些描述。

1.1 初审权利

1997年6月26日发布的《图书质量保障体系》(新闻出版署令 第8号)第二章第八条指出"初审,应由具有编辑职称或具备一定条件的助理编辑人员担任(一般为责任编辑),在审读全部稿件的基础上,主要负责从专业的角度对稿件的社会价值和文化学术价值进行审查,把好政治关、知识关、文字关。"学术期刊参照图书质量的管理规定,指定符合要求的责任编辑处理期刊出版工作。因此,责任编辑具有初审权利,主要对著作权人投来的稿件进行审核,核查其是否存在学术不端行为(即核重)、是否符合学术期刊的行文规范格式(即核漏、核误);审查其政治思想性、学术性、科学性、文化积累性(即学术价值)、语言逻辑性,以及是否符合本学术期刊的办刊宗旨,从而决定该稿件能否送给审稿专家进行同行评议的权利[6-7]。责任编辑的初审权利是准确把握学术论文质量的第一道关,对保障期刊质量具有至关重要的影响。

1.2 编辑加工权利

《中华人民共和国著作权法》第三十三条指出"报刊、期刊社可以对作品作文字性修改、删节。对内容的修改,应当经作者许可。"因此,责任编辑享有尊重原稿、尊重作者基础上的修改权利。在实际期刊出版活动中,责任编辑主要是对稿件进行思想政治性、知识性错误的校正和文字的修饰等"实质性加工",以及稿件文体格式、图表、单位符号、参考文献等问题的处理等"技术性加工",统称为编辑加工[7]。编辑加工是在经过初审、同行评议(复审)后对决定采用的文稿按照出版要求和在著作权法规定的范围内由责任编辑实施的编辑劳动,是学术期刊出版流程中至关重要的一环,对提高文稿水平和期刊质量具有锦上添花的作用[8-9]。但责任编辑的加工权利存在修改主体界定、边界模糊等问题。《著作权法》对于编辑修改权的界限表述不清，而且对修改权的规定过于简单、笼统、概念模糊，导致责任编辑执行起来难以把握，比如对修改影响到内容表达的文字是否也要经过作者的同意？歪曲、篡改、删除和合法修改的界限在哪里？编辑改稿和作者改稿的"边界"在哪？[10]。因此，借用上海海事大学杂志总社社长袁林新编审在2021年中国水产学会期刊分会学术年会作业务培训里的"28字方针"，作为期刊编辑应"坚持学习、不断积累、善于怀疑、逢疑必查、遇数必算、凡引必核、改必有据"，在此基础上增加"尊重作者"来规范责任编辑行使编辑加工权利。

1.3 决定刊用稿件权利

传统的编辑学认为，编辑对已通过评审的稿件具有向编委会或主编提出建议是否刊登的建议权利，但在编辑领域并没有公认责任编辑享有决定刊用稿件权利。杨彬智等[6]认为应当赋予责任编辑人员决定论文是否发表的权利，笔者也赞同此观点。论文从初审到刊出，大部分流程都是责任编辑在把关，责任编辑较他人更了解稿件的内容、理解作者的意图，加之同行评议的专家的评审意见也对稿件能否发表作出了评价，在此基础上责任编辑完全可以根据自己期刊的办刊宗旨、规范性要求等决定是否采用。只有在少数情况下，如对稿件的取舍难以抉择、评审专家意见不一等，责任编辑再向编委会或主编提出建议。责任编辑享有决定刊用稿件权利，不仅可以简化审稿流程，缩短审稿周期，还能对期刊的宣传起到一定的作用，但需严把质量关，不能滥发滥刊文章。

1.4 责任编辑身份的自我认同权利

1952年10月国家出版总署《关于国营出版社编辑机构及工作制度的规定》首次提出编辑需在作品版权页上署名，再后来1954年4月出版总署公布的《关于图书版本记录的规定》、1980年4月22日国家出版事业管理局制订的《出版社工作暂行条例》和2008年2月1日国家新闻出版总署发布的《出版专业技术人员职业资格管理规定》都强调要求编辑署名。因此责任编辑享有署名权利，但有别于作者的署名权，更是一种对身份的认同。

责任编辑最初主要是针对图书编辑出版而言的，目前在正规出版的图书上责任编辑的署名已比较规范[11]，对于科技期刊责任编辑的署名，郭建顺等[12]、曾志红等[13]均有对科技期刊责任编辑的署名情况进行调查研究，发现随机抽取的200种期刊只有约30%无责任编辑署名，与高校学报系统的期刊的调查结果[14]非常接近。笔者也分析了《2021中国学术期刊影响因子年报(自科版)》统计的24本水产类学术期刊，结果则相反，其中只有8本(33.3%)期刊有编辑或责任编辑或栏目编辑或期责任编辑署名，其余16本(66.7%)均无署名，这说明责任编辑对自己身份的认同权利还不够重视。署名是对责任编辑工作艰苦细致和富有创造性辛勤劳动的肯定和尊重，也是责任编辑突出社会地位的体现，还是责任编辑应得的一种荣誉，同时是对责任编辑的一种自我监督、社会监督。

1.5 继续教育权利

《出版专业技术人员职业资格管理规定》第七条规定"出版专业技术人员应按照规定参加继续教育"，第十六、十七条规定责任编辑注册、续展均需提供继续教育证明材料。《出版专业技术人员继续教育规定》(国新出发〔2020〕18号)第五条也指出"出版专业技术人员享有参加继续教育的权利和接受继续教育的义务。出版单位应当依照法律、行政法规和国家有关规定提取和使用职工教育经费，为本单位出版专业技术人员参加继续教育提供保障和支持。"责任编辑工作是一门实践性很强的工作，做好编辑工作，需要理论联系实际，不但要有丰富的专业知识，熟悉其所编辑的学科知识，还应了解和掌握与编辑学相关的如科学学、情报(信息)学、传播学、信息论、汉语语法学和计算机技术等学科的理论知识，涉及面广，若责任编辑无法享有继续教育权利，则做好编辑工作将困难重重、无所适从[6]。然而在实际工作中，部分期刊主办单位或杂志社并无法保证责任编辑的继续教育权利，主要是无法提供教育经费上的支持，这也就可能出现责任编辑无证上岗的情况，或者责任编辑自掏腰包，履行继续教育义务，但叫苦连天，因为按照《出版专业技术人员继续教育规定》"出版专业技术人员参加继续教育的时间每年累计不少于 90 学时。其中，专业科目学时一般不少于总学时的三分之二" "参加网络远程培训，按实际学时计算，每年最多不超过 40 学时"，这也就是说面授需达到 50 学时，这无形中也增加了很多大额的支出，包括差旅费、培训费等。因此，责任编辑享有的继续教育权如何进一步得到保证，还需部分期刊主管、主办单位慎重对待，群策群力。

2 责任编辑之责任说

出版物是思想、知识及信息的载体及其传播媒介，学术期刊是出版物的重要组成部分，因此，学术期刊成为了我国科技创新成果、思想文化等知识体系传播的主要渠道，不仅具有一般刊物的共性，也有其自身的特殊性，这就决定了学术期刊责任编辑既要承担一般刊物的编辑责任，又要承担学术编辑的特殊责任。责任编辑的责任关系到整个学术出版工作的成功与否[16]，只有对责任理解越深、认识越正确，责任编辑的责任感才能越强，因而才能保证刊发的文章的科学性、创新性、先进性，从而真正做到对作者、读者和社会负责。

2.1 社会责任

2.1.1 政治责任

学术期刊虽然一般较少涉及政治性言论，但也可能存在政治性问题。党的方针政策、国家秘密、国家领土主权和对外关系、民族尊严、宗教、历史等政治性话题都有可能出现在期刊内容中[17]，有时还带有一定的隐蔽性。如科技论文中引用的地图，就有可能存在错绘国界线、漏绘我国重要岛屿等损害国家主权问题，涉及登载涉密或敏感内容等不符合公开地图管理规定的安全问题。因此，责任编辑在初审时，需特别注意文稿中所隐含的理论主旨、思想意图和政治倾向，把好"政治关"，这也就要求责任编辑要有高度的政治责任感，时刻坚持正确的政治方向，站稳正确的政治立场，确保所编辑的刊物在思想上、政治上与党和国家的利益保持高度一致[8]。

2.1.2 法律责任

期刊出版过程涉及新闻出版的相关法律法规众多，包括《中华人民共和国宪法》《民法通则》《著作权法》《刑法》《保密法》《广告法》等，因此责任编辑在期刊工作流程中，就有可能会遇到法律问题，有时也需要承担相应的法律责任。在办刊中，责任编辑首先必须严格遵守相关国家出版法律法规，规范办刊，不得违背国家宪法，不得泄露国家政治、经济、军事、科技等秘密；其次必须严格遵守《著作权法》，依法履行义务，保障出版单位、作者及第三方(法人、自然人)等利益主体的合法权利，维护期刊社在法律限度内有效办刊。

2.1.3 道德责任

期刊在客观上具有教化社会的作用，它传播思想、知识和信息，发出的声音在一定程度上对社会科学技术的发展和人们的价值取向具有导向作用[15]。因此，责任编辑应该公平地对待每一位作者，经常换位思考；正确把握稿件的取舍标准，不能搞"人情稿""关系稿"；坚持职业操守，不能见利忘义，把商品交换的原则用于编辑工作之中，谋取不正当的权益，损害责任编辑的工作形象[18]。此外，责任编辑的道德责任，还应包括确保自己所责编的刊物货真价实，不会空话连篇、水分很大，以免浪费可贵的出版资源，浪费读者的时间和金钱[19]。

2.2 业务责任

2.2.1 学术质量责任

学术期刊质量包括内容质量、编校质量、出版形式质量、印制质量四项，其质量的高低直接关系到期刊的生存与发展。而学术期刊质量的高低，又在一定程度上取决于责任编辑的水平。因此，责任编辑负有期刊的学术质量责任，从论文初审到论文编校，责任编辑都需要全面、精心、一丝不苟、严格把关。如果初审不符合期刊学术规范，可直接退稿；初审符合送审要求，可进行同行评议，但对稿件的取舍，也不能完全依赖专家的审稿意见，而应充分考虑各种情况，慎重决定[20-21]。如果遇到可能具有创新性、首创性内容的稿件，要特别给予关注，一旦通过学术审查鉴定，就应千方百计尽快予以发表，加快科技成果的传播，提高期刊的知名度。在编校方面，责任编辑也应慎重对待创造性加工，不能全凭主观臆断、刀砍斧削，需认真进行实质性加工，准确把握编辑加工的尺度，边加工，边挖掘作者的潜力，不断完善文稿[22]。

2.2.2 知识积累与文化传播责任

编辑活动，是根据社会文化需要，按照指导方针，使用物质载体和技术手段，对精神产品进行组织、采集、鉴审、选择和编辑加工，并缔构成一定的文化符号模式作为社会传播媒介的活动[23]。这就说明责任编辑要有足够的知识储备，才能胜任编辑工作，也需要时刻保持学习的热情，实时、及时更新自己的知识库，才能编辑出优秀的作品。同时，责任编辑还担负文化传播的责任，需依靠自己的知识积累，充分发挥自身的文化资源开发、文化产品创构、文化成果传播、文化能量转化等功能，取精华去糟粕，推陈出新，不断提高期刊科学文化水平。

2.3 经济责任

学术期刊不仅具有精神属性，而且包含物质属性，它是物化的精神商品。商品最大的目标是创造价值、产生经济利润，但由于专业化程度高、涉及面窄、读者群小，而且作为非营利性机构，学术期刊在经营规模和经济实力方面也表现为"散、小、弱"[24]，其出版业成为了具有多重社会功能的特殊产业。但随着我国社会主义市场经济的不断改善和发展，靠行政拨款办刊的模式已不能满足市场经济发展的要求，学术期刊必须走向市场，接受市场经济的挑战，这就要求责任编辑必须树立市场经济的观念，在坚持社会效益第一的前提下，从期刊的生存与长远发展出发，找到适合自身期刊特点和需要的改革之路[25]。但这并非责任编辑一人的经济责任，而是整个期刊出版单位的目标和任务。责任编辑的经济责任是有限责任，其首要任务还是履行业务责任，只有期刊社全体同仁、外审专家及编委会的通力合作，才能对期刊的内在质量真正负责，促进期刊质量的提高，从而完美结合社会效益和经济效益。

3 责任编辑权利与责任辩证统一的措施建议

正如马克思所说："没有无义务的权利，也没有无权利的义务。"在编辑实践中，只强调责任而不重视权利的做法，不符合权责相一致的马克思法理学原则[4]。只有权利与责任相辅相成、辩证统一，才能有益于责任编辑的人才发展，促进学术期刊的优化。

3.1 及时公布责任编辑人员名单，加强社会监督

《出版专业技术人员职业资格管理规定》第二十四条指出"新闻出版总署定期向社会公布取得责任编辑证书的人员姓名、所在单位、证书编号等信息，接受社会监督"，但查阅了国家新闻出版署的网站，在网站各栏目中均无法查询到责任编辑人员名单等信息；在期刊出版管理方面比较严格的上海新闻出版局的网站上，也没有查询到该类信息。可能原因是2018年机构改革之后，各家网站也同时进行了网址更新、网站迁移等工作，可能导致数据上传不完整。因此，建议相关部门能够对责任编辑信息的发布引起重视，及时公布责任编辑人员名单，给予责任编辑一份身份荣誉，同时也能约束责任编辑的作为，增加他们的责任感，达到社会监督的目的。

3.2 进一步落实责任编辑注册登记管理，加强责任编辑证有效性检查

《出版专业技术人员职业资格管理规定》第四条规定，"凡在出版单位从事出版专业技术工作的人员，必须在到岗2年内取得出版专业职业资格证书，并按本规定办理登记手续；否则，不得继续从事出版专业技术工作。在出版单位担任责任编辑的人员必须在到岗前取得中级以上出版专业职业资格，并办理注册手续，领取责任编辑证书。"这也就是说，在期刊出版单位中从事责任编辑工作，既要取得中级职业资格，还得持有责任编辑证。而实际工作中，还存在部分出版单位无持证上岗的责任编辑等违规情况。而且，目前国家新闻出版署发布的期刊年度核验通知中，在期刊从业人员方面，重点检查其遵规守纪情况，即期刊及其采编人员是否存在新闻敲诈、虚假新闻、违规发稿等问题，核验编辑的资质是检查其是否取得职业资格证书，而且《出版管理条例(2016年修正本》和《期刊出版管理规定》等文件对人员资质的规定也是职业资格条件，均不包括责任编辑证及其有效性。因此建议相关部门督促进一步落实责任编辑注册登记管理，将责任编辑证的有效性纳入期刊年度核验检查内容。

3.3 重新修订《期刊出版形式规范》《期刊编排格式》，规范责任编辑署名

重新修订《期刊出版形式规范》(新出报刊〔2007〕376号)、GB/T 3179—2009《期刊编排格式》，补充并统一期刊责任编辑署名的表达形式和位置的编排规范，署名的位置应尽量醒目，并将责任编辑的定义、相关规定等写入规范。这样可以使期刊的责任编辑文后署名做到有法可依，而且更加规范，一方面保证了责任编辑身份的自我认同权利，增强编辑的使命感，提高编辑工作的积极性；另一方面也对责任编辑的"责任"进行了监督。在责任、权利的有机结合上，进一步强化编辑的责任意识；在从各自编发文稿的相互比较中，进一步提高编辑的竞争意识，促进期刊学术水平的稳步提升[13,26]。

3.4 明确责任编辑证的使用范围，提高责任编辑的归属感

在福建网上办事大厅查阅有关期刊的行政审批项目中，发现在创办期刊、设立期刊出版单位、期刊名称的变更、期刊变更业务范围(办刊宗旨、文种)等业务办理中，需提供的有关人员资质的条件是出版专业技术人员职业资格证，并不明确要求提供责任编辑证。目前，只见过国家新闻出版署开展的新闻出版单位高级职称评审工作要求参评出版系列的编辑(包括美术编辑、数字编辑、技术编辑)需提供责任编辑证。由于对责任编辑证的审查不严，而且责任编辑证对期刊办刊也无实质性的影响，这也就导致了部分期刊编辑部不重视责任编辑的工作，从而使责任编辑的继续教育权利无法得到充分保障。因此，建议相关部门对责任编辑证应用尽用，这不仅能让责任编辑更有归属感，还能促进期刊办刊更加规范。

3.5 建立读者监督检查制度，促进责任编辑履行职责

读者监督检查是官方审读的补充。虽然各省都有建立出版物审读机构，对正常出版的期刊进行检查，但同时对每家期刊期期审读显然不切实际，期刊种类多、数量大，审读人员、时间、精力和成本均不能足够保证，因此最后能获得审读报告的期刊出版单位数量有限。若学术期刊实行责任编辑署名，责任编辑的成绩和问题在期刊上都显而易见，加之建立读者监督检查制度后，如果出现责任编辑不敬业、编辑水平低下、工作粗枝大叶、出现错误率偏高等情况[27]，读者在阅读文献时可以对责任编辑进行追溯，这有利于在读者、作者的舆论监督下，更牢固地树立责任编辑的质量意识。

3.6 健全新闻出版法律法规体系，保障编辑的权利和义务，进一步贯彻落实编辑责任制度

法律、法规是编辑开展工作、履行责任、行使权利的准绳。在《出版管理条例(2016 年修正本)》第二十四条和《期刊出版管理规定》第二十四条中均明确提出要实行编辑责任制度，但现行法律法规并未对责任编辑的法律地位、法定权利等作出明确规定。我国现行法律规范忽视了责任编辑权利的法律保护问题，在立法中只规定了责任编辑义务，责任编辑权利存在规范空白。这不仅有违权利义务对等化配置的基本逻辑，也不利于责任编辑充分、有效地履行法定职责，而且编辑责任制度难以真正落实[28]。因此，参考付一静[5]、古四毛等[29]关于编辑权利规范行使的研究，提出制定《新闻出版法》，一方面从法律层面补充《著作权法》及实施条例相关条文，使责任编辑活动进一步有法可依；另一方面，督促出版单位依照法律法规，透彻理解、准确把握、充分保障法律法规赋予责任编辑的权利，落实编辑责任制度。

4 结束语

随着科学技术日新月异，学术期刊的编辑出版工作也由传统走向新媒体融合发展，其受到的制约因素也更加多而复杂。在学术期刊中，最大的因素是以责任编辑为核心的人。以人为本、科学的管理制度会调动责任编辑工作的能动性与创造性，提高责任编辑权利行使的准确性，激发责任编辑责任履行的积极性，从而提升学术期刊的内容质量、编校质量，推动学术期刊繁荣发展。

参 考 文 献

[1] 国家新闻出版署.2019 年新闻出版产业分析报告[R/OL].(2020-11-04)[2021-12-09]. http://www.nppa.gov.cn/nppa/upload/files/2020/11/c46bb2bcafec205c.pdf.

[2] 中国科学文献计量评价研究中心,清华大学图书馆.2021 中国学术期刊影响因子年报(自科版)[M]北京:《中国学术期刊(光盘版)》电子杂志社有限公司,2022.

[3] 陈敬根.科技期刊责任编辑著作权的保护[J].大连民族大学学报,2010,12(2):184-186.

[4] 段乐川.论编辑权利及其保护[J].河南社会科学,2011,9(2):186-188.

[5] 付一静.论编辑权利及其规范行使[J].中国编辑,2016(1):38-43.

[6] 杨彬智,郭庆健,赵跃峰.论编辑权利[J].西北大学学报(哲学社会科学版),2006,36(6):153-155.

[7] 郑诗锋.学术期刊责任编辑的权利边界[J].湖北第二师范学院学报,2016,33(12):120-124.

[8] 伏春兰.期刊责任编辑的责任与权力[J].天水行政学院学报,2003(5):62-65.

[9] 张振华.论编辑加工及其责任编辑的权力空间[J].理论观察,2002(2):84-88.

[10] 沈贤.编辑侵犯修改权的归责原则与法律防范[J].咸宁学院学报,2004(5):76-78.

[11] 朱大明.科技期刊责任编辑署名应规范化[J].编辑学报,2005,17(1):45.

[12] 郭建顺,张学东.我国科技期刊责任编辑署名的现状及表达形式[J].中国科技期刊研究,2015,26(12):1266-1268.
[13] 曾志红,郑诗锋.期刊责任编辑身份权相关问题及建议[J].广东第二师范学院学报,2015,35(3):109-112.
[14] 卫世乾.高校学报文末署名情况探析[J].商丘师范学院学报,2012,28(4):138-140.
[15] 陈敏.论科技期刊责任编辑的责任[J].集美大学学报(哲学社会科学版),2005,8(3):105-108.
[16] 廖民锂.试论出版工作责任编辑的重要责任[J].传播与版权,2016(12):53-55.
[17] 常思敏.科技论文的质量及其构成因素[J].中国科技期刊研究,2003(5):479-481.
[18] 杨弘.学术期刊责任编辑之责任所在[J].编辑学报,2013,25(5):409-412.
[19] 郝建军.责任编辑的"责任"问题[J].编辑之友,1997(4):9-11.
[20] 兰甲云.论责任编辑在专家匿名审稿制中的主导作用[J].湖南大学学报(社会科学版),2009,23(4):126-128.
[21] 朱久法,张彩虹.应注重学术期刊的编辑审稿[J].编辑之友,2009(8):97-98.
[22] 张琳.科技期刊责任编辑如何把握编辑加工的尺度[J].中国科技期刊研究,2006,17(6):1214-1215.
[23] 王军.编辑责任的理论界说[J].中国出版,2000(7):39-40.
[24] 张品纯,苏婧.我国科技期刊体制改革形势分析[J].编辑学报,2009,21(2):129-132.
[25] 韩云涛.责任编辑与编辑责任[J].编辑学报,2001,13(4):234-235.
[26] 祖志德.责任编辑的称谓、署名及其他[J].中国人民大学学报,1990,4(5):115-116.
[27] 冯呐.高校学报责任编辑实名制的管理优势[J].韶关学院学报·自然科学,2014,35(12):71-74.
[28] 周林.论编辑权利义务的对等化配置[J].编辑之友,2020(9):83-88.
[29] 古四毛,付一静.试论编辑修改加工的优化控制[J].山东教育学院学报,2007(6):120-124.

一流科技期刊建设背景下编辑学科素养现状及提升路径

李庆玲

(华南农业大学学报编辑部,广东 广州 510642)

摘要:一流科技期刊建设大潮下,国家宏观战略、科学发展、期刊发展及作者需求均要求编辑必须要提升学科素养。笔者在从业人员素质、编辑学科素养受重视程度、编辑从事学科科研工作实况、科研人员对编辑工作认知的角度指出科技期刊编辑学科素养现状,从期刊管理部门和编辑自身2个角度提出提升编辑学科素养的4个路径:提高具相关学科博士学位的编辑比例;实现"教学科研人员与办刊人员双向流动";重点培养高学历青年编辑;加强编辑与学术共同体的交流。
关键词:一流科技期刊;编辑;学科素养;双向流动;学术共同体

科技期刊肩负国家科技创新传播的重任。自习近平总书记2016年在全国"科技三会"上明确要求"广大科技工作者要把论文写在祖国的大地上"以来,国家多部委先后出台多项纲领性文件加强中国科技期刊建设,培育世界一流科技期刊。高质量的编辑队伍是一流科技期刊建设的重要保证,目前国内出版界普遍认可"编辑学者化"的发展方向[1]。学者化编辑除具有深厚的编校功底外,更要在出版工作所涉及的学科具备一定的学科素养,即具备深厚的科研能力和渊博的专业知识;对科学发展具敏锐感知力,对科研成果具精准鉴赏力;对学术共同体有充分的了解等[2-3]。世界顶尖期刊《细胞》《自然》《科学》和《细胞研究》等均聘用相关研究领域卓有成就的科学家担任科学编辑,采用全职科学编辑或全职科学编辑+编委会的编辑队伍模式,《细胞研究》更是在创刊后短期内就上升为世界名刊[4-5]。

科技期刊属于学术出版物范畴,科技期刊编辑既要抓好出版,也要抓好学术;既要提升在出版学科的业务能力,也要提升相关专业学科的科学素养[2-3]。编辑在入职前都要进行出版专业岗前培训,入职后每年要定期进行出版专业继续教育学习,另外还有工作实践和出版界学术会议积累等途径,大多数编辑可以较系统地掌握出版学科知识,从而提升业务能力;而对于学科素养的提升,出版界则没有硬性的要求。笔者在从事编辑工作前,也从事过相关学科的学术研究,深知编辑的学科素养对出版工作的重要性。为此,笔者结合自身经历和相关文献,对提升编辑学科素养的必要性、编辑学科素养的现状及提升措施谈谈自己的见解。

1 提升编辑的学科素养非常必要,也至关重要

1.1 国家宏观战略需要

要培育世界一流科技期刊、实现科技期刊强国梦,编辑是中坚力量,必须建设一支能够

基金项目:广东省科技计划项目科技创新平台类高水平科技期刊建设(2021B1212020018)

担负重任的编辑队伍,培养一批兼具政治素养、职业情怀、科学素养和业务素质的编辑人才[2,6]。

1.2 科学发展需要

现代科学飞速发展,各种新技术、新发现、新观点不断涌现,学科前沿不断更新;学科联系越来越密切,交叉学科不断出现。科技期刊是科学发展的载体,编辑必须要对某一门或多门学科进行研究,不断增强学科素养,才能跟上科学的发展。

1.3 期刊发展需要

充足的优质稿件是期刊高质量发展的前提和基础。在"内容为王"的大趋势下,编辑作为稿件的一手责任人,必须要具备一定的学术鉴赏力,才能从海量来稿中遴选出优质稿件;必须要对学科发展有充分的了解,才能及时组织、策划、邀约到高水平稿件;必须要专业地评判最新学术研究成果,才能获得学术共同体的认可[7]。科技期刊编辑始终是站在科学发展的前端编发最新的研究成果,始终需要根据学科领域的最新研究成果调整期刊发展方向[8];因此,科技期刊编辑只有具备一定的学科素养,才能创新办刊思路、提高期刊竞争力,才能凸显期刊的学术引领作用、促进科技期刊作用的真正发挥,才能支撑国家科技创新发展、促进国家创新体系的构建[3]。

1.4 作者需求

作者是科技期刊办刊队伍的主体之一。科研能力是学科素养的直接体现,林加西[9]就科技期刊作者对科技期刊编辑科研能力(科研逻辑、前沿知识的获取能力和参与课题申请等)的需求进行了调研,在参加调研的 328 名作者中,63%的作者认同编辑属于科研人员;全部作者认为编辑应侧重学科水平;78%的作者认同编辑应具备科研能力;79%的作者认为编辑的科研能力会对其论文的出版产生影响,包括更好地理解作者的研究思路,更好地与审稿专家及作者沟通,选择适合的审稿专家、缩短评审时间等;94%的作者认为编辑应参加科研工作;作者对编辑具备科研能力的需求随着作者层次的提升而递增。

2 编辑学科素养的现状

2.1 我国科技期刊从业人员的素质与建设世界一流科技期刊的目标尚有一定的差距

《科学》前主编鲁宾斯坦(Ellis Rubinstein)认为:编辑应该是学有所长的科学家,能发现好的稿件并处理有关问题。国际高水平科技期刊普遍聘任专业造诣深厚、在相关研究领域享有较高声望和学术地位的一线科学家担任编辑[10],普遍高于国内科技期刊对编辑的学术要求。据《中国科技期刊发展蓝皮书(2021)》[11]统计,我国科技期刊从业人员总数为 37 000 余人。人员构成以采编人员为主(58%);学历分布以本科学历为主(45%),其中,英文科技期刊以博士研究生(35%)和硕士研究生(44%)为主;职称分布为中级占 28%,副高级占 22%,正高级占 19%。由于我国科技期刊编辑的学历层次偏低,学科素养不足,随着现代科学研究的不断发展和深入,编辑对许多新技术和新观点的把握远不够专业,若编辑长期脱离科研一线,想要精准把握论文的学术价值更是力不从心;不少研究指出科技期刊编辑学科专业知识不足,难以胜任内容编辑,只能进行形式编校[12-14]。

2.2 我国科技期刊普遍对编辑的学科素养重视不足

中国科学技术协会发布了《农林领域高质量科技期刊分级目录》,截至 2022 年 4 月 5 日,笔者对其中 T1 等级(世界一流期刊)27 种期刊官方网站的编辑队伍建设情况进行了调研,发现 27 种期刊的网站均呈现了主编和编委会名录,只有《中国农业科学》《农业科学学报(英文版)》

《中国农业大学学报》对编辑的学历、职称或负责学科给予了简单介绍，其余24种期刊只呈现编辑姓名或没有任何编辑信息的介绍。同期对中国科技期刊卓越行动计划入选期刊目录中22种领军期刊和29种重点期刊进行了调研，多数期刊对主编和编委的信息介绍得较为详细，包括通信单位、主要研究方向、学术经历或曾发表学术论文等，对编辑的介绍相对简单。编辑作为办刊队伍的主体之一和稿件的一手责任人，建议期刊管理部门对其学科素养予以重视，在期刊网站增加编辑学历、受教育经历、主要研究方向和学术特长等信息，使作者对自己的稿件是否适合通过此编辑在期刊发表有更准确的了解。

2.3 编辑部办刊模式使得编辑编校任务繁重，缺乏参与学科科研工作的条件

我国大部分科技期刊仍以编辑部办刊模式为主，中国科学院活跃的287种科技期刊中，54%的期刊以编辑部责任制为主，61%的中文期刊采用编辑部责任制，而55%的英文期刊采用编委会责任制，更倾向于国际化办刊模式；22%的期刊稿件由编辑部全权处理，编委会不参与，只有2%的期刊稿件由编委会全权处理，编辑部不参与[15]。加之受国外SCI期刊影响，国内大量优质稿源外流，本土科技期刊编辑部编校任务繁重，编辑很容易一头扎进编校工作，缺乏放眼学科发展全局的意识，影响期刊向"专、高、精、尖"的方向发展[8]。林加西[16]就期刊编辑参与科研活动的情况进行调查，发现仅60%编辑主持或参与编辑学及非编辑学课题，工作时间不允许、没有经费和管理部门对非编辑类科研成果不认同是主要的阻碍因素。多数编辑视出版工作为本职工作，兼职从事科研，不同于高校教师和科研院所的一线研究人员，存在心理惰性、压力不足等主观问题，也存在期刊管理部门不支持、激励不够等客观问题[3]。

2.4 科研人员对编辑工作存在认知误区，参与期刊发展的主观能动性低

受国外SCI期刊冲击和我国办刊体制的影响，科研人员虽然在投稿时要经常与编辑打交道，但是他们对编辑的实际工作却不熟悉，对中文科技期刊编辑存在偏见和认知误区，认为编辑工作比较轻松，只是改改错别字而已，这就使得科研人员认为从事编辑工作不能发挥自己的科研才能，从而不愿意参与期刊发展。

3 编辑队伍的学科素养提升路径

专业化和学者化的编辑将是推动中国科技期刊登上新台阶的重要力量[17]，我国科技期刊编辑人员的学科素养尚不乐观，为了在一流科技期刊建设大潮中处于优势地位并满足我国科技创新对科技期刊的要求，期刊管理部门应多措并举，提升编辑队伍的学科素养，适应国家科技创新发展需要；同时，编辑自身也要重视学科素养建设，将科研工作同样视为本职工作。笔者结合相关文献和自身从事学科科研和出版工作的实践，尝试提出以下科技期刊编辑队伍学科素养的提升路径。

3.1 抬高编辑入职门槛，提高具相关学科博士学位的编辑比例

攻读博士学位的培养方案由教育部专门制定，具备科学、合理的评价考核体系，在3年以上的高压、高强度训练过程中，学生的学术技能和学术素养迅速提升，这是整个职业生涯都受益匪浅的经历，是硕士/本科学历人才无法比拟的。为有效吸引高素质学科人才从事期刊编辑工作，笔者认为可采取以下策略：①人才引进是各高校和科研院所的重要工作，编辑部可将高水平编辑人才的引进与主管/主办单位的人才引进策略相结合，协商制定对引进编辑人才的成果要求，由主管/主办单位统一管理、考核，这样有利于选聘到拔尖人才；②在目前科技期刊编辑的事业单位编制普遍收紧的大环境下，编辑部应该重点将编制名额分配给高水平编

辑人才，为其争取较好的待遇，使其能够安心从事编辑工作；③支持引进人才在完成编辑工作的基础上继续从事学科科研工作，安排落实其所要加入的科研团队和配套的科研设施等细节，允许其在学科岗位进行职称晋升；④为高水平编辑人才制定专门的岗位职责和培养计划，主要工作为参与谋划期刊发展方向、专题策划、组稿和审稿等，减少其繁复的编校工作，增强编辑工作对他们的吸引力。

笔者为华南农业大学农学博士，具备2年生物学博士后流动站工作经历，从事药用植物生物技术育种研究，期间，以第一作者在SCI期刊发表论文3篇、在中文核心期刊发表论文1篇，主持广东省自然科学基金1项，作为主要完成人研制了中华人民共和国农业行业标准——植物品种特异性(可区别性)、一致性和稳定性测试指南(NY/T 3726—2020)。2017年10月底开始在《华南农业大学学报》(以下简称为《学报》)从事编辑工作，多年的科研工作经历使笔者迅速适应了编辑工作并保持一定优势，因为之前有多次论文发表经历，很快就熟悉了编辑部工作流程，将之前的SCI期刊投稿经验与《学报》的工作流程进行比对，弃短补长。笔者对国内尤其是华南农业大学农学、生物学学科的学术共同体有充分的了解，能有效送审并规避存在利益冲突或往来合作的专家；对农学学科的发展动态较为熟悉，在收稿时对学术价值高、创新性强的稿件给予优先处理，加快处理流程，缩短审稿时间，采用后及时在数据库首发，扩大影响力；熟悉科技论文和基金项目的写作方法，具备一定的写作经验，深切体会申请人构思选题和撰写申请书的艰辛，能与作者产生学术共鸣；对作者的心态比较熟悉，能够准确把握作者需求。

3.2 实现"教学科研人员与办刊人员双向流动"

《关于推动学术期刊繁荣发展的意见》明确提出："加强人才队伍建设，努力造就一支政治强、业务精、作风正的高水平办刊队伍，探索编研结合模式，将优秀学者和科研人员引入办刊队伍，支持教育科研单位教学科研人员与办刊人员双向流动。"中国科协等五部门发布的《关于准确把握科技期刊在学术评价中作用的若干意见》指出："进一步完善教育培训、评价考核等制度，改善编辑队伍的学科结构、学历结构和能力结构，吸收有较好的学科背景或科研经历的人员充实编辑出版队伍。支持和鼓励期刊编辑深入科研一线，走向实验室和学术会场，实现由文字编辑向科学编辑的转变，努力建设一支综合能力强的复合型科技期刊编辑出版人才队伍。"

3.2.1 积极聚集高水平一线青年学者参与办刊

青年学者工作热情浓厚、思维灵活、沟通便利，是科研事业的主力军和接班人。科技期刊可以耐心向青年学者介绍期刊的工作特点，聘用高水平一线青年学者担任兼职科学编辑或青年编委参与审稿、专题策划等[18-20]。*Frontiers in Plant Science*新任主编刘春明教授也提出"年轻人是科学的未来，希望年轻学者可以参与审稿、编辑和专刊组建"。为提高青年学者的办刊积极性、实现可持续性，期刊管理部门应该积极与科研管理部门沟通协商，打通期刊工作与科研工作的评价体系，将青年学者从事期刊工作的业绩纳入其科研岗位聘用、考核、晋升等工作量的计算范围。2022年，为解决期刊缺乏优质稿源、专家办刊积极性不高的弊端，《学报》组织了"优秀编委""优秀审稿人""优秀论文"的评选，并为获奖者颁发荣誉证书和奖金，得到了获奖者的热烈响应和一致好评；同时，请示主管部门将"优秀编委""优秀审稿人""优秀论文"的荣誉称号纳入校级荣誉。

3.2.2 编辑直接参与科研教学实践：开展项目研究、撰写学术论文、为学生授课

在科技期刊界，由文字编辑向科学编辑转变，并不是要求每个编辑都去当科学家，而是

在向科学编辑转变的过程中，参加相关学科的科研实践，从而具备一定的科研能力与知识储备，应用于出版业务[9]。编辑直接参与科研实践是提高科研能力的根本途径，期刊管理部门要大力支持，相对减轻其编校任务，为其腾出更多的时间和精力参与科研工作，为其聘任科研导师并相应提供经费支持，并将编辑的科研实践成果纳入编辑岗位工作量的计算范围，实现编辑开展科研工作的可行性与可持续性。

科研工作的关键是要有科研项目。科技期刊编辑可根据自身的或出版工作中所负责的学科专业，选择感兴趣的研究方向，与高校或科研院所具有相近研究方向的科学家合作，通过国家/省/市自然科学基金等项目的申报和实施等科研实践，完整而系统地进行科研能力训练[3]；尤其是重大/重点科研项目以解决特定的科学问题或满足社会现实迫切需要为目的，编辑要重视对这类项目的追踪，关注项目动向及进展，主动获取最前沿信息[21]。

撰写学术论文是在科研项目实践基础上对科研思维和能力的进一步锤炼，充分体现科研人员对某一课题或问题的掌握程度，通过不断反思、调整、总结，提升学术思考能力和语言表达能力[3]。

编辑可以争取高校的教师资格认定，站上讲台为学生讲授特定学科期刊论文写作与投稿课程，华南农业大学的研究生培养方案中每个学科都有文献综述写作课程。学科的最新发展即是该课程最鲜活的素材，教师在授课前必须要熟练掌握这些知识才可以运筹帷幄。华南农业大学党委学生工作部(党委研究生工作部)秉持提高研究生科研能力与学术水平的原则，主办了"2021—2022年度研究生文献综述大赛"，旨在通过研究生对文献检索技术的学习和应用，加强其对学术发展的认识和思考。笔者受邀为大赛讲授文献综述写作方法，广泛查阅最新的科学前沿信息和文献资源信息，对自身的学科知识体系进行重新梳理，并整合为40分钟的课程，自身也受益匪浅。

3.3 重点培养高学历青年编辑

青年编辑是科技期刊的新生力量，其整体业务素质和学术水平直接影响期刊发展[22]。期刊管理部门要像学术界培养专业领域青年才俊一样，重点培养高学历青年编辑，这类编辑本身专业水平较高，对自身能力建设要求较高，对新事物接受比较快，愿意通过学习提升自身能力，拓宽职业发展路径。管理部门可以对其制定更高的岗位考核要求，明确论文和项目要求；鼓励他们继续深造，为他们创造进行深造的环境和条件。编辑个体发展和期刊发展相互依存，青年编辑学科素养和资历提升后，在申请基金项目、邀约高水平稿件等很多方面都更有优势，可以吸引更多的资源反哺期刊发展。编辑部还可以定期邀请编委和青年编委召开期刊稿件学术价值审读会，编委和青年编委根据最新的科研发展对期刊稿件的学术性、创新性进行评价，预测期刊未来的学科定位，对编辑的学术视野和选稿标准给予启发。

3.4 加强与学术共同体的交流，汲取智慧

充分利用线上会议高效、便利的优势，足不出户地参加各种类型的学术会议，系统性地汲取不同学科高水平专家的最新研究进展；积极参加各类有价值的线下学术活动，利用面对面交流的机会向专家学者请教并建立良好关系；加强与科研团队的交流与合作，密切关注其科研动态，积极拜访其实验室，通过专题策划的形式加强期刊和科研团队的黏性；积极关注学术公众号，了解学科动态和前沿，不断发现和汲取科学新成果，拓展学科视野，策划创新性选题。农业工程学科是华南农业大学双一流建设的优势学科，中国工程院罗锡文院士作为学科带头人，长期从事水稻生产机械化和农业机械与装备机电一体化技术等研究，《学报》一

直密切关注罗院士团队的科研动态,近年来多次与其合作,报道了一系列研究成果,建立了良好的关系,2021年第6期《学报》再次邀请罗锡文院士担任执行主编,策划出版了"智能农机装备"专辑,含4篇特约综述和11篇研究论文,正式出版时间恰逢国家科学技术奖励大会召开,罗锡文院士主持的科技成果"基于北斗的农业机械自动导航作业关键技术及应用"荣获2020年度国家科学技术进步奖二等奖。借此机遇,《学报》通过官方网站、微信公众号、微博和微信群等将"智能农机装备"专辑广泛传播,大大提升了专辑的影响力和期刊的知名度。截至2022年6月26日,专辑中,中国工程院赵春江院士撰写的特约综述《智慧农业的发展现状与未来展望》在《学报》官方网站和中国知网的总下载量近8 000次,罗锡文院士等撰写的特约综述《我国智能农机的研究进展与无人农场的实践》被下载3 000余次。

4 结束语

新时代是期刊高质量发展、提质增效和精品出版的时代。期刊管理部门要想在期刊高质量发展和创新发展上见实效,必须在编辑队伍建设上出实招、用实劲,强化编辑学科素养和创新能力,提升编辑学术鉴赏品位和选题策划能力,期刊才能优先发表创新性研究成果,促进科技进步和科技成果转化应用,为国家宏观战略服务。编辑只有把握学科发展的脉搏,树立科学意识,养成科学思维,提升科学素养,转编辑匠为编辑家,才能真正实现个人价值,为走出一条中国特色科技期刊发展道路,为建成科技期刊强国、科技强国作出无愧于新时代的贡献。

参 考 文 献

[1] 林加西,冯霭群."编辑学者化"与"学者编辑化"相关文献的统计与分析[J].传播与版权,2016(7):30-32.
[2] 张之晔,张品纯,李伟.新时代科技期刊编辑的核心素养要求是又红又专[J].编辑学报,2021,33(3):237-241.
[3] 王维朗,刘志强,游滨.科技期刊编辑提升科研能力的途径及策略[J].科技与出版.2018(9):50-53.
[4] 林鹏.关于建设世界一流科技期刊的思考与探索[J].中国出版,2020(9):15-20.
[5] 中国科学技术协会.世界一流科技期刊特征研究[M].北京:中国科学技术出版社,2019.
[6] 游苏宁,陈浩元,冷怀明.砥砺前行 实现科技期刊强国梦[J].编辑学报,2018,30(4):331-336.
[7] 杨惠,骆筱秋,王晴.科技期刊国际化过程中的人才培养与团队建设[J].中国科技期刊研究,2018,29(1):84-87.
[8] 王海蓉,张冰,张楚民.论新时期期刊编辑职业素养的培养与提高[J].编辑学报,2018,30(1):80-82.
[9] 林加西.科技期刊作者对编辑科研能力需求的调研与对策[J].东南传播,2016(8):130-132.
[10] 骆筱秋,王晴,袁鹤,等.从国际知名医学期刊看"科学编辑"[J].中国编辑,2018(9):66-69.
[11] 《中国科技期刊发展蓝皮书(2021)》编写组.中国科技期刊发展蓝皮书(2021):开放科学环境下的学术出版专题》内容简介[J].中国科技期刊研究,2021,32(12):1477-1480.
[12] 高宏艳.加强高校学报编辑人才队伍建设的措施[J].长春教育学院学报,2021,37(1):32-39.
[13] 谷晓红.新时代高校学报编辑人员素质探究[J].哈尔滨学院学报,2021,42(5):141-144.
[14] 周崇松.高校学报跨学科编校能力提升途径:基于湖南省综合性自然科学学报编校队伍[J].湘南学院学报,2020,41(5):97-103.
[15] 闫群,初景利,孔金昕.我国科技学术期刊编委会运行现状与对策建议:基于中国科学院主管主办科学术期刊问卷调查[J].中国科技期刊研究,2021,32(7):821-831.
[16] 林加西.期刊编辑参与科研活动现状调查及促进策略探讨[J].中国科技期刊研究,2016,27(10):1085-1089.
[17] 王海蓉,王景周.学术期刊学者型编辑的价值及编辑主体作用[J].中国编辑,2020(9):69-72.
[18] 蔡斐,李明敏,徐晓,等.青年编委的遴选及其在期刊审稿过程中的作用[J].中国科技期刊研究,2017,28(9):856-860.
[19] 王丽兰,李艳双.科技期刊邀请青年审稿专家参与审稿工作的必要性[J].新闻研究导刊,2020,11(8):181-182.
[20] 甘可建,汪挺,梁碧霞,等.《Gastroenterology Report》青年学术委员会初筛稿件的效果[J].编辑学报,2020,32(6):659-662.
[21] 孙涛.提升科技期刊学术质量的途径及措施[J].编辑学报,2016,28(3):290-292.
[22] 杨淇名,庞洪.浅谈学科专业出身科技期刊青年编辑的入职工作[J].编辑学报,2014,26(增刊1):81-83.

"编、教、研、管+X"复合型青年编辑培养模式的实践
——以《中国医学伦理学》为例

商 丹，吉鹏程，曹欢欢，张 茜，王明旭

(西安交通大学期刊中心《中国医学伦理学》编辑部，陕西 西安 710061)

摘要： 青年强则国家强，青年编辑强则期刊兴。青年编辑是期刊发展的生力军，青年编辑综合素质的提高关乎期刊的发展与未来，各期刊编辑部都注重青年编辑的培养，对青年编辑培养模式的总结探讨对期刊人才培养具有重要的指导意义。凝练总结《中国医学伦理学》编辑部"编、教、研、管+X"复合型青年编辑培养模式，为探寻编辑成长之路总结经验，进而为将编辑部打造成一支政治强、业务精、效率高、作风好、可持续发展的编辑队伍打好基础。

关键词： 青年编辑；"编、教、研、管+X"；培养模式；编辑队伍

2015年10月国务院发布的《统筹推进世界一流大学和一流学科建设总体方案》提出要"着力培养各类创新型、应用型、复合型优秀人才"[1]。2019年，中国科协、中宣部、教育部、科技部联合印发《关于深化改革 培育世界一流科技期刊的意见》，要求采取多种形式加强编辑队伍建设。

编辑工作是一项系统工程，是各环节间相互联系、制约与促进的工作，具有严密的整体性和相对的独立性。期刊社或编辑部要制订长远的战略发展规划，结合实际情况采取措施大力培养青年编辑，创造条件让他们尽快成长，承担重任，将编辑部打造成一支政治强、业务精、效率高、作风好、可持续发展的编辑队伍[2]。

青年强则国家强，青年编辑强则行业兴。优秀的编辑人才是提高期刊核心竞争力的重要法宝[3]。青年编辑是期刊发展的中坚力量，对其创新的培养模式的总结探讨对期刊人才培养具有重要的指导意义。关于青年编辑的成长、培养，已有较多文献发表，苏雪莲[4]从导师制的角度出发，分析了对青年编辑在政治素质和专业素质等方面的培养。王玉凝[5]从目标图、路线图、任务图出发阐述了安徽教育出版社对新时代青年人才的培养。熊莹丽[6]通过对青年编辑职业素养、业务能力和血红素能力的培养来促进高校科技期刊编辑的成长。本文尝试总结凝练《中国医学伦理学》编辑部"编、教、研、管+X"复合型青年编辑培养模式。

新时代的编辑出版工作需要业务素质高、专业能力强，以及具有强烈资源整合意识和知识服务意识强的编辑人才[7]。《中国医学伦理学》是教育部主管、西安交通大学主办的学术性期刊。作为展示科研成果的重要窗口，期刊发展对青年编辑的能力也提出了较高的要求。查阅资料发现，学界对于青年编辑的年龄范围暂时未有明确定义。参考历届全国科技期刊青年

基金项目： 西安交通大学期刊中心2022年度期刊高质量发展研究项目(QK2022001，QK2022006)
通信作者： 王明旭，E-mail: wangmx601@xjtu.edu.cn

编辑业务大赛规定，45 周岁以下编辑为青年编辑。《中国医学伦理学》编辑部现有编辑 4 名，平均年龄 34 岁，均为青年编辑；工作年限为 9~13 年；中共党员 2 名，积极分子 2 名；专业涉及文学、法学、管理学、医学。有研究[8]指出"合同聘用制度导致编辑人才严重流失与人才流动频繁"，本刊 4 名青年编辑均为合同聘任制，但职业忠诚度高，工作年限长，得益于期刊编辑部对青年编辑的培养是按照"编、教、研、管+X"复合型编辑培养理念来展开的。青年编辑们积极有为、思维活跃，在主编指导下，编辑部按照编辑不同的性格特点和专业背景侧重培养，一人一法，在工作中加强学习，通过学习促进工作改善。在这一理念下，青年编辑工作积极性高，加上编辑部与专业刊物浓烈的学术氛围和愉悦的工作环境，使青年编辑在工作中充满自信与成就感。

1 编——加强编辑能力的培养

科技期刊编辑工作首先是一种技术性工作，而且是一项实践性很强的工作。它要求编辑必须掌握足够的编辑知识，拥有一定的文字功底以及相对丰富的知识储备，还需要编辑将所学编辑知识用于实践，比如选题策划、对来稿的创新性和科学性的判断、稿件审阅、编辑加工等。杂志通过多种方式加强和提高青年编辑的编辑能力。

1.1 自学、参会学习，撰写编辑学论文

编辑出版业务学习是编辑们业务交流的重要方式，也是编辑增长见识、开阔视野的重要途径。《中国医学伦理学》编辑部通过参加"传帮带"、自学编辑出版规范等方式提高编辑水平，每月 1~2 次的业务学习，让青年编辑们时刻保持"新鲜性""不吃老本"。同时，通过积极参加短期业务培训、参加学术会议等方式拓宽自身的专业学术视野[9]。青年编辑参加学科学术会议与编辑业务会议，能够开阔视野、改变意识，有助于其对前沿科学知识的学习了解，也有助于其业务能力的提高[10]。青年编辑参加编辑业务培训及学术会议，实质上也是编辑实践过程，一是即时的总结和归纳；二是会后的总结与交流。只有通过会议上的学习和总结，才能了解自身需要进一步改进的地方，为自己或者他人今后参加培训和会议提供有益的借鉴[11]。每月 1~2 次的编辑业务学习也是帮助编辑主动研究编辑学规律、撰写编辑学论文的途径之一。这些培养方法对提高青年编辑的水平，促进青年编辑成长起到了十分重要的作用。本刊 4 名青年编辑在此种模式的影响下，有 3 人获得第三届、第四届全国科技期刊青年编辑业务大赛三等奖，2 人获得西安交通大学首届青年编辑技能大赛二等奖等；撰写、发表编辑类论文 10 余篇。与优秀的青年编辑同台竞技，不仅让青年编辑开阔了眼界，更是对青年编辑编辑业务能力的肯定。

1.2 刊前刊后审读创新思路

随着编辑工作时间的增加，可能会产生职业倦怠感，会影响编辑的工作。2018 年 4 月，《中国医学伦理学》荟萃智慧，成立第一届质量管理委员会，全国近百位编辑同行、资深学者加入，为刊发的论文进行刊前和刊后的审读，查找编校中的不足与缺陷，编辑们在质管会专家支持与指导下检视自身工作，提高自身编校素养与学科知识，期刊的质量得到进一步提升。2022 年 2 月质量管理委员会更名为质量提升委员会，换届会上多位专家、学者从多角度、多领域分享了关于学术期刊高质量发展的思考和经验，也让青年编辑们感悟颇多。

2021 年西安交通大学期刊中心集约化工作正式推进后，积极组织各板块之间的刊后审读，邀请编辑专家和外校编辑同行共同审读，为编辑指出易出错的问题，解决有争议的问题，规范不规范的问题，让青年编辑们不断进步。

1.3 向优秀编辑和编辑部学习

"三人行,必有我师。"编辑部通过定期举办小型座谈会,邀请校内、省内相关兄弟期刊的主编、编辑部主任及编辑座谈,共同交流学习。青年编辑们的交流不仅提高了自己,也在一定程度上完善了编辑培养模式,更让青年编辑们广交朋友,共同进步。

2 教——教学能力的拓展

编辑们经常与科研人员、学术论文打交道,需要了解和把握学科发展和科研动态。主编鼓励青年编辑积极参与科研和教学工作,并为青年编辑参与教学与科研活动提供大力支持。

2.1 创新"编辑+研究生"的教学形式

青年编辑们虽然不在教学第一线,但在工作实践中通过各种渠道参与教学活动,提升自己的同时也为学科建设贡献一份力量。青年编辑利用自身的工作经验和优势,积极在教学活动中发挥作用。青年编辑们通过讲座、协助课程讲授,参与教材编写等形式拓展教学的能力。《中国医学伦理学》联合相关院系连续举办了多场研究生论文写作指导研讨会,青年编辑们与研究生面对面答疑解惑,并以《中国医学伦理学》为例,介绍期刊编排规范、审稿流程,详细地讲解论文从投稿到发表的全过程。此类主题的研讨会聚焦研究生论文写作能力与科研能力的提升,也是编辑和作者沟通交流、相辅相成的实践活动,可以大大增加作者黏性,共促双方成长。

2.2 开展丰富的课外教学活动

在主编的指导和带领下,《中国医学伦理学》编辑部发起和组织了"研究生科研能力及综合素质提升秋令营",邀请全国不同领域的专家围绕研究生的学术素养、培养理念、科研能力、综合素质等多个维度进行分享交流。同时,编辑部也将杂志"搬"进了"医患关系与人际沟通"课堂一线,青年编辑们走进课堂,站上讲台,与学生、医生、护士、患者、律师等一道,展开主题讨论与分享。此类不拘形式的教学圆桌论坛,青年编辑们不仅担任了组织者的角色,更为重要的是发挥了讲授者的作用。通过此类活动提高了青年编辑们的组织能力、教学能力,更开拓了眼界、了解了不同学校、不同专业的不同教学方法和学生的学习方法等。

2.3 以杂志为平台,编辑做"合作导师"

杂志和学校相关院系联合搭建研究生学术研究和实践活动的平台,编辑与师生交流沟通,联合设立科研主题,合作成立课题组,通过多看多听多实践,将理论内化于实践,全面提升编辑的创新思维、战略思维和人文素养。借助高校这个广阔的平台,在主编的带领下,青年编辑担任了研究生的"合作导师",互相合作,共同发展。培养高质量人才,不仅是学理论和技术,还需要陶冶职业道德。因此,作为青年编辑,应该将知识教育、能力教育、素质教育融为一体。

3 研——科研能力的提升

编辑工作与科研工作有着紧密的联系。编辑科研水平的提升有助于促进期刊及编辑的可持续发展。首先从审稿来说,编辑需要具备学术理论水平才能初步判断稿件的论点、论据和论证是否正确和充足。而青年编辑作为中坚力量,必须增强科研意识,提升科研能力,以提高编辑水平,胜任未来工作,为学科建设贡献自己的力量。

3.1 加强青年编辑学术积累

学术积累,对于科研能力的提升至关重要。青年编辑要搞好科研,首先要增加学术积累,要对相关科研概念充分理解，在具备良好知识积累的前提下，才能稳步提升科研能力。编辑部通过多种渠道、多种形式加强青年编辑对科研工作的认识，如与硕士、博士同上课、分享等；提升青年编辑科研实践能力，如参与研究生课题，共同完成学术论文等，使青年编辑逐步地完善自我。

3.2 申报编辑类、学术类课题

申报课题、完成课题也是青年编辑科研能力培养的重要途径。孙昌朋等[12]认为，目前青年编辑成长途径受限，尤其体现在科研发展受限。面向科技期刊编辑人员的课题数量不多。我刊鼓励青年编辑可多方合作，不局限于编辑类课题，可以参与教学、临床、思政等课题。在申报课题过程中，青年编辑可以发挥自己的专业特长，与高校或医院科研人员合作共同申报。青年编辑们与编辑同行合作申报编辑类课题，与高校教师合作申报学术类、思政类课题，与医院管理人员合作申报医院文化类课题。在申报课题过程中，青年编辑们通过整理收集材料和撰写申报书、发表论文、撰写结题报告等不同分工，提高科研的综合能力。当然还可以了解各个研究方向的最新研究动态、进展和热点问题，还有助于为杂志进行针对性的组稿和约稿。

3.3 参与科研活动组织工作

《中国医学伦理学》编辑部经常主办、协办、承办各类学术会议、学术讲座等，青年编辑积极承担各种活动的学术联络工作。各类学术会议、学术讲座等联络、组织工作，不仅锻炼了青年编辑的组织能力和沟通能力，提升了学术见识，还使青年编辑认识更多的专家、学者，并和他们进行有效沟通，进一步宣传了期刊，并为组稿约稿工作打下基础。2019年5月10日，《中国医学伦理学》编辑部联合有关单位发起"构建医患命运共同体共享美好医患关系"系列作品征集活动，青年编辑与有关专家合作，起草了《患者文明就医倡议》(西安宣言)[13]，得到了社会各界的响应。2021年杂志主办了"培养现代化综合性高质量医学人才"圆桌论坛、"加快培养现代化复合型高质量人民需要的优秀医学人才——研究生科研能力及综合素质提升秋令营"，旨在医学人才培养工作中传承西迁精神，发扬伟大抗疫精神。在此过程中充分发挥《中国医学伦理学》杂志平台的学术资源优势，创新期刊与教学结合的方式，邀请医患代表、社会人士、学生代表等走进课堂，组织圆桌论坛，上好医德修养课，落实课程思政。系列活动让青年编辑们的组织能力、沟通能力和科研能力都有所提升。

4 管——管理水平的培养提升

管理能力，是指系统组织管理技能、领导能力等的总称，从根本上说就是提高组织效率的能力。青年编辑的管理能力培养提升对期刊发展和学科发展也有重要的支撑作用。杂志对青年的管理能力培养是长线管理和即时管理相结合的。管理知识的学习是为长线管理做积淀，"项目经理"式的责编管理和队伍管理是即时管理，是让青年编辑管理水平不断上升的过程。

4.1 增强学习意识

管理能力既需要个人在平时工作中学习、锻炼和提高，更需要有意识地培养。4位青年编辑尽管参加了多种编辑培训班，但其大多数只重视编辑业务能力的培养，管理方面的知识很少涉及。青年编辑必须增强与时俱进的学习意识，把学习摆在重要地位，学习是提高管理者知识水平、理论素养的途径。我们在工作中获得的是经验，而理论学习赋予我们的是进一步实践的有力武器。只有不断地学习和更新管理的相关知识，才能适应新时代对青年编辑的要求和工作的需要。

4.2 "项目经理"

出版的每一期杂志，都像是一个项目工程，需要精诚合作的团队来完成，当然也需要一个"项目经理"来管理。4位青年编辑轮值作为责编来负责当期杂志的组稿、编排、统稿等工作，也要做技术编辑、英文编辑、作者的沟通桥梁，同时要负责当月的事务性工作，比如上传网站、发行统计等。所以管理能力和统筹能力也是必备且需要不断提高的能力。编辑在生产者、技术人员、营销人员等不同岗位人员之间进行协同合作，才能更好地发挥集体的力量，促使项目工程顺利推进。

4.3 协助管理

青年编辑们分别作为秘书长协助管理期刊编委会、青年编辑委员会、通讯员工作委员会、质量提升委员会等。每年会针对期刊队伍建设中存在的问题，如何进一步完善，进行了系统性、全面性的思考和总结，力求找准问题根源，明确改进方向，精准施策。

5 X——无限可能

X 意味着无限可能。朱胜龙[14]认为编辑工作的无限可能，贯穿于编辑的全过程，既来自编辑对美好未来的梦想、追求，来自编辑的实践验证，无限可能的期待与践行。刘明寿等[15]以社会学的角色定位为主线，从多个角度出发，结合多年的编辑实践，将编辑的社会角色定位为12种角色，认为只有担当好这12种角色，才能在纷繁复杂的编辑工作中一显身手，创造辉煌。下文列举三个方面。

5.1 学术编辑

学术期刊要想成为一流的期刊，必须要有以主编为核心的学术共同体的中心地位，主编为学科的权威学者，通过他的引领，希望青年编辑也能成为这个共同体内的优秀学者。一直通过"教、研、管"让青年编辑的学术水平有所提升。随着新兴学科、交叉学科的不断兴起，编辑很难成为相关领域的专家，但青年编辑们要不断了解和跟踪相关学科的前沿和动态，要有学术"语境"[16]。主编推荐、鼓励青年编辑加入学术组织，融入学术圈子；鼓励青年编辑找准自身研究方向撰写学术论文，曹欢欢编辑在主编指导下，与国外学者合作著文[17]，与国内专家合作撰写相关学术共识[18]，得到了诸多专家的赞赏。学术编辑水平的提高是一个厚积薄发的过程，最终会体现在杂志的质量上。

5.2 新媒体编辑

随着互联网科技的迅猛发展，新媒体的产生与崛起给科技期刊的编辑出版工作带来了极大的挑战。青年编辑将挑战化为机遇，积极学习新媒体技术，微信公众号的运营、微视频的剪辑、摄影摄像技术的精进等都让我们更快更好地向新媒体编辑方向靠拢，向时代发展的方向靠拢。

5.3 家庭角色

据不完全统计，科技期刊编辑队伍中女编辑占比约70%，其中青年女编辑占比约50%[19]。西安交通大学期刊中心的女编辑占比约为85%左右。我刊4名青年编辑中3名女性，且年龄相仿。当代职业女性需要面临工作和家庭中的双重维度压力[20]。编辑部经常会邀请妇产科、儿科、儿保科等专家传经送宝，科普女性及儿童常见问题。西安交通大学期刊中心在集约化后积极采取措施，组织"大手拉小手，牵手共阅读——婴幼儿家庭亲子阅读指导"讲座[21]，为"宝妈宝爸"传递指导层面的育儿知识、操作层面的育儿方法，缓解青年编辑们的"后顾之忧"，处理好家庭与工作的关系。

6 结束语

道阻且长,行则将至;行而不辍,未来可期。在信息时代,科技期刊对编辑的要求越来越高,青年编辑要不断充实和完善自己。编辑部虽小,编辑出版事业却很伟大。新时代的青年编辑要做复合型编辑,《中国医学伦理学》的"编、教、研、管+X"复合型青年编辑培养模式,为青年编辑成长探索了一条成长的路,也为青年编辑成才建立了良好的交流平台。编辑部也根据青年编辑的学历、专业、知识储备以及需求的不同,培养侧重点也有所不同,从而更好地帮助青年编辑找准定位、快速成长,为期刊发展、学科建设、编辑事业贡献更多的力量。作为《中国医学伦理学》的青年编辑,对我们来说,这不仅仅是一份谋生的职业,更是一项崇高的事业。需要我们不断地前进,为早日成长为"编、教、研、管+X"复合型青年编辑而砥砺前行。

参 考 文 献

[1] 国务院.国务院关于印发统筹推进世界一流大学和一流学科建设总体方案的通知[EB/OL].(2015-11-05)[2022-08-21].http://www.gov.cn/zhengce/content/2015-11/05/content_10269.htm.
[2] 申轶男,曹兵,佟建国.论新时期科技期刊青年编辑的培养[J].编辑学报,2014,26(1):79-82.
[3] 代艳玲,朱拴成,毕永华,等.科技期刊编辑人才培养路径与实践:以煤炭科学研究总院出版传媒集团为例[J].编辑学报,2021,33(2):218-220.
[4] 苏雪莲.试论导师制下青年编辑的培养[J].采写编,2022(5):147-148.
[5] 王玉凝.新时代青年编辑人才培养的路径探索[J].出版参考,2022(5):75-78..
[6] 熊莹丽.高校科技期刊青年编辑的成长与实践[M]//学报编辑论丛 2020.上海:上海大学出版社,2020:460-464.
[7] 蔡林娥.新时代对加强期刊编辑团队建设的思考[J].传媒论坛,2020,3(24):84-85.
[8] 胡成玲.我国出版人才队伍建设研究[D].长沙:湖南师范大学,2015.
[9] 商丹.科技期刊青年编辑的学与做:以《中国医学伦理学》杂志为例[J].编辑学报,2017,29(1):101-102.
[10] 李丹霞,黄崇亚,吉鹏程,等.论科技期刊青年编辑成长之路:参加专业学术会议与编辑业务培训[M]//学报编辑论丛 2016.上海:上海大学出版社,2016:181-184.
[11] 张文才.科技期刊青年编辑参加学术会议的选择[J].河北联合大学学报(医学版),2013,15(6):879-880.
[12] 孙昌朋,郎朗,林萍,等.关于优化科技期刊青年编辑培育路径的研究:基于全国东、中、西部六省/直辖市青年编辑的调查分析[J].中国科技期刊研究,2022,33(6):826-832.
[13] 《文明就医患者倡议》(西安宣言)正式发布[J].中国医学伦理学,2019,32(9):1236.
[14] 朱胜龙.编辑工作的魅力[J].出版参考,2019(11):1.
[15] 刘明寿,田振东,赵智岗.从编辑的角色定位谈青年编辑的素质培养[J].编辑学报,2005(4):302-304.
[16] 郭勇斌.论学术编辑专业化的必然性:专业化出版对学术编辑的必然要求[J].今传媒,2019,27(8):134-136.
[17] CAO H H, MING L, WANG M X, et al. Challenges for ethics committees in biomedical research governance: illustrations from China and Australia [J]. Journal of Medical Ethics and History of Medicine, 2021, 14(25):1-14.
[18] 周吉银,曹欢欢,尹梅,等.突发传染病临床研究伦理审查专家共识[J].中国医学伦理学,2020,33(4):501-506.
[19] 李春红,胡晓雯.科技期刊青年女性编辑成长困惑与策略分析[M]//学报编辑论丛 2020.上海:上海大学出版社,2020:382-386.
[20] 党巍,刘文娟.职业女性工作、家庭双重维度下的压力缓解问题分析[J].学理论,2015(10):125-126.
[21] 期刊中心、出版社、图书馆联袂举办"婴幼儿亲子阅读指导活动"[EB/OL].(2021-10-28)[2022-08-19].http://news.xjtu.edu.cn/info/1007/172515.htm.

新形势下科技期刊编辑胜任特征模型的实证研究

董悦颖，李 欣

(上海市临床检验中心《检验医学》编辑部，上海 200126)

摘要：通过实证研究，建立新形势下科技期刊编辑胜任特征模型，了解其能力素质现状，并为科技期刊编辑人才吸纳、人才发展、人才培养等方面提供一定的参考。本研究以胜任特征研究为基础，通过因子分析，得出科技期刊编辑人才胜任特征模型；通过分组比较，发现不同人口学特征对编辑人才胜任特征各因子水平的影响。经研究，初步建立科技期刊编辑胜任特征三因子模型，并得出胜任特征权重以及综合得分公式。分析结果表明，人口学特征职称、作品获奖情况以及编辑或所在团队获奖情况与胜任特征现状得分高低有一定关联。科技期刊编辑应当注重自身能力素质的提高，科技期刊单位也应当重视编辑人才培养工作，合力打造一支高水平、高素质、能够担负一流科技期刊创建时代使命的复合型编辑人才队伍。

关键词：科技期刊；编辑；胜任特征；因子分析

科技期刊作为知识创新、传播和转化的重要媒介，在科学技术发展进程中发挥着重要的作用，其也见证了我国科学技术的日新月异。我国科技期刊无论是数量、种类，还是学术指标、国际影响力，都紧跟着时代发展的步伐，展现出良好的基础与稳固的发展态势。虽然我国科技期刊品种、数量丰富，但由于期刊资源分散无法形成合力，高水平、高质量的国际一流期刊数量十分有限。为了适应提高质量、打造精品的新形势，不断跻身于国际一流期刊行列，加强我国精品科技期刊的建设是十分有必要的。期刊要建设和发展，人才是关键，复合型高水平科技期刊编辑人才的吸纳与培养工作迫在眉睫。

1973 年美国学者 McClelland 提出胜任特征的概念。胜任特征是指能将某一岗位工作卓越绩效者与表现平平者区分开来的、潜在的、深层次的特征。通过胜任特征理论，运用内隐特征和外显特征可以对岗位相关工作人员进行测评。对人员进行全面系统的胜任特征研究，是有效管理人力资源的一个有利方式。

胜任特征模型是某一岗位工作所应具备胜任特征要素的总和，是该职位表现优异者所应具备的能力与特质。胜任特征模型可明确说明担任某种工作所应具备的胜任特征及其组合结构，也能成为从外显到内隐特征进行人员素质测评的重要尺度和前提，从而为实现人力资源的合理配置提供科学依据[1-2]。传统的编辑人才招聘选拔、绩效管理大多都为定性、主观评价，侧重外显能力，缺乏内在隐性特质定量、全面、系统的测评体系。胜任特征模型的构建既可弥补主观因素、非系统化的缺陷，又能量化、具体、客观、公正地对编辑人才进行评价，另

基金项目：上海市科技期刊学会"海上青编腾飞项目"(2020B05)
通信作者：李 欣，E-mail：lixin7319@126.com

可从编辑的心理、工作态度、深层潜在特质等隐性层面评价编辑人才。胜任特征模型的建立对编辑人才的招募甄选、岗位分析、人才发展、职业规划、绩效管理、继续教育培训等多方面都有非常深远的应用意义。

尽管目前已有一些有关科技期刊编辑胜任特征与能力素质方面的研究[3-10]，但这些研究大多以基础理论研究、定性研究为主，定量研究相对较少，有关科技期刊编辑胜任特征的实证研究相对匮乏。本研究以胜任特征研究为基础，通过定量的方式，运用因子分析，得出科技期刊编辑人才胜任特征模型，并初步探索影响该胜任特征模型的因素。希望通过科技期刊编辑人才胜任特征的实证研究，为科技期刊编辑人才吸纳、人才发展、人才培养等方面，提供一定的参考。

1 研究方法

1.1 研究对象

选取上海市科技期刊为研究对象，通过问卷星进行网络问卷调查。将设计好的调查问卷内容导入问卷星，形成电子问卷，并生成二维码。为了保证问卷填写的真实性与有效性，故对问卷访问权限进行了限定，设置同一手机号或同一计算机 IP 仅可回答问卷 1 次。将所生成的电子问卷二维码发布至上海科技期刊编辑学习群、交流群、工作群、培训群等微信群中，自愿参与课题调查研究的对象通过识别微信群中的二维码进入电子问卷填写界面。调查采用匿名方式进行，问卷发放 10 天后将其关闭。

1.2 研究步骤

文献研究法是整个胜任特征模型构建的基础，是一种通过查阅相关职业、岗位胜任特征有关文献，从中选取已有的、通用的胜任特征的方法，以形成目标职位胜任特征模型的雏形，为后续的构建打下基础。本研究通过中国知网、万方、维普等数据库，检索、选取以行为事件访谈(behavior event interview，BEI)、专家小组(特尔斐)法、文献研究法、问卷调查法、职业信息网络(occupational information network，O*NET)系统法为研究方法，以科技期刊编辑为研究对象，以胜任研究为主要内容的文献。通过检索，获得有关科技期刊编辑胜任特征文献 51 条，全文阅读、复习后剔除与本研究方向不符的文献，最终获得相关文献 17 条。整理、选取 17 条文献中出现频次较高的胜任特征，邀请从事科技期刊出版编辑岗位工作年限不低于 10 年，对出版行业有深入了解，有一定管理工作经验的资深编辑以及人事相关管理人员 5 名，进行文献研究与专家小组讨论，初步检索整理获得科技期刊编辑胜任特征共 39 项，该 39 项胜任特征即本研究目标职位胜任特征模型的雏形，在此基础上编制科技期刊胜任特征调查问卷。

问卷编制采用李克特(Likert)5 点量表形式，首先对每一项胜任特征都进行名称、定义与行为指标等级的界定，并根据胜任特征设置相应题项。要求受试者根据自身的工作情况与感受，评价问卷中的每一项胜任特征对自身工作岗位的重要程度，并判断自身工作实际情况与每一项胜任特征行为目标程度的符合程度。将胜任特征的重要程度分为 5 个等级，即 1 分"不重要"，2 分"有点重要"，3 分"重要"，4 分"非常重要"，5 分"极为重要"，另将行为目标程度符合情况也分为 5 个等级，即 1 分"完全不符"，2 分"基本不符"，3 分"不确定"，4 分"基本符合"，5 分"完全符合"。通过问卷调查，收集、整理相关统计数据，统计李克特(Likert)5 点量表得分的均值($\bar{x}$)与标准差(s)。均值可以反映数据的集中趋势，即受试者评价胜任特征重要程度的总体感受，标准差则能反映数据的离散程度，即受试者对重要程度评价的一致性。本研究根据重要程度的 5 个等级，选取均值($\bar{x}$)−标准差(s)≥3 分(即"3 分：重要"以上)的胜任特征纳入本研究胜任特征模型。

多变量能够为研究提供大量的信息，但是同时也增加了数据统计分析的难度，并且在大多数情况下，许多变量之间通常也会存在一定的关联，变量间信息的重叠与相关，会增加研究问题的复杂性，甚至使得最终的模型不能得到很好地应用。因子分析(探索性因素分析)是一种能够有效降低变量维数的统计学方法。为了减少参与数据建模的变量个数，提炼出的因子能够反映原有变量的大部分信息，并具有命名解释性，故本研究采用因子分析方法来建立科技期刊编辑胜任特征模型。

2 研究结果

2.1 研究对象人口学特征

本研究最终回收有效问卷 98 份。受试者年龄为(40.347±8.558)岁，工作年限为(15.143±9.383)年，从事编辑岗位工作年限为(12.633±7.742)年。研究对象其他人口学特征见表 1。

表 1 研究对象人口学特征

总体特征	特征值	例数(百分比)/[例(%)]
性别	男	24(24.49)
	女	74(75.51)
学历	本科	22(22.45)
	硕士研究生	64(65.31)
	博士(后)研究生	12(12.24)
学科背景	语言文学	8(8.16)
	新闻出版	2(2.04)
	与期刊所属领域相关的专业	78(79.59)
	其他	10(10.20)
英语水平	无等级	2(2.04)
	大学英语四级	10(10.20)
	大学英语六级或英语专业四级	76(77.55)
	英语专业八级	10(10.20)
职称	初级	8(8.16)
	中级	48(48.98)
	副高及高级	42(42.86)
期刊语言	中文	78(75.59)
	英文	20(20.41)
每周工作时间	<30 h	2(2.04)
	30~39 h	28(28.57)
	≥40 h	68(69.39)
文章发表情况	已在核心期刊(增刊除外)发表论文 3 篇及以上(作为第一作者或通讯作者)或出版了专著	28(28.57)
	已在核心期刊(增刊除外)发表论文 1~2 篇(作为第一作者或通讯作者)	24(24.49)
	已在非核心期刊(或核心增刊)发表论文(作为第一作者或通讯作者)或参与了专著的编写	24(24.49)
	未发表过论文	22(22.45)

续表

总体特征	特征值	例数(百分比)/[例(%)]
主持或参与的作品获奖情况	获国家/国际级奖项	8(18.37)
	获省部级奖项	18(28.57)
	获市级奖项	39(34.69)
	获组织(学校/企业等)内部奖项	41(26.53)
个人或所在团队获奖情况	获国家/国际级奖项	26(26.53)
	获省部级奖项	44(44.90)
	获市级奖项	52(53.06)
	获组织(学校/企业等)内部奖项	40(40.82)

2.2 胜任特征重要程度评价

通过李克特(Likert)5点量表编制,评价39项胜任特征的重要程度,对39项胜任特征重要程度逐一评定,删除重要程度评分[均值($\bar{x}$)–标准差(s)]<3分(即"3分:重要"以下)的胜任特征,最终确定21项胜任特征作进一步研究。这21项胜任特征重要程度评分结果均值均在3.404分以上,表明这21项胜任特征具有较高的重要程度,且标准差均在0.385以内,表明科技期刊编辑对其重要程度评价的一致性也均较高。见表2。

表2 胜任特征重要程度评价得分

项目	定义	均值	标准差
责任心	能够勇于承担自己负责的一切出版事务,能够从科技期刊的利益出发,具有对作者、读者、编委等承担和履行义务的自觉态度,并能够监督、指导他人完成工作。	4.608	0.263
服务意识	想对方之所想,积极寻求帮助他人。	4.445	0.277
承受压力	能够接受批评,并沉着、有效地应对高压情景。	4.037	0.291
独立性	形成自己独特的问题处理方式,并且能够自我指导,独立解决问题。	4.261	0.292
理解能力	能够了解并很好地把握作者、读者、编委等的想法,客观评价出版物所表达的意思与主旨,并对其进行客观评价。	4.445	0.293
持久性	能够面对工作中(持续存在)的障碍,并能坚持不懈做某件事。	4.404	0.296
把关能力	对出版物实现出版的各个环节进行技术、风格、发行等各方面的管理、控制。	4.343	0.297
全局观念	考虑问题时以整体和全局利益为出发点。	4.363	0.299
悟性	与生俱来,对事物的感受和体会比常人深刻,更为敏感。	3.914	0.304
适应能力	能在复杂的工作环境中从容面对正面或负面多样的情况。	4.098	0.306
积极主动性	具有自发意识,能够主动开展并进行某件事情。	4.343	0.312
发挥专长	发挥个人独特专长、特点,并能在工作中体现价值。	3.976	0.314
进取心	不满足于现状,具有向新的目标追求的蓬勃向上的心理状态。	4.220	0.315
信息整合能力	通过各种方式,能对各类信息做到收集、整理、分析、再加工的能力。	4.302	0.321
细致	自始至终以耐心、认真的工作态度对待每一个细节。	4.302	0.328
创造性	开发、设计、制造新的思想、系统或产品。	3.853	0.330

续表

项目	定义	均值	标准差
领导力	具备领导团队、承担责任、提供意见与决策的能力。	3.792	0.333
策划能力	对出版物量体裁衣、构思、设计,为其实现出版做出最优的方案。	4.220	0.344
市场意识	敏锐察觉市场动态,始终与市场看齐。	3.547	0.364
谈话谈判能力	有效沟通交流,在双方意见有差异时,进行调和,使之意见达成一致。	3.873	0.375
天赋	才华出众,出类拔萃。	3.404	0.385

2.3 胜任特征因子分析与命名

因子分析,即探索性因素分析,是一种可以探索问卷分析项内部潜在结构,并减少分析项目数目,使之成为较少、相关变量的分析方法。本研究根据问卷胜任特征重要程度数据情况,通过因子分析来评价各胜任特征之间的维度结构。为了判断本研究是否适合进行因子分析,采用 KMO 检验与 Bartlett 检验。检验结果如表 3 所示。由表可知,得到本研究 KMO 值>0.8,Bartlett 球形度检验 $P<0.05$,说明满足因子分析的前提要求,非常适合进行因子分析。

表 3 KMO 检验与 Bartlett 检验结果

KMO 值		0.821
Bartlett 球形度检验	近似卡方	345.159
	df	45
	P 值	<0.001

对不合理的题项进行删除,如分析项的共同度(公因子方差)值<0.4,或某分析项对应因子载荷系数绝对值全部<0.4,或分析项与因子对应关系出现严重偏差,都需要对该分析项进行删除处理。通过处理,研究最终确定分析项 10 项。

本研究数据采用最大方差旋转方法(varimax)进行旋转,从而找出因子和研究项的对应关系。通过因子载荷系数值,分析出每个因子与研究项的对应关系,研究结果显示,所有研究项对应的共同度值均>0.4,说明研究项和因子之间有着较强的关联性,因子可以有效地提取出信息。

因子提取情况以及因子提取信息量情况分析结果见表 4 和表 5。由表可知,根据特征根值>1 作为判定标准设定因子个数,本研究一共提取出 3 个因子,这 3 个因子旋转后方差解释率分别为 32.790%、23.209%、23.173%,旋转后累积方差解释率为 79.172%。

根据因子分析结果,结合问卷量表题号(研究项编号)与胜任特征的对应关系,分析因子与研究项的对应关系,并对各因子进行命名,见图 1。因子 1,命名为"专业能力素质",包括:谈话谈判能力、策划能力、市场意识、发挥专长;因子 2,主要反映的是编辑的组织认同感与职业精神,将其命名为"职业态度",包括:全局观念、细致、服务意识;因子 3,主要为先天特质,命名为"人格特质",包括:天赋、悟性、承受压力。通过因子分析中的载荷系数信息,将综合得分系数进行归一化处理,得到每一胜任特征的权重,最终得到因子与综合得分之间的关系等式:综合得分=(32.790×因子 1 得分+23.209×因子 2 得分+23.173×因子 3 得分)/79.172,即综合得分=0.414×"专业能力素质"得分+0.293×"职业态度"得分+0.293×"人格特质"得分。

表 4 方差解释率结果

因子编号	特征根			旋转前方差解释率			旋转后方差解释率		
	特征根	方差解释率/%	累积/%	特征根	方差解释率/%	累积/%	特征根	方差解释率/%	累积/%
1	5.827	58.268	58.268	5.827	58.268	58.268	3.279	32.790	32.790
2	1.231	12.308	70.576	1.231	12.308	70.576	2.321	23.209	55.999
3	0.860	8.597	79.172	0.860	8.597	79.172	2.317	23.173	79.172
4	0.593	5.931	85.104						
5	0.465	4.652	89.755						
6	0.339	3.391	93.146						
7	0.254	2.538	95.684						
8	0.204	2.039	97.723						
9	0.129	1.286	99.009						
10	0.099	0.991	100.000						

表 5 因子载荷系数与共同度结果

研究项编号	因子载荷系数			共同度(公因子方差)
	因子1	因子2	因子3	
1	0.867			0.873
2	0.868			0.838
3	0.782			0.730
4	0.828			0.803
5		0.705		0.693
6		0.830		0.771
7		0.807		0.811
8			0.890	0.854
9			0.812	0.883
10			0.673	0.660

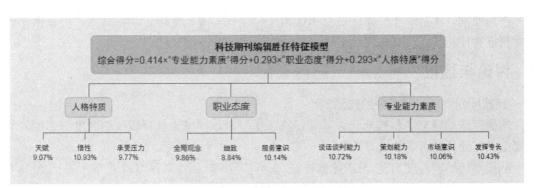

图 1 科技期刊编辑胜任特征模型

对保留的研究项进行信度分析，结果显示，总量表 Cronbach 系数值为 0.917，总量表标准化 Cronbach 系数值为 0.920。"人格特质""职业态度""专业能力素质"各维度 Cronbach 系数值分别为 0.855、0.829、0.920，各维度标准化 Cronbach 系数值分别为 0.864、0.833、0.921。所有信度系数值均>0.8，说明本研究数据信度质量高。

2.4 人口学特征与胜任特征现状的比较

先行方差检验,再行 q 检验,分析不同职称编辑胜任特征现状的差异,结果显示,副高及高级职称编辑在"人格特质""职业态度""专业能力素质"3 个维度以及总量表胜任特征现状得分均高于初级、中级职称编辑,且差异有统计学意义($P<0.05$)。中级与初级职称编辑 3 个维度胜任特征现状得分比较差异无统计学意义($P>0.05$)。见表 6。

表 6 不同职称编辑胜任特征现状得分比较

职称	例数/例	人格特质/分	职业态度/分	专业能力素质/分	总量表/分
初级	8	8.00±3.37	9.75±4.72	10.50±6.24	28.25±13.48
中级	48	10.17±2.10	12.29±1.94	14.00±3.39	36.46±5.32
副高及高级	42	11.95±2.48	13.29±1.82	16.57±2.69	41.81±6.16
F 值		6.124	4.626	6.785	8.731
P 值		0.004*	0.015*	0.003*	0.001*

注:*$P<0.05$。

运用 27/73 分位法,根据受试者主持或参与的作品获奖情况以及受试者或所在团队获奖情况进行分组,得到优秀组 26 例、普通组 72 例,行 t 检验,对优秀组与普通组"人格特质""职业态度""专业能力素质"胜任特征现状得分进行分析,得到优秀组在"人格特质""专业能力素质"2 个维度胜任特征现状得分高于普通组($P<0.05$),且优秀组总量表胜任特征现状得分高于普通组($P<0.05$)。见表 7。

表 7 不同编辑作品获奖情况以及编辑或所在团队获奖情况胜任特征现状得分比较

组别	例数/例	人格特质/分	职业态度/分	专业能力素质/分	总量表/分
优秀组	26	12.08±2.75	13.00±2.04	17.00±2.68	42.08±6.96
普通组	72	10.28±2.42	12.33±2.45	14.03±3.82	36.64±7.24
t 值		2.215	0.876	2.577	2.345
P 值		0.032*	0.385	0.013*	0.023*

注:*$P<0.05$。

不同性别、年龄、工作年限、从事编辑岗位工作年限、学历、学科背景、英语水平等人口学特征胜任特征现状得分比较差异均无统计学意义($P>0.05$)。

3 讨论与建议

3.1 科技期刊胜任特征模型的内涵

本研究成功建立了科技期刊编辑胜任特征模型,该模型也具有较高的效度与信度,说明该模型具有较好的可靠性及有效性。

从模型的结构角度出发,发现隐形特征"人格特质"与"职业态度"2 个维度所占比重(58.61%)较大,外显特征"专业能力素质"所占比重(41.39%)相对较小,这与经典的胜任特征模型冰山模型结构相似。隐形特征即冰山水平面以下部分,对编辑来说更具有发展潜力,科技期刊单位也应当注重编辑这两个维度能力素质的评价与培养。

从模型的内容角度出发,本研究胜任特征模型将科技期刊所需的胜任特征归为"人格特质""职业态度""专业能力素质"3 个因子,这就说明科技期刊编辑需要高效、出色、优秀地完成这一职位的工作,就应当具备这 3 个维度的各项胜任特征。广大的科技期刊编辑们应当加强这 3

个方面能力素质的培养、提高与发展；科技期刊单位也应当将这 3 个方面作为编辑评价、培养的重点。

第一，要加强科技期刊编辑基础专业能力的评价与培养。本研究所建立的胜任特征模型"专业能力素质"维度包括谈话谈判能力、策划能力、市场意识、发挥专长 4 项胜任特征。一名优秀的科技期刊编辑是作者、读者之间的桥梁，只有具备了优秀的讲话能力和沟通技巧，才能做好彼此之间的桥梁工作，消除彼此之间想法、观念上的差异，达成共识，从而最大限度优化作品。除此之外，科技期刊编辑应当具有对作品量体裁衣的构思与设计能力，能够十分敏锐地抓住科学技术发展的学术热点，了解期刊受众面的需要，推陈出新，使之适应市场潮流。

第二，科技期刊编辑需要拥有高尚的职业态度。编辑工作的特点就是要注重细节，只有在每个出版环节发挥编辑的细致精神，切实把其落到实处，才能从整体上提升出版物的质量与形象[11-12]。对细节的重视程度也是一个编辑的内涵与能力的重要体现。一些出版物的独到之处往往体现在某一细节上。科技期刊编辑应当对自己高标准、严要求，从基础做好，从细节做起，自始至终耐得住性子，守得稳初心，耐心、细致、认真地对待出版的每一个环节。另外，编辑还需具备高尚的价值观和职业态度，爱岗敬业，顾全大局，无私奉献，全心全意为读者、作者服务，担起优秀作品传播者的责任，为读者、社会、科技期刊事业的进步、科学技术的发展做出自己应有的贡献。

第三，胜任特征研究的一个亮点就是在于能够分析出某一岗位胜任条件中的隐形胜任特征，这部分隐形胜任特征更是胜任某一工作岗位与生俱来的特质。拥有这部分人格特质胜任特征的编辑，更具有优秀绩效的潜力。悟性是科技期刊编辑不断成长的"乘法"，而天赋则是"乘方"。拥有这部分胜任特征的编辑，除了有对编辑岗位的热爱之外，还能在编辑岗位中不断突破、迎难而上、发光发热。

3.2 科技期刊胜任特征模型与人口学特征的关系

本研究在建立胜任特征模型的基础上，构建了相关人口学特征指标，希望通过不同人口学特征指标的分析与比较，探索出一些与本模型胜任特征有关的人口学特征。本研究结果显示，副高及高级职称编辑在"人格特质""职业态度""专业能力素质"3 个维度以及总量表胜任特征现状得分均高于初级、中级职称编辑，且差异有统计学意义（$P<0.05$）。受试者主持或参与的作品获奖情况及受试者或所在团队获奖情况优秀组在"人格特质""专业能力素质"2 个维度胜任特征现状得分高于普通组（$P<0.05$），且优秀组总量表胜任特征现状得分高于普通组（$P<0.05$）。这就说明，职称能够切实反映编辑能力素质的优秀与否；另外，优秀作品与荣誉也能够作为评价优秀编辑的一个方面。科技期刊编辑与期刊单位应当注重这两方面的工作发展与培养。

3.3 模型应用建议及研究意义与不足

胜任特征模型可以应用于编辑能力素质水平的测评、编辑职业能力的培养与规划以及编辑人才的选拔等诸多方面。①本研究科学、有效地建立了科技期刊胜任特征模型，并且对该模型设置了维度与权重，使之成为了一个较为完善的胜任特征模型。另外，利用因子分析，本研究尝试建立了科技期刊编辑胜任特征的综合得分公式，这使得编辑胜任特征水平测评、培养与选聘，从主观化变得定量化，期刊单位与期刊编辑个人，可以利用本研究得出的胜任特征项目、权重与综合得分公式，设计适合自己单位与个人的测评、培养与选聘工具(如试卷、评价表、问卷、量表)，使定量测评与以往的主观评价相结合，更加全面地对科技期刊编辑能力素质水平与未来发展测评、培训、选聘等方面进行评估。②本研究结果显示，科技期刊编辑的职称、作品获奖情况以及编辑或所在团队获奖情况都与胜任特征现状得分高低有关，提示科技期刊单位可以将编辑这3方面情况作为人才测评、选拔的一个方面，也可以借鉴职称晋升与奖项评审的要求，对编辑进行评价。编辑个人应当积极进取努力向高职称编辑学习、靠拢，吸取他们宝贵的工作经验，并努力制作出更加优秀的期刊作品，积极参与各项比赛、奖项的评选，这将有利于编辑个人的发展。

以往研究多采用基础理论研究，而本研究采用了定量研究的方法，并引入因子分析的概念，排除了以往研究主观意识的影响，更加客观、科学地反映出了科技期刊编辑人才应当具备的胜任特征。另外，本研究利用因子分析，对每一项模型中的胜任特征，进行了权重划分，并建立了综合得分公式，这是以往研究未曾尝试过的。希望通过权重与综合得分公式，为科技期刊编辑人才评价、考核、招聘、培养、发展等诸多方面，提供更加实际、直观的参考工具。由于时间紧迫，工作量较大，本研究只纳入了上海地区的科技期刊编辑作为研究对象，且样本量只有98例，相对于上海地区，乃至全国范围的科技期刊编辑总量来说，样本量相对较小。有待后续扩大样本量以及样本选取范围作进一步研究。本研究所建立的科技期刊编辑胜任特征综合得分公式也需要相关人力资源管理部门进一步支持，加以实证，予以验证。

本研究虽成功建立了科技期刊胜任特征模型，但模型只有运用于实际，才能真正发挥它的效能，今后可将该模型运用于人才招聘、吸纳、考核、培训、培养、发展等诸多方面，使其成为科技期刊单位与编辑，提升期刊质量、提高编辑综合素质的理论基础与实用工具。

在创建一流科技期刊，推动科技学术繁荣发展的新形势下，办好科技期刊，创一流期刊，高素质编辑人才队伍是不可或缺的。科技期刊单位应稳固编辑人才基础，发挥编辑人才优势，提升科技期刊发展竞争力。重视编辑人才培养工作，将人才培养纳入期刊发展、科学技术发展战略中，从而促进学术研究交流、传播思想文化、促进理论创新和科技进步，可以借助胜任特征研究的量化优势，加快人才引进与人才培养的实施，为科技期刊打造一支高水平、高素质、能够担负一流科技期刊创建时代使命的复合型编辑人才、骨干人才、领军人物，永葆科技期刊编辑人才队伍的青春与活力。

参 考 文 献

[1] 安鸿章,吴孟捷.胜任特征模型[J].职业,2003(3):15-17.
[2] 董悦颖,李欣,余党会.医学期刊编辑胜任特征研究及其提升途径[J].中国科技期刊研究,2020,31(3):315-322.
[3] 余志娟,刘聪,陈拥彬."四全媒体"背景下科技期刊编辑胜任力素质的要求及对策[J].黄冈师范学院学报,2021,41(6):253-257.
[4] 齐烨,郑雨田,李娜."网红文化"背景下期刊编辑胜任力素养提升策略[J].今传媒,2021,29(4):82-86.
[5] 王海艳."四全媒体"时代科技期刊编辑胜任力素质的现实要求与提升进路[J].出版广角,2020(6):56-58.
[6] 李薇,郑新.高校科技期刊编辑人员的胜任力及其影响因素[J].大众投资指南,2019(8):251.
[7] 范晨芳,沈宁.新时期科技期刊编辑胜任力素质新要求及其培养[J].中国科技期刊研究,2018,29(9):950-955.
[8] 李建忠.新形势下高校科技期刊编辑胜任素质研究[J].西南民族大学学报(自然科学版),2011,37(6):995-998.
[9] 陈斌.科技期刊编辑人员胜任力构成要素研究[J].中国科技期刊研究,2009,20(6):1160-1164.
[10] 周少霞,林秀群,陈海林.市场经济下科技期刊编辑的胜任力分析[J].科技情报开发与经济,2008(29):64-65.
[11] 宋庆伟.注重细节精益求精:记获奖图书《实现高效率学习的认知科学基础研究丛书》编辑体会[J].科技与出版,2012(1):50-52.
[12] 翟欣.保持积极主动注重细节管理:论科技期刊青年编辑的职业发展[J].编辑学报,2016,28(2):178-180.

基于学习型组织理论的科技期刊青年编辑培养实践

高 申

(天津市疾病预防控制中心预防医学杂志社,天津 300011)

摘要:基于学习型组织理论及其五项要素(自我超越、心智模式、共同愿景、团队学习和系统思考),探讨青年编辑的培养模式,提出3项创建策略:树立共同愿景,鼓励自我超越,激发对事业的热情;建立互助学习小组,开展反思交流,改变思维模式;以真实任务为抓手,锻炼系统思考能力。

关键词:学习型组织;科技期刊;青年编辑;培养模式

科技期刊是展示国家科技发展水平,对外交流的重要窗口,具有促进学科发展、推动科技进步、汇聚创新人才的重要作用。我国高度重视科技期刊的发展,提出"要以建设世界一流科技期刊为目标""做精做强一批基础和传统优势领域期刊"[1]。高水平的编辑人才是实现科技期刊高质量发展的源动力。科技期刊编辑的培养往往采取"以老带新"的模式,但该模式存在一定的弊端[2]。本研究借鉴当代杰出的管理大师美国学者彼得·圣吉提出的"学习型组织"的管理理念[3],结合工作实际对青年编辑的培养模式进行探索,为编辑人才的培养积累经验。

1 传统的"以老带新"模式存在的问题

基于编辑工作实践的特性,以往青年编辑的培养往往采取"以老带新"的模式,为青年编辑指定一名经验丰富的资深编辑作为老师,青年编辑完成的工作由资深编辑审核把关,资深编辑开展工作时青年编辑进行观察、模仿、积累工作经验。这种"以老带新"的模式延续至今,培养了许多编辑人才。但科技期刊高质量发展的需要促使编辑需要具备更加完善的专业技能和素养,"以老带新"为主的培养模式已不能适应时代的发展。首先,"以老带新"模式在专业知识更新上难以适应当代学术出版的复杂要求。科技期刊编辑在熟练掌握编辑出版专业技能的同时,在其他方面也需要与时俱进地进行学习,如更新学科专业知识,掌握期刊经营管理知识,培养媒体融合新思维等[2]。其次,"以老带新"的模式在一定程度上压抑了青年编辑的主观能动性。这种以单向输入为主要形式的学习模式存在形式单一、效率较低、培养周期长等不足。对青年编辑的培养缺乏系统性的规划,随意性强。青年编辑主要通过日常工作习得一些碎片化的知识,长期进行一些辅助性的工作,自主开展、承担重要工作的机会有限。长此以往,青年编辑容易产生倦怠的情绪[4],职业认同感降低,对职业发展方向和目标茫然,阻碍其快速成长。

基金项目:中华预防医学会期刊发展扶持项目

2 学习型组织理论与青年编辑培养

学习型组织理论并不是讲学习或者培训什么科目，而是告诉我们如何通过系统的学习和交流互动，充分提升组织成员的学习能力和创造性思维能力，使成员不断突破自己能力的上限，为实现共同理想全力以赴。在学习型组织中，个体的进步使组织的特性发生变化，同时组织的发展也为个人的进步提供了广阔的空间。构建学习型组织要进行 5 项修炼：①实现自我超越。为了实现期望的成果，发自内心地渴望突破自我，不断拓展自己的能力。②改变心智模式。主动改变看待事物的角度，转换思维方式，让自己更清晰地把握事物发展的规律。③建立共同愿景。共同愿景是组织成员的共同理想，有利于增强组织的凝聚力，激发组织的热情和抱负。④加强团队学习。团队成员相互学习，在组织中形成积极向上的学习氛围，合作学习效果优于个人单独学习。⑤进行系统思考。用全面、动态的观点分析问题，它将其他四项要素融入一个富有逻辑的理论与实践体系，保证组织整体的行进方向[3]。

青年编辑精力旺盛，文化程度和科学素养普遍较高，具有注重精神意义的追寻、创新与进取精神强等特质，乐于不断学习，勇于自我突破，追求自我完善，具有为实现自身价值、成就事业不断努力的抱负，但在成长中也时常存在价值的迷惑[5]。青年人的特质和自身成长的需求与学习型组织理论中的要素天然契合，将学习型组织理论运用到青年编辑的培养中有重要意义。

3 基于学习型组织理论的青年编辑培养实践

3.1 树立共同愿景，激发对事业的热情

由于科技期刊对编辑的专业要求较高，我国大多数科技期刊青年编辑是相关专业领域的研究生。从科学研究领域迈入编辑出版行业对他们来说是一次专业的跨越。我国科技期刊的主办单位多为高校、科研单位等，与科研人员相比，编辑往往处于边缘地位，在职称评审、经费下拨、发展空间等方面均处于劣势。现实中，许多青年编辑对个人职业发展前景比较迷茫，职业认同感不高[6]。因此，提升青年编辑的思想认识，树立共同愿景，使其与团队产生思想上的契合，在期刊发展的同时实现自身价值，激发其工作热情十分必要。

共同的愿景来源于个人目标而又高于个人目标，是调和个人目标的差异后，成员个人目标的淬炼和凝聚，是既符合出版社利益又符合员工个人利益的双赢目标，体现了个体对组织价值观的认可[7]。共同愿景的实现不是一蹴而就的，它必须通过个人、团队等不同层面的愿景相互融合、互动，最终得以实现。我刊从青年编辑入职之初就特别关注他们的思想动态，注重培养他们的职业精神，加强其与编辑团队在精神层面的契合。如引导青年编辑研读四部门联合印发《关于深化改革 培育世界一流科技期刊的意见》，使其在入职之初就明确科技期刊编辑的责任和使命，把提升科技期刊的学术组织力、人才凝聚力、创新引导力、国际影响力作为追求的目标，为提升我国科技评价影响力和话语权，为科技强国建设作出自己的贡献。新时代青年科技期刊编辑的培养必须重视政治理论修养的提升，这是其具备政治敏锐性和政治判断力的前提，也是实现共同愿景的有力保证。

我刊要求无论入党与否，所有青年编辑均关注学习强国公众号，进行日常的政治理论学习；基于建党 100 周年系列活动的开展，我刊推荐青年编辑党员参加单位组织的党史学习竞赛，以赛促学，不断提升其政治素养。

我刊通过全员大讨论确定了"推动学科建设，培养科技人才，传播中国声音"的共同愿景，将科技期刊编辑工作同国家的科技发展，专业人才培养和国际影响力提升紧密相连，与编辑内心深处为国家科技发展贡献力量的初心相契合。在发自内心的共同愿景的感召下，青年编辑的使命感、责任感进一步增强，在专业领域精进学习的热情不断提高，工作中真诚地服务作者读者，不断努力提升杂志的学术水平、传播力和影响力。青年编辑的职业认同感明显提升，认识到自己从事的工作在祖国科技发展、文化自信建设中的重要意义，从而在工作中获得更强烈的满足感，激发自己更加努力奋进。

3.2 改变心智模式，实现自我超越

3.2.1 改变重专业技术轻政治素养的思维定式

我国的科技期刊工作是中国共产党领导下的思想宣传工作的重要组成部分，科技期刊编辑必须具备较强的政治敏锐性、政治鉴别力、政治判断力，坚决执行国家编辑出版工作方针、政策和法规，努力传播先进的科学文化知识[8]。但在实践中，部分科技期刊青年编辑习惯性地认为讲政治是期刊负责人和党员的事情，与普通群众关系不大，或认为科技期刊极少涉及政治问题，满足于不出现明显的政治差错，忽视政治理论的学习，缺乏政治敏锐性。为提升青年编辑的政治素养，我刊将《中华人民共和国著作权法》《出版管理条例》等法律法规，《图书、期刊、音像制品、电子出版物重大选题备案办法》《关于正确使用涉台宣传用语的意见》等规范性文件纳入编辑入职培训内容，并依托党支部活动，请青年编辑讲党课，协助组织党员活动，发挥他们在政治理论学习中的主体作用，促使他们自觉深入思考如何用党的理论知识指导编辑出版工作，进一步激发他们为实现共同愿景努力工作的决心。我刊要求青年编辑将政治理论学习和工作实践相结合，在选题策划方面正确体现党和国家意识形态，弘扬主旋律、传递正能量[9]。比如，我刊青年编辑响应期刊主管部门国家卫生健康委员会的号召，在庆祝新中国成立70周年之际，开设"建国70周年卫生事业发展巡礼"专栏，邀请我国卫生领域知名专家撰写述评并组织高水平的学术论文，体现中国共产党领导下我国卫生事业的飞速发展和取得的辉煌成就。

3.2.2 改变"闭门造车"的工作模式，主动融入学术共同体

科技期刊的高质量发展离不开一流的专家、期刊编委和作者的支持。青年编辑应摒弃坐等来稿，不积极与学术界交流的"闭门造车"的陈旧观念，主动融入学术共同体。比如，我刊鼓励青年编辑深入科研一线，与承担国家重点项目的科研团队开展座谈，向他们介绍杂志并了解其研究进展。青年编辑与科研人员面对面地真诚交流，使他们切实感受到编辑服务科研人员、助力我国科技发展的热情以及精益求精的工作态度，取得科研团队的信任和支持，在助力优质稿件首发的同时与学术团体形成稳固的纽带，培育了稳定的高层次作者队伍，更好地发挥杂志的学术组织力和人才凝聚力。我刊营造编辑出版与科学研究相融合的学术氛围，鼓励青年编辑加入科研团队，开展科学研究。青年编辑的专业水平、学术能力进一步提升，提高了对稿件的学术鉴别力，对学科发展趋势、前沿领域问题有了更深入的了解，有利于他们开展高水平的选题策划，提升期刊的学术引领力。

3.2.3 打破纸媒束缚，推进媒体融合

在期刊数字化及媒体融合出版的背景下，作为媒体人的期刊编辑应主动打破纸媒的束缚，思考如何充分利用数字化技术，将传统纸质期刊更快、更准、更广泛地传播给读者[10]。接受新生事物能力强，对新涌现的科技手段更加敏感的青年编辑是媒体融合发展的主力军。我刊

青年编辑研究微信公众号运营模式，提出优化方案。如明确我刊微信公众号的受众除科研工作者、专业技术人员等专业领域群体外，还应该服务普通大众，满足他们对权威医学知识的需求，将论文承载的科学知识科普化予以推广，助力提高国民科学素养。新冠肺炎流行期间，我刊青年编辑将发表在本刊的一篇专家笔谈文章《经济舱综合征：慢性病患者的隐藏杀手》改写为通俗易懂、图文并茂的科普文章，并请论文作者审核把关，确保科普文章的科学性和可读性，文章发布后达到了很好的传播效果，提升了期刊的社会效益。我刊青年编辑还通过利用中国知网论文首发、增强出版模式，以及加入"OSID开放科学计划"等方式[11]，借助企业和国家提供的平台助力期刊完成数字化转型，提升杂志学术影响力。

3.3 建立互助学习小组，开展团队学习

我刊建立互助学习小组，资深编辑作为组长，青年编辑以及和其业务工作联系紧密的几名编辑作为组员。组长起到统筹指导的作用，即指导青年编辑完成工作任务，针对青年编辑的专业能力、个人特点进行有针对性的指导等。小组成员地位平等，不分层级界限，即使是新入职的编辑也拥有平等的话语权。互助学习小组对青年编辑持有接纳、尊重、关怀的态度，有助于其更快地融入集体，参与到互助学习中去。互助学习小组提倡"在工作中学习，在学习中工作"的理念，追求工作与学习相互融通，形成学习、共享、互助的氛围。互助学习小组中成员在工作中协同合作，每个人都充分发挥自己的特长，为了实现共同的理想而努力，并乐于分享工作中的收获、经验，遇到问题和困难，大家共同寻求解决办法。这种和谐的互助文化密切了人与人之间的关系，有利于调动青年编辑的主观能动性，促使其主动发现问题，勇于提出问题，在思维的碰撞中进行反思、调整自己的思维模式，使自己的行为更适应团队的目标，在不断实践中获得专业上的成长。

3.4 以真实任务为抓手，锻炼系统思考能力

学习型组织理论中系统思考是一种从整体、全局出发的思考方式，它打破了传统那种从局部视野看问题，简单短视的单因果思维方式[12]。编辑学是一门实践性很强的学科，编辑在学习理论知识的同时，更多的知识和技能是在工作实践中获得的整合性知识。编辑在审稿、组稿、编辑加工、与专家和作者的交流中会遇到各种各样的复杂问题，认知冲突随时可能发生，如果只按照简单的思考方式处理问题可能会陷入僵局，找不到解决办法，或是达不到最佳的处理效果。通过真实情景中的任务实践，学习资深编辑的专长，并习得他们在工作中不可言传的缄默知识对青年编辑提升专业水平非常有效。为此，应尽量使实践性知识外显，使思维可视化，便于学习者顺利进行知识迁移。一方面，让青年编辑参与期刊出版的各个环节，使其对编辑出版流程有清晰的认识，掌握各个环节的工作重点和难点，形成从全局出发的思维模式。另一方面，尽量让编辑工作可视化，互助学习小组成员的工作流程应有清晰的记录，工作相关资料妥善保存，如撰写的修改意见、编校的稿件等，便于青年编辑全面了解小组成员的编辑处理情况，从中学习执行编校任务时可迁移的知识、态度、沟通技巧以及秉承的价值观等。青年编辑将学习所得运用于真实任务，不断反思、探究，提升解决问题的能力。

4 结束语

在建设世界一流科技期刊的漫长征途上，青年编辑肩负着推进科技期刊高质量发展的重任。编辑职业生涯初期的培养为其今后的成长、成才奠定了重要的基础，特别值得期刊管理者关注。作为管理者要突破固有的培养方式，积极探索适合新时代青年编辑的培养模式。本

研究基于学习性组织理论在青年编辑培养方面进行了初步的探索：注重编辑思想认识的提升，激发他们干事创业的热情；营造互助合作的学习氛围，努力搭建促进成长的平台；注重培养青年编辑解决复杂问题的能力，促进其在工作实践中快速成长。编辑人才培养是一项系统工程，需要结合不同职业发展阶段的特点，创新形式，不断推进，今后本课题组将探索更多的有益形式助力编辑成长。

参 考 文 献

[1] 新华社.习近平主持召开中央全面深化改革委员会第五次会议[EB/OL].(2019-03-10)[2019-07-25]. http://www.xin-huanet.com/zgjx/2018-11/15/c_137607377.htm.
[2] 李泽荣,韩蕾,王庆霞.新形势下科技期刊"以老带新"人才培养模式分析[J].编辑学报,2019,31(增刊 2):259-260.
[3] 彼得·圣吉.第五项修炼:学习型组织的艺术与实务[M].2 版.张成林,译.北京:中信出版集团,2018.
[4] 王晓宇,倪明.科技期刊青年编辑职业倦怠现状与应对研究[J].出版与印刷,2020,32(4):87-93.
[5] 葛晨虹.当代青年价值观透视[N].人民日报,2014-05-11(5).
[6] 申轶男,曹兵,佟建国.论新时期科技期刊青年编辑的培养[J].编辑学报,2014,26(1):79-82.
[7] 刘红岗,付继娟.浅析中小型出版社编辑团队核心价值观的塑造[J].科技与出版,2012,39(9):104-106.
[8] 武晓耕.科技期刊强化政治意识的意义及举措[J].编辑学报,2019,31(6):593-595.
[9] 查朱和.新时代编辑素质"六要"新要求[J].中国出版,2020(7):31-35.
[10] 肖雅妮,李立,甘章平,等.知信行推动融合:媒体融合背景下青年编辑的思考与实践[J].编辑学报,2019,31(增刊 2):249-250.
[11] 李婷,施其明,刘琦."OSID 开放科学计划"助力学术期刊融合创新发展[J].出版与印刷,2018(3):11-17.
[12] 佘翠花.幼儿园学习型组织创建:原则、困境与可行路径[J].教育导刊(下半月),2020(9):54-59.

上海市医学科技期刊青年编辑现状调查及建议

孙 敏

(上海市生物医药技术研究院《中华生殖与避孕杂志》编辑部,上海 200237)

摘要:通过问卷调查和编辑访谈的方式,调查上海市医学科技期刊青年编辑的工作状况、编辑学研究情况及教育培训需求,分析医学科技期刊青年编辑面临的问题及可能的解决方式。本次调查共纳入有效问卷35份。参与调查的编辑集中在45岁以下,以中青年编辑为主。调查问卷和编辑访谈显示,62.9%的编辑承担了选题策划和组稿约稿、学术质量把关、文字加工和语言润色、校样排版设计和期刊宣传推广中的3项及以上工作;74.29%的编辑表示工作量较大或过大。在论文学术质量把关中,94.25%以上的编辑认为应该注重伦理审查、研究设计、统计学审查和图表数据真实性审查,而编辑对医学论文伦理审查要点、统计学知识、循证医学知识等了解不全面或者完全不了解的占比分别为26.47%、42.85%和20.00%。在编辑学研究和职业发展上,68.57%编辑认为编辑职业发展略显迷茫,难见发展希望;48.57%的编辑未发表过相关编辑学研究论文,68.57%的编辑未申报过编辑学相关项目。在对培训内容的需求上,77.14%的编辑选择了编辑学研究及论文撰写和医学伦理统计学等相关医学专业知识。本研究显示,上海医学科技期刊青年编辑工作量较大,在编辑学研究水平有待提升,对医学相关的伦理、研究设计、统计学方法等方面的掌握程度尚需进一步加强。青年医学科技期刊编辑自身、出版单位和期刊学会三个层面共同努力,有助于提升青年医学编辑的综合素养,助推医学科技期刊的科学高质量发展。

关键词:医学科技期刊;青年编辑;编辑学研究;培训需求

在国家政策支持下,办好我国科技期刊,建设期刊强国,关键在办刊人。作为科技期刊出版工作中心环节的编辑工作,直接影响着科技期刊的质量。编辑人才是编辑部的核心力量,是其发展动力的源泉,也是期刊可持续发展的重要保障[1]。而青年编辑则更是科技期刊长远发展的中坚力量。《2021年世界一流科技期刊建设工作要点》提到要组织办刊人才高端培训,建立青年人才培养体系。因此,如何建立青年人才培养体系,开展哪些内容和形式的培训需要进一步研究探讨。

有较多学者探讨了青年编辑应具备的素质,并探索了"导师制"和参加期刊编辑大赛等措施对青年编辑发展的促进作用[2-4]。孙昌朋等[5]基于全国东、中、西部六省/直辖市青年编辑进行了调查分析,探索了我国不同地区的科技期刊青年编辑的职业现状,并提出了要优化培训内

基金项目:上海市科技期刊学会青年编辑"腾飞"项目(2020B06)

容和培训方式,注重"精准化培训""差异化培训"等。但这些研究都没有进行学科的区分。不同学科期刊对编辑具有不同的专业要求。相对于其他科技期刊编辑,医学科技期刊具有特殊的伦理价值观和规范。在医学科研论文处理中,医学科技期刊编辑除了要符合出版伦理和编辑道德,还要对论文中所涉及的医学伦理、医学科研伦理、临床医疗伦理规范和医学道德要求进行考量和评判[6]。同时对于医学研究论文研究方法的把控能力也直接影响了文章的质量。

我国有1 520余本医学科技期刊,并呈逐渐上升趋势。上海科技期刊学会会员刊371本中,医学科技期刊也有58本(数据来自上海科技期刊学会网站)。青年医学科技期刊编辑的职业状态直接影响了医学科技期刊的发展。目前对于医学青年编辑的职业现状、工作状态、自身发展情况尚未见系统报道,其自身职业发展中是否遇到困惑,如何破解这些阻碍,以促进青年编辑的快速成长,这些问题急需调查和解决。因此,本研究基于上海市科技期刊学会青年编辑"腾飞"计划项目,调查上海医学科技期刊青年编辑人才队伍现状,旨在分析医学科技期刊青年编辑面临的问题,探索如何助力医学科技期刊青年编辑培养体系的建设,促进青年编辑成长的同时,最终实现期刊的高质量发展。

1 研究对象与研究方法

1.1 研究对象

本研究调查对象为上海市医学科技期刊青年编辑。

1.2 研究方法

本次研究主要是想了解医学科技期刊青年编辑现状及可能存在的问题,经过阅读文献和与其他医学期刊编辑沟通,决定从青年编辑的工作状态、职业发展情况和培训需求等问题作为切入点,具体调查问卷分为以下4个部分:①编辑基本情况,包括性别、年龄、专业背景及学历、从事编辑工作时间、职称;②工作状况,包括工作职责、工作压力、薪酬状况、工作状态满意度;③职业发展情况,包括编辑职称申请途经、编辑类学术论文撰写情况、编辑类项目申请途经和承担情况;④教育与培训的需求情况,包括新闻出版的方针政策和法律法规、期刊出版模式、期刊质量建设和经营管理、编辑类论文选题和撰写、医学专业知识等。

通过问卷星网站,制作电子版调查问卷,调查问卷的网址是 https://www.wenjuan.com/s/UZBZJvrv8j。将调查问卷的链接在上海科技期刊青年编辑交流群等相关微信群发布,对上海医学科技期刊的青年编辑职业现状进行综合性调查。同时与其他医学期刊编辑交流,讨论调查结果。

2 上海市医学科技期刊青年编辑的现状及存在的问题

本次调查问卷共收到调查问卷51份,排除非医学期刊和科普期刊16份,共收到有效问卷35份。

2.1 参与问卷调查的编辑基本情况

参与问卷调查的编辑年龄集中在45岁以下,以中青年编辑为主。80%为中文期刊编辑,68.5%为女性,58.58%为编辑工作年限<10年。从学历上看,48.57%为研究生学历;从职称上看,中级职称占比为65.71%,17.14%为副高级。从学术背景与从事编辑工作的关系来看,77.14%的编辑自身所学专业与编辑工作所涉及专业有一定相关性。

2.2 医学科技期刊编辑一岗多责，工作量较大

从编辑对自我工作的认定来看，医学科技期刊编辑对自己有较高的要求，对自身的定位比较清晰。80%的编辑认为编辑应在提出期刊发展愿景、敏锐地捕捉学科前沿、与作者沟通和约稿组稿、期刊编校质量和期刊宣传五个方面发挥作用。

从编辑对工作的满意情况来看，97.14%编辑认为现有编辑工作的整体满意度均在基本满意以上，但同时有74.29%的编辑表示工作量较大或过大。62.9%的编辑承担了选题策划和组稿约稿、学术质量把关、文字加工和语言润色、校样排版设计和期刊宣传推广中的 3 项及以上工作(图 1)。

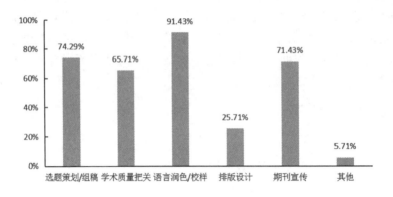

图 1　编辑工作内容调查结果

2.3 作为医学科技期刊青年编辑，医学研究涉及的伦理、科研设计方法等内容了解不够

在论文学术质量把关中，94.29%以上的编辑认为应该重视伦理审查、研究设计、统计学审查和图表数据真实性审查方法。62.86%的编辑认为编辑还要在文章创新性的审查上发挥作用(图 2A)。而与之相对应的，只有17.65%的编辑对医学论文伦理审查的重点非常了解，26.47%的编辑表示了解不全面；5.71%的编辑认为自身统计学知识满足需求，42.85%的编辑认为自身不够了解或者完全不了解相关统计学知识；8.57%的编辑非常熟悉循证医学相关知识，57.14%的编辑对循证医学相关知识不够了解或者完全不了解。对于编辑在科研诚信中发挥的作用，97.14%编辑认为能够比较好地了解相关内容(图 2B)。

培训需求调研结果显示，77.14%的编辑认为需要对医学伦理统计学等相关医学专业知识的培训，这也间接印证了编辑对相关医学研究方法掌握不足(图 3)。

对于医学科技期刊是否需要做科普宣传，调查显示编辑意见不统一，有 52.98%的编辑认为有必要，32.35%的编辑认为没有必要，另外 14.71%的编辑不确定是否有必要。

2.4 编辑学研究水平有限，职称晋升难度较大，对未来职业发展存在困惑

医学科技期刊青年编辑对自身职业发展还存在困惑。调查显示，68.57%编辑认为编辑职业发展略显迷茫，难见发展希望。91.43%编辑认为申请职称晋升非常困难，而晋升的难度在于晋升要求高、缺少晋升渠道和缺少前辈指点，分别占比为 62.86%、37.14%和 34.29%。

而编辑学研究方面，48.57%的编辑未发表过相关编辑学论文，45.71%的编辑仅发表过 1~2 篇编辑相关文章。68.57%的编辑未申报过编辑学相关项目。在未来培训内容的需求调查中，77.14%的编辑认为需要对编辑学研究及论文撰写等开展专项培训(图 3)。

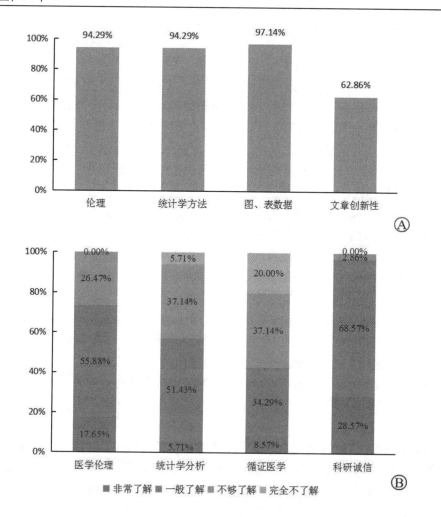

图 2 医学科技期刊编辑学术质量把关要点及编辑对相关要点的掌握程度调查。A.医学科技期刊编辑学术质量把关要点调查结果；B.编辑对医学伦理、统计学方法、循证医学和科研诚信审查要点的了解程度分析

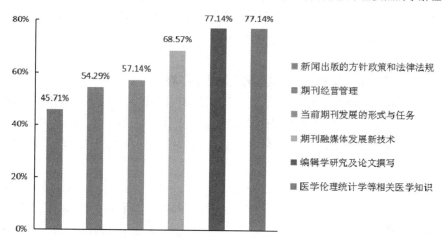

图 3 编辑对培训内容的需求调查

3 上海市医学科技期刊青年编辑队伍现存问题分析

3.1 一岗多责，难以做到专、精

目前，国内对编辑的既定认为编辑就应该一专多能，既要做文字编辑，又要做学术编辑，同时还要兼顾期刊的宣传推广。图 1 显示了编辑在日常工作中是多项并举，每一项都是工作重点。近几年对于各个学科领域的编辑队伍调研也都直接或间接的反映了这一现象[7-8]，但这一问题至今似乎并没有得到很好的解决。每个人的精力是有限的，一专多能、一岗多责难免会顾此失彼，编辑疲于日常事务的处理，无法深入思考如何提高期刊的核心竞争力，严重影响编辑主观能动性的发挥。

3.2 缺乏系统培训，医学科技期刊青年编辑对医学研究伦理审核要点不清晰；对医学研究方法和统计学方法的把控上有待进一步提高

医学科研伦理问题是医学期刊编辑应当重视和把关的重要内容。调查研究显示，国内医学期刊网站和稿约中对于医学研究伦理要求不够明确，已发表的论文中有伦理审批号的文章比例较低[9-11]，这也间接反映了编辑对伦理规范了解程度不足。本研究调查显示，医学科技期刊青年编辑有较强的医学论文的伦理审查意识，但对于具体的伦理审查要点了解程度有待进一步加强(图 2A 和图 2B)，这与罗萍和曾玲的调查结果一致[12]。罗萍和曾玲的调查显示，228 份调查问卷中，仅有 18.86%的调查者加入了学术伦理方面的行业学会，9.21%的编辑经常参加出版伦理或医学研究伦理方面的培训，31.14%的编辑从未参加过相关培训。由于缺乏系统的培训，编辑对相关的医学研究伦理问题不清楚，很多是流于形式，未涉及到具体的资料内容审查。

医学期刊审读中，比较常见的是医学科研论文设计缺陷或统计学方法处理不当[13-14]。因此，医学编辑应提高对医学科研论文常见方法学的了解程度，保证论文研究结果和结论的可靠性和科学性。本研究调查显示，医学科技期刊青年编辑具有较高的统计学审查意识，但是对具体的审查要点了解不够。本研究调查人群中，77.14%的编辑自身所学专业与编辑工作所涉及专业有一定相关性，但 37.14%的编辑认为自己对统计学知识了解不够。推测医学期刊编辑对统计学方法和医学研究设计应该是有一定了解，但可能仅学习过较简单的统计学基础知识，且疏于运用，对于比较专业的统计学方法和临床设计方法缺乏专业系统的培训，这也导致编辑在稿件的研究设计和统计学质量把控方面比较吃力，本研究中 5.71%的编辑完全依靠专家的把控，缺乏自己的判断力。

3.3 对医学科技期刊青年编辑的编辑学研究重视度不够

本次调查人群中，48.57%的编辑未发表过相关编辑学论文，68.57%的编辑未申报过编辑学相关项目，这也直接导致 91.43%编辑认为申请职称晋升非常困难。这说明，编辑学研究对于医学科技期刊青年编辑来说，确实存在挑战。编者结合自身经历，及与其他编辑的沟通交流，分析原因有以下 3 点。

第一，主办单位对编辑学研究的重要性认识不足，重日常稿件处理业务，轻编辑学研究的学习，编辑疲于处理期刊出版日常工作，无暇开展编辑学研究；第二，医学期刊编辑多是与生命科学、医学等相关专业人员转行而来，且本次参与调查的编辑多为青年编辑，缺乏编辑出版专业背景，对编辑学研究方法不了解，不知如何开展编辑学研究，无从下笔；第三，编辑继续教育培训中，编辑学研究的课程占比较低，缺乏同行间的交流和前辈的指点。占莉

娟等[15]研究也指出，无论是各省新闻出版广电局还是行业学会组织的培训，针对编辑出版研究论文撰写的指导都较少，缺乏对编辑出版学论文选题方法与路径、行文构架的方法和研究范式等编辑学论文撰写的普遍规律指导。

4 对策和建议

4.1 实行专岗专责、一岗双责或者与大型出版集团合作，提高工作效率和质量

与国内编辑出版不分家，编辑一岗多责的布局不同，国际上很多科技期刊推行的是学术与出版分离模式。编辑部的学术编辑只负责策划组稿、审稿等学术编辑的工作，稿件的文字润色、排版修改和发行则交给专业的出版机构负责。这种模式可以将编辑的注意力聚焦在稿件质量上，有助于提高期刊的核心竞争力。目前国内的编辑部，特别是一些集团化的科技期刊机构也在考虑类似的模式[16]。

编辑部也可以考虑根据编辑的特长，分工合作，提高工作效率。本人所在的《中华生殖与避孕杂志》编辑部原本有5位工作人员，包括1名编务和4名责任编辑。4名编辑除了负责策划组稿、稿件处理和编校外，还要负责杂志微信公众号的维护和期刊的线下宣传工作，微信公共号订阅用户维持在4 000人左右。为了提高期刊的宣传推广力度和服务广大读者，编辑部招聘了1名专职新媒体编辑，专门负责期刊微信公众号的维护。经过1年多的运营，微信公众号的订阅用户增长到1.7万人，部分推文的阅读量达到了"10万+"，极大地提升了读者和期刊的黏合度，微信公众号订阅用户数量的增长也带来了经济效益。同时编辑部也与专业的出版公司合作，将排版、校对后的修改和官网发布等工作外包给专业公司，让责任编辑有了更多的时间去策划专题专栏，提高稿件质量。

4.2 加强医学科技期刊青年编辑相关伦理学、医学研究方法学和统计学的培训

医学期刊青年编辑要加强对生物医学研究伦理知识、研究方法的学习，掌握其应遵循的科研伦理规范，提高对医学论文的审查能力。

从编辑自身角度，可以通过学习和实践相结合的方法，增加相关伦理法规、医学科研设计和统计学方法相关理论的积累。青年编辑平时应注意收集相关学术交流信息，积极参加学术会议，获取最新的前沿资讯，及时更新知识储备。目前有很多文章也梳理了医学期刊编辑在伦理审查和统计学审查中应注意的事项[17-19]，也有介绍通过思维导图方法加深对统计学的理解[20]。这些文章都有利于编辑快速地掌握相关知识要点，相比自己逐一搜索总结，可以达到事半功倍的效果。在处理稿件时应注意结合理论，审查文章是否符合伦理要求、是否正确地进行了论文研究设计和统计学方法的运用，及时与审稿专家、作者沟通，提高稿件质量的同时，在实践中提升自己对伦理法规、科研设计和统计知识的把控能力。

从期刊学会角度来看，期刊学会特别是医学期刊学会，可针对性地组织系统的医学科研伦理法规和医学研究设计的培训；同时在每年度的期刊审查应注重对伦理要点、研究设计、统计学方法的审查，以查促学，提高医学编辑对研究设计和统计学的重视度。

4.3 加强编辑学研究投入，提高编辑学研究水平

在本次培训内容的需求调查中，其中以编辑学研究及论文撰写和医学伦理统计学等相关医学专业知识的培训需求最为突出。这也反映了现在的青年编辑对编辑学研究的关注和开展编辑学研究的迫切需求。

(1) 期刊主办单位应重视编辑学的研究。陈汐敏等[21]调查结果显示，期刊出版单位开展编

辑学研究活动及水平与办刊质量有关，越是期刊评价指标好的期刊，其编辑开展的编辑学研究水平越高，发表的编辑学论文越多。加强编辑学相关问题的研究，用研究成果指导办刊实践，不仅是编辑个人成长发展的现实需求，也是提升办刊能力的客观需求。主办单位可以建立奖励机制，构建"比学赶超"的学习氛围，促进编辑开展编辑学研究。

(2) 从编辑自身角度来说，增加日常积累和沉淀，才能促进自身的成长。在缺乏编辑出版专业理论、研究方法，没有编辑出版前辈指导的情况下，青年编辑应充分发挥自己的主观能动性，从实践中发现问题，在已发表的文章中寻找突破点。但也要避免闭门造车，多参加培训，与同行交流是提成编辑学研究能力的重要途径。调查显示，有 14.29%的编辑会通过到优秀出版机构交流学习的方式提高自己的业务水平和编辑学研究水平。与其他优秀期刊编辑交流学习，不仅可以开阔自己的事业，而且也增加了获取信息的渠道。

(3) 期刊学会应多组织编辑学研究培训交流活动。调查显示，60%以上的医学编辑会通过学会会议提高自己的编辑水平。2021 年上海市科技期刊学会主办的"海上青编沙龙"聚焦青年编辑的诉求，邀请了资深的期刊编辑老师从编审、审稿专家和作者的角度向大家传授了编辑论文写作的经验。这次学术沙龙，让我受益良多，为我开展编辑学研究打开了一扇窗。因此，从期刊学会角度，建议在开展继续教育培训时增加编辑学研究相关课程占比。同时，也可发挥学会的优势，开展系列沙龙活动，从选题策划、研究方法、论文撰写等方面邀请编辑学专家进行系统的培训。

由于本次调查人群集中在上海医学科技期刊的青年编辑，是小人群样本调查，因此也导致本研究最终获得的调查问卷数目较少，研究结果具有局限性，这是本研究的一大不足。后续希望能与医学期刊协会共同合作，对青年医学期刊编辑的需求进一步开展大样本的调查研究。

综上，本研究调查数据显示，上海医学科技期刊青年编辑工作压力较大，在编辑学研究、职称晋升存在困惑，在医学相关的伦理、研究设计、统计学方法等方面尚需进一步加强。青年编辑是编辑队伍的中坚力量，本次调查结果对上海医学科技期刊青年编辑队伍存在的问题有了初步的认识，也希望推动科技期刊学会特别是医学科技期刊学会在设计培训科目、发布项目时能够关注到这些问题，助力医学科技期刊青年编辑的发展。

参 考 文 献

[1] 林松清,佘诗刚.试论科技期刊编辑人才梯队建设与对策[J].中国科技期刊研究,2012,23(3):494-498.
[2] 丁磊.科技期刊青年编辑的职业素质及其培训[J].湖北科技学院学报,2020,40(6):262-264.
[3] 王元杰,陈晓明,薛春璐,等.优秀青年编辑学术能力提升策略研究[J].编辑学报,2020,32(1):104-108.
[4] 许海燕.科技期刊编辑大赛对青年编辑的作用及完善建议[J].编辑学报,2021,33(2):226-228.
[5] 孙昌朋,郎朗,林萍,等.关于优化科技期刊青年编辑培育路径的研究:基于全国东、中、西部六省/直辖市青年编辑的调查分析[J].中国科技期刊研究,2022,33(6):826-832.
[6] 袁桂清.医学编辑伦理与方法[M].北京:科学出版社,2019:11.
[7] 翁彦琴,靳炜,岳凌生,等.中国科学院科技期刊青年编辑队伍现状及发展对策[J].中国科技期刊研究,2019,30(3):280-285.
[8] 程磊,徐佳珺,姜姝姝,等.我国英文科技期刊编辑人才队伍现状及对策[J].中国科技期刊研究,2019,30(9):989-996.

[9] 罗燕鸿,张琳,周春华,等.中文核心医药期刊官网生物医学研究伦理审查制度建设现状与提升策略[J].编辑学报,2021,33(4):412-416.
[10] 郭征,平静波.我国医学期刊稿约中的医学伦理和出版伦理规范剖析[J].中国科技期刊研究,2017,28(7):610-614.
[11] 刘凤华,陈立敏,李启明.《中华微生物学和免疫学杂志》2005—2016年发表的临床研究论文伦理问题的调查及分析[J].编辑学报,2017,29(5):467-470.
[12] 罗萍,曾玲.对医学期刊编辑的生物医学研究伦理审核意识的调研及建议[J].编辑学报,2022,34(2):189-192,197.
[13] 李旭清,郎华,张俊伟,等.肿瘤学临床研究论文中统计学问题分析[J].肿瘤研究与临床,2018,30(5):327-343.
[14] 陈景景,谭晓蕾,徐晓静.护理期刊来稿常见统计学问题及其对策分析[J].科技与出版,2017,36(2):87-91.
[15] 占莉娟,方卿,胡小洋.学术期刊编辑开展编辑出版研究的调查分析[J].中国科技期刊研究,2019,30(3):306-312.
[16] 朱拴成,代艳玲.集团化科技期刊编辑人才队伍的建设与管理[J].编辑学报,2022,34(1):11-15.
[17] 马雯娜.医学期刊编辑在论文审查中应注意的伦理学问题及对策分析[J].出版与印刷,2021,31(6):52-57.
[18] 卢全,王旌,姜永茂.医学科技期刊编辑在论文审理中应遵循的伦理学原则探讨[J].中国科技期刊研究,2020,31(7):803-808.
[19] 李晓.提高医学期刊编辑对论文科研设计的审校能力[J].科技与出版,2019,38(8):140-144.
[20] 刘壮,张悦.借助思维导图提升医学期刊编辑的统计学素养[J].科技与出版,2021,40(2):68-72.
[21] 陈汐敏,丁贵鹏,接雅俐,等.期刊出版单位编辑学研究水平与办刊质量的关系[J].中国科技期刊研究,2015,26(9):981-986.

新时期医学专业图书编辑素养提升

许 悦，李明翰，崔雪娟，邱佳燕

(第二军医大学出版社，上海 200433)

摘要： 本文通过分析医学专业编辑出版的主要特点、现状与问题，阐述了新时期医学专业图书编辑素养提升的 3 个主要方面，即提高政治水平和职业认同感、增长医学专业知识和互联网技术，以及增强创新思维与能力。以期为医学专业图书编辑在新时期更好地适应与发展提供管窥之见。

关键词： 互联网技术；融合发展；专业知识；网络技术；素养提升

在新时期下，互联网技术的快速发展给图书出版带来了挑战与机遇，编辑出版的形式和方式也在悄然改变，对当前医学专业图书编辑(以下简称编辑)的职业发展产生了不小的影响。因此，为更好地适应新时期的出版形势，编辑要认清当前出版状况及未来出版趋势，同时，更要重点提升自身的政治水平和职业认同感、专业知识与互联网技能及创新思维与能力。

1 医学专业图书编辑出版的特点、现状与问题

1.1 主要特点

(1) 出版具有较强的时效性。随着科学技术日新月异的发展与突破，医学界的新观点、新技术、新成果始终处于迭代更新，螺旋上升的动态发展之中。谁能够在第一时间策划出版具有某学科领域创新点的医学专著，谁就是赢家。

(2) 读者群体与作者资源多有重合。医学专业图书的内容具有很强的专业性，无论是读者，还是作者大多数为基础医学、临床医学和预防医学的工作者，以及医学院校的师生等。读者群体是相对的小众、固定、稳定。

(3) 编辑出版周期较长。由于医学专业图书具有先进性、科学性和实用性等特点，其内容有严格的标准和限制，逻辑缜密、引证充分、专业用词统一、图文中数据无误等均为必备条件。在选题策划完成后，作者编写成稿需花费大量的时间，编辑审校所需时间也较长。

(4) 印制成本较高。医学专业图书除了因印刷要求精细、精致及印数相对较少所产生的成本高之外，还因一旦有了更新的技术、成果出现，尤其是读者能在互联网中搜索到免费的相关文献时，则会产生购买图书动力不足，从而使编辑之前预估印数过于乐观，造成图书库存积压，导致成本增加。

1.2 现状与问题

(1) 医学专业图书仍以纸质出版物为主。虽然，2015 年的"互联网+"的行动计划在政府工作报告中已被提出。新闻出版广电总局也提出：应推动传统出版和新兴出版融合发展，把传统出版的影响力向网络空间延伸[1]。但医学专业图书出版的融合发展受到复合型人才缺乏、读者长期形成的阅读习惯，以及版权管理、利润分配、制度规范等尚待细化的因素影响，发展

仍比较滞后。而且，若将已出版的众多纸质书转变成电子书、网络书等，不仅需要大量的资金投入，还将影响已有纸质图书的销售[2]。因此，找到纸质和电子医学专业图书的出版平衡点，以及研究细化不同医学专业图书的出版形式将是编辑所面临的问题。

(2) 医学专业图书质量良莠不齐。市场上有的医学专业图书质量低劣，不仅有字词、层次的差错，还会有知识和科学方面的谬误，甚至出现意识形态上的问题[3]。有的作者为应付结项或评职称付费出版等，而编辑为了完成或超额完成工作量，降低了对图书质量要求及审校的责任意识；有的出版机构剽窃抄袭、跟风模仿，快速制造出未经严格把关的"商业化产品"，并使其鱼龙混杂于医学专业图书市场，降低了医学专业图书出版的整体水平[4]。

(3) 编辑队伍中缺乏复合型人才。目前，就专业知识方面而言，编辑中非医学院校毕业者对医学专业知识掌握不足；而医学院校毕业者文字功底不足，编辑业务能力欠缺。而在互联网技术应用方面，年轻编辑能更快地学习相关互联网技术，更具开拓精神，但职业认同感较弱，管理协调能力和团队意识不强，需要更长时间磨砺；而年长的编辑则综合业务能力较强，但习惯了纸质图书的出版流程，存在惯性思维，对网络新技术、融合发展持保守态度。另外，医学专业图书中外文版图书所占比例也不小，新老编辑中能驾轻就熟地运用专业外语进行策划引进和编辑审校的人数也较少。

(4) 读者的阅读习惯已发生了较大的变化。据调查显示，2021年数字化阅读方式(网络在线阅读、手机阅读、电子阅读器阅读、Pad阅读等)的接触率为79.6%。成年国民数字化阅读倾向明显，中青年人成为数字化阅读的主体，77.4%的成年国民进行过手机阅读，71.6%的成年国民进行过网络在线阅读，27.3%的成年国民在电子阅读器上阅读，21.7%的成年国民使用Pad(平板电脑)进行数字化阅读[5]。此外，还有成年国民采用"听书""视频讲书"的形式进行图书阅读。但是，总体上读者线上阅读的大多数以小说文艺类图书为主，而医学类专业图书因其科学性、知识性、权威性强，多数读者仍习惯于阅读线下的纸质版图书[6]。在这样的情况下，编辑有较为充足的时间探索与跟进出版的融合发展。

2　编辑素养提升的建议

鉴于以上所述，编辑要发扬终生学习的精神，在出版实践中着重从下列3个方面提升自身素养，力争转型成为新时期的复合型人才。

2.1　提高政治水平和职业认同感

(1) 编辑要与时俱进地深入学习政治理论及国家相关政策法规。可通过平时加强线上线下的自学，以及参加单位组织的专题会议等多种形式来进行政治水平提高。编辑只有心怀祖国，热爱出版工作，牢记"二为""双百""双效""两创"，才能策划与编辑出"专、精、深"的高质量医学专著。

(2) 编辑保持职业认同感才能对出版事业充满信念和动力。百度百科中定义职业认同感，是指个体对于所从事职业的目标、社会价值及其他因素的看法，会影响个体的向上力、事业心、成就感等。职业认同感往往源于对某职业的兴趣或热爱，而时间久了就会如俗话所言"干一行怨一行"，说明单凭兴趣是难以长期面对职业中各种挑战与挫折的。因此，提高了编辑的职业认同感，方可几十年如一日的精进业务水平。具体提升需从4个方面展开：一是坚守编辑职业的初心，更应明白编辑职业理想不仅仅是个人追求，还具有社会责任和历史使命。二是勤于学习，日拱一卒，功不唐捐。将理论运用于实践，先成为一名求知若渴、"精雕细琢"

的编辑能手，再追求成为学识渊博、精通专业的学者型编辑。三是出版单位开展提高职业认同的相关活动；组织线上线下的团建活动；设立有效的编辑激励机制等。四是健全社会激励体系，设立更多的编辑奖项等方式给予编辑荣誉感、价值感和成就感[7]。

编辑只有提高了政治水平和职业认同感，才能站在一定的出版高度、充满职业自信地发挥主观能动性。

2.2 增长专业知识与互联网技能

(1) 新时期科学技术不断进步与发展，医学领域多学科交叉密集。编辑不能只满足于选题策划和编辑加工的任务完成，还应深入学习医学的相关专业知识。笔者曾策划编辑过多册心血管内科的专著及科普医学图书，深感编辑的专业知识储备就如同"用一桶水保障一碗水"一样的重要。

编辑可通过"走出去""家中学"双管齐下地提升专业知识。一是"走出去"，即有计划、有目的地参加医学专题报告、学术论坛、专家报告会等，获得医学研究热点、前沿知识和成果等信息；结识更多的专家教授，有机会向他们学习请教，有时确有"与君一席谈，胜读十年书"的真实感受；还可发掘潜在的作者资源。这样，策划选题时更能找到学科领域"空白"点和专业作者。同时，编辑加工时更能与作者无障碍地交流书稿中的"疑难杂症"。二是"家中学"，通过阅读网络平台的相关医学电子书、期刊，查阅相关国内外文献，增强对专业知识的理解与思考。此外，还可运用"导师制""传帮带"等形式向前辈学习取经。编辑深度学习与研究相关学科知识，虽不能成为医学领域的专业人才，但可精于选题策划、保障编校质量和提高出版效率。

(2) 编辑应加强互联网技能学习，积极了解出版相关的互联网技术、业务和流程等，为不断深入的出版融合发展提供保障。目前，互联网的电子化、信息化、智能化已逐步渗透到编辑工作的各方面。编辑基本能够借助专业平台进行查询和考证书稿中的医学问题，做到有错必改，改必有据；借助微信、QQ等交流软件与作者及出版相关人员即时地解决问题。

此外，编辑还应当加强学习利用大数据、云计算等分析医学图书市场动态和了解专业读者所需，把握先机，及时准确的定位选题方向。例如，有的出版社曾运用大数据对2019年是新中国成立70周年这个重要节点分析，当年在线上线下推出相关优秀出版物，获得了社会效益和经济效益的双丰收[8]。编辑还应当加强学习应用文稿编撰系统及校对软件进行书稿编校，使书稿有了机器校对的二次把关；通过医学专业平台进行新图书的文字信息、音频或视频地介绍与推广；还可以利用余暇去发现网络上的互联网技能资源来自主学习与研究。

2.3 增强创新思维与能力

(1) 在选题策划上要有超前、独特的创新思路。创新首先要以学习与研究的积累作为基础，编辑要把搜集有效信息及了解专业领域的新知识作为日常工作，还要善于发现和主动交往敢为人先且具创新实力的作者，通过与这类作者反复探讨推敲，能使之将新发现、新成果、新技术转化为有创新价值的医学专著。同时，还要发现与关注有学科发展前景的成长型医生，与他们共同探讨学科领域问题，提高专业知识水平，从而拓宽医学出版范围、发掘更多优质稿源。

对作者的筛选、书稿的构思布局、增添独到观点和研究成果、后期的装帧设计创造性地形成从内容到形式的独特风格。例如，笔者曾策划编辑的《重症肌无力》专著当属此类。当时，市场调研已有同类图书，甚至还有同名的专著。但在策划时与作者沟通后在写作思路、内容等方面的侧重点做了相应调整。同时，选对作者也很关键，此书作者为80多岁、毕生从事该疾病研究的教授。此书当年获得了科技专著出版基金资助后，又采取了全彩的装帧设计及印刷，使图书的版式与图片更出色；出版后，更是获得同行的关注，后又荣获有关图书一等奖奖项。

(2) 在内容编排上要有简洁、实用的突破。医学专业图书既要体现专著的简洁、实用，更要有所突破和创新。例如，笔者于 2018 年编辑出版了《前列腺增生与前列腺癌》，在获得上海科技专著出版基金资助后，与作者多次深入探讨书稿的内容编排，并一致认为从读者角度考虑必须把有关手术视频融入书中，但如何融入是一个问题。最终，选定以每章文后附上二维码的形式展现了手术视频，使专业读者一书在手，既阅读了文字，又借鉴了视频的动态手术过程。

(3) 在营销宣传上也要有融合发展的创新。在保持线下传统模式如现场签售等的同时，善用互联网进行营销，如通过微信社群、医学专业网站或论坛等专业读者集中的平台进行广而告之，更要创新性的拓展多媒体营销思路，让新书信息传递得更快更广。

(4) 在印刷出版方面也需适应新时期发展而不断探索创新。由于医学图书存在时效性强，而出版周期又长，且印制成本较高的问题，编辑需要在实践中运用创新思维解决难题，如采取对有些医学专业图书进行按需出版与部分线上出版的组合；尝试找到有些医学专业图书纸质出版和电子出版的平衡点；研究更符合专业读者阅读倾向的出版形式，减少库存压力和节约资金[9]。

总之，编辑拥有了创新意识与能力，才能以不变应万变地化挑战为机遇，"不变"是始终具有创新的头脑，"万变"是时代的变、技术的变、市场的变、读者的变……

3 结束语

在新时期出版融合发展的大势中，编辑素养提升已成为重中之重。本文通过对医学专业图书编辑出版的特点、现状和问题的简述，并对提升编辑素养从政治修养和职业认同感、专业知识和互联网技能、创新意识与能力等多方面进行了阐述，强调编辑要与时俱进、勤于终身学习、勇于开拓性实践和善于积累经验。除了强化编辑业务基本功，还要精通出版全过程；除了增强医学专业知识，还要培养和强化互联网思维与技能、责任意识、超前意识和创新意识，力争转型为出版融合发展中的复合型人才。这样，在新时期才能谋得编辑职业发展；使线上线下的医学专业图书的出版达到"双效"。

参 考 文 献

[1] 新闻出版广电总局,财政部.新闻出版广电总局财政部关于推动传统出版和新兴出版融合发展的指导意见[EB/OL].(2015-3-31)[2021.10-22].http://www.gov.cn/gongbao/content/2015/content_2893178.htm.
[2] 刘剑秋."互联网+"背景下如何做好科技图书的出版[J].科技资讯,2022,20(13):189-191.
[3] 常帆.医学图书出版的把关能力提升策略和思考[J].新闻研究导刊,2022,13(12):215-217.
[4] 吴培华.学术图书出版:现状、问题与保障[J].现代出版,2020(6):16-20.
[5] 中国新闻出版研究院全国国民阅读调查课题组.第十九次全国国民阅读调查主要发现[J].出版发行研究,2022(5):21-25.
[6] 王培.互联网时代科技图书出版的转型发展思考[J].新闻研究导刊,2021,12(12):221-223.
[7] 郑燕.编辑的职业认同及其培养分析[J].传播力研究,2019,3(15):156.
[8] 李超.新形势下利用数字化资源提升图书编辑素养探析[J].传媒论坛,2020,3(12):90.
[9] 丁振超.按需出版驱动图书出版产业链转型升级的路径选择[J].新闻文化建设,2021(8):87-88.

融合出版形势下科技期刊编辑的业务能力建设

梁 容,胡清华

(浙江大学出版社期刊分社《浙江大学学报(农业与生命科学版)》编辑部,浙江 杭州 310028)

摘要: 随着新技术的运用,融合出版是现状也是趋势,而科技期刊编辑业务能力的强弱直接决定出版物的品质和期刊未来的发展。新时期赋予科技期刊编辑广阔的发展天地,同时也对其提出了更高的要求。本文对融合出版与科技期刊编辑业务能力做出了界定和探讨,分析了融合出版形势下编辑面临的困境,进而以笔者所在期刊《浙江大学学报(农业与生命科学版)》的微信公众号建设运营与自身经验分析出编辑突破困境的一些策略,以更好地提升科技期刊编辑业务能力,为创建世界一流科技期刊助力。

关键词: 融合出版;科技期刊;编辑;业务能力;《浙江大学学报(农业与生命科学版)》

随着大数据时代的来临,人们获取信息的方式早已从报刊、图书、电视、电话等转变成了微信、微博、客户端、网页以及短视频平台、纸质媒介相融合的方式,因为网络技术和现代多媒体深度融合的发展模式,切实地转变了人们获取信息资源以及知识的途径,不知不觉中人们试图或者被迫突破传统媒体(报刊、图书、电视、电话等)的单向传输局限性,渴望相互交流和引起共鸣,进而打造出了传输途径与信息生产的融合出版模式。

1 融合出版的界定

从国外的研究来看,美国媒介研究者安德鲁·纳齐森(Andrew Nachison)把媒体融合(media convergence)认为是"印刷的、音频的、视频的、互动性数字媒体组织之间的战略的、操作的、文化的联盟"。这里的"媒体融合"的含义与"融合出版"[1]相当,大概就是让人们"眼观六路,耳听八方",看到的东西也可以听到了,听到的东西可以参与操作了,让知识变得可感、可触。

从国内的举措来看,2020年9月,中共中央办公厅、国务院办公厅印发的《关于加快推进媒体深度融合发展的意见》(以下简称《意见》)给出了诠释,即"推动传统媒体和新兴媒体在体制机制、政策措施、流程管理、人才技术等方面加快融合步伐,尽快建成一批具有强大影响力和竞争力的新型主流媒体,逐步构建网上网下一体、内宣外宣联动的主流舆论格局,建立以内容建设为根本、先进技术为支撑、创新管理为保障的全媒体传播体系"。在这里,《意见》指明了融合的具体方向和内容,包括体制、流程、人才等;也给出了策略,包括内容是根本、技术为支撑、管理为保障等。大环境、大时代,推动着媒体融合,促进着融合出版。

2 科技编辑自身以及工作现状分析为例

据调查分析,无论是图书编辑,还是期刊编辑,科技编辑普遍拥有较高的学历。以浙江大学出版社期刊分社为例，其下辖的 22 种学术期刊中，中文刊 7 种，英文刊 15 种，浙大学报系列的刊 9 种(3 种英文刊+6 种中文刊)。在职员工 33 人，其中拥有博士学历及以上的 7 人，其余除 1 人为本科学历外均为硕士学历，并且全部取得责编编辑资格证；14 人及以上为高级职称，其余均为中级职称。33 人根据各自的专业特点承担不同期刊的编辑出版工作，学有所用，用有所成。由此可见，扎实的专业知识背景、过硬的编校技能、与时俱进的进取精神是科技编辑的特点，也是其业务能力的重要组成部分。没有谁天生适合做编辑，很多科技编辑也并非出自编辑出版专业，大多数科技编辑是出自相关学科，然后在走上编辑岗位后通过不断学习编辑加工知识，不断学习印刷、排版、设计等出版知识，逐渐成长为一名合格的科技期刊编辑的。可以说不断学习、开拓进取是编辑的业务能力之一，也是毕生追求。

3　融合出版时代科技期刊编辑面临的困境

3.1　传统的出版流程根深蒂固

传统的出版流程如下：来稿→收稿→初审→外审→录用→进入编辑加工环节→印刷出版(网页和纸质)[2-3]。这样的流程根深蒂固，是编辑和作者最熟悉的方式，也是绝大部分期刊以前或者现在采用的方式。在这样的流程中，往往有以下一些问题[3]：①送审时，科技期刊编辑难以找到十分匹配的审稿人。世界科学飞速发展，各行各业专家层出不穷，科技期刊编辑往往囿于案头工作而不熟悉各个行业专家最擅长或者最近在研究的内容，送审时只是在专家库大致搜索关键词，然后进入专家网页查看相关研究，这样较为费时，无异于大海捞针。②在对录用论文进行编辑加工过程中耗时过长，重编校而轻新媒体宣传。编辑加工占据了编辑的大部分时间，待一期稿件整理好、编校好，已经到了出版的截止时间。印刷出版后，编辑又匆匆投入下一期的稿件出版中。在此过程中较少期刊编辑部能对每篇稿件或者专题进行微信、微博等的新媒体方面的宣传，使得稿件的学术价值不能充分发挥。

3.2　融合出版意识不强，新媒体应用技术不足

一提到出版，大家首先想到的就是图书、报刊等传统载体，认为学术出版应该保持固有的形态，付梓的那一刻才算论文的发表、观点的传递与信息的传播。虽然我们每天在刷着抖音、快手、B 站等小视频平台，关注着微信、微博、今日头条客户端等的热搜，但是我们鲜少把学术成果的快发，或者以视频形式展现学术成果，以音频介绍学术前沿，以直播带动学术成果转化当成常态。融合出版依旧在大多数期刊出版中被漠视。

此外，虽然我国存在一些具有影响力的期刊集群，这些集群能拨出专项资金用于新媒体人才培养，使得他们的新媒体(如微信公众号)粉丝群体庞大、分布范围广，但对于大多数期刊尤其是单刊而言，新媒体受众分散并且稀少。原因如下：一方面是缺乏充足的资金支持进行平台数字化升级，比如更新公众号界面、购买额外服务等；另一方面是对短视频、公众号以及微博等新媒体平台的应用不足，科技编辑往往会兼职运营新媒体平台，其对新媒体工具运用不熟悉、操作不熟练，更是不会剪辑视频或者运营修图工具等。深层次原因在于大部分期刊不会将社里专项资金用于对科技编辑新媒体技术应用的培养。

4　融合出版时代科技期刊编辑的业务能力建设途径

4.1　提高沟通能力，与编委建立良好关系

在以往的学术出版流程中，有一项至关重要的工作，即专家队伍建设和维护[4-6]。但是，

这项工作的模式可以发生改变。以《浙江大学学报(农业与生命科学版)》为例，从 2020 年新一届编委会成立以来，编辑把对外审专家队伍的维护重点转移到了与编委建立良好的关系上。新一届编委会成员由来自各个学科(包括一级学科和二级学科)的 38 位老师组成，涉及该刊征稿范围(农业工程、作物育种、基因编辑、植物保护、动物科学与动物医学、园艺学等)里的所有学科。一篇稿件通过初审后，编辑会把稿件推送给相应方向的 1 位或者 2 位编委，各编委根据稿件研究方向匿名送 2~3 名外审专家。这样既保证了审稿的时效，也提高了审稿的质量，保证被录用的稿件能体现一定的学术水平。此时，编辑需要提高沟通能力，与编委建立良好的关系。为此，编辑建立了浙大学报农学版编委会微信群，定时推送浙大学报农学版出版的论文，以便编委了解期刊近期动态；评选年度(一年评选一次)"最佳编委"，增加编委在本刊的归属感；对编委在国际知名期刊发表的文章及时进行报道和宣传，在与编委互动中增进交流。

4.2　学习新媒体技术，助力融合出版

浙大学报农学版期刊为了方便读者掌上阅读，于 2016 年对网页版进行了改造升级。而在期刊数字化及新媒体融合发展的背景下，笔者也早已觉察到新媒体浪潮带来的改变，如 2021 全年微信的月活跃用户数已经超过 12.68 亿人，微信端早已成为知识和信息传播的重要阵地。在此背景下，许多刊物或者出版集团推出了自己的微信订阅号。为此，由笔者负责运营的微信公众号"浙大学报农业与生命科学版"于 2020 年 10 月正式上线，目前订阅人数超过 2 000 人，活跃粉丝数超过 8 000 人。要想实现融合出版，传统编辑也要学习新媒体技术。笔者利用工作之余学习秀米、135、小蚂蚁、i 排版编辑器的使用，熟悉里面的排版格式、字体与模板等；对爱剪辑、数码大师等视频软件进行研究学习；对微信公众的界面进行合理设置，以保证从微信端与读者和作者互动。在微信推文方面，保持一周四次以上的更新频率，栏目有论文精选、最新目录、专栏文章推介、编委资讯发布等。

学习新媒体技术，助力融合出版，科技期刊编辑还应从以下几个方面[7-8]着手：①参加新媒体技能学习培训。每一款文字或者图片编辑软件都有自己独特的功能和优势，参加新媒体技能学习培训不仅能快速掌握软件的使用，还能将各种新媒体形式融合起来，起到增强出版的作用。②与新媒体宣传方面做得杰出的单位交流、合作。这是合作发展的时代，交流经验才能"明得失"，合作才能实现资源共享和读者共享。③新媒体的形式要多样化。除了文字、图片等形式外，可以考虑运营视频号、音频号等，以更加可感的形式打动作者，提升刊的显示度和知名度。

4.3　参加编校比赛，与同行竞争又交流

在大多数人看来，期刊编辑工作内容固定，科技期刊编辑工作更是乏善可陈。但是近年来陆续推出的编校大赛(如第 X 届高校科技期刊技能大赛、韬奋杯比赛、木铎杯编校大赛、中国农业期刊网编校大赛等)，在一定程度上为编辑们的生活增添了色彩。这些比赛中既有对编辑基本知识的考察环节，也有对编辑个人演讲能力、语言组织能力、思维能力的考察项目，为培养综合性的编辑人才助力。以笔者参加的第四届高校科技期刊技能大赛为例，初赛为网络答题，复赛为视频演讲+回答问题，决赛是现场演讲+知识问答。笔者经过初赛的网络答题，顺利进入到了复赛。复赛之前参赛选手还需要录制个人视频，以更好展示期刊和个人风采。整个比赛下来，发现既是对演讲能力的考察，也是对选手的 PPT 制作能力、对科技期刊的建设想法的考察。同时，在比赛中认识了来自其他刊的同行，彼此会交流办刊心得、编校困惑等。一场比赛，是对编辑平时知识积累的考察，也是对编辑综合素质的检验。一场比赛云集

行业强者,这是编辑提高业务水平、向前辈学习的盛会,也是彼此认识、交流思想的难得机会。融合出版时代的编辑,需要"秀外慧中",通过参加比赛提升自我认同感;通过比赛认识同行行路人,铺就合作共发展之路。

为此,对想要在各种编校比赛中突出重围的青年编辑提几点建议[8-9]:①注重平时积累和学习。学在平时,积累在平时,但是对编辑知识的使用在即时。平时养成写工作日记的习惯,记录编校知识点的习惯,不断充实自我。②积极参赛,突破自我。很多年轻人不愿意参赛,一方面对自己没自信,一方面觉得参赛比较费时。其实,这些想法都是不对的。参加一次比赛,得到了参赛经验,也发现了自我的不足,还结交了同行,何乐不为呢。③保持乐观心态,不过分注重比赛结果,重在参与和交流。参赛仅仅是工作之余的调节剂,不过分注重得失,不百般纠结结果,只要经历过就会有所收获。

5 结束语

随着5G、云计算、区块链、物联网等技术的发展以及公众阅读习惯的变化,传统的学术出版形式(比如图书、报刊、电视、网页等)已经难以满足现阶段融合出版的需要,科技期刊编辑面临着传统出版思维根深蒂固、对新媒体技术学习不足的困境[10],但融媒体出版模式发展带来了极大的机遇与新气象,人们获取知识的渠道变得多样,通过提升沟通能力、学习能力、行业经验,势必会摆脱困境,助力期刊发展。在未来,编辑尤其是年轻编辑,应该积极探索融合出版形势下的编辑业务提升渠道,采用线上学习+线下实操、理论+实践、传统+创新的模式,不断突破自我,寻找编辑的真正生存之道。一个人的精力是有限的,时间也是有限的,编辑要善于调动周围资源,优化出版流程,为科研成果传播和学术发展助力。

参 考 文 献

[1] 张佳彬.传统出版融合转型的几条路径[N].国际出版周报,2021-07-12.
[2] 杨丹丹,陆朦朦.媒体融合背景下科技期刊编辑人才队伍建设研究:以中国科学院期刊出版领域引进优秀人才计划(2008—2019)为例[J].中国出版,2021(16):37-41.
[3] 张秀,王玥兮.医学期刊出版流程优化浅论[J].媒体融合新观察,2021(2):87-89.
[4] 杨瑰玉.新媒体时代下的学术出版模式发展研究[J].传媒论坛,2021,4(16):91-92.
[5] 张彤,李月华,刘丹,等.媒体融合背景下科技期刊复合型编辑人才梯队建设研究与实践探索[J].编辑学报,2018,30(增刊1):166-169.
[6] 张冬冬.科技期刊青年编辑业务能力提升的几种途径[J].编辑学报,2019,31(增刊1):123-125.
[7] 左志红.山东出版集团:创新融合推动高质量发展[N].中国新闻出版广电报,2021-08-30.
[8] 赵朋举,潘俊成.浅议融合出版背景下专业图书编辑转型发展[J].中国出版,2020(1):45-47.
[9] 陈艳.融合出版下专业图书编辑转型探析[J].中国报业,2021(15):120-121.
[10] 武星彤,鲁博,李梅玲,等.科技期刊数字化出版与新媒体融合发展措施探讨[J].采写编,2021(8):118-119.

交叉学科类期刊编辑的胜任力分析及培养

李丽妍

(华东理工大学高等教育研究所《化工高等教育》编辑部,上海 200237)

摘要:提升编辑的能力,是期刊发展的必要任务。从胜任力的角度,梳理了期刊编辑胜任力的关键特征要素,分析了交叉学科类期刊的特点及对编辑的要求,在此基础上,从社会、单位和个人层面提出了交叉学科类期刊编辑胜任力的培养策略,包括构建集成多学科内容的培训平台和课程体系、建设学习型文化和侧重跨学科学习与研究的评价体系、发展跨学科思维和内驱力,为编辑队伍的建设和人才的培养提供参考。

关键词:编辑胜任力;交叉学科类期刊;人才培养

2021年,中宣部、教育部、科技部联合印发《关于推动学术期刊繁荣发展的意见》,要求加强学术期刊建设,提升国家科技竞争力和文化软实力。该文件为学术期刊的发展指明了方向,同时提出了具体要求。学术期刊的发展离不开高质量的人才队伍,编辑作为出版队伍中的重要组成部分,在期刊发展过程中起着重要作用。因此,强化期刊编辑的能力发展,始终是期刊发展过程中的必要任务。

编辑的能力体现为对岗位工作的胜任力。尽管编辑胜任力的特征挖掘已经比较完备,但从中国知网数据库查询可知,前期关于期刊编辑胜任力的研究多立足于科技期刊或高校科技期刊而展开,缺少从交叉学科类期刊的角度出发进行的编辑胜任力研究。因此,本文拟基于胜任力研究,梳理总结期刊编辑的胜任力特征,并从交叉学科类期刊的特点出发,分析这类期刊对编辑的要求,在此基础上有针对性地提出交叉学科类期刊编辑胜任力培养策略,为期刊队伍建设提供参考。

1 胜任力的概念及相关研究

胜任力的概念最早由 McClelland 于 1973 年正式提出,并运用于教育领域,之后经过不断发展,已广泛应用于管理、医学、创业等诸多领域。McClelland 对胜任力的定义为:胜任力是指在特定岗位或环境中能够区分个人绩效水平的特征[1],这些特征表现在动机、自我意识、社会角色、知识储备、技能发展等方面[2]。从中可以看出,胜任力的内涵具有通用性和个体性的双重特征,相关研究也多从这两个方面入手,建立不同行业、不同岗位人员的胜任力模型。

已有的胜任力研究聚焦个体层面、组织层面和行业层面三个维度[3],但显而易见,三个层面是相互交织的,因为个人与组织、岗位与行业共同影响胜任力的发挥,并同时对胜任力的

基金项目:中央高校基本科研业务费专项资金资助项目(JKR01212201)

发展产生影响。因此，胜任力的研究也必须基于个人特质、岗位性质、行业特征三个层面，才能更全面、更准确。

无论是胜任力的冰山模型还是洋葱模型[4]，都是从是否可观察、易评价的角度对胜任力进行划分。也正是基于这一分类方法，许多学者从基准性胜任力和鉴别性胜任力的角度进行研究。其中，基准性胜任力包括知识和技能等，是对任职者的基本要求，较易培养和提高；鉴别性胜任力包括动机、社会角色、态度、个性等人格特质因素，较难测量和改变[5]。相关学者也总结了胜任力的三个特征：一是体现工作绩效；二是关联工作环境或背景；三是具有区分度。以此为基础，研究者就可以基于特定岗位的工作特点，构建岗位胜任力模型，从而更好地指导实践。

2 期刊编辑胜任力的关键描述

编辑是期刊出版单位的一个重要岗位，也是一个严格需要准入资格的岗位，足见该岗位对从业人员的要求不一般。以某期刊编辑部的招聘启事为例，其招聘的专职编辑的工作职责包括：稿件评审、稿件编辑加工、专栏或专题策划、期刊宣传、组稿约稿等，这也是当下大多数期刊编辑的岗位职责。显而易见，专业知识、沟通交流能力等素养是期刊编辑的必备素养，也是胜任力的关键体现。近些年，随着胜任力模型在不同领域的应用越来越广泛，有关编辑胜任力的研究也逐渐开启。这些研究集中在编辑胜任力模型构建、编辑胜任力评价、编辑胜任力特征等方面，涉及医学期刊编辑、科技期刊编辑、新媒体编辑、图书编辑等类型。以科技期刊编辑为例，陈斌[6]基于 McClelland 行为事件访谈法，通过对优秀编辑和普通编辑的行为访谈报告进行分析，提炼出科技期刊编辑的胜任特征，并构建了科技期刊编辑胜任力模型，包括编辑学知识及其运用能力、学科知识及其运用能力、外语知识、现代信息技术知识、创新思维能力、策划能力、工作内驱力、自我工作认知和个性心理特征 9 种要素，其中前 6 种属于基准性胜任力，后 3 种属于鉴别性胜任力；李薇等[7]基于我国高校科技期刊编辑的胜任力研究现状，指出了编辑胜任力提升的制约因素，并提出了有针对性的对策；王海燕[8]则立足"四全媒体"时代，从科学素质、业务素质、全媒体素质、人文与信息素质、内容运营素质等维度分析了科技期刊编辑胜任力素质的现实要求，并在此基础上提出了提升科技期刊编辑"四全媒体"胜任力素质的策略。范晨芳等[9]立足期刊发展的新时期，提出了军事医学期刊编辑胜任力素质，包括学术素质、科学素质、信息技术素质，并据此探讨了编辑胜任力培养策略。

综合相关研究，我们可以总结出如下期刊编辑胜任力特征要素：在基准性胜任力方面，学科背景知识和编辑学知识缺一不可，同时外语技能和信息素养也非常重要，这是期刊编辑开展工作的基础，是由编辑岗位和工作环境所定义的胜任力特征；在鉴别性胜任力方面，创新思维、策划运营能力等是加分项，是期刊编辑区别于他人的特质，是体现工作绩效的关键所在。

3 交叉学科类期刊的特点及对编辑的要求

交叉学科类期刊，顾名思义，就是所刊出的内容涉及学科的交叉或者反映交叉学科的研究成果。国外交叉科学领域的期刊大体上分为两类[10]：一类是着眼于人文科学、自然科学及其内部各学科群的综合性交叉科学期刊，如英国曼尼出版社出版的《交叉科学述评》

(Interdisci-plinary Science Reviews);另一类是关注人文科学/自然科学内部学科交叉研究的学术性期刊,如《学科交叉周期研究期刊》(Journal of Interdisciplinary Cycle Re-search)。在国内,尽管没有单独命名的学科交叉类期刊,但也不乏一些既有期刊体现跨学科的特征。以笔者所在的《化工高等教育》期刊为例。《化工高等教育》是一种同时体现"化工"和"教育"特色的期刊,所刊载的内容涉及教育学的原理、方法,但都为化工及相关学科的内容。本文所指学科交叉类期刊,也特指这类刊载内容体现明显的学科交叉特征的期刊。随着学科交叉力度和广度的不断深入,基于交叉学科研究的源头创新成为社会创新的重要途径。作为学术传播载体的期刊,在报道学科交叉研究成果方面,对编辑人员的胜任力也有较高的要求。

3.1 基准性胜任力:多学科知识积累能力

交叉学科类研究成果往往同时涉及两个及以上学科的专业知识,甚至包含期刊编辑不曾遇到过的跨专业符号和语言。这种不同学科之间的壁垒天然存在。如果编辑只把目光聚焦在熟悉或经常接触的学科领域,对其他学科知识缺乏主动学习意识和好奇心,在处理交叉学科类稿件时就会出现"盲点",不能正确运用专业知识分析判断,对某些内容的编辑规范也缺乏了解。可见,编辑自身跨学科知识不足是学科交叉类期刊发展的短板之一。对此,交叉学科类期刊编辑应注重知识积累的深度和广度,形成多维度、多层次的知识储备。编辑人员可通过深入走访相关科研单位、密切联系相关科研人员等"接地气"的方式了解详细的科研进展和资料,增加自己的知识和技能储备[11],发展自己的立体编校知识网络。

3.2 鉴别性胜任力:跨学科自主学习能力

交叉学科类期刊的稿件一般具有明显的跨学科性、综合创造性,有些涉及新兴的具有交叉学科特性的独立学科[12]。这类稿件所涉及的知识结构往往不是线性的,而是多方向跳跃性的。仍以《化工高等教育》为例,相关稿件虽然从内容上涉及编辑熟悉的教育和化工这两大主题,但研究方法十分多元,包括文献计量学、问卷分析、统计检验等。因此,编辑除了要具备外语能力、信息素养等期刊编辑的共性胜任力之外,还要能够快速展开跨学科自主学习,通过文献查阅、绘制思维导图等方式了解相关研究方法或内容的应用背景、发展脉络、专业表述或符号规范等知识,并迅速建立与稿件编辑有关的知识网络。而这些需要依赖编辑较强的跨学科自主学习能力来完成。对此,交叉学科类期刊编辑可以通过参加在线跨学科学习、加入学习小组等方式提升自己的自主学习效能,支撑自己更好地开展工作。

4 交叉学科类期刊编辑胜任力的培养

编辑是一个以智力资本为主的职业,提升编辑的胜任力有助于编辑的个人成长和职业发展,也有利于出版事业的繁荣发展[13]。基于交叉学科类期刊的特点及对编辑胜任力的要求,结合现有的编辑学习和能力提升途径,本文认为,可以从社会、单位和个人三个层面加强编辑胜任力的培养。

4.1 构建集成多学科内容的培训平台和课程体系

出版专业技术人员的培训机制多年前已经初步建立。随着国家对出版行业的日益重视和职业教育体系的不断完善,长效培训机制和高质量的培训内容也在不断发展过程中。2021年开始实施的《出版专业技术人员继续教育规定》对编辑人员的继续教育学时、内容和形式给出了细致、明确的规定,为社会培训体系的发展指明了方向。以往省级新闻出版部门的期刊编辑人员继续教育培训一般包含政治理论、研究热点、编辑实务、优秀期刊发展案例等内容,尽管在广度上基本覆盖了编辑人员所需具备的基本知识和技能，但在有限的培训学时内，不能为期刊编辑提供系统、深入的学习内容，这些培训更像是"通识教育"，在期刊编辑基准性胜任力培养方面发挥的作用还不够，尤其不能满足交叉学科类期刊编辑扩展知识的需要。因此，建立集成多学科内容的培训平台和课程体系非常必要。

一方面，可以依托智慧教育的发展，集成跨学科学习平台，为交叉学科类编辑增加知识储备、进行跨学科学习提供有力支撑，助力编辑基准性胜任力的培养。在教育现代化背景下，国家已经推出了智慧教育公共服务平台，这是加强全民教育的一个新的尝试和突破。但笔者发现，目前在该平台的"国家职业教育智慧教育平台"板块中搜索"编辑"或"出版"，只能搜索到为数不多的课程，而且离期刊编辑的学习需求有一定差距。相关管理部门可以依托该平台，为期刊编辑这类群体集成一个子板块，将政治理论学术研究、编辑学专业课程、统计分析方法等知识性和技能性课程纳入其中，并通过链接中国大学 MOOC 等平台，为交叉学科类期刊编辑的跨学科知识学习提供丰富的资源和便捷的途径。另一方面，可以联合各出版社、期刊社、资深编辑等组织和个人，打造"接地气"的模块化编辑学技能培训内容。相关部门可以基于学科分类，对接出版社、期刊社以及资深从业者等，建设不同学科大类的编辑培训课程，如请教育学期刊资深编辑讲解教育学的常用研究方法、教育学稿件的编辑侧重点和编辑加工案例，请化工学科科技期刊资深编辑介绍常用专有名词、常见编校错误等。这样以学科为单元构建的培训课程体系，可以为交叉学科类期刊编辑的基准性胜任力提升提供很好的助力。

4.2 建设学习型文化和侧重跨学科学习与研究的评价体系

交叉学科类期刊的特点决定了编辑不能仅仅注重已有知识的深入学习和相关技能的不断精进，更要注重陌生领域知识的规律性、常态化学习。这对编辑的学习意识和学习能力都是考验。对此，交叉学科类期刊出版单位应注重建设学习型文化，强化学习型团队建设，促使期刊编辑建立"学习共同体"，通过交流、分享，提升编辑的专业知识水平等基准性胜任力和自主学习能力等鉴别性胜任力。交叉学科类期刊编辑团队成员可能具有差异较大的学科背景，所经历的培养方式、形成的思维方式都不同。他们之间建立学习伙伴关系，加强交流和沟通，更有助于扩大彼此的知识面，同时促进期刊的良性发展。

建立科学的评价体系有助于提升编辑的工作积极性，促进编辑的胜任力发展。期刊出版单位可以依据系统性原则、科学性原则、可操作性原则和动态性原则，构建编辑胜任力评价指标体系[14]，从宏观到微观、从抽象到具体设置基准性胜任力和鉴别性胜任力评价指标，对编辑的知识、技能、能力和特质进行客观、准确的评价[15]。在交叉学科类期刊编辑的胜任力评价指标设置过程中，应根据期刊特点，适当增加体现交叉学科类知识和技能的指标点及其权重，以促进编辑的进一步学习和能力发展。如在评价考核环节，出版单位可以对主动学习跨学科课程或开展交叉学科研究的编辑给予一定的额外加分，以支持和鼓励更多的编辑开展跨学科学习和研究，从而促进交叉学科类期刊的发展。

4.3 发展跨学科思维和内驱力

鉴于交叉学科类期刊知识内容上的跨学科特性，编辑需要有意识地发展自己的跨学科思维和内驱力，这也是提升跨学科自主学习能力这一鉴别性胜任力的关键所在。一方面，跨学科学习的内涵不仅指不同学科内容的整合，还包括跨学科思维的应用[16]。对于交叉学科类期刊编辑而言，编辑实践的多学科性给编辑跨学科思维训练提供了空间，编辑人员可以通过组织跨学科专题等实践活动有效训练自己的跨学科思维[17]，从而更好地进行跨学科学习。另一方面，内驱力是自主学习的动力源，也是提升自主学习效果的着力点。交叉学科类期刊编辑要认识到自己工作的价值所在，从而增强主动学习的意愿，从心理层面提升学习的内驱力；同时要积极开展跨学科研究，积累研究成果，在实践中强化学习的内驱力。

5 结束语

期刊编辑胜任力涵盖许多方面，其中有多项特征是普适性特征。本文仅围绕交叉学科类期刊的跨学科特性进行分析与研究，从基准性胜任力和鉴别性胜任力两方面总结了编辑的胜任力特征，并在此基础上提出了相应的胜任力培养策略，有一定的局限性。随着期刊的发展，编辑胜任力模型也在不断发展变化之中。期望本文能引发读者思考并关注不同类型期刊编辑胜任力的特征，推动期刊的繁荣发展。

参 考 文 献

[1] 李明斐,卢小君.胜任力与胜任力模型构建方法研究[J].大连理工大学学报(社会科学版),2004,25(1):28-32.
[2] SPENCER L M, MCCELLAND D C, SPENCER S. Competency assessment methods: history and state of the art [M]. Boston: Hay-McBer Research Press, 1994.
[3] 陈云川,雷轶.胜任力研究与应用综述及发展趋向[J].科研管理,2004(6):141-144.
[4] 彭剑锋.人力资源管理理论[M].上海:复旦大学出版社,2003.
[5] 李军.期刊编辑胜任力与人力资源管理[J].编辑之友,2007(4):59-60,2.
[6] 陈斌.科技期刊编辑人员胜任力构成要素研究[J].中国科技期刊研究,2009,20(6):1160-1164.
[7] 李薇,张乃予,王晓一.高校科技期刊编辑胜任力研究[J].新闻研究导刊,2018,9(3):24-25.
[8] 王海艳."四全媒体"时代科技期刊编辑胜任力素质的现实要求与提升进路[J].出版广角,2020(6):56-58.
[9] 范晨芳,沈宁.新时期科技期刊编辑胜任力素质新要求及其培养[J].中国科技期刊研究,2018,29(9):950-955.
[10] 程妍.国外交叉学科研究现状分析:基于学术刊物的视角[J].学术界,2014(2):204-211,312.
[11] 吴彬,贾建敏,丁敏娇,等.学科交叉背景下的科技期刊建设[J].编辑学报,2015,27(1):64-66.
[12] 赵茜.交叉学科稿件的特点及审稿人的选择[J].中国科技期刊研究,2005,16(3):402-404.
[13] 田春霞.编辑胜任力研究:现状、问题与对策[J].河北软件职业技术学院学报,2018,20(1):73-77.
[14] 马明辉.编辑人才评价指标体系构建研究[C]//培养编辑名家打造出版精品:中国编辑学会第16届年会获奖论文(2015).2015:154-164. DOI:10.26914/c.cnkihy.2015.000829.
[15] 高虹,吴玲,许宇鹏.我国期刊编辑胜任力的差异性评价研究[J].中国科技期刊研究,2017,28(6):578-584.
[16] 万昆.跨学科学习的内涵特征与设计实施:以信息科技课程为例[J].天津师范大学学报(基础教育版),2022,23(5):59-64.
[17] 林日杖.论学报编辑跨学科思维的培养[J].福建师范大学学报(哲学社会科学版),2008(5):162-165.

医学期刊学者型编辑职业能力培养浅析

张爱民

(1.中国康复科学所康复信息研究所,北京 100068;2.中国康复研究中心,北京 100068)

摘要: 本文探讨影响医学期刊学者型编辑成长的主要因素(如职业认同、职业倦怠、专业知识局限性、编辑专业知识不足等),提出从提升职业价值入手,增强职业认同;开展心理调适,加强制度保障,克服职业倦怠;完善知识结构,突破专业知识瓶颈;通过各种渠道丰富编辑专业知识等措施,探讨医学期刊学者型编辑职业能力培养路径。

关键词: 医学期刊;学者型编辑;职业能力

中国科协、中宣部、教育部和科技部于 2019 年 8 月联合发布的《关于深化改革 培育世界一流科技期刊的意见》提出要做精做强中文科技期刊,包括医学领域期刊[1]。2021 年 5 月,中宣部、教育部、科技部联合发布的《关于推动学术期刊繁荣发展的意见》明确指出[2],要通过提升编辑策划与把关能力,提升期刊的编辑出版服务能力,提升期刊的学术引领能力来打造一批世界一流、代表国家学术水平的知名期刊。

办好医学科技期刊,关键是提升期刊的编辑职业能力。编辑的策划与把关能力、编辑出版服务能力对于期刊的学术引领力至关重要,只有编辑的职业能力提升了,期刊才能聚焦学术前沿,发现创新,甚至引领创新[3-4]。推出世界一流的学术成果,对于扩大中国学术成果的影响力和建立文化自信具有重要意义。研究人员的科研成果,必须经过编辑的二次把关才能通过学术传播平台和媒介进行传播。如果期刊编辑缺乏学术水平和鉴别能力,则难以挑选、鉴别和加工优秀学术成果。

倡导工匠精神,做学者型编辑,是医学科技期刊提高核心竞争力的必要途径[5-6]。成为一名合格的学者型编辑需要具备政治把关能力、学习能力、选题策划能力、编辑加工能力、写作和营销能力、良好的沟通能力等。医学科技期刊的编辑在具备传统的编辑素养外,还应学习医学理论知识,形成学科知识框架,参与科研和学术活动,撰写并发表学术论文,全面提升职业素养,努力达到学者型编辑的标准[6-7]。

1 影响医学期刊学者型编辑成长的主要因素

1.1 职业认同感不高

职业认同是编辑职业能力成长的源动力。编辑的职业认同感是指在职业环境中对自身角色的定位,以及对编辑职业的认可程度,既包括自我认同,也包括社会认同。

杨光等[8]采用职业认同量表和职业倦怠量表调查 72 名科技期刊编辑,结果发现,职业认同感的影响因素包括文化程度、专业背景、健康状况和职业倦怠,建议提供工作技能培训等,以增加职业认同感。曾敏莉等[9]运用主成分分析法对科技期刊编辑的职业认同状况进行研究，结果发现，科技期刊编辑对职业期望较高，但职业认同总体水平不高，需要不断提高自身的职业技能。

总之，我国科技期刊编辑的职业认同感普遍不高[8-9]，可能影响编辑自我潜能的发挥和职业能力的成长。

1.2 职业倦怠广泛存在

对于不处于学术研究主要地位的编辑而言，树立职业自信、保持职业进取心是职业发展面临的重要问题。

姜敏等[10]调查46种医学期刊的126名编辑，结果显示，医学期刊编辑人员存在职业倦怠，主要表现为个人成就感低下，其一般自我效能感评分低于全国常模，并与职业倦怠评分呈明显负相关。也有调查显示，只有13%编辑无职业倦怠[8,11]，提示职业倦怠在编辑群体中广泛存在[8,11]；入职时间短的医学期刊青年编辑职业倦怠明显高于其他医学期刊编辑[12]，可能与编辑职业地位不高、职业发展前景不明朗和工作压力大有关。采取有效干预措施缓解编辑的职业倦怠，是提高编辑工作积极性、发展职业能力的必要措施。

1.3 专业知识存在局限性

医学科技期刊编辑的工作性质，要求编辑既是专家，又是杂家，既要专精于专业领域的医学知识，又要熟悉编辑业务相关知识，还要了解相关交叉学科的知识。编辑知识的广度是实现期刊工作顺利进行的重要前提，但是随着期刊分类的不断细化，对其专业性的要求也在不断提高，这就要求编辑的专业知识具有一定的深度和精度[13]。

目前我国医学期刊编辑大多来源于医学院校毕业生、临床医务工作者、医学院校教师或者其他专业毕业生，学历和专业水平参差不齐，在医学专业知识方面都存在不同程度的知识储备不足问题。

1.4 编辑专业知识不足

从信息采集、选题策划、组稿审稿、编辑加工、校对到发行，每一个环节都是在编辑规范指导下的创造性劳动。医学期刊编辑需要掌握出版法律法规、各种编辑规范标准，以避免在工作过程中出现政治性、知识性和规范性错误。编辑也是一个实践性很强的工作，只有在工作中不断实践、练习，才能将编辑标准和规范熟练掌握。

2 医学期刊学者型编辑职业能力提升策略

2.1 从提升职业价值入手，增强职业认同

曾敏莉等[9]的调查显示，在职业认同的6个维度中，职业价值观的得分最低。职业价值观可以引领编辑的专业发展目标[14]。

《关于推动学术期刊繁荣发展的意见》对编辑的策划与把关能力提出了明确要求。学术期刊的编辑要聚焦学科前沿领域，善于发现创新成果，成为前沿学术信息的搜寻者、传播者。这一规定为编辑的职业价值做了明确的定位，编辑要具有明确的使命与责任[13]。

编辑只有对编辑岗位和科技期刊有深刻的理解，在价值观上认同，才能主动投入到编辑工作中去。①对编辑岗位的认同。编辑工作是整个出版工作的中心环节。科技期刊编辑工作是一种创造性劳动，而不是简单的重复性劳动；是一项系统工程，不仅体现在出版的各个环节，而且体现在对论文的学术性、科学性和创新性等方面的把关。医学期刊学者型编辑，不

仅要完成编辑的使命，还要有医者仁心的情怀。如论文的研究内容是否最具有治疗前景？这需要具备对专业知识的判断能力；为患者治疗的利益是否恰当和合理？这需要符合医学伦理学要求。编辑需要掌握党和国家科学工作的方针和政策，根据各种规范加工稿件，是作者背后的英雄，这就需要编辑有自我牺牲的奉献精神。许多诺贝尔奖获得者盛赞编辑的工作，就是对编辑工作的最大肯定。②对科技期刊的认同。科技期刊不仅具有一般期刊的特性，而且还是科学技术研究成果的最重要载体。学术性是其核心内涵，所以学者型编辑可以为科技期刊添砖加瓦。③编辑主动投入工作，可以增加科技期刊的价值。比如医学期刊，只是文字规范还远远不够。研究设计是否合理？纳入研究对象的基线资料是否齐同？结论是否可靠？研究的创新点在什么地方？局限性是什么？所有这些都需要医学期刊学者型编辑的创造性劳动。因此，学者型编辑是科技期刊不可或缺的专业人员。

科技期刊编辑只有用心践行编辑职业要求，才能不断提升职业价值。比如用恒心落实办刊宗旨，用热心服务作者和读者，用细心维护刊物声誉，用狠心净化学术环境，用真心对待编辑岗位，用决心提升核心能力[15]。实际工作中，还可以利用较高的职业期望，增强职业情感、职业技能等来增加职业认同[9]。职业价值的提升，还有利于克服职业倦怠等[9]。

2.2 开展心理调适，加强制度保障，克服职业倦怠

按期出版、论文来源和专业的多样性以及出版周期等因素，决定了编辑工作是一个重复、繁杂、具有"杂家"性质的脑力工作。这样的工作环境和压力往往给编辑带来职业倦怠。

编辑部外部就业环境，编辑部内部激励机制[16]以及人际关系，构成了编辑的工作环境，影响着他们的生理和情感状态，对编辑的职业表现具有较大影响。以下措施有利于克服职业倦怠。

(1) 心理调适。期刊编辑通过认识自我和完善自我，做好心理建设，适时调节情绪，营造宽松的工作氛围，建立良好的人际关系，可以有效克服职业倦怠问题[10,17-18]。

(2) 建立激励机制，激发内在动机。合理的薪酬、通畅的晋升制度、完备的绩效考核体系、适当的职业培训机会等有利于编辑积极主动投入工作[16,18]，也是克服职业倦怠的重要保障。

(3) 职业规划。入职阶段，出版单位全面进行编辑理论和业务技能培训，老编辑传帮带新编辑，尽快让他们熟悉工作内容，进入工作状态；独立承担工作阶段，一边学习老编辑的工作方式和方法，总结自己的工作经验，一边了解专业知识内容，熟悉国内外同行期刊的做法和流程，提高编校水平；提升阶段，在编辑理论上下工夫，撰写专业论文，申报职称晋升，出版单位要给予人事管理方面的指导和支持。编辑在各个阶段都能顺利度过，就会把编辑职业作为自己终生奋斗的目标。

(4) 创新驱动。编辑要把自身发展与业务发展相结合，积极了解新技术，如融媒体[19]、互联网[20]、区块链[21-22]等，让科技期刊借助新技术得到更好的发展和传播；利用大数据挖掘技术[23]，分析专业领域的研究热点，增强科技期刊的学术引领作用。

姜敏等[10]认为，可以通过采取加强编辑技能培训、开展编辑技能大赛和优秀评比活动、选拔优秀工作者和树立职业典范、加强自我心理调适等提高一般自我效能感的措施改善医学期刊编辑的职业倦怠程度。

2.3 完善知识结构，突破专业知识瓶颈

编辑作为期刊栏目的规划人、选题的策划人、组稿和审稿的负责人，必须从学科发展的战略高度把握研究重点和热点。

(1) 快速掌握学科发展的全貌，有利于提高职业能力。首先，了解学科发展历史有助于编辑在编校环节发现常识性错误，判断稿件的时效性和创新性。第二，了解学科发展现状，熟悉领域内的主要学术代表人物、主流学术观点、研究方向及阶段性学术成果，有助于编辑判断稿件的研究价值。第三，了解学科研究热点，有助于编辑提高学术敏感性，在栏目策划、组稿约稿阶段找准方向。第四，准确把握学科发展趋势，发挥科技期刊的学术引领作用。在此基础上，编辑在选题策划方面就会推陈出新，创造性开展组稿工作，有利于提升期刊的学术影响力。

(2) 学、编、研一体。完善的编辑工作离不开学术研究工作，要成为医学科技期刊学者型编辑，必须编研一体，以稿件内容为中心的编辑也应进行学术探索[24]。按照学、编、研一体的方法，秉承严谨治学的态度，保持对编辑工作的专注和对医学研究的追求，在做好编辑工作的同时，还要不断钻研、深化相关领域的专业知识，进而成为领域内专家，撰写和发表相关学术论文。许多著名编辑既是编辑大家，也是行业专家。

(3) 学习老一辈编辑出版人的经验，可以使新时代的编辑明确职业发展方向，树立成为学者型编辑的职业目标。我国编辑出版史上著名的学者型编辑周振甫先生，在以编辑为终身职业的同时勤于治学，认真钻研，将学习、编辑和研究三者融为一体，在编辑出版多部经典著作的同时，也撰写并发表多部有影响力的著作和多篇具有真知灼见的学术论文[24]。

(4) 与研究者交流。编辑走进实验室，了解最新的研究理论和方法；参加学术会议，聆听学术报告，了解研究前沿和热点。通过组织、参与学术会议，让编辑有与学者平等对话的机会，使编辑能接触到学术前沿信息，并与学者建立良好联系，为成为学者型编辑构建人际关系的保障。

(5) 借助各种信息资源。如各种数据库、搜索引擎、数据挖掘软件等。

2.4 通过各种渠道丰富编辑专业知识

谢文鸿等[25]根据自我效能理论分析导致医学期刊青年编辑直接性经验不足、替代性经验缺乏、社会说服匮乏、生理和情绪状态不良的原因，提出建立广博知识结构、加强同行交流、利用榜样示范效应、加强职业规划教育、鼓励与重视医学编辑工作、创造良好工作环境、培养积极归因方式的相应培养策略，以促使其职业自我效能感的培养与提升。①扎实的编辑理论知识是工作的基础。参加入职培训和编校业务培训是重要的形式。自学更是伴随着职业生涯。②加强对编校规范和标准的学习和研究。学者型编辑要认真研究和熟练掌握同行评议和编辑出版规范，以创新水平和科学价值为标准选稿、用稿，以为作者和读者提供优良服务为己任，成为学术信息、学术交流的服务者，为作者提供政治方向和价值导向正确、规范严谨的指导和协助。③向老编辑学习。间接经验的学习是掌握知识的重要手段。通过老编辑的"传帮带"，新编辑可以快速进入工作角色。④同行期刊的现状。他山之石，可以攻玉，国际医学期刊会发布很多有关学术论文质量评价标准、学术不端现象情况、医学伦理规范要求、研究热点追踪等，具有很好的借鉴价值。⑤参与编辑专业会议学术交流。在学习他人经验的同时，传播自己的经验。⑥通过策划专栏、专题，让有成长性的编辑发挥创造性和主观能动性，充分锻炼和展示编辑各方面的能力，也能使编辑在工作实践中成长为学者型编辑。

出版单位要从经验管理向科学管理、人文管理转变，增加编辑的职业认同感，减少职业倦怠，形成良好的组织氛围，采取有力举措推动编辑的快速成长[26-27]。

3 结束语

医学的发展离不开医学科技期刊的助力，也需要有较强职业能力的学科编辑的参与。编辑的职业能力与其提高专业水平、建设良好的职业道德密切相关。作为医学科技期刊的编辑，只有保持严谨的态度和持之以恒的勤奋精神，勤奋阅读、勤奋浏览、勤奋积累、勤奋写作，练好基本功、拓宽知识面，善于学习和总结，建立学科知识框架，紧跟学科发展前沿，才能成长为优秀的学者型编辑，与期刊共同成长。

参 考 文 献

[1] 《关于深化改革培育世界一流科技期刊的意见》内容摘编[J].编辑学报,2020,32(4):360.
[2] 关于推动学术期刊繁荣发展的意见[J].中国出版,2021(14):3-5.
[3] 习近平给《文史哲》编辑部全体编辑人员回信[J].科技与出版,2021(5):84.
[4] 李军.办有底气的期刊做有骨气的期刊人[J].科技与出版,2021(7):55-58.
[5] 郝振省.倡导工匠精神做学者型编辑[J].出版发行研究,2016(11):1.
[6] 郝振省.关于名编辑、学者型编辑的评价标准与成长路径[J].出版发行研究,2020(8):1.
[7] 时秋宽,孟丽,段春波,等.医学期刊与学科建设的关系及编辑角色的转换[J].科技与出版,2015(2):48-50.
[8] 杨光,陈斌冠,陆文娴.科技期刊编辑的职业认同感及影响因素分析[J].职业与健康,2021,37(17):2372-2375.
[9] 曾敏莉,梁颖文,杨丹,等.基于主成分分析法的重庆市科技期刊编辑职业认同状况统计分析[J].西南师范大学学报(自然科学版),2017,42(11):144-151.
[10] 姜敏,董悦颖,李欣,等.自我效能感视域下改善医学期刊编辑职业倦怠的对策[M]//学报编辑论丛 2016.上海:上海大学出版社,2016:185-189.
[11] 张以芳.科技期刊编辑职业倦怠、职业应激及职业生命质量的关系研究[J].职业与健康,2021,37(16):2177-2180.
[12] 郝静静.医学期刊编辑职业倦怠影响因素分析[J].国际外科学杂志,2021,48(2):119-122.
[13] 刘莉莉.学术期刊编辑专业化发展的困境及出路[J].教育科学论坛,2022(8):38-40.
[14] 李珊.职业认同:编辑专业成长的源动力[J].教书育人(高教论坛),2009(9):104-105.
[15] 宫福满.唯有用心始得真金:对提升科技期刊编辑职业价值的思考[J].编辑学报,2018,30(3):244-246.
[16] 刘思思.基于需求层次理论视域下的青年编辑人才培养与激励机制优化研究[J].出版参考,2020(4):73-75.
[17] 董潇潇.论期刊编辑的职业倦怠与心理调适[J].神州,2019(35):289.
[18] 黄晓峰.论期刊编辑部编辑人才的管理和培养[J].企业科技与发展,2009(18):19-21.
[19] 杨阳.融媒体时代学术期刊融合出版的发展路径探析[J].传播与版权,2022(8):75-77.
[20] 张小玲.移动互联网环境下学术期刊数字化发展探究[J].中国市场,2022(24):96-98.
[21] 郝淼闻.基于区块链技术促进期刊同行评议制度的进化[J].科技传播,2022,14(7):126-129.
[22] 罗飞宁.区块链技术在学术期刊中的应用[J].韶关学院学报,2021,42(6):76-80.
[23] 张福颖,倪东鸿.数据挖掘助力科技期刊选题策划:以《大气科学学报》为例[J].编辑学报,2021,33(1):107-110.
[24] 范艳芹.周振甫的"学者型编辑"思想理念与实践[J].新闻世界,2020(11):72-76.
[25] 谢文鸿,江霞,吴艳妮,等.医学期刊青年编辑职业自我效能感缺失原因分析与培养策略[J].编辑学报,2017,29(1):84-87.
[26] 万家练,阮征.研究:科技期刊青年编辑克服职业倦怠的良策[J].编辑学报,2017,29(5):498-499.
[27] 何静.期刊编辑如何克服职业倦怠[J].中国出版,2007(6):36-38.

从高校学报编辑的自身发展谈编辑职能的调整与转型

金延秋，汤 梅

(清华大学出版社有限公司，北京 100084)

摘要：高校学报是我国科技期刊的重要组成部分，现在很多高校学报经过转型和调整取得了一定的成绩。本文聚焦高校学报编辑的自我成长和发展，分析职能调整面临的人员调整、工作内容、管理制度、具体分工等方面的改变，提出从转变思维方式、培养学习能力、走出编辑部、找准工作定位等方面提高编辑技能和素养，尽快适应工作变化，可为编辑同行提供参考。

关键词：高校学报；编辑；职能调整；转型

早在 2011 年，高校学报改革的号角已经吹响[1]，经过十多年的发展，现在的高校学报在激烈的竞争中探索出一条自强之路，各地高校学报"百花争艳"，在"中国科技期刊卓越行动计划"中，多个高校学报期刊被入选[2]，取得成绩的背后是编辑们的默默付出与不懈努力，在激烈的竞争中迎难而上，在新的时代背景中上下求索。对高校学报的转型研究和探讨不胜枚举，有的高校学报通过转型为专业期刊获得突破，有的通过深挖某些领域建设特色栏目，还有的通过助力高校"双一流"学科发展取得双赢，在此背景下，对于学报编辑，尤其是不同年龄层次、不同学科背景、不同工作方式、不同办刊理念的学报编辑如何适应甚至主导学报的转型，却鲜有论述。本文从编辑的自身发展角度讨论高校学报编辑的职能调整内容，以及如何应对和适应转型后的工作改变，以期为其他编辑同行提供参考。

1 高校学报编辑职能调整的内容

1.1 工作人员的调整

根据《关于报刊编辑部体制改革的实施办法》[3]，科技期刊和学术期刊编辑部均并入新闻出版传媒企业或组建专业性期刊出版传媒集团公司。很多高校学报编辑离开校内工作环境，搬入新的办公环境。在转移过程中，编辑人员会发生变动，有些编辑会离开编辑部，也会有新的编辑加入，以《清华大学学报(自然科学版)》为例，改制后，学报并入清华大学出版社，人员方面，原有的 13 名工作人员只保留了 6 位编辑继续在学报工作，同时出版社也安排了 1 名员工辅助学报工作。与此同时，以前相对稳定的工作模式被打乱，例如每期的责编人员、编务工作的处理、工作流程的交接、排版和校对分工等等，需要根据团队成员变化建立新的协同工作模式，以保障期刊的如期出版。此外，编辑部的直属领导也会发生改变，每个领导的办刊思路并不相同，期刊的办刊模式很有可能会进行调整。

1.2 工作内容和工作方式的调整

原有的办刊模式以编辑办刊为主,定位是服务本校师生科研工作,很多本校学生的第一篇文章往往是投给学报,编辑会邀请学生来编辑部,给学生"讲稿子",讲解论文写作的科学思路和写作规范性,培养学生的科学素养和论文写作水平,对于一篇论文,编辑往往会修改很多遍,投入大量的时间和精力,最终发表的论文表述清晰简洁、逻辑缜密、图表规范精准。编辑的技能培养大多局限在编辑加工、组版出版等,编辑部固定在"来稿—编稿—发稿"的工作模式,编辑大部分时间在"等稿子"。很多高校学报是综合期刊,栏目包括多个学科领域,编辑没有按照学科分类进行分工,分配给编辑的稿件方向也是随机的。

而调整之后,学报转变为开放办刊,收稿范围不再局限于校内师生,将与更多的优秀专业期刊和国际期刊竞争优秀稿源,学报编辑部不再是"世外桃源",编辑更多地需要从出版型编辑转变为学术型编辑和新媒体编辑。同时,数字出版技术改变了传统编辑中稿件登记、审理、修改及排版校对、版面设计等各个环节,打破各环节间的壁垒,实现编辑流程的贯穿[4]。编辑工作的重心会从编校工作转移。编辑加工外包是一种趋势,工作内容不再是"等稿子",而是要走出去"找稿子",更多地去拜访专家学者、参加学术会议、组织专题专刊约稿、参与同行交流、学习新媒体技术、学习多种宣传手段,这对于原来的出版型编辑来说是一个巨大的挑战,很多工作都要从零开始,例如开通期刊的微信公众号,构思和排版相应的内容,如何吸引更多关注,等等,都需要一个适应过程。

1.3 考评和管理制度的调整

在调整前,高校编辑主要完成固定的编辑和审稿任务即可,例如每年责编几期,每年出版的页码,每年的初审篇数,等等。相对来说,每年的工作内容变化不大,考核压力相对较小,有的编辑对于编校工作的研究比较深入,有很多编辑成长为优秀的学者型编辑。同时,在高校内工作,每年的寒暑假会有一定时间的假期,管理相对宽松,也没有激励制度。而调整后,编辑的考评和管理是按照企业管理制度进行的,例如工作会要求严格打卡上班,工作量需要每年进行一定程度的增长;同时任务书中也有各种指标需要达到,考核内容不仅仅是审稿和出版工作,还有很多其他的新任务,例如策划、拜访、盈利、参会、宣传任务,等等。此外,期刊的影响因子、发文量、是否被各种核心数据库收录,是评价期刊甚至是期刊编辑的重要指标。企业要考虑盈利问题,由于之前很多编辑部都无法自负盈亏,需要高校拨款才能正常运转,因此转型后的营收问题也非常重要,相应的生存压力也会转移到编辑身上。转型后会有相应的奖惩机制,例如在某一方面做出突出贡献,编辑会受到一定奖励。

1.4 社会环境改变

与图书编辑或者独立期刊编辑部的编辑不同,调整前,高校编辑处在相对封闭的办刊环境中,对于行业动态、研究热点、期刊运营、市场发行、读者互动、媒体宣传等关注和了解较少,与其他编辑部之间的交流也不多。新中国成立初期,学术期刊种类比较少,很多高校纷纷创立高校学报以填补国内学术期刊的空白,然而社会环境日新月异,各种专业学术期刊如雨后春笋般崛起,新的出版技术、传播手段和办刊理念不断发生变化,各种评价指标纷至沓来,各种数据库收录应运而生,"双一流"高校旗下学报凭借自身的资源优势,早早被各种数据库收录,而普通高校的学报却面临尴尬的境地,既不被本校师生认可,又难以被较大影响力的数据库收录,期刊运营举步维艰。其中学报编辑也要被迫面临市场的残酷竞争,与专业期刊竞争优质稿源,需要学习并适应新的行业竞争规则。

1.5 分工调整

调整前，学报编辑集初审、编辑、校对、出版、邮发等工作于一身，有的甚至兼任部分财务职能，甚至一整期刊从开始到出版都由同一个编辑负责，工作相当烦琐，工作内容相对固定，不能发挥每个编辑的特长和优势。但是调整后，期刊集群化运营更注重细化分工，编辑有很多不同的类型，有策划编辑、出版编辑、数字编辑、新媒体编辑、运营编辑等等。编辑角色细化分工后，各种编辑群将会利用自身的优势，更加专业地把控编辑流程中的各个环节[5]，发挥出"1＋1＞2"的作用。虽然编辑细化分工有利于期刊的长期发展，但是对于编辑个人来说，需要适应并做出一定的改变。

2 学报编辑如何实现更好的发展

2.1 转变思维方式

在新的时代背景下，转型是时代发展的号召，是由旧的办刊模式向符合当前时代要求的新的办刊模式的转变，对编辑能力提出了更高的要求。可能大多学报编辑面对转型是被迫的，但是与此同时，这又何尝不是一次机遇呢？从思想上改变是转型的关键，有的老编辑可能到退休都是相对固定的工作模式和工作内容，而转型解开了编辑成长的束缚，让编辑有机会去接触和学习更加多元化的知识和技能，充分发挥编辑的创造力，让编辑更多地参与社会活动，与时代同呼吸、共命运。去理解转型背后的逻辑，转型是大势所趋，是科学发展的自然规律，编辑能做的是顺势而为，勇敢面对随之而来的挑战，在激烈的竞争中磨炼自己，以个人的成长促进学报的成长，而不是坚守固有思维，坚持以不变应万变，对外界的变化不重视、不思考，将学报置于可能被淘汰的尴尬境地。

2.2 培养学习能力

"活到老，学到老"，这句话在编辑职业体现得更为突出，根据《出版专业技术人员继续教育规定》，出版专业技术人员参加继续教育的时间每年累计不少于 90 学时。编辑所在单位或者一些行业协会等，每年都会组织各种继续教育课程，但是对于实际工作情况来说，这些课程远远不够。处在转型时期的学报编辑，会面对很多以前没有遇到的问题，虽然思想上进行了转变，但是实际工作依旧会有很多困难。以选题策划为例，如何确定选题方向、如何联系专家、如何写征稿函和微信推送、如何发征稿邮件、如何打约稿电话，专题或者专刊出版后如何宣传、怎样写新闻稿、如何安排精准推送，等等，开始的时候会一头雾水，无从下手。这就需要尽快学习一些工作方法和技能，做工作的"有心人"，首先，可以向其他有经验的编辑请教，这是快速便捷的方式；其次，阅读编辑工作相关的文献，很多优秀的编辑将自己的工作经验发表出来，可以学习这些精华，从理论上开阔眼界，找到适合自己的转型路径，同时在实践中不断反思，发现哪一点、哪一方面有所欠缺，发现别人的做法哪里可以借鉴，尽快通过学习转化为自己的技能；最后，注意阶段总结，在每个时期有不同的问题和成绩，问题不断被解决，经验不断被推广，汇总和积累促使个人能力螺旋式上升。

2.3 走出编辑部

打开国门，国家迎来了改革开放；打开编辑部的门，期刊才能与国际接轨。在转型时期，编辑必须走出编辑部，与作者和读者交流，发掘市场需求；拜访专家，组织优秀稿件，邀请学科编委，展示和宣传期刊成果；参加行业会议，捕捉行业研究热点动态；走进其他编辑部，取"他山之石"破解自身难题；参与项目课题申报，以研究推动创新；参加国际出版交流，了解国际期刊集团化运营模式；尝试新媒体平台，帮助论文快速传播[6]。通过各个方面的交流，编辑才能博采众长，发掘自身期刊的资源和优势，认清当前的发展趋势，组建和维护作者群体，在封面和版式设计、栏目设置、选题策划、宣传渠道等方面树立自身品牌，扩大行业影响力[7]。"走出去"是编辑转型的第一步，也是最难的一步，需要打破固有认知，重新认识自己的工作，重新梳理自己的工作思路，与行业发展全面接轨，在了解行业发展趋势和社会需求后，探索自身的全面成长，成为时代的"弄潮儿"。

2.4 找准工作定位

找准工作定位要求编辑要将自身的特长与学报的实际转型需要相结合，制定科学合理的规划，将学报发展与个人价值的实现统一起来[1]。在转型时期，学报编辑年龄层次不同、学科背景不同、工作方式不同、办刊理念不同，在保证期刊正常出版的前提下，可以以兴趣为导向，提升自己的专业技能。例如比较擅长与人沟通，可以在选题策划方面努力，在某些学科领域深耕，通过与专家交流，邀请知名专家为期刊撰稿，邀请知名学者加入编委会，组织和参与专业领域的学术会议，扩大期刊的学术影响力，组建和维护期刊的作者群体；如果比较热衷编辑出版，可以提升自己的编校技能，参加编辑技能大赛，在优化出版流程和编辑规范等方面努力，在集群化办刊模式下，打造出版流程的数字化，也可以参与外编培养工作，成熟的外编可以极大地为编辑减负；如果对新媒体技术比较感兴趣，可以运营期刊公众号，同时在微信、快手、抖音、B站等互联网平台创建期刊的账号，将期刊内容以大众更易于接受的方式进行传播，在增加粉丝关注的同时，传递期刊的科学精神。

3 结束语

在现有的学术期刊评价模式下，我国的科技期刊在国际上并不具备话语权，高校学报曾在20世纪独领风骚，如今却似明日黄花。时代背景在变化，一代又一代的办刊人呕心沥血，很多伟大的学术成就也曾发表在高校学报。如今，高校学报的复兴重担落在了现在的学报编辑身上，转型也许是高校学报涅槃重生的机遇，而如何把握这个机遇，是学报编辑必须思考和努力实践的方向。与此同时，学报编辑自身的成长和发展尤为关键，只有编辑打开办刊思路，培养个人能力，找准工作定位，把握时代机遇，才能引领期刊更好地转型发展。

参 考 文 献

[1] 孙珏.学报编辑的"固守"与"转型"[J].编辑学刊,2013(5):23-27.
[2] 朱小惠,徐玲玲,陈石平.入选"卓越行动计划"高校自然科学学报的国际影响力现状分析[J].出版与印刷,2021(6):58-66.
[3] 新闻出版总署.关于报刊编辑部体制改革的实施办法[EB/OL].[2013-05-30].http://www.gapp.gov.cn/news/1663/103393.shtml.
[4] 江彦,王庆龄,牛朝诗.数字出版环境下科技期刊编辑职能、工作方式转变及自我调整策略[J].传播与版权,2015(11):52-54.
[5] 余佐赞.编辑流程中分化出的新编辑群体:兼论《图书编辑工作基本规程》与时俱进的必要性[J].编辑之友,2008(1):50-52.
[6] 顾爽,孙中悦,范志静.新形势下以交通为特色的高校学报发展策略:以《北京交通大学学报》为例[M]//学报编辑论丛 2021.上海:上海大学出版社,2021:81-84.
[7] 尹玉吉,李逢超,王姣.中国学刊"走出去"的理论误区与路径抉择:以大学学报为切入点[J].编辑之友,2017(11):31-36,56.

高校学报联合青年学者和学生社团打造全新期刊生态圈

刘珊珊，王浩然，沈晓峰，郭建顺，张学东

(吉林大学《中国兽医学报》编辑部，吉林 长春 130062)

摘要： 总结《中国兽医学报》依托主办单位吉林大学畜牧兽医专业优势学科，在搭建联和青年学者、学生、科研团队和期刊沟通桥梁过程中，逐渐构建多形式学术社区，为期刊改革创新提供更多的思路。高校学报应立足学校的优势学科，以服务学校的学科建设和人才培养为目的，积极寻求期刊与科研人员间的双向互动，构建连结作者、读者、编辑、编委和实践的期刊生态圈。

关键词： 中国兽医学报；主办单位优势学科；青年学者；学生；学术社区

2020年9月，习近平总书记指出，要办好一流学术期刊和各类学术平台，加强国内、国际学术交流。新时代背景下，学术期刊应该积极融入主流学术研究体系，走近各项学术活动中，获悉学术前沿动态，追踪并持续报道优秀成果，逐渐产生品牌效应[1]。积极搭建学术交流平台，组建不同类型学术社群，连结作者、读者、专家、编辑、编委和商家，促进国内科技工作者学术交流，使科学信息和观点得到充分沟通和融会，加速科技成果转化。

高校学报应立足学校的优势学科，以服务学校的学科建设和人才培养为目的，引领学科发展[2]。《中国兽医学报》由吉林大学主办，依托畜牧兽医专业优势学科，逐渐建立学科—编辑—实验室—编辑部学术追踪模式[3-4]，组织青年学者进行学术交流，搭建学术、学习、就业平台，为青年学者提供展示平台，并联合学生社团打造全新社区，在搭建联和青年学者、学生、科研团队和期刊沟通桥梁过程中，逐渐构建全新期刊生态圈，为期刊改革创新提供更多的思路，如图1所示。

1 高校学报积极融入主流学术研究

加强"双一流"建设背景下，高校学术共同体与学术期刊相互促进，高校学报借助编委的力量聚焦学科热点，以服务学校的学科建设和人才培养为出发点，依托学校优势学科，集中报道并宣传学科最新研究成果，吸引优质稿源，为期刊学术质量保驾护航[5]。《中国兽医学报》编辑部联合吉林大学农学部国家重点实验室，创建编研相结合的改革思路，建立学科—编辑—实验室—编辑部学术追踪模式(见图2)。每个编辑利用大数据平台，将对接学科科研内容进行系统总结，积极参加实验团队学术会议和行业峰会，追踪最新研究进展，积极策划主题形成专题报道，前瞻性聚焦吉林大学学科领域前沿和热点，真正做到科研机构和科技期刊协同

基金项目： 2021年度农业期刊网研究基金资助项目(CAJW2021-026)
通信作者： 郭建顺，E-mail：jsguo66@163.com

发展，达到传播知识、推进学科建设、引领学术创新的目的，并为期刊办刊模式改革创新提供更多思路。

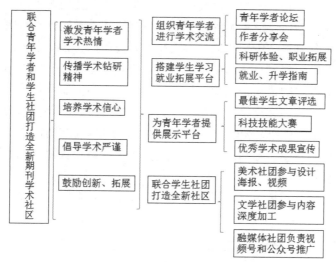

图1　联合青年学者和学生社团打造全新期刊学术社区

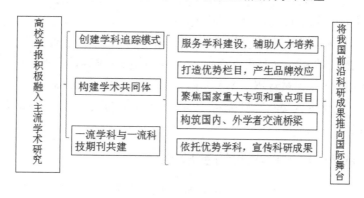

图2　高校学报积极融入主流学术研究

2　以优秀论文为媒介，定期举办作者分享会

我刊建立学科—编辑—实验室—编辑部学术追踪模式后，各学科负责编辑积累、跟踪学科前沿信息，全面掌握我校畜牧兽医专业各重点实验室的学科背景，科研人员是科学的积极创建者，是科研论文的生产者、利用者和传播者，是期刊发展的参与者和建设者，也是期刊写稿、审稿的储备专家。我刊定期举办作者分享会，搭建连接期刊—科研团队—学生的交流平台。筛选期刊的本校高水平作者作为主讲嘉宾，分享相关研究方向的最新研究进展。学术交流会促进我校交叉学科之间思想交流，拓展了学科发展方向，是学生直观了解学科发展动态、完善科研思维的最好实践机会，为学生未来从事科研工作做好铺垫，同时培育出大批的潜在优秀作者群。迄今已成功举办5期，因疫情影响拓展线上会议，进一步跨越我校平台，邀请全国各高校和科研机构优秀学者进行定期交流，每期特约权威专家进行点评和总结，每次线上观看人数均达到300+，讨论更加多样化、具体化，交流会产生的大量问答和信息有效促进科研问题的解决，提高论文与作者团队的曝光度。

3 搭建学生学习、就业拓展平台

针对高校学生需求，我刊公众平台设置不同板块，从科技论文写作、论文检索、科研立项、就业升学指南等方向提供信息服务。邀请刚毕业的优秀学生分享科研体验和职业拓展；邀请高被引论文作者分享科技论文阅读、检索和撰写技巧；在公众号开设多个针对学生的栏目，如专家报告、数据收集分享、论文集锦等；宣传青年学者，扩大青年在国内领域的影响力，将青年学者最近发表的优秀论文梳理呈现；邀请优秀学生展示科研生活和团队风采，从团队研究特色、科研成果、文化氛围等角度，为学生呈现科研的真实面貌；同时我刊创建科技写作、文献检索、试验操作、编辑实践四位一体"移动课堂"融合教学模式，组织分组讨论、总结汇报、模拟开题及答辩，最后进行科技论文分析，撰写及投稿实践练习，为学生学术论文撰写和未来从事科研工作做好铺垫。目前已成立学生交流群2个，具体指导学生科技论文写作、开题报告撰写、课题进展讨论、科研选题等交流报告，对学生实践操作起到具体指导作用。

4 搭建青年学者学术展示平台

我刊积极组织青年学者进行学术交流，提供与名师交流沟通机会。组织青年学术论坛、积极推荐青年学者申报基金项目。设立青年学者专栏，从求学生涯、科研经验、引领学科发展角度，将优秀学生成长轨迹进行宣传，并制作成简短的视频，通过微信公众号和多媒体平台进行宣传，树立榜样力量。同时设立畜牧、兽医实践操作联赛，设置"青年科学家奖""最佳学生文章奖"等奖项。并加大对青年科学家出版费的减免力度，不断激发青年学者的科研热情。近3年，本科生在我刊发表文章比例提高10%，硕士、博士生论文撰写指导工作不断落实，优秀论文比例提高25%。

5 利用学生社团打造全新期刊发展社区

学术社区的建立，加深了期刊、实验室和学生的深度交流，并促进更多的科研工作者和学生加入到我刊工作运行中，缩短期刊与一线科研人员之间的距离，为期刊储备未来办刊人才[6]。我刊逐渐建立活跃的作者交流群，形成读者、作者与学术社群的良性循环，积极发布学科和期刊发展动态，交流科研、科技写作，甚至职业规划方向等问题，激活了学生学术热情，也开启了我刊联合学生社团创立新形势社区的新局面。

我校学生社团包罗万象，学生们在学习新技术，尤其是融媒体技术方面成绩斐然，逐渐成为各领域的小专家，是我校综合实力的另一种体现。学生社团在我刊改革发展中做出显著贡献，我刊在推文撰写和多媒体制作、社交媒体运营、数据分析、举办活动会议和微信群管理等方面联合我校文学社团、美术社团、融媒体社团等创立新形式社区，成为拓展我刊编辑技能短板的优质人才资源，从而在快速提升期刊影响力方面发挥了重要作用。

目前，美术社团为我刊设计专业海报、视频；文学社团联合我校青年学者，协助作者和编辑撰写文章导读、学术简讯，并拓展论文深度加工工作；融媒体社团负责我刊视频号和公众号内容生产和推广工作。参与我刊工作的有读博士5名、在读硕士10名、本科生20名，青年教师15名。社团成员的加入，丰富了期刊内容生产、设计、宣传推广等各个环节，缩短了期刊与科研人员以及学生之间的距离，对于期刊的不断发展具有重要的现实意义。

6 结束语

高校学报改革建设中应回归办刊初衷,为学科建设服务,引领学术创新[7-8]。传播方式从纸本转移到数字化期刊,通过内容多形式加工和多媒体传播途径发布学术信息,构建全新的科技期刊发展生态,建立连接连结作者、读者、编辑、编委和实践的期刊生态圈,促进科技期刊与科研人员间的双向互动[9]。近几年,优秀科技期刊致力于发挥自己的主导作用和传播优势,通过创建学术社群和开设学术研讨会等活动,促进学者之间的学术交流,构建期刊和学科发展命运共同体[10]。《中国兽医学报》以优秀论文为媒介,定期举办作者分享会,促进了我校交叉学科之间思想交流,拓展了学科发展方向,完善学生专业知识结构,为学生未来从事科研工作做好铺垫;搭建学生学习、就业拓展平台,针对高校学生需求,设置科技论文写作、论文检索、科研立项、就业升学指南等信息服务;同时致力于搭建青年学者学术展示平台,激发青年学者对学术研究的热情,培养学术信心,传播学术钻研精神,鼓励创新、指导写作、倡导学术严谨,为培养我国优秀的科技后备力量做出贡献;并在撰写推文、多媒体制作、社交媒体运营、数据分析、举办活动会议和微信群管理等方面联合我校文学社团、美术社团、融媒体社团等创立我刊新形式社区,为期刊改革创新提供更多的思路。

参 考 文 献

[1] 张朝军,肖英,赵霞,等.科技期刊在科学传播共同体中的作用[J].科技传播,2019,11(17):1-6.

[2] 丁佐奇.科技期刊多维度助力科技创新与"双一流"建设[J].科技与版,2018(9):11-15.

[3] 刘珊珊,韩东,沈洪杰,等.提升编辑"四力"对加快中国科技期刊发展的推动作用[J].编辑学报,2021,33(6):689-692.

[4] 刘珊珊,王浩然,孙晓芳,等.高校学报"移动课堂"教学促进科技论文写作发展探索[J].编辑学报,2020,32(1):101-103.

[5] 杨保华,秦明阳,邓履翔,等."双一流"背景下高校理工类中文综合性期刊的发展定位与策略[J].中国科技期刊研究,2020,31(4):381-387.

[6] 尹欢,孔敏,张彤,等.英文学术期刊学术社区的探索与思考:《园艺研究》为例[J].编辑学报,2021,33(8):1040-1048.

[7] 周俊,段艳文.高校学报专业化发展分步走路径探讨:从专栏到专辑再到专刊[J].中国科技期刊研究,2022,33(2):228-233.

[8] 郭宸孜,白雨虹,崔铁军.超越论文,服务科研术:《Light Science & Applications》培育我国旗舰科技期刊的探索[J].编辑学报,2019,31(1):1-6.

[9] 尹欢,李楠,陈文珠,等.科研人员参与期刊运营的探索与实践:以云实习编辑项目为例[J].编辑学报,2022,34(1):105-110.

新时代期刊编辑的使命与担当

罗 翔

(科学咨询杂志社,重庆 401120)

摘要:期刊作为文化事业的重要组成部分,迎来了崭新的发展阶段。新时代的期刊编辑要保持激情,努力工作,肩负使命,有所担当,积极作为。本文从编辑的职业现状出发,总结出当前期刊编辑工作的主要问题,分析了新时代期刊编辑的使命,提出了新时代期刊编辑的担当,指出了新时代期刊编辑的奋斗方向和目标。新时代不断增强期刊编辑的使命与担当具有新的意义和内涵,有利于推动我国期刊事业的可持续发展,有利于促进我国文化自信的进一步展现。

关键词:新时代;期刊编辑;使命;担当

在中国特色社会主义新时代,期刊编辑要坚守初心,引领创新,弘扬中华文明,繁荣学术研究,促进期刊事业的发展。新时代对做好期刊出版工作提出新要求:一是坚守办刊初心,服务国家建设大局;二是引领学术创新,促进中外学术交流;三是坚定文化自信,传播中华优秀传统文化[1]。期刊编辑肩负时代使命,要担当时代责任,充分发挥期刊的作用和影响,为中华民族的伟大复兴贡献力量。一流期刊背景下的期刊编辑初心和使命有:一是提高编辑职业素养,全心投入编辑工作;二是重视办刊质量,贯穿编辑出版全流程;三是加强规章制度建设,注重编辑业务学习;四是正确认识期刊价值,尽好编辑本分[2]。抓住承上启下、继往开来的历史机遇,在期刊编辑的培养方面不断下工夫,有效解决期刊面临的问题,增强期刊编辑的使命与担当,加快期刊发展步伐,不断开创新时代中国特色社会主义伟大事业的新局面。

1 当前期刊编辑工作的主要问题

期刊是世界了解中国的窗口,是展现中华优秀文化的机会,有利于向全世界展示一个全面、立体、真实的新中国。现阶段期刊编辑的职业现状不容乐观:一是编辑素养的缺失;二是工作动力的迷失;三是晋升空间的丧失[3]。期刊编辑长期工作任务重,工作要求高,工作压力大,超负荷工作与所得待遇不相称。当前期刊主要问题有:资源分散,集约化程度低;缺乏特色,同质化现象严重;封闭办刊,缺乏活力和创造力[4]。当前期刊编辑工作的主要问题有:期刊编辑专业知识有限,影响工作质量;期刊编辑人才数量偏少,影响工作速度;期刊编辑岗位分工模糊,影响工作效率;期刊编辑创新能力不足,影响工作激情。正视当前期刊编辑工作的问题,克服困难,积极进取,不断加强期刊编辑人才的培养力度,不断把刊物办得更好。

1.1 期刊编辑专业知识有限,影响工作质量

习近平总书记指出,建设高品质的期刊,让世界更好认识中国和了解中国,增强中国人

的骨气和底气。而要建设高品质期刊，充分展示高水平研究成果，就必须先有高水平的期刊编辑。期刊编辑能力培养的内容有：一是广博的学术专业知识与扎实的编辑业务功底；二是提升综合能力与专业素质；三是重视职业道德培养[5]。通常情况下，期刊设有多个栏目，涉及的学科很广泛，需要具有丰富的专业知识。有些期刊具有很强的学术性，需要对专业深入研究，弄懂学术逻辑和学术趋势。期刊编辑往往是文科出身或者某一专业出身，对于这么广的学科分布和这么深的专业领域，往往会力不从心，难以有效胜任，影响工作质量。由于期刊编辑掌握的专业领域较为有限，很难全面深入了解相关学科的知识，往往会制约期刊工作的开展。

1.2 期刊编辑人才数量偏少，影响工作速度

编辑是学术期刊的"守门人"，编辑队伍的水平，是一本学术期刊实现高质量发展的核心因素。但从大部分期刊的实际情况来看，一方面专业知识有限，另一方面编辑人才数量偏少，这更是加剧了期刊快速发展与期刊编辑有效供给不足的矛盾。在编辑人才数量偏少的情况下，期刊编辑的工作量大大增加，难以精准把控期刊出版中的每一个环节，影响工作速度。同时，期刊编辑除了工作压力大，心理压力也大，缺乏释放压力的渠道和空间。同时，期刊编辑人才队伍年龄结构不合理的现象较多，精力旺盛的青年编辑数量较少。通过对江苏省编辑人员的基本情况调查，年龄小于30岁的编辑人员仅仅只占16.77%，年龄在30岁到50岁之间的编辑人员占比53.42%，50岁以上的编辑人员占比达到29.81%，平均年龄较高[6]。在编辑人才数量偏少的情况下，审稿、组稿等时间延长，论文刊登周期延长，也会导致期刊作者有一定的情绪，影响期刊的良性发展。

1.3 期刊编辑岗位分工模糊，影响工作效率

随着中国特色社会主义进入新时代，学术期刊面临期刊强国的艰巨任务，这对学术期刊编辑提出更高要求，过去单一的编辑队伍已经无法适应此要求。一般情况下，期刊杂志社往往设置有主编、副主编、编辑部主任、执行编辑、责任编辑等岗位，不同岗位有不同的要求。但由于期刊编辑人才数量偏少，期刊编辑岗位往往分工模糊，除了编辑工作之外，还需要完成排版、校对等基础工作，影响工作效率。期刊编辑的岗位协同设置包括：一是细化岗位类别与分工；二是基于人才类型与特长制定精准编辑职业规划；三是主动规划与被动规划结合；四是个人职业规划与期刊发展规划相协调；五是积极借鉴企业化办刊的成功经验[7]。在期刊编辑岗位分工模糊的情况下，就需要做好编辑角色的多岗位历练，更准确识别出优质的投稿稿件，与期刊读者更好地沟通交流，更快完成期刊出版各环节的工作内容。

1.4 期刊编辑创新能力不足，影响工作激情

促进学术期刊的快速发展，就需要一支能打硬仗、敢于创新的学术期刊编辑队伍。由于期刊编辑创新能力不足，虽然我国是学术科研成果论文的重要产出国家，但也是全球各大数据库资源的主要购买国家。由于体制机制、制度规章等方面的原因，许多期刊编辑存在创新意识淡薄、创新意愿不足、创新能力不足等问题，影响工作激情。由于长期以来的超负荷工作，期刊编辑也没有过多的时间和精力投入到创新当中。学术期刊编辑的角色重构与责任担当有：一是革新传播理念，树立全媒体传播思维；二是培养多种技能，增强协同意识；三是优化内容建设，提升服务能力；四是强化编辑主体意识，做好把关人[8]。只有期刊编辑的理论水平和学术能力达到一定水准，才能孕育出创新的土壤，才能形成源源不断的动力，使学术期刊长期保持对广大作者、读者的强大吸引力。

2 新时代期刊编辑使命和担当的必要性与重要性

近年来，党和国家对期刊发展和期刊编辑越来越重视，学术科技期刊发展迅速，期刊编辑工作热情前所未有的高涨。2019 年 8 月，中国科协等四部门联合印发《关于深化改革 培育世界一流科技期刊的意见》，要求加强编辑队伍建设，大力提升出版传播的核心竞争力，努力跻身世界一流阵营。2021 年 6 月，中宣部等三部委联合印发《关于推动学术期刊繁荣发展的意见》，提出加强期刊编辑人才队伍建设是期刊出版的重点任务，大力提升内容质量和传播力，努力打造一批代表国家学术水平并具有世界影响力的知名期刊。当前，强调期刊编辑使命和担当，不仅是一种情怀，更是一种责任。随着我国期刊事业进入一个崭新的新时代，对期刊编辑的要求必然越来越高。

2.1 新时代期刊编辑使命和担当的必要性

在中国特色社会主义新时代，强调期刊编辑使命和担当是非常必要的。一方面，重视期刊编辑使命和担当是提升编辑业务水平的必然选择。只有期刊编辑的理论水平和学术能力达到一定水准，才能更快更准确地识别出优质的投稿稿件，才能与期刊读者更好地沟通交流，才能使期刊长期保持对广大作者、读者的强大吸引力。不断扩大期刊编辑使命和担当的内涵与外延，充分发挥期刊编辑的主动性和积极性，快速提升期刊编辑的业务水平，促进期刊发展的提档升级。另一方面，重视期刊编辑使命和担当是加强编辑队伍建设的必然趋势。构建科学合理的编辑人才梯队，充分发挥青年编辑"初生牛犊不怕虎"的作用，善于学习新鲜事物，善于产生新鲜想法，带动整个编辑队伍的生机与活力。加强网络课程学习，加强内部培训与外部交流，认真研读审稿专家的意见，促进期刊编辑的快速成长。不断扩大期刊编辑使命和担当的内涵与外延，促进产教融合，促进教研互动，促进编研结合，培养高质量高水平的编辑人才队伍。

2.2 新时代期刊编辑使命和担当的重要性

在中国特色社会主义新时代，强调期刊编辑使命和担当是非常重要的。一方面，增强期刊编辑使命和担当有利于促进期刊创新发展。目前，部分期刊存在同质化现象严重、集约化程度低、活力缺乏等问题，这就需要引入更多富有创新意识和创造力的期刊编辑人才。主动走出去，与博士、教授、专家等深入交流互动，刊登高层次的学术论文，提升学术水平，提高学术造诣。牢记使命，勇于担当，创新思路，了解学科技术前沿，参与学科领域的研究项目，吸引高质量作者，提升期刊价值含量，促进期刊的跨越式发展。另一方面，增强期刊编辑使命和担当有利于形成学术繁荣局面。随着当今社会的快速发展，新的学术研究不断涌现，新的学术突破不断发生，对期刊编辑的要求越来越高。期刊编辑可主动走进高等院校与科研机构，走进行业企业与实验室，不断提升期刊的知名度与学术影响力。加大期刊编辑的培养力度，扩展学术思想的深度，提高解决现实问题的能力，突出智库功能的发挥，促进学术的繁荣与发展。

3 新时代期刊编辑的使命

与部分发达国家相比，我国期刊事业发展仍然面临较大的差距，期刊多而不强，期刊多而不优，关键期刊数据库资源受制于人。期刊编辑的使命是提升中国学术话语权，期刊编辑是内容和导向的把关者、作者和读者的沟通者、学术创新和学术繁荣的引领者，期刊编辑需培养敏锐的政治素养与深厚的学术素养[9]。新时代期刊编辑的使命有：以学术为引领，不断挖掘期刊编辑专业知识的深度；以文化为导向，不断拓展期刊编辑专业知识的广度；以经验为借鉴，不断增加期刊编辑专业知识的厚度。期刊编辑要不忘初心，牢记使命，守正出奇，不断开创期刊事业发展的新局面。

3.1 以学术为引领，不断挖掘期刊编辑专业知识的深度

坚守学术发展的使命，坚持学术导向，促进学术争鸣，在期刊编辑专业知识深度方面下工夫。期刊是促进学术研究的重要工具，可以引领学术发展的潮流。期刊编辑的学术使命有：一是树立学术导向；二是倡导学术规范；三是抵制学术不端；四是促进学术争鸣[10]。在融媒体背景下，充分借助新媒体手段，加强网络课程学习，加强内部培训与外部交流，大力推进编研结合，不断提升期刊编辑的学术水平。期刊编辑要主动走出去，开拓思路，开阔眼界，增长见识，不断提升专业知识。把握世界科学技术的发展方向，紧跟学术研究的趋势和热点，做好选题策划，在选题论证方面下工夫，不断提升论文的学术价值。引导期刊形成正确的价值导向和价值判断，潜移默化提升读者的审美境界与知识境界。不断丰富期刊编辑的专业知识，牢牢把握办刊宗旨，牢牢把握办刊重点，更好地引领学术发展的潮流。

3.2 以文化为导向，不断拓展期刊编辑专业知识的广度

坚守文化传播的使命，弘扬中国文化，传承中国精神，在期刊编辑专业知识广度方面下工夫。期刊是展示中国精神的文化资源，是展现文化自信的重要载体。期刊编辑要自觉做文化传播的使者，促进中华优秀传统文化的创造性转化与创新性发展，努力为新时代中国特色社会主义事业作出更大的贡献。坚守文化使命，吃透中国文化精神，体现中国文化特征，在此基础上形成期刊的特色。秉承高度的文化自信，充分发挥中华文化博大精深的优势，积极借助期刊推动文化输出，不断发扬光大。树立正确的文化心态，逐步形成文化自觉，以人为本，促进人的全面发展。通过对中华优秀传统文化的坚守与推崇，不断挖掘学术期刊中的人生哲学与中国精神，不断挖掘期刊中的学术价值与中国力量。不断提升期刊编辑的文化水平，把期刊作为文化的重要组成部分，把期刊作为文化的重要传播媒介，更好地弘扬中国文化的精髓。

3.3 以经验为借鉴，不断增加期刊编辑专业知识的厚度

坚守科学发展的使命，服务经济建设，促进社会进步，在期刊编辑专业知识厚度方面下工夫。期刊编辑的职业素养包括：一是基本职业技能，其中政治素养放首位、专业编辑技能需提升、继续教育要持续；二是专业职业技能；三是关键职业技能[11]。通过不断总结经验，大力提升期刊编辑的职业素养。站在新的历史时期，期刊编辑应主动走向前台，不断推介价值高的优秀学术成果，服务国家与社会，努力为经济发展与社会进步作出更大贡献。牢记历史使命，大力彰显科学精神，在关键领域持续发力。根据以往经验，大力传播与推介新思想、新文化、新知识、新信息等，形成期刊发展的旺盛生命力。充分发挥"传帮带"的作用，加强内部交流与培训，加快期刊青年编辑成长的步伐，不断提升期刊发展的整体水平。树立强烈的社会责任感，心系国家需求，心系读者偏好，情系作者利益，常持敬畏之心，常怀感恩之情，热爱期刊事业，倾注期刊事业。不断提高期刊编辑的职业素养，努力促进经济发展，努力促进社会进步，更好地助推中华民族的复兴。

4 新时代期刊编辑的担当

建设新时代中国特色社会主义的伟大事业，需要学术期刊事业的繁荣与发展。新时代学术期刊编辑面临学术引领、提高国家软实力的新任务，要做学术引领的铺路者，要做提高国家软实力的践行者，紧跟时代步伐，有所担当[12]。新时代期刊编辑的担当有：克服人才数量偏少的困难，做笃信好学的"学习型编辑"；克服岗位分工模糊的困难，做作风过硬的"忠诚型编辑"；克服创新能力不足的困难，做开拓创新的"创造型编辑"。为了早日建成社会主义文化强国，需要更多的期刊编辑既有能力又敢担当，描绘并逐步实现期刊事业未来发展的宏伟蓝图。

4.1 克服人才数量偏少的困难，做笃信好学的"学习型编辑"

在编辑人才数量偏少的情况下，不断加强学习，制定学习目标，提升编辑素养，提升基本职业技能、专业职业技能与关键职业技能。期刊编辑身上肩负着沉甸甸的责任，这份责任感激发着期刊编辑不断奋发图强。尤其是进入中国特色社会主义新时代，世界形势风雨变幻，学术研究日新月异，对期刊编辑的要求更高。学习是对期刊编辑的客观要求，也是承担编辑责任的基础条件。期刊编辑既是学术研究成果传播的发现者与加工者，也是学术研究成果的学习者与知识建构者。利用高等院校、科研机构等有利条件，理论联系实际，积极参与行业交流，积极开展学术实践，努力提升学术水平。只有不断加强学习，才能在期刊编辑人才数量偏少的情况下提高工作速度，确保期刊杂志社的正常运转。增强期刊编辑责任担当，加强思维训练，改善知识结构，构造学习共同体，不断活化自己的学习力，不断拓展自己的学习力，真正成为"学习型编辑"甚至"学者型编辑"，努力起到中流砥柱的作用。

4.2 克服岗位分工模糊的困难，做作风过硬的"忠诚型编辑"

在编辑岗位分工模糊的情况下，提高思想修养，提高专业水平，筑牢政治底线，把握党的路线、方针与政策，把握社会主义办刊方向。期刊编辑身上肩负着学术传播的重任，代表着期刊发展的航向。期刊编辑应具有良好的职业素养，其中政治素养是首位，提高思想意识，坚定政治方向，把握宣传导向。期刊编辑作风建设的路径有：一是增强政治意识；二是加强理论修养；三是强化法治思维；四是厚植担当情怀[13]。加强期刊社党的建设，坚持党建引领，不断增强"四个意识"，坚定"四个自信"，做到"两个确立"与"两个维护"，在思想上、政治上与行动上同党中央保持高度一致，坚定理想信仰，对党忠诚，对人民忠诚。不计较个人得失，不计较工作量多少，以身作则，率先示范，在党的领导下宣传期刊，传播期刊，推广期刊。只有爱岗敬业，才能在期刊编辑岗位分工模糊的情况下提高工作效率，确保期刊杂志社的有序衔接。增强期刊编辑政治担当，打造过硬的编辑作风，不忘初心，砥砺前行，坚持社会主义办刊方向，努力起到事半功倍的效果。

4.3 克服创新能力不足的困难，做开拓创新的"创造型编辑"

在编辑创新能力不足的情况下，制定长远的职业发展规划，制定终身成长计划，勇于开拓创新，与期刊发展共命运，与期刊事业同呼吸共命运。期刊编辑身上肩负着期刊发展的重任，这份重任就是要把期刊做大做强，促进我国期刊事业的发展，早日建成社会主义文化强国。期刊编辑要合理规划职业发展目标，积极开展学术研究，主动进行梳理总结，充分利用网络资源，紧跟学术发展趋势，积极倡导学术创新。根据新时代的要求，学习借鉴国内外优秀期刊的办刊经验，探索期刊创新的方向，增强对读者的吸引力。坚持"百花齐放，百家争鸣"

的办刊方针，奉行开放性的办刊原则，创新学术期刊论文表达方式，多用通俗易懂的语言，多用喜闻乐见的语句，提高学术期刊的可读性。大力推动期刊创新，大力推进数据平台建设，增强科研成果资源优势，加快建设世界一流期刊的步伐。只有勇于创新，才能在期刊编辑创新能力不足的情况下提高工作激情，确保期刊杂志社的生机活力。增强期刊编辑发展担当，引领主流价值，不断加强学术期刊内容和形式的创新，不断提升新时代中国特色社会主义文化自信的质量和水平，努力起到推波助澜的作用。

5 结束语

当前，我国正在建设新时代中国特色社会主义的伟大事业，期刊事业的繁荣与发展已经提升到了新的发展高度。在中国特色社会主义新时代，期刊编辑既面临着前所未有的机遇，也面临着前所未有的挑战。通常情况下，期刊发展受制于编辑队伍，训练有素、卓有成效的编辑队伍有助于学术期刊脱颖而出，反之则束缚学术期刊繁荣发展。面对期刊编辑工作的主要问题，期刊编辑要牢记使命，主动担当，积极作为，无私奉献。新时代期刊编辑应坚定学术引领铺路者的奋斗方向，应树立提高国家软实力的奋斗目标。高度重视期刊编辑培养，多方面创造条件，多途径激发活力，努力成为期刊事业发展的生力军。以新时代中国特色社会主义思想为指导，不断增强期刊编辑的使命与担当，促进期刊的多元化发展，促进中华优秀传统文化的多样性展示，努力走出一条具有新时代特色和内涵的期刊编辑成长与成才之路。

参 考 文 献

[1] 张之晔.一流学术期刊建设视阈下学术期刊编辑的使命与担当[J].出版广角,2021(19):30-32.
[2] 刘劲,李丛芳,汤代国,等.一流期刊背景下的编辑初心和使命[J].黄冈师范学院学报,2021,41(6):262-265.
[3] 汤太祥.高校学报青年编辑成长的困境与对策[J].石家庄学院学报,2020,22(5):156-160.
[4] 包颖,邱香华,欧宾.高校期刊的现状与改革机制探讨:以重庆市若干高校期刊为例[J].长江师范学院学报,2018,34(3):136-140.
[5] 郭海瑞.科技期刊青年编辑人才队伍建设与能力培养[J].山西科技,2020,35(6):112-115.
[6] 梁赛平."三强三高"文化强省视域下江苏期刊人才队伍建设策略研究[M]//学报编辑论丛 2021.上海:上海大学出版社,2021:345-349.
[7] 徐艳,邝文国.转企改制背景下科技期刊编辑的职业规划-岗位协同设置[J].科技创新与生产力,2021(6):4-6.
[8] 周春娟,何苗苗,温优华.新媒体时代学术期刊编辑的角色重构与责任担当[J].伊犁师范学院学报,2021,39(1):88-92.
[9] 尹金凤,胡文昭.如何提升中国学术的话语权:兼论学术期刊编辑的问题意识与学术使命[J].中国编辑,2018(7):73-77.
[10] 张琪,李朋.浅论科技期刊编辑的学术使命及实现途径[J].黄冈师范学院学报,2015,35(3):230-233.
[11] 陈丽杰.新时代科技期刊青年编辑成长之路探析[J].新闻研究导刊,2021,12(9):222-224.
[12] 钟晓红.新时代学术期刊编辑的使命与担当之我见[J].辽宁广播电视大学学报,2019(4):108-111.
[13] 郭田珍.新时代社科期刊编辑政治能力建设探析[J].科技与出版,2021(2):73-77.

学报编辑论丛

（第29集）

主编 刘志强

下册

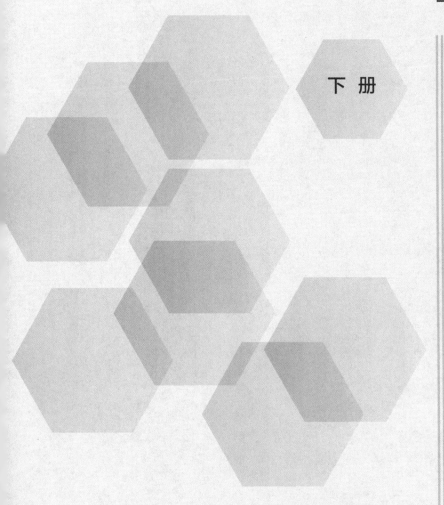

上海大学出版社
·上海·

目　次

媒体融合与新媒体技术应用

科技期刊微信公众号现状、热点趋势研究——基于CiteSpace的知识图谱分析
……………………………………………………………杨芳艳，江张胜，白永利，胡昌盛 (381)
网络首发对稿件的效用分析及录用过程优化——以《食用菌学报》为例
………………………………………………………………………曹婷婷，王瑞霞，费理文 (390)
基于CNONIX标准的传统出版ERP系统升级思路……………………………焦　健，王　运 (398)
互联网时代如何借鉴国外期刊运营模式促进我国学术期刊发展
………………………………………………………………………陈小明，方　伟，黄云熙 (403)
媒体融合背景下学术期刊头条号的发展现状及提升策略………………………………周丽萍 (410)
《核动力工程》增强出版研究与实现
………………………周　茂，黄可东，张祚豪，邱　彦，左琬玉，李睿文，梁　超，刘　萍 (421)
科技期刊新媒体平台建设探索——以《法庭科学研究(英文)》实践为例
………………………………………………………………黎世莹，张　慧，史格非，吕叶辉 (429)
区块链技术推动下期刊数字版权保护机制……………………………………王　丹，张祥合 (436)
超链接技术应用对提升纸媒期刊影响力和传播力的作用——以二维码应用为例
…………………………………………………………………………………………逄锦伦 (441)
高校学术期刊融合出版实践探索——以《同济大学学报(自然科学版)》为例
………………………………………………………徐清华，余溢文，张　弘，刘燕萍，赵惠祥 (448)
学术期刊公众传播的多维度分析与启示…………何洪英，杨莉娟，朱　丹，葛　亮，张曼夏 (453)
中文建筑类学术期刊网络首发出版现状调查……………………刘玉姝，黄　娟，王东方 (461)
5G时代科技期刊的传播机遇、挑战与策略…………………………黄谷香，杨　珏，黄艺聪 (470)
学术期刊高质量发展：全媒体融合与数字化转型………………………………………林丽敏 (474)
新媒体时代提高学术期刊影响力及发行量的有效途径…………………………………周翠鸣 (479)
社群视角下学术期刊微信公众号的运营策略……………………………………………李欣阳 (484)

上海市科技核心期刊微信公众号建设现状及运营策略建议

·················王晓宇，陈 姣，汪 源，丁瑾瑜 (490)

科技期刊微信公众号开通初期的应用探讨——以《中国细胞生物学学报》为例

·················李梓番，陈志婷，钱倩倩，刘阿静，李 春 (498)

中文科技期刊单刊云数字出版转型要点——以疫情防控期间《实验动物与比较医学》
出刊实践为例···张俊彦 (504)

学术期刊利用电子邮件时事资讯推动期刊学术信息传播探析——以核科学资讯为例

···孙丽华 (510)

DOAJ 数据库收录中文医学期刊现状及期刊网站建设分析·····················王琳辉 (516)

期刊出版工作研究

关注国家自然科学基金申请 助力编辑工作——以地质学为例

··李晓杰，王燕海，王军芝 (522)

国内学术期刊分类号标引探讨——以数学期刊为例·····························钮凯福 (531)

"双一流"建设背景下高校科技期刊与学科建设融合发展的路径探索···········张芳英 (539)

水产学科科技核心期刊关键词分析及启示···············鲍旭腾，黄一心，梁 澄 (543)

同行评议期刊寻找合适的审稿专家·······················黄 伟，孙 伟，蒋 霞 (552)

高校科技期刊学生作者出版前撤稿原因及应对策略·······崔 桐，刘 莉，王清海，韩永吉 (557)

卫生管理领域作者向中英文科技期刊投稿的偏好研究···张伊人，黄蛟灵，何 蓉，操 仪 (561)

学术期刊如何保持及稳步提升约稿质量——写在从事学术刊物编辑工作十年之际

···陈慧妮 (569)

文献计量法在《空气动力学学报》选题中的应用探索

·················徐 燕，段玉婷，高金梅，黄怡璇，魏向南，李 清 (579)

4 种环境科学类期刊 2010—2019 年高被引论文研究······邵世云，王少霞，王晓飞，张静蓉 (587)

多策略提升国际影响力，建设轨道交通领域一流学术期刊
——基于 Railway Engineering Science 办刊实践·············兰俊思，周 尧，李恒超 (592)

基于在 SCI 数据库中被引用情况的对比谈中文科技期刊国际影响力提升策略
——以《古地理学报》中、英文版为例···李新坡 (599)

小学科学术期刊影响力提升方法——以《食用菌学报》为例

·················王瑞霞，曹婷婷，费理文，马丹丹 (607)

农机科技期刊来稿初审工作···杜流芳 (611)

科技期刊延期出版中可能发生的学术不端行为及预防对策
....徐 艳，蒋永忠，邝文国，王 妮 (616)
《核技术》2017—2021年论文下载量和被引频次分析................................霍 宏 (622)
提高英文科技期刊同行评议效率刍议——以《中国海洋工程(英文版)》实践为例...王玉丹 (632)
基于多源数据融合的图书质量综合评价模型构建研究................................冯雅萌 (637)
医学期刊在新冠肺炎疫情防控中的作为及对期刊发展的启示
....杨美琴，诸静英，徐斌靓，谢 明 (643)
高校学报刊发教学研究论文特征分析与策略——以山东省42种高校学报为例
....李秀芳，张志旺 (647)
夯实"内功"是办好卓越中文科技期刊的前提——附《中华消化杂志》实践分析...许海燕 (654)
科技期刊初审要点与提升策略探析..罗 娟 (658)
《香料香精化妆品》期刊影响力分析与思考
....吴旻玲，高向华，王 睿，钱 刚，王 亮 (663)
我国中文科技期刊提升国际传播能力的"英文长摘要出版"模式路径探析
——以《海洋渔业》为例............阮 雯，纪炜炜，徐亚岩，陆亚男，邱兖铖，方 海 (671)
科技期刊组稿和约稿工作要点分析与探讨
....高金梅，徐 燕，段玉婷，魏向南，秦 虹，李 清 (676)
卓越期刊计划环境下食品类期刊的现状及发展建议................李春丽，孙 卿，朱 明 (682)
"破五唯"学术评价政策下一稿多投防范措施探讨................................刘棉玲 (691)
数字出版中著作权的法律保护探究................李亚辉，徐书令，房 威，柯 颖，喻 蓉 (698)
民办高校学报在大学生创新能力培养中的作用研究——以《安徽新华学院学术资讯》为例
....陈 璟 (703)
基于VOSviewer对中、外文科研诚信相关主题研究的比较对科技期刊诚信建设的启示
....严美娟，周荣琴 (707)
发挥技术与双语特色——以40周年中英文科技期刊《红外与毫米波学报》为例
....周颖圆，张旻浩，李朝霞，沈 宏，于 啸，张小华，岳桢干 (715)
新形势下军校学术期刊加强特色栏目培育的策略研究................................王 薇 (722)
科普期刊转型学术期刊的实践探索——以《园林》为例............钱秀苇，王丽娜，孙 哲 (727)
农业科普期刊在乡村振兴中的策略探索................宋迁红，余 开，赵永锋 (736)
同行评议中存在的问题及其改进建议..张爱民 (741)

助力客座主编，打造精品专辑——以《应用技术学报》"有机污染场地土壤修复"专辑为例
………………………………………………………………………………陈　红，朱建育 (747)
我国 23 种农业高校学报高被引论文特征变化…………………………………王　雁 (753)
供需关系视角下军校科技期刊服务能力提升的途径——以《空军工程大学学报》为例
………………………………徐　敏，张建业，姚树峰，刘　勇，徐楠楠，邓文盛 (759)
特色化助推体育科技期刊专业化发展——以《中国体育教练员》为例…………陈更亮 (766)

编者的话……………………………………………………………………………编委会 (773)
《学报编辑论丛(2023)》第 30 集征稿启事……………………………………编委会 (774)

科技期刊微信公众号现状、热点趋势研究
——基于 CiteSpace 的知识图谱分析

杨芳艳[1]，江张胜[2]，白永利[3]，胡昌盛[4]

(1.陕西中医药大学杂志社，陕西 咸阳 712046；2.安徽中医药大学研究生院，安徽 合肥 230038；
3.陕西省中医药研究院，陕西 西安 710300；4.广州中医药大学，广东 广州 510006)

摘要：利用 CiteSpace 软件简要分析了中国知网(CNKI)数据库中 212 篇有关科技期刊微信公众号的文献题录，并系统总结了科技期刊微信公众号的研究热点和研究趋势。结果表明，科技期刊微信公众号的发展现状和发展策略的相关研究已趋近成熟，细化到具体学科的微信公众号策划、受众的习惯分析、受众黏性维护策略等，形成了多个研究热点，如科技期刊微信公众号的结构、具体推送内容建设、文案撰写，以及微信公众号元素组成和深化等。关键业绩考核指标体系的建立、微信公众号运营模式的矩阵化发展，以及多样的媒体融合形式将是科技期刊微信公众号研究的前沿和趋势。

关键词：科技期刊；微信公众号；知识图谱分析；发展策略；媒体融合

  微信自 2011 年推出以来，以其信息的交互性、系统的兼容性、消息推送的及时性、用户定位的精确性等特点得到了广泛的应用[1]。2012 年 8 月腾讯公司推出微信公众平台，简称公众号，曾命名为"官号平台"和"媒体平台"，在公众号上，用户可以自主发布各种自媒体相关信息。科技期刊是一种以报道科学技术为主要内容的连续出版物。随着数字媒体的发展，科技期刊的出版形式逐渐多样化，从单一的纸质出版发展成为纸质和数字同时出版。微信公众号的出现为科技期刊提供了一个新的数字出版平台，一出现就受到学术界广泛关注。CNKI 数据库中，关于科技期微信刊公众号的现状调查、运营提升策略、应用特征等的研究成果很多。研究者发现，微信公众号虽然优点众多，但是现有的科技期刊微信公众号存在很多不足，如：微信公众号消息推送速度过慢、粉丝量低、缺少与读者的互动、传播内容单一、内容多由期刊对应纸版内容简单加工而成、公众号菜单设置单一等。这些研究成果中，综述类文章较少，且计量分析相关文献很少[2]。鉴于此，本文从科学计量学的视角，利用 CiteSpace 软件，分析了国内科技期刊微信公众号领域近 10 年的研究现状，通过网络图谱形象地展示了科技期刊微信公众号研究的现状、热点以及发展趋势。

1 数据来源和研究方法

1.1 数据来源

  本文选定中国知网(CNKI)学术期刊网络出版总库为数据源，检索时间为 2020 年 1 月 19 日，以主题词中包含"微信公众号"并含"科技期刊"或"公众号"并含"科技期刊"为限制条件进行

检索，得到文献共计 212 条。通过逐篇阅读，剔除掉微信平台开通、征稿启事等相关性比较弱的文献，最终整理得到确定文献 164 条。

1.2 研究方法

可视化分析法是一种以计量学为基础的方法。以整理得到的 164 条文献为数据样本，将纳入研究的文献数据以 refworks 格式导出，导出的信息包含题名、作者、机构、摘要、关键词、年份、文献来源等信息；然后，利用信息可视化软件 CiteSpace 5.0 对数据进行可视化分析，绘制相关研究者、合作机构网络图谱以及关键词共现知识图谱，分析科技期刊微信公众号的研究现状、热点以及趋势。同时，运用 Excel 2017 进行统计及制作统计图表，对相关分析结果进行可视化展示，进而分析出对应研究领域的研究热点和未来的研究趋势。

2 结果与分析

2.1 科技期刊微信公众号研究文献发表量及发表时间情况

发表数量可在一定程度上反映研究主题的热度。表 1 为 2015—2020 发表科技期刊微信公众号相关研究的文献数量。图 1 为 2015—2020 年有关科技期刊微信公众号的研究文献发表时间的分布曲线。由表 1 和图 1 可知，科技期刊微信公众号研究的文献从 2015 年开始出现，在 2017 年达到一个小的研究高峰。2018 年是科技期刊普遍开通微信公众号的一年，所以知网上资讯类信息较多，总文献量和 2017 年的差异不大，数据回落是因为资讯类信息不包含在分析数据中，被剔除掉了。国内最早以"微信公众号"之名对科技期刊微信公众号研究的文献是 2015 年 1 月发表于《中国科技期刊研究》的文章《移动互联网时代学术期刊的微信公众号服务模式创新》，文章概括出学术期刊微信公众号服务的优势，指出微信公众号建设是学术期刊未来数字化建设的重点。与此同时，该文还分析了微信公众号平台建设的现状，指出当期微信公众号服务平台广泛存在建设不完整、缺乏管理理念和管理实施细则等，并提出学术期刊微信公众号服务创新模式，如：微信公众号菜单功能建设、微信公众号的编辑和加工创新、信息服务和出版创新、读者互动服务创新以及公众号的宣传创新[3]。

表 1 科技期刊微信公众号研究文献发表量及发表时间

年份	发表文献量/篇
2015	16
2016	29
2017	32
2018	27
2019	34
2020	26

2.2 核心作者分析

每个领域的核心作者情况，可以从一个侧面反映出这个领域研究的广度和深度。普莱斯提出了核心生产者分布的平方根定律，即在某一特定领域中，全部论文的半数系由该领域中全部作者数的平方根数作者撰写，这些人组成了该领域学术论文的核心或者高产作者。即 $m=0.749(n_{max})^{1/2}$，其中 n_{max} 表示统计年限中发文最多的作者所发表的文献数量。本研究对文章中所有署名作者均进行统计，未发现重名现象。在所统计的 164 篇文章中，发文最多的是张

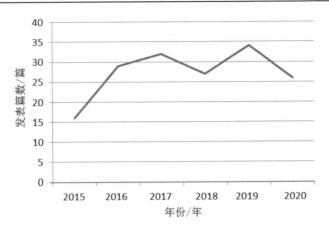

图 1 文献发表时间及发表量图

夏恒，一共发文 4 篇，计算可得 N=2.996，取整数 N=3，表示发文在 3 篇以上的作者为核心作者。统计得出科技期刊微信公众号相关研究的核心作者只有 5 位，分别是：张夏恒、李禾、张坤、周华清、周丽萍，共发文 16 篇，占文献总量的 10.62%。可见，核心作者发文量均低于普莱斯定理提出的"只有核心作者发文量约占发文量的 50%时，学科的核心作者群才可以形成"的标准，说明参与科技期刊微信公众号研究的作者数量较多，但持续性研究的作者较少，尚未形成核心作者群，研究队伍不够稳定。

同样，根据洛特卡定律，信息生产者和最后的信息成果之间的关系，生产 2 篇论文的作者大约是生产 1 篇论文作者数的 $1/2^2$，生产 3 篇论文的作者数量大约是生产 1 篇论文作者数的 $1/3^2$……生产 N 篇论文的作者数量大约是生产 1 篇论文作者数量的 $1/n^2$。写一篇论文的作者数约占所有作者数的 60%[4]。统计结果表明，发表过科技期刊微信公众号文章的作者一共有 160 位，其中，仅有 1 篇论文的作者有 122 位，约占所有作者数量的 76.25%。说明期刊微信公众号研究以个人行为研究者居多，尚未形成研究团队，学科队伍建设有待进一步提高。

2.3 高被引论文排名前 10 位

被引频次排名前 10 位的文献如表 2 所示。由表可知，10 篇文章多发表在 2015 年和 2016 年，其中 9 篇均发表在《中国科技期刊研究》上。这些高被引论文内容主要涉及微信公众号服务模式创新，强调微信公众号可以从功能建设、编辑加工、信息服务和出版以及读者互动服务、移动宣传、网络编辑人才培养等方面进行模式创新。张艳萍[5]和周华清[6]均强调科技期刊微信公众平台跨媒体运营的核心是建立科学的考核指标体系，并由此提出了一系列微信公众号营运考核指标。王宝英[7]提出"分类导航+消息推送式"是微信公众号的最优服务方式。在科技期刊微信公众号的营运模式上，张扬[8]总结出 3 种微信公众号运营模式。刘星星[9]强调学术期刊开发和运营微信公众平台时应合理定位，重视编辑新媒体素养培养，加强图文信息处理，可以利用公众账号托管平台。谢暄[10]提出应建立微信矩阵联盟，以推动微信公众号集群化发展。

2.4 科技期刊微信公众号关键词研究

关键词是一篇文章关键信息的提取，是文章内容的高度概括。从关键词可以大致了解科技期刊微信公众号研究的关注点和研究内容。采用 CiteSpace 分析方法，对纳入文献的关键词进行分析，统计其出现频次以及关键词的中心性。中心性反映出一个节点(如关键词或引文)

表2 研究文献排名前10位的高被引论文

排名	题名	作者	时间	被引频次	发表期刊刊名
1	移动互联网时代学术期刊的微信公众号服务模式创新	谢文亮	2015	349	中国科技期刊研究
2	科技期刊的微信公众号运营模式研究——基于4种核心科技期刊的量化分析	张艳萍	2015	190	中国科技期刊研究
3	学术期刊微信公众号存在的问题与改进策略	程琴娟，闫琼	2015	119	中国科技期刊研究
4	中国科学引文数据库来源期刊微信公众号现状调查与分析	王宝英	2016	82	中国科技期刊研究
5	科技期刊微信公众平台运营指标与模式研究	周华清	2015	78	中国科技期刊研究
6	科技期刊微信公众号3种运营模式分析探讨	张扬	2017	73	中国科技期刊研究
7	全媒体时代提升科技期刊品牌影响力策略研究	俞敏，刘德生	2016	44	中国科技期刊研究
8	学术期刊微信公众平台运营中的优势转化及实践盲点	刘星星，崔金贵，盛杰，赵俊杰	2016	41	中国科技期刊研究
9	科技期刊微信公众号信息传播效果和运营策略研究	孔薇	2019	37	中国科技期刊研究
10	"融"时代下学术期刊媒体融合发展策略	谢暄，蒋晓，何雨莲，康祝圣，王燕	2017	37	编辑学报

在整个网络中作为"媒介"的能力，也就是占据其他两个节点之间最短路径的能力。某个节点的中心性越高，其"中介性"作用越明显，很多节点必须通过它才能与其他节点产生联系[11]。因此，中心性在一定程度上能够代表研究的热点领域，在图谱中体现出了节点对其他关键词的辐射和控制能力。

2.4.1 关键词共现图谱

关键词共现图谱可以揭示该学科领域的研究热点。设置阈值 Top N=50，得到网络节点210个，连线335条，网络密度 0.015 3 的关键词贡献网络图谱，如图2所示。图谱中节点大小表示频次，连线代表共现关系，连线粗细代表紧密程度。

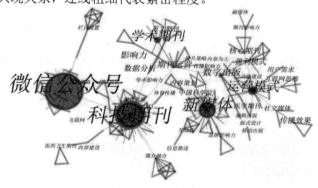

图2 关键词共现图谱

2.4.2 关键词频次和中心性分析

为了更准确地反映关键词的地位和关系，将频次、中心性以表格的形式展现(表3、表4)。由表可知，频次大于 5 的关键词有：微信公众号、科技期刊、新媒体、学术期刊、数字出版和运营策略。由表可知，"中介性"关系最为紧密的是科技期刊，中心性高达 1.48，基本上与其他关键词都有共现关联，其次是期刊运营、数字出版、运营模式、图文消息、新媒体、移动出版、微信公众号、内容为王，其中心性分别是 1.05、0.94、0.81、0.81、0.80、0.80、0.79、0.77、0.26。

表3 科技期刊微信公众号高频关键词频次统计表

序号	关键词	频次	序号	关键词	频次
1	微信公众号	144	11	核心期刊	4
2	科技期刊	92	12	数据分析	4
3	新媒体	33	13	传播效果	4
4	学术期刊	15	14	社交媒体	3
5	数字出版	6	15	英文期刊	3
6	运营策略	6	16	互联网思维	3
7	期刊运营	5	17	内容策划	3
8	运营模式	5	18	用户需求	3
9	影响力	5	19	医学期刊	3
10	盈利模式	4	20	中国科学院	3

表4 科技期刊微信公众号高频关键词中心性统计表

序号	关键词	中心性	序号	关键词	中心性
1	科技期刊	1.48	11	运营策略	0.19
2	期刊运营	1.05	12	媒介融合	0.11
3	数字出版	0.94	13	融媒体	0.11
4	运营模式	0.81	14	盈利模式	0.10
5	图文消息	0.81	15	社交媒体	0.10
6	新媒体	0.80	16	期刊影响力	0.10
7	版式设计	0.80	17	学术影响力	0.10
8	移动出版	0.79	18	微信传播力指数	0.10
9	微信公众号	0.77	19	学术期刊	0.08
10	内容为王	0.26	20	栏目设计	0.08

2.4.3 关键词聚类分析

为了进一步分析科技期刊微信公众号相关研究热点的知识结构，探索关键词的组合分类，使用对数似然算法(Log Likelihood Ratio, LLR)对高频关键词进行聚类，通过多次调整阈值得到比较清晰的关键词聚类知识图谱(图4)。模块值 Modularity Q=0.687 1>0.3，说明聚类结果可信，平均轮廓值 Harmonic Mean(Q, S)=0.802>0.5，说明聚类合理。得到：微信公众号、科技期刊、学术期刊、新媒体、互联网思维、运营策略、二维码、数字优先出版、医药卫生类、微信服务号 10 个聚类群组，表明近几年科技期刊微信公众号研究文献主要围绕的这 10 大关键词群组展开。

通过对聚类信息进一步整理，得到每个聚类中排名前五的关键词，选取标签值最大的关键词作为聚类名称(表5)。轮廓值代表各关键词之间的联系程度，轮廓值越高，聚类效果越好，可靠性越高。纵向分析聚类标签名称，可以看出微信公众号已经在科技期刊中广泛应用，微信公众号作为一种新的数字媒体，运营者必须要有互联网思维，应用一定的运营策略，发挥数字优先出版的优势。这10类科技期刊微信公众号研究热点聚类内容如表5所示。

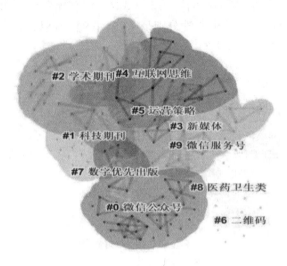

图4 关键词聚类知识图谱

表5 科技期刊微信公众号研究热点聚类

聚类号	轮廓值	LLR 聚类排名前 5 关键词	聚类名称
0	0.986	微信公众号 (11.28, 0.001); 科技期刊 (8.35, 0.005); 体育传播 (4.89, 0.05); 医药卫生期刊 (4.89, 0.05); 体育科技期刊 (4.89, 0.05)	微信公众号
1	0.995	科技期刊 (14.65, 0.001); 微信公众平台 (6.24, 0.05); 《化工学报》(5.34, 0.05); 传播 (5.34, 0.05); 内容建设 (5.34, 0.05)	科技期刊
2	0.894	学术期刊 (23.29, 0.0001); 微信公众平台 (21.89, 1.0001); 期刊运营 (11.49, 0.001); 数字出版 (11.49, 0.001); 微信公众号 (7.84, 0.01)	学术期刊
3	0.971	新媒体 (25.83, 0.0001); 公众号 (8.67, 0.005); 中国科学院 (8.58, 0.005); 微信公众号 (4.83, 0.05); sci 收录期刊 (4.27, 0.05)	新媒体
4	0.962	互联网思维 (11.65, 0.001); 媒体融合 (7.94, 0.005); 品牌营销 (5.78, 0.05); 大气科学 (5.78, 0.05); 大众媒体 (5.78, 0.05)	互联网思维
5	0.921	运营策略 (12.1, 0.001); 用户需求 (12.1, 0.001); 微信平台 (12.1, 0.001); 增强互动 (5.99, 0.05); 内容为王 (5.99, 0.05)	运营策略
6	0.998	二维码 (8.31, 0.005); 媒介融合 (8.31, 0.005); 创新服务 (8.31, 0.005); 微内容 (8.31, 0.005); 云出版 (8.31, 0.005)	二维码
7	0.987	数字优先出版 (8.71, 0.005); 新媒体融合 (8.71, 0.005); 新型冠状病毒肺炎 (8.71, 0.005); 新媒体 (0.29, 1.0); 微信公众平台 (0.29, 1.0)	数字优先出版
8	0.985	医药卫生类 (8.31, 0.005); 核心期刊 (8.31, 0.005); 栏目 (8.31, 0.005); 服务学科 (8.31, 0.005); 调研分析 (5.57, 0.05)	医药卫生类
9	0.993	微信服务号 (9.22, 0.005); 运营管理 (9.22, 0.005); 社交媒体 (9.22, 0.005); 多媒体信息发布 (9.22, 0.005); 微信公众号 (1.29, 0.5)	微信服务号

2.4.5 关键词时区知识图谱分析

在关键词共现知识图谱的基础上，进行关键词时区知识图谱分析，展示其关键词的历年变化情况(图5)，直观分析研究发展脉络，科学判断研究进展和前沿。由图可知，2015年开始有微信公众号的相关研究，主要涉及学术期刊微信公众号存在的问题，如：重开通、轻运营，运营模式呆板[12]，营运中用户服务模式单一[3]，信息推送频率过低[13]、未能体现期刊品牌、菜单功能与结构参差不齐[14]、内容受制于传统纸版期刊等。在相关问题的基础上也同时提出了改进策略，如：制定关键业绩(Key Performance Indication，KPI)考核指标[5]、增强微信平台的服务功能[15]、加强微信公众号功能建设、关注用户属性和增长、量化图文消息群发效果[16]、加强移动宣传、网络编辑人才的培养。科技期刊微信公众号的路径建设中，顾艳[17]提出了图片选择原则和优先技巧，肖昕宇[18]提出了科技期刊微信公众号定位与编发技巧。

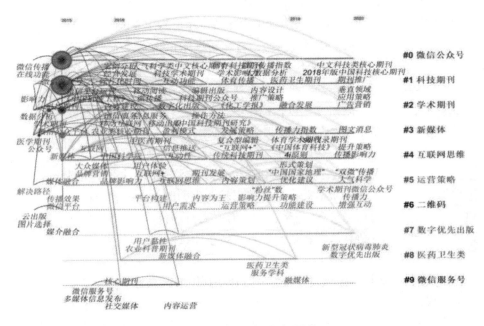

图 5　关键词时区知识图谱

2016年，科技期刊微信公众号的研究多集中于具体类别的科技期刊微信公众号的运营现状及对策分析，如：农业类、化工类、中医药期刊类、大学学报类、中国科学引文数据库来源期刊等，以及科技期刊信公众号的创新定位、日常运营、文案撰写等具体运营案例研究[19]。

2017科技期刊微信公众号研究在2015、2016年研究的基础上又出现新的研究主题，如：①各类科技期刊微信公众号满意度调查、用户黏性调查、应用现状分析，以及不同省份科技期刊微信公众号现状调查；②科技期刊新媒体编辑素养；③科技期刊融媒体发展、微信公众号内容版式设计；④基于互联网+的微信公众号平台提升建设、微信公众号的选题策划、选择策略研究等。

2018年科技期刊微信公众号研究出现的研究主题有：①基于数据分析和文献计量的科技期刊微信公众号现状分析、用户需求、运营、调查分析，以及科技期刊微信公众号可视化研究；②英文学术期刊微信公众号研究；③科技期刊微信公众号的运营模式、内容策划、创作思路研究。

2019 年科技期刊微信公众号研究方向主要涉及：微信公众号的推广策略、运营分析、传播效果、盈利模式、网络运营现状、学术影响力研究，以及微信公众号中热点文章的内容特征分析、内容和形式之间的友好策划、在融媒体背景下的科技期刊微信公众号的运营。

2020 年科技期刊微信公众号的研究更趋于精品选题策划以及传播的实证分析，双微传播现状与优化途径、传播与运营策略、模式分析，学术传播与用户使用习惯调查分析。

3 结论与展望

3.1 结论

(1) 科技期刊微信公众号研究从 2015 年微信公众号的现状和发展策略研究逐步发展到具体学科类别的科技期刊微信公众号现状研究，如：农业、医学、体育、化工、大气科学、地理等学科和发展策略研究到最后学科内热点内容策划。

(2) 科技期刊微信公众号研究历经关注用户体验、注重与用户的互动、用户调查分析、用户黏性分析、用户使用习惯等多个研究阶段，旨在科技期刊微信公众号的传播力。

(3) 科技期刊微信公众号从开始的以菜单、栏目为主的菜单功能与结构建设，逐渐延伸至微信公众号的创新定位、文案撰写、推送内容研究、文章版式设计研究等细节，继而发展到微信公众号的选题策划、策略研究，以范例、热点文章、精品选题的策划分析为主，追求内容和形式相互协调，以提升数字媒体的传播效果为终极目标。

3.2 展望

(1) 建立 KPI 考核指标体系。科技期刊微信公众号建设是期刊数字化出版的一个重要方面。经过数年研究，科技期刊微信公众号研究已经非常的细致深入。但在科技期刊微信公众号机制建设中，我们还需加强管理，建立技期刊微信公众号的业绩考核指标体系。微信推送量、推送频率、阅读量、独立访客、访问量、首条了阅读量、用户活跃度、粉丝量等指标可作为参考[20]。

(2) 响应国家科技期刊集团化发展口号，结合期刊微信公众号中各学科个性发展情况，探讨矩阵式运营模式。科技期刊微信公众号可以分学科、分专业，进行内部联合，整合有效的微信公众号营运策略、模式，优秀的文案、范例资源，形成一个内部的微信公众号运营框架，学科内部期刊根据自身的特点进行差异化、特色化运营。在同一领域，期刊群可以通过多个微信公众号协同联动的方法，创建专业化的行业新媒体矩阵，最终使得各个微信公众号在影响力、竞争力、品牌价值方面都能实现增值，并形成学科知识服务体系，实现品牌效应。

(3) 双微模式，微课堂、视频直播、文字、图片等全媒体平台繁荣发展。随着 5G 传播技术在生活中的应用和发展，从传播形式来看，音视频、动画等媒体表现形式越来越受到读者的青睐。调查发现，在科技期刊中，含视频的文章平均阅读量和平均在看均高于纯图文文章的指标[21]。将微信、微博、视频直播形式用在期刊的数字媒体建设中，提高数字媒体的读者关注和参与，可以为纸质媒体的栏目策划提出建设性意见，真正形成纸媒和数字媒体的融合，建立全媒体平台，促进科技期刊繁荣发展。

参 考 文 献

[1] 周秀梅,田莉.基于微信公众平台的图书馆信息服务营销[J].图书馆工作与研究,2014(3):36-39.

[2] 林培德,庄晓文.国内科技期刊微信研究论文的文献计量学分析[C]//中国科学技术期刊编辑学会,科技导报社.2016年第8届科技期刊发展创新研讨会论文集.2016.
[3] 谢文亮.移动互联网时代学术期刊的微信公众号服务模式创新[J].中国科技期刊研究,2015,26(1):65-72.
[4] 马费成,宋恩梅,赵一鸣,信息管理学基础[M].3版,武汉:武汉大学出版社,2018.(8):97.
[5] 张艳萍.科技期刊的微信公众号运营模式研究:基于4种核心科技期刊的量化分析[J].中国科技期刊研究,2015,26(5):524-531.
[6] 周华清.科技期刊微信公众平台运营指标与模式研究[J].中国科技期刊研究,2015,26(12):1289-1294.
[7] 王宝英.中国科学引文数据库来源期刊微信公众号现状调查与分析[J].中国科技期刊研究,2016,27(1):85-93.
[8] 张扬.科技期刊微信公众号3种运营模式分析探讨[J].中国科技期刊研究,2017,28(1):39-46.
[9] 刘星星,崔金贵,盛杰,等.学术期刊微信公众平台运营中的优势转化及实践盲点[J].中国科技期刊研究,2016,27(2):207-211.
[10] 谢暄,蒋晓,何雨莲,等."融"时代下学术期刊媒体融合发展策略[J].编辑学报,2017,29(3):218-221.
[11] 尹丽春.科学学知识图谱(知识计量与知识图谱丛书)[M].大连:大连理工大学出版社,2008.
[12] 孟超.高校科技期刊微信公众号的困境与探索[J].技术与创新管理,2015,36(6):632-634,638.
[13] 张艳萍.大学学报的微信公众号运营策略[J].福建工程学院学报,2015,13(2):151-155.
[14] 程琴娟,闫琼.学术期刊微信公众号存在的问题与改进策略[J].中国科技期刊研究,2015,26(4):380-383.
[15] 杨晨晨.微信公众平台在科技期刊中的应用[J].新媒体研究,2015,1(13):32-33,50.
[16] 谭潇,刘尚昕,时秋宽,等.《中国心血管杂志》微信公众平台运营现状及传播力分析[J].中国科技期刊研究,2015,26(7):715-721.
[17] 顾艳,赵俊杰,崔金贵.科技期刊微信订阅号图片的选择原则及优化技巧[J].编辑学报,2015,27(6):587-589.
[18] 肖昕宇.科技期刊微信公众号定位与编发技巧探讨[J].科技传播,2015,7(6):123-125.
[19] 俞敏,刘德生.全媒体时代提升科技期刊品牌影响力策略研究[J].中国科技期刊研究,2016,27(12):1328-1333.
[20] 张艳萍.基于浙江传媒学院学报微信公众号的实证分析[J].新闻知识,2015(2):92-94.
[21] 蒋亚宝,栗延文,吕建新,等.科技期刊微信公众号传播力及运营策略研究[J].编辑学报,2020,32(3)257-261.

网络首发对稿件的效用分析及录用过程优化
——以《食用菌学报》为例

曹婷婷,王瑞霞,费理文

(上海市农业科学院食用菌研究所《食用菌学报》编辑部,国家食用菌工程技术研究中心,上海 201403)

摘要:网络首发可明显缩短论文的出版时间,但作为正式出版物,网络首发对文章质量要求较高,传统的稿件处理流程并不利于论文的网络首发。本文以《食用菌学报》为例,通过统计《食用菌学报》2017—2021 年的出版时效、2020 年 4 期及 2021 年 6 期文章的出版时滞、网络首发期间前 6 篇文章的下载频次,结合 3 篇文章首发时出现的错误的分析,总结出一套解决传统稿件处理流程不利于论文网络首发的方案。实践证明,采用该解决方案后,《食用菌学报》的排版定稿基本可以一次性通过中国知网的审核,顺利上线,在纸质版出版前实现网络首发。

关键词:网络首发;排版定稿;录用流程;流程优化

网络首发(First Online Publication)是指被录用论文在纸质刊物出版前,先以网络出版的形式刊发出来,作者及读者可以在同一时间通过文章所在网页阅览、下载和打印该论文。中国学术期刊(网络版)(Chinese Academic Journal Network Edition,CAJ-N)是网络首发期刊的出版平台,王明亮等[1]阐述了网络首发期刊的遴选标准,对文章的选题策划能力、论文质量标准、出版时滞等方面都进行了明确的说明。截至 2022 年 3 月 14 日,加入中国知网网络首发的期刊已经达到 2 246 种[2],其中农业科技类期刊有 169 种。

论文质量一直以来都是期刊的生命线[3],论文质量问题由许多因素造成:为了抢首发权,文章的编辑和校对过程通常比较粗浅,文字以及格式等方面存在很多问题;如果部分审稿专家把关不严,编辑在校对审读前也没有严格把关,一些缺乏新意的论文也有可能会网络首发;一些作者由于着急发表论文而将网络首发当成一条捷径也会间接造成论文质量的下降。如果盲目追求首发而不控制数量和质量,就可能造成首发文章 1 年后还没有见刊的局面。《食用菌学报》作为国内外公开发行的唯一一种食用菌学科的学术性刊物,一直以来在论文的质量方面严格把关,也正因如此,期刊 2020 年以前都未能开通网络首发功能。为了进一步提高期刊影响力,期刊迫切需要实践探索网络首发的具体操作流程。网络首发的文章是编辑借助必要的技术手段筛选得来的文章[4],均通过编辑部初审、专家外审、主编终审及责编的编排和校对,学术质量和编校质量有保证。

网络首发的文章均采用数字对象唯一标识符(Digital Object Identifier,DOI)编号[5],其引用打破了传统文章受制于期刊的卷、期、页码等限制,能够加速文章的传播和引用。占莉娟等[6-9]

基金项目:2021 年度中国农业期刊网研究基金项目(CAJW2021-002,CAJW2021-010)
通信作者:费理文,E-mail:liwenfei18@126.com

阐述了网络首发的实践情况、对期刊发展的影响、存在的问题以及相应的对策等，指出网络首发在时效性和影响力等方面的优势可以帮助编辑部吸引更多优质稿源，最大限度地提升期刊的学术影响力和市场竞争力。

笔者以《食用菌学报》网络首发过程中出错的 3 篇文章为例，分析并总结了网络首发过程中常见的错误及解决方法等，以期为其他期刊提供借鉴。

1 发表时滞及出版时效

专家的审稿、编辑处理及作者修改的速度，整期文章的篇数，以及每篇文章的篇幅等都会影响期刊的出版时效。网络首发可以缩短论文发表时滞(delay for publication of articles, DPA)[10]，提高期刊影响力。出版时滞可以简单划分为审稿时滞(delay for review)与等待印刷时滞(delay for printing)[11]。审稿时滞指的是稿件从投稿到接收整个过程的处理时间[9]。等待印刷时滞指的是稿件从接收到正式刊出的这段待定时间。

《食用菌学报》从 2021 年开始，正式改为双月刊，文章的来稿数量相较往年有所上升，出版的周期压力也加大，实施网络首发的需求不断增强。笔者分别统计了 2017—2021 年期刊每年的出版时效(见图 1)，以及 2020 年全年 4 期文章和 2021 年 6 期所有文章的具体时滞(见图 2)。研究发现：2020 与 2021 年的出版时效明显低于 2017 及 2018 年的出版时效，但稍高于 2019 年的出版时效。这主要是由于期刊刊登文章的数量较以往增多(见图 3)，且刊登的长篇幅文章等待印刷时滞较长(见图 4)。由于期刊每期刊登文章的页码和篇数基本固定，为了凑齐每期所需文章，长篇幅的文章通常会滞后出版，再加上长文章校对、排版的时间均相对较长，因此其等待印刷时滞大大高于其他文章的平均等待印刷时滞，统计结果显示，几篇长篇幅论文的出版时效均高达 400 d。网络首发对刊发论文的篇幅没有限制，可以最大限度缩短文章的等待印刷时滞，让优秀的论文更快地与读者见面、应用到科研与生产实际中。

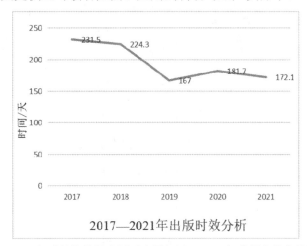

注：2020 年以前的数据来源于中国知网，2021 年数据为笔者统计

图 1 《食用菌学报》2017—2021 年出版时效分析趋势

图 2 中，审稿及第一次修改时滞指的是稿件从投稿成功到专家外审过后返给作者第一次修回意见的这段时间；深度修改及编校时滞指的是作者不断修改稿件到最后编辑、校对、排版及印后上传网络这段时间；总出版时滞指的是文章从投稿成功到最后正式出版并完成网络

上传的这段时间。图中所有数据均为每期的平均值。2020 年的出版时滞统计结果如图 2(a)所示。从图可以看出,2020 年 4 期文章的出版时滞偏长,都在 158 d 以上,特别是第 4 期,达到 214.5 d(图 2(a))。这也导致 2020 年的平均出版时滞为 181.7 d,属于相对较长的出版时滞(图 1)。经调查研究分析,笔者发现,统计文章中个别文章的周期偏长是造成期刊总体出版时滞偏长的最主要原因,有一篇文章的出版时效竟然达到 400 d,这严重违背出版时效性原则。2021 年的总体出版时滞有所降低,为 172.1 d,但其中也有 5 篇文章因为作者需要补充实验数据,来回的修改时间较长而使得出版时滞都在 400 d 以上,第 6 期的总体出版时滞最短,为 136.7 d(图 2(b))。

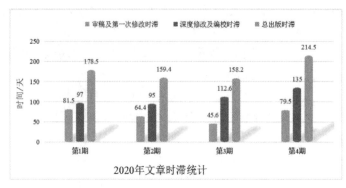

(a) 2020 年 4 期

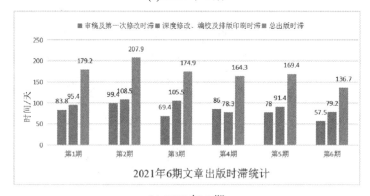

(b) 2021 年 6 期

图 2 《食用菌学报》出版时滞

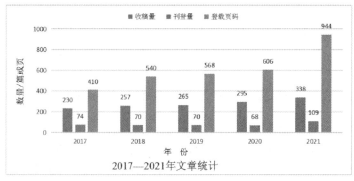

图 3 《食用菌学报》2017—2021 年文章统计

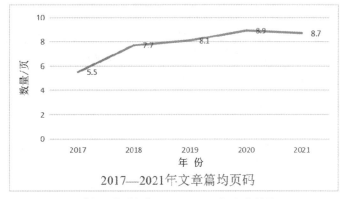

图 4 《食用菌学报》2017—2021 年文章篇均页码

为更严谨出版,减少差错和后期修改问题。《食用菌学报》网络首发的所有文章均采用排版定稿,经过严格的三审三校流程,文章的学术质量和编校质量与正式纸质出版要求一致。严格处理的网络首发文章可以大大缩短后期纸版的出版时间,加快后期纸版的处理速度。网络首发的审核速度相比于优先出版较快,有的甚至 1 d 之内就可以完成整个首发的流程。而且,赶在集中校对之前,对文章的修改也比较仔细、全面,出版质量可以得到更好的保证。

2 网络首发文章下载频次

论文的传播效应随着论文发表时间提前越发明显,影响力和辐射力增强,被下载和被引用机会增多[12]。图 5 统计了《食用菌学报》6 篇不同类型文章采用网络首发期间文章的下载频次。下面以前 3 篇为例进行分析。

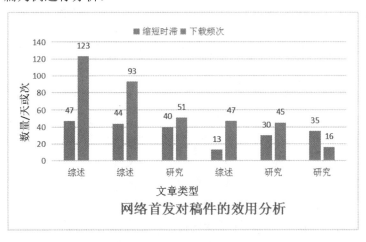

图 5 《食用菌学报》6 篇文章网络首发期间的下载频次

2.1 第 1 篇:高质量综述文章的传播作用

网络首发的第 1 篇文章是综述类学术论文。该文章是作者结合自己 20 多年的研究经验对所在学科的相关理论进行的系统总结,为学科建设中存在问题提供参考。

该文于 2020 年 10 月 29 日首发,截至 2022 年 3 月 14 日,该文章的下载量已经达到 1 025 次,总引用 11 次,其中前期网络首发缩短时滞 47 d 的下载量达到 123 次,引用达到 2 次,很好地实现了网络首发的意义。可见网络首发在论文传播的前期起到了重大的作用。

2.2 第 2 篇：产业经济类文章的导向作用

第 2 篇是产业经济类文章，首发日期是 2020 年 11 月 2 日，截至 2022 年 3 月 14 日，该篇文章在知网的下载量达到 436 次，总引用 8 次，其中网络首发缩短时滞 43 d 的下载量达到 93 次，引用 1 次，很好地实现了网络首发的意义。这类为国家产业发展规划提供建议的文章，更需要抓住时效性，在会议开始之前将这篇文章网络首发，也为文章接下来的下载量和引用量提供助力。

该文的作者于 2020 年 11 月 4 日参加了相关产业经济的会议论坛，并在会上发表了相关发展规划(征求意见稿)，主要内容与这篇论文内容大概一致。如果没有选择网络首发，这篇文章将在 2020 年第 4 期纸质版刊出，在 11 月底在中国知网整期的印后上传，失去时效性，影响力将大打折扣。

2.3 第 3 篇：优秀科研成果的时效传播性

该科研文章首发于 2020 年 11 月 5 日，正式刊登于 2020 年第 4 期，该期全部文章在网上可见的时间是 2020 年 11 月 26 日。截至 2022 年 3 月 14 日，该文章的下载量达到 235 次，其中网络首发缩短时滞的 40 d 的下载量达到 51 次。

3 网络首发的错误类型及对策

3.1 网络首发平台使用中常见的错误类型

(1) 排版错误。由于各编辑部使用的排版软件不同，需要的文件也不一样，网络首发文章中经常出现排版错误。《食用菌学报》采用方正书版排版软件，需要上传小样文件(*.FBD)、版心文件(*.PRO)、大样文件(*.S92/MPS/S10/NPS)，单个文献的命名的前缀要一致，若有图表还要单独命名后再上传。笔者编辑部门网络首发的时候有一篇文章出现图片未单独上传，第一次审核没有通过。

(2) 造字软件不兼容。一些行业的专有名词，如食用菌行业一些不常用的字，如鸡 zong 菌的正确写法应该是土加个从，但是目前输入法无法打出这个字，必须要排版人员造字。审核的时候，知网后台无法识别，显示出来的是空白，上传文件也因此被认为是错误的，返回至错误列表，由此耽误了网络首发审核通过的时间。此种情况下，需要编辑部在上传含有造字版本的 PDF 文件时，提前和知网负责审核的老师沟通，并告知其文件的出错原因。

(3) 基本信息不对应、要素不完整。主要包括中英文题目、作者顺序及单位名称、基金项目、关键词等不对应；图表、参考文献的描述与相应的正文中相关内容描述不对应；图的坐标轴、图例及表中项目、显著性分析标记等要素不完整[13-14]。

(4) 审稿与编校流程相对复杂。网络首发要在保证质量的前提下缩短出版时滞。《食用菌学报》编辑部采用排版定稿方式进行网络首发，"三审三校"编辑流程与传统出版流程相似，可在一定程度上保证网络首发文章的质量。但是，与采用录用定稿方式相比，审稿与编校流程相对复杂，可是不经过编校或只经过一校就将稿件上传，文章的质量可能无法通过知网的学术与编校方面的审核[15-16]。

3.2 在不同阶段的对策

(1) 入库阶段。编辑在将文章入库时，除审查稿件的科学性、学术性是否达到期刊的要求外，还要核查文章整体是否符合期刊投稿指南的各项要求[17]。外审专家大部分会对学术水平有整体把控，一般不会过多关注细节问题。因此责任编辑一定要在初审时关注文章细节，对稿件的基本信息，如题目、作者、单位和作者简介等要素进行仔细核对[18]，确保准确才能入库，然后送专家外审。

(2) 退修阶段。责任编辑在返还给作者专家审稿意见时，对于格式和语言文字的问题也要一并提出修改意见，并且需要针对网络首发排版定稿的要求，与作者沟通修改部分校对存在的错误，如确认图、表、公式的编号和位置，页眉的作者姓名、文章题目等是否和正文一一对应等。

(3) 编辑阶段。进入稿件的编辑阶段，责任编辑要完成通读工作，同时排除排版错误，注意换页、分栏以及文字的接排，核对图片位置，确保作者简介等基本信息只在首页的页脚出现、文中没有大量空白、公式与正文没有重叠。编辑阶段完成时，争取稿件的正文部分可以达到排版定稿网络首发的质量要求。

(4) 录用阶段。稿件录用之后，在上传到中国知网网络首发平台之前，责任编辑要删除论文首页、页眉、页脚上无意义的卷、期、文章编号等字样，页码独立编码，全面清除稿件上的修改标记、标注将最终版稿件的 Word 版本发给排版部门，排版后转换为 PDF 格式，转换后注意核对图片的位置、完整性、清晰度，确认图片上的文字、图形不存在缺失、移位现象，检查特殊符号、参考文献序号、公式，确保其都显示正确。排版后再进行三校审读、互校修改。主编定稿之后才最后确定终版 PDF 文件。

《食用菌学报》选择排版定稿，稿件的质量得到了保障，一般不会出现基本信息如单位、卷、期、参考文献引用等错误。总结下来，前期确定要网络首发的文章，必须在入库、审稿、改稿、校对每个环节都要仔细严谨，保证效率，尽可能快速地完成前期的校稿等工作。在首发时，按照首发的步骤操作，正确地命名每个单独的文件。以《食用菌学报》首发文章为例，综述文章从知网审核通过到首发成功只用 4 h 左右，前期的细致工作有效避免了多次修改，保证了纸质版的出版质量。

产业经济文章前期各步骤处理严谨，但是上传到知网准备网络首发的时间节点不合适，无法在短时间内完成首发，耽误了 2 d 的时间才首发成功。科研文章因图片没有单独上传和造字问题被知网审核退回两次至错误列表，6 d 的时间才首发成功。

通过对入库、退修、编辑、录用处理流程进行调整，在减轻责任编辑繁杂工作同时，保证稿件在最短时间内达到网络首发的质量要求。解决方案在《食用菌学报》编辑部推行后，收到良好的效果：在不影响稿件网络首发排版定稿上传时间、不明显增加责任编辑工作量的前提下，稿件基本上都可以一次性通过中国知网的审核，顺利上线。论文的网络出版时间比纸刊提前 31.6 d，期刊影响力得到明显提升。

4 网络首发的优势

采用排版定稿首发，经过一段时间的实践验证，其优势[19]已逐渐显现，主要表现在以下 3 个方面。

4.1 有效缩短发表周期、防范学术不端

开通网络首发后，《食用菌学报》编辑部首先对录用稿件进行排版及校对，保证稿件的学术质量和出版技术标准，通过网络首发平台上传稿件，完成首发。在收到网络首发要求后，网络首发平台的机器及人工审核(包括学术不端行为检测)会对稿件进行学术不端审核，只有审核通过的文章才能发表。由此可见，网络首发能在一定程度上有效防范学术不端。

4.2 加快学术成果传播与流通

网络首发后的稿件能够及时地被查阅、下载及引用，短时间内得到广泛传播。

4.3 提升期刊的学术影响力、吸引更多的优质稿源

对《食用菌学报》2020年10月份开始网络首发的稿件进行跟踪分析，结果显示学术水平高、研究内容前沿的优质稿件下载量均在百次以上。下载量是文献学术价值直观体现的重要参考指标，网络首发将这一功能有效放大，有利于吸引优质稿源，提高期刊学术影响力，促进其良性发展。

5 网络首发的建议

本编辑部使用网络首发平台，发现的问题主要集中在以下几个方面：

一是在后期纸质版整期印后上传到知网时，个别文章与网络首发时同一篇文章未能及时合并，在印后上传的一段时间内同一篇文章搜索会出现两条目录。

二是这两条目录的下载量无法合并，或是合并后暂时只保留纸质印后上传后下载量。

三是在发现问题与平台反映时沟通不畅，花费1个星期左右才解决问题。

四是网络首发平台人员流动性大，原来与编辑部签订网络首发协议的对接人员辞职后，未能及时告知新的联系人。编辑部有问题需要咨询时，无法找到联系人。

五是本来前期与知网签订合同，在纸质版整期印后上传的端口地方，因为期刊在签订网络首发协议后，以前的账号在印后上传的地方不能再继续使用，也要合并在网络首发页面上传整期印刷版，在签订网络首发协议时，知网的工作人员没有及时告知，给后续负责印后整期上传老师的工作带来不便。

六是网络首发文章的DOI号需要确定，如果与纸质版不一致，还必须向知网提交勘误申请说明原因，以纸质版的为准。

笔者认为不应该是作者或编辑发现问题再找知网解决，知网在网络首发平台的优化方面仍需努力，各部门要通力合作，做好网络首发签订合同的后续工作。编辑部在使用之后，体验不佳，很难再续约；如果作者一直比较关注自己的文章，发现有一段时间，搜索到两个条目，下载量无法合并，而且只保留后来少的那部分下载量，会心存芥蒂；编辑在网络首发之后还得额外处理这些问题，会影响后续的使用意愿。

6 结束语

在选择期刊时，除去期刊本身在业界的学术影响力之外，作者还特别注重期刊的刊发速度。网络首发如同"学术成果高速公路"[20]，是吸引优秀稿源、提升期刊影响力的一种有效途径。但是，目前能够运用网络首发平台的期刊编辑部并不是很多[6]，大部分人对网络首发仍抱有抵触心理[21]。

本文以《食用菌学报》网络首发为例，选取了3篇不同类型的典型文章，综合分析和整理了期刊在网络首发过程中碰到的问题以及在网络首发成功后的被引用和被下载的情况，给出了一些网络首发经验，并将这些经验运行到后续工作中。实践表明，调整对策之后，期刊首发文章一般在1 d左右都能首发成功，影响力获取显著提升。在实际编辑工作中，期刊要注意用好网络首发平台，让更多优秀的文章与读者尽早地见面，让科研工作者更早地分享最新的科研成果。同时也希望知网平台重视目前网络首发存在的问题，为中国的科研工作者搭建

更方便、专业、优秀的平台,以更加有利于网络首发的推广、把握学术前言,携手为将来的无纸化及新媒体融合贡献自身的力量。就像张震之[10]对高校科技期刊编辑要求一样,同样作为科研院所的科技期刊编辑更需要有迎难而上、敢为人先的精神,努力学习新技术,让期刊不断发展壮大,被越来越多的人认可。

参 考 文 献

[1] 王明亮,刘学东,张宏伟,等.基于供需融合理念打造学术期刊转型升级的全媒体经营业态[J].编辑学报,2019,31(2):194-199.

[2] 中国知网.中国学术期刊(网络版)(CAJ-N)网络首发期刊[EB/OL].[2022-03-14].http://cajn.cnki.net/cajn.

[3] 邓建生.内在质量是学术期刊的生命线[J].编辑学刊,1996,13(2):54-55.

[4] 何方,李涛,王昌度.学术论文网络优先传播主要途径辨析及整合建议[J].中国科技期刊研究,2018,29(11):1109-1113.

[5] 杨小平.DOI 发展现状及其在学术出版中的意义[J].科技与出版,2008,28(5):51-54.

[6] 占莉娟,胡小洋.学术论文的网络首发:愿景·瓶颈·应对策略[J].编辑学报,2018,30(3):298-301.

[7] 高存玲,姜昕,庞峰伟,等.学术期刊网络出版进程与纸本期刊的未来[J].中国科技期刊研究,2020,31(3):253-258.

[8] 刘永强,杨嘉蕾,杨乐,等.科技期刊网络首发的实践与思考:以《热力发电》为例[J].编辑学报,2019,31(3):320-323.

[9] 徐会永.期刊优先数字出版及出版时滞与科学发展的关系及其展望[J].编辑学报,2014,26(4):315-318.

[10] 张震之.高校科技期刊网络首发存在的问题及完善策略[J].新闻研究导刊,2018,9(7):203-204.

[11] 李江,伍军红.论文发表时滞与优先数字出版[J].编辑学报,2011,23(4):357-359.

[12] 周良发,伯倩.我国绿色发展研究高被引论文特征分析及经验启示[J].成都大学学报(社会科学版),2020,187(1):8-16.

[13] 黄小娟,孙红梅,黄锦华,等.学术论文网络首发终审处理的有关问题[J].编辑学报,2021,33(3):267-270.DOI:10.16811/j.cnki.1001-4314.2021.03.007.

[14] 詹文海.针对中国知网网络首发对稿件录用流程的优化:以《无机材料学报》为例[J].编辑学报,2020,32(2):160-162,165.DOI:10.16811/j.cnki.1001-4314.2020.02.009.

[15] 袁兴玲,郭伟,王艳丽.不同编辑流程下科技期刊优先数字出版的实施[J].编辑学报,2017,29(6):565-567.

[16] 管佩钰,王明丰,汪婷婷,等.期刊网络首发存在问题及解决措施研究:以《检验医学与临床》新型冠状病毒肺炎专题为例[J].新闻研究导刊,2021,12(16):34-36.

[17] 史格非,于笑天,黎世莹.控制撰稿源头,提高编校质量[J].编辑学报,2018,30(增刊1):54-56.

[18] 刘永强.从《〈编辑学报〉重要启事》谈科技期刊规范化建设重心前移[J].编辑学报,2018,30(3):255-256.

[19] 朱玲瑞,李福果."互联网+"环境下科技期刊对一稿多投和重复发表行为的防范方法:以《半导体光电》为例[J].编辑学报,2020,32(4):435-438.

[20] 栾天琪,段竺辰.媒介变迁下的学术期刊数字出版进程[J].中国编辑,2021,20(3):44-48.

[21] 冀彩霞.出版人如何应对出版业的未来[J].传播力研究,2018,2(22):157.

基于 CNONIX 标准的传统出版 ERP 系统升级思路

焦 健，王 运

(中国科技出版传媒股份有限公司(科学出版社)，北京 100717)

摘要：随着中国出版物在线信息交换图书产品信息格式规范(CNONIX)标准的广泛应用，作为产业链源头的出版物产品数据信息制造与传输系统，出版社现行 ERP 系统已经无法满足基于 CNONIX 标准的业务需求。必须通过升级，方能承担 CNONIX 标准赋予的更多使命与责任。本文从出版社现行 ERP 系统中的四个核心模块——编务管理模块、生产管理模块、销售管理模块和储运管理模块入手，分析传统出版 ERP 系统升级需求，提出针对传统出版的 ERP 系统升级思路。

关键词：CNONIX 标准；传统出版；元数据；ERP 系统升级

近年来，随着互联网时代数字化、信息化进程的不断深入，我国传统出版业一直在积极地向数字出版转型升级。与传统出版物相比，数字出版物的优势可谓不言而喻，然而，目前我国文化市场对传统出版物的需求仍然很大，并未出现明显下降。因此，现阶段的传统出版业在探索生产数字出版物、提供数据信息服务的同时，应当充分利用"互联网+"的信息优势，使之为传统出版物的出版与发行服务，维系传统业务的经济效益。目前互联网电商平台已经成为传统出版物的主要发行销售渠道，一些大型出版机构甚至搭建了自己的电子商务平台，但在出版社与互联网电商、图书馆进行数据信息交换的过程中仍存在许多薄弱环节，包括数据信息不全、数据信息建设重复、数据信息内容描述不规范、不兼容难以共享等问题。

在此背景下，《中国出版物在线信息交换图书产品信息格式规范》(GB/T 30330—2013)[China Online Information Exchange(CNONIX)for books]，即 CNONIX 标准，应运而生。通过对图书产品在发行、销售等市场流通过程中所产生的数据信息与信息交换格式进行规范化处理，从而降低信息制造成本，提高信息流通效率；打破我国新闻出版业目前各自为政、重复建设、浪费资源、缺乏监管的局面[1]；打通我国新闻出版业的完整产业链条，进而参与国际竞争，实现与国际接轨。自 2013 年 12 月 31 日发布以来，CNONIX 标准的优势日益显现，至 2022 年 3 月底，基于 CNONIX 国家标准的国家出版发行信息公共服务平台累计交换书目数据 132.75 万条、销售数据 4.2 亿条、库存数据 76.5 亿条、交易数据 12.93 万笔。然而有些出版社则苦于缺少相应指导，升级前期找不到切入口。出版社 ERP 系统作为产业链上游的企业运行管理平台，在业务上与 CNONIX 标准存在近乎全方位的联系，如书目数据、销售数据、库存数据、单证数据等，因此想要贯彻 CNONIX 标准，进而融入国家出版发行信息公共服务平台，应当从出版社 ERP 系统升级开始。

1 CNONIX 标准简介

在线信息交换标准(Online Information Exchange，ONIX)是由欧美地区国家于 2000 年 1 月率先提出，目前已经成为欧美地区公认且成熟的出版物在线信息交换标准，我国一些涉外出版物也遵守此标准加工数据。2001 年，我国开始关注并研究 ONIX。2010 年 7 月 14 日，"中国出版物在线信息交换(CNONIX)图书产品信息格式"国家标准制定工作正式启动，主要进行 ONIX 的本土化工作，希望以此激活打通我国出版行业各环节的信息流[2]。2013 年 12 月 31 日，《中国出版物在线信息交换图书产品信息格式规范》(GB/T 30330—2013)正式发布，并于 2014 年 7 月 1 日开始实施。2018 年，基于 CNONIX 国家标准的国家出版发行信息公共服务平台正式上线，标志着 CNONIX 应用全面进入行业推广阶段。截至 2022 年 3 月，平台已接入出版发行单位 166 家，其中出版集团(出版社)141 家、发行集团(书店)23 家、电商 2 家；初步形成了接入单位类型丰富、数量较多，业界强势主体占相当比重，代表了行业主流的特点。

CNONIX 标准统一规范了图书产品在发行、销售等市场流通过程中的产品数据信息描述和信息交换格式，规范化的产品信息描述与交换格式有助于全面、及时、准确地展示图书产品信息，整合出版发行资源，以及深层次挖掘和利用"云计算"和"大数据"所提供的数字解决方案。这不但可以促进图书产品信息流通，还能够减少重复建立信息的成本浪费，实现"一次加工，全程共享"，最终达到全产业链的信息互通的目的，从而满足出版社与发行方(批发商、经销商、零售商、网上书店、其他出版社)、图书馆等各类机构和不同分销模式之间的图书产品数据信息交换需求[3]。

CNONIX 标准以 XML 语言的形式描述元数据，包含三个部分内容：①图书产品信息数据框架；②图书产品信息格式规范；③图书产品信息代码表。CNONIX 标准的元素分为单一元素、复合元素和复用元素，共计 761 项。以 XML 语言消息的形式进行数据信息交换，每一条消息都由 4 个部分组成：消息开始、消息头、消息主体和消息结束(见图 1)[4]。其中，消息头(Header)描述的是消息发送与接收层面的信息，消息主体(Product)描述的是图书产品记录。消息主体所描述的图书产品记录包含 596 个产品信息元素，其中，除部分发送、接收和信息记录元素外，有 155 个产品营销和可获得性元素与发行方相关，有 433 个产品自身信息与特征元素与出版社相关，约占 72%。可见出版社的 ERP(Enterprise Resource Planning)系统，作为产业链上游系统，在整个信息制造和传递过程中起到至关重要的作用。

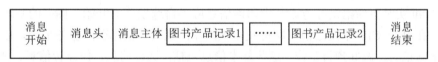

图 1 消息结构图[4]

2 出版社现行 ERP 系统

企业资源计划(Enterprise Resource Planning)即 ERP 系统由美国 Gartner Group 公司于 1990 年提出，是指建立在信息技术基础上，以系统化的管理思想，为企业决策层及员工提供决策运行手段的管理平台，可以将企业内部以及企业外部供需链上所有的资源与信息进行统一管理[5]。出版社现行 ERP 系统主要包括以下传统核心模块：编务管理模块、生产管理模块、销售管理模块、储运管理模块和财务管理模块(见表 1)。

表 1 出版社现行 ERP 系统常见核心模块与业务

编务管理模块	生产管理模块	销售管理模块	储运管理模块	财务管理模块
选题与合同管理	印刷文件管理	标准销售	入库管理	销售收入核算
书号申领与 CIP 申报	元数据收割	合同购书	发货管理	稿酬支付
审读加工	发印单管理	作者优惠购书	库存核算	收付款业务
排版校对	委印单管理	调退货管理		税金核算
封面制版	重印管理			
质检	纸张采购			

出版社现行 ERP 系统的设计思路大多以职能部门为单位划分业务范围，搭建的是直线型职能结构，很容易出现部门协作不畅、个体问题突出、资源分散、运营效率低等问题。如今为了适应 CNONIX 标准，新的 ERP 系统需要面对更多的内容、用户和应用场景，其建设既要考虑满足 CNONIX 标准要求，更为重要的是对内部运营要起到高效的支撑作用。因此，必须转变设计思路，搭建平行的流程结构，方能承担 CNONIX 标准赋予的更多使命与责任[4]。

3 传统出版 ERP 系统升级需求

首先，作为产业链源头的出版物产品数据信息制造系统，出版社 ERP 系统要保证能够建立符合 CNONIX 标准的产品数据信息，不仅要建立传统图书信息，也要建立数字出版的内容和信息。其次，作为上游的发送和接受系统，出版社 ERP 系统要能够稳定接收不同模式的发行方，并由国家出版发行信息公共服务平台发送的符合 CNONIX 标准的图书市场销售数据信息，例如发行商的库存信息、销售信息、结算信息等。因此，基于 CNONIX 标准的 ERP 系统升级需要全面涵盖出版社的业务系统及分析系统，包括传统出版、数字出版、BI 三大系统，建设内容多，工作量大。本文以传统出版为例具体说明，涉及的 ERP 核心模块主要有：编务管理模块、生产管理模块、销售管理模块和储运管理模块。

3.1 编务管理模块

主要涉及的业务包括：选题管理、书号申领与 CIP 申报、审读加工、排版校对、封面制版。此部分新模块建立并发布的产品数据信息按照主要出版流程节点可分为印前信息、印中变更信息和印后成书信息，将产品信息在不同节点通过国家出版发行信息公共服务平台按照 CNONIX 标准实时更新给发行方。其中印前信息应当自选题确立开始，图书的基本信息确定之后，甚至在书号 CIP 下发之前，即可发布至国家出版发行信息公共服务平台，以便发行方及时掌握最新信息，做好预售工作。这些基本信息包括：选题信息、作译者信息、丛书信息、营销信息和相关市场信息等等。通过升级，在业务流程设计中嵌入自动节点机器人，使得符合 CNONIX 标准的信息在对应的业务环节得到完整、规范、准确的收集并上传。同时此部分新模块要加强约束信息变更管理，以确保所上传的印前信息尽量准确[5]。此外，书号申领与 CIP 申报工作也要符合 CNONIX 标准与国家新闻出版署对接。根据出版进度需要，新模块要能够严格筛选符合申报条件的出版物办理书号申请与 CIP 申报业务，并能够将申报信息以符合 CNONIX 标准的形式导出至国家新闻出版署。同时还要能够将返回的书号和 CIP 信息导入至图书信息中，并实时更新给国家出版发行信息公共服务平台。

3.2 生产管理模块

主要涉及的业务包括：元数据收割、发印单管理、委印单管理、重印管理。生产管理模块需要负责生成并向国家出版发行信息公共服务平台提供印中变更信息和印后成书信息，即元数据收割。对于印中变更信息和印后成书信息的上传，此部分新模块应该设立人员把控功能和相应人员的权限，确保成书信息的准确流通。此外，新模块还应当具备建立和处理符合CNONIX标准的发印单与委印单等生产单据信息的能力，并通过国家出版发行信息公共服务平台，将生产单据和印刷文件安全高效地传送给印厂。

3.3 销售管理模块

主要涉及的业务包括：标准销售、调退货管理。此部分新模块需要交换的数据信息包括：书目信息、库存信息、采购信息、发货信息、调退货信息、结算对账信息、客户销售信息、客户库存信息等[6]。这些数据信息既有与出版社内部储运部门交换的数据信息，也有与社外主要客户交换的数据信息，新模块只有遵循CNONIX标准才能实现社内和社外大量业务数据之间的转化与传递。除此之外，统一、规范的元数据，有利于形成市场分析的大数据，发行方或国家出版发行信息公共服务平台基于上游出版社提供的CNONIX标准数据信息，可以为出版社提供图书发售后的市场销售信息。新模块需要嵌入新的BI系统，用来做读者群体分析、购买行为分析、市场销量分析，以及销量预测分析等。使出版社能够及时掌握图书产品市场动态，调整销售策略。

3.4 储运管理模块

主要涉及的业务包括：入库管理、发货管理。此部分新模块主要与新的销售管理模块对接，需要交换的数据包括：书目信息、库存信息、采购信息、发货信息、调退货信息等。除了要实现基本的实时入库与发货管控功能之外，CNONIX标准使得出版社越库发货成为可能。未来CNONIX标准可应用到现代物流系统中，将整个供应链与现代物流技术结合在一起。尤其是在POD按需印刷的使用场景中，每一笔订单信息都可实现规范记录统计，方便与销售部门结算对账，并为财务部门提供开发票依据，新模块要有能力承接这部分新功能。越库发货能够大大提高发货效率，缩短收货时间，减小库存压力与储运成本。

除了以上所涉及核心业务的模块需要升级。新ERP系统还要搭建CNONIX数据交换平台工具，与国家出版发行信息公共服务平台实现对接。此外，还需要考虑信息安全问题，建立数据安全保护机制(包括数据加密和XML文件备份等措施)，有效地避免数据泄漏、数据篡改和损毁的发生，为CNONIX标准数据的上传下载提供可靠的网络环境。

4 传统出版ERP系统升级思路

综上所述，为了满足CNONIX标准，更好地支撑出版社内部运营需求，出版社ERP系统升级应当全面涵盖出版社的业务系统及分析系统，包括传统出版、数字出版、BI三大系统。就传统出版部分而言：①新系统要能够建立并发布符合CNONIX标准的产品数据信息，并能够与国家新闻出版署对接实现书号申领与CIP申报；②要能够建立和处理符合CNONIX标准的发印单与委印单等生产单据，将生产单据和印刷文件安全高效地传送给印厂；③要能够实现社内和社外大量CNONIX标准销售业务数据之间的转化与传递，并嵌入新的BI系统，以便及时掌握图书产品市场动态，调整销售策略；④要能够实现实时入库与发货管控，并为将来在CNONIX标准下的越库发货打好基础；⑤此外，还需要建立数据安全保护机制为CNONIX

标准数据的上传下载提供可靠的网络环境。

  2021年12月28日，国家新闻出版署发布《出版业"十四五"时期发展规划》，明确要求健全完善数字出版科技创新体系，推动国家出版发行信息公共服务平台应用，"十四五"期间将以深化产业供给侧结构性改革为主线，推动产业链上下游深度融合[7]。相信会有越来越多出版社的传统出版业务凭借CNONIX标准的东风，在"互联网+"的新时代焕发新活力，绽放新光彩。

参 考 文 献

[1] 陈刚,何立村.CNONIX 国家标准应用示范工程助力中南传媒贯通出版发行产业链[J].出版参考,2018(10):22-25.
[2] 高源,贾爱娟.CNMARC 与 CNONIX 对比研究[J].内蒙古科技与经济,2019(1):139-142.
[3] 夏莉.基于 CNONIX 标准建立出版发行供应链协同平台[J].中国信息化,2016(8):92-96.
[4] 刘晓星,吴洁明.基于 CNONIX 标准的数据交换平台研究与设计[J].北方工业大学学报,2016,28(1):42-48.
[5] 刘秋生.ERP 系统原理与应用[M].南京:东南大学出版社,2020.
[6] 曾学文,郭希增.赋能出版服务应用:中国建筑工业出版社 CNONIX 应用实践[J].出版参考,2018(10):14-17.
[7] 国家新闻出版署.出版业"十四五"时期发展规划[EB/OL].[2022-07-15].https://www.nppa.gov.cn/nppa/contents/279/102953.shtml.

互联网时代如何借鉴国外期刊运营模式促进我国学术期刊发展

陈小明[1]，方 伟[2]，黄云熙[2]

(1. 福建医科大学附属第一医院《中华高血压杂志》编辑部，福建 福州 350005；
2. 中国新闻文化促进会学术期刊专业委员会，北京 100043)

摘要：本文总结国内外学术期刊办刊模式、经营管理、发展理念等方面的差异，通过学习国外优秀学术期刊的运营模式，探索我国学术期刊如何通过互联网核心三要素理念构建互联网思维的办刊模式，利用互联网将国外学术期刊办刊成功经验结合起来，借助互联网平台，弥补短板，便利作者、编辑、专家、读者间的联系，优化学术期刊的用户体验，整合宝贵的学术资源，发掘期刊潜在的经济效益与社会效益，实现学术期刊发展的新优势，为促进我国学术期刊快速高质量发展提供参考。

关键词：学术期刊；发展模式；互联网时代；互联网三要素；互联网思维；集团化；经营管理

学术期刊是国家科技信息传播的重要载体，在我国科技水平突飞猛进的今天，国内期刊的办刊水平与国外优秀期刊相比仍存在较大差距，其原因在于管理模式、经营理念、发展平台、评价体系等方面的不足[1]，影响了高水平论文发表在国内学术期刊上。习近平总书记以及国家部委多次强调："广大科技工作者要把论文写在祖国大地上，把科技成果应用在实现现代化的伟大事业中。"[2]因此办好国内学术期刊提升影响力成为了一项重要的工作。学习国外优秀学术期刊的模式，并形成具有我国特色的学术期刊发展模式，需要借助新的工具平台，互联网成了最佳选择。本研究通过分析国内外学术期刊的不同，以及互联网与期刊相关的特性，探索我国学术期刊如何通过互联网核心三要素理念构建互联网思维的办刊模式，为促进我国学术期刊快速高质量发展提供参考。

1 国外学术期刊的经营管理和发展模式

国外学术期刊从世界上最早的期刊，1665 年 1 月 5 日法国议院参事戴·萨罗在巴黎创办的《学者周刊》诞生，到 21 世纪有近 400 年的发展历程，已经形成了一套完整的期刊编辑出版、发行运营、评价管理的成功机制，成为科技发展过程中重要的环节。

1.1 出版运营规模集约化

在国际上，出版业相对发达的国家，其学术期刊发展基本都走向了集约化、集团化的发展道路；完全采用市场化运营模式，通过收购、重组、兼并等手段和方式，形成规模化效应，以学术科研作为抓手，最终完善成为集学术、科研、出版、发行、广告等科学学术服务产业领域于一体的集团[3]。比如国际期刊四大出版商：英国泰勒弗朗西斯(Taylor Francis)、美国威利(Wiley)、德国施普林格·自然(Springer Nature)、荷兰爱思唯尔(Elsevier)通过集团化发展,有效地整合了行业资源,形成规模效应,从而能在全球性市场激烈竞争中处于优势之地。

1.2 办刊模式以需求为导向

如何理解国外学术期刊出版发行以需求为导向,主要有以下三个方面[4]:①期刊内容的需求导向;②期刊出版集约化的需求导向;③办刊过程的需求导向。需求是大型出版集团专业与运营分离化发展的核心导向,国际顶尖学术期刊的稿件处理流程和学术质量把控也是一切以需求为导向,国外学术期刊杂志社根据科学技术的发展趋势,以及市场化运营需求和自身生存发展的需要,基本上采用两种方式:一种是与国际大型出版集团合作,形成分工协作关系;而另一种是根据相关专业形成某个领域的期刊集群,形成规模效应。这两种期刊的办刊方式,相同点都是专业和经营分离[3,5],专业的事情有专业的部门负责。编辑根据学术质量的需求,建立完善的同行评议机制,确保期刊质量不断提高,经营方面建立专门的运营部门,相互之间协作,与编辑部门不存在隶属关系,完全以市场化的运营模式,根据编辑部的生存和发展需要,实现期刊编辑部的营收。

1.3 注重期刊质量发展

国外在科技发展方面能够持续领先数百年,学术期刊在科研技术传播中发挥了重要作用,国外很多学术期刊属于开源期刊(open access journal),刊文理念同样是"门户开放",面向全球所有的优秀研究成果,来获得最新科技信息的首发权。比如爱思唯尔(Elsevier)刊群提供了不同的开放获取与订阅模式组合,为世界各地作者发表文章时,提供不同的选择。这些期刊在论文内容上,最看重的是研究内容的质量和创新性;在编辑排版过程中,始终以学术为导向,在编辑加工过程中,从文章内容、文字、图表、体格格式、栏目设置等方面,注重设计多样化,关注读者体验,突出论文的可读性。

国外学术期刊在文章处理过程中,编辑与同行评议专家对文章的审稿过程中,充分体现了对学术的严谨性,编辑部在对文章送审专家过程中,将审稿单细分为三个部分:第一部分用于同行评议专家写给编辑,对文章提成整体的评审和处理意见;第二部分用于编辑部给论文作者的反馈意见;最后一部分是专家和编辑部对文章的详细意见、建议等[4,6-7]。国外同行评议专家已经形成了比较规范的同行评议制度,基本上都是完全基于学术的角度对文章质量进行把控,专家在审稿过程中持有严肃认真的审稿态度。这样的同行评议制度和审稿单模式,确保了文章的原创性和质量,也体现了期刊编辑部对来稿认真负责的态度,并且为作者提供专家的专业意见,从而使作者在同行专家的指点中受益,作者向该刊投稿的意愿更强,循环往复,从而提升来稿质量。

1.4 注重学术信息传播快捷

有研究表明[8],学术期刊刊文速度越快,影响因子越高,期刊的业内知名度更高。相较于国外期刊,国内期刊从来稿到发表的平均时滞更长[3]。国外期刊在保证论文质量的基础上,会尽可能缩短发表时滞,因为学术界公认的科研成果首发权是以发表日期为准,在全球领域有许多科学家的研究方向相似,所以国外期刊通常会以最快的速度争取首发权,让新成果和新理论与读者见面,创造相应的社会效益。而对于作者来说,审稿周期是投稿体验中至关重要的一环。因此,缩短论文发表时滞,不论是对于期刊还是作者和读者都是共赢的局面。

1.5 注重用户体验的办刊理念

对于一本优秀的学术期刊而言,读者都是潜在的作者,"以人为本"的理念就是为读者和作者服务。相较国内期刊，国外优秀期刊更加重视读者的阅读体验，无论是从刊文方向到栏目设计，还是从图文并茂到广告植入，每个细节都体现出以人为本的办刊理念，也因此可以摆脱科学类期刊沉闷、枯燥的旧模式，走在办刊模式的最前沿[3-4]。

1.6 完全的市场化运作

与国内期刊不同，国外期刊盈利的一大部分是广告收入。相关研究显示[9]，大多数美国期刊的广告收入占期刊总营收的40%以上，部分高达60%。广告创造的收入可以更好地帮助期刊发展，创造更高的发行量，进而吸引更多的广告，形成良性循环。

1.7 编辑和经营相分离

许多国外优秀期刊为了保证期刊的学术水平，在内部机构设置上将编辑部门同广告、经营部门的业务完全分离，之间不发生任何联系，以此来保证期刊的论文质量[4]。在管理体制上，同时设置以总编辑为首的编辑系统和以总裁为首的经营系统，两者相互独立，总编辑不负责经营，只按自己的原则和理念提升期刊学术质量；总裁负责市场运营，在不对总编辑造成任何影响的基础上开展多种业务创收，这种模式相较传统模式保证了期刊的质量并开拓了更多业务，形成了独特的办刊风格[4]。

综合以上国外优秀期刊的办刊特点，可以发现它们大多采用论文质量和创新性至上、集团化发展、市场化运作的理念，既能产生学术价值，又能为期刊本身创造经济效益，因此，国外期刊即使是开源期刊，大多也是盈利的，并且盈利能力较强，这些经济效益可以继续推动期刊发展，期刊发展后又创造更多的经济效益，形成良性循环。

2 我国学术期刊的经营现状

2.1 办刊分散，难以形成规模效益

相关研究显示[10]，我国每本学术期刊的年平均经营收入仅为11万多元。这其中的主要问题在于大多期刊独立经营、发行数量低、经营项目较少。对我国31本科技期刊发行量的抽样调查报告显示，发行量最多的期刊为9 200份，最少的仅为800份。与行业头部期刊相比，中下流期刊各自为战，来稿数量少、质量低、业内知名度低，这导致了它们的广告收入极少，版面费是这些期刊的最主要的营业收入，大多都处在亏损经营状态。此外，不菲的版面费使许多作者望而退步，一定程度上导致了国内期刊水平的泛而不精。

2.2 管理机制滞后

我国学术期刊大多是由科研院所、高校及挂靠的学会等主办，期刊的管理机制带有浓重的事业单位色彩，因为这些期刊不以盈利为首要目的，或者在短期内不能见到显著的经济效益，也不是其在单位中的关键因素，主办单位的领导和编辑部人员对期刊的管理重视不够，市场化建设相对滞后，员工对期刊经营发展的主观能动性不足[10]。

2.3 编辑工作受到外部条件的制约

相较于国外优秀期刊，国内期刊编辑部因为经费短缺等问题[11]，一般学术期刊的编校人员以4~10人居多，规模相对较小。编辑是很多期刊唯一的全职工作人员，是论文流转的轴心，承担着约稿、审稿、传递、修改、校对、发行等一系列工作，但如果编辑日常工作繁重，很难有时间和精力去考虑其他事情。即使有人想去把期刊办好，但是遇到资金、人力、体制等难题，往往也会知难而退。

2.4 缺乏激励机制

目前许多国内期刊由于管理机制滞后,对于审稿专家和编辑部不执行激励模式,论文责任不明、奖罚不清,大多还处于经营与员工薪资脱节的"大锅饭"模式[10]。

2.5 市场意识薄弱,产品服务单一

由于体制管理或内部制约等因素的影响,我国学术期刊对于资源的开发意识和力度整体状况薄弱,经营水平较差。据研究统计[10,12],我国学术期刊中拥有广告经营许可证的仅占总数的 59%,经营项目也仅仅围绕期刊本身,没有利用期刊的优质资源进行业务拓展,发展逐步与时代脱轨。

我国期刊的现状特点,基本上还停留在旧的体制和观念当中。一位编辑部主任曾概括我国学术期刊界:"科技期刊编辑部是我国计划经济体制的最后一个堡垒。"这句话意味着,期刊编辑部未曾参与到改革开放的浪潮中去,还是以传统体制运作,而且放眼未来这种体制可能还会长期存在,成为限制我国学术期刊发展的最大短板。

3 学术期刊互联网时代的发展方向

2015 年科协等五部委联合发文,支持科研成果优先在我国期刊发表;2016 年 5 月 30 日,习近平总书记在"科技三会"上指出,广大科技工作者要把论文写在祖国的大地上,把科技成果应用在实现现代化的伟大事业中;2020 年 7 月,习近平总书记在吉林考察时再次强调"科研人员要把论文写在祖国大地上[2]。"可以看出,发展国内期刊是未来国家学术界和出版行业的方向,但论文发表在我国期刊的前提是,国内期刊足够优秀,可以支撑各行业顶尖的学术成果。

据此,许多编辑部试图改革运营机制,来实现期刊的产业化和规模化经营,建立现代化的管理制度,提出了一些具体的思路或方法,例如:①细化分工;②建立激励机制;③激活期刊资源,开展多种经营;④不同期刊编辑合作;⑤开展市场化运作。

其实这些发展思路很早就已经提出,和国外成功的运营模式相似。但单纯学习国外期刊,并不符合我国的体制和国情。国外期刊基本上是以为市场导向,刊物所有权属于私营企业;而我国的期刊基本上是以国家政策和发展方向为导向。在这样的背景下,期刊的发展必须要找到一条具有我国特色的学术期刊未来发展之路,借鉴国外优秀期刊的运营模式,并不断探索,取长补短,形成适应我国环境的发展模式。

笔者认为,我国学术期刊想要取得突破性的发展,目前的最佳手段就是借助互联网载体,搭上信息时代的顺风车,国内的学术期刊才能与我国突飞猛进的科技水平齐头并进。

4 互联网为我国学术期刊发展带来了新的生机

4.1 互联网行业的盈利模式

利用互联网,不仅可以为读者带来最前沿的知识讯息,还可以给期刊带来广告收益和发行收益。首先需要知道的是互联网基本的盈利模式,目前互联网的盈利模式主要有三种[13]:广告、销售和渠道(混业经营)。广告盈利模式非常适用于大流量网站,这些网站相当于一种宣传平台,展示自身内容的同时,还在其中穿插着各种广告,帮助广告主宣传获取收益,如百度、新浪等;销售盈利模式是将平台作为一个线上商城,商家付费获取商城中的虚拟商铺,在商铺中来销售自己的产品,而平台通过出租铺位和抽取佣金来盈利,国内 C2C 和 B2B 大多基于相似模式,如淘宝、抖音等;渠道盈利模式则是网站通过自己的功能和用户建立起来充

足的联系，在自己的网站上销售基于产品自身功能的附加增值服务，如微信、QQ等，以人为核心的渠道盈利模式。至2020年底，微信日活跃用户达10.9亿[14]，每天有3.6亿人阅读公众号，4亿人使用小程序，微信已成为我国人不可或缺的生活习惯，相关产业迅猛发展。一个产品一旦培养出用户的使用习惯，那么借助平台与人之间的渠道，很多产品就应运而生。目前国内的互联网企业，例如阿里巴巴、腾讯等在国内企业利润榜单中名列前茅[15]，学习互联网企业的经营模式，可以帮助期刊行业挖掘潜在的经济价值和传播价值。

4.2 互联网盈利必备的三个要素

不管是哪一种盈利模式，互联网至少要具备以下三个要素才能实现长期盈利。①流量：任何一个网站没有流量，内容做得再好也无人知晓，所以流量是互联网产品的基本生命线[16]。②刚性需求：有了流量还要有需求，有刚性需求才能使用户离不开这个产品，并投入金钱[17]。③黏性：或者说是用户的使用习惯。黏性就是用户对互联网产品的忠诚度，这是长期浏览培养出来的习惯，也决定了产品能否长期生存下来[18-19]。

互联网盈利还包括其他要素，例如技术、信息量、经营模式，但所有要素的最终目标都是要达到上述三个要素。此外，互联网讲究先入为主，同类型的产品有很多，但最终能够生存下来的往往是同领域内的前几位，比如搜索引擎的百度、谷歌，虽然网易、新浪、QQ都推出了自己的搜索引擎，但用户已经习惯了百度和谷歌，所以其他搜索引擎即便技术领先，也很难撼动其他巨头对用户产生刚需和黏性，最终变得无人问津。所以，尽早抓住互联网先机对于学术期刊的发展来说至关重要[20]。

4.3 学术期刊与互联网的发展规律

与学术期刊的发展历史相类似，互联网的发展同样是从最初粗放、综合的模式，向纵深、集约、精细化的方向发展。

4.4 学术期刊的自身属性与互联网模式相吻合

学术期刊自身具有高流量、高刚需、高黏性的属性，其发展趋势也顺应了互联网的发展方向。目前国内期刊的数量相较于美国仍有很大差距，很多领域内的权威刊物数量有限，因此这些期刊往往覆盖了该领域内所有的学者，为期刊带来了巨大的流量。此外，我国国内特有的对硕士和博士毕业、职称评定的发表论文的硬性要求，使得他们对于学术期刊的需求和黏性极强，整个职业生涯几乎难以离开自己领域内的学术期刊。但目前国内学术期刊的落后，使得这些潜在用户更多关注于国外期刊，如果国内学术期刊质量上升，必将收获一大批高黏性的用户，结合互联网的推动作用，使国内期刊的发展形成良性循环。

使用线上投稿系统的编辑、投稿作者和审稿专家等都在为平台不断创造流量，如果期刊编辑部充分利用的投稿网站，为作者和专家展示精细、高质量的知识和资讯，也能够逐渐培养用户的忠诚度，间接增加期刊投稿论文的质量，创造新的学术价值。

4.5 互联网为期刊带来的资源整合能力

虽然每个期刊都有自己的流量，但该流量通常仅限于某一个细分学科，因此要想发挥流量的作用，可以利用互联网平台，将属于同一大类的各个期刊联合起来，进行资源整合，创造巨大规模的流量，形成规模效应，推动整个行业的共同发展，并与其他学术领域碰撞，挖掘潜在学者。如果每个期刊都只在自己学科内向下发展，终将形成故步自封的局面。例如，作者投稿通常具有盲目性，不同期刊的投稿量差异巨大，许多期刊的投稿量是其他同学科期刊的数十倍以上，这种情况导致了优质期刊会将大量论文退稿，而较差的期刊往往无人问津，作者经历数次投稿后论文才被接收，投稿效率低下。如果同学科的期刊联合起来，数据、专家共享，审稿专家不仅可以审阅更多符合自己研究方向的论文，提高审稿的专业性，还可以对作者提出投稿建议，让作者直接投稿愿意接收该论文的期刊，大大缩减作者、编辑和专家的任务量，提高整个环节的工作效率和期刊质量。而这样一个学科内所有期刊联合建立的平台，将会创造空前的流量和权威性，不仅可以为期刊带来广告等利润，还可以创造学术争鸣的平台，发展其他相关产业，推动整个行业的蓬勃发展。

4.6 互联网帮助期刊在办刊和创收方面更加灵活便捷

4.6.1 运营平台灵活便捷

目前利用微信公众号、小程序、手机 App 可以搭建出色的期刊平台，为编辑、作者、专家、读者等创造良好的期刊使用环境。相比传统的纸质期刊出版，使用邮箱或网站采编的运营模式，微信公众号和小程序无疑有更好用户体验，可以提高流量和用户黏性。微信公众号和小程序还具有一些实用功能，比如可以统计读者的信息和关注点，以此来为读者精准推送相关论文，调整期刊的刊文方向，增加期刊的阅读性和影响力。

4.6.2 分工明确

利用互联网平台，将学术期刊的运营交付给专业团队是一种新的选择，这样可以解决期刊编辑部资金、人力、积极性等难题，专家与编辑只负责期刊的内容与质量，非专业的工作由专业团队完成，实现各司其职的体系。

4.6.3 避免利益冲突

我国期刊大多属于行政机关或事业单位管理，在创造效益时存在利益分配问题，而利用互联网的一些先进理念进行制度改革，与互联网平台合作可以解决利益冲突问题，为双方创造社会效益以及其他价值。

4.6.4 经济效益

互联网具有较强的盈利能力，其带来的巨大流量，可以为期刊在社会中发掘更多本不属于该领域的兴趣学者，挖掘这些学者的消费能力，产生经济效益，夯实期刊发展的经济基础，并为社会的知识传播提供力量。

5 结束语

通过以上分析，对比国外期刊与国内期刊的办刊方式、经营管理、发展理念等不同之处，探讨了国内期刊如何利用互联网技术让期刊及其编辑部在未来道路上充分发展，比如学习国外期刊以人为本的理念、集团化发展的经营模式，使作者、编辑、专家、读者之间进行充分联系。在此基础上，国内期刊利用互联网平台，优化学术期刊的用户体验，整合宝贵的学术资源，发掘期刊潜在的经济效益与社会效益，利用互联网技术来激活这些价值，进一步提升国内期刊在全球的影响力，对我国学术期刊的发展具有重大意义。

参 考 文 献

[1] 杨雷.从科技期刊影响力的差距看国内外办刊理念的差异[J].编辑之友,2012(5):73-74,77.
[2] 魏均民,刘冰,徐妍.中国科技期刊发展的挑战、机遇和对策[J].编辑学报,2021,33(1):4-8.
[3] 王健.国外学术期刊的运作模式研究[J].怀化学院学报,2007,26(4):126-128.
[4] 孙宇.西方发达国家学术期刊运营模式研究[D].北京:北京印刷学院,2009.

[5] 金碧辉,戴利华,刘培一,等.国外科技期刊运行机制和发展环境研究[J].中国科技期刊研究,2006,17(1):3-9.
[6] 石新中.论学术期刊的市场化[J].首都师范大学学报(社会科学版),2013(3):150-157.
[7] 王磊,孙守增.国外学术期刊成功的品牌建设经验和盈利模式对我国学术期刊的启示[J].中国科技期刊研究,2012,23(4):639-641.
[8] 刘晨霞,魏秀菊,王柳,等.学术期刊发表时滞及载文量对影响因子的定量影响研究[J].编辑学报,2019,31(增刊1):104-106.
[9] 王健.美国期刊业对我国期刊的启示[J].湘潭工学院学报(社会科学版),2003,5(3):77-80.
[10] 陈继彬.我国科技期刊经营现状与思考[J].学会,2008(4):62-64.
[11] 张雁影,郑军.关于学术期刊创新的思考[J].榆林学院学报,2004,14(4):119-120.
[12] 高平.解读我国科技期刊经营中引入绿色营销理念[J].中国科技期刊研究,2010,21(6):753-756.
[13] 马敏,王旗.中国移动互联网盈利模式探究[J].互联网天地,2014(3):61-63,68.
[14] 乔兴娟,徐春梅,范文丽."互联网+"时代学术期刊媒体融合研究与实践[J].今传媒,2021,29(7):7-10.
[15] 陈鑫子.轻资产模式下互联网上市公司盈利能力分析[J].财会通讯,2019(17):58-62.
[16] 郑小惠,张婷婷,余在洋,等.基于用户流量的互联网企业价值评估[J].现代商业,2018(22):90-92.
[17] 张睿晋.刚需:产品设计的人性温度[J].商界(评论),2015(8):127.
[18] 石玲,胡令.浅谈企业如何制造黏性和引爆点开展微博营销[J].才智,2014(8):8-9.
[19] 任忠钦.科技期刊作者群的扩张及其黏性培养:以辽宁中医药大学期刊群为例[J].出版发行研究,2014(10):51-53.
[20] 张艳艳,金晓明.互联网思维在学术期刊经营发展中应用的思考[J].中国科技期刊研究,2015,26(9):965-968.

媒体融合背景下学术期刊头条号的发展现状及提升策略

周丽萍

(《云南大学学报(自然科学版)》编辑部，云南 昆明 650500)

摘要：为探悉我国学术期刊头条号的使用现状，以 2019—2020 年度中国科学引文数据库(Chinese Science Citation Database, CSCD)和中文社会科学引文索引(Chinese Social Sciences Citation Index, CSSCI)来源期刊为研究对象，采用调查统计的方法，对 61 个学术期刊头条号的基本信息和传播影响力进行分析，针对其存在的问题，提出以下提升策略：重视学术期刊与今日头条平台的融合，加强头条号账号的运营管理，利用智能算法推荐的优势，丰富期刊内容的表现形式。

关键词：今日头条；头条号；学术期刊；运营现状；提升策略；CSCD 来源期刊；CSSCI 来源期刊

随着信息技术的迅速发展，各种新媒体不断涌现。与传统媒体相比，新媒体以其资讯丰富、传播快捷、载体多样、互动良好等特点逐渐渗透到各行各业。"媒体间相互融合，呈现多功能一体化"[1]的媒体融合已是大势所趋。2014 年，中央出台的《关于推动传统媒体和新兴媒体融合发展的指导意见》中明确指出，推动传统媒体和新兴媒体融合发展是落实中央全面深化改革部署、推进宣传文化领域改革创新的一项重要任务。2020 年 9 月，中央印发《关于加快全媒体深度融合发展的意见》强调加快推进传统媒体和新兴媒体在体制机制、政策措施、流程管理、人才技术等方面深度融合步伐。从"推动""融合"到"加快推进""深度融合"，我国的媒体融合已进入新阶段。

由北京字节跳动科技有限公司研发的今日头条是一个聚合新闻资讯的移动新闻客户端，一经推出，凭借其智能的个性化推荐算法迅速成为资讯类 APP 的翘楚。2019 年，头条创作者共发布 4.5 亿条内容，获赞 90 亿次，用户日均发出 1 037 万条评论[2]。据今日头条官网显示，截至 2019 年 12 月，今日头条推出的信息发布平台头条号账号总数超过 180 万个，平均每天发布 60 万条内容，众多政府、企业、媒体等通过头条号传播信息。今日头条在移动互联网平台的影响力越来越大，俞敏等[3]提出了采用"两微一条"来评价新媒体传播力。继微博、微信、短视频之后，今日头条已成为传播信息的另一个重要新媒体平台。

学术期刊是我国出版业的重要组成部分，是传播和交流学术成果的重要平台。随着媒体融合在出版领域的不断发展，微博、微信等新媒体在学术期刊出版传播上的优势也日益彰显，学术期刊出版单位已经意识到新媒体的影响力，不断探索利用新媒体传播科学信息，扩大学

基金项目：云南省高教学会编辑学研究专项课题(2020YAHE12)

术期刊的影响力。例如，文献[4-6]研究了学术期刊在微博、微信、短视频等新媒体平台的应用状况，文献[7-8]介绍了学术期刊融合新媒体的成功实践。笔者于2021年3月28日在中国知网以"今日头条"为检索词进行主题精确检索，共检索出2 546条记录，而以"今日头条"并含"期刊"为检索词进行主题精确检索，检索到33条记录，剔除掉今日头条平台开通广告和相关性较弱的记录，只得到6篇研究文献。可见，期刊与今日头条融合的研究明显偏少。邓进利[9]以《农村新技术》的头条号为例介绍了"算法+"趋势下期刊自媒体创新路径；俞敏等[3]统计入选"中国科技期刊卓越行动计划"的100种期刊在微博、微信、今日头条等发布情况，提出科技期刊新媒体内容的多平台分发策略；白娅娜等[10]提出可以通过头条号精准推送科技论文优质内容。2020年2月5日，劳万里等[11]对中国科学引文数据库(Chinese Science Citation Database, CSCD)来源期刊头条号的发展现状进行了调研，发现仅有2.1%的期刊开通了头条号。近一年来，CSCD来源期刊与今日头条的融合发展如何？社会科学期刊在今日头条的发展现状如何？这些期刊头条号的影响力怎么样？基于以上的思考，本文以CSCD和中文社会科学引文索引(Chinese Social Sciences Citation Index, CSSCI)来源期刊为研究对象，调研期刊头条号的应用现状，并结合今日头条的特点提出优化建议，以期最大化发挥头条号在期刊发展中的作用，为学术期刊和今日头条的融合发挥积极意义。

1 统计源与研究方法

1.1 统计源

CSSCI来源期刊是南京大学中国社会科学研究评价中心从全国中文人文社会科学学术性期刊中精选出学术性强、编辑规范的期刊。CSCD来源期刊是中国科学院文献情报中心从我国数学、物理、化学、管理科学等领域遴选出的中英文科技核心期刊和优秀期刊，被誉为"中国的SCI"。这些期刊学术性强、编校规范，在相关学科领域具有较高的学术权威和影响力，是我国人文社会科学和自然科学重要的文献信息查询评价工具。把这些期刊作为研究对象具有较强的代表性和普遍性。因此，本文以CSCD(2019—2020)来源期刊1 229种(核心库909种，扩展库320种)和CSSCI(2019—2020)来源期刊782种(核心版568种，扩展版214种)为统计源。

1.2 研究方法

首先，以CSCD(2019—2020)和CSSCI(2019—2020)来源期刊作为目录，在中国知网期刊导航模块中搜索目录中的期刊，确认和印证期刊名称、主办单位、是否为CSSCI和CSCD来源期刊等信息。

其次，采用普查法，以上述期刊的名称、主办单位名称在今日头条的用户、综合标签中进行搜索，同时在期刊名称后加入杂志、编辑部等信息在用户标签中完成扩展搜索。之所以将期刊主办单位列出来搜索，是因为一些期刊没有开通自己的头条号账号，主办单位发布的信息与期刊内容息息相关。另外，由于今日头条平台允许出现相同的用户名，所以对搜索出的与期刊同名的头条号用户进行认证信息、账号主体、作品内容等仔细比对。根据以上搜索及甄别方法，选出内容符合期刊的头条号，并添加成关注对象。

最后，调查这些头条号的基本信息和传播影响力。基本信息包括头条号名称、头像、认证信息、粉丝数、获赞量、发文量、开通时间、末条消息推送时间、自定义菜单。发文量和获赞量如果头条号顶部显示则以其为准，不显示的则通过逐条阅读推文信息进行统计。由于头条号不显示开通时间，文中近似为该头条号首条消息推送时间。传播影响力通过清博大数据平台的头条号传播指数(Toutiao Gsdata Index, TGI)评价。统计期刊头条号在评估时间段的推文信息，汇总每条推文的阅读数和评论数，计算其日均阅读数、篇均阅读数、日均评论数和篇均评论数，然后计算TGI。

2 期刊头条号的发展现状

根据以上统计源和研究方法，笔者于2020年12月31日经过搜索和筛选，共得到61个期刊头条号，其中《城市规划》《中国心理杂志》《中国科学院院刊》同时被CSCD和CSSCI收录，按照粉丝数降序排列，其基本信息如表1、表2所示。在1 229种CSCD期刊中，有37种开通了头条号，开通率为3.01%，比劳万里等[11]于2020年2月5日统计的多11种，其中给水排水、地学前缘、中华护理杂志社、城市规划杂志是2020年新开通的头条号。CSSCI来源期刊中有27种开通了头条号，开通率为3.45%。也就是说，不管是CSCD期刊，还是CSSCI期刊，超过95%的期刊都没有开通头条号，学术期刊开通头条号的比例很低。

表1 CSCD期刊头条号基本信息

刊名[头条号名]	关注数/人	发文量/条	获赞量/次	是否认证	开通时间/末条信息推送时间	有无自定义菜单
电工技术学报[电气技术]	37.5万	6 906	3.0万	是	2018-04-04/2020-12-31	无
协和医学杂志	14.0万	619	7.0万	是	2017-12-27/2020-10-30	无
中国工程科学[中国工程院学刊]	8.0万	455	1.0万	是	2019-07-03/2020-12-31	无
中国循环杂志	6.5万	7 633	16.0万	是	2017-10-24/2020-12-30	无
中国中药杂志[中国中药]	5.4万	11	109	否	2016-03-03/2016-03-08	无
控制工程[控制工程中文版]	5.0万	889	4 296	是	2016-12-30/2020-12-31	有
中国实用内科杂志	4.6万	1 356	7.9万	是	2017-07-18/2020-09-04	无
科技导报	4.5万	1 542	2.0万	是	2016-08-24/2020-12-31	无
中国护理管理	2.4万	3 469	2.4万	是	2017-10-20/2020-12-31	无
中华皮肤科杂志	2.3万	185	9 088	否	2016-11-08/2020-12-31	无
测绘学报	1.6万	3 108	2.8万	否	2017-09-27/2020-12-31	无
机械科学与技术	7 609	310	1 746	否	2017-04-27/2019-06-05	无
测绘科学	7 458	728	1 532	否	2015-09-22/2020-12-23	无
建筑结构[建筑结构杂志社]	4 657	80	2 307	是	2015-12-03/2020-09-07	无
中国科学院院刊[科学参考]	3 227	191	5 636	否	2016-12-31/2020-12-23	无
城市规划[城市规划杂志]	2 040	124	302	是	2020-02-21/2020-11-09	无
中国激光	1 921	52	92	是	2017-02-16/2020-10-23	无
自动化学报[自动化JAS]	1 565	158	429	是	2019-06-19/2020-11-02	无
黄金科学技术	679	165	464	是	2017-02-26/2020-07-29	无
中国疼痛医学杂志	665	2	0	否	2016-09-02/2016-09-12	无
南京林业大学学报(自然科学版)[南林大学报]	237	138	80	是	2019-04-20/2020-12-20	无
机械工程学报	231	22	0	否	2016-09-12/2020-03-05	无
中国心理卫生杂志	184	10	155	是	2018-12-28/2019-11-12	无
科学通报[dm—芒果]	109	15	20	否	2017-06-09/2018-03-12	无
电镀与涂饰[电镀涂饰]	52	210	115	否	2019-08-02/2020-10-27	无

续表

刊名[头条号名]	关注数/人	发文量/条	获赞量/次	是否认证	开通时间/末条信息推送时间	有无自定义菜单
中华消化内镜杂志	44	10	135	否	2019-11-27/2020-10-29	无
地质力学学报	40	16	737	是	2019-08-14/2020-10-01	无
中华护理杂志[中华护理杂志社]	35	49	63	否	2020-08-19/2020-12-30	无
中国公共卫生[中华预防医学会]	33	0	0	否	—	无
热带地理	25	1	0	是	2018-02-06/2018-02-06	无
地学前缘	8	27	34	否	2020-05-31/2020-11-10	无
航空学报	7	0	0	否	—	无
给水排水	5	2	1	否	2020-04-22/2020-04-26	无
实用口腔医学杂志	4	0	0	否	—	无
沉积学报	2	1	2	否	2019-10-24/2019-10-24	无
哈尔滨工业大学学报	2	0	0	否	—	无
中国沙漠[中国沙漠编辑部]	1	0	0	否	—	无

注：—表示未推送消息；刊名后标注中括号的，中括号内为该刊头条号名，没有加注中括号的，说明该刊头条号名和刊名完全一致。以下各表同。

表 2 CSSCI 期刊头条号基本信息

刊名[头条号名]	关注数/人	发文量/条	获赞量/次	是否认证	开通时间/末条信息推送时间	有无自定义菜单
求是[求是网]	105.7 万	1.1 万	107.0 万	是	2016-11-02/2020-12-29	无
人民论坛·学术前沿[人民论坛网]	48.5 万	9 502	29.0 万	是	2017-04-25/2020-12-31	无
文化纵横	15.8 万	1 860	49.0 万	是	2017-11-07/2020-12-31	有
前线[前线杂志]	13.2 万	1 795	7.5 万	是	2020-05-23/2020-12-31	无
毛泽东邓小平理论研究	9.5 万	137	4.0 万	是	2019-04-20/2020-12-25	无
新闻与写作	7.1 万	1 077	3 252	否	2015-12-09/2019-10-28	无
国际新闻界[国际新闻界杂志]	6.6 万	439	1 025	是	2016-10-15/2020-12-29	无
哲学分析	5.1 万	5	498	是	2019-06-20/2019-09-23	无
国际城市规划	9 655	695	1 312	是	2019-06-28/2020-12-31	无
学术月刊	8 895	180	6 434	是	2019-05-17/2020-12-21	无
新闻界	6 140	203	32	否	2015-01-16/2019-02-25	无
中国文艺评论	5 289	503	2 801	是	2018-01-04/2020-12-18	无
美术研究	5 158	289	4.1 万	是	2018-11-09/2020-12-29	无
美术观察	3 570	225	1 243	是	2020-01-14/2020-12-31	无
中国科学院院刊[科学参考]	3 227	191	5 636	否	2016-12-31/2020-12-23	无
城市规划[城市规划杂志]	2 040	124	302	是	2020-02-21/2020-11-09	无
日本学刊[日本学刊杂志社]	501	19	65	否	2020-09-19/2020-12-25	无
中国远程教育[中国远程教育杂志]	384	98	273	是	2020-06-15/2020-12-29	无
西亚非洲	315	84	6 942	否	2020-04-03/2020-12-31	无
中国心理卫生杂志	184	10	155	是	2018-12-28/2019-11-12	无
农业经济问题	161	16	39	是	2020-06-19/2020-09-27	无

续表

刊名[头条号名]	关注数/人	发文量/条	获赞量/次	是否认证	开通时间/末条信息推送时间	有无自定义菜单
社会学研究	98	0	0	否	—	无
西北师大学报(社会科学版)[西北师大学报社科版]	86	10	24	是	2018-02-12/2020-08-13	无
世界经济文汇	57	9	15	否	2017-03-01/2017-08-10	无
河海大学学报(哲学社会科学版)[河海大学学报社科版]	19	5	10	是	2020-06-22/2020-07-08	无
知识产权[知识产权杂志]	16	1	6	否	2020-11-25/2020-11-25	无
学习与探索	14	12	37	否	2020-08-18/2020-12-31	无

2.1 头条号基本信息分析

从表1、表2可以看出，38个头条号名称与其刊名完全一致；《控制工程》《中国沙漠》《求是》等12种期刊的头条号名称为刊名后加中文版、杂志、编辑部等信息；《电工技术学报》和非CSCD、CSSCI来源期刊《电气技术》合用一个头条号，取名"电气技术"；《南京林业大学学报(自然科学版)》《自动化学报》《中国中药杂志》等6种期刊的头条号用刊名的简称或简称加英文缩写；《中国公共卫生》和《中国工程科学》以主办、主管单位命名的；《中国科学院院刊》的头条号"科学参考"和《科学通报》的头条号"dm—芒果"，这两个头条号名称与刊名有较大的差别，给关注者搜索和辨别带来了一定的难度。结合检索实践，建议使用刊名作为头条号名称，该取名方法有助于用户检索、关注头条号。

与微信、QQ等类似，头条号也可以自定义设置头像。在头像设置方面，54个期刊使用期刊logo、期刊封面或封面的部分截图，这些头像信息与期刊信息保持一致，可提高用户对头条号的认可度。中华预防医学会等3个头条号使用期刊主办单位名称或logo图片作为头像。《沉积学报》《热带地理》等4个期刊的头条号以与期刊信息毫无关系的其他图片作为头像。建议采用含有刊名的期刊封面作为头条号头像，这样可以与纸质期刊在形象上保持一致，突出重要信息，提高用户对头条号的识别度。

经过认证的头条号可以提高推送信息的可信度，提高公众对头条号的认可度和关注度。61个头条号中，有32个头条号通过了认证，认证比例为52.45%，相比于图书馆头条号88.9%的认证率[12]，期刊头条号的认证率较低。一方面，头条号用户名是可以重复的，未经官方认证的学术期刊名称容易被他人抢先注册，这样会增加读者的搜索困难和关注成本；另一方面，未经官方认证的头条号账号在功能上受到诸多限制。因此，建议学术期刊开通头条号后尽快进行官方认证，同时通过绑定手机号、微博、微信等方式加强账号的安全性。

关注人数是头条号影响力大小最直接的体现。从关注人数来看，61个头条号中有19个头条号关注人数过万，占比31.15%，关注人数最多的头条号为求是网，达105.7万人，《人民论坛·学术前沿》《电工技术学报》《文化纵横》《协和医学杂志》《前线》等期刊的头条号排在其后面，关注人数超10万人。关注人数在1 000~10 000人的头条号有13个，占比21.31%。关注人数100~1 000人的头条号有10个，占比18.03%。19个头条号关注人数不足100人，其中《航空学报》等6个期刊头条号的关注人数不足两位数。可见，期刊头条号关注人数差距较大。

从头条号发文量看，发文量最多的是求是网，发文信息 1.1 万条，这也是唯一一个发文量过万条的期刊头条号。发文量 1 000~10 000 条的头条号有 10 个，占比 16.39%。发文量 100~1 000 条的有 20 个，占比 36.07%。发文量不足 100 条的头条号的头条号最多，有 30 个，近一半的头条号发文量不足 100 条，其中有 6 个头条号没推送过任何信息。

获赞量是观察头条号传播效果的重要参考指标，体现用户对头条号发文信息的喜爱程度。从调查结果可以看出，有 14 个头条号获赞量过万，排在第一位的是粉丝数和发文量最多的求是网，获赞 107 万次，获赞量较高的头条号还有文化纵横、人民论坛网、中国循环杂志等。获赞量 1 000~10 000 次的头条号有 13 个。有 10 个头条号的获赞量为 100~1 000 次。获赞量不足 100 次的头条号最多，有 24 个，占比 39.34%，有 8 个头条号获赞量为 0。

从头条号开通时间看，有 6 个头条号没任何推文信息，无法判断其开通时间。剩余的 55 个头条号中，新闻界是开通最早的头条号，于 2015 年 1 月 16 日推出了第一条信息。2015 年开通的还有测绘科学、建筑结构杂志社和新闻与写作，CSCD 和 CSSCI 来源期刊各 2 个。2016 年开通的有 9 个头条号，CSCD 来源期刊 7 个，CSSCI 来源期刊 3 个，其中科学参考同属于 CSCD 和 CSSCI 来源期刊头条号。2017 年开通头条号的有 12 个，CSCD 来源期刊 9 个，CSSCI 来源期刊 3 个。2018 年开通的有 6 个，CSCD 期刊来源 3 个，CSSCI 来源期刊 4 个，其中《中国心理卫生杂志》同属于 CSCD 和 CSSCI 来源期刊。2019 年开通的有 11 个，CSCD 期刊来源 7 个，CSSCI 来源期刊 4 个。2020 年开通的 13 个，CSCD 来源期刊 4 个，CSSCI 来源期刊 10 个。可以看出，CSCD 来源期刊在 2016、2017 年开通的较多，2020 年开通的最少；相反，CSSCI 来源期刊前期开通的不多，2020 年开通的最多。

从末条消息推送时间可以管窥头条号更新频率的快慢。在有消息推送的 55 种期刊中，末条消息推送时间停留在 2020 年之前的有 11 个期刊头条号，这些头条号一年里没发送给任何信息，其中 2 个头条号更新时间停留在 2016 年，1 个头条号更新时间停留在 2017 年，这些头条号已经沦为"废号""僵尸号"。在 2020 年有发文的期刊头条号里，有 23 个头条号当周有推文，这些头条号的活跃度较高，5 个头条号当月有推文，6 个头条号超过 3 个月未发送新消息，这些头条号的活跃度也较低。

2016 年，为了提高头条号的服务能力，北京字节跳动科技有限公司推出了头条号的"自定义菜单"功能。头条号设置自定义菜单后，用户可通过主页菜单选项，跳转到对应的网页，获取相应的服务。从菜单设置来看，只有 2 个头条号设置了自定义菜单，分别是控制工程中文版和文化纵横，占比 3.28%。头条号自定义菜单最多可提供 3 个一级菜单和 15 个二级菜单，这两个头条号都没有设置二级菜单。文化纵横只有一个一级菜单：电子阅读。控制工程中文版有 3 个一级菜单：CEC 杂志，微社区和微直播。

2.2 头条号传播影响力分析

由清华大学沈阳教授团队开发的清博大数据是国内最权威的新媒体大数据平台，其清博指数可以定量分析传播影响力。清博大数据平台头条号传播指数 TGI 从传播效果和互动指数两大维度评价头条号的传播影响力。其计算公式为

$$TGI = \{0.8*0.45*\ln(x_1+1)+0.55*\ln(x_2+1))+0.2*(0.45*\ln(x_3*10+1)+0.55*\ln(x_4*10+1))\}*100$$

式中：x_1 表示评估时间段内推文的日均阅读数；x_2 表示评估时间段内推文的篇均阅读数；x_3 表示评估时间段内推文的日均评论数；x_4 表示评估时间段内推文的篇均评论数。

笔者以 2020 年 12 月 1 日至 12 月 31 日作为评估时间段,分析了 61 个头条号发文的传播影响力,统计时间:2021 年 1 月 1 日到 1 月 3 日。35 个头条号在评估时间段内未发送任何信息。有些头条号推文未显示阅读数,只显示展现量,我们以该头条号评估时间段里显示阅读量推文的平均阅读数代替其阅读数。西亚非洲在统计时间段有 20 篇推文,都未显示阅读数,我们剔除掉这个头条号。剩余 25 个头条号的传播指数按降序排列,如表 3、表 4 所示。

表 3 CSCD 期刊头条号传播指数

刊名[头条号名]	发文量/条	总阅读数/次	日均阅读数/次	平均阅读数/次	总评论数/条	日均评论数/次	篇均评论数/次	TGI
中国工程科学[中国工程院院刊]	46	120 557	3 888.94	2 620.80	410	13.23	8.91	737.48
中华皮肤科杂志	4	10 221	329.71	2 555.25	25	0.81	6.25	608.68
科技导报	87	51 277	1 654.10	589.39	90	2.90	1.03	604.86
中国科学院院刊[科学参考]	24	25 910	835.81	1 079.58	31	1.00	1.29	600.15
电工技术学报[电气技术]	61	29 212	942.32	478.89	117	3.77	1.92	584.18
控制工程[控制工程中文版]	10	3 509	113.19	350.90	24	0.77	2.40	483.43
中国循环杂志	129	6 815	219.84	52.83	44	1.42	0.34	410.47
测绘学报	96	5 023	162.03	52.32	23	0.74	0.24	390.95
南京林业大学学报(自然科学版)[南林大学报]	9	464	14.97	51.56	3	0.10	0.33	296.35
中华护理杂志[中华护理杂志社]	17	240	7.74	14.12	1	0.03	0.06	205.08
测绘科学	3	27	0.87	9.00	0	0.00	0.00	123.85

从表 3、表 4 可以看出,在统计时段,有 11 个 CSCD 期刊头条号有发文,占比 29.73%,TGI 平均值为 458.68,TGI 最高的是中国工程科学,为 737.48,最低的测绘科学,为 123.85;TGI 超过 500 的有 5 个头条号;TGI 介于 300~500 的头条号有 3 个;剩下的 3 个头条号的 TGI 不足 300。有 15 个 CSSCI 期刊头条号发布了文章,占比 55.56%,TGI 平均值为 591.40,TGI 最高的是求是网,达 1 017.89,这也是学术期刊头条号 TGI 过千的唯一头条号,TGI 最低的是国际新闻界,为 133.42;人民论坛网,美术研究等 9 个头条号的 TGI 也超过 500;TGI 介于 300~500 的头条号有 3 个;2 个头条号的 TGI 低于 300。可以看出,在评估时间段,不管是 TGI 平均值,还是单个期刊 TGI,CSSCI 期刊头条号的传播力明显好于 CSCD 期刊。另外,CSCD 和 CSSCI 来源期刊头条号的 TGI 差距较大,说明头条号传播力参差不齐。

从表 3、表 4 可以看出,期刊头条号的 TGI 与统计时间段的发文量没有正相关。表 3、表 4 是按 TGI 降序排列,但发文量并不是降序排列,不管是 CSSCI 期刊,还是 CSCD 期刊,排在首位的都不是发文数最多的头条号。CSCD 期刊中,发文最多的中国循环杂志期 TGI 只排在第 7 位,而排在首位的中国工程科学发文量不足其发文量的二分之一。同样,CSSCI 期刊头条号中,排在第 2 位的人民论坛网发文量只有 21 条,毛泽东邓小平理论研究、日本学刊发文数只有 7 条和 4 条,但其 TGI 排名第 6、第 7 位。这说明学术期刊要提升头条号的影响力,不能只关注发布文章的数量，还应考虑文章的内容和质量。

表 4　CSSCI 期刊头条号传播指数

刊名[头条号名]	发文量/条	总阅读数/次	日均阅读数/次	平均阅读数/次	总评论数/条	日均评论数/次	篇均评论数/次	TGI
求是[求是网]	42	2 108 281	68 009.06	50 187.17	4 235	136.61	100.83	1 017.89
人民论坛·学术前沿[人民论坛网]	21	709 464	22 885.94	33 784.00	4 114	132.71	195.90	968.31
美术研究	47	1 223 491	39 467.45	26 031.72	106	3.42	2.26	895.17
前线[前线杂志]	64	511 402	15 853.46	7 990.66	2 402	77.48	37.53	868.67
文化纵横	50	85 147	2 746.68	1 702.94	159	3.18	5.13	687.40
毛泽东邓小平理论研究	7	26 024	839.48	3 717.71	38	1.23	5.43	671.58
日本学刊[日本学刊杂志社]	4	10 346	333.74	2 586.50	9	0.29	2.25	602.03
中国科学院院刊[科学参考]	24	25 910	835.81	1 079.58	31	1.00	1.29	600.15
国际城市规划	42	16 567	534.42	394.45	14	0.45	0.33	520.70
美术观察	21	7 049	227.39	335.67	43	1.39	2.05	509.62
中国远程教育[中国远程教育杂志社]	5	1 501	48.42	300.20	3	0.10	0.60	419.20
学术月刊	2	727	23.45	363.50	1	0.03	0.50	396.68
中国文艺评论	6	1 131	36.48	188.50	3	0.10	0.50	387.16
学习与探索	2	63	32.03	31.50	0	0.00	0.00	193.08
国际新闻界[国际新闻界杂志]	9	65	2.10	7.22	0	0.00	0.00	133.42

结合表 1 到表 4，期刊头条号的 TGI 与关注人数也没有正相关。CSCD 期刊头条号中电气技术的关注人数最多，但其 TGI 只排在第 5 位。CSSCI 期刊头条号中，日本学刊的关注人数只有 527，但其 TGI 超过很多关注人数比它高的头条号，排在第 7 位。这可能一是因为一般用户进入今日头条显示的是"推荐"页面，头条号的推荐算法不一定把每条发文推荐给每一个关注者；二是跟关注者的质量有关系，头条号要提高忠关注者的比例。

学术期刊头条号的 TGI 与认证信息没有正相关。中华皮肤科杂志并未进行官方认证，但其 TGI 排名第二，还有 TGI 排在前面的中国科学院院刊、日本学刊等头条号也没有进行官方认证。说明未通过认证的头条号通过推送有价值有意义的文章也可以吸引读者，增加曝光度。

期刊头条号 TGI 与头条号开通时间也无正相关。测绘科学是 CSCD 期刊中最早开通头条号的，但其 TGI 排在最后一位。同样，2020 年才开通头条号的前线杂志，其 TGI 排在第 4 位。这也说明，只要头条号发布的内容能引起大家的兴趣，任何时候开通头条号都能得到大众的关注。

3　期刊头条号的发展策略

通过对我国 CSCD 和 CSSCI 来源期刊的调查和分析发现学术期刊头条号账号的注册、运营、传播等方面存在一些不足，针对学术期刊和今日头条平台的融合现状以及在此过程中出现的问题，从以下几个方面提出相关建议，以提升今日头条平台和学术期刊更有效地融合。

3.1 重视学术期刊与今日头条平台的融合

长期以来，学术期刊在促进学科发展、推动学术交流、展示学术成果等方面发挥着重要的作用，然而随着移动互联网时代的带来，传统期刊受到了迅猛发展的新媒体的巨大冲击。从客户端到微博、微信，学术期刊一直在探索各种媒体间的融合发展，取得了一些成绩，但也出现了一些问题：期刊网站布局雷同、维护更新不及时，影响力较大的微博大V账号不多，微信平台流量下降等。第46次中国互联网络发展状况统计报告显示，截至2020年6月，我国网民规模为9.40亿人，网民中使用手机上网人群占比达99.2%。在资讯爆炸时代，及时、准确和便捷地获取自己需要的信息是每个网民的内在需求。而今日头条正是凭借智能的推荐算法满足了个性化信息的需求，迅速站在了移动互联网的浪潮之巅。学术期刊不仅要重视"两微一端"的运营，更要重视新媒体的后起之秀。从前文分析可知，仅有3%的学术期刊开通了头条号账户，可见大部分期刊出版单位对今日头条新媒体的意识不强。媒体融合时代，新媒体不仅仅是学术期刊发展的助益，更是期刊实现可持续发展的必然要求，新媒体已经成为学术期刊的重要组成部分。学术期刊出版单位要转变观念，从发展的紧迫性和必要性等角度来增进认识，充分认识今日头条平台对学术期刊发展的重要意义，强化新媒体意识，尽快入驻并利用今日头条提升自己的影响力。

3.2 加强头条号账号的运营

不同于微信公众号每天或每月推文次数的限制，头条号对信息的发布次数或条数并没有限制，这更有利于用户推送信息的灵活和自由。从调查情况来看，电气技术、人民论坛网、文化纵横等头条号基本上每天都有不止一条信息的推送，活跃度较高，其粉丝数、获赞量等在学术期刊头条号中也属于佼佼者，从统计时间段的 TGI 可以看出，这些头条号的传播影响力也较高。但是，调查发现更多的期刊出版单位对头条号的运营重视不够，本次调查的61个期刊头条号中，有9.84%的头条号注册后从未推送任何信息，39.4%的头条号3个月以上没进行任何更新。这也从某种程度上说明了部分期刊开通头条号只是在被动迎合媒体融合趋势，头条号的开通流于形式，跟风开通又疏于管理。为扩展服务功能，头条号推出了"自定义菜单"，控制工程中文版较好地利用了这项功能，设置了3个一级菜单：菜单"CEC 杂志"里可以获得该刊自2003年第10期以来刊发的多部分期刊内容；"微社区"菜单下的"控制工程师论坛"有超过8万条的讨论、求助等信息，用户通过注册登录可以提出问题、参与讨论、签到、领奖品等，活跃度很高；"微直播"板块通过注册登录可以参加和回看学术会议。从调查情况可以看出，大部分期刊出版单位不重视头条号运营，大部分账号处于"三天打鱼、两天晒网""建而不维"的状态，推送信息没有规律，服务功能设置不足，"废号""僵尸号"现象严重等。要想取得好的传播力和影响力，期刊出版单位必须彻底转变新媒体只是学术期刊附属物的旧观念，对原有传播渠道进行流程，整合资源，建立专业的运营团队和管理制度，使头条号运营逐步规范化、可持续化。

3.3 利用智能算法推荐的优势

学术期刊不是大众媒体，有其自身的专业性和特殊性，在垂直学科领域具有天然的优势，目标受众明确。今日头条个性化的推荐算法正好符合了这一特点。首先，当用户第一次使用QQ、微信、微博等社交账号注册登录头条号时，系统会挖掘用户在这些账号上的数据记信息，迅速计算出这些新用户的兴趣分布，开展个性化推送。对于学术期刊而言，今日头条平台可以把学术内容推送给对相关学科内容有记录信息的用户。然后，当用户在使用平台时，系统会根据其兴趣点、所处地理位置以及阅读特征比如用户浏览信息时的点击率、停留时间、跳出率等，即时进行数据分析，匹配相应的受众，随后迅速完成推荐文章的提取、挖掘、分类并最终精确地推送给用户。学术期刊可以利用这种精准化的推荐算法，精准定位市场，围绕用户需求，突出特色，提供差异化、个性化服务，把学术内容精准推送给真正对其有兴趣和需求的用户。最后，今日头条平台为每个作品预设一个流量池，是基于内容流量池的叠加推荐，根据作品获赞、阅读、评论等指标评价其在流量池中的表现，当综合指标达到一定量级，平台会以大数据算法和人工运营现结合的机制进行不断推荐。学术期刊刊载的优质科研成果就是自带流量的资源，其有效垂直内容的持续供给能力是其他媒体所不能比拟的。可见，学术期刊具有运营好新媒体平台的天然资源优势，精准的定位和优质的学术内容能得到系统更多的关注和推荐。例如，求是网是党中央机关刊《求是》杂志主管主办的重要网上理论传播平台，头条号"求是网"紧密结合《求是》杂志内容，紧跟时政要点，突出理论特色，准确生动地做好习近平新时代中国特色社会主义思想的传播。从之前调研数据可以看出，求是网的粉丝数、获赞量都排在学术期刊头条号的第一位，在统计时间段发送的信息，每条信息的日均阅读量和篇均阅读数达 68 009.06 和 50 187.17，TGI 达到 1 017.89；其 2020 年 12 月 6 日推送的"关于革命文化，习近平总书记这样说"的阅读量达到了 119 万次；2020 年 12 月 29 日推送的"习近平总书记谈'国之大者'"的阅读数达 23 万次以上，评论数达 1 200 条以上。可见，求是网在今日头条平台取得了很好的传播效果。所以，学术期刊应围绕自己专业性或强势学科，在垂直领域进行精耕细作，通过专业化和个性化的内容，聚合同质人群，同时细分受众的定位，充分运用数据化的传播形式和精心设计的内容，培养粉丝对期刊的黏性，提高期刊的影响力。

3.4 丰富学术期刊内容的表现形式

新媒体时代，受众的阅读方式发生了改变，碎片化和浅阅读已成为一种常态。学术期刊冗长的出版内容及晦涩难懂的文字表达不适合新媒体时代的阅读，张小强等[13]认为学术期刊应当主动适应传播媒体和受众阅读方式的变革，树立新媒体时代的创新思维。现有文献认为，在新媒体平台，论文的展示方式极大地影响用户对学术内容的理解，以及读者的阅读兴趣和阅读习惯[14]。学术期刊纸刊内容采用的是文字或者文字+图片的表现形式，研究表明音视频、动画等富媒体形式越来越受读者的欢迎[15]。头条号平台提供了形式新颖、灵活多样的体裁，包括文章、视频、微头条、小视频、图集、问答、直播、橱窗等。大多数学术期刊头条号发布最多的是传统的文字+图片的内容表现形式，但也不乏头条号其他体裁较好的应用实例，例如：中国实用内科杂志发布的视频"酒后有以下症状的千万不要再喝了！有可能导致什么危险"获得了 3 万多的播放量；美术观察提出的问题"您怎么看艺术留学？"，有 61 个用户从不同角度进行了回答；电气技术橱窗里陈列的专业书籍《新款电动汽车构造原理与故障检修》已有超过 500 次的销售量。可见，合适的内容表现形式可以提高内容的曝光度和影响力。因此，期刊出版单位要对纸媒出版内容进行精细化二次加工，将刊发内容由冗长变为精简，将语言文字由晦涩难懂变成通俗易懂，积极尝试音视频、动画、长图片等多种形式的内容表达形式，以契合读者碎片化、浅阅读的数字阅读习惯，增强学术内容的吸引力和感染力。

4 结束语

伴随着媒体融合发展的逐步深入，出版业的融合发展已步入深水区。在出版和媒体传播方面，已经形成多种业态、多种平台共同存在、共同发展的局面[16]。今日头条作为当下发展速度最快的新媒体平台，为学术期刊的学术成果的传播和交流提供了一个重要的平台。通过对学术期刊头条号运营现状的研究分析，可以看出对其头条号的重视程度、运营建设和功能利用等方面都存在一些不足。未来，建议学术期刊在加强重视头条号的开通、运营的同时，更要善于利用今日头条平台智能的个性化推荐算法和丰富的体裁优势传播科学研究成果，扩大期刊的影响力。

参 考 文 献

[1] 陈建华.媒体融合环境下我国科技期刊转型发展的困境及对策[J].编辑学报,2020,32(2):150-154.

[2] 腾讯云.2019 今日头条年度数据报告发布(完整版)[EB/OL].[2021-03-20]. https://cloud.tencent.com/developer/article/1582041.

[3] 俞敏,吴逊眉,武瑾媛.基于移动端的科技期刊新媒体内容多平台发布策略研究:以"中国科技期刊卓越行动计划"梯度期刊的100个中文刊为例[J].编辑学报,2020,32(3):307-313.

[4] 柴玥,金保德,杨中楷.《中国国家地理》新浪微博传播效应分析[J].中国科技期刊研究,2015,26(5):493-498.

[5] 章诚.学术期刊微信公众平台运营现状及提升策略[J].科技与出版,2020,39(8):73-78.

[6] 王孜.5G 时代学术期刊短视频平台的发展现状与融合研究:以抖音短视频为例[J].出版发行研究,2020(2):61-66.

[7] 俞敏,刘德生.科普期刊全媒体融合发展典型案例解析[J].现代出版,2017(1):49-52.

[8] 王晓醉,王颖.知识类短视频对科技期刊的启示:以"中科院之声"系列短视频为例[J].科技与出版,2019,38(11):76-82.

[9] 邓进利."算法+"趋势下的期刊自媒体运营思路:以《农村新技术》"头条号"为例[J].记者摇篮,2018(12):91-93.

[10] 白娅娜,张晓宁,刘旸.科技论文精准推送服务模式探索[J].编辑学报,2020,32(1):56-59.

[11] 劳万里,向琴,舒文博,等.今日头条号的特点及在科技期刊中的应用现状[J].编辑学报,2020,32(4):457-460.

[12] 刘泽宁,王颖纯,刘燕权.新媒体视域下图书馆头条号调研与分析[J].图书馆,2020(8):106-111.

[13] 张小强,杜佳汇.中国大陆"新媒体研究"创新的扩散:曲线趋势、关键节点与知识网络[J].国际新闻界,2017,39(7):30-56.

[14] 鲍海波.媒介融合的媒介变革逻辑及其他[J].长安大学学报(社会科学版),2016,18(2):94-100.

[15] 陈莉.中国科技期刊视听化状况及其提升路径[J].编辑学报,2019,31(3):308-312.

[16] 刘斌杰.出版业进入五种业态同时并存共同发展的新时代[N/OL].[2021-03-20].http://www.sohu.com/a/288351064_267807.

《核动力工程》增强出版研究与实现

周 茂，黄可东，张祚豪，邱 彦，左琬玉，李睿文，梁 超，刘 萍

(中国核动力研究设计院科技信息中心《核动力工程》编辑部，四川 成都 610213)

摘要：为进一步解决传统出版所面临的局限问题，推动《核动力工程》数字化出版转型升级，以打造具有高学术质量、高国际影响力和传播力的刊物。本文探讨了增强出版的本质特征，通过分析《核动力工程》的出版现状，完成了《核动力工程》增强出版平台搭建并进行了增强出版实践。研究表明，OSID 增强出版以及微信增强出版不仅可以实现论文的立体化增值出版，还可以延长论文的出版热度，提高论文的影响率和传播率；和传统出版相比，增强出版使论文出版不再受篇幅限制，增强学术诚信，促进学术圈形成与学术成果传播，有利于期刊更好地与读者进行沟通，是产学研结合的有效纽带。本文提出的增强出版方案以及相关出版建议可为国内其他学术期刊的增强出版提供参考。

关键词：核动力工程；出版转型与升级；OSID 增强出版；微信增强出版；立体化

科学技术的发展为传统出版业带来了新的机遇，但也带来了新的挑战。学术出版作为出版业的重要分支，正在经历数字化转型与升级。目前，学术期刊的出版形式大多都是单一的纸质出版联合数字平台出版的模式，且这些数字平台出版大多只是对纸质出版内容进行简单搬运，已经无法满足当前碎片化、多样化、快速化的阅读需求。2018年，习近平总书记在中央全面深化改革委员会第五次会议审议中主持通过了《关于深化改革培育 世界一流科技期刊的意见》，意见中强调了要建设数字化知识服务平台，集论文、编辑、出版传播于一体，探索论文增强出版、数据出版等新型出版模式。

增强出版是伴随出版业数字化转型与升级而诞生的一种新兴出版形式。国外大型知名期刊出版社，如Elsevier、Springer·Nature、PLoS等在增强出版的建设和实践上都较为成熟，均已实现"传统论文+增补内容"模式的增强出版[1-2]。而国内，大多数的期刊的增强出版均处于探索时期。如，占莉娟等[3-4]对我国学术期刊的增强出现状进行了调查分析，分析了目前出版面临的瓶颈问题，并提出了增强出版的推进策略；崔玉洁等[5]分析了增强出版的传播扩展模式，并研究了纸刊增强出版、网页增强出版、微信增强出版3种增强方式对科技期刊出版的促进作用。中国知网(CNKI)也在打造增强出版等新型数字出版模式，尝试并探索增强出版[6-7]。张睿等[8]通过实践案例，探讨了利用微信公众号出版模式提高期刊的影响力；李静等[9]从参与主体、出版环节、规范性3个方面提出了科技出版增强出版的推进策略；吴艳妮等[10]分析了同行业10种期刊的公众号运营现状，提出了公众号运营优化策略。但截至目前，国内还尚未有刊物达到真正的增强出版，关于增强出版的研究均处于起步阶段。

《核动力工程》在创刊40年的发展历程中,始终紧跟出版业发展的步伐,在国家推动深化改革培育世界一流科技期刊的重要时期,《核动力工程》积极探索新型出版模式,承担起宣传核科学科研成果,推动核科学快速发展的使命。本文将从增强出版的本质出发,研究分析《核动力工程》的出版现状及增强出版模式,探索并实践了《核动力工程》的增强出版,并对学术期刊增强出版提出了相关建议。

1 增强出版的本质

增强出版的核心不仅在于提供丰富的数据和自动链接知识,实现深度知识服务,更体现在保持传统出版的"叙事精神"[1]。增强出版的实质是在传统出版基础上增加了额外材料的出版形式,其构成是"传统根出版物"与"关联附加数据"。"关联附加数据"[1]可以是论文由于版面限制未能刊出的文字段落、原始数据图片、中间过程数据图片、音频、视频、评论、模块或数据库中信息的链接等,且增强对象之间具有基于对象结构的明确链接,如图1所示[1]。

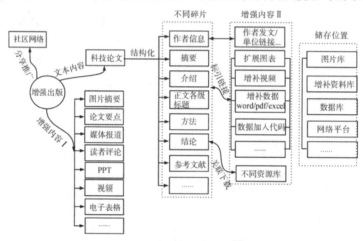

图1 增强出版模块图[1]

增强出版物是一种将传统出版物与附加数据结合起来的复合数字作品,但其构成对象既可以独立存在又能互相结合后以不同的出版形式呈现。此外,增强出版内容不仅可以作为论文的额外附加数据为同行研究者提供完整的研究信息,也可以作为同行评议的重要依据材料使评议结果更公正更可信。但因与"传统根出版物"的媒介形态特质不同,增强出版物通常被存放于网络平台、数据中心等,以数字形式呈现,读者可通过出版论文上的相应链接进行访问和获取[12-13]。增强出版的功能可分为4点:①满足科研人员对论文因篇幅限制未能展示的学术信息的完整获取、便捷传递分享、重复论证等;②突破论文所公开的研究成果限制,关联中间研究数据,为学术成果的转化与应用提供延伸空间,提高论文的引用率和传播率;③拓展研究成果的交流渠道,实现学术信息的充分交流与共享;④可作为同行评议的重要参考依据和方式,提高评价质量、评价效率以及准确性,确保出版质量,并有效遏制学术不端行为。以国际顶级刊物*Nature*为例,通过文章链接可以下载图片的原始数据表格,防止数据造假。

2 《核动力工程》增强出版模式研究

2.1 《核动力工程》出版现状

《核动力工程》目前的出版方式主要有纸质出版、采编系统出版、优先数字出版。其中,纸刊出版属于传统出版模式，受篇幅和载体限制，论文仅能展示部分重要信息，无法展示研究过程中的全部数据。采编系统出版可便于作者在系统即可下载查看电子版论文，但提供内容与纸质内容相同。优先数字出版是在纸刊出版前提前在知网在线发表论文。优先数字出版缩短了论文发表周期，而且和上述2种出版模式相比，可帮助作者提前确定科研成果首发权。但优先数字出版内容仍是纸质内容的重复。

在上述3种传统出版模式下，论文在刊物上成功发表就代表着结束，在论文发表期间或发表后，作者与读者、其他学者的交流都较少，传播、下载、引用等也受到较大的局限。随着科学技术进步与社会发展，各研究领域之间的合作不断加强，各领域间的学术交流也变得更为迫切；且随着国内外大批量优秀论文的不断涌现，如何促进论文的多角度、立体化地快速广泛传播显得尤为重要。

2.2 《核动力工程》增强出版模式

基于《核动力工程》的现有出版模式，《核动力工程》可通过数据增强和论文整体增强开展增强出版研究。

在数据增强上，可在《核动力工程》纸质出版论文上附加相关链接接入口，如二维码，立体化增加文章内容，充分展示与论文有关的但受限于篇幅限制而未能展示的中间过程数据、原始数据、实验过程、研究方法、实验原理、推理过程、实验动态现象等，实现学术成果的完整性，也为论文研究提供重要论证依据。

在整体增强上，《核动力工程》可开通全媒体账号，建设自己的全媒体平台。现有的全媒体平台包括抖音、快手、微信公众号、微博、博客等。对于学术期刊而言，全媒体平台应具备适合展示学术内容并且方便读者阅读的性质，同时需要和传统出版做好链接。综合上述原因，微信公众号比较适用于学术期刊的增强出版。

3 《核动力工程》OSID 增强出版实施路径

3.1 OSID增强出版平台建设

"OSID开放科学计划"是由国家重点实验室推出为期刊提供增强出版技术支持的项目，其初衷是通过模仿"现代纸书"模式，连接学术论文的线上线下场景，实现论文的增值传播、精准推送，促进打造一批学术质量高、社会效益显著、具有国际影响力和传播力的品牌期刊[7]。

为了实现二维码形式的数字增强出版，《核动力工程》第一批申请加入OSID开放科学计划，并且获得了国家新闻出版署融合发展A类计划支持。编辑通过SAYS平台工具，为每篇被录用的文章建立了专属唯一的OSID二维码，二维码被添加于每篇论文的摘要处，随纸刊和电子刊一起出版，如图2所示。读者在阅读文章时使用微信扫描论文上的OSID二维码，就可以直接获取类似于Facebook个体主页面的增强内容页面(见图3)，通过点击页面连接，即可获得论文的所有增强内容。

3.2 OSID增强出版实施流程

《核动力工程》OSID增强出版实施流程为：

(1) 作者需进入《核动力工程》OSID平台的网站资源中心，完成实名注册，并填写被录用文章的题目、作者名称、摘要信息等。

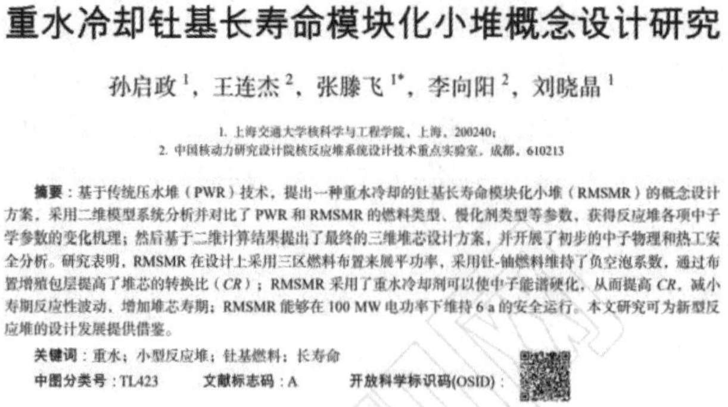

图2　OSID增强出版形式　　　　　图3　OSID增强出版媒体主页

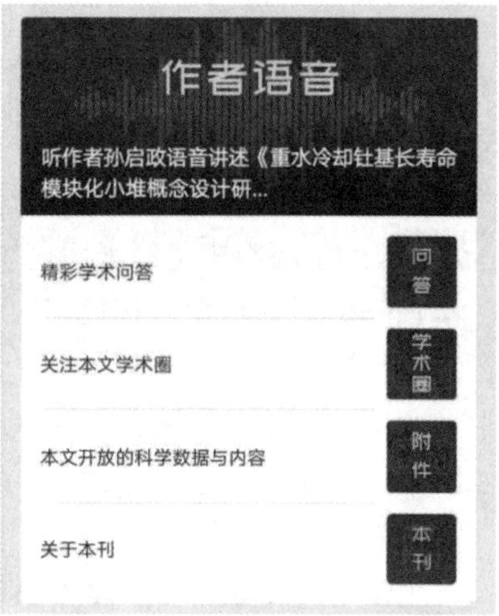

(2) 在语音介绍模块，作者可通过3~5 min的语音介绍研究背景、动机、相关研究者的贡献、研究方法等。在开放科学内容板块，作者可上传试验过程中的原始数据和中间数据、科研过程中的相关视频、PPT等内容，使枯燥的文字表述变得更容易接受，而不是简单地将纸媒搬到互联网。如，《核动力工程》出版文章《基于自适应遗忘因子RILS算法的稳压器模型在线辨识》中，作者通过OSID平台上传了模拟核电厂一回路的试验平台视频以及稳压器模型详细介绍的PPT (见图4)，并且语音介绍了文章亮点。读者在阅读论文时，通过扫描二维码查看视频即可更加直观地了稳压器模型在线辨识原理，进一步加深对文章学术内容的理解；根据作者提供的完整研究数据，还可验证试验的重复性和真实性。

图4　开放科学数据板块

(3) 在学术交流圈模块，作者在开通学术圈后即可呈现自己的学术研究动态，不仅限于在本刊物上发表的研究成果。专家、读者还可以在此模块对论文进行评价以及在线提问，作者在线进行交流答复，不仅可以扩展与自己相关的研究领域的学术人脉，实现学术研究的延展。

(4) 在作者完善上述所有模块后，编辑部将会对作者上传的内容进行审查。考虑到核行业特殊的保密性质，《核动力工程》增加了版权协议和保密协议签署，经审核无问题的增强出版内容的将被录用，并通过系统生成文章专属唯一的二维码。读者通过扫描二维码即可看到所有增强出版内容。

3.3 《核动力工程》OSID增强出版优势

(1) 实现论文的立体化增值出版。OSID增强出版运用了多媒体技术，可实现文本内容的立体化展示，有效拓展并补充论文所不能展示的学术信息。作者在为文章加入视频、音频、试验数据等丰富科研成果的信息时，也实现了平面出版形式向立体出版形式的转换，扩大读者的知识获取量。

(2) 促进了学术圈的形成。研究人员可以通过OSID平台更便捷地进行学术交流，对于《核动力工程》这种在国内核行业具有重要影响力的期刊，OSID增强出版的存在更是"如虎添翼"，不仅能够让刊物摆脱出版平台的限制，还能有效地促进学术交流与合作，甚至吸引国外优秀稿源从而扩大自身的国际影响力。

(3) 有利于期刊更好地与读者沟通，是产学研结合的有效纽带。《核动力工程》作为工程应用类的期刊，其作者和读者不仅有来自关注最新实用科技成果的科研院所、高等院校，还有来自关注生产实践的各大企业。OSID增强出版为读者和作者搭建了一个平台，其中的视频、原始数据、中间数据、语音等为读者提供了的研究过程中的丰富细节，甚至是一些工艺实际操作的技巧和问题，读者可以通过平台直接与作者进行交流，交流过程中读者甚至可能与作者直接联系合作，快速实现成果转化。

(4) 使论文出版不再受篇幅限制。《核动力工程》稿源较多但每期的版面有限，投来的稿件若篇幅过长则不利于学术成果的有效传播，因此要求作者在写作时对中间过程数据进行取舍后保留部分重要数据和结果。但现有出版模式又不利于实验数据的完整化呈现和充分共享，OSID增强出版即可通过富数据、交叉连接等形式能够有效解决这一问题，突破传统出版篇幅限制，减少读者为充分理解结论而进行的推导演算。

(5) 有效避免学术不端行为，增强学术诚信。作者在OSID平台上充分共享学术成果的同时，其实也是将自己的学术成果置于一种被监督的环境，此时专家、读者在阅读增强出版内容时即起着监督者的作用，这就给那些企图数据造假的研究者造成一种无形的压力，促使其坚守学术诚信，从而达到优化学术生态的效果。

4 《核动力工程》微信增强出版实施路径

4.1 微信增强出版平台建设

考虑到《核动力工程》专业性强及受众小的特点，为了促进并加强学术成果的传播与共享，《核动力工程》创建了微信公众号。微信公众号具有及时性、移动性、精准性及交互性等特点，可将各种独立的纸质资源、网络资源通过关联链接，组成一个复composite子对象，为用户提供更全面、更高质量增强出版服务[14-15]。为了提供精准化及便捷性的增强出版服务，在《核动力工程》微信平台设置了便于作者精准化阅读的当期目录、过刊浏览、推荐阅读、专题文章、论文检索菜单栏板块。同时为了方便作者和专家查阅稿件状态及审理稿件，将微信与采编系统进行连接，设置了4个菜单栏板块。为便于为研究人员提供相关研究领域的动态信息，设置了学科动态、学术会议、新闻公告等版块。《核动力工程》微信公众号的3×5菜单版块建设及内容设置如表1所示。

表 1 微信公众号 3×5 模块设计

3×5 模块设计	模块说明	功能及内容
菜单1	当期目录	目录索引方式，标题可转链接，可获取 PDF 全文
	过刊浏览	将每期文章纳入数据库，按年、期方式分类，可阅读全文
	推荐文章	选取优秀文章推荐并做二次加工，展示内容：研究背景及亮点、图片、团队研究方向及简介、作者简介等
	专栏文章	根据不同研究方向进行专题文章展示，作者可根据自己研究方向查看论文
	论文检索	根据关键词检索相关领域文章
菜单2	作者查稿	微信登录页面，可查看稿件最新状态
	审稿通知	审稿专家可进入查看待审理稿件并进行操作
	期刊官网	链接直接进入《核动力工程》采编系统
	投稿指南	作者可点击查看稿约和写作格式要求
菜单3	学科动态	核领域学术前言热点、国内外最新研究进展
	学术会议	核行业相关学术会议通知
	新闻公告	核行业相关新闻、编辑部通知公告等
	期刊介绍	发布期刊简介
	订阅/联系	公布纸质刊物订阅价格及说明，编辑部联系方式

4.2 微信增强出版实施

在内容增强出版方面，《核动力工程》做了一系列的优秀文章推送服务。实施路径如下：

(1) 对每期刊物进行阅评，选择优秀文章、专家推荐文章、重点前沿约稿文章等进行推送。

(2) 编辑对已出版内容进行适当选取并与作者交流，由作者提供微信增强出版的材料、方法、结果部分的图片或视频材料等，以专题方式确定推送重点及方向。

(3) 编辑根据作者提供的相关信息，结合全文内容，提炼整合文章亮点完善推送稿件内容，按照新媒体的阅读习惯进行排版加工并定时推送(见图4)。

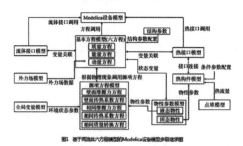

图4 推送文章部分内容

(4) 作者通过《核动力工程》微信公众号平台即可查看推送文章详情，并且可以免费下载和阅读原文。推送实践表明，被推送的论文在短时间内下载量快速升高，大大提高了论文的传播率及下载量。

此外，通过微信公众号平台，作者还可以单独查看某个专题栏目的所有文章，也可以通过关键词检索某个研究领域的所有文章，延长了论文的传播活跃度，提高了传播频次。

5 增强出版建议

目前，国内期刊的增强出版都处于探索阶段，《核动力工程》在增强出版的实践过程中也遇到了较多困难，编辑与作者的增强出版意识都未被完全调动起来，导致增强出版效果没有实现最大化。科技创新与科技革命不断影响着社会发展进程，在科学研究与学术交流中，如何应用新兴技术不断增强科研交流成为办刊人员亟须关注的焦点。针对国内期刊的增强出版现状，笔者认为，学术期刊需要积极探索数字化出版新路径，推动科学知识的增强出版及开放获取，同时也要培养编辑的"增强"思维，在出版全过程中注重协同与衔接，才能实现增强出版效果的最大化。建议如下：

5.1 编辑部需加强增强出版科学平台建设

近年来，除微信公众号、OSID开放获取平台以外，机构知识库、开放资源平台、开放出版平台、预印本平台等各类平台建设蓬勃兴起，应用较多的还是英文期刊，国内很多中文期刊还没有加入甚至还是在一个出版应用探索阶段。各期刊编辑部应根据自身期刊特点，积极探索新型数字化增强出版和开放获取方式，实现关联数据共享、免费开放共享非正式出版的过程科研成果等，扩大增强出版内容的出版范围，提升增强出版服务。

5.2 编辑部需主动设计符合文章特色的增强出版方案

近年来，积极选题策划与组约高水平稿件都成为了各大学术期刊重要工作。编辑部所约稿件大多是知名专家学者的稿件，稿件学术水平高且内容丰富，备受作者的关注，因此更应该做好此类稿件的增强出版工作，促进优质学术信息的交流推广。①编辑部在约稿前就需要对所约稿件的大致内容进行分析给出初步的增强出版方案，首先可利用大数据、人工智能等技术分析文章所在的学科特点和文章类型，如大部分实验类的研究型学术文章，可偏向增强出版相关原始数据、实验记录、过程数据、实验视频等，对于综述类论文则可以对作者进行学术访谈等，以此为稿件制订符合自身特色和学科特点的增强出版方案，充分展示和共享优秀的学术成果，扩大论文的传播量。而对于一些具备专业应用特色的学术论文，如某个医学类学术期刊将手术视频作为增强出版内容与纸质刊物一同出版，不仅增强了论文的直观性和真实性，还取得了较好的传播效果，这就要求编辑在前期阶段就与作者沟通准备好相应的手术视频。②加强增强出版内容的审核和优化。在作者根据增强出版方案提供相关内容后，编辑应结合所发表的文章内容对作者提供的增强内容进行审查，并为作者提供相关建议以帮助其完善增强出版。如，有些期刊部门主办单位具有涉密性质，则需要对增强出版内容进行严格的保密审查；有些作者并未意识到增强出版的重要性，仅提供了待发表科研成果中的数据图片，则需要编辑积极与作者沟通，优化增强出版内容。对于论文而言，合理的附加信息能够对论文起增强作用，但过于泛滥或不合适的增强信息则可能降低读者的阅读体验，不但达不到增强效果，还可能影响期刊形象。

5.3 编辑部需注重增强出版后的深度挖掘及维护

增强资源的整合与推送有利于延长论文的热度，提高论文的影响力和传播量。编辑部应该运用好各数字化出版平台，实现学术论文及其增强出版内容的同步推广和开放共享，并及时统计分析刊物整体以及各学科方向文章的增强出版特点，总结论文的增强出版效果，以不断优化刊物的增强出版方案。此外，编辑部还应制定相应方案对增强内容进行维护，保证增强行为的连续性，保证增强出版效果的最大化。

6 结束语

本文对增强出版的实质进行了解析，通过研究分析《核动力工程》出版现状，制定了适用于刊物自身的OSID增强出版和微信增强出版模式，得到以下结论：OSID增强出版可为作者提供"作者语音、作者问答、学术圈、开放内容、宣传订购"共5项标准服务，不仅可以实现论文的立体化增值出版、使论文出版不再受篇幅限制、有效遏制学术不端行为，还可以促进学术圈的形成，利于期刊更好地与读者进行沟通，是产学研结合的有效纽带；微信增强出版通过将纸质出版与新媒体相连接，能够实现论文的全媒体出版，延长论文的出版热度，提高论文的影响率和传播率。学术期刊需要积极探索数字化出版新路径，推动科学知识的增强出版及开放获取，培养编辑的"增强"思维，在出版全过程中注重协同与衔接，实现增强出版效果的最大化。

参 考 文 献

[1] 李小燕,田欣,郑军卫,等.科技期刊增强出版及实现流程[J].中国科技期刊研究,2018,29(3):259-264.

[2] BARDI A, MANGHI P. Enhanced publications: data models and information systems [J]. Liber Quarterly, 2014, 23(4):240-273.

[3] 占莉娟,胡小洋.我国学术期刊论文增强出版的现状、瓶颈及推进策略[J].编辑之友,2019(8):38-43.

[4] 占莉娟,方卿,胡小洋.学术期刊编辑开展编辑出版研究的调查分析[J].中国科技期刊研究,2019,30(3):306-312.

[5] 廖坤,崔玉洁.网络时代学术期刊数字出版模式探析[J].编辑学报,2017,29(2):116-118.

[6] 禹玲玲.新媒体背景下传统期刊出版的困境与对策[J].新媒体研究,2017,3(21):86-87.

[7] 路达.面向学术期刊转型发展的刊网融合及新型出版模式[R].兰州:学术转型与融合发展合作方案沟通会,2017.

[8] 张睿,王晓华,郭娇,闫其涛.学术期刊微信平台论文扩展推送的探索与实践:以《上海农业学报》为例[J].编辑学报,2019,31(增刊2):186-189.

[9] 李静,亢小玉.科技期刊增强出版的融合模式分析与推进策略研究[J].编辑学报,2020,32(6):615-618. DOI:10.16811/j.cnki.1001-4314.2020.06.007.

[10] 吴艳妮,周春兰,李柴秀.中国护理科技核心期刊微信公众号运营优化策略[J].编辑学报,2021,33(3):313-317. DOI:10.16811/j.cnki.1001-4314.2021.03.018.

[11] 刘锦宏,张亚敏,徐丽芳.增强型学术期刊出版模式研究[J].编辑学报,2016,28(1):15.

[12] 苏磊,张玉,蔡斐.科技期刊全文阅读模式PDF和HTML的对比与分析[J].编辑学报,2015,27(增刊1):17.

[13] 周小玲,侯春梅,黄爱华,等.我国百强中文科技期刊XML/HTML出版现状调研与分析[J].中国科技期刊研究,2019,30(1):40.

[14] 吴祝华,蔡雅雯,王国栋,等.学术期刊微信公众平台增强出版功能分析:以"南京林业大学学报"微信公众号为例[J].科技与出版,2019(5):88-91.

[15] 薛婧媛,游滨.学术期刊微信公众号学术友好型内容策划及形式策划[J].编辑学报,2019,31(3):313.

科技期刊新媒体平台建设探索
——以《法庭科学研究(英文)》实践为例

黎世莹[1]，张 慧[1]，史格非[1]，吕叶辉[2]

(1.司法鉴定科学研究院，上海市法医学重点实验室，司法部司法鉴定重点实验室，
上海市司法鉴定专业技术服务平台，上海 200063；2.上海健康医学院基础医学院，上海 201318)

摘要：基于《法庭科学研究(英文)》的办刊实践，通过分析该领域国际知名期刊媒体融合情况，调研推广对象的群体特征，深耕自身优势内容和资源，完善新媒体平台的框架、调整宣传策略，成功建立以服务为基础、新媒体为信息传播渠道的学术交流平台，实现期刊品牌效应的提升。平台建设和推广的经验表明，科技期刊新媒体平台的建设要注意基于学科特点确定期刊宣传风格，形成范式，保证媒体宣传有很高的辨识度；不断关注和收集平台信息，并对推广文章的学科分类进行阶段性总结；通过总结的经验及时更新宣传手段、宣传内容及受众面；坚持多途径、多平台、多类型并行；不断利用新工具、融入新想法。上述举措不仅是维护新媒体平台的必要手段，也是促进融合发展的实施路径。

关键词：科技期刊；多媒体融合；服务模式；新媒体平台

随着知识经济的迅猛发展，知识服务备受瞩目，学术期刊在此大背景下及时转型，尽快提升自身的知识服务水平已然成为业内共识[1-2]。近年来，新媒体平台的受众快速增长，新媒体影响力大幅提升，媒体融合时代的来临为学术期刊的知识服务发展带来了机遇与挑战[3]。科技期刊应用多媒体技术对知识服务理论与实践进行了探索，如利用新媒体开展选题策划[4-5]、扩展期刊新媒体的服务模式[6]、提升网站建设[7]及开展期刊科普工作[8]等。但相关研究[9-11]表明，多数学术期刊与新媒体融合的方式较为单一且不够深入，融合效果不尽如人意。

《法庭科学研究(英文)》自创刊以来，始终关注新媒体平台发展，在利用相关途径推广期刊学术内容方面已经开展了各种前期实践工作，包括将刊载内容以文字、图片、视频等多种方式发布在网页、邮箱、微信公众号、Facebook 等媒体平台上，向全球学者推送并及时互动。经过 6 年的运营，《法庭科学研究(英文)》已被 ESCI、PMC、Scopus、DOAJ、ProQuest、HeinOnline、CSCD、万方等国内外权威数据库收录，虽具备了一定的知名度和站位，但是品牌定位还不够精准，新媒体平台建设尚未完善。对此，本研究调查了本领域其他期刊的新媒体融合情况及推广对象的群体特征，深耕自身优势内容和资源，采取多方位措施全面完善媒体平台搭建，并以稿件国家和地区、自由来稿数量、Facebook 和 Twitter 粉丝数量、官方网站文章总下载量、

基金项目：上海市科技期刊学会青年编辑"腾飞"项目(2020C05)；上海市法医学重点实验室资助项目(21DZ2270800)；上海市司法鉴定专业技术服务平台资助项目(19DZ2292700)；司法部司法鉴定重点实验室资助项目

Altmetric 评分等作为指标,对为期一年(2021 年)的新媒体推广效果进行综合评估并总结经验,以期为学科范围较窄的科技期刊提供借鉴。

1 数据来源和研究方法

1.1 法医学术期刊新媒体和知识服务情况的调查

数据来源于 WoS 的 SCIE 数据库。检索步骤如下：登录 http://apps.webofknowledge.com,查看 WoS 数据库 SCIE 下"法医学"(Medicine, Legal)分类中收录的期刊列表,确定符合条件的期刊共计 17 种。

登陆 Facebook 和 Twitter 官方网站,查阅 17 种期刊社交媒体的运营情况(见表 1)。结果显示,只有 6 种期刊有运营社交媒体账号,占比为 35%,同时拥有两个社交媒体账号的仅 *American Journal of Forensic Medicine & Pathology* 一种期刊,各期刊社交媒体创办时间多为近 3 年,平台更新频率和粉丝数量均相对较低。

表 1 法医学领域 SCI 期刊社交媒体运营情况(截至 2021 年 12 月 31 日)

期刊名称	2020 IF	社交媒体	创办时间	最近更新日期	粉丝数	发帖/推文数
Forensic Science International: Genetics	4.882	—	—	—	—	—
Journal of Law and the Biosciences	3.583	Twitter	2014	2021-08-17	629	522
Regulatory Toxicology and Pharmacology	3.271	—	—	—	—	—
International Journal of Legal Medicine	2.686	—	—	—	—	—
Forensic Science International	2.395	—	—	—	—	—
Science & Justice	2.124	Twitter	2018	2019-11-18	748	82
Forensic Science, Medicine and Pathology	2.007	—	—	—	—	—
Journal of Forensic Sciences	1.832	—	—	—	—	—
The Journal of Law, Medicine & Ethics	1.718	Twitter	2020	2021-12-23	1 397	889
Journal of Forensic and Legal Medicine	1.614	—	—	—	—	—
Legal Medicine	1.376	—	—	—	—	—
Medical Law Review	1.267	Facebook	2018	2021-03-27	1 776	—
Medicine Science and the Law	1.266	—	—	—	—	—
Australian Journal of Forensic Sciences	1.083	—	—	—	—	—
American Journal of Forensic Medicine & Pathology	0.921	Facebook /Twitter	2011/ 2020	2021-12-24 2021-12-24	121/ 541	183
Rechtsmedizin	0.517	—	—	—	—	—
Romanian Journal of Legal Medicine	0.363	Facebook	2013	2016-06-27	111	—

注:—代表无此信息。

1.2 前期市场调研

回顾本期刊过往发布的图文及视频推广材料，梳理已有的社交媒体账号运营情况，与17种SCIE期刊相比，《法庭科学研究(英文)》在Facebook和Twitter两大媒体平台均有账号运营，虽定期发布期刊新闻，但内容较为单调，与邮件推广内容雷同，且只停留于广撒网模式，欠缺精准推送，粉丝活跃度不高；与期刊编委的联系不够紧密，除了日常审稿工作以外，编委对期刊关注度低。基于推广偏好，收集部分粉丝和编委对往期推广效果的反馈意见，结果显示他们更偏向于收到邮件、视频类推送；在文章类型方面更希望收到论著、综述，尤其是包含特刊和会议信息内容的推送；频率为每周或每月一次。

1.3 搭建新媒体平台升级构架

基于法医学领域SCIE期刊媒体宣传评估、受众面人群特征、推广偏好和前期市场调研情况，《法庭科学研究(英文)》于2021年初开始调整编辑工作任务架构，联系专业短视频制作机构和网络直播技术服务商，组建协助项目开展和实施的临时聘用人员团队，制定新媒体平台升级方案，策划推广项目具体内容，围绕特刊内容初步形成新媒体宣传企划材料。邀请相关专家对编辑进行系统化专项业务指导，组织编辑学习传媒类专业课程，促进编辑深入对新媒体传播的认识，强化对新闻热点的敏感度，提升科普创作意识和能力，优化新媒体平台升级方案，细化执行方案，落实具体措施如下。

1.3.1 利用社交媒体维护专家社群，加强内在凝聚力

根据对社交媒体热点的长期追踪，编辑部将法医学领域的人道主义、新型毒品、科研诚信等作为主题热点，同时通过编委会会议讨论、电子邮件等方式向编委传达相关信息，并收集编委对专题提出的意见和建议，在确定主题后邀请不同领域的编委精诚合作，共同开展特刊策划，撰写专题文章，完成组稿工作。通过增进与专家社群的沟通与合作，加深其对期刊的了解，使团队凝聚力得到加强。

1.3.2 结合刊载内容，利用国际编委专家资源，组织学术讲座，推广期刊品牌

在客座主编筹划组织主题特刊过程中，编辑部邀请每位主编结合特刊文章内容录制特刊介绍视频，在文章发布时在新媒体平台同步推出。编辑部还依托期刊主办单位举办的国际会议平台，邀请专家录制与大会主题相关的专题报告，为关注不同主题的国内外法医学领域研究人员提供内容丰富，形式多样的学术交流，增强编委和学者对期刊品牌的认同。

1.3.3 将广撒网模式逐渐转变为精准的推送服务，树立品牌形象

编辑部围绕将要出版的前沿主题特刊，开展立体式新媒体宣传推广活动，推广渠道包括官方网站、邮件(示例：https://webofscience-authorconnect.com/view_online.asp?1725520&6aa3ca7304752e51&18)，以及微信公众号、Facebook、Twitter等新媒体平台(见图1)；宣传形式包括对精选文章进行提炼加工，强化新闻热点，以图片和视频等方式呈现，将刊载内容以文字、图片、Video abstract视频(配有中英双语字幕，示例：https://vimeo.com/673135686)等多种方式发布在文章网页及微信公众号和Facebook等社交平台上有侧重性地向全球学者推送，在全球范围内与学者及时互动。基于推送内容选择不同呈现方式，如将征稿信息和期刊信息长期置顶，将会议信息和热点文章滚动推送，以专栏模式对最新文章、特刊文章及常规刊期进行固定推送。编辑部还安排专人设计每期特刊banner(见图2)，活跃海外社交媒体账号版面，及时发布有吸引力的内容。

图 1　微信公众号、Facebook、Twitter 等新媒体平台推广示例

图 2　每期特刊的 banner 设计示例

编辑部还与 Compuscript 开展合作，结合新刊发的论文组织撰写 News release。在多媒体平台上进一步主动 follow 国际上知名机构、期刊、学者、活跃用户等，进行互动，提高曝光度；内容更新时@编委及相关机构，以便于编委用社交账号进行现有内容的推广；推广单篇文章时@使用海外社交媒体的作者，方便作者自我推广，并让作者感受到一对一服务，提升用户黏性，加深对品牌的印象。关注 Taylor & Francis 平台上的 Altmetric Attention Score，跟踪刊载文章在各类社交媒体上的阅读评价与反馈，分析读者讨论的焦点，为进一步约稿和组稿做准备。收集每个专业的知名国际会议信息，甄选影响力大、编委和业内专家参与度高、且与我刊已发文章或计划内容结合紧密的国际会议，设立虚拟展台、开展宣传推广，如在国际法医学大会(IALM)上推广期刊并发布约稿信息等。

2　结果

2.1　期刊新媒体平台的建设概况

《法庭科学研究(英文)》通过官方网站、邮件、News release，以及微信公众号、Facebook、

Twitter 等新媒体平台，不仅实现了内容的及时公开，还可以达到与用户近距离交流、互动的目的。本刊较早在不同平台设立了官方账号，虽然各媒体发布的信息内容有部分重合，但团队尽可能利用不同媒体平台的特点和优势开展推广，建设情况、推广内容和特色详见表2。

表2 《法庭科学研究(英文)》不同类型新媒体平台建设概况

媒体类型	创建时间	发文频率	关注人数/收件人数	平均阅读量/打开率	内容形式	特色
Facebook	2019	每周1次	2 624	2 200	最新重点文章推荐(文章概要、主题图片/新闻图片/文中图表、网站原文链接相结合的形式)；主编、副主编等编委会成员采访、报告、获奖信息；征稿	时效性强，信息丰富，形式多样
Twitter	2016	每周1次	333	640	最新重点文章推荐(关键词、作者信息结合网站原文链接)	内容简洁精炼，互动性强
微信	2016	每季度1次	27 011	1 600	优秀文章介绍和/或导读；期刊获奖信息及动态；编委会新闻	针对国内专家和学者，推送翻译内容和期刊动态
邮件	2016	每季度1次	约20 000	55%	精选不同专业文章整合的虚拟特刊；期刊模拟影响因子；往期特刊回顾；节日祝福	基于收件人的学术领域精准推送相关专业文章
YouTube	2018	每季度1次	—	800	特刊或委员会发布会视频；主编、作者访谈视频	丰富的视频内容，满足用户视听体验
官方网站	2016	不定期	—	300	征稿；精选文章；期刊收录信息；热点文章	可一键分享内容至180多个新媒体平台
News release	2021	每季度1次	—	4 800	特刊或优秀文章(撰写叙述式与评论式相结合的News release进行推送)	内容具备话题性、权威性，受众面广

2.2 期刊影响力评价指标的相应提升

随着社交媒体服务的整体提升、新媒体平台建设的逐渐完善，《法庭科学研究(英文)》2021年的各项评价指标相较2020年有较大幅度提高，期刊官方网站的阅读数、用户粉丝数、投稿数量、稿件来源国家、篇平均Altmetric评分、模拟影响因子等均上升明显(见表3)。2021年实时模拟影响因子达到3.134，与前一年同期(1.238)相比上升显著。JCI为1.07，与WoS数据库中同领域期刊(SCIE+ESCI)相比较排位8/22。CiteScore 2021为5.2，在人类学、病理学与法医学、生物化学、遗传与生物分子学等多个学科领域位于Q1水平，施引国家和地区主要为美国、中国和欧洲国家。

表 3 《法庭科学研究(英文)》2020 年和 2021 年期刊指标比较

期刊指标	2020 年	2021 年
稿件来源国家地区	42	49
来稿数量	179	207
国际稿件占比/%	72.6	79.2
Facebook 粉丝数	1 880	2 624
Twitter 粉丝数	126	333
官方网站文章总下载量	78 927	187 000
篇均 Altmetric 评分	6.263	24.667
实时模拟影响因子	1.238	3.134

此外，期刊还与作者合作撰写多篇 News release，包括 19 世纪葡萄牙首个投毒案的文章 (Analysis of The Autopsy, Toxicological, and Psychiatric Reports of Portugal's First Major Forensic Case；https://www.eurekalert.org/news-releases/614468)，以及"精神病学在司法鉴定中的新地位"(https://www.eurekalert.org/news-releases/924530)"疫情时代的临床和法医毒化经验分享"(https://www.eurekalert.org/news-releases/936268)"司法鉴定科学研究与实践：构建诚信文化" (https://www.eurekalert.org/news-releases/942081)等特刊，并在近 20 个媒体平台上转载，单次推送点击量达 4 000 多次；稿件类型中论著和综述的比例由 67%增加至 75%；邮件和新媒体平台的粉丝咨询和账号活跃程度亦有显著提升；投稿量较去年同比增长 16%，国际稿件占比增长 6.6%；单篇文章的阅读量、下载量和篇均 Altmetric 评分也显著提升。

2.3 新媒体平台的其他细节完善

本研究在推广细节方面也有不少完善，如基于邮件打开率，对每年节日问候性邮件推送进行调查，结果发现点击量较高的为邮件内的前几个链接，如果结合特刊推送和期刊新闻能提高邮件打开率。因此，团队对 2021 年的节日问候邮件内容进行相应调整，包括增加期刊优势指标如 CiteScore、影响因子分数、期刊数据库收录情况、平均接收速度等以吸引投稿，发布会议资讯同时增加特刊约稿信息或 Top 文章引起阅读兴趣，结果该类邮件总体打开率从 45%增长至 60%。对于内容较为常规的推送，则提前筛选出以往打开过邮件的对象进行投递，可加强粉丝黏性。针对 Twitter、Facebook 等社交平台更注重互动性的特点，通过增加与编委互动，随时收集交叉学科的会议资讯，与专家合作参与"小众"会议的宣传材料投放工作，可吸引较为"冷门"的学科专家投稿。

3 结束语

在媒体融合背景下，一些学科范围较窄的期刊的办刊模式仍较为传统，或多或少存在风格消解、社群关系建设滞后等问题。《法庭科学研究(英文)》的新媒体平台建设取得了一定的成效，随着媒体宣传服务的全面升级，期刊影响力、稿件数量和质量均有较为显著的提升，但完善而精准的融合发展任重道远。

本研究通过对本刊新媒体平台建设的初步探索获得不少经验，即要：①基于学科特点确定期刊宣传风格，如基础色调、相对固定的内容、宣传格式等，在之后的宣传工作中尽量做到不脱离风格，形成范式，保证媒体宣传有很高的辨识度；②不断关注和收集平台信息，如社交媒体粉丝阶段增长数、受众信息(年龄、职业等)、合计发布次数、分类统计发布内容(期刊文章、期刊推广、新闻发布等)，以及最受欢迎的更新内容阅读量、转发量，分析互动情况，并对推广文章的学科分类进行阶段性总结；③通过总结的经验及时更新宣传手段、宣传内容及受众面；④坚持多途径、多平台、多类型并行，由于运用单一手段和平台的媒体建设具有局限性，期刊宣传仍需依靠与出版商积极合作，利用官方平台开展基础推广，同时与其他多媒体运营商合作，逐步实现特色化、服务型的推广模式；⑤开拓思维，不断利用新工具、融入新想法，在媒体建设稳步推进的同时锦上添花。

上述举措不仅是维护新媒体平台的必要手段，也是促进融合发展的实施路径，可为其他期刊提供借鉴。随着新媒体技术的不断发展，必将会出现更多的传播渠道和媒介形态，只有在以内容为王、质量为先的前提下，稳抓以服务为理念的核心竞争力，才是应对瞬息万变的出版环境的关键，为学术期刊的长期发展打下坚实基础。

参 考 文 献

[1] 陈汐敏.学术期刊开展知识服务相关情况的调查及分析:以江苏省医药类学术期刊为例[J].中国科技期刊研究,2021,32(3):372-381.
[2] 夏登武.融媒体环境下科技期刊知识服务模式建构与能力提升[J].中国科技期刊研究,2021,32(2):247-253.
[3] 姜红.媒体融合背景下学术期刊发展路径探析[J].科技与出版,2020(8):68-72.
[4] 游小秀,栗延文,蒋亚宝.科技期刊新媒体精品选题策划[J].编辑学报,2020,32(6):669-672,681.
[5] 楼启炜.数字化背景下学术期刊的选题策划策略[M]//学报编辑论丛 2020.上海:上海大学出版社,2020:712-716.
[6] 徐少卿,舒安琴,唐强虎,等.医学科技期刊新媒体运营实践探索:以《国际检验医学杂志》检验医学新媒体为例[J].中国科技期刊研究,2021,32(4):487-492.
[7] 刘天浩,蔡小虎.媒体融合背景下科技期刊网站建设问题分析与对策建议[J].中国科技期刊研究,2021,32(4):501-508.
[8] 方圆,李志.融媒背景下科技期刊开展科普工作的路径思考与实践探索[M]//学报编辑论丛 2020.上海:上海大学出版社,2020:579-583.
[9] 陶华,朱强,宋敏红,等.科技期刊新媒体传播现状及发展策略[J].编辑学报,2014,26(6):589-592.
[10] 唐果媛,吕青,张颖,等.我国科技期刊新媒体传播实践现状分析:以中科院科技期刊为例[J].中国科技期刊研究,2020,31(9):1048-1056.
[11] 李琳,姜辉.新媒体环境下科技期刊影响力提升途径探讨[J].编辑学报,2019(增刊1):84-86.

区块链技术推动下期刊数字版权保护机制

王 丹[1]，张祥合[2]

(1.吉林大学《仿生工程学报》编辑部，吉林 长春 130022；2.吉林大学学报(工学版)编辑部，吉林 长春 130022)

摘要：为实现期刊数字版权的有效保护，提高期刊数字版权的保护力度，本文探讨了区块链技术推动下期刊数字版权保护机制。首先列举了常见的几种期刊数字版权侵权现象；然后分析了利用区块链技术开展数字版权保护的可行性，并提出了基于区块链技术的三个数字版权保护机制；最后探讨了基于区块链技术的数字版权保护的实现方法。采用区块链技术，不仅可以提高期刊数字版权保护的效率，为举证提供准确的证据链，而且能够把现行的版权保护法律法规转化为程序代码，建立点对点式方便、快捷的版权交易平台。区块链推动下的期刊数字版权保护，为期刊数字版权保护提供了新的解决方案，助力期刊出版健康快速发展。

关键词：区块链技术；期刊数字版权；保护机制；去中心化；时间戳；智能合约机制

  数字版权指的是数字作品的著作权，具体而言是指在数字环境背景下，数字版权所有者基于数字作品的传播所享有的版权及其相关权[1]。数字版权保护是对网络中传播的数字作品采取版权保护的主要方式。随着技术的发展，数字内容越来越丰富多样，相关的版权交易也越来越频繁，这给传统的数字版权保护手段带来了巨大的挑战。当前数字版权存在的最大问题在于维护数字版权的成本相对较高，数字版权的追溯难度比较大，即使维权成功也难以获得应有的赔偿，其根本原因出自可信的第三方在版权保护工作中的效率低下[2]。

  区块链技术作为21世纪最具前景的新兴技术之一，已经被应用到社会的诸多领域，如金融业、保险业、物联网、医疗卫生等[3]。区块链技术具有去中心化、开放性、独立性、安全性、匿名性的特点，相比传统的数字版权保护方法，更具优势。区块链技术的出现，为数字版权保护提供了新的发展方向，为实现数字版权保护的全数字化，提供有利的技术支撑。

  在"互联网+"时代，期刊的出版形式发生了巨大变化。已从传统的纸质版出版，转变到了数字化出版和多媒体出版，以满足读者不同阅读习惯的需求。因此与期刊数字版权相关的问题也日益突显。本文分析了目前期刊数字版权所面临的问题，以区块链的基础特征作为研究的切入点，探讨基于区块链技术的期刊数字版权保护机制，以期为期刊数字版权保护提供新的思路和方法。

基金项目：中国高校科技期刊研究会专项基金项目(CUJS2021-041)

1 常见的几种期刊数字版权侵权现象

通常论文在投稿后,期刊编辑部已经通过多种形式的版权转让协议取得了论文的版权,即论文版权(包含论文的信息网络传播权)已由作者转移到期刊出版单位。因此,未经出版单位同意或授权,任何人,包括文章作者,都不能随便在网络上进行传播。

1.1 网络个人用户侵权

网络个人用户下载文章后,未经版权人同意,就通过各种网络平台进行传播,比如微信、微博等平台。尤其在论文已经投稿并录用,但还未正式出版的情况下,作者未经期刊编辑部许可就公开稿件内容。

1.2 假冒网站侵权

一些网站以盈利为目的,仿照期刊网站设计假冒网站。为使网站更逼真,有的网站会放上期刊发表过的文章。

1.3 第三方平台侵权

第三方平台侵权有三种形式。第一种是期刊数据库的侵权,有的数据库为丰富期刊论文资源,未经期刊编辑部同意,私自从网上利用爬虫技术抓取论文信息,并用于商用。第二种是在线知识分享平台的侵权。在这类平台上,网络用户通过上传可能涉及版权保护的内容换取积分,然后利用积分再下载平台中自己需要的内容。第三种是微博、微信公众号、抖音、快手等直播平台的侵权。这类由机构或个人运维的账号,基本都是未经权利人许可直接全部或部分转载论文内容获取关注。

2 基于区块链技术开展数字版权保护的可行性

2.1 区块链技术的特征

区块链技术是根据时间顺序,把数据区块通过顺序相连的方式组成链式数据结构,并采用密码学方式,确保数据信息无法被修改和伪造的分布式账本。区块链由 6 个部分组成,分别为数据层、网络层、共识层、激励层、合约层以及应用层。区块链具有去中心化、开放性、独立性、安全性和匿名性的特点。目前,区块链技术已在金融、物流、保险,公共服务等领域得到了大量应用。同时也在数字版权保护领域得到了很多关注[4]。

区块链技术的五大技术特征:

(1) 去中心化特征。区块链是一个去中心化的分布式数据库,由许多节点共同参与系统维护,当作品内容被编写在区块链中,或者因为作品而产生交易时,参与记账的各节点会复制账本从而保留完整数据副本[5]。每一个节点上的数据信息都对等分布、传递,因此每个参与节点都有对数据结果的管理权。如果某个节点出现问题,也不会影响整个系统的运行。

(2) 开放性特征。区块链技术的基础是开源的,除了交易各方的私有信息被加密外,区块链的数据对所有人开放,任何人都可以通过公开的接口查询区块链数据和开发相关应用[6]。区块链的各节点之间具有开放、平等、互联的特点,增加了系统的透明性。

(3) 独立性特征。区块链系统不依赖第三方,能够独立运行。当预设条件被触发时,系统就会自动执行相应的合约,对应的节点将结果在网络节点中共享。系统通过智能合约实现自动化,不需要任何外界干预。

(4) 安全性特征。区块链利用"非对称加密"技术进行加密,能有效防御攻击。即使某一个节点遭到攻击，区块数据被篡改，其他区块节点也能够迅速识别，并将其恢复。并且要真正篡改区块链中的版权数据需要攻破网络中51%以上的节点才行[7]。

(5) 匿名性特征。区块链按照一定规律设置各节点与节点之间交互，区块链中的规则程序具备自动判别能力，能够自动判断节点之间的数据交互是否有效，因此在交易过程中，不需要公开自身身份就可以完成交易。

2.2 区块链技术推动下期刊数字版权保护的意义

(1) 避免学术不端行为。随着论文发表数量的增多，学术不端问题也日益突显。期刊出版中涉及的学术不端行为主要包括数据造假，整篇文章剽窃，部分内容抄袭，一稿多投等。虽然很多期刊会使用查重系统，如中国知网学术不端文献检测系统，crosscheck 检测系统等，对文章进行检查比对。但是由于数据库的局限性、文献类型的限制，以及检测技术的弊端，查重检测结果并不理想。而区块链可以通过"时间戳"和"哈希值"来确定版权归属，为每一段文字，每个图片，公式等赋予数字化证明，并同步到其他节点上，这大大提高了版权归属的透明度，并且能够存证溯源，使期刊编辑可以在很短的时间内获得更准确的对比结果，从而在很大程度上避免学术不端行为的发生。

(2) 组建明确的作者群。文章质量是期刊发展的关键要素。如何吸引符合期刊发表范围的高质量稿件是至关重要的。这就要求期刊要建立明确的作者群。一名作者可能会在很多期刊上发表文章，但是这些信息都会汇集在每个区块链的节点上。所有期刊都可以在区块链上查找自己需要的作者信息。通过对作者研究方向，发表文章数量，文章的阅读情况以及产生的社会效益等进行评估，期刊可以组建作者群，有针对性地约稿。

(3) 为全媒体出版提供版权保障。随着信息技术的发展，期刊出版已从传统的纸质出版走向了全媒体融合出版。期刊出版不仅限于文字内容，而且还包含音视频、图片等，以满足数字化时代读者阅读习惯的需求。有些期刊还要求作者提供原始的实验数据、程序代码等，为研究内容的可重复性提供依据。当这些视频、图片、数据被上传到区块链系统时，就会被加盖时间戳，生成版权数字化证明，并同步到所有节点上，为全媒体出版提供版权保障，尤其是那些作为附加材料被提供的原始实验数据、视频等。

(4) 为期刊数字版权纠纷提供有力可靠证据。期刊数字版权侵权形式多样，并且缺乏专业的维权人员，因此，期刊数字版权侵权大多难以取证。区块链利用时间戳技术可以记录在某个时刻发生的某个事件。对版权的登记、交易、流转等都有详细的记录。区块链的安全性特征使得节点上的版权数据很难被篡改。因此，区块链技术保证了版权交易证据可查询、可追溯，为版权纠纷提供有力可靠证据。

3 基于区块链的数字版权保护机制

在"互联网+"时代，利用区块链的技术特点进行期刊数字版权保护，实现从线下"集权"到线上"平权"的转变，能够有效推动期刊数字版权保护的健康发展，建立良好的版权保护环境。区块链技术推动下的期刊数字版权保护机制如下：

3.1 期刊数字版权去中心化的机制

传统期刊数字版权保护模式主要是基于形式的保护，证明能力有限，已不再适合当前复杂的网络数字化时代。区块链技术能够从技术层面建立去中心化信任，网络上的所有节点都平等参与，信息同步，保证了从确权到交易全过程的及时、准确的信息记录 系统中任何一个节点被修改，都会被记录，并被传递到其他节点，节点上的所有用户都可以及时获取修改信息。每个节点的同步参与保证了版权保护的高度透明，也大大增加了确权的可信度。基于区块链技术的版权确认是一种实时的确权，方便、快速、容易操作，也降低了确权过程中人力和经济成本。而且还能够完成海量数字版权的确认，这是传统确权方式无法实现的。

3.2 时间戳为依据的期刊数字版权存证溯源机制

在数字技术快速发展的今天，侵权现象时有发生。而且数字化侵权具有隐蔽性，证据容易被删除或篡改，这大大增加了维权的难度。一般的数字时间戳是中心化管理，信息相对不透明，不受集体监督，因而缺乏共识性、共认性[8]。区块链的时间戳，哈希算法等技术可以在很大程度上改变这一现状，为维权者提供版权数字化证明的查询和溯源。区块链技术下的期刊数字版权保护机制是通过链式数据结构和加密算法来实现的。结构中的每个节点都存储了完整的区块数据，包括不同阶段的版本信息、时间戳等，通过哈希算法对版权信息进行加密产生独有的哈希值，保证版权身份信息的唯一性和安全性。通过时间戳记录的版权登记和交易信息具有不可逆转和不可修改的特点，为维权举证提供了有力的支持。

3.3 提高期刊数字版权交易效率的智能合约机制

随着科技的发展，法律法规逐渐程序化。区块链智能合约通过程序代码来模拟法律合同的功能，从而把法律转化为代码。版权方和用户按照交易规则代码形成智能合约，自动履行，进行相关的版权交易，完成支付。这种智能合约是不可修改的，条件一旦触发，便自动执行，并且不受地域的影响，使版权交易更畅通。同时区块链推动下的期刊数字版权保护机制实现了"去中心化"，去掉了中介环节，使版权方和和用户之间直接进行点对点交易，减少了交易的成本。

4 基于区块链的数字版权保护技术实现

基于区块链的数字版权保护技术可以在确权、授权、维权三个阶段记录重要信息，在注册的过程中将注册时间形成唯一编码，利用区块链入链数据不可篡改的特性确定版权归属，再通过时间戳功能把数字版权的注册时间、发布时间、交易时间等全过程信息连接在一起，从而实现数字版权的存证溯源。

区块链期刊数字版权管理平台中采用的链式结构的每个节点都存储着期刊文章的摘要信息、作者信息、上传时间等哈希数值，且可利用相关算法把相邻节点链接验证，实现版权信息的加密。从而可以准确定位和导出期刊的版权信息，用于版权信息的交易。

区块链技术用于期刊数字版权保护的注册和交易过程如图1所示。

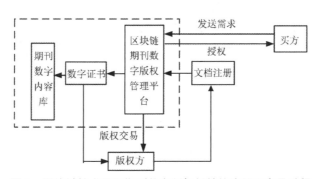

图1 区块链技术用于期刊数字版权保护的注册和交易过程

版权方通过区块链系统版权管理平台进行文章的实时版权登记，并获得数字化证书。系统记录该版权信息，并将文章存储到期刊数字内容库中。买方通过智能合约可以直接与版权方进行交易。可通过时间戳追踪版权的登记，变更，交易的全过程。

在区块链技术推动下的期刊数字版权保护机制，能够实现期刊数字版权授权模式的管理与整合，使得在版权确认和交易等过程中，每一个参与者之间可以共享信息，互相监督，建立了高度透明的共信机制。版权相关的信息可以实现实时更新、实时查询。通过时间戳和哈希值保证了版权的唯一性和可追溯性。基于智能合约的版权交易模式，实现了点对点的交易，建立了安全高效的交易平台。

5　结束语

本文基于区块链技术的去中心化、无法篡改、无法撤销、公开透明、安全性强等特点，提出了期刊数字版权保护机制。区块链技术推动下的期刊版权保护机制改变了期刊数字版权传播的方式，建立了安全高效的版权交易平台，而且具有方便操作、便于追踪、成本低、不受地域限制等优势，为期刊数字版权保护提供了新的解决方案。

参 考 文 献

[1] 李健锋.网络版权侵权问题探析[J].山西省政法管理干部学院学报,2015,28(3):58-60.
[2] 吴彦冰,席梦娜.基于区块链技术的数字版权管理应用研究[J].河北省科学院学报,2021,38(5):20-24.
[3] 倪佳纯.基于区块链技术的数字版权保护问题[J].科技与法律,2021(10):188-191.
[4] 贺月月,李亭亭,邵施苗.区块链技术在中国科技期刊出版中的研究现状及可能的应用探析[J].传播与版权,2021(11):70-73.
[5] 赵双阁,李亚洁.区块链技术下数字版权保护管理模式创新研究[J].西南政法大学学报,2022,24(1):75-85.
[6] 姚忠将,葛敬国.关于区块链原理及应用的综述[J].科研信息化技术与应用,2017,8(2):3-17.
[7] 徐素萍,李文全.区块链对云环境下版权保护的效用研究[J].法制与社会,2021,(17):186-188.
[8] 秦珂.区块链技术视野下的图书馆数字版权管理:作用机制、创新价值和建议[J].图书馆论坛,2020,40(4):113-122,133.

超链接技术应用对提升纸媒期刊影响力和传播力的作用
——以二维码应用为例

逄锦伦[1,2]

(1.中煤科工集团重庆研究院有限公司，重庆 400039；2.《矿业安全与环保》编辑部，重庆 400039)

摘要： 超链接技术已广泛应用于期刊出版等纸媒领域。超链接技术中的二维码最具有代表性，目前常用于链接文章的下载地址或链接音视频等资料成为增强出版论文。为了充分发挥超链接技术对传统期刊纸媒的支撑作用，通过研究现有超链接技术的研究进展和应用情况，结合期刊出版的相关标准和规范，提出了基于超链接技术的期刊出版构想。在已正式出版的 1 篇文章中相关位置加入以二维码为特征的超链接技术，测试和体验结果表明超链接技术展现的效果较好，能有效地丰富文章的内容，在满足读者的兴趣点的同时激发读者传播文章和引用文章的意愿。传统纸媒期刊应广泛应用超链接技术以实现提升期刊内容、质量、影响力和传播力的目的。

关键词： 超链接技术；二维码；纸媒期刊；增强出版；署名信息；基金项目；参考文献

以二维码为代表的超链接技术，已广泛应用于期刊出版等纸媒领域[1-6]，在二维码中存储一个网址时，这个二维码就变成了一个"超链接"[3]。在期刊出版中二维码多用于链接下载地址，通过扫描二维码可方便下载文章[7]，该种方式可利于文章的推广和被引用；也有期刊通过二维码链接视频等资料，实现纸刊的增强出版[8]。

谢广灼[3]分析了二维码在图书出版行业中的应用效果，并对二维码的未来提出了创新思考；徐杰民[9]、杨秋英等[10]分析了二维条码技术的现状，并对未来的发展与应用前景进行了讨论和展望；冯翔等[11]将二维码技术引入到纸质教辅书发行体系，其研究成果在教材中得到了应用，效果较好，为二维码的应用提供了很好的借鉴。

上述应用并未发挥出超链接技术的强大作用。笔者通过研究超链接技术和纸媒出版的特点，提出一种基于超链接技术的纸媒形式，以期实现纸媒文章具有多维深度，提升其内容的准确性，更加便捷地传播和被引用。笔者以二维码为例介绍设想的期刊出版形式。

1 超链接技术的主要形式

条形码(简称条码)技术是集条码理论、光电、条码印制等技术于一体的自动识别技术[12]。条形码由不同宽度、反射率的条(黑色)和空(白色)，按照一定的编码规则形成，用以表达一组数字或字母符号信息。条码技术具有速度快、准确率高、可靠性强、寿命长、成本低廉等特点。

1.1 一维条码技术

一维条码(Bar code，又称一维码)的编、解码原理：一定的信息内容通过函数生成一维码单元，解码时再把相应的信息内容还原出来，从而实现信息内容和一维码的匹配[13]。一维条码主要有EAN、UPC两种，其中EAN码是我国主要采取的编码标准。EAN条形码包括13位标准条码(EAN-13条码)和8位缩短条码(EAN-8条码)。EAN-13条码如图1所示。

图1 EAN-13一维条码图案样例

1.2 二维条码技术

二维条码(2-dimensional bar code，又称二维码)是水平方向和垂直方向的二维空间上都存储信息的一种条码[10]。二维条码巧妙地利用构成计算机内部逻辑基础的0、1比特流的概念，按一定规律在平面上分布的若干个与二进制相对应的几何图形。二维条码能够在横向和纵向两个方位同时表达信息，因此能在很小的面积内表达大量的信息。二维条码实际上是用点代替原来一维条码中的条。二维条码具体包括PDF417码、QR Code码、Data Matrix码、Code49码、Code 16K码等。二维码通常分为堆叠式二维码(又称行排式二维码)和矩阵式二维码(又称棋盘式二维码)[14-15]。堆叠式二维码由多行一维码堆叠在一起构成，其形态类似于一维码，但与一维码的排列规则不完全相同[16]；矩阵式二维码由深色方块与浅色方块组成矩阵，在矩阵中深、浅色块分别表示二进制中的和，通常具有纠错功能，如Data Matrix码、QR Code码等[17-18]。PDF417二维堆叠条码图案样例如图2所示，QR Code二维码图案样例如图3所示。

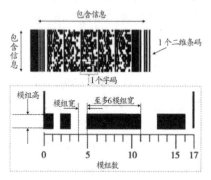

图2 PDF417二维堆叠条码图案样例

图3 QR Code二维码图案样例

2 基于超链接技术的期刊排版形式

2.1 作者署名信息超链接展示

2.1.1 出版形式

笔者以《矿业安全与环保》已出版的1篇文章[8]为例，在加了二维码后(文中后续举例所用二维码均为QR Code格式)，其出版形式如图4所示。

基于路径规划的大容量钻杆自动输送系统研究

王清峰[1,2], 陈航[1,2]

(1. 中煤科工集团重庆研究院有限公司, 重庆 400039;
2. 瓦斯灾害监控与应急技术国家重点实验室, 重庆 400037)

图4 作者简介样例

由图4可知, 加了二维码后, 通过超链接技术使得每位署名作者的信息均可得到展示。信息中可以包含的内容: ①作者的身份证信息, 能对作者实现唯一识别, 不会出现作者信息被冒用的情况, 如考虑个人信息保护的问题, 可以将身份证中的某些数字以字符的形式代替。第一作者和通信作者之外的作者没有机会展示信息时, 署名可能被同单位、同姓名的人冒用, 用于职称评审等场合; ②也可添加作者对文章的贡献程度及贡献情况, 以便于读者能与感兴趣的作者互动交流。

2.1.2 实现方法

作者信息的存储空间需可靠、稳定, 存储的形式, 可以是文字、图片、音频、视频等。经存储得到链接地址后可通过第三方工具或软件, 例如草料二维码(https://cli.im/)生成二维码。由于该方法技术含量不高, 作者信息及二维码由作者提供, 编校人员负责审核。

2.2 资助项目信息超链接展示

2.2.1 出版形式

资助项目处加了二维码后, 其出版形式如图5所示。

收稿日期:2019-11-15;2019-12-23 修订
基金项目:国家重点研发计划项目(2018YFC0808000);
重庆市创新专项重点研发计划项目(CSTC2017ZDCY-
ZDYFX0050);重庆市"科技创新领军人才支持计划"项
目(CSTCCXLJRC201709)

图5 资助项目样例

由图5可知, 加了二维码后, 每项资助项目的信息均可得到展示。如为国家自然科学基金项目时, 可查询到项目的名称、负责人、学科分类、项目周期、项目金额等权威信息。通过该方式可有效避免作者提供虚假或错误的基金项目, 确保信息的权威性。

2.2.2 实现方法

基金项目的存储空间需可靠、稳定, 存储的形式可以是文字、图片等。经存储得到链接地址后可通过第三方工具或软件生成二维码。同理, 该方法技术含量不高, 资助项目信息及二维码由作者提供, 编校人员负责审核。

2.3 参考文献中引用信息超链接展示

2.3.1 出版形式

文内引用参考文献后面加了二维码后, 其出版形式如图6所示。

为使钻杆输送路径的规划具有一般性, 假设在基准坐标系$\{O\}$中, 起点坐标系原点$O_S(x_{S0}, y_{S0}, z_{S0})$与终点坐标系原点$O_E(x_{E0}, y_{E0}, z_{E0})$的3个分量均不相同[11-16]。单根钻杆坐标系建立与一般输送路径如图1所示。

图6 参考文献引用资料样例

由图6可知，加了二维码后，参考文献所引用的资料信息可得到详细展示。其优势在于：①引用所展现的内容可以有效地对文章起到支撑作用，但又不会过多地占用文章的篇幅；②读者能更全面地理解引用内容；③通过该方式可有效避免作者提供虚假或错误参考文献，确保参考文献的准确性；④能链接到参考文献原文，实现了参考文献的关联性和有效性。

2.3.2　实现方法

参考文献所引用资料的存储空间需可靠、稳定，存储的形式可以是文字、图片、表格、公式、音频、视频等。经存储得到链接地址后可通过第三方工具或软件生成二维码。同理，该方法技术含量不高，引用内容、参考文献地址及二维码由作者提供，编校人员负责审核。

2.4　参考文献超链接展示

2.4.1　出版形式

参考文献处加了二维码后，其出版形式如图7所示。

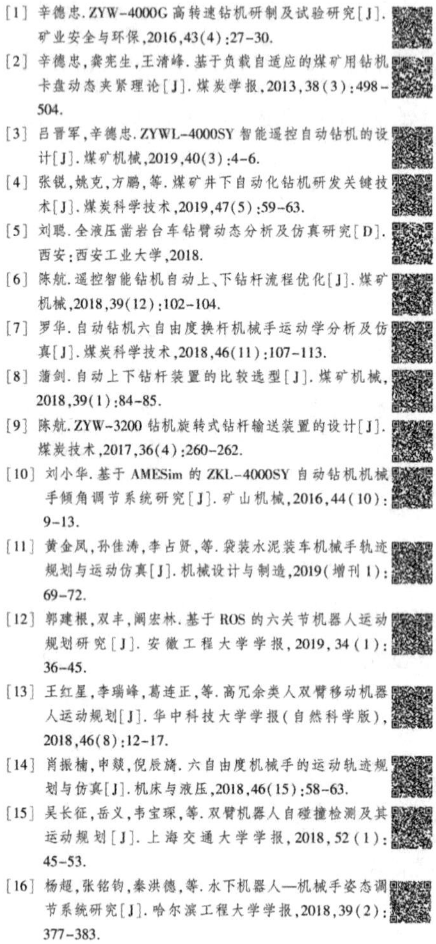
[1] 辛德忠. ZYW-4000G 高转速钻机研制及试验研究[J]. 矿业安全与环保,2016,43(4):27-30.
[2] 辛德忠,龚宪生,王清峰. 基于负载自适应的煤矿用钻机卡盘动态夹紧理论[J]. 煤炭学报,2013,38(3):498-504.
[3] 吕晋军,辛德忠. ZYWL-4000SY 智能遥控自动钻机的设计[J]. 煤矿机械,2019,40(3):4-6.
[4] 张锐,姚克,方鹏,等. 煤矿井下自动化钻机研发关键技术[J]. 煤炭科学技术,2019,47(5):59-63.
[5] 刘聪. 全液压凿岩台车钻臂动态分析及仿真研究[D]. 西安:西安工业大学,2018.
[6] 陈航. 遥控智能钻机自动上、下钻杆流程优化[J]. 煤矿机械,2018,39(12):102-104.
[7] 罗华. 自动钻机六自由度换杆机械手运动学分析及仿真[J]. 煤炭科学技术,2018,46(11):107-113.
[8] 蒲剑. 自动上下钻杆装置的比较选型[J]. 煤矿机械,2018,39(1):84-85.
[9] 陈航. ZYW-3200 钻机旋转式钻杆输送装置的设计[J]. 煤炭技术,2017,36(4):260-262.
[10] 刘小华. 基于 AMESim 的 ZKL-4000SY 自动钻机机械手倾角调节系统研究[J]. 矿山机械,2016,44(10):9-13.
[11] 黄金凤,孙佳涛,李占贤,等. 袋装水泥装车机械手轨迹规划与运动仿真[J]. 机械设计与制造,2019(增刊1):69-72.
[12] 郭建根,双丰,阚宏林. 基于 ROS 的六关节机器人运动规划研究[J]. 安徽工程大学学报,2019,34(1):36-45.
[13] 王红星,李瑞峰,葛连正,等. 高冗余类人双臂移动机器人运动规划[J]. 华中科技大学学报(自然科学版),2018,46(8):12-17.
[14] 肖振楠,申燚,倪辰旖. 六自由度机械手的运动轨迹规划与仿真[J]. 机床与液压,2018,46(15):58-63.
[15] 吴长征,岳义,韦宝琛,等. 双臂机器人自碰撞检测及其运动规划[J]. 上海交通大学学报,2018,52(1):45-53.
[16] 杨超,张铭钧,秦洪德,等. 水下机器人—机械手姿态调节系统研究[J]. 哈尔滨工程大学学报,2018,39(2):377-383.

图7　参考文献样例

由图7可知，参考文献处加了二维码后，每条参考文献均能被读者便捷获得。其优势在于：①利于编辑人员核对参考文献标注是否规范；②利于读者深入了解引用的参考文献；③当读者对某篇参考文献感兴趣时，可以直接取用，利于参考文献的传播；④可有效避免作者提供虚假或错误的参考文献，能保证参考信息的正确性和有效性。

2.4.2 实现方法

参考文献可以是PDF文档、Html网页、图片等。可通过第三方工具将链接地址生成二维码。该方法技术含量不高，参考文献信息、网址及二维码由作者提供，编校人员负责审核。

3 对提升纸媒期刊影响力和传播力的作用

3.1 文章内容更加充实

在文章关键之处，加入超链接技术后，可以将图表引用、公式推导、实验数据等内容呈现在读者面前，文章的内容能得到更充分地补充，便于读者能很好地理解文章。超链接技术的应用无形中拓展了传统纸媒的含金量，因此超链接技术对于充实文章内容的作用是显而易见的。

3.2 文章的严谨性和准确性进一步提高

链接了作者的信息后，作者的信息就具有了唯一性，可避免文章被相同单位、相同姓名的人重复使用。标明了各位作者对文章的贡献和贡献度后，便于读者有针对性地和作者进行沟通和学术交流，能促进文章的学术价值进一步得到发挥和提升；作者的资助项目信息被链接后，能确保项目信息的准确性和相关性，一方面可以促使作者自律避免提供虚假或错误资助项目，另一方面可以使读者更容易判识文章的学术价值以便于决定是否引用，同时也可以通过基金比间接提升期刊的影响因子。

3.3 文章参考文献的相关度和准确性进一步提升

链接了参考文献的信息后，读者会很容易判断所引用文章与文章之间的关联度，倒逼作者不能为了满足参考文献数量而虚假引用不相关文章的内容；读者对文章某处引用的信息感兴趣时可以通过链接查看并研究相关内容。

3.4 文章更容易传播和被引用

基于超链接技术的纸媒文章也可以像数字出版的文章一样，其承载的内容更多、更丰富、学术价值更高，更容易引起读者的共鸣，读者引用和传播该文章的意愿也会进一步提高。最终发挥提升期刊影响力和传播力的作用。

3.5 对提升纸媒期刊影响力和传播力的作用

秦洁[1]通过分析二维码在图书出版行业的使用前景，认为二维码的应用能增强读者与作者互动的效果，同时利用手机的唯一性能精确地跟踪和分析每一位访问者的记录，为后续文章的精准推送提供目标人群，发挥提升期刊影响力、传播力的作用；谢广灼[3]研究了二维码在图书出版行业中的应用情况并实施案例，结果表明应用二维码超链接技术可以实现跨媒体阅读、为读者提供便利和互动交流平台、纠错和补充等目的，发挥超链接技术提升书刊影响力、传播力的作用；李小燕等[19]研究了科技期刊增强出版及实现流程，认为基于超链接技术的增强出版将科技论文结构化、碎片化，使之关联更多信息，从而提升读者的阅读效果，便于读者将感兴趣的内容分享传播出去，以扩大论文的社会影响力。同理，笔者提出在文章不同位置，加入超链接技术的方法，与上述研究所实施的方法有异曲同工之处，同样可以起到提升纸媒期刊影响力、传播力的作用。

4 可行性分析及超链接技术展望

在传统纸媒中加入二维码，实现增强论文出版，已成为较普遍的做法，也取得了较好的效果。李仲先[20]研究认为，基于超链接技术的增强视频有利于提高论文显示度和传播质量、提升论文的被引频次、强化期刊的品牌形象。实施增强视频出版不存在技术门槛且无需额外投入。通过在纸媒期刊论文题目旁添加二维码，打通了纸质期刊与数字媒体之间的界限，为期刊的网络化传播提供了必要条件；侯春彦等[21]通过研究和实践对网刊论文赋予了引文的超链接形式。当读者在线阅读论文时，通过点击参考文献可以直接链接得到该条文献的全文或摘要，还可更深层次地追溯课题的起源和发展，方便了读者获取资料和传播引用文献。通过期刊影响因子等数据的变化，证明了期刊影响力和品牌效应的提升有超链接技术的贡献；李彩等[22]通过研究和实践在网络出版中对文章内部信息建立链接，方便读者阅读。建立参考文献超链接后，读者阅读文章时直接链接到自己感兴趣的参考文献源文件，通过逐层追溯可将多种信息组织起来。实践表明二维码的应用对于期刊网络传播具有促进作用。通过期刊影响因子等数据的变化，证明了超链接技术在提高文章的传播速度、增加期刊文章的点击率和下载量、促进期刊知名度和学术影响力的提升等方面有积极的作用。

基于超链接技术的网刊和纸媒期刊的主要差别在于网刊中的超链接技术不用特定的形式体现，通过点击或触摸皆能实现不同信息的链接；纸媒期刊中的超链接技术需要有具体的体现形式(例如二维码)，只有通过扫描的方式才能实现不同信息的链接。除了获取超链接的方式不同，超链接技术可以实现的作用是一致的。

在技术上超链接技术已经成熟，作者按照操作指南可以很容易地得到相应的二维码等超链接特征，编辑只需审核内容即可，不会额外增加工作量。

在经济上作者、读者和编辑无需投入额外的设备，即可实现超链接内容的获取。

在排版方面，未增加特殊的版式要求，均符合现有的标准和规范。仅可能会在个别区域增加部分行间距，以便容纳二维码的最小尺寸。当有新的形式替代二维码后，增加行间距的情况亦会被避免。

在实用性方面，通过超链接特征(例如二维码)，实现较多内容的展示，丰富了文章的内容；便于读者与作者联系互动；便于读者更好地理解文章内容；便于读者更深入地了解参考文献、更方便地获得参考文献；编辑人员更容易使文章规范化。

随着超链接技术的发展，会有诸多先进技术应用于传统纸媒期刊出版领域，可在很多领域进行创新，如读者在阅读某些花卉类或美食类文章时，通过超链接技术，能体会到花香或美味，享受到嗅觉的饕餮盛宴；读者在阅读某些科普类文章时，通过超链接技术，体会虚拟三维空间下的宇宙星辰、科学奥秘等[23-25]。

5 对传统纸媒期刊的影响

基于超链接技术的文章，未对文章的版面进行较大的改变，仅在特定位置加入超链接技术特征(例如二维码)。加入超链接技术特征的文章完全符合GB/T 3179—2009 期刊编排格式、GB/T 7714—2015信息与文献 参考文献著录规则等标准、规范的要求。以二维码为例的超链接技术特征，需注意如下影响：①考虑到印刷水平和手机为代表的扫描设备的灵敏度，超链接技术所依附的图形宜设置为矢量格式，以最小尺寸在印刷品上印刷时图像不能模糊，易被扫描设备辨识；②为了保证二维码的最小尺寸，可能会在参考文献个别位置对段间行距产生些许影响，但不会对文章排版及版面造成实质性的影响，属可控因素。

随着技术的发展，会有更先进的超链接形式出现，能弥补二维码等形式应用的纸媒版面与传统纸媒版面的差别；传统纸媒出版无需额外增加硬件和软件即可实现超链接技术在文章中的完美应用。

6 结束语

在传统纸媒出版时，文章内增加1个二维码作为增强出版和通过二维码链接文章下载地址的方法较为常见。在文章的署名、基金项目、参考文献等重要位置加入超链接技术特征，可以规避学术不端，确保文章规范、严谨、可信。同时也能让读者容易获得参考文献的信息，便于理解文章内容、引用和传播文章。在文章正文中引用处等重要位置加入超链接技术特征，可以在不增加文章版面的同时拓展文章的内容，使读者能全面地了解和理解文章，利于读者对该文章的引用和传播文章。随着超链接技术的发展，会有更先进的技术应用于传统纸媒期刊的出版中。三维、触觉和嗅觉等领域的创新可使读者在阅读文章时有嗅觉、触觉或三维空间的体验。

参 考 文 献

[1] 秦洁.二维码在图书出版行业的使用前景[J].中国传媒科技,2013(4):237-238.
[2] 王化兵.二维码试水出版业[J].出版参考,2010(22):11.
[3] 谢广灼.二维码在图书出版行业中的应用[J].出版广角,2015(增刊1):130-133.
[4] 郑智斌.二维码的报业应用与意义[J].新闻知识,2006(12):41-42.
[5] 王迪,付强.试论二维码技术在出版行业的应用[J].经济师,2013(8):236-237.
[6] 谢怡,吴洁明.试论二维码技术在中国出版行业中的应用[J].出版发行研究,2007(7):20-23.
[7] 曹偈,赵旭生,刘延保.煤与瓦斯突出多物理场分布特征的数值模拟研究[J].矿业安全与环保,2021,48(2):7-11.
[8] 王清峰,陈航.基于路径规划的大容量钻杆自动输送系统研究[J].矿业安全与环保,2020,47(1):1-6.
[9] 徐杰民,肖云.二维条码技术现状及发展前景[J].计算机与现代化,2004(12):141-142.
[10] 杨秋英,陈立潮,高兴元.二维条码技术现状及前景展望[J].山西电子技术,2002(2):20-22.
[11] 冯翔,吴永和,王健,等.基于二维码技术的纸质教辅书服务平台[J].华东师范大学学报(自然科学版),2013(6):193-201.
[12] 陶胜.一维条形码生成与识别技术[J].电脑编程技巧与维护,2010(7):68-73.
[13] 杨军,刘艳,杜彦蕊.关于二维码的研究和应用[J].应用科技,2002(11):11-13.
[14] 于成丽,胡万里.二维码的前世今生[J].保密科学技术,2017(12):57-62.
[15] 吕文红.二维条形码的编码与识别[J].现代电子技术,2002(7):62-64.
[16] 王守海,申悦.条码技术的应用分析[J].中国市场,2015(45):59-61.
[17] 庚桂平.二维条码技术及主要标准介绍[J].航空标准化与质量,2008(4):43-48.
[18] 张燕蕾.二维码技术及其在数字图书馆中的应用探析[J].现代情报,2007(10):94-95.
[19] 李小燕,田欣,郑军卫,等.科技期刊增强出版及实现流程[J].中国科技期刊研究,2018,29(3):259-264.
[20] 李仲先.科技期刊论文增强视频的自我实现[J].中国科技期刊研究,2018,29(10):1006-1011.
[21] 侯春彦,李富岭.科技期刊全方位数字化的成功探索:以《色谱》为例[J].出版发行研究,2014(4):70-73.
[22] 李彩,王晴,张玉楠.科技期刊网络出版的实践:以四川大学华西口腔医学院编辑部为例[J].编辑学报,2014,26(4):367-369.
[23] 胡伟祺.虚拟现实技术在教育领域中的应用[J].电脑知识与技术,2019(9):233-234.
[24] 吴长帅,朱琦,李兆君.近十年虚拟现实技术在教育领域的相关研究论文综述[J].计算机教育,2011(10):84-88.
[25] J·米歇尔·海恩斯.用于实现用户与出版物之间的计算机模拟现实交互的系统和方法:CN109690632A[P].2019-04-26.

高校学术期刊融合出版实践探索
——以《同济大学学报(自然科学版)》为例

徐清华，余溢文，张　弘，刘燕萍，赵惠祥

(同济大学学报编辑部，上海 200092)

摘要：以《同济大学学报(自然科学版)》融合出版实践探索为例，从出版价值链、出版流程链、出版保障链 3 个方面对期刊影响力的提升进行分析，包括：对出版价值链重构，建立更适应于融合出版的"以读者为中心"的发展理念；对出版流程链整合，有效利用各种融合出版要素，包括延伸传统出版业务链，使用新兴出版平台和技术，培养融合出版复合型人才；对出版保障链优化，突破实施融合出版的人财物约束壁垒，构建融合出版保障。

关键词：融合出版；高校学术期刊；出版价值链；出版流程链；出版保障链

《出版业"十四五"时期发展规划》提出：2035 年我国将建成出版强国。这意味着我国出版业的实力、影响力、国际竞争力在近些年会明显提高，同时也意味着国内期刊间的竞争将更加激烈。当前，出版行业解体和重构并存，这主要是因为不断发展的数字技术给出版行业注入了新的生命力，但同时也降低了行业的某些壁垒，使得其他行业与出版业互相跨界，从而使得出版业的边界模糊、结构改变、流程破碎。在这个有危有机的时刻，技术和行业的碰撞以及行业与行业的碰撞使融合出版应运而生，并且占比越来越大。

融合出版是将出版业务与新兴技术和管理创新融为一体的新型出版形态[1]。融合出版实质是，既使用传统出版手段，也借助新兴技术和创新管理，来更好地进行出版。

对于出版融合，许多研究者从不同角度进行了研究。曹继东[2]研究了融合出版的基本理论。张叶婷[3]提出了融合出版的实现路径。刘长明[4]指出融合出版的技术趋势。在融合出版实践方面，对于出版社，郭向晖[5]、丁毅[6]研究了出版社在融合出版下的管理和运营创新，分别从资源、业态、营销、资本 4 个方面以及从组织结构、制度、流程 3 个方面研究。对于期刊，倪燕燕等[7]研究了在融合出版下浙江大学学报群的出版方式、运营方式转变；张莹等[8]以一本国际一流刊为例，介绍了媒体融合下科技期刊如何利用不同媒体对不同层次读者提供资源，实现多载体、全方位、多层次传播。

上述研究主要为出版社、高校期刊群、实力深厚的国际一流刊这些有体量的融合出版实践。高校学术期刊单刊具有"全、散、小、弱"的特点，数量众多，但相关研究很少。如何利用新兴技术和管理创新对高校学术期刊单刊进行融合出版呢？

《同济大学学报(自然科学版)》作为一种高校学术期刊单刊，在既有物力、财力、人力等

基金项目：中国科技期刊卓越行动计划(C-111)

约束条件下，对出版价值链、出版流程链、出版保障链进行分析，并在此基础上根据现有条件，从规划、生产、保障3个方面实施均衡前进的融合出版。

1 价值链重构，定位"以读者为中心"的工作重心

波特提出了价值链理论，认为价值链是企业进行的各项价值活动的组合，而桑德和戈文德拉贾将波特价值链放在更大系统的价值链中，如图1所示[9]。

图1 桑德和戈文德拉贾价值链[9]

图1是一般的企业价值链，同样可以类比应用于学报工作价值链。传统上，学报编辑部专注于文字编校(对应图1中"生产")，后来由于对稿源高质量的需求向作者(对应图1中的"供应商")约稿组稿。而目前数字化和移动终端的普及使用，使期刊对读者(对应图1中的"客户")需求的重视程度提高到新高度。

期刊的竞争在于影响力的竞争，而影响力对应的是人的认可。知晓期刊、信任期刊的人越多，则期刊的影响力越大。传统出版以内容质量奠定影响力。内容一直是影响力的基础。但在技术发展导致社会传播方式发生改变的今天，影响力不再仅仅取决于内容。

要发挥影响力，首要条件是期刊论文和读者要有接触的机会。移动互联网技术的发展、各种终端设备的使用，一方面因便捷使读者更容易接触到期刊论文；另一方面因信息太多而使读者更不容易接触到特定期刊的论文，因为传统的"读者"在技术环境下已变成了"读屏者"，读屏者的屏幕背后链接的是互联网，互联网里有海量的文字、图片、音频、视频信息以及形式多样的交互活动，读屏者有限的注意力分散到无限的互联网信息中。若不是特地去搜索，或被推介，作为互联网大海中的一滴水的特定期刊论文，要被有限注意力的读屏者看到，概率微乎其微。鉴于对价值链的分析，对传统上的高校学报编辑部专注的"以作者为中心"的理念进行转变。

(1) 建立"以读者为中心"的发展理念。即在期刊传播端进行大量投入，包括平台、技术、渠道、载体、格式等等，以读者需求为中心，满足或者超越其需求期待，使其看到一次便有意愿持续关注本期刊以及引用论文。以读者为中心可以推动期刊论文的传播范围，提高期刊影响力。

(2) 夯实和拓展传统的"以作者为中心"业务。"以读者为中心"并不意味着作者重要性的减弱，相反，作者创作论文的学术质量是期刊的生命，是期刊影响力的基础。在当前融合出版条件中，需要优先发展薄弱的传播端，但传播若要真正做出效果，还是依赖期刊的质量。因此，在保持原有的审稿严格、文字编校优势的基础上，通过组约稿进一步提高论文的内容质量、进行热点聚焦来吸引读者、扩大影响力的深度，通过组约国内外稿源来扩大期刊影响力的范围，通过引入XML排版来为后续传播做好前端的基础性工作。

(3) 从专注纯编辑业务到主动打破自身与环境壁垒拓展新业务。无论做传播还是加强拓展传统业务，都面临人财物等方面的束缚。通过办公环境的创造、机制的调整、出版业务过程的管理来解决人手不足、融合出版意识不足、技能不足的问题，通过尝试使用以及引进技术

和平台来解决出版技术不足、平台不足的问题，通过出版基金的申请来解决财力不足的问题。

工作重心的重新构建和后续规划为我刊的融合出版工作指出了方向，随着"以读者为中心"观念以及伴随的"以作者为中心"的观念深入人心，我刊的服务理念、服务质量也取得了长足进步，为融合出版提供了心理基础。

2 流程链整合，集成高能出版要素

出版过程工作要素涉及出版业务对象、出版工具、出版者等。从这三者来入手，整合出版流程链，打造高效融合出版流程。

2.1 延伸出版业务链

以"以读者为中心"的理念进行出版工作，首先需要了解读者的需求。在调查分析的基础上，得知读者需求权重最大的 3 个是：内容质量高、获取方便、及时。①内容质量高，即学术质量好，这通过严格审稿以及组约稿可以实现。②获取方便，包括几个维度：明确的搜索地址(如中国知网、EI、本刊的网站、本刊的微信公众号)、常用终端都可以打开(如，手机、电脑、平板等可以打开网页、pdf、html、xml 等格式，并且下载或者在线都可以阅读)、可以精准搜索(我刊网站及公众号平台都可以通过 12 项搜索指标进行精准搜索)，不需要身份登录就可以打开(如我刊网站上距今约 15 年的期刊论文全部无需登录就可以查看)、免费(对于不方便以 VPN 进论文数据库或者数据库收费的情况下，我刊网站和微信公众号都可以免费查看)、能方便导出引用。③对于及时性，一是，发表的论文尽快编校、上传到平台上进行开放；二是，所发表的论文本身是学术热点，极具时效性，这主要通过组约稿来实现。

由此分析可见，"以读者为中心"就需要将传统的送审和编校工作向前、后两端延展，向后端延展就是传播工作，向前端延展就是组约稿工作。我刊在实践中，在传统的编校中还增加了 XML 排版，因为这个处理可以做到一次排版、多元多次输出，为传播提供便利。

(1) 加强传播。在传播的方面，新技术和新平台的投入使用是渐进的。在初期，在我刊网站上，将从 2008 年开始的论文全部进行 OA 开放，实现不需注册、免费下载和浏览，避开了读者不能进数据库就不能查看论文的问题，增加了期刊论文的传播渠道。接着，给每篇论文赋予了 DOI 号，即数字对象唯一标识符，以方便传播。接着，在微信公众号初露头角的时候，开启了同济大学学报自然科学版公众号，增加了传播渠道，更方便推介期刊以及给作者、读者提供服务。接着，加入 OSID 开放科学计划，对每篇论文用二维码进行增强出版，增加了论文的吸引力。接着，基于精准学者画像的期刊论文智能推送，把论文传递给合适的读者。为了有助于传播，这两年编辑部使用了 XML 编校排版平台，利用它的一次排版、多元多次输出的能力为传播助力。

(2) 开展组约稿。组约稿从 2020 年下半年开始，从无到有做起来。针对热点问题，由各位编辑邀请学术主持人进行组稿。分为国内组约稿和国外组约稿。组约的稿件以特约专题的形式在每期期刊的第一个栏目发表。从网站上显示的摘要阅读量来看，组约稿的阅读量平均可以达到正常投稿阅读量的 20 倍，可见组约稿的热点效应带来的影响力。组约稿也切实拓展了作者的范围，如目前已有 2 篇加拿大工程院院士的论文，以及一些从未投过我刊的单位的论文，从作者参与的角度，扩大了期刊的影响力。

(3) 引入 XML 排版。从 2020 年开始，我刊使用了 XML 排版系统，将编校排进行了一体化无缝衔接。XML 的使用，是个新技术打破传统出版流程的过程，同时也是新的流程生成的过程，在实践中，渐渐沉淀了新的流程以及对该流程实现了流程知识管理，并将新的管理投入应用。

这些措施有效地拓展了我刊传统出版业务的范围，引进的新的出版技术和平台，为融合出版夯实了基础，同时也扩大了我刊的影响力。

2.2 应用出版新兴平台和技术

出版新平台、新技术不断涌现，它们是提升融合出版效能的工具，有必要去尝试使用。其中很多可以试用，可以在试用后看效果，再结合自己期刊的目标和需求，决定是否继续使用。

我刊目前使用的传播平台有微信公众号、OSID、精准推送平台、期刊网站；用于传播的数字载体有 DOI 号、二维码；稿件采集平台有勤云；编校平台有方正学术出版云服务平台（XML）。期间还尝试过一些辅助编校系统，由于和期刊需求暂不匹配，所以暂未使用。

2.3 培养融合出版复合型人才

我刊编辑部从传统出版走来，编辑们习惯于做送审和文字编辑，人手不足导致平日工作非常紧张，无时间和精力主动关注出版形势的变化。当技术导致融合出版到来时，大家并没有融合出版的意识、融合出版的技能以及进行融合出版的愿望。对此情况，我刊从如下 3 个方面进行实践。

(1) 增加融合出版的意识。通过理论学习和亲身感悟的方式去了解当前的出版形势以及如何进行融合出版，例如编辑部组织理论学习、参加出版培训课程、参加行业会议、到融合出版先进编辑部进行参观与交流、举办沙龙与作者和读者交流、编辑部微信群推送相关信息，等等。

(2) 培养融合出版的技能。编辑部给予充足的实践机会，允许失败，在实践中学习和提升。例如，对于 XML 排版，编辑人员们看着说明书开始了平台的使用，随着使用次数增多，越来越熟练和排版得完善。

(3) 激发融合出版的创造力。鼓励参加行业会议、鼓励接触新技术、鼓励申报课题、鼓励写作与发表论文、鼓励关于融合出版的提议和尝试，建立学习型团队和通过绩效评价机制，把大家的创造力引导到融合出版上来。

3 保障链优化，实施出版过程专项保障

高校学报在现有条件下进行融合出版的实践探索，会受到一些条件的制约，需要发挥主动性突破限制的壁垒。常见的是人力、物力、财力的约束。因此需要在当前学报既有约束条件下，围绕融合出版进行专项的保障，主要包括：

(1) 给予时间和精力保障。编辑部成员的时间本已安排得满满当当，如何从中获得额外的时间进行融合出版？就是要在质量保证不降甚至更好的情况下减少原有的送审和文字编辑的时间。可以通过流程的知识管理来实现[10-11]。把集体的智慧集中起来，形成优秀的流程工艺，在编辑部共享。目前，写作与投稿的流程已完成流程知识管理体系，已在我刊网站和我刊使用的勤云采编系统中联合使用；基于精益设计的编校排版的流程已完成流程知识管理体系，呈现于 OneNote 软件，已进入实际使用中；组约稿的流程知识管理体系目前正在研究中。并且在编校的实际工作中，通过编校知识管理体系把规范写作要求传递给作者来培养作者的规范写作技能。从实践中发现这些体系的有效性。编辑部以能获得高质、高效工作结果的流程

知识管理来实现编辑人员的时间和精力保障。

(2) 给予物力保障。编辑部支持编辑人员开会、培训、发表论文的费用，支持尝试进行融合出版实践的费用。

(3) 给予财力保障。开拓融合发展需要财力的支持，在财力不足时可以节流，也可以想办法开源，获得支持。我刊做的组约稿、精准推送、OSID、微信公众号(部分)是获得了中国科技期刊卓越计划、上海市文教基金、卓越计划青年项目等的支持。

以上这些措施为顺应我刊融合出版提供了专项保障，助力了我刊融合出版工作的顺利推行。

4 结束语

梳理了《同济大学学报(自然科学版)》高校学报在融合出版环境下、在既有的人财物等约束条件下的融合出版探索之路，包括理念的重新定位、整合融合出版要素、主动突破发展中的约束进行融合出版保障，为高校学报的融合出版研究提供案例。

参 考 文 献

[1] 全国科学技术名词审定委员会.全国科技名词委组织召开融合出版概念及定义审定会议[EB/OL].[2022-07-28].http://www.cnterm.cn/xwdt/tpxw/202201/t20220114_678525.html

[2] 曹继东.基于数字化技术和互联网思维的"融合出版"[J].科技与出版,2014(9):15-18.

[3] 张叶婷.比较视野下传统出版与数字出版融合发展路径探究[J].东岳论丛,2021,42(9):104-110.

[4] 刘长明.从数字化到数智化,智能技术赋能出版融合创新[J].出版广角,2022(6):33-36.

[5] 郭向晖.传统出版单位如何推进传统媒体与新媒体融合发展:以人卫社数字出版转型升级实践为例[J].科技与出版,2015(5):22-24.

[6] 丁毅.出版融合发展的管理创新实践与探索:以华东理工大学出版社为例[J].出版与印刷,2022(2):57-62.

[7] 倪燕燕,寿彩丽.媒体融合与科技期刊出版和运营方式的转变:以浙江大学学报为例[J].中国科技期刊研究,2016,27(12):1248−1252.

[8] 张莹,李自乐,郭宸孜等.国际一流期刊的办刊探索:以 Light: Science & Applications 为例[J].中国科技期刊研究,2019,30(1):53-59.

[9] 贾晓蕾.机械制造企业流程价值增量计算模型及其应用研究[D].哈尔滨:哈尔滨工业大学,2021.

[10] 徐清华,赵惠祥,曲俊延.科技学术期刊编校排版流程优化的思考与实践[J].中国科技期刊研究,2016,27(5):463-469.

[11] 徐清华,张弘,刘燕萍,等.科技期刊投稿知识管理体系构建[J].编辑学报,2018,30(增刊 1):63-67.

学术期刊公众传播的多维度分析与启示

何洪英，杨莉娟，朱 丹，葛 亮，张曼夏

(中国科学院成都生物研究所知识管理中心期刊编辑部，四川 成都 610041)

摘要：在学术期刊繁荣发展和信息技术驱动大背景下，为进一步促进期刊影响力提升和重要成果普及转化，需要深入有效地做好媒体融合传播，因此基于前期文献和网络媒体分析，以生物学期刊为例，面向社会公众、科研人员以及期刊编辑就学术期刊的公众传播开展多维度调查研究。分析表明，公众普遍对了解相关科学及内容呈现和传播形式有更高期待，超过三分之一的科研人员能够参与融合传播，而期刊编辑大多认为公众传播对期刊影响力有较好促进作用，但并不满意传播现状，希望增加微信公众号、网站建设和新闻推广的人员、经费和技术投入。上述结果提示，在政策和技术支持、公众需求、专家协力的良好外部条件下，学术期刊出版机构应努力通过引导性组稿、热点事件契机、科学家精神宣传等做好优质内容产出，并充分借力网络集群平台、社交和新闻媒体，在助力科技创新的同时也不断促进科技成果和科学精神深入人心。

关键词：学术期刊；公众传播；科学传播；问卷调查；媒体融合

《关于深化改革 培育世界一流科技期刊的意见》《关于加强和改进出版工作的意见》《关于推动学术期刊繁荣发展的意见》等文件为我国科技学术期刊的新时代发展指明了路径和方向，即加快提升期刊内容质量和传播力，努力提供更加丰富、更加优质的出版产品和服务，把我国科技期刊建设成世界学术交流和科学文化传播的重要枢纽。英国研究与创新署首席执行官 Sir Mark Walport 教授曾说"科学并非完成，直到它被传播"[1]，科研新成果的荟萃和传播是学术期刊的职责所在，现阶段编辑出版工作的重要环节已从审稿和编校拓展到了前端的优质稿件组织和后端的优质内容传播，如何有效开展科研优秀成果的传播，助推我国科技期刊强国和科技强国建设成为期刊出版面对和解决的重要课题之一。

科学传播主要包括学术界交流和公众传播。学术期刊拥有丰富的通过学术共同体评审的科研创新成果和庞大的专家团队，具有科学性和权威性；数字信息、多媒体和移动互联网技术快速发展，全媒体在传统媒介基础上通过数字出版构建多种表现形式的内容平台，实现媒体融合运营[2]，可多角度系统传播期刊优秀成果。因此，学术资源和技术发展等为学术期刊媒体融合由相加到相融、公共与专业领域同步传播也提供了可能性。国际顶级期刊《自然》《科学》等除了作为科学人士发布最新科研成果和讨论科学问题的平台，还持续通过新闻观点、

基金项目：中国科学院自然科学期刊编辑研究会资助课题(YJH2019030)；学术期刊融合出版能力提升计划项目(MTRH2019-408)
通信作者：朱 丹，E-mail: zhudan@cib.ac.cn

新闻媒体、视频直播、社交分享等面向公众传播[3-4]，促进科研成果和理念在教育和日常生活中的认可和普及，从而取得了最广泛的巨大影响力。

我们前期曾对国内外相关文献和期刊网络媒体开展了调查和分析，认为期刊出版致力于提升影响力的同时应兼顾提升公众科学素养，正确传播科学成果，弘扬科学研究精神的社会责任；面向公众传播能够促进公众理解支持科学，避免不充分不准确报道产生有害影响，推动论文和学者综合性评价以及行业复合型人才培养，主要通过开放学术出版、新闻大众媒体宣传、社交媒体和公众活动主题推广等途径开展[3]。虽然很多国内学术期刊积极响应媒体融合发展形势和趋势，通过社交化媒体尤其微信公众号进行论文推广[5-7]，在一定程度上促进了科研成果的学术圈传播交流，但内容的多样化、吸引力和趣味性较为欠缺，新瓶装旧酒的形式公众仍然难以接收理解，媒体融合关于资源利用共享、产品多样形式、服务不同受众的内涵无法真正践行，也就不能充分发挥学术期刊科学引导舆论导向和科学服务美好生活的作用。当前公众的相关需求、科技资源充分利用和有效传播等都值得切实了解和探讨。因此，我们以生物学期刊为例，进一步面向社会公众需求、科研人员意愿以及期刊编辑愿景开展了多维度调查和分析，进而探讨学术期刊公众传播的有效策略，为推动学术期刊出版深度融合发展提供理论与实践指导。

1 学术期刊公众传播的需求和意愿

基于前期文献和媒体分析结果，2019 年 5 月从公众需求、传播能力和传播现状等情况出发，针对社会公众、科研人员以及生物类学术期刊编辑设计了 3 个类型的问卷[8-9]。2019 年 6 月于网络平台问卷星(https://www.wjx.cn/)发布并收回和分析[10]。通过问卷发布前各类人员建议和预答明晰问题、问卷设计中设置必答题等提高有效问卷回收率。244 份公众有效问卷来自我国 28 个城市，18~45 岁中青年人占 80.74%，学生、公务员、国企和事业单位职工共占 85.65%，大学学历及以下占 88.53%，为传播主体人群。面向期刊一个完整年度发表论文作者(第一作者和通信作者)的 107 份科研人员有效问卷来自我国 32 个城市以及美国(3 份)，在读研究生和副高及以上职称人员占 80.37%，46.73%为通信作者，有能力指导或制作传播产品。面向 CNKI《中国学术期刊影响因子年报》生物类别期刊编辑的 42 份有效问卷来自我国 21 个城市，61.90%为女性，64.28%年龄 30~50 岁，52.39%为高级职称，78.57%为硕士及以上学历，50%期刊参加集群(如科学出版社期刊集群、林业期刊集群、整合生物学期刊集群、资源环境科技期刊集群、水产期刊集群，以及生命科学期刊社、中科院微生物所联合编辑部等)。

1.1 社会公众需求

在信息获取途径方面，网站以最高分值(6.73)居受访公众了解生物科学信息途径的首位，随后为微信公众号(4.61)以及微博与博客(4.17)，纸质报刊居媒体之末位。

在喜爱专业方向，公众愿意了解的生物科学信息(根据基础和应用方向分类)综合排序分 4 个层次(图 1)：动物和植物居第一层次，生物资源开发利用、微生物类、生物技术、农业生物、环境生物以及生态系统与生物多样性居第二层次，生物学家、生物学史居第三层次。

在公众体验方面，印象最深刻的一次生物科学信息或活动包括：①重大热点事件，如屠呦呦与青蒿素、贺建奎基因编辑婴儿事件、体细胞克隆猴、大熊猫调查；②电视、电影节目及科普文章，如央视节目《人与自然》《动物世界》《海底世界》以及环境保护类电视专题，英国广播公司(BBC)纪录片《蓝色星球》《蓝色海洋》《非洲》以及探索系列，《中国国家地理》

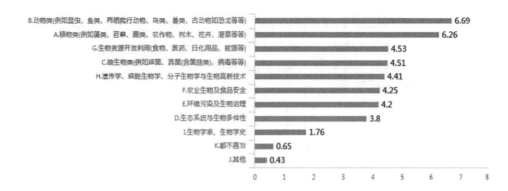

注：选项综合得分由问卷星系统根据所有填写者对选项的排序情况自动计算得出，得分越高表示综合排序越靠前。计算方法：选项综合得分=(Σ 频数×权值)/本题填写人次。下同。

图 1　受访公众愿意了解的生物科学信息综合排序

杂志社出版的科普杂志《博物》，著名科普作家贾祖璋作品《南州六月荔枝丹》；③参观实践及科学开放日活动，如参观俄罗斯国家动物博物馆、新加坡植物园、人体器官科普展，植物学实习、动物解剖实训；④理论与生活体验，如达尔文自然进化论、环境污染让小动物们痛苦、观鸟、怀孕。其中屠呦呦与青蒿素、贺建奎基因编辑婴儿事件、央视纪录片、BBC 纪录片均有多人次提及。

54.92%公众通过媒体分享过生物科学信息，96.31%喜欢生物科学活动，85.25%希望获悉更多、更新、更深入的生物科学信息。他们建议加大生物科学普及力度，希望内容更简明易懂、形式更多样化并增加互动，以及关注转基因食品、呼吁爱护濒危动物等。

可见，公众获取科学信息的压倒性优势媒介是网站和微信公众号等新兴媒体，他们普遍对了解相关科学及内容呈现和传播形式有较高期待，密切关注食品药品安全与人类健康、生态环境保护等重大热点事件，希望更加及时深入地了解热点事件中蕴含的科学真理，更加喜爱和欢迎基于基础科学研究制作的经典厚实的系列精品节目、视频、推文以及开放体验活动等形式多样、内容有趣易懂的线上线下传播。

1.2　科研人员意愿

在传播体验方面，50.47%受访科研人员专门关注且经常看生物科学信息(非纯学术)，经常看和偶尔看的共占 98.13%；微信公众号(6.93)、网站(4.9)综合排序分值以较大优势占据信息来源前两位，再次为论坛(2.43)；文字、视频和图片则以较大优势居信息形式前三位(图 2)。信息来源包括：①微信公众号，如中国科学院之声、中国科学报、科学网、爱学术、科研圈、环保圈、果壳、募格、热心肠日报、中国林学会资讯、物种日历、植物星球、植物科学最前沿、植物科研圈、植物生物学、宏基因组，以及 ScienceAAAS、bioart、inature、iPlants、nature plants；②网站，如中国知网、科学网、百度、小木虫、文献鸟，以及 Science、Nature、Cell；③论坛，如小木虫、知乎、丁香园；④APP，如知乎、果壳、今日头条；⑤电视电影，如中国香港明珠台、中央纪录台、科教台。

在传播经历方面，51.40%人员参与过公众科学传播(撰稿/活动，非纯学术)，微信、活动、网站是参与主要方式。微信如华南植物园文章、中国科普博览文章；科学实践活动如现场演示啤酒生产、酸奶制作；网站如美国《国家地理》杂志；微博与博客如科学网；普及类报刊发表文章；电影、电视如参加中央七台节目。

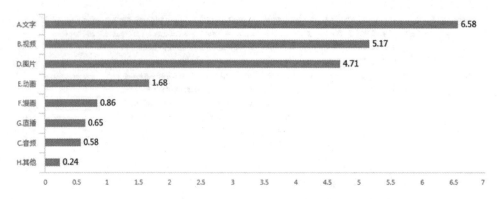

图 2 受访科研人员了解非纯学术生物科学信息形式的综合排序

在传播意愿方面，愿意提供传播素材(37.38%)、参与生产(44.86%)或审核(51.40%)传播产品及实践活动调查结果表明，三分之一以上受访者有意愿且有能力参与生物科学公众传播。

可见，不少科研人员有经验体验，也较为关注和支持学术期刊公众传播，愿意与期刊合作开展活动或生产面向公众传播的文字、视频和图片产品，且倾向微信公众号和网站传播方式。国家采用与传统媒体相同的标准管理网站等新媒体，学术期刊必须对所有传播产品以及科学活动的科学性加强指导和审核，维护其权威性和公信力[11]，因此必须有强大的专家团队支撑。

1.3 期刊编辑愿景

在传播举措上：①69.05%期刊为单刊运作传播；76.19%有传播人员(兼职或专职)。②除大量利用网站外，76.19%期刊采用了微信平台，以月推送频次居多；超过 23.81%的期刊传播内容较丰富，包括论文评介等二次信息、实用知识、趣味科普、资讯、故事等；52.38%信息由编辑自行制作，其他来自论文作者、相关人员、转载、自由投稿、其他媒体制作等；除大量使用图片和文字外，19.05%~33.33%期刊涉足视频、直播、动漫、音频。③38.10%期刊通过组织参与公众讲座、培训或讲解，组织新闻发布会，组织参与指导游学、科技下乡、社区科普活动等多种形式参与了公众传播实践活动。④62.29%期刊有传播支出(如新媒体开通、设计、升级、推广，新闻媒体支出，科普活动，非学术组稿、审稿和稿费等)，50%在 3 万元以内，也有 2 种期刊高达 10 万元以上。

在传播效果方面，期刊公开传播信息阅读量大多在 1 万以内，极少数也可达到 10 万+。各类信息都可产生高阅读量，论文评介等二次信息为最高阅读量的最多(16.67%)；多种平台都可产生高阅读量，期刊网站(33.33%)和微信公众号(14.29%)为最高阅读量平台的更多。

受访编辑观点：71.43%认为面向公众传播对期刊影响力有一定的、比较大及非常大的促进作用。公众传播由谁开展，综合排序依次为余力适度参与、专职人员开展、交相关机构或部门开展、交新闻或大众媒体开展、人员兼职开展、完全不关学术期刊的事。仅 19.05%期刊满意传播情况；不满意的原因及困难，从主要到次要依次为人员不足、经费支持和条件不足、策划和技术能力不足、单位政策不允许及其他。对期刊传播途径投入支持的建议综合排序显示，微信公众号和期刊网站为第一、二位(图 3)；而从分类数据看，编辑部负责人将借助新闻大众媒体放在了第二位。关于将公众传播举措和效果作为期刊及成果的评价指标，可以、有必要、没必要、无所谓等各种看法较均衡；有受访者指出基础研究不是网红、希望让科学研究回归本质,首先要结合期刊实际考虑公众传播可行性,以及期刊受到体制掣肘等。

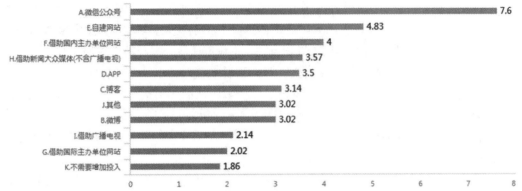

图 3　受访期刊编辑建议投入支持期刊传播途径的综合排序

受访编辑建议:向公众传播做得好的期刊及集群学习,国际如 *Nature*、*Science*、*PLoS* 系列等大型出版商,经常推送期刊亮点文章、重点文章介绍和二次加工信息;国内如 *Cell Research*、生态学报、浙大学报英文版、医学期刊网、光学期刊网、煤炭期刊网、航空学报、*Chinese Journal of Aeronautics* 等个刊或集群,由专门技术人员及时推送动态,信息数量多,内容丰富。

可见,大部分编辑已树立了媒体融合发展理念,但不满意局限于学术传播甚至学术传播也开展不足的现状,认为公众传播对期刊影响力有较大促进作用,可适度参与;少部分学术期刊已涉足公众传播,但由于单刊、人员、经费等条件限制,传播内容、表现形式的丰富性及频次等普遍不足,从而传播深度、广度很不足够,难以获得预期效果;微信公众号、期刊网站和新闻媒体是他们倾向增加投入的传播途径。

2　学术期刊开展公众传播的重点和策略

学术期刊出版是个系统工程,尤其在我国单刊众多,从组稿、审稿、编校到传播,编辑往往是复合型人才,在能力精力且经费条件都有限的情况下,只能尽力保障学术传播,虽然认可公众传播发挥较好作用但无法真正开展。为贯彻习近平总书记关于媒体融合发展的重要论述,根据出版业"十四五"规划,中宣部印发《关于推动出版深度融合发展的实施意见》,从体制机制、人才技术等方面不断健全出版融合发展保障体系。在此背景下,学术期刊基于办刊实际条件、公众实际需求和专家成果资源,做好公众传播的重点是优质内容供给和转化以及与专家学者和技术、媒体平台的紧密连接。基于前面的多维度调查和分析,结合期刊一流建设和繁荣发展要求,就学术期刊开展公众传播实践提出以下策略建议。

(1) 在引导性前沿组稿基础上开展公众传播。现阶段针对国际科技前沿和国家重大需求组织特约综述和专题是期刊提升学术影响力、促进高质量发展的主要举措。论文涉及全球或国家科技发展和重大科研进展,值得面向公众通俗传播。前面调研结果也表明论文转化二次信息阅读量相对更高,这类信息可一次采编、多元传播,即在组稿时同时谋划,主要由作者团队或相关专家提供、编辑提升。《应用与环境生物学报》聚焦生态、环境、资源领域的生物学研究创新成果,近年来持续面向国家重大项目组织专题,如 2021 年基于国家重点研发计划项目发表了"西南高山亚高山森林生态恢复"专题,在多途径推送专家综述和专题论文基础上,通过微信公众号发布了作者和编辑合作的精美配图拓展推文"植物多样性——大自然打翻的调色盘：西南高山亚高山彩叶林"，获得了数倍于论文的阅读量，大大提升了论文、作者和期刊的影响力。紧接着组织的国家重大项目如第二次青藏高原综合科学考察研究、碳中和碳达峰环境专题以及"十四五"规划瞄准的前沿领域生物育种、生命健康等，都将遴选优质内容，协力专家和作者同步多渠道开展公众传播。大量科研人员在学术圈外也很关注非学术类科学信息，乐意参与公众传播内容的生产和审核，也将担当传播者，从而加倍提升成果影响力，此外这方面的拓展内容很可能启迪相关研究、促成在前沿领域的新兴交叉融合研究。

(2) 充分把握热点事件契机开展公众传播。前面调研显示公众的关切往往是关乎人类健康的热点事件以及与人类命运密切关联的动物和生态环境。新型冠状病毒肺炎疫情自2019年末暴发以来，公众高度关注，一些生物医学相关期刊关于新冠病毒的相关研究成果快速增长、高效发布、充分交流、拓展传播[12]，助推了其影响力大幅增长。国际顶刊《自然》常基于重要成果和热点科学议题形成评论和观点，通过微信公众号"Nature自然科研"推出，如在2018年"基因编辑婴儿事件"引发全民关注时及时跟进，持续发布头条文，获得广泛关注和较高阅读量[6]。联合国《生物多样性公约》第十五次缔约方大会2021年在我国云南昆明召开，"共建地球生命共同体""人与自然和谐共生"理念逐渐深入人心，生态环境治理和生物多样性保护获得共识。《应用与环境生物学报》微博发布"大熊猫廊道作为多物种廊道效率并不高、设定多物种廊道更有利于保护生态系统和生物多样性"获得了期刊最高的微博阅读量，而微信公众号主题系列文章推送的图文音频头条"生物多样性保护——贡嘎山上百鸟争鸣"，让很多人惊叹于贡嘎山的磅礴壮美及贡嘎山鸟类的百态与鸣唱，从而更加由衷热爱自然以及参与生物多样性和生态环境保护。

(3) 在报道传播科技创新成果的同时弘扬科学家精神。爱国、创新、求实、奉献、协同、育人的科学家精神体现在他们的累累科研硕果，也是由他们在农田、在山川、在实验室等日积月累的辛勤汗水凝结形成，结合科学家科研经历和成果面向公众开展传播，是传播优秀思想文化的重要途径。中国科学院专门发文鼓励中文期刊认真做好策划，以专栏、专题、专刊等形式，讲述院内优秀科学家的先进事迹，深入挖掘其中蕴含的爱国情怀、高尚品格和学术思想，并通过网络和新媒体宣传增强效果、扩大范围。《中国科学院院刊》在报道科研创新成果的同时经常组织院士和战略科学家论坛，采用音频、视频、直播等多种形式传播科学思想和科学家精神，充分践行了科技智库期刊的使命担当。《应用与环境生物学报》近期以封面和专题论文形式报道了第二次青藏科考"农田生态与粮食安全"部分阶段性研究成果，编辑部联合主办单位科普团队正在陆续开展拓展传播，反映研究人员攻坚克难、举重若轻的科研精神。对于撰写重要综述的知名专家以及期刊编委，期刊亦可结合其学术成果、科研历程开展系列公众传播。国内第一部植物类纪录片《影响世界的中国植物》(2019年首播)系统又通俗地阐述了水稻、茶树、竹子、桑树、水果、大豆、本草、花卉等全世界人们今天必须紧紧依靠却又普通的植物的发现、传播、演变、改造以及其通过科学研究实现更大价值等等，其科学内容涉及基础、前沿、热点，由来自中国科学院、中国农业科学院、中国林业科学研究院等机构的230多位植物界专家深度参与创作，由长期积累的大量学术成果支撑，令人震撼和鼓舞。基于公众需求和专家意愿调研，这类贴近生活和艺术、广受公众关注同时弘扬科学精神和科学家精神的经典节目，借力大量专家学者资源，学术期刊是有能力参与组织生产的。

(4) 联系依托各种媒体平台开展公众传播。前面调研分析提示，在着力加强期刊自身网站、微信公众号和 OSID(开放科学标识码)的开放获取、拓展传播基础上,可根据条件适当推进与各类媒体和科普团队合作。在国家加快推动出版深度融合发展的形势下,为了更好提升公众传播和期刊影响力效果,集群期刊应考虑引进和培养包括科学新闻、网络技术等方面的专门人才,同时也需要密切广泛合作官方和市场媒体,开展内容形式更加丰富、数量更多、频次更高的公众传播相关工作;大量个刊则根据出版工作量情况选择性培养复合型人才,更着力依托集群平台、社交和新闻媒体开展公众传播合作,有意识选择重要、特色和热点研究适时推广。新闻和社交媒体传播影响力远大于学术传播,在这种情况下,期刊编辑必须在能够筛选适合公众传播优质内容的同时具有防范舆情风险的敏感性和能力。目前国内期刊热衷微信公众号的推广,国外则更多关注学术论文的视频制作及科学新闻和观点发布、社交媒体分享[13-16]。中国科学杂志社专门引进了科学新闻人才[17],中科院微生物所成立了期刊新媒体部,均在图文基础上探索视频传播,内容通俗性还有待改进,后者在学习强国持续推出的系列菌类介绍颇具特色;作者所在中国科学院成都生物研究所编辑部持续向科普团队提供期刊重要学术成果,支持开展新闻媒体报道、科普直播讲座和线下开放活动,全方位提升成果、学者和期刊、机构等的影响力。国际上 2015 年创立的协作式内容创建互联网服务平台 SciencePOD,向学术出版机构提供学术内容故事化服务,挖掘内容社会和经济价值,转化为通俗文本(杂志文章、白皮书、博客文章)、图像(信息图)、音频(播客)和视频(包括脚本)等;爱思唯尔将其兼具科学性和可读性的转化内容置于期刊网站首页或作为亮点论文推荐展示等,大大提高了原论文的下载量和期刊的曝光率[18]。此外,美国科学促进会主办的互联网新闻服务 EurekAlert!中文版,为我国论文的新闻化传播搭建了国际平台[5]。现阶段国内相关的集成平台公众传播和服务功能有待充分发展,而学术期刊与各类媒体之间的连接还没有常态化形成,亟须推进。

3 结束语

出版业媒体深度融合发展以及服务人类健康和美好生活的强烈社会责任感助推了学术期刊面向公众传播,这也有利于期刊繁荣发展,进一步提升影响力和竞争力。期刊要着力组织报道国际前沿和国家需求方面的优质原创研究成果,针对相关的公众关切问题、社会热点事件、思想文化传承等,依托期刊丰富的专家资源以及多样化的新媒体传播途径和表现形式,讲好科技成果、科研故事和科学家精神。本文研究结果及建议可为学术期刊实施公众传播、不断促进科技创新及科学精神更加深入人心提供数据支撑和实践指导;关于进一步优化学术期刊公众传播的集群平台建设以及期刊与新闻媒体常态化合作渠道还需进一步调研和探讨。

致谢:感谢《中国工程科学》杂志社朱琳副编审和中国科学院微生物研究所期刊联合编辑部韩丽副编审在问卷设计与调查分析方面提供指导帮助。

参 考 文 献

[1] MAR F A, ORDOVAS-MONTANES J, OKSENBERG N, et al. The whiteboard revolution: illuminating science communication in the digital age [J]. Trends in Immunology, 2016, 37(4):250-253.
[2] 何正国.全媒体出版的特点及期刊编辑的角色定位[J].新媒体研究,2018,4(2):87.
[3] 何洪英,张曼夏,葛亮,等.学术期刊公众传播的作用与途径:以生物及相关领域期刊为例[J].中国科技期刊研究,2021,32(4):474-479.

[4] 何洪英,朱丹,杨莉娟,等.从《自然》150年的演进历程谈一流科技期刊建设[M]//四川省科技期刊编辑学会.科技编辑出版研究文集.成都:四川大学出版社,2022.

[5] 王亚辉,黄卫.科技期刊社会化、大众化传播的策略及路径选择[J].科技与出版,2018,37(8):80-84.

[6] 丛挺,赵婷婷.基于微信公众号的学术期刊移动化传播研究:以"Nature 自然科研"为例[J].科技与出版,2019,38(7):80-85.

[7] 刘宇峰,朱晓华,何书金.中国地理与资源期刊集群微信公众号的发展与实践[J].地理研究,2018,37(11):2355-2360.

[8] 翟振武.社会调查问卷设计与应用[M].北京:中国人民大学出版社,2019.

[9] 弗洛德.J.福勒,蒋逸民.调查问卷的设计与评估[M].重庆:重庆大学出版社,2010.

[10] 张文霖,刘夏璐,狄松.谁说菜鸟不会数据分析[M].北京:电子工业出版社,2013.

[11] 何洪英,葛亮,杨莉娟,等.论媒体融合趋势下科技期刊编辑的素养[J].编辑学报,2018,30(5):541-543.

[12] 李净,段艳文.讲好中国战"疫"故事,彰显中国期刊的温暖和力量!:全国期刊界战"疫"回顾[J].全国新书目,2022(1):5-19.

[13] LINDQUIST L A, VANESSA RAMIREZ-ZOHFELD V. Visual abstracts to disseminate geriatrics research through social media [J]. Journal of the American Geriatrics Society, 2019, 67(6):1128-1131.

[14] 中国科学技术协会.中国科技期刊发展蓝皮书(2018)[M].北京:科学出版社,2018.

[15] 李忠富,蒋伟.医药与化学专业出版的书、刊及数据库新媒体融合发展途径[EB/OL].期刊视界微信公众号(2018-07-10)[2022-02-10]. https://mp.weixin.qq.com/s/9o4us5oBHoFhCI1aktuehQ.

[16] 顾艳,崔金贵,郭欣,等.科技期刊离大众传播有多远:从学术论文到科学新闻[J].编辑学报,2019,31(2):152-158.

[17] 严谨,王志欣,彭斌.发挥集群化办刊优势推进专业化团队建设[J].科技与出版,2019,38(1):85-89.

[18] 王嘉昀.科技期刊大众传播内容定制平台 SciencePOD 及启示[J].中国科技期刊研究,2021,32(4):439-445.

中文建筑类学术期刊网络首发出版现状调查

刘玉姝[1]，黄 娟[1]，王东方[2]

(1.同济大学《建筑钢结构进展》编辑部，上海 200092；2.《同济大学学报(自然科学版)》编辑部，上海 200092)

摘要：为考察建筑类学术期刊的网络首发状况，对 14 种建筑类学术期刊的网络首发出版现状进行了调查。调查的项目主要有出版周期、创刊年份、网络首发形式、网络首发频次、网络首发及正式刊登文章 DOI 格式，以及 2016—2020 年文章下载次数、被引次数、篇均下载量、篇均引用量、引用下载比、复合影响因子等。为了试图进一步了解网络首发出版模式对文章传播效果的影响，还对比了 4 种期刊的非网络首发文章和网络首发文章的统计数据。调查发现：各期刊对于网络首发这种优先数字出版模式的参与度还不是很高，但是也可以看出影响力高的期刊有着更强烈的网络首发参与意识。虽然目前网络首发对影响因子提高起到的作用尚无法量化，但是网络首发在缩短文章的出版时滞、增加文章的下载量等方面的效果是客观存在的，也必然会在某种程度上提高期刊的影响力。

关键词：网络首发；建筑类学术期刊；中国知网；出版时滞；影响因子

1994 年，原国家科学技术委员会发布的《科技期刊学术类质量要求及其评估标准》(国科发信字[1994]128 号)规定优秀期刊的标准之一为平均报道时差少于 280 d[1]，2005 年修订后的《科学技术期刊评估标准》将优秀期刊的报道时差缩短为 90 d 以内[2]，而我国平均出版时滞则高达 13.5 个月(405 d)[3]。研究发现，出版时滞为 20 d 的论文的高被引率达 75%，而出版时滞为 180 d 的论文的高被引率还不到 40%[4]。

于是，期刊界进行了优先数字出版的探索和实践。2017 年 10 月 16 日，中国知网联合 436 家学术期刊编辑出版单位共同发布了《首批网络首发中国学术期刊、〈中国学术期刊(网络版)〉学术论文录用定稿网络首发联合公告》[5]，其中包括核心期刊 355 种，由此，国内学术期刊网络首发正式拉开帷幕。网络首发出版是指学术期刊将已经同行评议审定、编辑部录用的文章在纸质出版物印刷之前提前进行数字出版，在学术期刊平台上进行第一次发表，之后在一定时间之内进行纸质版印刷的一种出版行为，属于正式公开出版发行。截至 2020 年 12 月 31 日，已有 1 514 种科技期刊开通网络首发，而到了 2022 年 4 月 22 日，已有 2 268 种科技期刊开通网络首发。开通网络首发后，期刊的年度平均出版时滞较网络首发前有明显缩短。

根据知网数据，建筑科学与工程类学术期刊共有 202 种，其中开通网络首发的建筑科学与工程类期刊共有 44 种(见表 1)，占比为 22%。本研究拟从 44 种开通网络首发的建筑科学与工程类期刊中选取约 1/3 的期刊，共计 14 种期刊，对其网络首发出版状况进行调查。调查的项目主要有创刊年份、出版周期、网络首发形式、网络首发频次、网络首发及正式刊登文章

DOI 格式、近 5 年载文量和复合影响因子等。以期较全面了解建筑类学术期刊的网络首发出版情况，以及网络首发对建筑类学术期刊的影响，进而提出一些促进期刊发展的有益建议。

表 1 开通网络首发的建筑科学与工程类期刊

编号	期刊名称	编号	期刊名称	编号	期刊名称
1	岩石力学与工程学报	16	土木工程与管理学报	31	混凝土
2	城市规划学刊	17	土木建筑工程信息技术	32	净水技术
3	城市规划	18	现代城市研究	33	高等建筑教育
4	岩土力学	19	上海城市规划	34	新型建筑材料
5	岩土工程学报	20	建筑钢结构进展	35	城市观察
6	国际城市规划	21	施工技术(中英文)	36	工业建筑
7	中国园林	22	给水排水	37	建筑结构
8	土木工程学报	23	混凝土与水泥制品	38	新建筑
9	建筑材料学报	24	建筑科学与工程学报	39	结构工程师
10	规划师	25	中国给水排水	40	工程抗震与加固改造
11	建筑结构学报	26	建筑科学	41	城市设计
12	工程力学	27	工程勘察	42	四川建筑科学研究
13	西部人居环境学刊	28	南方建筑	43	钢结构(中英文)
14	风景园林	29	工程爆破	44	中外建筑
15	地下空间与工程学报	30	工程管理学报		

1 14 种建筑类学术期刊网络首发情况调查

通过网站调查和统计，获得了 14 种期刊的创刊年份、出版周期、首发类型、网络首发文章 DOI 格式、正式刊登文章 DOI 格式等出版数据，详见表 2。

表 2 14 种建筑类学术期刊的网络首发基本情况统计

刊名	创刊年份	出版周期	首发类型	网络首发/正式刊登文章 DOI 格式
土木工程学报	1954	月刊	1	首发 DOI：10.15951/j.tmgcxb.21111104 刊登 DOI：10.15951/j.tmgcxb.2022.01.001
建筑材料学报	1998	月刊	1	首发 DOI：无 刊登 DOI：10.3969/j.issn.1007-9629.2022.01.001
建筑结构学报	1980	月刊	1，3	首发 DOI：10.14006/j.jzjgxb.2021.0682 刊登 DOI：10.14006/j.jzjgxb.2021.0494
土木工程与管理学报	1983	双月	1，3	首发 DOI：10.13579/j.cnki.2095-985.2022.20210620 刊登 DOI：10.13579/j.cnki.2095-985.2022.20210355
土木建筑工程信息技术	2009	双月	1	首发 DOI：无 刊登 DOI：10.16670/j.cnki.cn11-5823/tu.2021.06.01*
建筑钢结构进展	1999	月刊	1，3	首发 DOI：无 刊登 DOI：10.13969/j.cnki.cn31-1893.2022.01.001
施工技术(中英文)	1971	半月	1，2，3	首发 DOI：无 刊登 DOI：10.7672/sgjs2022010004

续表

刊名	创刊年份	出版周期	首发类型	网络首发/正式刊登文章 DOI 格式
建筑科学与工程学报	1984	双月	1	首发 DOI：无 刊登 DOI：10.19815/j.jace.2021.05001
建筑科学	1985	月刊	1	首发 DOI：无 刊登 DOI：10.13614/j.cnki.11-1962/tu.2022.01.001
工业建筑	1964	月刊	1	首发 DOI：10.13204/j.gyjzG21030818 刊登 DOI：10.13204/j.gyjzG21052419**
建筑结构	1971	半月	1	首发 DOI(有多种格式，下面为 2 种示例)： 10.19701/j.jzjg.LS210340、10.19701/j.jzjg.20200504； 刊登 DOI(有多种格式，下面为 2 种示例)： 10.19701/j.jzjg.LS201838、10.19701/j.jzjg.20200521)
结构工程师	1985	双月	1	首发 DOI：10.15935/j.cnki.jggcs.20210908.002 刊登 DOI：10.15935/j.cnki.jggcs.2022.01.001
工程抗震与加固改造	1978	双月	1	首发 DOI：无 刊登 DOI：10.16226/j.issn.1002-8412.2022.01.001
钢结构(中英文)	1986	月刊	1	首发 DOI：无 刊登 DOI：10.13206/j.gjgS21111001

注：1)首发类型共有 3 种：1.单篇录用定稿；2.单篇排版定稿；3.整期汇编定稿。2) 网络首发 DOI 号均为写稿时最近一篇首发文章 DOI 号，正式刊登文章 DOI 号均为 2022 年第 1 期第 1 篇文章 DOI 号。3)*由于写稿时知网上刊登文章只更新到 2021 年第 6 期，故此刊登 DOI 为 2021 年第 6 期第 1 篇文章 DOI 号。4)**由于写稿时知网上刊登文章只更新到 2021 年第 11 期，故此刊登 DOI 为 2021 年第 11 期第 1 篇文章 DOI 号。

由表 2 可知，14 种期刊中除了《建筑结构学报》《土木工程与管理学报》和《建筑钢结构进展》采用单篇录用定稿和整期汇编定稿形式，以及《施工技术(中英文)》采用单篇录用定稿、单篇排版定稿和整期汇编定稿形式外，另外 10 种期刊都是采用的单篇录用定稿形式，这也是目前参加网络首发的期刊的主要首发模式。

我们都知道，DOI 当前已成为科技期刊的"标准配置"以及论文的"身份证"。DOI 是认证优先数字出版论文的一个必备要素，具有唯一性，一旦分配，终身不变，这种特性保证了网络首发文章能够被国内外读者快速检索提取，并及时引用，促进了优秀学术成果的传播，DOI 号还可以解决文章网络首发版与正式见刊版的对接问题[6]。

关于 14 种期刊的网络首发 DOI 号和正式刊登 DOI 号，共有以下 3 种做法：①在网络首发的时候没有 DOI 号，仅在正式刊登时给文章赋予 DOI 号，有 8 种期刊属于这种情况。②网络首发和正式刊登时均有 DOI 号，但是两者的格式不同，有 2 种期刊属于这种情况。③网络首发和正式刊登时均有 DOI 号，且两者的格式相同，有 4 种期刊属于这种情况。

分析上述 3 种情况出现的原因，主要是因为大部分期刊在正式刊登时使用的 DOI 号的格式都是包含文章的出版年份、期数、文章序号这些信息，即采用做法 1 的方式来进行编码，而在单篇录用定稿的时候，这些信息是无法提前预知的，因此这些期刊在文章网络首发的时候不分配 DOI 号，仅在正式刊登的时候才分配 DOI 号，或者在网络首发的时候分配另外一个没有这些信息的 DOI 号，如《土木工程学报》，正式刊登文章的 DOI 编码为：10.15951/j.tmgcxb.2022.01.001，而网络首发文章的 DOI 编码为：10.15951/j.tmgcxb.21111104，后面的数字 21111104 为该篇文章的收稿年份(21)+月份(11)+流水号(1104)，这样的两套编号体系使首发文章也具有唯一标识符，只需在正式出版时保持 DOI 号一致即可。但上述做法 1 和做法 2 均不利于首发文章的准确识别和引用以及保持每期期刊刊登文章 DOI 号编码规则的一致性，从而使网络首发的效果降低。当然也有更多的期刊在意识到这个问题之后，对其原来采用做法 1 的 DOI 编码进行调整，例如《建筑结构学报》和《土木工程与管理学报》分别从 2019 年第 6 期和 2022 年第 1 期开始将 DOI 号更改为表 2 中的格式，不再包含文章的出版年份、期数、文章序号这些信息，而是采用文章的流水号信息，从而保证该篇文章的 DOI 号在各个出版阶段的连续性和一致性。

另外，还通过数据统计，列举了 14 种期刊的首次上传首发文章时间以及每年的首发文章数量和频次等信息，详见表 3。其中，刊名中的日期均为该期刊首篇网络首发文章的上传日期。以《土木工程学报》为例，其 2018 年的首发频次是以该年首发文章总数 14 除以 6 月至 12 月共 7 个月得出，其他期刊以此类推。

表 3　14 种建筑类学术期刊的首次上传首发文章时间以及首发频次统计

刊名	参数	2017	2018	2019	2020	2021	2022-01~05
土木工程学报	首发文章数量/篇	—	14	12	5	0	82
(2018-06-26)	首发频次/(篇/月)	—	2.00	1.00	0.42	0	16.40
建筑材料学报	首发文章数量/篇	—	74	234	156	147	30
(2018-09-12)	首发频次/(篇/月)	—	18.50	19.50	13.00	12.25	6.00
建筑结构学报	首发文章数量/篇	19	286	347	325	180	98
(2017-10-27)	首发频次/(篇/月)	6.33	23.83	28.92	27.08	15.00	19.60
土木工程与管理学报	首发文章数量/篇	—	62	124	44	8	3
(2018-09-13)	首发频次/(篇/月)	—	15.50	10.33	3.67	0.67	0.60
土木建筑工程信息技术	首发文章数量/篇	—	50	0	113	182	28
(2018-07-31)	首发频次/(篇/月)	—	8.33	0	9.42	15.17	5.60
建筑钢结构进展	首发文章数量/篇	—	106	68	68	124	46
(2018-07-26)	首发频次/(篇/月)	—	17.67	5.66	5.66	10.33	9.20
施工技术(中英文)	首发文章数量/篇	—	2	7	99	132	5
(2018-12-17)	首发频次/(篇/月)	—	2.00	0.58	8.25	11.00	1.00
建筑科学与工程学报	首发文章数量/篇	—	—	5	0	52	30
(2019-09-09)	首发频次/(篇/月)	—	—	1.25	0	4.33	6
建筑科学	首发文章数量/篇	—	—	—	—	1	0
(2021-12-22)	首发频次/(篇/月)	—	—	—	—	1	0
工业建筑	首发文章数量/篇	20	40	18	102	250	114
(2017-12-01)	首发频次/(篇/月)	20.00	3.33	1.50	8.50	20.83	22.80
建筑结构	首发文章数量/篇	—	—	—	8	75	115
(2020-09-22)	首发频次/(篇/月)	—	—	—	2.00	6.25	23.00
结构工程师	首发文章数量/篇	—	—	—	3	2	0
(2020-07-17)	首发频次/(篇/月)	—	—	—	0.50	0.17	0
工程抗震与加固改造	首发文章数量/篇	—	—	—	—	2	3
(2021-12-27)	首发频次/(篇/月)	—	—	—	—	2	0.6
钢结构(中英文)	首发文章数量/篇	25	0	7	29	48	26
(2017-12-14)	首发频次/(篇/月)	25.00	0	0.58	2.42	4.00	5.20

从表3中可以发现，14种期刊虽然都加入了网络首发，但开始进行网络首发的日期有早有晚，既有2017年和2018年开始的，也有2020年和2021年开始的，而每种期刊的网络首发频次差异也较大。这其中，《建筑材料学报》《建筑结构学报》《建筑钢结构进展》和《工业建筑》对网络首发出版模式比较重视，近几年内都是很有规律地在进行网络首发。当然，也有3种期刊《建筑科学》《结构工程师》和《工程抗震与加固改造》迄今为止的网络首发文章数为个位数。这说明虽然一些期刊加入了知网网络首发平台，但参与度不高，未能充分有效地利用和发挥网络首发平台的缩短发表周期、促进科学信息的传播与交流的优势。

2 建筑类学术期刊影响力调查

通过网站调查和统计，获得了14种期刊2016—2020年的发文量、下载次数、引用次数、篇均下载量、篇均引用量、引用下载比、复合影响因子等统计数据，调查结果见表4。

表4 14种建筑类学术期刊2016—2020年的影响力数据统计

刊名	年份	发文量	下载次数	引用次数	篇均下载量	篇均引用量	引用下载比/%	复合影响因子
土木工程学报	2016	209	147 216	4 849	704.38	23.20	3.29	1.655
	2017	238	129 968	4 435	546.08	18.63	3.41	2.281
	2018	212	101 667	2 403	479.56	11.33	2.36	2.481
	2019	206	101 746	1 989	493.91	9.66	1.95	2.317
	2020	246	103 356	1 046	420.15	4.25	1001	2.145
建筑材料学报	2016	163	64 674	2 093	396.77	12.94	3.24	1.122
	2017	106	44 288	1 302	417.81	12.28	2.94	1.298
	2018	183	72 111	1 569	394.05	8.57	2.18	1.448
	2019	258	119 090	1 534	461.59	5.95	1.29	1.713
	2020	187	82 938	535	443.52	2.86	0.65	1.993
建筑结构学报	2016	349	161 333	5 639	462.27	16.16	3.50	1.691
	2017	301	141 734	4 312	470.88	14.33	3.04	1.668
	2018	416	197 112	4 984	473.83	11.98	2.53	1.779
	2019	402	175 743	2 957	437.17	7.36	1.68	1.912
	2020	518	214 392	1 535	413.88	2.96	0.72	2.070
土木工程与管理学报	2016	123	53 479	1 949	434.79	15.85	3.64	0.673
	2017	156	64 597	2 214	414.08	14.19	3.43	1.144
	2018	180	74 679	2 089	414.88	11.61	2.80	1.803
	2019	154	73 039	1 581	474.28	10.27	2.16	1.875
	2020	188	65 481	867	348.30	4.61	1.32	1.945
土木建筑工程信息技术	2016	128	33 749	1 274	263.66	9.95	3.77	0.707
	2017	124	31 711	1 212	255.73	9.77	3.82	0.737
	2018	120	25 877	1 114	215.64	9.28	4.30	0.908
	2019	122	26 582	871	217.89	7.14	3.28	2.045
	2020	157	40 062	475	255.17	3.03	1.18	2.280
建筑钢结构进展	2016	63	14 738	498	233.94	7.90	3.38	0.981
	2017	71	16 502	469	232.42	6.61	2.84	0.776
	2018	150	37 729	808	251.53	5.39	2.14	0.737
	2019	71	18 654	348	262.73	4.90	1.87	0.889
	2020	80	18 935	157	236.69	1.96	0.83	1.172

续表

刊名	年份	发文量	下载次数	引用次数	篇均下载量	篇均引用量	引用下载比/%	复合影响因子
施工技术(中英文)	2016	1 427	211 505	11 440	148.22	8.02	5.41	0.608
	2017	1 667	228 762	8 088	137.23	4.85	3.53	0.954
	2018	1 973	245 610	7 437	124.49	3.77	3.03	1.181
	2019	1 238	137 881	4 316	111.37	3.49	3.13	1.323
	2020	1 194	116 506	2 786	97.58	2.33	2.39	1.231
建筑科学与工程学报	2016	98	26 196	1 046	267.31	10.67	3.99	0.834
	2017	99	27 522	941	278.00	9.51	3.42	1.158
	2018	103	30 626	768	297.34	7.46	2.51	1.274
	2019	83	22 596	453	272.24	5.46	2.00	1.238
	2020	89	19 147	285	215.13	3.20	1.49	1.183
建筑科学	2016	292	82 721	2 585	283.29	8.85	3.12	0.668
	2017	278	81 010	2 420	291.40	8.71	2.99	0.797
	2018	260	95 323	2 049	366.63	7.88	2.15	0.914
	2019	288	76 770	1 245	266.56	4.32	1.62	1.093
	2020	455	97 260	884	213.76	1.94	0.91	1.167
工业建筑	2016	424	99 838	2 969	235.47	7.00	2.97	0.595
	2017	421	96 311	2 680	228.77	6.37	2.78	0.696
	2018	427	105 345	2 572	246.71	6.02	2.44	0.757
	2019	463	108 393	1 910	234.11	4.13	1.76	0.828
	2020	686	130 623	1 145	190.41	1.67	0.88	0.882
建筑结构	2016	829	179 834	3 952	216.93	4.77	2.20	0.578
	2017	938	169 166	3 205	180.34	3.42	1.89	0.676
	2018	895	185 972	3 455	207.79	3.86	1.86	0.575
	2019	1004	216 142	3 337	215.28	3.32	1.54	0.547
	2020	1462	249 925	3 035	170.95	2.08	1.21	0.696
结构工程师	2016	172	31 075	1 058	180.67	6.15	3.40	0.514
	2017	168	29 234	854	174.01	5.08	2.92	0.501
	2018	173	30 630	694	177.05	4.01	2.27	0.572
	2019	197	27 282	518	138.49	2.63	1.90	0.569
	2020	188	24 166	227	128.54	1.21	0.94	0.522
工程抗震与加固改造	2016	129	21 156	679	164.00	5.26	3.21	0.523
	2017	159	24 828	802	156.15	5.04	3.23	0.508
	2018	134	20 053	454	149.65	3.39	2.26	0.544
	2019	139	21 597	391	155.37	2.81	1.81	0.622
	2020	188	25 107	197	133.55	1.05	0.78	0.509
钢结构(中英文)	2016	264	34 374	1 345	130.20	5.09	3.91	0.384
	2017	396	43 640	1 121	110.20	2.83	2.57	0.519
	2018	284	43 018	972	151.47	3.42	2.26	0.614
	2019	263	47 632	705	181.11	2.68	1.48	0.482
	2020	74	14 668	94	198.22	1.27	0.64	0.484

由表 3 可以看出，14 种期刊首次上传首发文章的日期都在 2017 年 10 月之后，故选取其中网络首发参与度较高的 4 种期刊，对比其 2016—2017 年(未进行网络首发)以及 2018—2019 年(已进行网络首发)的篇均下载量、篇均引用量、引用下载比、复合影响因子等数据，对比结果详见图 1。

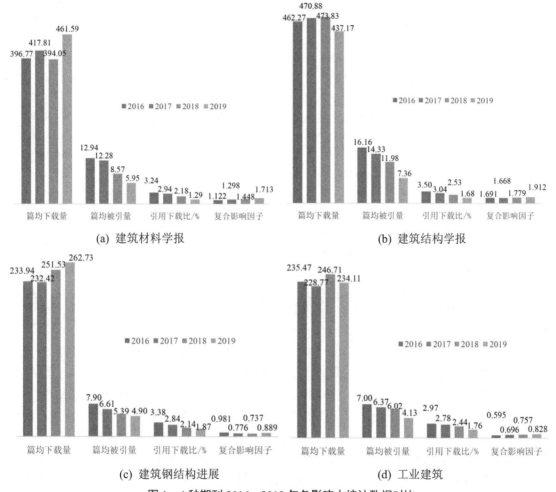

图 1　4 种期刊 2016—2019 年各影响力统计数据对比

众所周知，文章发表得越早，则该篇文章的总下载量、总被引量都会更高，因此，从 2016—2019 年，各刊的下载量、被引量以及引用下载比等指标应该都是逐年降低的，但是我们从表 4 和图 1 中可以看出，在 2018 年以后，有些刊的总下载量以及篇均下载量不降反升，且各刊的影响因子也都基本呈上升趋势，说明了网络首发带来的积极影响。刘晨霞等研究发现影响因子与发表时滞为对数函数关系、呈极显著的负相关关系，说明高质量学术期刊论文发表时滞越短，期刊的影响力越大[7]。

鉴于表 4 和图 1 中反映的都是各期刊所有文章的综合数据，为了试图进一步了解网络首发出版模式对文章传播效果的影响，还进行了 4 种期刊的非网络首发文章和网络首发文章的发文量、下载次数、引用次数、篇均下载量、篇均引用量、引用下载比等影响力数据的对比，结果详见表 5。

表5　4种期刊网络首发文章和非网络首发文章的影响力数据对比

刊名	年份	发文量	下载次数	引用次数	篇均下载量	篇均引用量	引用下载比/%
建筑材料学报	2018	109/74	37 270/34 841	957/612	341.93/470.82	8.78/8.27	2.57/1.76
	2019	24/234	8 373/110 717	182/1 352	348.88/473.15	7.58/5.78	2.17/1.22
	2020	31/156	10 481/72 457	143/392	338.10/464.47	4.61/2.51	1.36/0.54
	2021	15/147	4 735/54 053	15/51	315.67/367.71	1.00/0.35	0.32/0.09
建筑结构学报	2017	282/19	133 819/7 915	4 044/268	474.54/416.58	14.34/14.11	3.02/3.39
	2018	130/286	45 257/151 855	1 103/3 881	348.13/530.96	8.48/13.57	2.44/2.56
	2019	55/347	14 385/161 358	254/2703	261.55/465.01	4.62/7.79	1.77/1.68
	2020	193/325	72 682/141 710	722/813	376.59/436.03	3.74/2.50	0.99/0.57
	2021	159/180	53 867/63 042	130/20	338.79/350.23	0.82/0.11	0.24/0.03
建筑钢结构进展	2018	44/106	12 628/25 101	384/424	287.00/236.80	8.73/4.00	3.04/1.69
	2019	3/68	858/17 796	14/334	286.00/261.71	4.67/4.91	1.63/1.88
	2020	12/68	3 048/15 887	33/124	254.00/233.63	2.75/1.82	1.08/0.08
	2021	34/124	9 373/35 622	25/41	275.68/287.27	0.74/0.33	0.27/0.12
工业建筑	2017	401/20	91 377/4 934	2 533/147	227.87/246.70	6.32/7.35	2.77/2.98
	2018	387/40	92 589/12 756	2 147/425	239.25/318.90	5.55/10.63	2.32/3.33
	2019	445/18	10 2921/5 472	1 834/76	231.28/304.00	4.12/4.22	1.78/1.39
	2020	584/102	101 222/29 401	952/193	173.33/288.25	1.63/1.87	0.94/0.66
	2021	704/250	88 631/74 420	206/74	125.90/297.68	0.29/0.30	0.23/0.10

注：表中"/"左右的数值分别代表非网络首发和网络首发文章的数据。

从表5中可以看出，前3种期刊，除了刚开通网络首发的首年之外，以后各年网络首发文章的数量均高于非网络首发文章的数量，《工业建筑》的网络首发文章数量虽然也在逐年增加，但总体数量还是低于非网络首发文章数量。从篇均下载量来看：《建筑材料学报》和《建筑结构学报》表现出明显的网络首发文章数据高于非网络首发文章数据的规律，提升幅度较大；《建筑钢结构进展》规律则不太明显，两者数据基本相当；前3种期刊的篇均引用量和引用下载比数据无明显的规律，这应该与文章本身的热门属性有一定关系。《工业建筑》的文章无论从篇均下载量还是篇均引用量数据来看，都是呈现出明显的网络首发文章数据高于非网络首发文章数据的规律。

3　结束语

通过网站调查和统计，获得了14种期刊的出版周期、创刊年份、网络首发形式、网络首发频次、网络首发及正式刊登文章DOI格式，以及2016—2020年文章下载次数、引用次数、篇均下载量、篇均引用量、引用下载比、复合影响因子等信息，较全面地了解了建筑类学术期刊的网络首发出版情况及其影响力状况。可以说，在202种建筑科学与工程类期刊中，开通网络首发的共有44种期刊，占比为22%，这与开通网络首发的2 268种期刊在11 443种全部期刊中的20%的占比大致相同。说明从2017年10月开始到现在4年多的时间内，各期刊对于网络首发这种优先数字出版模式的参与度还不是很高，但是从表3和表4中也可以看出，网络首发参与度高的建筑科学与工程类期刊在该学科的影响力也是较高的，也说明了影响力高的期刊有着更强烈的参与意识。从表5的对比中，总体来看，网络首发文章在提高文章下载量方面是有一定的优势的，至于能否进一步提高其引用量，也还和文章自身的热门属性相关。

技术的发展导致科技出版流程的重构，以及出版物形式的革命性变化。面对互联网出版，学术出版的流程再造、产品更新、产业升级都是不可避免的。网络首发作为新技术毫无疑问是先进的、积极的事物。它的出现有效缩短了学术论文出版时滞，推动了期刊的数字化转型升级，开辟了优秀成果快速发表的绿色通道，实现了优质内容的快速出版传播。但它也需要知网平台、学术期刊、各学术机构携手共进，克服诸多现实瓶颈，寻求更大规模出版人的参与和分享，来共同助推我国学术期刊出版事业的跨越式发展。

参 考 文 献

[1] 中华人民共和国国家科学技术委员会.科技期刊学术类质量要求及其评估标准[S].1994.
[2] 朱晓东,宋培元,曾建勋.科学技术期刊评估标准[J].中国科技期刊研究,2007,18(3):375-381.
[3] 徐会永.期刊优先数字出版及出版时滞与科学发展的关系及其展望[J].编辑学报,2014,26(4):316.
[4] 侯善慈.学术论文发表时间与引用关系统计特性及分析[D].温州:温州大学,2016.
[5] 首批网络首发中国学术期刊、《中国学术期刊(网络版)》学术论文录用定稿网络首发联合公告[EB/OL].[2017-10-16].http://data.chinaxwcb.com/epaper2017/epaper/d6608/d5b/201710/81965.html.
[6] 赵巍,付辉,王海娟,等.疫情期间学术论文的优先出版与质量控制的探索与实践[J].编辑学报,2020,32(4):418-421.
[7] 刘晨霞,魏秀菊,王柳,等.学术期刊发表时滞及载文量对影响因子的定量影响研究[J].编辑学报,2019,31(增刊 1):104-106.

5G 时代科技期刊的传播机遇、挑战与策略

黄谷香,杨 珏,黄艺聪

(《上海交通大学学报(哲学社会科学版)》编辑部,上海 200030)

摘要: 5G 技术的发展给科技期刊传播带来了传播途径智能化、传播方式多元化、传播形态虚拟化和传播体验场景化等机遇。科技期刊在出版形式、阅读方式、传播方式等方面受到冲击,亟须实现数字融合出版、阅读方式创新和传播平台智能化。

关键词: 5G 技术;科技期刊;传播机遇;传播策略

人类历史上每一次传播技术革新都会带来学术传播方式的变化。伴随着我国 5G 基础设施建设的全面铺开和 5G 商用进程的不断加快,预计到 2025 年,我国 5G 产业结构将转变为以终端层、场景应用层为主,5G 融合应用将在各行业中充分展开[1]。在科技期刊传播领域,5G 融合应用将带来科技期刊传播方式的变革,传统的纸质传播将逐渐被网络取代。

随着 5G 应用的快速发展,5G 技术与期刊的研究提上日程。从中国知网现有成果来看,目前研究主要集中在三个方面:5G 技术对学术期刊的影响及应对、5G 时代学术期刊的融媒体创新、5G 时代学术期刊的相关领域进展。在 5G 技术对学术期刊的影响及应对方面,学者提出创新学术期刊的场景化传播,使信息传送方式、内容与传播场景、媒介相匹配,提升传播效果[2]。创新学术成果展示形态和交流服务,为用户提供个性化、专业化服务[3]。还有学者探讨了医学类电子期刊的新模式[4]、5G 技术对学术期刊内容建设的影响及对策[5]。在 5G 时代学术期刊的融媒体创新方面,研究主要聚焦在学术期刊与短视频平台的融合[6]、学术期刊与微信直播平台的融合[7]、学术期刊与微信 VIP 会员产品的融合[8]等领域。在 5G 时代学术期刊相关领域的进展方面,研究主要聚焦在学术期刊协同创作[9]、网络期刊推动教育发展[10]等领域。总体而言,目前研究领域较为分散,大多聚焦于某类期刊或平台。基于此,本文拟从 5G 技术给科技期刊传播带来的机遇和挑战入手,研究科技期刊在 5G 时代的传播策略。

1 传播机遇

2019 年工信部向中国电信等四家部门发放 5G 商用牌照,标志着我国进入 5G 时代。5G 通信技术的高速率、大容量、高可靠、低时延和大规模的特性将给用户带来前所未有的传播体验。5G 技术在推动社会的发展变革与传媒转型的同时,也为科技期刊传播带来了新的机遇,具体可以概括为 4 个方面。

1.1 传播途径智能化

5G 技术带来数据传输速率的大幅提升,现实世界将以数字世界的方式呈现在个人、团体面前,形成万物互联的智能世界。建立在大数据和人工智能技术上的智能化连接,打造出一个全移动和全连接的智能社会。网络化、数据化、智能化将成为科技期刊传播的必然趋势。

基金项目: 全国高校文科学报研究会编辑学项目(PY2021034);上海交通大学期刊发展研究基金项目(QK-C-2022002)

各类共享性的学术期刊传播平台、集群式大型出版平台将成为主流，取代传统的小、散、弱的出版模式。基于社交关系链的移动传播和基于算法推荐的内容推送将成为科技期刊传播的主要途径。期刊可通过对用户喜好的分析，优化内容聚合和分发机制，通过音视频等方式增强论文的可读性，并辨别用户观点，评价和反馈传播效果。期刊将在万物互联的网络中密切读者、作者、专家、编辑间的联系。

1.2 传播方式多元化

从科技期刊传播现状来看，网络发展拓宽了学术传播渠道，为科技期刊提供了多个交流的平台。相当多期刊已经开拓"两微一端"的传播途径，部分科技期刊还取得较好的传播效果。5G技术的融合应用将加快这一趋势。以微信等为代表的社交平台成为期刊传播学术思想与学术动态等最便捷的渠道。据统计，目前已有超过95%的科技期刊开通了微信[11]，功能主要包括推送文章、稿件查询、信息资讯等。微信等社交媒体有效提高了科技期刊的传播力和影响力。在期刊客户端领域，国际顶级期刊如 *Science*、*Nature*、*Cell*、《美国科学院报》(PNAS)、《生物化学杂志》(*The Journal of Biological Chemistry*)等纷纷开发推广了自己的客户端，展示了自身特色和个性专长[12]；国内部分科技期刊如中华医学期刊、中国航天期刊平台APP亦上线各应用商城，为读者、作者提供多样化传播方式。

1.3 传播形态虚拟化

5G技术下，网络进入"无限网络容量"的时代，用户体验发生本质变化，基于VR(虚拟现实)和AR(增强现实)技术的期刊产品和内容服务将成为未来科技期刊传播的重点。目前部分期刊已开始探索VR/AR技术与期刊栏目的融合，以视觉化传播为主的信息呈现方式带给读者全新的阅读体验。AR技术建立的三维空间能够激发读者兴趣，引导读者进入沉浸式的交互模式，从物理媒介快速链接至多媒体信息，体验多终端的信息推送[13]。如《创伤与急诊电子杂志》将VR和AR技术引入期刊，将读者的触觉、视觉、听觉全部调动起来，进入沉浸、交互式教学，改变和丰富了读者的阅读形式。电子杂志提供的VR教学使读者置身于一个全景视角的虚拟环境中，学习观摩手术过程，产生强烈的现实感。在期刊阅读形式多元化的趋势下，VR/AR技术为期刊发展提供了新的方向[4]。

1.4 传播体验场景化

5G的低时延带给用户天涯咫尺零距离的感受，将催生和创造出更多的生产与生活的场景应用[14]。"场景"是基于大数据、社交媒体、定位系统、移动设备和传感器等技术应用以及彼此联动营造的一种"在场感"[15]。场景传播既可以在特定情境下提供个性化传播和精准服务，又能超越时空进行虚拟化、体验式传播，将成为未来发展中价值创新的巨大"风口"[16]。科技期刊凭借其传播形式的多样性(如三维物体、动画、视频、音频、图像等)具有教学、科研、产业研发等多场景的适用性。科技期刊的多场景应用、切换既可呈现科研过程中原本秘而不宣的实验现场、数据演绎等过程，为感兴趣的读者提供进一步研究的基础，还可与该项研究成果的应用场景对接，为相关企业用户提供科研成果转化的交易平台，加快科研成果的传播与转化应用的良性循环。

2 面临挑战

5G时代科技期刊面临传播途径智能化、传播方式多元化、传播形态虚拟化和传播体验场景化等全新的传播机遇，将推动传统的期刊传播产生巨大的变革。传统科技期刊传播方式面临多种挑战，亟须转变。

2.1 科技期刊出版形式发生变化，数字融合出版出现

数字融合出版改变了传统以线性方式表达思想的出版方式，以非线性的网状结构和超链接、融合多种表现形式建立了一个多维的阅读空间。数字融合出版方式不断更新，网络出版被移动互联网出版取代。期刊书报等纷纷借助数字化形式出版，不断涌现的网络原创文学、听书频道，多媒体融合的直播平台、微信公众号、检索数据库、在线教育、在线工具书等进一步丰富了它的表现形式。社交媒体已经成为传播知识的平台[17]。

2.2 科技期刊阅读方式发生变化，移动阅读成为潮流

5G 时代移动网络技术的发展，使读者对科技期刊的阅读方式发生巨大变化。读者通过移动终端的屏幕，无论在静止还是运动状态都可以阅读期刊。期刊的呈现形态由整本转为单篇，读者通过搜索等方式从网络获取期刊文章信息，通过移动设备的浏览，读者快速查找定位自己需要的信息，达到对学术理论的浅层认知，为进一步的深度阅读和思考奠定基础。由于阅读时间的碎片化，移动阅读往往不追求对内容的反复思考与深刻领悟，不适合过长篇幅的文字内容呈现。读者阅读方式的这些变化对科技期刊的传播提出了新的要求。

2.3 科技期刊传播方式发生变化，基于智能算法的传播平台呼之欲出

伴随读者信息获取及阅读方式的改变，科技期刊转向数字融合出版，但多数期刊只是将学术信息与新媒体平台分发简单融合，仅实现了内容重复的机械化数字出版，期刊核心学术话语权被削弱。新媒体即时互动的技术优势，瓦解了科技期刊传统的传播关系模式，期刊读者不能即时便捷地获取信息，无法进行碎片化传播。科技期刊传播内容偏学术，比较小众化，若直接粘贴复制，不易为新媒体读者接受。在全媒体平台的应用上，科技期刊在视听符号的可视化运用上比较欠缺，未能充分发挥多重媒介属性。在信息的点对点传播上，科技期刊缺乏用户意识，无法进行分众精准传播和提供信息增值服务，在融合传播中处于劣势[18]。

3 传播策略

为适应 5G 时代科技期刊传播面临的机遇和挑战，科技期刊首先需借鉴传播出版领域的新模式、新技术，从纸媒转向数字融合的出版模式。借助网络媒体新技术，用图片、音频、视频、文字等组合形式在网络上呈现期刊文章，方便读者通过网络搜索获取相关信息。编辑部可通过邀请作者自行录制有关文章研究目的、研究背景、过程趣事、实验关键技术等内容的相关语音、视频等，帮助读者快速、多维度了解文章。编辑部也可自行加工制作短视频，把抽象的知识形象化、具体化。音频及视频等呈现方式为学术信息添加了人格魅力，深奥的专业知识转变为日常经验，科技论文变得直观生动，实现网络内容与现实论文的联通。期刊传播的过程变成日常交流和对话，获取知识的过程也变得轻松愉悦[19]。

其次，在人员、资金、设备等资源充足的前提下，科技期刊创新论文出版方式，可通过在移动网络平台运行自己的应用程序(APP)，为读者提供别具特色的界面信息服务；也可以在其他移动网络应用程序上建立自己的期刊平台并提供信息服务，如在微信上建立期刊公众号、接入手机知网和超星客户端等[20]。积极开发脸书、推特等社交媒体作为期刊信息载体的功能，重视读者的互动需求，对基础型、应用型等不同类型的科技论文推行不同的呈现策略。并将 VR/AR 技术、3D 打印等与期刊内容结合起来，不断探索，为读者提供耳目一新的阅读方式。如医学科技期刊可将 VR 技术，应用到临床医学科研管理过程中，有助于建立个性化的服务平台、积极应用模拟仿真技术，实现人机互动，并有效提高科研成果的可视化水平，为临床医生的沟通提供路径，对临床医学科研成果的转化起到促进作用[21]。

再次，科技期刊需探索建立智能化传播平台。参照已有的"域出版"平台的实践经验，科技期刊智能化传播平台需考虑通过智能算法构建信息数据基础环境，完成动态信息精准推荐，保障传播的动态化与精准化、个性化与定制化、交互化与共享化的统一，实现读者长期有效的传受关系连接。这一平台包括数据平台、分发平台和连接平台。数据平台是个人信息元数据的汇总，可借助智能算法匹配读者信息与多元数据。不同读者对学术信息的需求不一样，分发平台为读者精准推荐信息，借助智能算法推荐技术了解读者需求，实现学术信息的实时动态精准推送和碎片式传播。连接平台是科技期刊与读者之间的联系纽带，可主动生产读者信息、便捷编辑工作，并通过社交信息聚合强化读者黏性[18]。

4 结束语

5G 时代的到来，科技期刊面临传播途径智能化、传播方式多元化、传播形态虚拟化和传播体验场景化等新的机遇。科技期刊传统的出版形式、阅读方式、传播方式等方面受到冲击，亟须实现数字融合出版、阅读方式创新和传播平台智能化。5G 技术已深刻影响科技期刊内容生产和传播，在大数据、云计算、人工智能、物联网等技术的融合下，将极大拓展数字融合出版的应用场景和价值空间，推动数字融合出版产业形态升级、价值提升，成为我国科技期刊数字融合出版的后发优势。

参 考 文 献

[1] 视点|"十四五"中国 5G 产业发展趋势特征[EB/OL].(2021-01-07)[2021-03-02].https://www.sohu.com/a/443102715_100011934.
[2] 赵庆来.5G 时代学术期刊传播的场景应用[J].中国出版,2021(9):60-63.
[3] 李亚卓.5G 时代下学术期刊知识服务的创新发展[J].出版广角,2020(14):22-24.
[4] 陈研,李慧,李联源,等.献礼人民卫生出版社建社 65 周年:医学类电子期刊应用 5G 技术推动医学教育发展的办刊新模式思考[J].创伤与急诊电子杂志,2018,6(2):56-62.
[5] 朱京玮.5G 时代学术期刊内容建设的问题与对策[J].科技与出版,2020(8):125-128.
[6] 王孜.5G 时代学术期刊短视频平台的发展现状与融合研究:以抖音短视频为例[J].出版发行研究,2020(2):61-66.
[7] 游小秀.5G 时代科技期刊视频直播内容建设研究:以《金属加工》微信直播平台为例[J].中国传媒科技,2020(12):114-116.
[8] 郜子雁.5G 时代传统政论期刊付费产品成功之道:以《人民论坛》微信平台 VIP 会员产品为例[J].新媒体研究,2020,6(5):46-48.
[9] 王孜.学术期刊在 5G 时代的协同创作研究[J].出版发行研究,2020(11):58-63.
[10] 李薇.学术类网络期刊如何应用 5G 技术推动教育发展[J].青年记者,2020(5):103-104.
[11] 王微,唐果媛,张颖,等.我国科技期刊新媒体发展现状的问卷调查与分析[J].中国科技期刊研究,2020,31(11):1322-1330.
[12] 丁敏娇,吴彬,吴昔昔,等.移动客户端应用于科技期刊的新亮点[M]//学报编辑论丛 2016.上海:上海大学出版社,2016:298-300.
[13] 李莉.AR 技术在幼儿期刊中的应用与嬗递[J].科教文汇,2018(8):177-178.
[14] 喻国明.以科技力量人本逻辑重构传播和服务:试论 5G 时代的传播格局及媒介生态[J].新闻前哨,2019(4):19-21.
[15] 罗伯特·斯考伯,谢尔·伊斯雷尔.即将到来的场景时代[M].赵乾坤,周宝曜,译.北京:北京联合出版公司.2014.
[16] 曹素贞,张金桐.5G 技术赋能:媒介生态变迁与传播图景重塑[J].当代传播,2020(2):37-40.
[17] 敖然.关于融合出版的学习与思考[J].出版参考,2020(2):5-8.
[18] 唐冰寒,肖茹予.基于智能算法的学术期刊传播平台构建[J].当代传播,2018(4):109-112.
[19] 徐萍,李永辉,郭菊彬,等.新时代科技期刊融合出版形式的探索[J].中国传媒科技,2022(3):33-35.
[20] 宛恬伊.阅读模式变革与经济学期刊论文供给方式创新[J].当代经理人,2020(2):52-54.
[21] 沈昱平.医学科技期刊利用 VR 技术在临床医学科研管理中的应用探析[J].传播力研究,2018,2(19):119,126.

学术期刊高质量发展：全媒体融合与数字化转型

林丽敏

(吉林大学东北亚学院《现代日本经济》编辑部，吉林 长春 130012)

摘要：学术期刊是学术传播的重镇，实现媒体融合和数字交互的学术期刊必然进一步拓宽学术传播渠道以及拓展学术影响力。融合交互的媒体发展趋势对学术期刊而言，既带来了难得的攀升机遇和跃进契机，也使其面临未曾接触的挑战和困难。面对新的机遇与挑战，学术期刊转型发展的前提是厘清期刊定位、发展重点、评价机制、人才培养4个方面。

关键词：学术期刊；全媒体；数字化；期刊定位；内容建设；评价体系

从主流媒体报道内容中可以很容易地发现，媒体融合和数字交互越发成为社会经济发展过程中不容忽视的焦点之一，全媒体时代构建全新传播格局以及推动媒体融合发展成为一项紧迫课题，充分把握机遇和从容面对挑战，从而顺应媒体融合发展这一时代趋势，如此才能不断扩大影响力并且开辟新篇章[1]。近年来，不管是政策引导还是媒体机构的具体实践，都体现了媒体融合领域的逐步推进，例如2020年9月印发的《关于加快推进媒体深度融合发展的意见》，明确了媒体深度融合发展在重要意义、目标任务、工作原则三方面的总体要求，强调了要推动媒体深度融合发展各项任务落到实处[2]。2019年1月25日习近平总书记在十九届中央政治局第十二次集体学习时的讲话提出："推动媒体融合发展，要统筹处理好传统媒体和新兴媒体、中央媒体和地方媒体、主流媒体和商业平台、大众化媒体和专业性媒体的关系，……。要形成资源集约、结构合理、差异发展、协同高效的全媒体传播体系。"[3] 随着媒体融合的课题研究逐步深化，媒体融合的实践发展日渐深入。在这样的时代背景之下，作为媒体的一项重要构成，学术期刊的全媒体融合与数字化转型自然也是需要予以关注的重要议题。

以媒体融合为时代背景，学术期刊需顺应潮流，充分利用数字媒体挖掘文章价值，满足读者需求，拓宽传播途径，最终增强刊物的学术影响力[4]。对于学术期刊而言，不管是全媒体融合还是数字化转型，首先应当厘清其实质，否则盲目跟风，很容易误入热度的陷阱。由此，有必要对学术期刊全媒体融合与数字化转型过程中不得不正视的几个问题进行思辨和探讨。

1 期刊定位要兼顾学术传播与宣传营销

1.1 全媒体融合中学术与营销双重定位的必要性

按照以往的认知，宣传营销是市场经济的操作，不太可能与学术期刊建立联系。但是随

基金项目：全国高等学校文科学报研究会2021年度编辑学重点项目"新时代学术期刊高质量发展的机制保障研究"(ZD2021007)

着时代发展和技术进步，在承载学术成果、扩展学术影响力方面，仅仅依靠传统纸媒进行的学术传播是完全不够的，甚至会招致不可预测的不良后果。在全媒体融合与数字化转型的加持下，学术期刊在重视传统学术实力塑造之外，还需要用全媒体融合与数字化转型的思维考虑长期发展方向，以便更加高效及时地达成学术传播的预期。以技术手段引导宣传营销成为新时代学术期刊的重要选择。

在不考虑大数据时代背景的情况下，一般学术期刊的定位和宗旨无非在于作为载体实现学术传播，这是传统期刊发展的单纯目的。然而，随着媒体融合向纵深推进和数字技术日渐精进，信息大爆炸、数据大搜索的氛围愈加强烈，学术期刊如果还止步于传统定位的话，很容易被时代所淘汰。因此，重新定位、重新谋划成为期刊实现媒体融合和数字转型的首要任务。一方面，不能抛却固守载体宗旨的学术传播理念；另一方面，还需要掌控宣传营销的艰巨任务。

1.2 技术创新中学术与营销并重的可能性

回归到媒体融合与数字出版的议题，学术期刊在相关历史进程中努力的关键起点是明确相关概念。何为全媒体？何为数字化？以浅显的文字来表述的话，可以将全媒体理解为两种概念，一种是新兴形态事物的产生，另一种则是包括新范式在内的各种要素的结合[5]。具体而言，前者往往以电子期刊的形式存在，后者则将新媒体和数字化技术贯穿于学术期刊出版的各个流程环节。此时，陈陈相因和因循守旧应当被摒弃，研究创新需要被置于重要位置。之于学术期刊的重新定位，便是要承担学术传播与宣传营销的双重任务。

以融合转型的视角重新审视学术期刊的定位，可以发现，囿于纸媒的传统出版资源很难有所突破，而媒体融合和数字技术等日渐成熟则为期刊重新定位提供了良好条件。

2 发展侧重需权衡内容建设与渠道拓展

在全媒体融合过程中，将数字技术服务于学术期刊的实例很多，众多事实也清晰地表明，学术期刊在融合转型时容易被某些外在元素裹挟并迷失方向。然而，众多成功的经验却明确呈现一个宗旨，即学术期刊的根基是内容，唯有内容才能打下坚实基础，外部渠道辅助从来只是锦上添花的存在。总体而言，学术期刊长期规划应有所偏重，将有限的资源合理配置，准确权衡学术本质与融合转型的关系，将内容建设放在首要位置，以全媒体和数字作为拓展传播渠道的辅助。

2.1 坚定内容为王的原则不动摇

学术期刊发展不涉及经济营利方面的竞争，但学术内容的竞争也非同一般，竞争结果如何直接决定了一个刊物能否生存与持续。换而言之，只有高品质的内容才能完全支撑学术期刊的竞争优势。

如果武断地认为，由传统媒体向新媒体跨越就是步入"后真相"思维的年代，在这种时代环境里，媒体传播的实际内容并不重要，期刊将时间精力和金钱物资大规模地投放在吸引眼球、搭建平台、拓展渠道等方面。显然，这种认知是错误的。错误的认识容易使学术期刊自评的标准转变为：不是热点就不关注，没有平台就很低质，渠道狭窄就是低效。诸如此类的判断基准或许符合当今社会浮夸焦躁的情绪表达，但是对学术繁荣和知识沉淀而言毫无意义甚至危害甚多。

无论在什么语境背景下，学术期刊的内容建设必然是排在渠道拓展之前的。学术期刊的特质是学术性、专业性、深刻性。围绕以上特征，在选取、承载、传播内容时，学术期刊除了聚焦学术前沿、深挖研究热点、追随领域创新、迎合业界需求之外，还应当密切关注学界关联者的反馈，抓取其中有效信息，策划新颖选题、组建价值栏目，将数据与内容深度融合，创办高质量学术期刊。

2.2 选择全媒体和数字创新相结合的策略为辅助

学术期刊出版链条延伸较长，横跨多时间阶段，覆盖多流程环节。繁杂琐碎的运行周期里，若能辅以创新媒介技术，则将带来明显裨益[6]。在编审环节，多数学术期刊依托采编系统，高效地进行收稿、分稿、审稿等，这样的系统设定不仅有助于提高稿件编审的效率，而且能够较大限度地储存稿件信息，信息检索、流程回溯、编辑与作者的顺畅沟通等实际益处均表现得十分突出。到校对环节，互联网技术的全面推广应用显然也发挥着重要的作用。以2020年新冠疫情期间的居家办公为例，编辑为避免聚集接触而选择居家处理相关事务，得益于视频会议、远程控制等互联网手段的充分使用，学术期刊的日常校对等工作能够如常进行，最终使得样刊如期印刷并发行。刊印环节之后，还有后续的宣传和发行。该环节的媒体融合表现比较明显的例证之一是公众号对期刊内容的宣推。当前，学术期刊为扩大影响力和宣传辐射范围，网络技术和数字手段的使用必不可少。

综上，贯穿始终的数字应用让学术期刊的发展如虎添翼，媒体融合的深度渗透为学术期刊的深化改革助力良多。因此，在以内容至上为原则的前提下，媒体融合和数字转型不能被轻视甚至忽视，否则势必影响学术期刊的运营效率和命运轨迹。此外，媒体融合绝非机械生硬的表面糅合，技术辅助也可以发挥引领作用。5G的迅猛发展催生了众多新兴业态、新型模式，新技术应用场景逐渐铺开。数据流、云平台、区块链等为学术期刊行业的更新迭代创造了良好的软硬件环境，理念和模式的双重创新，为学术期刊领域的转型发展提供了极大的活力和动力。

3 评价机制应抉择数据至上与学术造诣

随着融媒体和数字技术的日益精进，学术期刊评价体系运用信息技术、互联网手段、大数据方式等构建评价指标，以便对学术期刊分等划级的实践愈发增多。既有的学术期刊评价制度，大体上对学术研究促进发挥了积极作用[7]。数量化评价制度，在具有客观高效特征的同时，难免存在一些问题，比如唯转载数据、唯事件热点、唯作者名气等。基于数据、热点、名气等元素而形成的评价结果，仅仅是学术期刊所呈现科研成果的一面。以此类要件作为对学术期刊的判断基准，或许能评选出优秀期刊，但也可能将部分优质刊物剔除在评价体系之外。流量意味着学术影响力，因此追逐流量符合当前数据时代学术期刊的发展主流，但不应该是学术期刊的唯一目标。学术造诣的积淀必须与流量热度并行，甚至应当把学术造诣的塑造作为基础。流量一般是外部环境带来的附加价值，基本上大部分热点学术研究只是一时的，一旦外在因素产生变化，所谓的热度和流量也随之消失。由此，只有具备学术深度的期刊才能长久存续。换而言之，学术期刊追逐流量是必须以稳固学术造诣为前提，期刊评价机构在进行实际评价核定时，应当跳出流量误区，坚守学术原则。

学术期刊评价机制应当设立全景结构，以历史纵向、个体横向的视角构建立体多维的评价指标体系。无条件接受数量化评价规则的话，学术期刊容易困于数字陷阱难以自拔，从而失去学术灵魂。综合而言，在学术期刊评价领域里，在数据至上与学术造诣之间进行抉择，结果必须是学术优先、数据为辅。

4 人才培养要平衡传统职责与技术深化

学术期刊在媒体融合和数字转型的大趋势之下，面临着机构整合、资源整合和内容整合等多项任务。在这样的背景下，复合型编辑人才的培养势在必行。学术期刊需要高度重视对复合型人才的引进和培养，并应努力使这类型人才成为刊物在媒体融合建设过程中的中坚力量，以期有效推进刊物新媒体平台构建及日常运营[8]。然而，学术期刊培养全面复合型编辑人才的现实条件却不太乐观。编辑职责范围相较过去有所扩大，而编辑个体的时间、精力都是有限的，于是在按部就班与跟进技术之间需要有所平衡。媒体融合知识的消化和数字技术的深化，对于编辑而言需要接受一定程度的培训之后才有可能达成，然而投入与产出不一定成正比，那么编辑参与相关培训的积极性便大打折扣。

打造复合型编辑人才队伍，首先，需要改变编辑思维，比如从关注学术专业化转向阅读浅显化，从单一线性思维转为互联网络思维，在思维跟进时代步伐之后，才有可能触动编辑进一步深化全媒体与数字相关层面的技术深化。其次，凭借数字交互手段重视平台建设与利用，加强编辑在相关方面的知识储备和技术获取，比如充分掌握有效利用采编系统信息平台、自媒体传播平台的能力。学术期刊体制有必要在复合型编辑人才培养上发挥引导作用，鼓励编辑开展全媒体融合业务交流探讨，增强数字技术储备，提高综合能力从而实现及时转型。

5 以媒体融合和数字转型为契机重新整合资源的学术期刊案例解析

以笔者所在期刊《现代日本经济》为例，如果坚持以传统纸媒的思维方式办刊，不进行一定的革新，那么很容易因为新媒体应用不够、数字化采用不足而导致宣传不力进而使作者队伍固化、优质稿源流失等问题。《现代日本经济》作为国内研究日本经济的唯一的学术期刊，在过往的发展历史中已然积累了一定的影响力和传播力。然而，随着时代推进，《现代日本经济》的影响力如若止步不前，则必然受损，对优质稿源的吸引力也会大打折扣，期刊能否长期可持续更是有待进一步考察。在大数据情境下，期刊出版、发行、宣传、运营等各环节的成本逐步提高，若没有对应改善的支撑要件，期刊发展所需的资源可能严重不足，长期积淀的实力和竞争力很可能消磨殆尽。为了稳固、扩大期刊影响力，有必要整合甚至引进资源，以期刊名义开展多方面的学术活动，诸如学术会议、以奖征文等。其次，作为研究范畴较为固定却难免狭窄的专业学术期刊，吸引内容更佳、范围更广的优质稿源，是刻不容缓的任务。为了完成以上工作，离不开期刊平台、作者群体、读者圈层、主办机构等多方主体的参与。

利用新媒体或大数据以及其他数字手段可以将多方参与主体高效关联起来。具体到实践层面，则可以认为，增加期刊宣传频次等是作为小众类型学术期刊的《现代日本经济》推广学术影响的有效方式。基于数据信息广泛应用、新媒体发展日益深化的时代背景，《现代日本经济》于2016年开通微信公众号，抓住读者碎片化阅读习惯的特征，将精炼、简短、重要的期刊信息发布于该平台上，加深业界对期刊的了解。比如，"僵尸企业研究"的选题发布，带来一波踊跃的课题投稿；比如，期刊目录的定期投放，引发相关读者作者的关注讨论；等等。

媒体融合的语境不仅有利于学术期刊深耕学术、扩展影响力，达成了宣传营销的实际效果，另外还实现了数字交互的可能。还是以期刊公众号为例，《现代日本经济》的公众号业已纳入中国人文社会科学综合评价研究机构的视野，在其公众号上可以找到《现代日本经济》

公众号链接。这种交互式的融合,有力地呈现了数据使用的优势,也给予了学术期刊定位的全新解读:在坚持正确思想导向的前提下,打破固有思维,整合多种资源,推动期刊融入媒体营销新时代。

经过多年的实践,《现代日本经济》在公众号运营过程中取得了一定的成绩,虽然与其他学术影响更广的期刊公众平台相比存在差距,但不可否认的是所获成绩较为符合该类型期刊的水平。然而,不得不提的是,自平台构建至今也不可避免地出现一些问题。首先,平台所发挥的现实作用可能还停留在"相加"的层次,距离完全融合以及全面转型还具有较多努力的空间。其次,平台关注群体与期刊自身受众群体在覆盖范围上存在错位的现象,双向引流工作还需持续进行。最后,人员融合方面还需查缺补漏,尤其是针对内容、创意、互动、体验等实际工作方向的引导需要进一步加强。综合而言,《现代日本经济》在期刊成长与平台运营的一体化融合方面还未达到预期,内容与渠道、人员与终端、产品与技术等多方位的融合有待进一步强化,如此才能期待期刊在融合出版过程中取得突破性的发展。

6 结束语

全媒体融合和数字化转型对于学术期刊而言是大势所趋、不可回避的。如何不被时代所淘汰、不因渠道受嫌弃是学术期刊需从容应对的新形势、新问题。为有效解决可能遭遇的困难,学术期刊应重点辨析的层面主要包括:期刊定位中学术与营销的兼顾,发展重点里内容与渠道的权衡,评价机制上数据与科研的抉择,培养编辑时传统职责与先进技术的平衡。综合考虑并且厘清以上诸项,是学术期刊立足于新时代的关键基础,也是实现媒体融合发展与数字交互转型的重要前提。

参 考 文 献

[1] 盛玉雷.人民日报:做好媒体融合大文章[EB/OL].(2019-10-30)[2022-03-09].http://media.people.com.cn/n1/2019/1030/c40606-31427241.html.
[2] 中华人民共和国中央人民政府.中共中央办公厅国务院办公厅印发《关于加快推进媒体深度融合发展的意见》[EB/OL].(2020-09-26)[2022-03-19].http://www.gov.cn/zhengce/2020-09/26/content_5547310.htm.
[3] 中国共产党新闻网.习近平:加快推动媒体融合发展构建全媒体传播格局[EB/OL].(2019-03-15)[2022-03-23].http://cpc.people.com.cn/n1/2019/0315/c64094-30978511.html.
[4] 李莉.媒体融合与学术期刊影响力的提升[M]//学报编辑论丛(2020).上海:上海大学出版社,2020:590-593.
[5] 张宏志.媒体融合发展过程中传统期刊的应然嬗变[J].传播与版权,2020(11):89-91.
[6] 艾岚,李金霞.媒体融合视域下学术期刊全媒体出版传播体系的构建[J].中国编辑,2021(1):62-66.
[7] 叶继元.学术期刊的质量与创新评价[J].浙江大学学报(人文社会科学版),2013(2):108-117.
[8] 韩宜轩.学术期刊新媒体融合建设的挑战与策略[J].出版广角,2020(22):45-47.

新媒体时代提高学术期刊影响力及发行量的有效途径

周翠鸣

(广西壮族自治区中国科学院广西植物研究所《广西植物》编辑部,广西 桂林 541006)

摘要:学术期刊是一种经过同行评审的专业学术论文,发表在学术期刊上的文章通常涉及特定的学科,展示了研究领域的成果,并起到了公示的作用,其作为专业学术文献的重要载体,不仅是当前世界通用衡量学者研究水平的参考依据之一,还是促进各个学术领域持续化发展的推动器。新媒体时代,各类层出不穷的媒体平台给学术期刊的发展造成了不同程度的影响,致使学术期刊的影响力和发行量面临严峻挑战,该文针对此问题提出了一些可能有效的解决途径以供参考。学术期刊应在保持原有特色的基础上紧跟时代发展脚步,结合发展过程中存在的问题,有针对性地采取优化措施,不断提高自身影响力及纸质期刊的发行量。

关键词:新媒体;学术期刊;影响力;发行量

学术期刊的学术影响力主要是指期刊在一定时间段内发表的学术研究成果,以及促进相关学术研究及应用的发展能力,换句话说就是指学术期刊在同行业学术研究领域中被关注、认可、转化、应用的程度,其受多方面因素的影响,与内容质量、传播渠道等密切相关[1]。学术期刊作为科研学术成果的重要载体,面对着广大的学术群体,而这部分群体也正是期刊发行的主要对象,因此学术期刊影响力的提升直接关系到其发行量的增加。随着《关于推动学术期刊繁荣发展的意见》的推出,该意见从内容载体、方法手段、体制机制等方面为我国学术期刊提升内容质量和传播影响力的发展指明了方向,提供了支持。因此,新媒体时代下,学术期刊应找准定位、独辟蹊径,采取有效的措施持续增强其影响力,进而提高纸质期刊发行量。

1 新媒体时代提高学术期刊影响力的有效途径

1.1 坚持内容为王,打造优质品牌

1.1.1 邀约高质量稿件

学术期刊专业性较强,内容质量永远是决定其影响力的根本。为此,编辑必须要遵循内容为王的原则,依据科技发展的创新与期刊特色栏目相结合,向更多的作者邀约高质量稿件,以此不断提高学术影响力,凸显学术地位。当前,已有数据调查显示,国内近 70%的作者都更愿意将自己的论文著作发表在国外期刊杂志上。可见,如何争取到国内外高质量的稿源是学术期刊持续发展的核心问题。编辑应摒弃"坐等"的做法,发挥主观能动性,想尽办法提高稿

基金项目:广西植物出版专项(2022)

源质量。如此，论文被引用和下载次数多了，获得的肯定多了，期刊的影响力也将得到提升。

具体而言，首先，大部分的学术期刊偏重于接收教授、院士、专家这类人员的文章，更多时候以学术身份来定稿。然而，很多中青年学者虽然学术身份不高、名气不大，但他们是科研工作中的中坚力量，其研究成果也逐渐会凸显出一定的创新性和持续性。所以，编辑应重视和加强对中青年学术带头人的约稿，尤其是在本学科领域有很大潜力的年轻科学家，敏锐地甄别此类论文及作者，为学术期刊注入鲜活的生命力，也为期刊的可持续发展储备人才资源。其次，学术期刊的编委大部分为学科带头人，可以发挥他们在各学科的学术影响力，通过他们选题和组稿，进而吸引更多的优秀稿件，扩大作者群体。再次，为了提高约稿成功率，编辑可以跟踪优秀的学术团队，加强与他们的沟通和交流，深入了解他们的研究内容和进展，持续报道系列研究成果，如果有机会可以定期去到优秀团队的实验室进行参观学习，表达期刊编辑部大大的诚心，将会对约稿起到事半功倍的作用，进而挖掘其周边更多的优秀作者。最后，基金论文研究的都是各个领域的热点问题，依靠国家级科研项目邀约稿件，也会有助于提高学术期刊的影响力[2]。

1.1.2 打造优势特色栏目

新媒体时代，学术期刊之间的竞争愈来愈激烈，不同领域的学术期刊应结合办刊宗旨和特色，打造优势特色栏目，重视交叉学科的内容报道，以此提高自身影响力。首先，期刊可以结合专业、地域的特点，充分发挥学科带头人的作用，持续报道优秀团队的科研成果，打造独特的专栏。其次，还可以通过联合办刊的方式，策划具有影响力的特色栏目，全方位整合学术领域中具有价值的观点和成果。再次，新媒体背景下，学术期刊还可以积极和其他知名网站合作，形成自己独有的风格和品牌，吸引更多的受众订购阅读。最后，还可以引入具有新媒体技术的大众社交工具，如微信群、钉钉群等，通过这些实时信息互动平台，就特色栏目的打造过程接收和反馈相关信息，从而促进特色栏目的进一步优化。

1.1.3 开辟观点自由讨论栏目

学术期刊作为科研成果记录和交流的主要载体，其能充分激发各个学者的创新思维，并利用学术自由讨论模式，引起较为热烈的反响。但是，就国内学术期刊的发展现状看，大部分都属于单向性传播，和其他期刊、读者之间没有过多交集。基于此，学术期刊应鼓起勇气，开辟学术研究观点自由讨论栏目，为广大学者的研究讨论提供平台。其一，期刊部门可以鼓励争鸣论文的发表，只要作者能够提出鲜明的观点和可靠的依据，就可以将内容发表在书评等位置；其二，科研人员要以包容的心态接纳不同的观点置评，不仅可以积极发表自己的观点，还能客观评价他人的学术成果。读者和作者自行比较判断，也会提升期刊的影响力[3]。

1.2 发挥新媒体优势，扩大影响力

1.2.1 重视期刊网站建设

新媒体平台的快速发展，使得学术期刊网站已经成为树立期刊品牌和提高期刊影响力的一大手段。为此，学术期刊应重视网站的建设，并加大宣传力度，实现影响力的提升。从多个角度出发，设计个性化的网站窗口，并使得网站尽可能多地包含相关信息量，满足不同读者的个性化需求。与此同时，网站的界面还应和谐美观，不要显得杂乱无章，只有给读者带去更好的情感体验，才能增加读者黏性，提高读者忠诚度。学术期刊网站的内容包含了期刊各种基本信息、期刊内容数字化、在线办公系统、在线服务等。当读者在下载资料、阅读论文的过程中产生疑问，可以和作者或编辑实时沟通。如此发挥网站的桥梁作用，实现读者的

深度阅读。此外，在不同的期刊论文中还可以增加超链接模块，如知网、万方等数据库，借助这些网站，提高论文下载率和引用率，进而提高期刊的传播力。

1.2.2 拓展多样化媒体平台

新媒体时代，学术期刊的发展必然离不开多样化的媒体平台。学术期刊必须要利用好微信公众号、微博等平台，加大宣传力度，在满足读者碎片化阅读时间的基础上，进一步推送期刊内容。首先，学术期刊编辑可以在作者许可的情况下，将论文成果转换为科普短文、专题信息等，将成果凝练后通过多样化形式将其传播出去，或者通过与作者沟通，提供一些与文章相关的生动有趣的科研小故事发布到公众号等平台，扩大期刊影响力。读者通过手机就能及时获取信息，了解前沿知识观点，不仅加快其学术成果的传播速度，还使得其在社会大众中的影响力更高。其次，科研成果的推广还要达到精准推送的目的，应用新颖的标题吸引读者，应用丰富的内容形式留住读者。例如，和以往严谨的学术期刊阐述方法不同，编辑可以将论文内容结合动画、视频等合理打造，不仅保留了论文的专业性、科学性，还使得论文更能被大众读懂、理解，转发量更高、传播性更强。再次，由于不同读者群体的喜好、研究领域等不同，所以他们接收论文信息的偏好也不一样。期刊单位应依托大数据技术对读者进行整合分类，按照其不同的研究领域、经常阅读的论文类型划分，如此通过发邮件、微信公众号等途径实现精准推送，持续扩大种子读者的数量。

1.2.3 实现学术期刊 OA 出版

当前，已有大部分读者习惯在知网、万方等数据库中下载资料，即便是部分下载资料需要付费，这也在一定程度上给传统的纸质期刊造成了负面影响。OA 出版是用户通过互联网途径免费获取信息，使用信息的开放性方式，其不仅可以解决几大传播平台垄断版权的问题，提高科研成果的影响力，还能给全球各地的用户免费提供相应的学术研究成果，满足用户的个性化需求。国内已有平台实现了 OA 出版，如国家自然科学基金基础研究知识库、中国科学院科技论文预发布平台 ChinaXiv.org 等[4]。OA 平台的建设也凸显了应用优势，如论文可以免费下载、传播，在一定程度上拓展了期刊的传播力，提高了其显示度和影响因子；作者的研究成果被广泛下载阅读，提高了作者的知名度；读者可以随时获取自己想要的文献资料，不再支付费用。已有数据统计显示，OA 出版期刊的影响因子增量约为非 OA 出版期刊的 2 倍，这足以说明了影响力的提升。

1.2.4 运用智能技术，提高精准推送服务质量

人工智能技术的优点就是能依据广大用户的日常操作行为，了解其兴趣、习惯，挖掘背后的数据规律，获得其信息掌握的倾向性，进而有针对性地为用户推送信息。在学术期刊的推广过程中，应用人工智能技术能够有效捕捉各类数据，初步勾勒出目标用户群体的基本形态。基于此，期刊单位应积极引入相关信息技术和设备，满足新媒体时代的发展需求，并就所有的用户进行划分，了解其需求及行为，最终实现期刊的精准推送。与此同时，还要合理把握好期刊的推送时机，避免其影响到用户生活，进而造成用户的抵触心理。在期刊推送的过程中，容易出现"推得多，错得多"的情况。所以，期刊单位必须要了解用户的现实需求，并适当推送信息，避开用户的休息时间，进而增加其使用满意度。

1.3 重视人才建设，规范审稿流程

1.3.1 提高编辑队伍综合素质

编辑工作是学术期刊出版工作的中心环节，全面提高编辑队伍综合素质有助于提高期刊

稿件质量，进而提高期刊影响力。编辑不仅需要具备扎实的理论知识和熟练的操作技能，还必须要有丰富的学科专业知识，并及时关注和跟踪优秀科研团队的科研进展，以及掌握学科前沿动态，具备不断学习的态度和高尚的职业素养。尤其是对于学术期刊而言，每一篇文章都承载了作者的心血，编辑首先需要理解论文内容，而后再鉴定文章价值，正确做出判断，必要时候还需要给作者提出建议，进一步优化文章质量。与此同时，各个领域的知识更新较快，编辑还需要通过大量的培训学习活动，不断更新自己的理念和知识库，持续提高自己的综合素养。

1.3.2 优化审稿发表流程

依据期刊发表和出版的流程，无论是栏目及选题策划、稿件组织、审阅，还是编辑加工、校对、核红、清样审定出版，每个过程都需要编辑和作者的交流互动。编辑工作中，审稿是决定性环节，编辑必须要以严谨的态度去仔细对待每一篇文章。当前，学术期刊的平均审稿周期约3个月，发表周期更长，这一现象也凸显了学术期刊传播速度慢的弊端。新媒体时代，为了能紧随时代发展脚步，做到与时俱进，编辑必须要有效地规范审稿流程，尽可能地缩短发表周期，给作者吃下定心丸，避免其投稿到其他期刊。规范审稿流程一方面要求编辑应及时为每篇文章登记分类，另一方面还可以聘任专业的外审专家团队。此外，还可以建立学科编辑队伍来针对性地对专业性强的稿件进行初审，再由学科编辑提供外审专家对来稿进行学术把关，提高审稿质量和效率，以此保证热点文章能够及时送稿，减少编辑的工作量，提高审稿的公平性，优化发表效率[5]。

2 新媒体时代提高学术期刊纸质发行量的有效途径

2.1 调整期刊结构

学术期刊作为科研学术成果的传播载体，其服务群体存在较大的局限性，所以学术期刊必须要明确服务对象，有针对性地调整结构，优化服务质量，增强读者黏性。如果学术期刊一味地凭借出版发行经验开展工作，未加大对市场情况的调研力度，不清楚读者的范围和层次，不愿意主动邀约稿件，则势必会造成服务对象模糊，刊登的内容质量参差不齐，缺乏办刊特色，进而影响纸质发行量。新时期下，办刊人员需发挥主观能动性，依托大数据技术不断整合并挖掘读者群体，依托数据分析读者群体的特点，并通过核心读者群和辐射读者群，挖掘更多的潜在读者群。从读者的结构来看，学术期刊的核心读者人数虽然不多，但是通常较为稳定，辐射读者群人数虽然较广，但是忠诚度不高。为此，办刊人员可以将不同读者群体的基本信息录入到数据库中并展开分析，了解不同群体的偏好和习惯，在保持原有特色栏目的同时，创设出更多的栏目类型，尤其需要注重应用型文章的刊出，并在文章中添加二维码、光碟等，增强刊物实际应用价值。如此期刊内容中不仅有理论研究成果，还包含了应用型文章，并贴合新时代科技发展的趋势，增加刊物分量，达到理论和实践相结合。通过合理的调整刊物结构，进而争取更多的读者群体。

2.2 加强自我宣传

新媒体时代，纸质学术期刊要想提高发行量，就必须通过多样化的途径加强自我宣传。充分发挥各新媒体平台的应用优势，并在各个网站、微信公众号、抖音、微博等平台上宣传办刊特色和优势，凸显期刊在学术领域中的重要性，或者设计精美的与当期文章相关的封面，从第一眼开始吸引读者的眼球，以此吸引更多的读者前来订购。同时，还可以邀请国内外该领域的知名教授等，为刊物做宣传，在刊物的扉页签名或写推荐小文等，介绍并推荐刊物。举办线下活动，邀请相关学者参与，给予一定的奖品等。如此让更多的读者了解本期刊，并愿意订购阅读期刊。此外，还应该多参加学术会议，携带一些专辑、专栏等有特色的刊物，在会议空闲期间，多与参会人员沟通交流，宣传期刊，并对订阅者给予一定的优惠，毕竟纸刊阅读具有优点，也有读者更倾向于阅读纸刊，这样就可以争取一批潜在的期刊订阅者。

2.3 拓宽征订渠道

当前征订期刊的渠道有自办发行、邮局发行、集约化发行、国际贸易出版公司发行等，这些发行方式都存在一定的优势和局限性。所以为了满足读者的现实需求，提高发行量，可以采取多种渠道征订，例如微店、淘宝等方式，这不仅能方便读者订阅，还能在一段时间内稳定期刊的发行量[6]。与此同时，新媒体时代，期刊杂志社还应结合社会发展趋势，考虑开辟新的征订渠道，如通过行业协会、编委征集订户；利用行业召开学术会议的机会，直接与读者面对面沟通，传递订阅信息。此外，办刊人员还可以依托互联网，开展网上征订业务。读者只需要登录相关网站，就可以在线办理业务。学术期刊还可以实行读者会员制、介绍制等等，以单位或个人实行多期优惠订阅政策，或者是批发订购销售政策等等。对于跨地区或跨行业的读者也可以实施多期订购优惠销售政策。如此，通过大量的优惠政策或赠阅活动，能够进一步发掘潜在的读者群体，使得人们在有意无意中收到期刊信息，阅读期刊内容，从而拓宽受众的覆盖面，有利于提高发行量。

3 结束语

新媒体时代下，学术期刊的发展之路迎来了更多的挑战和机遇。期刊工作人员，在面对新时代带来挑战的同时，应从多个层面着手，充分认识新媒体平台的优势，并及时抓住时代发展带来的机遇，结合期刊杂志社的发展方向和现实需求，依托各类大数据技术、云平台等，持续打造特色的期刊品牌。通过从内容上提高质量，从服务上进行优化，从传播渠道上进行创新，从而不断提高学术期刊的影响力，并利用多元化方式打破传统纸刊发行难的局限，提高纸质期刊的发行量。

参 考 文 献

[1] 秦思慧."移动互联网+"时代学术期刊与新媒体融合浅探[J].编辑学刊,2022(2):90-94.
[2] 张倩.学术期刊提升影响力指数的关键与实践路向[J].出版广角,2021(22):77-79.
[3] 韩宜轩.学术期刊新媒体融合建设的挑战与策略[J].出版广角,2020(22):45-47.
[4] 古丽娜尔·托合提.党校学术期刊与新媒体融合的问题及对策[J].传媒论坛,2020,3(11):87-89.
[5] 秦晋丽.融媒体与学术期刊影响力的提升[J].山西财经大学学报,2019,41(增刊2):91-93.
[6] 胡慧河.新媒体背景下学术期刊走出去策略[J].中国出版,2019(19):46-50

社群视角下学术期刊微信公众号的运营策略

李欣阳

(沈阳体育学院学报编辑部,辽宁 沈阳 110102)

摘要:专业媒体时代,基于社群视角对学术期刊微信公众号订阅用户进行科学细分并进行定制内容的精准推送和特定场景的人性化服务对学术期刊数字化传播具有重要意义。本文认为学术期刊微信公众号以创建用户社群,定制化精准推送;巧妙利用场景,打造个性化服务;建立众包协作模式,激发协同创意为主要运营机制。但目前仍面临群体诉求掌握不足,传播内容泛化;服务意识不强,传播场景窄化;协同创意不多,传播意愿弱化等困境。基于此,有针对性地提出铸牢群体导向,聚合节点诉求;细化场景服务,打造数字生活家园;塑造沟通元,强化期刊价值认知等运营策略。

关键词:社群运营;学术期刊;微信公众号;场景;精准推送

  融媒体时代,微信公众号成为学术期刊数字化传播的重要平台。2020年10月,十九届五中全会审议通过《中共中央关于制定国民经济和社会发展第十四个五年规划和二〇三五年远景目标的建议》,明确提出构建国家科研论文和科技信息高端交流平台[1]。2021年5月,中宣部、教育部、科技部联合印发《关于推动学术期刊繁荣发展的意见》,提出要通过新媒体推送等手段提升优秀文章的传播效果[2]。学术期刊如何运营好微信公众平台,更好地服务读者、提升国际影响力成为学术期刊编辑部亟须重点思考的实践性课题。

  目前,学界对于学术期刊微信公众平台的研究主要集中在传播内容研究、传播策略研究、传播效果研究3个方面。学者普遍认为,学术期刊微信公众号是纸刊数字化的重要平台,是发布前沿学术动态,建立读者、作者、同行专家学术交流圈的重要渠道。有代表性的观点如陈静[3]从互联网思维赋能的角度出发,认为学术期刊微信公众号运营应秉持用户思维,简化页面设计,不断进行推送内容质量的迭代及学术传播体量的迭代。孟晗菁等[4]认为,有稳定的推送时间和推送频率,构建精准用户画像的学术期刊公众号推送效果更好。谢磊[5]基于国际政治类CSSCI期刊的大数据分析,认为应利用成熟的微信公众号进行内容整合,充分发挥集群效应。在各学术期刊争相发展新媒体平台的大环境下,增强学术期刊微信公众号用户黏性的关键在于进行内容的精准推送,而其前提在于找到用户所在的社群,针对各社群和社群节点的核心诉求进行内容的定制。然而,基于社群视角对微信公众号运营策略进行研究的文献较少,因此本文以此为切入点,针对社群视角下的学术期刊运营困境有针对性地提出铸牢群体导向、细化场景服务、塑造沟通元、强化期刊价值认知等运营策略,以期满足学术期刊微信公众号

基金项目:2022年度辽宁省体育科学学会规划课题"新时代体育学术期刊高质量发展的困境与策略"(2022LTXH112)

用户的多元需求,促进学术期刊数字化传播,提升品牌影响力。

1 社群视角下学术期刊微信公众号的运营机制

社群是基于传播媒介聚合到一起,进行信息传播、情感交流、文化和价值共享的用户群体[6]。在专业媒体阶段,新媒体平台运营者基于大数据技术充分采集、调研用户需求并创建用户社群,在社群中通过激发对沟通元的协同创意提升用户的参与度。学术期刊微信公众号运营者巧妙利用互联网场景,打造个性化服务,提升期刊的品牌影响力。

1.1 创建用户社群,定制化精准推送

受众并不是孤立存在的,而是基于不同的人口特征、社会关系、兴趣爱好等分属不同的社会集团或群体,受众的态度受群体意愿的影响和制约[7]。这就需要学术期刊微信公众平台运营者以最大化提高受众资源利用率的标准对所有订阅用户进行细分,并利用大数据技术收集并整理用户的需求,对特定社群进行定制内容的精准推送,有代表性的学术期刊如《生物技术通报》进行邮件和微信公众号的精准推送,文章篇均点击率达40%[8]。基于电通公司提出的AISAS(Attention 注意、Interest 兴趣、Search 搜索、Action 行动、Share 分享)营销法则[9],在社群内部学术期刊公众平台运营者通过热点留白式的话题吸引期刊用户社群成员的注意,并通过音视频、图片海报等可视化审美元素激发群成员的兴趣,并将话题内容与用户兴趣进行精准匹配,鼓励用户在合理解码讯息内容后参与协同创作并乐于在其圈子中分享,以此提升推文的浏览量和转发量。但由于用户身份的复杂性及关系的交叉性,存在同一个用户分属不同社群的可能,即读者既是作者,又是专家学者;既属于读者群,又分属不同的研究方向群。这就需要平台运营者整合各社群中较为集中的诉求,找到社群节点,打造符合更多用户诉求的延伸内容和衍生学术产品。

1.2 巧妙利用场景,打造个性化服务

在互联网时代,空间与情境、现实与虚拟、公域与私域等诸多场景重叠耦合,我们即将走出"唾手可得的信息时代"而进入基于"场景"的服务时代[10]。巧妙利用各种关联场景,打造个性化服务成为学术期刊微信公众号转型发展并实现盈利的关键。目前,学术期刊线上获利的渠道主要有微信小程序、短视频的期刊销售,直播相关课程以及学术边缘产品售卖等。自媒体时代,能够吸引用户消费者的除优质的内容外还在于平台所附加的人性化服务,微信公众号推送的文章话题往往来源于对互联网环境的密切监测,在这些事件场景中用户的需求、情绪状态高度集中,契合内心诉求的内容更易激发互动,集体创作出更优质的选题。这些优质的选题可充分被收集,并纳入学术期刊公众平台运营者自主建立的内容数据库。在日常社群维护过程中,对数据库中的资源进行系统分类以备不同场景下的精准推送,如"教育研究微刊"整理 2021 年全年的精华论文,并借助"年底"场景策划的系列推文"《教育研究》2021 年年度论文评选"截至目前总阅读量高达 4.2 万。

1.3 建立众包协作模式,激发协同创意

社群不同于简单的群体,其内部有着自成体系的运营规则和激励策略,群成员各司其职协同运营社群,使得用户价值得以最大化彰显,私域流量层层转化为社群经济。"众包协作"是一种重要的互联网思维,即建立以层级结构为核心的协同创意模式,使群成员各司其职参与话题讨论,从而更好地激发用户的协同创意。由学术期刊微信公众号运营者充当群体建构师的角色,负责设计话题框架并进行一定的督导和发酵;由期刊编辑部其他成员充当管理者

来拆分话题，精细化运作；群中的意见领袖负责活跃氛围，凝聚共识；活跃者即核心用户成为话题或推文内容的主要参与者，不断完善话题；在群体建构师和管理者的不断诱导下，群中的"潜水者"萌生参与创作话题的意向，逐渐加入讨论。在群体成员闭环运作下，话题成为选题、只言片语成为内容的有机组成部分，由学术期刊编辑重构后统一向用户推送。

2　社群视角下学术期刊微信公众号的运营困境

2.1　群体诉求掌握不足，传播内容泛化

冀芳等[11]对人文社科科研人员的 607 份调研问卷调查结果显示，用户对学术期刊微信公众号的整体满意度为 2.33，整体评价偏于"不满意"。其主要原因在于学术期刊公众号在运营的过程中普遍推送内容过于单一，对群体诉求掌握不足，传播内容泛化。主要体现在：一是未能找到受众所对应的社群。社群是聚合公众人心和注意力的优质平台，在社群内人人乐于表现自我，实现个体社会化；社群内部以群体归属意识和群体规范来维护，建立起良好的传播互动机制。但多数学术期刊微信公众号推文普遍面向所有用户，没能基于用户的研究方向、地域、兴趣等划分社群，向特定群体推送定制化内容。二是与社群成员的沟通不足。公众平台作为社会化媒体，其本质是人的延伸。学术期刊微信公众号运营者应充分与社群成员特别是社群意见领袖建立日常沟通，收集合意，推送契合用户痛点的内容。但学术期刊编辑部碍于稿件编校等压力大多无力维护与作者的关系，导致群体诉求掌握不足，推送内容枯燥乏味。

2.2　服务意识不强，传播场景窄化

学术期刊微信公众号运营者普遍缺乏用户思维，服务意识不强，传播形式弱化。具体表现为：一是平台功能性特征表现不足。学术期刊编辑部熟练操作新媒体技术的复合型人才不足导致公众号的外观设计单调，投稿、查稿等菜单多链接官网投稿系统，没能较好实现公众平台的直接引流；同时期刊文章推送多限于标题和摘要，全文推送仅以 PDF 作链接，观感较差。二是平台情感性特征发挥不足。学术期刊公众平台应由用户参与价值共创，但当下其普遍没能真正基于用户心理需求，盲目追求推送频率，弱化与微信视频号、小程序的链接，价值观输出不足。三是场景利用不足。多数学术期刊微信公众号没能借助新闻、社会热点以及当下互联网流行的话题、网络词汇等推送相关内容，活跃用户群；没能基于用户近期或当下所在的地点场景，诸如某场学术活动、研讨会等，策划特定主题的推文。

2.3　协同创意不够，传播意愿弱化

目前学术期刊微信平台运营普遍缺乏有效的传播管理，难以激发延展性强、分享性强的协同创意。具体表现为：一是沟通元不足。"沟通元"(meme)一词由杰伊·康拉德·莱文森(Jay Conrad Levinson)在《营销创新力》中提出，它指的是能够引起注意的特定营销信息，可以是文字、形象或动作等[12]。沟通元是传播的有效载体，是实现创意的元点，好的沟通元具有清晰性、可复制性和可延展性的特点，能激活用户参与，在分享、互动和协同创意中实现话题"裂变"，达到预期传播效果。当下学术期刊普遍没有找到适合自身期刊定位的沟通元；没能在社群成员的沟通中精准找到用户最感兴趣的内容和最易引发讨论和关注的话题，将其塑造成沟通元，推送的文章普遍转发量较少。二是激励机制弱化。找到沟通元后无法激励用户进行自传播也是当前微信公众号运营面临的问题。运营者没能将期刊已有的资源合理转化为利益驱动有效激发用户参与，致使用户普遍缺乏热情，积极性不高。尤其是针对核心用户，没能树立旗杆效应，使其带动群成员参与话题建构，精神和物质层面的利益授予不足。

3 社群视角下学术期刊微信公众号的运营策略

自媒体弥合了传播者与受传者之间的界限，受众既是内容的生产者也是内容的消费者，学术期刊微信公众号作为前沿学术思想的传播者，照搬纸刊论文的单一推送显然已无法满足用户的多元信息需求，基于社群节点诉求和特定场景的"痛点""痒点"内容推送成为当下学术期刊微信平台运营的关键举措。

3.1 铸牢群体导向，聚合节点诉求

按照学术期刊微信公众号用户属性划分，可将所有订阅用户细分为作者、一般读者和同行专家学者。学术期刊微信公众号在向所有订阅用户推送当期纸刊论文的基础上应分别向3个群体推送定制化内容。①针对作者群体的人文化导向。作者是学术期刊的重要载体，调查数据显示，学术期刊公众平台的菜单栏中点击量靠前的为投稿须知和稿件查询，这也是期刊作者的核心诉求。在实际运营过程中应以人为本，简化菜单栏的设置，即点击"稿件查询"菜单，直接输入稿号即可一键查询，简化流程。此外，应多为读者定制推送期刊征稿、专栏名称征集、稿件校对实录等模块化内容，激发作者的协同创意，引发共鸣。在平时的群内互动中应彰显人文关怀，成为作者的追随者，"点对面"生产直击痛点的新选题。②针对一般读者群体的新闻化导向。读者的核心诉求是了解期刊动态和前沿学术成果、研讨信息等。学术期刊公众平台运营者应充分满足一般读者的"看热闹"心理，以轻松愉悦的风格增加业内资讯、学术培训、学术动态等"新闻热点"内容的推送频次，以增加其沟通元，打造私域流量。例如："中国出版"微信推文《看过来！出版业界学界"大咖谈学术"为小白、青椒们指点迷津啦！》以网络词汇的方式激发读者的阅读兴趣，截至2022年8月16日其阅读量高达3 227次。③针对同行专家学者群体的全媒体化导向。专家学者的核心诉求即全方位了解期刊发文、优质期刊选题、稿件审读事项等。针对此群体，公众平台运营者应增加稿件审读标准、学术研讨、同领域核心期刊推文分析等内容的推送频率。此外，应立足打造大公共传播平台，将传统媒体(纸刊)、各大新媒体平台(微博、论坛等)与微信公众号充分结合，如在微博上发起话题内容，在社群中激发讨论并在微信公众号上予以推送，最后将话题精华登载在纸刊封三、封四上，实现融合转型，助力纸质期刊的二次营销。④锚定社群节点，聚合延伸诉求。作者群、专家学者群、一般读者群的社群节点即"研究方向"。学术期刊微信公众号运营者应围绕期刊栏目，建立不同研究方向的用户社群，在此群中可针对某一篇文章进行囊括作者、专家学者、一般读者在内的全流程推送，如推送某一篇文章的作者写作思路、专家审稿意见以及读者的读后感，打通用户间的隔阂，实现一对一的传播与反馈，增加用户的身份认同与群体归属。

3.2 细化场景服务，打造数字生活家园

巧妙利用特定场景提供产品附加的人性化服务是期刊吸引作为"市场"的受众的关键。学术期刊微信公众号可基于特定的时间场景、空间场景、行为和心理场景进行定制内容推送。①基于特定时间场景的模块化服务。调查数据显示，关于微信平台推送学术内容的时机，夜晚(18:00—24:00)最好，下午(12:00—18:00)次之，上午(8:00—12:00)效果最差[13]。学术期刊微信公众号运营者应制定模块化的分时段内容推送规划，包括时间、推送内容、推送形式等，如上午推送较为严肃的期刊论文、午后推送轻松的科研活动资讯、傍晚推送可视化的视频课程等，构建具有强烈代入感的情境，与用户当下的身心状态相契合，最大化提升推文的传播效果。"模块化"不仅仅体现为固定的时间和内容形式，更表现为运营者应多提供可供讨论的话题

名称、话题主题等"半成品",由群体成员自主参与创意、完善内容,打造集群体智慧于一体的极具亲和力的模块化数字交流空间。②基于特定空间场景的增值化服务。据清博大数据所创立的微信传播指数(WCI)调研结果显示,推送信息的频次越高,获得的曝光量相应就越大,微信公众号的阅读量和点赞量越高[14]。因此,学术期刊微信公众号运营者应充分利用高端论坛、学术活动、纸刊付印等地点场景,为用户提供圆桌争鸣、讲座在线直播、关联论文集锦、期刊付印流程揭秘等增值化的学术服务。概括而言,应以学术期刊的核心内容产品——论文为圆点,以衍生产品——科研课程、解读、训练等为半径,开展多元的科研知识服务并不断迭代,实现专家学者、作者、一般读者与编辑部的闭环运营与多元赋能。③基于特定行为和心理场景的柔性化服务。公众平台运营者应努力表现出良好的沟通态度,与社群成员进行心灵沟通,了解其核心诉求和实际困难,充分运用短视频、视频课程、长海报、知识卡片等可视化内容吸引用户,为实现流量变现筑基。此外,在日常传播中多发布软话题,鼓励用户在社群中多"讲故事",并通过多种奖励机制鼓励他们多分享,共同参与内容的建构,使期刊品牌消费者尽可能转化为合作者,共同打造数字生活空间中的家园。

3.3 塑造沟通元,强化期刊价值认知

学术期刊公众平台运营者应着力塑造可激发用户参与讨论的沟通元,这些沟通元能被用户延展为多元形式的信息与内容,在社群中进行飞快地复制并激发协同创意,由此强化期刊价值认知。学术期刊微信公众号的沟通元可从研究方向和出版方向两个方向来塑造。研究方向包括:①时政热点。由于我国媒体特有的党性属性,具有标志性的国家大事皆可成为编辑"有心插柳"制造的话题,既可以是宏大的硬话题,如"献礼党的二十大"征稿启事、"'两个大局'与出版未来"等,也可以是"冬奥明星大家谈"等贴近生活的软话题。据企鹅智酷发布的《中国新媒体趋势报告 2018》数据显示,在众多资讯类平台中,微信公众号的渗透率占比达 64.9%[15],因此"借势"运营可以有效提升推文关注度和期刊品牌知名度。②学术热点。应时刻关注期刊本领域的研究热点和知名学者的前沿学术成果,以有奖参与等形式引发用户参与热词的讨论。③近期发布的文件或新规。新媒体运营者应对期刊本领域的最新政策、文件、规章等保持敏感,快速掌握并解读文件中的"变与不变",鼓励作者、专家学者、一般读者在群里"聊新规",最后由运营者整合用户的观点并编发推文,引发共鸣。④近期举办的学术活动。既可以征求用户的意见举办某个热点主题的活动、丰富活动形式,也可以推送某场活动中的亮点和重要专家学者的观点解读。出版方向的沟通元可囊括期刊出版全流程。在编辑部精力允许的情况下,期刊出版的"审校—排版—印刷—发行"各阶段做法或要求皆可延伸为可分享的话题,激发协同创意。

找到沟通元后,则面临如何激活社群成员的问题。让每位成员都感受到强烈的参与感,积极参与各场景、各主题内容的互动,强化期刊价值认知,是将普通用户演变成公众号忠实粉丝的关键。以传播过程的序列性来看,激发协同创意可细分为 3 个步骤:①提问。自媒体时代,提问往往比回答更有价值。学术期刊微信公众号运营者应时常在用户群中发问,如发布话题"稿件语病大检查"等,鼓励大家踊跃参与,将校对后的稿件拍照发到群中。②发酵。应以有趣有料的方式延展话题,如鼓励用户参与评选,票选出"语病检查"答卷中的优胜者。③解答。在用户参与分享和协同创意后,由运营者揭晓话题答案并开奖表彰,如发布"稿件语病大检查"的正确答案,进行荣誉表彰,拉开下次活动的序幕。通过使用户参与提问到解答的全过程,提升其对期刊的价值认知,彰显期刊品牌形象。

4 结束语

在各大核心学术期刊争相开设新媒体平台的时代背景下,学术期刊微信公众号运营者掌握基本的社群运营策略和场景监测技能进行特定细分群体的精准推送已成为大势所趋。传统学术期刊编辑部只有勇于打通内部人才断层,全方位培养数字型人才才能盘活新媒体平台,激发协同创意,强化期刊品牌认知。微信公众号理应成为学术期刊进行媒体融合和数字出版的主战场,集高质量的内容、生活化的服务于一体,致力于打造个性化的以学术为载体的数字生活空间,从而实现广大读者赋予的使命担当,推动学术期刊的繁荣发展。

参 考 文 献

[1] 中共中央关于制定国民经济和社会发展第十四个五年规划和二〇三五年远景目标的建议[EB/OL].(2020-11-03)[2022-03-25].http://www.gov.cn/zhengce/2020-11/03/content_5556991.htm.

[2] 国家新闻出版署.中共中央宣传部教育部科技部印发《关于推动学术期刊繁荣发展的意见》的通知[EB/OL].(2021-06-23)[2022-05-08].http://www.nppa.gov.cn/nppa/contents/312/76209.Shtml.

[3] 陈静.互联网思维赋能学术期刊微信公众号的运营实践[J].出版广角,2021(20):73-74.

[4] 孟晗菁,罗雁飞.学术期刊微信公众号运营与影响力提升研究:以"中国循环杂志"微信公众号为例[J].科技与出版,2021(9):115-116.

[5] 谢磊.学术期刊微信公众号出版发行的传播效果研究:基于国际政治类 CSSCI 期刊的大数据分析[J].传播与版权,2021(12):65.

[6] 金韶,倪宁."社群经济"的传播特征和商业模式[J].现代传播,2016,38(4):113-117.

[7] 郭庆光.传播学教程[M].北京:中国人民大学出版社,2011:156.

[8] 朱琳峰,李楠.学术期刊内容精准推送服务研究及单刊实践[J].编辑学报,2021,33(2):193-196.

[9] 张晓丽.数字营销时代关系范式下母婴品牌社群运营模式研究:以品牌"孩子王"为例[J].金陵科技学院学报(社会科学版),2021,35(4):26-27.

[10] 喻国明.未来媒介的进化逻辑:"人的连接"的迭代、重组与升维:从"场景时代"到"元宇宙"再到"心世界"的未来[J].新闻界,2021(10):57.

[11] 冀芳,王召露,张夏恒.人文社科类学术期刊微信公众号的发展:基于 533 种 CSSCI(2014—2015)来源期刊与 607 份问卷的调研数据[J].科技与出版,2016(11):75-80.

[12] 杰伊·康拉德·莱文森,许仲彦.营销创新力[M].北京:人民邮电出版社,2006.

[13] 刘春丽.编辑出版类期刊公众号的运营策略探析:以 CSSCI 来源期刊(2019—2020)为例[D].青岛:青岛科技大学,2021.

[14] 毕丽萍,叶继元.学术期刊微信公众平台评价实证研究:以 11 种图书馆、情报与文献学 CSSCI 来源期刊为例[J].图书馆杂志,2021,40(10):54-63.

[15] 企鹅智酷.中国新媒体趋势报告 2018[EB/OL].(2018-12-05)[2019-04-25].http://tech.qq.com/a/20190301/008800.htm#p=1.

上海市科技核心期刊微信公众号建设现状及运营策略建议

王晓宇，陈 姣，汪 源，丁瑾瑜

(上海市疾病预防控制中心《环境与职业医学》杂志，上海 200052)

摘要：本文对入选 2020 版《中文核心期刊要目总览》的上海市科技核心期刊微信公众号建设现状进行分析，指标涵盖基本情况、自定义菜单、推文特征、微信传播力指数(WCI)及特色服务项目等。根据各指标的分析结果，从精准定位、塑造形象，积极运营、加强传播四个方面提出发展建议。

关键词：微信；微信公众号；核心期刊；上海；运营策略

2021 年 5 月，中共中央宣传部、教育部、科技部联合印发了《关于推动学术期刊繁荣发展的意见》，在意见中明确提出了学术期刊应顺应媒体融合发展趋势，坚持一体化发展，通过流程优化、平台再造等方式，实现从选题策划、论文采集、编辑加工、出版传播的全链条数字化转型升级。国家层面政策的出台，凸显了新媒体建设的重要性。微信公众平台自 2012 年 8 月上线以来，公众号爆发增长，众多出版单位开始涉足这一新媒体发展领域，期刊微信公众号的传播效果和运营策略也成为目前备受关注的研究热点。已有研究对不同核心评价体系的来源期刊进行了分析，如 EI[1]、CSSCI[2]、中国科技核心期刊[3]、中国科学引文数据库[4]等。很多研究立足于特定领域期刊，如护理类[5]、医学类[6]、食品类[7]等。已有研究为科技期刊微信公众号的建设和发展提供了参考。

上海市是我国期刊出版重镇，全市现有期刊 630 多种，位居全国第 2 位。近年来，上海市科技期刊的办刊水平和竞争力持续提高，但目前上海市学术期刊微信建设现状仍无法全面准确获知。本研究以入选 2020 版《中文核心期刊要目总览》的上海市科技核心期刊为研究对象，系统分析各刊的微信公众号建设现状，提出相关运营策略建议。

1 研究对象与方法

经统计，共有151种上海市科技期刊入选2020版《中文核心期刊要目总览》，通过微信"添加朋友"功能，输入刊名进行搜索并添加关注。如前述方法未能寻找到目标期刊，则通过期刊官方网站浏览及中国知网论文下载两个途径进行补充查找。调研内容包括各刊微信公众号开通基本情况、自定义菜单设置情况、推文频率/内容特征等。随后通过清博新媒体指数检索对应期刊的微信传播力指数(WeChat Communication Index, WCI)。本研究数据来源时间段为2020年12月1日—2021年5月31日。

基金项目：上海市科技期刊学会青编"腾飞"计划(2020A02)

2 结果与分析

2.1 基本情况

2.1.1 开通注册情况

截至 2021 年 6 月 1 日，151 种上海市科技核心期刊中，有 88 种期刊开通了独立微信公众号，占 58.3%。《水动力学研究与进展》A 辑与 B 辑使用同一公众号——"水动力学研究与进展"，因此 88 种期刊共开设了 87 个微信公众号。《法医学杂志》《实验动物与比较医学》2 种期刊未开设独立的公众号，但通过主办单位开设的官方公众号——"司法鉴定科学研究院""上海实验动物中心"发布期刊相关信息；《光学学报》《中国激光》《激光与光电子学进展》隶属的中国激光杂志社旗下包括多个微信品牌，如"爱光学""激光评论""中国激光杂志社"等，无法与具体期刊一一对应；如将以上 2 种情况也视作开通了微信公众号，则开通比例提升至 61.6%，考虑到上述情况的特殊性，本研究后续指标统计未包括这 5 本期刊公众号的相关信息。其余期刊截至调查时尚未开通微信公众号。上海市科技核心期刊微信公众号开通情况见表 1。

表 1 2021 年上海市科技核心期刊微信公众号开通情况

序号	刊名	账号名称	账号性质	认证情况
1	外国经济与管理	外国经济与管理	订阅	+
2	中国医药工业杂志	中国医药工业杂志	订阅	—
3	中国寄生虫学与寄生虫病杂志	中国寄生虫学与寄生虫病杂志	订阅	+
4	辐射研究与辐射工艺学报	辐射研究与辐射工艺学报	订阅	+
5	同济大学学报(自然科学版)	同济大学学报自然科学版	订阅	+
6	计算机工程	计算机工程	服务	+
7	核技术	核技术	订阅	+
8	环境与职业医学	环境与职业医学	订阅	+
9	上海纺织科技	上海纺织科技	订阅	+
10	船舶工程	船舶工程—中文核心期刊	订阅	+
11	中华内分泌代谢杂志	中华内分泌代谢杂志	订阅	+
12	水产学报	水产学报	订阅	+
13	解剖学杂志	解剖学杂志	订阅	—
14	华东师范大学学报(自然科学版)	华东师范大学学报自然科学版	服务	+
15	上海针灸杂志	上海针灸杂志 1982	订阅	+
16	中国医疗器械杂志	中国医疗器械杂志	订阅	+
17	化学学报	化学学报	服务	+
18	有机化学	有机化学 CJOC	服务	+
19	机械工程材料	机械工程材料	订阅	+
20	理化检验-化学分册	理化检验化学分册	订阅	+
21	生理学报	生理学报	服务	—
22	合成纤维	合成纤维	订阅	+
23	无机材料学报	无机材料学报 JIM	服务	+
24	中成药	中成药期刊	订阅	+

续表

序号	刊名	账号名称	账号性质	认证情况
25	肿瘤	肿瘤杂志	订阅	+
26	生命的化学	生命的化学	订阅	—
27	上海农业学报	上海农业学报	订阅	+
28	应用科学学报	应用科学学报微站	订阅	—
29	自然杂志	自然杂志	订阅	—
30	上海交通大学学报	上海交通大学学报	订阅	+
31	腐蚀与防护	腐蚀与防护	订阅	+
32	上海口腔医学	上海口腔医学杂志	服务	+
33	职业卫生与应急救援	职业卫生与应急救援	服务	+
34	复旦学报(医学版)	复旦大学复旦学报医学版	订阅	+
35	中华手外科杂志	中华手外科杂志	订阅	—
36	中华航海医学与高气压医学杂志	中华航海医学与高气压医学杂志	服务	—
37	上海航天	上海航天期刊	订阅	—
38	上海城市规划	上海城市规划杂志	订阅	+
39	上海大学学报(自然科学版)	上海大学学报自然科学版	订阅	—
40	针灸推拿医学(英文)	针灸推拿医学杂志	订阅	+
41	中国胶粘剂	中国胶粘剂杂志	订阅	—
42	中国感染与化疗杂志	中国感染与化疗杂志	订阅	—
43	中国眼耳鼻喉科杂志	中国眼耳鼻喉科杂志	服务	—
44	国际心血管病杂志	国际心血管病杂志	订阅	—
45	国际消化病杂志	国际消化病杂志	订阅	—
46	国际骨科学杂志	国际骨科学杂志	服务	—
47	脊柱外科杂志	脊柱外科杂志	订阅	—
48	现代免疫学	现代免疫学杂志	订阅	—
49	净水技术	净水技术	订阅	+
50	中国海洋平台	造船技术与海洋平台	服务	+
51	红外与毫米波学报	红外与毫米波学报	服务	+
52	肿瘤影像学	肿瘤影像学杂志	服务	+
53	城乡规划	城乡规划杂志社	订阅	+
54	上海交通大学学报(医学版)	上海交通大学学报医学版	订阅	—
55	中国细胞生物学学报	中国细胞生物学学报	订阅	+
56	中国动物传染病学报	中国动物传染病学报	订阅	+
57	上海海洋大学学报	上海海洋大学学报	订阅	—
58	微生物与感染	微生物与感染杂志	订阅	—
59	电机与控制应用	电机与控制应用	服务	+
60	中国癌症杂志	中国癌症杂志	服务	+
61	中国肿瘤生物治疗杂志	中国肿瘤生物治疗杂志	服务	+

续表

序号	刊名	账号名称	账号性质	认证情况
62	中国临床药学杂志	中国临床药学杂志	服务	+
63	华东理工大学学报(自然科学版)	华东理工大学学报自然科学版	服务	—
64	同济大学学报(医学版)	同济大学学报医学版	服务	+
65	香料香精化妆品	香料香精化妆品	订阅	—
66	实验室研究与探索	实验室研究与探索	服务	—
67	世界临床药物	世界临床药物	订阅	—
68	生命科学	生命科学	订阅	—
69	功能高分子学报	功能高分子学报	订阅	—
70	城市轨道交通研究	城市轨道交通研究	订阅	+
71	中国临床医学	复旦大学中山医院中国临床医学	服务	+
72	胃肠病学	胃肠病学	服务	—
73	介入放射学杂志	介入放射学杂志	订阅	+
74	肝脏	肝脏	订阅	+
75	城市规划学刊	城市规划学刊	订阅	—
76	医用生物力学	医用生物力学编辑部	服务	+
77	供用电	供用电杂志	订阅	+
78	研究与发展管理	研究与发展管理	订阅	—
79	信息网络安全	信息网络安全杂志	订阅	+
80	力学季刊	力学季刊	订阅	—
81	水动力学研究与进展 A、B	水动力学研究与进展	订阅	—
82	亚洲男性学杂志(英文)	Asian J Andrology	服务	+
83	结合医学学报(英文)	结合医学	订阅	—
84	中国药理学报(英文)	中国药理学报	服务	—
85	无损检测	无损检测 NDT	订阅	+
86	建筑钢结构进展	建筑钢结构进展	订阅	—
87	乳业科学与技术	乳业科学与技术	订阅	—

2.1.2 公众号基本信息

在名称设置方面：64 个微信公众号名称与其刊名完全一致，其中《亚洲男性学杂志》(英文)使用期刊的英文名称；19 个基本一致，微信公众号名称在中文杂志名称中添加杂志、期刊、杂志社、编辑部、微站、英文缩写，或添加主办单位名称。特别的是：《中国海洋平台》使用的公众号名称是"造船技术与海洋平台"，该公众号由《中国海洋平台》和《造船技术》杂志共同使用；《结合医学学报》(英文)简写成"结合医学"；《船舶工程》微信号名称为"船舶工程—中文核心期刊"；《上海针灸杂志》微信号名称为"上海针灸杂志 1982"。

在头像设置方面：绝大部分公众号均使用期刊封面或显示中英文期刊名称或缩写的 logo，和纸质期刊形象保持了高度一致；《微生物与感染》《香料香精化妆品》《城市轨道交通研究》使用图片，《中国海洋平台》因平台定位的特殊性，使用的是具有微信名称的图片。

在欢迎语方面：27个微信公众号使用默认欢迎语，10个账号未设置任何欢迎语，其他账号均设置并修改了欢迎语，其中36个账号欢迎语内容较为全面，介绍了本公众号的功能设置或期刊的基本信息。

2.1.3 账号主体与认证情况

在87个微信公众号中，除9个账号主体显示为个人、1个为无、2个为广告公司外，其他公众号均以期刊的主办单位，或杂志社、编辑部作为账号主体。有47个微信公众号通过了机构认证，占54.0%。账号主体注册为媒体的最多，为37个，其次依次为事业单位(4个)、其他(5个)、大学(1个)；40个未认证账号中，11个账号主体为个人，余为企业或媒体等。

2.1.4 平台类型

微信公众号分为订阅号和服务号两种类型。订阅号侧重于提供信息，主要功能是为读者传达资讯，推送的消息折叠在微信"订阅号消息"下，每天可发布1条消息；服务号主要功能偏向服务类交互，具有更丰富的接口权限，消息推送时出现在微信主界面，每月可发布4次消息，一次最多可以推送8篇图文，服务号的功能及权限均优于订阅号。本次调查结果显示，在87个微信公众号中，有61个为订阅号，占70.1%，高于服务号(26个，占29.9%)。

2.2 自定义菜单

87种期刊公众号中，7个公众号未设置自定义菜单，余80个均设置了导航栏菜单，占比92.0%。10个公众号开通了2个一级菜单，其余均开通了3个一级菜单。根据其详细菜单栏设置分类数据，按照功能划分：所有微信号均提供母刊相关信息导航栏(一本杂志仅提供订阅信息，未涉及其他母刊内容)，42个提供稿件查询功能，24个提供审稿相关功能，11个提供行业相关功能，30个提供其他功能的导航栏(包括调查问卷、查重服务、视频等)；45个公众号一级栏目的设置仅围绕母刊展开，提供包括期刊介绍、论文浏览、稿件查询、审稿相关、订阅等相关内容。

2.3 推文特征

2.3.1 推送频率

由于微信公众号服务号每月最多只能推送4次消息，本研究将每月消息推送频率＜4次的账号视为不活跃，≥4次的视为活跃。经统计，在全部87个公众号中，有28个为活跃账号，占比32.2%，31个公众号推送频率为每月1~3次，17个公众号消息推送频率每月≤1次，有2个公众号只推送了1次消息，还有9个公众号在检索时间段内未推送过消息。

2.3.2 推送内容

通过对87个公众号推文分析，发现上海市科技期刊微信公众号推送内容主要集中于以下几种类型：①母刊相关内容，包括期刊目次、论文、亮点文章和学术专辑等；以母刊原文直接推送的推文数量多于对论文碎片化解读的推文。②杂志动态，主要包括编辑部各类公告、期刊专栏/专刊征稿启事和杂志优秀论文及审稿人评选等各类活动通知。③行业资讯，包括本领域研究进展、行业相关信息、学科动态等。除以上内容外，学术论文写作经验、节日祝福、专家风采、会议通知等也是公众号常见的推送内容。经统计，按照功能划分，各类推文出现的频率由高到低依次为：期刊目次、杂志动态及相关、行业信息、母刊论文原文、母刊论文改编、写作资讯、转发其他微信公众号推文以及其他，有4个公众号推送了科普推文。

2.4 WCI指数

借助清博新媒体指数检索对应期刊的WCI，WCI在学术和专业研究中被广泛应用于衡量微信公众号的整体传播力和影响力。在本研究统计时间段内，平均 WCI 超过 300 的公众号有 42 个，其中 21 个位于 200~300 之间，有 14 个位于 300~400 之间，400~500 之间的有 6 个(《中国癌症杂志》《有机化学》《计算机工程》《无损检测》《上海城市规划》《外国经济与管理》)，超过 500 的仅《城市规划学刊》。一部分公众号因未申请入榜或更新未达到计算要求而未能获得 WCI 值。

3 运营策略建议

3.1 精准定位：高度重视、打造人才

本次调研结果显示，已有六成左右的上海市科技核心期刊开通了微信公众号，但其中有近七成账号推送频率低于每月 4 次，公众号的开通与运营均有提升空间。期刊从业人员应从国家政策、行业发展的角度提升对新媒体重要性的认知，重视媒体融合发展，充分认识到论文采集、编辑加工、出版传播具有同样重要的地位，积极推动传统期刊向全媒体传播方向发展。微信公众平台是对传统数字出版的继承和创新，是科技期刊提高其影响力和传播力的新方式。掌握受众群体和功能需求，是确定微信公众号性质及开展针对性的选题策划和推文内容编排的前提。因此，各期刊公众号平台创立之初就要明确自身功能定位，是打造投稿、审稿、稿件查询、下载、信息检索等功能的服务平台，还是传递行业文章、资讯的传播平台，是成为学术交流、问题咨询的交流平台，还是聚焦于培训会议学习、开始微店的经营平台[5]。

《关于推动学术期刊繁荣发展的意见》中也首次提出应推动学术期刊加强新媒体编辑力量和技术力量。新媒体平台建设非母刊论文简单地跨平台搬运，而是涵盖内容策划、论文编辑与平台管理等多方面的综合运营。科技期刊微信公众号高水平发展，人才是最重要的资源。目前上海市科技核心期刊仍多以编辑部形式运营，在此背景下，强化传统编辑新媒体素养，提高策划、宣传和技术能力，是获得高水平人才的首要手段；进一步地，当条件允许时，也可引进专业的新媒体编辑或团队[8]。由原编辑人员兼职新媒体编辑，不可避免地会出现时间精力分配冲突、专业性欠缺的现象，而建立专业的新媒体团队则可以很好地弥补这种缺陷。从人才成长的长期规划来看，呼吁建立健全新媒体编辑职称评审制度，打通新媒体编辑的专业晋升通道，方能充分调动新媒体编辑的工作积极性[9]。

3.2 塑造形象：完善信息、塑造形象

本次调研显示，在已开通的上海市科技核心期刊微信公众号中，存在一定比例的形象不规范问题，表现在账号名称、头像难以准确对应期刊，未使用或使用默认欢迎语，未通过微信认证等。具有规范的形象是微信公众号获得认可，增加关注度，展现平台特色的前提条件，因此公众号的名称、头像、认证情况及欢迎语等基本信息的完善就显得尤为重要。读者对期刊公众号的关注通常首选期刊名，能够在微信"添加朋友"直接搜索期刊全名找到对应期刊的公众号更为便利[4]，若不能通过此种方式寻获目标公众号，可能导致潜在关注者的丢失。因此，公众号名称以与期刊名完全一致或添加"编辑部""杂志"等文字为佳，减少期刊名称的字词或使用简称可能在一定程度上给关注者的搜索带来困难。在头像设置的选择上，一般来说，如使用涵盖有中英文期刊刊名、主管单位、期刊荣誉、标准编号、收录状况等的全部或部分内容的封面截图，更利于用户在加关注时能直观、便捷地甄别账号。微信公众号认证制度要求账号主体必须是机构，经认证后微信搜索排名靠前，可提供更具价值和多元化的服务，为账号的真实性和安全性提供保障，因此更易获得关注者的认可和信任。进行认证应是科技期刊

微信公众号运营者首先需要完成的工作之一。添加关注后，欢迎语是关注者接收到的首条信息，应设置个性化的欢迎语和公众号介绍，尤其是其吸引关注的特色[10]，内容上建议围绕公众号功能介绍展开，辅之以期刊的简介信息，避免仅仅使用期刊简介，而完全不包括公众号功能的介绍。自定义菜单是用户添加关注后第二关注的内容，目前上海市科技核心期刊微信公众号自定义菜单的设置比例较高，不过仍有19.5%的公众号未能充分利用本功能。每个微信公众号可以设置三个自定义菜单，建议菜单的设置使用能体现自身特色和定位的名称，彰显公众号的特点[4,11]，《净水技术》杂志微信公众号设置的"期刊""专题""活动"，《环境与职业医学》设置的"读者""作者""我们"，《上海海洋大学学报》设置的"作者微栏""读者微栏""学报微站"就是调研期刊中具有一定特色的代表。

3.3 积极运营：发掘特点、内容为王

技术发展引发渠道或平台的变化并不能真正影响读者选择，所提供的内容是否具有价值，是读者做出选择最重要的决定因素。因此推送推文是公众号发挥影响力最重要的手段。本次调查显示，期刊目次、杂志动态及相关、行业信息是上海市科技核心期刊微信公众号最主要的三项推文内容。不同规模和体制的期刊，在公众号推文种类上可能有较大差异，如何平衡工作重心及优先级，最大程度发挥已有资源价值是影响科技期刊微信公众号开展针对性运营的重要因素。优质的内容资源、成熟的编辑队伍是科技期刊优势所在，如能在此基础上秉持"内容为王"的理念，推出更实用的内容，将逐步扩大各刊微信公众号的影响力[5]。在信息加工方面，科技期刊利用微信平台进行与期刊工作相关的内容建设的同时，要重视推文的推送频率、质量和多样性等，达到维持读者活跃度与增加读者黏度，服务期刊与服务读者的平衡。

母刊内容和编辑部动态是最基础的推文信息。因为科技期刊论文学术性较强，专业的表述和较长的篇幅并不适合新媒体平台的浅阅读模式，而最好将论文进行碎片化加工，提取主要内容，降低理解难度，增加阅读趣味性[12]；也可融入相关的学科进展等更丰富的信息，增加推文的信息量。同时，可尝试适当加入与论文相关的音视频等。与文字和图片相比，音视频可以将学术论文以更为动态、立体的形式展示给读者，在丰富视听体验的同时更有利于推文内容的理解[9]。在工作动态方面，可定期发布编辑部公告，数据库收录更新、编委会换届信息，向读者积极传递期刊运营信息。

在此基础上，公众号还可以推送行业信息和论文写作信息。在行业信息方面，发布领域重点关注的热点文章、热点新闻、热点方向的专栏征稿通知、品牌学术会议信息，相关学科领域的期刊的影响因子和分区信息等，会吸引相关领域科研人员的关注，带来丰富的有效流量[10]。推送论文写作指导方面的内容更是科技期刊独有的资源优势。

除了内容质量外，形式质量对微信推文的阅读体验也有相当程度的影响，不佳的排版将无法使读者获得良好的阅读体验，也难获得应有的传播质量。图片是微信公众号版式设计中的核心元素之一，文字是信息传播的载体，两者是公众号版式设计的基本要素，色彩搭配对微信公众号视觉形象与读者体验也有重要影响，如何统筹结合各个要素，优化排版格式，各期刊需要不断尝试和创新[13]。在此次调研过程中，《城乡规划》杂志微信公众号的优秀排版给笔者留下了极为深刻的印象。

3.4 加强传播：重视互动、广泛推广

科技期刊微信公众号在互动方面的缺失已被多个研究发现[5,8,10]。在此次调研的上海市科技核心期刊中同样存在这个问题。事实上，用户若仅关注公众号，未进行阅读和互动，很难

实现增强期刊传播力的效果。公众号的运营者必须提高运营认识，加强和读者之间的互动交流，以保持读者黏性。运营者要充分利用推文的"留言"功能，可以鼓励读者留言记录推文阅读感受和疑问、微信栏目设计建议、公众号使用体验，并予以及时回复。运营者也可通过设置自动回复、投票等功能，积极与读者交流，从而有效搭建微信互动交流平台。

除了积极互动，期刊微信公众号的推广也应该受到充分的重视。编辑部可以采取在网站主页或纸质版、电子版刊物中设置公众号的宣传信息，放置二维码，或利用电子邮件将微信公众号信息推送给作者，在学术会议上发放期刊宣传折页，通过编辑、作者、读者朋友圈或群分享，提高微信公众号及二维码的传播度。

4 结束语

《中国科技期刊发展蓝皮书(2020)》显示目前我国国内科技期刊在新媒体平台建设方面并不十分活跃，大多数期刊的微信公众号整体影响力较弱。本次调研显示，整体而言上海市科技核心期刊公众号运营仍有较大的提升空间。打造高水平的科技期刊微信公众号，精准定位是前提，塑造形象是基础，积极运营是关键，重视传播是完善。上海市科技核心期刊应该积极拓展微信公众号平台运营水平，以优质的内容服务读者，塑造期刊品牌，提高期刊的学术影响力。

参 考 文 献

[1] 刘玉成,王丹,张丹.EI收录期刊微信公众平台的运营现状及提升策略[J].编辑学报,2017,29(6):574-578.
[2] 冀芳,张夏恒.CSSCI来源期刊微信公众平台运营现状及优化策略[J].中国科技期刊研究,2016,27(7):756-762.
[3] 钱筠,郑志民.中国科技核心期刊微信公众平台的应用现状及对策分析[J].编辑学报,2015,27(4):379-383.
[4] 王宝英.中国科学引文数据库来源期刊微信公众号现状调查与分析[J].中国科技期刊研究,2016,27(1):85-93.
[5] 吴艳妮,周春兰,李柴秀.中国护理科技核心期刊微信公众号运营优化策略[J].编辑学报,2021,33(3):313-317.
[6] 郑辛甜,毛文明.医学期刊微信公众平台的运营现状及影响力提升的分析[J].中国科技期刊研究,2014,25(5):667-670.
[7] 闵甜,孙涛,赖富饶.食品类科技期刊微信公众号矩阵的构建策略:以食品类中文核心期刊为例[J].中国科技期刊研究,2021,32(4):480-486.
[8] 张辉玲.广东科技期刊微信公众平台现状调查及传播力建设:以中文核心期刊为例[J].科技管理研究,2020,40(20):255-262.
[9] 周楠,张颖,唐果媛,等.科技期刊新媒体研究进展与实践[J].中国科技期刊研究,2021,32(1):83-90.
[10] 杜焱,蒋伟,季淑娟,等.中国高水平科技期刊微信公众号运营现状及提升策略[J].编辑学报,2020,32(2):204-208.
[11] 万志超,杨松迎,王志鸿,等.微信公众平台与期刊文章相关栏目的内容设置探析:以《电力系统自动化》为例[J].中国科技期刊研究,2016,27(9):1017-1021.
[12] 何真,王玉锋,王小飞,等.学术期刊微信推送论文的内容选择及加工技巧[C]//2017年科技期刊创新与区域发展研讨会、第二届科技期刊出版创新与区域发展研讨会、第9届科技期刊发展创新研讨会,西安,2017.
[13] 周丹,周华清.科技期刊微信公众号文章版式设计研究[J].中国科技期刊研究,2017,28(12):1154-1159.

科技期刊微信公众号开通初期的应用探讨
——以《中国细胞生物学学报》为例

李梓番,陈志婷,钱倩倩,刘阿静,李 春

(中国科学院分子细胞科学卓越创新中心/生物化学与细胞生物学研究所,
《中国细胞生物学学报》编辑部,上海200023)

摘要: 本研究以《中国细胞生物学学报》为例,探讨了在科技期刊微信公众号开通初期提升期刊影响力的方法、策略,包括传播本刊发表的高质量学术成果、在学术会议中推广微信公众号、强化服务功能、充分利用其他社交平台等方式,形成一个"刊→网→会→微→刊"的良性发展模式。同时,总结了借助学术会议推广,对于初创微信公众号的期刊来说,该方式最为直接,且行之有效。希望这些探索能够为同处于公众号开通初期的期刊同仁提供借鉴。自2021年1月1日实施上述方案以来,截至2022年1月1日本公众号粉丝量由632提升到3 415,平均篇阅读量也由30提升到约300。

关键词: 微信公众号;粉丝量和阅读量;特色栏目;学术会议;服务功能

随着新媒体的蓬勃发展以及我国互联网基础设施建设的跨越式发展,大数据时代到来,用户阅读习惯和媒体产业形态都在不断地发生着变化。快速稳定的移动网络、趋于平价的通信资费、广泛普及的智能终端,使用户体验不断升级,也给传播方式带来了革命性的改变[1]。从微博、微信公众号,到直播+长短视频的哔哩哔哩(bilibili,简称"B站"),再到短视频为主的今日头条、抖音等各类新媒体应运而生[2]。正如习近平总书记所指出的,"读者在哪里,受众在哪里,宣传报道的触角就要伸向哪里,宣传思想工作的着力点和落脚点就要放在哪里。"[3]因此,科技期刊作为科技传播的主流媒体,也要善于借力新媒体平台发展,扩大影响力,锻炼编辑队伍,更好地发挥科技传播作用。

微信公众号以其活跃度高、阅读方便、传播迅速、内容多样等优势,获得学术期刊的广泛认可。近5年来,一些科技期刊陆续注册与开通了微信公众号。科技期刊微信公众号是科技期刊与新媒体融合的一种新形态。科技期刊与新媒体融合的趋势势不可挡,鉴于此,各个期刊都在寻找适合本刊发展的微信公众号运营模式。2020年7月,《中国细胞生物学学报》微信公众号正式开通。截至2021年1月1日,该公众号总粉丝量为632,共推送原创文章22篇,篇均阅读量约为30,每月推送频次约为3次,在学术期刊界影响力比较小,达不到预想的宣传目的。和其他同处于微信公众号开通初期的期刊同仁一样,本刊编辑面对这些困境有些迷茫,迫切需要找到一种微信公众号的良性运营模式。

期刊微信公众号的出现强化了期刊与读者互动,且方便快捷。截至2021年1月1日,以"学

基金项目: 上海市科技期刊学会"海上青编腾飞"项目(2020C15)

报"为关键词在微信APP中搜索公众号,共有500多条结果;以"学术期刊微信公众号"和"科技期刊微信公众号"为关键词在中国知网检索,可分别得到600和500多篇相关研究论文。经过近几年不断的实践和摸索,每个期刊虽都有了自己的经验,但同时也遇到了各种各样的问题[4]。当前,尽管国内研究者对学术期刊微信公众号运营有较多的关注,但在公众号开通初期就有显著成果的分享经验较少。万事开头难,如何在微信公众号建立初期,且在资源有限的前提下,增加粉丝量和阅读量,显著提高公众号的学术影响力,这成了期刊微信公号运营的首要课题。针对此课题,本文就本刊微信公众号开通初期的经验进行分享,以期为同行提供借鉴。

1 在学术会议中推广微信公众号

随着科学的发展与变革,无形学院式学术交流活动被不断制度化、格式化,逐步演变成了今天学术界盛行的学术会议[5]。学术会议已经成为学术交流的重要形式,为科技发展作出了重要贡献。因此,科技期刊已将参加学术会议作为编辑部日常工作和重要办刊手段[6]。借助学术会议增长微信公众号粉丝量是最直接,效果也最显著的方式之一。接下来将对本刊如何借助学术会议进行推广微信公众号进行总结,并探讨实施该策略过程中应注意的事项。

1.1 选择合适期刊方向的学术会议

由于科技迅速发展,学科分工明确,各学科专业性也逐渐增强。通常学术会议的主题非常明确,具有较强的专业性。因此,选择参与本领域相关性较强的学术会议,更利于期刊的推广。本刊提出了在学术会议中推广微信公众号的方案,2021年,《中国细胞生物学学报》编辑部重点参加的学术会议共有7个,分别是"第三届中国组织器官再生研讨会"(2021年3月25日至27日·浙江舟山)、"中国细胞生物学学会2021年全国学术大会"(2021年4月13日至16日·重庆)、"第一届2021年细胞死亡研究分会学术年会"(2021年6月2日至5日·浙江桐庐)、"第二届中国细胞骨架前沿学术会议"(2021年7月28日至31日·山东青岛)、"2021第十届棒棰岛肿瘤及血液病前沿论坛"(2021年10月13日至15日·沈阳大连)、"2021年度表观遗传与染色质生物学大会"(2021年10月18日至21日·吉林长春)、"中国干细胞第十一届年会"(2021年12月12日至15日·广东广州),其间粉丝增长量分别为69、272、50、165、124、207、156,共计1 043(图1)。

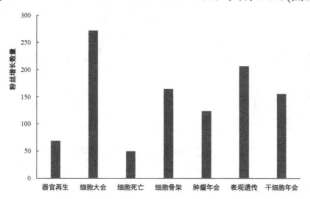

图1 各学术会议期间本刊微信公众号粉丝量增长数量

会议方向分别是组织器官再生、细胞生物学、细胞死亡、细胞骨架、肿瘤、表观遗传与染色质生物学、干细胞等,均是与本刊收稿方向相关性非常强的领域。由于会议期间新增用户与本刊方向的专业匹配度较高,因此,参会期间新增用户群体,并不是所谓的"僵尸粉",他们的活跃度也较强(图2)。除了发送推文外,阅读次数在7次参会期间均有不同程度的增长。另外,学术会议的与会代表,大多为该领域的专家和学生,因此该方案不仅是一种高效的推广微信公众号的方式,可以扩大粉丝量和阅读量,而且还可以使更多该领域学者了解本刊,拓展稿源,推进期刊发展。

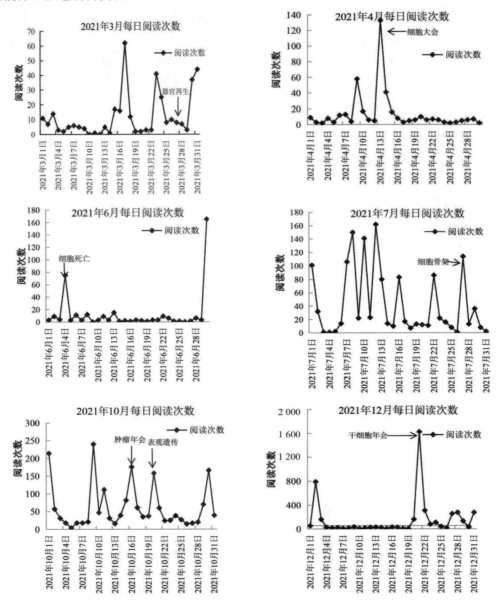

图 2　本刊微信公众号每日阅读次数

1.2　合理安排公众号推广时机

经对本刊在2021年重点参加的7次学术会议中的粉丝增长量分析得出,会议期间粉丝增长量一般集中在注册日或者开幕式当日(见图3)。因此,编辑需要合理安排参会期间的任务,提高工作效率,以高效地完成会议期间编辑部可完成的其他工作,比如听取前沿报告策划专题、约稿等任务,从而更好地推动期刊的发展。

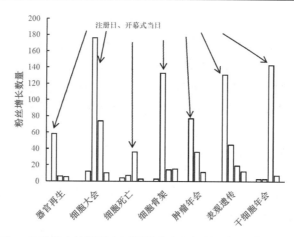

图3 各学术会议期间本刊微信公众号粉丝量每日增长情况

1.3 充分创造和利用各种推广形式

1.3.1 以展台形式推广期刊

通过会议的宣传展台赠送期刊或者印有期刊LOGO的精美宣传品等方式，吸引更广大的用户关注本刊微信公众号，扩大粉丝量和阅读量。赠送的期刊，一般情况下可选择专辑，或者发表了专栏或特色栏目的期刊，以吸引读者兴趣。例如，在参加器官再生会议时本刊特别选择了2019年本刊的创刊四十周年系列专栏第9期，免费赠予粉丝。其中该过刊中印有由朱大海研究员作为特约编委组织的专栏"组织器官损伤修复和再生进展研究"栏目文章，该书受到了参会代表的欢迎。会议期间参会代表纷纷向本刊工作人员索取该期刊，并主动关注本刊微信公众号，其间粉丝增长量为69，约占参会人数(约为230)三分之一。另外，本刊在参加肿瘤年会时，将本刊2021年第6期和第7期期刊作为赠送礼品，吸引参会代表的关注，这两期期刊分别设置了"类器官——现状、机遇与挑战"和"干细胞与心血管转化医学"专栏，其间粉丝增长量为124，占参会人数(约为200)一半以上。因此，选择合适的过刊作为赠品来吸引用户的兴趣，不仅可以增加粉丝量，还可以更好地将知识传播，更好地发挥科技期刊的知识传播作用。

1.3.2 以meeting the editors座谈会形式推广期刊

Meeting the editors特色活动是中国细胞生物学会为学会参会代表搭建的交流平台，可供专家、学者与科技期刊编辑进行面对面的交流。编辑要充分把握好宣传期刊的机会，可在PPT、宣传海报的醒目位置上放置微信公众号二维码，供参会代表扫码并关注公众号，并对公众号的投稿、审稿、答疑等功能进行宣传。

1.3.3 借助编委在报告期间进行宣贯

编辑要充分做好参会前准备工作，研读会议日程，确认是否有本刊编委在大会进行汇报，并会前与之沟通，争取在报告PPT的末页放置微信公众号的二维码，在不额外占用报告的时间的同时，借助编委的力量，在会议上推广期刊公众号。

综上，借助会议是推广期刊微信公众号十分高效的策略之一，可显著提升公众号影响力，推动期刊发展。

2 传播高质量学术成果

内容为王是传统媒体发展的根本信条。传统媒体发展的基石是内容，新媒体发展的基石也是内容[7]。

2.1 传播高质量文章

随着互联网发展和信息大爆炸时代的到来，作为科技知识传播的主流媒体，我们要把住、把好文章质量关，传播好《中国细胞生物学学报》发表的学术成果，使读者更加方便、快捷、及时地获取高质量文章内容。目前科技期刊微信公众号的工作主要涉及菜单栏目、主动推送的内容、移动优先出版情况、关键词回复、编读互动等[4]。本刊微信公众号设立了"期刊在线"菜单，读者可以及时获取本刊官网最新在线发表文章，浏览感兴趣的过刊文章。另外，我们还将本刊高质量的特色栏目，如："领域前沿""特约综述""科学人生""技术与方法"等文章推送给公众号粉丝。本刊微信公众号于2021年12月21日发布了一篇推文，该推文为血液学研究新进展专刊的目次，读者通过该目次的链接阅读本刊官网上发表的全文内容，截至2022年1月4日该推文的阅读量为1 272，是本刊微信公众号阅读量最高的推文。此专刊由中国医学科学院血液研究所程涛教授(本刊副主编)组织，主要包含正常造血生理调控、异常造血生理调控和血液疾病精准诊疗三个研究方向[8]。该推文的反响非常好，很多粉丝读者阅读后，希望能更全面地学习血液学研究新进展相关知识，纷纷致电、发邮件到编辑部咨询购买该期纸质版。

2.2 设置吸睛推文题目

为了适应新媒体的特点，科技期刊要不断地进行创新，要别具特色，才可能吸引用户关注，增加粉丝量和阅读量。如果给微信公众号推文设置一个吸引眼球的"标题"，那么推文的点击率相对会比较高[9]。比如，本刊微信公众号的推文《如何从骨髓中分离造血干细胞，中科院大咖来教你》，截至2022年1月4日，共获得55个点赞数、30个在看数，显著高于同领域知名专家相似学术题目的推文。再如，《甜蜜的陷阱：肺军团菌的秘密武器》《颠覆认知！piRNA对哺乳动物雌性生殖也是必需的》《十年磨一剑，又解决一领域难题》等推文的阅读量也远高于本刊微信公众号推文的平均阅读量。用精炼的语言，拟定最亮眼的题目，不仅能吸引用户点击文章，更能准确高效地传递文章的内容。因此，给推文拟定一个吸睛题目，可以收到非常不错的效果。当然，也要杜绝与文章内容不符或者低俗的题目。

3 强化服务功能，增强用户黏性

从用户体验出发，强化服务功能，激发阅读兴趣，增强用户黏性，从而发挥更好的知识传播作用。

3.1 增设服务功能菜单

本刊审稿费和发表费发票以及赠阅期刊均采用邮局挂号信方式寄送，如果不告知作者信件单号，经常会发生信件被退回和丢失等现象，给作者和编辑部带来困扰；如果每个信件单号都通过邮件或电话一一告知作者，则加大编辑部的工作量。因此迫切需要一种方式既可以使作者方便、及时地查询到信件单号，也可以节省编辑重复、琐碎的编务时间。于是本编辑部提出了一种方案，在微信公众号设置"发票查询"和"期刊邮寄查询"菜单栏目。作者只需关注学报微信公众号，输入相应格式的稿件编号，即可即时获取信件单号。这不仅可以解决上述难题，节约编辑时间，提高工作效率，还可以增加作者的黏性，在无形中增加了一批精准读者粉丝，扩大了期刊的影响力。

3.2 增设用户感兴趣的菜单

文章阅读量排行榜在一定程度上可以反映相关领域的研究热点。为了满足读者和作者此方面的需求，我刊特别设置"阅读排行"菜单栏目，以年度为时间单位列出排行榜。

综上，从用户的兴趣点出发，增设功能菜单，可增加学报微信公众号的阅读量和粉丝量，使期刊更好地发挥知识传播作用。

4 其他方式

第一，利用好微信群、朋友圈或者QQ[10]、微博等其他社交平台。将推文分享到微信群、朋友圈和QQ群可提高文章的阅读量。另外，点亮推文底部右下角的"赞"和"在看"按钮，也可间接提高文章阅读量和用户量。

第二，服务好相关领域学会的会员。比如本刊获得中国细胞生物学学会的许可，发布学会会讯等新闻，为学会会员提供更多信息渠道，增强用户黏性。

第三，发布节日祝福。在中国传统节日时，可以发布祝福等，增进与粉丝之间的感情。

第四，弘扬科学家精神。比如，本刊微信公众号发布过《沉痛悼念著名分析细胞生物学家薛绍白先生》推文，该文不但表达了对薛先生的悼念之情，也弘扬了老一辈科学家的严谨治学、爱国情怀和献身精神等，给后辈科研人员以启示和鼓励。该推文的阅读量是1 207，也远远高于本刊微信公众号推文的平均阅读量。弘扬科学家精神，不仅符合习近平总书记在《习近平新时代中国特色社会主义思想三十讲·第十八讲 推动社会主义文化繁荣兴盛》一书中提出的传承弘扬中华优秀传统文化，要推动传统文化与现实文化相融相通的要求，而且可以将科技期刊与文化强国有机地结合起来，推动期刊的发展。

第五，开设赠书等活动。通过微信公众号发布赠书等活动，不仅可以增长粉丝量，而且可以将期刊送到有需要的读者手中，充分发挥期刊的科技传播作用。

5 结论

本文主要分享我刊微信公众号开通初期的经验，提出可以借助学术会议推广微信公众号，并通过实践得出该策略是增长微信公众号粉丝量效果最直接且效果最显著的方式之一。同时，可通过传播本刊发表的高质量的学术成果、充分利用其他社交平台等方式，增加微信公众号的粉丝量和阅读量，形成一个"刊→网→会→微→刊"的良性发展模式，从而实现新媒体传播的目标，推动科技期刊在数字时代的良性发展。

参 考 文 献

[1] 唐维红,王韬,邹菁.导向为魂内容为王创新为要:人民网构建全媒体传播体系的探索与实践[J].新闻与写作,2019(8):12-19.
[2] 李娜.传统科技期刊新媒体平台的建设与运营[J].传播力研究,2020,4(8):35,37.
[3] 习近平.坚持军报姓党坚持强军为本坚持创新为要为实现中国梦强军梦提供思想舆论支持[N].人民日报,2015-12-27(1).
[4] 卫李静.学术期刊微信公众号运营中出现的问题及改进措施:以电力期刊为例[J].黄冈师范学院学报,2019,39(6):132-134.
[5] 刘兴平.学术会议的兴起与发展[J].科技导报,2010,28(6):19-24.
[6] 廖光勇,李春,沈颖,等.借助学术会议提高科技期刊办刊水平[J].中国科技期刊研究,2013,24(6):1189-1192.
[7] 邹海涛.对融媒体时代"内容为王"的思考[J].今传媒,2017,25(11):150-151.
[8] 程涛.前言[J].中国细胞生物学学报,2022,44(1):1.
[9] 张冯娟.科技期刊微信推文的策划及主题设计[J].黄冈师范学院学报,2021,41(6):106-107.
[10] 郭春光.微信公众号运营与推广一册通[M].北京:人民邮电出版社,2015:116.

中文科技期刊单刊云数字出版转型要点
——以疫情防控期间《实验动物与比较医学》出刊实践为例

张俊彦

(上海实验动物研究中心《实验动物与比较医学》编辑部，上海 201203)

摘要：本文介绍了2022年3—5月新冠疫情防控期间《实验动物与比较医学》顺利完成云数字出版的实践经验，并以此探讨中文科技期刊加快单刊云数字出版转型的可行性方案；提出应尽快打通从投稿到传播的审、编、校、排、发全流程数字出版链，加强全网络化、协同化、数字化融合出版体系建设，重视编辑部数字出版人才布局，提升期刊的数字化服务能力。

关键词：中文科技期刊；数字出版；新冠疫情；数字服务

自2019年12月以来，新型冠状病毒肺炎疫情(以下简称新冠疫情)肆虐全球已经两年多，这给全球经济、社会生活以及行业发展带来了诸多影响。在国内，各级政府始终坚持人民至上、生命至上的防疫理念，为有效防控疫情、保护人民生命安全，实施科学精准、动态清零、从严从实的联合防控政策。例如，2022年3月新型冠状病毒奥密克戎变异株蔓延至上海，扩散形势严峻，全市采取了严格彻底、紧而有序、动态清零的疫情防控措施，尤其是从3月28日到5月31日开展了切块式、网格化核酸筛查[1]，以及分区分级差异化防控管理[2]。

足不出户、居家办公无疑给需要按时出刊的传统期刊出版造成了很大冲击，尤其是目前我国大多数中文科技期刊编辑部尚处于小、散、弱的单刊出版现状，未能形成全流程数字化融合出版模式，例如很少有编辑部能人手一台笔记本电脑移动办公，很大一部分期刊排版还依赖外包或印刷厂等专业机构，编辑部人手不足且大多不具备云数字出版技能，网络化数字出版速度往往受限于国内外数据库平台等。近年来，新冠疫情对我国科技期刊数字出版模式产生的重要影响，迫使广大科技期刊工作者纷纷在思考加快数字出版转型，优化云出版全流程，甚至改革融合出版模式的可行性路径[3-6]。本文以2022年3—5月新冠疫情防控期间笔者所在《实验动物与比较医学》编辑部的出刊实践为例，尝试探索单刊进行云数字出版转型的可行性方案，以期与同行交流讨论。

1 疫情防控期间《实验动物与比较医学》出刊实践

1.1 期刊基本情况介绍

《实验动物与比较医学》(*Laboratory Animal and Comparative Medicine*，LACM)创刊于1981年，是我国第一本实验动物学专业科技期刊，由上海科学院主管，上海市实验动物学会和上海实验动物研究中心联合主办。本刊是中国科技核心期刊，内容主要涉及实验动物资源开发与利用、实验动物管理、实验动物福利与伦理、动物实验技术与方法、实验动物医学、比较医学方法研究,以及以人类疾病动物模型为条件的生物医药各领域基础与应用研究。目前本刊为双月刊,每期发表文章13~15篇共约100页。2022年3月下旬,新冠疫情导致上海防控之前,编辑部在职人员共4名,其中2名学术编辑(其中1位4月底退休)负责稿件审理及学术内容编校,1名新入职的技术编辑负责稿件登记后查重、录用后文字及格式加工,1名编务负责期刊发行、财务及排版。

1.2 疫情防控期间的出刊实践

本刊编辑部仅1名学术编辑家中有个人电脑,其余3名同事仅有IPAD和手机,且2名党员还承担着社区志愿者工作。而此时,除了日常的来稿初审、送外审、退修、定稿会终审(改线上)等工作外,计划4月底出刊的第2期稿件尚处于编辑加工阶段,后续还需要进行排版、校对、组版和统稿等流程,都只能由1人完成,编辑任务艰巨,工作量突增。在统筹编辑部现有资源的基础上,内部紧急讨论后做了新的工作安排:①将原计划3月份开始的国际数据库申请和刊务理事会换届工作暂缓,集中精力做稿件处理和第2期出刊工作;②充分利用2021年8月启用的方正学术出版云服务平台,以及2022年1月新组建的云实习编辑队伍,辅助有电脑的学术编辑进行第2期出版工作,包括待刊稿件的文字加工、参考文献审核、排版和图片加工等;③没有电脑的编辑尽量利用IPAD或手机等移动终端完成来稿登记和待刊稿件校对工作;④进一步调动优质作者微信群人力资源补充三校力量以保证出刊质量。

上述安排的前提条件是编辑部近两年新开展的3项数字化出版配套工作:

(1) 从2020年下半年开始逐步加强了期刊数字化平台建设。主要包括:①优化已有的玛格泰克学术期刊稿件在线处理系统,更新并规范了稿件处理过程中所有公文性模板文件和审编校工作细则,尤其是要求所有来稿都必须通过在线系统登记并处理,每个环节的所有文档及信息都及时在系统内留档,以便不同编辑可以在不同电脑上随时查看所有稿件及其处理进度,实现在审及待刊稿件的数字化全流程管控。②新创建了作者投稿咨询QQ群、优质作者微信群和审稿专家交流群,使稿件处理过程中涉及与读者、作者和审者的交流工作实现移动终端化,不再受限于办公室固定电话、电脑固定邮箱,也不受编辑所在空间和时间的限制,编辑部可以随时在线移动办公,及时且高效地解决稿件处理过程中绝大多数问题。③升级改版期刊官网,将创刊40年的所有过刊文献都以PDF形式在线发布,而且新增HTML全文浏览、单篇文献匹配专属DOI和二维码、优先网络出版,以及数字广告、编辑部通告等重要功能;除此之外,联合主办单位官方微信公众号、各大专业微信群和行业网站,定期发布期刊最新消息,并进行重点文献推广。这些数字传播平台的充分运用使本刊不再受限于印刷载体和时间,多渠道数字发布可使读者第一时间阅读和引用。④新引入善锋参考文献自动检测工具、方正学术出版云服务平台(简称方正云出版)和方正云阅读电子书报刊在线发布平台(简称方正云阅读),实现了参考文献格式自动化规范、多人同时在线排版组版、电子刊制作及云传播等功能,提高了期刊编辑工作效率、编校质量及传播效能。尤其是方正云出版平台的应用打通了期刊整个数字出版链条上最重要的后半部分环节,使期刊排版和组版工作不再受限于专人专机,也不受工作地点和时间的限制,只要稍加培训,人人都可以很快上手进行自动排版、组版和人工校对精修等工作。

(2) 从2022年初启动了云实习编辑计划。该计划的初衷主要是为了弥补编辑部编校人力资源紧缺的不足——本刊1名学术编辑于2022年4月底退休,此后只有1名学术编辑承担所有来稿审理和编校工作；其次是为了挖掘、培养期刊潜在作者或学术编辑，进一步提升期刊质量。所以，本计划主要从本刊优质作者微信群里招募生物医学尤其是实验动物与比较医学专业的硕士、博士研究生，需要他们具有良好的科研背景和中英文编写能力，同时能够熟练运用数字化办公软件，如 PS 等图片加工、SPSS 等统计学分析、AI 等视频制作软件。云实习编辑主要参与已录用稿件的编辑加工、英文校对、图表精修(包括组合)，以及辅助编辑部做插页设计、宣传视频制作等工作。目前共招募并筛选到有效的云实习编辑 13 名，其中男生 4 名、女生 9 名，在读博士 5 名、硕士 8 名、优秀本科生 1 名，已参加工作者 2 名，已在本刊发表过优秀论文者 1 名，地域分布在云南、辽宁、江苏、湖北、山西、甘肃、浙江和北京等省市。经编辑部专人先期培训，并按要求签署"云实习编辑学术诚信承诺书"后，按自愿原则分为编校组、修图组和宣传组(可交叉选择)，每个小组由组长负责工作进度把握和工作量登记，工作完成后编辑部审核把关并进行反馈和再培训。在新冠疫情导致上海防控之时，这 13 位云实习编辑已经过近 4 个月的反复培训，帮助编辑部完成了 2022 年第 1 期稿件的初加工和图片精修、创刊 40 周年突出贡献编委和优秀编委个人专辑的文献整理合成、春节贺卡及视频制作等工作，完成时效性和质量均在逐步提高，为补充编辑部编校力量奠定了一定基础。

(3) 从 2020 年 10 月起在优质作者微信群内开展"啄木鸟"集体审读活动。该活动的目的是为了促进优质作者与期刊编辑有效互动，以及优质作者之间深入交流，提高期刊内容质量。具体流程：编辑部每两个月将完成三审三校、组版统稿后即将送印的最新一期重点文献 5~6 篇推送至优质作者微信群；群内作者自愿参与，在规定时间内审读，截图指出疑似错误，重点是中英文错字、多字、漏字和知识性差错；当期责任编辑逐一审核和回复，必要时与本文作者讨论定夺，然后编辑部完成修改；出刊后 1 周内编辑部对本期审读结果进行汇总和群内反馈，并按重点差错纠正数对审读人给予一定奖励；年终按当年总纠错数量排序，评选出本年度优秀"啄木鸟"，颁发证书，并择优邀请进审稿人队伍，或计入优秀审稿人、优秀编委评选积分。截至 2022 年 3 月，本刊已完成共 9 期的"啄木鸟"集体纠错活动，共 92 人次参与，发现 91 处重点差错，平均每期有 10 余人参与，每篇文章能够发现 1~2 处重点差错。参与集体审读的不仅有第一次向本刊投稿的年轻作者，而且有常年支持本刊发展的编委兼作者；而参与解答的既有本刊编辑，也有主编、执行主编和该文作者，甚至是群内作者之间相互审读、相互解答或交流讨论。因此，被集体审读的这些重点文章不仅能进一步提升编校质量，而且在出刊之前就得到了同行的先期关注、认真阅读和深入交流，文章价值被充分挖掘。这一活动自推出以来，深受作者的热烈支持与赞誉，大家认为参与审读的过程也是学习的过程，受益匪浅。而期刊也通过这一活动补充了编辑部网络化校对力量，同时凝聚了优质作者资源，为期刊长远持续发展奠定了坚实基础。

正是基于本刊编辑部之前建立起的多个数字化、网络化出版资源"小岛"，才使得本刊在面临较长时间居家办公、编辑部仅有一台电脑办公的严峻挑战时不乱阵脚，泰然应对。从 4 月 1 日到 5 月 6 日，在短短 36 天的时间内利用期刊专属微信群和方正云出版平台，调动云实习编辑和优质作者力量，圆满完成第 2 期的数字出版工作。具体的出版日程见表 1。

2 单刊云数字出版转型要点探析

2.1 加快数字出版转型，完善全流程数字出版链

由 2022 年 3—5 月《实验动物与比较医学》出刊实践可见，即使是小、散、弱的普通中

表1 2022年3—5月新冠疫情防控期间《实验动物与比较医学》出刊日程

日期	人员	工作
3月15日—4月1日	云实习编辑和编辑部技术编辑	前期文字及格式加工
4月1日—4月13日	编辑部学术编辑1	深度加工、精细编辑
4月13日—4月15日	编辑部编辑1、云实习编辑、方正云出版服务团队	紧急招募3位云实习排版员,并进行专业培训
4月16日—4月26日	云实习排版员+方正云出版服务团队,编辑部编辑1、2、3	排版及问题处理,校对,精修(包括图表优化和调整)及核红
4月27日	编辑部编辑1	组版及初步统稿精修,发作者清样及主编统稿审阅邮件
4月27日—5月1日	本期作者,本刊主编、执行主编和当期责任编委,编辑部编辑1	清样校对及版权协议书签署,统稿审读把关,精修及核红
5月2日—5月5日	编辑部编辑1,本期作者+审读作者若干	集体审读,精修及核红
5月6日	方正云出版服务团队+玛格泰克网站服务人员,编辑部编辑1和编务	期刊官网发布,电子书推送,数据库发送

文科技期刊,只要高度重视期刊数字化出版体系建设,积极主动加快期刊数字化转型,将从投稿到传播的审、编、校、排、发全流程数字出版链打通,实现全网络化支撑,也能化危为机,顺利出刊。当然这是一个不断完善的过程。本刊编辑部在2021年之前虽然有玛格泰克在线投审稿系统,但是仅使用了网上投稿和部分送审模块,并非所有稿件,尤其是并非所有环节的稿件信息都在线登记,编辑习惯了单人单机保存,单点操作后邮件两点联系,这样一旦有疏漏,其他人就难以补缺查漏或回溯共享;而且虽然有期刊网站,但仅有网上投审稿系统的链接和部分文献,功能单一且上传文献不及时;编辑部有专人排版,方便快捷,但是手工排版的软件过时且是单机版,排版效率和质量无法满足更高要求的数字出版需求。鉴于近年来国内外学术出版的数字化趋势越来越明显,我们意识到期刊出版系统的数字化将成为未来编辑部工作及期刊内容生产的主要工具和中枢平台,所以即使在缺乏大的出版平台依靠和融合支持下,也力所能及地进行了一定的数字化转型和布局,一步步疏通数字出版流程各环节中存在的堵点,补齐缺口和短板,最终在疫情防控考验到来之时顺利通关。未来,本刊还需要进一步顺应网络在线出版趋势,调整网络编辑工作流程,优化固定办公与移动办公、远程办公相结合的复合办公模式[7-9];同时继续加强数字化技术或软件的学习与应用,如多媒体制作、微信小程序、图片审查、文档在线编校、人机互作校对软件等,进一步提升本刊的数字化出版效能。

2.2 加强数字出版体系建设,提升各系统之间的协同性和融合度

新冠疫情给学术出版带来的影响不仅是数字化内容生产与传播速度的竞赛,还涉及开放获取、预印本和学术评价前置等新动态[10],这些都需要依赖一个更高效的数字出版协同体系。数字出版协同性不仅包括不同分工人员之间的协作,更包括不同应用系统之间、不同数据资源之间、不同终端设备之间、不同应用场景之间、人与机器、科技与传统之间等全方位的协同[11]。例如本刊的投审稿系统使用的是玛格泰克平台,可以完成从投稿到发稿之间的数字化流程前半部分,而从发稿后排版到校对和组版等则使用的是方正云出版平台(在线XML排版),最后刊发时数字版本又是通过玛格泰克公司帮助建立的期刊网站或提交知网、万方和超星等

数据库平台进行发布，即从投稿到传播至少需要 3 个不同的数字平台，虽然紧接的两个平台之间有沟通和协调，但是不同平台之间的数字标签或端口设置上存在差异，彼此衔接过程中还是有诸多不顺畅的地方，明显影响到数字出版的效率和质量。而且，有些细小但也重要的环节如来稿查重(知网和万方数据库)、参考文献审查(善锋软件)和电子刊制作(方正云阅读平台)等更是需要专人去另外的平台或使用另外的软件完成后再人工导入，操作繁琐，增加了编辑工作量。因此，未来期刊在云数字出版平台的布局上，应尽量考虑使用同一个系统平台，至少需要有一个平台来主导，帮助期刊将数字出版的全流程各环节完全打通、无缝衔接，这样才能实现最大限度地高效、高质量生产与传播。当然，如果中文科技期刊能够尽早地实现按行业或按地域或主管/主办单位的集约化矩阵式办刊，从宏观布局上进行云数字出版平台的全业务流建设，实现全组织架构体系的融合管理，那么期刊的数字出版协同性将会更加智能。

2.3 加快编辑部人才布局，重视数字化服务能力提升

当今数字化出版已经逐渐赋予了期刊内容生产、信息传播和个性化服务的多元功能，将期刊的服务内涵和外延不断扩展，这就需要期刊数字出版逐渐向智能化、移动化、可视化和社交化转变[11]。相应地，期刊编辑部也需要调整人才布局，优化人才结构，如引入相对专业的数字编辑，或对现有的编辑部人员加强数字化技能培训。同时，传统的中文科技期刊学术编辑不仅要强化学术专业能力，还要重视数字出版技能的学习提升，既要求分工协作，也努力一专多能。更重要的是，期刊编辑部需要提升整体的数字服务意识和能力，即通过提升期刊服务能力凝聚多方人才力量，如挖掘期刊专有的编委、审稿人和作者资源，增强期刊对各级人才的黏性和凝聚力，以及各方人才对期刊工作的配合度和忠诚度。本刊编辑部从 2020 年下半年起建立的各个微信工作群即是期刊服务作者、审者、编者、读者和支持单位的专属平台，又是期刊凝聚各级人才、各方资源及力量的重要平台。例如，优质作者微信群中 24 小时随时回复作者提问，不定时分享科研设计、文章写作、学术会议相关的期刊及行业讯息，组织开展期刊工作问卷调查、"双 11"赠刊活动、"啄木鸟"集体纠错活动、优秀论文推介和评选活动以及审稿人选拔等，以平等友善的姿态服务并培育年轻作者，使他们从投稿到刊发，甚至是发表后都能享受到本刊提供的各种知识服务、信息服务和交流服务；同样，审稿专家微信群也已经成为本刊服务于国内实验动物与比较医学相关科研团队、促进他们之间交流与合作的桥梁纽带或数字平台。实践结果发现，期刊数字服务平台不仅能够凝聚作者、读者、审者，最终还能反哺期刊编辑部，提升期刊数字出版的质量和效能。例如，本刊借助优质作者微信群招募到云实习编辑、进行"啄木鸟"集体审读并取得明显成效，这些都是服务反哺期刊的经典体现。

3 结束语

毋庸置疑，出版方式数字化已成为当今及未来科技期刊发展的主要态势之一[12]。而面对全球自然、经济、社会的诸多不确定性，科技期刊的数字化和产业化转型越来越迫在眉睫。近年来我国科技期刊的发展也日新月异，不仅数量和质量明显提升，而且集群化、平台化、数字化进程飞速推进。然而我国仍有很大一部分期刊，尤其是中文科技期刊尚处于小散弱的单一发展阶段，一方面这些期刊在专业领域内独具特色，学术价值不容忽视，另一方面他们又急需要紧跟数字化出版大潮，探索适合于自身条件及发展目标的数字化转型方案。本文即从 2022 年 3—5 月新冠疫情防控期间《实验动物与比较医学》实现数字出版的实践经验出发，

尝试探索小散弱单刊进行数字出版转型的可行性方案，分析其要点主要是完善全流程出版链、提升数字出版系统的协同性以及重视期刊数字化服务能力。诚然，本刊的实践尚处于初步探索阶段，未来还需要向更多优秀期刊学习，进一步提升数字出版效能。相信我国中文科技期刊数字出版也能如百花齐放，可以多元、多层级发展，形成健康、繁荣的学术出版生态，助力我国科技创新与人才队伍建设。

参 考 文 献

[1] 上海市防控办.关于做好全市新一轮核酸筛查工作的通告[EB/OL].上海发布[2022-03-27].https://mp.weixin.qq.com/s/Ufza89hhBGZsiGPTHoC5aQ.

[2] 拟再开展一次全员核酸检测，将依据风险程度大小，按照"三区划分"原则,进行阶梯式管理[EB/OL].上海发布[2022-04-09].https://mp.weixin.qq.com/s/hCa83xaazxdwzJJTddT-ZQ.

[3] 张悦,刘壮.后疫情时代医学期刊加快数字化转型的路径探析[J].传播与版权,2021(6):62-64.

[4] 解傲.科技期刊疫情期间数字化发展模式优化探讨:以《中国微生态学杂志》为例[J].科技传播,2020,12(23):123-125.

[5] 王文慧,吴春花,杨琳,等.以疫情为契机推进建筑期刊媒体融合发展的实践与思考:以《建筑技艺》杂志为例[J].传媒论坛,2022,5(12):53-55.

[6] 张艳玲.疫情背景下科技期刊编辑出版工作的应对策略与思考:以测绘地理信息科技期刊为例[J].传播与版权,2021(1):35-38.

[7] 张建军.新型冠状病毒肺炎疫情对学术期刊工作模式和出版模式的影响[J].天津科技,2021,48(3):94-96.

[8] 杨玙,严定友,曾群."后疫情时代"高校科技期刊移动办公应用现状与推广可行性分析[J].黄冈师范学院学报,2021,41(6):70-73.

[9] 沙力妮.后疫情时代期刊编辑工作模式探讨[J].新闻传播,2021(16):89-90.

[10] 白龙,骆正林,冯迪拉.新冠疫情下海外医学期刊的数字出版应对策略研究[J].科技与出版,2021(5):131-136.

[11] 段艳文,叶虎.疫情危机后期刊将迎来新的变革:访北京勤云科技发展有限公司总经理叶虎[J].中国传媒科技,2020(3):15-18.

[12] 初景利,盛怡瑾.科技期刊发展的十大主要态势[J].中国科技期刊研究,2018,29(6):531-540.

学术期刊利用电子邮件时事资讯推动期刊学术信息传播探析
——以核科学资讯为例

孙丽华

(中国科学院上海应用物理研究所联合编辑部,上海 201800)

摘要:在新媒体环境下,论文的传播更多地依赖第三方平台的算法分发,如何使数字出版传播从渠道为王回归到内容为王,需要期刊发挥主观能动性,立足期刊,认真分析国内外相关领域研究进展,并加强与读者之间的信息沟通,满足读者高质量信息的需求。《核技术(英文版)》通过"NST 核科学资讯"将国内外核科技领域内的研究动态与期刊实时出版论文信息进行整合,以资讯的形式定期分发给读者,加深了期刊与读者之间的交流,通过与读者之间直接的信息沟通,使期刊出版活动逐步融入到学者的科研活动,在快速传播领域内学术研究动态和进展的同时,与读者间建立起了牢固的信任关系。

关键词:学术期刊;信息分发;时事资讯

随着网络技术和数字媒体的发展,学术期刊在加快论文资源的数字化加工的同时,运营模式开始向媒体融合方向发展,希望借助新的信息传播技术和方法,实现学术信息"N 次传播"[1],扩大学术期刊影响力。学术信息的分发方式也从传统的编辑主导内容的"一对多"人工分发、社交媒体的"多对多"交互式社交分发,进入到数字化媒体的智能算法分发模式[2-3]。智能算法分发通过深度挖掘用户身份信息、行为记录、兴趣偏好来构建用户兴趣模型,基于精准的"用户画像",为用户"量身定制"动态算法模型,完成信息内容到用户的精准匹配[4]。智能化信息推送和传播,解决了信息过载的问题,实现了个性化信息服务,提高了信息生产的效率,同时也将智能算法推送技术从技术工具送入决策系统,与信息内容的采编一样,成为传播权力的核心要素[5]。由于信息的无限性与个体注意力的有限性之间的矛盾,基于算法的信息过滤服务成为必然选择[6],但是算法作为一段解决具体问题的指令,与传统的受过系统训练的以编辑为中心的把关不同,它以兴趣为导向,这种"偏好"阅读造成用户信息获取的"窄化"[7],进而引发信息茧房、公共性减弱、算法暗箱等问题[8-9]。

信息传播与沟通是学术期刊媒体融合发展的核心[10],学术期刊以第三方社交媒体平台为接触点,通过用户关注、订阅等模式在多平台间开展信息聚合和人际沟通,以期实现期刊与信息、期刊与用户之间的多向性交流互动。从实际应用来看,在算法推荐模式下,社交平台上读者只关注自己感兴趣的领域,只听与自己意见相同的观点,只阅读自己喜爱且同意的内容,为了符合社交媒体的传播模式,《核技术(英文版)》尝试将严谨的学术论文加工成科普文摘、图形摘要、视频博客等形式的素材进行新媒体推广[11],以期吸引公众对核科学技术领域学术研究的关注，但是，由于图形、视频素材加工成本较高，覆盖面无法拓展。

随着互联网平台成为国内外反垄断重点监管对象[12]，互联网移动社交平台通过第三方cookie收集用户信息的方式被逐步淘汰，如何将用户置身于不同看法中，为新观点迸发创造条件，各方都在寻找解决方案，一些具有表达意愿的个人开始寻求新的信息工具，读者也在寻求打破信息茧房的新的信息接收方式。

学术期刊拥有丰富的学科研究进展信息资源，作为学术信息的生产者，学术期刊如何利用网络传播技术打通学术信息到读者这条路径，使信息传播从渠道为王、建立关系为王回归到内容为王，为读者营造一个读到不同文章，听到不同声音，接触到自己并不不熟悉的领域的环境，使读者摆脱碎片信息的干扰，保持独立思考的能力，电子邮件时事资讯为学术期刊从业人员提供了一种解决方案[13]。电子邮件时事资讯是通过电子邮件将期刊信息由发送者邮箱直接送至订阅者邮箱，可以实现一对多的自动分发，与社交媒体推广不同，电子邮件时事资讯是期刊独立拥有的与作者保持私密沟通的渠道，它不是新兴的平台或技术，但是却是传递信息的最有效方式，成为学术期刊一个非常具有操作性的现实选择。

1 时事资讯简介

时事资讯是为了传播信息，在中国，最早的资讯可追溯到公元前202年的"邸报"，它是汉朝政府传知朝政的文书和政治情报的新闻文抄，被认为是现代海报的先驱；在西方，公元前131年左右，古罗马的《每日纪事》(*Acta Diurna*)，作为古罗马政治和社会事件的公报向公众提供新闻、军事公告、法庭新闻等信息，被认为是现代报纸的原型[14]。随着时间的推移，贸易商采用商业资讯来分享商品的服务和价格等商业信息，它试图定期、频繁地出版和关注热点事件，被称为"严肃"新闻的前身[15]。

近年来，新冠肺炎大流行制约了新闻媒体行业的发行业务，但是，出版商越来越多地开始尝试通过策划时事资讯直接接触受众。他们利用电子邮箱这一媒介，将有一定主题的优质内容定期发送给用户，使用户在不被无关信息打扰的私密空间获取知识，并实现与读者之间的无障碍交流，电子邮件时事资讯可以快速制作和分发。据《纽约时报》报道，他们于2020年5月推出的早间时事资讯到2021年1月的打开次数高达10亿多次。从全球来看，2020年读者打开出版商的各类时事资讯超过36亿次，比2019年增加了150%[13]。时事资讯的复苏显示，它是能在压力和混乱中受益的事物，即"反脆弱"的[16]，它满足了读者保持独立思考的需求，并使信息的传播权逐渐回归到编辑方。

2 学术期刊如何做电子邮件时事资讯

尽管时事资讯的载体已由最初的路牌、纸张，演变成现在的电子邮件，但是它的文本格式依然保持不变。电子邮件时事资讯采用 HTML (Hyper Text Markup Language)邮件制作[17]，与普通的文本邮件相比，HTML 格式的邮件除文本外，还能添加图像、超链接等。由于电子邮件资讯必须全部在一个屏幕或页面上创建，与传统资讯相比，它们通常采用简短的通讯形式，读者在浏览时事资讯时，可以根据标题、图片和文本介绍选择感兴趣的信息，通过超链接进行深度阅读。作为与读者建立直接联系的一种方式，电子邮件时事资讯是读者高度参与的媒体，高质量的内容是读者选择接收它，并有意识地决定打开和阅读它的关键。

在路径问题解决后，学术期刊要保持读者的参与，需要期刊结合自身学科研究方向策划有变化、创新性的阅读内容。学术期刊发挥期刊资源优势，将期刊最新出版的学术研究以读者容易接受的方式，定期分发给读者，能够确保读者持续关注期刊。从论文到资讯的信息的转化就依赖于学术期刊编辑的自主能动性和对学科内学术进展把握的敏锐度。

3 NST核科学资讯实践

学术期刊审稿、定稿、出版工作是作为期刊的基本服务职能，确保了期刊高速地运转。对于自由投稿期刊，在期刊出版栏目已定的情况下，每期出版论文的主题的筛选是受同行评议结果制约的，似乎只需要较少的准备和策略，就可以完成每期论文的正常发表，但是从长远看，一成不变的工作模式会让期刊失去读者。如何向读者证明期刊出版论文与学科发展方向紧密衔接，期刊出版模式符合国际出版潮流，《核技术(英文版)》在2021年推出了"NST核科学资讯"中英文版。"NST核科学资讯"的目标受众是核科学与技术领域的科研人员，核科学资讯坚持核科学技术信息服务于基础研究、前沿研究、大型科研平台和重要科研设施的创办理念，围绕核物理、核能、加速器、核电子学等方向的热点研究、重要进展，通过信息聚类，力求客观展示不同研究机构的科研人员解决核科学与技术领域内焦点问题的方法，及相关研究在学科发展中的科学意义，使读者能以最快的速度抓住核心要素，促进学科间的交叉增值。

"NST核科学资讯"中文版以每月两期的频率发送，确保读者的持续关注(如图1)。在内容

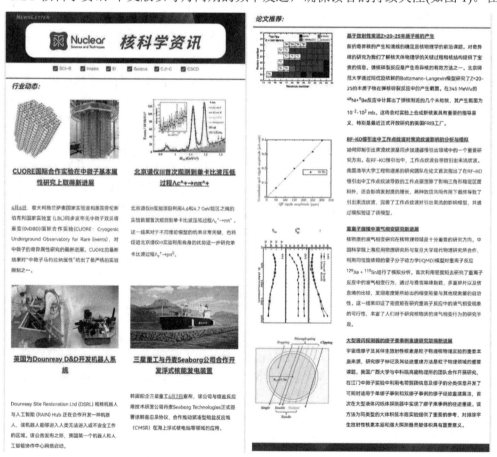

图1 NST核科学资讯中文版

规划上，我们将"核科学资讯"的栏目分为固定栏目和动态栏目两种，固定栏目设置有行业动态和论文推荐，动态栏目根据读者需求设置有核素故事、政策解读、学术会议、新书推荐等。基于电子资讯阅读屏幕限制，各条资讯均采用短新闻的形式呈现，由超链接标题、代表性图片和新闻文本组合排版，使读者能第一眼发现感兴趣的内容，根据个人需要再进行深度阅读。行业动态展示国内外核科学与技术领域最新进展，信息来自于国内外核学会和相关核科学技术研究单位的科研新闻报道；论文推荐来自《核技术(英文版)》最新发表的学术论文，用一句话新闻的形式，将各个研究课题的目标、方法和意义展示出来；核素故事介绍各个核素的背景知识和广泛应用，搭起理论研究和应用研究之间的桥梁；政策解读展示国内外最新出版政策，帮助科研人员及时了解国内外出版形式；学术会议和新书推荐以读者自荐的形式，根据用户需求增加。通过将国内外核科学研究方向与科研人员个人研究成果进行汇编，在NST核科学资讯中文版的页面上，读者可以及时把握国内外核科学与技术领域的研究的动向。

"NST 核科学资讯"英文版向国内外同行展示我国核科学领域代表性工作，展示内容为发表在《核技术(英文版)》的代表性论文的图形摘要(Graphic abstract)和科普文摘(Plain language summary)(如图2)。图形摘要凝练研究要点，通过具有视觉影响力的设计帮助读者短时间内快速理解研究内容；科普文摘聚焦研究原创性和影响力，突出科研成果的社会影响力，吸引非领域内研究人员的关注[11]。以论文"Intrinsic background radiation of LaBr$_3$(Ce) detector via coincidence measurements and simulations" [Nucl. Sci. Tech. 31(10):99 (2020)]为例，溴化镧

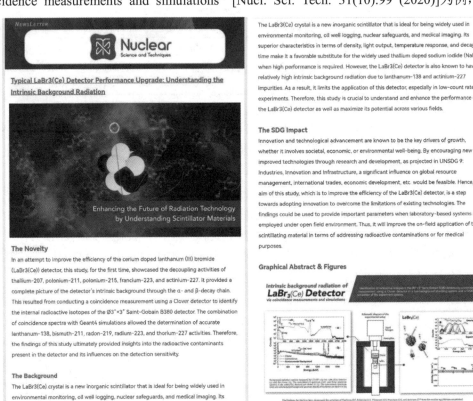

图2　NST核科学资讯英文版

(LaBr$_3$(Ce))探测器在实验核物理、医学成像、空天伽马探测等方面具有广泛应用前景，多个国家已经在发展基于溴化镧探测器的阵列研制，计划应用于下一代大科学装置中。该论文通过核科学资讯英文版发送后，受到同行广泛关注(表 1)。

表 1 NST 核科学资讯英文版邮件打开次数统计

区域	邮件打开次数
亚洲	1 504
欧洲	1 436
北美洲	4 71

"NST 核科学资讯中文版"经过 35 期的发送，期刊与读者达成了互信，电子邮件打开率在 50%以上(表 2)。在每月两次的节奏上，一方面我们看到我国顶尖的工作在高频出现，另一方面也关注到国外在核科学领域的投入和布局，作为编者，我和读者一样，为我国核科学技术事业的蓬勃发展感到自豪，学术自信油然而生，期刊的向心力逐步提升。NST 核科学资讯的建立，使 NST 论文推广在微信公众号、微博等社交媒体[11]之外又多了一个期刊可自主运营的论文传播平台，多形式、多途径的论文推广工作，帮助 NST 赢得了国内外作者群体、读者的极大好评，大幅提升了 NST 发表论文的稿源质量、交流水平和学术影响力。

表 2 NST 核科学资讯中文版邮件打开次数统计

机构	发送邮件数	邮件打开次数	邮件打开率/%
研究机构 A	432	259	59.95
研究机构 B	343	221	64.43
研究机构 C	109	88	80.70

网络化、数字化的发展，为国内学术期刊的发展带来了契机，学术期刊通过服务作者和读者，能够快速融入科研工作全过程，吸引我国优质稿源回归。"NST 核科学资讯"的运营受到了我国核科学与技术领域的科研人员的认可，作为编辑，我最深的感触是，我国的科研人员非常需要服务于科研的学术信息平台来展示他们的工作，学术期刊借助资源优势是能够为科研人员的学术交流搭建桥梁的。同时，我也感到，作为学术期刊的编辑，我们不能止步于文字的编辑加工，学术期刊要向读者提供高质量的资讯内容，不仅需要编辑加强与作者的互动，还需要编辑通过自身不断的学习加深对学科研究方向的认知，提高自身对学术信息的敏感度。在服务科研人员学术工作上，期刊任重道远。

4 结束语

网络环境下，面对算法推荐技术在信息传播领域引发的问题，电子邮件时事资讯为学术期刊信息传播提供了一个有效的解决方案，在保证期刊与读者之间有效沟通的同时，使学术信息的传播重新回归到以内容为王的传播宗旨上。学术期刊电子邮件时事资讯是信息数字化传播环境下坚持以人为本、重视人的价值的一个很好的实践，在帮助读者把握相关领域研究动态的同时，也促使编者学术素养提升，期刊和读者之间建立起了高度互信，值得同行期刊借鉴。

参 考 文 献

[1] 张群梓.微信空间中的新闻"N次传播"研究[D].芜湖:安徽师范大学,2019.
[2] 刘友芝,胡青山.基于算法推荐的社会性反思:个体困境、群体极化与媒体公共性[J].传媒经济与管理研究,2021(1):192-212.
[3] 陈昌凤,石泽.技术与价值的理性交往:人工智能时代信息传播:算法推荐中工具理性与价值理性的思考[J].新闻战线,2017(14):71-74.
[4] 张跣.算法社会的受众劳动及其创造性破坏[J].探索与争鸣,2021(3):19-21.
[5] 曾白凌.媒介权力:论平台在算法中的媒体责任[J].现代传播(中国传媒大学学报),2021,43(10):31-38.
[6] 匡文波.对个性化算法推荐技术的伦理反思[J].上海师范大学学报(哲学社会科学版),2021,50(5):14-23.
[7] 凯斯·桑斯坦,毕竟.信息乌托邦[M].北京:法律出版社,2008.
[8] 王贤卿.社会主义意识形态面对技术异化挑战:基于智能算法推送的信息传播效应[J].毛泽东邓小平理论研究,2020(6):24-31.
[9] 匡文波.智能算法推荐技术的逻辑理路、伦理问题及规则方略[J].深圳大学学报(人文社会科学版),2021,38(1):144-151.
[10] 戴程.学术期刊社交媒体传播模式探讨[J].科技与出版,2019(2):138-142.
[11] 孙丽华.学术期刊数字化出版提高学术传播力实践[M]//学报编辑论丛 2021.上海:上海大学出版社,2021:451-455.
[12] 刘云.互联网平台反垄断的国际趋势及中国应对[J].社会科学文摘,2021(2):13-15.
[13] DIAZ AVILES E, ORELLANA-RODRIGUEZ C, BRIGADIR I, et al. NU: BRIEF – a privacy-aware newsletter personalization engine for publishers [C]// RecSys '21, Amsterdam, Netherlands, 2021.
[14] History of the printed newspaper [EB/OL]. [2022-08-15]. https://www.psprint.com/esources/history-of-the-printed-newspaper/.
[15] The origin of the newsletter [EB/OL].[2022-08-15]. https://giveitanudge.com/the-origin-of-the-newsletter/.
[16] 纳西姆·尼古拉斯·塔勒布.反脆弱[M].北京:中信出版社,2014.
[17] 徐迎晓.HTML在E-mail中的应用[J].计算机应用研究,1997(6):49-51.

DOAJ 数据库收录中文医学期刊现状及期刊网站建设分析

王琳辉

(复旦大学附属肿瘤医院《中国癌症杂志》编辑部，复旦大学上海医学院肿瘤学系，上海 200032)

摘要：开放存取期刊目录(Directory of Open Access Journals, DOAJ)数据库是目前世界上最大的仅收录开放存取期刊的数据库，目前收录中国期刊数较少，但是近年来 DOAJ 数据库收录期刊数呈现快速增长的势态。本文阐述了开放存取与 DOAJ 数据库的渊源、收录中国期刊的现状以及开放存取情况，尤其是中文生物医学期刊的收录情况，通过比照 DOAJ 数据库的在线申请流程，分析了这些被收录期刊的网站建设情况的异同，并对期刊被收录的意义及影响力提升予以展望。通过上述分析，旨在为国内期刊申请 DOAJ 数据库的收录工作提供参考。

关键词：DOAJ 数据库；收录；生物学；医学；中文期刊；中国科技核心期刊

开放存取期刊目录(Directory of Open Access Journals, DOAJ)数据库[1]由瑞典隆德大学图书馆于 2003 年 5 月设立，收录经同行评议(peer review)的开放存取(open access, OA)期刊，包括科技、医学、社会科学、人文和艺术等各学科、各语种的期刊。DOAJ 数据库旨在提高全球范围内高质量、经同行评议的开放性学术期刊线上可及性、声誉及影响力。DOAJ 数据库收录期刊数量庞大，能更真实地反映全球 OA 的情况。DOAJ 数据库的评价标准已经成为了非官方版 OA 期刊的黄金标准。

随着中国出版"走出去"战略的提出，越来越多的中国期刊逐步被国际各大数据库收录，期刊被 DOAJ 数据库收录对期刊的发展至关重要[2]。本文对我国中文生物医学期刊收录情况进行分析，通过比照 DOAJ 数据库收录的各项条件分析这些已被收录的中文生物医学类期刊的网站建设情况，以期为其他期刊申请 DOAJ 数据库提供参考。

1 OA 与 DOAJ 数据库渊源

OA，即使用者免费获取或在一定条件下许可使用，始于 20 世纪 90 年代，其特征是作者付费、读者免费的获取方式，其目的是促进科学及人文信息的广泛交流，提升科学研究的公共利用程度，提高科研及传播效率。

DOAJ 数据库是全世界最重要的 OA 数据库，其渊源可追溯至 2001 年。2001 年 12 月，开放协会研究所(Open Society Institute, OSI)在匈牙利的布达佩斯召开了有关 OA 的国际研讨会，起草和发表了《布达佩斯开放存取倡议》(Budapest Open Access Initiative, BOAI)，倡导在全球范围内推进 OA 的发展，促进利用互联网进行学术的自由交流与传播。2003 年 5 月，瑞典隆德大学(Lund University)在 OSI 的资助下正式创建了 DOAJ 数据库。在创建之初，DOAJ

数据库收录了约 300 本 OA 期刊。

2013 年 1 月，DOAJ 数据库的运营服务由瑞典隆德大学改为开放存取基础设施服务(Infrastructure Services for Open Access C.I.C，IS4OA)，并运营至今。IS4OA 于 2012 年在英国成立，是一家非营利性机构。DOAJ 数据库收录 OA 期刊的同时，其数据库中存储的文献数据均为 OA，其提供所有服务也是免费的。

近年来 DOAJ 数据收录 OA 期刊数量持续增长，收录规范和收录标准也在不断提升[3]。2021 年起，DOAJ 数据库加大宣传力度。截至 2022 年 8 月 1 日，DOAJ 数据库共收录 18 124 本 OA 期刊，已成为全球最大的 OA 期刊数据库[4]。收录来自 130 个国家/地区的文章总数逾 750 万篇，期刊语种达 80 余种。

2 DOAJ 数据库收录中国医学期刊的现状

DOAJ 数据库自 2007 年起收录中国的期刊。截至 2022 年 7 月 31 日，DOAJ 收录的中国期刊 230 本，且主要集中在科学技术方面，其中医学类期刊共 55 本。所有医学类期刊中，英文刊 42 本，中文刊 13 本。具体收录发展情况见图 1。DOAJ 数据库收录中国的期刊总体上呈年度递增趋势，2016 年度曾出现一个收录高峰，近 3 年收录数量显著上升，2022 年度上半年的被收录期刊数已超过 2021 年同期。

图 1　DOAJ 数据库收录中国期刊情况年份分布图

DOAJ 数据对期刊要求是要有明确的开放存取声明(open access license statement)，并且在声明中明确说明许可(license)协议的类型[5]。因为 OA 的概念已被学术界所接受，但是有必要明确用户对于期刊出版的内容在哪些权利范围内可以自由使用，因此有必要说明期刊 OA 的范围及用户的权利。

期刊网站上要明确展示 OA 声明，并有较高的辨识度；此外，期刊必须严格贯彻执行知识共享许可协议(Creative Commons license, CC)，即 CC 协议。CC 协议分为：①非商业用途(non-commercial，NC)；②不允许演绎改编原作品(no derivatives，ND)；③使用者可以改编并传播改编后的版本，但须采用和原文章同样的许可(share alike, SA)；④既不允许用于商业用途，也不允许改编(non-commercial & no derivatives, NC-ND)；⑤出版商自主定义并使用的 CC 协议。

DOAJ 数据库收录的中国的期刊使用最多的 CC 协议是 CC-BY-NC-ND，这也是 CC 协议中最严格的一款协议，占全部被收录中国期刊的 69.1%(159/230)[6]；而在生物医学期刊，CC-BY-NC-ND 的占比为 64.5%(表 1)。

表 1　DOAJ 数据库收录的中国医学期刊 CC 协议及同行评议类型等特征分析

特征	收录中国期刊数(N=230)	百分比/%	医学期刊数(N=55)	百分比/%
CC 协议				
CC-BY	46	20.0	15	27.3
CC-BY-NC	21	9.2	4	7.3
CC-BY-NC-ND	159	65.2	36	64.5
CC-BY-NC-SA	1	0.4	0	0
CC-BY-ND	1	0.4	0	0
CC-BY-SA	1	0.4	0	0
出版商自主协议	1	0.4	0	0
同行评议类型				
双盲同行评议(double-blind peer review)	115	50.0	19	34.5
盲法评议(blind peer review)	91	39.6	30	54.5
其他同行评议(peer review)	24	10.4	6	10.9
被收录年份				
≤2014	10	4.3	4	7.3
2015	16	7.0	4	7.3
2016	31	13.5	6	10.9
2017	19	8.3	5	9.1
2018	13	5.7	4	7.3
2019	22	9.6	8	14.5
2020	35	15.2	7	12.7
2021	48	20.9	11	20.0
2022	36	15.6	6	10.9

此外，DOAJ 数据库对期刊的同行评议情况也有特殊要求，即在网站上也要有较高的辨识度。根据 DOAJ 的收录标准，其对同行评议类型的定义有：双盲同行评议(double-blind peer review)、盲法评议(blind peer review)和其他同行评议(peer review)。DOAJ 数据库收录中国期刊的评议类型主要为双盲同行评议(表 1)，占总收录数的 50%(115 本)，其次为盲法评议(包括单盲等)。而对于医学类期刊，则是单盲的同行评议(盲法评议)占多数(54.5%)。

同行评议主要是针对科技期刊，对于非科技期刊的人文、艺术等类型的期刊，DOAJ 数据库不做具体要求，可由编辑部自主决定稿件的录用情况，而不再需要经过同行评议。

3　我国中文医学期刊收录情况及网站建设

3.1　我国中文医学期刊收录概况

截至 2022 年 7 月 31 日，DOAJ 数据库收录我国中文医学期刊共 13 本。2008 年仅有《中国肺癌杂志》被收录，2013 年收录《中国现代神经疾病杂志》，2017 年收录《临床肝胆病杂志》，均呈零散式收录。直到近 3 年，收录才逐渐增加。

其中 2021 年收录的《第三军医大学学报》于 2022 年变更为《陆军军医大学学报》，因此实际收录的中文医学类期刊仅 12 本。《中西医结合护理》为中、英文刊，于 2021 年创刊。而截至目前，我国医学类的中国科技核心期刊共 895 本，相比之下，我国被 DOAJ 收录的中文医学期刊极其有限(表 2)。

表2 DOAJ数据库2007—2022年6月31日收录中文医学期刊网站建设情况

收录年份	期刊数	中文刊名	中英文网站内容一致性	OA声明	CC协议	版权及许可	伦理、编辑制度、收费信息
2008	1	《中国肺癌杂志》	否	有[a]	CC-BY[c]	无[c]	有[a]
2013	1	《中国现代神经疾病杂志》	否	有[a]	CC-BY[c]	无[c]	有[a]
2017	1	《临床肝胆病杂志》	否	有[a]	CC BY-NC-ND[c]	无[c]	有[a]
2019	2	《肿瘤防治研究》	否	有[a]	CC-BY[c]	无[c]	有[a]
2021	4	《协和医学杂志》	是	有[b]	CC BY-NC-ND	有	有[b]
		《环境与职业医学》	是	有[b]	CC BY-NC-ND	有	有[b]
		《中西医结合护理》	是	有[b]	CC BY-NC-ND	有	有[b]
		《第三军医大学学报》	是	有[b]	CC-BY	有	有[b]
2022	4	《陆军军医大学学报》	是	有[b]	CC-BY	有	有[b]
		《中国癌症杂志》	是	有[b]	CC BY-NC-ND	有	有[b]
		《上海预防医学》	是	有[b]	CC BY-NC-ND	有	有[b]
		《中国卒中杂志》	是	有[b]	CC BY-NC	有	有[b]

注：a—仅该期刊的英文网站有该信息，中文网站无此信息。b—中英文网站信息一致，均有相关信息。c—未在杂志网站上找到相关信息，信息源自DOAJ数据库。

3.2 我国中文医学期刊制度建设及网站辨识度情况

DOAJ数据库审核收录期刊的各项制度可概括为：①有OA声明内容；②有同行评议内容并有公开的同行评议流程声明；③版权相关制度的建设；④编辑制度；⑤开放的文献内容。因此DOAJ对于收录期刊的各项要求，均需要已高辨识度在期刊网站上予以体现。基于制度方面的建立，DOAJ数据库的收录申请主要内容见表3。

表3 在线申请DOAJ数据库的主要内容

必须事项	明细
开放存取声明 (open access statement)	OA声明及网址，且DOAJ数据库不接受混合型OA和延迟性OA期刊。只接受完全OA期刊
期刊基本信息 (about the journal)	期刊基本信息、网址、语种(不要求必须有英文网站)、主办单位、办刊目的及收稿范围
版权及许可 (copyright & licensing)	许可信息(CC协议)、版权信息(且两者不能与著作权法相抵触)及期刊网站对应的网址
编辑出版及质控 (editorial & quality control)	同行评议、学术不端与查重策略、期刊目的与收稿范围、编委会(需列出全部编委及单位)、作者指南、出版周期及对应的网址
收费模式 (business model)	是否收取版面费及信息所在网页(包括最高费用，其他收费、减免信息)
学术出版透明和最佳行为准则 (transparency & best practice)[7]	归档、DOI号、ORCID信息等

注：*即《中华人民共和国著作权法》，后文简称《著作权法》。

DOAJ对收录期刊的网站不要求必须有英文镜像网站。如果中文刊只有中文网站，则只审核中文网站。仅有中文网站的中文刊在网站上有上述表3中提及的全部内容，是可以申请DOAJ数据库的。DOAJ的审核全周期通常为6个月，包括数据库初审、编辑复审和DOAJ编委会终审。每一环节审核的编辑也不相同，初审和终审是由DOAJ数据库团队完成，编辑复审是由来自全世界不同语种背景的出版行业的编辑来完成,这些编辑作为 DOAJ 的志愿者(volunteer),针对其母语期刊按照 DOAJ 数据库的评判制度对期刊进行全方位审核。自 2021 年起,DOAJ 数据库对于有中英双语网站的中文刊或中英文双语刊,审核内容还包括中、英文网站各项内容的一致性。因此对于有中英文双版本网站的期刊,要特别引起注意,若审核过程中发现中英文网站同一内容不一致,会将申请退回,待修改后重新申请。

我国 12 本被收录的中文医学期刊,均有镜像的英文网站,但是经研究发现各期刊网站信息各有不同,甚至有不一致的现象。《中国肺癌杂志》《中国现代神经疾病杂志》《临床肝胆病杂志》和《肿瘤防治研究》由于被收录时间比较早,当时并未审核中英文网站内容是否一致,因此该 4 本期刊的中英文网站信息有诸多内容不一致,如 DOAJ 数据库最关心的 OA 声明,这 4 本期刊的中文网站均没有 OA 声明的相关内容,而英文网站虽然有相关内容,但是透明度不高,且没有说明具体用的是哪一种 CC 协议。其中《中国肺癌杂志》《中国现代神经疾病杂志》和《肿瘤防治研究》中文网站的编委会信息只有编委名,没有编委的详细单位。因此对于 DOAJ 数据库早期收录的期刊,OA 声明等仅可从英文镜像的网站获悉,且没有在网站上写明具体执行的是哪一种类型的 CC 协议,仅可从 DOAJ 数据库上查证具体登记的是哪一种 CC 协议。

此外,这些早期收录的医学期刊,其同行评议策略、编辑策略、出版伦理规范、投稿指南、收费项目和标准、版权和许可信息、获取方式等的中、英文网站相关信息均不全,且中文网站的信息量远少于英文网站(表 2)。

DOAJ 数据库对期刊创刊时间要求很低,仅要求出版 1 年以上或至少已出版 10 篇文章、研究型论文每年至少发表 5 篇。被收录的中文医学期刊中成立时间最短的是《中西医结合护理》,于 2015 年成立。

期刊在进行网站建设的同时,也需要严格提升期刊质量,如通过组稿约稿等提升期刊内容质量[8-10]。申请 DOAJ 数据库的期刊,应对期刊的各方面进行调整,促使期刊的制度、规范、出版和网站展示度符合 DOAJ 数据库的收录要求。具体包括:制定和贯彻执行各项制度(如同行评议制度、伦理、许可信息、版权信息、著作权转让协议、作者指南、文献不端声明等),完善中、英文网站的建设,注意中英文网站的一致性。DOAJ 数据库要求期刊遵守最佳行为准则(best practice)[7],因此需要考验期刊对制度的贯彻与执行力:如出版伦理声明和投稿论文无学术不端声明,除了线上可及还需要投稿作者签署相关证明,或对作者投稿信息真伪、学术不端、伪造单位证明或拒不提供单位证明、提供的基金资助项目证明与执笔人不符等。著作权转让协议,也应该体现期刊开放获取的宗旨,使作者在转让著作权的同时,对期刊的许可信息更加清晰。期刊通过申请 DOAJ 数据库,能帮助期刊使其网站信息更加透明和清晰。同时,通过申请 DOAJ 数据库,其收录的标准又能帮助期刊建设一系列伦理规范,进而提高期刊质量,提高相关内容的辨识度,提高期刊的国际影响力。

3.3 收录后对期刊的意义及影响因子的变化展望

DOAJ 是全球最重大的 OA 数据库,加入 DOAJ 数据库,不仅可以提高期刊水平、声望,而且学术内容等获得了国际数据库的认可。此外,通过 DOAJ 数据库,可以使被收录期刊的文献能够快速地展示给全世界,便于文献被引,对于期刊的影响力而言,其意义重大。

加入 DOAJ 数据库的积极意义可概括为如下几点:①加入 DOAJ 数据库,促进了该学科的发展和知识的快速传播,使得期刊内容快速展示,进而提升期刊的国际影响力。②OA 可进一步提高论文在国内外的被引频次,提高作者、所在单位以及期刊的国际影响力。③DOAJ 数据库的收录标准帮助期刊制定各项制度和伦理规范,促使期刊建立国际化的网站。

此外,DOAJ数据库也正在开展一项关于期刊加入 DOAJ 数据库后各方面变化的调查研究,包括期刊投稿量、网站浏览次数等是否有了实质性的变化,期刊文献的被引、下载是否也有显著上升,追踪时间为 1 年。

由于我国的中文医学类期刊被 DOAJ 数据库收录的数量还比较少,而且近 2 年被收录的期刊数才显著增加,后续我们将结合 DOAJ 数据库发起的调查研究,累积大样本量数据进行统计,密切跟踪,以便分析这些期刊加入 DOAJ 数据库后影响因子的变化。以验证被 DOAJ 数据收录后期刊各项指标是否得到进一步提升[11-12]。后续我们将扩展到其他学科,以便分析期刊影响因子的变化以及学科之间的影响因子变化的异同。

4 总结与展望

申请加入 DOAJ 数据库可以显著提高期刊的国际影响力。近年来,DOAJ 数据库收录的期刊数呈现爆发式增长的趋势,与之相对的是,我国被 DOAJ 数据库收录的期刊数量仍较小,中文的医学期刊仅有 12 本被收录。DOAJ 数据库近年来其遴选标准也越来越严格,新的标准和条件不断出现,申请难度也逐渐加大。本文总结了 DOAJ 数据库收录我国期刊及医学期刊的现状,结合申请 DOAJ 数据库的收录要求总结了我国 12 本被 DOAJ 数据库收录的中文医学期刊的网站内容及特点,希望能够为国内其他期刊的申请工作提供参考。随着 DOAJ 数据库收录工作更加积极主动,且我国期刊对"走出去"目标的贯彻执行,相信越来越多的中国期刊能够被 DOAJ 数据库收录。

参 考 文 献

[1] DOAJ. Application progress [EB/OL].[2022-07-30]. https://doaj.org/apply/.
[2] 郭亿华.中文科技期刊申请 Scopus 数据库收录实践探析[J].出版与印刷,2021(6):66-72.
[3] 刘津津.DOAJ 新变化及收录申请中高频问题解析[J].上海交通大学学报,2021,5(10):1330-1332.
[4] 刘军,张军.中国开放获取期刊现状分析及图书馆的应对措施[J].图书馆杂志,2019,38(2):64-68.
[5] Creative Commons.署名-非商业性使用-禁止演绎 4.0 国际(CCBY-NC-ND4.0)[EB/OL].[2022-07-29]. https://creativecommons.org/licenses/by-nc-nd/4.0/deed.zh.
[6] 朱洪涛,牛晓宏.知识共享许可协议授权差异的原因探析:基于 DOAJ 平台[J].现代情报,2020,40(5):140-147.
[7] DOAJ. Transparency & best practice[EB/OL]. [2022-08-03]. https://doaj.org/apply/transparency/.
[8] 王琳辉,倪明,李广涛,等.流行病学文章对肿瘤学中文核心期刊影响力的作用[M]//学报编辑论丛 2021.上海:上海大学出版社,2021:547-553.
[9] 王琳辉,倪明,徐虹,等.2018—2019 年肿瘤学领域指南与共识文献的影响力和分布特征分析[J].新闻研究导刊,2022,13(14):195-199.
[10] 倪明,王琳辉,李广涛,等.基于 AGREE-China 对中文乳腺癌诊治相关指南/共识的质量评估[J]中国肿瘤,2022,31(10).
[11] 罗新.开放存取期刊可达性和稳定性的调查与研究:以 DOAJ 收录期刊为例[J].中国科技期刊研究,2018,29(1):43-47.
[12] 王琳辉,倪明.中国开放存取期刊申请加入 DOAJ 数据库策略研究:以《中国癌症杂志》为例[J].出版与印刷,2022,32(5).

关注国家自然科学基金申请 助力编辑工作
——以地质学为例

李晓杰[1,2]，王燕海[2]，王军芝[1,2]

(1.《地质科学》编辑部，北京 100029；2.中国科学院地质与地球物理研究所，北京 100029)

摘要：本文在调研基金委发布的 2009—2019 年度地质学基金工作报告等文献数据的基础上，结合编辑工作实践，从地质学各分支学科的基金申请占比变化、主要申请机构和申请学科调整情况等方面探讨了通过关注国家自然科学基金申请动态为编辑工作带来的有益启示。调研及实践表明，基金申请中各分支学科年度申请占比变化能够反映学科研究热点，基金申请主要依托研究机构反映未来学术成果主要产出机构，学科调整表征着学科未来的发展趋势。学术期刊编辑关注国家自然科学基金申请情况，能够为期刊从宏观角度进行选题策划、精准邀稿、有效组稿和调整办刊方向提供参考，有助于学术期刊追踪科学研究前沿，推动学科发展。

关键词：基金申请；学术期刊；启示；地质学学科；影响力

1986 年，为鼓励基础自然科学研究创新和发展，国家创立了自然科学基金项目。经过 30 多年的实施、调整和完善，国家自然科学基金推动了基础自然科学研究和学科发展，培养了科技人才，产出了大批优秀学术成果[1]。学术文章与基金项目之间关系密切。一方面，学术文章是自然科学基金最主要的成果产出；以 2012—2017 年国家自然科学基金地学部资助项目成果统计为例，论文占总成果的 85%以上(见图 1)。另一方面，自然科学基金项目在优秀学术文章产出方面具有基础支撑作用；据统计，以地球科学为例，近年来在各类基金资助中，国家自然科学基金资助的发文量最多，占整个发文量的一半以上[2]。从文章质量角度，近年来我国学者的全球高被引论文中，受国家自然科学基金资助比例超过 70%[3]。

自然科学基金对学科发展具有重要推动作用，其申请、资助和调整变动情况能反映学科的继承和发展、学科研究前沿及热点、学科主要研究机构和研究团队、国家科技战略规划等信息。因而，学科领域内年度国家自然科学基金申请和资助信息为编辑开展选题组稿工作提供了有效的切入点和落脚点。学术期刊编辑密切关注本学科国家自然科学基金申请动态和资助数据，有助于追踪学科研究热点和发展趋势，了解潜在的稿源信息，选题策划，精准邀稿，实现有效组稿，稳步提高稿件质量[4-5]。

研究人员已经围绕基金资助项目开展了期刊论文选题组稿[5]，完善基金项目著录格式避免基金项目标注不实的学术不端行为[6-7]；此外，较多研究者通过文献计量学方法研究了基金资助论文的引用情况[8]、基金资助效果评价[9]、学科研究热点分析[10]。但是，目前，研究者较少从历年国家自然科学基金申请情况角度探讨利用相关数据开展期刊选题策划和组稿。为此，

通信作者：李晓杰，编辑，博士，E-mail: xjli@mail.iggcas.ac.cn

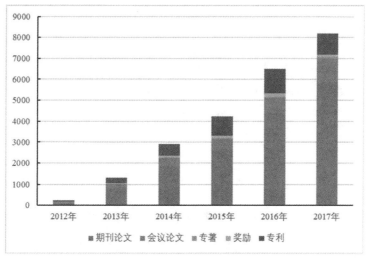

图 1 2012—2017 年国家自然科学基金地学部资助项目成果统计

(数据来源：国家自然科学基金共享服务网)

本文将以调研地质学近年来国家自然科学基金申请情况和编辑工作实践为例，探讨如何利用历年的基金申请信息来助力学术编辑工作。

1 地质学学科 2009—2019 年基金申请情况调研

本文数据来源于国家自然科学基金委地学部发布的 2009—2019 年地质学国家自然科学基金申请资助情况报告[11-21]。通过对披露的申请数据进行汇总和分类分析，发现：2009—2019年地质学学科基金申请资助情况报告中记录了申请项目中(面上项目、青年科学基金、地区科学基金、杰青、优青及重点项目等)年度申请量和主要申请依托单位，且国家自然科学基金中面上项目、青年科学基金项目、地区科学基金项目申请量占有绝对比重(见图 2)。因此，面上项目、青年科学基金项目和地区科学基金项目的申请情况能够代表国家自然科学基金申请变化的总体趋势。为此，下文中提到的研究基金申请项目主要指面上项目、青年科学基金项目和地区科学基金项目(简称"面青地"项目)。

图 2 2009—2019 年地质学学科基金"面青地"项目申请量及申请占比变化

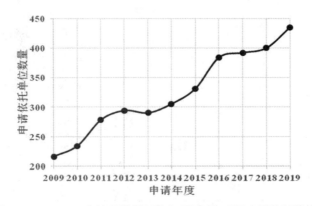

图3 2009—2019年地质学学科基金"面青地"项目申请依托单位数

从2009—2019年地质学学科基金"面青地"项目申请量和申请占比(见图2)和申请依托机构数(见图3)中可以看出,近年来地质科学学科项目的基金申请量和基金申请依托机构数不断增加。2019年"面青地"项目基金申请量是2009年申请量的2.86倍,申请机构数翻倍,由2009年216家上升到2019年435家。地质学基金申请量和申请依托机构不断增加的趋势说明地质学学科研究活跃,有越来越多的研究机构参与到地质学研究中来,地质学研究人才储备充沛,学科未来能够稳定发展。对与地质学科相关的学术期刊来说,稳定的学科发展前景和强大的人才队伍能够持续产出高水平科研成果——学术文章。这为地质学类期刊选题策划和组稿奠定了良好的稿源基础。

地质学学科2009—2019年国家自然科学基金申请资助情况报告中还详细记录了各分支学科申请量、项目申报主要依托单位;此外,还包括有些年度涉及的学科申请代码调整变动情况。本文将以学科内各分支学科申请量、项目申报主要依托单位和学科申请代码调整情况等数据为基础探讨对学术编辑提高办刊能力带来的有益启示。

2 关注国家自然科学基金申请情况获得的启示

2.1 通过学科内基金申请占比聚焦当前学科发展热点

基金申请量变化趋势能够从一定角度反映学科研究活力及未来发展趋势(见图2和图3),而学科内各分支学科基金申请数量占比能够展示当前的学科研究热点。

地质学各分支学科包括基础地质学、应用地质学及地质技术和方法等学科。基础地质学主要研究内容为地球物质组成、岩石或建造在地壳及地球内部空间分布、构造特征及其形成演化和地球历史等,包括地层学、矿床学、沉积学、岩石学、矿物学、构造地质学和大地构造、古生物学、岩相古地理学、第四纪地质学等。应用地质学包括地质学在资源、工程建设、灾害及环境等方面应用研究的学科,包括石油地质学、煤炭地质学、水文及地热地质、工程地质、环境与灾害地质学等。地质技术和方法是随着学科交叉和融合而不断发展起来的新兴学科,如数学地质与遥感地质、实验地质及勘查技术与地质钻探等。

学术期刊自创刊伊始具有明确的办刊方向和报道范围;但办刊方向和报道内容需要随学科发展进行动态调整。基金项目申请中各分支学科占比变化能够为期刊调整提供参考。因而关注基金申请中各分支学科申请量变化能够为编辑把握学科发展方向、了解当前学科研究活跃度和研究热点提供参考。为此,我们研究了2009—2019年自然科学基金项目申请中地质科学各分支学科基金申请占比情况(见图4)。

如图 4 所示,从历年地质学各分支学科基金申请情况来看,工程地质学、石油天然气地质、水文地质和地热地质、矿床学等学科方向基金申请量较大。其中,工程地质学在地质学类基金申请中表现最为突出,近十年基金申请占比均超过 15%,有些年度占比甚至接近 20%。这说明能够直接服务于国家经济建设和社会实际生产需要的应用型地质科学,如工程地质、石油天然气地质、水文地质和地热地质及矿床学等,是地质学中的常规研究热点,且从事相关学科研究的机构和学者较多,能够持续产出科研文章,潜在稿源充沛。

从图 4 还可看出,在基础地质学分支学科中,如构造地质学、沉积学和岩石学等,近年来基金申请占比变化不大,基金申请量随地质学学科发展稳步增长。值得注意的是,高水平科研文章是基础地质学分支学科的主要产出成果。因此,编辑在期刊选题策划过程中,应重视基础地质学分支学科,提高期刊刊登文章中高水平科研论文的质量和数量,以此提升期刊影响力。

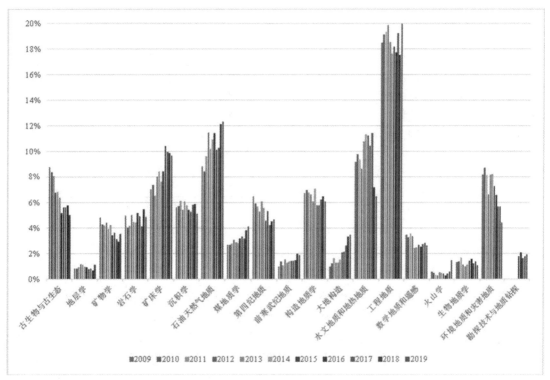

图 4　2009—2019 年地质学各分支学科基金申请占比

注:勘探技术与地质钻探为 2015 年新设置申请学科;工程地质、第四纪地质、生物地质、水文地质和地热地质及环境地质和灾害地质等 5 个学科数据引自 2018 年环境地球科学学科数据

此外,图 4 还显示,近年来地质学各分支学科中地层学、煤地质学、矿物学、火山学、前寒武纪地质、大地构造、勘探技术与地质钻探和生物地质学等基金申请占比较小,历年申请占比变化幅度不大。这表明从事相关学科研究的学者规模较小,且集中在几个少数研究机构和高校。值得注意的是,大地构造学科近年来申请占比由 2009 年 0.99%上升到 2018 年 2.99%;矿物学学科基金申请占比呈现下降趋势,由 2009 年的 4.83%下降到 2018 年的 2.66%。古生物

与古生态学、环境地质和灾害地质学科近十年基金申请占比由 2009 年的 8%左右持续下降至近年的 5%，说明这两个学科研究出现一波研究热潮后目前趋于稳定。数学地质和遥感地质具有明显的交叉学科属性，近十年基金申请占比变化不大，维持在 2%~3%左右。

针对近年来地质大数据应用研究活跃，本刊编辑部与相关研究人员联系分别于 2017 年 7 月和 2018 年 10 月在《地质科学》组织了两期地质大数据专辑。专辑文章刊出后，受到学者广泛关注，期刊网站浏览量和文章 DOI 解析量明显上升。据中文 DOI 网站统计数据，"N-MORB、E-MORB 和 OIB 的区别及其可能的原因：大数据的启示"一文的 DOI 月解析量排名长期处于前 10 位。据期刊网站浏览记录，上述文章在 10 年内发表文章阅读量排行中处于第 3 位，达到 7 900 余次。此外，地质大数据专题部分文章的引用率排名处于近 7 年期刊文章引用率前列(见表 1)；其中，"大数据正在引发地球科学领域一场深刻的革命"一文发表至今已引用 52 次，在 2015—2021 年《地质科学》发表文章中引用率排名第一(据万方数据 2022 年 5 月统计)。

表 1   大数据专辑部分文章下载引用情况(数据来源：万方数据，截至 2022 年 5 月 15 日)

标题	年(期)	文摘点击量/次	全文下载/次	被引次数/次
大数据正在引发地球科学领域一场深刻的革命	2017(3)	1 043	388	52
全球新生代安山岩构造环境有关问题探讨	2017(3)	434	183	22
全球海山玄武岩数据挖掘研究	2017(3)	463	168	12
N-MORB、E-MORB 和 OIB 的区别及其可能的原因：大数据的启示	2017(3)	2 761	607	9
镁铁质—超镁铁质岩浆岩中单斜辉石的智能分析研究	2018(4)	396	42	7
大洋中脊、洋岛、岛弧玄武岩中橄榄石的对比研究	2018(4)	367	137	6

通过基金申请中各分支学科占比及变化情况，编辑能够初步了解各分支学科在学科内的比重和学科发展的趋势，为期刊选题，动态调整办刊方向提供参考。

2.2 由基金申请主要依托研究机构确定合作院所

自然科学基金申请量反映了该机构(高校、科研院所)在学科领域的研究实力和活力、研究人才储备情况。基金申请中学科申请量大一方面说明，该机构在该学科领域具有优秀的科研平台和研究团队，学科内人才储备充分；另一方面说明，该研究机构内潜在的学科撰稿资源丰富充沛，与学术期刊合作的前景较好，值得编辑潜心探讨与该机构合作的可能性。笔者通过对近年来(2009—2019 年)地质科学基金申请数据进行汇总，发现地质科学学科自然科学基金申请主要依托单位，具体情况见表 2。

由表 2 可知，在地质科学学科国家自然科学基金申请主要依托机构中，教育部所属高校基金申请量最为庞大，如中国地质大学(武汉)、中国地质大学(北京)、吉林大学、长安大学、南京大学、中国石油大学(北京)、西北大学、同济大学、中国矿业大学、北京大学和合肥工业大学等。重点高校学科门类齐全，研究队伍庞大，实力雄厚，能够持续产出高水平文章，是期刊应该重点关注的潜在合作对象。此外，作为地质特色高校成都理工大学是原地质部、地质矿产部、国土资源部直属高校，其基金申请量也相当可观，其在地质学研究方面有较强的实力和人才储备。在国内地质学专业研究所中，中国地质科学院所属的地质所、矿产资源所，

表 2 2009—2019 年地质科学国家自然科学基金申请主要依托单位(排序不分先后)

编号	主要依托单位	编号	主要依托单位
1	中国地质大学(武汉)	11	中国石油大学(华东)
2	中国地质大学(北京)	12	西北大学
3	成都理工大学	13	同济大学
4	吉林大学	14	中国矿业大学
5	长安大学	15	中国科学院广州地球化学研究所
6	中国科学院地质与地球物理研究所	16	北京大学
7	中国地质科学院地质研究所	17	合肥工业大学
8	中国地质科学院矿产资源研究所	18	中国科学院南京地质古生物研究所
9	南京大学	19	西安地质矿产研究所
10	中国石油大学(北京)	20	中国地震局地质研究所

中国科学院所属的地质与地球物理所、广州地化所、南京地质古生物所等在历年基金申请中也表现突出。此外,中国地震局系统各研究所近年来地质学基金申请数量逐年增加。通过调研发现,地震局系统在活动构造、第四纪地质学和地质灾害方面具有一定实力;若进行此类选题可以与相关研究人员联系撰稿。中国地质调查局系统下属研究所(如西安地质矿产研究所)在地质学基金申请中表现也比较活跃。

围绕基金申请依托单位,编辑可以进一步通过机构网站,详细了解研究各个单位的优势学科及研究方向、科研平台和研究团队等信息,进而筛选与期刊定位和办刊方向相符的合作单位、确定邀稿作者或审稿专家等。

近年来,教育部属重点高校中国地质大学(武汉)地质学类基金申请量一直位居前列。该校在地质学各分支学科研究具有较强实力。为此,以本文以中国地质大学(武汉)为例介绍该校优势学科、重点实验室科研平台和研究团队情况(见表 2)能够为编辑开展选题组稿带来的启示。

表 3 列出了部分地质学国家自然科学基金申请依托单位的优势学科及平台情况。由表可知,中国地质大学、西北大学和南京大学等 3 所大学均在地质学研究领域具有较强的实力。中国地质大学(武汉)具有地质学和地质资源与地质工程两个一级学科重点学科;其中,地质学一级学科中涵盖 5 个国家二级重点学科,在历次教育部高校学科评估中均排名全国第一,2016 年获 A+学科,2017 年入选国家首批"双一流"学科建设,是地球科学领域 ESI 前 1‰的学科。地质学一级学科下的 5 个二级重点学科(矿物岩石矿床学、古生物学与地层学、地球化学、构造地质学、第四纪地质学)全都是国家二级重点学科,拥有博士学位授予权。在科研平台方面,中国地质大学(武汉)具有地质过程与矿产资源、生物地质与环境地质两个国家重点实验室;在研究队伍方面,地球科学学院、资源学院两所学院具有教授 113 名,副教授 123 名,研究实力雄厚。此外,西北大学和南京大学两所高校均具有地质学一级重点学科和国家重点实验室,科研平台优秀,研究队伍庞大。

上述这些数据对地学期刊的学术编辑在选题邀稿、专家库遴选以及期刊文章定向推介方面均具有重要参考价值。

表3 部分地质学国家自然科学基金申请依托单位优势学科及平台情况(截至2021年12月数据)

研究机构	优势学科	重点实验室科研平台	研究队伍人数		
中国地质大学(武汉)地球科学学院、资源学院	矿物学、岩石学、矿床学 古生物学与地层学 地球化学 构造地质学 第四纪地质学 地质资源与地质工程	地质过程与矿产资源国家重点实验室 生物地质与环境地质国家重点实验室 教育部长江三峡库区地质灾害研究中心	教授 113	副教授 123	杰青 5
西北大学地质学系	矿物学、岩石学、矿床学 古生物学与地层学 地球化学 构造地质学 第四纪地质学 矿产普查与勘探	大陆动力学国家重点实验室	教授 67	副教授 40	杰青 6
南京大学地球科学与工程学院	矿物学、岩石学、矿床学 古生物学与地层学 地球化学 构造地质学	内生金属矿床成矿机制研究国家重点实验室 表生地球化学教育部重点实验室	教授 70	副教授 41	杰青 14

2.3 关注基金项目学科调整紧跟学科发展步伐

随着新一轮科技革命的蓬勃兴起，学科内和学科外不断融合发展，学科间的交叉和融合推动着学科不断发展。为了顺应科技发展趋势，满足国家和人类社会发展重大需求，应对全球挑战，作为基础研究的主要资助机构，国家自然科学基金委员会发起"改革倡议"，并在新时期建设国家自然科学基金体系的总体目标指导下，确定了"优化学科布局"[22]。

学科申请代码调整是"优化学科布局"任务的重要组成部分和切入点。基金委明确提出了申请代码修订工作的重要原则："提高申请代码的包容性和覆盖面，通过较粗的申请代码结构尽可能涵盖更多的研究方向。鼓励设置跨科学部申请代码，加强对跨学科大交叉研究的支持"[22]。目前，基金委地球科学部提出了以"宜居地球的过去、现在与未来"(简称"宜居地球")为顶层设计的地球科学"十四五"发展战略规划。"宜居地球"旨在从"深地""深海"和"深空"3个方面研究驱动地球宜居性演变的"引擎"，推动以"地球系统科学"引领地球科学研究范式的转变，搭建"三深一系统"的资助构架。申请代码与"深地""深海""深空"和"地球系统科学"顶层设计有效对接，助力构建"源于知识体系逻辑结构、促进知识与应用融通的学科布局"[22]。近年来，地质学学科基金申请代码不断调整正是顺应了学科发展和社会需求，是学科布局和发展高度概括性的举措，便于学术期刊编辑认识学科发展潮流和趋势。

由吉林大学和中国地质大学等单位联合申请，国家自然科学基金委于2015年起设置了勘探技术与地质钻探学专项基金。勘探技术与地质钻探是目前乃至未来地球科学研究、地质资源调查、矿产勘探、工程地质勘察等必需的技术手段[23]。

2018年，国家自然科学基金委地球科学部将地质学分支学科中的工程地质、第四纪地质、生物地质、水文地质和地热地质及环境地质和灾害地质等5个学科调整组合到"环境地球科学"。2019年，地质学申请项目中工程地质、第四纪地质和水文地质学进行了回调。学科调整符合新世纪以来世界地球科学研究与环境科学研究的发展潮流，将地球科学研究引入到世界环境变化研究，实现两个研究领域之间的交叉融合。国家从宏观层面对环境地球科学研究的重视将会成为学科交叉的新起点，吸引相关领域人才聚集，产生新的科学认识和研究成果，推动地学领域的创新研究。因而作为相关学科期刊应该对环境地球科学类基金申请进行关注，积极策划与期刊办刊方向一致或相关的选题。

国家自然科学基金地学部在2019年地质学申请代码中新增了行星地质学分支学科。行星地质学研究有助于人类认识太阳系天体的形成和演化、更加深入理解地球演变过程、揭示地球生命起源及演化等重大科学问题[24]，以及满足我国正在进行的深空探测工程的实际需要。新兴学科具有明显的发展潜力，相关期刊如果能够很好地把握新兴学科发展趋势，发表该学科内高质量文章必然对期刊扩大影响力有积极作用。

3 结束语

国家自然科学基金年度申请数据是了解学科发展动态、国内主要研究机构和学术团队的一扇窗口。通过了解基金申请情况有助于学术期刊编辑认清学科当前的研究热点和发展趋势，确定高质量稿源产出研究机构和团队，对于期刊调整办刊方向、优化选题、寻找合作机构及确定邀稿对象，实现有效组稿具有极大促进作用。因而，自然科学学术期刊编辑应该重视年度国家自然科学基金项目申请动态，充分利用基金申请数据，吸引基金项目论文投稿，不断提高期刊文章的学术研究水平和内容质量。中文学术期刊作为国内研究者学术交流和展示平台，应紧跟国内科学技术发展水平，不断提高科技出版服务水平，才能提高我国学术期刊影响力，争创世界一流学术期刊。

参 考 文 献

[1] 李静海.国家自然科学基金支持我国基础研究的回顾与展望[J].中国科学院院刊,2018,33(4):390-395.
[2] 朱薇薇,王鑫,史静,等.近5年中国地球科学领域发展态势文献计量分析[J].地质学报,2018(12):2582-2588.
[3] 宋敏,杜尚宇,刘多,等.国家自然科学基金资助产出热点论文分析:基于2013—2015年ESI数据[J].中国科学基金,2017,31(5):489-493.
[4] 王银平.科技期刊常见约稿方式的适用性比较[J].中国科技期刊研究,2014,25(4):488-490.
[5] 蔡斐,苏磊,李世秋.科技期刊争取优质稿源的重要抓手:策划出版专刊/专栏[J].编辑学报,2018,30(4):416-419.
[6] 舒安琴,罗瑞,张耀元,等.科技期刊中国家自然科学基金标注失范现象的调查[J].中国科技期刊研究,2020,31(4):314-318.
[7] 白雪娜,张辉玲,黄修杰.科技论文基金项目标注的不端行为及防范对策研究:基于178篇论文标注209个国家自然科学基金项目的实证分析[J].编辑学报,2017,29(3):260-264.
[8] 董建军.中国知网收录的基金论文资助现状和被引情况分析[J].中国科技期刊研究,2013,24(2):307-312.
[9] 张诗乐,盖双双,刘雪立.国家自然科学基金资助的效果:基于论文产出的文献计量学评价[J].科学学研究,2015,33(4):507-515.
[10] 曹玲,周广西,周紫阳.国家自然科学基金资助大气科学领域国内论文统计与研究热点分析[J].中国科学基

金,2011(4):209-213.
[11] 姚玉鹏,刘羽,张进江,等.2009年度地质学科项目受理与资助分析[J].地球科学进展,2009,24(12):1371-1374.
[12] 姚玉鹏,刘羽,张进江,等.2010年度地质学科项目受理与资助分析[J].地球科学进展,2010,25(12):1389-1392.
[13] 姚玉鹏,熊巨华,王勇生,等.2011年度地质学科项目受理与资助分析[J].地球科学进展,2011,26(12):1323-1326.
[14] 姚玉鹏,熊巨华,王勇生,等.2012年度地质学科项目受理与资助分析[J].地球科学进展,2012,27(12):1389-1393.
[15] 姚玉鹏,熊巨华,王勇生,等.2013年度地质学科项目受理与资助分析[J].地球科学进展,2013,28(12):1370-1373.
[16] 姚玉鹏,熊巨华,王勇生,等.2014年度地球科学部二处地质科学领域工作报告[J].地球科学进展,2014,29(12):1404-1407.
[17] 姚玉鹏,熊巨华,顾松竹,等.2015年度地质学科项目受理与资助分析[J].地球科学进展,2015,30(12):1339-1402.
[18] 姚玉鹏,熊巨华,顾松竹,等.2016年度地质科学领域工作报告[J].地球科学进展,2016,31(12):1267-1270.
[19] 姚玉鹏,熊巨华,顾松竹,等.2017年度地质科学领域工作报告[J].地球科学进展,2017,32(12):1332-1336.
[20] 任建国,裴军令,陈曦,等.2018年度地质科学领域工作报告[J].地球科学进展,2018,33(12):1282-1285.
[21] 任建国,陈曦,初航,等.2019年度地质科学领域基金项目评审与成果分析[J].地球科学进展,2019,34(11):1175-1178.
[22] 国家自然科学基金委员会.2019年度自然科学基金项目指南[R].北京:科学出版社,2019:316.
[23] 孙友宏."勘探技术与地质钻探学"国家自然科学基金资助新领域[J].探矿工程,2014,41(12):43.
[24] 李雄耀,林巍,肖智勇,等.行星地质学:地质学的"地外"模式[J].中国科学院院刊,2019(7):776-784.

国内学术期刊分类号标引探讨
——以数学期刊为例

钮凯福

(北京大学数学科学学院《数学进展》编辑部，北京 100871)

摘要：针对国内学术期刊标引分类号不全面、不准确的现象，讨论国内学术期刊标引的两类主流分类号适用性和标引意义。从数学期刊出发，总结数学主题分类号2020年版更新，并对国内41种高质量数学期刊分类号标引现状进行统计分析，提出了若干准确标引分类号的建议以及关于分类号的一些思考。

关键词：数学主题分类号；中图分类号；学术期刊

分类号是很多学术期刊出版论文时的标引项，是科技文献数据库收录论文时的重要标签，是学者搜索文献资料的便利索引，也为编辑部归类与送审稿件提供了有效参考。分类号标引尚无统一的国家标准，部分国内期刊也存在未标引分类号、分类号标引不准确、版本更新不及时等问题。由此，笔者考察国内学术期刊所采用的主流分类号，并以数学期刊为例，分析国际数学界主流的数学学科分类号，对国内41种高质量数学期刊分类号的最新标引情况进行统计分析，提出准确标引学科分类号的若干建议以及关于分类号的一些思考。

1 国内学术期刊标引的主流分类号

目前国内学术期刊标引的分类号主要是中图分类号和学科分类号。表 1 对中图分类号和两类重要的学科分类号进行了概述。本章将分别探讨学术期刊标引中图分类号和学科分类号的利弊。

1.1 中图分类号

中图分类号是指采用《中国图书馆分类法》对科技文献进行主题分析，并依照文献内容的学科属性和特征，分门别类地组织文献后所获取的分类代号。目前我国大多数中文科技期刊均标引中图分类号。由于《中国图书馆分类法》制定目标是服务于图书馆的图书分类，在多年实践中，许多编辑学者对科技期刊论文对中图分类号的标引必要性提出质疑，建议不再标引[1-3]；笔者从数学期刊角度出发，列举中图分类号在科技期刊论文标引中的不足之处。

(1) 分类过粗。数学方向的中图分类号集中在理科 O 类下的一级分类 O1(数学)和 O2(概率统计、运筹学、计算数学等)，然后在 O1 和 O2 后添加 1 至 2 位数字进行二级和三级分类，三级分类后的进一步细化通过加小数点后 1 或 2 位数字实现。实际列出的数学类中图分类号仅几百条，在数学研究高度专门化与细化的背景下，无法做到对单篇论文研究方向精准分类。

(2) 分类层级存在歧义。逻辑上分类号的内涵应具有逐级包含关系，最终具体到最细一级供作者选择。但是中图分类号的包含关系不够完备，并且各级分类号均可直接进行标引，为作者选择合适的分类号带来一些困难,也容易导致同时标引多个分类号时层级与内涵的混乱。

表 1　国内学术期刊标引的主流分类号概述

分类号名称	创立时间/机构	版本更新年份	格式	适用范围
中图分类号(Chinese Library Classification, CLC)	1975/中国国家图书馆	1980 1990 1999 2010	多级格式: 一位字母(T 类为两位) +数字组合 如:O175.12,TN911	全部学科,主要应用于图书分类
数学主题分类号(Mathematics Subject Classification, MSC)	1991/美国《Mathematical Reviews》与德国《Zentralblatt für Mathematik》	2000 2009 2020	三级格式: 两位数字 +一位字母(或-) +两位数字(或 xx) 如:11-03,35J05	数学,主要应用于科技文献分类
物理学与天文学分类系统(Physics and Astronomy Classification Scheme, PACS)	1970/美国物理研究所	每 2 年更新一次,最终版更新于 2010 年(2016 年被物理主题类目(PhySH)取代)	三级格式: 两位数字.两位数字.两位字符 如:82.20.-w	物理学、天文学,主要应用于科技文献分类

(3) 分类条目滞后[4],跟不上国际数学研究发展趋势。例如,被数学界普遍采用的数学主题分类号早在 2000 年版中就补充了一级分类 37"动力系统与遍历论",2020 年版中此类已包含上百条分类条目。但《中国图书馆分类法》直到 2010 年的第五版才增加分类条目 O19"动力系统理论",且其下仅含 3 个次级分类条目。这无疑不利于动力系统方向学者通过中图分类号准确定位目标文献。

(4) 分类应用限于国内期刊。中图分类号并未被国外数学期刊采用,导致其应用场景仅限于中国知网等国内数据库收录的国内数学期刊,无法由其搜索国际上最新的数学研究成果。

上述问题在其他学科中也不同程度地存在。尽管中图分类号存在分类粗糙、版本更新不及时、检索实际应用场景少等问题,但考虑到中图分类号是国内唯一获得图书编辑界公认与采用的分类标准,并且在国内各大学术资源数据库中承担重要的索引作用,其仍然有一定的标引价值。许多学者也就中图分类号的规范化标引进行了探讨[5-9]。

1.2　学科分类号

部分重要学科拥有国际通用的、获得学科学术共同体认可的国际分类标准和学科分类号。如数学学科的数学主题分类号(Mathematics Subject Classification,MSC)、物理学与天文学学科曾采用的物理学与天文学分类系统(Physics and Astronomy Classification Scheme,PACS)等。与中图分类号相比,在特定学科领域内,学科分类号往往拥有更前沿专业的学术指向、更科学合理的分类结构、更细化精确的分类条目,因此在相应领域的学者群中有很高的知名度和认可度。学科分类号也普遍在国际学术资源数据库(尤其是特定学科的文摘数据库)中承担索引作用,方便学者第一时间追踪特定研究领域最新的研究成果,或追溯相应领域的历史发展脉络,也方便期刊编辑送外审时合理选择审稿专家。与文题搜索和关键词搜索相比,学科分类号可以充分准确地反映文献涉及的学科方向,避免因文题长度局限和关键词多义性可能为搜索带来的遗漏或冗余问题。大多数与国外数据库合作的国内学术期刊(尤其是英文期刊)也相应地标引了学科分类号,为提升国内学术成果的国际能见度、推动国内外学术交流发挥了重要作用。

学科分类号也存在一些不利于国内学术期刊标引的负面因素,如在学科领域外的认知度不高,分类标准基本由美欧机构制定、未获得国家标准认可与支持等。但由于学科分类号立足于国际学术共同体和学术文献数据库,在我国学者追踪国际最新科研动态、传播先进研究成果、争夺学术话语权的过程中都发挥着不可忽视的作用,国内学术期刊应当重视学科分类号的标引工作以推动我国科研的发展。因此有必要对国内学术期刊标引学科分类号的现状、标准和流程进行调研与探讨。

2 数学期刊分类号标引讨论

笔者以数学期刊为例,重点分析数学主题分类号2020年版的相应更新,并调研国内数学类学术期刊分类号标引情况。

2.1 数学主题分类号简介及2020年版更新情况

数学主题分类号(MSC)承接自20世纪60年代创立的美国数学会分类号(AMS Classification),于1991年由美国数学会和欧洲数学会联合制定,一直以来被数学出版界和各主要数据库广泛应用。MSC由5位数字和字母构成,采用三级分类方式:一级分类为前2位数字(在2位数字后面加-XX作为相应的一级分类号);二级分类在一级分类基础上附加第3位大写字母或连字符"-"(在后面加-xx作为相应的二级分类号);三级分类在二级分类基础上附加后2位数字,形成完整的5位三级分类号。前两级分类主要起到归类和索引的作用,方便使用者查询具体的三级分类号。

2020年1月7日,数学主题分类号2020年版[10](以下简称MSC(2020))正式发布。MSC(2020)共包含63个一级分类号,529个二级分类号和6006个三级分类号;与2010年版相比,一级分类号未进行变更,添加了9个二级分类号(见表2),删除了113个三级分类号并添加了486个新的三级分类号[11]。

表2 MSC(2020)新添加的9个二级分类号

分类号	条目
18Mxx	Monoidal categories and operads(幺范畴与operads)
18Nxx	Higher categories and homotopical algebra(高阶范畴与同伦代数)
53Exx	Geometric evolution equations(几何进化方程)
57Kxx	Low-dimensional topology in specific dimensions(特定维数的低维拓扑)
57Zxx	Relations of manifolds and cell complexes with science and engineering(流形和胞腔复形与科学和工程的联系)
60Lxx	Rough analysis(粗糙分析)
62Rxx	Statistics on algebraic and topological structures(代数与拓扑结构的统计学)
68Vxx	Computer science support for mathematical research and practice(对数学研究与实践的计算机科学支持)
82Mxx	Basic methods in statistical mechanics(统计力学的基本方法)

笔者将此次数学主题分类号更新的一些主要特点整理如下:

(1) 数据与计算在数学科学中的迅猛发展充分反映在本次分类号更新中，MSC(2020)在多个适当的一级分类下补充了-08 Computational methods(计算方法)，-10 Mathematical modeling or simulation(数学建模与仿真)，以及-11 Research data(研究数据)三种类别的三级分类号。另外，在-08类以外(不计一级分类03类"Mathematical logic and foundations(数理逻辑与基础)"和68类"Computer science(计算机科学)"下属分类号)还有58个涉及计算、计算方法和计算机的三级分类号；-11类本身涵盖了统计数据、数学表格、数学对象及其性质集等数据类型，此外还有31个涉及具体数据条目的三级分类号[11]。而MSC(2010)中一些零散的计算相关的分类号对应被调整，如二级分类号12Yxx"Computational aspects of field theory and polynomials(域论与多项式的计算方向)"及其下两个三级分类号，以及多处三级分类号"Computational methods"在MSC(2020)中直接被删除，整合至对应的-08类和-11类。

(2) MSC(2020)细化了100余个二级分类和2 000余个三级分类号条目的表述，纳入了其对应上级分类的相关信息，使得索引二级分类和引用具体三级分类号时不必追溯其上级分类确认具体方向。例如：在MSC(2010)中，隶属于一级分类14类"Algebraic geometry(代数几何)"的二级分类号14Axx"Foundations(基础)"，在MSC(2020)中更新为"Foundations of algebraic geometry(代数几何基础)"，使得二级分类号表意更加明确精准。在MSC(2010)中，15A29、34A55、34K29、35R30、45Q05、49N45、65J22、65L09、65M32、65N21、65R32、70F17、74G75、74J25、80A23等10余个分类号的条目都是"Inverse problems(反问题)"；而在MSC(2020)中，相应条目得到了详细阐述，如15A29"Inverse problems in linear algebra(线性代数中的反问题)"，35R30"Inverse problems for PDEs(偏微分方程的反问题)"等，避免了多个分类号采用相同表述可能造成的歧义，方便使用者仅通过三级分类号表述即可精准界定分类号涵义。

(3) MSC(2020)中部分分类号条目涵义有所调整。如MSC(2010)中的二级分类号18Exx"Abelian categories(阿贝尔范畴)"在MSC(2020)中更改为涵义扩大的"Categorical algebra(范畴代数)"，其下的18E10"Exact categories, abelian categories"和18E15"Grothendieck categories"在MSC(2020)中被整合为涵义扩大的18E10"Abelian categories, Grothendieck categories"；而MSC(2010)的二级分类号中57Mxx"Low-dimensional topology(低维拓扑)"在MSC(2020)中更改为涵义缩小的"General low-dimensional topology(一般低维拓扑)"，其下多个三级分类号57M20、57M25、57M27、57M35、57M40被分解/细化/泛化整合至表2的57Kxx类别下。

数学期刊编辑部需要密切关注数学主题分类号的上述重要变化，并且及时将相应变化准确反馈到论文标引项中。

2.2 国内数学类学术期刊分类号标引调研

中国数学会于2021年7月发布了《数学领域高质量科技期刊分级目录》[12]，收录的期刊学术水准获得了国内数学界人士普遍认可，具有高度代表性。笔者考察了目录中全部41种有国内统一刊号的期刊(包括目录发布后新申请到刊号的《数学与统计通讯(英文)》)，统计其2022年首期期刊标引分类号的情况（见表3）。表3中用缩写"MSC"和"CLC"分别指代某些期刊所标引的英文全称"Mathematical Subject Classification"和"Chinese Library Classification"，并省略了AMS和MR后的"Subject Classification"）。部分期刊在中英文摘要后采用不同的标引格式，故表3某些格中列出了两项。

表3 国内41种"数学领域高质量科技期刊"对数学主题分类号和中图分类号的标引情况

期刊名称	文种	数学主题分类号标引	中图分类号标引
数学物理学报(英文版)	英文	2010 MR	无
数学学报(英文版)	英文	MR(2010)	无
数学年刊B辑(英文版)	英文	2000 MR	无
北京数学杂志(英文)	英文	MSC	无
中国科学：数学(英文版)	英文	MSC(2020)	无
代数集刊(英文)	英文	AMS	无
中国数学前沿(英文)	英文	MSC2020	无
数学研究通讯(英文)	英文	AMS	无
数学研究及应用(英文)	英文	MR(2020)	无
数学研究(英文)	英文	AMS	无
偏微分方程(英文)	英文	AMS	CLC
纯粹数学与应用数学	中/英文	2010 MSC	中图分类号
模糊系统与数学	中文	无	中图分类号
数学进展	中/英文	MSC(2020)主题分类、MSC(2020)	中图分类号、CLC
数学理论与应用	中/英文	无	无
数学年刊A辑(中文版)	中文	MR(2000)主题分类	中图法分类
数学物理学报(中文版)	中文	MR(2010)主题分类	中图分类号
数学学报(中文版)	中文	MR(2010)主题分类	中图分类号
中国科学:数学(中文版)	中文	MSC(2020)主题分类、MSC(2020)	无
数学与统计通讯(英文)	英文	MSC	无
概率、不确定性与定量风险(英文)	英文	2020 MSC	无
应用概率统计	中/英文	2020 MSC	中图分类号
计算数学(英文版)	英文	MSC	无
应用数学学报(英文版)	英文	2000 MR	无
高等学校计算数学学报(英文版)	英文	AMS	无
应用数学年刊(英文)	英文	AMS	无
应用数学和力学(英文版)	英文	2010 MSC	CLC
高校应用数学学报B辑(英文版)	英文	MR	无
应用数学与计算数学学报(英文)	英文	MSC	无
高等学校计算数学学报(中文版)	中文	AMS(2000)	中图分类号
高校应用数学学报A辑(中文版)	中文	无	中图分类号
计算数学(中文版)	中文	MR(2010)主题分类	无
应用数学	中/英文	AMS(2010)主题分类、AMS(2010)	中图分类号、CLC Number
应用数学学报(中文版)	中文	MR(2000)主题分类	中图分类号
中国运筹学会会刊(英文)	英文	MSC	无
系统科学与复杂性学报(英文)	英文	无	无
工程数学学报	中文	分类号：AMS(2010)	中图分类号
数学的实践与认识	中文	无	无
数值计算与计算机应用	中文	MR(2010)主题分类、2010 MSC	无
系统科学与数学	中文	MR(2000)主题分类号	无
运筹学学报	中文	2010数学分类号、2010 MSC	中图分类号、CLC

由表3可总结如下：

(1) 部分期刊未标引相应分类号。26 种期刊未标引中图分类号(以英文期刊为主)；5 种期刊未标引 MSC(以中文期刊为主)。2 种期刊未标引任何分类号。

(2) 期刊对 MSC 的称谓不准确。如图 1 左图所示，9 种期刊用美国数学会的简称"AMS"冠名数学主题分类号，另有 12.5 种期刊用美国《数学评论》的简称"MR"冠名数学主题分类号(其中《数值计算与计算机应用》在中英文摘要后分别采用了 MSC 和 MR 的两种标引格式，因此分别按 0.5 计入两个类别)。由于美国数学会目前仅为制定与维护 MSC 的两家机构之一，《数学评论》更是美国数学会旗下采用 MSC 索引的评论期刊，因此用"AMS""MR"表述 MSC 的内涵是不准确的。

(3) 期刊对 MSC(2020)版本更新的响应不及时。如图 1 右图所示，仅有 7 种期刊标明采用 2020 年版 MSC；另有 12 种期刊仅标明采用 MSC，未标引具体版本年份。11 种期刊依然采用 2010 年版 MSC，6 种期刊甚至还在沿用 2000 年版 MSC。还有个别期刊在同一期内标引了不同版本的 MSC。标引版本的误差很可能导致所标注的分类号无法准确反映论文的研究方向。

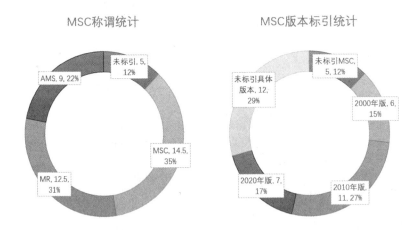

图 1　国内 41 种"数学领域高质量科技期刊"标引 MSC 时采用的称谓和版本统计

另外，笔者在日常编辑工作中，经常遇到作者不重视分类号标引的情形。部分作者提供的分类号不够准确全面，有时甚至有误用、版本过时等明显错误。这应该是很多学术期刊编辑部遇到的常态问题。考虑到准确标引分类号不仅遵循了基本的编辑规范，还为学术论文的推广与传播发挥重要作用，编辑部应当重视分类号标引工作。

3　分类号标引建议及思考

3.1　分类号标引建议

针对国内学术期刊分类号标引存在的问题，笔者提出如下分类号标引建议：

(1) 期刊编辑部应更加重视并采用相关专业国际学术共同体公认的学科分类号(例如数学类期刊尽量采用数学主题分类号)。在标引相应分类号时，应明确体现分类号全称或者公认简称(例如数学方向的 MSC)。

(2) 期刊编辑部应关注学科分类号更新信息，及时采用最新版本的学科分类号。建议明确著录学科分类号的版本年份。如果未著录版本年份的话，在标引具体分类号时也应及时采用最新版本，这样读者可以默认文章采用了出版日期时可用的最新版本的分类号。

(3) 学术期刊(尤其是中文期刊)宜保留对中图分类号的标引，方便学者通过国内数据库以中图分类号为索引检索相应的学术论文。针对中图分类号标引正确率不高的现状[9,13]，编辑部需要根据学术期刊所属的学科特点总结探索正确标引中图分类号的有效途径和流程[14-16]。

(4) 编辑部需要在日常采编流程中加强分类号标引工作。一方面，编辑部应努力引导作者标引适当分类号，例如在征稿简则中就相关事项予以详细说明，提醒作者采用最新版本的相应分类号；在期刊网站附上分类号列表的网络资源链接方便作者查阅引用[8]等。另一方面，编辑部在编校过程中必须仔细检查相应标引项，通过论文标题、摘要、关键词等信息与已标引的分类号进行比对，另外也可参考比对与论文主题密切相关的主要参考文献所选用的分类号，并与作者联系，核对所标引的分类号。

3.2 关于分类号的思考

上层建筑方面，分类号的制定与其作用的发挥，离不开出版界、学术界、图书馆界和权威数据库等多方之间的充分互动与交流。国内应考虑组织学术界权威学者与图书馆界、出版界同仁合作实施该领域分类号编制工作，保证分类号尽量全面准确地覆盖学科各研究分支，并及时引入新兴研究方向。编辑界也应集思广益，讨论形成经学科内部普遍认可的分类号标引标准与规范。国内优势学科的研究人员也可以主动参与国际上主流学科分类号的编制与更新，争取科技话语权，并反哺于国内标准，从而推动学术交流和期刊发展。

基层工作方面，编辑部需要注意：学科分类号的每次版本更新都充分准确地反映了相应学科的最新发展趋势。例如：调整幅度较大的2000年版 MSC 整合一级分类58中动力系统方向的分类号和28中遍历论方向的分类号，单独设立一级分类37"动力系统与遍历论"；同时从一级分类90和92中整合出部分条目，设立一级分类91"博弈论、经济、社会与行为科学"。目前美国数学会 MathSciNet 数据库中从这两大分类中首选分类号的文献已经分别达到4万余篇和8万余篇，相关研究仍在蓬勃发展，方兴未艾。因此，编辑部需要及时分析研究学科分类号的版本更新情况；尤其需要注意监测增补的一级和二级分类条目，因为这些条目通常反映了近年来学科发展的最新动向和热门课题，是期刊学术水平后续发展的前瞻和先进方向，对期刊追踪学术前沿、有效征稿约稿、提高学术影响力有指导意义和潜在助益。

另外，值得注意的新动向是，随着网络在线出版在期刊出版中地位的迅猛提升，部分学科分类系统逐渐放弃使用具体编号，转向更适应网络搜索和交互界面的模块化树状或网状结构。例如 PACS 目前已经由物理主题类目(Physics Subject Headings，PhySH)替代，后者已应用于美国物理学会所属期刊投审稿流程中。物理学科主题不再采用具体的三级编号，而是总体分为5个大方向(Facets)：研究领域(Research areas)、物理系统(Physical systems)、属性(Properties)、技术(Techniques)、职业话题(Professional topics)；17个学科分支(Disciplines)。其基本的组成元素为概念词(Concept)，隶属于上述若干大方向和学科分支。相关的概念词以大方向为根目录互相联系，形成相应的可视化网状结构和概念词路径。新的分类系统覆盖了物理学各方向，便于网络搜索相关内容，支持关联数据集，具有模块化和可扩展的特征[17]。而国内几种重要的物理期刊仍延续标引已不再更新的 PACS。尽管这种不采用具体编号的分类系统不太适配在纸质刊物论文上的标注，但在数字出版中意义重大。期刊编辑需要尽快了解、学习与掌握这些适应网络与数字化出版新趋势的分类号标引方式，以适应更加符合学界和出版界需求的新时代学术出版需要。

4 结束语

学术期刊编辑部应重视对分类号(尤其是对学科分类号)的正确标引,关注分类号的更新动态,采取相应措施保证标引准确率与完备性,从而提高出版质量,推动学术成果交流与传播。学术期刊编辑部同样应当积极直接或间接参与分类号和相关标准的制定与维护工作,提高我国学术出版的自主性和影响力。

参 考 文 献

[1] 陈国剑.中图分类号不宜用做科技论文的分类标志[J].编辑学报,2002,14(5):385-386.
[2] 张威,李宏伟,王奕飞.医学期刊论文应取消中图分类号[J].中国科技期刊研究,2009,20(5):939-940.
[3] 刘江霞.科技期刊论文中中图分类号标注取消之探讨:以地学期刊为例[J].黄冈师范学院学报,2019,39(6): 259-260.
[4] 张丽.中图分类号在科技期刊论文中的标引检索分析[J].天津科技,2014,41(8):97-99.
[5] 邓丽琼.《中国图书馆分类法》应用于期刊论文分类标引的参考[J].中华医学图书情报杂志,2004,13(4): 33-34.
[6] 金伟.中图分类号在科技期刊标引中存在的问题及标引的原则[J].辽宁师范大学学报(自然科学版),2008, 31(3):382-384.
[7] 余朝晖.科技论文中图分类号科学标引的实践与探讨[J].编辑之友,2010(5):100-101.
[8] 张晓丽.科技论文中图分类号标引现状分析及规范化建议[J].科技与出版,2012(9):120-121.
[9] 王利君.期刊论文中图分类号标引现状及改进策略[J].江苏科技信息,2021(7):11-13,23.
[10] Editors of Mathematical Reviews and zbMATH. MSC2020-Mathematical Sciences Classification System [EB/OL]. [2020-01-30]. https://mathscinet.ams.org/mathscinet/msc/pdfs/classifications2020.pdf.
[11] DUNN E, HULEK K. Mathematics Subject Classification 2020[J]. Notices of the American Mathematical Society, 2020, 67(3): 410-411.
[12] 中国数学会.数学科技期刊分级目录[EB/OL][2021-07-06].http://www.cms.org.cn/upload/editor/file/ 20210706/06191950220.pdf.
[13] 吴笑兰,刘健.CNKI 分类号标引分析[J].科技情报开发与经济,2015,25(5):50-53.
[14] 崔尚公,袁泽轶,李雪,等.海洋学科技论文中图分类号的选取方法[J].编辑学报,2018,30(Sup.1):46-48.
[15] 钟伟,马骏,边莉,等.医学科研论文中图分类号标引的探讨[J].中国医疗前沿,2009,4(19):122-123.
[16] 鲁翠涛,张海燕,张和.中图分类号在医学稿件中的正确标引:以《肝胆胰外科杂志》为例[J].肝胆胰外科杂志,2016,28(2):175-177.
[17] American Physical Society. About PhySH [EB/OL]. [2021-09-30]. https://physh.aps.org/about.

"双一流"建设背景下高校科技期刊与学科建设融合发展的路径探索

张芳英

(上海大学期刊社《应用数学和力学(英文版)》编辑部，上海 200444)

摘要：基于高校科技期刊与高校学科发展现状，综合分析了高校科技期刊和高校学科建设资源组成及其对应关系，结合"双一流"建设基本要求，探索高校科技期刊与高校学科建设融合发展路径，提出高校科技期刊与高校学科建设可以基于内容、人才和平台进行深度融合发展。

关键词：高校科技期刊；双一流；融合发展

近期，教育部、财政部、国家发展改革委印发《关于深入推进世界一流大学和一流学科建设的若干意见》，更新了"双一流"建设名单，启动了新一轮"双一流"建设，并明确指出全力推进"双一流"高质量建设，有利于解决中国问题、服务经济社会高质量发展[1]。"双一流"建设指导意见是推进高校和高校学科建设的重要政策指导文件，给高校和高校学科带来前所未有的发展机遇和挑战。周志红[2]研究指出，"双一流"建设的持续推进，刺激高校高层次人才和高质量研究成果数量快速增长，学科影响力持续增强。科技期刊是传播学科研究成果的重要平台，基于学科发展的需要而存在，随着学科发展而发展，并以服务学科发展为基本使命，是学科研究的重要组成部分。高校科技期刊是由高校主办的科技期刊，是科技期刊的重要组成部分，也是高校的重要组成部分。教育部最新统计数据显示，我国目前本科院校共 1 270 所[2]。国家新闻出版署网站显示，几乎所有本科院校都参与主办或承办期刊。尤其值得注意的是，"双一流"建设高校，尤其是综合影响力比较大的高校，对期刊的建设都十分重视。统计数据显示，我国主办科技期刊最多的 10 所高校均为"双一流"建设高校[3]。许多实践证明，高校科技期刊与高校和高校学科发展相辅相成。吴芹等[4]结合《中国石油大学学报》具体的工作实践为例，阐明高校科技期刊在促进高校学科人才培养和引领高校学科发展方面大有所为。王芙蓉等[5]以扬州大学《美食研究》为例，分享了期刊在促进扬州大学一流烹饪本科专业建设方面的举措，以事实证明高校科技期刊与高校学科建设相互依托、协同发展。杨旭东[6]总结了《建筑模拟》10 年的发展历程，指出基于学科建设，引导学科建设发展，促进学科创新和人才培养，是期刊得以快速发展的关键，拥有国际一流学科、优秀的科研平台及人才团队是高校及科研院所创办国际期刊的基础，而国际期刊的成功运行又会极大地促进学科发展，推进学科创新、人才培养和国际化。田江等[7]指出科技期刊与学科建设协调发展有利于培育和推进世界一流科技期刊、一流高校和一流学科建设。陈更亮等[8]指出一流高校科技期刊既是一流高校和一流学

基金资助：中国高校科技期刊研究会专项基金课题(CUJS2021-016)

科建设的重要内容，也是其重要支撑。由此可见，立足于高校优势学科能有利促进高校科技期刊稳健发展，而借助高校科技期刊发展的学科力量也有利于推动高校学科建设快速发展，"双一流"建设背景下，高校科技期刊与高校学科建设融合发展十分必要。然而，现有的相关研究均只针对期刊发展的某一个方面，缺少全面系统的剖析。鉴于此，本文拟在全面剖析高校科技期刊与高校学科资源组成的基础上，基于"双一流"建设的基本要求，全面探索高校科技期刊与高校学科建设融合发展路径，以期为相关工作提供参考。

1 高校科技期刊与高校学科建设资源组成

1.1 高校科技期刊资源组成

高校科技期刊所拥有的各类资源是高校科技期刊发展的根本，也是高校科技期刊与高校学科建设融合发展的底气和支撑力量。高校科技期刊的资源主要体现在三个方面，即内容、人才和平台。

高校的内容资源主要是指高校科技期刊上刊登的学术成果，包括最新的研究成果、研究技术、研究经验等，是高校科技期刊学科内涵的直接体现。这些内容资源可以来自主办期刊的高校，也可以来自其他机构。

高校科技期刊的人才资源可以分为两个部分，即专家人才和服务人才。专家人才主要是指期刊的编委、审稿专家和作者，主要负责期刊内容资源的供给和质量保证。服务人才主要是指期刊日常办公人员，包括学科编辑、技术编辑、新媒体编辑等，主要负责期刊内容资源的后期处理和宣传推广，为专家人才提供服务。

高校科技期刊的平台资源主要包括期刊的网站、微博、微信等，以及用于期刊稿件处理的系统和各种数据发布平台。依靠这些平台，期刊内容可以得到快速传播。

1.2 高校学科建设资源组成

高校学科建设主要围绕两方面展开，即学科人才培养和学科研究。

高校学科人才培养的对象主要是指高校学生，包括本科生和研究生。本科生主要学习学科相关的基础知识，通常仅需要涉猎学科发展各个分支的普适性内容，并不参与具体的学科研究工作。研究生主要学习如何进行学科研究，主要包括学科文献阅读、学科试验开展和学科研究内容撰写等。

高校学科研究的执行者主要是高校教师，其职责主要包括教学和科研，肩负学科传承重任，是学科发展的继承者和推动者，也是"双一流"建设的主力军。

2 高校科技期刊与高校学科建设共性与差异性分析

综合对比分析高校科技期刊与高校学科建设资源可以看出，高校科技期刊与高校学科建设均围绕特定学科进行，既有共性，也有特性。

高校科技期刊与高校学科建设的共性主要体现在：奋斗目标和专家资源基本相同。无论是高校科技期刊还是高校学科建设，其目标都是提升学科影响力、推动学科全面发展。高校科技期刊吸纳内容资源的时候，主要考察内容资源的学科创新性、科学性和引领性；而高校学科建设的目标也是为了最大限度产出具有创新性、科学性和引领性的学科研究成果，两者内容上高度重合。高校科技期刊的编委、审稿专家和作者均为相关学科研究工作者，尤其是编委和审稿专家，基本都是相应学科研究的领跑者，这些专家和学者并不直属于期刊编辑部，而是分散在不同的研究机构/部门,包括高校对应学科研究单位;推进高校学科建设的老师大多也都承担着为期刊审稿、撰稿的任务,两者之间重合度很高。

高校科技期刊与高校学科建设的差异性主要体现在:①高校科技期刊对于学科发展的贡献主要体现在传播,而高校学科建设对学科发展的贡献主要体现在传承,两者之间既有联系又有区别,传播需要传承为维系,而传承需要传播来促进;②高校科技期刊内容资源和专家资源组成可以跨越高校存在,而高校学科建设成果也可以刊发在高校期刊以外的期刊平台上,两者之间并无一一对应的关系,具体内容不完全重合。

高校科技期刊与高校学科建设的共性和个性使得两者之间既相互联系又相互区别,为其融合发展提供可能。

3 高校科技期刊与高校学科建设融合发展路径思考

综合高校科技期刊和高校学科建设资源组成和特征分析可以得出,高校科技期刊与高校学科建设可以从内容、人才和平台三个方面进行深度融合发展。

3.1 内容融合发展

高质量研究论文是高校科技期刊生存和发展的基础,也是一流学科建设重要产出目标。研究数据显示[9],一流学科研究成果可以促进一流高校科技期刊发展,而一流高校科技期刊的进步可以反哺一流学科建设。基于此,高校科技期刊与高校学科建设可以进行深度融合。一方面,高校科技期刊要时刻关注高校学科建设最新研究成果,吸纳并快速传播这些成果,最大限度提升这些研究成果的学科影响力。另一方面,高校学科建设应将高校科技期刊发展作为其建设的一部分,密切关注高校科技期刊展示的内容资源,通过不断关注、学习、吸纳和改进来提升自身的学科建设水平,提高高质量学科研究成果产出量。高校科技期刊与高校学科建设的内容融合可以多方面同时进行。高校科技期刊可以邀请高校学科专家为期刊撰写稿件或者审稿,加强期刊与学科建设的联系;也可以为高校师生围绕期刊上的内容举办讲座或者品评会议,提升高校学科人才培育水平。高校师生可以通过持续关注和阅读高校科技期刊的内容资源把握住相关学科的研究动态,提升学科研究成果的品鉴能力,从而寻找到更好的学科研究主题,助力高校"双一流"建设。

3.2 人才融合发展

任何发展都离不开人才,"双一流"建设亦如此。高校科技期刊可以跨越机构和地域局限性,动态汇聚全球范围内所有学科研究高端人才。基于期刊,高校学科建设可以与全球顶级学科专家建立连接,利用期刊的这些专家资源,助力学校的学科建设。例如,重庆理工大学期刊社依托于期刊社庞大的编委团队,以学术活动、专家委员会等形式,策划举办各类学术活动120余次,为学校引入稀缺学科建设资源,推动学校的学科发展[10];上海体育学院 Journal of Sport and Health Science 聘任国际编委为许愿客座教授或"海外名师",全方位参与学科发展,全面提升了学校教师的综合实力,增强学校的学科竞争力[8]。与此同时,高校教师也可以积极参与到高校科技期刊日常稿件处理工作中,利用自己的学识、人脉,为高校科技期刊约稿、组稿,宣传和推广期刊。初步统计数据显示,在高校科技期刊的发展过程中,高校学科专家的推动作用十分显著,他们不仅仅作为编辑积极参与了稿件的日常管理工作,还在期刊宣传和推广工作中起到十分积极的作用。

除了高校科技期刊的专家人才融合外,高校科技期刊的办公人才融合也能极大促进高校学科建设。科技论文的审核与规范处理是编辑的工作日常。通过长期专业化训练，编辑积累了丰富的学术论文写作经验，具备比较敏锐的学科发展嗅觉。编辑的这些经验对于高校学科教育启蒙十分重要。近年来，上海大学期刊社上大期刊屋积极参与学校学科建设，为学校本科生和低年级研究生进行学术论文写作启蒙，取得了很好的成效。

3.3 平台融合发展

高校科技期刊出版宣传平台是聚焦高校科技期刊相关学科发展的综合性信息共享平台，无论是期刊网站，还是期刊微信公众号、微博等，都紧密围绕期刊相关学科高质量研究成果展开。与高校各学院、实验室等学科建设单位相关平台相比，高校科技期刊宣传平台上学术研究氛围更浓，学科研究成果更详细，关注对象也更集中、专业化程度更高。深入推进高校科技期刊出版和宣传推广平台与高校学科建设平台融合发展，有利于高校汇聚优势学科资源，择优发展，最大限度提升高校学科建设水平。

4 结束语

"双一流"建设是统筹推进我国高校和高校学科发展的重要举措，在"双一流"建设背景下，高校科技期刊应该紧抓机遇，克服挑战，与高校学科建设携手并进，集中优势力量，融合发展。

参 考 文 献

[1] 教育部.扎根中国大地,办出中国特色,争创世界一流:深入推进新一轮"双一流"建设[EB/OL].[2022-02-14]. http://www.moe.gov.cn/jyb_xwfb/gzdt_gzdt/s5987/202202/t20220214_599079.html.

[2] 周志红."双一流"建设中高校科技期刊面临的挑战与机遇[J].中国科技期刊研究,2021,32(1):41-48.

[3] 王婧,刘志强,郭伟,等.高校科技期刊繁荣发展展望:基于《中国高校科技期刊年度观察报告(2020)》[J].科技与出版,2021(10):21-29.

[4] 杨旭东.创办国际学术期刊对学科建设和国际化的推动作用[J].科技与出版,2018(9):21-25.

[5] 吴芹;刘志鑫;吴会.高校科技期刊助力一流学科建设:以《中国石油大学学报》为例[J].传播与版权,2020(3):21-25.

[6] 王芙蓉,赵勇.高校专业科技期刊助力"一流本科专业"建设:以扬州大学《美食研究》为例[J].编辑学报,2020,32(2):216-218.

[7] 田江,王潇,宋景锐.科技期刊发展与学科建设协同机制研究:以成渝地区创新效率分析为例[J].科技与出版,2021(9):35-40.

[8] 陈更亮,吴坚.高校体育学术期刊与学科建设互促发展实践与启示[R].南京:第十一届全国体育科学大会.2019.

[9] 张芳英.一流高校科技期刊刊发主办高校论文的情况及启示[M]//学报编辑论丛 2021.上海:上海大学出版社,2021:521-524.

[10] 彭熙,贺柳,周江川,等.地方高校期刊助力学科建设的探索与实践:以重庆理工大学期刊社为例[J].编辑学报,2021,33(1):98-102.

水产学科科技核心期刊关键词分析及启示

鲍旭腾，黄一心，梁 澄

(中国水产科学研究院渔业机械仪器研究所《渔业现代化》编辑部，上海 200092)

摘要：了解水产学科各期刊关键词选用特点、追踪学科热点以及未来发展趋势对提升学术期刊的影响力具有重要意义。收集整理了 9 本水产学科典型的科技核心期刊 2021 年第 1~3 期的文章关键词。共收集到文章数量 441 篇，关键词数量 1 585 个，各刊每篇文章平均关键词数量为 4.8 个。对各刊高频关键词及学科高频关键词的组成结构等进行分析。各刊高频关键词能有效反映期刊的刊发特色，而期刊高频关键词对学科高频关键词的贡献率差异较大，低的为 0%，高的达到 100%；各刊及学科高频关键词中均有词义比较宽泛的关键词出现，存在无效关键词、泛化词选用过多，排序无规律，未能准确反映文章主题等问题。另外，通过学科高频关键词的分析可以发现，当前水产学科的研究热点有：以刺参、凡纳滨对虾、中华绒螯蟹、草鱼、大黄鱼、大口黑鲈、虹鳟等水产养殖对象为代表的养殖技术，以及围绕这些养殖对象为代表的遗传育种、水质环境分析、养殖策略分析等。其未来研究发展趋势将仍围绕养殖技术、遗传育种技术、水质调控技术等展开。为了更好地提高期刊的学术影响力，需要做到：精选把握文章关键词，去除过于宽泛无效的关键词，适当增加发文量，增加每篇文章关键词数量；通过关注学科高频关键词结合自己刊物特点，研究追踪热点，组织策划专辑专刊专栏；同时，针对期刊和学科高频关键词的特点，有针对性地进行约稿组稿，从而发现优质的作者群。

关键词：关键词；高频关键词；红点指标；水产学科；学科热点；学术影响力

CY/T 173—2019《学术出版规范 关键词编写规则》[1]对关键词做了明确的定义，即表达学术论文主题内容的词或词组，而主题是指学术论文研究的主体内容或中心思想，关键词编写一般包括论文审读、主题分析、选词和编排，应准确并充分揭示论文主题内容，重要的可检索内容不应遗漏。

关键词是从论文中直接概括，揭示论文主题，是对论文主题内容的高度提炼，具有实际检索意义的词或词组，是目前学术论文的重要组成部分，也是为网络检索的常用语言。李静等[2]研究认为，一个学术研究领域较长时域内的大量学术研究成果的关键词的集合，可以揭示研究成果的总体内容特征、研究内容之间的内在联系、学术研究的发展脉络与发展方向等。"红点指标"概念的提出，进一步说明了关键词在促进学术期刊加强稿源组织建设、引导期刊编辑关注和追逐学科热点和发展方向上的作用[3-5]。红点指标(RPF)是指在评价时间窗口(1 年)内，被评价期刊发表的关键词与其所在学科同期学科排名前 1%高频关键词重合的论文，在该期刊同期发表全部论文中所占的比例[6]。

关键词标引得当与否直接影响论文的主题概括性和传播能力，标引精准的关键词可以有效反映论文主题，便于数据库收录和读者的检索查询，从而提高论文的查准率和查全率，反之则造成优良的科研成果得不到有效传播和利用[7-8]。因此，关键词对期刊的传播性、曝光率和影响因子等的提高都具有重要的意义，需要引起足够的重视。

本研究收集整理了9本水产学科典型的科技核心期刊2021年第1~3期的文章关键词，通过分析各自期刊的高频关键词及学科高频关键词，为了解水产学科各期刊关键词选用特点、追踪学科热点以及未来发展趋势提供参考。

1 数据采集

选用9本核心期刊，分别是《水产学报》《中国水产科学》《南方水产科学》《渔业科学进展》《上海海洋大学学报》《大连海洋大学学报》《海洋渔业》《淡水渔业》《渔业现代化》。在中国知网各期刊主页按照各期发文检索下载全文并整理各篇论文的关键词。通过Excel软件整理并绘图，通过在线易图云(https://www.yciyun.com/)绘制词云图。

2 结果

2.1 各刊关键词分布情况及标引特点

从表1可以看出，9本水产科技核心期刊各期的平均发文量在12.7~22.3篇之间，所有论文均标注了关键词，标引率均为100%，平均每篇论文标引关键词数量在4.4~5.4个不等。9本水产科技核心期刊2021年第1~3期共发论文441篇，平均每期发文147篇，总关键词频次为2 103次，平均每篇关键词数为4.8个，总关键词数为1 583个，其中249个关键词有超过2次及以上被不同期刊文章标引。需要注明的是，《渔业科学进展》第3期为刺参专辑专刊，所发论文均与刺参有关。

与其他各期刊比较可以发现，《渔业现代化》在发文量相对较少，2021年第1~3期《水产学报》《中国水产科学》《南方水产科学》《海洋渔业》《淡水渔业》的发文量在40篇上下，各刊发文量在12~15篇之间；而《渔业科学进展》《上海海洋大学学报》《大连海洋大学学报》的发文量都在60篇以上，各刊发文量在20~23篇之间。另外《水产学报》和《中国水产科学》为单月刊，其他各刊为双月刊。作为双月刊的《渔业现代化》总体发文量相对较少，因此标引的关键词总数也相对减少，不利于学科研究内容的关联互动，高频关键词贡献率也就较低。

在文章关键词选用数量上，《渔业现代化》平均每篇关键词数量为4.7，低于水产学科的平均关键词数量4.8，远低于最高的《中国水产科学》的5.4，略高于《淡水渔业》《南方水产科学》，与《上海海洋大学学报》持平。说明相对其他期刊，《渔业现代化》关键词的选用标引数量上偏少，对文章主题内容的概括可能有所不足，被数据库检索引用的几率相对就差。

因此，为提高学术影响力，需要适当增加高质量文章的发文量，同时增加每篇论文的关键词数量，特别是突出反映文章主题的关键词。一方面增加关键词的总数量，另一方面更精确地标引了文章主题，便于数据库检索。

2.2 各刊关键词标引具体情况

表2可以看出，各刊关键词数量的主要分布在3~8个之间，其中大多数期刊是每篇文章选用4个或5个关键词，极少部分选用3个或8个关键词，所有期刊文章都没有少于3个关

键词。符合中华人民共和国新闻出版行业标准 CY/T 173—2019《学术出版规范 关键词编写规则》的基本要求"根据学术论文研究的深度和广度，宜选择 3~8 个关键词。"

表 1　2021 年第 1~3 期水产类 9 本科技核心期刊发表论文关键词数据统计

刊名	刊期	论文数/篇	标引关键词论文数/篇	关键词标引率/%	关键词频次/次	平均每期论文数/篇	平均每篇关键词数/个	关键词个数/个
《渔业现代化》	双月	12+14+12=38	38	100	177	12.7	4.7	169(7)
《水产学报》	月	14+15+14=43	43	100	210	14.3	4.9	195(10)
《中国水产科学》	月	12+13+14=39	39	100	211	13.0	5.4	195(10)
《南方水产科学》	双月	15+15+16=46	46	100	205	15.3	4.5	195(7)
《渔业科学进展》	双月	24+23+17=64	64	100	304	21.3	4.8	270(21)
《上海海洋大学学报》	双月	23+20+19=62	62	100	292	20.7	4.7	275(13)
《大连海洋大学学报》	双月	23+24+20=67	67	100	326	22.3	4.9	305(16)
《海洋渔业》	双月	12+14+13=39	39	100	187	13.0	4.8	179(7)
《淡水渔业》	双月	14+14+15=43	43	100	191	14.3	4.4	168(17)
总数		149+152+140=441	441	100	2 103	147.0	4.8	1 585(249)

注：括号中的数字为标引重复 2 次及以上的关键词数量；渔业科学进展第 3 期为专刊。

表 2　各刊关键词标引具体情况

刊名	标引关键词论文数/篇	标引不同个数关键词的论文数量/篇						
		1 个	2 个	3 个	4 个	5 个	6 个	7 个	8 个
《渔业现代化》	38	0	0	0	18	16	3	1	0
《水产学报》	43	0	0	0	16	19	6	1	1
《中国水产科学》	39	0	0	1	5	15	14	3	1
《南方水产科学》	46	0	0	4	22	11	9	0	0
《渔业科学进展》	64	0	0	1	25	27	11	0	0
《上海海洋大学学报》	62	0	0	1	25	28	8	0	0
《大连海洋大学学报》	67	0	0	0	20	34	10	3	0
《海洋渔业》	39	0	0	2	16	15	5	2	1
《淡水渔业》	43	0	0	5	17	16	4	1	0

2.3　各刊高频关键词分析

表 3 展示了 9 本期刊中标引同一个关键词 2 次及以上的数据，可以看出，关键词标引 2 次及以上的数量(在此称为高频关键词)在各自期刊中从 7~21 个不等，占所在期刊关键词比例从 3.5%~10.1%不等，显然，总体上标引 2 次及以上的关键词比例在 2021 年前 3 期的数据看来并不高。

具体从高频关键词内容上，可以发现，各刊的高频关键词与各刊的期刊特点有很大的关联性。比如《渔业现代化》杂志刊发方向和特点主要包括水产养殖工程特别是循环水养殖系统及工程、水产品加工、渔船捕捞等涉及渔业装备工程技术领域的文章，这些领域文章在水产学科其他杂志中较少出现，高频关键词中出现"循环水养殖""循环水养殖系统""水产品加工"显然体现了这一特色。再如,《水产学报》和《中国水产科学》两本水产学科的领头期刊,主要刊发文章中对遗传育种,尤其是基因克隆等比较侧重,高频关键词中也有所反映。而《渔业科学进展》由于第 3 期为刺参专辑专刊,刺参相关的关键词占比较大,其主要以刊发水产养殖及繁育技术的刊文特点也可以通过高频关键中反映出来。《上海海洋大学学报》的 13 个高频关键词中,有 6 个将近一半的高频关键词涉及具体的水产养殖对象,如大口海鲈、尼罗罗非鱼、中华绒螯蟹等,显然从高频关键词也能了解到该刊的刊发特点。

另外,有一些高频关键词在不同的期刊中重复出现,某刊的高频关键词同样也是其他刊的高频关键词。比如"生长"分别在《水产学报》(3 次)、《中国水产科学》(4 次)、《渔业科学进展》(4 次)、《上海海洋大学学报》(6 次)、《大连海洋大学学报》(4 次)、《淡水渔业》(3 次)。而"生长"这个关键词显然有点泛化,不能很精确地表达文章主题。

《渔业现代化》7 个高频关键词中,只有 1 个"深度学习"与《大连海洋大学学报》有重叠,另外,"发展"这个高频关键词,由于过于宽泛显然属于无效关键词范畴。

表3 各刊高频关键词分析

刊名	关键词总频次/次	关键词数量/个	标引 2 次及以上的关键词数量/个	标引 2 次及以上关键词占所在期刊关键词比例/%	高频关键词(标引 2 次及以上数)
《渔业现代化》	177	169	7	4.1	水产养殖(3);循环水养殖(2);循环水养殖系统(2);水产品加工(2);深度学习(2);流畅特性(2);发展(2)
《水产学报》	210	195	10	5.1	草鱼(4);生长(3);基因克隆(3);差异表达基因(3);肠道菌群(3);克氏原螯虾(3);凡纳滨对虾(2);鲤(2);生长性状(2);转录组测序(2)
《中国水产科学》	211	193	10	5.2	基因表达(5);生长(4);渔业资源(3);高通量测序(2);抗氧化能力(2);南海(2);相对重要性指数(2);幼鱼(2);舟山群岛(2);CPUE(2)
《南方水产科学》	205	195	7	3.5	体质量(4);通径分析(3);牡蛎(2);相关性分析(2);形态性状(2);营养成分(2);组织结构(2)
《渔业科学进展》	304	270	21	7.8	刺参(10);生长(4);高通量测序(3);遗传多样性(3);盐度(3);海参(2);刺参"参优 1 号"(2);非特异性免疫酶活性(2);富营养化(2);海胆(2);呼吸代谢(2);脊尾白虾(2);能量收支(2);皮质醇(2);全基因组关联分析(2);三疣梭子蟹(2);生长性能(2);消化酶(2);遗传力(2);营养成分(2);中国对虾(2)
《上海海洋大学学报》	292	275	13	4.7	生长(6);凡纳滨对虾(2);大口黑鲈(2);尼罗罗非鱼(2);中华绒螯蟹(2);柔鱼(2);星康吉鳗(2);超微结构(2);非特异性免疫酶;环境因子(2);显微结构(2);性腺发育(2);水产品(2)

续表

刊名	关键词总频次/次	关键词数量/个	标引2次及以上的关键词数量/个	标引2次及以上关键词占所在期刊关键词比例/%	高频关键词(标引2次及以上数)
《大连海洋大学学报》	326	305	16	5.2	生长(4);深度学习(3);高通量测序(3);温度(3);尼罗罗非鱼(2);水花鱼苗(2);刺参(2);虹鳟(2);基因表达(2);基因克隆(2);目标强度(2);胚胎发育(2);人工繁殖(2);生长性状(2);盐度(2);重金属(2)
《海洋渔业》	187	179	7	3.9	遗传多样性(3);大黄鱼(2);牡蛎礁(2);投喂频率(2);主成分分析(2);DNA条形码(2);COI(2)
《淡水渔业》	191	168	17	10.1	中华绒螯蟹(4);群落结构(4);生长(3);环境因子(3);大口黑鲈(2);翘嘴鲌(2);高通量测序(2);氨基酸(2);多元统计分析(2);高温胁迫(2);基因表达(2);澜沧江(2);生长性能(2);水质(2);鱼类资源(2);长江中游(2);脂肪酸(2)

2.5 学科高频关键词分析

据统计,2021年第1~3期9本水产科技核心期刊的2 103频次关键词中,实际标引关键词总数为771个,其中标引1次的有521个,标引2次及以上的关键词共有250个。图1展示了标引2次及以上的关键词数量,可以看出,标引2次的150个,占比60%(150/250),随着标引次数的增加,关键词数量逐渐减少。

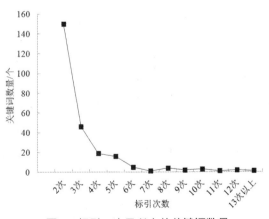

图1 标引2次及以上的关键词数量

根据齐普夫第二定律提出的高频低频关键词界分相关公式[9-10]:

$$T = [(1+8I_1)^{1/2} - 1]/2 \tag{1}$$

式中:T 为高频和低频关键词的界分数;I_1 为出现一次的关键词数量。

这里，I_1=521，计算可得 T=31.8，显然排序大于 32 的为高频关键词，低于则为低频关键词。据统计，32 及以上的主要是标引 5 次及以上的关键词，因此选择标引 5 次及以上的关键词，包括所有标引 5 次的关键词，共计有 34 个(表4)。如表 4 所示，9 本水产科技核心期刊总关键词标引 5 次及以上的 34 个高频关键词，每个词的来源期刊最大为 7 本，最小为 2 本，平均约 4.3 本期刊贡献 1 个高频关键词。而≥2 次被标注期刊的数量最大为 5 本，最少为 0 本，说明各个期刊本身的高频关键词与学科高频关键词之间的重合度不一，学科高频关键词来源与各期刊自身高频关键词的贡献率差异较大，低的 0%，高的达到 100%。达到 100%的期刊高频关键词显然对学科高频关键词具有重要影响。比如《渔业科学进展》第 3 期刺参专辑专刊的"刺参"高频关键词，其来源比达到 83.3%(10/12)。

9 本水产学科核心期刊高频关键词词云图如图 2 所示，"生长"这个关键词在词云图中最突出，该词显然未能准确反映文章主题。

从表 4 和图 2 可以进一步看出，目前，水产学科的研究热点在刺参、凡纳滨白对虾、中华绒螯蟹、草鱼、大黄鱼、大口黑鲈等的水产养殖技术，以及围绕这些养殖对象等的遗传育种、水质环境分析、养殖策略分析等等。

如图 3 所示，各刊贡献学科高频关键词数量在 4~22 个之间。其中，《中国水产科学》和《大连海洋大学》均贡献了 22 个词，相比较而言，《渔业现代化》杂志在贡献学科高频关键词方面非常滞后，仅有 4 个学科高频关键词与本刊有重叠，而且只有 1 个本刊高频关键词贡献学科高频关键词产出("深度学习")。说明与所在学科的偏离性，也进一步说明本刊的专业性和独特性。

表 4 2021 年第 1~3 期 9 本水产科技核心期刊总关键词标引 5 次及以上

序号	标引次数	高频关键词名称	来源期刊	来源刊数/本	≥2 次被标引刊数/本	≥2 次被标引期刊所占比例/%	备注
1	25	生长	B3、C4、E4、F6、G4、H1、I3	7	5	71.4	
2	12	刺参	E10、G2	2	2	100	
3	12	高通量测序	B1、C2、D1、E3、G3、I2	6	4	66.7	
4	11	基因表达	B1、C5、F1、G2、I2	5	3	60	
5	10	凡纳滨对虾	A1、B3、C1、D2、F2、H1	6	3	50	含 A
6	10	群落结构	C1、D1、E1、F1、G1、H1、I4	7	1	14.3	
7	10	遗传多样性	B1、E3、F1、G1、H3、I1	7	2	28.6	
8	9	环境因子	C1、D1、E1、F2、H1、I3	6	2	33.3	
9	9	盐度	C1、E3、F1、G3、H1	5	2	40	
10	8	基因克隆	B3、D1、E1、G2、I1	5	2	40	
11	8	生长性能	C1、D1、E2、F1、G1、I2	6	2	33.3	
12	8	营养成分	A1、B1、D2、E2、F1、I1	6	2	33.3	含 A
13	8	中华绒螯蟹	C1、D1、F2、I4	4	2	50	
14	7	温度	C2、E1、G3、H1	4	2	50	
15	6	草鱼	B4、F1、I1	3	1	33.3	
16	6	肠道菌群	B3、C1、E1、G1、	4	1	25	

续表

序号	标引次数	高频关键词名称	来源期刊	来源刊数/本	≥2次被标引刊数/本	≥2次被标引期刊所占比例/%	备注
17	6	大黄鱼	A1、C2、G1、H2、	4	2	50	含A
18	6	大口黑鲈	C1、D1、F2、I2	4	2	50	
19	6	消化酶	C1、D1、E2、F1、H1	5	1	20	
20	5	氨基酸	C1、E1、G1、I2	4	1	25	
21	5	斑马鱼	B1、E1、F1、G2	4	1	25	
22	5	高温胁迫	C1、E1、G1、I2	4	1	25	
23	5	虹鳟	B1、C1、F1、G2	4	1	25	
24	5	花鲈	B1、D2、H1、I1	4	1	25	
25	5	抗氧化酶	B1、C1、D1、E1、H1	5	0	0	
26	5	抗氧化能力	B1、C2、D1、F1	4	1	25	
27	5	尼罗罗非鱼	F2、G3	2	2	100	
28	5	胚胎发育	B1、C1、G2	4	1	25	
29	5	深度学习	A2、G3	2	2	100	含A
30	5	生长性状	B2、E1、G2、	3	2	66.7	
31	5	水质	E1、F1、G1、I2	4	1	25	
32	5	体质量	D4、G1	2	1	50	
33	5	投喂频率	C1、D1、E1、H2、	4	1	25	
34	5	渔业资源	B1、C3、D1、	3	1	33.3	

注：A《渔业现代化》；B《水产学报》；C《中国水产科学》；D《南方水产科学》；E《渔业科学进展》；F《上海海洋大学学报》；G《大连海洋大学学报》；H《海洋渔业》；I《淡水渔业》。下标数字表示该关键词在该刊出现的次数。下同。

图2　9本水产科技核心期刊高频关键词云图

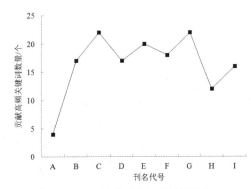

图2　各刊贡献学科高频关键词数量

3　讨论

3.1　应精选把关文章关键词，去除无效关键词，合理选用关键词数量

主题词，是规范的关键词，又称为叙词，是用来表达文章主题内容的词或词组，主题词比关键词有更好的专指性和规范性[11]。关键词主要包括主题词和自由词，一般直接从文章标题和正文中提取，通常能体现一篇文章的主要研究内容和方法。关键词是否关键，直接影响

期刊的被检索、被传播、被引用，从而影响期刊的声誉。张媛等[12]对高校社科学报刊发的论文所标注的关键词进行分析，发现接近一半的关键词为无效关键词。无效关键词主要是指词义宽泛、不能准确传达论文主题内容、不利于检索的词或词组，或是未经公认的缩写词等，这些词与论文主题相关性差，不能反映所在科技论文的特点，缺少检索价值[13]。无效关键词产生原因主要有作者和编辑等重视程度均不够、对关键词的知识储备不够、所刊发论文本身难以提炼有效关键词等。随着信息化时代的到来，关键词越来越成为展示刊物特色和价值取向的窗口，也是联系作者、编辑、读者的重要媒介，是论文的高度概括和升华，需要引起足够的重视。通过分析 9 本水产学科关键词，可以发现，各刊均存在无效或泛化的关键词，如《渔业现代化》的高频关键词"发展"以及各刊的"生长"等。另外，水产学科 9 本期刊的平均关键词标引数是 4.8 个，最低 4.4 个，最高 5.4 个，大多数是处于 3~8 个关键词标引标准的中位，3 个和 8 个关键词的选用数量非常少。一般情况，关键词数量越多，对文章主题揭示就越深刻，检索范围越明确，而如果标引过多会造成重复标引，过少则不能完全反映文章主旨。因此，作者和编辑都要针对文章标题和内容精挑细选关键词，去除不用无效泛化的关键词，合理选用关键词的数量。

3.2　专辑专刊专栏对期刊及学科高频关键词的贡献及对研究热点的导向作用

近年来，专辑专刊继专栏后成为期刊策划的重要形式之一，是一种较为常见的出版体裁，是以整期期刊的全部篇幅刊登某一专题或某一专业内容的共同性稿件的专属某期期刊。通常，学术专辑由于内容聚焦，且多为研究热点，对提升刊物稿件学术质量和品牌建设具有重要意义，是提高学术期刊影响力和传播力的有效手段[14-15]。仲舒颖等[16]研究表明，专辑论文总体上对提升学术影响力起到正面作用，其中特色专辑显著提升了影响力，但并非所有的专辑论文都起到促进作用，并且不同专辑、同一专辑的不同论文影响存在差异，甚至存在少数学术性偏弱的零被引论文。专辑专刊由于基于同一专业方向，其内容具有聚焦性，本身具有学科热点属性，因此专辑专刊高频关键词标引贡献率较大。《渔业科学进展》2021 年第 3 期为海参刺参专辑专刊，其为学科高频关键词贡献了"刺参(10)""生长(4)""高通量测序(3)""遗传多样性(3)"等该刊高频关键词。因此，需要重视专辑专刊论文的关键词选用对学科高频关键词的贡献以及对研究热点的导向作用，期刊需要参考学科高频关键词合理选题，有针对性地组织专辑专刊专栏的策划实施。

3.3　针对期刊及学科高频关键词的特点，发现优质作者群，有针对性地约稿组稿

通过分析学科高频关键词，可以展示学科的研究热点和发展趋势[16]。而各刊发表论文的关键词与学科高频关键词重合的论文数与期刊在统计当年发表论文的总数之比为"红点指标"[17]，说明"红点指标"与学科高频关键词有重要关系，与该刊本身的高频关键词没有必然关系。通过分析 9 本水产科技核心期刊的学科高频关键词和各刊关键词发现，各刊贡献学科高频关键词数量在 4~22 个之间，按照 3 期的时间窗口计算类似的"红点指标"可知，各刊的"红点指标"分别为 0.12(4/34)、0.35(12/34)、0.47(16/34)、0.50(17/34)、0.50(17/34)、0.53(18/34)、0.59(20/34)、0.65(22/34)、0.65(22/34)。显然"红点指标"越高，该刊贡献的高频关键词数量越多，而从高频关键词所在刊物及所在文章的关系中，可以进一步解读出这些高频关键词具体来源于哪些文章、哪些机构、哪些作者。而且，学科"红点指标"反映了学科的研究热点和发展趋势。因此需要针对学科高频关键词以及"红点指标"进行分析探讨，从而为期刊了解和追逐学科热点、掌握优秀作者群、有针对性地组稿约稿提供参考。

4 结论

通过分析 2021 年第 1~3 期水产学科 9 本科技核心期刊已刊发论文 441 篇,统计出共有关键词 1 585 个,总标引 2 103 次,各刊每篇文章平均关键词数量为 4.8 个。从关键词的标引中可以看出期刊的刊发特点,反映出期刊的出版领域和刊发方向。学科高频关键词来源与各期刊自身高频关键词的贡献率差异较大,专辑专刊对学科高频关键词的产出具有重要影响。各刊及学科高频关键词中均有词义比较宽泛的关键词出现,无效关键词、泛化词选用过多,排序无规律,这些都造成无法精确检索到文章。因此,为了更好地提高期刊的学术影响力,需要做到:精选把握文章关键词,去除过于宽泛无效的关键词,适当增加发文量,增加每篇文章关键词数量;通过关注学科高频关键词结合自己刊物特点,研究追踪热点,组织策划专辑专刊专栏;同时,针对期刊和学科高频关键词的特点,有针对性地约稿组稿,从而发现优质的作者群。

参 考 文 献

[1] 学术出版规范 关键词编写规则:CY/T 173—2019[S].2019.

[2] 李静,董良广,游苏宁.《中国科技期刊研究》2006 年至 2011 年载文关键词分析[J].中国科技期刊研究,2012,23(3):404-407.

[3] 中国科学技术信息研究所.2018 年版中国科技期刊引证报告核心版:自然科技卷[M].北京:科学技术文献出版社,2018:9.

[4] 李达.红点指标在高等医药院校学报学术质量评价中的应用研究[D].太原:山西医科大学,2020.

[5] 董月,潘越,施晓亚,等.《解放军医学院学报》2014—2018 年度计量学指标分析[J].解放军医学院学报,2020,41(5):543-547.

[6] 马峥,俞征鹿.学术期刊"红点指标"的定义与应用[J].编辑学报,2018,30(1):102-104.

[7] 屈李纯,霍振响.科技论文关键词"不关键"原因探析[J].编辑学报,2019,31(5):516-519.

[8] 汪美华,范宏喜,张若琳.从核心期刊评价指标分析如何提升期刊影响力:以《水文地质工程地质》为例[J].水文地质工程地质,2019,46(3):169-174.

[9] DONOHUE J C. Understanding scientific literatures: a bibliometric approach [M]. Cambridge: The MIT Press, 1973:49-50.

[10] 杨颖,崔雷.应用改进的共词聚类法探索医学信息学热点主题演变[J].现代图书情报技术,2011(1):83-87.

[11] 张文娟.中医药学术论文写作规范第 7 讲关键词的选用与规范[J].中国中医药现代远程教育,2012,10(7):116-117.

[12] 张媛,李春英.无效关键词:现状、成因及对策:基于"中国知网"的高校社科学报论文分析[J].山西师大学报(社会科学版),2015,42(6):156-160.

[13] 伍锦花,陈灿华.科技论文 10 个无效关键词计量学分析[J].编辑学报,2020,32(4):403-408.

[14] 岑伟,罗晓琪.浅谈学术期刊专栏、专辑的策划与出版:以《机械工程学报》为例[J].编辑学报,2016,28(增刊1):S13-S15.

[15] 乔晓艳,刘瑞芹,李晓晴.学术期刊出版学术专辑策略探析:以 Frontiers in Energy 为例[J].出版与印刷,2020(3):82-86.

[16] 余丰民,林彦汝.基于关键词词频统计的学科热点漂移程度模型构建及实证分析[J].情报理论与实践,2020,43(2):100-105.

[17] 石慧,潘云涛,马峥.我国医科大学学报和一般综合性医学期刊的主要评价指标比较[J].中华医学图书情报杂志,2018,27(6):66-71.

同行评议期刊寻找合适的审稿专家

黄 伟,孙 伟,蒋 霞

(上海交通大学期刊中心,上海 200030)

摘要:寻找合适的审稿专家是执行同行评议的期刊需要一直坚持的重要任务。为了获得高质量的评审意见,需要编辑找到合适且有审稿意愿的专家。本文通过总结既有经验,提出帮助编辑寻找合适审稿专家的一般方法:编辑首先需要去凝练待审查稿件的研究主题,然后借助文献检索工具以及科研画像平台匹配到相关学者,最后经过特征审查后确定合适的评审专家。此外,介绍了一些知名机构与平台寻找审稿专家的方法,助力完善与成熟技术下的智能推荐审稿专家功能尽早实现。

关键词:同行评议;审稿专家;研究主题;文献检索;科研画像平台;专家特征

在执行同行评议的期刊中,稿件通常会被送给 2 位或以上学者进行评审,评审结果确保了待发表研究的质量和完整性,给主编提供稿件取舍的依据。学者被期刊邀请审稿是一种荣誉,通常意味着该学者是该方面的专家,但近些年来,说服合适的、有资格的学者执行同行评议变得越来越困难[1]。主要原因之一为全球发文数量大幅增长,导致某个领域的专家被审稿邀请"淹没",专家难以提供审稿所需的充足时间和精力。据 STM 报告 2018 指出,全球每年共发表了 300 多万篇文章,却只有 700 多万的研究人员,其中约 20%是重复作者[2]。2015—2020 年期间,全球发表论文数量的平均增长率为 5.0%~6.5%[3]。据 Dimensions 统计,2021 年发表类型为"文章(Article)"的数量为 505 万篇,且近三年的增长率分别为 7.4%、9.6%、4.8%。对此,编辑需要提升稿件初筛的标准,再去邀请与待审查稿件研究领域高度相关的学者。这样一方面可以减轻专家的审稿负担,另一方面可以降低因研究质量不佳、研究领域不相关而导致的邀请拒绝、邀请不回复或获得意义不大的评审意见的概率。

本文从笔者的经验出发,旨在帮助编辑寻找合适的审稿专家。编辑首先需要去了解待审查稿件的研究主题,概括精炼成能够匹配现有研究成果的关键词;然后借助便利的文献检索工具搜索到与此研究主题高度相关的学者;最后经过特征审查后确定适合评议该稿件的专家。

本文的研究框架为:①稿件主题的凝练;②运用检索平台确定候选专家;③专家特征审查确定目标专家;④其他寻找审稿专家的方式。

1 稿件主题的凝练

当面对一篇已经通过内容、形式和学术不端审查的稿件需要送审的时候,除了作者提供

基金项目:中国高校科技期刊研究会学术诚信与版权专项基金课题(CUJS-CX-2021-016);上海市科技期刊学会青年编辑"腾飞"项目(2020B07);上海交通大学期刊中心期刊发展研究基金(QK-A-2022001)

的关键词，编辑也需要对稿件的主题进行凝练，以进一步提取其关键信息。编辑可能没有充足的时间去阅读全文，对此，根据稿件的组成内容，编辑可以从标题、摘要和参考文献入手，快速凝练主题(见图1)，以作为能够精准寻找审稿专家的前提。

图1　稿件主题的凝练

1.1　标题

通过阅读标题，编辑能够判断其是否符合期刊的出版主题和收稿方向。不恰当的论文标题可能出现文不对题、研究涵盖面太宽泛等问题，可能导致的后果是编辑选择了不合适的学者，降低了同行评议的质量和效率。而好的论文标题能够总结论文的主要思想，将观点、方法和结论都囊括在内。对于编辑来说，可以获得的信息更丰富，更利于定位论文的研究主题。

1.2　摘要

编辑、审稿专家和读者通过浏览文章的摘要，就可以在很大程度上了解文章的关键信息。优秀的摘要可以提升编辑处理稿件的效率。编辑通过摘要可以提取到以下关键信息：①文章想要阐述的科学、技术或工程问题；②研究的理论方法(属于原创还是创新)；③实验结果(研究的新发现)；④研究应用。这些信息将有助于编辑形成几个精炼的文章主题词。

1.3　参考文献

列出参考文献，可以让编辑、审稿专家和读者了解文章观点的来源，体现研究者的研究基础和与其他研究的区别。通过文章所列的参考文献，编辑可以达到以下目的：①文献的数量和来源可以间接体现作者的研究深度和高度；②文献发表的年份可以体现研究的热点；③根据文献标题判断是专业性较强的还是交叉性的研究成果；④文献的作者可以列为候选的审稿专家。

2　运用检索平台确定候选专家

随着互联网技术的发展，全世界的文献通过标引关键信息，已经被整合到各种文献数据库中，供用户检索与使用。该类检索平台的高级检索功能、分类与汇总、筛选与排除等功能极大地便利了编辑编制目标审稿专家的名单[4]。常用的文献检索系统如图2所示。通常检索系统会将文献身后的作者信息进行整合，创建作者的科研画像，全面反映作者的科研生涯。常见的科研画像平台如图3所示。

2.1　文献检索系统

除了收录期刊和文献数量的不同，无论是在哪种文献检索系统内，其检索的功能都大致相似，编辑选择自己熟悉的平台使用即可。检索系统对检索结果的分类功能，可以将结果的被引次数、发文年份、相同作者发文、作者国别、学科类别、文献类型、来源出版物、归属机构等进行排序和筛选，进一步缩小检索的范围。

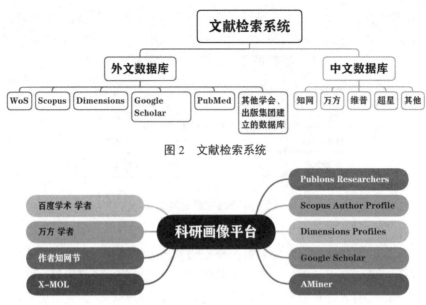

图 2　文献检索系统

图 3　科研画像平台

2.2 科研画像平台

科研画像主要提供了作者的基本信息、逐年发文情况、发文方向汇总、被引情况、合著作者等信息，能够为编辑进一步确定某专家符合审稿资格或寻找其他替代人选提供依据。此外，为实现相同功能，编辑也可以去查询该专家发布在机构的个人科研简历。

3 利用专家特征确定目标专家

审稿专家的特征，例如教育经历、年龄、职称、职务、近年发文数量、发文方向、社会兼职，可以用来识别专家的审稿意愿以及潜在的利益相关[5]。编辑在获得候选专家名单后确定其为目标专家的时候，需要考量这些特征。考量特征、考量目的和编辑期望的情况如图 4 所示。根据期刊的需要，编辑可以通过识别这些特征，筛选出具有一定学术水平、研究方向对口、不存在利益相关、有审稿意愿且身份真实可靠的最终名单[6]。

4 其他寻找审稿专家的方式以及送审建议

4.1 成熟机构和平台寻找审稿专家的方式

如何能够保障同行评议的工作，编辑首先需要找到具有相关专业知识的评审专家来评估提交的文章，需要考虑专家的审稿意愿，以及在小众研究领域可能找不到足够的专家数量。在此基础上，编辑还需要考虑利益冲突、审稿专家的多样性，以及专家是否被邀请过多而疲劳。为了应对以上问题，一些成熟的机构或平台提供了寻找审稿专家的方法，如表 1 所示。

由表 1 可知，每个机构或平台均有智能审稿专家推荐功能，该功能能够将稿件与合适的候选审稿专家的资格或兴趣相匹配，删除有潜在利益冲突的候选人，寻找可能表明候选审稿专家愿意接受审查请求的信号，最终给出有意义的推荐。可见，使用自动化算法分析稿件内容并匹配专家已成为了一种趋势，未来其辅助同行评议的作用将不断加强，为使用者提供更有效的决策辅助。还有一些寻找审稿专家的途径也可以借鉴，例如重要基金项目的负责人、向社会征集审稿专家[13]、学术人才平台。

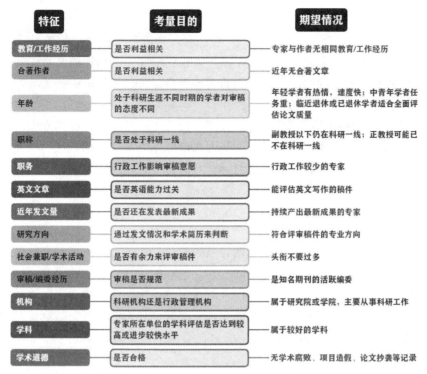

图 4 专家特征、考量目的和期望指标

表 1 一些机构或平台寻找审稿专家的方法

机构或平台	方法
Clarivate[7]	ScholarOne 中 Publons Reviewer Connect 推荐审稿专家
Elsevier[8]	EVISE 审稿专家推荐功能
Taylor & Francis[9]	检查文章中的参考文献
	使用搜索工具和数据库来寻找研究类似主题的研究人员
	依靠编辑委员会
	考虑以前的作者、客座编辑、审稿专家
	向拒绝审稿的专家寻求推荐
	考虑科研生涯初期的研究者
KeAi[10]	Editorial Manager 审稿专家推荐功能
	选择在类似领域进行研究的专家
	请编辑委员会成员审阅
	尽量不要邀请在过去 5 年内没有发表过文章的审稿人
	联系年轻教授、研究人员、博士后或退休教授
	邀请最近出版文章的作者
F1000Research[11]	作者负责从相关领域找到合适的专家
	编辑使用专家查找算法提供潜在的专家列表，供作者参考
	在文摘和索引数据库中搜索带有特定关键词的近期文章
	所在领域内著名机构和实验室的研究人员
	搜索与作者最近没有合作的专家或他们的博士后
	Journal/Author Name Estimator 和其他类似的工具
AMiner[12]	提供审稿专家的推荐服务

4.2 多种方式联合的送审建议

如果仅采用单一的寻找审稿专家的方式，可能会产生较多问题。如表 1 中所列的建议方法中：利用文后的参考文献来寻找审稿专家，可以找到研究方向相近的文章作者，但仅一篇文献无法体现作者目前研究的关注点。依靠编辑委员会，可以将送审的任务转加给他人，但不适合编辑部把握送审的质量。寻找以前的作者、客座编辑、审稿专家，不能确定目前他们还专注于该研究领域。利用关键词直接检索专家，只能发现一些大同行的专家。还有作者推荐的审稿专家，容易产生利益相关问题。这些方式可以作为本文介绍方法的补充，在常规检索结果不足的情况下，定位到相关专家，经编辑对其特征识别后，可以加入到目标审稿专家的清单中。编辑可采用自己熟悉的多种方式联合来寻找审稿专家，从而避免不足。

5 结束语

如果没有审稿专家，执行同行评议的期刊出版就会分崩离析。审稿专家提供的评审确保了待发表研究的质量和完整性。作为保障同行评议过程的期刊编辑，需要有能够准确凝练稿件主题的能力和熟练检索数据库的能力，以及掌握多种寻找候选审稿专家的途径，最终为稿件寻找到合适且有审稿意愿的专家。庆幸的是，随着智能技术的发展，数据平台的建设将不断强化，未来审稿专家的推荐功能将逐渐完善并向着精准化方向发展。

参 考 文 献

[1] HENDERSON S, BERK M, BOYCE P, et al. Finding reviewers: a crisis for journals and their authors [J]. Australian & New Zealand Journal of Psychiatry, 2020, 54(10): 957-959.

[2] STM. The STM report: an overview of scientific and scholarly publishing [EB/OL]. (2018-10-04) [2022-07-15]. https://www.stm-assoc.org/2018_10_04_STM_Report_2018.pdf.

[3] STM. STM global brief 2021: Economic & market size [EB/OL]. (2021-10-19) [2022-07-15]. https://www.stm-assoc.org/2021_10_19_STM_Global_Brief_2021_Economics_and_Market_Size.pdf.

[4] BIANCHI S. Peerless pathways to find peer reviewers [J]. Online, 2009, 33(4): 14-18.

[5] 郭飞,胡志平,薛婧媛,等.英文学术期刊快速有效锁定国内目标审稿专家分析[J].编辑学报,2016,28(4):366-367.

[6] 贾建敏,吴爱民,赵翠翠,等.医学高校学报通过文献数据库扩增有效审稿专家的实践和成效[J].编辑学报,2021,33(3):309-312.

[7] Clarivate. Publons Reviewer Connect: Powerful new tool to revolutionize editorial workflows for publishers [EB/OL]. (2018-07-17) [2022-07-15]. https://clarivate.com/news/publons-reviewer-connect-powerful-new-tool-revolutionize-editorial-workflows-publishers/.

[8] BAZARI N. A helping hand with finding reviewers: introducing the Elsevier reviewer recommender [EB/OL]. (2018-06-15) [2022-07-15]. https://www.elsevier.com/connect/editors-update/a-helping-hand-with-finding-reviewers-introducing-the-elsevier-reviewer-recommender.

[9] Taylor & Francis. An editor's guide to the peer review process [EB/OL]. [2022-07-10]. https://editorresources.taylorandfrancis.com/managing-peer-review-process/.

[10] KeAi. Finding reviewers [EB/OL]. [2022-07-10]. https://www.keaipublishing.com/en/editors/findingreviewers/.

[11] F1000Research. Finding article reviewers [EB/OL]. [2022-07-10]. https://f1000research.com/for-authors/tips-for-finding-referees.

[12] 唐杰,张静,张宇韬.AMiner 背后的技术细节与挑战[M]//程序员编辑部.程序员 2015 精华本.北京:中国工信出版集团,2015:318-321.

[13] 张红梅.论审稿专家的作用及其发挥[J].新闻研究导刊,2022,13(4):206-208.

高校科技期刊学生作者出版前撤稿原因及应对策略

崔 桐[1]，刘 莉[2]，王清海[1]，韩永吉[1]

(1.吉林大学《世界地质》编辑部，吉林 长春 130026；
2.《吉林大学学报(地球科学版)》编辑部，吉林 长春 130026)

摘要：高校科技期刊是中国科技期刊的重要组成部分，大部分作者为学生。针对学生作者在出版前撤稿频发的现状，本文分析了学生作者撤稿的自身、期刊及学校层面的深层原因，提出了增强学风建设、开设相关答疑、优化编辑流程、提升编辑服务觉悟，以及运用先进的出版手段等方式降低学生作者的撤稿率，以期端正学生作者群体的科研诚信，增强编辑部的竞争力，排解困扰同行的问题。

关键词：高校科技期刊；撤稿；科研诚信；编辑服务意识

高校科技期刊是我国科技期刊的重要组成部分，也是高校培养人才、转化科研成果的重要桥梁[1]，应为建设我国科研诚信体系、净化学术环境作出应有的贡献[2]。但无论是SCI期刊、EI期刊、核心期刊或普通期刊在出刊前各个编辑流程中经常收到作者撤稿的要求，不仅扰乱了编辑部正常的工作，增加了编辑负担，还极有可能造成刊期延后，影响期刊声誉。前人在分析学术期刊出版后撤稿的主要原因、应对策略及出版伦理问题[3-6]基础上，提出了撤稿流程规范化的建议[7]，但对高校科技期刊学生作者的出版前撤稿行为却鲜有提及，高校科技期刊面对的重点作者群体为学生，很多对本校科技期刊的投稿都是其"处女作"，其撤稿原因与非高校期刊有共同之处，也有其特殊性，高校期刊工作者既是编辑也是学生眼中的老师，面对作者时又多了一重身份。笔者在分析学生作者撤稿的直接及深层次原因的基础上，为高校科技期刊编辑部及编辑工作者提出了建议，以期能尽量降低学生作者的撤稿率，减轻编辑工作压力，缩短期刊发表周期，提升学术声誉。

1 学生作者申请撤稿的直接原因

1.1 典型的学术不端行为：两种语言的一稿多投

众多高校为激励研究生的科研热情以及提高学校的学术影响力，对在校研究生设置学术业绩奖学金，评定中发表论文级别及数量是重要的评价标准，且按照SCI、EI和核心期刊的顺序奖学金额依次降低，于是很多学生想出了很多"聪明"的方法，一份数据先写一篇英文投SCI，再翻译成中文投校内核心期刊。如果SCI被录用，马上对校内期刊论文撤稿；如果SCI被拒，校内刊则正常进行。既满足了作者搏一搏更高级别期刊的野心，也缩短了发表周期，可谓"一举两得"，却无端让编辑做了很多无用功，如果在出版前更是浪费了外审专家及排版人员的很多心血，对于其他作者也是非常不公平。

1.2 未经导师同意发表学术成果

以研究生导师为主导的课题组的研究成果是参与课题人员共同努力的结果，也是集体智慧的结晶，成果的总结与分配由导师决定。因未经导师同意引起撤稿的状况分为两种：①未经导师同意，学生作者为了比其他合作者更早抢占先机，会在导师不知情的情况下擅自投稿，录用之后再向导师汇报，知情后，会有部分导师要求撤稿。②学生作者在导师授权其发表某部分科研数据后，由于多种原因直到临近毕业或发表前才让导师把关，如果此作者内容有学术错误或需要极大改动，导师会责令其撤稿。这两种情况都会造成人力资源的浪费，影响正常的学术期刊出版计划。

1.3 期刊等级未满足作者发表要求

作者投稿前未对期刊等级做系统调查，只是对校内期刊有与生俱来的"亲切感"，认为校内期刊发表机会更大，便仓促投稿。得知与预期不符，便要求撤稿。在其眼中，编辑部多一篇少一篇稿无所谓，意识不到自己的行为会给他人带来极大麻烦。笔者遇到过这样一个作者，投本刊的本来目的是评校内某项奖学金，在出刊前一周，得知《世界地质》是中国科技核心期刊，而该项奖学金的要求是文章等级为北大中文核心及以上，便仓促蛮横要求撤稿，原因是不符合其评奖要求，一旦发表，其科研成果就付诸东流之类，且毫无歉意。既让编辑承受巨大压力，也影响了期刊的正常刊期。

1.4 期刊发表周期过长

高校科技期刊面对的大部分学生作者都是有评奖要求或毕业压力，均有严格时间限制。编辑部如没有对文章进行及时处理，外审周期过长等原因导致论文的发表时间超过作者预期的使用期限，期刊又未对此进行及时应对，也会使部分作者申请撤稿。

1.5 版面费问题

论文在录用后需要缴纳版面费才可进入出版流程的下一阶段，但一些导师没有项目支撑，需要学生作者自行支付版面费，而学生作者均属于全日制学习，无经济来源，面对彩页多、总页数多导致的版面费过高，在非必要时，学生作者大部分会选择撤稿。而编辑部也有自己的规定、运营成本及财务审核，无法对此类作者进行照顾而减免其版面费用，只能无奈同意其撤稿。

2 学生作者撤稿的深层原因

2.1 缺乏科研诚信

高校的研究生培养中对于科研伦理道德教育没有提升到一定的高度，对于相关课程的结课大多流于形式，学生也可以相对轻松地得到学分，导致学生对于学术道德的理解只停留在不抄袭的层面。其次，很多学生作者毕业后只要求研究生的学历，但并不从事本专业工作，对于自己的学术名誉并不爱惜，更不会从道德层面考虑自己的撤稿行为给他人带来的不便与麻烦，这不仅造成学术资源的极大浪费，更败坏了学生群体的学术风气。

2.2 科研评价体系不合理

高校对于研究生科研能力的评价主要是科研成果的产出，如科研论文、著作和专利等。获得奖励和荣誉是对研究生科研能力的肯定，也是其今后学术生涯的基石。高校的指挥棒指向哪里，学生就会打向哪里。目前，我国大多数高校奖学金评价体系中，虽然增加了多个项目和同行评议的权重，但实际上指标的获得依旧是以发表论文刊物级别和数量为基础。基本硬实力相似的情况下还是以论文竞争力为首要因素。因此，准确的目的性使得学生作者做出撤稿的无奈之举[8]。

2.3 编辑流程不完善

为增强科研学术诚信，国际上已有较为明确的出版伦理政策[9]。但是与国际对接需要逐步进行，中国的学术期刊大部分还没采用国际上的标准与规范，特别是中文核心期刊的诚信承诺书、作者贡献声明以及潜在利益冲突等与国际期刊仍有较大区别。而对于在校研究生，未有这些内容的签订，就缺少了许多道德的约束和潜在的震慑。对于不正当撤稿行为，其根本不了解自己及所在团队要付出的名誉代价。

2.4 编辑责任心不强

由于编辑对某些文章没有进行及时跟踪及处理，导致出版时滞过长，作者长时间没有得到反馈，不了解文章进展，导致作者撤稿。或编辑通过QQ或邮件与作者首次沟通时，没有告知作者本期刊的基本信息如等级等，或在其信息模糊不清时，没有对学生作者进行二次提醒，导致作者撤稿。或在学生作者遇到版面费困难时，没有与其导师进行及时沟通或向编辑部领导申请帮助学生作者解决经济困难，这些都是导致作者撤稿的间接原因。

3 应对策略

3.1 高校与编辑部共同建立撤稿等学术不端的联动机制

目前，国家和高校的发展策略对学术人才培养提出了强烈的需求，只有将高校的发展与学术期刊创新融合起来，才能为国家培养既有学术道德又有科研能力的优秀人才。

(1) 价值塑造。科研诚信是科技创新的基石[10]。学生是中国科研的未来、科研生涯的扣子，从一开始就要扣好。高校科技期刊是高校推进"双一流"建设的有力推手，占有重要比重。而高校科技期刊编辑，作为学校里老师的一员，有责任和义务对学生作者进行教育和帮助。对学校的学术思想道德课程给予建议，应加大课程完成难度，加强学生的重视，提升到和专业课一样的高度，潜移默化中增强学生的学术道德感。

(2) 理论与实践融合育人。学术道德培养每个学科都需要，因此学校的各个编辑部可以联合起来，申请公共课程或学术写作的专题答疑时间，由编辑部人员担任主讲，从科技期刊编辑的角度深耕学生作者的科研诚信，渗透规范的学术道德，同时对于学生成果发表过程中遇到的疑惑给予耐心解答。

3.2 加强编辑部自身建设，增强编辑服务意识

(1) 编辑部完善公开信息及修正审稿流程。对于高校科技期刊，编辑部应在网站、公众号等众多传播界面标明本刊的等级、影响因子、完整的审稿修改流程等并做到及时更新，可以在很大程度上减少由于信息不对称引起的作者撤稿。而对于由于"一稿多投"引起的撤稿行为，首先应在网站上发布出版伦理声明，其次审稿过程中增加学术不端审查次数，由单纯的初审时查重改为初审、改回后以及出版前三次，如数据出现异常，应及时联系作者了解情况，以避免更多资源的浪费。正式出版前需要每位作者签订版权协议及告知书，可以避免未经导师同意发文以及出版后由于利益分布不均引起纠纷导致的撤稿行为。

(2) 通过外审专家途径严把质量关，提升期刊水平。当今百花齐放理念下，期刊同质化严重，而中文学术期刊间的竞争可以称之为"零和博弈"，提升自身期刊水平就尤为迫切。同行评议是审稿流程中重要一环，外审专家是期刊的重要资源，关系期刊发展，对文章起到重要的

把关作用。高校科技期刊编辑的学术属性增加了和外审专家近距离接触的机会，因而编辑要及时了解行业动态，发挥自身优势，维护好资深外审专家，同时挖掘新生代本学科优秀青年科研工作者作为评审专家，不断扩大期刊的外审专家队伍，提升稿件质量，增强期刊的学术影响力，树立良好形象，从而减少撤稿率。

(3) 网络出版缩短出版周期，解决学生作者痛点。网络出版是缩短发表周期的一个重要手段，中国知网网络首发平台在认可度上具有明显优势，国内网络首发出版时间较纸刊平均缩短 2~3 个月[11]，保证了作者科研成果的发表时效，也可以满足学生作者毕业和评奖评优期限的要求，扩大期刊的学术影响力，切实为学生作者解决毕业需求，提升作者黏性。但在毕业或评职称的固定时间节点，编辑的工作量就会大幅增加，可以称之为时间紧任务重，无额外报酬，这就需要下一节提到的奉献精神。

(4) 编辑的服务意识。编辑是整个出版过程的重要枢纽，对于科研成果的发表起到至关重要的作用，高校科技期刊编辑是"为他人做嫁衣"的奉献者，是期刊发展的主导者，更是育人的耕耘者，因此在工作中要提升自身的服务意识，密切关注每一篇来稿的动态，对于作者的提问和困惑及时回答，因为我们面对的很多作品都是学生作者的"处女作"，更要耐心应对。让作者因为喜欢这个编辑从而喜欢整个期刊，对于下次投稿具备心理优势。而对于停滞不前的稿件应纠察问题所在：对于外审不按时返回的稿件及时与外审专家联系了解原因；对于未能在期限内给作者处理意见的稿件要给作者明确的解释以及后续处理方案；对于未能按约定时间改回的稿件，要通过邮件、QQ 等联系作者知晓理由，以期获得双方都满意的处理结果[12]。对于学生作者的困难竭尽所能帮助解决，不止做一名合格的编辑，更要做一名不辞劳苦的园丁，从而树立起期刊的良好形象，提高期刊影响力。

4 结束语

高校科技期刊编辑在面对学生作者的撤稿时在冷静分析其撤稿真正原因的基础上，反求诸己，提出对策，才能降低学生作者由于学术诚信引起的恶意撤稿率以及由于编辑流程的非合理与标准化引起的被迫撤稿率，这是出于责任担当，也是源于匠心真心。高校编辑工作者只有肩负起传道授业解惑的重担，拿出不避风险的磊落态度，勇于担当作为，才能跑赢这场降低撤稿率的马拉松。

参 考 文 献

[1] 王婧,刘志强,郭伟,等.高校科技期刊繁荣发展展望[J].科技与出版,2021(10):21-29.
[2] 朱邦芬.中国科技期刊要守卫科研诚信和学术论理的生命线[J].中国科技期刊研究,2019,30(1):2-5.
[3] 李亚辉,徐书令,房威,等.学术期刊撤稿引出的出版伦理问题与对策[J].编辑学报,2021,33(2):176-178.
[4] 杨珠.中文学术期刊被撤销论文原因失真及思考[J].编辑学报,2021,33(4):430-433.
[5] 肖玥,翁彦琴.科技期刊出版中有关科研诚信问题的研究述评[J].中国科技期刊研究,2021,32(9):1087-1097.
[6] 孙娟,何丽,宋勇刚,等.学术期刊在科研诚信建设中的作用与实施途径[J].中国科技期刊研究,2021,32(2):153-157.
[7] 张和,张海燕,鲁翠涛,等.关于科技学术期刊撤稿流程规范化建设的建议[J].编辑学报,2021,33(4):403-406.
[8] 汪全伟,高静,黄东杰.科技期刊论文录用后作者申请撤稿的思考[J].编辑学报,2021,33(5):511-514.
[9] 任艳青,翁彦琴,靳炜,等.中国科技期刊出版伦理建设现状调研及发展建议[J].编辑学报,2021,33(1):42-53.
[10] 杨耀,施筱勇.基于撤稿观察数据库的论文撤稿国际比较研究[J].科技管理研究,2021(10):221-226.
[11] 张俊彦,黄林美,吴一迁.论学术期刊优先数字出版的质量与速度平衡[J].编辑学报,2016,28(1):7-10.
[12] 屈李纯,霍振响.科技期刊出版前撤稿的追溯及防范措施[J].科技与出版,2021(5):105-109.

卫生管理领域作者向中英文科技期刊投稿的偏好研究

张伊人[1]，黄蛟灵[2]，何 蓉[1]，操 仪[1]

(1.上海市疾病预防控制中心《中国卫生资源》编辑部，上海 200336；
2.上海交通大学医学院公共卫生学院，上海 200025)

摘要：文章研究了卫生管理领域作者向中英文科技期刊投稿的偏好，对国内科技期刊补齐短板、吸引优质稿源、实现高质量发展具有重要意义。通过问卷调查了解卫生管理领域作者对中英文科技期刊的偏好及其分布，发现作者更偏好国际期刊，其次是中文刊；博士学历、高级职称、来自高校、教师系列职称的作者更偏好国际期刊。进一步分析偏好相关因素，并提出有针对性的应对策略。

关键词：作者；科技期刊；国际期刊；国内英文刊；中文刊；投稿；偏好；相关因素；卫生管理

科技期刊是刊载科技文献、传播学术成果和思想、引领科技发展的重要平台。截至 2020 年底，中国科技期刊总量为 4 963 种[1]。在我国建设世界一流科技期刊的征途上，如何办好科技期刊是科技界、出版界、政府及全社会共同面对的重大课题[2]。对于科技期刊而言，优质稿源是生命线。近 30 年来，优质稿源外流的困境使国内科技期刊的影响力下降，科研成果的首发权和话语权受制于人[3]，也造成我国文明史、科学史相关记载的缺失[4]。

作者是优质稿源的供给侧，也是出版和知识服务的需求侧，拥有自主选择中英文科技期刊发表科研成果的主观能动性。面对国内科技期刊优质稿源外流的困境，夏登武[5]基于理论和实践经验分析了影响作者投稿动机的因素，莫京等[6]通过问卷调查了我国科学家的文献阅读习惯与投稿意向，颜爱娟等[7]以所在学报为例分析了作者投稿的影响因素，宋梅梅等[8]调查了中文光学期刊作者投稿的关注重点，叶喜艳等[9]通过文献回顾和相关分析研究了影响作者向中文期刊投稿的因素。但尚未有针对卫生管理领域作者的调查研究，且没有研究比较过影响作者向中英文期刊投稿的因素差异。

现通过问卷调查卫生管理领域作者向中英文科技期刊投稿的偏好及相关因素，以期为国内科技期刊补齐短板、吸引优质稿源、实现可持续发展，为有关部门制定扶持国内科技期刊发展的举措提供参考。

1 材料与方法

1.1 问卷设计

通过文献回顾自行设计"作者向中英文科技期刊投稿的偏好调查问卷"，问卷包括 2 个部

基金项目：上海市科技期刊学会青年编辑"腾飞"项目(2020B09)
通信作者：黄蛟灵，E-mail：jiaoling_huang@sina.com

分：①基本情况，包括调查对象的年龄、性别、学历、是否(就读)毕业与国外院校、职称、求学/供职机构类型等基础信息；②向中英文期刊投稿的偏好，包括发表论文的主要目的(多选题)，投稿时优先选择的期刊类型(即国际期刊/国内英文刊/中文刊/无偏好)，偏好所选期刊的相关因素(多选排序题)，向偏好期刊投稿论文的自评质量。

向偏好期刊投稿论文的自评质量采用 Likert 5 级评分法打分。偏好所选期刊相关因素的各选项平均综合得分根据所有填写者对选项的排序情况计算得出，它反映了各选项的综合排名情况，得分越高表示综合排序越靠前。选项平均综合得分＝(Σ 频数×权值)/该题填写人次。

1.2 调查方法

通过问卷星发放问卷初稿，邀请 7 名卫生管理领域的作者进行预调查，以检验问卷填写流程是否顺畅、问题设置顺序是否符合逻辑、选项设置是否合理等。预调查对象的答题时长均在 100 秒及以上，以此作为判定问卷有效的依据。

2021 年 12 月 20—27 日，用方便抽样法通过问卷星邀请卫生管理领域的作者填写电子问卷，共回收问卷 615 份，其中有效问卷 576 份，有效回收率为 93.66%。

1.3 质量控制

调查的质量控制措施：使用同一微信号的对象仅能作答 1 次；问卷答题时长低于 100 秒的视为无效问卷。经检验，问卷整体的克朗巴哈(Cronbach's α)系数为 0.801，高于 0.8，说明数据信度较好，可用于进一步分析。

1.4 统计学分析

采用 SPSSAU 21.0 进行统计学分析。正态分布的定量资料用(均数±标准差)描述。多组分类资料率的比较采用 χ^2 检验，检验水准 $\alpha=0.05$。多组分类资料率的多重比较进行 Bonferroni 校正，校正后的检验水准 $\alpha'=0.05$/比较次数。

2 结果与讨论

2.1 调查对象基本情况

调查对象平均年龄为(34.44±9.74)岁，26~30 岁的作者最多，占 23.78%；58.68%的作者为女性；博士研究生(含在读)、硕士研究生(含在读)学历的作者分别占 49.31%和 46.53%；90.63%的作者毕业(就读)于国内院校；35.59%的作者有高级职称，35.42%的作者无职称；在 372 名有职称的作者中，46.77%为教师系列职称；63.02%的作者供职/就读于高校。见表 1。

表 1 调查对象基本情况

项目	分组	人数	构成比/%
年龄	18~25 岁	120	20.83
	>25~30 岁	137	23.78
	>30~35 岁	83	14.41
	>35~40 岁	93	16.15
	>40~45 岁	55	9.55
	>45~50 岁	37	6.42
	>50~55 岁	30	5.21
	>55 岁	21	3.65

续表

项目	分组	人数	构成比/%
性别	男	238	41.32
	女	338	58.68
学历(含在读)	大学本科	24	4.17
	硕士研究生	268	46.53
	博士研究生	284	49.31
是否毕业/就读于国外院校	是	54	9.38
	否	522	90.63
职称	无职称	204	35.42
	初级	50	8.68
	中级	117	20.31
	高级	205	35.59
职称系列(n=372)	教师	174	46.77
	研究员	102	27.42
	医师	62	16.67
	经济师	10	2.69
	技师	9	2.42
	其他	15	4.03
机构类型	高校	363	63.02
	医疗卫生/公共卫生机构	158	27.43
	科研院所	36	6.25
	其他	19	3.30

注：其他系列职称包括卫生管理系列、护理系列、会计师系列、工程师系列、统计师系列等；其他机构包括行政机关、企业等。

2.2 作者发表论文的主要目的

经拟合优度检验，作者发表论文的目的差异有统计学意义($P<0.05$)。结合帕累托图分析，作者发表论文的主要目的为课题项目结题、毕业、晋升职称。为课题项目结题、毕业、晋升职称而发表论文的作者占比分别为53.82%、43.75%、42.36%。见图1。

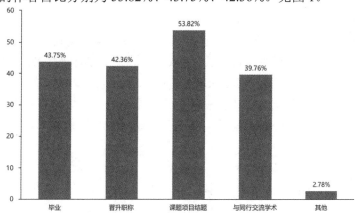

图1 作者发表论文的主要目的

本研究结果显示，作者发表论文的目的较为功利，主要服从于科研绩效管理和评价导向的需要。中国科学院学部2019年面向科研人员开展的一项咨询也得出了类似的结论,该研究中分别有46.06%和42.01%的调查对象投稿是出于学生毕业要求和项目考核的需要[2]。作者发文的目的功利性背后深层次的原因主要是长期以来我国科研评价导向的偏差。

2.3 作者的投稿偏好及相关因素

在投稿偏好方面,47.92%的作者在投稿时优先选择国际期刊,40.28%的作者在投稿时优先选择中文刊,而投稿时优先选择国内英文刊的作者仅占1.04%,剩余10.76%的作者投稿时对中英文期刊无偏好。以上结果提示,国内卫生管理学科技期刊与其他学科[10-13]的科技期刊一样面临稿源外流的问题,尤其是国内英文刊,可以说是备受研究人员"冷落"。

根据作者偏好相关因素的平均综合得分排名,无论是国际期刊,还是国内中英文期刊,造成作者投稿偏好的相关因素较为类似,既涉及评价导向等外部因素,也涉及期刊被重要数据库收录情况、期刊学术影响力、审稿质量、发表周期、编辑专业能力及服务意识等。见表2。

表2 卫生管理领域作者投稿偏好的相关因素

选项	国际期刊		国内英文刊		中文刊	
	平均综合得分	排序	平均综合得分	排序	平均综合得分	排序
期刊开放存取	3.25	7	3.33	9	2.59	8
编辑专业能力及服务意识强	4.04	6	4.83	5	5.11	6
发表周期短	4.33	5	5.17	4	5.40	5
发表费用便宜/免费	1.68	9	3.67	7	1.80	9
期刊录用率高	2.26	8	3.67	7	4.66	7
受评价导向影响	6.31	3	4.83	5	5.56	3
有人脉关系	0.54	10	1.67	10	1.73	10
审稿质量高	6.17	4	6.33	2	5.42	4
期刊被重要数据库收录	9.08	1	8.83	1	7.04	1
期刊学术影响力大	8.54	2	5.67	3	6.27	2
其他	0.06	11	—	—	0.28	11

注:作者偏好国际期刊的其他因素包括在线投稿系统功能完善、读者对象匹配,作者偏好中文刊的其他原因包括便于组织专栏、不擅长英文文章写作。

本研究结果与既往关于作者投稿影响因素、关注点的研究结果较为一致:刘天星等[13]发现,学术影响力不足和绩效评价不管用是制约科研人员投稿中文刊的主要障碍;Elsevier 在2021年进行的一项作者问卷调查发现,我国科研工作者选择期刊时最为关注期刊声誉和期刊影响力指标(比如影响因子、引用分 CiteScore),发表速度(包括审稿速度)是影响中国作者选择期刊的重要因素[14];Yan[15]发现期刊的同行评议声誉是影响作者投稿的一项关键因素;叶喜艳等[9]发现,影响作者投稿的前5位因素中,期刊影响因子、发表周期、编辑素质分别位列3、4、5位。

2.4 不同特征作者的投稿偏好比较

不同学历作者的投稿偏好差异有统计学意义($P<0.05$):硕士学历的作者更偏好中文刊,博士学历的作者更偏好国际期刊。不同职称作者的投稿偏好差异有统计学意义($P<0.05$):初级和中级职称的作者更偏好中文刊,高级职称的作者更偏好国际期刊。在有职称的作者中,不同职称系列作者的投稿偏好差异有统计学意义($P<0.05$):相较于教师更偏好国际期刊,研

究员、医师和卫生管理等其他系列更偏好中文刊;相较于国内英文刊,教师、经济师都更偏好国际期刊;相较于国内英文刊,研究员、经济师都更偏好中文刊。不同机构作者的投稿偏好差异有统计学意义($P<0.05$):相较于高校的作者更偏好国际期刊,行政机关、企业等其他机构和医疗卫生/公共卫生机构的作者更偏好中文刊。见表3。

表3 卫生管理领域作者的投稿偏好分布

项目	分组	人数(偏好率)				χ^2值	P值
		中文刊	国内英文刊	国际期刊	无偏好		
年龄	18~25岁	48(40.00%)	2(1.67%)	55(45.83%)	15(12.50%)	13.235	0.900
	>25~30岁	55(40.15%)	2(1.46%)	70(51.09%)	10(7.30%)		
	>30~35岁	35(42.17%)	0(0.00%)	39(46.99%)	9(10.84%)		
	>35~40岁	38(40.86%)	1(1.08%)	42(45.16%)	12(12.90%)		
	>40~45岁	15(27.27%)	1(1.82%)	32(58.18%)	7(12.73%)		
	>45~50岁	18(48.65%)	0(0.00%)	16(43.24%)	3(8.11%)		
	>50~55岁	15(50.00%)	0(0.00%)	13(43.33%)	2(6.67%)		
	>55岁	8(38.10%)	0(0.00%)	9(42.86%)	4(19.05%)		
性别	男	96(40.34%)	1(0.42%)	123(51.68%)	18(7.56%)	6.564	0.087
	女	136(40.24%)	5(1.48%)	153(45.27%)	44(13.02%)		
学历(含在读)	大学本科	21(87.50%)	0(0.00%)	1(4.17%)	2(8.33%)	100.196	<0.001
	硕士研究生	146(54.48%)[a]	4(1.49%)	83(30.97%)[a]	35(13.06%)		
	博士研究生	65(22.89%)[a]	2(0.70%)	192(67.61%)[a]	25(8.80%)		
是否毕业/就读于国外院校	是	15(27.78%)	1(1.85%)	31(57.41%)	7(12.96%)	4.075	0.253
	否	217(41.57%)	5(0.96%)	245(46.93%)	55(10.54%)		
职称	无职称	76(37.25%)	3(1.47%)	103(50.49%)	22(10.78%)	34.542	<0.001
	初级	29(58.00%)[b]	0(0.00%)	14(28.00%)[b]	7(14.00%)		
	中级	66(56.41%)[c]	2(1.71%)	41(35.04%)[c]	8(6.84%)		
	高级	61(29.76%)[bc]	1(0.49%)	118(57.56%)[bc]	25(12.20%)		
职称系列(n=372)	教师	43(24.71%)[def]	1(0.57%)[g]	112(64.37%)[defg]	18(10.34%)	63.860	<0.001
	研究员	60(58.82%)[dh]	0(0.00%)[h]	34(33.33%)[d]	8(7.84%)		
	医师	34(54.84%)[f]	1(1.61%)	18(29.03%)[f]	9(14.52%)		
	经济师	4(40.00%)[h]	1(10.00%)[gh]	3(30.00%)[g]	2(20.00%)		
	技师	4(44.44%)	0(0.00%)	4(44.44%)	1(11.11%)		
	其他	11(73.33%)[e]	0(0.00%)	2(13.33%)[e]	2(13.33%)		
机构类型	医疗卫生/公共卫生机构	91(57.59%)[i]	3(1.90%)	45(28.48%)[i]	19(12.03%)	56.429	<0.001
	科研院所	19(52.78%)	0(0.00%)	13(36.11%)	4(11.11%)		
	高校	109(30.03%)[ij]	3(0.83%)	215(59.23%)[ij]	36(9.92%)		
	其他	13(68.42%)[j]	0(0.00%)	3(15.79%)[j]	3(15.79%)		
投稿目的	毕业 是	97(38.49%)	3(1.19%)	128(50.79%)	24(9.52%)	1.864	0.601
	否	135(41.67%)	3(0.93%)	148(45.68%)	38(11.73%)		
	晋升职称 是	97(39.75%)	3(1.23%)	121(49.59%)	23(9.43%)	1.123	0.771
	否	135(40.66%)	3(0.90%)	155(46.69%)	39(11.75%)		
	课题项目结题 是	132(42.58%)	1(0.32%)	140(45.16%)	37(11.94%)	6.136	0.105
	否	100(37.59%)	5(1.88%)	136(51.13%)	25(9.40%)		
	与同行学术交流 是	82(35.81%)	2(0.87%)	123(53.71%)	22(9.61%)	5.126	0.163
	否	150(43.23%)	4(1.15%)	153(44.09%)	40(11.53%)		
	其他 是	5(31.25%)	0(0.00%)	9(56.25%)	2(12.50%)	0.789	0.852
	否	227(40.54%)	6(1.07%)	267(47.68%)	60(10.71%)		

续表

项目	分组	人数(偏好率)				χ^2值	P值
		中文刊	国内英文刊	国际期刊	无偏好		
自评文章质量	很不满意	1(100.00%)	0(0.00%)	0(0.00%)	—	7.049	0.531
	不满意	2(66.67%)	0(0.00%)	1(33.33%)	—		
	一般	35(50.72%)	1(1.45%)	33(47.83%)	—		
	满意	149(45.71%)	2(0.61%)	175(53.68%)	—		
	很满意	45(39.13%)	3(2.61%)	67(58.26%)	—		

注：数据上标有相同字母的 4 个格子组间比较差异有统计学意义。

本研究结果提示：中文刊是科研人员学术生涯初期的首选期刊，结合作者投稿目的及投稿偏好原因看，随着科研资历的积累并深受科研评价导向的影响，有进一步提升学历和职称需求的科研人员以及高校教师可能会追求国际影响力更大、科研绩效更管用的国际期刊。

3 建议

3.1 进一步深化科研评价体系改革，是推动国内科技期刊发展的必要手段

就外部因素而言，科研评价导向是影响作者投稿偏好的重要因素。评价导向的偏差、作者发文目的的功利性强化了科技期刊在科研绩效评价中的工具作用，也集中体现为"唯 SCI""唯论文"以及对待论文"轻质量、重数量"等问题。近年来，我国相关主管部门已就科研评价、人才评价体系建设问题连续出台了"破四唯"、代表作评价制度等相关政策，以期改革科研评价、人才评价体系，推进科学评价的自主原创[16]。2022 年 6 月，中华预防医学会发布了涉及 33 种中文期刊、89 种外文期刊的《预防医学与卫生学高质量科技期刊分级目录》[17]，以期助力我国科技期刊建设，为进一步构建具有中国特色的国际科学引文索引奠定基础。

但科研人员职称评审、绩效考核等政策导向偏差由来已久，相关政策的落地以及具体政策效果的显现也尚需时日。代表作制度下稿源外流是否会加剧，新出炉的高质量科技期刊分级目录是否会引发新的"唯高质量"，均值得警惕。后续，期待科技部、教育部、中宣部等多部门协同，出台更多进一步深化科研评价体系改革、扶持国内科技期刊发展的强有力的政策并形成合力，构建更加科学合理的评价机制，进而引导科研人员真正把论文写在祖国大地上，使科技期刊真正回归学术交流属性。

3.2 国内科技期刊须有的放矢，加强自身能力建设

除了改革科研评价导向外，国内中英文科技期刊努力修炼内功、加强自身能力建设是吸引和留住优质稿源的根本。结合影响作者投稿的内部因素结果，建议从以下几方面加强自身能力建设。

3.2.1 积极申请重要数据库收录

被重要数据库、国际知名数据库收录有助于提升科技期刊的国际影响力和传播力[18-19]。建议国内中英文科技期刊对照国内外重要数据库的收录标准，结合期刊自身内容、正文及引文格式规范、论文在线浏览及免费下载、英文网站建设等维度的现状，查漏补缺、优化完善，以提高期刊被重要数据库收录的概率，从而进一步提升期刊的国际影响力。

3.2.2 增强学术影响力

学术质量始终是期刊的生命线。国内期刊的主编多为兼职，建议国内中英文期刊积极调动和发挥期刊主编、编委和高水平专家的积极性，如推行责任主编制及编委考评制，落实主

编、编委主动参与办刊，为期刊带来优质稿源的主体责任，提升期刊内容的整体学术品质；期刊编辑也需加强约稿和选题策划能力，以更广阔的视野积极组织国内外热点选题，选题力求紧跟学术前沿热点和难点，在把控稿源质量方面发挥导向作用；通过主编和编委牵线搭桥，编辑部要与国内外领先的研究团队保持密切联系；对优质稿件提供快速发表、免收发表费用、免费进行英文润色等特色服务；利用好数字出版服务和精准推送服务，提升期刊的学术传播能力，以扩大学术影响力。

3.2.3 提高审稿质量

同行评议是学术期刊发表论文的一个重要环节。优秀的审稿人能够遴选出相关的设计严谨、结果可靠的论文，还能为作者提供建设性的意见和提高论文质量的建议[15]。75%的期刊编辑在寻找有意愿且有能力的审稿人方面面临困难[15]。一方面，期刊编辑可以从期刊审稿人库、熟人或工作关系网中积累审稿人资源，壮大审稿人队伍。对于不熟悉的同行，根据科研人员的发文记录、引文指标或所属机构来选择审稿人[15]。此外，处于学术生涯早期的研究人员在担任审稿人时通常会更加勤奋、审稿度更快、审稿内容更详尽[15]。建议期刊进一步挖掘和发展青年审稿人。另一方面，期刊编辑部也要做好对现有审稿人库的运用和管理，积极发动编委和审稿人的主观能动性，结合审稿的时效性、数量、质量构建和完善审稿人绩效考评及退出机制。定期组织审稿人培训，明确稿件同行评议涉及的形式、内容要求和伦理学要求，反馈审稿中发现的问题，进一步提升审稿质量和时效性。

3.2.4 缩短发表周期

重大成果的首发权对于科研人员来说至关重要[20]。建议国内期刊利用好 XML 技术、ERP 系统、电子出版系统，对出版内容进行一站式运营和全生命周期管理，优化出版流程、缩短出版周期；与国内外数据库合作，利用优先出版、预印本等获取"首发权"；进一步充实责任编辑和审稿人力量，提升稿件处理能力和效率。

3.2.5 提升编辑专业能力及服务意识

学者型编辑是学术期刊编辑未来的发展方向[21]。建议国内中英文期刊加强编辑人才队伍建设，努力培养在期刊涉猎学科和专业方面有一定学术水平，能够为期刊选稿、用稿服务，又掌握出版专业理论和实践知识的学者型编辑；提高编辑岗位的薪资待遇，从而吸引更多相关专业的优秀科研人员投身到期刊出版工作中来。加强编辑人员的岗前培训，定期开展业务培训，明确编辑胜任力中对服务意识的要求，提高编辑对待作者的服务意识。

3.3 培育优质核心作者群，是中文刊实现可持续发展的方向

中文期刊自身独有的母语优势，有利于国内作者更便捷地表达学术思想，更有效地接受同行学术信息[13]。同时，中文期刊在科研人员学术生涯的初期及本科、硕士阶段，具有培养作者学术规范的重要作用。建议中文期刊利用好这一优势，凭借过硬的专业能力和优质的出版服务，给尚处于学术生涯初期的作者留下良好的"第一印象"，秉持着"扶上马，送一程"的精神，在提供学术出版服务的同时帮助科研人员共同成长；在此过程中增强作者对于期刊的认同感和用户黏性，用"感情牌"留住作者，遴选和培育稳定的优质核心作者群，随着科研人员的成长将其发展为期刊审稿人和编委，在其个人学术生涯发展的过程中为期刊提供可持续的优质稿源，并共同参与到期刊高质量建设中来。

4 结束语

朱作言先生曾说过,留住中国一流稿件是科技期刊的使命[4]。随着国内科技期刊补齐短板,实现高质量发展,持续提升国际影响力,同时借助"破四唯"、科研评价体系改革等政策东风,留住优质稿源、推动我国学术期刊繁荣发展、培育世界一流科技期刊指日可待。

参 考 文 献

[1] 中国科学技术协会.中国科技期刊发展蓝皮书(2021)[M].北京:科学出版社,2021.
[2] 杜鹏,张莘怡,张理茜.转型与重构:中文科技期刊困境分析[J].科学与社会,2020,10(1):1-17.
[3] 朱作言,郑永飞.如何办好中国科技期刊[N].光明日报,2017-12-21(16).
[4] 朱作言.科技期刊的使命是留住中国一流稿件[N].光明日报,2019-11-07(16).
[5] 夏登武.影响作者投稿动机的因素分析[J].编辑学报,2008(1):5-7.
[6] 莫京,马建华.中国科技期刊质量评价与存在问题:基于科学家问卷调查[J].中国科技期刊研究,2012,23(6):918-925.
[7] 颜爱娟,陈爱华.论学术论文投稿时作者对期刊的选择[J].黄冈师范学院学报,2015,35(5):118-121.
[8] 宋梅梅,何卓铭,王晓峰,等.中文光学期刊作者投稿关注点调查及分析[J].中国科技期刊研究,2015,26(5):460-464.
[9] 叶喜艳,常宗强,张静辉.影响作者向中文科技期刊投稿的因素以及期刊改进措施[J].中国科技期刊研究,2018,29(8):771-779.
[10] 祁丽娟,方梅.遏制优质稿源外流刻不容缓:以计算机科技类中文期刊为例[J].编辑学报,2019,31(2):124-128.
[11] 丁岩,吴惠勤,龙秀芬,等.中文科技期刊应对稿源不足的策略与实践[J].中国科技期刊研究,2018,29(2):113-117.
[12] 夏金玉.国内科技期刊优质稿源不足现状分析[J].中国科技期刊研究,2014,25(4):485-487.
[13] 刘天星,武文,任胜利,等.中文科技期刊的现状与困境:问卷调查分析的启示[J].中国科学院院刊,2019,34(6):667-676.
[14] ZHANG P, LIAO Z. Behind the rising influence of Chinese research: What's driving the growth in Chinese journal articles? And what influences an author's choice of journal? Here's what societies and editors need to know. [EB/OL]. [2022-06-30]. https://www.elsevier.com/connect/behind-the-rising-influence-of-chinese-research?utm_source=twitter&utm_medium=social&utm_campaign=dt.
[15] YAN L. Is a journal's ranking related to the reviewer's academic impact? (An empirical study based on Publons) [J]. Learned Publishing, 2022, 35(2):149-162.
[16] 曾建勋,杨代庆.关于扭转我国科技论文外流局面的政策性思考[J].编辑学报,2020,32(6):600-604.
[17] 中华预防医学会.中华预防医学会关于发布《预防医学与卫生学高质量科技期刊分级目录》的公告[EB/OL].[2022-06-30].http://www.cpma.org.cn/zhyfyxh/tzgg/202206/4f87f1c1b3f741c18810a45f179c63dc.shtml.
[18] 刘静,刘晶晶,王希挺,等.Scopus 数据库收录我国中文科技期刊影响力分析[J].中国科技期刊研究,2020,31(4):462-467.
[19] 侯春梅,迟秀丽,朱晓文.为我国学术期刊质量建设建言:一份学术期刊读者调查报告解析[J].出版广角,2008(5):21-24.
[20] 张晓宇,刘静,王希挺,等.非英语 SCI 收录期刊特征分析及对中文科技期刊提升国际影响力的启示[J].中国科技期刊研究,2021,32(8):1070-1078.
[21] 杜生权.学术期刊编辑发展方向探析:从"编辑学者化"到"学者型编辑"[J].青年记者,2022(8):80-81.

学术期刊如何保持及稳步提升约稿质量
——写在从事学术刊物编辑工作十年之际

陈慧妮

(云南省社会科学院《云南社会科学》编辑部，云南 昆明 650034)

摘要：稿件质量是学术期刊第一生命力，提升文章质量离不开约稿与主动策划。约稿工作不是静态的，也不是短期工作，而需要在动态中不断总结经验、开拓进取才能达到更好的效果。因此，拟对学术期刊做好约稿工作进一步展开讨论。结合笔者负责栏目十年的工作经验以及不同阶段对约稿的探索，总结出：约稿工作需要编辑克服认知差异、质量难以稳定、核心作者群维护和继续开发难、作者和刊物沟通不畅、职业倦怠等困难，从以下方面持续提升约稿质量：一是通过长期交流建立与作者之间的信任；二是通过定期的学术会议与作者保持联系，了解他们的最新学术进展；三是根据不同专题的需要，追踪不同的作者群；四是系统推进扶持优秀年轻作者群的工作；最后总结工作经验，开拓对工作有意义的方面。

关键词：学术刊物；约稿；生命力；信任；专题

约稿工作对于提升学术刊物质量的重要性不言而喻，自然来稿的质量参差不齐，等米下锅是没法长期维持栏目高质量的，因此对每一个编辑来说，选题策划都绕不开约稿的话题。在期刊界，约稿确实是老生常谈，这方面的成果也是汗牛充栋，但是这个话题也是常谈常新的。每一位立志长期从事编辑工作的人，都会经过这样阵痛的过程，为了约到好稿反复煎熬。笔者从事编辑工作今年满十年了，回顾一下约稿过程也是满怀感慨。刊发的好文章就像露出地面的小苗，但是没有人看到地底下需要多少铺垫和用功，处处布满的是像迷宫一样的努力痕迹；有些努力做了很久也无法达到想要的结果，只好白白浪费；最后露出地面的小苗都是比较珍贵的，尽管有一些其实还可以长得更好；而且编辑要终其一生寻找更多更好的小苗，花费再多精力也在所不惜。

"学如逆水行舟，不进则退"，对于刊物来说也是这样，对于编辑也是如此。工作十年再回头来看，有没有保持住当年的工作热情和责任心？还有没有当初的拼搏精神和不服输的劲头？有无勇气和毅力在各种困难压力之下，将真正优秀的文章呈现出来，将质量低下的文章拒之门外？

1 约稿对于保持学术刊物生命力的重要性

众所周知，对于学术期刊来说，质量是第一生命力，要寻找优质文章并不是一件容易的事，长期维持质量更不容易。"粗看起来，质量、特色、传播手段、评价体系四个方面，对期刊的学术影响力，都发挥着或大或小的作用。如果将这四个方面看作一个决定期刊影响力的金字塔的话，那么，质量无疑是塔基，是根本[1]。"对于大多数编辑、学者、读者来说，对好文章的鉴别是容易达成共识的，但如何约到优质文章为刊物所用、不断保证质量的维持、培育和打磨好文章，却是永恒的难题，需要编辑付出艰辛的努力。

为什么学术期刊都那么重视约稿？如果来稿质量差到了一定程度，修改和过度编辑也没有太大意义。编辑文章是需要以一定的文章质量为前提的，通过对文章选题的把握与筛选、结构的完善、论述的建议、全文的修饰，严把政治关、思想关、学术关，最后才是格式和错字的修正，经过反复打磨塑造出优秀的作品对于编辑来说才有成就感。编辑并不是在自然来稿中选择了事，而要做好得罪很多作者和朋友的心理准备，克服长期重复性枯燥工作的职业倦怠，不断迎接挑战，付出无尽的耐心，才能将好文章像鲜花一样培育出来、绽放光彩，然后退到幕后，默默为作者和优质文章鼓掌。编辑追求的是内心的平和、满足、无愧于心，而不是台前的荣耀与热闹。

笔者工作十年之中，也通过推荐文章到专业内的优质公众号进行推送、加入北大法宝数据库(法学栏目)、组织青年作者交流群等措施，积极开拓了工作的新方式新方法，也被学术大咖主动赐稿鼓励过。努力克服十年间办刊办栏目的种种心酸，继续保持办刊的热情和勇气。不断地开拓与努力，是杂志保持生命力的保证之一。"编辑作为期刊最为活跃、能动的主体力量，体现着刊物的学术灵魂。编辑只有充分发挥自己的主体能动性、创造性、自主性，才能最大可能提升刊物质量，形成具有品牌魅力的特色刊物[2]。"

2 学术刊物约稿中的主要困难

笔者前后负责过《云南社会科学》刊物中的 3 个栏目，其各有不同的特点，就拿负责时间最长的法学栏目来举例，从 2012 年初步接手的准备阶段(还在纸稿投稿阶段)，到 2013 年正式开设法律栏目，后更名为"法学"栏目，为了尽量减少作者被骗的情况发生，2016 年 3 月起从邮箱投稿方式改为知网在线投稿方式；从自然来稿为主，苦苦筛选优秀稿件，到现在每年都有较稳定的转载和引用量；从 2016 年第一次做专题，到现在每年固定的 2~3 组精心准备的优质专题；从无到有的约稿工作也是一点点积累到有了些许小成绩。笔者负责法学栏目十年，也是非常艰辛的十年，每一项工作都是从无到有奋斗积累出来的。前 5 年是一个积累的过程，像摸黑单打独斗，非常茫然，也曾觉得心酸无助；后 5 年才谈得上有点选题策划、计划性的约稿，约到好稿才成为可能，当然，还有很多工作有待开展。最主要的工作困难还是集中于约稿方面，现在虽然核心作者群建设有了一点规模，但是未来依然需要负重前行。

看稿需要高度专注与安静，但是因为工作性质经常被打断，需要不断去适应工作节奏。而且逐渐陷入职业倦怠，压力越来越大，精力随着年龄增长却逐年下降。没有多少作者收到刊物后会好好阅读一下全文、看看编辑做了多少修改，感受一下编辑用了半年多甚至更多的时间如何细细打磨了整篇文章，有的稿子完全可以说是"旧貌换新颜"了。换句话说，也只有同行才能理解把握"政治关、思想关、学术关"需要花费多少精力、付出多少心血、承受多少压力。工作时间长了，难免产生疲劳、厌倦等多种情绪，克服这些负面情绪对编辑工作来说也是非常重要的。编辑工作是最不容易被看到的，作者收到样刊后一般也就觉得这只是编辑的本职工作，也不会觉得编辑做了什么。日复一日的疲劳、被无视，很容易消耗工作热情，同时也带来职业病困扰。关系稿的压力，特别是年轻编辑感到压力非常大。还有一些作者觉得微信使用起来方便，晚上还不停发荐稿信息。不少作者文章质量没有达标，却总是希望被特殊照顾，不胜其扰。凡此种种，长年累月对编辑的精神造成很大压力，需要拿很多精力来对抗这些负面因素，严重影响了工作精力和工作效率。

2.1 约稿工作逐渐陷入瓶颈

如果用较高的标准作为筛选要求，既有的作者群一方面需要维护，另一方面需要新的开拓，都不是容易的工作，较之工作初期的开发资源又平添新的难度。编辑一怕期待的稿子和作者约不到，当然这里面会有多种原因，作者有习惯的刊物或者思维之间的差异；二怕约到的稿子质量不满意，没有达到期待中的水准，或者没有达到其他审稿人的期待，最后造成了时间和心血的白费，还给双方带来一些负面的情绪。开拓了一定稿源后，维持高水准比较难(其实很多作者也有功利思想，有了基础之后肯定更愿意投向更高级别的刊物)，再开拓也是困难重重。配合选题策划选稿也比较难，基本受限于能约到的稿件，无法真正达到理想中的效果。

对于刚从事编辑工作的年轻人来说，开发优质稿源是最困难的；而对于已经工作一些年头的老编辑来说，保持约稿质量才是最令人头疼的事。除了抵制关系稿和人情稿，为了坚持稿件质量也是将新老作者尽数得罪。工作十年，从最初的"拼命寻找稿源"狂热状态中逐渐冷静下来，在刊物最终的呈现状态中，编辑能做的也是非常有限的，如何达到更好的效果，被更多人认可的杂志状态，还需要更长时间的思考和长期实践去摸索。在回顾总结以往刊文的过程中，更多的不是欣喜，而可能是失望、勉强或者尴尬。所以编辑永远在期待下一篇优质约稿来弥补自己内心的缺憾。

每本刊物都有自身的特点和风格，编辑当然难免在选稿过程中会不自觉地渗入自己的偏好和理想，但是办刊是一个复杂的系统工程，需要考虑多方面的因素，不是编辑一个人能决定的，需要在约稿的过程中根据质量、选题、论证深度、风格导向等多种因素筛选，最后呈现出刊物需要的作品，而不是根据某一个人的喜好来定。在这个过程中，既考验编辑的专业水准、筛选能力、编辑加工能力，也考验编辑的抗压能力、公心和职业水准。每一期呈现出来的状态不见得是编辑心中理想，也可能是良莠不齐。

2.1.1 编辑和作者对于"好文章"认知的差异

外界总是以为编辑工作很轻松，就是随便看看稿子；或者觉得编辑就是文字匠，没有多少技术含量，谁都可以做，不值一提。这就是"刻板印象"，通常大家都会对别的职业群体有或多或少的误解，但是每个人都很忙，可能没有时间去了解别人，或许也不太想去了解，这就是隔阂产生的外部原因。虽然视角会有一点差异，但是更重要的是，在评价体系等外部指标和生存"压迫"下，编辑与作者之间的沟通是不太畅通和有效的。有时沟通和正常交流还会被误解为"巴结编辑"，有些作者"为了避嫌"干脆不和编辑交流、刻意保持距离。有些老师习惯了指导学生，很难接受自己的文章被编辑评价，内心有抗拒或者不满情绪。有些老师长期处在某一个领域的研究中，认为自己的研究非常深入和正确，不能接受编辑的修改建议。编辑有时候为了省事或节约时间，也会减少和作者接触。这些因素都会导致编辑和作者之间的认知产生差距和隔阂。作者觉得文章写得很好，在编辑眼中可能不是那么回事；编辑觉得好文章"应该这样改"，可能作者觉得也不是那么回事。

很多困难作者难以理解，这不仅仅是学术讨论问题，所以有的稿子质量好但是不适合刊发，也会引发一系列刊物和作者之间的矛盾。刊物不是哪一个人意志的体现，是综合考虑多方面因素，也有自己固定的风格和惯例。因此不同刊物的存在形成了多种风格，有时候作者不太理解这一点，把退稿一味看成了对文章的否定。选取标准之间的矛盾，作者和编辑会有不同意见，编辑部之间也会有不同意见，这都很正常。所以办刊流程的严谨程度也决定了刊物的长期质量把控程度，虽然看上去耗费了更多时间，比如外审制度，但是从制度上防止了不稳定的因素影响刊物发展。

一般来说，好文章是能够获得广泛认可的，不以影响因子和转载指标为转移，也不以发表在哪些刊物上为转移，这就是学术共识。但是作者一般不容易看到自己文章的差距，所以对退稿抗拒情绪比较重，有时候修改建议也是如此。

2.1.2 追求目标之间的差异

刊物在全国期刊的竞争中，如何约到好稿？在外约稿，编辑在一定程度上代表了刊物，那刊物在全国期刊中的地位如何？是否有信心约到最好的稿件？在作者心中，刊物也是有排名的，也许这个排名并不和核心评价排名一致，那刊物是否得到作者的认可和尊重了？这里面，编辑和作者的观点也许不见得能够达成一致。

在约稿的大队伍中，编辑该如何作为？作者凭什么把最好的稿件交给你？这里就是筛选和信任关系，是相互的，并不是刊物单方面在挑选作者。作者可能理解得比较简单，觉得就是纯学术能力的比拼；而刊物要考虑质量、选题、热点、敏感度、对策、传播力、同行评价等多种因素，刊物需要追求自身的特色和在全国的影响力。其实在期刊界也是百花齐放的，不是非要发在某一本刊物上才算好文章，作者看待刊物和发文这件事需要更加理性。

编辑和作者都认为是一篇好的作品，共同付出心血和努力，互相认同和满意，这才是编辑想要看到的结果。

2.1.3 付出成本之间的差异

很多作者认为自己写得很辛苦，后面就不愿意再花费时间去修改，包括格式，认为是在浪费时间。而这种"不耐烦修改"恰恰在很大程度上会引起编辑的不悦，相较于作者的付出，编辑一点也不少。因为作者疏于核对、不断延后通知要修改各处，也给编辑带来很多麻烦，诸如不停修改知网信息、犹豫要不要重印、一稿多发引起的临时换稿等，给刊物也带来很多恶劣影响和不利因素。如恶意一稿多发的情况，会严重影响刊物的学术声誉。

学术刊物看上去只有薄薄一本，要提升质量需要付出无尽的心血，很多努力都是作者看不到的。"与专职科研人员以作品呈现自己成果不同的是，编辑工作的成果很难被看见[3]。"与付出相对应的不是应有的回报，而是长期的被忽视、待遇的低人一等。"希望我们的科学期刊编辑，不应该变成科技人员里地位比较低的一类，而是变成单独一类，有单独的职称系列、有国际竞争力的薪酬待遇，这样才能适应将来我们要在科技平台上起飞的态势[4]。"

除了薪酬低、付出不被认可，还需要长期与关系稿、人情稿对抗；工作久了，步入中年，编辑还要为平衡工作和家庭而烦恼，不断克服职业倦怠。编辑永远没有完整的安静时间看稿，打扰多(还要学会适应这种不断被打断依然能继续看稿的节奏)，全年无休，随时需要确认各种修改与对接工作。要顶住核心评价体系的压力、作者的抱怨、约稿中的种种困难，评职称时这些努力却不被认定为"成果"，其间滋味只有从事编辑的人才能体会。综上所述，从事约稿的时间越长，越体会到约稿的难度无异于啃石头。

2.2 约稿质量参差不齐

约稿中不仅是沟通问题，有时候并没有拜访成功，有时候沟通达不到理想的效果。缺乏充分的沟通与了解，拿到手的稿件质量有时候并不能令人满意，更别说惊喜了。

2.2.1 刊物在激烈竞争中趋于同质性，缺少鲜明特色

当然，学术刊物间的竞争越来越激烈、同质化严重，这也是一个问题，导致了很多约稿用在这个刊物也合适、那个刊物也无妨，很难说一篇文章是专门为了一本刊物"订制"。如高校学报与高校学报之间、综合性刊物与综合性刊物之间，除了专题、专栏，很难看出来实质性的区别，更别提实质性的创新。约稿也要遵守一些刊物的规定，少了灵活性，约稿的过程中编辑没有太多自主权，通常是四平八稳，对于约稿来说很难展开主观能动性，约到顶级稿件的可能性更是微乎其微。故而，编辑对约到手的稿件也不能提过多不切实际的要求。

2.2.2 约稿较难达到刊物的要求、符合刊物期望

达到编辑期望的约稿整体还是比较少的，这里面也有各种复杂的原因。有时运气好，碰到极优秀的年轻人或者极负责的老师，是为幸运，但这需要不停地去寻找。有时提出修改建议，作者也没有改到编辑想要的效果，不能让人满意。但是编辑仍要抱着理想化的期待去做约稿工作，如果没有目标的指引，更加难以保持工作积极性。

2.2.3 核心作者群的维护和继续开发难

有的作者第一次文章好，第二次约稿就不一定。作者也都很忙，没有太多时间跟编辑沟通，一般仅限于发表过程中的工作必要联系。编辑有时候工作忙起来，也没有及时维护作者群，沟通少了，逐渐约稿效果就差了；开发新的作者资源又需要大量时间精力，也保证不了效果。因此，核心作者群的维护和继续开发都很难，往往效果差强人意。

2.3 逐步提升约稿质量的困难和苦恼

如何扩大优质作者群？如何长期保证刊文质量？有的老作者不能保证文章质量的稳定性，有的作者成名成家以后就不愿意再奉献优质稿件，有的作者觉得学生发文难、就喜欢署名带硕士，等等，会有很多意想不到的困难。很多好不容易建立起来的优质作者资源就这样慢慢流失了，但是编辑工作必须坚持文章质量为第一原则。约稿不容易，维护核心作者群更不容易[5]。

2.3.1 优质文章持续难

其一，大咖文章带博士。有的老师总是喜欢带硕士，认为刊物应该帮忙培养学生；或者挂名博士文章(文章是博士写的)，不尊重知识产权；或者带博士(博士并没有参与写作)，希望解决学生毕业问题，这些都需要编辑反复去拒绝、解释，还常常被认为是不近人情。

其二，青年学者文章质量不稳定。也许迫于发文压力或者盲目跟风热点、希望快出成果，自然来稿中有创新的文章不算太多，从中挖掘的效果也不太理想。

3 持续提升约稿质量的途径

持续提升约稿质量，不是说为了迎合核心评价体系而去围绕"评价指标"办刊，也不是只围着学术大咖转，每本刊物都有自身的特色和办刊宗旨，有自身的定位与思考，要客观地依靠刊文质量、热点文章、充分提升博士稿件质量等多种方式来提升稿件质量，理性看待外在的评价标准。如专题专栏，并不是只为了约来大咖文章了事，虽然不见得能保证每篇文章都是精品，但是至少要努力提升文章质量与专题效果，通过长期的努力，相信作者和读者都看得到编辑的付出与真诚。

多读书，多交流，多学科的知识都要学习，提升自身的格局，这样做并不仅仅是为了工作，也是提升自身的工作素养。坚持原则，抵制关系稿和不正之风，勇于承担工作压力，以饱满的热情投入工作。与不同刊物多交流，多参加学术会议，向学者和年轻人多学习。提升

自己，才不会被作者的抱怨带偏。当编辑多年，电话里听到太多吐槽和丧气的话，也见到太多抱怨生活不公平的年轻人，不论在哪个职业都会有工作压力，自己提升能力、胜任工作，才是最重要的。对于作者来说，发表一篇核心不是终点；同样，对于编辑来说，约到一篇好稿也不是终点。一切都是需要不断奋斗、不断去开拓，才可能取得新的成绩。人生在世，奋斗不息。此外，还需要编辑部提供外在的、制度化的支持，给予必要的奖励制度，激发编辑的工作积极性和荣誉感。"如果编校任务过重、事务过多，由此带来的便是高强度的工作负荷，导致一些编辑以完成甚至是以减量降质的方式来完成所谓的任务为主要目标，这无疑不利于提高编校质量，也难以达到在工作中学习、共学共进的目的[6]。"

3.1 通过长期交流建立与作者之间的信任

笔者认为，比较关键的一点是建立和维护作者与编辑(刊物)之间的信任，这其中一方面包括作者的学术水准、学术原则、严谨程度，另一方面包括编辑的工作态度、工作原则、工作水准。面对整个学术圈和期刊界的竞争压力，也有每个人坚守学术风气的努力因素，如果每个人都坚持为了风清气正而奋斗，相信学术界会更加繁荣。"理想状态是，作者和编辑之间相互信任、密切合作。相互信任才能密切合作，才能降低沟通交流的成本，共同繁荣学术[3]。"当然，建立这样的信任关系不是那么容易，也不是编辑单方面就可以完成的。"目前的学术大环境中，学术期刊是非常稀缺的资源，期刊资源在学科、地域、作者群体等方面的分布并不均衡，期刊选稿标准很难做到清晰明确具体，即使我们常说的学术标准，也有极强的主观性。如此，作者对期刊及期刊编辑存在不信任的现象，也就很好理解。而在相互竞争期刊资源的过程中，少数编辑未能坚持期刊定下的选稿标准，少数作者设法找门路、拉关系，这也使得作者和编辑间的关系复杂化，彼此间的普遍性信任很难建立[3]。"作者与刊物之间的良性沟通、产生互相信任，才是长久之道；不是文章发表结束就从此是路人的冷漠关系，更不应该是敌视或隔绝的关系，而是通过不断的沟通、付出，互相成就、共同成长。作者因文章写得好、学术严谨得到编辑的青睐，编辑后续策划专题时会优先考虑值得信任的作者；编辑认真负责的工作态度、坚持原则也会得到作者的认可，作者更愿意将精心写作的优质文章投来，这才是正能量的循环。

理想的稿子不见得能约来，出刊的文章也不见得令人满意，反复修改的稿子也不见得尽人意，就是约稿被拒也不气馁，同时不勉强作者，编辑和作者之间应是互相尊重的愉快合作。因为编辑并不是坐在那里甄别、筛选稿件就完事，而要常年付出艰辛的努力，对稿件持续进行组织加工。刊物与作者之间是一个漫长的相互认可、接受、产生信任的过程，不是打个招呼就完成的过程。有的作者和编辑从未谋面，仍然能进行高质量的交流，出色地完成约稿组稿。

因此，这种信任是日积月累出来的，不是片面静态的，也无法一蹴而就。作者和编辑接触的过程中也会观察刊物和风格和编辑的职业水准，有了初步的认可，接下来才有可能交出一篇尽心尽力完成的作品给编辑，而不是敷衍之作；在更进一步的接触中，信任加深，才有可能用呕心沥血的作品呈现给刊物，所以为什么有的文章不仅水准高，形式也无懈可击，令人赏心悦目。当然，有的作者是本身就对学术有高度敬畏感和责任感，他投给每一本杂志都会用较高质量水准的文章，也会拿出很长时间进行修改，包括格式。但是对于大多数作者来说，难免还是会将精心写作的文章投向目标期刊，其他期刊的文章或者约稿"不得不"使用较少精力付出的文章。所以，作者和编辑之间的信任不是那么容易建立的，更需要精心的维护。

3.2 通过定期的学术会议与作者保持联系，了解他们的最新学术进展

从学术会议中选稿是既能保证公平公正，又能保证效率的一种选稿方式。根据刊物和栏目情况，确定第二年的策划主题，针对性地参会或者组织会议讨论。这样还可以避免约稿后看到成品时的失望与落差。

这里面还有一个选择和筛选的过程。全国的学者和稿件太多，热点成果也非常多，重点在于选择和组织有质量的专题，目的不是靠大咖撑场面或者盲目追逐热点，而是真正呈现出优秀的文章质量和刊物特色。

优质作者跟踪他的学术发展，慢慢会积累更多的优质作者，可以为专题提供更多的思路，也可以开拓更多合适的作者担任栏目主持人，使专题更聚焦、更发挥作者的研究特长、更加保证专题的质量和特色，栏目才能做得更加得心应手。

还有很重要的一点，笔者认为，除了文章质量，作者的人品和对待写作的严谨程度也应该是被考量的重要方面。也就是说，文章质量好固然是很珍贵的，但是人品和学风同样珍贵，不能以博士毕业难、课题结项难、评职称难，拿外在的各种借口(希望自己快速发文)来给刊物和编辑施压。如果人品不能保证，如故意一稿多发、抄袭等行为，或者是通过不正当方式发文，那么即使文章质量好，也触犯了刊物的原则。文风正，是对学术界和期刊界的尊重，也是严肃的需要，只有人人维护、坚守底线，学术期刊才有明朗的蓝天。

3.3 根据不同专题的需要，追踪不同的作者群

编辑刚从事工作时，约稿还处于开拓阶段，以筛选优质作者开头，还处于摸索阶段；慢慢形成聚拢效应，有的优质作者还会主动投稿；现在逐渐形成小型网络，可以深入策划、保证专题的高质量与理想的效果，形成作者网效应。编辑永远没办法深入了解所有的学者和学术资源，要学会与优秀作者合作、抓住优质作者资源并维持联系。

表 1 《云南社会科学》部分栏目载文为约稿的比例统计

年份	栏目	刊发篇数	当年栏目载文数量	占比/%	栏目	刊发篇数	当年栏目载文数量	占比/%
2015 年	法学	2	17	11.8	政治学			
2016 年		7	20	35				
2017 年		4	10	40		8	20	40
2018 年		3	13	23		3	19	15.8
2019 年		5	14	36		7	17	41.2
2020 年		5	14	36		4	19	21
2021 年		9	16	56		9	17	53

注：表格自制，为不完全统计，仅供本文使用。

其一，长期优质选题的总结与筛选，再提升。如法学栏目从"民法典编纂"到"民法典解释"的坚持，并没有为了迎合热点就早早发文，而是经过认真的准备和筛选，前后做了 5 个专题，专题质量和影响力不断提升，可见 7 年多的努力和坚持没有白费。像这样的专题应该加强总结和筛选，形成栏目的优质专题，促进栏目的长期发展。

其二，跨领域专题的开发与尝试。如笔者有计划就"提升国际话语权"组织一组分别从政治

学、法学、社会学、传播学等角度加以讨论的专题，有待刊物的合适时机再具体推进。综合刊物也不是完全没有特色，也能在有限的范围内做一些突破和工作，这些新的交流方式、跨领域文章的探索，也是为以后栏目转型、开辟跨领域专题做准备。

其三，抓住重点作者群，用优质稿件产生聚集效应，以吸引更多的优质作者，把栏目做出口碑。作者群在变动，不能互相勉强，如有的作者成长为副教授、教授后就不愿再给稿件，愿意追求更高层次的刊物，这也是人之常情；有的作者第一次稿件质量很高，第二次未必，或者与刊物的期望不符，与刊物的风格不符。所以工作永远是在动态之中，不是说有一个核心作者群就万事大吉、高枕无忧了，约稿工作永远要持续下去。需要编辑不断总结约稿经验，开拓新的方式方法，克服不同的困难与障碍，才能不断有新的收获与提升。

3.4 系统推进扶持优秀年轻作者群的工作

如何保持工作热情？多向年轻人学习，时代在进步，旧的工作经验和想法不见得永远有用。不断开拓新作者和新的工作方式方法。"学术期刊应从长远发展考虑，关注关心关爱优秀青年学者的成长，重点挖掘和培养处于成长期的富有创新潜力的青年人才，这是编辑工作的一项重中之重的工作，应对该部分作者群予以关注和研究[7]。"

自然来稿筛选也是方式之一，能够精选出优质博士稿件，作为储备培养对象。通过长期的接触和沟通，对博士的研究水平和治学态度能有更多的了解，而且博士也有很多渐渐成长为教授或者知名学者，因此这种方式也能成为较稳妥的约稿方式。

如参加博士论坛，通过细读筛选出优秀的博士作为储备作者资源，同时参加这些论述也了解年轻学者对热点的把握度和敏感度，对编辑自身也是一种学习。受新冠疫情的影响，很多学术会议大幅度缩减，在一定程度上影响了作者与刊物之间的交流。在这种情况下，编辑要适应形势要求，积极适应新的方式方法，如参加线上会议、主动组织线上交流，使工作交流和学习不停顿。

3.5 总结工作经验，开拓对工作有意义的方面

克服职业倦怠，很多时候不是靠休假、增加睡眠就可以简单解决，而是要从根本上提升工作热情、明确工作目标，有坚定的信念，才会主动去工作，发挥积极性去把工作做好。这才是最重要的一点。既然选择了编辑工作，就要对工作压力做好心理准备，明白工作不是为了应付任务，而是严守职业道德，恪守职业底线，坚持原则把工作做好，做到问心无愧。因为不论在哪个行业哪个工作岗位上，都会产生职业倦怠，这时候想想最初的选择和热情，不能因为生活的枯燥和工作的压力就放弃初心，只有在职业生涯中奋斗不息，才能实现自己的人生价值。皆因为困难的存在，成功才更有意义。坚守住这一点，不论过了多少年，依然能坚持住做人的原则，用这种原则指导工作，才不会被琐碎的工作磨灭热情。顶住压力，尽最大努力拒绝关系稿、人情稿，还刊物一个清清白白的空间。选择那些为人正直的作者，也是为正直学风建设尽一份力量，为坚守正直的学风出力，也是对正直的人应予的奖赏。不受任何因素影响，堂堂正正按照文章质量去选稿，这就是一个编辑应该做的事情。此外，也需要制度的约束。"编辑工作者之境界的高下，仍然是个道德层面的问题，是个道德自律的问题。我们不能奢求人人都达至'事业的境界'，因此，就需要借助于制度力量的外在约束，以把我们的编辑工作境界尽量保持在较高的层面[1]。"

要保持约稿质量、做好选题策划、维护核心作者群，还要以能实际做到的地步为基础，脚踏实地，不是漫无边际、空中楼阁。尤其是综合性刊物，编辑本身很难在各个学科方向上

都精通，栏目也很难将每个学科方向都兼顾、势必有一些重点和倾向，理想和现实都是有差距的，所以要踏踏实实做好每一项工作，不断总结工作效果。

3.5.1 加强对十年工作不足的总结，制订新的工作计划和开拓计划

人到中年，工作不能再仅凭一腔热血，要讲工作方法，要看工作效果，学会调节情绪，调整工作方法。工作了五年十年，就要停下来总结自己的工作成效，有哪些可行经验、有哪些教训要吸取，接下来要如何制定工作目标、做好选题策划，如何把好的工作计划落实到位、把更优质的文章汇集到栏目上。在工作中去追寻新的目标、开拓新的工作方式方法，在克服困难的过程中寻找新的激情，把每一天工作都当成是新的开始，而不是机械地重复。每一期刊物都是新的，每一个"下一期"都是新的开始、要寻求新的突破。不懈奋斗，在工作中去追求自我提升，就像在风浪中去主动迎接挑战。

我刊并没有因为影响因子因素，就去多发综述文章，就是考虑到综述文章很难写出深度，不应仅仅是时间和成果的罗列和梳理，而是要按照有意义的方式去梳理，并得出有思考的总结，否则简单梳理的文献综述意义不是太大。今后要在这方面加强工作。加强对栏目的反思和总结，不应只是盲目追逐热点，对于不够优秀的文章要勇于拒绝。

约稿方式从最初的盲目撒网式，逐步到总结和反思约稿效果，有针对性有计划地去约稿，根据时间和选题计划，向不同的作者或者机构制订约稿计划，分期分步骤跟进，严把质量关，做好解释工作，以保证专题的质量和影响。"尽管综合性人文社科学术期刊之间仿佛特色和个性并不鲜明，但作为一种类型的学术刊物，在研究尺度和学术风格上，与专业性社科学术期刊的区分度还是十分明显的。综合性人文社科学术期刊特色化发展的大方向，不应该是综合性期刊之间的差异化，而应该是具有较高品质的综合性期刊集群或者说综合性头部期刊，自身构成一种特殊的气质类型，以同这种期刊气质类型相匹配的学术风格与学术旨趣来引领和服务于学界，理解和参与时代的发展[8]。"

3.5.2 开拓对刊物和栏目长期发展很有意义的选题和文章

加强译文、评论等虽较冷门但是对刊物非常有意义的工作建设，法学方面如法制史等冷门学科，其实对法学发展非常重要。如评注，《法学家》刊物从2016年第3期就开始做专题，连续多年刊发评注文章；经该专题汇聚了16篇评注，2019年朱庆育主编、北京大学出版社出版的《合同法评注选》算是评注方面国内较早的成果与探索，也对评注发展起到了有益的推动作用。我刊计划在2023年初也尝试推出民法典诉讼评注的专题，希望推动评注的发展。

虽然这些文章短期内可能对影响因子"缺少助益"，但是通过这些努力可以展现刊物和栏目自身的思考，实现对学科的助益。

4 结束语

总的来说，编辑要忍受痛苦，学会耐心接受工作性质，不断磨炼自己的意志。都说做学问要坐得住冷板凳，其实，当一个好编辑何尝不是如此，如果编辑也天天忙于评职称、找课题、钻热点，就没有多少心思和时间放在本职工作上；而事实上，学术刊物编辑需要全职全身心地投入到工作中，而且这种付出和努力永无止境，还要耐得住寂寞，顶得住各种压力和不解。"编辑工作的基调是平淡的，虽然编完一期稿件时，也有瞬间些许的轻松愉快，但远不如经过了艰辛研究、熬夜敲完最后一个标点时，那般兴奋和精彩。编辑需要某种程度的'不求上进''不思进取'，需要一种沉静的心理态度，有太多学术野心的话，不容易做好编辑工作。

不断追求上进无疑可使我们进步，但泛滥的不甘心也正是我们痛苦或走错路的根源。甘心做好分内事情，甘心做一个平凡的普通的人，把平淡的日子过得心安理得，这或许是编辑要具备的基础素养之一[3]。"学会克服生活困难，尤其是女性编辑，要平衡家庭和生活是很困难的，要付出更多的体力和精力。学会克服职业病的困扰，加强身体锻炼，以饱满的状态迎接工作。工作之余，要培养一定的兴趣爱好，以这种方式放松。阅读不同学科的书籍，从书籍中获得力量，也增加看问题的角度，使自己豁然开朗。

编辑要做对得起良心、对得起时代、对得起学术界、对得起历史的学术刊物，这非常难，但是我们仍然要坚持奋斗。这是一辈子的课题和坚持。

参 考 文 献

[1] 刘京希.当前影响学术期刊质量提升的因素及其消除[J].陕西师范大学学报(哲学社会科学版),2010(5):77-79.

[2] 朱正平.编辑对学术期刊的影响及质量提升作用[J].渭南师范学院学报,2015(17):81.

[3] 谢海定.把平淡的日子过得心安理得[M]//崔建民.作嫁衣者说:中国社科院学术期刊编辑心声.北京:社会科学文献出版社,2022.

[4] 杨卫:打造一流期刊平台,中国还需迈过几道坎[EB/OL].光明网(2020-09-11)[2022-07-15].https://m.gmw.cn/2020-09/11/content_1301550774.htm?source=sohu.

[5] 陈慧妮.学术刊物核心作者群的建立与维护:以《云南社会科学》近年部分载文为例[M]//学报编辑论丛2021.上海:上海大学出版社,2021:529-535.

[6] 王政武,唐玉萍.编辑主体性与学术期刊质量提升的五重维度[J].渭南师范学院学报,2018(8):83.

[7] 王宝珍.学术期刊编辑约稿的路径选择[J].传播力研究,2020(6):85.

[8] 姜佑福.探索综合性人文社科学术期刊高质量发展之路[EB/OL].中国社会科学网-中国社会科学报(2021-11-30)[2022-07-15].http://www.cssn.cn/zx/202111/t20211130_5378018.shtml.

文献计量法在《空气动力学学报》选题中的应用探索

徐 燕[1]，段玉婷[2]，高金梅[3]，黄怡璇[2]，魏向南[3]，李 清[2]

(1.《空气动力学学报》编辑部，四川 绵阳 621000；2.中国空气动力研究与发展中心科技信息中心，四川 绵阳 621000；3.《空气动力学进展》编辑部，四川 绵阳 621000)

摘要：为了更好地提高《空气动力学学报》专栏/专题策划的针对性、前沿性，增强编辑策划专题的手段，建立了基于文献计量方法与专家决策相结合的专题策划方法。在实践中，利用 CiteSpace 软件对 Scopus 收录的2010—2020年的空气动力学相关论文数据进行了定量分析，并结合专家研判，发现机器学习正在空气动力学科研究中凸显，成为目前气动研究的一大热点；同时，该热点在《空气动力学学报》2018、2019年刊载的专栏影响力分析中得到了印证，表明当策划的专题与学科发展趋势耦合时，能够较好地提高科技期刊的影响力，增强科技期刊的引领性。最后，本文也尝试利用 ESI 工具进行了新的专题策划研究。通过以上研究和尝试，发现结合文献计量方法和专家决策的专题策划，可以较好地利用两种方法各自的优势，同时还可以提升编辑对专业方向热点的预判和敏锐性，增强编辑专题策划的参与度。

关键词：文献计量法；知识图谱；科技期刊；选题；空气动力学

科技期刊作为学术理论研究、探讨的先驱，担负着学科发展导向的重任。为了更好地发挥科技期刊的学术引领作用，需要期刊人瞄准科技发展趋势、关注国家发展急需、立足中国创新实践进行选题策划。做好选题策划，抢占学术前沿阵地，吸引最优质的科研成果发表在自己的期刊上，对科技期刊编辑来说具有重大意义[1]。李媛[2]系统分析了 CSSCI 期刊中排名前十的综合性学报近 3 年来选题策划的论文，发现选题策划对影响因子确有显著贡献。《清华大学学报自然科学版(英文版)》策划的 40 多期专题时效性强、反映的内容集中，出版后迅速得到国内外同行的广泛关注，该刊的学术水平和国际影响力不断提高[3]。《摩擦(英文)》自 2013 年创刊以来，连续 5 年策划 5 期专题，对期刊的快速发展起到了巨大的推动作用[4]。

反映中国空气动力学科发展的重要科技期刊《空气动力学学报》，依托国家科技部重点研发计划、国家自然科学基金等项目，结合专业领域的重大会议，依靠编委专家，已经策划组织出版了不少专题，对我国航空航天事业的发展起到了一定的促进作用。随着学科发展逐渐深入，论文涉及领域越来越广，反映在期刊组稿选题上颇费思量，特别是如何发现与气动相关的交叉学科研究热点，是值得探索的工作。因此，本文以文献计量法为工具，基于 Scopus 数据库、ESI 数据库，遴选出该学科领域具有前沿性、科学性、时效性的研究热点，将分析所得结果作为期刊后期选题策划的参考，结合专家决策，最终做好专题策划，促进期刊的高质量发展。

1 建立文献计量方法与专家决策相结合的专题策划方法

传统的选题策划主要有编辑判断法、专家咨询法、问卷调查法、经验交流法和社会热点判定法，围绕重大科研成果、学科热点难点、品牌学术会议等，依托编委、专家、学会等开展策划工作[5-6]。传统方法是目前期刊进行专题策划的主要手段，易操作，成功率高，已得到期刊界和专业学术界的认可。但是这些方法主观性较强，很大程度上依赖编辑的见识和水平，大部分专家对专题的策划也仅限于自己的研究方向，尤其是学科交叉越来越多，新兴领域异军突起，研究热点更加分散，无形中增加了选题策划的难度[7]。

文献计量法因其可以借助文献的各种特征数量，采用数学与统计学方法来描述、评价和预测科学技术的现状与发展趋势，开始逐渐被应用于期刊的选题策划中来。如王秀芝和何婧等[8-9]对检索的文献利用工具进行了分析，用以指导选题策划。肖时花、张敏、胡靖宇等[10-12]均强调了数据库分析在选题策划中的重要性。王继红等[6]利用 InCites 数据库，以中国矿业大学深部岩土力学与地下工程国家重点实验室为对象进行分析，提出选题策划的新路径。文献计量法能够帮助编辑提高选题策划的科学性、时效性、前沿性，有助于编辑挖掘行业热点和专家资源，提高工作效率。但是该方法非常依赖于对学科特征的认识、数据源的选取、计量工具的掌握等等，出来的结果可能会有偏差，需要反复迭代或验证。

基于以上传统主观方法与定量分析方法的优缺点，我们建立了文献计量法与专家决策相结合的专题策划方法，其流程图如图1所示。

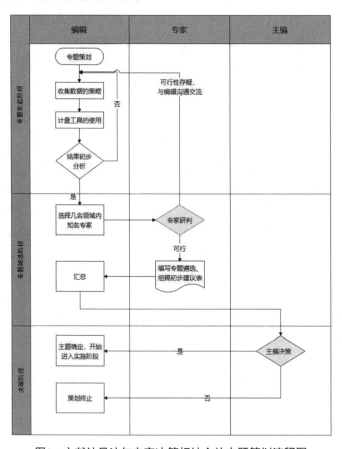

图1 文献计量法与专家决策相结合的专题策划流程图

编辑在专题发起阶段，可以首先利用计量法、数据库资源对该学科或某个领域主题方向进行多方位的了解，如作者群、发文量或引用情况等，基于定量分析，发掘出目前学科或某个方向的热点是什么，然后通过专家咨询，利用专家的学术特长和判断力，帮助编辑部甄选适合的选题。这样就能在选题初期，由编辑主动发起、预先调研，并能在整个策划过程参与专家讨论。在选题遴选阶段，定量结果为专家决策提供支持，由专家把关，选择更有影响力的主题开展约稿。

在实践中，以上流程可能需要在编辑与专家之间多次反复，定量的结果可能会让专家眼前一亮，也可能会让专家提出改进的建议。总之，在整个策划流程中，编辑一直处于研究状态，会不断思考数据背后的原因，不断提升编辑在专业方面的认识。结合这个方法，我们在《空气动力学学报》的专题策划中进行了以下尝试。

2 实例1：空气动力学学科前沿热点的专题策划

《2018研究前沿》一书中，基于科睿唯安的 Essential Science Indicators (ESI)数据库遴选出自然科学和社会科学中10个大学科领域排名最前的100个热点前沿和38个新兴前沿。在文献计量指标的基础上，同时充分依靠专家的综合研判，对2018年全球科技发展布局和竞争结构提出分析和解释[13]。

受此启发，空气动力学是力学的一个分支，作为一个基础、共性的技术学科，也可以运用《2018研究前沿》一书中的文献计量法，单独对该学科进行更细致、有效的梳理，利用国内外期刊数据库，通过论文引用分析和数据挖掘等手段，提炼空气动力学领域的基础前沿问题、热点方向，为期刊选题提供依据。在情报研究科研课题的支持下，我们利用 CiteSpace 工具开展了研究。

2.1 利用 CiteSpace 工具探寻空气动力学科热点

Scopus 数据库是 Elsevier 公司于2004推出的数据库，是目前全球规模最大的摘要和引文数据库。该数据库收录学科全面，涵盖四大门类27个学科领域。我们基于空气动力学研究涉及的研究领域构建了检索式，经过多次迭代和整理，得到了与空气动力学研究相关的近9万多条文献信息，数据采集时间为2021年3月，时间跨度限定为2010—2020年。

本文采用 CiteSpace5.6R5 分析工具，以该数据集为研究对象，得到空气动力学研究领域的关键词聚类图谱(图2)。可以看到，这些关键词在图谱中形成了33个轮廓清晰的簇，我们将这些聚类主题归纳后，送给4名空气动力学领域的专家进行判读，得到的共识是：不稳定性(Instability)、热传导(Heat transfer)、超声速流动(Supersonic flow)、冲压发动机(Scramjet)、湍流(Turbulence)、流动控制(Flow control)等是空气动力学领域的热点研究问题，符合专家对该领域的认知，说明了该定量分析有一定的可靠性。同时也特别指出"深度学习(Deep learning)"这个簇是新的研究热点，值得关注。

通过进一步追踪高被引论文，专家们一致认为：很明显，最近几年研究者开始着眼于神经网络、数据驱动、深度学习等机器学习的研究，显示出机器学习能力正在以令人难以置信的速度发展，流体力学(包括空气动力学)开始充分挖掘这些强大方法的潜力[14-15]。因此，《空气动力学学报》有必要开展"智能空气动力学"这方面的专题策划。

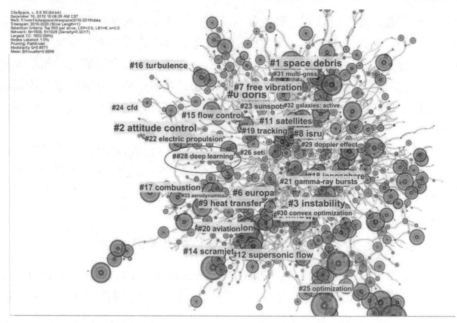

图2 空气动力学研究领域的关键词聚类图谱

2.2 热点专栏的影响力分析

在"智能空气动力学研究探索"专栏出版后,我们对同时期的几个专栏的效果进行了比较。表1是最近几年《空气动力学学报》上的专栏刊出影响力的统计比较。如何衡量专栏刊出影响力并没有统一定论。众所周知,论文是科研工作产出的重要体现,对科技论文的评价方式主要基于同行评议的定性评价、基于科学计量学指标的定量评价及两者相结合的评价方式[16]。其中,被引情况是重要的参考指标,因此我们针对专栏论文被引情况进行了统计。本文基于CNKI数据库,以2018—2019年出版的专栏论文作为样本分析。数据统计时间为2022年8月26日,统计结果见表1。

表1 《空气动力学学报》2018—2019年专栏论文引用情况(CNKI)

专栏名称	发表时间	篇数	总被引频数	单篇平均被引频次
智能空气动力学研究探索	2019年6月	9	115	12.8
流动稳定性与转捩	2018年4月	11	106	9.6
仿生空气动力学	2018年2月	10	92	9.2
气动声学	2018年6月	10	84	8.4
气动弹性和流固耦合	2018年12月	10	50	5.0
CFD验证与确认	2019年4月	10	47	4.7
返回舱再入跨流域空气动力学	2018年10月	9	32	3.6
声爆研究	2019年8月	8	28	3.5

从表1可以看出,不同专栏影响力有较大差别,其中"智能空气动力学研究探索"专栏总被引频次和单篇平均被引频次都最高,反映了空气动力学作为流体力学的分支,也具有与计算机学科中人工智能融合发展的趋势。可见,当热点的判断符合学科发展趋势时,该专题策划会给期刊带来较好的刊出效应。

3 实例2:CFD研究领域热点的专题策划

前期我们利用 CiteSpace 工具进行了空气动力学这个学科的热点研究,从检索策略的尝试和确定、数据的收集和整理、工具的熟悉和使用,以及到最后结果的分析和遴选,花费了不少时间,可以说对于编辑增加了很大的工作量。众所周知,随着期刊出版工作的现代化、数字化,编辑部工作节奏加快、压力增大、花样增多,编辑身兼数职,有时候需要用便捷的方法去发掘热点。同时,除了从相关学科的角度,也需要从更具体、更细微的研究方向入手,因此针对不同的问题,需要用不同的计量方法和手段高效地达到目的。

这就需要编辑充分利用大数据、掌握便捷成熟的研究工具。ESI(基本科学指标 Essential Science Indicators SM)是一个基于 Web of Science™ 数据库的深度分析型研究工具,它与 InCites 数据库和 Web of Science 核心合集的数据相互连接,可以识别和提炼最有影响力的高被引研究论文,有助于探寻研究领域内的突破性成果。这个工具使用起来就相对非常简单,只需要我们选择我们感兴趣的领域、区域、机构等,系统就会自动检索出相应条件下的热点文章或高被引论文。我们通过这些信息可以研究世界范围内、顶级期刊上,或者重要机构的高被引论文主要集中在什么研究方向,从而帮助我们编辑在选题策划时具有一定的前瞻性和预见性。因此我们尝试了利用 ESI 这个成熟的定量分析工具对我刊刊载领域之一的计算流体力学(Computational Fluid Dynamics, CFD)研究方向的热点进行了研究。

3.1 利用 ESI 工具探寻 CFD 领域的高被引论文

通过 ESI 数据库查找 CFD 领域这一具体方向的高被引论文,具体信息见表 2。数据统计时间为 2021 年 12 月 3 日。

从表 2 可以看到,在这 10 篇有关 CFD 研究领域的高被引论文中,关于深度学习的相关文章就有 4 篇,印证了人工智能目前是热点研究方向,且应用于各个学科;引用最高的文章为采用 CFD 方法研究城市环境与气候的关系。我们对此进行了较为深入的分析。通过对 CFD 应用领域的追踪,发现 CFD 在数值天气预报、城市风环境模拟的应用由来已久,早于其在航空航天领域的应用。城市微气候 CFD 数值模拟是一门工程应用学科,它基于城市气候学原理,融合了流体力学计算方法求解城市微气候问题[17]。这启发编辑们去思考:都是 CFD 方法,那么大气领域的 CFD 与航空航天领域的 CFD 有什么不同?

3.2 分析结果为专家决策提供选题思路

带着疑问,我们与流体力学界和大气领域的专家们进行了探讨,并得到了解答:最主要的不同在于模拟研究的尺度不同,这是由研究对象的基本物理特征差异决定的。虽然他们在计算方法和软件上形成了各自的特色,但是采用的基本方法和原理是相同的,如 RNAS、LES 模型等。由于全球气候成为世界各国共同关心的问题,天气预测、建筑城市领域研究正如火如荼,2021 年的诺贝尔物理奖就是奖励给为在温室效应全球变暖的预测工作做出突出贡献的 Manabe 教授。因此相关专家认为,这方面的研究内容涉及城市气候学、计算流体力学等多学科的交叉,是近年来为了应对全球气候变化而出现的一个热点研究领域。经过征询与交流,两个领域的专家帮助编辑部确定了一个"面向大气领域的 CFD 工程应用问题"专题。经主编决策,目前该专栏由编辑部发起,在专家的指导下开展,主要刊载城市风环境/热环境、复杂地形的边界层风场、CFD 在大气环境中的应用、中尺度模式与 CFD 的耦合等方面的研究成果,通过领域交叉提升《空气动力学学报》的受众面和影响力。

表2 ESI有关CFD研究方向的10篇高被引论文

Article Name	Source	Research Field	Times Cited	Publication Date
Numerical simulation of the effects of building dimensional variation on wind pressure distribution 建筑物尺寸变化对风压分布影响的数值模拟	Engineering Applications of Computational Fluid Mechanics 11 (1): 293-309 2017	Engineering	130	2017
Experimental and numerical analysis of a nanofluidic thermosyphon heat exchanger 纳米流体热虹吸换热器的实验和数值分析	Engineering Applications of Computational Fluid Mechanics 13 (1): 40-47 JAN 1 2019	Engineering	130	2019
Computational intelligence approach for modeling hydrogen production: a review 制氢建模的智能计算方法综述	Engineering Applications of Computational Fluid Mechanics 12 (1): 438-458 MAR 28 2018	Engineering	123	2018
Experimental and computational fluid dynamics-based numerical simulation of using natural gas in a dual-fueled diesel engine 使用天然气的双燃料柴油机数值模拟与试验	Engineering Applications of Computational Fluid Mechanics 12 (1): 517-534 JUN 18 2018	Engineering	107	2018
A survey of deep learning techniques: application in wind and solar energy resources 深度学习技术综述：在风能和太阳能资源中的应用	IEEE ACCESS 7: 164650-164666 2019	Engineering	76	2019
Numerical simulation of nanofluid flow inside a root canal 根管内纳米流体流动的数值模拟	Engineering Applications of Computational Fluid Mechanics 13 (1): 254-264 JAN 1 2019	Engineering	72	2019
Prediction of multi-inputs bubble column reactor using a novel hybrid model of computational fluid dynamics and machine learning 基于计算流体力学和机器学习混合模型的多输入鼓泡塔反应器预测	Engineering Applications of Computational Fluid Mechanics 13 (1): 482-492 JAN 1 2019	Engineering	61	2019
Thin and sharp edges bodies-fluid interaction simulation using cut-cell immersed boundary method 基于切割单元浸没边界法数值模拟薄尖边缘体-流体的相互作用	Engineering Applications of Computational Fluid Mechanics 13 (1): 860-877 JAN 1 2019	Engineering	58	2019

续表 2

Article Name	Source	Research Field	Times Cited	Publication Date
A numerical and experimental study on the energy efficiency of a regenerative heat and mass exchanger utilizing the counter-flow Maisotsenko cycle 采用逆流 Maisotsenko 循环的再生热质交换器能量效率的数值和实验研究	Engineering Applications of Computational Fluid Mechanics 14 (1): 1-12 JAN 1 2020	Engineering	36	2020
Deep learning-based appearance features extraction for automated carp species identification 基于深度学习的外观特征提取用于自动识别鲤鱼物种	Aquacultural Engineering 89: - MAY 2020	Plant & Animal Science	33	2020

4 结束语

为了践行习近平总书记提出的"四个面向"(面向世界科技前沿、面向经济主战场、面向国家重大需求、面向人民生命健康)的要求，期刊发展必须具备一定的社会责任担当，围绕科研中心，着眼发挥期刊学术引领和知识承载的双重功能作用。

如何发挥期刊的学术引领作用，需要期刊人不断思索，如科学研究一样，需要不断吸收新的知识，融合新的手段。本文研究认为科学文献数据作为学者构建的学科知识集合，通过文献计量工具，利用成簇的高被引论文频繁共同被引用的情况，是可以发现学科热点并应用于期刊专栏选题中，与专家决策相结合，能够提高科技期刊的引领性。同时，编辑通过对大数据的利用和研究，能够增加捕捉专业知识热点的敏锐性，提供更加客观、高效的选题依据。

值得注意的是，由于文献数据一般是在科研工作取得一定成果后的总结，引用也需要一定时间周期，因此，定量统计结果的反映必然相对于学科发展有一定的滞后性。尤其对于空气动力学这样的主要应用于航空航天领域的学科，与国家安全和飞行武器装备发展相关，有些关键前沿技术可能出于保密原因甚少公开，或是因为从事研究的人员较少，淹没在大数据中未能识别，因此基于文献计量的选题方法必然也有它的局限性，还需要结合专家决策才能更好地进行专题策划。

参 考 文 献

[1] 赵霞,池营营,武晓芳,等.基于 CiteSpace 的科技期刊选题策划工作模式构建与探索[J].中国科技期刊研究,2020,31(4):419-424.

[2] 李媛.选题策划对综合性人文社科学报的作用:基于 CSSCI 期刊中排名前十的学报数据(2014—2016)[J].河南大学学报(社会科学版),2018,58(4):149-156.

[3] 陈禾.英文科技期刊专题策划实践探索:以《清华大学学报自然科学版(英文版)》为例[J].科技与出版,2018(10):47-52.

[4] 徐军,陈禾,张敏.提升科技期刊国际影响力的策略与实践:以 Friction 为例[J].中国科技期刊研究,2018,29(8):853-859.

[5] 代艳玲,朱拴成.提升期刊学术质量与影响力的方法与途径:选题策划与组稿[J].中国科技期刊研究,2016,27(2):157-161.
[6] 王继红,刘灿,邓群.科技期刊选题策划创新路径探析:基于 InCites 数据库[J].传播与版权,2020(11):23-27,32.
[7] 叶飞,陈玮.利用文献计量学方法规范科技期刊选题策划[J].今传媒,2021,29(10):65-68.
[8] 王秀芝,宋迎法.基于文本数据挖掘的学术期刊选题策划研究[J].煤炭高等教育,2016,34(5):126-130.
[9] 何婧,刘波,田江.基于 Citespace 的高校学报栏目选题策划研究[J].传播与版权,2016(11):58-59.
[10] 肖时花.学术期刊选题策划的信息捕捉[J].编辑之友,2018(11):92-96.
[11] 张敏.医学大数据在医学期刊选题策划中的应用研究[J].湖北师范大学学报(自然科学版),2018,38(3):53-55.
[12] 胡靖宇,韩光明.学术期刊如何捕捉信息做强选题策划[J].青年记者,2019(26):58-59.
[13] 中国科学院科技战略咨询研究院,中国科学院文献情报中心,科睿唯安.2018 研究前沿[R].2018.
[14] ADRIAN R J. Particle-imaging techniques for experimental fluid mechanics [J]. Annu Rev Fluid Mech, 1991, 23:261-304.
[15] BRUNTON S L, NOACK B R, KOUMOUTSAKOS P. Machine learning for fluid mechanics [J]. Annual Review of Fluid Mechanics, 2020, 52:477-508.
[16] 中国科学技术信息研究所.2019 年度中国科技论文统计与分析[M].北京:科学技术文献出版社,2021.
[17] WANG X, LU W, LAI Z. Evaluation of CFD simulation using different turbulent modelling methods for building aerodynamics [C]//2015 International Conference on Civil, Energy and Environment Engineering (CEE2015). 2015.

4种环境科学类期刊2010—2019年高被引论文研究

邵世云，王少霞，王晓飞，张静蓉

(中国环境科学学会，北京 100082)

摘要：目前，我国环境问题仍然较为严重，为给环境科学期刊编辑在新的形势下选题、组稿、约稿提供依据，利用中国知网的中国学术期刊引文检索数据库，对4种主要环境科学类期刊《环境科学》《中国环境科学》《环境科学学报》《环境科学研究》2010—2019年发表论文的被引次数进行检索，选择被引频次≥100的高被引论文作为研究对象，分析了高被引论文的年份分布、研究方向、机构特点。结果表明：2010—2019年4种环境科学类期刊总共发表高被引论文205篇；高被引论文的研究方向反映了我国主要环境问题的演变；中国环境科学研究院、中国科学院生态环境研究中心、清华大学等研究机构发表高被引论文居于前几位。

关键词：环境科学；期刊；被引频次；高被引论文；研究方向；研究机构

影响因子是学术期刊评价最重要的文献计量学指标之一，主要用于科技期刊质量评价、论文质量评价[1-5]。而期刊的影响因子主要由少数高被引论文贡献的，因此科技期刊出版工作者均比较关注所属领域的高被引论文研究[6-14]。

目前，我国环境问题仍然较为严重，随着国家对环境科学研究的投入逐步加大，环境学科论文产出量逐年提高。环境科学是综合性的学科，一方面与本领域的科技进展相关，另一方面与我国环境问题的演变密切相关，环境科学类期刊的论文被引情况未见报道。《环境科学》《中国环境科学》《环境科学学报》《环境科学研究》4种期刊均为"全国中文核心期刊"和"中国科技核心期刊"，前两者为EI收录期刊，在环境领域成立时间最早(分别成立于1980、1981、1981、1988年)，办刊宗旨基本一致，影响因子、综合排名均为学科内前几位，刊发的论文基本代表了我国环境科学的研究水平和研究方向。作者对这4种期刊2010—2019年发表论文的被引频次进行检索，选择被引频次≥100的高被引论文作为研究对象，对高被引论文的期刊及年份分布、研究方向、科研机构等进行了统计与分析，旨在为环境科学类期刊编辑在新形势下选题、组稿、约稿提供依据。

1 资料和方法

1.1 资料来源

资料来源于中国期刊网(网址 http://www.cnki.net)中国学术文献网络出版总库的中国期刊全文数据库和中国引文数据库。

1.2 方法

访问中国期刊网的中国学术文献网络出版总库(网址 http://epub.cnki.net/grid2008/index/

ZKCALD.htm)，利用有效用户名和密码，在引文检索中，时间选择2010-01-01—2019-12-31，文献出版来源精确选择《环境科学》《中国环境科学》《环境科学学报》《环境科学研究》，被引频次选择≥100的论文定义为高被引论文，共检索出高被引论文205篇。

从中国期刊全文数据库下载高被引论文的全文，统计高被引论文的研究方向、机构分布等相关信息，并对反映的环境问题进行了讨论。

2 结果与讨论

2.1 高被引论文的期刊及年份分布

科技期刊论文的被引频次是期刊学术质量的重要体现，反映了该期刊在科学交流中的地位和作用[15-16]。2010—2019《环境科学》《环境科学学报》《中国环境科学》《环境科学研究》≥100的高被引论文分别为88、47、54、16篇，同时期的各期刊载文量分别为11 161、5 519、7 927、2 514篇，高被引论文产出率分别为0.79%、0.85%、0.68%、0.64%，《中国环境科学》＞《环境科学》＞《环境科学学报》＞《环境科学研究》，与其影响因子、综合排名基本一致。高被引论文产出率差别不大，说明4种环境期刊发表的论文质量基本在同一水平上，各刊在学科交流中的作用和地位在一定程度上取决于载文量。在保证文章质量的基础上，通过各种途径争取稿源，增加载文量，会提升该刊在本领域的影响力。

一般来讲，越早发表的论文越容易获得较高的被引次数，2010—2019年环境学科各年份高被引论文篇数分别为52、39、35、37、30、11、1、0、0、0，基本符合上述规律。

2.2 高被引论文的专业分布

2010—2019年4种环境期刊发表的205篇高被引论文中，大气污染与控制、环境生态、土壤污染与控制、水污染与控制、环境健康与毒理、固体废物处理、环境经济与管理、环境监测分别为72、43、35、21、16、9、8、1篇。其中大气污染与控制最多，为72篇(35%)，这与我国近年来大气污染较为严重，社会各界对大气污染较为关注，研究经费投入较多，研究课题大量铺开有关；其次为环境生态43篇(21%)，这与环境污染综合发展，更多地表现为复合污染密切相关；土壤污染35篇(17%)，与污水灌溉、化肥滥用等造成的土壤面源污染息息相关；水污染与控制仅有21篇(10%)，与水污染与控制的发文量不成正比(各刊的水污染与控制发文量约占20%左右)，可能一方面与我国水污染治理进展较大，各江河湖泊水质明显改善有关，另一方面，水污染与控制细分了很多研究方向，各细分领域相关性不强，彼此引用不多；环境监测的高被引论文仅为1篇，可能与环境监测技术大多较为成熟，且有专门的期刊《中国环境监测》相关。

由此可见，环境学科高被引论文在一定程度上反映了我国环境问题的演变。目前，大气污染的基本状况、源解析、跨区域输送，及大气污染造成的经济损失、健康影响等日益成为环境学科的研究热点。环境学科编辑需对现阶段的环境重点、热点问题保持敏感，追踪相关的研究课题，争取高被引论文发表在本刊上。

2.3 高被引论文的机构分布

2010—2019年4种环境期刊发表高被引论文最多的前10家研究机构，总共发表94篇高被引论文，占总数的46%，其余分布在其他50余家研究机构，说明环境学科高被引论文的研究机构分布较广，很多学校具有较高的研究能力与水平。发表高被引论文最多的10家研究机构分布见表1。由表1可见，中国环境科学研究院发表高被引论文23篇(11%)，表明其在环境科学领域的科研能力与水平均居前列，这与近年来该院承担了水专项等国家重大课题，且设置有大气环境研究所、水生态环境研究所、固体废物污染控制技术研究所、生态研究所、环境健康风险评估与研究中心等较为齐全的各环境学科研究机构，有一大批高水平的科研人员有关；中国科学院生态环境研究中心、清华大学、南京大学、南京信息工程大学其次，分别发表高被引论文15、10、10、9篇，但其研究方向各有侧重，中国科学院生态环境研究中心高被引论文较为分散，包括水污染与控制、大气污染与控制、土壤污染与控制、环境生态、环境健康与毒理；清华大学高被引论文主要为水污染与控制、大气污染与控制；南京大学高被引论文主要为大气污染与控制、土壤污染与控制；南京信息工程大学高被引论文主要为大气污染与控制。

清华大学、北京大学、南京大学、浙江大学等综合性大学环境类高被引论文与其研究水平、规模不符，主要因为这几个学校一般要求博士、硕士研究生毕业论文必须为SCI收录，造成了大量高水平的论文发表在英文刊，反映了我国中文学术论文的流失。其他专业性的研究机构，如中国农业大学、中国科学院南京土壤研究所、中国科学院南京地理与湖泊研究所在所属环境领域的研究水平均较高，其论文更多的发表在对应的专业期刊；行业内公认的水污染与控制研究水平较高的北京工业大学、同济大学仅在4种期刊分别发表2、1篇高被引论文，这可能与这2家研究机构的研究更偏重于工程应用，其研究成果更多的发表在《给水排水》等工程类期刊上有关。

表1 2010—2020年4种环境期刊发表高被引论文最多的前10个研究机构

序号	第一作者机构	篇数
1	中国环境科学研究院	23
2	中国科学院生态环境研究中心	15
3	清华大学	10
4	南京大学	10
5	南京信息工程大学	9
6	北京师范大学	7
7	北京大学	6
8	中国科学院地理科学与资源研究所	6
9	中国科学院南京土壤研究所	4
10	华南理工大学	4

2.4 被引频次最高的20篇论文

205篇高被引论文中被引频次排在前20位的高被引论文统计见表2，大气污染与控制、环境健康与毒理、土壤污染与控制、水污染与控制、固体废物处理、环境生态、环境经济与管理分别为5、5、4、3、1、1、1篇。排名前3位的高被引文章均为大气污染控制。由此可见，2010—2020年，因大气污染较为严重，雾霾天气频发，大气污染与控制研究获得了学术界的广泛关注。大气污染造成的经济、健康影响同样被引频次较高(排名6、8、9、13、19文章)；综合性、研究研究范围较大的文章更易获得高引用(排名2、5、7、11、16文章)；综述性的文章也容易获得高引用(排名1、4、12文章)。

高被引论文单位较为分散，说明环境领域各研究机构均有较高的研究水平，研究专业各有侧重。

表 4 2002—2012 年 4 种环境期刊被引频次排名前 20 的论文统计

序号	题目	第一作者	第一作者机构	研究方向	发表年份	被引频次
1	近十年中国灰霾天气研究综述	吴兑	中国气象局广州热带海洋气象研究所	大气污染与控制	2012	650
2	中国酸雨研究现状	张新民	中国环境科学研究院	大气污染与控制	2010	453
3	北京地区冬春 $PM_{2.5}$ 和 PM_{10} 污染水平时空分布及其与气象条件的关系	赵晨曦	北京林业大学	大气污染与控制	2014	449
4	生物吸附法去除重金属离子的研究进展	王建龙	清华大学	水污染与控制	2010	418
5	中国农田土壤重金属富集状况及其空间分布研究	张小敏	南京大学	土壤污染与控制	2014	354
6	雾霾重污染期间北京居民对高浓度 $PM_{2.5}$ 持续暴露的健康风险及其损害价值评估	谢元博	北京师范大学	环境健康与毒理	2014	352
7	中国空气污染指数变化特征及影响因素分析	李小飞	西北师范大学	大气污染与控制	2012	320
8	2013 年 1 月中国大面积雾霾事件直接社会经济损失评估	穆泉	北京大学	环境健康与毒理	2013	293
9	我国 113 个城市大气颗粒物污染的健康经济学评价	陈仁杰	复旦大学	环境健康与毒理	2010	260
10	水稻秸秆生物碳对重金属 Pb^{2+} 的吸附作用及影响因素	陈再明	浙江大学	水污染与控制	2012	255
11	中国 $PM_{2.5}$ 跨区域传输特征数值模拟研究	薛文博	环境保护部环境规划院	大气污染与控制	2014	250
12	人工湿地在应用中存在的问题及解决措施	黄锦楼	中国科学院生态环境研究中心	水污染与控制	2012	242
13	上海市霾期间 $PM_{2.5}$、PM_{10} 污染与呼吸科、儿呼吸科门诊人数的相关分析	殷永文	上海交通大学	环境健康与毒理	2011	242
14	开封城市土壤重金属污染及潜在生态风险评价	李一蒙	河南大学	土壤污染与控制	2015	240
15	湘江流域土壤重金属污染及其生态环境风险评价	刘春早	中国科学院生态环境研究中心	土壤污染与控制	2012	238
16	我国畜禽粪便污染的区域差异与发展趋势分析	仇焕广	中国科学院地理科学与资源研究所	固体废物处理	2013	233
17	基于熵权 TOPSIS 模型的区域资源环境承载力评价实证研究	雷勋平	南京航空航天大学	环境生态	2016	231
18	中国生命周期参考数据库的建立方法与基础模型	刘夏璐	四川大学	环境经济与管理	2010	227
19	大气细颗粒物的污染特征及对人体健康的影响	陶燕	兰州大学	环境健康与毒理	2014	223
20	城市工业污染场地:中国环境修复领域的新课题	廖晓勇	中国科学院地理科学与资源研究所	土壤污染与控制	2011	223

3 结束语

高被引论文在 4 种期刊的分布与其载文量基本成正比,各刊并没有明显的优势学科和特点,各刊应通过各种途径争取稿源,增加载文量,提升该刊在本领域的影响力;环境学科高被引论文在一定程度上反映了我国环境问题的演变,目前大气污染与控制及其经济、健康效应为环境研究领域的热点,因此追踪环境研究热点、重点研究,可以争取到高被引论文;205 篇高被引论文由 60 余家研究机构发表,分布较为广泛,其中中国环境科学研究院、中国科学院生态环境研究中心、清华大学、南京大学、中国科学院生态环境研究中心、南京信息工程大学发表高被引论文较多,与这些研究机构保持密切联系、良好的合作关系,有助于发表高被引论文。各刊应在维持原有稿源的基础上,形成自己的办刊特色,优化培养自己的专家队伍、作者队伍和读者群,以进一步提高在行业内的影响力。

参 考 文 献

[1] 刘雪立,郭佳.中文科技期刊评价:现状·问题·建议[J].编辑学报,2020,32(1):5-9.
[2] 朱大明.学术期刊编辑部应重视本刊文献计量学研究[J].中国科技期刊研究,2010,21(1):96-97.
[3] 武晓耕,佘诗刚,胡小洋.一流科技期刊影响力提升的评价指标创新实践[J].科技与出版,2020(8):118-124.
[4] 孙书军,朱全娥.内容质量决定论文的被引频次[J].编辑学报,2010,22(2):141-143.
[5] 任胜利,程维红.2003—2007 年中外科技期刊载文与被引的趋势分析[J].编辑学报,2009,21(5):468-470.
[6] 石燕青,赵一方.科学文献被引轨迹的跨学科特征影响研究[J].图书情报工作,2020,64(14):74-84.
[7] 韩维栋,薛秦芬,王丽珍.挖掘高被引论文有利于提高科技期刊的学术影响力[J].中国科技期刊研究,2010,21(4):514-518.
[8] 王维朗,游滨,张苹,等.科技期刊高被引论文对编辑工作的启示[J].编辑学报,2016,28(6):572-574.
[9] 李晓晴,刘瑞芹,黄冬苹.国外高影响力能源类综合性期刊影响力因素分析及启示[J].编辑学报,2019(增刊2):289-293.
[10] 聂兰英,王钢,金丹,等.我国 11 种医学影像学核心期刊的高被引论文分析[J].中国科技期刊研究,2011,22(3):377-380.
[11] 韩国秀.2001—2010 年我国体育基础科学高被引论文的统计与分析[J].科技管理研究,2013,14:258-261.
[12] 方红玲.2003—2008 年眼科高被引论文统计分析[J].中国科技期刊研究,2010,21(2):197-200.
[13] 孙玉玲,杨克魁,钟凤平,等.高影响力论文分析在学术期刊策划中的意义:以肾脏病学研究领域为例[J].中国科技期刊研究,2009,20(1):146-149.
[14] 赵丽红.基于高被引论文的情报学研究现状分析[J].现代情报,2008(12):158-160.
[15] 孔玲,王效岳,于纯良,等.学术论文离被引有多远:基于影响因素与预测方法的文献述评[J].情报资料工作,2019(6):63-72.
[16] 金丹,王华,菊李洁,等.提高科技期刊论文影响力的方式方法[J].编辑学报,2019(增刊2):311-312.

多策略提升国际影响力，建设轨道交通领域一流学术期刊
——基于 Railway Engineering Science 办刊实践

兰俊思，周 尧，李恒超

(西南交通大学期刊社 Railway Engineering Science 编辑部，四川 成都 610031)

摘要：结合 Railway Engineering Science (RES)的办刊实践，从期刊定位、办刊模式、编委会、学术质量、开放获取和媒体融合等多维度探讨轨道交通类英文学术期刊的国际影响力提升策略。提升期刊国际影响力，建设一流学术期刊首先要聚焦国家创新发展关键领域，精准期刊定位；要实行"主编办刊"，打造具有国际影响力的活跃编委会；其次，要坚持"内容为王"，注重学术创新。此外，开放获取出版对扩大受众范围，对增加期刊的显示度有帮助；通过"借船出海"国际出版，运用新技术推动期刊媒体融合发展，参加或协办国际学术会议，追踪学术热点策划出版前沿专辑等措施，可以有效促进期刊品质发展和国际影响力提升。RES 的办刊实践可为中国英文学术期刊(特别是新办期刊)的品牌建设和国际化发展提供借鉴。

关键词：轨道交通；学术期刊；国际影响力；提升策略；办刊实践

学术期刊是学术研究成果和学术传承的主要载体，是科技发展和学术创新的重要平台，拥有一批引领科技前沿发展和战略方向的一流学术期刊，是评判一个国家科技水平的重要标准之一。2019 年 8 月，中国科协、中宣部、教育部和科技部联合发布《关于深化改革 培育世界一流科技期刊的意见》[1]，强调"科技期刊传承人类文明，荟萃科学发现，引领科技发展，直接体现国家科技竞争力和文化软实力"，号召高校、科研机构等着力加强投入，加快建设世界一流科技期刊。这是贯彻落实中央全面深化改革会议精神、推动我国科技期刊改革发展的纲领性文件，标志着科技期刊建设已经成为国家战略。

随着基本国力的增强和科技发展，中国近年来在科研上的投入逐年增加，科研产出也不断增大。美国国家科学基金会(NSF)发布的 2018 年度《科学与工程指标》调查报告显示[2]，中国从 2016 年起论文数量已超过美国，成为全球第一大论文产出国。但是，从发表质量情况来看，中国科技期刊的文章质量不均衡，整体水平和国际影响力有限，在论文引用率上仍落后于美国和一些欧洲国家；同时，具有国际高影响力的中国科技期刊数量严重偏少。例如，科睿唯安 2019 年 6 月发布的 JCR 2018，共收录自然科学领域期刊 9 156 种，其中美国有 3 013 种，英国有 1 930 种，荷兰和德国分别有 743 种和 603 种，而中国大陆只有 213 种，仅是美国的 2.3%。这与中国的基本国力和科技实力严重不相称，是中国期刊亟待解决的问题。提升中国科技期刊的国际影响力，建设世界一流学术期刊，不仅可以提升中国科技期刊在国际上的

基金项目：四川省社会科学重点研究基地四川学术成果分析与应用研究中心资助科研项目(XSCG21QK-007)
通信作者：兰俊思，E-mail: journal-a@swjtu.edu.cn

被认可程度，同时也可以让中国期刊获取更多的科技交流机会，提高国际话语权。但我们深刻地认识到，培育高影响力的顶级学术期刊任重而道远[3-4]，需要长期的耕耘和努力，需要我们学习和借鉴国际先进办刊经验，多层次、多纬度、全方位采取有效措施提升我们的办刊水平。本文将结合 Railway Engineering Science (RES, 中文名《铁道工程科学》)的办刊实践以及国际科技期刊出版现状和发展趋势，探讨轨道交通类期刊的国际影响力提升策略，探索中国英文科技期刊国际化发展之路。

1 聚焦国家创新发展关键领域，精准期刊定位

为深入贯彻落实中央关于建设世界一流科技期刊的重要指示精神，落实《关于深化改革培育世界一流科技期刊的意见》，中国科协、中宣部、教育部、科技部等国家七部委 2019 年联合推出"中国科技期刊卓越行动计划"，提出"聚焦优先领域，力求尖兵突破：瞄准国家创新发展关键领域和战略方向，确定优先建设领域，以域选刊重点建设"[5]。随后，中共中央宣传部、教育部和科技部于 2021 年 6 月印发《关于推动学术期刊繁荣发展的意见》的通知，支持现有学术期刊合理调整办刊定位，鼓励多学科综合性学报向专业化期刊转型，突出优势领域，做精专业内容，办好特色专栏，向"专、精、特、新"方向发展[6]。

作为国家重要的基础设施和大众化的交通工具，轨道交通在我国综合交通运输体系中处于骨干地位，是承载众多学科前沿科技创新发展成果的关键领域和"交通强国建设纲要"的国家战略方向。改革开放 40 年来，中国铁路蓬勃发展，取得了世人瞩目的成就。随着"八纵八横"高速铁路主通道的全面规划与建成运营，至 2020 年底中国已经建成总里程达 38 000 公里的世界最大高速铁路网，占世界高铁总里程的三分之二以上；与此同时，磁浮铁路、真空管道运输、超级飞行列车等未来轨道交通也在研发中[7]。以高铁为代表的轨道交通科技已成为中国发展的一张名片，是服务于"一带一路"倡议和"中国高铁走出去"等国家战略的国之重器。因此，轨道交通领域应当是我国培育和建设世界一流科技期刊的优势领域。但截至 2019 年，中国尚无一本专注于轨道交通(铁路运输)全领域的英文国际学术期刊。

为服务国家战略，深入贯彻落实中央关于建设世界一流科技期刊的重要指示精神，西南交通大学决定结合学校特色、依托优势学科，将其主办多年的英文国际期刊 Journal of Modern Transportation (JMT)进行重新定位，主题范围从之前的综合交通(涵盖铁路、公路、航空等多种运输方式)收缩聚焦到轨道交通领域。经国家新闻出版署批准，期刊自 2020 年第 1 期起正式更名为 Railway Engineering Science (RES)，围绕高速铁路、重载技术、磁浮交通、城轨交通、真空管道超高速运输等研究领域的前沿热点，报道轨道交通工程科学的重大基础理论研究进展和关键技术创新成果。此次期刊更名是从"大而全"向"专而精"的聚焦化升级，直接瞄准我国创新发展关键领域——轨道交通领域，进行精准定位，以建设轨道交通领域世界一流期刊为目标，旨在填补我国在轨道交通领域缺少国际高影响力期刊的空白，提升我国在轨道交通领域的科技话语权和文献优先权，引领轨道交通科技发展。实践证明：期刊更名后定位鲜明，发展良好，国际影响力显著提升，RES 问世不到半年就被 Web of Science 的 ESCI 数据库和 Scopus 数据库收录，被《中国学术期刊国际引证年报》评为"2020 年中国国际影响力优秀学术期刊"，是唯一入选 Top 期刊的轨道交通类期刊(自然科学与工程技术类的遴选期刊 4 175 种，TOP 10%入选)；并入选中国铁道学会"铁路运输领域高质量科技期刊"T2 级别和中科院分区表。

2 实行主编负责制，打造具有国际影响力的活跃编委会

如果说"创新"是科技论文的"灵魂"，那么"主编"应该是科技期刊的"核心"。期刊虽然是杂

志社、编辑部、出版商等集体运作和智慧的集中体现及产物,但更应是期刊主编思想意识、学识水平、编辑智慧等方面的直观呈现[8]。可以说,期刊能走多远主要取决于有什么样的主编(即主编对期刊的贡献程度),每一种国际顶级学术期刊都是一代一代主编持续努力的结果。但是,当前国内不少科技期刊还处在"编辑部办刊"模式:论文的收稿、终审和录用,甚至编委的部分工作都由编辑部(或编辑)负责,主编和编委对期刊的实际工作涉入不深,只限于宏观指导甚至挂名[9]。由于国内期刊的专职编辑大多脱离科研前沿(甚至有时专业不对口),受专业学识水平所限,这种"编辑部办刊"模式不利于及时定位和追踪科研前沿热点,并有效邀约有关研究者的高影响力论文(特别是新刊或未被 SCI 收录的英文期刊),客观上制约了期刊的发展,往往期刊影响力也不太高。对国际期刊而言,要想获得实质性的发展和突破,必须回到"主编负责制"(主编办刊)的正确轨道上来:主编不仅要负责设立期刊发展方向和学术范畴,筹建和管理编委会,还要提前规划约请文章,亲自处理论文,管理同行评议流程,组织并参与学术互动,确保作者和评审人员之间的有效对话,并承担论文终审以决定是否录用,保障期刊的学术完整性和可信性,等等[10]。

编委会不活跃或欠活跃也是影响期刊发展的一个重要因素。合格的编委会应该在期刊的日常工作中能提供学术和内容方面的指导意见,包括[10]:和主编一起确定期刊的宗旨、学术范畴和发展方向,提出专辑、综述文章建议,评审论文,为文章学术伦理道德相关问题提供建议,并为期刊提供信誉和增加影响而努力(如:担任期刊在相关研究领域内的联络人并保持影响力,利用各种机会积极宣传期刊等)。

基于期刊的更名升级,RES 邀请到西南交通大学首席教授、中国科学院院士、美国工程院院士翟婉明教授担纲主编,对期刊进行精准定位,实行主编负责制,严格按照国际模式办刊。翟婉明院士是著名的轨道动力学专家、轨道交通领域的领军人物,由他负责确定副主编(Associate Editor)和编委成员(Editorial Board Member)。来自 15 个国家 34 位轨道交通领域的顶级专家组成了阵容强大、活跃而多元的新一届编委团队,其中包括英国皇家工程院院士 Simon Iwnicki、国际车辆动力学协会(IAVSD)前主席 Hans True、美国工程院院士 Pol D. Spanos、*Transportation Geotechnics* 主编 Erol Tutumluer、澳大利亚工程院院士 Buddhima Indraratna 等。在翟婉明院士的带领下,RES 编委团队立足轨道交通工程科学学术前沿,积极参与到期刊的日常工作与发展规划中来(如:主编负责对每一篇来稿进行初审和终审,负责约请稿件、监控审稿流程和组织学术互动;编委积极投稿、审稿和邀稿,担任 Guest Editor 组织专辑等),编委会谨遵学术伦理规范,严把期刊学术质量;而编辑部负责文章的编辑与出版,并配合主编及编委开展其他具体工作(如送审等)。可以说,实现主编负责制,打造具有国际影响力的多元化的活跃编委会是 RES 实现"提升国际影响力、建设一流期刊"宏伟目标最关键的战略举措。

3 坚持"内容为王",实施"精品战略"

期刊的影响力是其所载学术论文影响力的总和,而每篇学术论文的影响力来自于文章的学术质量和所承载的科技创新。因此,提升学术期刊的影响力应该坚持"内容为王",始终把论文内容的创新性和学术质量放在首位[11]。作为中国第一本轨道交通类英文学术期刊,RES 确定了先做"强"(对标 JCR 中 Q1~Q2 区期刊),再做"大"(争取国外优质稿源,留住国内最优质的英文文章,提升期刊的刊文量)的"精品战略",力争成为该领域的全球标杆学术期刊。主编翟婉明院士为此投入了大量时间对期刊的发展和学术质量进行把关,例如:每一篇来稿都会亲自审阅,对论文所涉主题、学术创新和质量进行仔细审查,坚持"宁缺毋滥"原则,只允许符合本刊高标准要求的文章进入同行评审环节(2020 年退稿率约为 75%);同时,编辑部利用 iThenticate Crosscheck 进行学术不端和论文原创性检测,供主编参考决策,杜绝人情稿,把好学术诚信关;对进入审稿环节的文章,主编会推荐审稿人或审稿单位,所有发表的文章都经过严格同行评审(国内外各细分领域和方向的专家进行 2~3 轮匿名审稿),并监控审稿进程,组织"作者-编辑-审稿人"之间学术互动;最后,主编结合同行评审专家、编辑和主编自己的意见做出终审决定(Accept/Major revision/Minor revision/Reject);录用的稿件由编辑部的科学编辑进行精细编辑和加工后,才送 Springer 生产上线。

严格的学术审查标准和精细而专业的编辑加工流程保证了 RES 每一篇刊发文章的学术价值和出版质量,这些文章一经刊出便获得很好的国际引用。据统计,RES 2020 年刊登的文章在 Web of Science (WoS)核心合集和 Scopus 数据库中的即年指标(发文当年的篇均引用次数)分别为 1.25 和 1.33,至目前为止(2022 年 8 月 19 日)的"篇均引用次数"分别为 13.04 (WoS)和 14.83 (Scopus),达到了国际交通类高影响力期刊水平;RES 显示出强劲的发展潜力,受到国际轨道交通学术界的广泛关注(RES 2020 年在 SpringerLink 期刊主页的即年篇均下载量为 3 600+,单篇最高下载量为 8 700+)。2020 年 RES 共收到投稿 100 余篇,约稿和自由投稿各占约 50%,国际作者发文占比 50%,编委投稿占比 37.5%;发文的研究机构来自全球几十个国家,稿件来源呈现多样化,期刊俨然已具备作者国际化特征。

4 坚持金色 OA 出版,增加期刊显示度

当前,开放科学运动方兴未艾,全球各界普遍把创办开放获取(OA)期刊作为推动开放获取的重要举措。受"OA2020"和"S计划"的大力推动[12],作为开放科学的重要组成部分,科研成果通过OA模式出版(即,任何人都可以不受地点限制永久性地免费获取学术研究成果)得到科研机构、出版商以及科研人员的热切关注和响应。2020年新型冠状病毒肺炎疫情的突发,更使得科技信息资源的开放与共享成为世界各国遏制疫情、共同促进科学研究和保障公共卫生安全的关键,在一定程度上促进了开放获取进一步发展。开放式获取又分为金色开放获取(Golden OA)和绿色开放获取(Green OA)。金色开放获取保证所有人能即时(没有延滞期)免费获取文章的最新版本,因此被公认为是真正意义上的开放获取。

在学术出版领域,OA出版的科技论文在2018年获得了10%的增长,而传统订阅模式出版的论文只有4%的增长。越来越多的作者选择OA出版模式发表自己的科技成果,越来越多的期刊选择开放获取的出版模式,就连世界顶级的*Nature*系列期刊也在2021年全部推行金色开放获取[13]。DOAJ是开放获取期刊目录,目前该数据库中已包含来自129个国家的17 057种开放获取期刊,其中12 071种期刊发表论文不收取费用(APC)。

开放获取的一大优势是增加文章的阅读量和引用量。OA影响最直接的是,原来只有付费才能阅读下载的论文,实现OA后所有读者都能免费获取使用,论文的下载量和引用次数相对于之前被锁在"付费墙"后会获得更大提升。特别是对新办学术期刊,OA是能扩大期刊的受众范围,提升期刊影响力的一种有效手段。RES在SpringerLink平台上出版,采用机构资助APC的金色开放获取(CC BY 4.0 user license)出版模式,该出版模式能消除传统订阅模式下的一切屏障,保证文章一经出版就能即时被全球读者免费下载和阅读,大大增加了文章的显示度(2020年RES期刊主页的全文下载量高达274 478次),这对提升期刊的国际影响力大有裨益。

5 "借船出海"，运用新技术推动期刊媒体融合发展

媒体融合发展以及学术期刊的专业化、国际化、数字化(信息化、网络化)是当今出版业的趋势。在数字科技创新、人工智能技术和社交媒体(如 Twitter、Facebook、LinkedIn、Weibo、Wechat 等)的加持下，科研工作者和期刊出版从业者对数据的获取和信息的分析整理能力得到了前所未有的提升[14-15]。

为了充分运用新技术、推动期刊媒体融合发展，RES 与 Springer Nature 合作出版(期刊所有权属于西南交大)。通过"借船出海"，RES 采用国际化规范流程进行编辑出版和质量控制，使用国际主流投审稿系统(Editorial Manager)处理投审稿，全球化审稿，稿件录用后由 Springer Nature 负责生产，RES 在 SpringerLink 上构建了完善的期刊主页，及时推出各期论文和发布信息；首先电子优先出版(On-line first)，然后分期在线出版，配以传统纸质出版。Springer Nature 成熟的国际化编辑、出版、传播平台和媒体融合技术，为 RES 的发展和国际影响力提升起到了助推作用。作者从投稿到收到主编做出第一次决定平均仅需 11 天，从投稿到录用的平均周期仅为 89 天。此外，RES 还通过 TrendMD、Email alert 文章推送服务和社交媒体(如 ResearchGate、Wechat)推广期刊、提升影响。

6 参办国际学术会议，扩大期刊影响

国际学术会议是业内同行分享学术研究成果和交流思想的重要平台，参会代表来自世界各地，大多为国内外知名的专家学者，包含期刊的(潜在)读者、作者、审稿人、编委等，是专业期刊扩大宣传、增强影响和寻求关注的主要对象。通过学术会议，期刊可以了解到本领域或行业的科技发展现状和学术研究动态，熟悉学术资源，追踪科研热点。期刊可以在会议上设立展台、发放宣传资料、赠送期刊、约请稿件等；还可以与参会的期刊编委或专家们面对面交流学习，听取他们对期刊的意见和建议，邀请他们为期刊组稿等。RES 创刊不久，就成为多个重要国际会议的合作期刊。

2021 年 7 月 5—6 日，第二届国际轨道交通学术会议(ICRT2021)在成都举行，这是全球轨道交通科技领域的顶级学术盛会，受到了全世界业内学者的高度关注和响应。本刊主编翟婉明院士担任会议主席，来自 14 个国家的 71 位轨道交通领域世界知名的专家学者受邀担任大会国际学术委员会委员。大会共有 9 位代表轨道交通不同学科方向的顶尖专家(其中 7 位是本刊编委)做大会主题报告，并行开展了 18 个分组报告会的百余个报告及两场海报展示会，近万名国内外学者通过线上平台观看了大会特邀报告，近 300 余人通过线下现场参会，热烈讨论和分享轨道交通领域的最新研究成果和科技创新。RES 作为本次大会的第一合作期刊，在会场推出了自己的期刊展台，编辑们全程参与大会、追踪科研热点，并现场向参会的专家学者宣传期刊及组稿，受到了全球轨道交通领域的高度关注。最终，本次大会的所有主题报告文章(Keynote paper)将在 RES 以专辑形式发表，这无疑会极大提升本刊在全球轨道交通领域学术界的影响力和知名度。同年，RES 还成为"2021 世界交通运输大会"的合作期刊。

实践证明，参加或协办相关领域国际会议是增加我国英文学术期刊(特别是新办期刊)国际影响力的重要途径。

7 追踪科技热点，多渠道策划出版前沿专辑

创办国际一流学术期刊，需要有稳定的发文量和优质的稿源，而出版前沿精品专辑被普

遍认为是解决新办期刊稿源问题、提升期刊品质、扩大期刊影响力的有效手段之一。期刊专辑是以整期期刊集中报道某一专题或系统总结某方面研究成果而出版的专刊，是学术期刊针对某一个学术热点进行深度报道的特辑，其内容可全面展现专题或热点的学术进展，时效性高，针对性强[16]。中共中央宣传部、教育部、科技部印发的《关于推动学术期刊繁荣发展的意见》倡导"坚持以创新水平和科学价值作为选稿用稿标准，加强编辑策划，围绕重大主题打造重点专栏、组织专题专刊"[6]。在主编翟婉明院士的带领下，RES编委团队通过多种行之有效的方法进行精准选题，紧跟轨道交通科技前沿热点，以高标准、高要求策划出版了多期精品专辑。

7.1 紧跟学术前沿热点策划专辑

面对全球能源与环境的可持续协调发展的要求，"氢能"被视为21世纪最具发展潜力的清洁能源，是代替传统化石能源实现"碳中和"的终极解决方案，因此全球都在积极探索将氢能应用于交通，其中氢能机车、氢燃料电池混合动力机车的研发是氢能轨道交通的技术前沿。RES于2021年第3期策划出版了"Hybrid and hydrogen technologies for railway operations(铁路运营混合动力与氢技术)"专辑。在该专辑中，来自澳大利亚、加拿大、意大利、德国、美国、英国和中国的研究团队提供了他们在该领域的综合评论、设计思想和新理念，介绍了他们最新的数值研究、实验研究和现场工作进展，提出了适用于现代铁路应用的混合动力和氢能解决方案。这是轨道交通领域第一个以"氢能技术"为主题的学术专辑，受到了全球相关学者的广泛关注。

7.2 基于重要国际会议出版专辑

国际学术会议参会人员众多，包括在相关领域成果突出、学术影响力大的全球科学家，往往围绕某一学术热点或热门话题进行广泛交流，能够展示最新科研成果。如前文所述，通过参加或合办轨道交通领域重要国际学术会议，有效利用重要的国际会议资源，出版学术专辑，是RES策划出版专辑的重要渠道之一。

7.3 依托客座编委征集专辑

邀请客座编委(Guest Editor, GE)针对期刊主题范围内的某一热点或重要主题征集论文、出版专辑是国际学术期刊的一种常见做法，也是RES策划出版专辑的惯常模式。由于客座编委的在出版专辑的工作中起着举足轻重的作用，RES对客座编委的邀请非常慎重，不仅要求GE是学术界活跃在前沿的学者，而且要有相当的号召力和影响力。RES最新策划的专辑"Advances in Research of Railway Train Brakes (铁路列车制动器的研究进展)"就是这种模式，几位客座编委分别来自澳大利亚、意大利和中国，是列车制动研究领域领先团队中非常活跃且具有较大影响力的学者。

通过精准定位前沿热点，多渠道策划出版学术精品专辑，RES深入报道了现代轨道交通基础科学和新兴技术众多热点方向的研究现状，不仅有效拓展了期刊的优质稿源，更为学者们提供了轨道交通专业前沿、集中高效的学术交流平台，有效助推了期刊的国际化与影响力提升。

8 结束语

科技期刊是学术交流的重要载体，是科学事业的重要组成部分，是衡量科技创新水平和综合国力的主要标志之一。随着我国综合国力的显著增强，轨道交通蓬勃发展，中国高铁享誉全球。服务国家战略，响应中央的科技期刊建设规划，立足轨道交通关键领域，建设世界一流学术期刊，引领全球轨道交通科技发展，是 Railway Engineering Science (RES)的目标和使命。提升中国英文科技期刊国际影响力，提升我国科技期刊整体学术水平，对促进我国优秀科研成果的对外传播与交流，赢得国家科技话语权，提升国家文化和科技软实力，建设创新型国家具有重要现实意义。中国科技期刊的发展滞后于中国科技的发展，导致国内大量优秀稿件外流、极少国外优秀稿件流入；相比于国内科技期刊，不少国内学者常常更愿意为国际期刊服务(如审稿、做编委工作等)。这既是中国科技期刊在国际影响力和品牌建设上的问题，也是中国科研评价导向的问题。要想提升中国期刊(特别是中国英文期刊)的国际影响力，建设世界一流科技期刊，我们的科技期刊应该苦练内功，主动融入国际学术圈，虚心学习国外先进的办刊经验。

RES 的办刊实践证明：精准期刊定位、实行"主编办刊"、坚持"内容为王"、追求学术创新是保障期刊可持续发展的基础动力(内功)，而开放获取国际出版、全媒体融合发展、国际学术会议宣传、前沿热点追踪、策划出版专刊是期刊扩大影响的有效措施(外功)；只有筑好"内功"、强化"外功"、多维度全方位发力，才能有效提升学术期刊的品质与国际影响力。同时，科研管理部门应该建立科学合理的科研评价体系，鼓励国内重要科研成果发表在中国的科技期刊上；大学和科研院所等应把为期刊的服务工作纳入对科研人员的科研评价体系，鼓励和承认科研人员为科技期刊服务付出的劳动；离开科研工作者的真正参与，不可能有效提升期刊的国际影响力，更不可能建设一流的科技期刊。

参 考 文 献

[1] 中国科学技术协会.四部门联合印发《关于深化改革培育世界一流科技期刊意见》[EB/OL].(2019-08-16)[2021-10-15].https://www.cast.org.cn/art/2019/8/16/art_79_100359.html.
[2] National Science Board. Science & Engineering Indicators 2018 [EB/OL] (2018-01-01) [2021-10-15]. https://www.nsf.gov/statistics/2018/nsb20181/.
[3] 宁笔.中国创建世界一流科技期刊的若干思考[R].西安:中国科技出版传媒集团有限公司,2019.
[4] 任胜利.培育世界一流科技期刊背景下我国学术期刊国际竞争力的提升[J].科学通报,2019,64(33):3393-3398.
[5] 中国科学技术协会.关于组织实施中国科技期刊卓越行动计划有关项目申报的通知[EB/OL].(2019-09-19)[2021-10-15]. https://www.cast.org.cn/art/2019/9/19/art_458_101785.html.
[6] 国家新闻出版署.中共中央宣传部教育部科技部印发《关于推动学术期刊繁荣发展的意见》的通知[EB/OL].(2021-06-23)[2022-03-10].https://www.nppa.gov.cn/nppa/contents/312/76209.shtml.
[7] 中国高校之窗.西南交大创办！Railway Engineering Science 第一期出版[EB/OL].(2021-06-05)[2021-12-25]. https://baijiahao.baidu.com/s?id=1668619742828944062&wfr=spider&for=pc.
[8] 韩燕丽.主编在学术期刊建设中的作用:以 Nano Research 为例[J].科技与出版,2012(9):32-34.
[9] 谭本龙,钟昭会.高校学报主编在位缺失与应对策略[J].中国科技期刊研究,2015,26(12):1239-1243.
[10] GERAEDS G J. The people in the publishing cycle: role and responsibilities [C]//New Challenges for the Development of Quality STM Journals. 2019.
[11] 李兴昌.随想:内容为王·质量第一·期刊永存·编辑万岁[J].编辑学报,2016,28(2):103-105.
[12] 王子娴,王嘉昀.新形势下开放获取出版现状与趋势研究[J].科技与出版,2020(7):123-129.
[13] 冯丽妃.《自然》系列期刊 2021 年起将推行金色开放获取[N].中国科学报,2020-11-26
[14] 国家新闻出版广电总局,中华人民共和国财政部.关于推动传统出版和新兴出版融合发展的指导意见[EB/OL].[2021-11-10].http://www.gov.cn/gongbao/content/2015/content_2893178.htm.
[15] 周晟宇,吕建新.行业期刊的全媒体融合营销[J].编辑学报,2020,32(2):209-211.
[16] 徐军,陈禾,张敏.提升科技期刊国际影响力的策略与实践:以 Friction 为例[J].中国科技期刊研究,2018,29(8):853-859.

基于在 SCI 数据库中被引用情况的对比谈中文科技期刊国际影响力提升策略
——以《古地理学报》中、英文版为例

李新坡

(中国石油大学(北京)期刊社, 北京 100083)

摘要: 中国科技发展要求中文科技期刊成为国际化的学术交流平台。Web of Science(WOS/SCI)数据库提供的查询工具为对比分析期刊的国际影响力提供了方便。通过《古地理学报》中、英文版在 SCI 数据库中引用情况的对比可以看出, 中文版的国际影响力和显示度低于英文版: 中文版的论文被引用比、篇均引用次数均低于英文版; 中文版的施引文献绝大多数与中国的科研机构有关, 英文版只有不到 40% 的施引文献与来自中国的科研机构有关。中文科技期刊要从国际化办刊和努力提高期刊国际显示度入手, 不断提高期刊的国际影响力。

关键词: Web of Science; 中文科技期刊; 引用; 学术交流; 国际影响力

近年来, 我国科技论文数量快速增长, 以 2019 年 SCI 收录的论文数量统计, 中国已是世界第一的论文产出大国[1], 同时大量的科技论文外流与国内科技期刊论文数量不足形成巨大的反差。因此, 提高中国科技期刊的国际影响力、打造一大批国际化的科技交流平台成为当务之急。短时间大量创办高质量的英文期刊[2]首先是不符合期刊自身发展的规律, 其次以英文发表国内的研究成果显然不利于科研成果在中国科研人员中传播, 不利于中国的科技发展。提升中文科技期刊的学术影响力及国际显示度, 提升中文表达在国际的出镜率是新时代中国科技期刊发展的最核心要义[3]。

尽管目前"SCI 至上"现象依然根深蒂固[4], 而且期刊界关于中文期刊国际化的争论一直存在[1,5-6], 但是客观评价中文科技期刊的国际影响力已经成为中国期刊评价机构和中文科技期刊自身关注的重要内容[7-9]。只有深入认识中文科技期刊国际影响力的现状, 并分析其原因, 才能更好地为中文科技期刊谋未来的发展。本文以《古地理学报》中、英文版为主, 结合与《岩石学报》的对比, 分析期刊在 SCI 数据库中被引用情况和原因, 探讨提高中文科技期刊国际影响力的策略, 以期为中文科技期刊早日成为国际化的交流平台献计献策。

1 数据与方法

《古地理学报》中、英文版两种期刊都是教育部主管、中国石油大学(北京)主办(中文版另一个主办单位是中国矿物岩石地球化学学会)、科学出版社出版的科技期刊, 同属于地球科学类期刊。《古地理学报》中文版创立于 1999 年, 是北京大学图书馆"中文核心期刊"、中国科

技核心期刊和中国科学引文数据库(CSCD)来源期刊，2021 年被 Scopus 数据库收录；《古地理学报》英文版(Journal of Palaeogeography-English)创刊于 2012 年，是 SCIE 期刊。两种期刊不是翻译关系，是两种各自独立的期刊。

Web of Science(WOS/SCI)数据库作为国际上影响力最大的科技文献检索数据库，提供了功能丰富的检索被引参考文献的功能，为深入分析中文科技期刊的国际影响力提供了可能。为对比《古地理学报》中、英文版在 Web of Science(WOS/SCI)数据库的被引用情况，选择英文刊创刊的 2012 年为起始时间，统计 2012—2021 年间两种期刊截至 2022 年 1 月 28 日在 SCI 数据库中的被引情况。包括每年发文数量、每年引用的文章数、每年被引用文章占比、被引用文章的篇均引用数量、施引作者、施引文献国家/地区、施引文献语种等。施引作者统计的是某个作者在所有施引文献作者中出现的次数，施引文献国家/地区是指所有施引文献中与某国家/地区有关的文献数量，比如某篇文章如果有几个机构属于中国，但是在计数时算 1，也就是说这篇文章与中国有关。

为分析被 SCI 数据库收录对中文科技期刊引用的影响，选择了被 SCI 数据库收录的地质学类中文科技期刊《岩石学报》与《古地理学报》中文版作对比。受 Web of Science 数据库检索功能的限制(只能同时统计 1 000 条文献的信息)，选择两种期刊 2017—2021 年共 5 年的文献引用情况作对比。

2 结果分析

2.1 《古地理学报》中、英文版被引用情况对比

2012—2021 年，《古地理学报》中文版共计发表文章 773 篇，被 SCI 数据库引用的文章共计 484 篇，约占 62.6%；总被引次数为 1 577 次，平均每篇文章被引 3.3 次。《古地理学报》英文版总文章数 257，被引文章数 215，约 83.7%的文章被引用；总被引次数为 2 168 次，平均每篇文章被引 10.1 次。

从《古地理学报》中、英文版分年的被引文献占当年总发文数量的比例(见图1)看，从 2013 年开始，英文版的被引文献占比就超过了中文版，2014—2018 年，英文版的被引文献占比超过了 90%，并且逐渐升高，2018 年达到 100%，当年发表的 27 篇文章均有引用；2018—2021 年，中、英文版的被引用文献占比均逐渐下降，但英文版的被引用文献占比一直高于中文版。

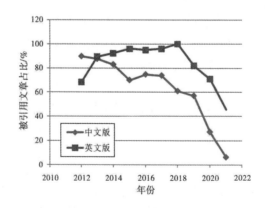

图 1 《古地理学报》中、英文版 2012—2021 年在 SCI 数据库中的
被引用文献占总发文数量比例的分年统计

从被引用文献的篇均被引用次数(图 2)看,《古地理学报》中文版 2012—2021 年呈逐渐下降趋势,其中 2012—2015 年略有波动,但每年的篇均引用次数均在 5 次以下。《古地理学报》英文版的分年篇均引用次数波动较大,2012—2015 年波动上升,2015—2021 年波动下降,2012—2018 年篇均引用次数在 5 次以上,2013—2016 年在 10 次以上,2015 年篇均引用次数最大,为 19.7 次。总体看来,《古地理学报》英文版的篇均引用次数远高于中文版,而《古地理学报》中文版的分年篇均引用次数变化符合文章随着发表年数的增大,被引用增多的一般规律。

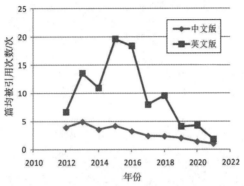

图 2　《古地理学报》中、英文版 2012—2021 年在 SCI 数据库中的被引用文献的篇均被引用次数的分年统计

2.2　《古地理学报》中、英文版施引文献的详细分析

2012—2021 年,SCI 数据库中引用《古地理学报》中文版的文献共计 1 259 篇,来自被 SCI 检索的 228 种包括期刊在内的出版物,施引作者共 3 881 人,涵盖了来自 41 个国家/地区的 829 家科研机构,平均每个国家/地区 30.7 篇;《古地理学报》英文版的施引文献共计 1 791 篇,来自被 SCI 检索的 443 种出版物,施引作者共 6 005 人,涵盖了来自 97 个国家/地区的 1 914 家科研机构,平均每个国家/地区 18.5 篇;从 2016 年以来,英文版每年的施引文献数量系统性地高于中文版(见图 1)。从上述数据分析,《古地理学报》英文版施引文献的国家/地区分布更广泛、来源出版物更多,考虑到统计年份内英文版发文量约是中文版的三分之一,可以认为《古地理学报》英文版发文的平均国际影响力远远超过了中文版。

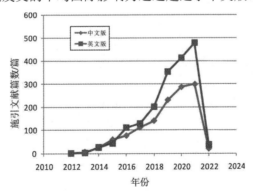

图 3　《古地理学报》中、英文版 2012—2021 年在 SCI 数据库中的施引文献的年际分布

从施引文献的语种看,《古地理学报》中文版有英语(1 206 篇)、汉语(52 篇)和西班牙语(1 篇)3 种,英文版有 8 种,主要为英语,共 1 770 篇,占 98.8%,其他语种还有俄语(7 篇)、汉

语(4 篇)、法语(3 篇)、西班牙语(3 篇)、葡萄牙语(2 篇)、朝鲜语(1 篇)和马来语(1 篇),也说明英文版的国际传播力更大。

对活跃的施引作者进一步分析表明,《古地理学报》中文版的施引数量前 10 的作者均为华人作者,英文版的施引作者施引数量前 10 的作者中,非华人作者有 6 位,其中前 5 名中,非华人作者占了 4 位(图 4)。

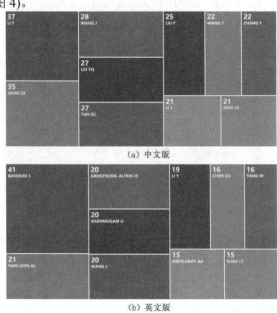

图 4　《古地理学报》中、英文版 2012—2021 年在 SCI 数据库中的施引数量排前 10 的作者统计

从 SCI 数据库中与施引文献有关的国家/地区的文献数量统计(图 5)看,《古地理学报》中文版的 1 259 篇文献中,与中国有关的文献有 1 241 篇,占 98.6%,少量文献与美国、加拿大、澳大利亚、德国、英格兰等国家有关。英文版的 1 791 篇施引文献中,与中国有关的文献 669 篇,占 39.0%;占比 5.0%以上的国家有美国、印度、英格兰、德国、澳大利亚、法国等,有关文献数量在 90 篇以上。英文版的施引文献中,60%以上都是中国以外的科研机构人员参与完成的,相比之下中文版只有 1.4%的施引文献是中国以外的科研机构人员参与完成的。

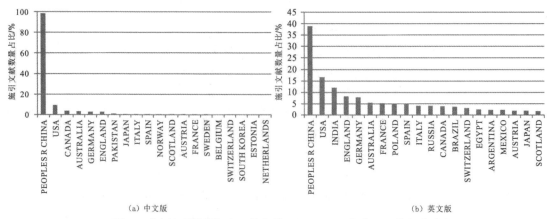

图 5　《古地理学报》中、英文版 2012—2021 年在 SCI 数据库中与
施引文献有关的国家/地区的文献数量占比统计

通过上述《古地理学报》中文版与英文版在 SCI 数据库中的被引用情况的对比,可以看出《古地理学报》英文版以不到三分之一的被引文章数,获得了远大于中文版的被引用次数。《古地理学报》英文版 2014—2018 年被 SCI 数据库文献引用占总发文量的比例都超过了 90%(见图 1),且有大于 60%的施引文献与中国的科研机构无关(图 5(b)),说明《古地理学报》英文版已经有了较高的国际显示度,且很大程度上参与了国际间的学术交流。

相比之下,《古地理学报》中文版的显示度要低得多,2012—2021 年被 SCI 数据库引用文章占总发文量的比例最高是 2012 年的 89.6%(见图 1),而英文版 2018 年的被引用就达到了 100%,加之《古地理学报》中文版施引文献中有 98.6%与中国的科研机构有关(图 5(a)),且活跃的施引作者都是华人(图 4(a)),说明《古地理学报》中文版的国际显示度很低,参与国际间学术交流很有限。

2.3 《古地理学报》中文版与《岩石学报》的对比

《岩石学报》(*Acta Petrologica Sinica*)是中国地质学类期刊中被 SCI 收录的不多的中文期刊之一,它创刊于 1985 年,目前为月刊,年均发文量 210 篇左右。根据 SCI 数据库的统计,2017—2021 年,《岩石学报》总文章数 1 070 篇,被引文章 844 篇,总被引次数为 3 798 次,施引文献共计 2 335 篇。

从两个期刊对比看,《古地理学报》中文版的分年被引文章占比和分年被引文献的篇均被引次数,均系统性地低于《岩石学报》。《岩石学报》2017、2018 年的被引文章占比均接近 100%,2019—2021 年占比依次为 91.7%、51.4%和 18.5%,分别高于《古地理学报》中文版的 57.1%、27.0%和 6.4% (见图 6(a))。从篇均被引次数看,《岩石学报》2017—2021 年呈接近于线型降低的趋势,2017 年最高,为 6.4 次,2021 年最低,为 1.2 次;《古地理学报》中文版 2017—2021 年篇均被引次数也呈逐渐降低趋势,2017 年最高,为 2.3 次,2021 年最低,为 1 次(见图 6(b))。2017 年,《古地理学报》中文版的篇均被引次数与《岩石学报》有 4.1 次的差距,从趋势预计,在 2012—1016 年,这种差距会更大。

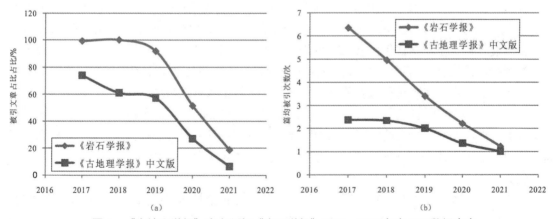

图 6 《古地理学报》中文版与《岩石学报》2017—2021 年在 SCI 数据库中
被引文献占总发文量的比例和年均被引文献篇均被引次数

从在 SCI 数据库中施引作者和施引国家/地区看,《岩石学报》与《古地理学报》中文版有较大的相似性。《岩石学报》的施引作者前 10 中,有 9 位是华人作者(见图 7(a)),而《古地理学报》中文版全部是华人作者;2 335 篇施引文献中,2 308 篇与中国的科研机构有关(见图 7(b)),

占 98.8%，略高于《古地理学报》中文版的 98.6%。总体看来，《古地理学报》中文版与被 SCI 数据库收录的《岩石学报》的施引作者基本都是华人作者，与外国作者和机构有关的被引文献占比大致相同。

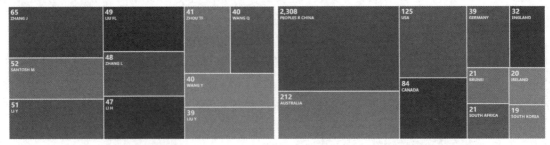

(a) 施引作者前十　　　　　　　　　　　　(b) 施引国家/地区前十

图 7　《岩石学报》2017—2021 年在 SCI 数据库中施引作者和施引国家/地区

与《古地理学报》中文版相比，虽然被 SCI 数据库收录的中文科技期刊《岩石学报》有较高的被引用文献占比(图 6(a))以及篇均被引用次数，但是考虑到活跃的施引作者大多数是华人(见图 7(a))以及绝大多数施引文献都与中国科研机构有关(图 7(b))，《岩石学报》的国际显示度很低，参与国际间学术交流也很有限。

3　讨论：提高中文科技期刊的国际影响力策略

从前面的对比可以看出，两个创刊时间较早的中文科技期刊——《古地理学报》中文版和《岩石学报》的国际影响力要比创刊时间晚得多的英文科技期刊——《古地理学报》英文版低很多。结合对国内其他中文地质学类期刊的了解，笔者认为提高中文科技期刊国际影响力的策略可以从国际化办刊和努力提高期刊国际显示度两方面入手。

3.1　国际化办刊

首先，要有文化自信，要相信中文科技期刊能承担起发表和传播最新科研成果的历史使命。习近平总书记指出："文化是一个国家、一个民族的灵魂。文化兴国运兴，文化强民族强"[10]。文化自信度直接关乎我国在国际社会中的地位及相应话语权[11]。汉语承载着我们国家几千年文明的延续。虽然研究表明，大多数"被 SCI 收录的非英文期刊学术影响力指标明显低于英文期刊，而且本民族语言期刊影响因子很大程度上由国内学者贡献(中文期刊尤其明显)"，但是，如果由此得出"中文科技期刊不宜提倡国际化"和"中文科技期刊必须坚守民族性，做好知识和信息服务工作，不宜过分强调国际影响力"的结论，也有值得商榷的地方。中文科技期刊应提高文化自信，努力改变目前国际影响力不高的现状，早日成为国际化的学术交流平台，而不应该丧失信心、止步不前。

其次，办刊理念要及时更新。期刊最重要的使命是传播最新科研成果，不要被语言束缚。中文科技期刊不是"只发表中国人文章的期刊"，不是"只能有汉字的期刊"，不是"只能给中国人看的期刊"。实际上，大多数中文科技期刊已经加入了包括标题、摘要、关键词、作者简介、图表名以及参考文献英译等英文信息，未来为适应目前汉语仍不是国际上科技界最通用语言的现状，应提倡英文长摘要、更详细的英文图表说明等，也可以考虑发表加了中文信息的英文文章。通过"英文化"促进与国际间国际学术交流[12]。最终办成以中文为主，中外文共存的、

"双语"或"多语"的"新型"中文科技期刊。

其次，与办刊理念更新相一致，要在办刊机制、队伍建设等方面做工作。根据笔者对地球科学类中文科技期刊的调查，发现包括《中国科学：地球科学》《地学前缘》《岩石学报》等在内的几乎所有的中文地质类科技期刊的编委人员都是中国人，个别期刊有少数(1~2个)海外华人。这种现状应该说非常不利于中文科技期刊参与国际学术交流、提高国际影响力。实际上，随着中外学术交流的加强和中国学者国际影响力的提升，国外学者参与中国学术研究的越来越多，他们也有在中国的学术期刊上发表文章、扩大自己影响力的意愿，因此，可以通过中国学者邀请国外研究者参与中文科技期刊的办刊工作。《古地理学报》英文版从创刊以来，一直积极吸纳国外的科学家担当期刊的副主编和编委，参与办刊，通过外国专家撰稿、审稿，带动外国作者来稿，从而逐渐被国外的研究机构和研究者所关注，进而提升期刊的国际引用和影响力。

3.2 提高期刊的国际显示度

国际显示度较低是中文科技期刊国际影响力较低的最直接原因。期刊是传播最新科技成果的平台，因此，提高期刊的国际显示度最有效的方法是把期刊的文章通过网络最快地展现给全球范围内所有相关的研究人员。虽然大部分中文期刊在自己的网站都提供免费下载文章，但是其成果的丰富性与知名度远远比不上拥有巨量信息资源的大型出版集团，如国内的知网、国外的爱思唯尔(Elsevier)和施普林格(Springer)等，这是显而易见的。对于国外的研究者来说，到中国的《岩石学报》编辑部网站上检索相关研究成果的概率，显然比通过爱思唯尔(Elsevier)、施普林格(Springer)等大型数据库进行检索的概率低很多。因此，在当前中国期刊以及中国大型出版集团的整体国际影响力较低的情况下，与国外的出版机构合作仍然是最便捷的方法。《古地理学报》英文版创刊后很快与爱思唯尔、斯普林格等国际出版机构合作，并以开放获取为主，文章的被引用占比迅速上升(见图1)。期刊的进步除了与知名学者效应有关外，还与其积极与国外数据库合作有关。与国外数据库合作能有效提高期刊的国际显示度，从而被更多国外研究机构和学者所关注(见图5(b))。

中文科技期刊也可以参与国际交流，如参加国际学术会议等，让更多的外国学者关注到期刊；还可以以邮件推送等形式向国外研究者介绍期刊文章，从而提高期刊的国际显示度。

4 结束语

通过对比《古地理学报》中、英文版在Web of Science数据库中的引用状况可以看出，《古地理学报》中文版国际显示度很低，参与国际间学术交流非常有限，英文版的国际显示度相对较高，很大程度上参与了国际间学术交流；被SCI数据库收录的《岩石学报》虽然被引文献占比相对较高，但其国际显示度仍然很低，参与国家间学术交流也很有限。建议中文科技期刊从国际化办刊和努力提高国际显示度两方面入手，积极参与国际间的学术交流，从而不断提高自身的国际影响力，早日把中文科技期刊建成国际化的学术交流平台。

只有中文科技期刊提高文化自信、真正回归期刊本身的使命、国际影响力增强、真正成为国际化的学术交流平台并得到广大科研工作者的认可，才能彻底根除目前学术界存在的"唯SCI""SCI至上"现象，真正做到"把论文写在中国的大地上"。

参 考 文 献

[1] 刘筱敏.学术交流视角下中国科技期刊发展的思考[J].中国科技期刊研究,2021,31(10):1146-1152.
[2] 宁笔.我国需要更多英文科技期刊[J].科技与出版,2020(4):5-10.
[3] 黄崇亚,张海洋.新时代我国科技期刊发展的布局与使命[M]//学报编辑论丛 2021.上海:上海大学出版社,2021:56-60.
[4] 陈瑜.代表委员等热议破除"SCI至上":科技评价从"数论文"转为看实绩[J].编辑学报,2020,32(3):284,290.
[5] 葛赵青,赵大良,刘杨.也谈我国科技期刊的国际化:兼与赵来时等同志商榷[J].编辑学报,2004,16(6):457-458.
[6] 刘雪立,郭佳,申蓝.非英文科技期刊国际化的困境与思考:基于10个非英语国家SCI收录期刊的实证研究[J].中国科技期刊研究,2021,31(4):455-461.
[7] 伍军红,孙秀坤,孙隽,等.期刊影响力指数与影响因子评价国际期刊的比较研究[J].编辑学报,2017,29(5):500-504.
[8] 吴庆文.影响力指数(CI)对期刊评价的影响分析:以《陶瓷学报》为例[M]//学报编辑论丛2018.上海:上海大学出版社,2018:474-478.
[9] 王静,阎正坤.基于CI值的中文科技期刊学科影响效能分析:以电气工程学科中文科技期刊为例[M]//学报编辑论丛2020.上海:上海大学出版社,2020:764-770.
[10] 习近平在中国共产党第十九次全国代表大会上的报告[EB/OL].[2017-10-28].http://jhsjk.people.cn/article/29613660.
[11] 沈壮海.论文化自信[M].武汉:湖北人民出版社,2019.
[12] 张伟伟,刘佼,赵文义.借力英文化实现中文学术期刊国际化出版[J].科技与出版,2018(7):10-15.

小学科学术期刊影响力提升方法
——以《食用菌学报》为例

王瑞霞,曹婷婷,费理文,马丹丹

(上海市农业科学院食用菌研究所《食用菌学报》编辑部,国家食用菌工程技术研究中心,上海 201403)

摘要:受学科范围限制,小学科学术期刊生存和发展面临严峻挑战。以《食用菌学报》为例,从发挥专家和作者及编辑作用、提升载文质量、缩短出版周期、发挥行业学会作用、提高工作效率、扩大宣传等方面总结小学科学术期刊影响力提升方法,为其他小学科学术期刊的发展提供参考。

关键词:学术期刊;期刊影响力;食用菌学报;小学科;专家;作者;编辑;学会

科技期刊传承人类文明,荟萃科学发现,引领科学发展,直接体现国家科技竞争力和文化软实力[1-3]。中文科技期刊是我国科技期刊的主体,承担着传播科技成果、促进科技成果转化、推动科技创新和交流的社会职责,具有重要的作用。

在学术领域,每个学科均有自身特点,学科之间并无高低之分,但是,由于不同学科的体量客观上存在差异,所以学科确有大小之别。大学科基础雄厚,行业资金充裕,从业人员众多;小学科体量较小,基金资助有限,人才队伍较为单薄。与之相对应,大学科科技期刊往往可密集吸收各种资源,而小学科科技期刊办刊经费和发展机会相对较少,学术平台和期刊显示度较低,办刊条件较为局限[4]。

在期刊竞争日益激烈的状况下,小学科学术期刊受学科范围限制,其生存和发展面临更加严峻的挑战。食用菌是小学科,受众面小,相关期刊就有4种,更有不计其数的园艺类期刊、真菌类期刊和农业类综合性期刊竞争,所以期刊状况如逆水行舟、不进则退。

《食用菌学报》(*Acta Edulis Fungi*, AEF)创刊于1994年,期刊编辑部成员始终秉承工匠精神,克服办刊中遇到的种种困难,砥砺奋进。AEF 于2008年首次入编《中文核心期刊要目总览》园艺类核心期刊,2013年首次被收录为中国科技核心期刊,2015年首次被收录为中国科学引文数据库(CSCD)来源期刊。从2017年起,全文被美国 EBSCO 数据库收录;从2018年起,全文被日本 JST 数据库收录;从2020年起,全文被英国 CABI 数据库收录,为进一步提高期刊在国内外的影响力奠定基础。根据中国知网的统计数据,AEF 的复合影响因子从 0.750(2009 年)提升为 1.586(2020 年),国际影响力指数(CI)达到历年来最高值,入选世界期刊影响力指数报告(2020 科技版)。

笔者基于《食用菌学报》十余年编辑实践,总结小学科科技期刊学术影响力提升方法,为进一步提高我国小学科中文科技期刊的影响力提供参考。

基金项目:2021年度中国农业期刊网研究基金项目(CAJW2021-002,CAJW2021-010)
通信作者:马丹丹,E-mail 1514987885@qq.com

1　充分发挥专家、作者、编辑的作用

1.1　建立详细的审稿专家库

由于小学科范围小，该领域专家相对较少，容易建立详细的专家库；编辑可以快速找到相应的审稿专家，同时保证稿件的审稿质量。AEF 不但建有专家库，还培养了一批中青年科研一线审稿专家，能够最大限度缩短论文的外审时间，提高审稿速度，提升审稿质量。

1.2　培养作者群体

小学科的作者群体有限。AEF 大约有二分之一的作者是在校研究生，在和他们沟通前，编辑会深刻理解审稿专家的意见，清晰了解他们的研究脉络，明确文稿问题所在，形成缜密的意见和建议，给作者返回可操作性强的修改意见，告诉他们文稿哪些地方需要补充，为什么需要补充；存在哪些问题，需要怎样修正；哪些部分需要完善，应该怎样完善等，协助作者养成严谨的工作习惯，提高论文规范写作能力，用过硬的业务能力征服作者，为作者再次给期刊投稿奠定基础[5]。如果作者认为专家的审稿意见与自己的研究内容有出入，AEF 编辑会另选专家再审，给予作者足够的尊重，这对培养作者群也至关重要。

1.3　打造高水平编辑团队

三分之二以上的 AEF 编辑，获得相关领域博士学位；除新进人员外，所有编辑已经在 AEF 工作 5 年以上，具有较高的学术水平；每期定稿后，AEF 编辑均会对修改过程中出现的问题进行分析和总结，在实践中不断提升自身的专业素养；AEF 编辑均每年至少参加一次全国学术会议，掌握食用菌学科最新研究热点，从而能够在工作中做到快速把握来稿的创新点。

2　提升载文质量

2.1　稿件采用两个双盲审方法

无论互联网技术如何发展，科技期刊必需始终坚持"内容为王"，这应该是出版业亘古不变的真理[6-7]。高质量的稿源对小学科科技期刊来说，尤为重要。AEF 的稿件采用两个双盲审制度，在专业方面对稿件质量进行把关，严格把握来稿的创新点，避免稿件处理的主要非客观因素，同时提炼出有创新点的稿件进行加工。

2.2　提供英文长摘要和方法

为了便于对外交流，扩大学术影响力，推动科技信息及成果的快速传播和转化，目前，科技期刊大多附有英文摘要，一般在创刊之初就带有英文摘要，对英文摘要所起的作用及受重视的程度也随着学术研究不断深入而越来越高[8]。

AEF 上刊登的每篇文章均有英文摘要，图表内容也都需要英文，并在图注和表注上用英文写明方法。采用这种方法，食用菌科技成果能够在国际学界畅通传递。目前，AEF 被美国 EBSCO、日本 JST、英国 CABI 3 个数据库收录，国外影响力得到极大提升。

2.3　评选高被引论文

科技期刊发表论文的学术质量决定着期刊的质量。评估论文学术质量的决定性因素主要包括同行评议和被引用情况两个方面[2,9]。

学术论文的被引用频次是衡量论文影响力的一项重要指标，它主要反映科研同行对论文工作的认可度，同时它也是考察期刊综合实力的一项常用参考指标。高被引论文通常是受到学者关注较多的论文，这些论文通常学科影响力高，且研究主题为学科热点[10]。AEF 每年都会统计在4年前刊出文章的被引频次,将高被引论文的作者名单和题目发布在AEF网站上,以资鼓励;对定期对这些高被引论文进行数据挖掘和分析[11],帮助读者了解和把握学科研究脉络。

3 缩短出版周期

3.1 季刊改为双月刊

论文发表时滞是指文章自作者投稿之日起至论文发表的时长,即知识的形成和知识开始传播的时间差[12-13]。对于科技期刊而言,刊登论文的发表时滞越长,其所承载的科研成果时效性越差,影响力也越低。基于此,AEF于2021年将季刊改为双月刊,缩短出版时滞,提升期刊的影响力。

3.2 网络首发

为确保高质量学术成果的首发权与快速传播,进一步提高期刊的影响力,AEF每期选取1~2篇高质量论文进行中国知网排版定稿网络首发,并通过微信等平台进行宣传,作者对自己论文的宣传和推广都比较重视,不断转发,形成良性循环,间接宣传和推广期刊,扩大了期刊的影响力。

4 发挥行业学会作用

在国内外科技期刊竞争日益激烈的今天,行业学会主办的科技期刊如何借助于自身独有的优势,通过依托行业学会寻求发展自己,已成为目前同类科技期刊不可忽视的关键问题[14]。

AEF所在的上海市农业科学院食用菌研究所,成立于1960年,是我国建所最早的食用菌专业研究所,研究方向较全、人才层次较高、综合实力较强,每年举办中国农学会食用菌分会年会,与会专家为业内知名的学者或一线科研人员;AEF的编辑均参加会议,对期刊进行宣传并约稿,不断提高期刊的学术质量和影响力,促进期刊良性、可持续发展。

5 寻求提高工作效率的新方法

积极推动主办单位进行期刊资源整合,科学合理地分配、优化和共享资源,节约办刊成本,把编辑从庞杂的编务中解放出来,使其能更好地提升自身学术水平和编校水平;能有更多时间和精力约稿、组稿,培养期刊的作者群体和扩大审稿队伍,从而提升期刊质量。

6 扩大宣传

6.1 联合学科大型专业网站

AEF还联合业内较大的网站(易菇网)进行会议支持、扩大宣传,让更多的期刊受众群体了解并关注期刊,不断提升期刊的学术影响力。

6.2 微信平台推送目录

移动、互联网时代的到来伴随着微博、微信、微视频和客户端为载体的平台不断兴起,形成信息传播新媒体。这些新媒体的广泛应用,使信息的传播方式发生质的变化,公众的阅读习惯也随之发生翻天覆地的改变,移动阅读已成定势[7]。为此,AEF开通了微信传播平台,实现了期刊内容纸媒出版前的数字出版,满足不同读者的阅读需求。

AEF积极有效地将新媒体的传播方式应用到期刊的发展中,每期定稿后,AEF将每期的目录和作者名单发布在上海市农业科学院食用菌研究所的"漫步菇道"公众号,使读者能够尽可能快速了解期刊最新刊出的内容。公众号的运用极大提升了期刊内容的传播速度,扩大了期刊内容传播的广度。

7 结束语

期刊是学科的学术名片,学科队伍是期刊的核心力量;优势学科助力科技期刊打造行业旗舰期刊,期刊促进学科交流与发展。应努力形成学科建设引领高水平科技期刊发展、高水平学者和科研团队主导科技期刊发展的格局,实现科技期刊与学科建设同步规划、同样重视、同等资助[15]。小学科学术期刊要依托学科力量,深入挖掘学科特色,灵活创新,以守正创新和工匠精神提升核心竞争力,走特色发展之路,从而使期刊更好更快发展。

参 考 文 献

[1] 习近平主持召开中央全面深化改革委员会第五次会议[EB/OL].(2018-11-14)[2019-10-24].http://www.gov.cn/xinwen/2018/11/14/content_5340391.htm.

[2] 包旖旎,王晴.如何提高科技期刊学术影响力:基于发文类型分析指导办刊[J].科技与出版,2020(6):15-21.

[3] 田甜.新媒体时代科技期刊办刊模式探讨:以《制冷学报》为例[J].传播与版权,2022(2):34-36.

[4] 郭盛楠,郝洋,韩焱晶.特色小学科科技期刊高质量发展策略探讨:以中国中医科学院针灸研究所的3种期刊为例[J].编辑学报,2021,33(5):571-575.

[5] 王瑞霞,于荣利,朱丽娜,等.学报编辑在退稿退修中加强对在校研究生作者群的培养:《食用菌学报》编辑实践[J].编辑学报,2015,27(增刊2):103-104.

[6] 游苏宁.网络时代秉烛前行[J].编辑学报,2015,27(6):511-514.

[7] 段江娟.浅谈小学科学术期刊的竞争优势[J].中国媒介生物学及控制杂志,2019,30(3)354-355.

[8] 潘学燕,郭柏寿,成敏.科技期刊英文摘要不宜置于文后[J].今传媒,2017,25(4):127-128.

[9] 金碧辉,汪寿阳,任胜利,等.论期刊影响因子与论文学术质量的关系[J].中国科技期刊研究,2000,11(4):202-205.

[10] 费理文,王瑞霞.零被引和高被引论文的特征比较和分析:以《食用菌学报》为例[J].编辑学报,2018,30(增刊1):204-209.

[11] 王瑞霞,费理文.《食用菌学报》高被引论文的数据挖掘及分析[J].农业图书情报学刊,2017,29(12):70-74.

[12] 刘晨霞,魏秀菊,王柳,等.学术期刊发表时滞及载文量对影响因子的定量影响研究[J].编辑学报,2019,31(增刊1):104-106.

[13] 于国艺.科技学术期刊缩短论文发表时滞的若干措施[J].编辑学报,2003,15(4):249-250.

[14] 周立忠.依托行业学会提高期刊学术质量和影响力:以《硅酸盐学报》组织学术专题研讨会为例[J].编辑学报,2018,30(4):386-388.

[15] 田江,王潇,宋景锐.科技期刊发展与学科建设协同机制研究:以成渝地区创新效率分析为例[J].科技与出版,2021(9):26-31.

农机科技期刊来稿初审工作

杜流芳

(《现代农机》杂志社,浙江 宁波 315100)

摘要:农机期刊质量参差不齐。为提高农机期刊质量,各刊编辑部严格执行三审三校制度。其中,三审指初审、复审和终审。在三审中,稿件初审是基础,初审的质量和时效性是打造优质期刊的第一步。本文在综合分析初审的地位和作用的基础上,系统分析和总结了农机期刊初审过程中的一些经验和注意事项。

关键词:初审;步骤;地位;注意事项

近年来,农机期刊发展面临多重挑战。一方面,我国农机化起步晚,总体发展水平较低。另一方面,农村地区不同区域新农机、新技术推广普及程度不一,发展很不平衡。农业机械虽在不断更新换代,但农机整体拥有量呈下降趋势,这对农机科研、农机制造、农机应用、农机专业教育培训等产生巨大影响,当然也包括农机期刊,受影响对象包括期刊读者、期刊作者、刊社从业人员等,影响最直接的是期刊发行量和期刊稿源量双双下滑。

农机期刊社在新形势下,应在保证社会效益的同时,努力提高经济效益,讲求编辑、发行并重。面对新形势,为提高农机期刊质量,吸引优秀稿件,发展壮大读者群体,农机期刊编辑对稿件初审作了研究探讨。现有文献中有关稿件初审的研究结果很多,主要涉及初审意见的写作、初审的途径、初审中学术研究的共性、初审审读程序及审读重点、初审视角、初审质量控制、初审评价方法分析、初审对论文质量的影响、初审的内容等方面。

初审工作主要由编辑完成,工作职责主要包含通读全文内容、格式和学术不端审核。随着期刊的发展,越来越多期刊意识到初审对期刊的发展非常重要,于是不少国际名刊直接启用正副主编或特邀专家来完成初审工作,国内也有一些期刊效仿[1]。为保证稿件的初审质量,编辑部可建立人才库,尽可能多地吸纳专家或学科带头人入库,调动力量对编辑部难以判定的专业稿件从学术上进行初审,以提高初审质量,进而提高刊物质量[2]。

为了综合提高农机期刊的学术影响力,提高农机期刊稿件初审的质量,本文从农机期刊编辑初审实践出发,结合稿件初审步骤以及初审在出版中的地位和作用,总结出稿件初审的一些经验和注意事项,供其他期刊参考。

1 来稿初审步骤

1.1 查重

可通过 CNKI 学术不端文献检测平台等检测论文。各刊对论文复制比合格率的规定可根据稿源具体情况决定。在稿件查重时通常会出现以下情况:一是论点或写作角度较新颖,但论据及文字表述上引用、摘录偏多,这种文章初审编辑应予退修处理;二是文字复制比过高,初审编辑可作退稿处理；三是查重合格，但引用的论点未标明出处，初审编辑应要求作者标明引用文献出处。此外，由于学术不端检测软件存在图表查重上的局限性，对图表较多的论文，要仔细审核、灵活处理，如《现代农机》曾收到一篇文章，查重通过，但编辑初审后认为，将文中以表格形式呈现的"评价标准"内容转为文字表述更佳，所以将其改为文字表述后录用，以规避查重局限。

1.2 通读全文

通读全文的目的是审内容和审形式。

1.2.1 审内容

首先，审查来稿是否符合期刊的办刊宗旨。如《现代农机》的办刊宗旨为"立足大农业、发展大农机"，编辑初审时首先核查来稿是否符合农机化发展趋势，是否就农机行业热点问题展开论述，是否阐述农业机械化与现代化亮点，是否为农机管理与推广经验等，是否就农机化新技术新机具应用展开探讨或就有关技术及机具的革新进行论证，以确保来稿内容符合期刊的办刊宗旨。

其次，审查来稿阐述的专业观点是否正确，是否具有创新性。这项审查对审稿人专业素养要求较高，要求审稿人具备扎实的专业基础，广泛阅读专业文献，把握住相关学科的研究前沿，并且有敏锐的专业触感。

对于偏实用技术类来稿，初审编辑要看文章是否贴近读者，能否解决实际问题，以及是否通俗易懂；对于偏理论性来稿，要看作者论点是否精辟，论据是否充分，是否基于当地实际，以及对其他地方是否有借鉴意义。

在初审时，初审编辑要时刻记住，一篇好论文，不是字数多或内容广，而应专而精，且重点突出。对内容具有创新性、实用性、科学性的来稿，初审编辑应快速给录用建议，督促尽快完成后续审稿流程.。对于超出期刊专题范围，不符合期刊办刊宗旨的，不管写得如何精彩，都应迅速给出退稿审稿建议。

1.2.2 审形式

形式审查包括来稿结构、层次是否清晰，逻辑是否严密，文章体例、版式是否符合编辑部要求，摘要、关键词的撰写是否规范，作者有关信息是否齐全，参考文献著录是否规范，单位符号、图、表是否符合国际标准。农机期刊作者层次差异大，编辑初审时对来自基层的作者要多予引导和帮助。为提高作者的学术论文写作能力，《现代农机》在办刊早期曾为基层作者举办过写作培训班，并由此收获不少实用的好论文。

1.3 查阅行业期刊

查阅行业期刊同类主题文章。查阅的目的是对来稿"称份量"，查看主题相同或相近的论文数量，了解相关学术论点，通过摘要、关键词、参考文献等进行综合查询对比，判断来稿的质量水平及是否具有发表价值。《现代农机》与其他农机期刊——《中国农机化》《农机使用与维修》《农机市场》《当代农机》《农机科技与推广》《现代农业装备》，以及全国各地其他农机化杂志如《新疆农机化》《江苏农机化》等都有过交流赠阅，通过阅读这些期刊，编辑及时了解了农机行业的发展现状以及相关的研究热点、重点和难点，培养出判断论文学术价值的能力。

1.4 了解作者

借助 CNKI、万方搜文、维普资讯等平台查看来稿作者的发文情况，包括作者承担的课题、基金项目情况，作者已发表论文的情况，查看其发文数量及时间、发文期刊的知名度、论文被引频次及引用指数等，借助平台有关数据，判断该作者的科研能力和学术水平[3]。初审编辑还可选取其中一篇或几篇进行通读，看其学术造诣和写作水平。这对初审编辑判断来稿质量有一定的参考作用。

《现代农机》作者既有教授、专家，又有基层农机管理工作者，还有农机使用操作维修人员。对来自高等院校和科研机构的作者，刊社通过他们了解农机化最新技术及科研信息；对农机管理机构工作人员，刊社通过他们了解各地农机化发展状况及动态；对农村拖拉机手及修理工等，刊社了解他们的技术需求及他们在农机使用维修方面值得推广的实践经验。

了解作者，就能很好地知晓来稿的写作背景，也就能较准确地称出稿件的"技术含量"。

1.5 撰写初审意见

完成上述步骤后，初审编辑可再次审阅来稿，看其论点是否有待提升，论据是否需要补充或完善。再看语言文字等，是稍作编辑加工即可，还是需要返修。初审编辑考虑成熟后，就可撰写初审意见，对拟用稿给以肯定，对拟退修稿提出修改意见并返修，对退稿应提出中肯意见及有关建议后再退，尤其是对超出本刊报道范围的好稿，可以推荐作者另投他刊[4]。

撰写初审意见，应根据文章类别决定格式及措辞，如《现代农机》对学术理论类论文，用"阐述""分析""表明""得出……结论""为……提供参考借鉴""有……指导作用"等词句；对实用技术类论文，用"陈述了……使用维修技巧，可供广大农机使用维修人员学习参考""……实用技术值得推广"等词句。

2 稿件初审在出版中的地位和作用

2.1 初审是三审三校的第一步

初审既可对论文质量下初步结论，还可为复审终审提供参考。对需要外审的稿件，初审意见亦可供外审专家参考，以节约外审专家审稿时间，使其在有限的宝贵时间内，对来稿重点提出意见或建议[5]。

2.2 初审是期刊质量管理的首要关口

初审涉及对来稿政治性、宗教性、社会敏感问题的把握[6]，对稿件内容的科学性与创新性的评判，以及对作者文字表达能力的判断，是期刊质量管理的首要关口。

农业科技期刊论文也有可能涉及政治问题，如《现代农机》某期收到一篇文章，内有语句涉及妇女享受权益的问题，刊社初审后认为，如这句话公开发表可能会涉及敏感的政治话题，于是果断地将它删除。

对缺乏新意，老调重唱的作品，应果断舍弃。如《现代农机》曾收到有关"电动农业机械研究现状及发展趋势"的文章，查重虽通过，但全文没有新的观点，许多论点是由其他论文的观点拼凑而成，只不过文字经过处理换了一种说法而已，所以立即作退稿处理。

2.3 初审是编辑培养的基础环节

编辑是从稿件初审入门并逐步提高能力和综合素养的。编辑的专业知识、出版技能、逻辑思维能力、认知能力、洞察力、判断力等都是从稿件初审开练并不断提升的。一名优秀的科技期刊编辑不仅"专"而且"博"，除不断扩充专业知识外，还懂得提高信息技术水平、外语水平、交际水平等，特别会利用初审工作不断提升自己对各数据库及图书馆等公共查询系统的应用能力。

农机期刊编辑入职之初，不仅要积极参与稿件初审及编辑加工，还要努力提高专业知识，要"干一行爱一行"，如参观农机生产厂家，跑农机管理部门，去生产现场看农机，跑高校实验室或精工车间，还应经常上网浏览各地农机化动态信息，点击阅览农机作业图片，观看各地农机作业现场会。这些都因稿件初审需要知识经验，编辑从"被迫做"到"自觉做"再到"喜欢做"，直至养成习惯。因此可以说，初审是编辑培养的基础环节。

2.4 初审是出版单位速度和效率的起点

初审时长关系到整个审稿进程，关系到论文公开发表的速度及作者等待回复的时间及其稿件流通周期。初审编辑应致力于追求知识的广度和深度，以使自己"敏锐""从容""干练"，使编辑出版工作从一开始就迅速高效。

3 稿件初审注意事项

3.1 初审要坚持"内容为王"

期刊应坚持学术性第一，重点关注来稿能否引领或促进行业发展，或对从业者是否有指导作用，当然，前提是政治倾向及舆论导向正确。此外，编辑部在决定稿件录用率时，要统筹考虑科技论文的评价标准及本刊的质量水平、年度发文量及稿源充足程度等[1]。对写作角度比较新颖的，也可大胆录用，如《现代农机》杂志社收到来稿《小组合作学习在机械制图教学中的应用研究》，该文整篇从"小组合作学习"角度谈机械制图教学，不同于以往的"项目教学法"或"任务驱动法"，比较新颖，所以初审编辑马上建议录用该稿。

3.2 初审要及时

初审编辑要避免稿件积压，产生时滞，延长审稿周期，进而影响整个编辑出版进程。作者总是希望审稿越快越好、出刊越早越好，期刊编辑部在来稿量较多的情况下尤其要注意初审时效。

3.3 初审要公正

初审编辑应拒绝人情稿、关系稿，对偏离出版范围或质量较差的来稿应果断退稿；忌轻易为增加出版单位收益而扩大刊登范围。随着高校本科、硕士、博士学生的扩招，以及各行各业从业人员的增加，学位论文、职称论文、课题论文发表需求大增[5]，这时初审编辑更应客观、公正地处理来稿，以避开社会上这种"量化"的评价体系带来的弊端。

3.4 初审要严谨

编辑初审时对论文某些观点有疑问的，可与作者联系复核，要求其提供更为翔实的实验数据或其他论据，也可请专家或主编决断。如农机科技期刊编辑部会请高校教授、拖拉机厂专家审核农机技术试验类稿件。此外，初审编辑还要注意论文"查重"存在的漏洞，如相同的结论，可以用不同的方式、句型、文字来表述，甚至用颠倒叙述顺序的方法来规避检测，所以编辑要慎之又慎[7]，尤其对文章中不易检测部件如图、表、公式等要格外注意[8]。

3.5 初审要重视意见写作

初审结论要写明论文录用、退修或退稿的原因。如论文具有创新性，或其陈述的做法、经验具有可借鉴性，或对行业发展有推动作用，作者在写审稿意见时应明确指出，以供复审终审人员参考。对拟退修稿，应提出修改建议；对退稿，要写明理由并提出中肯意见，以便作者作进一步处理。为加强编辑初审的规范化，编辑部可设计初审意见表[9]，统一写作格式，包括稿件有关信息审查、形式审查、内容评价(包括学术水平、创新性、实用性、传播价值)、修改意见、处理意见、初审人员签名等[10]。《现代农机》非常重视初审意见写作。编辑部规定，初审意见不能简单地写"可以录用"或"不用"，而要写明论文值得刊登或不用的原因。同时，编辑部设计的包括初审意见在内的"三审三校单"需要有关人员签名并存档备查。

3.6 初审要发挥编辑的主观能动性

初审编辑应具备行业基本知识，了解行业发展动态及趋势，还要通晓出版专业知识。初审编辑要不停地积累经验，接受继续教育，练就孜孜不倦的上进心与求知欲，主动参与、融入期刊研究。审稿时，要充分发挥自己的主观能动性，这样在判断稿件优劣、查找有关资料、联系外审专家、撰写退修意见等时就能"得心应手"[11-12]。

农机科技期刊编辑要时刻关注农机化发展形势，了解农机作业规律，以及各类机型适用地域与季节，要思考哪些论文刊登后会产生明显的社会效益，小至解决某一农机作业问题，大至推动农业生产发展，加速全国农机化进程。初审编辑一定要善于发挥自己的主观能动性，审稿时立意要高，眼光要远，这样才能使农机期刊切实有效地为"三农"服务。

4 结束语

做期刊的人，不仅需要有责任感、事业心，还应做到制度意识与创新意识并存。初审是最基础的一步，越是基础，越要重视，只有一步一个脚印，踏踏实实地走下去，才能在编审校领域有所建树，才能稳住一方出版天地。所以说，初审编辑既要按部就班，又要有创新精神；既要明轻重，又要分缓急；既要牢记常规注意事项，又要懂得灵活处理特例，一切以期刊引领科技发展，科技助力生产生活为目标，严谨对待论文，真诚对待作者，心里装着读者，做好初审，热心出版。

参 考 文 献

[1] 何洪英,李家林,朱丹,等.论科技学术期刊论文的编辑初审[J].编辑学报,2007,19(1):17-19.
[2] 卢圣芳.科技期刊稿件初审质量控制[J].黄冈师范学院学报,2011,31(3):147-149.
[3] 周园,陈沙沙.《中国知网》在学术期刊编辑中的应用[J].编辑学报,2007,19(6):434-435.
[4] 居自强.科技期刊编辑应做好文稿的初审工作[J].编辑学报,2005,17(1):58-59.
[5] 徐刚珍.科技期刊编辑初审的内容及加大拒稿的必要性[J].中国科技期刊研究,2007,18(5):871-873.
[6] 高悦.浅谈科技类图书的初审读及编辑加工[J].新闻研究导刊,2020,11(11):173-174.
[7] 谭华,崔洁.学术不端文献检测系统的使用建议[J].编辑学报,2010,22(2):153-155.
[8] 孔琪颖,蔡斐,张利平,等.正确看待"科技期刊学术不端文献检测系统"检测结果[J].编辑学报,2009,21(6):544-546.
[9] 周俊,杨灵芳,龚小兵.新建地方本科高校学报编辑的初审策略与学术鉴赏能力的培养[M]//学报编辑论丛2020.上海:上海大学出版社,2020:411-416.
[10] 朱大明.科技期刊编辑初审意见表设计探讨[J].编辑学报,2012,24(6):539-541.
[11] 王慧.学术期刊初审工作中编辑主体性的发挥[J].山西高等学校社会科学学报,2020,32(12):73-76.
[12] 高天扬,郑斌.科技期刊初审环节中编辑的主体性发挥[J].传播与版权,2021(7):31-33.

科技期刊延期出版中可能发生的学术不端行为及预防对策

徐 艳[1]，蒋永忠[1]，邝文国[2]，王 妮[1]

(1.《江苏农业学报》编辑部，江苏 南京 210014；2.《江苏农业科学》编辑部，江苏 南京 210014)

摘要：结合 CY/T 174—2019《学术出版规范 期刊学术不端行为界定》，对我国科技期刊延期出版过程中潜在的学术不端行为发生风险进行分类分析，并提出防范措施，以期为我国科技期刊优化发展思路、整改不良出版行为(如延期出版)、预防延期出版过程中的学术不端行为提供参考，从而促进我国良好学术生态环境的构建，并为我国科技期刊事业向着优质、高水平方向发展提供借鉴。

关键词：延期出版；学术不端；预防对策

科技期刊延期出版，指科技期刊实际出版时间晚于设定时间的现象，目前在我国并不少见，尤其是遇到节假日、不可抗力等情况时，这种现象尤为突出。但是目前我国对于期刊延期出版尚无统一的定义，也没有具体的界定标准。除去数据库审核、节假日等常见外因，对于一些科技期刊出版单位而言，延期出版是由其内因引起的。此外，在中国知网、百度都可以检索到科技期刊发布的延期出版通知，尚不包括很多延期出版但不发通知的科技期刊。作为一种不良现象，科技期刊延期出版可能造成的许多潜在问题值得广大编辑出版工作者重视，不但会耽误作者的成果申报、课题结题、毕业申请、奖励申报等，还会给编辑部造成不良影响。在学术成果首发权争夺日益激烈、预印本大繁荣的当下，与其趋势相悖的延期出版行为显然是不合时宜的，亟须改进。另外，科技期刊延期出版，特别是超过 1 个月甚至更长时间的延期出版还会造成一些其他问题，如学术不端、影响期刊信誉度与口碑等，其中尤以学术不端的影响较大。

根据国家新闻出版署发布的行业标准 CY/T 174—2019《学术出版规范 期刊学术不端行为界定》[1]，涉及期刊的学术不端行为大致可以从论文作者、审稿专家、编辑者角度分为 3 大类，其中与科技期刊延期出版密切相关的便是论文作者与编辑者角度，由于审稿专家的工作大都在编辑出版之前，因此在延期出版过程中发生学术不端行为的可能性相对较小。

本研究基于 CY/T 174—2019，选择收录我国科技期刊范围最广的中国知网作为主要调研数据库，选择百度作为主要信息检索来源，结合 2020 年初因新冠疫情而出现的大量科技期刊延期出版的通知与笔者发现的一些其他原因导致的科技期刊延期出版现象(本研究中指延期 1 个月以上、3 个月以内)，分析延期出版背景下不同主体可能发生学术不端行为的类型，并提出相应的预防对策，旨在从源头制止延期出版可能造成的学术不端问题，并为我国营造风清气正的学术风气提供一些参考。此外，本研究可以反过来促使科技期刊出版部门提高工作效率，尽量减少或规避延期出版现象的发生，使出版活动正常有序。

基金项目：2022 年度江苏省社科应用研究精品工程(22SYC-075)

1 科技期刊延期出版的主要表现及原因

科技期刊延期出版的主要表现即纸质期刊或者电子期刊比原定刊期推迟出版，推迟时间短到几天，长达几个月，这里不包括数据库对信息审核和发布环节等造成的时滞(因为此时文章内容已定稿并提交至数据库，无法修改，且此时一般纸质期刊已正式出版印刷)。但是一般情况下，延期几天的现象属于正常可调节的，本研究仅分析给作者、读者造成明显影响的、延期出版时间长达 1 个月及以上的情况。

初步观察发现，科技期刊延期出版的原因大致有以下几点：①稿源不足[2-7]。有些科技期刊在发展中缺乏对稿源情况的调查与估算，当这期稿源不足时，便会支取下期稿件，在已延期的情况下形成"稿源不足→支取下期稿件→延期出版"的恶性循环，从而使稿源短缺与正常出版之间的矛盾越来越激化。②编辑部人员不足，对于有些科技期刊出版单位而言，稿源等其他情况都不是构成延期出版的关键要素，关键影响因素是人力资源，由此造成延期出版现象形成了如下循环：人员不足→单人工作量大、进度慢→期刊周转慢→延期出版，因此在编辑部工作人员不变的情况下，这种现状难以改变。③转型过渡等特殊原因。随着国家对盈利性事业单位改革的推进，很多出版单位转型为企业[8-9]，在过渡期间，很容易因为交接事务繁多而耽误正常的编辑出版工作，因此造成延期出版，不过这种延期一般是暂时的，通过后续调整可逐渐恢复。④主观责任意识问题。有些科技期刊出版单位主观能动性不强，工作存在应付性，在这种情况下，造成的延期出版问题的改善需要考虑编辑责任意识、能力培养等各个方面的重塑，除非有第三方意见参与，否则较难改变。⑤全职编辑占比过低。有些编辑部人手并不少，但全职编辑占比少，同时对兼职编辑的管理存在一定不足，这也会造成延期出版现象，主要原因是兼职编辑工作时间不固定、责任心与积极性等不如全职编辑、管理较难规范统一等[10]。

2 延期出版可能造成的学术不端行为

结合本研究的假设前提，下面仅分析与科技期刊延期出版有较大关联且易被忽视的学术不端行为进行分析，这些行为有可能但不限于发生在延期出版阶段。其他学术不端行为虽然也有一定发生风险，但是在延期出版过程中发生的风险与前期相当，在此暂不讨论。

2.1 论文作者角度

CY/T 174—2019 界定了论文作者可能涉及的学术不端行为，包括剽窃、伪造、篡改、不当署名、一稿多投、重复发表、违背研究伦理、其他等 8 大类。下面选择在延期出版过程中可能发生但容易被忽视的 3 个方面进行分析，但是需要引起科技期刊重视的是，延期出版行为本身就影响了正常投稿、录用作者的发表时间，甚至是成果首发等重要利益，因此科技期刊首先是要想办法解决延期出版问题，在迫不得已延期出版的情况下，为了避免一些可能发生的学术不端行为，更要发挥积极主动性。

2.1.1 剽窃

笔者发现，除了部分申请了网络首发的稿件，对其他大部分稿件而言，不管何时在线出版，论文在中国知网上标注的发表时间是固定不变的，都是既定刊出时间。在科技期刊而非数据库原因导致的延期出版的背景下，要预防延期出版后退修过程中的剽窃等学术不端行为发生的风险，且大部分作者可能没有意识到一些行为构成剽窃。例如，A 作者通过阅读已出版论文 2(此处指设定出版时间晚于延期出版期刊的论文)，发现了自己延期待发论文 1 中有些观点或数据存在不足，联系编辑退修，在退修过程中，A作者参照了近期发表的论文2中的观点或数据又未引用，待延期出版论文1见刊时，从发表时间上看，其参考论文2标注的出版时间却晚于该作者延期发表的论文1。因此可见，虽然后者在事实上剽窃了的前者的观点或者数据，但是在时间上却无从证明，甚至通过查重软件可能得出与事实相反的结论。虽然一般情况下由于既定刊出时间已经确定，内容是不得修改的，但是如果编辑部疏忽，在延期的背景下，临出版前发给作者退修，又没有对修改的内容进行审核，有些作者便可能通过上述行为构成剽窃等学术不端行为。不仅如此，如果被剽窃的作者事后追究，后续认定过程只能借助编辑部的稿件历史版本及编辑与作者交流环节的记录，不仅工作量大，而且可能对于第三方评判者而言难以评判，甚至会给编辑部带来一些负面影响。

2.1.2 伪造

在科技期刊延期出版过程中，特别要注意伪造投稿时间等行为。以某科技期刊(季刊)为例，截至2021年8月底，该刊原定于2021年6月出版的第2期的论文尚未见刊，此时已经比既定出版时间推迟了2个月，而根据笔者观察，该刊延期出版是常态，例如，该刊2021年第1期论文直至5—6月方可在知网检索到，知网标注的发表时间却是既定的3月25日，如果一些稿件是4月以后投稿并在第1期刊出的，期刊出版时默认的投稿时间应是3月25日前(因为既定出刊时间是3月25日，远远早于实际投稿时间)，与发表在正常4月出刊的期刊上的论文相比，前者的发表时间更早(基于知网数据)。这种现象在事实上伪造了投稿时间，在这种情况下，如果涉及相似的原创性研究成果，且相应期刊仅被知网收录，没有其他网络首发时间证明，很容易因为首发时间的问题而引起成果认定纠纷。

2.1.3 篡改

国标中提到的作者可能通过篡改行为造成的学术不端行为有5点，经分析，可能出现在延期出版阶段的主要是"使用经过擅自修改、挑选、删减、增加的原始调查记录、实验数据等，使原始调查记录、实验数据等的本意发生改变"。虽然这些行为在投稿至录用、刊登等各个阶段都有可能发生，但是在延期出版背景下，编辑部处于"焦急"的状态，很多工作都要急着处理，相较于其他阶段更不易被编辑察觉，因此笔者认为特别要在延期出版中预防这类问题。例如，在延期出版的背景下，作者发现自己数据或观点不佳，联系编辑部退改后，违背事实、以自己期待的结果为参照修改观点、数据，改变了论文的原意，虽然未构成抄袭，但是涉及篡改等学术不端行为。与"2.1.1"节发生的情况相同的是，篡改也涉及延期后的退修过程，因此在科技期刊延期出版过程中，编辑部对于待发稿件的退修过程应该严格审查与管控，原则上不允许再作内容性的修改。

2.1.4 一稿多投/重复发表

发生本情况的假设背景：作者投稿A刊被录用后到了拟发时间由于A刊延期出版未见刊，改投B刊并被录用继而发表，作者未来得及通知A刊或担心未被A刊正式录用等原因而未联系A刊，随后A刊也将该论文刊出。上述情况不仅是构成重复发表，而且涉及作者的一稿多投行为，但此时一稿多投的责任方较难认定，一方面发生一稿多投行为的是作者，另一方面，科技期刊没有尽到应尽的通知义务，也没有履行按期出版的职责。为了预防这种情况，作者在投稿时应该特别关注自己稿件被录用的情况，录用后要及时跟进出版进度。

2.2 审稿专家角度

一般情况下，审稿专家的工作主要对应稿件录用前的审稿阶段[11-13]，在稿件录用后，审稿专家几乎不参与编辑出版工作，且 CY/T 174—2019 中界定的审稿专家学术不端行为(违背学术道德的评审、干扰评审程序、违反利益冲突规定、违反保密规定、盗用稿件内容、谋取不正当利益、其他)也基本上对应稿件的录用前阶段，因此在科技期刊延期出版的过程中，由审稿专家引起学术不端行为的可能性较小。但是，仔细分析该国标中界定的由审稿专家引起的学术不端行为可以发现，"干扰评审程序"这条中提到的最后一种形式"私下影响编辑者，左右发表决定"，也可能在延期情况下出现，即编辑可能受一些审稿专家影响，缩短审稿周期，将某稿件安插进尚未出版且延期的一期。另外，在科技期刊延期出版的背景下，"谋取不正当利益"也可能是审稿专家发生学术不端行为的类型，例如接收与自己相熟的作者的委托，取得一定利益后，利用自己在编辑部的话语权，左右稿件录用并安排在延期且即将刊出的期刊中。

2.3 编辑者角度

CY/T 174—2019 界定的编辑者可能涉及的学术不端行为包括违背学术和伦理标准提出编辑意见、违反利益冲突规定、违反保密要求、盗用稿件内容、干扰评审、谋取不正当利益、其他等 7 大类，其中与延期出版关联性较大的主要有盗用稿件内容、谋取不正当利益这 2 类。CY/T 174—2019 中定义的盗用稿件内容的学术不端行为有 2 种，其中可能与科技期刊延期出版活动相关的是"未经论文作者许可，使用未发表稿中的内容"，例如，编辑私自将延期出版的稿件内容发给其他作者参考，编辑认为稿件已经在出版流程中了，但事实上稿件却因延期尚未定稿、见刊，无论其他作者是否未加引用地使用该文章的内容，编辑的行为都涉及了盗用。谋取不正当利益的学术不端行为有 4 种，其中与延期出版相关的主要有 2 种：①利用编辑权利左右发表决定，谋取不当利益。例如，作者发现科技期刊延期后，找编辑安排稿件，而编辑无视程序地接受作者委托，跳过审稿程序直接录用，并违规地收取一定费用，将稿件安排至最新的待发的已延期出版的一期，不但更加拖延了稿件出版，而且在延期出版的背景下，捏造了投稿时间，属于一种不诚信、不端的行为。②买卖或与第三方机构合作买卖期刊版面。例如，有些因为稿源不足延期出版的科技期刊，到了既定出版日期，稿源仍不够，这时候编辑无视审稿程序和规定，买卖期刊版面给一些作者或第三方结构，无视论文质量直接录用，将学术出版活动视为金钱交易，因此造成学术不端行为。

3 预防对策

尽管预防科技期刊延期出版可能造成的学术不端问题最好的办法是避免延期出版，但是由于延期出版现象的客观且广泛存在，从源头改变这一现象非易事，但是规避其可能造成的学术不端问题却是可行且有据的。上文提到的科技期刊学术不端行为可能涉及论文作者、审稿专家、编辑人员 3 大方面，但是从其发生过程中的主要影响主体看，主要有科技期刊出版单位、作者 2 个，而从数据库角度看，则可以在提升自己的功能基础上起到监督作用。因此下面对其进行预防对策的分析。

3.1 基于科技期刊出版单位角度

尽管目前科技期刊延期出版现象普遍存在且在短期内难以杜绝，但是由于延期出版对正常投稿、录用作者的权益造成了损害，因此科技期刊务必重视，而且延期出版可能造成的学术不端行为是可以从科技期刊出版单位角度进行预防的[14]。首先，科技期刊应该从以下几个方面避免延期出版的发生：①与印刷单位联手防范。让印刷单位在印刷期刊时附上印刷日期，并在全国科技期刊中推广，在无形之中给了科技期刊一种监督，对于习惯性延期出版的科技期刊更是起到警示作用，而且在数据库信息同时发生滞后时。更容易查找延期出版的责任方。②预防稿源不足的影响。至少提前 1 个出版周期的时间对库存稿件进行评估，如果对正常出版造成影响的，要提前想办法组约稿件，长时间不能改变稿件库存的，想办法调整刊期以适应稿源数量。③预防人力不足的影响。如果稿源充足而人力不足，则可以通过招聘新人、灵活聘用非全日制编辑等方式预防不良影响。

此外，在科技期刊延期出版已经发生的背景下(延期时间在 1~3 个月)，应在努力追赶出版周期的同时，进一步避免负面影响，特别要注意预防学术不端等情况的发生。具体可参照 CY/T 174—2019 从以下几个方面进行预防：①从延期出版事实发生的那刻开始规避或严控论文作者的退修过程，并严禁新投稿件安排至最新待发刊期；②严禁审稿专家干扰与审稿无关的工作，特别是刊期安排、稿件录用等过程；③委托第三方人员/机构监督或设立编辑部内部相互监督的机制，避免在延期出版事实发生时，由编辑自身行为或编辑与作者、审稿专家之间发生不正当联结而产生学术不端行为；④参照 CY/T 174—2019 中的细则，通过在科技期刊公众号上发布科普短文，为作者提出一些防范建议，并结合案例将该规范进行深度解读，给作者提供细致的防范措施，提前警示，为作者"扫盲"。

3.2 基于作者角度

一般而言，科技期刊作者与延期出版行为的关系不大，但是却可能涉及延期出版造成的学术不端行为(如在知道期刊延期出版时临时增加新上的基金项目、急用文章的情况下编造文章的页码信息等)，虽然科技期刊的作者在学习、工作生涯中都会接触学术诚信、科研诚信等的信息[15]，但是一些作者对学术不端行为的理解不到位，还停留在抄袭、作假等比较初级的认知层面，认为只要不抄袭、不作假，就不算学术不端，对一些潜在的风险认识也不足，这显然已经不符合日益变化的学术环境与当今的评价指标，需要作者自己勤于学习，不断更新认知，具体对策有：①适当关注一些编辑出版、科技期刊的权威网站、公众号，了解一些常识性知识。编辑出版相关的官网、公众号很多，如《中国科技期刊研究》等编辑出版领域期刊官网、中国科学技术期刊编辑学会官网及期刊说、木铎书声等公众号不但发布编辑相关的信息，也发布一些对于国标的解读等信息，本研究参考的国标最早便是从木铎书声公众号上获取的。②与编辑部建立即时沟通、双向督促的关系。编辑一般会在稿件修改过程中多次与作者联系，在此过程中作者不仅会知道编辑修改论文的依据，也会询问自己稿件刊出的时间等信息，作者要充分重视跟编辑的沟通过程，不仅对于自己、编辑而言是相互学习、相互提升的过程，而且作者的关注对于编辑部而言是一种监督和提醒，特别是在延期出版背景下，可以促进科技期刊出版单位更加重视延期出版带来的不良影响。③提早准备，为稿件出版预留足够的时间。分析可知，在科技期刊延期出版情况下，容易发生学术不端行为的作者中一部分是临时投稿的作者，由于急着出刊，他们不得不默认伪造投稿日期(使其在既定出版时间前)，因此建议作者都应该认识到科技论文的投稿-审稿-出版时间规律，提早准备，留有充足的时间给稿件出版。由此可见，作者在平常如果都能按常理、道德常规行事，即便不了解那么多学术不端界定的细则，一般也不会产生学术不端问题，但是在科技期刊延期出版的情况下，作者要发挥主动性积极催促期刊出版单位，同时预防前文所述几种情况的发生。

3.3 基于数据库角度

预防科技期刊延期出版造成的学术不端问题，单靠科技期刊出版单位本身的努力是不够的，必须结合在线出版平台，如中国知网、维普数据库、万方数据库等与其协作，并对其进行监督。首先建议所有数据库都要补充或完善电子期刊的相关信息，特别是要提供稿件的投稿时间、退修时间等内容，为读者提供准确信息，以警示作者不要钻空子，避免由数据库发表时间与实际出版时间不符造成作者之间在成果首发问题上的纠纷。具体对策有：①设置专人监督电子期刊出版情况，督促并警示已经延期出版的科技期刊，促使其尽快完成最新稿件的上传，并对一些经常延期出版的科技期刊给予适当警示；②严格的论文内容格式化管理，即在已有格式要求基础上，通过人工审查科技期刊发表论文的要素，如是否标注投稿日期与修回日期等；③在数据库中提供每篇论文的实际网络发表时间，便于后续鉴定成果首发、抄袭等行为。然而，初步调查发现，三大数据库中目前仅万方数据库上标注了所有论文的网上刊出时间，中国知网中除了首发论文，其他论文的刊出时间均为之前设定的时间。

4 结束语

科技期刊延期出版(本研究中指延期 1 个月以上、3 个月以内)是一种不良的现象，目前在我国普遍存在，对科技期刊、论文作者均有负面影响，其中潜在的学术不端行为尤其应该引起科技期刊工作者的重视。CY/T 174—2019 的出现，为评判与预防科技期刊延期出版造成的学术不端问题提供了统一的参照依据，而且为作者、审稿专家、编辑者提供了一定的警示，今后可在此基础上系统地进行科技期刊相关的学术不端行为防范路径的研究。

尽管延期出版可能造成的学术不端行为可控可防，科技期刊出版单位仍应该尽量规避延期出版的发生，才能避免其他尚未预见的风险，为我国构建良好的学术生态环境贡献力量。

参 考 文 献

[1]   学术出版规范:期刊学术不端行为界定:CY/T 174—2019[S].2019.
[2]   丁岩,吴惠勤,龙秀芬,等.中文科技期刊应对稿源不足的策略与实践[J].中国科技期刊研究,2018,29(2):113.
[3]   刘美爽,陈文静,霍若冰.新冠肺炎疫情对科技期刊稿源影响分析[J].传媒,2020(23):23.
[4]   林海妹,曾莉娟,汪汇源,等.科技期刊主动获取稿源途径探讨[J].科技传播,2020,12(20):42.
[5]   李灿灿,徐秀玲,王贵林,等.新形势下我国科技期刊稿源变化趋势：面向作者和科技期刊编辑的问卷调查与分析[J].中国科技期刊研究,2021,32(9):1166.
[6]   张静蓉,王少霞,邵世云,等.环境类中文科技期刊优质稿源拓展策略：基于环境科学学科高被引学者数据的分析[J].科技传播,2021,13(15):21.
[7]   张黄群,孙静,张蓓,等.最新科技评价改革文件细则对科技期刊的影响[J].中国科技期刊研究,2021,32(3):426.
[8]   欧阳菁.全改制下科技期刊编辑的新职业发展模式[J].新闻研究导刊,2021,12(12):4.
[9]   马玉涛.对改制期刊可行性路径的探析:以改制试点单位故事家杂志社为例[J].传媒论坛,2019,2(17):110.
[10] 唐秋姗,罗萍,张学颖,等.科技期刊设立客座编辑需解决的 2 个关键问题:以《重庆医科大学学报》的实践为例[J].编辑学报,2021,33(4):422.
[11] 张京娜.科技期刊的初审和外审工作要点分析和探讨[J].传媒论坛,2021,4(17):101.
[12] 占莉娟,刘锦宏,胡小洋,等.学术期刊专家审稿工作评价的实施现状与推进策略[J].中国科技期刊研究,2021,32(7):844.
[13] 卢小文.科技期刊编辑审稿工作的重点难点与对策[J].新闻传播,2021(13):87.
[14] 侯兴宇.科技期刊在科研诚信协同治理中的作用[J].编辑学报,2021,33(1):15.
[15] 李晨曦,崔爽.学位论文查重视角下加强医学研究生学术规范教育的思考[J].中华医学教育杂志,2020,40(10):800.

《核技术》2017—2021 年论文下载量和被引频次分析

霍 宏

(中国科学院上海应用物理研究所联合编辑部，上海 201800)

摘要：为了提升期刊的影响力，找到影响下载量和被引频次的因素，本文对《核技术》2017—2021 年发表的论文进行了统计，结合中国知网引文数据库的数据，按照年份和栏目对论文下载量和被引频次进行了分析，并选取被引频次大于 10 的 20 篇论文作为高被引论文，从作者单位、年份、栏目、基金等方面进行特征分析。结果表明：2017—2021 年《核技术》发文量变化不大，2018 年总下载量和篇均下载量最大，综述性论文篇均下载量和篇均被引频次最大，"核化学、放射化学、放射性药物和核医学"栏目被引论文比例最高，"核能科学与工程"栏目总下载量和总被引频次最高；20 篇高被引文章中，"中国科学院上海应用物理研究所"的论文最多，"核能科学与工程"栏目占多，有基金项目论文占比 90%；年份对下载量没有显著性差异，对被引频次有显著性差异；栏目对下载量和被引频次均有显著性差异。表明要提升期刊的影响力，要特别注重高质量综述性论文的约稿，打造有特色的专刊或专栏，挖掘核心作者团队，全面提高期刊稿源的质量，尤其是要提高高水平稿源的数量。

关键词：《核技术》；下载量；被引频次；栏目

科技期刊的发展离不开高质量的论文。论文的下载量和被引频次是衡量一篇文章质量的重要评价指标，在一定程度上能够反映论文的研究领域是否是现在的学术热点[1]。通过分析高被引论文可以进一步挖掘核心作者团队，进而为期刊组稿、约稿提供参考数据，从而吸引到更多优秀稿件[2]。科技期刊的栏目能体现期刊的办刊宗旨和编辑方针，是期刊塑造形象的重要组成部分[3]。

本文通过对《核技术》2017—2021 年发表的论文进行统计分析，从年份和栏目的角度出发，分类统计论文的下载量和被引频次，探讨发表年份与栏目对论文下载量和被引频次的影响，并选取被引频次大于 10 的 20 篇论文作为高被引频次论文，从作者单位、发表年份、栏目、基金等角度进行分析和总结。

1 资料和方法

1.1 研究对象介绍

《核技术》创刊于 1978 年，月刊，由中国科学院上海应用物理研究所和中国核学会主办，

基金项目：中国科技期刊卓越行动-梯队期刊资助项目(No.Y919840102)

旨在展示最新的核科学技术发展动向,及时反映我国核科学技术的现状和学术水平,介绍最新的核科技成果[4]。本刊是北京大学出版社《中文核心期刊要目总览》(2020年,第9版)和中国科技核心期刊,被美国化学文摘(CA)、日本科学技术文献速报(CBST)、英国 INSPEC 数据库、荷兰 Scopus 数据库、《世界期刊影响力指数(WJCI)报告(2020科技版)》、中国知网(CNKI)、中国科学引文数据库(CSCD)、万方数据库、超星期刊域出版平台、维普数据库、中国生物医学文献服务系统(SinoMed)、中文生物医学期刊文献数据库(CMCC)和中国生物医学期刊引文数据库(CMCI)收录。期刊的主要学术方向为：同步辐射技术及应用,加速器技术、射线技术及应用,核化学、放射化学、放射性药物和核医学,核电子学与仪器,核物理、交叉学科研究,核能科学与工程等。

《核技术》2015年荣获中国科协"精品期刊工程"项目；2016年获"期刊数字影响力100强"称号；2017年获"第4届中国精品科技期刊"；2017年获上海市新闻出版专项资金资助,并多次获得上海市和中国科学院期刊审读优秀奖；2018年12月获中国科协"中文科技期刊精品建设计划——学术创新引领项目"支持；入选"2019年中国科技期刊卓越行动-梯队期刊"项目支持；入选第二十七届北京国际图书博览会(BIBF)"2020中国精品期刊展"；2021年入选"世界期刊影响力指数(WJCI)报告(2020科技版)"；在2021年《中国学术期刊影响因子年报(自然科学与工程技术)》"核科学与技术"类中排名第一。

1.2 数据选取方法

按照2021年出版的《中国学术期刊影响因子年报(自然科学与工程技术)》[5]公布的影响因子(Journal Impact Factor,JIF)计算方法,影响因子分为复合影响因子(U-JIF)和综合影响因子(MS-JIF),而每一类JIF又分为2年JIF和5年JIF。根据JIF的计算方法,本文主要统计《核技术》前5年发表的可被引文章的情况。

本文通过中国知网(www.cnki.net)[6]在线检索系统搜索来源期刊《核技术》,检索时间段设置为2017年1月1日—2021年12月31日,剔除文摘、宣传介绍、会议通知、投稿要求等非论文信息,并经过本刊纸质期刊发表目录的核对后确认,统计发表学术性和综述性论文数量,并对这些文章逐一记录下载量和被引频次。搜索日期为2022-06-28。

1.3 统计方法

采用SPSS统计软件,输入从中国知网提取的《核技术》2017年1月1日—2021年12月31日的数据,利用描述性统计、成对样本T检验、相关分析等数理分析,得出论文下载量和被引频次与年份和栏目的关系。

2 《核技术》2017—2021年稿件总体情况

2.1 基本情况

图1列出了《核技术》2017—2021年发文量的情况,从图1可以看出,《核技术》2017—2021年之间,每年出版文章的数据上下波动不是很大,约为160篇/年。其中2018年发表文章数量最多,为171篇,5年共发文815篇。《核技术》为月刊,每年出版12期,平均每期出版13.583篇。

图2列出了2017—2021年《核技术》各栏目的发文情况。由图2可以看出,每年"核能科学与工程"栏目的发文量最大,但是有逐年下降的趋势,2017年发文58篇,2021年发文37篇；"核化学、放射化学、放射性药物和核医学"栏目发文量最少,并且没有增加的趋势；其他栏目波动不大,发文量相对稳定。另外,2020年发表了"全国新堆与研究堆第十一届学术报告会"专

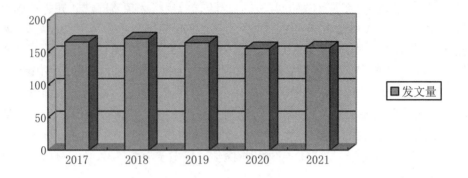

图1 《核技术》2017—2021年出版文章统计情况

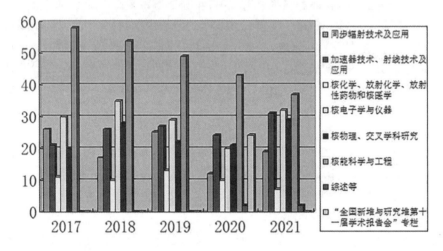

图2 《核技术》2017—2021年出版文章按栏目统计情况

栏,分三期发表了24篇文章;综述文章近年来受到很多关注,本刊也关注到综述文章的影响力,从2020年开始增加综述文章的出版比例。

2.2 下载量分析

经检索发现,《核技术》2017—2021年刊登的815篇文章均有下载量,具体参见表1。由表1可知,《核技术》2018年总下载量和篇均下载量最大,分别达到21 180次和123.86次,5年总的总下载量达到99 332次,篇均下载量121.88次。

表1 2017—2021年按年份统计下载量情况

年份	发文量	总下载量/次	每期平均下载量/次	篇均下载量/次	最小值	最大值	标准偏差
2017	166	19 437	1 619.750	117.09	14	353	68.768
2018	171	21 180	1 765.000	123.86	28	440	74.353
2019	165	20 350	1 695.833	123.33	22	579	72.740
2020	156	19 775	1 647.917	126.76	25	901	108.395
2021	157	18 590	1 549.167	118.41	23	485	80.661
合计	815	99 332	1 655.533	121.88			

表2为按照栏目统计的总下载量和篇均下载量的情况，经统计，"核能科学与工程"总下载量最大，为29 485次，与此栏目发文量较大有关，篇均下载量是"综述"最大，有340.00次，是其他栏目的2倍以上，反映出"综述"确实比研究论文的关注度更高，下载量的最大值901次出现在"全国新堆与研究堆第十一届学术报告会"专栏，说明出版专栏会引起相关科研人员的极大关注，有利于期刊扩大自己的影响力。

表2 2017—2021年按栏目统计下载量情况

栏目	发文量	总下载量/次	篇均下载量/次	最小值	最大值	标准偏差
综述	5	1 700	340.00	92	728	243.241
同步辐射技术及应用	99	10 592	106.99	30	453	67.263
加速器技术、射线技术及应用	129	13 401	103.88	14	328	60.600
核化学、放射化学、放射性药物和核医学	52	7 187	138.21	29	417	85.313
核电子学与仪器	146	19 246	131.82	35	579	77.453
核物理、交叉学科研究	119	13 810	116.05	22	485	76.192
核能科学与工程	241	29 485	122.34	25	440	69.178
全国新堆与研究堆第十一届学术报告会	24	3 911	162.96	30	901	190.562
合计	815	99 332	121.88			

2.3 被引频次分析

经检索发现，2017—2021年815篇文章中有548篇文章有被引记录，占比67.24%，其中最高被引频次为24次，最少被引频次为1次。按照年份统计，被引频次的情况如表3所示。由表3可见，2017年和2018年被引论文数相差不大，2019年后被引论文数逐年减少，这应该和出版时间有关，尤其是2021年只有45篇论文有被引记录；总被引频次和篇均被引频次也是逐年减少，说明论文出版后被引用的周期还是比较长，需要时间的累积；5年间总被引频次和篇均被引频次分别是1 681次和2.06次，最高被引频次出现在2017年。

表3 2017—2021年按年份统计被引频次情况

年份	发文量	被引论文数(占比)/篇	总被引频次/次	每期被引频次/次	篇均被引频次/次	最大值
2017	166	138(83.13%)	540	45.00	3.25	24
2018	171	139(81.29%)	496	41.33	2.90	16
2019	165	124(75.15%)	365	30.42	2.21	19
2020	156	102(65.38%)	219	18.25	1.40	11
2021	157	45(28.66%)	61	5.08	0.39	5
合计	815	548(67.24%)	1 681	28.02	2.06	

按照栏目统计被引频次，可以从一定程度上发现研究前言和研究热点，对今后组稿约稿有一定的指引作用。表4为按照栏目统计被引频次的情况，经统计，"核化学、放射化学、放射性药物和核医学"栏目被引论文比例最高78.85%，"加速器技术、射线技术及应用"栏目被引论文比例最低；总被引频次和篇均被引频次方面，与下载量情况一致，总被引频次还是"核能科学与工程"栏目最高，545次，与此栏目发文量较大有关，篇均被引频次"综述"最高，6.40次，是其他栏目的2~3倍，表明"综述"的被引几率确实高于研究论文的被引几率。

表4　2017—2021年按栏目统计被引频次情况

栏目	发文量	被引论文数/篇	总被引频次/次	篇均被引频次/次	最大值
综述	5	3(60.00%)	32	6.40	16
同步辐射技术及应用	99	60(60.61%)	137	1.38	14
加速器技术、射线技术及应用	129	76(58.91%)	197	1.53	14
核化学、放射化学、放射性药物和核医学	52	41(78.85%)	166	3.19	19
核电子学与仪器	146	101(69.18%)	376	2.58	12
核物理、交叉学科研究	119	77(64.71%)	196	1.65	11
核能科学与工程	241	173(71.78%)	545	2.26	24
全国新堆与研究堆第十一届学术报告会	24	17(70.83%)	32	1.33	7
合计	815	548	1 681	2.06	

2.4　高被引频次论文分析

将2017—2021年《核技术》论文的被引频次按照论文数量由高到低进行排序，得到图3和表5。由图3可知，单篇论文的被引频次随文章数量增加呈现指数递减，没有被引用的文章267篇，占全部发文量的32.76%，被引1次的论文199篇，占全部发文量的24.417%，说明大多数论文很少被引用或暂未被引用。最高被引24次(排第1位)，最低被引1次(排第350位)，被引用10次以上的论文20篇，占全部发文量的2.454%，这20篇文章的被引频次占总被引频次的15.645%，本文选取被引频次大于10的这20篇论文作为高被引频次论文分别进行分析。

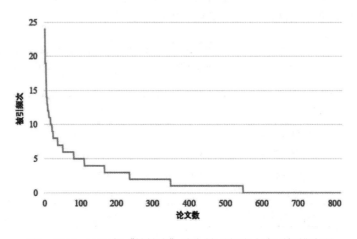

图3　2017—2021年《核技术》论文被引频次由高到低排序图

表5 2017—2021年《核技术》论文被引频次由高到低排序表

被引频次/次	数量(占比)/篇	被引频次占比/%
24	1(0.123%)	1.428
19	2(0.245%)	2.261
16	1(0.123%)	0.952
14	2(0.245%)	1.666
13	2(0.245%)	1.547
12	3(0.368%)	2.142
11	5(0.613%)	3.272
10	4(0.491%)	2.380
9	3(0.368%)	1.606
8	13(1.595%)	6.187
7	14(1.718%)	5.830
6	30(3.681%)	10.708
5	29(3.558%)	8.626
4	58(7.117%)	13.801
3	69(8.466%)	12.314
2	113(13.865%)	13.444
1	199(24.417%)	11.838
0	267(32.761%)	

表6为2017—2021年《核技术》高被引前20篇论文基本情况。由表6可知：20篇文章中，作者单位为中国科学院上海应用物理研究所最多，9篇(占比45%)；发表年份为2018年最多，9篇(占比45%)，2017年8篇，2019年2篇，2020年1篇，从期数看，上半年发表13篇，下半年发表7篇，说明上半年发表的文章更容易被引用；栏目方面，核能科学与工程栏目最多，6篇(占比30%)，核电子学与仪器5篇，核化学、放射化学、放射性药物和核医学4篇，综述2篇，同步辐射技术及应用，加速器技术、射线技术及应用，核物理交叉学科研究各1篇；基金项目情况，有基金项目论文18篇，占比90%，其中国家级项目论文16篇，省部级项目论文2篇，说明高被引论文大多数是具有国家级项目支撑背景的论文，基金项目越权威，其论文被引用的几率就越大[7]。

表6 2017—2021年《核技术》高被引前20篇论文情况

题目	作者	单位	年期	被引	栏目	基金
基于熔盐快堆的模型优化与Th-U增殖性能研究	李光超，邹杨，余呈刚，孙建友，陈金根，徐洪杰	中国科学院上海应用物理研究所	2017/2	24	核能科学与工程	中国科学院战略性先导科技专项项目、中国科学院前沿科学重点研究项目、国家自然科学基金
雅安藏茶茶褐素对 60Co γ 辐射损伤的防护作用	许靖逸，李祥龙，李解，吴家乐，唐磊，等	四川农业大学园艺学院	2017/4	19	核化学、放射化学、放射性药物和核医学	雅安市市校合作项目、雅安藏茶保健功能研究及成果应用示范推广，四川省教育厅青年基金项目，等

续表

题目	作者	单位	年期	被引	栏目	基金
膨润土对 U(VI) 的吸附机理研究	杜作勇，王彦惠，李东瑞，庹先国	西南科技大学国防科技学院	2019/2	19	核化学、放射化学、放射性药物和核医学	国家自然科学基金、国家自然科学青年基金
乏燃料干法后处理中的熔盐减压蒸馏技术	付海英，耿俊霞，杨洋，罗艳，窦强，李文新，李晴暖	中国科学院上海应用物理研究所	2018/4	16	综述	国家自然科学基金、中国科学院战略性科技先导专项-钍基熔盐堆核能系统，等
不同材料中子反射与屏蔽效应研究	丁雄，孙新利，李振，朱芫江，黄武瑞	火箭军工程大学核工程系	2017/3	14	加速器技术、射线技术及应用	国家自然科学基金
基于 Archiver Appliance 的束线数据管理系统	赵子龙，徐慧超，龚培荣	中国科学院上海应用物理研究所	2018/3	14	同步辐射技术及应用	
辐射接枝制备聚丙烯纤维基海水提铀吸附剂	李荣，庞利娟，张明星，王明磊，张茂江，等	中国科学院上海应用物理研究所	2017/5	13	核化学、放射化学、放射性药物和核医学	国家自然科学基金
板翅式换热器新型翅片换热特性数值模拟研究	缪洪康，陈玉爽，吕刘帅，王纳秀	中国科学院上海应用物理研究所	2018/10	13	核能科学与工程	中国科学院战略性先导科技专项、国家自然科学基金
正常运行工况熔盐堆主回路衰变热特性研究	周波，严睿，邹杨，杨璞，于世和，刘亚芬	中国科学院上海应用物理研究所	2018/4	12	核能科学与工程	中国科学院战略性先导科技专项、中国科学院前沿科学重点研究项目
基于 ZYNQ 的千兆以太网接口读出模块 ZYNQBee 的研制及应用	薛涛，朱劲夫，龚光华，韦亮军，罗洋，李荐民	粒子技术与辐射成像教育部重点实验室(清华大学)	2018/5	12	核电子学与仪器	
藻蓝蛋白对辐射致小鼠氧化损伤的保护作用	刘琪，李文军，陆丽娜，谢园园，王明超，等	烟台大学药学院	2018/1	12	核化学、放射化学、放射性药物和核医学	中国科学院战略性先导科技专项、海洋公益性行业科研专项、国家自然科学基金，等
中国极化电子离子对撞机计划	曹须，常雷，畅宁波，陈旭荣，陈卓俊，等	中国科学院近代物理研究所	2020/2	11	综述	中国科学院 B 类先导科技专项培育项目
基于MATLAB的核脉冲信号数字成形实现与性能分析	张怀强，卢炜煌，汤彬	东华理工大学	2018/10	11	核电子学与仪器	国家自然科学基金、国家重点研发计划"重大科学仪器设备开发"重点专项，等

续表

题目	作者	单位	年期	被引	栏目	基金
钍基氯盐快堆燃耗性能分析	彭一鹏,余呈刚,崔德阳,夏少鹏,朱帆,等	中国科学院上海应用物理研究所	2018/7	11	核能科学与工程	中国科学院战略性先导科技专项、中国科学院前沿科学重点研究项目、国家自然科学基金
数字化能谱获取中梯形成形研究	刘寅宇,王玉东,周荣,杨朝文	四川大学物理科学与技术学院	2017/2	11	核电子学与仪器	国家自然科学基金、四川大学优秀青年基金
低场核磁共振技术在煤炭岩相孔隙结构中的应用	热依拉·阿布都瓦依提,马凤云,张翔,刘景梅,钟梅,赵新	新疆大学化学化工学院	2017/12	11	核物理、交叉学科研究	国家自然科学基金—新疆联合基金、新疆高校科研计划项目
FLi/FLiBe盐中7Li富集度对熔盐快堆钍铀转换性能的影响研究	周俊,陈金根,余呈刚,邹春燕	中国科学院上海应用物理研究所	2019/11	10	核能科学与工程	中国科学院战略性先导科技专项、中国科学院前沿科学重点研究项目
基于基线自动恢复技术的数字多道能谱仪	陈伟,周建斌,方方,洪旭,赵祥,周伟,马英杰	成都理工大学 核技术与自动化工程学院	2018/5	10	核电子学与仪器	国家重点研发计划项目、国家自然科学基金
熔盐堆物理热工耦合程序开发及验证分析	魏泉,郭威,王海玲,陈金根,蔡翔舟	中国科学院上海应用物理研究所	2017/10	10	核能科学与工程	国家自然科学基金、中国科学院战略性先导科技专项、中国科学院前沿科学重点研究项目
基于三晶体耦合γ射线方向探测器的放射源定位	张振朝,左国平,谭军文,周扬,张帆	南华大学	2017/10	10	核电子学与仪器	湖南省自然科学基金

2.5 相关性分析

采用SPSS统计软件分析年份对下载量和被引频次的单因素ANOVA检验,结果如表7所示。由表7可知,下载量的显著性P值为0.816,大于0.05(显著性水平),说明年份对下载量没有显著

表7 年份对下载量和被引频次单因素ANOVA分析结果

		平方和	自由度	均方	F	显著性
下载	组间	10 439.138	4	2 609.784	0.390	0.816
	组内	5 423 991.078	810	6 696.285		
	总计	5 434 430.216	814			
被引	组间	866.692	4	216.673	34.058	0.000
	组内	5 153.116	810	6.362		
	总计	6 019.809	814			

性差异；而被引频次的显著性P值为0.000，小于0.05(显著性水平)，说明年份对被引频次有显著性差异。分析栏目对下载量和被引频次的单因素ANOVA检验，结果如表8所示。由表8可知，下载量的显著性和被引频次的显著性P值均为0.000，都小于0.05(显著性水平)，说明栏目对下载量和被引频次均有显著性差异。

表8 栏目对下载量和被引频次单因素ANOVA分析结果

		平方和	自由度	均方	F	显著性
下载	组间	374 504.857	7	53 500.694	8.533	0.000
	组内	5 059 925.359	807	6 270.044		
	总计	5 434 430.216	814			
被引	组间	324.250	7	46.321	6.563	0.000
	组内	5 695.558	807	7.058		
	总计	6 019.809	814			

3 结论分析及影响力提升策略

3.1 优化栏目设置，加强栏目组稿

通过统计《核技术》2017—2021年发表论文的情况得知："核能科学与工程"栏目的发文量最大，"核化学、放射化学、放射性药物和核医学"栏目发文量最少；"核能科学与工程"总下载量和总被引频次最大，"综述"篇均下载量和篇均被引频次最大，"核化学、放射化学、放射性药物和核医学"栏目被引论文比例最高；并且经单因素ANOVA检验后发现，栏目对下载量和被引频次均有显著性差异，说明栏目确实对下载量和被引频次有影响，是影响本刊影响力的关键要素。

所以在栏目设置上需要根据来稿情况进行合理性优化，"核能"栏目来稿量最大，需要对"核能"栏目进行细分，再分成"反应堆热工水力""反应堆物理分析""熔盐堆钍铀燃料循环与增殖"等领域，在初审时判断与本刊办刊宗旨不相符的文章可以直接退稿，减少"核能"的发文量，虽然"核能"栏目下载量和总被引频次最高，但篇均下载量和篇均被引频次并不高，说明还是要明确"核能"栏目的收稿范围，避免栏目太笼统、不突出、缺乏特色；而"核化学、放射化学、放射性药物和核医学"栏目发文量最少，但此栏目被引论文比例却是最高，说明此栏目的文章关注度很高，本刊应该重视此栏目，加大对此栏目的约稿；另外，在稿件甄选时，还要特别注意综述性论文，本刊之前发表的综述文章并不多，但这类文章的篇均下载量和篇均被引频次都很高，是其他栏目的2~3倍，说明高质量的综述文章确实会受到科研人员更多的关注，容易提高本刊的影响力。

3.2 追踪学术会议，打造专刊专栏

通过统计发现，5年间下载量的最大值出现在"全国新堆与研究堆第十一届学术报告会"专栏上，说明策划专业性强的专刊或专栏是吸引该专业领域科研人员关注的非常有效的手段和方法。所以要聚焦学科领域内的热点，追踪行业内高水平的学术会议，争取高质量的会议论文，打造有特色的专刊、专栏，成为本刊的亮点，吸引到更多科研人员的注意，并进一步通过专刊、专栏的创办吸引到更多的优质稿源，提高期刊论文的水平。

3.3 关注核心作者团队，挖掘高被引论文

高被引频次论文反映了期刊的学术影响力，经统计，本刊5年间大多数论文很少被引用或暂未被引用，被引用10次以上的论文有20篇，这20篇文章的被引频次占总被引频次的15.645%，20篇文章中，中国科学院上海应用物理研究所的论文最多，"核能科学与工程"栏目占多，有基金项目论文占比达到90%。

由此数据，说明本刊要多关注高被引论文的作者团队，他们的发文量很大，被关注程度很高，而且一个团队的文章往往都是有延续性的，可以作为连载或者系列进行报导，所以要挖掘这些发文量大的科研团队作为本刊的核心作者团队，与核心作者保持长期紧密的联系，密切关注其最新的研究成果，争取吸引高水平论文。

3.4 借助新媒体打造期刊栏目特色

随着网络时代的发展，新媒体技术已经在科技期刊的传播和宣传中发挥着巨大的作用，通过网站、微信公众号、视频号等[8]多媒体途径进行宣传推广，以语音、视频、访谈、直播等形式推荐并解读论文，本刊打破传统纸质期刊"年卷期、栏目"的限制，在官网和微信公众号上不定期地推出虚拟专辑，把不同卷期、相同栏目的文章整合在一起，以达到最大限度地宣传和传播，提高关注度，扩大期刊的学术影响力。

参 考 文 献

[1] 杜慧平,李素娟,宸锁成.《山西农业科学》2010—2019年高被引频次论文特征分析[J].山西农业科学,2020,48(8):1355-1360. DOI:10.3969/j.issn.1002-2481.2020.08.43.

[2] 张利田,郑晓梅.2016—2018年《环境工程学报》高下载量论文、高被引论文、高发文作者和高发文机构分析[J].环境工程学报,2019,13(1):238-244. DOI:10.12030/j.cjee.201812115.

[3] 梁媛,滕静如,刘铭福,等.中医类期刊栏目设置与论文被引频次的关系研究[J].中国中医基础医学杂志,2016,22(8):1115-1117.

[4] 霍宏.对科技期刊封面设计的基本规则和发展趋势的探讨:以《核技术》封面重新设计为例[J].中国科技期刊研究,2013,24(4):818-821.

[5] 中国科学文献计量评价研究中心,清华大学图书馆.中国学术期刊影响因子年报(自然科学与工程技术):2021年(第19卷)[R].北京:《中国学术期刊(光盘版)》电子杂志社有限公司,2021:VI-VIII.

[6] 中国学术期刊(光盘版)电子杂志社.中国学术期刊影响力统计分析数据库[EB/OL].中国知网[2022-06-28]. http://www.cnki.net.

[7] 鲍旭腾,黄一心,梁澄.《渔业现代化》近10年高被引论文及高频关键词分析[M]//学报编辑论丛2021.上海:上海大学出版社,2021:671-681.

[8] 于水."纸媒+官网+微信"一体式服务平台的搭建[J].新媒体研究,2017,3(23):27-29.DOI:10.16604/j.cnki.issn2096-0360.2017.23.013.

提高英文科技期刊同行评议效率刍议
——以《中国海洋工程(英文版)》实践为例

王玉丹

(南京水利科学研究院《中国海洋工程(英文版)》编辑部,江苏 南京 210024)

摘要: 同行评议是期刊论文学术质量把控的关键环节。英文科技期刊同行评议是难点也是重点。介绍了《中国海洋工程(英文版)》在同行评议中为缩短审稿周期、提高评审质量所作的探索与实践,从责任编辑自身严格初审和精选评审专家、编辑与审稿专家增强互动、增加审稿激励和编辑与投稿作者密切联系沟通三个角度展开讨论,提出了提高英文科技期刊同行评议效率的多条有效参考措施。期刊审稿周期由 5~6 个月缩短到现在 2~3 个月,效率明显提高,可为我国英文科技期刊编辑开展审稿工作提供有益参考。

关键词: 同行评议;英文科技期刊;审稿时效;中国海洋工程(英文版)

发表周期过长是中国科技期刊普遍存在的瓶颈性问题[1],较多编辑同行基于自身工作实践,对如何缩短本学科学术论文出版周期做出了有益的探讨[2-6]。需要注意的是,同行评议时长与发表周期有较大区别。按照期刊稿件通行处理流程,发表周期主要由同行评议时长、作者修改时长及编校时长组成,作者修改和后期编校也会对发表时滞产生一定影响。

作为学术评价的基本制度,同行评议在科技进步中发挥了重要的把关和推动作用[7]。同时,科技期刊论文对成果时效性要求高,作者对论文快速见刊也有需求,如高校及科研院所职工评职称、项目结题、硕博学生毕业或申请奖学金等。正因为同行评议周期在出版流程中最受关注,也通常最不可控,提高同行评议效率、优化审稿刊发流程对维护期刊作者群、提升期刊质量和品牌效应至关重要[8]。

责任编辑、审稿专家和文章作者是同行评议中的关键因素[9]。赵燕等[10]重点分析了编辑如何做好刊物质量的守门人;刘佳佳等[11]建议拓宽审稿专家选择途径;郭欣等[12]从自己办刊实践出发,提出了激发审稿人工作热情和提高审稿质量的策略;陈嵩等[13]、王紫萱等[14]均建议不仅要动态完善审稿人库,还应因文施策,根据不同文章性质来源采用灵活的审稿方式;黄崇亚等[15]对其责编的期刊近五年审稿质量不高和审稿延期稿件进行分析,从审稿专家和责任编辑两方面找原因、提对策。这些研究重点集中在编辑自身工作和审稿人责任方面,较少考虑作者在同行评议中的参与程度;而王维朗等[9]重新构建了"编辑-审稿专家-作者"三者之间的关系,认为除编辑与审稿专家之间相互合作与约束外,作者对期刊编辑和审稿专家均存在交流和反馈的诉求。

我国编辑出版的英文科技期刊面临的另一个挑战则来自语言。非母语国家的学者,英文

基金项目: 中央级公益性科研院所基本科研业务费南京水利科学研究院"新媒体环境下期刊信息融合创新平台研究与实践"(Y921018)

学术写作能力参差不齐，一定程度上给同行评议增加了难度；编辑处理相似内容的英文稿件耗费的时间精力也比中文稿件多；非母语者的审稿专家保质保量地评阅一篇英文稿件付出的精力更是多于中文稿件。因此有必要补充提高英文期刊审稿效率的针对性措施。

本文基于《中国海洋工程(英文版)》(China Ocean Engineering)期刊实践，主要从责任编辑自身、责编与审稿专家互动及责编与作者沟通三方面开展分析讨论，总结了多条有效措施，可为我国出版的英文科技期刊提高审稿效率提供有益参考。

1 期刊基本情况

《中国海洋工程(英文版)》由中国科协主管、中国海洋学会主办、南京水利科学研究院承办，是我国改革开放后第一批创办的 20 余种面向世界的英文版科技学术期刊之一，也是我国海洋工程领域第一本英文期刊。创刊于 1987 年，1997 年被 SCI 数据库检索，2000 年被 EI 数据库收录。2010 年起与国际知名出版商 Springer 合作，由其负责海外发行。期刊位列中科院 JCR 工程技术类 Q2 区，"地学领域高质量科技期刊分级目录"T1 级，连续 10 年获得"中国国际影响力优秀学术期刊"荣誉称号，入选"中国科技期刊卓越行动计划(梯队期刊)"。期刊采用"责任编辑收稿送审为主、期刊学术编委/顾问建议为辅"的方式，对稿件进行双盲评审。

2 同行评议效率提升措施

2.1 编辑自身工作

责任编辑的响应速度对文章发表时滞有重要影响，编辑的角色贯穿论文发表流程的始终，是连接审稿专家与作者的纽带，也是论文发表时滞加速的第一着力点。

2.1.1 严格初审筛查

期刊收到新投稿件一般遵循如下筛查条件：稿件重合率是否达标—研究内容是否符合刊物刊文方向—学术论文基础要素是否完备—稿件语言表达是否清晰准确—研究内容是否具有一定创新性。任一环节不满足要求，即可直接退稿或改投他刊，不进入同行评议流程。

在学术不端零容忍的今天，学术期刊都对稿件重合率设置了较高门槛。但实际操作过程中，对于重合率高于期刊设定阈值的稿件，责任编辑需要仔细研判重合的具体内容，不能一退了之。一般来说文章引言综述部分是高重合率的重灾区，写作经验不足的作者概括能力欠佳，往往直接复制他人的表述甚至被引文章原文，如果该稿件在后续试验分析部分重合率极低，笔者一般会网开一面，待论文通过同行评议返修时附上检测报告，提醒作者再斟酌措辞。如果论文与已公开发表成果存在试验过程、结果分析、结论等大量重复，那么该文势必会被连同检测报告直接退回。

稿件的内容审查较为直观简便，通过标题和摘要就可以判断是否符合本刊收稿领域；论文基础要素是否完备(如文献综述、理论模型、试验过程、结果分析、结论展望等)大致浏览也即一目了然。语言表达是否基本准确流畅则需挑选几段文字描述集中的部分精读，以便清晰地掌握英语水平。研究内容的创新性是责编初审的难点与重点，许多来稿重合率合格、形式完备、语言通顺，也不意味着就可以顺利进入外审。如果编辑根据自身学术水平和经验不能做出较有把握的判断，建议直接求助学科编委，请他们尽量快速地对稿件的理论方法、研究内容和得出的结论进行大致评估，告知编辑部是否有收稿的必要，但不必在此时对细节精读。

责任编辑严格初审筛查不仅有助于提高稿件处理效率、减轻同行评议负担，也有利于维护期刊在同行专家中的形象与口碑。

2.1.2 精选评审专家

选择合适的评审专家会令同行评议事半功倍。从实际反馈来看，愿意评审英文稿件并给出有质量的评审意见的评阅人通常具有较高学历(一般具有博士学位)，并以处在科研事业活跃期的中青年居多，且在英文期刊有丰富的论文发表经验。这样的背景决定了他们在阅读英语科技论文和撰写英文评审意见时通常不会遭遇语言关，也愿意花费更多的时间和精力关注与评价他人科研成果，以期获得自身学术水平的提高和学术圈认可度。

找到研究方向契合的评审专家本刊有如下几种重要途径：①期刊自有审稿专家库；②待评审稿件的参考文献作者；③采编系统根据标题、关键词的自动推荐；④拒审专家的其他推荐；⑤本刊过往发表的相似主题稿件作者；⑥数据库/线上工具(如知网、万方、维普、Researchgate、Web of Science、ScienceDirect、Scopus，或境外期刊出版商提供给合作编辑的免费工具如 reviewerfinder.nature.com 等；⑦同类期刊编委会专家；⑧作者团队推荐。这里需要特别注意审稿人回避问题，对于候选审稿专家与作者曾有学术合作或师出同门的情况，即便刊物遵循"双盲"送审制度，也应执行审稿人回避，因为文章内容或多或少会暗示作者的身份，仍可能影响同行评议客观性。考虑到英文稿件评审难度大，笔者首次外送专家的平均数量一般不少于 6 人，若没有足够数量的审稿专家在规定时间内接受审稿邀请，则继续加送，直至编辑部收到足够推进流程的有效审稿意见。

2.2 编辑与审稿专家有效互动

2.2.1 邮件标题醒目

身处信息爆炸的时代，许多有效信息被垃圾信息淹没，审稿邀请邮件亦不例外。采编系统通常设有邮件固定模板，标题较为机械单一，例如本刊所用的 ScholarOne 系统审稿邀请邮件标题默认为："Invitation to review for China Ocean Engineering"。笔者通过与部分熟识的审稿专家交流获悉，这类邮件有时会被邮件服务器判断为垃圾邮件直接投入垃圾箱，或者被收件人当作推销广告邮件直接忽视。鉴于此，笔者对每一封审稿邀请信都单独拟写标题，包含专家学术头衔、姓名、待审文章主要内容及感谢，力求吸引专家打开邮件。同样，在稿件复审时，邮件标题指明该专家不久前初审过此文且明确告知其是第几位审稿人，以便专家快捷定位到相应修改说明。对于中国审稿人，邮件标题用中文拟写有利于收到更积极的反馈。

通过精准化邮件标题，有效提高了审稿邀请响应率，即便审稿人因各种原因不能接受审稿邀请，他们也常常回复邮件解释说明或推荐其他合适的审稿专家供编辑部参考。

2.2.2 重点问题精准提问

通过整理研读专家评审意见，笔者发现有些文章个别关键点即可决定稿件命运，并不需精读全文。对于这类文章，责任编辑完全可以针对初审存疑的某一具体学术问题直接请教相关专家，例如文章的基本假定、理论公式是否合理，试验布置是否有缺陷，或仅仅利用开源商业软件计算而与已有研究相比创新不明。通常审稿专家收到编辑部这类目的明确的咨询邮件都会有兴趣打开文章，除了回复编辑请教的问题，他们往往还会在全文泛读和局部精读的过程中提出更多的意见和建议。不论是文章存在重大缺陷不宜采用还是研究尚可、建议修改再审，编辑部都在较短的时间内获取了一个有效评审意见。

2.2.3 主动跟踪，巧妙催审

期刊使用的采编系统一般都具有自动催审功能，可自定义设置提醒邮件的频次，但实际工作中笔者发现仅仅依靠系统邮件催审效果不佳，原因之一是前文所述各邮箱服务器加强了邮件过滤筛查，机械的系统邮件可能被误判为垃圾邮件；另外，系统邮件程序化明显，缺乏

必要的人情关怀。为使催审变得更加人性化，笔者改进工作方式，对未能按期反馈意见的审稿专家或主动送上节日、工作、生活问候，或以网络不稳定为由，将待审文章以邮件附件形式再次发送，询问他们是否已经有了大致的结论。

2.2.4 尽量满足个性化要求

信息化网络化时代，虽然编辑和审稿专家通常不会在实际生活中见面，但送审与审稿本质仍是一项社会活动，沟通技巧对结果影响显著。例如，有的审稿人不适应全英文系统审稿而喜欢阅读纸稿并通过邮件反馈评审意见，那么就单独将待审稿件作为邮件附件发送并写明欢迎直接回复邮件；对于中国作者的投稿，如果评审专家也是中国人，考虑到母语表达节省时间且更便于理解，编辑部会主动告知审稿人可以用中文撰写评审意见；在重要时间节点，如春节、国庆长假、高校学期初、学期末等，笔者会视审稿人身份主动去信适当延长审稿时间……编辑部尽可能满足评审专家的个性化需求，将稿件送审工作做得更有温度，往往会事半功倍。

2.2.5 增加审稿激励

不同于国际期刊，国内期刊给评审人发放审稿费(劳务费)一般是行业惯例。考虑支付外汇不便，国内英文期刊发放审稿费通常局限于用人民币支付给境内审稿专家。鉴于英文稿件的难度与篇幅，我刊支付的审稿费自10年前的100元/篇次逐步提高，目前对于审稿特别认真、评阅意见翔实的专家初审发放300元/篇次的审稿费，若复审仍有进一步专业性意见，再追加发放100~200元不等。编辑部认为，虽然审稿劳务费并非审稿专家接受邀请并完成审稿任务的目的，但合适的激励是对审稿专家智力劳动的尊重与充分肯定，一定程度上有利于维系期刊与行业专家的良好互动。除物质激励外，还可在年终时通过微信公众号或期刊门户网等新媒体发布"致谢审稿人"名单；根据评阅篇次和质量，开展优秀审稿专家评审活动，发放证书与奖金。对于境外审稿人，除系统感谢信外，我刊还积极协助其开具审稿证明的要求，同时在集成了Publons(国际知名审稿、编辑工作认证平台)的采编系统中给予审稿人较高打分评价，以便优秀审稿专家获得其他圈内期刊关注，提高学术知名度。

2.3 编辑与作者保持沟通

采用双盲评审规则的期刊，为尽量实现评审的客观公正，作者无权获知自己的论文正在被哪一位审稿人评审，然而这并不意味着作者在这一环节只能被动、焦虑地等待。笔者从业经验表明，对自己论文状态关注更多、与编辑部联络更频繁的作者，其稿件的同行评议通常用时更短。

2.3.1 主动提醒作者关注稿件进程

由于一位责任编辑同时负责少则几十篇多达甚至百余篇论文，往往不能对所有稿件均做到第一时间响应，此时笔者的做法是文章进入同行评议流程后给通信作者发邮件，主动告知文章状态，请他们保持关注。以我刊为例，稿件一旦进入外审，其在采编系统中显示的状态为"Awaiting Reviewer Assignment(等待审稿人响应)"，而只有达到期刊要求的最低数量审稿人(我刊设定为2人)接受了审稿邀请，稿件状态才会转变为"Awaiting Reviewer Score(等待审稿人结论)"。有时一位评审专家已经返回了评阅意见，仍无第二位评审专家在规定时间内对审稿邀请做出响应(无论同意或拒绝)，则系统状态仍停留在"Awaiting Reviewer Assignment"，但对系统不熟悉的作者看到"Assignment"一词，认为稿件仍在等待编辑外送，不及时解释会产生误会。因此，编辑可以预制一个模板邮件，稿件外送后主动告知稿件已经进入同行评议，并提醒作者及时关注系统中的稿件状态，如有疑问及时致电或致信编辑部。这种做法充分体现了责任

2.3.2 主动邀请作者推荐审稿人

如前文所述，英文科技稿件审稿难是普遍现象，笔者曾经处理过一篇非期刊热点方向投稿，前后3个月共分3批外送多达15位评审人，其中包括期刊自有专家库中相关专家、采编系统自动匹配推荐文章的作者、文章引文最相关学者及拒审专家推荐的其他审稿人。为保证文章处理时效，必须主动联系通信作者，将情况如实告知并请其推荐一些国内外相关领域专家供编辑部参考。诚然，作者推荐的审稿人不可尽信，但仍可作为一种方向指引，可通过被推荐人的专业背景、就职机构、已发论文等发散追踪，常常会有意外收获。

3 结束语

稿件质量与处理速度是期刊生命线。基于《中国海洋工程(英文版)》期刊实践，总结了编辑自身工作、编辑与审稿专家高效互动和编辑与作者积极沟通这三个维度的多种提高英文科技期刊稿件同行评议效率的具体措施。期刊责编加强初审筛查和精选评审专家是提升同行评议效率的前提；编辑增强与审稿专家的有效互动，包括个性化拟写送审邮件标题、关键问题精准提问、巧妙催审、尽量人性化服务和采用适当激励措施等，是提高外审效率的重要方法；而编辑与作者就稿件评审状态保持沟通则可以为同行评议工作顺利推进锦上添花。期刊出版工作的顺利开展离不开作者、评审专家、编辑部几方面通力合作。期刊编辑应积极灵活、因地制宜地采取行之有效的措施不断提高期刊同行评议质量与速度，进一步提升办刊服务水平、促进我国英文科技期刊高质量发展。

参 考 文 献

[1] 冯远景,陈希宁,郑小华.科技期刊发展的"瓶颈":出版周期过长[J].中国科技期刊研究,2001,12(2):81-83.
[2] 吕国华,古丽亚,王雪峰.科技学术期刊缩短论文出版周期的有效举措:以《物理学报》为例[J].编辑学报,2013,25(6):590-591.
[3] 王沁萍,阮爱萍,李军纪.《基础医学教育》缩短出版周期的方法探讨[J].基础医学教育,2015,17(12):1124-1126.
[4] 杨侠,孙贺平,潘冰峰.缩短科技期刊论文发表周期的思考及实践:以《化学学报》为例[J].中国科技期刊研究,2015,26(7):683-686.
[5] 陈勇,郭伟.多举措缩短论文发表周期:以《中国机械工程》为例[J].湖北师范大学学报(自然科学版),2018,38(3):120-124.
[6] 王晓芳,王贵春,陈焰,等.缩短科技期刊论文发表周期的思考:以《湖北农业科学》为例[J].黄冈师范学院学报,2021,41(6):222-224.
[7] 付伟棠.我国学术期刊同行评议研究综述[J].中国科技期刊研究,2019,30(8):819-826.
[8] 刘艳,尹卫靖.科技期刊发现和维护优秀作者群的思考与策略[J].科技传播,2021,13(18):44-46.
[9] 王维朗,黄江华,游滨,等.科技期刊同行评议中编辑-审稿专家-作者之间关系的重构与强化[J].编辑学报,2019,31(2):145-147.
[10] 赵燕,游俊,江津,等.编辑角色在提高外审稿质量中的行为分析[J].传播力研究,2018,2(7):154-155.
[11] 刘佳佳,张淑华.拓宽审稿专家选择途径多渠道提升审稿积极性[M]//学报编辑论丛2018.上海:上海大学出版社,2018:462-465.
[12] 郭欣,姚巍,朱金才.科技期刊同行评议质量的提升策略:以《振动工程学报》为例[M]//学报编辑论丛2021.上海:上海大学出版社,2021:602-606.
[13] 陈嵩,安菲菲,张敏,谭蓉蓉.对完善我国科技期刊同行评议机制的思考[J].编辑学报,2022,34(1):53-57.
[14] 王紫萱,冯庆彩.Journal of Environmental Sciences提高审稿效率的探索与实践[M]//学报编辑论丛2021.上海:上海大学出版社,2021:613-618.
[15] 黄崇亚,亢列梅.提高同行评议质量和效率的几种方法[J].编辑学报,2021,33(1):78-81.

基于多源数据融合的图书质量综合评价模型构建研究

冯雅萌

(中国科技出版传媒股份有限公司石家庄分公司，河北 石家庄 050000)

摘要：针对目前图书质量评价数据比较局限，评价指标维度单一，评价模型也存在主观或客观误差，无法全面系统地对图书质量做出评价的问题。本文在全面梳理目前图书质量评价研究现状的基础上，从图书内容、出版单位、图书作者、装帧设计、市场销售、网络舆情6个数据维度进行了分析，构建了由15个二级评价指标构成的图书质量多源数据综合评价体系，根据层次分析-熵权耦合评价模型，得到了每个二级评价指标的主观和客观的综合权重，并根据某出版社教育与心理分社 2019 年出版的 5 本心理学方向的图书的具体数据，进行了评价模型的案例分析。该评价模型可为图书出版单位的图书质量管理和提升提供一定的参考价值。

关键词：多源数据融合；图书质量；评价指标；层次分析-熵权法

图书是一种传播和传承知识与文化的重要载体，具有长篇幅、高密度、系统化、集成化地呈现某一具体研究内容的特点。2019 年我国出版的新书品种规模达 19.4 万种，图书零售市场码洋规模同比上升了 14.4%，达 1 022.7 亿元[1]。2014 年 10 月 15 日，习近平总书记在主持召开文艺工作座谈会时就强调，在文艺创作方面，存在着有数量缺质量、有"高原"缺"高峰"的现象，存在着抄袭模仿、千篇一律的问题，存在着机械化生产、快餐式消费的问题[2]。可见，高质量的图书出版是整个出版业高质量发展的重要基础和行业转型与改革的必由之路。

为加强出版管理，推动出版业高质量发展，国家新闻出版署每年都会开展图书质量管理专项工作，依照《出版管理条例》《图书出版管理规定》《图书质量管理规定》等法规规章，健全完善出版单位、省级出版管理部门和主管部门、国家新闻出版署三级图书质量监督管理机制，解决部分出版产品同质化、编校质量低劣等突出问题，引导出版业牢固树立质量意识、严格出版质量管理，为人民群众提供更多优质的精神食粮。因此，融合多源的评价数据，构建系统、全面、客观、科学的图书质量综合评价模型，对出版图书的质量进行评价是促使广大出版单位不断推出精品力作并推动整个出版业高质量发展的重要途径[3]。目前，图书出版质量的评价缺乏相关的客观分析数据，评价模型也不够成熟，导致多源评价数据无法有效融合，无法形成系统的评价模型[4]。

然而，目前的图书质量评价数据比较局限，评价指标的维度比较单一，评价模型也存在主观或客观误差，无法全面和系统地对图书出版质量做出评价。本文全方面梳理了图书出版质量的影响因素，融合多源数据，构建了一种层次分析和熵权法耦合的综合评价模型，避免了因单一评价模型对评价结果带来的主观或客观误差。该图书质量综合评价模型对于出版单位的图书质量管理和提升具有一定的实用价值。

1 综合评价模型构建

1.1 综合评价指标选取

目前的出版业宏观管理体系中,图书质量是一个完整的概念,包含了内容、编校、装帧设计和印刷质量 4 个方面,是内容和形式的有机组合[5]。我国现行的《图书质量管理规定》第 3 条也明确规定,内容、编校、设计、印制 4 项均合格的图书,其质量属合格。近年来,随着互联网技术的快速发展,图书的出版形式更加丰富,读者的阅读方式也更加多样化,网络舆情成为大众评价图书质量的一个重要渠道。通过大量的文献调研和分析,本文选取了图书内容、出版单位、图书作者、装帧设计、市场销售、网络舆情作为图书质量评价的一级指标,又细分为 15 个二级评价指标,如图 1 所示。所有二级评价指标中,编校差错率及豆瓣差评率属于反向指标,即其值越高,图书质量越低;其他指标全为正向指标,即其值越高,图书质量越高。

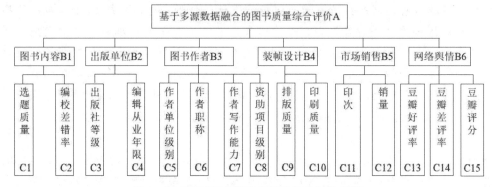

图 1 图书质量综合评价指标的层次结构模型

1.2 AHP-EWM 耦合评价模型的构建过程

1.2.1 层次分析法(Analytic Hierarchy Process, AHP)的原理及步骤

AHP 可以将复杂的决策问题表示为有序的递阶层次结构模型,通过对各评价参数的主观判断和科学计算给出各个参数的主观权重[6]。建立一个层次分析评价结构模型有 3 步:首先是通过系统地分析所需要决策目标的逻辑关系,建立层次结构模型;然后,在建立的层次结构模型的基础上,构建判断矩阵,依据 Saaty 教授提出的九级标度打分法(见表 1),对指标依次进行对比,根据对比结果便可以建立起相应的判断矩阵。所建立的判断矩阵如式(1)所示,该判断矩阵对角线上的元素均为 1,并且对角线两侧的元素互为倒数。

表 1 AHP 评价模型的九级标度打分法

标度	含义
1	表示两个因素有同样的重要性
3	表示两个因素相比,一个因素比另一个因素稍微重要
5	表示两个因素相比,一个因素比另一个因素明显重要
7	表示两个因素相比,一个因素比另一个因素强烈重要
9	表示两个因素相比,一个因素比另一个因素极端重要
2,4,6,8	上述两相邻判断的中值
正互反矩阵	因素 i 与 j 比较的判断 a_{ij},则因素 j 与 i 比较的判断 $a_{ji}=1/a_{ij}$

$$R = \left[r_{ij}\right]_{n\times n} = \begin{bmatrix} r_{11} & \cdots & r_{1n} \\ \vdots & \ddots & \vdots \\ r_{n1} & \cdots & r_{nn} \end{bmatrix}, \left(r_{ij}>0; r_{ij}=\frac{1}{r_{ji}}; r_{ii}=1; i=1,2,\cdots,n; j=1,2,\cdots,n\right) \quad (1)$$

式中：R 为所构建的判断矩阵，并且 R 归一化特征向量可用作权向量。根据 Saaty 的九级标度打分法，通过各个评价因素的两两比较，即 r_i 和 r_j 进行比较，可以得到 R 中的 r_{ij} 值。

其次，通过式(2)计算得到所构建的构造判断矩阵 R 的最大特征值 $\lambda_{\max}$ 及其相应的归一化特征向量 W，

$$RW = \lambda_{\max} W, (W=(w_1, w_2, \cdots, w_n)^{\mathrm{T}}) \quad (2)$$

式中：$\lambda_{\max}$ 为判断矩阵 R 的最大特征值，W 为相应的归一化特征向量。

然后，AHP 评价模型内的各个因素的权重值可以通过式(3)、式(4)、式(5)得到

$$u_j = \frac{1}{n}\sum_{j=1}^{n} c_{ij}', (i=1,2,\cdots,n) \quad (3)$$

$$c_{ij}' = \frac{c_{ij}}{\sum_{i=1}^{n} c_{ij}}, (i=1,2,\cdots,n) \quad (4)$$

$$W = [w_1, w_2, \cdots, w_n]^{\mathrm{T}} = \left[\frac{1}{n}\sum_{k=1}^{n} c_{1k}', \frac{1}{n}\sum_{k=2}^{n} c_{2n}', \cdots, \frac{1}{n}\sum_{k=n}^{n} c_{nn}'\right]^{\mathrm{T}} \quad (5)$$

最后，根据式(6)进行一致性检验，若一致性检验通过，则可按照组合权向量得到的计算结果进行决策，否则需要重新构建层次结构模型。

$$CI = \frac{\lambda_{\max} - n}{n-1} \quad (6)$$

式中：CI 为一致性指标，CI 越小，说明一致性越大。

为衡量 CI 的大小，引入随机一致性指标 RI，RI 可以通过表 2 得到。为了避免由随机原因造成的一致性检验的误差，因此在检验判断矩阵 R 是否具有满足的一致性时，还需将 CI 和随机一致性指标 RI 进行比较，得出检验系数 CR，公式如下：

$$CR = \frac{CI}{RI} \quad (7)$$

式中：随机一致性指标 RI 和判断矩阵 R 的阶数有关，一般情况下，矩阵阶数越大，则出现一致性随机偏离的可能性也越大，其对应关系如表 2 所示。

表 2　平均随机一致性指标 RI 标准值

矩阵阶数	1	2	3	4	5	6	7	8	9	10	11
RI	0	0	0.58	0.90	1.12	1.24	1.32	1.41	1.45	1.49	1.51

1.2.2　熵权法(Entropy Weight Method, EWM)的原理及步骤

"信息熵"用来表征信息系统的混乱程度，是随机变量不确定度的量度[7]，公式如下：

$$S = -\sum_{i=1}^{n} p_i \log p_i \quad (8)$$

采用 EWM 评价模型的主要步骤如下：

首先，确定评价矩阵 A，如果评价目标包含 n 个评价指标和 m 个评价项目，则可以建立原始评价矩阵 A，矩阵元素为上述多源图书质量评价数据，公式如下：

$$A = \begin{matrix} A_1 \\ A_2 \\ A_3 \\ \dots \\ A_N \end{matrix} \begin{bmatrix} a_{11} & a_{12} & \dots & a_{1m} \\ a_{21} & a_{22} & \dots & a_{2m} \\ a_{31} & a_{32} & \dots & a_{3m} \\ \vdots & \vdots & \ddots & \vdots \\ a_{n1} & a_{n2} & \dots & a_{nm} \end{bmatrix} \tag{9}$$

其次，采用式(10)和式(11)将各评价指标的原始数据进行分类归一化处理，归一化后的关系矩阵 B 如式(12)所示：

$$b_{ij} = \frac{a_{ij} - \min a_{ij}}{\max a_{ij} - \min a_{ij}} \tag{10}$$

$$b_{ij} = \frac{\max a_{ij} - a_{ij}}{\max a_{ij} - \min a_{ij}} \tag{11}$$

$$B = \begin{matrix} b_1 \\ b_2 \\ b_3 \\ \dots \\ b_N \end{matrix} \begin{bmatrix} b_{11} & b_{12} & \dots & b_{1m} \\ b_{21} & b_{22} & \dots & b_{2m} \\ b_{31} & b_{32} & \dots & b_{3m} \\ \vdots & \vdots & \ddots & \vdots \\ b_{n1} & b_{n2} & \dots & b_{nm} \end{bmatrix} \tag{12}$$

然后，采用式(13)计算各参数的熵权值和权重值，进而得出的各个参数指标的权重值。

$$\begin{cases} p_{ij} = \dfrac{x_{ij}}{\sum\limits_{i=1}^{n} x_{ij}}, (i=1,2\cdots n; j=1,2\cdots m) \\ e_j = -k \sum\limits_{i=1}^{n} p_{ij} \ln(p_{ij}), \text{其中} k>0, k = \dfrac{1}{\ln(m)}, e_j \geq 0 \\ g_j = \dfrac{1-e_j}{m-E_e}, \text{式中} E_e = \sum\limits_{j=1}^{m} e_j, 0 \leq g_j \leq 1, \sum\limits_{j=1}^{m} g_j = 1 \\ w_j = \dfrac{g_j}{\sum\limits_{j=1}^{m} g_j} (1 \leq j \leq m) \end{cases} \tag{13}$$

式中：x_{ij} 为第 j 项指标的第 i 个数值；e_j 为第 j 项指标的熵值；g_j 为第 j 项指标的差异系数；E_e 为各指标熵值的和；w_j 为第 j 项指标的权重；p_{ij} 为第 j 项因子影响下该指标的权重。

1.2.3 AHP-EWM 耦合评价模型

本文采用 AHP-EWM 耦合评价模型对两种赋权方法的计算结果进行综合，采用的方法是"加法集成法"，公式如下：

$$W_i = \beta a_i + (1-\beta) b_i, (0 \leq \beta \leq 1) \tag{14}$$

式中：W_i 为第 i 个评价指标的综合权重；a_i 为 AHP 模型所得到的主观权重；b_i 为 EWM 模型所得到的客观权重；β 为比例系数，取值范围为 0~1，具体的取值依赖于决策者对两种评价方法的偏好，此次图书质量的评价对主观和客观权重的偏好一致，因此本文中 β 的取值为 0.5。

2 综合评价模型应用

2.1 综合权重计算

为了验证所构建的基于多源数据的图书质量综合评价体系和模型的有效性，评价数据选取某出版社教育与心理分社 2019 年出版的 5 本心理学方向的图书，初始的 15 个二级指标的评分结果如表 3 所示。对于反向指标，则取其倒数以进行正向化处理。

表 3 二级评价指标下 5 本图书的初始评分结果

指标	C1	C2	C3	C4	C5	C6	C7	C8	C9	C10	C11	C12	C13	C14	C15
图书 1	8.2	1/40	1	5	2	1	15	2	8.5	8.1	1	365	70	30	7.2
图书 2	8.5	1/35	1	2	1	3	17	2	8.7	8.5	1	198	66	34	7.7
图书 3	7.9	1/40	1	3	2	1	8	3	8.7	8.3	2	205	72	28	8.3
图书 4	8.8	1/45	1	3	3	2	30	3	8.2	8.5	1	335	75	25	7.6
图书 5	9.2	1/30	1	6	3	2	25	3	8.6	8.5	2	408	88	12	8.8

按照 AHP 的计算步骤，可以对 6 个一级和 15 个二级图书质量评价指标分别构建相应的评价矩阵，由于篇幅限制，在此不再赘述。所建立的评价矩阵通过一次性检验后，计算得出 6 个一级评价指标的权重分配为($B_1, B_2, \cdots, B_6$) = (0.22, 0.14, 0.20, 0.13, 0.16, 0.15)，15 个二级图书质量评价指标的权重分配为($C_1, C_2, \cdots, C_{15}$) = (0.13, 0.09, 0.06, 0.08, 0.04, 0.04, 0.06, 0.06, 0.06, 0.07, 0.08, 0.08, 0.07, 0.03, 0.05)。然后，根据 EWM 的计算步骤，将原始数据进行标准化处理，对于反向指标则取其倒数做正向化处理，然后计算 15 个二级评价指标的熵值和对应的主观权重，计算结果为($C_1, C_2, \cdots, C_{15}$) = (0.059, 0.05, 0, 0.068, 0.048, 0.098, 0.055, 0.088, 0.042, 0.044, 0.054, 0.081, 0.075, 0.075, 0.063)。最后将两种方法所计算得到的主观和客观权重进行加权处理，加权系数为 0.5，得到的综合权重值为($C_1, C_2, \cdots, C_{15}$) = (0.120, 0.070, 0.030, 0.084, 0.044, 0.079, 0.058, 0.074, 0.051, 0.057, 0.072, 0.081, 0.073, 0.053, 0.057)。从综合权重的计算结果中可以看出，15 个二级评价中，选题质量 C_1 是影响图书质量的最重要指标，最终的权重排序结果是 $C_1>C_4>C_{12}>C_6>C_8>C_{13}>C_{11}>C_2>C_7>C_{10}=C_{15}>C_{14}>C_9>C_5>C_3$。

2.2 图书质量评价结果

将表 3 中的多源原始数据乘以每个图书质量评价指标对应的综合权重值，即可得到所评价的 5 本图书的综合质量得分。经过计算，可以得到图书 1 至图书 5 的综合得分依次为 45.182，30.876，32.094，44.733，51.405，图书质量的综合排序为图书 5>图书 1>图书 4>图书 3>图书 2。从评价结果中也可以分析出，综合得分较低的图书的选题质量和作者的写作能力明显偏低。

3 结束语

本文在系统梳理目前的图书质量评价研究现状的基础上，从图书内容、出版单位、图书作者、装帧设计、市场销售、网络舆情 6 个数据维度进行分析，构建了由 15 个二级评价指标构成的图书质量多源数据综合评价体系。根据层次分析-熵权法耦合评价模型，得到了每个评价指标的综合权重，并根据某出版社教育与心理分社 2019 年出版的 5 本心理学方向的图书的具体指标，进行了模型的案例应用。计算结果表明，选题质量是影响图书质量的最重要指标，图书 1 至图书 5 的综合得分依次为 45.182，30.876，32.094，44.733，51.405，图书质量的综合排序为图书 5＞图书 1＞图书 4＞图书 3＞图书 2。从评价结果中也可以分析出，综合得分较低的图书的选题质量和作者的写作能力明显偏低。因此，对于出版单位来说，在严格把控图书选题质量的前提下，提升图书作者和编辑水平才是决定出版社最终出版出高质量图书的关键所在。该评价体系和模型可以为图书出版单位的图书质量管理和提升提供一定的参考价值。

参 考 文 献

[1] 北京开卷.2020 阅读 X 论坛: 探索书店和出版的未来[EB/OL].(2020-01-09)[2022-05-10]. https://mp.weixin.qq.com/s/DcA5j1oXl3GOYV2ethiySQ.

[2] 高丽丽.打造当代精品力作:编辑先行[M]//学报编辑论丛 2020.上海:上海大学出版社,2020:465-468.

[3] 任红娟.我国图书评价方法研究述评[J].图书情报知识,2016(5):22-29.

[4] 李小香.图书评价指标体系及评价方法[J].电脑知识与技术,2020,16(23):23-26.

[5] 宣敏.基于多指标综合评价的图书排行榜研究[D].南京:南京大学,2020.

[6] SAATY T L. The analytic hierarchy process [M]. New York: McGraw Hill, 1980.

[7] SHANNON C E, WEAVER W. The mathematical theory of communication (Urbana, IL) [J]. Philosophical Review, 1949, 60(3):1-54.

医学期刊在新冠肺炎疫情防控中的作为及对期刊发展的启示

杨美琴,诸静英,徐斌靓,谢 明

(复旦大学附属眼耳鼻喉科医院《中国眼耳鼻喉科杂志》编辑部,上海 200031)

摘要:COVID-19 疫情发生以来,《中国眼耳鼻喉科杂志》编委会积极组织"COVID-19 防控专栏"征稿,得到读者/作者的积极响应,截至 2020 年 3 月 20 日共收到 50 余篇投稿,经过严格审稿及编辑,已通过微信公众号优先发布 12 篇。非传染类学术期刊积极组织刊登与疫情相关的学术论文并通过网络预出版,可以及时为抗疫一线提供全面、最新的研究信息及实用、有效的防控经验,利于医疗机构完善、优化其防控流程,保护医务人员免受交叉感染,发挥了期刊服务行业、服务社会的责任;同时期刊可以收获更多的用户与关注,提高了期刊的影响力与知名度。

关键词:医学期刊;新型冠状病毒肺炎;社会效益;疫情防控

2019 年 12 月以来,新型冠状病毒肺炎(COVID-19)疫情来势凶猛,截至 2020 年 3 月 20 日,全国累计确诊 COVID-19 病例 81 385 例,经过党和国家统一部署及广大医务工作者日夜奋战,国内疫情得到有效控制[1-3]。面对如此突然而严峻的新型病毒感染疫情,作为学术交流平台的医学期刊理应承担起服务社会的责任,通过及时刊登科研工作者针对新病毒的研究成果以及临床医生诊疗疾病的实践经验,助力病毒研究和疫情防控。本文通过总结《中国眼耳鼻喉科杂志》在 COVID-19 疫情期间紧急组织 COVID-19 防控专栏的经验,阐述医学期刊在 COVID-19 疫情中可能的作为及对期刊发展的启示。

1 资料与方法

1.1 COVID-19 防控专栏的组稿背景及必要性

针对新型冠状病毒及 COVID-19 诊疗的研究已有较多文献报道,内容包括病毒宿主、传播途径、易感人群等的研究;感染人群的首发症状,无症状携带者的传染性,病理尸解结果,康复者血浆治疗、康复者"复染"等。由于 COVID-19 主要临床表现在肺部,相关论文主要发表在病毒学、呼吸科、传染科、重症医学及医学综合类期刊。

《中国眼耳鼻喉科杂志》是以报道眼科、耳鼻喉科基础及临床研究为主的专业期刊,读者群主要是两科临床医生。但是两科临床与 COVID-19 疫情有着密切关系:①很多耳鼻喉疾病症状如鼻塞、鼻痒、咽喉痛、流涕、咳嗽、咳痰等与 COVID-19 的初期表现类似。②虽然尚无证据显示 COVID-19 在眼耳鼻喉头颈有阳性表现,但是也有病毒通过结膜传播及泪液中检测出病毒核酸的报道[4-5]。③眼科、耳鼻喉科病人就诊时的体格检查、辅助检查、手术等,都需要脱下口罩(正确佩戴口罩是 COVID-19 疫情阻断传播途径的重要措施之一),这无疑将医生置身于不可控的高风险中。④COVID-19 的主要传播途径为呼吸道飞沫传播和接触传播。眼科、耳鼻喉科疾病需要近距离接触检查，而检查有可能引发患者呛咳、打喷嚏等，增加了接触患者体液的机会，有可能将医生暴露于高浓度的病毒环境中。

因此，自从疫情发生以来，全国各医疗机构先后叫停眼科、耳鼻喉科门诊及择期手术，只保留急诊从而保证正常的医疗需求。但是疫情重灾区的武汉，由于初期防控意识相对弱，3名武汉市中心医院医生牺牲在抗疫一线，其中2名是眼科医生[6]。究其原因，与传染科及呼吸内科等科室不同，眼科、耳鼻喉科医生对传染病的防控意识不强，防控措施不到位。随着疫情的不断全球化，在接下来的很长一段时期，眼科、耳鼻喉科都将是 COVID-19 疫情防控的重点科室，谨防国内疫情"复燃"或国外输入性病例，从而保证医务人员零感染，有效切断院内感染途径。

因此，除了遵循国家相关防控规定外，应该有这两科特有的防控流程。疫情高峰时期，很多三甲医院的眼科、耳鼻喉科急诊开放，在此过程中总结了切实有效的防控措施及流程。作为眼耳鼻喉科专业学术期刊，我们有义务将这些来源于实践中的宝贵经验推广给更多的一线医务人员。

1.2 COVID-19 防控专栏的组织及发布

在主编提议并积极组织下，2月25日紧急通过期刊官网及微信公众号发出征集"COVID-19防控专栏"的通知。随后得到广大学者的积极响应，4天之内收到11篇来稿，截至3月20日共收到来稿50余篇，录用20篇。录用稿件以实用性为主，结合疫情防控期间的病例处理经验，介绍疾病诊疗及 COVID-19 防控流程，也有参与 COVID-19 病人气管切开的实践操作经验；其次是针对新型冠状病毒及 COVID-19 与眼耳鼻喉的关系做了全面综述，让更多的医务工作者可以全面了解相关信息。

为了体现论文的时效性，编辑部在收到稿件后立即进行初审，并送专家审稿，同时短信提醒审稿专家；审稿专家大多在24小时内给出详细的审稿意见(有的是在晚上12点多审回，有的专家在看完当天门诊后抓紧审回)；编辑部在收到审稿意见后也及时与作者联系修改、补充，与专家直接沟通病毒及肺炎名词的统一等；主编第一时间定稿。所有录用的论文在经过编辑部认真编辑加工后通过微信公众号推送给全部用户，充分利用新媒体的快捷与便利。截至目前，所有发布的专栏论文，从收稿到发布，最短6天，最长12天，平均不到8天。

2 开设 COVID-19 疫情专栏对于期刊发展的启示

2.1 实现医学期刊的社会效益

COVID-19 防控专栏文献为临床一线医务人员提供了 COVID-19 的有效防控经验，有助于切断 COVID-19 在医院的传播途径；为不同医疗单位疫情防控流程与措施的完善与改进提供了交流、学习的平台，保护医务人员健康；学者及时交流 COVID-19 可能在眼、耳、鼻、喉等部位有表现的研究信息，丰富学术研究。正如文献[7-9]所言，中文期刊应该找准定位，发挥学术期刊为国家服务的基本宗旨不动摇，推动学术服务社会的责任，实现其为行业服务的办刊宗旨。

2.2 为期刊凝聚更多"用户"

COVID-19 疫情是当前全民关注的热点，任何与之有关的信息都会引起极大关注。本刊COVID-19 防控专栏论文征集活动，引起了广大眼科、耳鼻喉科医务工作者的关注。由于本刊并非学科领域内最知名期刊,很多优秀研究团队可能并未关注本刊,此次通过微信公众号及朋友圈广为转发的专栏征文,让更多的优秀研究人员了解并关注本刊,凝聚了更多的潜在作者及可能带来的优质论文。本刊微信公众号于 2020 年 1 月 20 日开始启用,专题发布之初用户总数为 1 192 人,在不到一个月的时间内,没有做任何推广下,公众号用户数稳步增长,截至 3 月 20 日达到 1 312 人,增加了 120 人。文献[10-11]认为,抓住热点设立专栏有助于拓展期刊稿源,突出刊物特色,增强刊物吸引力。

2.3 扩大期刊宣传,提升期刊影响力

《法医学杂志》预出版论文"首例 COVID-19 逝者遗体解剖报告"为期刊网站带来 1 000 多万次的总浏览量,同时在线人数 4 万多人。本刊 3 月 4 日发布的专题论文《江苏地区耳鼻咽喉头颈外科在防控新型冠状病毒肺炎疫情中的应对过程及建议》已有 2 001 次的阅读量,超过公众号用户总数 1 312 人,总分享 126 次,分享产生的阅读 1 804 次(1431.75%)。截至 3 月 20 日,所有发布的 12 篇 COVID-19 防控专栏论文总阅读 3 847 次,平均 320 次/篇。文献[12]认为,抓住热点设立专栏可以提升期刊国际化水平和增强国际影响力,有利于提升期刊的品牌影响力。同时,应利用新媒体加大专栏征文宣传,辅以预出版以提高时效性[11]。

2.4 服务主办单位,服务学科发展

复旦大学附属眼耳鼻喉科医院是一所三级甲等专科医院,其中耳鼻喉科连续 9 年蝉联全国耳鼻喉科排名榜首,眼科位列第 3,不论是临床资源还是学术资源在国内都首屈一指,同时承担着眼科、耳鼻喉科研究生及进修生培养任务。疫情当前,将在疫情期间医院运行中总结的防控经验推广给全国同行,本刊成为除医院公众号外最有力的平台。

3 组织针对社会热点专栏的注意事项

针对社会热点组织专栏,时效性是首要关注的要素,因此要以最快的速度、最便捷的途径予以推广。但是严格的内容审稿及文字编辑同样不容忽视。

(1) 严格执行"三审制",编辑初审、专家复审及主编终审,保证论文的内容质量。不能为了追求时效性而弱化甚至放弃对论文内容的审核,包括研究设计的科学性、数据资料的真实性、临床应用的可操作性等。编辑可以通过与专家点对点通信联系,加快审稿流程,提高审稿效率。报道热点专题,需要编辑部与编委会有效配合,才能将其服务社会的责任发挥至最佳。

(2) 编校质量仅次于内容质量,需要编辑严格把关。一般热点专栏论文都是单篇处理,需要制订针对单篇论文的编校流程。首先,通读、精读全文,字斟句酌,以批注形式列出所有需要修改或补充的内容,然后返修;其次,通过添加微信与作者联系编辑文章过程中的疑问,及时解决;最后,将编辑好的微信内容临时链接发给作者校阅,发现问题随时解决。经过以上几个环节,可以在恰当的时间一并推出专栏论文。

另外,还需要学会预判热点问题的可能发展趋势。时至今日,新冠肺炎疫情已经伴随我们 2 年有余,尤其是 2022 年 3 月发端于上海的奥密克戎株新冠肺炎疫情,明显影响了我们的生活,改变了人们的生活、工作、交流方式。笔者以中国知网(CNKI)为数据源,以"COVID-19"为关键词,检索周期 2020 年 1 月至 2022 年 7 月,共获取研究论文 15 247 篇,其中 2020 年 8 871 篇,2021 年 5 117 篇,2022 年已有 1 257 篇,总体而言论文数量在疫情暴发第 1 年最多,之后减少,但仍保持较高水平。当前,新冠肺炎疫情仍然是全球关注的热点公共卫生事件之

一,随着病毒株的不断变异,疫情防控形势依然不可松懈,仍有诸多有待深入研究的方面。疫情防控人员感染事件时有发生更应引起重视,医学期刊理应承担起宣传、解读疫情防控诊疗规范及政策的义务。

热点专栏强调时效性,此次专题策划时间紧急、组稿略显仓促,笔者体会如下:①医学期刊是传播、交流医学前沿信息的重要平台与载体,在发生重大公共卫生事件时理应置身事内,不忘办刊初心,承担起为医生、医疗、医学服务的社会责任与义务;②本刊以报道眼科、耳鼻喉科相关研究论文为主,虽然一开始的疫情本身与两科关系不大,但是两个科室却是感染高风险科室,坚持"生命至上",积极宣传疫情防控经验也是保护读者的生命安全;③在整个专栏建设期间,关于新冠肺炎和新冠病毒的中英文名词定义,我们随时关注国内外最新报道,及时更新、精准传递;④借助刚创建不久的期刊微信公众号进行热点论文预出版发布是此次专题得以广泛宣传的一大助力,更加凸显媒体融合发展的显著优势;⑤此次专栏组稿也存在一些不足,组稿力度不够,未能向奋战在武汉最前线的专家学者约稿,栏目形式也过于单一。

综上所述,善于抓住社会热点,抓住其与学术期刊的最佳契合点,充分利用"媒体融合"时代的传播技术,履行期刊为社会、为用户服务的责任,同时有助于扩大期刊宣传,凝聚更多"用户",报道经验及时得以推广与应用,研究成果得以及时转化。践行"人类命运共同体",汇聚全球战"疫"合力,相信疫情终将得以控制,社会终将回归正常。

参 考 文 献

[1] 疫情实时大数据报告[EB/OL].[2020-03-20].https://voice.baidu.com/act/newpneumonia/newpneumonia/?from=osari_pc_3#tab0.

[2] 疫情实时大数据报告[EB/OL].[2020-03-20].https://voice.baidu.com/act/newpneumonia/newpneumonia/?from=osari_pc_3#tab4.

[3] 全球新冠肺炎确诊超20万例!35个国家宣布进入紧急状态![Z].2020-03-20.

[4] 北大呼吸发哥[EB/OL].[2020-03-20].https://weibo.com/u/2700877354?is_hot=1#_loginLayer_1582701544122.

[5] XIA J, TONG J, LIU M, et al. Evaluation of coronavirus intears and conjunctival secretions of patients with SARS-CoV-2 infection[J]. J Med Virol, 2020.

[6] 26天武汉市中心医院3医生去世院内医护感染严重[N/OL].健康时报[2020-03-04](2022-07-18).https://www.cn-healthcare.com/article/20200304/content-532001.html?appfrom=jkj.

[7] 杨正凯.大数据时代学术期刊质量控制与提升方法研究[J].传播与版权,2019(11):23-27.

[8] 瞿麟平,徐敏.学术期刊热点专题的策划:以《上海交通大学学报(医学版)》控烟专题为例[M]//学报编辑论丛2017.上海:上海大学出版社,2017:358-362.

[9] 蔡斐.利用知识服务与知识传播提升学术期刊品牌影响力[J].编辑学报,2016,28(3):253-255.

[10] 李明敏,李世秋,蔡斐.航空类学术期刊专刊专栏组稿策略与出版成效[J].编辑学报,2018,30(5):525-528.

[11] 祁丽娟,郎杨琴,孔丽华.学术期刊热点专题出版的思考:以计算机科学技术类期刊为例[J].编辑学报,2018,30(增刊1):25-27.

[12] 王娟.提升中文体育学术期刊国际影响力的经验与思考[J].编辑学报,2019,31(4):442-444.

高校学报刊发教学研究论文特征分析与策略
——以山东省 42 种高校学报为例

李秀芳[1]，张志旺[2]

(1.鲁东大学科学技术处，山东 烟台 264039；2.南京财经大学信息工程学院，江苏 南京 210023)

摘要：基于中国知网论文数据库和学术期刊库，本文简要分析了高校学报刊发教学研究论文的现状，并以山东省 42 种高校学报为例，分析高校学报刊发教学研究论文的发文特征，最后以编辑视角提出了切实可行的刊发策略。研究发现：哲学社会科学类学报教育教学研究栏目设置率较高，综合类学报设置率次之，自然科学类学报设置率最低；刊发比和发文量情况与栏目设置率类似；从发文单位来看，教育研究类机构和文科学院发文较多，而理工类学院较少；在被引频次方面，3 种学报教学研究类论文的被引率和篇均被引量都高于非教学研究类论文，说明与非教学研究类论文相比，教学研究类论文也可以对影响因子有更大的贡献。高校学报应该正视刊发教学研究论文的责任和意义，结合自身特点和发展情况，探索教学与科研成果传播的新思路和新方法，为高校创新发展和人才培养贡献一份力量。

关键词：高校学报；知识图谱；教学研究论文；刊发策略

1998 年教育部印发的《高等学校学报管理办法》明确了高校学报的性质和任务，"高等学校学报是高等学校主办的、以反映本校科研和教学成果为主的学术理论刊物，是开展国内外学术交流的重要园地"[1]。作为高校教学与科研学术成果的展示窗口，高校学报在推动高校教学科研发展、促进人才培养等方面发挥了重要的作用。许多学者针对高校学报的功能[2-3]、作用[4-6]、服务教学科研[7-10]等方面进行了深入研究，并针对高校学报对教育教学改革的促进作用进行了探讨[9-10]。尽管如此，在长期"重科研、轻教学"的高校教师评价体系影响下，高校学报尤其是自然科学类学报在传播教学成果方面存在明显不足[11]。2020 年 10 月 13 日中共中央、国务院印发的《深化新时代教育评价改革总体方案》中提到"支持建设高质量教学研究类学术期刊，鼓励高校学报向教学研究倾斜"[12]，进一步强调了高校学报刊发教学研究成果的重要性。在此背景下，本文选取山东省 42 种高校学报，针对 2016—2021 年教学研究类论文的刊发数据，采用文献计量和知识图谱方法对发文特征进行分析，了解高校学报刊发教学研究成果的现状以及发文规律，探讨应对策略，以期为高校学报向教学研究倾斜提供一定的参考。

1 数据来源与研究方法
1.1 数据来源与处理

本文基于中国知网进行数据的收集。在中国知网学术期刊库中，按照"期刊导航"出版地为

基金项目：国家自然科学基金面上项目(61877061)

"山东省"检索出318种期刊,再从中筛选出25所高等学校主办的42种学报作为本文的研究对象,其中包括12种哲学社会科学类学报、20种自然科学类学报和10种综合类学报。在中国知网文献检索中,于2021年7月22日通过高级检索方式,以主题为"教学"或"教育",发表时间为2016年1月—2021年7月,文献来源为上述42种学报分别进行检索,通过人工剔除单纯教育理论研究以及与高等教育无关的论文(如学前教育、中小学教育),最终得到839条有效文献数据,每篇文献都包含篇名、作者、作者单位、中英文关键词、期刊名、摘要等信息。利用中国知网文献导出功能将上述有效文献数据以Refworks格式导出,并分别保存为*.txt文件,经合并后命名为CiteSpace可识别的文件名称download_1621.txt,并经CiteSpace 5.7自带的数据处理单元转换成Web of Science(WOS)数据格式。

考虑到发文被引频次分析的数据需要,从3种类型42种高校学报中分类选取研究期间教学类论文发文量最大的学报,分别是《山东理工大学学报(社会科学版)》《曲阜师范大学学报(自然科学版)》《临沂大学学报》,于2021年9月15日从中国知网分别获取研究期间3种学报刊发论文的总被引数据以及教学类论文的被引频次数据。

1.2 研究方法与工具

本文采用文献计量法和知识图谱对数据进行处理和显示,知识图谱采用美国德雷塞尔大学陈超美教授开发的CiteSpace 5.7软件进行绘制。CiteSpace软件着眼于分析科学文献中蕴含的潜在知识,通过科学知识图谱呈现科学知识的结构、规律和分布情况[13-14],被多个领域的学者用来进行领域热点与趋势、科研合作分析等。针对山东省高校学报已刊发教学研究论文,本文利用CiteSpace软件对发文关键词和发文机构进行知识图谱分析。发文被引频次分析也是基于中国知网,利用中国知网针对已选文献的指标分析功能计算得出研究期间3种学报的总被引数据,再综合3种学报研究期间教学类论文的被引频次数据进行统计分析。

2 高校学报刊发教学研究论文现状

高校学报共分为哲学社会科学类学报、自然科学类学报和综合类学报3种类型。借助中国知网期刊库,浏览各大高校学报的主页,不难发现:教育教学研究栏目的名称一般为教学研究、教育研究、教育教学研究、高等教育研究、医学教育等。3种类型学报中,哲学社会科学类学报教育教学栏目设置率较高,综合类学报设置率次之,自然科学类学报设置率最低,由此也可间接反映出哲学社会科学类学报刊发教学研究论文普遍较多。有的学报在研究期间一直设置教育教学栏目,说明这些学报教学研究类稿源相对稳定;而有些学报可能因为稿源或其他问题进行不定期设置或停止设置。

从教学研究论文刊发量来看,哲学社会科学类和综合类学报刊发量较大,自然科学类学报发文较少。以笔者筛选的山东省42种学报为例,2016年以来发文量大于20篇的15种学报中,有7种哲学社会科学类、6种综合类和2种自然科学类学报。研究期间12种哲学社会科学类学报都刊发过教学研究类论文,刊发比为100%;10种综合类学报中有8种学报刊发过教学研究类论文,刊发比为80%;20种自然科学类学报中有13种刊发过教学研究类论文,刊发比为65%。

不少人认为,自然科学类学报应该刊发自然科学研究相关的学术论文,而教学研究论文偏重于理论,不属于学术研究,相应地发表在哲学社会科学类或综合类学报更为合适。同时,在目前高校科研评价和职称评定时更多地看重科研成果,在一定程度上也影响教学研究论文的产出。

3 高校学报已刊发教学研究论文特征分析

3.1 研究热点分析

利用 CiteSpace 对 42 种学报研究期间刊发的 839 篇教学研究论文进行关键词分析，设置分析时间为 2016 年 1 月—2021 年 7 月，时间切片设置为 1，节点类型设置为"Keyword"，筛选标准选择 Top 60。由于本文更关注于研究热点本身，对于各关键词之间的关联不做分析，因此采用 Pathfinder 和 Pruning sliced networks 对网络进行了剪裁，得到关键词共现网络，如图 1 所示。节点越大，说明相应的关键词出现次数越多。为了使网络更加简洁，在图中只显示了出现频次在 5 次以上的节点。

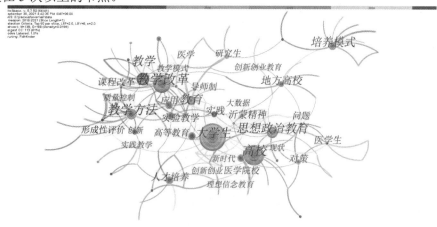

图 1 关键词共现网络

由图 1 可以看出：除去"大学生""高校"两个节点外，"教学改革""教学方法""思想政治教育""培养模式""实验教学""课程改革"等节点较大，对应的关键词出现的次数较多；从节点的年轮颜色来看，绿色和红色偏多，说明这些关键词多出现在 2018 年及之后刊发的论文中。因为所研究学报中有几种医学类学报，因此在图 1 中出现了几个与医学生培养相关的研究热点。

采用 Timeline 对共词网络进行展示，结果见图 2。每个关键词所在列对应的年份是它们首次出现的时间。如图 2 所示，2016 年出现的关键词多为大学生培养的主要内容，如教学改革、教学方法、培养模式、思想政治教育、实验教学等，也是教育教学研究中一直在持续的核心内容；2017 年的"互联网+"、2018 年的"大数据"、2019 年的"人工智能"和 2020 年的"自媒体时代"则对应了科学技术的发展，这也说明科学技术的发展对于高等教育的影响也是值得探讨的问题。思想政治教育一直是研究热点，2016 年习近平总书记在全国高校思想政治工作会议上的讲话为课程思政的建设提供了有力的支持，近两年各大高校都在推行课程思政建设。如何进行课程思政建设并形成长期有效的发展体系也是值得研究的内容。

3.2 发文单位分析

与 3.1 节设置基本相同，将节点类型设置为"institution"，可得作者单位共现网络(见图 3)，图中只显示了出现频次在 3 次以上的节点。从图 3 可以看出：节点最大的是青岛大学医学部临床技能学教学实验中心，研究期间发文量为 15；临沂大学马克思主义学院次之，发文量是 12；山东农业大学马克思主义学院和济南大学高等教育研究院发文量较多，分别是 8 和 7。

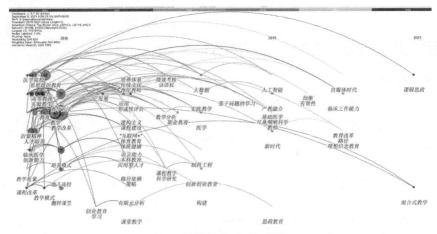

图 2 关键词共现时间线图

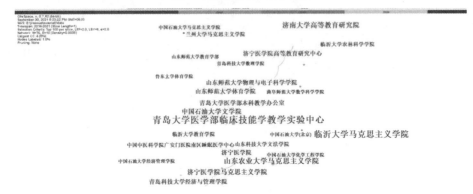

图 3 作者单位共现网络

整体来看，图 3 中 25 家发文单位均为高校的二级学院或研究机构，其中马克思主义学院、文学院、教育研究类机构占多数，而理工类学院较少，仅有山东师范大学物理与电子科学学院、中国石油大学化学工程学院等，这一点也侧面验证了第 2 部分中针对发文量的分析结果：哲学社会科学类学报刊发教学研究类论文最多，自然科学类学报刊发教学研究类论文较少。

3.3 被引频次分析

在期刊评价体系中，影响因子是其中比较重要的衡量指标，因此办刊单位都很看重影响因子。不少期刊认为，与专业性的学术论文相比，教学研究类论文对影响因子的贡献较少，从而不愿意刊发教学研究类论文。本文从 3 类学报中分别选择刊发教学研究类论文最多的《临沂大学学报》《山东理工大学学报(社会科学版)》和《曲阜师范大学学报(自然科学版)》3 种学报，分析研究期间所刊发教学研究类论文和非教学研究类论文的被引频次，通过对比反映教学研究类论文对影响因子的贡献情况。具体数据见表 1。

如表 1 所示，研究期间《临沂大学学报》共发文 608 篇，其中共有教学研究类论文 93 篇，总被引量为 267，被引率为 66.7%，篇均被引量为 2.87；非教学研究类论文 515 篇，总被引量为 639，被引率为 47.0%，篇均被引量为 1.24。很明显，教学研究类论文的被引率和篇均被引量都比非教学研究类论文高，说明与非教学研究类论文相比，示例中教学研究类论文的被引用次数更多，对影响因子的贡献更大。《曲阜师范大学学报(自然科学版)》与《山东理工大学学报(社会科学版)》的数据同样可以说明。

表1 2016年以来3种学报发文被引情况

刊名	教学研究类论文				非教学研究类论文			
	发文量	总被引量	被引率/%	篇均被引量	发文量	总被引量	被引率/%	篇均被引量
《临沂大学学报》	93	267	66.7	2.87	515	639	47.0	1.24
《山东理工大学学报(社会科学版)》	88	244	70.5	2.77	568	788	50.8	1.39
《曲阜师范大学学报(自然科学版)》	49	131	81.6	2.67	495	711	39.0	1.44

针对上述3种期刊,从刊发的教学研究论文中各筛选出被引频次排名前三的论文,具体信息见表2。除了《曲阜师范大学学报(自然科学版)》的3篇论文排名稍靠后外,其余论文在各自学报总发文的被引频次排名中均居前五。

综合来看,不管是哪种类型的学报,与非教学研究类论文相比,教学研究类论文也能够对影响因子有更大的贡献,不能因为是教学研究类论文而不刊发。

表2 2016年来3种学报刊发的高被引教学研究类论文

编号	题名	刊名	被引频次	年份
1	论"金课"的层面与维度	《临沂大学学报》	25	2019
2	"3+4"中职——本科对口贯通分段培养模式探索与实践	《临沂大学学报》	17	2016
3	应用型高等院校本科毕业论文质量管理和质量控制研究——以大连海洋大学为例	《临沂大学学报》	17	2016
4	"一带一路"视阈下的跨文化交际课程内容探讨	《山东理工大学学报(社会科学版)》	17	2017
5	基于翻转课堂的混合式学习模式探讨	《山东理工大学学报(社会科学版)》	14	2016
6	新媒体环境下高校主题班会实效性研究	《山东理工大学学报(社会科学版)》	9	2017
7	高校计算机专业课程教学中学生创新能力培养的研究	《曲阜师范大学学报(自然科学版)》	9	2018
8	MATLAB仿真软件在线性代数课程中的应用研究	《曲阜师范大学学报(自然科学版)》	7	2016
9	基于学习者满意度的翻转课堂教学评价实证研究——以开放教育《管理学基础》为例	《曲阜师范大学学报(自然科学版)》	6	2018

4 刊发教学研究论文必要性及刊发策略探讨

2020年10月13日中共中央、国务院印发的《深化新时代教育评价改革总体方案》中提到:"改进高校经费使用绩效评价,引导高校加大对教育教学、基础研究的支持力度。"在此情况下,各高校将会产出更多的教学成果,而教学研究论文是教学成果的主要形式之一,学报应该担起传播的重任。学报如何向教学研究倾斜、刊发什么样的教学成果等问题都需要认真考虑确定。本文以编辑视角对学报刊发教学研究论文的必要性及相关支持策略进行探讨。

4.1 正视刊发教学研究类论文的必要性

无论从高校学报的特殊功能及自身发展，还是高校教师的教学研究需求，高校学报都有必要刊发教学研究论文。

(1) 高校学报的特殊功能。高校学报的特殊功能是由高校所具有的教学和科研两大任务决定，不仅要展示高校的科研成果，而且也要展示高校的教学成果，从而整体反映高校的学术水平。

(2) 高校教师教学研究需求。在 2016 年教育部《关于深化高校教师考核评价制度改革的指导意见》强调要突出教育教学业绩，将"教学改革与研究"作为教学质量评价的维度之一[15]；同时要求确立教学学术理念，鼓励教师开展教学改革与研究，提升教师教学学术发展能力。高校教师进行教学改革与研究，对于提高教学质量和促进自我成长都具有积极的意义。教学研究论文是教学研究的主要成果形式，通常也是教改课题的结题条件。据笔者在校内教师中了解，非教育研究方向的专业教师很多都撰写教学研究论文，但都面临发表困难的问题。此时，高校学报可以作为教育类期刊的补充，缓解教育类期刊相对缺少的问题，同时可以一定程度上满足教师的需求。

(3) 高校学报自身发展需要。与省内高校同行交流发现，哲学社会科学类学报一般稿源较好，而自然科学类学报稿源不足，质量不高，多为校内研究生的处女作。择优发表校内教师的教学研究论文不失为一种解决方案，不仅可以缓解稿源不足的问题，而且在论文质量上会有所保证，引用次数增加，进而提高期刊的影响因子，这对学报的发展是非常有利的。

4.2 栏目设置应科学规划

栏目是期刊的基本组成单元，是期刊内容的组织框架。通过栏目设置，期刊内容更加条理化和系统化，可以帮助读者快速了解期刊的刊发范围和特色。一般情况下栏目要保持相对的稳定性和连续性，因此栏目必须有充足的稿件来支撑。在积极响应国家政策和指导意见的同时，高校学报不能盲目设置教育教学研究栏目，应该进行科学规划。对于尚未设立教育教学研究栏目的学报，可以通过确立选题进行有计划的组稿，再根据组稿情况确定是否固定设置相关栏目。如果稿件充足，可以固定栏目；如果稿件不充足，可以选择固定在某些期次设置栏目进行刊发。对于自然科学类学报，栏目的设置通常面向研究领域或学科，按照学科将相关的教学研究论文安排在相应的栏目中将是更好的处理方式；与单独设置教学研究栏目相比，不会显得突兀，而且又能保证论文的集中度，方便读者查阅。

4.3 稿件应严把质量关

稿件质量是期刊发展的基石，在任何时候都应该严格把好质量关。针对教学研究类论文，作为学报编辑，可以从以下几个方面入手。

(1) 查看论文选题是否新颖、是否贴近高等教育的研究热点以及是否涉及国家最新的高等教育发展理念。从 3.1 节研究热点分析可以看出，紧跟国家政策或最新的高等教育发展理念，解决教学实际问题的论文会更有研究意义，更容易发表。

(2) 查看论文是否有先进的教学理念或教育理论支撑。研究内容不应该是教学活动的简单总结，也不应该只是教学理念的介绍。应该既有理论，又有实践，同时还应该有数据的对比分析，尤其对于自然科学类学报来说，这一点尤为重要。譬如分析学科竞赛对于培养学生创新和实践能力的作用时，最好结合这几年学生的参赛情况、学生的课程学习情况以及就业情况进行实证分析，前提是要经过几年的数据积累和跟踪，这样的教学研究才有理有据，更有意义。笔者所在的《鲁东大学学报(自然科学版)》设置教育栏目多年,也接收教学研究稿件,但大多数稿件是教学总结或简单的教学设计,缺少深入的教学研究,因而也较少录用或刊发。

(3) 邀请合适的专家进行审稿。审稿专家不仅要熟悉学科特点,还要了解新的教育理念,这样才能够更好地把握稿件内容,确保审稿质量。

5 结束语

本文从栏目设置和发文量两个方面简要分析了高校学报刊发教学研究论文的现状,并以山东省 42 种高校学报为例,分析研究了哲学社会科学类、自然科学类和综合类学报 2016 年以来刊发教学研究论文情况,包括发文热点、发文单位以及被引频次等发文特征与规律,同时以编辑视角对高校学报传播教学成果提出了应对策略。研究发现:3 类学报中哲学社会科学类学报刊发教学研究论文较多,综合类学报次之,自然科学类学报最少;研究热点多集中于教学研究的核心内容、新理念和新技术等;从 3 种学报被引频次分析结果来看,与非教学研究类论文相比,教学研究类论文也可以对影响因子有更大的贡献。在积极响应国家政策引导的同时,高校学报应该正视刊发教学研究论文的责任和意义,结合自身特点和发展情况,探索教学与科研成果传播的新思路和新方法,为高校创新发展和人才培养贡献一份力量。

参 考 文 献

[1] 教育部.高等学校学报管理办法[R/OL].(1998-04-01)[2021-08-20].http://www.moe.gov.cn/s78/A13/sks_left/s6388/moe_771/tnull_1049.html.
[2] 王爱萍.高校学报的功能研究[J].陕西广播电视大学学报,2017,19(1):85-88.
[3] 胡予宸.高校学报"内向性"学术服务功能运用探析[J].传播与版权,2017(11):123-125.
[4] 王晓燕,许延芳,田军.高校学报的作用和发展策略[J].天津科技,2019,46(8):96-98.
[5] 其木格.高校学报在教学科研工作中的作用及其可持续发展的研究[J].内蒙古师范大学学报(教育科学版),2013,26(2):154-156.
[6] 韩国良.高校学报在高校发展中作用的再认识[J].传播与版权,2015(6):51-52.
[7] 范君.高校学报特色栏目服务教学科研功能分析及策略:以《安徽理工大学学报(社科版)》为例[J].传播与版权,2019(12):36-37.
[8] 陈方方,赵女女.高校学报服务本校教学科研的有效举措:以《渤海大学学报(哲学社会科学版)》为例[J].渤海大学学报(哲学社会科学版),2021,43(2):117-121.
[9] 陈艳芬.高校学报服务教育教学改革的路径创新[J].当代教育理论与实践,2012,4(12):33-35.
[10] 张建国.高校学报对教学改革的促进作用研究:以新疆四所高校为例[J].新疆师范大学学报(自然科学版),2014,33(2):70-75.
[11] 鞠衍清.高校自然科学学报发表学科教学研究论文的必要性:基于 L 省的初步调查[J].辽宁师专学报(自然科学版),2019,21(3):103-108.
[12] 深化新时代教育评价改革总体方案[R/OL]. (2020-10-13) [2021-08-20].http://www.gov.cn/ zhengce/2020-10/13/content_5551032.htm.
[13] 李杰,陈超美. CiteSpace:科技文本挖掘及可视化[M].2 版.北京:首都经济贸易大学出版社,2017.
[14] 李秀芳,张志旺.地方高校学报发文知识图谱分析与发展探讨:以《鲁东大学学报(自然科学版)》为例[J].鲁东大学学报(自然科学版),2019,35(3):282-289.
[15] 教育部.关于深化高校教师考核评价制度改革的指导意见[R/OL].(2016-08-29) [2021-10-10].http://www.moe.gov.cn/srcsite/A10/s7151/201609/t20160920_281586.html.

夯实"内功"是办好卓越中文科技期刊的前提
——附《中华消化杂志》实践分析

许海燕

(《中华消化杂志》编辑部，上海 200040)

摘要：在培育世界一流期刊背景下，100种中文科技期刊获得"中国科技期刊卓越行动计划"资助，在中文科技期刊界掀起了培育世界一流期刊的热议。然而，对于大部分未入选"中国科技期刊卓越行动计划"的中文期刊本身而言，只有实现自身优化，成为并办好卓越中文科技期刊后，才有可能获得更多支持，从而在日后结合"第一梯队"的有益经验最终走向世界一流。笔者认为，夯实"内功"(及时输出高质量内容)是办好卓越中文科技期刊的前提，并通过分享优秀中文期刊——《中华消化杂志》有效夯实"内功"的实践经验，旨在为办好卓越中文科技期刊提供参考。

关键词：中文科技期刊；卓越；前提；实践；经验

2019年8月16日，中国科协、中宣部、教育部、科技部联合发布《关于深化改革 培育世界一流科技期刊的意见》[1]，提出要优化提升我国中文科技期刊。随后，中国科协等七部委联合启动了"中国科技期刊卓越行动计划"(以下简称"卓越行动计划")，100种中文科技期刊获得了资助[2]，自此在中文科技期刊界掀起了培育世界一流期刊的热议。诸多学者对培育中国特色世界一流科技期刊进行了宏观探讨，提出培育世界一流科技期刊是一项复杂而艰巨的系统工程，涉及内容、市场、政策、评价、传播等多个要素和环节，需要国家宏观层面的精准施策和统筹规划，也需要所有科技期刊的共同努力[3-6]。朱邦芬院士在2019年学术期刊未来论坛上的发言中强调，入选"卓越行动计划"的期刊只是少数，只有将培育世界一流科技期刊作为所有科技期刊的努力方向，才能带动我国科技期刊整体普遍向上提升一个台阶[6]。

笔者认为，中文科技期刊只有实现自身优化后，才有可能获得更多支持，从而在日后结合"第一梯队"的有益经验最终走向世界一流。对于大部分未入选"卓越行动计划"的中文期刊本身而言，目前尚非探讨或确定培育世界一流期刊的具体方案，或等待评价体系调整、新技术加持、"造船出海"的时候，而应以夯实"内功"——及时输出高质量内容为前提，办好卓越中文科技期刊。因此，优秀中文期刊夯实"内功"的实践经验值得分享。

本文以先后多次荣获"中国精品科技期刊""中国百杰学术期刊""华东地区优秀期刊"等殊荣，并于2021年步入我国临床医学领域高质量科技期刊分级目录消化病学T1级期刊行列[7]的国内优秀的核心期刊——《中华消化杂志》为例，重点分析其如何及时输出高质量内容，浅析其如何尝试扩大国际影响力的实践经验，旨在为如何办好卓越中文科技期刊提供参考。

基金项目：上海市科技期刊学会青年编辑腾飞项目(2020C13)

1　有效利用专家资源、加强组稿

科技期刊具有很强的专业性，代表了某学科、某专业在一定条件下和一定时间内最新的发展动态和趋势，在学术研究中起引领和导向作用[8]。中文科技期刊应积极聘请在国内外相关学科领域具有较高学术造诣和较大学术影响力的专家、学者作为编委，筛选出具有创新性、研究价值高的优质成果，提高期刊的影响力[9]。凭借主办单位中华医学会和承办单位上海市医学会两大学会和相关学会、协会强大资源和号召力，以及期刊历年来积累的影响力，《中华消化杂志》将全国各省、直辖市在消化领域有重要成就的专家纳入编委和审稿专家队伍，借助这些专业背景强大的专家力量，每年组织多期专家组稿文章和多篇专家共识指南的发布，让读者获取一线学科资讯和行业标准或专家共识。本刊还通过邮件约稿、学术会议约稿等方式开展约稿工作，同时紧跟科学前沿热点如整合医学、人工智能在消化领域的应用，并结合消化和亚专科40周年的进展和展望等专题开展特色专题策划，专题文章的平均浏览量和平均下载量均高于同期其他论文。为了给临床医师提供针对性更强、信息量更大、学习和实用性更强的信息，该杂志邀请权威专家和优质作者共同撰写论文，对消化领域的临床热点和难点进行深度研究和报道。创刊40年来，该杂志发表消化相关医学学术论文万余篇，连续数年多篇论文获评"领跑者5000——中国精品科技期刊顶尖学术论文(F5000论文)""中国科协优秀论文暨中华医学百篇优秀论文"。

2　提高编辑学术涵养，发现和培养优质作者

众所周知，虽然中文科技期刊的载文量在增加，但论文的学术水平参差不齐。在面对茫茫来稿时，中文科技期刊的编辑只有具备一定的学术涵养，才能去粗取精、去伪存真，有的放矢地进行送审，节约外审专家资源和审稿时间，同时练就发现和培养优质作者的本领，为期刊的长远发展储备力量。《中华消化杂志》的总编辑向来注重编辑学术涵养的提高，鼓励编辑从文字编辑向学术编辑、内容编辑的转变，一方面要求编辑通过参加消化领域学术会议了解消化领域的研究焦点和社会关注的重大问题；另一方面要求该杂志编委在学术会议间隙和每月的定稿会上与编辑加强沟通，培养编辑的学术涵养。近年来，在定稿会上，专家们表示该杂志编辑对自由来稿的初筛能力和送审的精确性均明显提高。

在提高学术涵养的基础上，该杂志编辑加深了与专家之间的沟通，同时逐渐发现和培养了一批优质作者。比如，在2019年新型冠状病毒肺炎流行初期，将疫情防控和诊治过程中一线医生的经验快速传播出去具有重大意义，但通常该类稿件的撰写存在较多问题，编辑根据作者的时间与其进行多次有效沟通，及时完善了论文中的数据完整性和文字逻辑性，大大提高了文章质量。一位"90后"抗疫医生撰写的关于新型冠状病毒肺炎患者救治过程中出现肝损伤等消化系统问题的论文[10]发表后，引起了高度关注并为该类患者的临床治疗提供了参考。该作者在作为"90后"代表接受《人民日报》采访时，表达了她第一次开展临床研究撰写的论文以第一作者身份发表在核心期刊《中华消化杂志》上，能够为抗疫出力的喜悦[11]。在此期间，编辑还与该文的通信作者在学术文章撰写和相关规范上进行过多次探讨，加深了其对杂志的好感，该团队逐渐成为了《中华消化杂志》的优质作者，在该杂志发表多篇优质文章[10,12]。

3　严格审稿流程，同时缩短出版时滞

成熟、公正的审稿专家团队和严格的审稿流程是科技期刊高质量内容的保证。《中华消化

杂志》依托中华医学会和上海市医学会等组织了高水平的编委和审稿专家队伍，不仅将消化学科领域细分化，同时严把审稿流程关。该杂志所有拟发稿件需要 2 位及以上专家同行评议后同意刊发，并经总编辑终审同意和通信作者知晓并同意的情况下才能发表；研究型稿件除需通过以上审稿流程外，还需通过由 3 位及以上专家和编辑部全体成员组成的定稿会同意才能最终发表。

在面对突发公共卫生事件时，该杂志在尽可能缩短出版时滞以实现快速响应的情况下，也始终严把审稿流程。在新型冠状病毒肺炎流行初期，《中华消化杂志》为"新型冠状病毒肺炎"相关论文开通特殊审稿通道来缩短出版周期。但这样的特殊审稿通道，并非简化审稿程序，而是在原有的审稿流程基础上，将"新型冠状病毒肺炎"相关论文的审稿专家数增加至 3 位及以上，并增加了中华医学会杂志社总编室的终审环节。在特殊时期，为了有效承担起医学期刊的社会责任，在中华医学会杂志社协调多部门和相关企业组成联动服务保障团队 7×24 h 确保响应的基础上，该杂志编辑利用线上远程协作的方式，在每一个审稿环节及时给予作者和审稿专家反馈，将符合终审要求的稿件及时送中华医学会杂志社总编室终审，对符合终审要求的稿件不分昼夜进行编辑加工后进行网络预发表，将出版时滞压缩至不足 5 d(2020 年 2 月 18 日收稿至 2 月 23 网络预发表)[10]。截至 2020 年 3 月 15 日 24 时，该杂志通过中华医学期刊网的"新型冠状病毒肺炎科研成果学术交流平台"优先发布 11 篇新型冠状病毒肺炎相关文献[13]，为新型冠状病毒肺炎流行初期的消化道表现及其临床诊疗经验交流和实时政策的制定提供了参考。

鉴于以上经验，为了保证优秀科研成果尽快得到展示，缩短文献发表时滞，吸引更多优质稿件回流，《中华消化杂志》在 2022 年的稿约中强调，对具有创新性、重要性和科学性的优秀科研成果通过中华医学会杂志社搭建的"优秀科研成果优先出版平台"选择优先出版流程。除在线出版、优先出版外，该杂志编辑部正尝试每期挑选最具分量和潜在影响力的文章推荐为封面文章，将其中英文摘要在杂志官网和微信平台以图文并茂的方式进行预告，让读者第一时间获得论文信息，同时提升期刊的网络显示度和传播能力。

4 提升国际显示度和影响力

虽然科研成果的学术价值与语种无关，但目前英文出版有助于提升科技期刊的国际显示度。全国政协副主席、中国科协主席万钢在科学出版社专题调研一流科技期刊建设时即倡导"尝试开发中英文双语期刊"[14]。目前虽暂无能力实现中英双语期刊出版，但《中华消化杂志》正尝试通过开设"海外专家论坛"栏目扩大期刊宣传范围，逐渐扩大国际影响力。该杂志首先从外籍编委入手，发表专业热点评议的中英文文章[15-16]，并计划进一步扩大海外专家的约稿范围，旨在为广大读者带来消化病学领域学术发展的全球前沿信息，同时扩大期刊传播面。鉴于此，笔者认为前文提及的质量较高的封面文章尤其应进行双语推荐，在中文期刊出版发行的同时，可在文中附上英文全文的二维码，通过微信和官网发布英文全文。目前，《中华消化杂志》关于提升国际显示度和影响力的探索尚浅，需在未来着力加强。

5 结束语

中文科技期刊要走向世界一流，夯实"内功"——及时输出高质量内容是办好卓越中文科技期刊的前提。目前包括《中华消化杂志》在内的优秀中文科技期刊在保证其内容质量上有一定心得,但与世界一流水平尚有较大距离,有待深入研究吸引国内最新研究成果在期刊发表的方法,以及提升国际显示度和影响力的有效方式。期待更多中文科技期刊编辑同仁分享各自期刊的优势经验,大家取长补短、逐级优化,共同办好卓越中文科技期刊,在不远的将来在国际舞台上展现中文科技期刊的魅力和价值。

参 考 文 献

[1] 四部门发布《关于深化改革培育世界一流科技期刊的意见》[EB/OL].(2019-08-16)[2021-12-12]. https://www.antpedia.com/news/80/n-2323080.html.

[2] 张芳英,王婧,刘志强,等.肩负服务科技重要使命建设卓越中文科技期刊:2019 年我国中文科技期刊出版盘点[J].科技与出版,2020(3):47-57.

[3] 王继红,骆振福,李金齐,等.培育中国特色世界一流科技期刊的内涵与措施[J].中国科技期刊研究,2020,31(1):4-9.

[4] 陈浩元.中国特色科技期刊强国之路的若干思考[J].编辑学报,2021,33(2):229-230,236.

[5] 林世华,谭富强.培育世界一流科技期刊的路径思考:基于定性比较分析方法[M]//学报编辑论丛 2021.上海:上海大学出版社,2021:137-143.

[6] 朱邦芬.世界一流科技期刊建设的内涵与目标:在 2019 年学术期刊未来论坛上的发言[J].编辑学报,2019, 31(6):591-592.

[7] 中国科协科学技术创新部.高质量科技期刊分级目录总汇[EB/OL].(2021-11-04)[2021-12-12].https:// www.cast.org.cn/module/download/downfile.jsp?classid=0&filename=d56e9a0cb50048fa92a1a77661338bae.pdf.

[8] 院金谒.浅谈数字出版时代对科技期刊传统编辑素质的要求[J].农业图书情报学刊,2015,27(2):152-154.

[9] 许韦韦.中文科技期刊的文化自信和国际化刍议[J].江苏经贸职业技术学院学报,2021(5):19-20,24.

[10] 方丹,马敬东,官佳轮,等.武汉地区新型冠状病毒肺炎住院患者消化系统表现的单中心、描述性研究[J/OL]. 中华消化杂志,2020,40 [2021-03-22].http://rs.yiigle.com/yufabiao/1182632.htm.

[11] 申少铁,吴姗,范昊天,等.走近四名抗疫一线的"90 后"科研工作者:靠科技和智慧战胜疫情(一线抗疫群英谱·青春力量)[EB/OL].(2020-03-24)[2022-04-08]. https://wap.peopleapp.com/article/5307881/5215798?from=groupmessage&isappinstalled=0.

[12] 王格,罗和生,黄旭,等.武汉综合性医院 309 例医务人员幽门螺杆菌现症感染研究[J].中华消化杂志,2022, 42(2):119-122.DOI:10.3760/cma.j.cn311367-20210223-00115.

[13] 沈锡宾,刘红霞,李鹏,等.突发重大公共事件下科技期刊数字出版平台的社会责任与使命担当[J].科技与出版,2020(4):26-34.

[14] 万钢赴科学出版社专题调研一流科技期刊建设[EB/OL].(2019-03-23)[2021-03-22]. https://www.crsp.org. cn/m/view.php?aid=2543].

[15] 洪颐樑,胡平方.内镜超声引导下组织获取和引流治疗现状 [J].中华消化杂志,2021,41(7): 436-445.DOI:10.3760/cma.j.cn311367-20210601-00308.

[16] ANG T L. Current status of endoscopic ultrasound-guided tissue acquisition and endoscopic ultrasound-guided drainage [J].中华消化杂志,2021,41(7):436-445.DOI:10.3760/cma.j.cn311367-20210601-00309.

科技期刊初审要点与提升策略探析

罗 娟

(《渔业研究》编辑部,福建 厦门 361013)

摘要:稿件初审位于"三级审稿制"的开端,是保证学术质量的第一道防线。做好稿件初审工作,有助于提高论文质量、推动期刊的高质量发展,编辑部应重视提高初审质量与效率。本文概述了初审工作的职责与权限,以《渔业研究》工作实践为例,对稿件初审环节中各步骤的重点内容和要求进行归纳、总结和分析,并就目前科技期刊初审存在的编辑精力有限、初审工作繁重、受编辑知识局限而过分依赖复审专家等问题,提出扩展编辑知识面,正确处理初审与复审的关系,调整初审模式,强化编辑责任意识等建议。

关键词:稿件初审;科技期刊;编辑;流程

我国科技期刊实行"三级审稿制"(三审制),即由初审、复审和终审三个审级组成的审稿制度。三审制不仅是编辑出版流程的基础工作,也是保障期刊质量的关键环节[1]。据《中国科技期刊发展蓝皮书(2021)》统计,截至2020年底我国科技期刊总量为4 963种,优秀科技期刊数量与质量稳步提升[2],这不仅得益于论文内容质量的提升,也与编辑的初审质量息息相关。

稿件初审位于三审制的开端,是保证学术质量的第一道防线。认真的初审对推动科技期刊的高质量发展具有重要作用[3],可在源头上确保稿件的整体质量、减轻同行专家的复审负担、帮助作者提升稿件质量、提高编辑对稿件的鉴审能力等。为此,编辑业内学者进行了大量的研究,比如:张洁等[4]认为初审是把控筛选稿件质量的第一关,也是提高稿件处理效率、缩短出版周期、维护作者与审者的重要环节,初审不仅要对基本信息进行核查,还应认真审查学术内容。刘勇等[5]立足《空军工程大学学报》三审制实践,提出科技期刊审稿中应重点把控好分稿关、评阅关、退修关、初审关、复审关、终审关等。刘怡辰[6]提出采用责任编辑和责任编委共同初审的制度,使责任编委对稿件的决定权从稿件处理流程的终端转移到了前端,促进审稿机制的完善,提高编辑工作效率。以上研究均结合了自身的工作实践,从不同角度指出初审重要性及提高初审质量的方法。

对于资深编辑而言,可在较快时间内,给出具有指导性的初审意见;但对于青年编辑而言,由于缺乏相关工作经验的积累,要使他们快速地对一篇学术论文提出初审意见较为困难。鉴于此,本文以《渔业研究》初审实践为例,归纳稿件初审的步骤及要点,提出稿件初审中存在的问题与建议,旨在与其他编辑部分享共勉。

1 编辑的初审职能与权限

初审是三审制的初始环节,编辑在初审中充当"守门人"的角色。初审内容主要包括稿件相关信息的审查、稿件质量的评价、初审意见的撰写等。

编辑在初审时，需根据论文题目、文章布局、摘要、关键词、方法、结果、讨论、结论、图表和参考文献等对全文进行综合评价，并撰写初审意见，作出稿件退改、退稿、复审的处理。初审中，要重点解决论文要素缺失、结构不合理、文字表达不流畅等基础性问题，使复审专家将主要精力放在客观评判稿件的学术性、科学性和创新性上，使复审更有针对性、更深入[7]。编辑还应认清定位、明确权限，避免角色错位的现象，做到既重视初审工作，也不越俎代庖，一人兼顾多个审次，或对人情稿随意减少审稿次数等[8]。

2 稿件的初审流程与重要内容

2.1 相关信息的审核

初审者对稿件相关信息的审查，应确保稿件不涉及保密和拟申请专利内容，不侵犯任何版权或损害第三方的其他权利，并与作者签署《版权转让协议》[9-10]。

近年来学术不端呈现出隐蔽性和高科技性的特征，衍生出隐性学术不端。《渔业研究》采用"人机结合"的学术不端鉴别体系，使用科技期刊学术不端文献检测系统(AMLC)对所有来稿进行查新检测和稿件追踪，辨别稿件是否存在一稿多投行为或重复率超标问题。凡属一稿多投行为的稿件，作退稿处理；重复率小于 20%的稿件，我刊编辑也会将来稿与检索到的相关文章进行仔细比对。有些稿件尽管重复率很低，但重复的是论文的核心部分，我刊认为也应作退稿处理，并告知原因。

随着版权意识的提高，越来越多的编辑部开始重视论文版权工作。为避免版权纠纷，《渔业研究》编辑部采用发布声明与签订《版权转让协议》相结合的方式：一是在官网声明"《渔业研究》使用科技期刊学术不端文献检测系统(AMLC)对来稿进行查重(抄袭)检查。当作者投稿《渔业研究》，即视其同意期刊将其稿件与已发表论文进行检测比对，从而防止抄袭、一稿多投等学术不端行为的发生"。二是重新拟定了《版权转让协议》，在明晰作者权利与义务的同时，增加"编辑部给付作者的论文稿酬包括中国学术期刊(光盘版)电子杂志社在'中国知网'及其系列数据库产品中以数字化方式复制、汇编、发行、信息网络传播著作权使用费，以及其他网络媒体、数据库的网络传播著作权使用费等内容"。

2.2 稿件内容初步审核[11-14]

2.2.1 审核稿件的政治导向

在稿件内容审查中，政治性问题审查应为首位。科技文章一般较少会出现大段的政治内容，但字里行间或图表涉及政治问题的并不少见。编辑应根据《出版管理条例》《期刊出版管理规定》等规定，注意审核稿件内容观点是否存在政治性原则问题。如：科技期刊的行文或图表里不可将台湾、香港与独立国家并列；不可漏绘我国钓鱼岛、南海诸岛等；台湾省底色设置与大陆须一致；地图内容刊登不涉及敏感或涉密信息；对于地图内容编辑(放大、缩小和裁切)改动的，公开使用前送相应的测绘地理信息主管部门审核；等等。

2.2.2 审核稿件的研究方向

对稿件研究方向的审查，应坚持一个尺度的原则，无论稿件初审是由哪位编辑经手的，都有一个统一的原则性稿件取舍标准，即对不符合本刊刊载范围或文章质量达不到刊出要求的稿件，坚决予以退稿。但近年来，随着学科交叉融合向纵深发展，科技期刊的来稿有跨学科、跨专业的趋势，因此对初审者提出了更高的要求。初审者可根据稿件的题目、摘要、关键词、结论以及每个部分的标题等对稿件的研究主题进行初步审核，判断稿件的研究方向、主要观点是否与期刊属性相符。对于文章主要内容、观点与办刊宗旨、刊载范围不符的，编辑应及时进行退稿，并尽量告知作者此类文章应投送到哪一类科技期刊，给作者提供一定的帮助，显现编辑的人文关怀。

例如，本刊曾收到一篇《渔业企业财务风险控制研究——以 XXXG 为例》，该文内容涉及渔业结构，看似符合本刊的办刊宗旨，但仔细阅读文章后，发现该文关于渔业的内容较少，稿件主体是关于财务风险的控制，且该文为社科类文章，因此不适合刊登在《渔业研究》杂志上，对该文进行了退稿处理。

2.2.3 审核稿件的学术质量

学术质量是稿件取舍的关键，初审时应重点对稿件的学术质量进行审核。

一是规范性审核，通过对文章的整体性审核，初步判断文章的条理是否清晰、结构框架是否合理、文字表达是否流畅、写作是否符合相关标准规范。二是创新性审核，审查文章内容是否有新发现、新认识、新方法或解决了什么问题等，善于发现最新科技研究热点或研究成果。三是实用性审核，文章内容是否紧密结合本行业生产、教研、决策的需要，有些论文尽管篇幅不长，实验设计较为简单，但其实用性很强，编辑应善于发现文章亮点。

例如，本刊收到一篇《低盐高碱度条件下氨氮对南美白对虾幼虾的急性毒性试验》，围绕内陆水域低盐高碱度这一特定生态环境，进行了氨氮对南美白对虾幼虾的急性毒性试验。实验较为简单，且结果部分篇幅不足一页，但经初审讨论，发现该文主题明确，研究结果虽简单，但客观、真实且逻辑性强，对生产实际具有较大参考价值，因此对该文进行修改后复审处理。

2.3 初审意见的撰写

撰写初审意见时，应做到以下两点：一是有明确的总体意见，初审结论大致分为退改、复审、退稿。二是局部性意见，即指出某些章节、段落存在的问题和修改办法。尤其要注意退改和退稿意见的撰写：①退稿意见。对不符合刊载方向的稿件，或发现文章实验设计存在重大缺陷的稿件，初审结论为"退稿"。退稿时明确说明退稿理由，做到退之有理有据，使作者心悦诚服，做到退稿不退人，不伤害作者的感情。②退改意见：一般而言，除了退稿外，大部分的稿件都需要先退改，初审意见应写明稿件存在的问题及修改的理由，并提出客观中肯的可行建议，使作者修改时，能清楚地了解编辑部的意图[15]。

3 编辑初审中的常见问题

3.1 知识局限是硬伤，过分依赖复审专家

《渔业研究》是一本学术期刊，以刊发渔业生态与环境保护、水产资源与捕捞技术、水产增养殖、渔船和渔机、水产品加工等学术论文为主，具有专业性和复杂性双重属性，对编辑的综合素质提出了更高的要求。受专业知识的局限，编辑很难熟悉所有专业与学科，对所有来稿作出正确的评价；在处理非所学专业的稿件时，容易对稿件专业内容把控不准，因此，初审时编辑往往有隔行如隔山之感。同时，渔业是一门复杂的学科，专业分科很细，知识更新迅速，面对各个专业类别的来稿，编辑如不能及时掌握学科的发展趋势、研究热点及新进展，初审工作就会显得力不从心，进而将专业内容的审读责任转移到复审专家身上[16-17]。

例如，本刊曾收到《疫苗对草鱼的免疫效果分析》一文，该文内容较为丰富，初审结论

为修改后复审。但由于责编专业知识局限，未发现稿件知识差错[该文描述的嗜水气单胞菌和维氏单胞菌引起的草鱼病害，通常叫暴发性败血症，作者将暴发性败血症错写为暴发性出血病(暴发性出血病通常指由草鱼呼肠弧病毒及草鱼小 RNA 病毒感染引起的病)]，导致在复审时，专家提出质疑。如果在初审时，编辑能够运用相关知识，识别专业知识差错，将此类基础问题在复审前解决，将能提高专家对期刊的认可度，提高论文通过率。

3.2 编辑人手不足，初审工作繁重

由于大部分的科技期刊是由学会、高校或科研机构主办的，受经费、人员编制等条件的限制，这些编辑部基本由 3~4 人组成。而初审是一项细致且严格的工作，如果按照以上流程和主要内容进行审核，编辑需要花费很多精力，而实际上，上述编辑部多采用"编校合一"，一人身兼数职，他们既是编辑，又是老师或科研人员，且编辑每天会收到大量稿件，还需要参与校对、出版、传播推广、约稿、编务等相关工作，编辑难以集中精力做好做细初审工作[18]。

例如：2021 年 9 月前编辑部实行的是专人初审制，由 1 名具有高级职称的编辑对全部来稿进行审读、把关，同时初审者还兼有出版、校对的工作，任务繁重，因而稿件的初审时间偏长且不固定。

4 强化初审质量的举措

4.1 扩展知识面，正确处理初审与复审的关系

有人认为，学术期刊是专业类期刊，有了专家复审就无需编辑初审，但笔者认为，专家复审与编辑初审是缺一不可和相互补充。虽然两者目的一致，但各有侧重。编辑在初审时，不可过度依赖专家复审，遗漏稿件初审环节[19]。

编辑要做好期刊的初审工作，除了要具备广博的学科专业知识、扎实的编辑学知识与语言文字知识外，还应掌握基本的审读鉴别能力，能运用自己的学识及对学科最新研究进展的了解，对稿件进行初步审读，敏锐地抓住富有科技创新又符合本刊要求的稿件。另外，在初审中，编辑往往会遇到各种专业、类型的稿件，需要编辑不断加强自身的综合素养，重视编辑继续教育，强化相关的编辑专业技能训练，多关注编辑学以外的相关学科知识的积累。在遇到不懂的问题时，不宜直接将稿件质量的审查任务完全转移给复审专家，而是要充分利用期刊主办单位的专家资源优势，多向同行、前辈请教，从而对稿件能作出更专业的评价，提出适当的处理意见。

4.2 调整初审模式，强化责任意识

面对科技期刊编辑不足，而无法高质量完成初审工作的情况，建议可尝试调整初审模式，加强团队协作能力，将初审工作做细。例如：2021 年 9 月前，本刊实施的是专人初审制，为提高初审质量与效率，本刊编辑部充分发挥编辑们的加工、资源、传播学等专业特长，将初审模式由专人初审制改为编辑部集体讨论的全面审读形式，从不同角度对稿件进行初审，集思广益、有研究、有探讨地提出更加客观而中肯的初审意见。同时，科技期刊是科技传播的重要阵地，编辑应不断强化责任意识，培养爱岗敬业的精神，重视初审工作的重要性，发挥把关人的作用，以严谨细致、公平公正的态度对待每一篇来稿，做到谨慎选稿、严格审稿，为提高期刊质量、加快科技传播贡献力量。

参 考 文 献

[1] 杨莉娟.科技期刊编辑初审的重要性及工作措施研究[J].传播与版权,2022(1):44-46.
[2] 中国科协学会服务中心.中国科技期刊发展蓝皮书(2021):开放科学环境下的学术出版专题[EB/OL].(2021-12-31) [2022-05-19].https://baijiahao.baidu.com/s?id=1720638329135697074&wfr=spider&for=pc.
[3] 赵燕,游俊,江津,等.编辑角色在提高外审稿质量中的行为分析[J].传播力研究,2018,2(7):154-155.
[4] 张洁,刘东亮,田宏志,等.科技期刊要重视初审工作提高处理稿件质量[M]//学报编辑论丛 2019.上海:上海大学出版社,2019:375-379.
[5] 刘勇,姚树峰,陈斐,等.科技期刊坚持"三审制"应重点把控"六关"[M]//学报编辑论丛 2021.上海:上海大学出版社,2021:292-296.
[6] 刘怡辰.科技期刊论文初审工作的优化与实践:以《南京农业大学学报》为例[M]//学报编辑论丛 2021.上海:上海大学出版社,2021:525-528.
[7] 刘瑜君.军校学报编辑的初审职责探析[M]//学报编辑论丛 2021.上海:上海大学出版社,2021:354-356.
[8] 吕小红,杨小玲,杨开英,等.编辑初审职责及提高初审质量的措施[M]//学报编辑论丛 2011.上海:上海大学出版社,2011:145-148.
[9] 张娅彭,王紫霞.科技期刊青年编辑如何提升稿件初审质量[J].编辑学报,2017,29(5):460-462.
[10] 张淑敏,辛明红,段为杰,等.如何提高稿件初审环节的工作质量与效率[J].编辑学报,2014,26(4):354-355.
[11] 王丹.提高稿件初审效率和质量的新方法[J].编辑学报,2019,31(3):279-281.
[12] 刘卓,焦骞,王宇.医学期刊初审论文判断质量的方法研究[J].采写编,2022(2):138-139.
[13] 陆宜新.科技学术期刊青年编辑初审工作要做到"1234"[J].编辑学报,2019,31(1):106-108.
[14] 中国科学技术期刊编辑学会.科学技术期刊编辑教程[M].2版.北京:人民军医出版社,2010.
[15] 吕海春.如何撰写初审意见[J].出版与印刷,2021(5):62.
[16] 程琳.护理科技期刊青年编辑发展困惑和培养路径探析[J].新闻研究导刊,2022,13(6):221-223.
[17] 王映红,张阵阵.医学科技期刊"三审"制度存在的问题及对策[J].海军医学杂志,2012,33(3):213-215.
[18] 高毅.科技期刊审稿过程中的问题及解决措施[J].技术与市场,2019,26(4):99-100.
[19] 胡益波.学术期刊编辑审稿存在问题及应对策略[M]//学报编辑论丛 2018.上海:上海大学出版社,2018:179-183.

《香料香精化妆品》期刊影响力分析与思考

吴旻玲，高向华，王 睿，钱 刚，王 亮

(上海香料研究所有限公司，上海 200232)

摘要：为了掌握《香料香精化妆品》影响力的情况，基于《中国学术期刊影响因子年报(2017—2021 年)》(自然科学与工程技术版)所发布的科学计量指标，进行统计分析。结果表明《香料香精化妆品》期刊影响力在 TQ 化学工程类期刊群排序位于 Q2 区，期刊内容涉及 26 个学科，其中一般化学工业、化学、轻工业手工业 3 个学科占总发文量的 89.3%，通过相关学科期刊对比分析认识到期刊发展不足，借鉴优秀期刊内容和形式，思考期刊未来发展方向，包括提升编辑策划能力、提升稿件质量、建立相关学科期刊紧密连接、新媒体融合发展部署。

关键词：期刊影响力；学科分布；对比分析；新媒体融合

《香料香精化妆品》(双月刊)是 1973 年由上海香料研究所主办，国内外公开发行的中国科技核心期刊。创刊以来致力于行业内香化信息的传播，期刊收集并整理行业内科研、生产等相关信息，内容涵盖研究报告、综述与专论、教学天地、法规标准、专利介绍、信息荟萃等多个板块。它是香料香精化妆品行业工作者必备的参考资料，适合大专院校相关专业师生阅读。

科技期刊是体现国家科技软实力的重要标志，是反映一个国家科学技术创新水平的重要窗口[1-2]。科技期刊的影响力大小决定了期刊在其学科领域方面所占的地位，及社会认同度[3]。在我国现行期刊出版管理体制之下，科技期刊评价不仅可以优化期刊的资源配置，而且有助于提升出版质量和水平，乃至期刊做大做强都具有重要的引导作用。在"互联网+""智能+"的时代背景下，媒体融合是出版业中应运而生的新模式[4]，对传媒产业(包括学术期刊等)旧生产关系进行突破与革新提供助力[5]。当前，科技期刊传统的出版内容及方式已满足不了时代的需求，资源共享的融合出版才是未来发展的趋势[6]。通过分析《香料香精化妆品》期刊各种指标数据，结合新媒体时代背景，本文旨在思考如何进一步提升期刊的影响力，推进期刊更好地服务行业，服务大众。

1 数据来源与分析方法

1.1 数据来源

中国科学文献计量评价研究中心与清华大学图书馆共同研制发布的《中国学术期刊影响因子年报(2017—2021 年)》(自然科学与工程技术)，对应的统计年为 2016—2020 年。

通信作者：高向华，E-mail: gaoxh7255@sriffi.com

1.2 分析方法

将《中国学术期刊影响因子年报》中的相关数据进行分类、整理，并利用 Excel 软件对主要评价指标数据进行统计分析。

2 结果与讨论

2.1 《香料香精化妆品》期刊影响力分析

在 2015 年《年报》中首次提出了影响力指数(CI)的概念，综合使用了总被引频次和影响因子两种计量指标，从文献生命周期的不同阶段和角度，全面反映期刊学术影响力[7]。2016 年量效指数(JMI)首次在年报中应用于修正臃肿奇异期刊(影响因子低而发文量大的期刊)，以便 CI 准确地反映期刊的学科影响力排名。为了实现数据统计的稳定与一致，本文采用统计年为 2016—2020 年数据进行分析，结果如表 1 所示。

表 1 2016—2020 年《香料香精化妆品》期刊关键指标统计表

统计年	CI	JMI	可被引文献量	基金论文比
2016	236.337	2.337	97	0.38
2017	249.142	2.369	101	0.38
2018	300.352	3.293	100	0.37
2019	227.828	3.219	107	0.25
2020	305.969	3.174	115	0.33
总计	1 319.628	14.392	520	1.71
平均值	263.926	2.878	104	0.34
学科排名	34%	23%	63%	50%

2.1.1 《香料香精化妆品》期刊 CI 分析

CI 评价指标综合考虑了期刊近期发展和品牌历史后，平衡了办刊规模和发表论文平均质量的关系后客观地反映《香料香精化妆品》在 TQ 化学工程学科期刊群中的学术影响力。该学科刊群中含期刊种类 170 多种，由表 1 可知，《香料香精化妆品》期刊近 5 年平均 CI 值 263.926，学科排名 34%，按 CI 降序排列，划分为 Q2 区，属于居中靠前水平，超越了 66%的同类期刊。

2.1.2 《香料香精化妆品》期刊 JMI 分析

JMI 是期刊影响因子与该刊影响因子对应的发文量的比值，意义是平均每篇文献对该刊影响因子的贡献值，可以用来观测期刊规模与质量发展的协调性[8]。由表中数据可知，《香料香精化妆品》期刊在 2016—2020 年间 JMI 均值 2.878，学科排名 23%，超越同类期刊中的 77%，且呈现逐年上升的势头。

2.1.3 《香料香精化妆品》期刊可被引文献量分析

可被引文献量是指期刊在指定时间范围内发表的可被引文献的总篇数。期刊的可被引文献量越多，则期刊信息丰富、知识含量高，信息的传递能力和输出能力越强，在科学交流中的作用就越大，从一个侧面反映期刊的学术影响力[9]。结合表中数据可知，《香料香精化妆品》期刊可被引文献量逐年递增，5 年间可被引文献量增加了 18 篇，增长率达到 18.56%，但较于同组化学工程类期刊仍不容乐观，排名 63%，而这主要是期刊双月刊局限性决定的。

2.1.4 《香料香精化妆品》期刊基金论文比分析

基金论文比是当年基金资助文献量除以当年全部可被引文献量所得,基金论文比一定程度上与期刊学术质量呈正比关系,这是因为各类国家级科学基金或资助项目均是通过同行专家严格的评审,并且定位于重大的基础研究或科学前沿研究的项目,由其资助产生的论文具有一定的创新性和前瞻性,能够反映研究领域的新趋势,是衡量刊物学术质量的一个重要指标[3,10]。表中《香料香精化妆品》基金论文比平均值只有0.34,在学科中排名50%,且近年来出现逐年降低的趋势,究其原因是基金论文数量稳定在37篇左右,但可被引文献量却逐年递增,造成分母增大,而基金论文比下降。

2.2 学科分布分析

《香料香精化妆品》2016—2020年发文量总计797篇,在中国知网的168个学科专题体系中,共涉及26个学科,覆盖率达15.5%。其中发文量1篇涉及学科13个并入其他项,发文量2篇及以上涉及学科总计13个,如表2所示。发文量前3的学科分别为一般化学工业、化学、轻工业手工业,发文量共计712篇,占总发文量的89.3%,且这三门学科的总被引频次和总下载频次、基金论文数也位居前三。

表2 《香料香精化妆品》学科分布分析(2016—2020年)

序号	学科	发文量/篇	占比/%	影响力评估				基金论文数/篇
				总被引频次	总下载频次	篇均被引频次	篇均下载频次	
1	一般化学工业	456	57.21	1 128	138 060	2.5	302.8	129
2	化学	181	22.71	462	34 515	2.6	190.7	50
3	轻工业手工业	75	9.41	162	16 484	2.2	219.8	15
4	有机化工	19	2.38	41	4 741	2.2	249.5	9
5	工业经济	13	1.63	25	3 596	1.9	276.6	3
6	宏观经济管理与可持续发展	10	1.25	18	1 824	1.8	182.4	2
7	中药学	10	1.25	25	2 544	2.5	254.4	4
8	高等教育	8	1.00	5	979	0.6	122.4	4
9	一般服务业	4	0.50	2	584	0.5	146	2
10	中医学	2	0.25	4	244	2	122	2
11	无机化工	2	0.25	6	590	3	295	0
12	行政法及地方法制	2	0.25		787		393.5	1
13	贸易经济	2	0.25	4	447	2	223.5	0
14	其他	13	1.63	32	4 277	2.5	329	5

注:总被引频次:本刊本学科发表文献自2016—2020年被期刊、博硕士学位论文、会议论文引用的总频次之和。总下载频次:本刊本学科发表文献自2016—2020年被CNKI中心网站用户下载总频次之和。基金论文:指受到各类基金资助的文献,其中基金类别包括国家基金、省级/院校(所)级基金、企业基金及不属于上述各类基金的其他基金。

2.3 相关期刊对比分析

2.3.1 选取期刊情况

选取TQ化学工程类期刊中与《香料香精化妆品》行业背景相似的期刊《日用化学品科学》《日用化学工业》《口腔护理用品工业》《中国洗涤用品工业》进行相关指标的对比分析,旨在更加明确地认知《香料香精化妆品》在行业中的学术影响力情况。

表 3 相关期刊概述一览表

刊名	主办单位	创刊时间	出版周期	收录情况	文献关键词分布
香料香精化妆品	上海香料研究所有限公司	1973	双月刊	CA 化学文摘(美)(2021)、JST 日本科学技术振兴机构数据库(日)(2021)、北京大学《中文核心期刊要目总览》来源期刊	化妆品、卷烟、仪器分析、感官评价、功能评价等
日用化学品科学	中国日用化学研究院有限公司	1978	月刊	CA 化学文摘(美)(2021)	化妆品、牙膏、洗涤用品、仪器分析、功效成分评价
日用化学工业	中国日用化学研究院有限公司	1971	月刊	CA 化学文摘(美)(2021)、INSPEC 科学文摘(英)(2021)、JST 日本科学技术振兴机构数据库(日)(2021)、Рж(AJ)文摘杂志(俄)(2020)、WJCI 科技期刊世界影响力指数报告(2021)来源期刊、北京大学《中文核心期刊要目总览》来源期刊	化妆品、原料、添加剂、功效评价与分析、仪器分析等
口腔护理用品工业	黑龙江省轻工科学研究院、中国口腔清洁护理用品工业协会	1987	双月刊	无	牙膏、中草药成分、仪器分析、功效评价与分析
中国洗涤用品工业	中国洗涤工业用品协会	1984	月刊	CA 化学文摘(美)(2021)	表面活性剂、洗涤用品、化妆品等配方评价与性能分析、应用

2.3.2 相关期刊复合影响因子比较

由图 1 可知,2016—2020 年,《香料香精化妆品》复合影响因子在近 2 年呈现平稳趋势仅次于《日用化学工业》,其在复合影响因子整体态势上明显领先于其他相关期刊,特别是在 2019—2020 年提升较大,《日用化学品科学》也出现明显增长,《口腔护理用品工业》期刊复合影响因子整体较小。

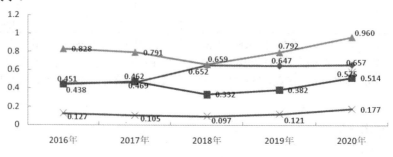

图 1 相关期刊复合影响因子变化趋势对比分析

2.3.3 相关期刊总被引频次比较

由图 2 可知,2016—2020 年,《香料香精化妆品》和《日用化学品科学》水平居中,《日用化学工业》在复合总被引频次方面遥遥领先,近年来呈下降趋势,《口腔护理用品工业》总被引频次较低。

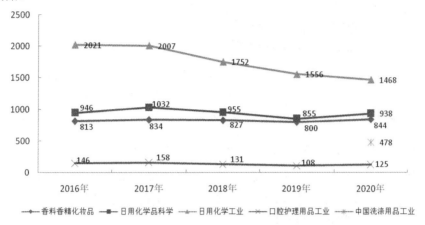

图 2　相关期刊复合总被引频次变化趋势对比分析

2.3.4 相关期刊总下载频次比较

由图 3 可知,在总下载频次方面,《香料香精化妆品》居于中间水平,《日用化学品科学》领先于其他期刊,《日用化学工业》紧随其后。各期刊总下载频次均呈现稳步增长趋势。

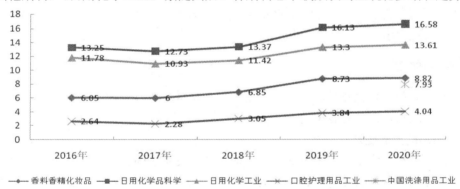

图 3　相关期刊总下载频次变化趋势对比分析

2.3.5 相关期刊 Web 即年下载率分析

由图 4 可知,在 Web 即年下载率方面,《香料香精化妆品》在近 2 年增长势头突出,仅次于《日用化学品科学》超越《日用化学工业》。各期刊 Web 即年下载率呈现较快的增长趋势。

3 结论

(1) 综合期刊影响力指数 CI、量效指数 JMI、可被引文献量、基金论文比 4 个指标的学科排名,分析并评价《香料香精化妆品》在 TQ 化学工程类期刊群的影响力。结果表明 CI 学科排名 34%,期刊位于 Q2 区,属于 4 个梯度中的第 2 梯度;JMI 学科排名 23%,且呈现逐年上

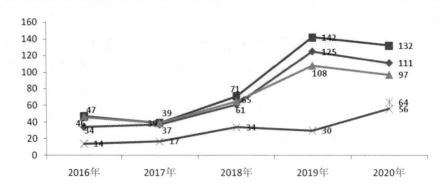

图 4　相关期刊 Web 即年下载率变化趋势对比分析

升的势头；可被引文献量排名 63%，较于同组化学工程类期刊仍不容乐观，但增长率达到 18.56%；基金论文比在学科中排名 50%，数量稳定在 37 篇左右。期刊论文质量尚可，但期刊论文数量不足，较同类学科群的差距较大。

(2)《香料香精化妆品》期刊发文内容共涉及 26 个学科，在中国知网学科专题体系中覆盖率达 15.5%。一般化学工业、化学、轻工业手工业占总发文量的 89.3%，且这三门学科的总被引频次和总下载频次、基金论文数也位居前三。体现了期刊论文学科定位及广泛的学科交叉性。

(3) 相关期刊的对比分析显示《香料香精化妆品》在复合影响因子、复合总被引频次、总下载频次方面明显弱于《日用化学工业》。但在总下载频次和 Web 即年下载率方面，《日用化学品科学》表现突出。

4　思考与建议

通过对《香料香精化妆品》影响力、期刊论文学科分布以及相关学科的比较分析，针对期刊目前发展现状，提出发展建议。

4.1　编辑策划能力的提升

学术期刊的核心竞争力在于发文质量，而提高发文质量的关键是做好选题策划[11]。选题策划是期刊编辑出版的首要环节，关系着整个期刊工作的开展情况，因此期刊编辑要不断提升专业知识和职业素养精心做好选题策划，推动期刊内容的广度和深度发展，形成核心竞争力、办出期刊特色。《香料香精化妆品》期刊的编辑策划能力在以下方面需提升：第一，充分利用融媒体时代的各种媒介收集香化行业信息，了解香化行业相关的专家及其研究方向，通过数据库查阅相关论文、书籍加强专业知识学习[12]，更多更好地了解香化领域研究现状，为选题策划和编审工作储备专业知识，从而主动引导作者有的放矢地展开写作，推动学术进步。第二，合理挖掘高校和香化产业人才资源、科研资源，结合国家政策和香化发展新动向，不断推出新思想、新观点、新成果，以及新栏目、新选题等。第三，特邀学科带头人、重大基金项目获得者、行业专家等撰写系列性文章，形成主题性、规模性报道，打造品牌专栏，同时可以邀请其担当审稿专家或者栏目指导。第四，编辑心中有读者，选题策划首先着眼于读者。通过开展市场调查，研究社会热点与读者趣味，策划读者参与、读者服务等一系列活动，增强期刊的影响力和传播力[13]。

4.2 提升稿件质量，差异化发展

《香料香精化妆品》期刊影响力指数在 TQ 化学工程类期刊群的四个梯度中一直处于 Q2 区，稿件质量提升是首要工作，同时要注重差异化发展，突出期刊自身特色，避免内容同质化。受双月刊性质的限制，期刊可被引文献量和基金论文比在同类期刊群中排名均靠后，但期刊良性发展的核心是内容。期刊论文 2016—2020 年学科分布涉及 26 个学科，特别是一般化学工业、化学、轻工业手工业为主。基于学科分布的内容导向作用，关注香化行业相关动态，汇集香化行业创新成果，同时对引领性、原创性和标志性科研成果进行跟踪，及时组织征稿，精准快速高效传播最前沿资讯[14]。期刊内容的创作来源于作者，借助数据检索平台收集被引频次较高的论文关键词及作者信息，挖掘潜力投稿群，与作者建立良性互动渠道[15]。同时以读者为导向，在读者与作者间架起桥梁，结合行业热点和新进展凝练期刊特色，整合学术资源，促进学术交流，推动学科发展[16]。《香料香精化妆品》期刊背靠高校，集教学、科研、生产、检测、标准化、信息化于一体。这些资源优势相较于行业的其他期刊有明显的差异化特征，结合自身的资源优势，立足期刊的差异化发展，设置特色栏目，从"新"中取胜，提升期刊的影响力。

4.3 建立相关学科期刊紧密连接

通过相关学科 5 种期刊的比较分析，由中国日用化学研究院有限公司主办的期刊《日用化学工业》和《日用化学品科学》在各方面表现较好。其中，《日用化学工业》复合影响因子、复合总被引频次方面均优于相关期刊，而这些指标与期刊质量直接相关；《日用化学品科学》在总下载频次和 Web 即年下载率方面表现突出，这些指标与期刊的传播效能有关。《香料香精化妆品》及其他相关期刊可以借鉴以上期刊的办刊经验，结合期刊自身定位和学科优势领域，优化栏目设置，向作者及用户明确传递刊载内容。同时，相关学科及关联性较强的交叉学科期刊的主办单位之间可以通过友好交流合作，紧跟学术前沿，借助线上线下平台共同建立期刊链接群，实现资源链接和平台互通，期刊间协同发展对于提高整体影响力意义非凡[17]。

4.4 新媒体融合发展部署

在新媒体和数字技术向出版行业渗透的时代大背景下，随着中共中央办公厅印发的《关于推动传统媒体和新兴媒体融合发展的指导意见》的出台，科技期刊进行媒体融合已成为响应国家战略大局和行业发展趋势的必然选择[18-19]。近年来，《香料香精化妆品》主动适应媒体融合发展趋势，开始探索传统纸质期刊与互联网、手机端等媒体融合方式。从总下载频次和 Web 即年下载率可以看出，《香料香精化妆品》网络读者对期刊内容的选择与认可。2021 年在传统的线下采编的基础上开始引入中国知网线上采编系统，集智能化和网络化一体的数字出版服务并配置 DOI 号，大大缩短了采编周期，提升了期刊的知识传播力和学术影响力，更好地服务作者和读者。

随着新媒体的介入，由作者、学术期刊、学术内容和读者等要素组成的学术传播生态正在发生变化[4]。基于更好地服务行业、服务读者的初心，《香料香精化妆品》期刊门户网站内容囊括了行业新闻、国内外香化信息、香化厂商、专业书籍、国内外专利、期刊投稿链接、读者留言等内容，但网站建设还需进一步优化集群化建设理念，力争将网站做成专业性强、用户体验好、能体现学科和行业特色，同时使用简便、可互动的专业网站。

微信平台拥有巨大的流量池，每一个信息内容的接受者同时也是信息的传播者，使得信息传播速度快、辐射范围广，成为期刊扩大影响力的重要途径[20-21]。《香料香精化妆品》微信公众号的内容投放主要涉及介绍国内外香料香精市场、法规、政策、调香、新技术、新产品等方面的资讯，另外包括《国内外香化信息》《香料香精化妆品》期刊的投稿链接、目次介绍等。内容形式主要是图片和文字形式，仍需借鉴优秀期刊的形式，丰富公众号的内容和投放形式。内容在专业、科普、趣味为原则的基础上，通过短视频、音频等方式，"图文音视"全方位传播以增强读者体验感[22-23]，同时增设读者交流窗口，促进读者的参与、互动与创新，同时提升用户体验，吸引读者和作者的使用兴趣增加用户黏性，推进媒体融合。

参 考 文 献

[1] 魏均民,刘冰,徐妍.中国科技期刊发展的挑战、机遇和对策[J].编辑学报,2021,33(1):4-8. DOI:10.16811/j.cnki.1001-4314.2021.01.002.

[2] 郝秀清,孙梅霞.《山东理工大学学报(自然科学版)》2013—2019年评价指标分析[J].山东理工大学学报(自然科学版),2022,36(2):66-70,76. DOI:10.13367/j.cnki.sdgc.2022.02.012.

[3] 王惠.《草食家畜》期刊在畜牧兽医科学类期刊中的影响力分析[J].草食家畜,2021(3):60-66. DOI:10.16863/j.cnki.1003-6377.2021.03.011.

[4] 韩筠,周杨.媒体融合背景下期刊影响力提升的探讨与实践[J].中国编辑,2022(3):66-70.

[5] 曾建林,杨嘉檬.媒体融合背景下高校学术期刊转型升级思考[J].出版广角,2019(24):10-13. DOI:10.16491/j.cnki.cn45-1216/g2.2019.24.002.

[6] 岳英,郝红梅,赵进春,等.媒体融合时代科技期刊转型发展的思考[J].科技传播,2021,13(23):32-34,41. DOI:10.16607/j.cnki.1674-6708.2021.23.010.

[7] 吴庆文.影响力指数(CI)对期刊评价的影响分析:以《陶瓷学报》为例[M]//学报编辑论丛2018.上海:上海大学出版社,2018:474-478.

[8] 肖宏,伍军红,孙隽.学术期刊量效指数(JMI)的意义和作用[J].编辑学报,2017,29(4):340-344. DOI:10.16811/j.cnki.1001-4314.2017.04.010.

[9] 梁雁.核心期刊学术影响力的比较研究:以编辑出版类核心期刊为例[J].出版广角,2011(8):58-59.

[10] 马英.学术期刊应客观看待基金论文比[J].天津科技,2009,36(6):90-92.

[11] 肖时花.学术期刊选题策划的信息捕捉[J].编辑之友,2018(11):90-94. DOI:10.13786/j.cnki.cn14-1066/g2.2018.11.017.

[12] 商成果.编辑学术出版能力提升策略分析[J].传媒论坛,2020,3(11):102,105.

[13] 许美芳.浅谈期刊编辑的精品意识[J].新闻研究导刊,2017,8(17):242.

[14] 陶彩军,范真真,佟建国.面向读者需求的世界一流科技期刊建设[J].出版科学,2021,29(1):47-53. DOI:10.13363/j.publishingjournal.2021.01.001.

[15] 吴绍民,尤江东,颜峻.大数据环境下科技期刊学术影响力评价分析:以《信息工程大学学报》为例[M]//学报编辑论丛2020.上海:上海大学出版社,2020:717-725.

[16] 潘伟,游苏宁.我国科技期刊发展中的问题剖析及对策建议:钱寿初先生《编边草》编辑思想给我们的启示[J].编辑学报,2022,34(1):1-6. DOI:10.16811/j.cnki.1001-4314.2022.01.001.

[17] 刘珊珊,王浩然,沈洪杰,等.畜牧、兽医学中文期刊动态影响力分析及其网站建设调研与启示[M]//学报编辑论丛2021.上海:上海大学出版社,2021:20-26.

[18] 杨红梅.全媒体时代科技期刊媒体融合发展策略[J].出版参考,2020(10):78-82.

[19] 李俊,杜辉,杨红,等.媒体融合背景下关于科技期刊转型发展的思考[J].编辑学报,2019,31(增刊2):157-159.

[20] 任璐.市场影响力视角下的学术期刊微信公众号发展分析[J].中国市场,2022(9):127-128. DOI:10.13939/j.cnki.zgsc.2022.09.127.

[21] 李柯.出版类期刊微信公众号的运营与实践:以《中国出版》为例[J].媒体融合新观察,2022(2):71-74.

[22] 秦思慧."移动互联网+"时代学术期刊与新媒体融合浅探[J].编辑学刊,2022(2):90-94.

[23] 廖捷.融媒体时代传统科技期刊的定位与发展[J].新闻研究导刊,2018,9(23):23-24.

我国中文科技期刊提升国际传播能力的"英文长摘要出版"模式路径探析

——以《海洋渔业》为例

阮 雯[1]，纪炜炜[1]，徐亚岩[1]，陆亚男[2]，邱亢铖[3]，方 海[1]

(1.东海水产研究所《海洋渔业》编辑部，上海 200090；2.东海水产研究所《渔业信息与战略》编辑部，上海 200090；3.中国水产学会，北京 100125)

摘要：中文科技期刊采用英文长摘要，有利于国内外读者阅读和检索，更容易得到国内外学术同行的关注和引用。首先阐述了中文期刊"英文长摘要"的定义，分析了我国中文科技期刊"中文文章附英文摘要"出版模式的现状与不足。在此基础上，结合《海洋渔业》杂志办刊实践，系统论述了我国中文科技期刊"英文长摘要出版"模式之路径与策略：增加英文摘要的报道内容和篇幅；建立英文长摘要在线发布平台；实行期刊国际化发行；加强与国际检索数据库合作；加强双语出版编辑人才队伍建设。最后对我国中文科技期刊采用英文长摘要出版进行了小结。本文是对我国中文科技期刊"英文长摘要出版"模式的探索和总结，可为我国科技期刊提升国际传播能力提供参考。

关键词：中文科技期刊；英文长摘要；国际传播；双语出版；传播路径

近年来，我国科技期刊国际化进程正在如火如荼地进行，期刊在立足本土的前提下，积极拓展国际化传播路径，可以更加有效传播，促进中外学术交流与合作，强化中国期刊国际学术引领力。语言载体国际化是期刊国际化的基础，中文期刊语言载体国际化主要有 3 种形式，即全英文刊、双语对照出版、中文文章附英文长摘要("英文长摘要出版"模式)。当前，对于国内绝大多数中文期刊而言，在尚不具备创办英文期刊的条件下，增加英文信息含量、提供论文英文长摘要的出版模式，是一种现实可行且能高效推进中国科技成果国际传播的期刊国际化路径[1-2]。英文摘要是中文期刊进行国际交流的重要媒介和窗口，可以让中文期刊更快受到国际学者的关注，提高文献国际展示度。中文文章附英文长摘要出版模式也是受到我国科技和期刊出版管理部门重视和鼓励支持的一种出版模式，在 2021 年 5 月 18 日中宣部、教育部、科技部发布的《关于推动学术期刊繁荣发展的意见》中就明确提出："为全面提升中文学术期刊的国际传播能力，……鼓励中文学术期刊提供论文英文长摘要"[3]。中文文章提供信息量较大的英文长摘要，可以增强论文在国际上的传播效果，促进本土优秀研究成果参与国际学术交流，为中文论文、作者和期刊向国际学术共同体提供中国声音、中国办法搭建桥梁

基金项目：中国科学技术协会"期刊双语传播能力提升项目(2022KJQK013)"
通信作者：方 海，E-mail: fanghaish@126.com

和渠道，可以让书写在祖国大地上的优秀论文被世界范围内的更多读者看到[4]。

《海洋渔业》一直以来高度重视这种发展模式并简称之为"半英文刊"模式，并作了大量有益的尝试，长英文摘要已经成为《海洋渔业》的办刊特色之一，在扩大国际影响力方面也已经取得了一定的成效。为了推广中文期刊英语长摘要出版模式，为国内期刊同行提供些许有益参考，《海洋渔业》对于中文期刊英文长摘要出版模式的路径和策略进行了探索和总结。

1 "英文长摘要"的定义

根据《中华人民共和国国家标准:文摘编写规则(GB/T 6447—1986)》：文摘是"以提供文献内容梗概为目的，不加评论和补充解释，简明、确切地记述文献重要内容的短文"[5]。一般来说，英文摘要是中文摘要的转译，只需简明、确切地将文章重点内容记述出来即可。比如，对于报道性文摘，研究方法、结果和结论等内容宜写得详细，研究目的、研究背景和研究意义可以写得简单，根据具体情况也可以省略。

而英文长摘要的目的是为了最大限度提高文章在国外的显示度和传播力，使英语语种读者能够通过阅读摘要就全面、深入了解中文文章的所有主要内容和重点信息，方便他们的检索和利用。因此，英文长摘要应当完整报道文章研究的内容，信息全面，包含研究的目的、方法、结果和结论等要素，并介绍研究背景和研究意义。

对于英文长摘要具体多少个单词为宜，刘怡辰等[6]统计分析了 20 种农业类科技期刊英文摘要的形式和篇幅，其中采用英文长摘要的文章中，最长的一篇长摘要达到 924 个英文单词。《果树学报》要求英文摘要尽可能详尽，其中研究论文要求英文摘要字数为 800~1 000 个单词，新品种选育英文摘要为 500~600 个单词[7]。赵丽莹等[8]定义超过 600 个英文实词的英文摘要即为"长摘要"。俞菁[9]认为，英文长摘要以 600 个单词左右比较适宜，摘要中目的、方法、结果、结论 4 要素相比短摘要更详细和全面。

综上所述，可以将英文长摘要定义为："为了使读者通过阅读英文摘要就全面、深入了解中文文章的所有重要信息，完整报道文章研究的主要内容，信息全面，包含研究的目的、方法、结果和结论等要素，并介绍研究背景和研究意义，字数在 600~1 000 个单词的英文摘要可以视为英文长摘要"。

2 我国中文科技期刊"中文文章附英文摘要"出版模式的现状与不足

2.1 英文摘要篇幅较短，内容不够详细全面

有研究显示，目前我国大部分中文科技期刊采用传统的一段式摘要，字数一般在 150~250 个单词[8]；刘怡辰等[6]统计分析了 20 种农业类科技期刊英文摘要的篇幅，其中绝大部分期刊采用的都是单词数在 600 词以下的英文摘要。俞菁[9]研究认为，150 个词左右的英文短摘要中目的、方法、结果、结论 4 要素不如英文长摘要详细和全面。可见，传统的英文摘要篇幅较短，字数较少，难以全面和详尽地反映中文文章的研究内容，不利于国际化传播。周荼[2]认为，为了更好地促进我国科技期刊的国际化发展，就目前的现状而言，增加期刊英文摘要等的英文信息含量是基本前提。

2.2 缺少英文摘要网络版页面

互联网时代，网络出版技术为期刊创造了全新的传播手段，网络传播速度快、传播范围广的特点，对于推动科技信息传播具有事半功倍的效果，对提高期刊国际影响力具有重要和

不可替代的作用。但目前我国中文科技期刊虽然越来越多建立了期刊网站，但网站主要还是面向于国内读者，以发布中文信息为主，很少有专门的英文摘要网络版页面，这也影响了期刊论文在国外的影响力和传播效果。

2.3 英文短摘要不利于加入国际检索数据库

加入大型国际检索数据库，可以很好地帮助期刊提高在国际上的知名度和认可度。增加英文摘要的信息量和篇幅，则是期刊加入国际检索系统的基本前提。但目前由于我国大多数中文科技期刊采用的是英文短摘要，直接制约了期刊加入国际检索数据库。

2.4 国际发行范围有限

读者国际化是期刊国际化的基础，出版英文摘要的目的是扩大国际读者范围。国际化的学术期刊，应该尽量扩大在世界主要研究机构和相关读者群中的发行范围，在国际学术交流中体现期刊的价值。但受制于发行费用和发行人才的限制，我国中文科技期刊的国际发行范围有限，在国际学术圈缺乏影响力。

2.5 缺乏英文出版专业人才支撑

为了保证中文学术期刊论文英文长摘要出版的质量，双语出版编辑人才队伍建设和英语编辑人才的培养是必不可少的条件。但我国中文期刊开展国际化传播探索的时间还不长，适应期刊国际化发展需要的相关人才培养体制机制滞后，现有专业人才队伍规模和质量还远远不能满足国际化传播的需要，"中文文章附长英文摘要"出版模式缺乏英文出版专业人才支撑，专业人才的缺乏是阻碍中文期刊国际传播的瓶颈。

3 "英文长摘要出版"模式的路径与策略

3.1 增加英文摘要的报道内容和篇幅

使用长摘要可以使读者更好了解文章的创新点、实验方法、实验条件、结果、结论等，国外同行可以根据英文长摘要来获知整篇文章的大致内容[9]。英文长摘要应当完整报道文章研究的内容，信息全面，包含研究的目的、方法、结果和结论等要素，并介绍研究背景和研究意义。比如，方法中所用的原理、理论、条件、对象、材料、工艺、结构、手段、装备、程序等，结果中实验的、研究的结果、数据、被确定的关系、观察结果、得到的效果、性能等，结论中对结果的分析、研究、比较、评价、应用以及提出的问题、今后的课题、假设、启发、建议、预测等，都应尽量在长摘要中呈现和显示。在有限的篇幅内向读者提供尽可能多的定量和定性的信息。

因为报道内容的增加，英文长摘要相对于中文摘要和转译的英文摘要，在篇幅上也需要有一定的增加。"文摘编写规则(GB/T 6447—1986)"规定："文摘的详简须根据一次文献的内容、类型、学科领域、信息量、篇幅、语种、获得的难易程度和实际需要确定，其中文献内容是决定性因素。"因此，应根据文章内容和实际需要来确定英文长摘要篇幅和字数。一般来说，英文长摘要的字数应以 600~1 000 个单词较为适宜。这样的篇幅，基本上可以涵盖文章的所有主要内容和重点信息，同时也不至于冗长和空洞。

《海洋渔业》在项目实施期内，为了最大限度地提高文章在国际上的展示度，将英文长摘要的字数确定在 1 000 个单词左右。在项目期之后，将根据文章的具体内容，保持英文长摘要的字数在 600~1 000 个单词的范围。

此外，期刊还应重视英文摘要的质量，把好审校关。

3.2 建立英文长摘要在线发布平台

中宣部、教育部、科技部《关于推动学术期刊繁荣发展的意见》中提出:"为全面提升中文学术期刊的国际传播能力,……加强期刊外文或双语学术网站建设"[3]。杨欣妍[10]认为,新全球化视野下我国科技期刊"走出去"的产品策略之一,就是大力开发数字化产品、建设平台及数据库。在期刊网站上建立专门的英文长摘要在线发布页面,可以更好地推动期刊文章向全世界宣传、展示[11],提高传播的时效性,大幅度扩大期刊在全球范围内的读者群和作者群,加强期刊与世界各地作者和读者之间的沟通和联系[1,12],同时也可以提高文章的阅读量和被引率。

《海洋渔业》在项目实施期内,在原有期刊官方网站的基础上,将开发和设置专门的英文长摘要网页平台,定期更新,提高英文文摘的国际传播效果。

3.3 加强与国际检索数据库合作

当前,国际知名数据库已经成为学术研究的集合地,汇聚了某一领域学术研究的优秀成果,拥有广泛的受众和读者群体[13]。加强与国际知名全文数据库合作,加入在国际上有影响的检索系统,是学术期刊国际化的重要途径,也有助于刊登英文长摘要的中文期刊提高国际影响力[2,12]。期刊应该在增加英文摘要长度和加入国际检索数据库两个方面同时发力,实现在国际知名数据库上全文发布论文和英文长摘要。国际各大检索数据库的收录范围、收录特点、对收录期刊的要求有不同的规定,期刊可主动与检索系统的责任单位取得联系,了解入选要求,并针对各系统的具体要求有的放矢,做好入库申请工作。同时还可以通过向其寄送每期杂志,使其全面系统了解期刊情况[1]。入选后则应该加强与国际知名数据库合作,发布论文和英文长摘要。

《海洋渔业》于 2021 年起被国际知名数据库 EBSCO 全文收录,目前已经在该系统中发布论文和英文长摘要。今后期刊也将努力申请加入更多的国际检索数据库。

3.4 实行期刊国际化发行

期刊国际发行的范围反映了期刊国际影响力的大小和范围,刘雪立等[1]、杨志华[11]、戴维民[12]认为,在国际范围内传递和交流最新研究成果,是学术期刊国际化必备的特征。加强期刊的国际发行工作是期刊提高国际化水平的必由之路。

期刊的国际发行一般有两种模式:通过有资质的中介机构发行和直接的国际发行[13]。专业学术期刊是一种"窄众传播",而且多数属于集体消费。所以学术期刊的国外发行对象主要是相关高校、研究机构和大型图书馆。期刊社根据自身的实际情况,可以采取其中一种发行模式或者两种发行相结合的模式。此外,有条件的期刊在国外发行初期为了提高期刊的影响力和知名度,还可以采用国外免费赠阅发行的模式:即定期向学科领域内有代表性的国外相关高校、研究机构和大型图书馆进行免费赠阅。通过国外免费赠阅发行,可以较快地提高期刊在世界范围内的知名度,这是一笔不能用金钱来衡量的财富。

《海洋渔业》在中国科协项目的支持下,选择了全球范围内有代表性的 30 家左右单位和个人进行免费赠阅发行,国别范围包括了世界上主要的渔业国家如美国、英国、意大利、日本、韩国、越南等,赠阅对象包括了海洋水产类高校、研究机构和大型渔业企业以及知名专家等。

3.5 加强双语出版编辑人才队伍建设

王珏[14]指出,科技期刊国际化对编辑工作者提出了更高的素质要求,除了具备学科专业知识和语言文字能力，还要具有英文应用能力、跨文化沟通能力、继续学习能力等等。在加强编辑队伍建设过程中，应提供给编辑人员继续教育和培训的机会，学习吸收国外先进办刊经验。杨志华[11]认为，为了提高期刊国际传播能力，可以通过多种途径加强期刊编辑队伍的建设，主要包括：加强学科编辑的出访和培训，适应国际化发展；加强编辑部建设；专职人员和兼职人员相结合构建双语编辑团队。

《海洋渔业》也把加强双语出版编辑人才队伍建设作为期刊国际化发展的基础性和关键性工作，在项目执行期内，将组织编辑部人员参加相关外语培训及期刊国际化发展路径专题培训学习和学术会议，并取得相关证书(若有)。

除了在以上 5 方面的传播路径和策略，有条件的期刊还可以考虑赴国外高校、研究机构和大型企业以及知名专家等处进行考察交流和面对面的期刊推介，以及参加国外行业科技展览会等进行期刊推介等。

4 结束语

"英文长摘要出版"模式是中文科技期刊提高国际展示度、提升国际影响力的重要出版形式，为中文学术成果和其作者提供了重要的国际展示窗口，有利于国外读者的阅读、检索和利用，从而提高中文科技论文的国际影响力和被引率。而且，对于国内绝大多数不具备创办英文期刊的期刊社而言，这是一种成本较低、操作性强的期刊国际化路径，因此，我国中文期刊有必要更加重视"英文长摘要"这种出版模式，实践和探索更加有效的"英文长摘要出版"的传播路径与策略，提高我国科技期刊的国际学术地位和影响力。

参 考 文 献

[1] 刘雪立,徐刚珍,方红玲,等.科技期刊国际化的十大特征及其实现[J].中国科技期刊研究,2006,17(4):536-540.
[2] 周荣.中国科技期刊国际化实践的样本探析:以 Cell Research(《细胞研究》)为例[J].中国出版,2011(20):6-11.
[3] 中共中央宣传部,教育部,科技部.《关于推动学术期刊繁荣发展的意见》[EB/OL].[2022-06-15]. http://www.gov.cn/xinwen/2021-06/25/content_5620876.htm.
[4] 周平.中国知网双语期刊出版状况分析及思考[J].中国科技期刊研究,2018,29(8):780-785.
[5] 文摘编写规则:GB/T 6447—1986[S].北京:中国标准出版社.2008.
[6] 刘怡辰,夏爱红,沈波.长英文摘要在农业类科技期刊中的应用探讨[J].编辑学报,2015,27(2):127-129.
[7] 《果树学报》投稿须知[J].果树学报,2017,34(2):256.
[8] 赵丽莹,苗秀芝,国荣.中文科技期刊采用结构式长摘要的建议[J].编辑学报,2017,29(增刊 1):S59-S61.
[9] 俞菁.对精品科技期刊走出去的思考[J].研究与教育,2014(7):126-128.
[10] 杨欣妍.新全球化视野下我国科技期刊"走出去"的产品策略研究[D].武汉:华中科技大学,2019.
[11] 杨志华.关于学术期刊国际化的思考[J].中国科技期刊研究,2013,24(1):154-157.
[12] 戴维民.中国学术期刊国际影响力分析[J].复旦学报(社会科学版),2004(1):111-118.
[13] 商建辉,王建平.我国学术期刊"走出去"的国际化操作策略探微[J].出版发行研究,2012(9):77-79.
[14] 王珏.我国科技期刊国际竞争力评价研究[J].武汉:武汉大学,2010.

科技期刊组稿和约稿工作要点分析与探讨

高金梅[1]，徐 燕[2]，段玉婷[3]，魏向南[1]，秦 虹[4]，李 清[3]

(1.《空气动力学进展(英文)》编辑部，四川 绵阳 621000；2.《空气动力学学报》编辑部，四川 绵阳 621000；
3.中国空气动力研究与发展中心，四川 绵阳 621000；4.《实验流体力学》编辑部，四川 绵阳 621000)

摘要：稿件质量是办好科技期刊的重要保证，组稿和约稿是科技期刊获得高质量稿件的重要途径，组约高质量稿件对于提升科技期刊学术水平和影响力具有重要作用。本文针对科技期刊如何有效地开展约稿和组稿工作进行了分析和探讨，提出了期刊编辑主动地、有计划地、有目的地开展约稿和组稿是提升刊物质量水平和影响力的重要手段。

关键词：稿件质量；选题策划；组稿策略；主动约稿

  科技期刊是传播优秀文化、传承先进文明的重要载体，对于传递科技创新理论与信息、推动社会发展进步具有重要的促进作用，体现出一国的科技竞争力和文化软实力[1]。然而，作为论文生产大国，我国大部分科技期刊在世界范围仍缺乏认可度，许多学者不得不将自己的科研成果发表在国外的大刊、顶刊上，中国学者发表到国外期刊的文章数量占中国总发文量的75%以上[2]，大量优秀的学术成果外流。

  十八大以来，广大科技工作者积极响应习近平总书记的号召"把论文写在祖国的大地上"，越来越多的科技工作者将研究成果发表在国内的科技期刊上。当这部分优秀的稿源回归时，国内众多的科技期刊如何第一时间获得高质量、高影响力稿件的首发权，关系到期刊未来的发展[3]。科技期刊主要面向各大科研院所和高校，作者群体比较小，而刊物数量繁多，且随着科技的发展，学科之间的交叉越来越大，可选择范围越来越广，作者在投稿之前也需要权衡各种科技期刊的影响力；此外，很多自由来稿因质量有限，并不能满足许多刊物的发表要求，刊登这一类文章并不能扩大期刊的引用率，甚至只能做"分母"，不利于期刊长远发展。针对这一情况，科技期刊编辑则需要主动出击，做好选题策划、加强组稿、组约高质量稿件，力争将优质的稿件吸引过来，尤其是争取到行业内大牛的文章，从而广泛吸引读者，提高期刊各项指标，提升期刊的影响力。

  然而，如何有效地开展约稿和组稿工作是摆在许多科技期刊编辑面前的问题，本文针对这一问题进行了分析和探讨。

1 精心做好选题策划

  阙道隆说，"选题策划、选题设计是编辑劳动的创造性的重要表现，是保证出版物质量和效益的重要环节"[4]。具体到科技期刊，选题策划就是根据学科的热点、难点、焦点问题，立足期刊的定位和特色，结合读者和学术发展需要，对科技期刊出版内容实施有组织、有目的的编辑活动[5]。目前，同领域期刊对优质稿源的竞争愈演愈烈，选题策划的实施结果直接决定了期刊的学术质量和影响力[6]。有特色、有新意、有创意的选题策划，不仅可以体现期刊的学术水平，提高编辑的业务水平，壮大作者、读者队伍，还可增强期刊对现场实践的指导性、参与性，塑造期刊品牌，提升期刊知名度[7]。由此可见，恰当的选题是获取高质量热点文章的前提条件。

1.1 面向国家战略需求

科技是国家强盛之基，创新是民族进步之魂。党的十八大以来，我国科技事业取得历史性成就、发生历史性变革，离不开科技工作者的辛勤付出和艰苦努力[8]。2020年9月11日，习近平总书记主持召开科学家座谈会，把脉我国发展面临的内外环境，着眼"十四五"时期加快科技创新的迫切要求，以"四个面向"指明科技创新方向[9]。

基础研究是整个科学体系的源头，是所有技术问题的总机关。从国家自然基金资助情况来看，开展的研究需要面向科学前沿和国家需求，聚焦重大基础科学问题，推动学科交叉融合，推动领域、行业或区域的自主创新能力提升[10]。科技期刊应以国家战略需求为切入点，编辑可以以受资助的自然基金项目为突破口，重点从项目中去发掘研究方向，并结合期刊发展目标和刊载范围发现出契合国家战略需求的重要选题。

当前，空气动力学研究正在朝交叉学科方向拓展，并与国民经济紧密结合起来，其中比较热门的研究方向涉及人工智能、城市轨道交通、多相流、建筑和风工程等领域，这些方向近年也被列为国家自然科学基金重点项目。笔者所在出版组共运营了三本期刊：《空气动力学学报》(简称《学报》)、《实验流体力学》(简称《实验流》)、《空气动力学进展(英文)》(简称AIA)，近两年，《学报》和《实验流》组织策划了"高速列车空气动力学""翼型研究新进展""空气动力实验智能化探索"等多个热点专栏或专刊，文章一经发表便引起读者广泛关注，官网文章下载量和公众号文章阅读量也成倍增长，取得较好成效。

1.2 参与学术会议交流

专业学科的科技期刊要敏锐地捕捉行业领域的学术前沿，紧跟发展趋势。积极参加学术会议是获取前沿热点主题最直接的方式。每年各大学科领域都会举办诸多学术会议，各大学会官网也会在第一时间发布学科全年会议计划，编辑部可选择与本行业领域相关的会议，制定全年参会计划。互联网时代下，信息来源广泛，编辑平时也可留心收集相关网站、微信公众号、朋友圈发布的参会信息。经验表明，会议不限于大型学术会议，比如一些专家讲坛、青年科学家论坛、青年学术沙龙以及课题组研讨会都值得编辑关注。

通常，许多专家和学者的会议报告均呈现出自己的最新研究进展。因此，编辑应该多去听听学术报告，这对于了解前沿热点十分必要，也能更加直接的把握当下学者研究的方向。对于英文刊编辑来说，更要开阔视野，适当参加国际性会议，结识国外的专家，了解国际研究动态。笔者了解到，许多科技期刊编辑并不是本专业领域出身，多参会听报告不仅能快速获得选题灵感，还能及时补充自己的专业知识，对于提升编辑的业务能力、提高工作效率有很大的作用。参加学术会议不是简单地去做宣传，更是去认识专家、建立人脉的有效途径，可以为今后约稿打下基础。

2020年以来，受全球新冠疫情影响，许多学术会议不能如期召开，有的会议不得不结合线上和线下的形式召开，也有的以纯线上会议的形式召开。尽管如此，学术界仍然日新月异，从来没有停止过学术交流的步伐。对于编辑来说，能参加线下会议则尽量参加线下的，若不能，则应抽空参加线上会议。2021 年，笔者所在出版组有重点地参加了十余个全国性会议，如"实验流体力学大会""格子玻尔兹曼方法及其应用学术论坛""面向 2050 的青年科学家论坛"等，参会的编辑不仅开拓了眼界、结识了专家，同时也依托部分前沿热点主题策划组织了多个专栏。2022 年，相继推出"内外流一体化技术""格子玻尔兹曼方法及应用""大型风洞研制及其关键技术研究"等专栏或专刊，相比于同期次的其他论文来说，阅读量和下载量是它们的 2 倍，同时期刊也取得非常好的宣传效果。

2022 年，四年一届的中国空气动力学大会也将以线上线下的形式召开，届时出版组也将尽量多派编辑前往参会，会上尽量争取多与专家交流，会后聚焦前沿热点进行选题策划。

1.3 关注高被引学者论文

论文是学者之间进行学术交流的一种媒介。作者发表论文的目的是推进人们对某个细小领域的理解，增加新的认识，这就意味着要发表创新的结果或方法。高被引论文除了能深入分析和解决问题，还会清晰地告诉读者研究的动机，即娓娓道来已有研究存在的改进空间或不足以及新的解决方法、努力方向等，并深入讨论解决该问题后带来的贡献或价值。

论文的被引频次高，不仅代表论文写作水平高，还说明研究的内容具有重大的价值，这些论文的选题往往是广大学者研究的热点方向。每年 4~5 月份，爱思唯尔就会正式发布全球高被引学者榜单，而高被引学者通常背后都有研究团队，编辑可以主动去了解相关团队资源信息，研究其所发论文的特点，基于此而发掘出新的、潜在的热点选题，进而向高被引学者主动约稿，借助他们的影响力，提升期刊的知名度和引用指标。

陈十一院士是近五年来高被引学者获得者，他的文章是航空航天领域期刊竞相争夺的对象。《学报》编辑主动出击，通过多次电话沟通终于约到他的第一作者文章《可压缩湍流的多尺度分析》。这篇文章一经刊登，受到相关领域专家广泛关注。其中，公众号阅读量达 4 000 多次，是同期次其他文章的近 10 倍，文章引用次数也在逐渐上升。而在同时间段，AIA 也在线发表了陈十一院士团队的文章，其文章公众号阅读量是其他同时发表文章的 4 倍。两刊积极开展学者研究，充分利用高被引学者的影响力带动了期刊指标的发展。

选题策划对编辑能力是一个重大的挑战。无论是采用哪一种方式进行选题，都需要编辑具有敏锐的洞察力和深厚的专业素养以及独特的学术眼光。凡事要深入研究，策划要抢在人前，争取将最热门最优秀的文章组稿到所在期刊。

2 选择最优组稿策略

组稿是按照选题设计发现、选择、组织作者完成作品创作，并通过与作者的沟通对选题进行优化的活动。在期刊出版中，是指编辑部专门约请特定作者撰写特定内容的稿件的工作。在实践中，期刊一般栏目由编辑组稿、专栏或专刊由专家进行组稿。组稿和约稿相辅相成，组约一流原创论文和顶尖综述、策划主题专刊和热点栏目是许多优秀期刊生存和发展的根本保证。一本优秀的科技期刊，必定是瞄准科技前沿，开展专题组稿，提升期刊引领力。一个没有计划、没有目的、没有主动约稿组稿而只凭自由和随意来稿的期刊不可能同高质量的期刊相竞争，甚至会遭到淘汰。

2.1 编辑组稿

组稿编辑要具备较强的组稿能力，对期刊宗旨和目标足够了解，具备相应策划能力，在组稿前制定出可行的组稿方案。

2.1.1 出题组稿

编辑在进行选题之前,要充分了解行业的热点前沿和期刊发展趋势,研究国家战略方针政策及读者的阅读需求,制定出相应的选题之后,再去向相应的专家约稿。

出题约稿需要编辑对学科有深刻认识、对专家足够了解,尤其是在平时就要与专家建立起良好的关系。与专家交流时,编辑不仅要克服怕被拒绝的心理障碍,更要有坚持的韧劲和真诚的交流[11]。编辑在进行选题策划前一定要经过慎重研究,在作者创作过程中要适时沟通做好作者服务,以便文章质量达到预期目标。对于收到的稿件,若质量达不到出版要求,更要做好与作者的沟通交流,以防影响后期合作。

新编辑缺乏人脉资源,往往需要在资深编辑的带领之下,逐渐积累人脉。因为编辑工作本身不是速成的,无论是人脉资源,还是期刊的编校,都需要时间的积累和沉淀,才能逐渐掌握方法和要领,关键是工作中要不断学习和总结经验。

2.1.2 自由组稿

实际工作中,编辑部会收到很多自由来稿,这部分稿件并没有契合特定的选题,但却和期刊的发展宗旨及刊载范围相符,还能在一定程度上丰富稿件的多样性。这时,需要编辑在初审的时候就严格把好质量关,等到稿件接收以后,将这一类稿件进行遴选,并考虑应该组织到哪一个栏目。相较于约稿,自由来稿的质量会大打折扣,编辑会遇到退稿或不停让作者返修的问题,这时更要讲究方式方法,注重与作者的沟通,以免影响作者投稿的积极性。

笔者所在出版组几乎每天都有编辑面临退稿或返修问题,除了在采编系统给作者留言,必要时编辑还会主动给作者打电话,不厌其烦地向作者解释退稿原因,或给作者提供返修意见。这些看似繁琐的流程,却最能给作者留下认真负责的印象。

出题组稿是编辑针对选题需要向特定作者进行约稿,自由组稿是编辑根据期刊的出版任务选择作者的自投稿件进行组稿。两种组稿方式在实际工作的开展中多有交叉,兼用为宜[11]。

2.2 专家组稿

目前,许多科技期刊的专栏或专刊均是邀请业内专家进行组稿。编辑部需要对邀请的专家进行详细了解研究,所邀专家须是业内领头人物,在某方面工作受到业内人士的认可,这样的专家比较具有号召力,同时能与作者进行更加有效的沟通交流。比如,笔者了解到,《国家科学评论》杂志编委会成员深度参与期刊工作,正副主编会议和学科编委会议分别至少每年一次,重点讨论并落实选题组稿工作。所有编委要求组织优质稿件(每两年帮助组织或直接撰写至少一篇稿件),相较于编辑组稿能取到事半功倍的效果。这种情况下,编辑只需要将前期准备的选题方案、组稿要求、收稿篇幅、时间节点等告知专家,过程中要随时与专家及投稿作者进行沟通,做好各方面的服务,待文章刊出之后,还要跟进文章的传播路径和方式,做好文章的宣传推广。

专家组稿几乎是大部分科技期刊组织专栏或专刊的一种方式。专家组稿更能吸引作者投稿,且组稿专家有非常丰富的经验和知识,更能判别哪些是优秀稿件。对于作者来说,也更愿意看到自己的文章由资深专家经手处理。

3 立足选题主动约稿

约稿是期刊获得高质量稿件的有效途径,刊登好的稿件能直接吸引读者眼球,提升刊物的可见度和影响力。因此,编辑一定要主动出击,千万不能坐等好稿子的到来。在组稿工作开展之后，随之而来的就是向谁约稿、怎么约稿等一系列问题。

3.1 密切联系选题

约稿和选题密切相关，策划什么样的选题就应该约什么样的稿。当然，约稿对象必须是在某个领域有一定研究深度的专家或学者。编辑可以在平时工作中多积累这方面的人脉，比如在处理稿件的过程中与作者沟通交流时便适当扩充专家库，也可以多出去参加会议，这样能更直接地与专家进行交流，更能给人留下印象，后面约稿的时候才能有话可讲。有时候单靠编辑力量，很难约到具有影响力的作者的文章，尤其是对于英文期刊来说，期刊本身需要国际化，编辑很难和国外专家见面或直接交流，这时需要主编或编委的大力支持，参与到约稿这项工作中。比如《空气动力学进展(英文)》，作为一本新创办的英文期刊，其在国际上还没有作者和读者基础，更不用说靠编辑部约到高质量文章了。因此，在初期主要依靠主编和编委撰稿或约稿。主编有空时，编辑可以直接联系主编帮忙约稿；主编忙不过来时，编辑部可以借用主编名义向专家约稿。一个编辑代表的是编辑部，更代表了一本期刊，千万不要觉得自己能力不够不敢向专家约稿，应该具备足够的信心和胆量，主动联系专家，逐渐建立起与他们的联系。《空气动力学进展(英文)》就是通过这种方式联系到不少的专家，建立起编辑和专家的纽带，逐渐打开局面，从而建立起期刊的知名度。

3.2 聚焦前沿热点

编辑不仅要具有开阔的科学视野，还应该对科研前沿有敏锐的洞察力，及时追踪学科前沿动态，推进期刊高质量发展。"十四五"规划提出"瞄准人工智能、量子信息、集成电路、生命健康、脑科学、生物育种、空天科技、深地深海等前沿领域"。人工智能是引领未来的战略性技术，是新一轮科技革命的重要代表之一。近年来，人工智能已经成为国际科技竞争的新焦点，也是引领未来科技重大变革的颠覆性技术[12]。《实验流体力学》刊出的"空气动力实验智能化探索"专刊对于推动人工智能技术与空气动力实验研究的深入结合具有积极的作用。《航空兵器》推出的"人工智能基础理论与技术"专栏重点报道最新研究进展，力争为从事智能武器相关研究以及人工智能通用理论与技术的研究人员提供较全面的领域发展景图网[13]。

2020年5月5日虎门大桥出现的卡门涡街现象，引发了学术界的广泛热议，西北工业大学的张伟伟教授用时三天撰稿讨论此事。《学报》得知这一消息后，迅速抓住该话题热点，立刻联系张教授，在征得其同意后即刻将这一手稿整理发布到《学报》微信公众号，推文在短时间内阅读量就过万。随后，《学报》编辑跟进此事，正式向张教授约稿。张教授于5月21日提交稿件，责任编辑加班处理稿件，待稿件接收后于5月26日便在中国知网进行网络首发，抢到了文章的首发权。这一事不仅让《学报》第一时间获得热点稿件，而且也树立了《学报》反应灵敏、办事高效的期刊形象，使《学报》一时间赢得众多的粉丝。

3.3 重视综述文章

科技期刊刊登综述有利于增加作者对文章和期刊的关注度。因为综述往往能反映出有关问题的最新原理、技术水平、动态、趋势等，对他人的科研工作具有参考、指导、启发等功能和作用[14-15]。由此可见，综述具有较高的学术价值，容易吸引更多读者，为期刊带来较高的引用率，产生高影响力。编辑在组稿过程中，除了注重将研究性论文组织为专栏或专刊，更应该多去邀约一些综述性文章，尤其是业界内大佬的综述文章。

据统计，《空气动力学进展(英文)》所发表的文章中，综述类文章的阅读量是研究类文章阅读量的2~3倍，其文章引用率及公众号推文的阅读量也比研究类文章高得多。同类期刊，如《空气动力学学报》《实验流体力学》同样存在这样的现象，尤其是《空气动力学学报》每年第一期都会刊登一篇重磅综述文章，其作者往往是院士或者业内的大专家，这类文章受关注度极高，相应地也为期刊引用指标的提升作出巨大贡献。

3.4 控制约稿节奏

编辑向专家约稿时告知了稿件要求、时间节点等，大部分专家能根据要求进行撰稿提交。但是，实际中仍然有许多专家因为工作繁忙，交稿略有拖延。因此，编辑应该把握好时间节点，关注期刊收稿情况，必要时采用打电话、发微信或发邮件的方式及时与专家沟通，催促他们在规定时间交稿；对于实在不能按时提交的作者，也要加以体谅，毕竟科研是一项非常辛苦的工作，作者也希望尽快提交自己的最新成果。

同一领域内的科研圈是有限的，如果某位专家刚给期刊撰稿或约稿，则不便持续不断发起约稿邀请，毕竟专家精力有限，且不同的工作成果会选择投给不同的期刊。这时，可以请他们推荐专家，进行下一轮约稿。总之不能因为某位专家好说话，就一直逮着"薅羊毛"，这样不仅约不到稿件，还会让人反感，避之而不及。编辑在平时则要尽力去维持与专家的联系，关注他们的工作和生活，为今后交流积累话题。

4 结束语

论文质量是期刊可持续发展的重要保证，是提升期刊影响力的根本。鉴于目前期刊行业激烈的竞争形势，编辑需要认真研究具有创新性、前瞻性的选题，主动地、有计划地、有目的地开展约稿和组稿，邀请具有一定影响力的专家撰稿，控制约稿节奏、跟进稿件进度，做好专家学者的服务，并待稿件刊出之后，对文章进行广泛宣传和推广。此外，编辑应该不断提高自己的综合素质，慢慢积累经验，建立好个人形象和期刊品牌形象，拓宽约稿渠道，这些都有利于为后期组约优秀稿件打下良好的基础。通过这些做法，才能不断提升期刊质量，赢得作者和读者的认可。

参 考 文 献

[1] 李春红.高校科技期刊精准约稿策略及优化路径[J].传播与版权,2021(5):14-17.
[2] 傅雪.科技期刊选题与约稿实践探析:以《科技导报》为例[J].编辑学报,2019,31(增刊 1): 17-20.
[3] 卢丹.科技期刊约稿工作的措施与方法[J].新闻研究导刊,2020,11(8):194-195.
[4] 阙道隆,徐柏容,林穗芳.书籍编辑学概论[M].沈阳:辽海出版社,2008.
[5] 袁桂清.论科技期刊选题策划的意义与方法[J].中国科技期刊研究,2021,23(2):180.
[6] 代艳玲,朱拴成.提升期刊学术质量与影响力的方法与途径:选题策划与组稿[J].中国科技期刊研究,2016,27(2):157-161.
[7] 王海蓉.高校科技期刊专题出版的实践与思考:以《中山大学学报》"天琴计划"专题为例[J].编辑学报,2021,33(4): 463-467.
[8] 沈慎.坚持四个面向 为科技创新指明方向[J].科学大观园,2020(19): 76.
[9] 颜若雯,戴娟,周尤.聚焦"四个面向"高水平建设西部(重庆)科学城[N].重庆日报,2021-03-09.
[10] 张娇.重大研究计划跨学科资助成效研究[D].北京:北京理工大学,2018.
[11] 刘金定.科技期刊编辑的组稿与作者培养工作探析[J].科技传播.2020,12(22): 15-17.
[12] 高磊,王俊丽,寇凤梅.航空航天类科技期刊建设特色专栏策略[J]中国科技期刊研究,2022,33(6):713-718.
[13] 《航空兵器》编辑部."人工智能基础理论与技术"专栏征稿通知[J].航空兵器,2019,26(3) :99.
[14] WOODWARD A M. The roles of reviews in information transfer[J]. Journal of the American Society for Information Science, 1977, 28(3):175-180.
[15] 黄孟黎.综述:极具价值的三次文献[J].图书情报工作,1998,42(4):3-5.

卓越期刊计划环境下食品类期刊的现状及发展建议

李春丽[1]，孙 卿[2]，朱 明[1]

(1.江南大学《食品与生物技术学报》编辑部，江苏 无锡 214122；2.江南大学食品学院，江苏 无锡 214122)

摘要：探究卓越期刊计划下我国食品类期刊的高质量发展途径。利用数据库和期刊网站查询等多种方式，以学科排名、文章数量、高被引论文以及影响因子等关键指标，分析国内外优秀食品期刊发展状况。我国强劲的食品学科实力和国际食品领域的话语权极不相称，卓越期刊计划下的食品优秀期刊加速形成，运行模式、编辑机制与出版机制的创新是实现优秀期刊快速崛起的重要途径。在卓越期刊计划下，食品类优秀期刊发展已取得显著效果，现在处于发展的机遇期，政策优化、集约化发展、编辑专业化、出版多样化模式值得借鉴。

关键词：卓越期刊计划；食品科技；期刊

随着中国国力增强，中国科技实力快速发展，虽然现已形成基建、高铁、航天等世界品牌名片，但是整体来看，中国科技的世界影响力和话语权与当前中国科技综合实力极不相称。国家在巩固"双一流"学科建设同时，中央全面深化改革委员会继续提出《关于深化改革 培育世界一流科技期刊的意见》，为中国科技出海保驾护航。"中国科技期刊卓越行动计划"(简称"卓越计划")应运而生，成为中国科技期刊发展的里程碑和进入快车道的转折点。面对中国一流期刊建设的机遇和挑战，许多学者积极建言献策，赵燕萍[1]以9种入选"卓越计划"的高校学报为例阐述了世界一流科技期刊建设背景下高校中文学报提升之路，王雅娇[2]和杨保华[3]用不同方法分析了入选"卓越计划"的英文期刊特点，李娜[4]通过分析"卓越计划"入选项目的数据及特点，总结了中国科技期刊建设中和集群化建设可借鉴的发展重点、模式和经验，以上研究为国内期刊的发展方向提供了参考。对于一流期刊的当前困境和国际化发展策略，学者也给出了不同建议，郑毅[5]分析了我国内外部环境变化下中国科技期刊办刊环境出现的新变化，伍锦花[6]研究了"卓越计划"领军期刊与世界一流科技期刊的国际影响力不同点，梁徐静[7]从中国科技期刊被国际检索收录的角度提出了提高我国科技影响力的措施。中国科技发展战略仍然是集中力量办大事，重点攻克战略性、基础性、前瞻性课题，因此存在行业发展不均衡现象，"卓越计划"坚持以域选刊、竞争择优的思想，针对期刊个性化需求给予差异化支持。目前，针对国家期刊的整体性研究较多，有关行业期刊的差异化研究较少，缺少特色行业期刊发展的理论指导。食品加工业是我国经济发展的支柱性产业，食品类期刊怎样利用好"卓越计划"顺利实现转型升级值得思考。

基金项目：中国高校科技期刊研究会"一流高校科技期刊建设"专项基金项目(CUJS2021-034)

作者从学术影响力、期刊发展水平等方面，重点研究了"卓越计划"环境下食品期刊发展的国内外现状，同时，择优对标国际一流食品类期刊，从期刊运行模式、编辑/出版模式、信息新媒体等方面分析我国食品类期刊发展特点，并给出"卓越计划"环境下，我国食品类期刊国际化发展的建议，以期为食品类期刊实现更好、更具特色的发展提供参考。

1 "卓越计划"新环境下中外食品类著名期刊的现状

1.1 中国食品加工影响力分析

全国学科评估以"师资队伍与资源""人才培养质量""科学研究水平"和"社会服务与学科声誉"为指标，对具有博士和硕士学位授予权的一级学科进行整体水平评估，是学科实力的综合体现。表1显示了历年来食品科学与工程(0832)的评估结果，2009年、2012年以分数排序，2017年按"分档"排序，且同档高校排序不分先后，按学校代码排列。由表1可知，江南大学和中国农业大学属于学科能力第一梯队，一直处于学科发展的龙头位置，具有绝对的学科优势，成绩稳定；其他高校学科发展竞争激烈，排序变化较大，但是整体上南京农业大学、浙江大学以及南昌大学较为稳定，基本处于学科排名前五。另外，江南大学和南昌大学共建食品科学与技术国家重点实验室(食品领域唯一)，江南大学和中国农业大学的食品科学与工程学科双双入选"一流学科"建设名单。因此，中国的食品科学与工程学科发展分布明显，层次分明。

表1 全国学科评估结果

序号	2017年		2012年	2009年
1	中国农业大学	A+	江南大学	江南大学
2	江南大学		中国农业大学	中国农业大学
3	南昌大学	A	华南理工大学	华南理工大学
4	南京农业大学		南昌大学	浙江大学
5	浙江大学	A-	南京农业大学	南京农业大学
6	华中农业大学		浙江大学	中国海洋大学
7	华南理工大学		中国海洋大学	华中农业大学
8			东北农业大学	天津科技大学
9			江苏大学	东北农业大学
10			天津科技大学	合肥工业大学

注：2017年评估结果相同的高校排序不分先后，按学校代码排列。

软科排名是与US News、QS、THE齐名的公认的四大权威世界大学排名，并且更重视学术，以评价方法的客观、透明和稳定而著称。其中，软科世界一流学科排名是评价世界大学某一学科实力的重点指标。表2显示了近五年来世界范围内食品科学与工程学科前十名大学的变动情况，由表2可知，中国、荷兰、巴西、美国是食品科学的传统强国，近五年来，我国食品科学与工程发展稳步提升，在前十名中，我国大学由2017年的4个高校上升至2021年的6个，2019年开始江南大学取代瓦格宁根大学成为学科世界第一，并且已蝉联3年，2020年开始中国5个高校稳定在世界排名前六，2021年中国农业大学赶超瓦格宁根大学，上升至第二名。由此可见，我国食品科学与工程学科在世界范围内具有绝对的优势，处于第一梯队，并且进步明显，在"卓越计划"的支撑下将会有更多的科研单位走在食品学科世界的前列。

科技论文成果评价方面，在超星数据库和Web of Science SCIE引文索引数据库中搜索近十年(2011—2020年)食品科学与工程学科科技论文，分别评价国内外食品科学与工程相关文章

表 2 软科食品科学与工程学科排名

世界排名	2021 年	2020 年	2019 年	2018 年	2017 年
1	江南大学(中国)	江南大学(中国)	江南大学(中国)	瓦格宁根大学(荷兰)	瓦格宁根大学(荷兰)
2	中国农业大学(中国)	瓦格宁根大学(荷兰)	瓦格宁根大学(荷兰)	江南大学(中国)	江南大学(中国)
3	瓦格宁根大学(荷兰)	中国农业大学(中国)	中国农业大学(中国)	中国农业大学(中国)	中国农业大学(中国)
4	华南理工大学(中国)	华南理工大学(中国)	华南理工大学(中国)	华南理工大学(中国)	华南理工大学(中国)
5	浙江大学(中国)	南京农业大学(中国)	坎皮纳斯州立大学(巴西)	根特大学(比利时)	根特大学(比利时)
6	南京农业大学(中国)	浙江大学(中国)	浙江大学(中国)	浙江大学(中国)	坎皮纳斯州立大学(巴西)
7	马萨诸塞大学阿默斯特分校(美国)	马萨诸塞大学阿默斯特分校(美国)	根特大学(比利时)	圣保罗大学(巴西)	圣保罗大学(巴西)
8	坎皮纳斯州立大学(巴西)	坎皮纳斯州立大学(巴西)	圣保罗大学(巴西)	坎皮纳斯州立大学(巴西)	浙江大学(中国)
9	南昌大学(中国)	根特大学(比利时)	马萨诸塞大学阿默斯特分校(美国)	马萨诸塞大学阿默斯特分校(美国)	加州大学-戴维斯(美国)
10	圣保罗大学(巴西)	圣保罗大学(巴西)	南京农业大学(中国)	加州大学-戴维斯(美国)	哥本哈根大学(丹麦)

指标。由图 1 可知，国内食品类中文期刊共计 55 055 篇，十年内年均文章变化不大，在 5 000 篇/年左右；从稿件来源看，江南大学和中国农业大学仍然占据论文发表量的前 2 位，发表论文的前 5 个单位分别是江南大学、中国农业大学、河南农业大学、天津科技大学和东北农业大学，分别占据论文发表量的 0.99%、0.80%、0.77%、0.59%和 0.51%，通过数据分析发现，每个单位的中文期刊发表量比较平均，并没有出现科研龙头单位占比很大的情况，前五位的发表总占比为 3.67%，并不是很大。十年内，国际 SCI 发表量为 248 887 篇，其中，中国、美国占比较多，分别为 20.68%和 13.45%，见图 2。在 2013 年，中国 SCI 的年度发表数量首次超越美国，并逐步拉开与美国的距离，至 2020 年，中国 SCI 的年度论文数量是美国的 2.27 倍。由图 3 可知，与国内食品类期刊发表量相比，国际 SCI 期刊发表动力更足，呈现逐年增长的态势，十年内论文增长了 78.15%，由 18 954 篇增加到 33 766 篇，中国 SCI 在国际 SCI 中的占比由 2011 年的 10.90%上升到 2020 年的 28.22%，可见中国食品科技的世界影响力逐渐扩大。江南大学和中国农业大学同样领跑世界 SCI 论文量，世界食品科学 SCI 论文量排名前十的机构中，中国独占 6 席。与中文期刊的机构排名相比，科研院所的 SCI 论文贡献比较显著，中国科学院和中国农业科学院分别位列第三和第四位，见图 4。

中国食品科学论文成果不仅在数量上引领世界，在质量上也走在世界的前列。高被引论文近十年间累计被引用次数进入各学科世界前 1%的论文，是当前衡量论文质量的主要指标。近十年，高被引食品类文章共计 2 735 篇，其中中国 721 篇，美国 466 篇，西班牙 268 篇，中国 2016 年开始高被引文章超过美国，并且呈逐年增长趋势，2020 年高被引文章数量是美国的 2.56

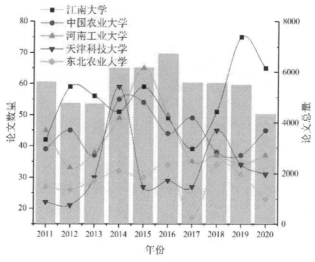

图 1　食品类中文期刊发表情况

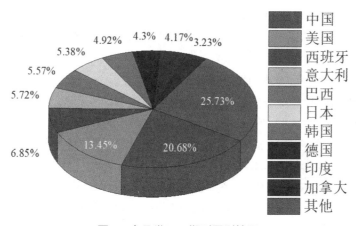

图 2　食品类 SCI 期刊国别情况

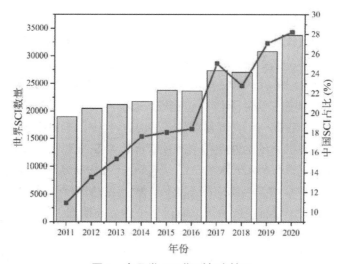

图 3　食品类 SCI 期刊年度情况

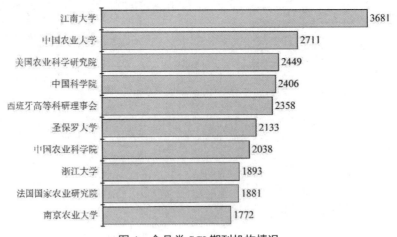

图 4　食品类 SCI 期刊机构情况

倍，高达 161 篇；在研究机构的高被引文章总量排列中，马萨诸塞大学保持领先位置，江南大学和华南理工大学紧跟其后，但是从年度高被引文章数量看，江南大学于 2018 年超过马萨诸塞大学，并一直保持年度高被引文章第一的位置。截至 2020 年底，年度高被引文章世界前十的机构中，中国占据 8 席。由此可见，中国食品类论文在国际上，无论是文章规模还是质量都达到了引领世界的水平。

1.2 "卓越计划"环境下食品类期刊发展现状

在超星期刊数据库搜索食品科学与工程学科中文期刊，结果显示我国食品类中文期刊 150 个，其中中文核心期刊 29 个，CSCD 15 个，选取中文核心期刊进行期刊特征分析，其中科研/事业单位期刊 13 个，学会期刊 8 个，大学期刊 6 个，企业期刊 2 个，可以看出中文优秀期刊在具有专业特色的企事业单位和具有集群化能力的学会机构中占比较高；出版周期以月刊为主，占比 51.7%，食品类 SCI 月刊占比为 32.6%，因此，中文期刊在出版周期上具有一定优势；通过对食品类中文核心期刊十年(2011—2020 年)发文量分析发现，2011—2017 年发文量比较稳定，维持在 11 700 篇左右，2018 年开始进入增长期，并维持在 14 000 篇左右。但是选取影响因子前五的优秀期刊(食品科学、食品科学技术学报、包装与食品机械、茶叶科学、中国酿造)跟踪分析发现，近十年来这些期刊年发表量呈降低趋势，与 2011 年相比，2020 年论文发表量分别减少了 41.84%、4.42%、37.14%、21.77%、15.12%(见图 5)。这说明虽然国内中文期刊有一定的发展，但是优秀论文的流失情况严重。与中文期刊相比，食品类 SCI 期刊发展更快，从近十年的论文发表总量看，论文发表量呈现逐年上升的趋势，论文发表增速维持在 7%左右。值得注意的是，中文核心期刊论文发表量在 2020 年受到新冠疫情的影响，发表量出现一定的下滑，但是世界 SCI 期刊论文却暴增了 22.90%。其中，来自中国 SCI 期刊贡献值占到 40.10%，进一步说明我国优秀论文外流严重；目前食品类 SCI 期刊共计 144 个，中国只有 3 个，分别为 *Food Science and Human Wellness*、*npj Science of Food* 和 *Food Quality and Safety*，和我国在世界上的食品科学的综合实力极不相称，亟须打造一批优秀论文发表平台，扩大我国科研在世界的影响力。"卓越计划"中入选期刊 2 个食品类期刊，《食品科学》和《食品科学与人类健康》，有助于国内期刊的提质增效，在一定程度上减少了优秀期刊的资源外流，同时，拓宽了我国 SCI 期刊发展的道路。我国食品类期刊的发展仍然面临巨大挑战，例如食品类期刊发展与我国食品科学研究综合实力极不匹配，导致优秀资源流失严重，主办的 SCI 期刊较少，国际影响力仍然有限，我国食品 SCI 发展刚起步，与成熟的优秀 SCI 期刊同台竞争缺少经验等。

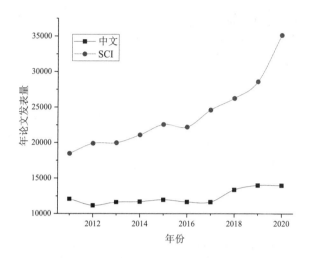

图 5　食品类中文核心与 SCI 期刊论文发表情况

2　优秀食品类期刊发展模式的启示

Food Science and Human Wellness、*npj Science of Food* 和 *Food Quality and Safety* 作为中国食品类 SCI 期刊代表，现已取得可喜的成绩，通过分析其运作模式，同时参考目前优秀 SCI 期刊发展特色，为中文食品期刊的国际化发展提供启示。

2.1　代表期刊的创刊背景

Food Science and Human Wellness 属于科研院所办刊系列，由北京食品科学研究院主办，具有丰富的期刊运营能力，旗下有《食品科学》《中国酿造》《肉类研究》《中国食品》和《天下美食》五种期刊，其中《食品科学》和《中国酿造》是中文核心期刊和中国科技核心期刊，《食品科学》和《食品科学与人类健康》成为食品领域仅有进入"卓越计划"的两个期刊。*npj Science of Food* 和 *Food Quality and Safety* 属于大学办刊，分别为北京工商大学和浙江大学创办。大学期刊一般拥有强大的高校科研支撑，*npj Science of Food* 的主编孙宝国院士专注于精细化工研究，在肉味香料和肉味香精方面造诣深厚，亦有运营科技期刊的经验。浙江大学虽然没有创办食品类中文期刊，但是其期刊集群实力雄厚，具有英文期刊 16 个、中文期刊 12 个，并且浙江大学食品科学与工程学科具有强劲的国际影响力，位列食品类 SCI 论文发表世界排名第八位。

2.2　代表期刊的运行模式

北京食品科学研究院下辖中国食品杂志社，与爱思唯尔(Elsevier)出版集团的合作仅借助国际出版平台对期刊文章排版印刷及网络传播，不涉及期刊的版权和运营，拥有 *Food Science and Human Wellness* 的自主版权；*npj Science of Food* 和 *Food Quality and Safety* 选择"借船出海"，分别与 Springer Nature 和牛津大学出版社合作，这对新刊创刊初期打开国际市场，降低成本起到显著作用。*Food Science and Human Wellness* 和 *Food Quality and Safety* 为季刊发行，*npj Science of Food* 年刊发行，保守的以少量换成绩的策略取得了显著成效，3 本期刊 2020 年的影响因子分别为 5.154 (Q1)、3.102 (Q2)和 5.070 (Q1)。在稳定成绩的同时，3 本期刊都采取逐渐增加文章发表量的方法，如图 6 所示。

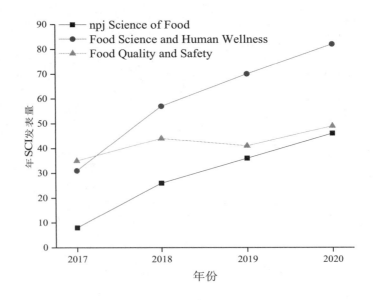

图 6　代表性期刊 SCI 论文发表情况

2017—2020 年期间，*Food Science and Human Wellness* 论文数量增加最多，达到 82 篇，*npj Science of Food* 的论文数量增幅最大，达到 475%。在出版形式上，三者都选择 OA 出版，但各有不同，*Food Science and Human Wellness* 属于受补贴的开放获取期刊，由北京食品科学研究院支付 OA 费用。*Food Quality and Safety* 分为知识共享和无商业行为的知识共享两种模式，前者收费，后者免费。*npj Science of Food* 则收取版面费。

2.3　国外优秀期刊的编辑机制

在国外食品类优秀期刊运行的过程中，编辑分工明确，各司其职。主编往往是期刊的灵魂人物，一般由学术权威教授担任，直接决定了期刊的风格和研究方向，对于期刊的质量起到决定性作用，主编直接参与期刊运行的一切工作。审稿专家的意见具有极其重要的作用，因此选择的审稿专家往往是领域内的学术精英，且具备较高的职业素养，对于文章质量的提升具有直接作用。录用后的文章会被送到专业化水平很高的出版社或者学会出版商进行编排和出版。并且，国外优秀期刊具有一套完善的投稿、审稿、校稿网络无纸化系统，极大地提高了工作效率，缩短了期刊发表周期。虽然中文期刊对接国际标准进步很大，但是仍然存在诸多问题。例如，主编挂名居多，一般不直接处理期刊事务，期刊论文质量大打折扣；同行评议过程不严谨，有的甚至没有外审过程，由编辑代劳；投稿、编排系统不完善，智能化水平低，效率低下；编辑部自己进行采稿、编排、校对和出版等任务，专业化分工程度低。

2.4　国外优秀期刊的出版模式

我国中文期刊从纸制邮局发行到网络在线发行方面基本实现了功能升级。但是，急剧变化的知识共享时代出现了很多新的出版模式。在知识获取方面，OA 模式成为大势所趋；在论文发行方式方面，网络首发、增强出版、数据出版以及出版等模式蓬勃发展；在新媒体方面，微信公众号、微博、抖音、YouTube、Facebook、Twitter、LinkedIn 等新模式屡见不鲜。据不完全统计，牛津学术(Oxford Academic)的脸书粉丝数超过 110 万、推特关注人数超过 9.6 万；牛津期刊(Oxford Journal)推特粉丝数近 4 万，还通过邮件群发、新闻通讯等形式直接向客户进行推广，同时借助学/协会的网站及平台宣传[8]。

3 对我国食品类期刊发展的几点建议

3.1 优化政策导向

在我国科技水平"快追"世界先进技术的同时，以 SCI 为科研评价指标的学术评价体系对于我国科技能力的提升具有一定的作用，整体科研水平迅速提升，科研架构对接国际标准，部分学科现已超越甚至引领世界，一切向 SCI 看齐的科研思维限制了我国在世界的科研影响力的进一步提升。国家提出破除科技评价中"唯论文"不良导向的若干措施，首次提出提高中文期刊的办刊水平，在国家政策和"卓越计划"的双重支撑下，我国食品类期刊将进入黄金发展期，优质稿源将会出现回流增长，必将进一步提升食品期刊办刊质量。中国期刊英文版的发展在提升我国食品学科国际影响力的同时，也在一定程度上促进中文期刊的国际化发展。但目前看来，优质稿源回流的政策支撑仍然不够，加快适合我国国情的科研评价体系亟须创新开展。

3.2 期刊强强结合，集约化发展

期刊的长远发展依靠优质稿源，优势资源强强联合是优质稿源的重要保障，一流学科通过区域联合或者内容联合打造专业化强势期刊，或者积极发挥行业协会的办刊优势，做到强势期刊吸引优质稿源，优质稿源提升期刊实力的良性循环。为加快国际化速度，"借船出海"模式导致我国英文期刊过度依赖海外出版商所提供的平台，这样使得我们丢失了刊登学术成果的自主权，在中国创造的技术却无法服务于我国的社会进步，严重背离期刊的初衷。目前，我国"小、散、弱"的单刊编辑部运营模式无法对抗国际出版商的这种合作模式，因此，推动学术期刊向集团化、集约化发展，打造大型学术出版集团势在必行，变"借船出海"为"造船出海"。

3.3 期刊编辑专业化

细化编辑职能，提高专业化程度。我国有条件的出版单位，可尝试改变以学科为界的编辑分工方式，转而以功能为导向，将各个环节的职责进行细分。每个环节由一支专业的小团队负责，不同职能模块可根据学科背景和实际工作需要进行自由组合，机动性强，且能保证各项工作开展的专业度。

3.4 期刊出版模式多样化

积极适应当前新媒体下出版模式的多样性发展。探索 OA 模式下期刊营收压力的解决方案；升级网络首发、增强出版、数字出版以及智能出版软硬件设施；从学术传播、科研资讯、科普推广、国际交流 4 个方面建立微信、微博、抖音等新媒体公众号，通过明确定位、精准运营，策划联动专题，实现公众号之间的差异互补、协同运营，以提升期刊的品牌形象，推动行业发展[9]。

4 结束语

我国食品加工综合科研能力处在世界领先位置，自有食品类科技期刊的缺少阻碍了我国在世界范围内影响力的进一步提升，我们应该抓住"卓越计划"这一机会，实现食品类科技期刊的快速发展。同时，也应清楚地认识到我国中文科技期刊国际化道路发展上存在许多共性难题。

参 考 文 献

[1] 赵燕萍.世界一流科技期刊建设背景下中文高校学报提升之路:以9种入选"中国科技期刊卓越行动计划"的高校学报为例[J].编辑之友,2020(11):59-64.

[2] 王雅娇,田杰,刘伟霄,等.入选"中国科技期刊卓越行动计划"的新创英文期刊调查分析及启示[J].中国科技期刊研究,2020,31(5):614-621.

[3] 杨保华,郑羽彤."卓越行动计划"入选英文期刊的特征数据分析和发展建议[J].中国科技期刊研究,2020,31(12):138-144.

[4] 李娜,吴娜达.从"中国科技期刊卓越行动计划"入选项目看中国科技期刊集群化建设[J].中国传媒科技,2021(1):25-26.

[5] 郑毅.内外部变化环境下中国科技期刊办刊环境出现的新变化[J].湖北科技学院学报,2020,40(6):19-22.

[6] 伍锦花,陈灿华,秦明阳."卓越计划"领军期刊与世界一流科技期刊的国际影响力对比分析[J].情报探索,2021(7):73-82.

[7] 徐静.中国科技期刊被国际检索系统收录现状分析与思考[J].中国科技期刊研究,2020,31(1):108-113.

[8] 欧梨成,朱岩,陈培颖.国际一流大学出版社期刊出版运营模式探究:以牛津大学出版社为例[J].科技与出版,2020(6):113-119.

[9] 闵甜,孙涛,赖富饶.食品类科技期刊微信公众号矩阵的构建策略:以食品类中文核心期刊为例[J].中国科技期刊研究,2021,32(4):480-486.

"破五唯"学术评价政策下一稿多投防范措施探讨

刘棉玲

(华东交通大学学报编辑部，江西 南昌 330013)

摘要：从政策视角、作者视角、学者视角和期刊社视角分析一稿多投现象，产生此现象的原因及其治理现状。进一步探讨在国家"破五唯"学术评价政策大背景下，期刊社、编辑和作者 3 个出版主体抛开各自对一稿多投的利益诉求，协同努力，共同防范一稿多投的措施。具体措施为：期刊社要规范征稿简则，提高用稿公正性，开发不同的出版方式，关心和服务作者发表论文需求，建立期刊社和作者地位、权利、义务一致的出版机制；编辑要改变居高临下的工作方式，多为作者考虑，工作努力做到快、细、好；作者要树立正确的学术道德观和科研价值观，无论一稿多投的理由是什么，不管这本期刊的影响力和水平如何，作者在一定时间内没有收到第一个期刊社退稿通知前，都不能再投其他期刊。

关键词：不同视角；一稿多投；期刊社；编辑；作者；"破五唯"；防范

我国关于一稿多投最早出现在 20 世纪 50 年代末，到 80 年代逐渐增多，90 年代数量开始上升，到 21 世纪初随着中国学术评价体系的变化，由于过分注重论文的数量，导致一稿多投数量急增。刘延玲[1]认为我国一稿多投现象的大量涌现几乎与我国职称制度改革、高校改革时间同步发生。一稿多投不但关乎作者和期刊社利益，还关乎到整个学术环境以及科研人员的学术声誉。它的产生，既有主观原因也有客观原因，涉及作者、期刊社等多方利益，不同群体对于一稿多投的看法也不一致。从不同视角分析一稿多投现象，产生此现象的原因以及目前治理现状，探究在国家"破五唯"学术评价政策导向下期刊社、编辑和作者 3 个出版主体协同努力，共同防范一稿多投的措施。

1 不同视角下的一稿多投

1.1 政策视角

2010 年 2 月 26 日发布的著作权法明确规定著作权人向期刊社投稿，自稿件发出之日起 30 日内未收到期刊社通知决定刊登的，可以将同一作品向其他期刊社投稿。双方另有约定的除外。《著作权法》并没有明文禁止一稿多投，也没有规定一稿多投的责任承担问题。著作权法规定禁止一稿多投行为的本意并非限制一稿多投行为本身，而是它可能引发的一稿多发行为[2]。

随着中国教育及学术考核评价体系唯论文导向功利化体制，以及信息化和大数据的快速发展，催生了大量一稿多投行为，学术诚信问题凸显，引起社会各界关注，政府管理部门相继细化和明确了一稿多投的含义，不断规范、引导、强化学术诚信建设。如 2019 年教育部科学技术委员会，中国科学技术协会相继编著的《高等学校科学技术学术规范指南》《科技期刊出版伦理规范》。尤其是 2019 年 5 月 29 日，国家新闻出版署正式发布我国首个针对学术不端行为的行业标准《学术出版规范 期刊学术不端行为界定(CY/T 174—2019)》，明确一稿多投的表现形式。

1.2 作者视角

李卫华[3]认为一稿多投是作者依法行使发表权，媒体不能用强势手段对抗或剥夺；在对待一稿多投的问题上，媒体长期以来的强势地位是不公正的。宋维志[4]坚持认为，一稿多投是作者积极推广自己学术成果、积极行使发表权的表现，一稿多投行为不应当、也绝不可能是学术不端行为。某种程度上还应当是提倡的，给作者一个公平的机会去"选择"期刊，而不是变相的"被选择"，坐等期刊社垂青自己的论文。

面对期刊社尤其那些大牛期刊社，弱势群体的作者没有一点话语权。作者写论文很累，投稿也累，等待过程更是又累又煎熬，但审稿慢、见刊慢是期刊常态；因此，少数作者通过"广撒网，多捞鱼"低成本的一稿多投达到快速发表论文的目的。在期刊社的级别及出版时效能够满足的前提下，通过一稿多投方式寻求级别更高、影响力更大的"最合适"期刊[5]。一稿多投在可发表论文数量有限情况下，能提高作者论文的命中率、缩短发表周期，一稿多投值得同情[6]。

1.3 学者视角

学者对于一稿多投有不同观点。李琳[7]认为，一稿多投违反公平原则和诚实信用原则，应当予以禁止。刘大乾[8]认为一稿多投是学术失约、学术不端、学术腐败行为，是违背学术伦理道德与学术规范的学术偏差。徐莉[9]认为一稿多投无论在道德范畴上还是法律范畴上，都应当被禁止。詹启超[10]从法理和行政法规角度认为一稿多投是作者依法享有的合法权利。马建平[11]从经济学和法律角度认为一稿多投具有合理性、合法性，是作者的基本权利。但作者私权利的滥用有可能损害他人甚至公众的利益，违反诚实信用、公平对等交易的市场竞争原则，需要对其进行有效的规制。毛军吉[12]认为一稿多投有利于构建出版者与作者平等地位，对提高编辑效率作用较大，有利于信息、文化的尽快传播和发展。朱春花[13]认为一稿多投对期刊出版经营有积极的意义。

1.4 期刊社视角

期刊社对一稿多投持反对观点。反对的理由主要和作者未发表论文前的看法类似：浪费我们编辑和评审专家的精力和时间，霸占宝贵的版面资源，耽误别的作者论文及时发表，因突然撤稿临时增加新论文，不但干扰已有论文排序、栏目编排，扰乱期刊社正常出版、发行流程，而且会提高论文的差错率，影响期刊社的社会声誉。一稿多投会导致一稿多发，一稿多发会引起版权纠纷，引起期刊社之间的矛盾和猜疑。一稿多投还会干扰科研绩效和人才评价结果的可靠性、权威性和公平性[14]。

2 一稿多投原因分析

通过分析认为原因主要在以下几个方面。

(1) 高质量科技期刊数量和科技论文发表数量出现供需矛盾。我国虽然是科技期刊第二大国，但人均期刊占有量远低于世界平均水平[15-16]。由于职称制度改革带来的"全民学术"，高校

"211 工程""985 工程"引发学术大跃进，还有大批硕士研究生、博士研究生必须发表论文才能毕业。这一切因素导致一稿多投。

(2) 学术评价机制中引入量化评价。量化学术评价机制优点在于其客观性和可靠性，负面效应是科技人员对学术业绩数量的片面追求。因为学术业绩可以给当事人学术声誉、升职升薪及学业等[17]。如某高校人才招聘薪酬待遇：杰出人才、青年杰出人才和特聘教授年薪分别为 140 万元~160 万元、120 万元、120 万元，大大超出普通教授年薪工资。导致科技人员为了寻求职业晋升与经济回报而铤而走险，一稿多投。

(3) 期刊社存在功利化趋势。在期刊评价指标的指挥棒下，期刊社纷纷以提高影响因子等评价指标为抓手，以进入核心期刊为唯一目标，造成期刊社内卷，偏离学术追求，走向世俗化、功利化和同质化，没有关心论文作者的真实需求。

(4) 期刊社存在利益链趋势。在市场经济浪潮下，学术资源被各种"大碗""牛人"垄断，学术权威利用职务便利、学术声望或人际关系干预论文评审过程和结果。普通作者表论文很难，加上部分期刊社、中介公司、"论文工厂"和作者形成隐秘而成熟的利益链，导致一稿多投。

(5) 期刊社和作者地位、权利和义务不对等。期刊社和作者的地位、权利和义务不对等，加之作者不正确的科研价值观和对学术不端界限认知模糊，以及期刊社出版时滞，服务意识淡漠等导致作者一稿多投。

3 一稿多投治理现状分析

学者和期刊社编辑对一稿多投进行了研究，提出许多防范和治理措施。王勤芳等[18]认为处理好作者与期刊社之间的利益纠缠，合理利用与发展一稿多投机制，严格防范一稿多发现象是学术繁荣的一个重要前提。张晨等[19]认为建立道德、法律和技术规制的社会控制体系来综合治理一稿多投现象。金一超[20]认为建立健全相关配套措施，明示一稿多投。作者应当在一稿多投的稿件上，注明已经向哪几家期刊社投稿，使对其作品进行审稿的期刊社心中有数。确定在某期刊社发表，作者应主动告知其他期刊社撤稿。孙惠昕等[21]提出利用中国知网稿件追踪模块辨析一稿多投的使用方法与流程。王继红[22]利用稿件追踪系统识别一稿多投和提高来稿取舍效率的实践方法。林清华等[23]利用区块链技术有效解决一稿多投检测问题，但需要多方配合完成。曾玲等[24]探讨了人工智能时代下科技期刊利用智能工具、大数据自动挖掘技术、人工智能分析技术，对存在和可能发生的学术不端问题采取的相应措施。傅宁[25]利用风险点分析方法防范一稿多投行为。

以上研究是期刊社处于较为强势的地位下单方面防范和治理作者一稿多投行为[27-28]。在论文评审编辑出版工作中，各期刊社基本采用中国知网的科技期刊学术不端检测系统和稿件追踪模块来识别和防范一稿多投，加上政府对一稿多投等学术不端行为不断完善政策和法规，在法律法规方面加大宣传、惩戒和震慑力度，理论上，一稿多投行为应该消声灭迹。可为何还出现如林志佳在钛媒体于 2022 年 4 月 14 日公布的国内百位 AI 大牛论文严重抄袭？还会遇到论文出版前夕作者因一稿多投行为要撤稿问题？

作为科研工作的龙头龙尾—作者和编辑之间的关系本应该是相互尊重、相互信任、相互理解的关系，可在"唯论文"学术评价和考核机制指挥棒下，在编辑出版工作中会遇到令作者和编辑头疼的问题：编辑在评审校对论文时遇到作者为了降低重复率而导致的语句不通、逻辑不通等问题；作者为了降低编辑要求的论文重复率也是费尽心思，如随意增减标点符号，不同语句的重复表达等。

可见,在"唯论文"学术评价和考核机制指挥棒下,期刊社单方面防范和治理一稿多投还未取得理想效果。可喜的是 2020 年 2 月,科技部和教育部先后印发《关于破除科技评价评价中"唯论文"不良导向的若干措施(试行)》的通知和《关于规范高等学校 SCI 论文相关指标使用树立正确评价导向的若干意见》,2021 年 8 月,国务院办公厅印发《关于完善科技成果评价机制的指导意见》,强调要健全完善科技成果分类评价体系,形成符合科学规律的多元化分类评价机制。国家"破五唯"学术评价新政策标志着我国学术评价机制改革全面发力,相信对于促使作者专心学术研究,认真撰写学术论文,期刊社学术诚信建设意义重大。

4 防范一稿多投的措施

国家"破五唯"学术评价政策强调要健全完善科技成果分类评价体系,形成符合科学规律的多元化分类评价机制。这项政策会引导科技人员从片面追求学术业绩数量慢慢回归专心学术研究的质量。防范一稿多投等学术不端,建立良好学术出版环境需要作者的参与。在"破五唯"学术评价政策下,出版流程中 3 个出版主体——期刊社、编辑和作者才有可能抛开各自对一稿多投的利益诉求,协同努力,共同防范一稿多投行为。

4.1 期刊社方面

处于相对优势地位的期刊社要在"破五唯"学术评价政策指引下,从专注影响因子、被引频次等文献计量学指标考核走出来,关心和服务作者发表论文的真实需求,回归期刊社出版初心,恪守自身应尽的职责和义务,发挥好期刊社在科研诚信协同治理中的作用[29]。

(1) 规范征稿简则。目前,各期刊社征稿简则基本显示:稿件自投稿之日起,3 个月内未收到我刊修改或录用通知可自行处理。这与著作权法不一致,而且随着计算机技术、网络技术、多媒体技术,以及大数据时代的到来,使得编辑出版行业和自动化技术越来越密切,传统的纸质出版模式被无纸化办公、编排校一体、虚拟编辑部代替。只要树立为作者负责任的服务意识,不断完善审稿流程,加强出版流程的科学管理,努力提高审稿效率,缩短审稿周期,降低出版时滞,是可以做到纸质时代著作权法规定的自期刊社收到稿件之日起 30 日内告知作者是否刊用,不让作者在内卷中等待论文评审结果,降低一稿多投发生的几率。

(2) 提高用稿公正性。在"破五唯"学术评价政策指引下,期刊社要重新回归公益属性,以论文学术质量作为发表依据。在论文评审过程中,个别约稿、社会征稿与群体组稿稿稿平等,"基金稿""人情稿""关系稿""内部稿"件件必须通过学术不端检测系统检查是否一稿多投。不论名气和声望,只论学术价值和创新性,公平公正对待每一位作者。形成公平公正的审稿、用稿程序和高质量稿件的遴选机制。不唯学历、不唯职称、不唯资历、不唯影响因子等期刊评价指标。规避利益输送,不侵占或妨碍遵守学术规范和学术诚信的作者发表论文的权益,学术资源面前人人平等。引导作者潜心学术,不急功近利地一稿多投。

(3) 开发不同的出版方式,满足作者发表论文需求。作者希望尽快发表是一稿多投的原因之一。在国家政策允许和确保期刊学术质量的前提条件下,期刊社要开发不同的出版方式,及时发表论文才能减少作者一稿多投。如中华医学会杂志推出的"优秀科研成果优先发表平台",《中国科技期刊期刊研究》与"中国科学院科技论文预发布平台"合作共建的中国预印本平台,开创了寻求论文质量与发表速度平衡的先例,从期刊社自身服务水平防范和规制一稿多投。

(4) 建立期刊社和作者权利、义务一致的出版机制。在一稿不可多投的前提下，随着投稿量不断增加，期刊社反馈信息慢，发表率低成为作者论文写作之余的槽点。是否可以建立一种类似高考志愿填报的国内期刊社"一张网"投稿机制，动态显示各期刊社栏目的稿件信息，包括新收稿量、审稿量、发稿量和退稿率等信息，供作者投稿时选择期刊。允许作者以"志愿形式"填写几个意向期刊，当前一个志愿落选，自动投递到下一个志愿期刊。当期刊社出现出版时滞，编辑服务质量低，投稿代价高等情况时，系统可自动顺延到下一个志愿。

4.2 编辑

在论文评审和出版过程中，通过提高编辑的职业素质与职业道德，选稿的水平和编校能力，提高编辑工作效率，增强服务作者意识和水平来防范作者一稿多投等学术不端。

(1) 提高编辑的职业素质与职业道德。在论文评审、编辑出版过程中，只有职业素质与职业道德高的编辑才会热爱"为他人作嫁衣"编辑工作，才能发挥工作的积极性、主动性与创造性，才能发挥好编辑筛选、提升论文价值的作用，才能当好学术质量把关人，科研诚信的维护者，才能服务好作者，才能构建好编辑与作者"学术共生"关系，与作者一道，坚守编辑工作的标准化和规范化，共同防范一稿多投。

(2) 提高编辑的服务意识。通过自己发表论文的心路历程，深刻理解作者投稿后等待发表的焦虑心情和实际需求；因此，编辑和作者交流时，从心灵深处改变居高临下的沟通方式，学会换位思考，尊重作者的劳动成果，多替作者着想，增强服务作者意识，提高服务作者的水平。在论文评审过程中做到快速：努力缩短论文初审和专家复审时间，及时发布论文评审信息，使作者掌握论文的评审信息，缓解作者焦虑心情，降低一稿多投发生几率。在论文编校出版过程中做到细致：基于作者"沉浸式""下沉式"编辑的人性化服务，在提高论文学术质量和编校质量的同时，让作者清楚自己论文的出版进度，最大限度减少非恶意的一稿多投。

(3) 努力成为学者型编辑。为了杜绝一稿多投等学术不端现象，编辑除了充当"稿件处理工作者""知识的搬运工"外，还需培养自己科学研究能力，加强学术话语权意识，努力成为学者型编辑。只有成为既懂编辑业务又懂科学研究的学者型编辑，在论文评审和出版过程中，才能慧眼识珠，快捷有效地评审论文，发现隐秘的一稿多投，提出建设性修改意见，高质量地进行编辑加工；才能满足作者缩短论文评审时间，早日发表论文的需求。只有坚持学术研究并撰写科研论文，才能专业地解答作者疑惑，赢得作者的信任和有效沟通，进而引导作者，培养作者，服务作者，有效防范和规制一稿多投。

4.3 作者

杜绝一稿多投需从作者做起。无论一稿多投的理由是什么，不管这本期刊的影响力和水平如何，作者在一定时间内没有收到第一个期刊社退稿通知前，都不能再投其他期刊。在破除唯论文为英雄的人才评价机制下，作者没有理由不回归科技工作者发表论文的初心，树立正确的学术道德观和科研价值观，规范自己写作和投稿行为，自觉杜绝一稿多投行为。

(1) 树立正确的学术道德观。自觉学习科研诚信教育课程如《诚实做学问：从大一到教授》"学术道德与学术规范系列读本"等。主观上一定要树立正确的学术道德观，洁身自好，严格自律，做一个诚实可信、脚踏实地的科研人。在从事科学研究、论文写作过程中，不断提高自己学术道德修养与学术水平，自觉坚守实事求是的科学本质，用正确的学术道德观"软约束""硬约束"自己的论文写作和投稿行为。

(2) 树立正确的科研价值观。从提高学术水平、撰写高质量论文的角度转变发表论文观念即变"发论文"为"写论文"。不以提高论文发表命中率为目标，要以苦练内功，厚积薄发，提升论文创新性的"硬实力"为终极奋斗目标。在保证论文原创性的基础上谈学术贡献，不被论文发表带来的金钱和利益所迷惑，不能通过一稿多投方式获取利益。写出自己最满意、最优秀的论文，投给合适的期刊。作一个严肃的写作者，拒绝一稿多投。

(3) 规范自己写作和投稿行为。在撰写论文过程中，一定要遵守《科技期刊出版伦理规范》，特别不能违反《学术出版规范 期刊学术不端行为界定(CY/T 174—2019)》中规定的一稿多投的6种表现形式，不参加论文中介公司、"论文工厂"等非法出版活动。在投稿前一定认真查看期刊社的出版伦理申明、作者须知、违反出版道德处罚措施等内容，论文除原创性、真实性、创新性外，要符合所投期刊的编排规范。在论文评审、出版过程中，不能因为可以发表就怠慢、搪塞编辑校对工作，更不能因为一稿多投而带来一稿多发，积极配合期刊社编辑修改、校对论文，维护期刊界的出版诚信学术秩序。

5　结束语

随着"唯论文数量论""唯论文级别论"学术人才评价机制被"破五唯"学术评价政策所代替，处于相对优势地位的期刊社要主动从维护、服务和满足作者发表权，期刊社自身服务作者的意识和水平等视角防范一稿多投；编辑努力提高职业素质与职业道德，改变居高临下的沟通方式，通过快、细、好的编辑工作，主动防范作者一稿多投；作者要树立正确的学术道德观和科研价值观，规范自己的写作和投稿行为，坚守学术诚信信念，主动杜绝一稿多投行为。在"破五唯"学术评价政策大背景下，期刊社、编辑和作者3个出版主体要相互尊重、相互信任、相互理解，共同遵守《著作权法》《科技期刊出版伦理规范》《学术出版规范 期刊学术不端行为界定(CY/T 174—2019)》等国家出版政策和法规，共同防范一稿多投现象。

参 考 文 献

[1] 刘延玲.一稿多投的背后:从"一稿多投""一稿多发"到"重复发表"[J].社会管理与评论,2011(1):45-52.
[2] 马伟,许学国.关于学术论文一稿多投、一稿多发行为的法律思考[J].消费导刊,2008(10):132-134.
[3] 李卫华.一稿多投与作品发表权[J].桂林航天工业高等专科学校学报,2010,59(3):427-429.
[4] 宋维志.学术论文一稿多投问题研究[J].重庆文理学院学报(社会科学版),2015,34(3):90-95.
[5] 徐林艳.关于科技期刊一稿多投现象的思考[J].新闻研究导刊,2018,9(9):211-212.
[6] 郭帅,宫平.一稿多投的成因与对策[J].辽宁警专学报,2014,86(4):106-108.
[7] 李琳.对"一稿多投"冶问题的探讨[J].价值工程,2013(16):304-307.
[8] 刘大乾."一稿多投"浅析:"合法授权""依法使用"是防止"一稿多投"行为的最佳良方[J].中国科技期刊研究,2007(2):278-282.
[9] 徐莉.论期刊社与作者的权利冲突[J].河南科技大学学报(社会科学版),2011(6):104-107.
[10] 詹启智.一稿多投是著作权人依法享有的合法权利:兼论一稿多发后果的规制[J].出版发行研究,2010(2):52-55.
[11] 马建平.一稿多投正当性的法理分析及其权利规制[J].现代出版,2012(3):18-21.
[12] 毛军吉."一稿多投"的争议及其治理探析[J].特区实践与理论,2017(6):118-122.
[13] 朱春花."一稿多投"的法理分析和规制策略[J].出版广角,2017,276(9):38-40.
[14] 王福军,谭秀荣,冷怀明.科技期刊中常见学术不端现象分析与思考[J].编辑学报,2014,26,(5):452-455.
[15] 印波,刘畅,范林,等.坚持期刊出版审批制度,建设世界一流科技期刊[J].编辑学报,2022,34(2):119-125.

[16] 王学青.报刊改制背景下科技期刊登记制的实施与管理[J].中国科技期刊研究,2013,24(5):854-857.
[17] 郭华俊.一稿多投的作者利益驱动分析[J].玉溪师范学院学报,2015,31(11):65-68.
[18] 王勤芳,林晓雪,郑嘉颖.一稿多投与一稿多发问题的法律思考[J].集美大学学报(哲学社会科学版),2016,19(4): 116-121.
[19] 张晨,李一澜.一稿多投的社会规制[J].科技与出版,2012(7):78-79.
[20] 金一超.一稿多投权利的实现:规制进路与配套措施[J].出版发行研究,2018(3):49-51.
[21] 孙惠昕,宋冰冰,张茂祥.利用"稿件追踪"防止一稿多投的探索[J].新闻研究导刊,2019,10(11):189-190.
[22] 王继红,邓群,肖爱华.利用"稿件追踪"系统高效识别一稿多投[J].科技传播,2015(下):156-157.
[23] 林清华,王柯元.利用区块链技术解决一稿多投及稿件确权的方案及原型系统实现[J].中国科技期刊研究,2021,32(9):1105-1110.
[24] 曾玲,张辉洁,冉明,等.人工智能时代科技期刊应对学术不端问题的研究进展[J].中国科技期刊研究,2020,31(3):270-275.
[25] 傅宁.基于风险点分析之防范一稿多投研究[J].文化研究:基因·渠道·传播,2021(4):65-70.
[26] 李玉乐,李娜,刘洋,等.我国出版伦理研究态势的文献计量学分析[J].中国科技期刊研究,2020,31(11):1379-1387.
[27] 韩磊,杨爱辉,赵国妮,等.隐性学术不端论文的查证及处理策略[J].编辑学报,2022,34(1):68-71.
[28] 吴庆晏.一稿多投现象再思考[J].编辑之友,2013(4):88-90.
[29] 侯兴宁.科技期刊在科研诚信协同治理中的作用[J].编辑学报,2021,31(1):15-18.

数字出版中著作权的法律保护探究

李亚辉[1]，徐书令[1,2]，房 威[2]，柯 颖[1]，喻 藜[1]

(1.《计算机科学》编辑部，重庆 401121；2.《材料导报》编辑部，重庆 401121)

摘要：随着现代互联网信息技术的快速发展，数字形态的出版产品已在生活和工作中屡见不鲜，但目前相应的法律法规还不够完善，针对数字出版侵犯著作权的违法行为也越来越多，因此应该加强数字出版产业的著作权法律保护，以满足现代出版业不断发展的切实需求。本文首先分析了数字出版的特征，然后从授权、立法、技术三个方面探讨了数字出版著作权法律保护面临的问题，最后从规范立法、强化意识、版权登记、证据收集等方面提出了解决措施，旨在对数字出版领域中的著作权保护有所促进。

关键词：数字出版；著作权；法律保护；出版载体；版权保护

数字出版时代的到来大大推动了出版产业的发展，同时对出版产业链的构成也产生了较大的冲击，数字出版使得传统出版发行商、网络运营商等不同行业和领域的产业竞争愈发剧烈。在此背景下，数字出版行业的形式同样出现了巨大改变，阅读形式有多种多样的版本，还有多种阅读平台，并且数字出版内容与出版载体也可以分别售卖，小众化、个性化出版快速发展，在用户使用过程中进行广告植入也能让多方获取利润。近年关于数字出版中著作权的研究工作较多，黄山[1]分析了信息时代下的数字出版侵权问题的特征和表现，并提出了应对方式。咸晨旭[2]分析了"虚拟现实+出版"模式下"出版"行为包含的创作性劳动以及虚拟现实出版物的本质特征，认为应肯定"出版"行为的演绎属性，将虚拟现实出版物划分为类电作品，确定以出版者为著作权人的权益分配规则，最终提出了"虚拟现实+出版"模式的著作权法保护路径。魏连俊等[3]对数字版权下的网络服务商与著作权利人的矛盾进行了剖析并提出了解决方法。因此，分析并解决数字出版著作权在法律保护方面面临的问题十分有必要。

1 数字出版的特征

传统的出版产业与现代社会的互联网信息技术的融合催生了数字出版产业模式，它的出现对传统的出版行业造成了较大的影响与冲击，出版行业工作模式也进行了更新，例如以往的出版物从纸质书刊逐渐发展为音像、网络书刊、网络图书等电子产品并存的多种形态。相比于传统的出版物，数字出版产物的内容更加丰富，数量也更多。在数字出版过程中数据库建设是关键环节，基于底层数据库，用户能够实时查看并进行全文检索等阅读要求；同时，基于网络技术，用户还可以通过特殊的电子邮件等方式获取到自己所需的阅读内容。当今社会数字出版的特征主要包括如下几点。

(1) 出版主体大众化。对于传统的出版机构，其主要依靠相关监督管理单位的审批获得出版资格，开展出版业务的前提是必须符合相应监督管理。但是数字出版的主体更加广泛，特别是在大数据和智能技术快速发展的时代中，一些计算机服务企业、商业盈利企业、专业的出版企业，以及相关非盈利企业均进入到数字出版行业中，并且受监督管理部门的管理和标准限制较少，因此数字出版行业的主体范围明显扩张，数量也大幅上升。

(2) 产品数字化。数字出版不同于以往十分单一的纸质形式，数字出版产物的各种作品的呈现方式均是数字形式，其作品的载体主要是数字网络媒体平台。

(3) 产品消费电子化和产品流通网络化。社会信息交流主要依靠网络完成，消费者以及出版商或作者可以通过网络技术来完成自由且密切的交流。随着数字出版产业逐渐发展，读者可以通过订阅获得自己所需出版物，然后可以及时便捷地对出版内容的优劣提出意见。作者或出版机构通过了解读者的阅读情况和意见可以更加准确了解市场需求趋势的变化，并且可以基于此对作品进行适当且及时的调整和转变，从而能够满足市场中绝大多数读者的需求。数字出版特征使得出版物具备更加显著的消费电子化，对于特定类型的物质载体的依赖性大大降低，同时提高了读者获取出版物的效率，网络出版物可以完全通过网络平台完成买卖和传播[4]。

2 数字出版著作权法律保护面临的问题

2.1 授权不清

在数字出版产业发展的过程中，著作权人是产业发展的关键。在数字出版的著作权保护方面存在授权不清的情况。首先，作者或权利人对数字出版不够了解，造成胡乱授权、授权不清的情况。然后，数字著作权出现之前合法授权的产品能否享有数字出版著作权还有待商榷，一些数字出版企业或个人未经著作权人同意就使用作品，会造成侵犯著作权的情况。最后也存在一些集体管理组织和传统出版商违规越权而完成授权，导致著作权人的权益被侵犯，发生被动授权的情况[5]。综上，数字出版著作权的授权还存在诸多问题，数字出版产业中大量作品授权的授权方式以及如何保证授权的合法合规都还需进一步研究，以往单一的授权方式并不能满足数字出版对著作权保护的需求。

2.2 立法落后

目前我国专门针对规范数字出版著作权立法还比较欠缺，这不利于我国数字著作权的保护与发展。《著作权法》对网络传播权进行了制定和修订，但是条文规定范围并不能满足现代社会数字出版著作权法律保护的需求，缺乏侵权范围以及合理使用范围的详细规定，在实际诉讼中难以应用法律准确合理地使用数字出版著作权。除此之外，立法中关于数字出版著作权的规定被分散到几个条文中，针对性不够明确和详细，法律效用还需提高[6]。并且，我国数字出版著作权法律保护制度相对于实践来说比较滞后，立法过于重视稳定性，忽视了法律解决问题的急迫性，修订法律也需要较长时间，缺乏时效性，从而导致数字出版著作权法律保护滞后，不利于数字出版产业发展。

2.3 技术落后

数字出版产业发展的基础是数字化和网络化技术，高新技术促进了整个出版产业的发展，同时催生了新的数字出版产业。数字出版产业的产生与发展要依托于数字技术，但由于数字出版产业以数字化技术与互联网技术为基础，这就会导致著作权更容易被侵犯且成本更低，侵犯权利的范围也会不断扩张，造成著作权方损失巨大利益。因此，不仅要加强数字出版产业作品创作的内容创新性，还需要提升数字出版产业著作权保护技术，这样才能让数字出版产业健康、长远发展。当前数字出版产业常用的著作权保护技术包含数字水印技术、数字加密技术、电子签名技术、虚拟认证技术、数字指纹技术、DRM 技术等。由于数字出版著作权并没有统一的标准规范，各技术之间相互独立，导致技术利用效率较低。另一方面，数字出版著作权保护的关键技术还需要进一步提升，加强数字出版著作权的反盗版技术。

3 解决措施

若要加强数字出版著作权的法律保护，首先要有健全的法律机制，对违法行为进行约束和威慑。其次，需要强化著作权人的版权保护意识。最后，可以通过一些辅助机制，对著作权侵权行为进行维权。

3.1 规范立法

若要保障数字出版的良性发展，就要构建良好的文化传播环境与侵犯著作权保护的意识，在保护著作权的过程中，立法途径最为关键。同时应形成完善、合理的法律规范与制度，平衡立法与权益，切实为著作人与读者提供合理服务。在司法实践方面，即便有很多相似的法律纠纷，但目前也并不一定会有较好的解决办法。数字出版著作权涉及责任制度、技术原则、使用制度等方面，须对相关法律法规进行进一步完善，让数字出版市场良性竞争，减少侵权[7]。即便 1990 年以来修订了 3 次著作权相关法律，但面对新业态覆盖得仍然不够全面。为了加强数字出版著作权的法律保护，首先，立法机构应该建立健全著作权法律保护机制，为著作权所有人提供良好的创作环境，鼓励其进行原创作品的保护。其次，规范立法不仅要具备完备的法律体系，还需要考虑数字出版平台的本身性质，结合载体的技术标准，避免出现对技术应用与发展产生负面影响的规定，不仅让信息资源得到权利保障，也让读者便于使用。然后，司法人员在对著作权纠纷进行判决时，也需要考虑互联网的技术性质，对法律法规合理解读，保证判决的准确性与合理性。最后，当下立法需要对规避规定与救济规定进行健全，即进一步明确立法中的救济与付酬机制等的判定细则，从而使得著作权人以及网络技术厂商的合法权利均得到保障[8-10]。

3.2 强化意识

互联网技术与新媒体技术已充分融入出版领域，在数字出版著作权法律保护的基础上，还需要加强对内部管理的规范。互联网技术企业还需要及时形成防范体系，利用内部配置的版权自动审核与人工审核机制对作者的作品进行严格审查，推动数字出版市场的技术与规范成熟，减少侵权事件发生。同时，对于著作权保护困难的问题，除了需要行政以及司法防护，还需要社会公众加强社会保护责任，利用大众的力量使得著作权保护更加全面、细致。另外，一些致力于推进版权保护工作发展的行业协会也对大众版权保护意识的提高具有助推作用，如重庆市版权保护协会积极倡议知识产权保护，在 4 月版权保护周从高校老师、学生、行业律师、版权保护平台等角度宣传了版权保护的意义。

3.3 版权登记

版权登记是指作者对自己已发表或者未发表的作品在国家版权局或者省、自治区、直辖市版权局进行原创性登记的过程。对作品进行版权保护的时间越早，越有利于避免后续被侵权事件的发生。版权登记的对象可以是文字、图片、PPT、课件等，著作权人可以自己直接在版权局登记，也可以通过版权登记平台进行登记。版权登记一般需要作品题目、作者署名确认书、作者身份信息等，完成登记后会给作者出具带有版权局印章的具有全国法律效力的版权登记证书以及可信时间戳证书。登记周期一般在 1 个月之内，时间较短。作者通过版权登记可以有效地对抄袭等侵权行为进行威慑，一定程度上可以减少著作权侵权事件的发生。

3.4 证据收集

如果出现数字出版著作权纠纷，则需掌握充足的对方侵权的证据，以在司法审判中获得胜诉。如今互联网技术快速发展，在给人们工作带来便利的同时也导致网络著作权侵权诉讼数量不断增加。相比于其他民事侵权事件，大量的数字出版著作权侵犯事件通常很难发现并且定义难度较大，并且，由于数字出版著作权具备广泛性和技术性，因此收集诉讼证据具有一定的特殊性，数字出版著作权侵权多样、侵权对象复杂，从而大大增加了收集难度。

(1) 数字出版著作权侵权证据也可以被随便改动，因此需要及时收集证据。当著作权人发现自己的著作权被侵犯时，短时间内很难确定侵权人，证据的收集也主要依靠行政机关对侵权行为的查处工作。由此说来，数字出版著作权侵权证据收集依旧存在较大困难，制度不全面，具体表现在诉讼之前证据的保全制度在立法上并不全面，规定单一且模糊，并没有对此进行详细说明的细则条文，当诉讼双方当事人提供证据保全申请时，相应法律可能有所冲突，不能合理统一。

(2) 当事人收集证据的权利没有法律的保障，首先是著作权人不能及时发现他人对自己的侵权行为，即便知晓相关信息，自己也不能随意入侵收集证据。

(3) 司法部门可能对当事人的释明不够明确，仅包含案件受理通知书以及应诉通知书中的格式化说明，这就造成权利人经常会错失最佳的获取证据时间，或者缺乏关键证据而最终造成败诉。因此，须要对数字出版著作权侵权行为中的证据搜集环节进行完善：①对诉讼前保全证据的法律机制进行科学规范。首先是对诉讼前证据保全的立法机制进行完善。现有的知识产权法律中商标权、专利权、著作权在诉讼前有证据保全立法规定，这显然还需加强，需要对诉讼前证据保全这一立法范围进行扩张，尽量将现存知识产权诉讼案件中含有的涉案证据均列入其中。其次，将诉讼前证据保全程序予以规范。申请证据保全的人员需要提供申请证据保全对象的价值、可能因此对被申请人造成的不利后果、相关的担保人和保证金。如果被申请人有隐匿、销毁证据行为，妨碍证据保全工作的进行，判决人员可以认定这是确定侵权成立的前提条件，从而要求侵权人员做出相应的惩罚性赔偿。②对诉讼人收集证据权利制度进行完善。为了确保诉讼人能够合理合法地收集证据、维护权利，诉讼人可以自主收集相对简单的证据，如人证、物证、书证等，据此向法院申请证据调查命令。③强化法官释明义务。由于数字出版著作权侵犯诉讼一般会包含多个技术领域中大量的专业知识，为了弥补诉讼人以及代理人不能充足自行收集证据的缺点，法官需要落实释明义务，具体包含提前说明诉讼人收集证据需要达到的证明标准，以及达不到证明标准时需要承担的法律后果；说明申请证据保全的方法；根据官司的实际情况向诉讼人说明举证责任。

4 结束语

出版产业从传统的实体出版发展到现代社会的数字出版，虽然呈现欣欣向荣的出版态势，但在法律方面对数字出版著作权的规范和维护还不够明确。文章对数字出版著作权法律保护出现的问题与困难进行了探析，希望出版从业人员能够加强著作权保护意识，采用新兴的保护机制，为出版业的健康持续发展贡献力量。

参 考 文 献

[1] 黄山.信息时代下数字出版侵权问题及解决方法分析[J].新闻文化建设,2021(3):64-65.
[2] 咸晨旭."虚拟现实+出版"模式引发的著作权困境与对策[J].科技与出版,2020(10):101-108.
[3] 魏连俊,魏伊,邢忠民.数字版权下的网络服务商和著作权利人的矛盾剖析和解决方法[J].理论观察,2021(3):124-126.
[4] 刘佳.面向数字出版的电子书著作权授权模式优化研究[J].科技与出版,2019(1):93-99.
[5] 杨克魁,姚亚楠,王志娟,等.医学科技期刊数字出版特征及著作权保护调查[J].中国科技期刊研究,2020,31(11):1338-1347.
[6] 何蓉.合同法视域下数字出版著作权问题研究:以法国出版合同改革为借鉴[J].科技与出版,2021(5):110-114.
[7] 陈晓屏.绝版书数字化利用的著作权对策:以法国"20 世纪绝版书数字化法案"为视角[J].出版发行研究,2019(12):62-65.
[8] 向波.人工智能应用与著作权保护相关基础问题探讨[J].南昌大学学报(人文社会科学版),2019,50(2):5-14.
[9] 白龙,骆正林.欧美数字出版的区块链创新治理实践启示[J].出版发行研究,2020(5):59-65.
[10] 武良军.人工智能时代著作权刑法保护的困境与出路[J].出版发行研究,2019(8):44-48.

民办高校学报在大学生创新能力培养中的作用研究
——以《安徽新华学院学术资讯》为例

陈 璟

(安徽新华学院，安徽 合肥 230088)

摘要：在分析高校学报在促进学科建设作用的基础上，来研究在学科建设重要组成部分——大学生培养方面，民办高校学报如何在创新思维能力、设计能力、实践操作能力培养中所起到的作用，为大学生创新能力的培养提供新思路。

关键词：民办高校学报；大学生；创新能力

学科建设是高校工作中一项重要组成部分，包括学科方向、学科基地、学术成果、学科队伍、人才培养体系以及学术环境建设等[1]。根据《高等学校学报管理办法》规定，高等学校学报是由高等学校主办的、以反映本校科研和教学成果为主的学术理论刊物，是开展国内外学术交流的重要园地，为学校的人才培养以及教学科研提供服务。高校学报与学科建设之间具有相辅相成的关系，也有很多学者做了研究，比如高校学报对学科建设的作用表现在促进专业学术探讨与交流、促进人才队伍建设、提升科研团队水平、促进科研成果转化、促进特色学科建设和新兴学科发展等方面[2-9]。

大学生培养是学科建设重要组成部分，大学生的培养包括了很多方面，在全面深化高等教育改革的背景下，我国将创新人才培养列为高等教育事业发展的核心与重点[10]。《国务院办公厅关于深化高等学校创新创业教育改革的实施意见》(国办发〔2015〕36号)、《国家级大学生创新创业训练计划管理办法》(教高函[2019]13号)等系列文件，明确要求各地高校要全面深化高校创新创业教育改革，普及创新创业教育受众面，搭建高校创新创业平台。安徽新华学院积极响应国家号召，十分注重实践教学，注重因材施教、学以致用，实施"双创教育2.0计划"，并在2016年，获得全国民办高校"创新创业示范学校"荣誉称号。《安徽新华学院学报》(根据相关文件要求，现更名为《安徽新华学院学术资讯》)于2004年创刊，是安徽省内创刊最早的民办本科高校学报，在安徽省甚至全国的民办高校连续性内部资料中均取得了不俗的成绩。大学生的创新能力一般包括创新思维能力，设计能力和实践操作能力。因此笔者拟结合自身实际，立足安徽新华学院现状及《安徽新华学院学术资讯》的特点，从如何发挥学报尤其是学报编辑的主观能力性方向着手，来研究民办高校学报在大学生创新思维能力、设计能力、实践操作能力培养中所起到的作用，以期为大学生创新能力的培养提供一个新的研究视角。

基金项目：安徽省高校人文社科重点研究基地大学生素质教育研究中心科研项目(IFQE202120)

1　对大学生创新思维能力的培养

大学生的创新思维能力是要求其在对待和分析事物时，所体现的思维方式、思维方法、思维定式要有创新，要用不同的思维方式思考，获得不同的解决问题的创新思路。这种创新能力不是凭空产生的，需要大学生有一定的知识积累，这就要求大学生能够主动掌握较为丰富的知识以及前沿的科学动态。

民办高校大学生与知名的公办高校的大学生相比，学术层次可能稍低，某些高深的学术思想并不一定能看懂，所以自己学校主办的学报是最好的选择。因为其刊登的文章大部分都是本校教师的文章，学生对这些教师都有一定程度的了解，如果是自己熟知的老师，学生甚至还可以很方便地与其面对面交流，提出自己的想法，这样在无形中就锻炼了自身的创新思维能力。

虽然编辑部每期都会做好分发工作，但是学报在大学生中的阅读普及率并不是那么高，因此对于学报编辑来说，就要做好学报在大学生中的阅读推广工作。以笔者为例，在电子工程学院/智能制造学院教授"科技论文写作"这门课程时，第一节课总会给全班同学 10~15 分钟的时间传阅《安徽新华学院学术资讯》，让学生对本校的学报有个最直观的认识。笔者还以自然科学研究这个栏目为依托，重点介绍学生熟悉的本院教师的论文，以做好学生和自己老师之间的沟通工作，起到了良好的桥梁作用。

很多学生就是通过这种方式接触科研、了解科研并最终参与科研。2021 年电子工程学院/智能制造学院开展了特色的"博士喊你来组队"活动，学生也是在对科研有了初步感知的情况下，积极参与到这项特色活动中，而博士教师带领学生参与自己的科研项目，并指导学生完成相应论文撰写发表到学报上，又促进了学报的发展，两者之间形成了良性的互动，这也是学生与教师之间的良好教科研互动的体现。

2　对大学生设计能力的培养

大学生的设计能力体现在，能够对新问题、新事物及时提出解决方案，正确寻找各要素之间的相关联系，对可能出现的各种情况提出初步的实施方案。

安徽新华学院作为安徽省地方应用型高水平大学立项建设单位，为了帮助学生提高创新能力，一直鼓励学生参加各类创新比赛，而学生也一直很积极参与，以期在比赛中锻炼自己的设计能力。但比赛指导老师多为专业授课老师或者辅导员，基本上见不到编辑的身影。学报编辑要深入到学生中，充当学生创新比赛的指导教师。因为创新比赛，考量的不仅仅是学生的专业知识、创新思维，还考核学生的语言功底，文字表达能力，而这恰恰是学报编辑最为擅长的。

笔者在 2020 年及 2021 年，共指导了两支队伍参加安徽省高校物联网应用创新大赛，利用自己的特长，在作品报告、作品简介、PPT 制作、作品汇报文字稿等方面给予指导，最终指导的参赛队在 2020 年安徽省高校物联网应用创新大赛创意赛项目中荣获二等奖，在 2021 年安徽省高校物联网应用创新大赛创意赛项目中荣获三等奖。

3　对大学生实践操作能力的培养

大学生的实践操作能力体现在，大学生通过多方面知识的掌握，能够对同一个问题提出不同的看法，并把自己的看法设计成为初步的实施方案。而在不断地实施过程中，能够把一系列的思维过程形成一定的成果，这些成果往往以论文的形式展现出来。

学报编辑从表面上看，把握着学报的版面安排、栏目设置、组稿和发稿的主动权，可以设置专栏，为大学生创新类的文章开设专栏，吸收这些稿件，给其发表的机会。但很多大学生并未写过科学论文，论文会存在很多问题，如论文的结构混乱、缺乏条理性；在论文过程中过多引用他人的观点，缺少自己的见解；表达方式不够规范等。这需要学报编辑花大力气去精心扶植，热心帮助，审核好稿件的创新性、科学性，才能使之达到发表水平。但学报编辑的主动性不能仅仅体现在这里，学报编辑还可以深入到课堂中去。

在电子信息工程专业15版的本科人才培养方案中，并没有"科技论文写作与发表"这门课程。但随着科技的发展以及本科生培养的需要，18版的人才培养方案中增设了这门课程。希望通过该课程学习，学生能够了解科技论文的写作过程，掌握写作方法及特点，达到提高学生科技论文写作能力的目的，从而为本科毕业论文写作及毕业后科技论文写作工作打下基础。因此笔者教授这门课程时，结合编辑的工作经验，从科技论文的逻辑框架出发，告诉学生应该怎么进行科技论文的写作。同时从自身专业知识的角度出发，并结合理工科学生的学科特点及毕业论文要求，把《中华人民共和国国家标准：信息与文献参考文献著录规则》《中华人民共和国国家标准：国际单位制及其应用》等国标知识融入到日常教学中，帮助学生规范科技论文的写作。而通过本课程的教学，学生锻炼了逻辑思维能力也掌握了文字表达能力，以电子信息工程专业2021届学生为例，在2021届本科毕业论文答辩中，该专业答辩通过率为100%。

4 结束语

根据国家新闻出版广电总局令第2号《内部资料性出版物管理办法》，只有内部资料性出版物准印证号的学报，其刊登的学术文章是有限制的，同时本身相较于其他名校，民办高校科研实力较弱，学术资源较为稀缺[11]，从这一角度来说，对民办学报的发展是有一定程度的限制。

《安徽新华学院学报》根据要求，进行了相应的整改，更名为《安徽新华学院学术资讯》，在内容上进行了很多调整。虽然学术性文章发表有限，但是增加了很多学校教学与科研及教学改革中的一些做法和经验的文章等，这样的变化对于大学生来说，可能更有利。在阅读了学报的文章后，更便于他们了解教学科研特点，在课堂上能更积极地配合教师的教学，与教师达成更好地良性互动，为其加入教师科研团队，培养自身科研思维奠定了良好的基础。

学报也继续保留了大学生素质教育专栏，积极向行业内专家学者约稿，刊登关于大学生素质教学培养方面的文章，引导学者对大学生素质教育，尤其是对创新素质培养进行研究。今后，学报及编辑也将积极发挥主观能动性，基于编辑及教师地双重身份，来积极服务学校的学科建设及学生培养，对大学生创新能力培养起到的作用。

参 考 文 献

[1] 张同学.地方高校学报服务学科建设的途径和措施[J].中原工学院学报,2021,32(6):78-82.
[2] 邓丽莉,娜布其.地方高校学报服务学科建设策略研究[J].呼伦贝尔学院学报,2022,30(2):38-41.

[3] 刘岩,刘新军.论高校学报在学科建设中的作用及推动学科发展的实现途径[J].中国科技期刊研究,2012,23(2):297-300.
[4] 吕小红,杨开英,张蕾."双一流"建设背景下高校学报与学科发展,人才培养相互促进实证研究[J].编辑学报,2021,33(1):111-113.
[5] 郝丽芙.高校自然科学学报在学科建设与发展中的作用探析[J].采写编,2018,24(2):126-127.
[6] 孙永泰.地方高校学报在科研资源优化配置中的创新研究[J].成都中医药大学学报(教育科学版),2021,23(3): 85-87,129.
[7] 裴永浩,宋锦玉.发挥高校学报职能,服务大学生创新创业:以《辽宁石油化工大学学报》为例[J].大学教育,2017(1):151-152,157.
[8] 郭伟,唐慧.高校学报:以专业化转型服务学科建设[J].科技与出版,2021(9):12-18.
[9] 张旺玺,苏安婕,王长通.地方高校学报服务于学科建设的功能研究[J].中原工学院学报,2018.29(5):100-104.
[10] 柴燕.全国大学生工程训练竞赛对工科类专业大学生创新能力培养的作用与启示[J].西部素质教育,2022,8(9):35-37.
[11] 黄祖宾.地方高校学报特色化转型的实践路径:以《广西民族大学学报》为例[J].南宁师范大学学报(自然科学版),2021,38(3):149-153.

基于 VOSviewer 对中、外文科研诚信相关主题研究的比较对科技期刊诚信建设的启示

严美娟[1]，周荣琴[2]

(1.《南通大学学报(医学版)》编辑部，江苏 南通 226019；2.南通大学图书馆，江苏 南通 226019)

摘要：比较中国知网(CNKI)数据库和 Web of Science 数据库中科研诚信相关主题论文的发表情况，旨在为国内科技期刊工作者关注论文相关信息、助力期刊科研诚信建设提供依据。采用主题检索与专业检索相结合的方法，中文主题选择"学术诚信""科研诚信""学术不端"，外文主题"Academic integrity""Research integrity""Academic misconduct"，利用 VOSviewer 对论文发表量与被引频次、发表机构、相关作者和关键词进行聚类分析。科研诚信相关主题的中外文文献在论文发表量与被引频次，发表机构、作者发文量与聚类分析，高频关键词分布与聚类分析等方面均存在一定的差异。中外文科研诚信相关主题研究的异同提示国内外相关领域对科研诚信的重视程度不同，对国内科技期刊科研诚信制度的建设具有一定的指导意义。

关键词：科研诚信；学术诚信；学术不端；VOSviewer；中、外文比较；中国知网(CNKI)数据库；Web of Science 数据库

科研诚信相关内容近年来越来越受关注，由于各国对科研诚信中出现的问题所持的态度与惩戒措施不一样，所以各国学者对其关注的内容也不一样。近年来，由于学术不端检测技术的不断进步，除文字之外，对表格尤其图片的比对能力有了明显的提高，知名网站 Pubpeer 因具有超强的图片比对功能而闻名，国际上不乏顶级期刊包括 *Science*、*Nature* 等上发表的论文因 Pubpeer 检测出图片不当重复使用而被撤稿的例子，撤稿并不等同于学术不端，但或多或少与科研诚信有着一定的关联。到目前为止中国知网(CNKI)数据库的比对功能也进行了升级，最开始仅单纯比对文字，现增加了中英文比对以及 OCR 识别功能，但仍然缺乏 Pubpeer 所具备的图片比对功能，因而对文章中特别重要的数据部分，尤其是图片的真伪很难识别。

中国知网始建于 1999 年 6 月，是中国核工业集团资本控股有限公司控股的同方股份有限公司旗下的学术平台，面向海内外读者提供中国学术文献、外文文献、学位论文、报纸、会议、年鉴、工具书等各类资源统一检索、统一导航、在线阅读和下载服务。Web of Science 是 Thomson 公司于 1997 年将 SCI(创立于 1963 年)、SSCI(创立于 1973 年)以及 AHCI(创立于 1978 年)整合形成的。本文选取中国知网数据库对中文文献进行检索，外文数据库选用 Web of Science，由于科研诚信与学术诚信、学术不端密切相关，因此，中国知网(CNKI)数据库检索词选择学术诚信、科研诚信、学术不端，对应的 Web of Science 检索词选用 Academic integrity、

基金项目：中国科学院自然科学期刊编辑研究会研究课题(YJH202234)；中国高校科技期刊研究会学术诚信与版权专项基金课题(CUJS-CX-2021-017)
通信作者：周荣琴，E-mail: zrq@ntu.edu.cn

Research integrity、Academic misconduct。到目前为止，对科研诚信相关主题的论文进行系统分析的内容尚未见报道，为了解科研诚信相关主题在国内外的研究现状，本文通过数据库检索的方法收集国内外相关文献，对其发表的时间、发表机构、作者的分布与分类、关键词出现的频次与分类等进行研究，旨在为国内科技期刊工作者助力期刊科研诚信建设提供依据。

1 资料与方法

1.1 资料的收集

科研诚信相关主题中文文献来源于中国知网(CNKI)数据库，外文文献来源于 Web of Science 数据库，采用主题检索与专业检索相结合的方法，检索时间为 2022 年 1 月 23 日，知网的检索式为 SU %="学术诚信" OR "科研诚信" OR "学术不端"，Web of Science 检索式为主题"Academic integrity" OR "Research integrity" OR "Academic misconduct"。

1.2 纳入与排除标准

纳入已发表的科研诚信相关中、外文文献，发表时间选取自数据库收录开始至 2022 年 1 月 23 日，去除信函、社论材料、新闻、综述论文、会议摘要、书籍章节、会议录论文等内容。

1.3 统计学方法

采用 VOSviewer1.6.17 软件分别对纳入的科研诚信相关中、外文文献的发表期刊、发表时间、作者和关键词等信息进行提取和整理。对发表 2 篇以上论文的作者形成合作网络图，对出现≥7 次的关键词生成聚类网络图。网络图由节点和连线组成，在 VOSviewer 中网络图中节点表示作者和关键词等被分析的对象，节点的大小表示出现频次的多少，节点之间的连线代表合作、共现或共被引的关系。节点和线条的颜色代表不同的聚类。

2 结果

2.1 检索结果

中国知网(CNKI)数据库共检索到科研诚信相关主题信息 8 242 条，其中研究论文 835 篇，文献来源于学术期刊 487 篇，学位论文 259 篇，会议 65 篇，图书 6 篇，学术特刊 6 篇，特色期刊 12 篇；Web of Science 数据库核心合集中共检索到 1 050 条信息，文献类型精炼为论文后共获取 704 篇，以这些论文资料作为分析对象，对中外文论文相关内容进行比较。

2.2 论文发表量与被引频次

中国知网(CNKI)数据库检索结果显示，自 2010 年以来，以科研诚信为主题的论文发表数量呈逐年增长趋势，至 2018 年达高峰，以后呈持续高水平状态，但发文量均在 130 篇以下(图 1(a))，中文文献中被引频次最高的为 95 次，其次为 73 次(图 1(b))。Web of Science 数据库核心合集检索结果提示发表科研诚信相关主题的外文文献自 2003 年开始即有相关报道，出版物有 110 余种，被引频次于 2021 年达到最高，超过 1 800 次(图 1(c))，可见中外文文献发表起始时间与被引频次均存在差异，其中被引频次的差距较大。

2.3 发表机构

中文文献发表机构按文章发表多少依次为大连理工大学、吉林大学、河北师范大学、沈阳师范大学等；外文文献发表机构依次为 UNIVERSITY OF CALIFORNIA SYSTEM、KU LEUVEN、NATIONAL INSTITUTES OF HEALTH NIH USA、UNIVERSITY OF ZAGREB 等，见表 1。提示中外文文献发表机构以大学为主，说明科研诚信相关主题在大学机构内备受关注。

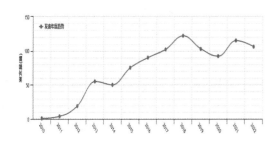

(a) 中国知网(CNKI)数据库不同年份发文量比较

(b) 中国知网(CNKI)数据库被引前 10 的论文

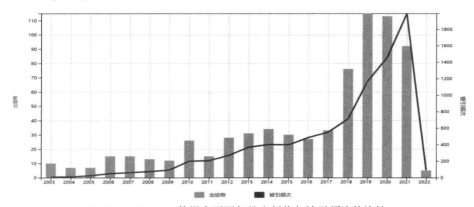

(c) Web of Science 数据库不同年份出版物与被引频次的比较

图 1 中外文科研诚信相关主题论文不同年份发文量与被引频次的比较

表 1 科研诚信相关主题中、外文文献发表机构比较

序号	中文发表机构	篇次	外文发表机构	篇次
1	大连理工大学	14	UNIVERSITY OF CALIFORNIA SYSTEM	25
2	吉林大学	14	KU LEUVEN	17
3	河北师范大学	12	NATIONAL INSTITUTES OF HEALTH NIH USA	15
4	沈阳师范大学	10	UNIVERSITY OF ZAGREB	15
5	武汉大学	10	UNIVERSITY OF SPLIT	14
6	东北大学	9	UNIVERSITY OF TEXAS SYSTEM	14
7	湖南大学	9	UNIVERSITY OF MICHIGAN	13
8	浙江大学	9	UNIVERSITY OF MICHIGAN SYSTEM	13
9	中南大学	8	UNIVERSITY OF MINNESTA SYSTEM	13
10	东北师范大学	7	UNIVERSITY OF MINNESTA TWIN CITIES	13

2.4 作者发文量与聚类分析

2.4.1 作者发文量

国内文献作者发文量由高到低分别为陈亮(陕西师范大学)6 篇，罗晓琪(机械工程学报社)6 篇，郑小光(机械工程学社)6 篇，王飞(大连理工大学)4 篇，肖骏(中国地质大学)4 篇，岑伟(机械工程学社)4 篇，其余作者发表量均在 3 篇以下；外文文献作者发文量由高到低分别为 Dubois JM(12 篇)，Dierickx K、Marusic A(10 篇)，Antes AL、Bretag T、Roff S(9 篇)，Martinson BC, Resnik

DB(8 篇), Grey A、Harper R、Nemery B、Shaw D(7 篇)。总体上外文文献作者的发文量高于国内文献的作者。

2.4.2 作者聚类分析

中国知网(CNKI)数据库检索结果发现发表 2 篇以上论文的作者共有 156 位，3 篇以上的 20 位，4 篇以上的 6 位，通过 VOSviewer 进行作者合作网络分析发现，发表 2 篇以上论文者与他人合作的共有 7 名(4.49%)，形成一个团队，作者互相之间均有交集，见图 2(a)。Web of Science 发表 2 篇文章以上的作者有 240 名，互相有合作的作者有 26 名(10.83%)，形成 5 个团队，分别以绿色、蓝色、红色、黄色和紫色显示，见图 2(b)。发表 3 篇以上论文的作者有 86 名，互相合作的有 11 名；发表 4 篇以上论文的作者有 45 名，互相合作的有 8 名。中外文科研诚信相关主题文献比较发现，中文文献作者与外文作者发表论文时多以个人为主，外文文献作者之间互相合作的较中文作者的稍多，但合作力度均不大。

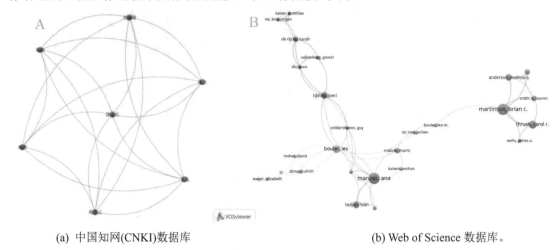

(a) 中国知网(CNKI)数据库　　　　　　　　　(b) Web of Science 数据库。

图 2　发表 2 篇以上相关论文的作者聚类分析

中国知网(CNKI)数据库上由于论文被引频次数高于 30 次只有 4 篇(图 1(b))，相互之间基本没有交集；而 Web of Science 被引频次≥30 的论文有 63 篇，其中有互引的为 28 篇，以 fanelli (2009)与其他论文的关联度最高，见图 3。

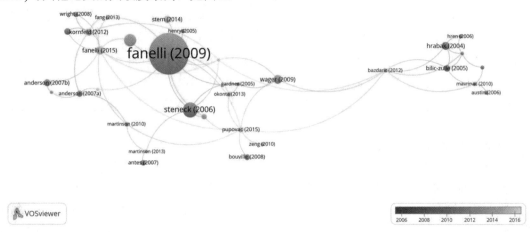

图 3　Web of Science 被引频次≥30 的论文聚类分析

2.5 高频关键词分布与聚类分析
2.5.1 高频关键词分布

中国知网(CNKI)数据库中检索发现关键词出现频次分布见图 4(a)，由高到低分别为学术不端(150 次)、学术不端行为(101 次)、科研诚信(76 次)、研究生(71 次)、学术诚信(55 次)、科技期刊(42 次)等。Web of Science 检索关键词分布见图 4(b)，由高到低分别为 Ethics(183 次)、Medical Ethics(140 次)、Multidisciplinary Sciences(134 次)、History Philosophy of Science(112 次)、Engineering Multidisciplinary(102 次)、Philosophy(100 次)等。

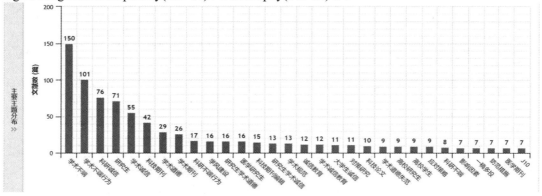

(a) 中国知网(CNKI)数据库

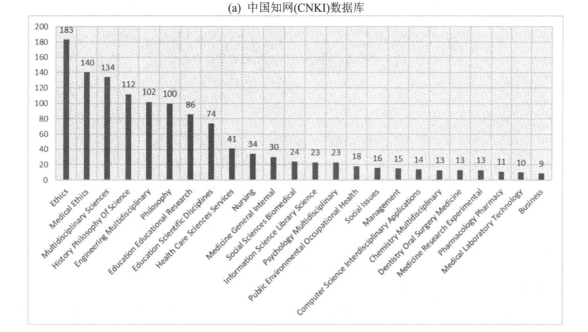

(b) Web of Science 数据库

图 4 科研诚信相关主题高频关键词分布情况

2.5.2 关键词聚类分析

中国知网(CNKI)数据库检索到科研诚信相关主题关键词出现频次≥7 的 51 个关键词聚类分析后被分为 7 大类，按频次由高到低依次为黄色的学术不端、橙色的科研诚信、褐色的学术诚信、蓝色的学术道德、绿色的学术不端行为、紫色的学术期刊、浅蓝色的不端行为等，见图 5(a)。Web of Science 数据库中检索到的科研诚信相关关键词出现频次≥7 的 40 个关键词通过聚类分析发现，关键词主要分为 4 大类，根据出现频次的多少由高到低依次为蓝色的 research integrity、褐色的 academic integrity、绿色的 ethics、黄色的 attitudes 等。经比较发现，中文文献中以学术不端的关联度最高，而外文文献中以 research integrity(科研诚信)的关联度最高，见图 5(b)。

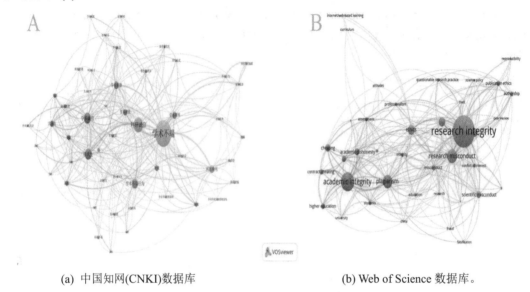

(a) 中国知网(CNKI)数据库　　　　　　　　　　　(b) Web of Science 数据库。

图 5　科研诚信相关主题高频关键词聚类分析

3　讨论

随着科技的进步，学术论文发表价值在很长一段时间内都被作为评价体系中重要的一个指标，有的甚至以论文发表期刊的影响因子及期刊被收录数据库作为评价依据，导致部分科研人员急功近利，大量小短快的论文发表，高水平重量级的论文很难出现，在这样的环境下，很多科研人员没有重视科研诚信的重要性，有作者为了发文章开始闭门造车，有些数据在没有得到很好的重复后即发表，导致其他科学家重复实验时不能重复出与论文中一样的数据，数据的不准确误导了后续学者对该领域的研究。近年大量撤稿事件的发生，特别是 *Tumor Biology* 一次性撤稿 107 篇论文，引起国际科研诚信部门的高度重视。为规范我国科研诚信体系，一系列科研诚信相关政策相继出台，2018 年我国建立了健全学术期刊管理和预警制度[1]，2018 年 5 月中共中央办公厅、国务院办公厅印发了《关于进一步加强科研诚信建设的若干意见》[2]，国家社会科学基金关于进一步防范和惩处学术造假行为的通知[3]。2019 年 9 月二十部委联合发布《科研诚信案件调查处理规则(试行)》。2022 年 2 月 15 日，中国科协第十届全国委员会第三次会议上中国科协所属 211 家全国学会郑重发表《中国科协全国学会学术出版道德公约》。各级各部门对科研诚信问题处罚力度不断加大，学者们在进行科研的时候也不断加强科研诚信方面的学习，可以看出，目前尽管经常看到有撤稿情况的发生，但从发表时间上看，大部分为早期发表的，近几年发表的论文撤稿数越来越少，可以看出，科研人员对科研诚信这方面的意识不断增强，在科研过程中注意到各种可能涉及的学术不端的问题加以避免，从而产生的科研成果具有一定的可信性，科研诚信相关政策发挥了一定的作用。

3.1 论文的发表时间

中国知网(CNKI)数据库上 2010 年开始有相关文献报道，2018 年达高峰，这可能与中国知网(CNKI)数据库《科技期刊学术不端文献检测系统(AMLC)》2008 年 12 月 26 日开发完成，2009 年开始陆续在全国科技期刊编辑部中开放使用有关。而 Web of Science 从 2003 年开始即有文献报道，2019 年达高峰。提示在国外早于国内即开始有学者对科研诚信方面的内容进行了研究，这与 Web of Science 数据库所收集的数据来源和时间有关，中国知网(CNKI)数据库收集的数据以国内机构为主，而 Web of Science 数据库收录来自各国的数据信息，且时间范围也较中国知网(CNKI)数据库早。

3.2 发表机构、发文量与被引频次

3.2.1 发表机构与发文量

发表机构国内外比较均以大学为主，原因在于高校是人才培养的主要场所，在高学历人群中出现的学术不端备受关注，因此国内外高等教育机构对科研诚信相关方面的研究相对其他机构要多一些。国内很多高校都出台了相应的科研诚信政策。作者发文量国外最多的 12 篇，国内最多的 6 篇，国内作者合作的少，发表 2 篇以上论文的作者聚类分析之后只形成一个集团；而国外期刊上发表 2 篇以上论文的作者有 240 名，其中相互之间有合作的为 26 名，共形成 5 个团队，可见国内合作的团队偏少，但国外的尽管有，互相合作的也不多，原因可能与科研诚信相关主题的学科与其他不同有关。文献[4]报道，期刊论文作者的合作度与学科不同密切相关，一般呈逐年上升趋势，且论文作者的合作度与论文影响力呈显著正相关。而医学领域相关学科 SCI/SSCI 收录期刊上发表的论文中，单作者论文几乎不存在[5]。许多研究[6-7]证实国际合作论文的被引频次高于国内合作或没有合作的论文。

3.2.2 被引频次

被引频次是决定期刊影响因子的主要因素之一，国外文献被引频次最高超过 1 800，而国内文献最多的为 95，究其原因可能与外文发表相关文献来源较广、外文收录数据库的传播能力强有关。不同的数据库收录对期刊的影响力不同，有研究[8]发现，科技期刊被 SCI 数据库收录后，可显著提升期刊的国际影响力。除 SCI 数据库之外，入选 PubMed 数据库对提升医学期刊国际影响力具有重要作用[9]。中文的传播由于语言引起的阅读障碍导致国外专家难以阅读和引用。或者中文文章中缺乏英文题名、摘要不利于在国外传播，从而影响力偏弱。除被引频次外，使用次数可作为论文影响力的早期评价指标[10]。被引频次与使用频次高的科研诚信相关论文可以提供期刊诚信建设需要关注的内容，因此，科技期刊工作者需要经常阅读相关文献，不断完善科研诚信相关制度。

3.3 中外关键词比较

尽管中国知网(CNKI)数据库检索用的主题为学术诚信、科研诚信、学术不端，相对应的 Web of Science 数据库检索外文为 Academic integrity、Research integrity、Academic misconduct，但中国知网(CNKI)数据库检索结果显示出现频次最高的为学术不端，其次为学术不端行为、科研诚信等，而 Web of Science 数据库检索出来频次最高的为 Ethics，其次为 Medical Ethics、Multidisciplinary Sciences 等，中文文献出现的高频关键词与检索词基本匹配，但外文的主要以伦理为主，特别在医学伦理方面，与主要检索词完全不匹配。这些差异提示国内外对科研诚信方面关注的角度不一样，从而制定的政策不同。我国科研项目实施周期中的科研伦理监管落实尚不到位[11]，而国外更注重在科研整个过程中伦理制度的规范建设，这些结果提示国内

科技期刊工作者必须重视包括伦理制度规范在内的科研诚信制度建设。VOSviewer聚类分析发现，中文相关文献报道的关键词以学术不端与其他关键词的关联度最高，而外文文献中以科研诚信与其他关键词的关联度最高，这些与关键词出现频次不一样，提示尽管国内出现频次最高的关键词与关联度最高的关键词一致，而外文文献中关键词出现的频次与关键词关联度的高低不一致，说明伦理(ethics)出现的频次高，但其与科研诚信相关主题的关联度没有科研诚信(research integrity)高。可见国内研究者的关注点以惩戒为主，而国际上则注重科研过程对科研诚信的规范。目前，国内很多期刊已经执行论文的伦理审核制度，投稿的时候即要求提供伦理相关方面的文件复印件，与国外文献接轨，但尚有部分期刊没能做到，甚至对科研诚信建设方面于作者完全没有要求。多数医学期刊的投稿须知中并未表明受试对象知情同意、隐私保护等伦理审查政策[12]。任艳青等[13]认为我国科技期刊出版伦理建设正处于成长阶段，对标国际出版伦理规范和最佳实践，建议参考国际通用出版伦理声明设置，科学合理地制定重复出版等期刊出版伦理政策。综上，国内外科研诚信相关研究文献的差异提示国内外相关政策存在区别，为我国科技期刊科研诚信制度建设相关文件的制定提供理论依据。

参 考 文 献

[1] 我国建立健全学术期刊管理和预警制度[EB/OL].(2018-07-14)[2022-08-15].http://check.cnki.net/Article/standard/statute/2018/07/1864.html.

[2] 关于进一步加强科研诚信建设的若干意见[EB/OL]. [2018-05-30](2022-08-15).http://check.cnki.net/Article/standard/statute/2018/05/1865.html.

[3] 国家社会科学基金关于进一步防范和惩处学术造假行为的通知[EB/OL].(2017-05-22)[2022-08-15].http://check.cnki.net/Article/standard/statute/2017/05/1869.html.

[4] 尚媛媛,张琳,曹喆,等.高水平综合性学术期刊论文科研合作特征与影响力研究:以中美发表的Nature、Science论文为例[J].现代情报,2022,42(2):163-177.

[5] 杜建,张玢,李阳.我国医学领域不同学科作者合作度与论文影响力的关系[J].中华医学图书情报杂志,2012,21(3):18-23.

[6] SCHMOCH U, SCHUBERT T. Are international co-publications an indicator for quality of scientific research? [J]. Scientometrics, 2008, 74(3):361-377.

[7] GLÄNZEL W, DE LANGE C. A distributional approach to multinationality measures of international scientific collaboration [J]. Scientometrics, 2002, 54(1):75-89.

[8] LINDBERG D A. Internet access to the national library of medicine [J]. Eff Clin Pract ECP, 2000, 3(5):256-260.

[9] 刘群,孙昌朋,王谦,等.入选PubMed数据库对提升医学期刊国际影响力的作用[J].中国科技期刊研究,2015,26(12):1344-1347.

[10] 丁佐奇.基于Web of Science的论文使用次数和被引频次的相关性分析[J].中国科技期刊研究,2017,28(12):1166-1170.

[11] 曾敬.国外科研伦理研究及治理实践的思考:以"两用性"与"公众科学"问题为视角[J].中国高校科技,2021(12):45-49.

[12] 郭征,平静波.我国医学期刊稿约中的医学伦理和出版伦理规范剖析[J].中国科技期刊研究,2017,28(7):610-614.

[13] 任艳青,翁彦琴,靳炜,等.中国科技期刊出版伦理建设现状调研及发展建议[J].编辑学报,2021,33(1):42-48,53.

发挥技术与双语特色
——以40周年中英文科技期刊《红外与毫米波学报》为例

周颖圆[1]，张旻浩[1]，李朝霞[1]，沈　宏[1]，于　啸[2]，张小华[2]，岳桢干[2]

(1. 中国科学院上海技术物理研究所《红外与毫米波学报》编辑部，上海 200083；
2. 中国科学院上海技术物理研究所《红外》编辑部，上海 200083)

摘要：中英文双语科技期刊可体现期刊的国际科技竞争力和文化影响力，是我国科技期刊与国际接轨的有效路径之一。文章以创刊40周年的中英文双语科技期刊《红外与毫米波学报》为例，介绍创办优质中英文科技期刊的策略：建立国际化编辑委员会、拓宽栏目分类吸纳双语优秀稿源、严把学术与双语高标准质量关、利用新媒体扩大国际影响力、加强编辑队伍技术与双语能力建设等。中英文双语科技期刊应该在明确自身定位的基础上，探索发挥自身特色的方法和路径，不断传承与发展，立足学科优势、提升论文质量、大力推广宣传，充分利用新媒体新技术，推进双语出版的进程，办特色化、卓越化、智慧化的优质科技期刊，促进我国双语科技期刊的全球化发展。

关键词：中英文双语；科技期刊；中外专家；学术与双语；新媒体；国际影响力；编辑队伍

科技期刊是科技创新的重要载体和创新中心，它记录下了人类文明的发展历程，见证了科技成果的每一次跨越式发展，引领人们在前辈的研究基础上进行创新发展，科技期刊的发展既是科技事业的组成部分又是文化事业的组成部分[1]。

《中国科技期刊发展蓝皮书(2021)》显示，截至2020年底，中国科技期刊总量为4 963种。从语言分类看，中文科技期刊有4 404种(88.74%)，英文科技期刊有375种(7.56%)，中英文科技期刊有184种(3.71%)[2]。2018年，习近平总书记在中央全面深化改革委员会第五次会议审议通过了《关于深化改革 培育世界一流科技期刊的意见》，会议强调："科技期刊传承人类文明，荟萃科学发现，引领科技发展，直接体现国家科技竞争力和文化软实力"[3]。2019年，以培育中国世界一流科技期刊为目标，多部委联合实施了"中国科技期刊卓越行动计划"，全面系统支持我国高质量科技期刊建设[4]。

然而，具有科技话语权的世界一流科技期刊依然为西方发达国家长期把持。面对国际科技期刊的冲击，中英文双语出版为中国科技期刊国际化提供了除创办英文期刊之外的另一种选择，其可以保留国内的中文稿源，服务国内读者和作者群体，同时还可以向国外传播优秀成果[5]。中英文双语出版按出版形式可分为双语对照出版模式和双语混合出版模式，双语对照出版指将同一篇文章以中文和英文分别在中文期刊和英文期刊同时发表，双语混合出版指一种期刊同时发表中文和英文文章，双语出版在推进我国科技期刊国际化的历史进程中发挥了重要的作用[6]。中英文双语出版期刊由于特殊的出版性质，数量有限且有减少的趋势，具有较大的发展空间，增加国际传播途径是双语出版的关键。《红外与毫米波学报》是我国少数较早被SCI(美国科学引文索引)收录的中英文双语期刊，为中英文双语混合出版，故本文中所指的双语出版为双语混合出版模式。本文以《红外与毫米波学报》创刊40年来的办刊路径，归纳与梳理办刊经验，可为我国中英文双语科技期刊的进一步发展提供一些思路。

1 《红外与毫米波学报》40年发展简介

《红外与毫米波学报》创始于1982年，创刊刊名为《红外研究》，1991年改为《红外与毫米波学报》(以下简称学报)，是中国科学院上海技术物理研究所主办的学术期刊。学报创刊40年来，以红外、毫米波、太赫兹和空间科学的前沿发展和重大应用为牵引，努力按照中国特色科技期刊办刊方针，密切联系广大作者和读者，深入研究工作实际，认真组稿编辑，不断提升学报水平和影响力，汇聚了以褚君浩院士、王建宇院士为代表的一大批红外领域专家学者，刊发了众多红外、毫米波、太赫兹和空间科学领域的优秀科研成果，成为该领域一本重要的核心科技期刊。经过40年的发展，学报的编辑方式已从传统编辑工具升级为现代化软件编辑系统，学报采用基于互联网平台的一体化投审稿软件系统、网刊及微信公众号发布系统，实现了稿件的自动化管理和数字化出版[7]。目前，学报有编辑部主编1名、副主编2名以及编辑4名，为双月刊，近期年发文量约120篇。学报已经被世界上重要的检索系统SCI、EI、CA、AJ等收录，影响因子和总被引频次在光学类科技期刊中持续稳定上升，入选中国国际影响力优秀学术期刊等。

学报作为中国红外物理领域一本特色中英文双语期刊，在红外、毫米波、太赫兹和空间科学领域发表了大量有战略意义及影响面广的重磅论文，先后被国内外多个著名的数据库收录。值得注意的是，学报是国内为数不多早期就被SCI所收录的科技期刊，表1列出了学报与另外5种国内知名红外领域科技期刊数据库收录的比较，可以看出学报是唯一被SCI收录的科技期刊。

表1 红外领域科技期刊数据库收录比较

期刊	收录检索体系
《红外与毫米波学报》	SCI(美国科学引文索引)、EI(美国工程索引)、CA(美国化学文摘)、SA/INSPEC(英国科学文摘)、JICST(日本科学技术文献速报)、AJ(俄罗斯文摘杂志)、SCOPUS(SCOPUS网络数据库)、METADEX(METADEX光盘数据库)
《红外》	CA化学文摘(美)
《红外技术》	JST日本科学技术振兴机构数据库(日)、CSCD中国科学引文数据库来源期刊、WJCI科技期刊世界影响力指数报告来源期刊、北京大学《中文核心期刊要目总览》来源期刊
《激光与红外》	CA化学文摘(美)、JST日本科学技术振兴机构数据库(日)、CSCD中国科学引文数据库来源期刊、WJCI科技期刊世界影响力指数报告来源期刊、北京大学《中文核心期刊要目总览》来源期刊
《红外与激光工程》	INSPEC科学文摘(英)、JST日本科学技术振兴机构数据库(日)、Pж(AJ)文摘杂志(俄)、EI工程索引(美)、CSCD中国科学引文数据库来源期刊、WJCI科技期刊世界影响力指数报告来源期刊、北京大学《中文核心期刊要目总览》来源期刊
《太赫兹科学与电子信息学报》	JST日本科学技术振兴机构数据库(日)、WJCI科技期刊世界影响力指数报告来源期刊

从期刊引证指标可以比较全面地看出科技期刊的学术质量以及学科影响力。据美国 SCI 公布的 JCR 引证指标分析，近年来学报的影响因子和总被引频次在光学类期刊中稳定上升，表明学报学术质量和学科影响力逐年稳步提升，期刊发展态势良好，近 10 年数据如表 2 所示。

表2 《红外与毫米波学报》近10年影响因子和总引用数

年份	影响因子	总引用数
2012	0.292	306
2013	0.342	373
2014	0.295	338
2015	0.266	318
2016	0.267	368
2017	0.387	397
2018	0.384	507
2019	0.355	516
2020	0.557	573
2021	0.476	544

学报自创刊以来，凝聚了专家编委会、编辑部、广大科技作者的共同努力和心血，获得了一些荣誉和项目资助支持。学报近 20 年的主要荣誉如下：获得中国科学院优秀期刊特别奖，入选中国精品科技期刊、中国国际影响力优秀学术期刊、中国科技期刊卓越行动计划及《世界期刊影响力指数(WJCI)报告》。

在学科影响力方面，学报与同学科的科技期刊《红外》《红外技术》《激光与红外》《红外与激光工程》《太赫兹科学与电子信息学报》相比较，在论文质量把关与选题策划方面均有一定的优势。科技期刊的论文质量是一个期刊的核心，学报各审稿专家与编辑对于每篇论文的学术与语言水平严加审核，始终保持高标准严要求，对论文从精挑细选到精雕细琢，每一篇发表的学报论文都经过了层层筛选与打磨，论文质量在同学科期刊中名列前茅。与同学科其他期刊相比，学报在选题策划方面也有独到优势，学报是国内少有的同时涵盖红外、毫米波、太赫兹和空间科学的期刊，不仅在红外领域的内容比较全面，而且经常有特别专栏吸引读者，新读者络绎不绝，在国内外的学科影响力稳步上升。

2 科技期刊发展路径

学报以上办刊成果的获得与近年来建立国际化编辑委员会、拓宽栏目分类吸纳双语优秀稿源、严把学术与双语高标准质量关、利用新媒体扩大国际影响力、加强编辑队伍技术与双语能力建设等一系列举措密不可分。

2.1 建立国际化编辑委员会

建立科技期刊国际化专家委员会是推进优质期刊建设的一项重要制度安排。要认真思考、加强研究，切实把专家委员会工作组织好、服务好，通过定期召开工作会议、开展专题调研等方式，发挥高水平专家的战略咨询作用，为优质科技期刊建设问诊把脉，提供智力支撑。

学报从 1982 年创刊到 2022 年，一共经历了七届编辑委员会，这七届编委会 40 年来对学报的发展有着举足轻重的作用，每一届主编都对学报的出版工作提出了建设性建议，每一届编委会成员中均有一定数量的海外编委及院士，他们共同努力提升了海内外红外物理领域对学报的认可。前三届编委会成员均为国内专家，其中院士人数逐年递增。由于从 1986—1996

年,学报出版了海外英文版,第四届编委会成员基本由外国专家组成。后期,学报同时吸纳优秀中英文稿源,第五届至第七届编委会成员中约有1/4为国外专家,另有约1/4为院士。国外编委包括来自美国、加拿大、德国、日本、俄罗斯、波兰、意大利等国家的专家,这些国外编委各自发挥在红外领域的国际影响力,积极推动学报走向世界,特别在学报组织召开国际学术会议时,参与交流国际最新红外研究动态,也将学报在其所在国进行大力宣传。学报于2000年被美国科学引文索引(SCI)数据库收录,这也与当时学报国际化的编委会密不可分,因为编委会国际化是 SCI 收录的重要标准之一。另外,学报的影响因子也在吸纳国外编委后稳步提升,可见国际化编委会在提升学报国际影响力方面功不可没。同时,国内专家主要负责中文稿件战略规划,国外专家主要负责英文稿件战略规划,融合了国内外专家对学报中英文稿件的定位与建设性意见。编委会专家按研究方向分为红外、太赫兹与毫米波、遥感三个领域,而这三个领域与学报目前稿源的分类相吻合,各领域专家可以从专业的视角对学报在红外、太赫兹与毫米波、遥感三大领域的选题及栏目分类出谋划策并对学报中长期发展做出规划,加快学报迈向优质双语科技期刊的步伐,使学报成为中国红外物理领域一本领跑中英文双语科技期刊。表3为学报历届编委会信息。

表3 《红外与毫米波学报》历届编委会人数

届数	编委会总人数	编委院士人数	国外编委人数
第一届	15	2	0
第二届	27	5	0
第三届	36	7	0
第四届	31	0	30
第五届	40	10	10
第六届	49	13	10
第七届	59	11	14

由此可见,建立国际化编辑委员会是一种提升中英文双语科技期刊水准的有效方式,值得其他双语科技期刊借鉴。

2.2 拓宽栏目分类吸纳双语优秀稿源

自创刊以来,学报在历届编委会的指导下,从创刊初期《红外研究》的两个栏目,即论文与简报,逐渐增加到六个栏目,包括红外材料与器件、太赫兹与毫米波技术、红外光谱与光谱分析、遥感技术与应用、红外及光电技术与应用、图像处理及软件仿真,紧跟我国红外物理与太赫兹以及空间科学的发展方向,结合收到稿源的实际情况,动态调整栏目分类,目前的六个栏目几乎已经覆盖整个红外物理学科。在选题策划方面,会结合当下科研热点开展专辑特稿,如有周年庆等大事件时,会开辟周年庆特辑,如2022年初的学报40周年特刊等。

通过拓宽栏目分类,学报收到的双语优秀稿源与日俱增,稿源主要分为红外、太赫兹与毫米波、遥感三大领域,与中外专家编委会的研究领域相对应,目前主要报道红外、毫米波、太赫兹和空间科学领域的新概念、新进展以及新成果,具有国际、国内先进水平的学术论文以及述评。学报从1982年创刊到2021年,总共出版了230期,正式发表了4 258篇文章,总计21 632页,表4是学报近20年发表文章的篇数和页码。从中可见,学报的发文量和发文页码总体呈上升趋势,拓宽栏目分类后吸纳的优秀中英文稿源数量显著上升,数量从原来的几百篇增加到了上千篇,内容也从原先单一的红外领域扩展到如今的红外、太赫兹与毫米波、遥感三大领域,优秀的文章与日俱增,精挑细选出的论文使学报成为中国顶尖的红外、毫米波、太赫兹和空间科学领域科技期刊并被越来越多的知名数据库收录。其他中英文科技期刊可以根据自身学科特点适当拓展稿源类别,提升科技期刊总体质量。

表4 《红外与毫米波学报》近20年发文量和发文页码

年份	年发文量/篇	总页码/页	年份	年发文量/篇	总页码/页
2002	149	501	2012	109	604
2003	107	504	2013	106	602
2004	112	504	2014	112	718
2005	111	504	2015	123	794
2006	115	504	2016	125	800
2007	110	492	2017	131	815
2008	105	502	2018	124	830
2009	107	504	2019	125	860
2010	103	504	2020	109	832
2011	116	606	2021	116	885

2.3 严把学术与双语高标准质量关

学报创刊以来的40年正是我国改革开放高速发展的40年,学报正是在这样的大环境下与我国的红外与毫米波科学共同发展和前行。这40年中,基于不断提升的材料生长与器件工艺技术,凝聚态物理、光科学、红外物理、信息科学等学科快速交叉融合,在红外与毫米波技术中涌现了一大批新理念和新方法,成为了一门快速进展的学科。

随着学报稿源的与日俱增,审稿专家严把学术关,对于每一篇稿件均有至少两位学术专家精挑细读,同时与国内外相关学科进展作比较,精选出在红外、毫米波、太赫兹和空间科学等领域具有创新性且有应用前景的学术论文进行发表,否则一律进行退稿处理。基于学报的中英文双语混合出版特质,除了对中文学术论文进行咬文嚼字式的斟酌编辑外,学报对于英语语言也有高标准、严要求,邀请擅长学术英语的审稿专家针对英语学术论文进行特别把关审阅,对于英语语言不规范的论文会进行多次修改编辑,精益求精,务必呈现给读者地道的英文学术论文。

年复一年,学报大量发表了高质量中英文双语学术论文。1995年,学报被美国工程索引(EI)数据库收录。2000年,学报因在红外、毫米波、太赫兹和空间科学等专业领域的杰出表现又被美国科学引文索引(SCI)数据库收录。学报成为了我国少数同时被SCI和EI收录的科技期刊,这正要归功于学报对于学术与中英文双语语言的双重严格把关,40年来始终坚持这一准则,使学报迈着稳健的步伐向前发展。

近年来,学报为突出每一期特别优秀的学术论文,对期刊封面进行了较大调整,特别推出了封面文章。每期刊物出版前,学报编辑部会与相关专家认真探讨,从几十篇论文中精选出一篇独具特色的学术论文作为封面文章,扩大顶级学术论文的影响力,使读者留下深刻的印象,反响良好。40年来,学报的闪光案例不胜枚举,在此不能一一罗列,但始终围绕着严把学术与双语质量关这一准则不变。

2.4 利用新媒体扩大国际影响力

为进一步提升学报传播力,扩大学报国际影响力,学报在出版后稿件的宣传推广上下工夫，通过各种权威数据库、网络平台以及新媒体发布出版信息，扩大出版稿件的曝光率。

目前，学报官网总访问量累计超过 1 162 万次。针对学报中英文双语出版的特点，学报官网包含中文版与英文版两种版面，国内外专家学者均可通过相关网页了解学报简介、编委会、投稿指南、出版的论文等信息。同时，学报官网还设有浏览排行、引用排行、下载排行以及快递检索、期刊检索等功能。每期学报期刊出版后，便会在万方、知网等权威数据库平台以及学报官网全文同步上线。

学报的微信公众号可提供在线查询信息、期刊内容浏览、行业最新资讯发布、投稿指南查询等服务，学报通过各种线下会议以及线上宣传推广提高微信公众号关注量，目前公众号关注量已超过 2 000 人，并有稳步上升趋势，公众号每周都会发布新内容，日均阅读量达数百次。2021 年，学报建立了官方微信群-红外毫米波太赫兹与空间科学交流群，它是红外毫米波太赫兹与空间科学研究与相关应用的学术交流群，鼓励各方专家学者就相关研究进展、技术问题、工程应用和学术资源等进行全方位的交流与切磋，增进了投稿人与审稿专家以及各编辑的互联互动，目前微信群人数快速上升，群内讨论此起彼伏。近年来，学报还积极举办红外与毫米波领域的国际学术会议，如"从红外到太赫兹国际学术研讨会"等，邀请中外学者共赴盛会，会议期间积极对外宣传学报，获得较高关注度，扩大学报品牌影响力。而且，每次会议均建立相关会议微信群，中外专家纷纷入群，促进学报提升国际影响力。

2.5 加强编辑队伍技术与双语能力建设

要加强学报编辑队伍技术与双语能力建设，提高各编辑的学术敏锐度和多方面的业务能力。目前，学报编辑均有物理学科背景，物理专业英语及英语写作能力强，在研究生期间均发表过高水平学术论文。科技期刊编辑不仅需要加强编辑业务能力，还需要具备学术能力。学报组织各编辑参加红外、毫米波、太赫兹和空间科学领域学术会议，了解学术热点和前沿技术，提高学术论文的编辑能力。同时，学报还发动各编辑参加多种出版编辑以及科技英语研讨会，学习顶级科技期刊优秀的办刊理念并稳步提高自身科技英语水平。

3 期刊发展的启示与思考

学报通过 40 年的发展，学术质量、办刊水平以及学科影响力均平稳上升。但是学报作为一本中英文双语期刊，来自母语非英语国家的英文稿源稿件语言质量还有待提高；在期刊国际化发展的道路上，学报与国外出版机构的合作还比较少；在出版走向数字化融合发展的新时代，学报刚起步的新媒体宣传平台还需大力升级。当前日益严峻的国内外出版环境下，学报一定要继续明确自身定位、保持高标准的编校质量、加强精品栏目建设、加大对外宣传力度，依托自身优势特色，建立学报的期刊品牌。为使学报进一步提升为红外光电领域的顶级期刊，在继续上述办刊路径的基础上，尝试探索在以下几方面进行提升或改进。

3.1 明确英文稿件质量要求

学报在投稿指南中可明确英文稿件质量要求，并将英文稿件审核设置于录用稿件之前，使合格的英文质量成为稿件录用的必要条件[8]，一旦出现英文格式不规范、中英文摘要内容不一致、英文专业术语不准确、英文语法错误等问题，则退回修改[9-10]，将英文编辑工作转变为权威的审校工作的一部分，可以提高作者对学术英文写作的重视程度。

3.2 扩大中英文双语优势提升国际影响力

不同于中英文双语对照出版模式，学报采用中英文双语混合出版模式，出版的内容相对更加丰富,对于语言的要求也更高。学报将继续扩大中英文双语优势,吸纳更多英文稿源,提高英文学术论文的占比。学报将探索与国际知名图书馆、著名大学、科研机构、权威期刊等建立稳定的期刊交流和订阅关系,同时尝试与国际出版商合作增加国际传播途径,提升学报的国际影响力[11]。

3.3 建立红外光电全新媒体双语平台

学报将建立一个红外与毫米波领域的技术全媒体双语平台,以学报为基础建立一个包括门户网站、微信公众号、视频号、红外与毫米波相关学术线上会议、红外与毫米波相关技术线上培训等为一体的红外毫米波太赫兹与遥感技术全媒体双语平台,为该领域国内外科技工作者提供一个顶级双语交流线上平台,全面推动学报全球化发展。

4 结束语

学报办刊 40 年来与中国的改革开放共同成长,与时代同步、与红外科技同行,忠实记录中国的红外、毫米波、太赫兹和空间科学发展的光辉历程,见证了中国在红外物理的发展,推动了红外光电技术的进步。中英文双语科技期刊学术编辑需要努力学习新技术、提升双语学术水平、走在时代的前沿。今后学报在保持高质量中英文双语发刊、不断提高学术水平的同时,还要用全新的技术手段、传播方式以及文化内涵,建设一个具有强劲传播能力的顶尖红外物理学科媒体,使学报成为传统中英文双语科技期刊进军新兴科技媒体的先行者,大力提升国际影响力。

参 考 文 献

[1] 科技期刊是传承人类文明,引领科技发展的重要载体[EB/OL].(2020-12-02)[2022-08-15].http://www.tjbhnews.com/tech/2020/1202/29315.html.

[2] 中国科学技术协会.中国科技期刊发展蓝皮书(2021)[M].北京:科学出版社,2021.

[3] 马峥.中国科技期刊发展与展望[J].中国出版,2021(4):52-57.

[4] 张威.立足自身定位,办精品中文科技期刊:以《光子学报》为例[J].出版与印刷,2020(3):74-81.

[5] 芮海天,张伟伟,赵文义.中文学术期刊双语出版的发展困境与解决路径[J].中国科技期刊研究,2018,29(10):971-976.

[6] 周平,党顺行,郭茜,等.中国科技期刊中英双语出版状况调查与分析[J].中国科技期刊研究,2019,30(4):432-439.

[7] 张旻浩,刘霞,李朝霞,等.科技期刊的国际化数字出版建设:以《红外与毫米波学报》为例[C]//中国科技期刊新挑战:第九届中国科技期刊发展论坛论文集.2013:98-100.

[8] 刘佩佩.航空科技期刊英文质量系统提升策略:以《中国民航大学学报》为例[J].出版与印刷,2019(4):72-78.

[9] 柯文辉,林海清,黄爱萍,等.中文学术期刊英文摘要审修的编辑部工作流程[J].编辑学报,2016,28(5):443-444.

[10] 贺伟,孙芳,蔡斐.从英文初审谈把好中国英文科技期刊的语言关:以《中国航空学报(英文版)》为例[J].编辑学报,2017,29(增刊1):92-94.

[11] 黄锋,黄雅,意辛亮.中英文双语出版对中国科技期刊国际化的启示[J].中国科技期刊研究,2016,27(11):1128-1132.

新形势下军校学术期刊加强特色栏目培育的策略研究

王薇

(陆军步兵学院教研保障中心编辑部编辑，江西 南昌 330103)

摘要：新形势下，基于军队期刊改革后内外环境的变化，军校学术期刊站在新的起点上谋求发展和突破，只有走特色化办刊之路，着力打造特色栏目，彰显不同的风格，才能在众多军校学术期刊中脱颖而出。加强特色栏目培育有利于军校学术期刊创建品牌特色，促进期刊专业化转型，推动军队院校学科建设发展。针对不少军校学术期刊的特色栏目培育还在起步阶段，仍存在短板和不足的实际情况，应着眼新的期刊发展定位，发挥自身专业和学科优势，重点在把准特色方向、保证品质、优化内容、扩大影响力等方面采取有效措施，培育和建强特色栏目，提高军校学术期刊内容质量和品牌影响力。

关键词：新形势；院校改革；军队院校；学术期刊；特色栏目培育

军队院校学术期刊作为展示军事学术科研成果的平台和推动学科专业发展的阵地，在推动军事理论创新、促进学术思想传播方面承担着重要职责。在我军院校改革调整不断深入的背景下，军队院校期刊也进行了调整，通过压减期刊数量、重新定位分类、审核办刊资质等措施优化了期刊结构。军队期刊调整改革期间，部分军校学术期刊因较长时间处于休刊状态，有的以内刊形式发行，稿源数量和质量都受到较大影响，期刊建设处于停滞或缓慢发展状态。随着期刊改革落地，不少军校学术期刊结合院校特色重新定位，以新的刊名和面貌发行，军校学术期刊站在新的起点上谋求发展和突破，面临着改革转型、突破瓶颈的难题。在此背景下，军校学术期刊急需通过找准特色定位，培育特色栏目，建立稳定的读者群和作者群，尽快形成核心竞争力。因此，新形势下加强特色栏目的培育对提高军校学术期刊的学术质量和服务水平有重要意义。

1 新形势下军校学术期刊加强特色栏目培育的必要性

在新时代的大背景下，特色办刊、创新办刊、打造精品的期刊建设理念成为主流。军队期刊调整改革后，军校学术期刊只有通过改革创新，走特色化办刊之路，着力打造特色栏目，彰显不同的风格，才能在众多军校学术期刊中脱颖而出。

1.1 培育特色栏目有利于军校学术期刊创建品牌特色

特色立刊是打造品牌的基本思路。栏目是期刊的"窗口"和"眼睛"，特色栏目则具有较强的辨识度和差异化特征，反映了期刊的办刊思想、价值取向、学术水平和个性特征。办好特色栏目可有效体现学术期刊的学科特色及学术导向性，是培塑期刊品牌的重要策略。以军兵种院校学术期刊为例，栏目大致按照作战、训练、院校教育、政工、装备技术等方向设计，栏目类型虽相近，但部分已复刊或正常发行的期刊着眼兵种建设研究重点和办学特色设置特色栏目，内容各有侧重，初步形成了自身的办刊指向性和学术特色，如军事学核心期刊《装甲兵学报》以装甲兵军事理论、装备技术为主要研究对象，坚持特色办刊理念，设有"特邀论坛""作战理论""军事装备""工程技术"特色栏目，把握装备发展趋势，荟萃学术精品，品牌特色鲜明。因此，培育特色栏目对军事学术期刊提升学术质量和品牌效应、扩大期刊影响力具有重要意义。各军兵种院校学术期刊都拥有自身院校底蕴和学术资源作支撑，具有天然的特色优势，具备培育特色栏目的优质土壤。军校学术期刊培育特色栏目可以充分发挥军兵种特点和院校专业特色，挖掘特色内容，培塑精品，为构建期刊品牌打头阵。

1.2 培育特色栏目有利于促进军校学术期刊专业化转型

随着军事理论创新研究的不断深入，专业化成为学术研究的发展趋势，为满足学术科研的高质量提升，学术期刊专业化发展转型是必然趋。军队期刊主管单位在进行期刊调整研究论证时，提出要建设一批适应专业学科建设需要的学术研究类期刊。军队期刊调整后，院校期刊数量大幅度减少，不少院校是"一校一刊"，其中学报占比不小。不少学术期刊在栏目设置上呈现综合性的特点，栏目内容涉及学科领域的方方面面，尤其是学报，栏目设置或多或少存在同质化现象，在一定程度上制约了军校学术期刊专业化转型。以专业化为目标的特色栏目建设是军校学术期刊通向专业化转型的有效措施。军校学术期刊可以通过特色栏目的局部专业化以点带面，逐步完成期刊专业化转型。

1.3 培育特色栏目有利于推动军队院校学科建设发展

军队院校调整改革后，军兵种院校学科建设全面调整，院校拥有工学、管理学、战术学、作战指挥学、装备保障学等多学科交叉融合的综合性学科体系，学科专业涉及面广，学科融合创新面临新要求新挑战。部分军校学术期刊复刊后要想尽快提升学术影响力，亟须结合院校学专业改革发展的实际情况，抓好服务重点学科和优势学科建设。军队院校学术期刊可通过栏目设置体现和宣传优势学科特色，刊发重点和特色学科论文，推介学科前沿研究成果，促进重点和优势学科的发展；可以通过特色栏目培育吸引和挖掘相关专业领域的专家、学者、学术新人，为学科建设培养高层次高水平科研人才队伍；可在特色化的常态建设中，不断探索新的选题、组织新的科研合作、交流新的研究方法，培植新的学科研究方向，为新兴前沿学科研究成果提供学术交流的窗口。复刊后，不少兵种院校学术期刊着眼兵种建设重点，发挥本校重点学科和优势学科资源，积极策划系列专题研究，促进优势学科研究向集成化、纵深化方向发展。如某军校期刊依托本校某兵种指挥和政治工作两个重点学科，培育特色栏目，精心策划选题，开展专题研究，为学科建设积累了一定的理论成果和实践经验，并且通过定期开展学术沙龙、座谈交流等活动吸收了一批稳定的学科科研骨干作为作者，为重点学科建设发掘和培养科研人才；又如《陆军工程大学学报》聚焦军事工程前沿，围绕院校重点学科专业设置有"军事通信与电子工程""兵器科学与技术""土木建筑与防护工程"等特色栏目，学科特色突出，随着机械化信息化智能化的融合发展，结合自身学科专业发展条件，又增加了融合网络安全与软件工程、能源动力与电气工程、人工智能技术与无能作战新的学科研究方向，在促进学科建设上发挥了牵引作用。

2 新形势下军校学术期刊特色栏目的培育策略

培育特色栏目是一个长期发展的过程，军队期刊调整改革后，不少院校期刊的特色栏目培育还在起步阶段，尚不成熟稳定，一定程度上还存在特色不够突出、形式大于内涵、稿源质量参差不齐、前瞻性和创新性还不够等问题，找准特色、避免同质化、提高内容质量仍然是当前培育特色栏目的关键。

2.1 依托军校学科资源优势，定准特色方向

军校学术期刊肩负着为军队院校学科发展提供学术支持和学术成果展示平台的重任，其建设也必须立足于本校的学术力量和现有的学科资源。军队院校都具有自身的历史底蕴，培育特色栏目应瞄准院校科研优势、专业优势、学科特色，并且不同的军兵种院校学术期刊的发展方向不能是"大而全"的综合性期刊，而应是着眼部队，体现军兵种特色的专业期刊。因此，军校学术期刊立足军兵种特点和院校重点学科精准定位特色栏目的培育方向，把握"人无我有"的优势。一方面，应着眼突出军兵种学术专业特色，从军兵种建设过程中的最新理论成果，军兵种作战训练教学中的创新实践总结，武器装备技术应用与管理的实践发展等方面挖掘特色研究内容，开展军兵种学术交流争鸣，逐渐形成自身品牌栏目；另一方面，应根据自身科研学术优势从专业类别和特色学科上设立的特有栏目，精心进行选题策划，服务重点学科建设，突出学术特色。例如，《军事交通学报》依据自身专业特色和重点学科资源优势，设置了"军事物流""运输投送""国防交通"等特色栏目，他刊登军事交通专业前沿理论成果，凸显该校办学的特色和优势，且根据不同时期学院学科建设的重点以及该领域最新研究成果，跟踪前沿热点问题，使栏目具有鲜明的学术特色，获得了本专业领域作者和读者的关注，形成了一定辐射范围，期刊学术影响力得到有效提升。

2.2 积极策划特色专题和小栏目，谋求独特风格

军队院校同类型的学术期刊在栏目设置类型上难免相似，要想突出差异化、特色化，需体现栏目设置的机动性，稳中求变，在栏目形式上也要不断创新，突出独创性和独特风格，做到"人有我特"。一是结合院校科研动态和教学活动定期设置特色专栏。与重点学科专业系(室)建立联系，了解教员研究动向，结合军队院校教育教学改革重要举措和大项活动，从专业方向上细化研究内容，引导科研人员进行专题研究；常态性与院校科研部门对接，重点跟踪创新性强、体现院校特色的科研项目，在其立项、研究、结题等不同阶段及时掌握最新理论成果，设置专栏，并保持连续性更新和拓展，培育特色系列栏目。如某军校学术期刊为促进院校教学改革探索，实现成果转化，结合本校开展的教学模式改革活动，从基础理论类、科文类、工程类、技能类多个角度向教员约稿，形成专题特色，逐渐培育出新的特色栏目。二是设计好具有独特风格的小栏目。军队院校学术期刊可以依据自身风格、办刊定位、读者群体，结合实际需要，精心设计学术争鸣类、战(案)例分析类、经验交流、专家论坛等具有独特性的小栏目，侧重拓宽视野。如某军校学术期刊设置了战例研究、学术争鸣、学员论坛等特色小栏目，既能丰富栏目形式又能体现独特风格，有的兵种院校学术期刊开设专家访谈栏目，每期发表一篇本刊编辑就本兵种建设的焦点问题与专家的访谈录，受到部队官兵好评。

2.3 有针对性地组约优质稿件，提升内容品质

积极组约反映军事理论和学科专业领域前沿的最新优秀成果，可保证特色栏目的先进性和内容质量。新形势下培育特色栏目，要密切跟踪世界军事革命发展趋势，面向广泛的专业

读者群积极组约选题价值大、学术水平高、内容质量好的优质稿件，做到"人特我优"。一是积极征集前沿热点选题。重点征集最新军事理论应用、新武器装备技术运用、未来作战环境下的战训法创新、新型军事人才队伍建设、院校教育教学改革等价值高的选题，精心策划重大选题，如不少军校期刊瞄准强敌对手积极开展外军专题研究，遴选优质稿件；有的军队院校瞄准课程改造、教学模式改革，向院内外学科骨干征集优秀成果，促进经验交流。二是加大综述类、理论创新类稿件组稿力度。从当前正在发行的军校学术期刊刊用稿情况不难发现，大部分院校在组稿方面，比较重视刊用问题对策类、实践总结类文章，但具有较强文献价值的综述类、学术价值较高的理论创新类稿源数量却比较少，特色栏目体现的创新价值和学术水平不够突出。因此，学术期刊应与科研单位合作，向学科领域专家、科研骨干组约综述类、理论创新类优质论文，加大用稿比重，提升特色栏目整体学术品质，逐渐形成独特风格，树起优质品牌。如有些军校核心期刊比较重视特色栏目的学术价值，理论创新类文章比例较高，整体学术研究水平也较高。三是依托学术论坛挖掘高层次稿源。从军队院校间交流中了解到，当前军队院校学术期刊稿源层次参差不齐，其中研究生的稿件占比较大，专家的稿件占比不够，学者的稿件很少，要把特色栏目建成精品就必须在稿源上有所提升。除常态化约稿外还可通过组织学术论坛，邀请院内外学科专业领域专家、部队领导、一线指挥员有针对性地展开学术交流，为学术期刊提供优质稿源。例如，某军校期刊依托本校科研机关每年组织的某兵种建设发展论坛活动，连续两年刊用优质研讨交流成果，较大提升了某兵种作战、训练、指挥等特色栏目的整体质量。

2.4 深入部队一线调研，了解读者需求

军队期刊出版工作的特殊使命就是服务部队，面向基层，为巩固和提高部队战斗力服务。军校学术期刊培育特色栏目不能脱离基层官兵读者群体，闭门造车，要贴近部队建设实践、练兵备战实际、基层官兵急需，满足部队官兵需求，才能保持特色栏目持久吸引力。因此，院校学术期刊编辑人员在开展年度期刊工作筹划时，应深入部队一线，组织问卷调研，开展座谈交流，并保持常态化联系和电话回访。这样既能准确对接部队最新情况，优化栏目内容，又能挖掘部队优秀稿源，建强特色栏目。一方面，要依据部队建设和训练现状更新内容。通过走访和调研，可以深入了解基层部队备战训练动态，率先获得最新信息，根据掌握的信息及时策划选题组约稿件或策划专题研究，为特色栏目寻求新的主题方向，增强其发展潜力。如武器装备技术应用、部队管理等类型栏目，要通过调研了解部队装备列装情况和管理现状才能有针对性地组稿，确保导向正确精准。另一方面，收集官兵建议明确改进方向。认真分析官兵对栏目建设的意见建议，了解官兵关注点和学术研究兴趣方向，从栏目内容和形式上进行改进，满足官兵读者需求。有的军校学术期刊借鉴地方期刊经验，通过年度问卷、写信、周期性回访等形式，向部队官兵读者和作者征集宝贵意见，不断优化特色栏目内容，得到了读者和作者的认可，既能保证特色栏目内容质量，又能提高期刊声誉。

2.5 加大特色栏目的宣传力度，扩大影响

媒体融合背景下衡量期刊影响力的，更注重的是高质量内容在全媒体时代的覆盖力和传播力。军队院校学术期刊特色栏目培育也离不开宣传。军队院校学术期刊按发行范围分国内外公开发行和军内发行两类，由于部分军校学术期刊是军内发行，受到传播方式和保密要求的限制，在特色栏目宣传力度上不够，有的只是在当年的征稿启事上稍作体现，缺乏对特色栏目重点宣传，宣传形式也较单一，宣传范围大多限于本校。因此，军内发行的期刊应不断

加强期刊网站建设，从多角度丰富特色栏目内容的呈现方式，重点宣传栏目特色，吸引读者关注，为读者提供便捷的文献检索、阅读、下载等信息化服务。按照保密要求重点利用军内局域网数据平台、院校自己的网站设置特色栏目介绍板块、留言栏、建言窗口，发布栏目研究要点，推送特色选题，还可以定期在刊物上专设特色栏目介绍板块，重点突出每期研究要点、选题特色、创新观点，在宣传的同时提高读者关注度，扩大影响力。期刊调整改革后，有的单位依托自身的局域网平台率先设置了期刊宣传窗口，汇总所属的军事期刊，开设了期刊列表、分类导航、征稿启事、通知公告等多个板块，并定期更新内容，可在此基础上增设特色宣传板块，突出对各院校期刊内容特色、栏目特色的重点宣传，扩大影响。

参 考 文 献

[1] 张建业,樊艳芳.军改背景下军队院校综合性期刊发展策略[J].中国科技期刊研究,2019(9):996-1003.
[2] 李增山,罗静,尚菲菲.军事期刊应牢牢把握战斗力标准[J].编辑学报,2019(6):145-146.
[3] 史海英,韩纪富,张硕.军校学报如何办好特色栏目:以《军事交通学院学报》为例[J].天津科技,2017(9):57-59
[4] 潘静,徐书荣,储彬彬.特色办刊提升地质学科技期刊的影响:以《岩矿测试》为例[J].中国科技期刊研究,2022(2):210-211.
[5] 董小英.社科类学术期刊特色栏目建设研究[J].传媒论坛,2022(4):06-07.
[6] 牛晓霞.彰显特色谋发展:高校学报特色栏目设置再探[J].传播与版权,2019(8):23-24.
[7] 朱渭波,董伟.社科学报特色栏目"特殊用途英语"的培育与发展探讨[J].科技与出版,2019(8):23-24.

科普期刊转型学术期刊的实践探索
——以《园林》为例

钱秀苇，王丽娜，孙 哲

(上海市园林科学规划研究院《园林》编辑部，上海 200232)

摘要：科技期刊体现了国家的科技竞争力和文化软实力，作为风景园林行业的一本专业期刊，《园林》的定位须考虑市场、行业、专业以及期刊自身的发展等因素，并在办刊的过程中不断加以调整，以求生存与发展。文章基于国内风景园林学科的发展现状及期刊面临的主要问题，分析总结《园林》期刊在主办单位名称与职责双变更、出版单位转制、学科发展使命使然的背景下，通过提质提档、变更办刊宗旨、加强数字化建设、发挥区域优势等途径优化期刊，经过 4 年的实践与探索，将科普期刊成功转型为学科学术期刊。

关键词：学术期刊；风景园林学科；转型发展；实践探索

随着 2019 年"中国科技期刊卓越行动计划"的启动，中文科技期刊得到国家层面的重视和支持[1]。期刊要根据市场、行业、读者的形势变化随时修正、调整与革新，才能健康可持续发展。当下，互联网发展迅速，新媒体崛起，传统媒体的读者严重流失。加之国内非时政类报刊转企改制不断深入，科普期刊面临着严峻的生存压力，亟待转型。目前国内关于科普期刊转型的研究主要聚焦在运营模式调整[2]、数字化建设[3]、内容优化[4]等方面，缺少科普期刊转型学术期刊的相关研究案例。

党的十八大把生态文明建设纳入"五位一体"总体布局，提出建设美丽中国的目标，引起我国现代化建设中各行业对自身角色的重新思考。风景园林学作为人居环境科学的支撑学科，以协调人与自然关系为根本使命，以保护和营造高品质的空间景观环境为基本任务[5]，其发展前景不可限量。创刊于 1984 年的《园林》，是风景园林学科老牌的专业期刊，原定位为科普期刊，在 30 多年的办刊史中，受行业外延拓展、业内期刊错位异质发展以及园林专业自身特征等因素，已由科普逐步演变成一本面向行业的实践应用型科技期刊[6]。但是近几年因主办单位变更、出版单位转制、新媒体竞争激烈等客观原因，以及由此引发的办刊宗旨不明确、刊发文章内容混杂，导致期刊一度出现既缺乏学术性又缺乏实用性的窘境，降低了自身的品质与竞争力。如何立足于"大变革、大变局"时代，明确新时代中文科技期刊的发展定位与使命，提高《园林》"围绕中心、服务大局"的能力，将专业期刊的软实力应用到提高行业学科硬实力的实践中[7]，成为《园林》一个现实而迫切的问题。自 2018—2021 年，《园林》经层层变革，脱胎换骨成功转型为风景园林学科的纯学术期刊，从中信所公布的中国科技核心期刊评价指标中摘选 6 个主要指标(总被引数、影响因子、他引比、基金比、平均引文数、开放因子)进行对比，结果显示，2018 年(及以前)无相关数据；2019 年对应数据为 591、0.335、0.91、0.368、

8.5、29；2020 年对应数据为 658、0.579、0.86、0.500、13.5、21，除开放因子略有下降，其余指标都有不同程度的涨幅，说明《园林》的学术影响力正不断提升。本文就《园林》期刊转型的实践与探索进行分析，为类似期刊转型发展提供参考。

1 期刊转型学术背景

1.1 期刊主办单位名称与职责双变更

我国期刊出版实行主管、主办责任制原则，主办单位对期刊的办刊定位与方向、办刊形式与内容、宏观设计与具体操作等方面起主导引领作用。主办单位作为期刊的资源供给者，不仅为其提供物质资源(如办刊场地、设施、经费等)，还能够通过倾斜优势专业资源、聚拢行业专家、举办学术会议等方式为其输送最前沿的学术资源，提升其学术质量。反之，优质的学术期刊也能大力服务于主办单位的学科建设，两者之间呈现相互支持、相互成就的关系[8]。

2015 年，经上海市编委批准，期刊主要主办单位上海市园林科学研究所更名为上海市园林科学规划研究院(以下简称市园科院)，其职责较之原来的绿化、林业技术等专业研究领域，新增了专业规划编制职责等，有了很大的拓展。市园科院是一家集规划、生态、碳汇、植物、植保、土壤为一体的风景园林行业综合性研究机构，学科交叉性、复合性高。其名称与职责的双变更，是加强生态文明建设、推进科创中心城市建设和行业大力整合科研资源的具体举措，也为学刊的创建搭建了更广阔的平台，有利于稳定期刊稿件来源和把控稿件质量。

1.2 期刊出版单位转制

《园林》期刊原出版单位为园林杂志社，属于自收自支的事业单位。根据沪委办〔2018〕5 号要求，对于从事生产经营活动的事业单位必须于 2020 年底前完成转制，退出事业单位序列。随着国内非时政类报刊转企改制的深入，不少学术期刊的出版单位从事业单位转为国有独资文化类企业。转企改制的最终目的是提升期刊的竞争优势，挖掘发挥其潜在的社会价值。然而，出版单位企业化改革可能使经营者将对经济效益的追逐作为主要驱动力，这对学术期刊的健康有序发展有诸多不利影响[9]。经多方调研并征求意见，最终经上级主管局批准，园林杂志社于 2020 年底予以撤销，期刊由其主要主办单位市园科院接管，设立职能部门——《园林》编辑部，由编辑部全面负责期刊的组稿、编辑、出版、发行等相关业务。市园科院是上海市全额拨款的事业单位，对于期刊的人力、物力、财力具有重大保障作用，使期刊再不必时时、事事以"盈利"为主要目的，同时园科院的政策支持和学科建设程度成为期刊发展的重要支撑。

1.3 风景园林学科发展使命

风景园林学科的发展与我国各个时期的宏观政策导向紧密相关，十九大更是把生态文明建设摆到了前所未有的战略高度，建设美丽中国、推进生态文明建设需要大批风景园林专业人才和高水平的学科科研队伍[10]。在这样的大背景下，风景园林的服务领域已逐步扩展到国土全域的自然资源与文化景观、新型城镇与美丽乡村、棕地修复与湿地保护、健康休闲与全域旅游等。根据行业发展、学科建设的需要，期刊转型为学术性，有力促进了学科发展、人才培养和中外学术交流，特别是"双一流"建设[11]更为学术期刊的特色化发展提供了难得的机遇。

当前，中国正加速从世界科技大国向世界科技强国迈进[12]。风景园林学科业内相对比较认可的纯风景景观类学术型期刊较少，如《中国园林》《风景园林》，年刊载量 200 余篇，远

2 期刊转型实践

2.1 提质提档，优化期刊

学术期刊质量从根本上取决于其内容所反映的学术水平。除此之外，版式设计也是读者衡量学术期刊优劣的重要条件，在促进传播、强化记忆等方面起着重要作用。高质量的学术期刊，其内在的学术水平与外在的版式设计是相辅相成、互相促进的[13]。《园林》不断优化自身服务内容和服务体系，及时对栏目、内容进行优化，并快速予以调整，使期刊品质不断提升。如2018年启用新的刊名LOGO和封面设计，内容方面侧重专业性、科技性和创新性，特别注重专题文章的选择；2019年进行格式调整，8月全线改成科技学术期刊排版格式；2020年全面完善学术刊格式，增加文章编号、中图分类号、文献标志码、DOI码等，同时调整标题和版面排版设置，版面设计追求留白的运用和格式的严谨，丰富阅读视觉感受，《园林》整体效果有了明显提升。2021年1月顺利获批从科普刊转型为学术期刊(国新初审〔2021〕77号)。

2.2 期刊定位和栏目优化

清晰的学术定位要满足学术市场差异化需求，包含创新、开放、多元的学术态度，考虑学科特色与区域特色[14]。《园林》自确立转学术刊目标后，经过3年的调整，将期刊定位为风景园林领域高质量学术刊物；定向为立足国内、面向国际；定标为服务学科学者、支撑行业发展。栏目策划方面，加强热点追踪，强化问题导向；找准潜力学科，突出期刊优势，把特色做强做大[15]；突显时代特色，集中展示相关政策、行业学科的标志事件；同时依托市园科院强有力的技术支撑团队，发挥科研优势，组织相关新技术、新研究专题。栏目调整使作者清晰明了投稿的定位，期刊迅速聚拢了一批优质的稿源。

2.3 加强数字化建设

随着网络的快速发展，数字出版与传播已经成为科技期刊运营的主流形态[16]。期刊未来的发展方向一定是由单一的出版单位不断过渡到内容丰富、形式多样的知识服务提供者[17]。学术期刊数字化建设主要包括构建全媒体传播矩阵、完善采编系统及发布平台、打造数字化编辑队伍三方面。转型过程中首先调整和提升新媒体平台：建立"双微一网"即微信、微博公众号以及《园林》官网，通过整合行业现有资源，统筹规划不同主题之间的关联性与延续性，打造期刊+网站+社交媒体的传播矩阵，建立官方科学文化传播体系，拓展期刊宣传渠道。其次注重发展功能完善的稿件处理和发布平台，筹建开发远程稿件处理系统，打破网页端限制，实现移动端同步操作，内容涵盖投稿、审稿、网刊发布、采编管理、读者订阅等方面，并与万方数据库做了接口，实现全文数据检索，为作者、读者、编辑和审稿专家提供周到的在线服务。最后，学术期刊的数字化建设离不开一批具有编辑专业技能、学术专业知识同时还兼具掌握数字化技术应用的编辑队伍[18]，3年中招募2位硕士、1位博士具风景园林专业背景的年轻编辑入岗，同时加强编辑对新媒体运营、数字资源加工编辑的培训，提升其数字化服务意识。

2.4 发挥区域资源优势

区域特色也是学术期刊应考虑的重要办刊方向之一。每一个地区都有自身特殊的学术研究优势，学术期刊结合地区的学术研究优势，开设特色栏目是其发展的应有之道[14]。《园林》

办刊所在地为上海市,地域优势明显,立足长三角,拥有同济大学、华东师范大学、南京林业大学、东南大学等多所学科知名高校,学术资源丰富。为集中资源优势,打造顶级期刊,助力学科行业发展,《园林》编辑部与同济大学建筑与城市规划学院景观学系于 2022 年起正式联合办刊,成立《园林》学刊同济大学编辑部,借力高校优质资源,进一步增强期刊的理论素养、技术硬核及国际视野。此外,编委会人员、审稿专家所属机构包括高校、研究院和企事业单位,专业背景多元,便于交叉学科专题的开展,构建跨学科的学术交流平台。

3 实践成果

3.1 《园林》转型前后概况

《园林》转型学术期刊前后变化详见表 1。转型后的《园林》主要主办单位市园科院具有学术出版资质和风景园林专业背景;期刊办刊宗旨及业务范围以开展学术研究、发布学术创新成果、交流学术经验等为主;拥有风景园林学科领域一定数量的专职编辑人员;组建的青年编委会能有效指导编辑出版工作;执行严格规范的组稿、审稿及同行评议制度,保持一定的稿件退稿率;刊发文章以学术论文为主,具有严谨的编排格式规范,内容质量符合国家相关标准要求。以上情况符合国家新闻出版总署对于学术期刊的认定标准[20]。

表 1 《园林》转型前后期刊基本情况

基本情况	转型前	转型后
主办单位	上海市园林科学研究所、中国风景园林学会	上海市园林科学规划研究院、中国风景园林学会
出版单位	园林杂志社	《园林》编辑部
办刊宗旨	宣传、普及、推广、交流园林绿化知识,为专业和爱好者服务的科普期刊	刊载风景园林学及相关交叉学科的新理论、新技术、新进展,提供学术交流平台,服务我国风景园林行业发展
专职编辑配置	1 位林学硕士,2 位风景园林学士	1 位风景园林学博士,2 位风景园林学硕士,2 位风景园林学士
青年编委会	无	有
同行评议制度	无	有
期刊栏目构成	热点专题、观点聚焦、景观设计、精致园林、园林技艺、园林植物、园林文化、居家花园、园林教育等	固定栏目:热点专题、风景园林理论、风景园林规划设计、园林空间;动态栏目:风景园林植物、园林艺术、园林应用研究、风景园林教育、风景园林管理等
刊录文章类型	科普文章、热点评论	学术论文

3.2 2018—2021 年《园林》专题分析

风景园林学科一般包括 6 个研究方向:即风景园林历史与理论(History and Theory of Lanscape Architecture)、风景园林规划与设计(Lanscape Design)、大地景观规划与生态修复(Lanscape Planning and Ecological Restoration)、风景园林遗产保护(Lanscape Conservation)、园林植物与应用(Plants and Planting)、风景园林工程与技术(Lanscape Technology)。为突出学术前沿性,《园林》紧跟学科发展动态,关注相关研究热点,前期全线开通风景园林行业热点专题。2018—2021 年共设专题 52 个(表 2),涵盖学科当下热点或是值得长期研究的学科/行业重点。

以专题所属 6 个研究方向分类分析(表 3),结果表明:大地景观规划与生态修复类、风景园林规划与设计类这两大类的专题组稿率已占到全年的 65.4%,远远超过其他 4 个研究方向,一方面说明专题设置契合了近几年国家对生态文明建设的重视,同时这两类优质稿源的投稿率也较高;另一方面也与市园科院下设的生态所、规划所、碳汇中心等密切相关,各科研所的项目进展、研究成果、科研论坛等,期刊编辑部会及时获悉。

表 2 2018—2021 年《园林》专题汇总表

刊期	2018 年	2019 年	2020 年	2021 年
1	城市困难立地绿化	绿化"四化"建设	上海绿化"四化"建设	重构城市生态宜居空间
2	可食地景	康养景观	日本酒店景观设计	城市困难立地
3	扬州园林	崇明(国际)海上花岛建设	诗意的风景园林	徐派园林史
4	生态廊道构建	绿色基础设施	风景园林创新前沿	茶花资源与应用
5	萱草——中国母亲花	逗留景观	上海市花"白玉兰"	人民城市理念下的风景园林
6	园林文创	城市生态网络	湿垃圾资源化利用	山地景观
7	程绪珂传	风景园林大数据应用	国土空间规划之绿地生态空间规划	第十届中国花卉博览会
8	运动景观	徐派园林	城市湿地景观	城市湿地园林
9	魅力鸢尾	风景园林教育	城市园林有害生物的预警防控	第十三届中国(徐州)国际园林园博会&乡村景观存续与发展
10	遗址地公园景观	海绵城市规划建设	乡土植物景观	城市绿色基础设施营建与评估&湿垃圾沼渣资源化利用
11	公园城市	国家湿地公园	城市绿地智能化建设	疫情下的康养景观&水生态环境保护与发展
12	园艺疗法新解	中国传统园林研究	江南私家园林预防性保护	城市有机废弃物资源化利用&江南园林景观空间研究

表 3 2018—2021 年专题学科研究方向占比

学科研究方向	专题数量/个	占比/%
大地景观规划与生态修复	20	38.5
风景园林规划与设计	14	26.9
风景园林历史与理论	8	15.4
园林植物与应用	5	9.6
风景园林工程与技术	3	5.8
风景园林遗产保护	2	3.8
合计	52	100.0

3.3 2018—2020 年稿件影响力评估分析

中国知网(CNKI)为国内主流文献数据库之一,提取 CNKI 数据中《园林》2018—2020 年学科排名前 5 位的发文量、下载频次、被引频次进行比较,见表 4。结果表明:自期刊转型目标确定后,随着栏目、内容的不断调整和优化,同时进行一系列的宣传以"广而告之",学科分布逐渐明朗化,风景园林主要学科"建筑科学与工程"位居第一,总被引频次趋于稳定上升,2019 年较之 2018 年增加 17.6%(因 CNKI 数据统计时间相对滞后,故 2020 年不作比较,下同),总下载频次增加 46.4%,基金论文数增加了 166.7%,其中国家级基金论文数直接翻了 2 倍多。科普时期的重点学科方向"园艺"和"林业"趋于减弱,"林业"在 2020 年已跌落到第 7 位,实践结果呼应了学刊的栏目设置与办刊宗旨的实现,稿件质量提升显著。

表 4 2018—2020 年稿件质量分析表

年份	学科	发文量/篇	影响力评估			
			总被引频次	篇均被引频次	总下载频次	篇均下载频次
2018	建筑科学与工程	156	239	1.5	25 709	164.8
	园艺	53	60	1.1	5 395	101.8
	林业	20	47	2.4	2 113	105.7
	人物传记	10	1	0.1	281	28.1
	考古	7	10	1.4	1 207	172.4
2019	建筑科学与工程	145	281	1.9	37 640	259.6
	园艺	18	34	1.9	4 559	253.3
	环境科学与资源利用	9	18	2.0	2 542	282.4
	林业	8	17	2.1	1 185	148.1
	高等教育	7	10	1.4	667	95.3
2020	建筑科学与工程	132	157	1.2	33 968	257.3
	园艺	19	28	1.5	2 688	141.5
	环境科学与资源利用	12	20	1.7	2 933	244.4
	植物保护	6	10	1.7	605	100.8
	农业基础科学	6	9	1.5	1 115	185.8

注:1.统计时间为 2020 年 10 月 9 日;

2.表中统计《园林》学刊 2018—2020 年发表文章在各学科分布情况。学科体系按 CNKI 168 专题体系;

3."总被引频次"为本刊本学科发表文献自发表之日起至统计日止,被期刊、博硕士学位论文、会议论文引用的总频次之和;

4."总下载频次"为本刊本学科发表文献自发表之日起至统计日止,被 CNKI 中心网站用户下载总频次之和。

3.4 2018—2022 年基金资助文献量分析

图 1 为 2018—2022 年基金资助文献情况,统计的资助文献的基金包括国家 28 个部委基金,科研院所、高校以及各省市地方政府基金,企业等其他基金。从图 1 中可以看出,2018—2022 年基金发文数量呈逐年增长态势,特别是在 2018 年《园林》明确转型的主基调后,编辑部利用区域资源优势,与市园科院、知名高校等省部级重点学科带头人、国家基金或重大专项主持人、省部级重点实验室带头人建立常态化联系,主动争取优质稿件,通过各种途径连续发力,切实提高了优质稿件的比例。从基金资助文献量上也可看出,2019 年呈明显飞跃,增长率达 129%,以后逐年平稳上升,2022 年文献量和 2021 年持平是因为统计时间为 2022 年 8 月,收录数据还不全面,但可以推断,2022 年发文量增长态势不容小觑。

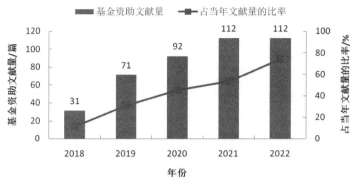

图 1　2018—2022 年度基金资助文献量图示

4　结论与讨论

4.1　结论

《园林》期刊在主管、主办单位，以及编委会、业界同仁等关心和帮助下，通过提质提档、栏目优化、数字化建设以及挖掘区域资源优势等一系列举措，目前已逐渐步入正轨。CNKI数据库的统计数据(由于CNKI数据库统计的时效性，期刊自2019年才开始在数据库上出现数据)表明(表5)，2020年《园林》期刊的指标普遍高于2019年，复合影响因子(IF)更是从0.260上升至0.465，涨幅为78.8%，CI(国内学术期刊界的权威排名)学科排序提升了10多位。

表 5　《园林》年度指标统计表

统计年	可被引文献量	复合总被引	复合影响因子	基金论文比	他引总引比	WEB即年下载率	CI学科排序
2019 年	179	717	0.260	0.38	0.91	71	112/169
2020 年	174	749	0.465	0.53	0.83	132	104/174

选取国内类似学刊《中国园林》(创刊于1985年)、《风景园林》(创刊于1993年)、《广东园林》(创刊于1979年)、《景观设计学》(创刊于2008年)作纵向比较(图2)得出：2019年《中国园林》《风景园林》《广东园林》《景观设计学》的复合影响因子分别为2.113、1.922、0.480、0.764；2020年为2.527、1.909、0.527、0.722，由于4本期刊都是创刊已久的业内老牌学刊，具有很高的学术水平和应用价值，也拥有成熟的作者、读者和编审团队，影响因子居高也是情理之中，而相较于增长幅度，4本期刊中的《风景园林》和《景观设计学》还略有下降。一系列的数据表明，《园林》已逐渐摆脱非学术期刊的痕迹，而成功转型为风景园林学科的学术期刊。

面对新媒体崛起、市场经营压力大等一系列问题，传统科普期刊转型显得尤为迫切。目前国内风景园林学科的学术期刊数量和质量远不能满足科研成果产出的发布需求，有较大市场潜力，而作为业内资深科普期刊的《园林》，本身具有优秀的行业资源、完善的出版机制等，具备转型学术期刊的基础。《园林》的成功转型给类似期刊提供了很好的借鉴模板：①调研出版单位、学科专业及同类期刊现状，找准期刊定位及发展方向。②"内外兼修"，提升期刊竞争力。外在优化期刊版式设计，加强期刊视觉效果；内在做好专题栏目策划，紧抓稿件学术质量。③顺应时代发展趋势，积极探索学术期刊数字化建设。④发挥期刊所在区域及出版单位资源优势，加强编委会和审稿专家队伍建设，灵活编辑部工作机制，全方位、多层次促进期刊转型提升。

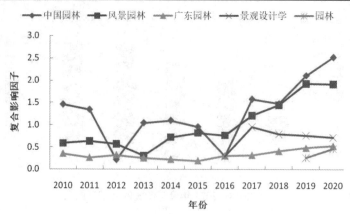

图 2　复合影响因子变化趋势图

4.2　讨论

基于当前学科的资源整合与优化，分析热点、焦点和发展趋势，分析《园林》期刊未来的布局策略如下：①基于期刊现有的发展优势，明确学科定位，加强学刊特色，并结合行业前沿热点，通过专题+滚动专栏的方式，实现集中定位、集中突破、多元结合；②依据期刊重点定位学科，增加编委会相应研究方向专家、学者的比例，并结合多元化发展目标，配置其他研究方向专家、学者；③增加组建学术主持人团队和特约编辑团队，加强组稿专家队伍力量，持续更新与扩充审稿专家库，提高稿源学术质量；④对于符合行业前沿、最新热点的文章，结合学刊文章时序等实际情况，予以优先考虑；⑤研究和挖掘地方内容，增加设置地域性主题/专题，提高学刊个性化，增加学刊的吸引力和凝聚力；⑥加强与期刊行业协会、同类期刊的沟通交流，包括规划、风景园林、生态类型的期刊，融入期刊联盟，联动开展学术活动，打造跨学科的学术交流平台，实现资源共享，推动行业发展。

参考《园林》未来布局策略，对于已步入转型阶段的期刊，可通过以下方式提升期刊学术影响力：①强化学科特色定位，实现差异化发展；②结合学科定位，调整现有编委会构成；③加强人员队伍建设，提高稿源学术质量；④优化稿件审核机制，提高热点文章发刊效率；⑤提升地域性特色，打造个性化品牌；⑥融入行业期刊联盟，联动开展学术活动。

参 考 文 献

[1] 赵燕萍.世界一流科技期刊建设背景下中文高校学报提升之路:以9种入选"中国科技期刊卓越行动计划"的高校学报为例[J].编辑之友,2020(11):6.

[2] 祁莲.基于商业模式画布的科普期刊转型研究:以《飞碟探索》杂志"虫洞空间"项目为例[J].出版广角,2017(5):17-20.

[3] 宋微伟.浅谈新媒体在科技期刊数字化转型中的作用[J].科技传播,2016,8(22):48-49.

[4] 祝叶华.以《三联》为鉴探究科普期刊转型发展[J].科技传播,2017,9(4):79-82.

[5] 李运远,孙松林."生态文明"建设与风景园林[C]//中国林学会森林公园分会学术研讨会.中国林学会森林公园分会,2013:32-36.

[6] 陆红梅,孙哲,史港影.《园林》杂志定位的演变与探讨[M]//学报编辑论丛 2016.上海:上海大学出版社,2016:439-445.

[7] 马素萍,陈丹丹,张喜龙,等.新时代中文科技期刊的定位与发展策略:以《沉积学报》为例[J].编辑学报,2022,34(1):93-96.

[8] 龚紫钰.学术期刊利益相关者分析及竞争力提升策略[J].中国科技期刊研究,2022,33(5):582-590.
[9] 王晓红.学术期刊纳入企业化改革存在几大弊端[J].中国广播,2012(2):78.
[10] 张浪.新时代的风景园林教育[J].园林,2019(9):1.
[11] 林鹏.关于建设世界一流科技期刊的思考与探索[J].中国出版,2020(9):17-22.
[12] 秦明阳,邓履翔,陈灿华.培育世界一流科技期刊背景下中文科技期刊发展定位与使命:基于中文科技期刊与国家重大战略协调发展情况分析[J].中国科技期刊研究,2021,32(3):281-289.
[13] 曹晋.浅议学术期刊版式设计的特点、原理和方法[J].美术大观,2011(10):122-123.
[14] 谢镒逊.学术期刊去同质化路径探析[J].传播与版权,2017(1):61-63.
[15] 江月.新时代学术期刊高质量发展:底层逻辑与进阶路径[J].传媒论坛,2022,5(11):98-100.
[16] 杨云红.融媒体时代高校期刊的数字化发展探究[J].中国传媒科技,2022(2):109-111.
[17] 任胜利.国际学术期刊出版动态及相关思考[J].中国科技期刊研究,2012,23(5):701-704.
[18] 黄斐.新时期下学术期刊数字化建设研究[J].新媒体研究,2019,5(21):61-63.
[20] 国家新闻出版广电总局.国家新闻出版广电总局关于规范学术期刊出版秩序促进学术期刊健康发展的通知[EB/OL].(2014-01-14)[2022-09-06].https://www.nppa.gov.cn/nppa/contents/312/74522.shtml.

农业科普期刊在乡村振兴中的策略探索

宋迁红,余 开,赵永锋

(中国水产科学研究院淡水渔业研究中心,中国水产学会《科学养鱼》杂志社,江苏 无锡 214081)

摘要:为探索农业科普期刊在乡村振兴中的策略,本研究首先分析了科普期刊在乡村振兴中的主要作用,同时以所在杂志的实践等为对象,指出了在新形势、新背景下,农业科普期刊应如何更好地服务于乡村振兴。总结了三个途径,包括提升传播效率、增加内容来源、扩大传播范围,多管齐下、多措并举,力争为乡村振兴做出新贡献。

关键词:农业科普期刊;乡村振兴;传播效率;传播内容;传播渠道

习近平总书记在中央农村工作会议上强调指出:坚持把解决好"三农"问题作为全党工作重中之重,举全党全社会之力推动乡村振兴[1]。农业高质高效主要指产品质量高和资源利用效率高,前者是消费者的要求,后者是生产者的要求,只有在生产优质农产品的同时又兼顾了资源节约、环境保护,乡村振兴才有了根基。乡村振兴战略的提出,正是对农村经济发展的客观和迫切需求给予了充分呼应,也对新时代农村经济社会的发展、农产品质量的提升、品牌的创建提出了更高水平的要求[2]。农业科普期刊的读者来自于生产一线的基层农民和农技部门技术推广人员,他们也是乡村振兴的实践主体,因此,在乡村振兴的大背景下,农业科普期刊如何适应新形势,更好地发挥服务"三农"的作用,是一个值得研究、探讨的问题。

全媒体时代是一个信息供大于求的时代,发现和选择有较高价值的科技信息是科技期刊编辑的创造性工作之一[3-4]。网站、微信公众号、视频号、直播等手段已被越来越多的读者所接受,广泛用于传统纸质期刊的转型升级。笔者从事农业科普期刊的编辑和发行工作若干年,现就期刊工作者应如何改变思路以适应新的形势探索如下,以供同业者参考。

1 农业科普期刊服务于乡村振兴的必要性

1.1 普及科学知识,提高农民职业素养

实施乡村振兴战略,构建农业农村工作新格局需要强大的工作力量来支撑,乡村振兴,人才振兴是基础和前提[5]。乡村振兴要成功,最重要的还是农民,必须有现代化的农民,才有现代化的产业。

目前,我国农业集约化水平和发达国家相比还很低。拿渔业中的水产养殖业来说,虽然中国已经是世界上第一水产养殖大国,养殖产量已数年居世界首位,但是养殖面积大多小而散,机械化程度极低,养殖从业人员的素质参差不齐。一方面水产从业者年龄整体偏大,文化水平偏低。另一方面由于水产养殖行业工作辛苦,因此缺乏有思想、有技术的年轻人才加

基金项目:财政部、农业农村部现代农业产业技术体系专项(CARS-45)
通信作者:赵永锋,副研究员,E-mail: zhaoyf@ffrc.cn

入，导致水产养殖业后劲乏力[6]。

农业科普期刊主要是为农民量身定做的文化产品[7]，承担着普及先进科学知识、提高农业从业人员素养的重要任务，一本好的科普期刊首先是有明确的定位，清楚期刊要面对的读者群体；其次是有一系列相对固定的栏目，能够对行业的关键技术进行全方位的诠释；最后还要质量严谨、通俗易懂，具有一定的实用性和可操作性，使读者读有所学、学有所用，致力成为农民朋友的好老师、实现脱贫致富的好助手。

笔者所在期刊《科学养鱼》杂志在创刊伊始就确定了"读者至上、服务基层"的办刊宗旨，把读者群定位于水产基层一线渔民，来稿注重通俗、实用、图文并茂，受到了生产基层读者的广泛认可，培养了大批一线的技术人才，其中不乏高级、正高级农业技术推广人才，为乡村振兴奠定了扎实的人才基础。期刊涵盖鱼、虾、蟹、贝、藻五大品种，在栏目设置上贯穿苗种培育到养成、加工、休闲的全产业链。由于内容契合一线渔民需求，对基层生产实践具有较强的指导作用，还一度被作为一些县市水产部门科技入户的指定期刊，对促进地方科技知识普及、提高基层农民职业素养起到了积极作用。

1.2 推广先进技术，促进产业转型升级

乡村振兴战略下，新一轮产业变革中，技术模式的作用更为凸显，科技的作用比以往任何时期都更加重要。而农业科普期刊的基本功能是积累、传播和交流农业科技信息，是农业科技成果转化为现实生产力的桥梁和中介[8-9]，在新品种的普及、新技术的推广、新模式的实施、新成果的落地中扮演着十分重要的角色。农业科普期刊和农业学术期刊不同，前者由于注重实用性而更契合生产的需求，而后者更注重理论研究，相对和实际应用之间有一定的距离，因此农业科普期刊更接地气，和行业结合更紧密，相对于读者来说也更具有指导意义。

近年来，环境保护被提到了从未有过的重视程度，淘汰落后产能、促进传统产业转型升级是实现绿水青山就是金山银山的关键。农业科普期刊紧跟时代发展，顺应潮流，积极推出行业中科学环保、资源节约的先进技术，引导基层农民在环境友好的前提下，生产优质农产品。例如，2019年十部委联合发布的《关于加快推进水产养殖业绿色发展的若干意见》，是当前和今后一个时期指导我国水产养殖业绿色发展的纲领性文件[10]，《科学养鱼》杂志近年组织了许多高效循环水绿色养殖技术的稿源，如循环水跑道养鱼技术、池塘原位修复零排放技术、稻渔综合种养技术等，这些先进的养殖技术有力地推动了基层传统、落后产业的转型升级。

1.3 调整产业结构，避免盲目扩大规模

产业兴旺是乡村振兴的重要基础，是解决农村一切问题的前提[11]。由于基层农业从业人员的局限性，普遍存在一种盲从、跟风的心态，往往是看到别人搞什么赚钱，自己也就搞什么，对自身是否具备相应的条件、产品是否有足够的销路缺乏一定的认知和对市场的充分调研，造成区域性产品积压，最后导致价贱伤民、量增价减，产品结构的不合理规划尤其不利于产业的良性发展，也阻碍了乡村振兴的顺利实施。一本好的农业科普期刊不仅能起到传播先进种养殖技术、推广高效种养模式的作用，还能够适时地指出当前产业发展中的问题，预测行业发展方向，合理规划产业发展规模，避免"一窝蜂"式地盲目上马，使产业得以良性发展。

笔者所在杂志社曾就我国主要淡水养殖区域作过一个产业调研，从调研的各品种养殖效益来看，明显呈现大宗淡水鱼产量季节性过剩且效益相对偏低、虾蟹养殖效益平稳、特色鱼养殖效益最高的特点，《科学养鱼》的"虾蟹养殖""名特水产"栏目，重点介绍各主养区先进的养殖典型案例和名特优新品种，近年陆续推出诸如蟹鳜混养、蟹鲈混养、虾蟹轮养、稻虾轮作等高效养殖模式，优化基层产业结构、助力渔民走上发家致富之路。不仅如此，又在各地

纷纷加快上马小龙虾养殖时、2020年初小龙虾苗放养之际，推出行业专家约稿"龙虾热的冷思考"，及时提醒虾农注意养殖品种合理搭配，不可一味盲目发展小龙虾养殖，合理规划产业规模，避免产品过剩，出现增产不增收甚至亏本的局面。

2 农业科普期刊在乡村振兴背景下的应对策略

农业科普期刊是行业内联系、交流和借鉴的重要形式，它可直接影响科技工作的进展，应紧跟时代热点，聚焦行业先进技术，起到及时传递信息、不断沟通进展、相互借鉴成果的作用。笔者认为农业科普期刊工作者应从以下三个方面寻求突破。

2.1 多形式提升传播效率

随着互联网技术的不断发展，新媒体手段开始逐渐得到应用，农业科普期刊也不甘落后，20世纪10年代前后，网站、公众号开始相继出现，大大提升了科学知识普及和传播的效率。利用新媒体传播速度快、时效性强的特点，可弥补纸刊发行周期长、时效性差的不足，加上手机更加便于携带，也有利于碎片化时间的应用，更受到一些年轻读者的青睐。引入多种传播形式后，应对传播内容进行重新定位。基于纸刊是以实用性、可读性的种养技术为主，可把新媒体定位于以季节性技术为主、重大新闻事件和会议报道并重的发布模式，既是纸刊内容的延伸，也是对纸刊内容的补充，做到科学性、时效性并重。

作为农业科普期刊来讲，在形式上既要满足读者对专业科普知识的需求，又要满足读者当下接收信息的习惯。笔者所在杂志社继2016年建立公众平台后，又在2021年申请了视频号和抖音号，使信息的传播从之前单一的文字拓展到视频形式，契合了期刊内容"场景化""视听化"的新要求，如邀请本单位青虾体系首席专家在基地塘口现场讲解青虾春季养殖管理技术，制成系列短视频，内容短小精悍、技术一目了然，一经推出深受读者喜爱；又如针对疫情期间不能举办现场培训班的实际情况，利用直播平台邀请专家进行讲座，通过全新的视听形式，做到面对面详细讲解河蟹实用养殖技术等内容，共举办9场讲座，受众达300多万人次。

农业科普期刊融入新媒体形式后应该相互促进、相互补充，而不是竞争关系。如网站可以将杂志前几年的技术内容按品种、养殖过程分类建成数据库进行二次利用，还可以定期设立一个题目，请相关专家网上授课、网上解答读者提问，进一步增强网站的互动性；公众号则发布新技术、市场行情走势等内容，并紧密结合农业生产的季节性，发挥公众号传播速度快的优势，及时发布和生产结合紧密的技术类、病害防治类推文；视频号则可以邀请专家现场讲解应时、应季的实用技术，直观展示生产中的关键要点。通过多种形式全方位传递最新、最实用的农业技术，力争在乡村振兴中发挥更大的作用。

2.2 多渠道增加内容来源

无论什么样的传播形式，归根结底都是"内容为王"，优质的内容永远都是出版物的制胜法宝[12-13]。多发表高质量文章是关键，要始终坚持严把质量关，论文的质量好坏是农业科普期刊能否有效传播的基础。在期刊编辑的日常工作中应瞄准产业痛点、紧扣产业需求，解决行业中的热点、瓶颈问题。

自新冠疫情暴发以来，《科学养鱼》公众号积极联系有关专家，及时组织了大量关于疫情带来的问题、相应的管理措施、分析和建议等的推文，受到了一线生产者的欢迎和上级部门的认可，其中，面对疫情的来源众说纷纭、某些地方发文禁养两栖动物的情况，利用公众号及时发布"专家呼吁：新冠肺炎疫情形势下蛙类养殖产业究竟何去何从？"一文，阅读量2.5万人次，有效地保护了地方的特色产业。

农业科普期刊还要彰显个性，做出具有自身特色的期刊，把品牌做响、做亮，做出影响力，这是期刊产品安身立命之本。刊载内容要尽量避免同质化，整合资源，打造精品栏目，使期刊更具特色[14-15]。做出特色同时也是避免稿源竞争、健康发展的办刊之路。一方面可以利用主办单位的优势，打造自身期刊特色，主办单位如果是政府主管部门，可以从行业政策、领导讲话、宣传活动上入手，重点向读者科普产业形势、大政方针；主办单位如果是科研机构或者高校，则可以以从实用技术推广、科研成果转化为切入口。

《科学养鱼》杂志的主办单位是中国水产科学研究院淡水渔业研究中心，中心拥有国家大宗淡水鱼产业技术体系首席科学家办公室，利用此优势设立了《大宗淡水鱼》栏目和公众号专栏，自设立以来发表文章上百篇、公众号推文数十篇，不仅将体系的研究成果及时呈现给读者，还有力地带动了地方大宗常规淡水鱼养殖业的健康发展，如稻田养殖禾花鱼技术、山区流水养殖鲤鱼技术、常规淡水鱼新品种福瑞鲤和异育银鲫的推广等，促进了乡村、丘陵等地特色产业经济的健康发展。

增强与读者的互动也是提高内容质量的方法。农业科普期刊的读者其实诉求很明确，因此，可以定期开展读者调查活动，在充分听取相关技术推广部门、科研院所、企业和农户意见建议的基础上，调整报道方向，打造特色栏目。如笔者所在期刊曾经每年进行一次读者调查，通过问卷形式请读者对最喜爱的栏目打钩，对不喜爱的栏目写上理由，并对寄回答案的读者给予一定的奖励。通过调查活动发现，读者喜爱的栏目得票最高的是致富向导、病害防治、名特水产、防治实例等，有鉴于此，对现有栏目的页码进行相应调整，在重点栏目上进行深度挖掘，并向有关专家进行约稿，大大增加了期刊的有效性和可参考性。

另外，还可以把期刊目录和征稿启事放在公众号上推送，根据不同时间段遇到的问题向广大读者征稿，可以吸引阅读者投稿，有目的地增加稿件来源，以提升期刊的可读性。编辑还可以走出去、下基层，采访致富典型，及时传播高效、实用的种养殖技术，积极鼓励编辑人员深入生产第一线进行采访，努力做到开放办刊[16]。如笔者所在期刊在传统纸刊转型之际，推出《特别策划》栏目，该栏目的设立要求当期编辑自由策划选题，然后自行采编撰写，选题主要由不同的季节、不同的热点而来，再采访相关专业人士进行组稿、编写，由于观点鲜明、贴近生产，受到广大读者的欢迎。

2.3 多渠道扩大传播范围

期刊质量包括4个方面：内容质量、编校质量(包括形式差错)、印制质量、传播质量，有了好的内容和形式，还要有好的传播渠道，才能让期刊走出去，更好地服务于产业，因此传播质量应该既是指服务质量，又反映宣传质量。

目前，农业科普期刊传播渠道主要有邮局发行、自办发行、网络发行、电子期刊等，针对目前传统纸媒受到新媒体形式的冲击、发行萎缩的现状，农业科普期刊通讯发行员队伍建设显得更加重要。在新形势、新背景下农业科普期刊不仅做好通讯，更要重视发行，通讯、发行缺一不可。

作为农业科普期刊要针对其活跃读者群体，选择基层的一线技术人员建立期刊的通讯发行员队伍，他们长期服务于田间地头，更了解基层的需求和生产中的问题，也直接接触当地的农业从业人员，更有利于做好当地的期刊发行工作，如各地的农业农村局、农业技术推广站负责人、技术骨干等。一支有效的通讯发行队伍建好之后，要及时进行沟通，优胜劣汰，通过每年评选优秀通讯发行员、召开通讯发行会，以及稿件优先录用等激励措施，稳定并且扩大通讯发行队伍。随着通讯员队伍建设工作的全面展开，更多的通讯员加入进来，通讯员队伍将会成为期刊的强大助力[17]。

另外，还可以拓展合作企业的业务员、门店作为杂志的发行渠道，增加期刊的宣传力度。农业科普期刊通常有一些长年固定的广告企业，彼此有着良好的合作关系，这些企业中不乏行业内的龙头企业，他们在业内产业发达的地区都有广泛的客户网络，不仅在各地设有门店，门店的服务人员也要经常深入田间进行技术服务。因此，可以与企业达成协议，放一些期刊在门店展示取阅，如果当地农民有需要，也可以购买，进而达到订阅期刊的目的。既宣传了期刊，同时也增加了发行量。

最后，还要加强已发文章的推广与传播，增加有效资讯的推送；加强与读者的互动，随时听取他们的意见和要求，才能与读者有共同语言[18]，增加读者的黏性，进一步提升期刊的发行量。

3　结束语

我国是一个农业大国，"三农"问题已成为制约中国现代化进程的重要因素，作为乡村振兴战略的重要组成部分，农业正处于向高质量发展的关键时期[19-20]。期刊工作者要与时俱进，继续完善微信公众平台和网站的建设；紧跟时代步伐，与新媒体深度融合，开发直播和短视频的功能；强化服务意识，深入生产一线，广泛拓展期刊的发行渠道。唯有多措并举、多管齐下，争取从传播形式、传播内容、传播渠道上走出一条适合本刊发展的创新之路，更好、更快、更广地为产业服务，才能为乡村振兴、精准扶贫献出一份绵薄之力。

参 考 文 献

[1] 刘庆斌.如何发挥农民在乡村振兴中的主体作用[J].党政干部论坛,2021(6):28-30.
[2] 甘江英.乡村振兴下的江西地理标志特色水产品开发策略[J].渔业致富指南,2021(6):12-16.
[3] 吴年华.学术期刊坚持"内容为王"目标的路径研究[J].内蒙古民族大学学报,2012,18(4):113-114.
[4] 黄润泽.试论科技期刊编辑工作的基本特征[J].中国科技期刊研究,1991(2):7-11.
[5] 操秀英.国内科技期刊"突围",是时候了[N].科技日报,2013-03-13(0003)
[6] 顾玲玲,章宇思.基层水产推广工作中存在的问题和应对策略[J].科学养鱼,2020(1):3-4.
[7] 王永鹏.关于农业科普期刊应纳入公益性文化事业管理的思考和建议[J].中国农学通报,2006,22(4):408-410.
[8] 胡璇子.渔业之兴以科技为"鳍"[N].中国科学报,2018-07-11.
[9] 翁志辉.农业科技期刊要为推进社会主义新农村建设服务[J].中国科技期刊研究,2002.17(4):531-536.
[10] 潘峰.关于新时期农业科普期刊创新报道服务"三农"的思考[J].现代农业科技,2008(21):327-328.
[11] 付勇浩,包正,郭林英.河南省水产技术推广分区调研情况报告[J].河南水产,2022(1):1-3,7.
[12] 李霄,邱文静.全媒体时代科技期刊出版的理性思考[J].编辑学报,2013,25(增刊1):S1-S4.
[13] 廖剑锋.法兰克福书展热议数字出版　媒介融合凸显内容价值[N].通信息报,2010-10-13.
[14] 麦尚文,蔡立.大众期刊"全媒体"出版转型的实践:以《家庭医生》系列媒体运营实践为例[J].中国编辑,2012(1):63-65.
[15] 谷子,郭联哲,王庆霞,等.对提升科技期刊质量的思考[J].编辑学报,2013,25(增刊1):S60-S61.
[16] 戈贤平,刘柱军.倡导绿色水产养殖　服务渔民致富之路[J].科学养鱼,2006(1):1-2.
[17] 蔡成军,周光军,王新频.科技期刊通讯员队伍建设的实践探索[J].中国科技期刊研究,2016,27(4):380-383.
[18] 余开,刘柱军,魏友海,等.水产科普期刊应注意的问题增加[J].农业图书情报学刊,2014,26(3):134-136.
[19] 张行勇,李明镏.办好农业科技期刊为全面建设小康社会作出贡献[J].中国科技期刊研究,2005,16(3):275-277.
[20] 邱德荣,孟草,黄滨,等.江西省稻渔综合种养产业的关键问题及发展对策研究[J].中国水产,2020(8):50-54.

同行评议中存在的问题及其改进建议

张爱民

(1.中国康复科学所康复信息研究所，北京 100068；2.中国康复研究中心，北京 100068)

摘要：同行评议对于期刊提升学术质量起着十分重要的作用。然而，在同行评议过程中，存在着审稿时效性不强、同行评议标准缺乏、可能存在不端行为和缺乏同行评议激励机制等问题。本研究从提升同行评议效率的角度，从遵守同行评议的操作规范、注重同行评议专家团队建设、加强同行评议专家培训、防范同行评议中的不端行为、建立健全同行评议反馈机制和建立健全同行评议激励机制六个方面提出建议，以期提高同行评议效率，提升期刊学术质量。

关键词：学术期刊；质量；同行评议

期刊对论文的评审一般采用三审制，即编辑部内审、同行专家外审、编委会(或编辑部)终审。同行评议主要是指同行专家外审，如果期刊采用编委会专家集体终审，实际上是同行专家集体评议过程，也应归入同行评议。

期刊同行评议是指作者投稿以后，由主编或编辑邀请相同领域的专家对科研论文的研究目标、研究意义、研究方案、研究过程、研究成果和研究结论从科学性、创新性、真实性、逻辑性和规范性等进行综合判断和评价，给出客观意见，为科研成果的公开发表把关。同行评议涉及的利益主体包括作者、编辑和评审专家，三者在评审活动中具有不同的角色属性。无论采取哪种方式，同行评议的伦理规范都是通过规定与约束同行评议要素间的相互关系，使主体行为满足集体客观性的制度规范，使学术诚信、学术规范、学术廉洁内化为一种自觉的学术行为，最终达到个体德行和社会需求的和谐统一。同行评议是期刊论文评审的重要环节，一般的医学期刊每篇论文都会邀请2~3位评审专家，也可以邀请更多的专家评议。

同行评议是目前学术界公认的科学评价论文质量的第三方评价制度，是保证期刊质量的关键环节。审稿专家提出的及时、科学、客观、公平、公正、建设性的审稿意见，对于期刊质量有着重要的积极作用。不合格的审稿人，可能在审稿过程中出现审稿延迟、审稿意见不符合标准甚至不端行为，给作者、期刊和审稿专家自身带来负面影响。

本文以对当前同行评议中存在的主要问题进行分析，并提出解决方案，旨在为提高同行评议效率、提升期刊发文质量提供参考。

1 同行评议中存在的问题

1.1 同行评议的时效性不强

科研成果的快速发表，是科学技术快速发展的要求，也是期刊保持竞争力的重要举措。审稿时间是作者重点关注的问题，也是决定编辑部工作效率的重要因素。审稿专家延迟审稿，会直接导致整个编辑加工流程受阻，发稿延迟。

一些医学期刊的审稿专家大多来自高等院校、科研机构和三甲医院的专业技术骨干，专家们的日常工作很繁重，审稿时间非常有限，经常有专家因为工作繁忙、审稿积极性不高、所收到的稿件与自己的专业不符、审稿任务过于繁重等原因而延长审稿期限，有时甚至长达3个月及以上，严重影响期刊的出版和网络首发，不利于学术成果的传播。

1.2 同行评议的标准缺乏

期刊对同行评议应制定具体严格的规范，以保障及时完成稿件的评选并提供有建设性的、无偏见的、合规的审稿意见，有助于作者修改。以医学期刊为例，不同论文类型的审稿标准侧重点略有不同，基础医学研究性论文一般更注重原创性、新颖性(观点、方法、工具、解析和结论等)和科学性(研究问题、研究假设、试验设计、数据分析、结果解读和讨论结论等)方面，而临床病例研究则更注重统计学规范、是否符合伦理学要求以及数据真实性等。

然而，长期以来，审稿专家都是凭借自身经验进行审稿，导致同行评议质量参差不齐、审稿尺度不统一、审稿时间较长、审稿意见不明确、审稿意见对作者和编辑的参考价值有限等问题[1-4]。全面、科学、规范的审稿标准对于提高审稿人审阅效率、提出详尽建设性的审稿意见、保障审稿质量很有必要。

1.3 同行评议中可能存在不端行为

审稿专家对稿件的评价工作对于学术期刊质量和学术生态圈的良性发展起着关键作用。但是，由于学术偏见、利益冲突等多种原因，在同行评议过程中有可能违反平等待人的行为规范，甚至出现评审权滥用等问题。

在同行评议过程中可能出现的不端行为有：审稿专家故意延长审稿时间使所审阅稿件出版延迟从而使自己抢占首发权、借鉴甚至抄袭作者的研究思路[5]、恶意打压同行、贬低或者压制学术观点、强迫作者引用自己的或者指定对象的非相关论文、与作者私下交易、泄露评审论文内容给第三方、私自委托第三方评审等。这些不端行为破坏了作者、期刊和审稿专家之间的信任关系，侵占和损害了作者的利益，不利于形成良好的学术生态。

1.4 缺乏同行评议激励机制

国际主流出版商对于审稿专家有不同的激励措施，比如 Publons 同行评议奖、Elsevier 奖章等荣誉，Elsevier、Wiley、Springer、Nature 等出版商给审稿人颁发评审人证书，并提供集团期刊的免费阅读权限、数据库免费使用权限、发表文章版面费折扣等[6-7]。但是这些方式在国内并不完全适用。我们需要探索适合我国的审稿专家激励机制，并与审稿专家建立长期稳定的良性互动。

2 如何提高同行评议的效率

2.1 遵守同行评议的操作规范

期刊对同行评议应制定具体严格的规范，以保障及时完成稿件的评审并提供有建设性的、无偏见的、合规的审稿意见，有助于作者修改。首先，要保持一定数量的评审专家。比如对康复医学的不同研究领域如物理康复、职业康复、语言康复等分别聘请多位领域内知名专家作为审稿人，对论文的新颖性和科学性进行把关。第二，坚持小同行专家评审，按照论文学科随机选择评审专家，对同一篇论文，一般选取两名以上同行专家对稿件的政治性、学术质量和写作质量进行综合评判。严格保持研究方向一致，尽量避免因审稿专家专业差异而造成的评审误差。第三，建立专家审稿回避制度，尽量避免与论文作者同一单位、同一地域、同一导师的专家审阅稿件，避免偏见、人情、不当利益对审稿公正性的影响。第四，匿名审稿。删除送审稿件的作者姓名和单位信息，正文中出现的单位信息也匿名处理，尽可能保证同行评议过程的公正、公平、客观。第五，采取群体评议机制，实行专家集体定稿会制度，优化终审结果，保证终审的权威性、科学性和客观性。在每期刊物的定稿会上，邀请统计学专家对论文的研究设计和统计分析进行把关。

2.2 注重同行评议专家团队建设

采用多种方式扩充审稿专家库，是保证同行评议质量的重要举措。同行评议的审稿专家承担着把关论文科学性、新颖性的重要职责。学术背景、责任心、主动精神和职业道德是期刊在遴选审稿专家时重点考察的因素。编辑部可以通过申请人自荐、专家推荐、在日常工作和学术交流中发现潜在的审稿专家等多种方式充实审稿专家队伍，形成不同研究方向的小同行专家库。对于青年评审专家的遴选，不应过分强调社会声望和在学术团体的任职情况，应重点关注其学术水平、科研业绩和科研作风。作为医学期刊，在保证期刊重点建设学科和栏目评审专家数量的同时，兼顾基础医学、临床医学、医学交叉学科以及统计学的专家。编辑部在分配稿件时，应控制专家审稿频次[8]、减少审稿数量[9]、做到精准送审[10]，减少专家审稿负担，避免因审稿专家人数过少不能满足审稿需要的情况出现，减少同行评议拖延导致的负面影响。编辑应与审稿专家及时沟通，增强信任，提供必要的专业服务[11]。代小秋等[12]调查发现 41%的作者在投稿过程中遇到过对审稿专家意见持有不同态度的情况。当作者对审稿意见有其他看法、不能完全理解同行评议专家给出的意见或想继续与同行评议专家进一步交流的时候，编辑应减少在此期间给该审稿专家分配新的稿件，以免增加其审稿负担。

编辑要积极参与本领域的学术会议，进行学术交流，让更多的同行了解并熟悉期刊，平时注重与专家们保持联系，及时跟踪学科内重要研究课题、主要研究团队的研究进展，经常与各团队学术带头人、科研骨干交流，保持对学科研究热点的敏感性，维护与现有同行评议专家的友好关系，并不断发掘潜在的同行评议专家。

2.3 加强同行评议专家培训

对审稿专家进行培训，使其了解编辑部的审稿要求、明确审稿标准和掌握审稿技巧，对于培养审稿专家的审稿能力和提升审稿质量具有重要意义。朱琳峰等[13]调查发现仅有 18.77%的审稿专家参加过同行评议培训，81.23%没有参与过任何审稿培训，81.88%的审稿专家表示有培训需求。对审稿专家的培训，要注重审稿流程和评价指标两个方面内容。在审稿流程方面，建议审稿专家首先略读全文，对文章的科学性、新颖性和可读性形成初步判断，然后再通读全文，对论文的各个部分进行全面、准确的评价。在评价指标方面，建议审稿专家对论文的各部分进行有针对性的认真评判，如题目是否反映了文章的主旨内容、摘要是否具有自明性、关键词是否反映了文章的主要内容、引言是否总结了研究现状并说明该研究的必要性；研究目的是否明确并与文章其他部分保持一致；数据和图表呈现的方式是否恰当、图表是否具有自明性；研究结果是否支持结论、结果和讨论部分的逻辑性、是否探讨了该研究对未来研究的理论和实践应用价值；是否引用了关键文献、引用文献的准确性和新颖性等。

编辑部要从评审要点、评审时间和评审意见的撰写等方面对同行评议提出具体的要求，鼓励审稿专家对于稿件提出明确的、具体的和建设性的意见，并在规定的审理期限内提交评议意见。编辑部每月可对审稿中发现的问题进行归纳总结并及时与审稿专家进行交流，以提高审稿专家的审稿质量。

2.4 防范同行评议中的不端行为

防止同行评议不端行为是学术期刊的重要责任和义务。首先,要做好期刊网络平台的信息安全保障,防止被网络攻击。第二,妥善管理编辑部工作人员账号,以免账号密码泄露,使心存侥幸的关联方窃取账号密码并邀请利益相关人进行审稿。第三,谨慎选择审稿专家,通过在数据库中进行姓名和邮箱比对,避免选择同一单位、同一课题组或者曾经有过科研合作的利益相关人担任审稿专家。第四,增强编辑责任感,充分发挥编辑的把关作用[14]。第五,实现审稿专家动态管理,对于审稿人给出不恰当审稿意见、泄露论文内容、与作者进行交易等不端行为,情况一经查实,一律取消审稿资格,并视情节严重程度进一步追究责任。

2.5 建立健全同行评议反馈机制

建立评审中、发表后的反馈机制,并建立作者申诉制度和审稿人反馈通道,有利于对稿件进行全面、科学、专业和公正的评估。在评审过程中,作者如果对评审标准、评审意见、评审结果有异议,可以提出质疑、申诉,编辑部应组织复议并予以回复。论文发表后,若有读者对论文内容提出意见或问题,编辑部应及时组织评审专家、终审专家警醒复议,并将复议结果反馈给审稿人。畅通的作者申诉渠道和审稿人反馈通道,可以进一步提升同行评议的透明性和公正性。

编辑部第一时间处理作者关于审稿意见的反馈意见,积极做好与作者的沟通。若作者对审稿意见有异议,编辑部可根据具体情况,另请第三位审稿专家进行评议,或者提交编委会讨论决定。

2.6 建立健全同行评议激励机制

目前对审稿专家进行回馈的主要方式有支付审稿费和开通投稿绿色通道等[15]。期刊也可探索多种方式提高审稿专家积极性,增强其荣誉感。比如在期刊上刊登优秀审稿人审稿工作量,让读者清楚感知到审稿专家对学术活动的付出。借助期刊搭建学术交流平台,组建同领域专家交流群,组织开展学术活动,促进学术交流,助力审稿专家的学术成长,同时追踪学科发展热点,便于期刊组稿。对优秀的同行评议专家予以公开表彰、致谢,激励专家更好地提高审稿水平。

3 同行评议的流程

根据相关调查,同行评议已经被国内学术期刊普遍采用,并且以双向匿名审稿居多[16];科研人员也比较认可双盲评审模式[13]。

本文就以双向匿名审稿为例介绍同行评议流程。本流程图(见图1)是个原理图,具体内容可以在实际工作中进行修改,形成本编辑部的应用流程。

双向匿名评议就是同行评议专家(审稿人)和作者的姓名信息都是隐匿的,双方都不知道对方的信息。具体步骤如下:

步骤1 编辑部的学术编辑对论文进行初步筛选(初审)。重点是审核论文内容是否与杂志宗旨一致?是否符合杂志刊发的范围?论文的结构是否规范?

步骤2 编辑送审。编辑组织遴选领域专家评审,根据小同行等原则,在审稿专家库中选择合适的审稿人。一般是两个人。但应注意回避政策,即审稿人应回避与作者同单位、同地区以及同研究项目组、在学术上存在争议等情况。

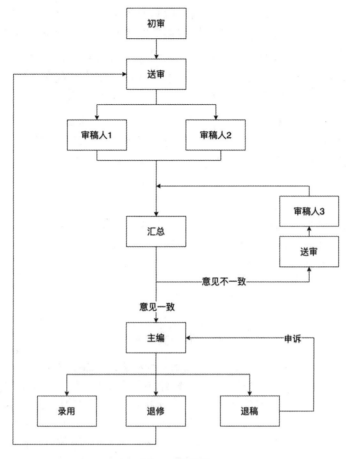

图 1 流程图

步骤 3 审稿人审阅。审稿单内容一般分为两个部分。第一部分为规定内容,包括论文的科学性、创新性、学术性、伦理规范等内容,审稿人直接勾选即可。第二部分是审稿人的总评意见,即全面评价论文,要求评价内容完整,意见明确,尤其是退修意见要具体。

建议审稿人注重发现学术不端行为。如通过查重等技术手段,审核本文是否与已经发表的论文有相同内容(特别是数据、图和核心内容),是否存在作者将非本人的英文论文翻译后作为中文投稿,或者作者的英文论文已经发表,中文论文在国内投稿等情况。

步骤 4 编辑汇总审稿人意见。如果两位专家意见一致,即可以开始下一步。如果意见不一致,为了公平和客观,可以推送第三位审稿人。

步骤 5 责任主编决定稿件的录用、退修和退稿。在决定时,要对审稿人、审稿意见、论文的学术价值等进行综合评判,既要选择出具有创新性和高水平的论文,又要防止学术不端的发生。

有退修价值的论文,退修后重新让原审稿人复审。为了保障作者的权益,退稿后作者可以有申诉的机会。

为了保证审稿质量,提出几点建议:①编辑部建立同行评议管理制度。②审稿人培训是保证审稿质量和规范的基础。如期刊审稿流程的应用、审稿单相关评审项目的要求、学术伦理道德等。现实中接受审稿人培训情况较少[13]。③规范、量化的审稿单[17]便于实践中操作。

④慎重选择审稿人是审稿成功的关键。审稿人应具有专业背景和研究能力，熟悉相关的资料文献，对审核内容可以做出判断。为了增加审稿人的责任心，可以建立相关的机制，如激励机制等。⑤注意防范学术不端的发生。⑥发挥编辑在同行评议中的主导作用。期刊出版实行编辑责任制度。编辑对同行评议的参与可以克服同行评议制度的局限性[18]。在审稿过程中，虽然作者和审稿人是互盲，但是编辑知晓双方的信息。因此，编辑在审稿过程中，既要保持公正和客观，又要保障和权衡作者和审稿人双方的利益。编辑还要做好桥梁作用，完整理解同行评议专家的审稿意见，与作者充分交流。⑦有条件的编辑部可以引入监督机制，作为同行评议的补充。如论文发表后的举报，后期检查发现问题等，可以实行撤稿机制。

4 结束语

虽然存在一定的问题，但是同行评议仍然是目前学术论文质量评价的重要手段。可以通过同行评议专家团队建设、加强同行评议专家培训、防范同行评议中的不端行为和建立健全同行评议激励机制等多措并举，不断完善同行评议制度，提高同行评议效率，达到提升期刊学术质量的目的。

参 考 文 献

[1] 盛怡瑾,初景利.同行评议质量控制方法研究进展[J].出版科学,2018,26(5):46-53.
[2] 陈嵩,安菲菲,张敏,等.对完善我国科技期刊同行评议机制的思考[J].编辑学报,2022,34(1):53-57.
[3] 索传军,于淼.国外期刊论文同行评议创新态势述评[J].图书情报工作,2021,65(1):128-139.
[4] 黄崇亚,亢列梅.提高同行评议质量和效率的几种方法[J].编辑学报,2021,33(1):78-81.
[5] 颜永松,王维朗,薛婧媛,等.学术期刊同行评议中不端行为的应对策略[J].编辑学报,2021,33(4):426-429.
[6] 代小秋.客观评价审稿贡献消除同行评议瓶颈[J].编辑学报,2017,29(5):416-419.
[7] 刘丽萍,刘春丽.2015—2020 年国际同行评审周:发展、演化及启示[J].中国科技期刊研究,2021,32(4):453-464.
[8] 林松,张婉博,张维维.同行评议中审稿人不当行为的探讨与防范[J].编辑学报,2020,32(4):439-442.
[9] 蒋建斌.大数据背景下同行评议的改进策略[J].中国传媒科技,2021(8):111-115.
[10] 杨莉娟.科技期刊同行专家审稿现存问题及解决措施[J].传播与版权,2022(2):25-27.
[11] 郑筱梅.合作共赢:提高同行评议的成效[J].编辑学报,2015,27(6):573-575.
[12] 代小秋,殷宝侠,贺欢,等.作者对同行评议意见异议申诉的必要性及期刊编辑对策[J].中国科技期刊研究,2021,32(3):360-364.
[13] 朱琳峰,李楠,张婷婷.学术期刊同行评议的问题及效率与质量提升策略[J].中国科技期刊研究,2021,32(8):990-997.
[14] 彭芳,金建华,董燕萍.同行评议造假原因分析及防范措施[J].编辑学报,2018,30(3):240-243.
[15] 常唯,袁境泽.国际学术出版中的同行评议进展与展望[J].中国科技期刊研究,2020,31(10):1181-1192.
[16] 冯广清.科技期刊同行评议审稿方式调查与评析[J].学会,2016(12):55-60.
[17] 孙丽华.学术期刊同行评议的实践:以《Nuclear Science and Techniques》为例[J].中国传媒科技,2017(1):73-75.
[18] 陈未鹏.同行评议制度中的学术期刊编辑角色新定位[J].福州大学学报(哲学社会科学版),2020,34(3):104-108.

助力客座主编，打造精品专辑
——以《应用技术学报》"有机污染场地土壤修复"专辑为例

陈 红，朱建育

(上海应用技术大学期刊社，上海 200235)

摘要：专辑是科技期刊吸引优质稿源、提升学术期刊影响力和知名度的重要手段。客座主编与编辑部共同出版专辑，可以借助客座主编的知名度和号召力，吸引行业内知名专家学者投稿，打造精品专辑。从责任编辑的视角出发，以《应用技术学报》"有机污染场地土壤修复"专辑为例，从客座主编遴选、专辑内容选定策略，以及专辑出版、编辑工作、宣传推广等方面对于助力客座主编打造精品专辑，进行了探讨。

关键词：专辑客座；主编；责任编辑

高校学报是由高校主办并提供办刊经费，旨在发表本校科研成果，为本校科研提供学术交流平台[1]。对于普通地方综合性大学学报而言，本校稿件是学报稿源的重要来源，稿源质量直接受制于学校科研水平和学科建设的实力，专业特色不明显。同时也由于高校学报的内向性，鲜有校外的优质稿源主动投稿。学报编辑更多是被动地参与期刊出版中的专业编校工作，在提升服务、提高业务能力、提高出版质量以及加强宣传方面起到积极的作用。而其学术能力不能充分发挥，不利于期刊学术水平和影响力的提升。

专辑出版通过将相同或相近主题的论文集中在一起展示，扩大期刊影响力，也方便该专题同行的学术交流，满足科学研究精细化、深入化、多样化发展带来的科技成果出版需求，成为科技期刊重点考虑的出版方式和常用的模式，也是高校学报改变综合性、多科性，走出困境的一个很重要的手段。经常性的相关专题的出版可以使学报从众多同质化期刊中分离出来，有助于形成自己的特色。

专辑出版中专题策划、主题确定是关键，责任编辑在如何发挥学报定位、搭建专辑主编团队，在协助客座主编实现其关于专辑定位、内容选定、组稿约稿以及宣传推广等工作方面，在服务客座主编，吸引优质稿源、提高期刊质量，打造特色专辑方面起到了关键作用[1-4]。

1 专题出版关键要素

1.1 专辑客座主编遴选

选择合适的客座主编是专辑成功的前提。首先，客座主编须有一定的学术地位，是行业的知名学者专家，对该领域有很高的学术水平和学术影响力，有一定的社交活动能力和作者群体。此外，还需要对期刊有很高的热情[2]。学术能力具体表现为：承担有国家重大或重点基

基金项目：2020 年上海高等教育高水平学术期刊建设支持计划
通信作者：朱建育，E-mail: zhujy@sit.edu.cn

金项目首席科学家，或者获得国家和地方重大科研成果奖励；其研究领域具有前沿性、创新性、引领性，这是今后确立专题主题的重要依据。一般选择学校重点学科和优势学科的领军人才，他们在自己学科领域耕耘多年，科研实力雄厚，形成了自己独有的特色方向。特别是当其承担的国家级重大项目即将结题时，会集中形成一系列的科研成果。在这恰当的时机，策划出版专题，彰显课题组和学院的学科实力，展示系统成果；对于相关领域科研人员来说，专辑给予了该领域的全局视野。同时，专辑也有利于读者开展深度阅读，扩大期刊影响力。

其次，客座主编愿意为专辑撰写征稿启事、专辑介绍等。介绍专辑主题的研究现状、专辑出版背景和意义，开展组稿约稿工作，对组约稿有很高的积极性和主动性，同时，积极和专辑责任编辑合作交流，修改确定组稿邀请函、落实稿件、后期共同开展专辑推广和宣传工作。

学报主编、编委专家了解行业专业前沿，是开展专题策划、专辑出版的重要学术力量，是专题客座主编的不二人选。编辑应定期加强与编委专家的联系，及时了解专家研究发展情况和基金支持状况和科研进展，选择合适的时机，启动确定专题出版主题[3]。

1.2 协助客座主编，开展专题策划

选题是专辑能否成功出版的基础，一个好的选题可以吸引行业内知名专家学者投稿，提高稿源质量，提升期刊影响力。围绕热点领域和热点方向出版专辑，是出版专辑的惯例。专辑主题则一般是由客座主编选定，因其是行业内专家，对行业的最新研究进展比较熟悉，具体专题选择将由客座主编结合其研究领域进行确定，且借助其影响力和号召力，容易吸引高质量稿源[4-6]。

编辑做好专题计划，协助客座主编开展专题策划。为客座主编准备好所有相关材料，客座主编是行业内的知名学者，对行业科研现状比较了解，约稿也更有针对性，且借助其号召力和影响力，由其组约稿件更容易成功。启动时机也十分重要，一般在基金项目中期汇报前启动时机最佳。由客座主编在会上介绍专辑设想，讨论确定专辑主题，初定核心作者名单。客座主编确定拟约稿名单后，责任编辑结合专辑出版计划，明确时间节点，根据稿件情况实时更新专辑策划书并及时与客座主编沟通，以保证约稿及时到位，确保每个环节顺利进行。

1.3 落实专辑出版

专辑出版历经专题策划、宣传、约稿、初审、同行评议、终审、编辑加工、排版、校对、通读、定稿、印刷等诸多环节，为了确保专辑按计划出版，在确定客座主编人选后，责任编辑及时制定出版计划，主动联系和服务客座主编，为客座主编撰写征稿启事、组约稿邀请函、专辑介绍等做好前期准备工作，共同商讨确定内容、时间节点，并在专辑确定组约稿名单后，建立专辑工作微信群，协助客座主编加强与作者沟通，落实稿件。

责任编辑要求具有良好的沟通能力、对期刊高度负责的态度、有一定的专业素养、具备组织协调能力，以及宣传推广能力及服务读者作者意识[7-9]。

专辑出版主要分为3个阶段。第一阶段，专题宣传组织工作，撰写专题方案，包括背景、意义，学报介绍和基金支持情况。初步确定组约稿专家范围。第二阶段，跟踪落实组约稿进度，配合客座主编，及时反馈稿件进展。第三阶段，审稿、定稿、出版。责任编辑制定专辑策划书，做好统筹和联络工作，保障专辑顺利出版，加强与专家的沟通与联络，以保证约稿及时到位，审稿意见落实到位，稿件及时修回，以免影响专辑进度。第三阶段的审稿工作是保障专辑学术质量的重要环节，责任编辑要加强与客座主编的联系，使其及时了解稿件进展

和审稿中的问题，全面把控论文学术质量，不因约稿而降低出版要求。

现代交流手段能高效的推进专辑的出版工作，责任编辑通过微信工作群，通过服务保障计划如期进行，执行主编、客座主编及作者等了解专辑进展，提高工作效率。

1.4 宣传推广

为实现期刊价值，专辑出版后的宣传推广也至关重要。责任编辑要根据专题的特点、研究现状、文章情况等撰写专题导读，向专家读者推荐专题、宣传期刊。同时还要关注和参与重要作者群体的学术活动，有针对性地进行推广。

1.4.1 依靠客座主编、编委和行业学术会议，通过专业学术领域的持续宣传，扩大专辑影响

专辑出版后，应第一时间将期刊送达客座主编和作者，有利于加强后期的宣传推广。对于有国家重大项目支撑的专辑，更需要经常性地关注客座主编的学术活动。如在其组织或参与的全国性的专业学术会议上宣传专辑和学报，和会议分课题组负责人联系，在会场发放专辑；分析研判作者，加强和重点作者联系，参与作者的学术活动和专辑的宣传、推广。充分依靠编委、调动他们的积极性，也为后续出版专辑提供了良好的案例。

1.4.2 利用数据库、新媒体推广

开展数字化宣传，利用学报网站、数据库(知网、万方、超星、维普、科技在线)等平台。制作专辑虚拟电子期刊，方便客座主编推广宣传。通过专辑微信工作群、学报编委群、学报青年编委群推广。通过学报微信公众号，让更多的读者、作者、审稿人等了解、关注专辑。通过以上多渠道推广，达到宣传推广专辑的目的[8-9]。

2 "有机污染场地土壤修复"专辑出版的实践

《应用技术学报》在综合性学报专业化转型过程中，多次开展专题策划和专辑出版，如："应用技术专业化名栏""绿色化学技术与工程""现代制造技术与工程""有机污染场地土壤修复"等专题和专辑。通过专题策划和出版，学报建立了专题出版模式和流程。通过专题专辑出版，突出学报的定位宗旨，编辑的学科能力强化提升，开展专题策划和组稿能力得以提高。"有机污染场地土壤修复"专辑出版是体现编辑的专业素养以及协助客座主编开展专题策划和专辑出版的一个成功案例。

2.1 客座主编和主题选择

根据客座主编的遴选原则，编辑部关注到学报编委、校生态技术与工程学院院长、博士生导师、国家注册土木工程师、上海城市路域生态工程技术研究中心副主任李教授，承担国家重点研发计划项目和多项国家自然科学基金项目课题，其承担的国家重点研发计划项目"中低度典型有机污染场地生物修复关键材料与技术"(2020YFC1808800)即将于2021年8月在国家级学会召开项目研究进展的中期研讨和成果汇报会。

土壤是人类赖以生存的物质基础，是人类不可缺少、不可再生的自然资源，也是人类环境的重要组成部分。自20世纪60年代开始，发达国家就对污染土壤修复技术研发十分重视。2014年5月，中国国家环境保护部和国土资源部于联合发布的《全国土壤污染状况调查公报》表明，全国土壤环境状况总体不容乐观，土壤污染总的超标率为16.1%，其中耕地的超标率达到19.4%。为了切实加强土壤污染防治，国务院于2016年5月28日正式颁布《土壤污染防治行动计划》，将治理土壤污染确定为向污染宣战的三大行动计划之一。污染土壤修复是当今环境保护领域技术发展的热点领域，也是最具挑战的研究方向之一。目前，中国的污染土壤环

境生物修复研发处于起步阶段。在过去的十几年中，研究主要是跟踪国际土壤修复技术的发展。随着人们对土壤污染治理要求的提高，国家各项法律与制度的日臻完善，国家和企业对污染治理投入的增加，研发具有自主知识产权的低成本、强广谱和高效率的污染土壤生物修复材料、成套设备和综合集成技术就显得尤为迫切[10]。该主题具备了研究领域前沿性、创新性、引领性，与学报应用技术定位相当匹配。

执行主编、编辑和李教授多次联系商定，确定围绕该研究主题出版专辑，李教授并同意担任客座主编，并定于2021年年底，配合项目的进展出版专辑。专辑主题经过2次修改，最后确定为"有机污染场地土壤修复"。

根据学报专辑出版模式和流程，责任编辑和客座主编共同制定专辑出版计划、撰写组约稿计划、启动专题组约稿工作。客座主编结合项目的内容，撰写了专辑的主题和组约稿要求，以及专辑出版的意义。

自2014年起，学报多次获得了上海市新闻出版局、上海市教育委员会"上海高校学术期刊质量提升计划""高水平高校学术期刊支持计划"等多项基金的资助，并在专题策划和平台建设、XML数字化平台出版方面积累了一定的经验，学报的办刊水平和出版质量为客座主编宣传介绍学报和组约稿工作顺利进行提供了很好的信心支撑。

李教授同时还兼任中国自然资源学会资源循环利用专业委员会委员、中国环境科学学会环境规划专业委员会委员，以及辽宁省环保产业联盟生态环境保护专家委员会副主任委员，具有很强的社会互动能力和行业影响力。

确定客座主编后，李教授在该国家重点研发计划项目中期讨论、项目结题等重要环节，慎重提出专题组稿和专辑出版计划和设想，宣传介绍学报；计划通过后，落实约稿对象与撰稿内容，推荐审稿专家交叉审稿，全面负责专辑的整体布局，把控论文学术质量[2]。重视宣传推广，出版后，在全国学术会议中多次介绍推出专辑。国家重点研发计划项目"中低度典型有机污染场地生物修复关键材料与技术"2021年度总结会议由我校组织承办，会议分别在北京、上海、广州和长春设置4个分会场，通过线上线下相结合的方式召开，责任编辑参加线下会议，发放专辑，专辑得到了与会人员的广泛关注，加大了专辑的宣传推广强度，拓展了宣传推广深度，增加了新的读者群和潜在的作者群。

2.2 专辑内容和基金情况

"有机污染场地土壤修复"的专辑，收录了行业内多位知名学者专家的文章，代表了该行业研究的最高水准。该专辑内容主要涵盖了国内外有机污染场地土壤和地下水生物修复技术的最新进展、生物炭基生物修复载体与固定化菌剂制备、电动-微生物和生物炭-微生物联合修复、化学强化生物修复及地下水原位热脱附修复技术工程应用等方面，系统介绍了国内外有机污染场地土壤生物修复技术最新研究进展、科技研发和工程应用成果。通过这一专辑，读者能对国内外有机污染场地土壤生物修复技术、环境修复材料研发与技术工程应用等整体情况具有较为明晰和透彻的了解[10]。

专辑出版工作得到了多类基金的支持，是国家重点研发计划项目"中低度典型有机污染场地生物修复关键材料与技术"(2020YFC1808800)基金主要成果汇编。所有稿件都有项目支持，包括国家重点研发计划项目、国家自然科学基金、山东联合基金重点项目、上海市地方能力建设计划项目、上海高校青年教师培养资助计划、上海市地方能力建设计划项目、上海高校青年教师培养资助计划、中国石化基础前瞻项目、辽宁省教育厅优青培育项目等省部级项目多种基金支持。此外，还获得上海应用技术大学协同创新基金和引进人才基金项目支持；该专辑出版获得上海市教育委员会、上海市新闻出版局"上海高等教育高水平学术期刊建设支持计划"(2020年)基金支持。学校和学院也对该专辑的出版提供了经费支持。

2.3 作者来源广泛，专辑影响力大

专辑作者来自国内外高校、研究院所及相关领域的企业单位，如南开大学、北京建筑大学、吉林大学、上海应用技术大学、华南理工大学、哈尔滨工业大学、西安交通大学、辽宁石油化工大学、中国科学院大学、中国科学院微生物研究所、中国科学院南京土壤研究所、中国石油勘探开发研究院无锡石油地质研究所、中国石油工程建设有限公司、浙江科峰生物技术有限公司、上海化工研究院有限公司、沈阳化工研究院、上海艾库环境工程有限公司、中国石油化工股份有限公司江苏油田分公司工程院、上海化工院环境工程有限公司、北京高能时代环境技术股份有限公司、工信部工业(土壤污染修复)产品质量控制和技术评价实验室、日本埼玉环境科学国际中心等国内外高校、科研院所和企业[10]。作者包括长江学者特聘教授、国务院学位委员会学科评议组成员(生态学)、教育部新世纪优秀人才支持计划获得者、"龙江学者"特聘教授等，体现了国内该研究领域的最高水平，覆盖了国内众多顶级研究机构专家和学者，行业内影响力大。

2.4 责任编辑专业素养和服务意识

责任编辑是保障"有机污染场地土壤修复"专辑顺利出版的关键。专辑从确定客座主编、开展专题策划、撰写征稿简则开始，责任编辑就在幕后、台前配合客座主编完成专辑出版的全流程、出版后的持续宣传推广。每一个计划节点都及时向客座主编与执行主编汇报，使他们了解稿件情况和专辑进展。从确定主题、组约稿、三审三校到最终定稿出版，历时仅半年。为确保每个环节按照计划进行，责编强化服务意识，建立微信群，保证有呼必应，体现出强烈的责任意识、良好的专业素养和服务能力，与作者和审稿专家建立了很好的关系，为今后组约稿打下良好的基础。

3 结束语

策划出版专辑、专刊是吸引优质稿源、提升期刊质量和影响力的有效手段。专辑的出版体现了编辑的创造性智慧。编辑在日常工作中要有敏锐的视角、着眼大局的眼光和充分挖掘的能力，关注编委等专家的学术研究和科研活动，找到出版专辑的关键要素，特别是客座主编人选，保证了专辑的顺利出版。客座主编的影响力和号召力是吸引优质稿源、提升组约稿及审稿效率、打造特色专辑的重要因素。一个好的专辑对提升期刊质量和影响力、更好地打造期刊品牌有积极作用，一个成功的专辑更离不开其多渠道多方位的宣传推广。

从2014年起，《应用技术学报》在上海市新闻出版局、上海市教育委员会"上海高校学术期刊质量提升计划""上海高等教育高水平学术期刊建设支持计划"等多项基金的持续支持下，通过"应用技术名栏建设""《应用技术学报》专业化平台建设与影响力提升"以及"期刊数字化平台建设及传播力提升平台"等项目，开展理论研究和能力，建设发挥编辑能动性，加强了专栏建设、专题策划和组约稿工作，期刊的稿源发生了很大的变化，从以校内教师和学生为完成科研考核、项目结题等投稿为主，转变为围绕服务学校重点学科建设、聚焦化工材料机电、专注应用技术创新的定位的专题策划和组约稿，重点关注国内外最新技术研究与应用技术创新。

学报为提高学报知名度和影响力，吸引优质稿源，打造学报特色，树立期刊品牌，组建了含院士、杰青、领军人才、国家千百人计划等行业有影响力的专业人才组成的编委会。编委来自于中科院硅酸盐所、中科院光机所、上海交通大学、上海化工研究院有限公司、上海科学院等 15 家科研院所、高校和企业单位，储备了一定的专家资源。

通过专题、特邀稿件、综合述评、前沿亮点等多方式约稿组稿，稿源作者已涵盖两院院士、领军人才、杰青等高水平行业专家的各类国家重点基金的高水平稿件。学报下载量和引用率大幅提升，目前已升至 Q2 前 5 名。特别在助力客座主编专辑出版方面形成了特有的模式。

目前，学报通过专业化建设和专题策划、专辑出版，已建立了多个专业化平台，聚集一定的编委、专家等人才资源，已在服务产学研合作中发挥作用，期刊自身价值逐步显现。

参 考 文 献

[1] 唐秋姗,张辉洁,唐宗顺,等.设立客座编辑出版特色专辑:以《重庆医科大学学报》内分泌系列专辑为例[J].编辑学报,2019,31(4):452-455.

[2] 蔡斐,苏磊,李世秋.科技期刊争取优质稿源的重要抓手:策划出版专刊/专栏[J].编辑学报,2018,30(4):416-419.

[3] 朱建育.服务主编学术引领的主编团队建设[M]//学报编辑论丛 2018.上海:上海大学出版社,2018:517-521.

[4] 韩玉波,张艳,陈晓芳,等.关于科技期刊专刊出版类型、组织及实施策略的探索:以《遗传》为例[J].编辑学报,2020,32(3):330-333.

[5] 唐秋姗,罗萍,张学颖,等.科技期刊设立客座编辑需解决的 2 个关键问题:以《重庆医科大学学报》的实践为例[J].编辑学报,2020,32(4):422-425.

[6] 谢武双,孔红梅,全元.深耕选题策划出版,提升期刊学术质量:以《生态学报》为例[J].编辑学报,2022,34(2):222-225.

[7] 陈春雪,张小庆.策划专刊选题,打造特色学术期刊:以《核化学与放射化学》为例[J].编辑出版,2019(11):69-71.

[8] 苏磊,蔡斐,李明敏,等.学术编辑策划专刊/专栏应具备的能力及实施要领[J].编辑出版,2020,30(1):109-111.

[9] 朱建育.综合性学报专业化转型及思考:以《应用技术学报》为例[M]//科技期刊发展与导向(第 11 辑).上海:上海大学出版社,2019:32-37.

[10] "有机污染场地土壤修复"专辑导读[J].应用技术学报,2021,21(4):0.

我国 23 种农业高校学报高被引论文特征变化

王 雁

(《安徽农业大学学报》编辑部,安徽 合肥 230036)

摘要:利用中国知网获取的数据,对 23 种农业高校学报自创刊以来和 2010—2019 年两个时段的论文按照被引频次≥200 次和≥70 次分别进行文献计量统计。结果显示:《中国农业大学学报》《南京农业大学学报》《西北农林科技大学学报(自然科学版)》长年保持较高的学术影响力,上述三刊主办单位也是高被引论文的主要产出机构;2000—2003 年的高被引论文数量和总被引频次较高;农作物、园艺、生物学、农艺学和农业基础科学的高被引论文最多,水稻、生物固氮和光合作用是长期关注的研究重点,秸秆生物质资源综合利用为近年研究热点;国家级基金和省部级基金是高被引论文的主要基金来源;综述性论文比较受重视,约占 31.5%。综合可知,依托本单位优势领域,体现学科特色,服务地方,展示科技成果转化实例,针对重大问题和研究前沿策划专栏是提升农业高校学报影响力的有效方式。

关键词:农业高校学报;高被引论文;学科分布;特征变化

期刊影响因子通常被认为是最能客观反映期刊学术水平和学术影响力的重要指标,而影响因子主要由少数高被引论文贡献,高被引论文是指被引用频次相对较高、被引用周期相对较长的学术论文[1],可以从一定程度上体现某学科的研究前沿和热点,是国际通行的评价高水平研究成果的重要手段。高被引论文的数量与期刊的学术影响力密切相关,深入分析高被引论文的特征,对一流科技期刊的培育具有一定的指导意义[2]。国内对某一学科或研究领域的高被引论文进行分析已有较多报道,有关农业科学类期刊的有:温晓平分析了入选农业科学类中文核心期刊的 21 种农业类大学学报 2001—2012 年高被引论文学科分布[3]。李洁分析了《中文核心期刊要目总览(2011 年版)》"综合性农业科学类核心期刊表"中排列前 20 位的期刊 1990—2011 年高被引论文[4]。林海清统计了 2002—2011 年 9 本农业综合性学术期刊的高被引论文[5]。张韵对 2007—2017 年 105 种农业科学类核心期刊的 2 520 篇高被引论文进行分析比较,总结其共同特征[2]。以上研究从文献引证的角度获得农业科学领域的一些特点和发展规律,揭示了研究热点及前沿。

由于学术成果从发表到被引用需要一定的时间,发表时间越早,被引用的几率越大,而一些近年发表的优秀论文,虽然被引频次可能低于早年发表的论文,但学术影响力大,被引频次有后来居上的潜力,找出这类论文并归纳其特征,与发表时间较早的高被引论文比较,还可以反映该研究领域的热点变化。因此,本文选取期刊创刊以来和最近 10 年两个时间段的

基金项目:2021 年度中国农业期刊网研究基金项目(CAJW2021-046)

高被引论文，比较其发表年份、被引频次、作者来源地区、机构、学科和基金资助情况等，总结特征规律，以期为今后农业高校学报类期刊编辑选题策划、约稿组稿及稿件取舍提供参考，进而提高期刊的学术质量与影响力。

1 数据来源与统计处理

选取《中国学术期刊影响因子年报(自然科学与工程技术)》收录的 103 种农业科学综合期刊中的 23 种农业高校学报，统计资料来源于《中国学术期刊影响因子年报(自然科学与工程技术)》2021 版和中国引文数据库，见表 1。

表 1　23 种农业期刊及其影响因子和高被引论文情况

刊名	时段一			时段二		
	总载文量	高被引论文数	本单位发表数量	总载文量	高被引论文数	本单位发表数量
华南农业大学学报	4 250	4	4	1 232	5	2
中国农业大学学报	7 161	22	21	2 276	22	14
华中农业大学学报	5 657	8	5	1 370	7	2
西北农林科技大学学报(自然科学版)	10 430	18	11	3 898	23	15
南京农业大学学报	5 131	21	20	1 562	17	16
吉林农业大学学报	6 152	0	0	1 463	8	5
河南农业大学学报	4 826	7	7	1 462	3	2
浙江大学学报(农业与生命科学版)	4 903	14	12	1 012	6	5
安徽农业大学学报	4 894	8	8	1 863	2	2
江西农业大学学报	8 607	4	0	1 977	3	1
东北农业大学学报	6 425	6	6	2 561	19	11
甘肃农业大学学报	5 604	4	4	1 770	4	3
沈阳农业大学学报	5 320	14	9	1 479	7	7
四川农业大学学报	3 598	6	5	955	1	1
湖南农业大学学报 (自然科学版)	5 976	9	5	1 566	4	3
山西农业大学学报(自然科学版)	4 442	1	1	1 381	2	1
河北农业大学学报	5 528	7	7	1 544	1	0
云南农业大学学报(自然科学)	4 713	5	3	1 764	8	5
福建农林大学学报(自然科学版)	4 338	2	2	1 231	1	1
内蒙古农业大学学报(自然科学版)	5 336	2	1	1 967	1	1
扬州大学学报(农业与生命科学版)	3 487	4	2	874	2	0
山东农业大学学报(自然科学版)	4 866	7	5	1 724	3	2
新疆农业大学学报	3 368	2	2	910	1	1
总计	120 762	175		36 609	150	

表 1 检索时间为 2022 年 3 月 4 日，在《中国知网》(http://www.cnki.net/)资源总库"中国学术期刊网络出版总库"的"来源期刊检索"中输入 23 种期刊名(包括曾用名)，检索方式选择高级检索，第一次检索时间为各刊自创刊以来(以下简称时段一)，检索条件不限定时间，共检索到 125 960 篇文献，按被引频次进行排序，选择被引频次≥200 次的论文(前 1‰)。符合条件的文献为 175 篇。时段一 175 篇高被引文章总参考文献数 2 633，总被引数 51 430，总下载数 323 545，

篇均参考数 15.05，篇均被引数 293.89，篇均下载数 1 848.83，下载被引比 0.16。其中综述 53 篇，占 30.28%。由于文献发布后的前两年引用频次较低且多以自引为主，故选择 2019 年以前的文献分析，第二次检索限定时间为 2010—2019 年(以下简称时段二)，共检索到 38 587 篇文献，按被引频次进行排序，选择被引频次≥70 次的论文(前 3‰)。符合条件的文献为 155 篇。时段二 150 篇高被引文章总参考数 3 822，总被引数 16 861，总下载数 321 030，篇均参考数 24.66，篇均被引数 108.78，篇均下载数 2 071.16，下载被引比 0.05。其中综述 49 篇，占 32.67%。综述平均占 31.5%。

2 结果与分析

2.1 期刊分布

时段一的高被引论文来源于 23 种期刊中的 22 种，从数量上看《中国农业大学学报》名列榜首，总计 22 篇，《南京农业大学学报》第二(21 篇)，《西北农林科技大学学报(自然科学版)》第三(18 篇)，上述三刊的高被引论文数量占总量的 34.85%。随后是《浙江大学学报(农业与生命科学版)》和《沈阳农业大学学报》，高被引论文总数均为 14 篇，占比 16%。上述 5 种期刊在时段一发表的高被引论文占总数的 50.8%。

时段二高被引论文来自 23 种期刊，排名第一的为《西北农林科技大学学报(自然科学版)》，占 23 篇，第二为《中国农业大学学报》，22 篇，第三《东北农业大学学报》，19 篇，以上 3 刊高被引论文占时段二的 41.29%，第四《南京农业大学学报》17 篇，其余期刊 2010 年以来的高被引论文数均没有超过 10 篇。

可以看出，排名前 5 的期刊产出的高被引论文接近总数的 50%，即少量的期刊(期刊总数的 22%)承载了主要的高被引论文(图 1)。且 2010 年以后高被引论文期刊分布更加集中。

时段二高被引论文数增加最多的是《东北农业大学学报》时段一高被引论文 6 篇，时段二有 19 篇，《吉林农业大学学报》时段一没有高被引论文，而时段二有 8 篇，其综合影响因子也从 2012 年的 0.495 大幅提升到 2021 年的 1.155。

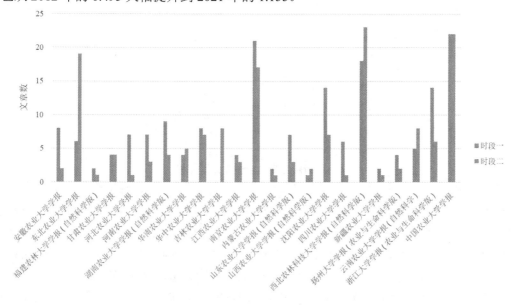

图 1 23 种农业期刊在两个时段高被引论文发表数量

2.2 发表年度分布

时段一高被引论文发表时段最多的年份是 2000—2003 年，2002 年 23 篇，2000 年 21 篇，2001 和 2003 年各 17 篇，占比 44.57%。其余高被引论文出现较为集中的年份是 1999 年(12 篇)，2005 年和 2006 年(均为 10 篇)。出现最早的年份是 1982 年，最晚的年份是 2012 年。统计各刊被引数最高的 30 篇论文，发现集中出现在 1999—2006 年。有 5 篇出现在 2010 年以后。时段二高被引论文发表数量最多的是 2010—2013 年，共 125 篇(83%)。由于文章发表后被引用有一定的时滞性，因此 2014 年以后高被引论文数量相对较少(图 2 和图 3)。时段二的高被引论文最晚出现在 2019 年，为《华南农业大学学报》"中国植保无人机发展形势及问题分析"和《南京农业大学学报》"我国设施园艺发展现状与趋势"。

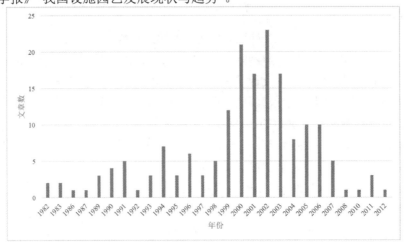

图 2　时段一高被引论文发表年份

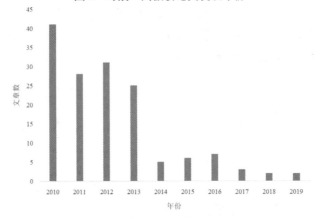

图 3　时段二高被引论文发表年份

2.3 学科分布

根据 CNKI 的学科分类，时段一高被引论文前 5 个学科分别是，农作物 46 篇(26.29%)、生物学 30 篇(17.14%)、农艺学 21 篇(12%)、园艺 17 篇(9.71%)和植物保护 15 篇(8.57%)。时段二高被引论文前 5 个学科分别是农作物 25 篇(16.67%)、园艺 20 篇(16%)、生物学 16 篇(10.67%)、农业基础科学 16 篇(10.67%)、中药学 10 篇(6.67%)和环境科学 10 篇(6.67%)。

时段一高被引论文关键词共 680 个，出现频次排名前 10 的分别为：氮/氮素/氮肥(14)、水稻(14)、光合速率/作用(7)、玉米(7)、分子标记/分子检测(6)、秸秆(6)、烤烟(6)、叶绿素(6)、遗传标记(6)和作物(6)。时段二高被引论文关键词 655 个，前 10 高频关键词依次为：土壤(16)、秸秆(14)、水稻(10)、氮代谢(7)、光合特性(7)、生物质(7)、叶绿素(6)、生物炭(5)、有机肥(5)和低温处理(4)。可见农业基础科学、农作物、农业工程、园艺和林业这 5 个学科的高被引论文产出量最多，与时段一相比，时段二高被引论文产出量最多的学科还有中药学和环境科学。从关键词可以看出，土壤修复与改良、作物肥料利用、作物光合特性和农业废弃物(作物秸秆)生产生物质能源的研究等热点研究领域的学术成果可以获得较高的被引频次。

2.4 作者机构地区分布

统计高被引论文中第一作者所属机构的情况表明，发文数较多的均为高等科研院校。时段一高被引论文来自 44 个机构，发表数最多的机构为南京农业大学(22 篇)，占总发文数的 12.57%，其次是中国农业大学(21 篇)。高被引论文率前 5 的机构还有西北农林科技大学、河南农业大学和沈阳农业大学。农业类高等院校占发文量的 84.57%，农业科研院所占 4.57%，其他高校占 9.71%。时段二高被引论文来自 53 个机构，发表数最多的机构为南京农业大学和中国农业大学，各 16 篇，占总发文数的 10.67%，其次是西北农林科技大学(15 篇)、东北农业大学(11 篇)和沈阳农业大学 8 篇。农业类高等院校占发文量的 74.67%，农业科研院所占 5.33%，其他高校占 12.67%，其他科研机构占 4%。2010 年以后的高被引论文发表机构分布相对分散。

2.5 基金论文比例

时段一的 175 篇高被引文章中，112 篇有基金项目支持，其中国家级基金项目共 48 篇(包括国家科技攻关计划 13 篇、863 计划 6 篇、国家自然科学基金 25 篇、国家科技支撑计划 3 篇和国家攀登计划 1 篇)。省部级项目 49 篇(包括教育部项目 8 篇、国家烟草专卖局项目 4 篇、省科技攻关项目 14 篇、省自然科学基金 20 篇和其他 3 篇)，省部级以下项目 9 篇，国际合作和海外基金资助论文 6 篇。无基金资助论文 63 篇，其中有 17 篇为综述，这些文章发表时间在 1982—2006 年，发表于 2000 年之前的有 39 篇。

时段二的高被引论文中 145 篇有基金项目支持，其中国家级项目 67 篇(包括 863 计划 5 篇、973 计划 4 篇、国家社会科学基金 2 篇、国家自然科学基金 29 篇、国家科技支撑计划 24 篇和科技部星火计划 2 篇)，省部级项目 64 篇(包括公益性行业科研专项 15 篇、948 项目 3 篇、粮食丰产工程 3 篇、现代农业产业体系建设专项 5 篇、省科技攻关项目 4 篇、省自然科学基金 5 篇、农业科技成果转化项目 1 篇以及其他 28 篇)，省级以下基金 14 篇，无基金资助论文 5 篇。

时段一有 36%的论文没有基金资助，可见论文只要具备了学术价值，即使无基金资助仍可以获得较高的被引频次。但无基金资助的论文通常发表年份较早，时段二的 97%的高被引论文有基金支持，由于基金论文对科研成果的快速传播有积极作用，科技期刊基金论文比受到重视，一般期刊收稿时会要求论文有基金资助。

3 讨论与启示

3.1 依托学科优势特色，出版专辑专题，培养核心作者群

由于绝大多数高校学报的稿源主要为校内来稿，高校的学术水平在很大程度上决定了其学报的学术影响力。中国农业大学、南京农业大学和西北农林科技大学在 2022 年 ESI 榜单农林类高校排名前三，也是高被引论文数量贡献最多的发文机构。《中国农业大学学报》《南京农业大学学报》《西北农林科技大学学报(自然科学版)》发表的高被引论文数也最多。农业高校学报发表的高被引论文大多来自本校的研究成果，但是农业高校学报的影响力排名与其所

在高校的 ESI 排名并非完全一致。部分地方农业高校学报特色鲜明，发展迅速，如《吉林农业大学学报》，影响因子近 10 年内大幅提升，2017 年首次入选中国精品科技期刊，7 篇论文入选"2017 领跑者 5000"，其办刊思路值得学习。农业高校学报属于综合性农业期刊，往往存在栏目多而杂，无法聚焦某个学科的问题，为了加强定位，《东北农业大学学报》《华南农业大学学报》等依托主办单位优势学科，以专辑的形式分期出刊，组织策划专题出版。高被引论文中有不少来自校内同一个作者，如时段二的高被引论文中，《甘肃农业大学学报》3 篇来自郁继华团队，《云南农业大学学报》2 篇来自赵昶灵团队，《中国农业大学学报》4 篇来自谢光辉团队，2 篇来自冯中朝团队。提示需要关注校内在某一期刊或领域发表的论文较多、影响较大的作者，培养核心作者群，吸引其投稿。

3.2 服务地方农业，展示科技转化成果

农业生产有很强的地域性，农业类高校也根据当地的农业自然条件形成了特色学科，各农业高校学报的优势学科和选题方向也不尽相同。高被引论文中有不少是与地方农业生产紧密相关的主题，如《安徽农业大学学报》茶树栽培研究(2 篇)，《沈阳农业大学学报》水稻研究(2 篇)，《湖南农业大学》烤烟(4 篇)、稻米(2 篇)、辣椒(2 篇)种植栽培研究，《东北农业大学学报》低温胁迫、东北地区气候、小浆果种植研究(各 1 篇)，《吉林农业大学学报》蓝莓种植、松嫩平原种稻研究(各 1 篇)，《新疆农业大学学报》低温干旱胁迫研究(各 1 篇)。农业高校学报高被引论文中基金来源最多的是国家级和省部级基金，后者有时比例更高，一方面由于国家级基金资助论文更多发表在 SCI 期刊，另一方面也说明省部级基金资助的论文学术质量在稳步提高，更聚焦于当地经济社会发展。编辑部需要有针对性地组织稿源，及时刊发省部级重大课题论文和对农业生产有较强指导作用的应用性研究论文，使其能尽快转化为生产力，加快科技成果的推广与转化过程。

3.3 聚焦重点主题，跟踪研究热点，策划出版专栏

从近 10 年高被引论文关键词的变化可以发现，秸秆综合利用、农业废弃物资源化和生态循环农业是近年来研究关注的重点问题，农业高校学报编辑可以结合的本校的优势和特色，跟踪本校该领域取得的科研成果，争取优质稿源，以便更好地展示学校相关学科的科研实力。策划聚焦研究前沿和当前热点的专栏也是提高期刊影响力重要方法，例如《华南农业大学学报》编辑部向其校内的国内领先科研团队组稿，策划"精准农业航空专栏"，出版后获得同行高度关注，其中"中国植保无人机发展形势及问题分析"，2019 年一经发表即获得大量引用。

综上所述，总结 23 种农业高校学报的高被引论文的特点及其变化，可以发现，关注本单位优势领域，办出学科特色，培养核心作者群；服务地方农业，展示科技成果转化实例；针对研究重点和前沿策划专栏是吸引农业高校学报优质稿源，提高的办刊质量的有效途径。

参 考 文 献

[1] 马云彤.2006—2010 年国内期刊出版专题研究高被引论文分析[J].编辑学报,2012,24(4):335-338.
[2] 张韵,侯春晓,万晶.农业科学类期刊高被引论文分析及启示[J].2021,37(6):121-126.
[3] 温晓平.入选综合性农业科学类中文核心期刊的 21 种农业类大学学报高被引论文学科分布的统计与分析[J].农业图书情报学刊,2016,28(1):51-56.
[4] 李洁,雷波,曹艳,等.我国 20 种综合性农业科学核心期刊的高被引论文研究[J].中国科技期刊研究,2014,25(1):74-78.
[5] 林海清,柯文辉,翁志辉.农业综合性学术期刊高被引论文分布特征研究[J].农业图书情报学刊,2014,26(2):80-83.

供需关系视角下军校科技期刊服务能力提升的途径
——以《空军工程大学学报》为例

徐 敏[1]，张建业[1]，姚树峰[1]，刘 勇[1]，徐楠楠[1]，邓文盛[2]

(1.空军工程大学学报编辑部，陕西 西安710051；2.航空工业西安航空计算技术研究所，陕西 西安710065)

摘要：作为科技期刊的重要组成部分，军校科技期刊是承载军队科研创新成果的重要平台，更是军队人才培养的助推器。如何在现有条件下更好地服务军校建设，是军校科技期刊的立刊之本。本文拟从当前军校科技期刊办刊实际出发，以供需关系视角解读遇到的困难及其背后成因，从《空军工程大学学报》的办刊实践中总结经验，对军校科技期刊如何在军改背景下更好地发挥服务能力、提高服务效益和质量进行探讨。

关键词：军校科技期刊；供需矛盾；服务能力；科研成果转化；战斗力生成

作为军地交流科研成果和学术思想的窗口，军校科技期刊是军队科研创新能力的重要体现，有力推动了教学和科研工作的发展和国防人才的培养。自2018年新一轮军队改革开始，军校科技期刊也正在经历重大改革，各军种院校都紧锣密鼓地进行着自有科技期刊的合并重组、转停更名、学科优化以及管理体制、组织架构、人员编配的相应调整，更加突出了服务军队院校建设、人才培养的宗旨。本文拟从供需关系出发，以《空军工程大学学报》为例，分析军校科技期刊服务能力的内涵，探索如何在军改背景下不断创新、完善并发展这一能力。

1 军校科技期刊服务能力内涵

1.1 服务学科发展：期刊水平彰显学校综合实力、学科发展影响力

肩负着高校科研学术成果传播与交流的职责，高校科技期刊尤其是综合性学报期刊涵盖了本校绝大部分学科的研究方向。在知网检索"大学学报"及其期刊荣誉，可以清晰地发现，985、211类重点高校及双一流大学的学报，都是入选中文核心期刊、科技核心的优秀刊物，还有相当一部分同时入选SCI、EI等世界知名数据库，可见，科研成果卓著的高校，其科技期刊也相应具有一流的办刊水平，相对应的，从一个期刊的水平可以合理判断其所属高校的综合实力。以《空军工程大学学报》(下文简称为《学报》)为例，其主办单位空军工程大学是空军最高专业技术学府，被列入全军"双重"建设院校和陕西省"国内一流大学"建设计划[1]，《学报》是中文核心、科技核心期刊，曾荣获中国高校百佳科技期刊、陕西省精品科技期刊、武汉大学中国科学评价研究中心(RCCSE)"军事学权威学术期刊A+"等荣誉[2]。《学报》刊载的主要栏目有军事科技前沿、电子信息与通信导航、军用航空、兵器工程、无人作战、空天防御、机场防护、战伤抢修、网电对抗、军事智能等，与大学航空宇航推进理论与工程、通信与信息系统、兵器科学与技术、道路与铁道工程、控制科学与工程等国家、军队重点学科和博士后科研流

动站相一致。

1.2 服务人才培养：助力军队科研成果传承和军种人才培育

高校科技期刊是本校师生毕业和职称评定时首选的发表文章对象。当研究者学历教育层次和职称评定层次不断提高时，其学术研究路径都可在本校科技期刊上觅得踪迹[3]。经统计，空军工程大学所有的博士生导师、硕士生导师，都在《学报》上独立或合作研究发表过3篇以上论文，《学报》作者中从硕士一路成长为博士生导师的也不下数十人。不同的高校定位了自己不同的人才培养宗旨，例如国防科技大学是全军国防科技自主创新高地，而空军工程大学主要承担航空工程、防空反导、通信导航、空管领航等领域的复合型指挥和技术人才的培养任务，因此，人才培养覆盖各军兵种，更需要以空军建设发展的人才需求为标准，突出自己在特色化、专业化人才培养体系和军事技术、武器装备科研创新中的作用。

1.3 服务部队建设：以促进战斗力生成转化为根本宗旨

军校科技期刊与地方高校科技期刊最大的区别是其在装备保障效率和战斗力生成中的直接应用与转化贡献。一些带有鲜明军事色彩的特殊学科是地方院校没有的或弱项的，如军事装备、军事训练、军事理论等，与我军建设和发展的实际紧密贴合，直接影响到部队建设和战略使命任务的履行。调整改革后，军医大学从原来的第二、第三、第四的序号命名变更为"海军""陆军"和"空军"的军种隶属，信息工程大学更名为"战略支援部队信息工程大学"、陆军学院更名为"边海防学院"等等，都在强调以联合作战院校为核心、以兵种专业院校为基础、以军民融合培养为补充的院校布局。因此，军校科技期刊要有明确的责任主体意识，更注重体现优良的军事文化和思想，同时聚焦军队的战斗力水平提升，为部队培养和建设高素质新型军事人才提供理论依据[4]。

2 制约军校科技期刊服务能力的因素

2.1 稿源供需矛盾影响论文发表资源

高校科技期刊学科特色不鲜明，"全、散、小、弱"式的学科拼盘成为同质化特征和先天短板，由此导致其常常在第三方机构的期刊评价中处于不利地位，军校科技期刊也是如此，且因为公开发行的期刊数量少，学术指标整体偏弱，品牌度相对较差，对地方作者的优质稿源吸引度不高[5]。调整改革后，公开发行的各军校科技期刊数量大幅压减、关停并转，很多期刊中断了刊期，新刊创立后并没有继承过去的评价数据和相关荣誉。这对于地方高校的作者明显不具有吸引力，更难获得期刊指标与高质量论文的良性循环。

另外，虽然期刊建设依托高校学科建设成果，但学科建设并不依赖于期刊，学校为了提高自身教学评价指标和高被引学者成果，追求国外顶尖数据库论文发表数量，职称评价机制和期刊评价体系的导向导致前沿领域的研究者几乎不选择在本校科技期刊上投稿，见图1，而其他基础学科研究者投稿难有高质量创新，一些军校科技期刊为了评价指数保持前列，并不太愿意接收这些学科的投稿。此时，高校科技期刊作为论文发表资源的供给方，与作者的需求并没有很好对接，双方形成了信息壁垒，即作者觉得期刊投稿难度太大，编辑部又觉得好论文太难找。

2.2 资源供需矛盾影响期刊新媒体建设

军校具有较高的政治敏锐性和保密要求，军地交往需要经过严格的各级审批。又因为大多数科研成果与学术理论均与军事有关，其学术环境相对封闭[4]，营区范围内的办公电脑也专

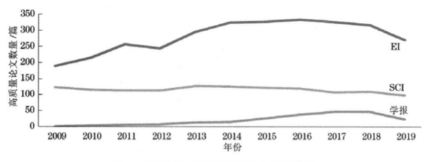

图1 空军工程大学高质量论文产出趋势

门单独铺设网络,与互联网物理隔离,因此互联网资源融合方面不如地方高校。军改之前,由军队院校主办或承办的科技期刊的总数不少,但开设自有投审平台和期刊网站的屈指可数,拥有微信公众号者更罕见。无论是运用新媒体意识还是技术手段,军校科技期刊都显著落后于地方高校同行。毋庸置疑,这与新媒体时代所强调的竞争、包容、开放、共生的精神融合度低,不利于期刊发展。另外,期刊出版单位大多被划为教辅单位,未进入军校主流建设中,编辑人员数量也有限,除了按时、按质、按量完成编辑出版任务外,还需完成诸多上级安排的其他任务,没有多余的精力和条件学习、实践期刊网站建设和微信公众号维护等新技术[5-6]。缺乏运用新媒体的新生力量,这也成为军队期刊数字化建设程度相对落后的重要原因之一。

2.3 军事特色供需矛盾影响评价指标与成果转化的平衡

随着军改相关政策的不断深化和军校招生政策及培养体系的调整,军队科研规模体量显著减少、水平层次增长困难,目前,地方高校拥有的基金项目总数显著高于军队院校[7],理工类军校虽然在计算机通信、航空航天、基础理论、材料科学等领域与地方高校具有同质化的特点,但对评价指标影响重要的基金论文量却远远不及。此外,军校科技期刊还要在期刊评价指标体系与"姓军为战"宗旨两者之间不断权衡,衡量科技论文对战斗力的直接贡献。有的基础研究类稿件虽然有较好的引用效益,但和军事特色毫无关系,如果一味效仿地方高校科技期刊的征稿范围,单纯以高被引论文为目标,显然会偏离自己的服务宗旨,甚至因敏感的军队身份带来麻烦;如果放弃评价指标,单纯考虑军事应用,则很多稿件不符合发表范围,符合范围的又很少有高质量,在期刊公开评价中难以获得较好数据和荣誉。

综上,军校科技期刊面临着不同层面的供需矛盾,只有处理好这些矛盾,才能在平衡中取得新的发展,更好地履行自己的服务能力。

3 军校科技期刊服务能力提升的途径

3.1 联通军地兵种,打造特色专题引领学科发展

期刊是学术交流的重要平台,并对学科发展具有积极的引领和反馈作用。因此,军校科技期刊要紧紧把住"开门办刊"这一原则,在稳定本校作者队伍的同时,积极吸引校外优质稿源,通过联合办会、专题组稿等形式,扩展作者和读者队伍,增强和国内高水平期刊的交流合作。《学报》自 2020 年以来,结合校内优势学科和领域内热门专业研究方向,先后筹划出版了 7 次专题,涉及飞机除冰、超材料、无人机、超表面、雷达、等离子体等学科,均由校内知名编委联合业内知名专家牵头,组稿质量较好,其被引率和下载量在同期稿件中排名明显靠前,不仅扩大了期刊的潜在作者群、审稿专家群,也起到了很好的宣传效果[8-10],见图2和图3。

图2 《学报》网站发布的部分专题组稿通知

图3 "2021年无人机控制专题"稿件下载、引用率在全年刊发论文中居前列

军校科技期刊要突出自己的军种特色，但不能将稿件的征收范围和发表范围仅仅局限于本军种。在当前联合指挥一体化作战的发展背景下，陆海空只有形成联动才能确保打赢的目的，因此期刊要在巩固、深化当前既有军种学科特色基础上，勇于向交叉领域、新兴融合学科靠近，促进所在高校整合优质资源、引领新学科发展与萌芽，形成"一个核心多面辐射"的作者群。同一个专业方向可在各军种有不同应用侧重，《学报》的作者群体覆盖各个军种，但都与空军有紧密的联系。图4为2012—2021年间，本校作者发文数量和《学报》覆盖的作者单位，可以看出，外稿比例在总体发文量压缩的情况下不断升高，作者单位已由空军科研院所逐渐向航空研究繁荣的地方院校和涉空部队院校扩散。这些论文提供的新研究方法、研究思路都可对本校的研究团队起到借鉴和参考的作用，实现了科技期刊构建学术交流平台的职责。通俗地讲，就是军校未来需要发展什么学科，期刊就要率先进行稿件征集，来引领学科发展的需求。

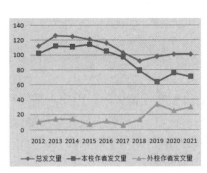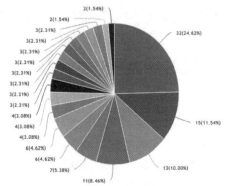

图4 《学报》2012—2021年校内外作者比例及主要校外作者单位

3.2 提质增效，以人才培养为牵引促进科研建设

习近平总书记在给《文史哲》编辑部回信中指出，高品质的学术期刊要坚守初心，引领

创新，展示高水平研究成果，支持优秀学术人才成长。强军之要，要在得人。作为军校科技期刊，首要目标是培养高素质、专业化新型军事人才，然后以人才为驱动，去促进国防科研长足发展。因此，军校科技期刊要具有更强的服务意识、开拓意识，不能“等、靠、要”稿源，而是发挥主观能动性，下沉一线，深入重点实验室等科研团队，建立较高频率的“编辑—作者”互联互通机制，用自己的传播学素养，辅助作者重点把握具有现实指导性、理论创新性的特色选题，指导作者在军队热点、难点及军事斗争准备和军队现代化建设等重大现实问题上展开深入研究[4]。图 5 为经编辑部主动联系、反复沟通后征集到的大学重点科研团队的稿件，实践证明其具有良好的数据评价因子和学科创新引领作用。

无人作战平台认知导航及其类脑实现思想	吴德伟; 何晶; 韩昆; 李卉	空军工程大学学报(自然科学版)	2018-12-25	9	825
深度学习研究及军事应用综述	王晓丹; 向前; 李睿; 来杰	空军工程大学学报(自然科学版)	2022-02-25	2	905
混合现实军事装备维修系统综述	王崴;雷松贵;刘海平;李淘金;瞿珏 ›	空军工程大学学报(自然科学版)	2020-10-25	6	486
等离子体流动控制技术研究进展	李应红; 吴云	空军工程大学学报(自然科学版)	2012-06-25	52	1230
雷达目标微多普勒效应研究概述	张群; 罗迎; 何劲	空军工程大学学报(自然科学版)	2011-04-25	73	1543
水空跨介质航行器发展需求及其关键技术	冯金富; 胡俊华; 齐铎	空军工程大学学报(自然科学版)	2019-06-25	15	1022

图5　大学学报征集的优秀科研团队稿件

《学报》制定了定期到研究生中座谈的制度，宣讲期刊的投审流程、学术诚信要求，并从编辑甄选论文的角度进行写作辅导，不仅清晰掌握了这些潜在作者及其导师团队的研究项目和相关热点方向，更以认真热情的服务态度加强了作者对期刊的用户黏性，稳定了校内稿源。对于校外作者，编辑则采用“以点带面”的策略，通过推荐、赠阅等方式，挖掘了一批审稿人，并通过校内外交叉审稿的形式对相关审稿人进行学术互推，实现了专题联合策划[2]，以学术互动的方式促进融合人才的培养。

军事科研人才与普通科研人才差别很大，除了需要有较强的科研素养来完成科研任务，具备严谨的学风研风和诚信的学术品质以外，还应着重加强其军事保密意识，军人意志品质及无私奉献精神的培塑[11]。空军工程大学许多获得全国、全军各类表彰的优秀科研带头人如中国工程院院士、全国优秀共产党员李应红，党的“十七大”代表、军队院校育才奖“金奖”获得者吴德伟、“全军爱军精武标兵”黄长强、“全军备战标兵个人”陈西宏等知名学者教授，扎根基层甘于奉献的优秀军事骨干如龚逸帅、阮铖巍等，在他们的履历中，都能清晰地看到《学报》的印记[12]。概括而言，军队需要培养什么样的人才，期刊就要在什么方面发力。

1	SC-FDE系统中一种改进的MMSE-RISIC均衡算法	齐永磊; 陈西宏; 谢泽东	空军工程大学学报(自然科学版)	2018-06-25
2	瑞利多径衰落信道下OFDM/OQAM系统容量分析	张航; 薛伦生; 陈西宏; 刘赐麟; 曹绍桐	空军工程大学学报(自然科学版)	2017-02-25
3	时钟校准过程中的组合钟差预报模型	刘鹏; 陈西宏; 刘进; 谢泽东	空军工程大学学报(自然科学版)	2016-10-25
4	混合退火粒子滤波在MIMO-OFDM信道估计中的应用	陈西宏; 谢泽东; 刘晓鹏; 薛伦生; 赵宇	空军工程大学学报(自然科学版)	2016-04-25
5	对流层散射信道下多天线分集OFDM系统研究	陈西宏; 胡茂凯; 薛伦生; 张群	空军工程大学学报(自然科学版)	2014-02-25
6	对流层散射信道下MIMO-OFDM系统性能分析	谢泽东; 陈西宏	空军工程大学学报(自然科学版)	2013-12-25
7	基于人工鱼群优化LS-SVM的卫星钟差预报	刘继业; 陈西宏; 刘强; 孙际哲	空军工程大学学报(自然科学版)	2013-10-25
8	OFDM中基于粒子群优化的限幅算法	陈西宏; 刘强; 胡茂凯	空军工程大学学报(自然科学版)	2010-04-25
9	防空C^3I通信网络的体系结构研究	陈西宏; 任全; 李亚静	空军工程大学学报(自然科学版)	2002-06-25
10	软件无线电技术在防空C^3I系统中的应用	齐焕亮; 陈西宏	空军工程大学学报(自然科学版)	2001-08-25
11	利用IDEA算法之MA—结构的对合置换	赵全习; 陈西宏; 马春蕾	空军工程大学学报(自然科学版)	2001-06-25

图6　学报培养优秀军队科研人才成绩斐然

3.3 推进媒介融合新发展,提升编辑部服务水平

为适应移动互联网时代期网络化办公、多媒体融合呈现、快速出版、集约化出版等发展趋势,军校科技期刊要在内容生产与呈现、在线服务与功能拓展上实现融合发展,更应该拓宽思路,多措并举,用好手头资源,尽快推进特殊条件下的媒体技术发展。公开发行的科技期刊可以在加强保密行政审批的前提下采用邮箱、自建采编系统网站的方式接受投稿,军内发行的期刊则可以在军内网络平台建立投稿渠道,在物理隔离的状态下实现数字化。随着我军信息化建设的不断发展,军内网站已实现了各军兵种院校全覆盖、资源丰富不亚于互联网,且因为与互联网物理隔离,保密性得以保证。目前,军内已有科技期刊在军综网、强军网等军内网络平台开设投审入口,进行了有益尝试。一些涉及装备、指挥、军事理论等政治敏锐性强、泄密风险高的学术研究内容,完全可以通过军内平台进行科研交流。

此外,公开发行的军校期刊也可推行网络首发、个刊推送等增强出版方式,利用人工智能手段实现知识服务升级。《学报》在专题推介中将重点文章相关的实验过程、相关拓展知识等生成二维码,在读者阅读时起到了辅助和参考,丰富了期刊出版的形式,见图7。

图7 《学报》无人机专题增强出版资料

无独有偶,《国防科技大学学报》也在微信公众号上进行了论文的OSID(开放科学计划)推广,以语音的形式进行作者互动,赋予原本高、精、专的科研活动以更生动有趣的色彩。这些经验都可供实践。同时,军校科技期刊要加强人员对外交流和学习,广泛学习并探索新媒体技术的应用,可根据具体情况对人员分工进行调整,比如效仿地方期刊设立媒体运营编辑、学术编辑等专业岗位,使编辑术业有专攻,更好地实现个性化、精准化、专业化服务。简言之,一个优秀的期刊需要给作者提供哪方面的服务,编辑就要努力强化自己那一方面的能力素质。

3.4 对标实战需求,推动科技成果向战斗力生成转化

军事科技的创新,最终还是要体现在战斗力生成上,科技期刊要实现社会效益与经济效益的双赢,军校科技期刊则要实现军事效益和社会效益的共赢。因此军校科技期刊要始终坚持"向军为战",时刻对标实战需求,通过自己的科研交流平台来不断促进科技认知力、创新力、运用力的发展,紧盯战略性、前沿性、颠覆性技术发展,超前预置布局,强化军事应用,锻造"大国重器",由此来提升科技创新对战斗力增长的贡献率。军校期刊工作人员要具备一定的军事素养,掌握所研究科技的列装知识,像军校的教研团队一样成为部队一线应用和高校实验室研究的桥梁,促进装备研究成果的转化应用[13]。

当前,全军上下都在推进深化实战实训,持续发现和破解制约实战能力提升的问题。《学报》上刊载的文章具有鲜明的军事特色,从栏目设置到内容选取,均瞄准作战研究、仿真训练、信息攻防、装备保障等方面,图8为2012—2021年刊发论文主题分布,可以看出,60%以上的论文与航空航天、军事技术、武器工业、网络通信等直接相关。

同时,学报通过部队走访调研的形式,使编辑对一线装备有了直观的了解,并响应大学

定期下派部队技术巡讲的政策[13]，将专业教员们调研中遇到和解决的实际技术问题纳入组稿范围，共同确立研究课题，通过对取得的成果进行验证，推动经验快速转化应用，逐步实现科研成果从实验室走到战场的战斗力转化。一言以蔽之，未来的战争将从实验室打响，国防科技怎样发展才能更好地服务实战，期刊就要怎样办。

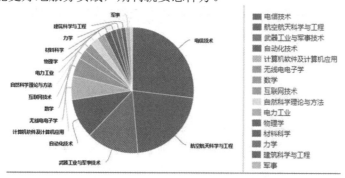

图 8　2012—2021 年《学报》刊发论文主题

4　结束语

供给和需求之间既对立又统一，对立揭示了供需矛盾产生的原因，统一则蕴藏着矛盾转化的可能性和契机。军校科技期刊要时刻注意在办刊过程中深入调研，平衡供需关系，优化供给结构，扩大有效供给，实现均衡发展和良性互动，提高服务水平，进而更好履行军校科技期刊的职责。

参　考　文　献

[1] 空军工程大学官方网站[EB/OL].[2022-07-15].http://www.afeu.cn/web/afeu/dxgk/gk/.
[2] 空军工程大学学报官方网站[EB/OL]. [2022-07-15].http://kjgcdx.ijournal.cn/ch/index.aspx.
[3] 孙炼,袁继桐.从《国防科技大学学报》管窥该校材料学科近 22 年来的发展[J].现代情报,2015,35(5)158-161.
[4] 王聪聪,庄岩,李霞,等.新媒体时代军校科技期刊面临的问题与发展对策[J].天津科技,2019,46(10):50-52.
[5] 张硕,宋晶.军队院校期刊建设的现状与发展创新[J].管理观察,2016(30):100-102.
[6] 秦江敏,王荣,林平,等.军队院校科技期刊的网络传播力分析[J].空军预警学院学报,2015,29(5):370-374.
[7] 张建业,樊艳芳.军改背景下军队院校综合性期刊发展策略[J].中国科技期刊研究,2020,31(9):996-1003.
[8] 超材料电磁调控特性及应用专题[J].空军工程大学学报(自然科学版),2021,22(6):1.
[9] 智能无人作战技术与系统[J].空军工程大学学报(自然科学版),2021,22(4):1.
[10] 飞机结冰致灾机理及飞行安全防护[J].空军工程大学学报(自然科学版),2020,21(5):1.
[11] 杨学锋.培养军校学员的"九种军事能力"[J].空军工程大学学报,2022,23(4):1-4.
[12] 空军工程大学研究生院毕业主题思政课:到党和人民需要的地方去[EB/OL].[2022-7-20].http://www.mod.gov.cn/education/2022-07/20/content_4916047.htm.
[13] 印象空工大.服务部队战斗力,他们将技术支援送到一线[EB/OL].[2022-08-08].https://mp.weixin.qq.com/s/MhSCDa7CnhkHJFYhpeO9IQ.

特色化助推体育科技期刊专业化发展
——以《中国体育教练员》为例

陈更亮

(上海体育学院期刊中心，上海 200438)

摘要： 解析我国唯一一本为体育教练员服务的专业学术期刊——《中国体育教练员》的办刊实践，重点从办刊理念、读者定位、期刊内容、服务学科、"编教研"一体化等方面梳理其特色化办刊举措。认为：特色化办刊是促进我国体育科技期刊专业化发展的有效措施与可行路径，我国体育科技期刊要坚持特色化专业期刊发展路线，逐渐提升学术质量、社会影响力和国际话语权，为科技强国和体育强国建设贡献力量。

关键词： 体育科技期刊；特色化；办刊理念；读者定位；期刊内容；服务学科；"编教研"一体化

科技期刊作为传承人类文明、荟萃科学发现、引领科技发展的重要载体，其发展水平关乎一国的科技发展程度。诸多研究[1-3]认为，专业化水平低是制约我国大多数科技期刊社会影响力和学术质量提升的重要因素。为促进我国科技期刊学术水平不断提升、社会影响力持续扩大、可持续发展能力日益增强，国家层面陆续出台各种文件，如 2015 年 11 月中国科学技术协会等 5 部委联合发布的《关于准确把握科技期刊在学术评价中作用的若干意见》[4]，2019 年 7 月中国科协等 4 部门联合印发的《关于深化改革 培育世界一流科技期刊的意见》[5]，2021 年 5 月中共中央宣传部等 3 部门印发的《关于推动学术期刊繁荣发展的意见》[6]，分别从科技期刊在学术评价、科研成果发布及传播等方面的功能，以及优化期刊布局、明确各类期刊功能定位等维度为我国科技期刊的一流化、专业化发展夯实政策基础。

期刊专业化包含期刊内容专业化、编辑人员专业化和编辑出版流程专业化等诸多方面，其中，最为关键与核心的是期刊内容专业化。体育科技期刊具有天然的"专业期刊"(体育专业)属性，但当前除了《中国体育教练员》《体育教学》等少数刊物的刊载内容具有"独特性"和"排他性"外，我国体育科技期刊整体专业化水平着实不高，主要表现在刊名千篇一律、栏目设置大同小异、刊载内容同质化严重[7-9]，越来越难以满足我国快速发展的竞技体育所需和蓬勃发展的大众体育所求。因此，促进我国体育科技期刊专业化发展成为当务之急。

《中国体育教练员》是国内唯一一本为体育教练员服务的专业学术期刊。创刊近 30 年，杂志在办刊理念、读者定位、刊载内容、服务学科、"编教研"一体化等方面突出特色与专长，在差异化竞争中逐渐确立自己的报道优势和业界口碑，现已发展成为我国体育科技期刊中特色明显、专业化程度较高的刊物，曾荣获 2014 年教育部科技司颁发的"中国高校特色科技期刊"，以及"上海市高校特色科技期刊"和"华东地区期刊优秀栏目"等奖项。梳理《中国体育教练员》特色化专业期刊办刊举措,可为其他体育科技期刊的发展提供借鉴,进而整体加快我国体育科技期刊的专业化步伐。

1 特色化:体育科技期刊的发展动力

当前,学界和业界[10-15]对科技期刊专业化概念的界定还未统一,但在专业性办刊模式和特色化办刊目标方面趋于一致。在我国体育科技期刊刊名(如《上海体育学院学报》《武汉体育学院学报》等)、栏目(如《体育人文社会学》《运动人体科学》《民族传统体育学》等)、内容同质化严重的当下,作者、审稿专家甚至读者都很难快速找到自己心仪的期刊。这不仅增加了各方的时间成本,而且导致期刊的传播效果和品牌塑造大打折扣,进而影响其学界知名度和社会影响力。唯有特点突出、特色明显的期刊才能出类拔萃、卓尔不凡,让读者如数家珍。

特色是期刊的响亮名片,是一本期刊有别于其他期刊的最显著特点,也是期刊应竭力维持的核心竞争力。期刊特色一旦形成,就会在作者、读者、审稿专家心中产生独一无二的品牌价值,进而成为期刊不断发展壮大的强大动力。面对我国体育科技期刊专业化程度不高的现实,通过差异化定位突显各刊特色和优势关系重大、影响深远,以特色促发展必将成为我国体育科技期刊未来发展的重要驱动力。

2 特色化办刊举措

期刊特色包括办刊指导思想或理念、期刊经营体制和方式、期刊内容范围和读者定位、编辑出版条件和手段等多个方面,鉴于文章篇幅和《中国体育教练员》办刊实践,本文主要从办刊理念、读者定位、期刊内容、服务学科、"编教研"一体化等《中国体育教练员》做得较好、较有特色的维度进行梳理、解析。

2.1 办刊理念差异化

办刊理念不仅决定期刊的发展方向,为编辑组约稿件提供依据,而且关乎期刊的报道重点和受众群体,是期刊特色的一个重要方面。纵观我国56本体育科技期刊,办刊理念多是"展示体育研究最新成果,促进体育事业发展"等,几乎没有涉及"执教思想""竞技体育"等字眼。《中国体育教练员》从创刊之初,就明确走差异化、特色化专业期刊发展路线,在差异中显特色、固特色、强特色。最终,将办刊理念确定为"汇前沿体育学术观点、建执教思想交流平台、促竞技体育科学发展",致力于为我国体育教练员的知识更新、眼界拓宽、理念创新和优秀科研成果的发表提供平台,助力我国教练员执教能力的持续提升和竞赛成绩的不断突破。主要体现在2个层面:其一,立足国内,传播科学训练的理念和方法,增强我国体育教练员科技兴体的意识;其二,环视国际,介绍国外教练员先进的训练手段、理念和仪器设备,提高训练的科技含量,畅通国内外教练员执教理念和思想交流平台。正是差异化办刊理念的引领,《中国体育教练员》近30年的发展才特色鲜明、特点突出,无论是栏目设置、行文风格,还是版面设计、内容取舍等都呈现出明显的自身特色。

2.2 读者定位精准化

读者是一本期刊存在和发展的主要原因和动力,读者定位越精准,期刊的受众群就会越稳定,越有利于刊物的长期健康发展。与综合性期刊相比,专业性期刊的读者群可能较小,但更加稳定、精准。体育科技期刊作为专业性刊物,本应有明确、精准的读者定位,但由于当前我国绝大部分体育科技期刊综合性的报道内容(如既有体育理论探讨、运动现象解析,又有运动项目介绍、运动员个案分析，还有体育学与社会学、历史学、生物学等学科的交叉研究成果等），导致读者广而散，较难保持长期稳定的核心读者群。这是期刊读者定位不准确的反映。

《中国体育教练员》的读者主要是我国各级体育教练员、运动员和体育管理人员，其中，广大教练员是核心读者群。清晰、精准的读者定位从根本上厘清了《中国体育教练员》的报道边界和服务重点，杂志紧紧围绕核心读者群约稿刊文，凸显精准性、服务性与特色化，主要体现在栏目、版式、行文等多个方面。如《封面人物》栏目，每期报道一位奥运会或冬奥会冠军教练员，着重介绍其执教理念、训练心得等教练员最为关心的方面，旨为完善我国体育教练员的知识结构，提高其执教能力和科学化训练水平。同时，每期封面各不相同，分别用各期《封面人物》中报道的教练员的照片设计而成，既增强了《封面人物》的宣传效果，也提升了杂志封面的吸引力和辨识度。

2.3 期刊内容特色化

信息化时代虽然改变了期刊的呈现形式和服务业态，但"内容为王"仍是其发展壮大的"金科玉律"。《中国体育教练员》主要从聚焦报道重点、树立品牌栏目、打造特色专栏、组织特刊等方面增强特色化专业期刊办刊力度。

2.3.1 聚焦报道重点：期刊专业化发展的基础

聚焦刊物重点报道内容是期刊专业化发展的基础和前提，只有深耕期刊重点报道内容，才能逐渐形成期刊特色，并成为其进一步发展的核心竞争力。

(1) 追踪竞技体育研究热点，提升杂志的学术质量与社会影响力。围绕体能训练、科学选材、体教融合等竞技体育研究热点，从宏观和微观 2 个层面进行阐释，既有理论解析，又提供实践操作方法。例如，2020 年国家队运动员赛前体能测试引起不小的风波，训练界和学界对此众说纷纭。面对此问题，杂志 2021 年第 1 期刊登《我国运动训练理论"体能"概念泛化与"竞技体能"误区》一文，对我国运动训练界"体能"概念进行系统梳理，指出其使用误区，还体能训练以原初本真，在业界引起较大反响。此文被"人大复印"资料全文转载。

(2) 宣传报道优秀教练员，以先进典型激励其他教练员争创佳绩。深挖优秀教练员训练、比赛及生活中的闪光点和不为外人知的感人瞬间，以饱满的人物塑造呈现完整的教练员形象，反映其坚守基层默默奉献、淡泊名利为国育才的崇高精神境界，其先进事迹是中华体育精神的完美诠释。

(3) 以体育教练员为核心，传播科学训练的最新知识。体育教练员是训练活动的组织者和实施者，其知识水平和执教素养直接影响训练活动的开展和运动训练的效果，最终影响运动员的竞技实力。为此，《中国体育教练员》邀请运动训练领域著名学者从新时代我国教练员面临的主要挑战、教练员执教知识与技能体系构建、竞技运动训练的主要趋势等方面撰文，为教练员及时更新知识、了解竞技训练趋势提供信息服务。此外，邀约著名教练员总结其多年执教心得、训练体会及注意事项，为其他教练员的执教提供参考。

2.3.2 树立品牌栏目：期刊专业化发展的关键

品牌栏目以其良好的受众认可度和超高的溢出价值成为期刊的突出特色和重要标志，对提升期刊的业界影响力和社会显示度作用巨大。因此，树立品牌栏目成为科技期刊专业化发展的关键所在。经过近30年的耕耘，《中国体育教练员》已形成《张博士心理咨询室》《封面人物》等品牌栏目，有力促进了期刊社会影响力的提升。下面以华东地区期刊优秀栏目《张博士心理咨询室》为例，加以说明。

(1) 聚焦赛前心理疏导，树立栏目品牌形象。《中国体育教练员》邀请国家体育总局备战北京奥运会和雅典奥运会运动心理专家组组长张忠秋研究员，于2009年3月开设《张博士心理咨询室》专栏，为广大教练员实施心理训练和监测、调整赛前心理状态提供帮助。《张博士心理咨询室》以奥运会等世界大赛为载体，赛前围绕高水平运动员最佳参赛心理培养、赛场压力释放、参赛角色定位等撰文，旨在帮助广大运动员以最佳的心理状态参赛，为其正常发挥保驾护航。赛后聚焦大赛中运动员的特殊心理现象，以案例解析的形式分析这些特殊心理现象的致因和应对方法，阐释高水平运动员心理因素与竞赛成绩之间的关系。

(2) 以品牌栏目促特色发展，提升期刊的社会影响力。在专业化特色期刊的发展道路上，《张博士心理咨询室》栏目也在积极思考如何通过运动员的心理视角，更好地服务我国竞技体育的发展。例如：随着2022年北京冬奥会的临近，冬奥备战工作日益紧迫，主场作战对我国运动员的心理冲击不同于异地参赛，为确保我国参赛运动员的心理状态保持最佳，2019年第1期刊登《北京冬奥会东道主心理挑战与基本应对策略》，对我国冬奥运动员主场参赛有很强的指导作用。正是由于《张博士心理咨询室》栏目对我国竞技体育教练员和运动员心理问题的持续关切和积极回应，使其成为广大教练员执教生涯的"良师益友"和认可的品牌栏目。

2.3.3 打造特色专栏：期刊专业化发展的有力保障

特色专栏是期刊有别于其他刊物的独特栏目和优势，既可来源于刊物的差异化报道内容，也可来源于期刊所在地域的独特性。特色专栏是凸显期刊特色的重要方面，也是期刊专业化发展的有力支撑。《中国体育教练员》依据报道内容的独特性，重点打造了"纯洁体育""大赛前后""中国特色训练理论与竞技实践"等特色专栏，有效支撑了期刊的专业化发展。

要长期保持竞技体育项目的竞争优势，必须牢牢掌握项目规律和科学训练手段。跳水、举重、乒乓球、羽毛球、射击等传统优势项目之所以长盛不衰，是因为我国教练员在长期训练实践中逐步形成了具有中国特色的训练理论和方法。为弘扬孕生于我国的先进训练理念，讲好中国故事，《中国体育教练员》自2019年第2期起开设"中国特色训练理论与竞技实践"专栏，邀请运动训练知名专家围绕我国竞技体育优势项目分别从训练理念创新、方法手段改进、训练认知演变、参赛原则及注意事项、最佳竞技状态保持等方面撰文，既有理论层面的原理阐释，又有操作层面的方法介绍，2年时间内13篇原创、高质量的文章陆续推出，在业界引起强烈反响，不仅有力促进了杂志学术质量和社会影响力的提升，也积极践行了文化自信，促进了文化强国建设。

2.3.4 组织特刊：期刊专业化发展的"助推器"

组织特刊是期刊快速提高业界影响力和社会知名度的常用作法，也是期刊专业化发展的强力"助推器"。特刊通常围绕某一专题展开，讨论问题聚焦而深入，能有效增强学术文章的溢出价值和聚集效应。

为更好地服务我国体育健儿备战2012年伦敦奥运会，2011年底《中国体育教练员》编辑部通过国家体育总局科教司与国家队教练员、管理人员、科技攻关与科技服务专家等取得联系，就运动员备战过程中遇到的主要问题，如赛前心理干预、赛前饮食营养、运动损伤预防、训练负荷调整等向相关专家约稿，并于2012年2月出版奥运特刊——《冲刺·伦敦》。该特刊国家队教练员、管理人员和科研保障人员人手一本，为我国体育健儿伦敦奥运取得佳绩作出一定贡献。

2.4 服务学科常态化

科技期刊既是传播、展示最新科研成果的有效平台，也是沟通读者、作者、审稿专家的桥梁与纽带，亦在一定程度上反映学科热点与发展趋势，甚至引领学科的未来发展。因此，科技期刊服务学科发展应是一种常态，学科的发展也会反作用于科技期刊办刊质量的提升，从而形成期刊与学科互促发展的良性局面。

不同于我国大部分体育科技期刊将体育学下设所有学科都纳入报道范畴，《中国体育教练员》依据核心读者群——教练员的特点和专业诉求，将运动训练学科作为报道和关注的重点。其服务学科发展主要体现在培育学科人才和引领学科发展2个方面。①培育学科人才。《中国体育教练员》的主办单位上海体育学院是国内知名的体育高等学府，其运动训练学科基础扎实、历史悠久，杂志自创刊之始就与学校的运动训练学科互促共进，具体表现在：第一，刊登学科教师最新科研成果，既满足教练员读者的学习之需，也培育了运动训练学科人才；第二，《中国体育教练员》编辑部每年向学校运动训练学科学生提供1~2个实习名额，学生在编辑部体悟学术刊物的生产流程，明晰学术文章的规范与注意事项，帮助其完善学术认知，端正学术态度，树立学术理想；第三，邀请学科专家开设专栏，如《训练课堂》《专家提醒》等主要回答教练员较为关心的问题，既凸显杂志的服务性，也提升学科专家的知名度。②引领学科发展。随着我国竞技体育国际地位的提高，教练员群体愈发被认可与重视，然而，令人遗憾的是，至今我国仍未设立体育教练学科。反观西方国家，尤其是英国和美国，早在20世纪80年代初，体育教练学就成为一门独立学科。为早日建立我国的体育教练学科，《中国体育教练员》近期刊登了《体育教练学的理论框架与实践应用》等体育教练学探索性成果，主要从国外成熟学科的镜鉴角度为我国体育教练学的建立做好理论引领与铺垫。相信伴随我国竞技体育的快速发展，我国的体育教练学科也会早日设立。

2.5 "编教研"一体化

人力资本是最宝贵的财富，是任何工作都努力争取的首要资源，科技期刊也不例外。信息化时代对科技期刊编辑提出了更高的要求：既能完成本职工作，又能开展相关学术研究，是名副其实的"全能型"编辑。《中国体育教练员》历来重视对编辑人员的培养，且逐步实现"编教研"一体化。

"编"即编辑，是编辑部工作的重点。为更好地把握学科研究热点、准确判断稿件学术质量、通透地与审稿专家交换意见，现代期刊编辑需做到"专家型"编辑。为此，《中国体育教练员》编辑在熟练掌握期刊编辑的基本流程、技巧及相关法规的基础上，重点学习体育学科专业知识。几位编辑依托主办单位上海体育学院深厚的体育学背景，分别在职完成体育学研究生学位，为期刊的专业化发展夯实人才专业背景。"教"即教学，《中国体育教练员》编辑部就在其主办单位上海体育学院校园内，与学科教师零距离使得编辑人员也参与到学校教学中。主要形式有二：一是参与研究生培养，通过开题、答辩、组会学习等形式培养学生的科研能力和学术品格；二是为学生开展如何撰写体育学术论文的讲座或报告，帮助学生尽早走上体育学术之路。"研"就是研究，期刊编辑唯有时刻保持研究热情，明确研究热点，才能准确把握学科前沿与发展趋势。《中国体育教练员》编辑积极思考和参与相关研究，包括发表论文和申请课题，其中既有编辑学方面的，也有体育学领域的，从职业和专业2个角度为期刊的特色化发展奠定人力基础。

3 结束语

特色化是我国体育科技期刊专业化发展的现实诉求,在世界一流科技期刊建设的时代背景下,我国体育科技期刊要破局突围,走出一条中国特色专业化期刊发展之路,以特色促发展不失为一条可行路径。尽管《中国体育教练员》在特色化办刊方面取得了一定成效,但仍存在优质稿件匮乏、读者黏度下降、新媒体开发不力等问题。此外,由于篇幅所限,本文未就期刊经营体制和方式、编辑出版条件和手段等方面的特色化举措展开论述,希望后期研究予以完善。总之,我国体育科技期刊要坚持特色化专业期刊的发展路线,逐渐提升期刊的学术质量、社会影响力和国际话语权,为我国科技强国和体育强国建设贡献力量。

参 考 文 献

[1] 陈颖.体制之弊与纠偏之路:也谈高校学报的专业化转型[J].清华大学学报(哲学社会科学版),2011(4):124-127.

[2] 许纪霖.学术期刊的单位化、行政化和非专业化[N].文汇报,2004-12-12(1).

[3] 朱剑.也谈社科学报的现状与改革切入点:答尹玉吉先生[J].清华大学学报(哲学社会科学版),2011(4):140-142.

[4] 中国科学技术协会,教育部,国家新闻出版广电总局,等.关于准确把握科技期刊在学术评价中作用的若干意见[S].科协发学字〔2015〕83号,2015-11-03.

[5] 中国科协,中宣部,教育部,等.关于深化改革培育世界一流科技期刊的意见[S].科协发学字〔2019〕38号,2019-07-24.

[6] 中共中央宣传部,教育部,科技部.印发《关于推动学术期刊繁荣发展的意见》的通知[EB/OL].(2021-06-23)[2021-11-25].http://www.nppa.gov.cn/nppa/contents/312/76209.Shtml.

[7] 乔艳春.提升体育科技期刊国际影响力的主要路径[J].沈阳农业大学学报(社会科学版),2012(6):755-757.

[8] 马宣建.我国体育学术期刊现状与发展研究[J].上海体育学院学报,2010(6):34-37.

[9] 张业安.生态视野下我国体育学术期刊质量建设的主体保障环境优化[J].中国科技期刊研究,2009(6):19-21.

[10] 杨志艳.关于中国期刊专业化问题的一点思考[J].理论界,2011(11):192-194.

[11] 况荣华.高校学报改革发展评析[J].南昌航空工业学院学报(社会科学版),2005(4):32-35.

[12] 王少林.浅谈高校科技期刊专业化与国际化[J].大家,2010(3):226-228.

[13] 赵广平.试论高校学报的专业化改革[J].中国出版,2006(10):45-47.

[14] 皋永利,胡春雨.论学术期刊的专业化趋势[J].石油大学学报(社会科学版),1998(3):110-113.

[15] 李晓宪,邱剑荣,李晴慧,等.新中国体育学术(科技)期刊发展研究[J].体育科学,2009(5):3-7.